校训

校训

自强不息

马叙愚书

校训

格致诚正

廖世承题

校史沿革

光华大学附属中学
（1925—1951）

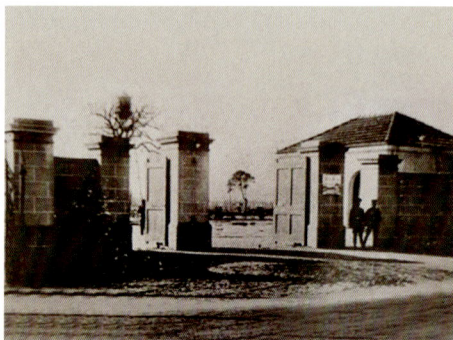

大夏大学附属中学
（1925—1951）

华东师范大学附属中学
（1951—1958）

华东师范大学第一附属中学
（1958—1971）

上海师范大学第一附属中学
（1972—1980）

华东师范大学第一附属中学
（1980 年至今）

校标

华东师大一附中的校标图形构思源自中州路 102 号老校区内独特的建筑造型，也与现在虹关路 88 号校区的空中俯视外形相符合。校标图案币中上方的一横表示华东师大一附中争创一流之意。校标下方的∏意为德智体全面发展和栋梁之材。

校徽

校　歌

（智慧的摇篮、成才的沃土）

陆继椿　词
贾立夫
陆在易　曲

较快　流畅　充满朝气

1.2. 芳草地鲜花开放，

校园里　歌声嘹亮。　同学们　团结向
　　　　　　　　　　　　全面发

上，手拉手连起一片希望。　啊华东
展，去迎接新世纪的曙光。

师大一附中，　我们美丽的校园，你是

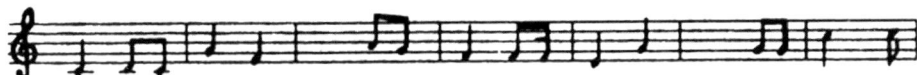

智慧的摇篮，你是成才的沃土，今天我们
是莘莘学子。明天是祖国建设的栋梁。

梁。明天是祖国建设的栋梁。

王 新　袁 芳　主编

百年附中
百年树人

李支舜　编

百年大事记

上海教育出版社
SHANGHAI EDUCATIONAL
PUBLISHING HOUSE

《百年附中　百年树人》编委会

主　任

王　新　袁　芳

副主任

李支舜

编　委

（以姓氏笔画为序）

马君君　王　凯　王　新　方武勇　朱　越　向胜翔
刘徭瑶　李支舜　吴传发　应敏佳　张　青　陆继椿
陈　寅　陈步君　陈明青　陈宗义　罗　莉　项志良
胡锦城　袁　芳　唐家乐　龚　娟　葛起超　傅志良

分册主编

《百年大事记》主编　李支舜

《百年名师》主编　李支舜

《附中往事》主编　胡锦城

序

春秋代序，百年征程！

在美丽的浦江之滨，在崛起的瑞虹新城，矗立着一所历史悠久的名校。

1925 年对华东师范大学第一附属中学（以下简称"华东师大一附中"）来说，具有开启生命的意义。那一年，它的前身光华大学附属中学和大夏大学附属中学先后创办，以"教育救国，振兴中华"为办学宗旨，校名取"光我中华"和"光大华夏"之意。1951 年秋，两校合并为华东师范大学附属中学，1958 年改为华东师范大学第一附属中学。

回溯华东师大一附中建校 100 年历程，"研究型"学校文化体现在学校奠基、传承和发展中，可谓源远流长。20 世纪 20 年代，我国著名教育家、心理学家廖世承校长提出了"积极研究、勇于尝试、艰苦卓绝"的办学思想，成为学校的精神导向。在廖世承校长主持下，光华大学附属中学贯彻"育人、育材"的教育方针，其高质量的教学深受社会赞誉，并与江苏省立上海中学、南洋模范中学并称为当时上海的三大中学名校。中华人民共和国成立后，华东师范大学附属中学是上海市最早学习苏联凯洛夫《教育学》、学习苏联教育制度的一所学校。陆善涛校长是"研究型"学校文化的传承者，他认为教师是否进行教科研，其"思想境界不一样、理论素养不一样、信息意识不一样、教育能力不一样"。他代表学校参加"全国文教群英会"，受到党和国家领导人的接见。学校被上海市教育局确定为首批要办好的 13 所重点中学之一。徐正贞校长勉励教师"要当教育家，不做教书匠"。他以非凡的魄力，开创中学教师"整学期不排课，享受科研创作长假"之先例，提出"向科研要质量"，涌现出张思中、陆继椿、刘定一等一批"科研领先，教有特点"的教师。全国五一劳动奖章获得者、上海市特级校长孙稼麟在实践中提炼出"培养研究型学生，造就研究型教师，建设研究型学校文化"的"三个研究型"办学理念，带领学校成为上海市首批实验性示范性高中。丁伟强校长思考如何弘扬和发展"研究型"学校文化，创建教师专业发展共同体，建设"三块田"教师专业发展工程。上海市特级校长陆磐良注重梳理"研究型"学校文化历史，确定"格致诚正，自强不息"为新时代华东师大一附中校训，把培养新时代"光华人"作为学校的培养目标，完善了华东师大一附中"研究型"学校文化办学体系。

在百年征程新的起点上，学校将赓续传统，秉持"三个研究型"办学理念，在"双新"课改的大潮中，始终坚持"人的发展"是第一要务，求实求新，追求卓越；以课堂教学为师生发展的主要载体，力推"新结构化"教学；转变观念，关注问题、情境和学习心理，以高水平管理，培养高素质人才，谋求高质量发展。

在百年征程上，学校先后被评为上海市重点中学、上海市首批实验性示范性高中、上海市科技教育特色示范学校、国家节约型公共机构示范单位、上海市文明校园、上海市中小学行为规范示范校、上海市依法治校示范校、上海市家庭教育工作示范校、上海市中小学心理健康教育示范校、上海市教师专业发展学校暨见习教师规范化培训基地学校等。2021 年，学校党总支被评为上海市先进基层党组织。

百年附中，百年树人！

华东师大一附中建校 100 年来，为国家培养和输送了大批优秀人才。既有乔石、姚依林、尉健行等党和国家的重要领导人，也有方成、陈凯先、叶澜等著名的科学家和教育家，还有谢晋、赵长天等著名导演和作家。学校被人们称为"培养高级人才的摇篮"。

辉煌附中，致敬百年！

为传承华东师大一附中百年办学传统，展示百年办学辉煌成就，讲述百年附中人的故事，开创华东师大一附中美好未来，我们特地组织编写《百年附中 百年树人》(全三册)。其中，《百年大事记》收集整理了华东师大一附中从 1925 年创办一直到 2025 年的办学历程，详细记录了各个年段所发生的"大事"。《百年名师》选取华东师大一附中各个历史时期代表名师近 100 位，简要介绍他们的求学、工作经历、贡献等。《附中往事》通过师生对华东师大一附中往事的回忆，形象地展现了百年附中的历史沿革、风云变化和所取得的累累硕果。

教育，是传承的事业；历史，是前行的始端。在今天回眸学校 100 年的历史，可以清晰地看到学校开拓前行的轨迹，会留给人们许多弥足珍贵的启示。

学校 100 年的历史，可以说是一部"研究型"学校文化奠基、积淀、提炼、传承和弘扬的历史。正是这种"研究型"学校文化，孕育了一批又一批"研究型"教师；正是这种"研究型"的文化土壤，造就了一代又一代"研究型"学生。今天，时代要求我们追求高中教育内涵提升和特色发展，这必然对"研究型"学校文化的发展提出新的要求。

在百年校庆之际，我们将共同思考这一问题；在今后的办学实践中，我们将用创新实验的成果来书写新时代的教育华章。

袁 芳

2025 年 3 月

目录

第一卷
光华大学附属中学大事记
（1925—1951）

第二卷

大夏大学附属中学大事记
（1924—1951）

第三卷

华东师范大学附属中学大事记
（1951—1958）

第四卷

华东师范大学第一附属中学大事记
（1958—2025）

附中赋①

李支舜

师大附中，华东名庠；位于浦江之滨，毗连瑞虹新港。首批示范，园区领航；巍巍黉宇，气象泱泱；成普教之窗口，为桃李之苗床。

煌煌吾校，五卅肇创；披荆斩棘，耕耘拓荒；三易其名，四迁其壤；沐十秩风雨以砥砺，历百年沧桑而激荡。光华大夏，并曜中华；姊妹附中，合璧呈祥；继前贤之踵武，谱时代之鸿章。

菁菁校园，黎然学堂。春兰吐蕊，秋菊溢黄。佳木秀以繁翳，馆堂新而轩昂。钟灵毓秀，绛帐垂芳；承天地之灵气，续人文之典常。

格致诚正，自强不息；校训精神，秉持高扬。三个研究，立校之本；自主发展，闻名沪上。教有特色，学具特长。校友通四海，名家誉八方。传先达之薪火，树禹域之栋梁。

创新实验，多维课程，启智开慧兮濡染涵养；名师基地，青椒沙龙，博古通今兮培植骏良。五朵金花，风流俶傥；滋兰润蕙，杏坛飘香。彦俊纷至，拂春风以出新旸；乐业爱生，播阳光而见锋芒。琅琅书声兮诗情荡漾，熠熠灯火兮星月交光。莘莘学子，发愤图强；笃学修身，个性舒张；星光璀璨，鸾舞凤翔。志凌青云，探赜索隐穷天理；胸怀社稷，破浪乘风济海沧。

峥嵘百载，教泽绵长。欣逢盛世，再踏康庄。绘宏图，振鹏翼，执戟挥戈，奋蹄无央。阔庭敞室，不忘先哲筚路蓝缕；崇学弘道，永铭使命再续辉煌。

壮哉附中，风华正茂兮，若朝暾之腾骧！

伟哉附中，弦歌不辍兮，铸百世之隆昌！

---

① 甲午孟夏喜迎附中建校90周年而作，乙巳初春为附中建校100周年修改。

华东师范大学第一附属中学简史

华东师范大学第一附属中学的前身为光华大学附属中学与大夏大学附属中学，两校皆创办于 1925 年。

一

光华大学是民国时期上海的一所著名的综合性私立大学。

1925 年，上海发生五卅惨案，各界纷纷走上街头。圣约翰大学及附中的师生也组织罢课抗议，但遭到校方阻挠。6 月 3 日（这一日便被定为光华大学的校庆日），以孟宪承、钱基博为首的全体华籍教师 19 人以及学生 553 人，集体宣誓脱离圣约翰大学。

6 月 4 日，离校师生集会商议自行设校事宜，他们的举动得到社会各界以及学生家长们的支持，纷纷出钱出地。学生王华照父亲王丰镐（字省三）慨捐大西路（今延安西路）法华乡家族田地 60 余亩为校基，学生赵铁章父亲赵晋卿则租了霞飞路（今淮海中路）的房子作为临时校舍。张寿镛、许秋帆等家长也捐钱、租房为建校提供帮助。沪海道尹张寿镛身为地方长官，鼎力相助师生的爱国行为，捐资 3000 元资助圣约翰大学离校师生筹办光华大学，并担任筹备会会长。随后，光华大学成立校董会，其时捐资者甚众。在董事会推荐下，张寿镛担任光华大学首任校长。经各方协助，短短三个月正式成立了"光华大学"。"光华"二字寓"光我中华"之意，取自《尚书大传·虞夏传》里的《卿云歌》："日月光华，旦复旦兮"。以日月卿云为校旗，红白为校色；"知行合一"为校训，1930 年改为"格致诚正"。

光华大学于 1925 年成立时，以参加"六三"事件的原圣约翰大学附属中学学生为基础成立光华大学中学部，即光华大学附属中学（简称"光华附中"）。光华大学聘陆士寅为光华附中主任，租丰林桥（位于今枫林路）一带三栋民居为临时校舍办学，最初仅招收男生，第一学期开学时学生人数约 500 人。

1927 年 4 月，光华附中主任陆士寅辞任，由钱基博代理。9 月，廖世承出任光华附中主任。光华附中在廖世承的组织领导下，办学很有特色：师资队伍强，教学质量高，校风淳朴，管理严格，"光我中华"的校训已深入全校师生员工的心中。廖世承十分重视"以人为本"的人格教育，认为人格教育的核心是爱国主义教育，一定要做一个堂堂正正的中国人，尊师重道，关心国家前途；学习的目的在于为祖国服务，振兴中华民族。

1927 年，光华大学大西路校园建成后，中学部迁入大西路校区。学校大门开在大西路，是一座很宏伟的古典式的水泥大牌坊。大牌坊的横匾上，闪耀着"光华大学"四个金光闪闪的大字，这是王省三的手笔。大学部校舍在校园西部，附中校舍在校园东部，大学和附中的两座教学大楼中央竖立着高耸的旗杆。校园北面有绿化地带，南部中间为田径场，场西为学生食堂，场东为附中学生宿舍。附中教室在东部的教学大楼，附中主任办公室、教务处和训导处都设在大楼底层。图书馆和理化生实验室都设在楼上。宿舍楼底层还有一个消费合作社，出售食品、文具和体育生活用品等，同时也供高中商科学生作为实践基地。宿舍附近为初中童子军野营活动基地，可供童子军操练、宿营、烧烤等。

1929 年 7 月，光华附中由上海特别市教育局正式立案。廖世承不但重视培养学生的德育、智育，而且对体育和文艺活动也很重视。在他的大力倡导下，光华附中的体育活动开展得相当活跃。早上升旗做早操时，廖世承往往就站在操场前面，关注学生的早操。田径和球类活动，普及到每个年级和班级，经常举行校内竞赛并派运动员参加校际竞赛。有一年，在全市中学生的体育比赛中，光华附中荣获十项冠军。

20 世纪 30 年代，光华大学校友还曾先后创办光华实验中学、杭州光华中学等学校，这些学校与光华大学及其附中有合作关系，无直接组织联系。

抗战前夕，光华附中在大西路占地百余亩，与大学部毗邻，房屋约 200 间，图书约 17000 册，与大学部合用膳堂、运动场、大礼堂，在读学生人数近 900 名。在廖世承的大力倡导下，文艺活动也开展得十分活跃。每年校庆或元旦来临时，学校举办全校性的大型文艺会演，或话剧比赛，各班级都会挑选好的文艺节目参加会演。节目有音乐、舞蹈、大合唱、民乐和西乐演奏以及相声等。举行话剧比赛（一般安排在欢庆元旦时），是光华附中艺术教育的特色之一。光华附中的文艺会演和话剧比赛是全校师生节日狂欢的文艺盛会。廖世承不仅是这些文艺活动的倡导者，而且每次都出席观看活动，与全校师生同乐。因为他有先进的教育理论和丰富的教育实践，廖世承被誉为"中等教育专家"。

1932 年 7 月，光华附中开始招收女生。光华附中高中实行分科制，最初分普通科、商科，又将普通科分为甲、乙两组，后改为文科、理科。其中，商科注重培养实用财会技能，毕业生既可以进入大学商学院继续学习，也可直接就业。

廖世承十分重视学校的师资质量。他认为，要办好一所学校，师资质量是起决定性作用的。他聘请教师有几个条件：一是德才兼备、品学兼优，必须敬业爱生；二是教师必须是著名大学本科毕业生，而所教学科必须和自己所读的专业对口；三是优先聘用教学经验丰富和教学质量高的教师。

当时，光华附中的教师有：国文教师王蘧常、顾荩丞、张振镛、周哲盹、白蕉、郭晴湖、陈式圭等；英文教师徐燕谋、董小培、周缵武、吴遐龄、蒋鹏、汪仁溥等；数学教师倪若水、桂叔超、金马丁、归孟坚、王宾时、严子嘉、张幼虹等；物理教师胡梅轩等；化学教师胡昭圣、沈昭文；生物教师张予若、毛仲磐、顾志成（即顾传玠）；历史教师潘子端（笔名予且）、邢鹏举、姚舜钦；地理教师陶绍渊等；商科教师卜坤一、唐书绅、范家标等；体育教师陆翔千、姜静南，童子军教练戴企留；美术教师陆尔强（《申报》美术编辑）；音乐教师仲子通等。在这些教师中，有一部分是大学教师来附中兼课的，还有一部分教师后来都升到大学任教，并大都有自己的教育教学专著。

1934 年，上海市开始举行中学毕业会考，光华附中曾连续两届会考成绩名列第一。教育部门以"设备完善，办事认真，成绩斐然"相嘉奖。在廖世承主持下，光华附中贯彻"育人、育材"的教育方针，高质量的教学深受社会赞誉，在当时与省立上海中学、南洋模范中学并称为上海三大中学名校。

1935 年，光华附中建校 10 周年之际，学校又在东西两座教学大楼中间，筹建了一座大礼堂，名丰寿堂（纪念王丰镐和张寿镛两位光华附中创始人）。光华附中每年要编辑出版《光华附中》校刊若干期。校刊内容有学术论文、教学辅导材料、学科教学经验；小说、戏剧、诗歌、散文、随笔等，作者均为校内师生和部分校友。这本校刊由校刊编委会负责征稿、审核、修改、定稿、校对、出版、发行。校内师生人手一册，对外作为校际交流读物，也寄给部分校友。由于内容丰富、实在，在当时上海教育界产生了一定影响。

1936年，教育部门指定光华附中为全国九所优良中学之一，推行五年一贯制中学试点。光华附中得到社会人士和学生家长等资助，在学生宿舍楼旁新建两层楼的科学馆和体育馆各一座。这是两座比较新颖的建筑，具有相当规模。原来的理化生等实验室，全部迁入新建的科学馆，馆内还设有仪器、药品贮藏室和生物标本模型室等。体育馆的设施也比较齐全。这为学生上实验课和体育课以及球类的训练比赛创造了良好的条件。当时，一般中学设有科学馆和体育馆的尚不多见。

1937年8月13日，日军大举入侵上海。同年12月，大西路光华校舍全部被敌寇焚毁。秋季开学，光华附中迁至愚园路岐山村，将其作为临时校舍，继续开学上课。但该处为越界筑路区，为全校师生安全计，学校不久又迁至成都路一座公馆大宅。那时，初中开设精神修养课，由沈昌焕任教。沈昌焕的弟弟沈昌瑞也是光华附中校友。

1938年夏，光华大学及其附中再次迁至三马路（今汉口路）证券大楼上课。这一时期，光华附中新聘了一些教师，国文教师有叶百丰、谭惟翰、万云骏、吴调公、于在春、朱梦华等；数学教师有郑锡兆、华祗文、任有恒、孙宗堃、张其钰等；英文教师有陈云荪、蒋启璟、叶承畴；物理教师有唐志瞻、朱世璜等；化学教师有李嘉音、张德檠、汪冬心等；生物教师有盛占春等；历史教师有徐承烈、张葆庠、张允和；地理教师有王礼兆、刘先培、翁史伦等。这些新聘教师都具有较丰富的教学经验，深受学生欢迎。上课的教室，初中安排在三楼，高中安排在八楼。附中与大学分上下午轮流上课，只上半天课。教师上八楼可乘电梯上下，规定学生不乘电梯，只允许徒步上楼。条件有限，有些课程上不了，如高中物理、化学、生物实验课，还有体育、音乐、美术等课程。每天上午上四节课，每周上24节课。下午所有教室由大学部学生上课。附中自成都路搬走后，原来的临时校舍由原附中历史教师邢鹏举接办师承中学，另招收学生就读。校名取"师承"是为了纪念廖世承。

1938年夏，光华附中主任廖世承奉令入湘筹办国立蓝田师范学院，出任国立师范学院院长。此时，由光华大学校长张寿镛兼任光华附中主任。

1939年，毛仲磐任光华附中教导副主任，主管学校教务工作，潘子端任教导主任。他们定期到愚园路觉园，向校长张寿镛汇报学校工作，并听取他对附中工作的意见。张寿镛很重视学生的思想道德教育，把公民道德修养的有关内容列出提纲，分发给每班级任导师，由级任导师于周一上午第一节"谈话课"时，向学生宣讲。那时，国家正处于艰难时期，外有日军侵入，上海沦为孤岛，而证券大楼内的证券交易所在开盘时声音非常嘈杂，对附中上课造成很大影响。但附中师生依然继承良好校风，认真教学，不受丝毫影响，学生格外刻苦努力学习，他们有努力奋斗的目标。这段时间，光华师生团结勤奋，就学人数反而增加。至1941年，光华附中扩充至25个班级，学生人数达1028人。

当时，上海虽为孤岛，但中国共产党领导下的地下党对敌斗争，始终没有停止过。彼时，乔石任中共光华附中党支部书记，他组织领导进步青年开展地下革命工作。

1941年冬，太平洋战争爆发，上海租界也为日寇所占，形势更为险恶。因拒绝向汪伪政府报备，张寿镛当机立断做出决定，光华大学及其附中立即停办。为学生延续学业考虑，由部分附中教师组成壬午补习社①，壬午补习社社长由教师推举原英文教师吴退龄担任。任课教师由社长发聘书聘请，毛仲磐担任教导副主任，主管教务工作，潘子端任教导主任。壬午补习社以"不向敌伪登记，不招收新生"的办学宗旨在原址维持，至1945年尚有159名学生在读。

抗战期间，光华大学在四川成都成立分部，并设附中，定名为"私立光华大学附属光华中学"，薛迪靖任校长，初设于成都王家坝，后迁草堂寺光华村。抗战胜利后，光华大学成都分部移交四川士绅，改建为成华大学②，附中停止招生，在读学生仍以"光华大学附属中学"名义完成学业。自1938年至1949年，光华大学成都分部附中先后毕业学生670名。

1945年8月15日，日本无条件投降，抗日战争取得胜利。遗憾的是，张寿镛不幸于7月15日与世长辞。临终前，张寿镛殷切告诫光华师生，要以"复兴中华，复兴光华"为己任。是年秋，光华大学暨附中，同时在三马路证券大楼宣

---

①　壬午补习社成立于1942年壬午年，故以"壬午"为名。

②　1952年10月，成华大学由私立改为公立，并以成华大学为基础先后调入西南地区16所财经院校、综合大学的财经系科组建四川财经学院，即今西南财经大学。2012年8月，西南财经大学将建校时间确定为1925年6月3日光华大学成立之时。

告复校，秋季开学时，全校学生共 278 人。校董会公推朱经农执掌大学，刚从重庆回上海的廖世承执掌中学。在其到任前先后由张芝联、倪若水代理。因大西路校舍在战争中被毁，学校无力重建光华大学暨附中校舍。

1946 年秋，南京国民政府教育部将欧阳路 221 号原日本高等女学校、欧阳路 222 号原日本女子商业学校校舍划归光华大学，光华附中遂迁入欧阳路 222 号办学，校园占地 60 余亩，有房屋 30 余间。

光华附中迁入欧阳路新校舍后，在校长廖世承领导下，学校恢复全日制。所有理化生实验课、体育课以及音乐、美术等课程，全部恢复上课。图书馆经整理和增加新书后，也对师生开放。这一时期聘任的国文教师有汪星六（兼舍务主任）、虞超、赵善诒；数学教师有章质甫、陈品端、王谷愚；英文教师有徐燕谋、孟永祈、郑伯山（兼校长秘书）、叶冶；物理教师有朱世璜；化学教师有陈思卓、顾学民、沙静娥；生物教师有盛占春；历史教师有包玉珂、郦家驹、李永圻、洪廷彦、张家驹、邓荣龄；地理教师有陈尔寿、芮乔松、王文瀚、褚绍唐；商科教师有汪译来；体育教师有童载新、储体芳、俞贵芳、邵鸿章、史汝棠；音乐、美术教师有周大融等。教导员有季振宙（后任国文教师）。其中有些教师原是大学教授，是来附中兼课的。教师阵容得到进一步加强。新生报考者逐年增多，学校开始招收寄宿生。学生总数大大增加，班级数也随之增加。除初中三个年级，高中仍分文科、理科、商科三类。文科为甲班，开设 1—2 班，分为 A、B 组；理科为乙班，开设 2—3 班，分 A、B、C 组；商科为丙班，人数相对较少，仅开 1 个班。复校后的光华附中，师资水平和教学质量已逐步恢复到战前的辉煌时期。

光华大学暨附中迁入欧阳路新校舍上课。大学校舍在校园东南面，附中校舍在西北面。同年，上海著名实业家荣尔仁为纪念其尊人德生先生，捐建中学宿舍楼一座，名德生堂。1947 年，光华附中共有教职工 45 名，在读学生 704 人。1949 年 8 月，因廖世承出任光华大学校长，董事会改聘张芝联为光华附中校长。

1951 年秋，光华大学附属中学与大夏大学附属中学合并成立华东师范大学附属中学。

二

大夏大学是民国时期上海著名综合性私立大学之一。

大夏大学是由 1924 年因学潮从厦门大学脱离出来的 300 余名师生在上海发起建立的。初名大厦大学，"大厦"即"厦大"之颠倒，后取"光大华夏"之意定名为"大夏大学"。抗战期间，大夏大学先后内迁至庐山、贵阳、赤水，一度与复旦大学合并为中国历史上第一所联合大学，光复后迁回上海。

大夏大学首任校长是中国近代获得德国工学博士第一人的化学家马君武，主要创始人是欧元怀、王毓祥、傅式说以及当时鼎力支持办学的王伯群。大夏大学是中国最早实施导师制和通识教育的高校之一，良好的办学实力和声誉，使得学校获享"东方哥伦比亚大学"之美誉。大夏大学以"自强不息"为校训，倡导"苦教、苦干、苦学"的"三苦精神"。

在大夏大学建立次年，开始设立附属中学，成为大夏大学的重要组成部分。

1925 年秋，大夏大学附属中学（简称"大夏附中"），借槟榔路（今安远路）潘氏花园为临时校舍，小沙渡路（今西康路）201 号为学生宿舍。大夏附中最初仅设四年制初中，与大学预科相衔接，注册学生 130 余人。

大夏附中校长由大夏大学校长王伯群兼任，另设附中主任一人，实际负责学校运行。同时分设教务、训育、事务三处，各设主任一人，以中学主任总其成。经大夏大学校务会议决定，聘请鲁继曾担任首任主任。此时，大夏附中正值初创期，一切设备甚为简陋，学生人数也较少。

1926 年秋，学校迁入新加坡路（今余姚路）15 号。该处校舍为一座三层洋房，四处空地较多，被开辟为学生运动场。鲁继曾因大学部事务繁重，提出辞职，主任改由陈伯庄担任。同时，校名由大夏大学附属中学改为大夏中学。

1927 年春，大夏中学主任陈伯庄辞职，校务会议推举大学部教育科教授郑通和兼任中学主任。此时，由于长江流域战事纷纷、交通阻隔，大量学生未能返校学习，全校仅剩学生 40 余人。不久，由于校舍被英军强占，学校被迫迁至戈登路（今江宁路）新校舍。据 1927 年 12 月 16 日《申报》报道，附中已租定戈登路麦根路口 84 至 90 号洋房两大座为中学校舍，并决于下学期增办高中，各学科教员均多由大学教授兼任。由于学校学生人数大减、经济拮据，此时校务几乎无法维持。秋季开学，大夏中学学制由"四二制"改为"三三制"，且专办三年制初中。经大学委员会研究，推王祖廉博士兼任附中主任。王博士学识湛深、经验宏富，学生闻讯后欢欣鼓舞。

1927 年 11 月，王祖廉任中学主任。秋季，吴泽霖担任中学主任，学校更名为"大夏大学附属大夏中学"。此时学生达到 170 余人，于是另租戈登路 131 号为第二院，以原校舍为第一院。

1929 年夏，上海特别市教育局准予大夏附中立案。1930 年春，学校学生人数增至 220 余人。秋季，大夏大学校务委员会聘请倪文亚任中学主任。此时大夏大学中山路（今中山北路）新校园建设完毕。在大学部搬迁后，原胶州路校舍全部由中学部使用。由于校舍宽敞，设备完善，学生增至 410 余人。从 1930 年起，教育局每月给予经济补助。

1931 年秋，大夏中学从高中一年级起分科，并在普通科、师范科、商科基础上增设土木工程科，并在大学部校舍之北购地 30 亩，建设新校舍。

1932 年"一·二八"事变后，大学部被迫迁回胶州路半年，与大夏中学共用校园。同年秋，中学部与大学部一起搬入中山路大学校舍，此时学生为 700 余人。同时，女子幼稚师范列入高中师范分科。依据中学法规，将教务与训育两处合并为教导处，设教导主任一人，主持一切教务训导事宜。

1934 年 8 月，中山路中学校舍全部落成，计办公大楼一幢、东西教室两幢。1934 年秋，中学主任由王毓祥担任，开始推行级任导师制。1936 年，孙亢曾继任中学主任。1937 年春，大夏中学沿丽娃河又建两层校舍一幢，楼下为特别教室，楼上为初中生宿舍，并附建厨房、餐厅等。

1937 年"八一三"事变后，沪西沦为战区，大夏大学被迫西迁。1938 年，大夏大学在贵阳新设贵阳大夏中学。此外，大夏大学校友先后在重庆、南宁等地以大夏大学附属中学名义办理中学，并接受大夏大学领导。其中，和大学部联系较为密切的有重庆大夏中学、南宁大夏中学。

大夏大学西迁后，大夏中学则留在上海，暂借公共租界慕尔鸣路（今茂名北路）光夏中学校舍办学。次年春，租借法租界福煦路（今延安中路）、西摩路（今陕西北路）路口洋楼一座为临时校舍，时有高中、初中学生 400 余人。

1941 年冬，太平洋战争爆发，大夏大学附属大夏中学被迫停办。大夏大学大学部则与复旦大学组成复旦大夏联合大学，先迁江西庐山，后辗转迁往贵州贵阳办学。抗战胜利以后，地处贵阳的大夏大学迁回上海中山路校区办学。贵阳大夏中学未随大学部返回上海，而是留在当地继续办学。1947 年贵阳大夏中学改名伯群中学，1949年并入省立贵阳高级中学。重庆大夏中学、南宁大夏中学在抗战胜利后也都留在当地继续办学。

1949年1月，大夏大学决定在上海恢复大夏中学，设立附中筹备委员会，宋成志为筹备主任。学校另组校董会，聘请鲁继曾、吴浩然、邵家麟、李敬永、吴衡山、强锡麟、朱泰来、唐景嵩、罗世芳等为校董，并举行董事会会议推请鲁继曾任董事长。附中开始实行校长制，校董会聘请校友宋成志担任大夏中学校长，陆景宣为教导主任，钱正飔为事务主任。中学暂借沪东榆林路94号为附中校舍，于春季招生180余人。同年秋，中学迁回大学部，以图书馆为教室，学生310余人。1950年春，注册学生为250余人。

1951年秋，大夏大学附属大夏中学与光华大学附属中学合并成立华东师范大学附属中学。

三

1951年9月7日，上海市人民政府教育局发文，颁发字号为教高行第8485号文。全文如下："受文者：私立光华、大夏大学附属中学；事由：华东教育部通知改为公立学校，并由华东师范大学直接领导。"

1951年秋，全国高等院校调整，以光华大学、大夏大学为主组建华东师范大学。两校的附中随之合并为华东师范大学附属中学，华东师范大学附属中学隆重举行成立暨开学典礼。华东师大附中开始分一、二两部。一部设在大夏附中原址，宋成志任附中主任；二部设在原光华大学、光华附中欧阳路校园办学，包玉珂任主任，校址是欧阳路222号。同年，欧阳路校园移交上海财经学院，华东师范大学附属中学二部迁至中州路102号（原上海财经学院）校园办学。随后，附中一部迁至中州路附中二部校舍上课。

1952年，一、二部合并后的华东师大附中，由宋成志任副校长。倪若水不再担任教导主任，由毛仲磐接任教导主任。徐正贞、罗友松、郦家驹等分任副教导主任。上海市教育局拨昆山路103号给华东师大附中作为学生宿舍。

改制后的附中师生人数大量增加，师资队伍以光华附中为班底，增加了许多原大夏附中的教师，其中有政治教师徐正贞、林仲良、宣文本，语文教师夏胤中、谢燕卿、谢卓卿，数学教师陈汉民、钱正飔、庄炳珍，英语教师吴瑰卿、周芳，物理教师夏哲公，化学教师丁明远，生物教师管和，历史教师欧国倩、黄礼玉，地理教师陆景宣、欧文柔、王靖国，体育教师储德、李玉峰，音乐教师沈晓等。

此后几年，附中又先后聘任了一些教师，以满足增开班级教学上的需要，师资队伍得到进一步的加强。新聘任的教师中有政治教师丁一明、林炳英、林瑞华、徐建平等；语文教师王树琪、张瑜、龙家炎、郑明德、费新宝、苏常俨等；数学教师王剑青、石源泉、张炽昌、屈文淑、龙凤超等；外语教师凌贤骅、凌康年、程自文、张尺艻、方之慧等；物理教师屈肇堃、李兴诗、孟繁璋、张正大、黄元熙、邵贻裘等；化学教师李厚基等；生物教师王铨英、范仲伯、秦正文等；历史教师蔡多瑞、陈开树、田士道、徐怀艻等；地理教师陆大埔、庄国荣、黄允钧、杨毓湘等；体育教师王季准、郝春德等；美术教师魏继昭等。

在华东师大领导下，华东师大附中是上海市最早学习苏联凯洛夫《教育学》、学习苏联教育制度的一所学校。首先在各年级开设俄语课，逐步代替原来的英语课。俄语教师凌贤骅，除为学生教授俄语课外，还为学校领导和教师们开了俄语培训班，教授俄语，并举行阶段性测验，考查学习的效果。

1953年春，华东师大聘请苏联教育专家杰普莉茨卡娅任师大教育系教授兼校长顾问，为师大学生上苏联教育课程。1954年，附中副校长林静被调到上海市第三女子中学任校长。华东师大派陆善涛任附中副校长，主持学校工作，提拔教导主任毛仲磐为副校长，同时派苏联教育专家杰普莉茨卡娅任校长顾问。陆善涛认真负责，富有教育经验，每周定期去中山北路的华东师大听苏联专家上课，并做详细的笔记。苏联专家也常带翻译来附中指导教育工作，并和学校领导一起深入课堂听课，课后举行评议会。

后来，为了进一步系统学习苏联教育学，华东师大领导又派教育系的曹孚、朱有礫、肖承慎和胡守棻四位教授定期来附中开有关苏联教育的讲座。附中领导和全体教师都参加听讲，并组织学习讨论。讲座内容包括苏联教育理论、教育制度、教育大纲、课程教材、课堂讨论、教学原则和教学方法等，以及"五级记分制"、"教室日志"、"学生手册"、主题班会和课外活动等。此后，附中推行五级分制、教室日志，强调论理谈话、主题班会，建立班集体。学校实行校长负责制，学校工作以教学为主，提出"勤学好问、刻苦钻研、一丝不苟、持之以恒"

的学风。

1956年，陆善涛被任命为校长兼任党支部书记，并筹建校办工厂，生产起重葫芦。

1958年夏，时任华东师大附中副校长毛仲磐，由于工作需要，奉调去华东师大参加筹建华东师大二附中工作，并被任命为二附中校长兼师大工农预科主任。1958年，因华东师大增办第二附中，华东师大附中遂改称华东师范大学第一附属中学（简称"华东师大一附中"）。当时学校下设教导、总务两处，分管教学与后勤工作。教导处根据学科分设教研组，教师按教研组办公。

1959年春，学校将高中一部分改为上海电子学校（中等专业学校），仅过半年，又恢复原名。1960年，学校将大学部分教学内容下放到中学，改六年制为五年制进行试验。1960年夏，校长陆善涛代表华东师大一附中参加"全国文教群英会"，受到党和国家领导人接见。春季开学第一天，中央人民广播电台早新闻头条播报当天《中国青年报》头版头条文章《把思想工作做到学习中去》，介绍华东师大一附中高三丁班团支部经验。1962年，学校党组织、行政隶属、经费均划归虹口区领导。

1963年，学校被上海市教育局确定为首批要办好的13所重点中学之一。学校响应毛泽东"向雷锋同志学习"的号召，广泛、深入地开展学雷锋活动，助人为乐蔚然成风。5月18日，《中国青年报》第二版头条刊登了陈步君写的《学习雷锋，言行一致》，介绍华东师大附中一次主题团员大会。同年，为响应国家号召，十万上海知青赴疆屯垦戍边，1962届学生高大同、韩天航等带头奔赴新疆。韩天航后来成为著名作家，新疆百名突出贡献人物，两次获"五个一工程"奖。校长陆善涛总结学校教育教学经验，在《上海教育》杂志上发表《全面安排学校工作，进一步提高教学质量》的文章。虹口区试验共青团工作38条，陈步君和团区委学校部长顾鸿钧在高三丙班蹲点，试验后到其他学校介绍经验。

1964年4月，陈步君出席共青团上海市第五次代表大会，做了《把红旗插遍课余生活领域》的大会发言。会上，陈步君被选为第五届团市委委员。5月，虹口区团委学校部在一附中礼堂召开全区学生团干部现场会，请"四好团支部"标兵师大一附中高三丙班团支部书记陈宗义介绍支部工作经验，高三丙班团支部被评为"虹口区团支部标兵"。6月，共青团上海市委书记张浩波和副书记王一鸣、章增等到附中调研学生团的工作。9月，陈步君等教师受市、区劳动局和团市委委托，护送虹口区246名高中、初中毕业生赴新疆生产建设兵团农一师屯垦戍边。陈步君分别受到农垦部部长王震和农一师领导的接见，并应邀留疆半年，协助开展青年工作。

1965年，学校认真贯彻毛泽东提出的"七三指示"，把总课时砍掉三分之一，减轻课业负担，使学生生动、活泼、主动地发展。学校将各年级每周总课时量减到28节，强调课内精讲多练，课外丰富多彩。教师之间相互切磋教材，随堂听课，教育质量不降反升。团中央学校部派两名同志到附中蹲点一个多月，调查学校贯彻"七三指示"情况。是年底，中共上海市委教育卫生工作部根据团中央调研组调研报告，印发教育卫生部内部简报，介绍一附中减轻学生课业负担，全面提高教育质量的经验。赵德明与学生互批作文，体现教学民主、教学相长的教改精神，在校内外广泛宣传，北京《中学生》杂志、《解放日报》进行了详细报道。

1966年2月，陈步君代表上海的中学团组织赴北京参加团中央学校工作会议。

6月，学校和全国一样，进行"文化大革命"。学校的教育秩序遭到严重破坏。1968年，1966、1967、1968三届学生同时毕业，开始大规模上山下乡。同年，工宣队、军代表进驻学校，学生开展学工、学农、学军活动。1969年，附中根据上级指示，全面落实"复课闹革命"。校革委会下设教育革命组、学生工作组和后勤服务组，做好教育教学和后勤保障各项工作。学校按照街道、居委对口免试招生，招收1972届学生800余人，共设置16个班级。根据市、区政府要求，学校招生时间由秋季改为春季，学制由6年改成4年，取消高中、初中，统一称中学，故1971届改成1972届。1970年，学校招收1973届学生约1110人，开设23个班级，后合并为21个班级。此时，全校学生数3000多人，61个班级。全校开展向附中校友韩振民①烈士学习的活动。

1970年下半年开始，1970届15个班级分两批半年学农、半年学工，学农在

_____

① 韩振民，附中1966届中五乙班学生。1968年9月，韩振民去黑龙江军垦农场，1970年1月21日在爆破演习中不幸牺牲，被黑龙江生产建设兵团授予"烈士"称号，追认为中国共产党党员。虹口区革委会发出《关于学习韩振民同志英雄事迹的通知》，并在虹口区第二工人俱乐部举办了事迹展览会。

崇明城东公社，学工在市区附近工厂，从此开始了学生较长时间的学工、学农。

1971年底，华东师范大学与上海师范学院、上海教育学院、上海体育学院、上海半工半读师范学院五校合并成立上海师范大学。学校随之改名为"上海师范大学第一附属中学"（简称"上海师大一附中"），直到1980年8月恢复原名。

1972年，学校招收1975届学生700余名，建立15个班级，年级组长为王秀珍、李春友。学校首次迎来上海师范大学培训的李燕、徐善铭等9名新教师。经过全体教师讨论，学校建立了年级组和教研组并存的体制。学生事务以年级组为主，教研组一周一次会议，加强了教学研究，提高了教学质量。1973年，虹口区委任命蔡祖康担任学校革委会主任与党支部书记。《文汇报》报道附中师生长期坚持开展"学雷锋、树理想、争三好"活动，陈步君在市、区有关教育工作会议上做汇报交流。经区政府批准，学校成为外事接待单位，开始接待外国来宾，并以此推进学校的各项工作。学校开设各门公开课；图书馆、实验室更新充实后对外开放；展现丰富多彩的文艺、体育、社团活动，如田径、乒乓、武术、民乐、舞蹈、杂技、针灸等。

1974年，学校又迎来一批上海师范大学培训的胡国琳、蔡国元、沈雪芬等8名新教师，加强教学工作。学校招收1977届学生900余名，设立18个班级。学校在上海县陈行公社陈行大队建立新的学农基地，学生学农时间缩短为3—4周左右。李燕参加上海首批援藏教师团，去西藏交通局子弟学校任教2年。1975年，学校招收1978届学生700多人，设立14个班级，有3名优秀学生被选送至复旦大学外语培训班学习。1976年，学校招收1979届学生900余人，设立19个班。

1976年，粉碎"四人帮"以后，学校教学秩序恢复正常，由校长负责学校工作，恢复教导、总务两处和校办厂，教师恢复按教研组办公。同年，学校被评为上海市重点中学。

1977年，《文汇报》第二版发表长篇报道《有了方向盘的小将》，记上海师大一附中范诗京学习雷锋的先进事迹。陈步君代表学校党支部在粉碎"四人帮"后召开的第一次上海市中小学教育工作会议上发言，题目是"我们为什么能够深入持久开展'学雷锋、争三好'活动"，并代表学校接受上海市革命委员会授予的"先进单位"锦旗。同年，《解放日报》第二版头条发表上海师大一附中党支部文章《深入持久地开展"学雷锋、争三好"活动》；《文汇报》头版头条及第四版报道上海师大一附中排除"四人帮"干扰，深入持久开展"学雷锋、争三好"活动，并发了长篇短评《为培养千万个雷锋式的革命青年而努力》。

1978年，上海师大一附中恢复举办高中两年制理科班，在全区初三毕业生中招了4个班级，与原在附中就近对口入学的1979届11个班级学生一起五年后毕业。是年起，著名德育教育专家、上师大教授胡守棻指导附中开展德育分层次研究，并在《教育研究》上发表文章，曾到青岛等地介绍经验。

1979年，市教育局局长杭苇、副局长吕型伟在一附中召开全市重点中学校长会议，研究学生思想工作。陈步君代表学校做了《理工班学生更要加强思想政治工作》的发言。上海市教育局根据师大一附中具备的住读条件，同意师大一附中在此年暑假招收高中一年级住读新生一个班，招生名额分配在黄浦、南市、卢湾、闸北、杨浦五区。同年，高二4班学生小孟向班主任陈步君吐露了思想苦闷，此后又写了思想汇报。学校领导认为这个学生的思想在青少年中具有一定的代表性，并向有关方面做了汇报。不久，中共虹口区委、上海市教育局、共青团上海市委以及《解放日报》等都在内部简报中全文刊登，引起市领导的重视。

1980年8月，上海师范大学（五校合并）分校之一的华东师范大学恢复原校名，随之，上海师范大学第一附属中学恢复原名华东师范大学第一附属中学。在上海市教卫办协调下，华东师范大学与虹口区人民政府协议，华东师大一附中党政主要领导的任命与调动，须经双方同意。学校又设校长办公室，处理校长室的日常事务。同年，《解放日报》在头版开辟"青年思想通信"专栏——"什么是生活的正确道路？"，发表了一附中学生向陈步君的思想汇报《一个中学生的一份思想汇报》。同日，《文汇报》在第二版开辟"问题讨论"专栏——"怎样帮助她解除苦闷？"，详细刊登了一附中学生思想汇报《一个中学生的苦闷》。两报都加了详细的编者按，希望全社会都来参与讨论。当天，《文汇报》发表了陈步君的文章《要满腔热情地帮助她》。《解放日报》《文汇报》连续开展了近2个月的讨论，共收到4000多封各方人士的来信。团中央第一书记通过答记者问对讨论做了小结。《北京周报》英文版、《人民中国》日文版详细报道了这次讨论。法国电视一台著名记者专程来学校采访了陈步君和小孟，并向全世界做了介绍。

1981年，华东师范大学第一附属中学体育教研组长夏银生获"全国千名优秀体育教师"称号。师大一附中团委在上海市共青团文体工作座谈会交流经验，主题为"开展丰富多彩的课余活动，促进青少年的健康成长"，《人民日报》《中国青年报》予以报道。

1982年，昆山路宿舍经虹口区城建办翻建，翻建后一切所有权划归虹口区吴淞路房管所。1983年，学校被评为上海市"五讲四美"先进集体。英国中央教育交流观察局理事会主席约翰·伊凡斯、美国科技部宣传机构副局长托凡·梅尔来校访问。1984年，日本大阪市大学访华团30人来校访问。陆继椿被评为上海市劳动模范，并当选上海教育工会副主席。同年，日本外宾23人来校参观，并代东阳中学向华东师大一附中致意，确定初一3班7名学生与日本鲭江市东阳中学通信，双方建立友好关系。

1985年，学校上海市教育局科研所科研班开班。学校被评为市文明单位。哥伦比亚新闻工作协会秘书长2人访校。陆继椿荣获"全国优秀教育工作者"称号与"五一教育劳动奖"。10月1日，学校举行60周年校庆活动。1986年，虹口区政府同意在华东师大一附中试办法国中学留学生班和外国中学生短期汉语培训班，并接受日本大阪市观光株式会社资助，开设日语进修班，增设内部招待所。是年，学校被评为上海市田径传统学校和培养体育后备人才试点学校。

1987年，华东师大一附中徐正贞在《中国教育报》发表文章《首先要抓教材教法改革》。记者陈亦冰等在《中国教育报》发表文章《华东师大一附中坚持八年开展教育科研活动，教育科研给学校带来勃勃生机》。学校在《教育研究》发表文章《调查报告：从校友的反映看中学的教育教学》。华东师大一附中与二附中和三附中签订关于进一步加强合作和支援的协议书。是年，以大阪府科学教育中心所长和田升为团长的大阪府高中生友好访华团一行74人在华东师大一附中进行文艺、书画、茶道、体育等交流活动并访问部分师生家庭。

1988年，为逐步打破"大锅饭"，调动教工教书育人的积极性，贯彻"多劳多得、好劳好得"的原则，引进竞争机制，增强学校活力，提高教育质量，把附中办成有特色、第一流的重点中学，学校在拉开奖金差距的基础上，进一步进行了学校管理改革。1989年，国家教育委员会借调陆继椿参加人民教育出版社与麦克米伦出版有限公司合作编写、出版的香港中学《中国语文》教材的编写工作。

1990年，国家教育委员会发布《关于组织中学校长培训中心学员赴港考察的通知》，华东师大一附中校长季克勤作为第一期学员参加。国际俄语教师协会第七次代表大会于 1990 年 8 月 10 日至 17 日在莫斯科召开，应大会组委会邀请，国家教育委员会决定组团赴莫斯科参加大会，华东师大一附中教师张思中作为代表团成员参会。第十一届亚运会于 1990 年 9 月 22 日至 10 月 7 日在北京举行，第十一届亚运会组委会人事部借调学校陆江山赴韩国汉城担任第五届亚洲赛艇锦标赛的裁判工作。是年，美术教师张锋为华东师大一附中设计校标。校标源自中州路校区内独特的建筑造型（亦与虹关路校舍之鸟瞰外形相符合）。上方"一"表示一附中创一流之意，下方"ＴＴＴ"意为德智体全面发展和栋梁之材，整个图案新颖独特、美观大气。

1991 年，虹口区委常委会讨论同意中共华东师范大学第一附属中学支部委员会改建为总支部委员会，并授予发展党员的审批权。6 月 3 日，光华附中老校友来校参加返校活动。8 月，张思中外语教学会的全国性会议在华东师大一附中举办。上海市教育局同意华东师大一附中继续举办外国中学生汉语学习班。

1992 年，华东师范大学发文《关于加强与一附中联系的意见》（沪华师普教〔1992〕1 号文件），其中明确由华东师大副校长江铭教授兼任一附中名誉校长等事项；毕业生分配优先考虑附中要求，为师资队伍的进修提供方便，加强对一附中的科研支持。华东师大一附中与华东师大签署《华东师范大学与华东师大一附中建立教育实习基地协议书》。焦国芬作为市教育局讲师团成员赴澳大利亚讲学。

1993 年，教导处改设教导和政教两处，分别管理教学和德育工作。日本大阪市天王寺中学代表团一行 5 人来校访问，石源泉校长与天王寺中学代表枝元一三校长分别代表各自学校在"姊妹校协议书"上签字。《解放日报》以照片形式对张思中开展的外语教学法改革进行报道。

1994 年，上海市重点中学校长会议在学校举行。《文汇报》以"交流名校特色，开展教育科研"为题，介绍了全国知名中学科研联合体上海分部成立并在华东师大一附中挂牌的报道。《新民晚报》以"师大一附中开展多种科技活动"为题，介绍了学校"课内打基础，课外出人才"及采取"三个三分之一"开展学生科技活动所取得的工作成果。《上海教育观察与思考》以"一位特级教师的苦恼"为题介绍了语文特级教师、副校长陆继椿潜心研究"分类集中，分阶段进行语文训练"的"双分语文教学体系"及其取得的成效，应邀赴香港参加 1994 年度国际语文教育研讨会，在会上宣读了论文《用"得"的教学思想改革中国语文课堂教学》。

1995年，《解放日报》以"建校70年，育才2万余——华东师大一附中桃李满天下"为题，报道了学校建校70年来所取得的丰硕成果。《联合时报》以"日月光华，光我中华"为题，刊登了中共中央政治局常委、全国人大常委会委员长乔石为光华大学暨附中建校70周年的题词"发扬光荣传统，不断提高教学质量，为社会主义现代化建设事业培育德才兼备人才"。《新民晚报》以"办学特色名闻沪上——华东师大一附中喜迎'古稀'之年"为题，庆贺学校70周年校庆。是年，学校接待韩国京畿道光明市北高等学校校长金龙成率领的一行9人教育代表团，签订了《中国上海华东师大一附中与大韩民国京畿道光明市光明北高等学校建立友好交流关系的协议书》。学校与香港晨兴电子科技有限公司签订了在附中设立每年4.5万元奖教助学金协议，《新民晚报》以"投资助学，不忘母校恩"为题，报道了学校1962届校友杨文瑛在母校设立"晨兴奖教助学金"的相关情况。

1996年，中共中央政治局常委、国务院副总理李岚清在中南海国务院第二会议室亲切接见了张思中，张思中将学生译作及教师编写的书籍呈送给李岚清副总理，《中国教育报》以"中南海里议教改"为题，进行了报道。《光明日报》以"张思中外语教学法10年'教'遍全国"为题，介绍张思中和同事们在全国各地举办上百期张思中外语教学法教改师资培训班，开设百余次讲座，为全国培训了近四万名外语教改骨干教师的事迹。《人民日报》以"适当集中，反复循环，阅读原著，因材施教——张思中外语教学法有突破"为题，报道了张思中的外语教学法在全国上千所中小学校推广应用并取得显著效果的事迹。

1997年，学校停止招收初中学生，同时支持和帮助虹口区教育局创办华东师大第一附属初级中学，学校定名为"新华初级中学"，派陆继椿、陈剑波担任该校正、副校长。崔乐美的论文《高三心理健康课的实践与探索》在上海市心理卫生学会召开的学术大会上荣获优秀论文奖，并获辉瑞心理健康卫士奖。1998年，上海市体育运动委员会发布通知，学校陆江山被评为"全国优秀裁判员"。区教育局在学校举行张思中外语教学法推广基地揭牌仪式。《上海中学生报》以"'跨一步海阔天空'——记华东师大一附中高中生跨学科研究活动"为题，介绍了以刘定一为主的各学科教师在学生中开展跨学科教学活动的情况。《读者导报》以"走进'同龄人'的内心世界——全国优秀教师崔乐美实践纪实"为题，整版报道了学校心理教师崔乐美潜心关注学生心理健康及在实践中所取得的成果。1998年，崔乐美被评为"全国优秀教师"。

1999年，崔乐美被中国心理卫生协会评为"全国首届优秀心理学工作者"。张思中外语教学法暨从教50年纪念会召开，市委领导、国家教育部基础教育司司长分别致信或题词致贺。教育部基教司在江苏召开全国普通高中课程改革研讨会，刘定一做了《跨学科研究课程》的报告，受到与会者的欢迎。

2000年，最后一届初中学生毕业，华东师大一附中成立高级中学。同年5月，政教处改为学生处。从此，中层机构为三处一室加校办厂。《文汇报》教育画刊12版刊登宣传华东师大一附中教育、教学、科研巡礼的报道《培养研究型学生，造就研究型人才》。《中国青年报》教科文园地刊登题为"华东师大一附中开设研究型课程'学生论坛'选题排长队"的报道。

2001年，学校参与全国教育科学"九五"规划国家教育部重点科研课题《重点中学实施素质教育的途径与方法》的子课题《激发学生积极主动参与课堂教学活动的实践与理论研究》，并按时结题。《上海中学生报》头版报道华东师大一附中研究型教师刘定一的文章"修身"课:《从研究自己开始》。2002年，虹口区在学校召开学校自主发展报告会暨现代学校发展设计研讨会专场讨论——现代学校的教师专业发展。日本大阪市天王寺中学校来学校进行教育交流。学校招待所改为学生宿舍，校办工厂停产。

2003年，虹口区重点建设项目华东师大一附中新校舍开工典礼在瑞虹新城举行。学校荣获上海市科技教育特色示范学校称号。2004年，学校被列为国家基础教育重点科研课题基地校，被授予"上海市头脑奥林匹克活动特色学校"称号。经上海市教育科学规划领导小组审议通过、上海市教育委员会批准，市级课题"修身:师生的共同发展——高中阶段德育新途径的探究"被确立为2004年度上海市教育科学重点项目。

2005年，学校被评为首批上海市实验性示范性高中，瑞虹新校区开始部分启用，校址为虹镇老街158号，高一年级进入新校区学习，高二、高三仍在中州路102号老校区就学。学校头脑奥林匹克参赛队获得世界冠军（中国参赛队高中组首次夺冠）并得到市长韩正接见。在中州路 102 号老校区举行建校 80 周年庆典，教育部部长、上海市领导分别发来贺信；1949 届校友、中共中央政治局原常委尉健行发来贺电，并在中州路老校区与部分 1949 届校友重逢；华东师大领导在庆典上讲话。

2006 年，蔡蕾的《库仑定律》课在第七届全国中学物理青年教师教学大赛中荣获一等奖。瑞虹新校操场开始施工。2007 年 8 月起，学校开始搬迁到瑞虹新校区。2008 年 8 月，瑞虹新校区全部建成，地址为虹关路 88 号，中州路 102 号老校区移交给民办新华初级中学使用。韩国教育会朴炳焕校长带队 14 名师生来学校参加"汉文化交流"冬令营活动。全国科学联合体 2008 年上海会议闭幕式在学校举行，全国科联体单位负责人 200 多人出席。

2009 年，学校被评为上海市心理辅导示范校。虹口区教育局党工委、教育局授予李支舜语文名师培养基地、毕红秋英语名师培养基地铭牌。2010 年，美国优秀华裔青少年夏令营一行 33 人来学校访问交流。徐凯里参加全国高中化学优质课观摩评比暨教学改革研讨会，获说课比赛一等奖。学校 3 名学生在第四届亚太地区机器人锦标赛中夺得金奖。2011 年，华东师大一附中教育园区"BC 国际高中课程"招生推介会在学校举行。由国务院侨务办公室主办、市侨办协办、区侨办和华东师大一附中等承办的"寻根中国·相约上海"华裔青少年（加拿大渥太华）夏令营一行 16 人来学校开展了"中国文化寻根之旅"上海站的旅程。李支舜副校长参加了在江苏省靖江高级中学举行的华东师大一附中、浙江省舟山中学、江苏省靖江高级中学三校网络结对签约仪式。

2012 年，上海市教委专家组三位教育专家与市政府督导室领导莅临学校督导工作，听取丁伟强校长就"以'三个研究型'促进高中教育内涵发展"为主题的汇报。虹教系统第一期名师培养基地、名师工作室展示评估活动在学校举行，李支舜语文名师培养基地、毕红秋英语名师培养基地参加了这次成果展示活动。2013 年，上海市第二届"白玉兰"教学论坛高中专场在学校举行，上海市慈善基金会与上海爱的教育研究会共同主办的第 21 届"温馨冬至夜"活动在学校举行。新加坡裕廊初级学院一行 34 名师生来校访问交流，新加坡瑞士村中学教育访问团 21 名学生和 4 名教师来校进行学习体验和文化交流；日本大阪市天王寺中学教育代表团一行 4 人来校进行友好访问。

2014 年，中华人民共和国第十二届学生运动会"中国人寿杯"桥牌比赛的入营式在学校举行。孟宪承实验班开班仪式在尚实楼举行，记者陈乐、冯凰采写的《"孟宪承实验班"探索人才培养新模式》专题报道在《新民晚报》发表，详细介绍了华东师范大学第一附属中学尝试"双导师制"的做法。

2015 年，为迎接华东师大一附中建校 90 周年，特级教师李支舜策划的校庆宣传系列报道"校史篇""师资篇""学生篇"在《文汇报》分三次专题刊登；美术教师张锋特地设计校庆徽标，"校史长廊"历时三个月按期竣工，李支舜创作的《附中赋》墙改造完成；经过三轮评选的楼名、路名，由李支舜设计的"传承·敦尚"方案最终入选；李支舜策划、丁伟强和陆磐良主编的校庆丛书（《校友风采》《论文撷英》《晨曦文萃》《附中名录》《跨学科足迹》）印刷出版。12 月 6 日，华东师大一附中 90 周年校庆庆典仪式在学校尚健楼举行，约 3000 名校友从世界各地赶来，济济一堂，共叙师生情谊。

2016 年，陆磐良校长提出"以德立校，依规治校，数字强校"办学策略，陆磐良校长、李支舜副校长等前往华东师大二附中交流学习，华东师大二附中戴立益校长与一附中陆磐良校长共同签署了合作协议。虹口区、华东师大领导莅临华东师大一附中孟宪承实验班检查指导工作。学校"一报两刊"（《华光报》《华东师大一附中学报》《华东师大一附中社刊》）创刊。2017 年，"科研引领，追求卓越"——华东师大一附中首届科研年会召开；首届"春华秋实杯"创新实践活动优秀论文答辩会举行；首届光华读书节、首届大夏科创节开幕，副校长李支舜分别致开幕词。

2018 年，学校按照年级建立了世承学部、光华学部、大夏学部三个学部。教育部基础教育司考察团莅临学校，开展高考改革和普通高中育人方式改革情况专题调研。由市区督导专家、教研员组成的督导团莅临华师大一附中，进行为期一周的教育教学调研与指导。陆磐良校长向督导团介绍了学校"研究型"学校文化系统，展示了"五修课程"的研究型课程体系，以及"研究型"教师队伍的梯队建设等。

2019 年，学校政治特级教师陈明青赴京参加习近平总书记主持召开的学校思政课教师座谈会并发言，题目是"将马克思主义种子深深播撒在高中生心田"。陈明青获"全国模范教师"称号，应邀出席庆祝教师节暨全国教育系统先进集体和先进个人表彰大会，受到习近平总书记接见与表彰。2020 年，华东师大一附中教育集团科研大会在尚真楼礼堂举行，主题是"让研究促进成长——研究型教师与课堂教学效率"。学校全体教师员工和教育集团成员校教师代表参加。学校举办三地六校"新中考新高考"教学改革研讨暨联合中心组学习会。高二 7 班学生王恺作为上海学生代表接受联合国教科文组织终身学习研究所的全英文采访。

　　2021 年，为迎接华东师大一附中建校百年，召开百年校庆筹备组会议，领导小组组长为王新、袁芳，工作小组组长为李支舜。陈步君、林葆瑞、戴立益、项志良受聘为华东师大一附中百年校庆筹备组顾问，袁芳副校长（主持工作）颁发了聘书。同时成立"百年附中　百年故事"校庆丛书编撰组，李支舜为组长，并公布编撰方案。2022 年，为迎接华东师大一附中百年校庆，百年校庆筹备组向历届校友、教职工有奖征集 100 周年校庆标志，最终，资深美术教师张锋设计的"立德树人，继往开来"的标志被录用。学校开展"基于'新结构化'教学，探索'悦动课堂'的构建策略"教学研讨活动，为学校推进"双新"课改提供鲜活案例和研究基础。

　　2023 年，上海市教育科学研究一般项目"以'新结构化'教学撬动普通高中育人方式变革的实践探索"的开题论证会在学校尚真楼 7 楼会议室进行。由易顺公益基金会特设立"王如珍奖教金"华东师大一附中 100 周年校庆专项捐赠项目协议的签署仪式在学校举行。

　　2024 年，华东师范大学与上海市虹口区人民政府签署新一轮战略合作协议，校长袁芳在会上介绍学校实验班建设情况，希望借助华东师大二附中力量，共同打造"虹口第一班"，以培养拔尖人才，提高基础教育质量。学校在尚健楼 3 楼体育馆举行了"百年华章，共筑梦想"华东师大一附中百年校庆倒计时 400 天庆典。9 月 9 日，市委书记陈吉宁，市委副书记、市长龚正与上海市优秀教师代表举行座谈，全国最美教师、学校教师陈明青结合教学科研、深耕思政教育的探索实践谈了感想体会。由上海开放大学指导，大中小学思想政治教育一体化建设创新发展中心、上海教育系统网络文化发展研究中心、上海教育电视台等单位紧密合作、精心筹备的《明青讲习所》于年底开播。上海市新教研项目展示活动在学校举行，活动主题为"新教研、新结构、新课堂"。

　　2025 年，6 月 1 日，学校在虹关路 88 号尚健楼举行"光大华夏·百年树人——华东师大一附中百年校庆庆典暨学校高质量发展推进会"。6月3日，华东师范大学第一附属中学迎来建校100周年。市委书记陈吉宁，市委副书记、市长龚正会见了上海受表彰的全国离退休干部先进集体和先进个人代表，学校校友陈凯先、陈步君受到接见。学校头脑奥林匹克参赛队获上海头脑奥林匹克创新大赛暨第46届世界头脑奥林匹克选拔赛冠军，同时获富斯卡创造力奖。同济大学与学校隆重举行"苗圃计划"人才培养基地签约仪式。

四

（一）百年附中，百年征程！

华东师大一附中是一所历史悠久的名校！

回溯华东师大一附中建校100年历程，"研究型"办学特色在学校奠基、积淀、提炼、传承和弘扬，可谓源远流长。

1. 廖世承校长时期

早在20世纪20年代，我国著名教育家、心理学家廖世承校长提出了"积极研究、勇于尝试、艰苦卓绝"的办学思想，成为学校精神导向。为了培育学生研究素养，他在光华附中聘请了一批研究型名师，并"提倡课外作业"，组织"自然科学研究会""数学研究会"等课外小组，目的在于促进学生的"研究心"。这些举措奠定了附中"研究型"办学特色的根基。

2. 陆善涛校长时期

后来出任上海市教育科学研究所所长的陆善涛校长，则是"研究型"学校文化的传承者、积淀者。他认为，教师进行教科研，会有四个"不一样"："思想境界不一样、理论素养不一样、信息意识不一样、教育能力不一样"。陆校长在全校范围内实施"推门听课"，鼓励全校教师博采众长，共同学习、共同协作，逐步形成了全校"推门听课"无障碍的良好教研氛围，为全校教师共享教育智慧和教学艺术提供了切实可行的通道。

3. 徐正贞校长时期

徐正贞校长在任期间经常勉励教师"要当教育家，不做教书匠"。他以非凡的魄力，开了中学教师"整学期不排课，享受科研创作长假"的先例，提出"向科研要质量"。他组织教师听学术报告，参观学习，增强教师科研意识；鼓励教师进行教学的科研和改革试验，以张思中、陆继椿、刘定一等为代表的一批教师，热衷于中学教育科研，以科研促教学，逐渐形成了"科研领先，教有特点；全面发展，学有特长"的一附中办学特色。

4. 孙稼麟校长时期

世纪转换时期，全国五一劳动奖章获得者、上海市特级校长孙稼麟与全校师生一起通过实验性示范性高中建设、实践性研究型学校课程建设、研究型学习和德育修身活动等，为学生成长提供新型的教育文化环境，并在实践中透过"一附中现象"提炼出"培养研究型学生，造就研究型教师，建设研究型学校文化"的"三个研究型"办学理念，使"研究型"办学特色得到提炼和弘扬。

5. 丁伟强校长时期

丁伟强校长思考如何弘扬和发展"研究型"学校文化，把创建"教师专业发展共同体，探索教师专业发展形态"，作为提升学校"研究型教师"和"研究型文化"整体水平的战略思考，研训一体，打造平台，建设"三块田"教师专业发展工程；把创建"教师专业发展共同体"作为聚焦教师专业发展的重点和"研究型"学校文化新的突破点、增长点，一批中青年教师脱颖而出。

6. 陆磐良校长时期

陆磐良校长在任期间，注重梳理"研究型"学校文化历史，以光华附中和大夏附中校训"格致诚正，自强不息"作为新时代一附中校训。他提出"以德立校，依规治校，数字强校"的办学策略，建立了一附中"研究型"学校文化的办学体系；创办学校"一报两刊"（《华光报》《学报》《社刊》）；召开首届科研年会、首届"春华秋实杯"创新实践活动优秀论文答辩会，创办光华读书节、大夏科创节、世承体艺节校园文化三大节；改革学校管理机制，建立世承学部、光华学部、大夏学部三个学部。学校的教学质量跨越式提升，社会声誉日益扩大。2019年，政治特级教师陈明青赴京参加习近平总书记主持召开的学校思政课教师座谈会并发言。

7. 袁芳校长时期

袁芳校长在任期间，秉持"研究型"学校文化理念，在"双新"课改的大潮中，始终坚持"人的发展"是第一要务；以课堂教学为师生发展的主要载体，力推"新结构化"教学，倡导课堂要素应包含情境场、问题链、反馈环。通过转变观念，提高广大教师关注问题、情境和学习心理，提升课堂教学品质。她主导的学校五修课程规划获评上海市优秀课程规划，与华东师范大学第二附属中学合作开设理科综合实验班。学校党总支被评为上海市先进基层党组织，还以庆祝学校建校百年为契机，筹建校史馆，更新校史长廊，出版"百年附中 百年树人"校庆丛书。以"高品质管理、高素质人才"为目标，培养新时代的"光华人"为己任，发扬传承，求实创新；追求卓越，勇攀高峰！

（二）百年附中，百年树人！

华东师大一附中是培养高级人才的摇篮！

建校 100 年来，学校为国家培养和输送了大批优秀人才，既有乔石、姚依林、尉健行等党和国家的重要领导人，也有方成、陈凯先、叶澜等著名的科学家和教育家，还有谢晋、赵长天等著名导演和作家，学校被称为"培养高级人才的摇篮"。

（三）百年附中，百年荣耀！

华东师大一附中是教育改革的一面旗帜！

学校先后被评为上海市重点中学、上海市首批实验性示范性高中、上海市科技教育特色示范学校、国家节约型公共机构示范单位、国家公共机构能效领跑者、全国急救教育试点学校、上海市文明校园、上海市中小学行为规范示范校、上海市人文关怀心理疏导示范点、上海市依法治校示范校、上海市家庭教育工作示范校、上海市中小学心理健康教育示范校、上海市绿色学校、上海市教师专业发展学校暨见习教师规范化培训基地学校、上海市中小学图书馆工作先进集体、上海市三八红旗集体等。

2021 年，学校党总支被评为上海市先进基层党组织。

辉煌附中，致敬百年！

（李支舜执笔）

第一卷

光华大学附属中学大事记
（1925—1951）

1925 年

6 月

6 月 3 日　因不满圣约翰大学校长卜舫济侮辱国旗、压迫学生爱国运动，该校教职员孟宪承等 19 人暨大学部分学生及附中全体学生计 553 人宣誓离校。

6 月 4 日　王省三宣布捐地 60 余亩，由国人自办大学容纳离校同人，圣约翰离校学生善后委员会成立。

6 月 8 日　善会委员会召开第四次会议，讨论筹办大学、中学方案，并报告王省三、张寿镛捐款等事。

6 月 12 日　假北京路河南路转角明华银行楼上为光华大学筹备处，新校筹备委员会成立，召开筹委会第一次会议。

6 月 22 日　新校定名为"光华大学"，取"日月光华"之意。"光华大学"匾额由王省三书写。同时筹办中学。

6 月 29 日　筹委会召开会议，决定先建简易校舍一所，以便下学期按时开学。

6 月 30 日　决定办校计划：大学先办文科、理科、商科、法科四科，中学除维持圣约翰中学各班外，另办初级中学。

7 月

7 月 4 日　光华大学筹备就绪，登报招生，陆士寅为附属中学主任。

7 月 25 日　光华大学租霞飞路 834 号至 836 号作为临时校舍。

7 月 26 日　印就大学、中学各系科详细课表及教员名录表，并向社会分发。

7 月 28 日、29 日　举行第一次新生入学考试。

8 月

8 月 7 日　张寿镛撰《筹建光华募捐启》刊于报端，开始募捐。

9 月

9 月 2 日　新生录取名单揭晓，筹委会商议注册、开学典礼等事宜。光华大学暨附属高中、初中学生，连同从圣约翰大学离校学生，共 1000 余人。

9月7日　　第一学年开学。

9月8日　　成立教职员代表会。

9月12日　在霞飞路大学部举行开学典礼，参加开学典礼的大学部学生有 450 余人，中学部学生有 500 余人。同日，圣约翰离校学生善后委员会宣布闭幕。

9月28日　中学部在西区本校举行爱国募金演讲会，先由中学主任陆士寅报告开会宗旨，继由刘湛恩博士演说，题为"爱国运动"。

9月29日　校足球队成立。出版《光华旬刊》（原名《光华周报》）、《光华期刊》。

10月

10月8日　　校教职员代表会成立。

10月14日　第一届学生自治会成立，张祖培为委员长，许体钢为副委员长。

10月28日　胡适来校讲演，题为"思想之方法"。听讲者为校教职员和大学、中学两部学生及来宾千余人。

11月

11月5日　　附中学生成立文学、社会科学、自然科学等学术研究会。

11月10日　张承宗脱离工部局华童公学，进入附中高三，旋又转入大学读书。

11月18日　附中举行辩论会预赛，辩题为"中山墓之建筑不宜宏伟"。决赛辩题为"今日中国子女婚姻不宜父母做主"。

11月27日　附中科学研究会选出正、副会长及顾问，旋即成立教育学研究会。

12月

12月15日　本校图书馆开幕。

12月20日　校童子军在霞飞路大学部饭厅成立，校长述本校以"知行合一"为校训，来宾到会观礼者甚多。是日，举行宣誓礼及授旗仪式。初定童子军为初中一、二年级必修学程，后改为初中必修学程。

12月27日　附中自然科学研究会请胡昭望演讲，题为"谈科学方法"。

1926 年

1月

1月5日　　大西路校舍开始开工建设，典礼由校董施肇曾等行掘土礼。

1月8日　夏奇峰来校演说，题为"国际联盟与学生"。同日，校哲学研究会邀请李石岑做演说，题为"谈谈东西的人生哲学"。

1月17日　圣约翰离校学生善后委员会及建筑募捐委员会开会，欢送费毓洪等赴菲律宾募捐。

1月20日　附中学生自治会编辑出版《晨曦》创刊号，学生赵家璧撰发刊词。

1月30日　寒假休业。

2月

2月1日　春季学期招考，录取新生。

2月26日　春季学期开学，实到大学暨附中学生共1013人。

3月

3月1日　校方正式接受王省三夫妇捐地地契等文件。

3月18日　校方呈文英国退还庚子赔款委员会，请求补助并呈请教育部准予立案。

3月20日　加紧建设大学、中学校舍，中学校舍采取传统宫殿形式，被誉为中式新建筑之杰作。

4月

4月12日　本校《英文周刊》第一期出版。

4月16日　在西区中学部新操场举行第一届春季运动会。

4月20日　学生会开办义务学校，就读学生有130人。蒋孝澧在法华乡何家角办义务小学，招收失学小孩，学生众多，精神焕发，颇树功绩，后停办。

5月

5月1日　为筹建新校舍发行建筑公债。本校发行建筑公债额定20万元。

5月7日　学生募捐代表费毓洪等自菲律宾返校，募得现金2400两，报告侨商林珠光允建体育馆一座、吴记霍允建科学馆一座等。

5月15日　教育部调查员朱炎之、谢仁冰为本校立案事莅校调查。

5月20日　圣约翰离校学生善后委员会开会，函请定6月3日为校纪念日。

6月

6月3日　举行本校成立一周年纪念会。同日，圣约翰离校学生善后委员会闭幕，改组为"六三"圣约翰离校同志会。

6月23日　江苏教育厅准予本校附中立案，并派章伯寅到校监临毕业考试。

7月

7月3日　举行第一次毕业典礼，前国务总理熊希龄致毕业词。会场设于霞飞路第一院前广场上，布置甚为华丽。

7月4日　暑假休业，第一学年（自1925年8月至1926年7月）结束。

7月20日　中学部教员许绍珊从事著作，中学部学生有社会学论文竞赛，其最优三名，已经刘强教授取定，将在中学所办季刊《晨曦》出版。

8月

8月15日　自图书馆随校迁入大西路新址后，场地稍有拓展，遂着手厘定章程、编制表册、办理图书外借等事务。

8月30日　本校教授聘任制改兼职为专任，新聘者有童伯章、吕思勉、钱基博等。

9月

9月1日　自大西路新校舍落成，大学、中学部先后迁入新校舍上课。

9月18日　组织光华大学行政会。

9月24日　举行第二学年开学典礼，大学暨附中学生到者有970余人。

9月25日　马寅初来校演讲，题为"中国财政与金融之关系"。

10月

10月5日　行政会推定教职员组织各种委员会。

10月20日　第一卷《光华年刊》出版。

10月24日　校务委员会开会推举第一任校董及名誉校董。

10月26日　举行第一次周会。

10月27日　校董会成立，下设校务会、教授会、学校校长一人，副校长二人，附中主任一人，并通过章程。

10月29日　张寿镛校长因公赴京，校务由副校长朱经农负责。至次年3月28日，销假视事。

11月

11月25日　本校呈请中华文化教育基金董事会拨款补助本校。

12月

12月10日　举行校级国语辩论决赛，辩题为"中国应不征各条约国同意立即取消一切不平等条约"。

12 月 18 日　附中下午四时举行英语演说决赛，请赫尔女士及史乃康、费毓洪二君为评判员。结果为：初中第一名李明耀，第二名陈宗濂，第三名李贤蜂；高中第一名李永庆，第二名蒋鹏，第三名吴保源。得第一名者由校长张寿镛奖予金牌一面，其余由英语演说委员会奖予银牌一面。校英语演说，平时由张星联硕士专事指导。

12 月 30 日　社会学会学生进行一项校园问卷调查，其问题之一是"你最赞成本校的哪位教授"。该项问卷汇总统计刊于《光华周报》上。

1927 年

1 月

1 月 11 日　因受战事影响，学校提前放寒假。

2 月

2 月 17 日　春季学期开学，张寿镛校长续假，校董会请王省三为代理校长。

2 月 22 日　因时局不靖，本校暂停上课。

3 月

3 月 7 日　本校中学部迁入大西路校舍，大学、中学一律继续上课。新聘徐志摩任教授。

3 月 10 日　大学、中学学生会成立，胡越、蔡显敏当选为正、副主席。旋发起"国立运动"。

3 月 18 日　张寿镛校长销假视事。

3 月 30 日　学生会发起"国立运动"。

3 月 31 日　孟宪承任总务长，廖世承到校任教。

4 月

4 月 1 日　国民党上海特别市三区六分部及十五分部合并为法华乡独立区分部，在校内开展活动。

4 月 22 日　中学主任陆士寅辞职，另聘钱基博兼代中学主任。

4 月 26 日　行政会改组成立，张校长主持第一次行政会，决议：经济公开、实行男女同学、扩充图书经费等。

为向教育基金会请款事，中华教育文化基金董事会派来专家调查视察学校教学及设备状况。

5月

5月9日　为纪念"五九"国耻，学生会在校会所召集纪念大会。

5月10日　本校学生军成立。

5月14日　在校操场举行各级运动会，分大学、高中、初中三组，各项运动录取5名，给予五、三、二、一分。结果：大学、高中均为二年级得胜，初中则三年级名列第一。

5月17日　本校设有三民主义讲演班，每周设一讲演，是日邀请陈德徵来校演讲"民权主义"。

5月27日　举行第二次国语演讲竞赛，得奖者为曾克家、杨吉孚、把若愚、胡祖荫。级际优胜者为庚午级。

6月

6月3日　为纪念圣约翰师生离校两周年，上午"六三"同学会举行纪念会。下午本校举行两周年纪念典礼暨恳亲会。

6月25日　报载本校新计划及新聘教授张歆海等。朱经农因就任上海特别市教育局局长，辞去副校长一职。

7月

7月1日　光华大学同学会成立，费毓洪当选为会长。

7月2日　举行第二届毕业典礼。

7月3日　暑假休业，第二学年终。

8月

8月1日　胡适受聘任教，每周教课三小时。

9月

9月20日　大学、中学开学，到校者900人。彼时，张歆海任副校长，对图书馆建设甚为关注。廖世承以教育学教授兼附属中学主任，刘强以社会学副教授兼训育主任。因学生宿舍不敷分配，以教室改宿舍，盖茅屋为临时教室。

9月22日　美国生物学家尼登博士来校演讲，题为"战争乃生物进化之自然现象"。

10月

10月16日　应胡适邀请，韦布氏博士来校讲演国际政治问题。

10月17日　上午九时二十五分举行纪念周，张寿镛校长主席，行礼如仪，录游杭诗数首示同学。

10月18日　上午九时翁照垣来校演讲，容启兆主持。

10月24日　下午二时在校长室举行第四次校务会议。

10月30日　下午三时召集临时校务会议。

10月31日　上午十时举行第五次校务会议。

11月

11月2日　校文艺团体新光社请饶孟侃做演讲，题为"中国新文学"。

11月4日　新光社邀请梁实秋等来校演讲，题为"文学批评"。是时，梁实秋亦在本校兼课。

11月14日　举行纪念周，钱基博做演讲。时钱氏又在无锡国专兼课，每周往返于沪锡之间，甚为辛苦。

11月16日　学生会邀请鲁迅来校做演讲，题为"文学与社会"。演讲记录稿后刊于《光华周报》上。

11月24日　下午四时半举行第八次校务会议。

11月30日　新辟校之北隅，设篮球、网球、排球等场地。次年，又购地建跑道及足球场，本校运动场所初告完备。

12月

12月7日　下午四时半举行第九次校务会议。

12月9日　本校国语演说比赛在大会堂举行，张校长主席，朱时隽计时，黄炎培、黎照寰、杨卫玉评判。比赛结果：第一名沈昌焕，题目"瞎子"；第二名吴华，题目"今日的中国人"；第三名吴桂馨，题目"出路"。

是年　　　夏鼐进附中高中部读书（1927年至1930年）。

1928 年

1月

1月24日　寒假休业。

2月

2月7日　新聘吴梅为国学系教授。

3 月

3 月 1 日　附中学生宿舍开建动工，计 7 月竣工，下学期交付使用。

3 月 6 日　校学生会改选职员，议定编辑出版《光华周刊》《光华期刊》二种。

是月　　　因猩红热时疫流行，停课一星期。

4 月

4 月 18 日　附中邀请潘仰尧来校讲演，题为"青年之择业与修养"。

4 月 20 日　下午，张寿镛校长召集全体学生做训话与报告。

是月　　　附小校长蒋孝澧为《光华年刊（辛未）》撰文，介绍附小开办以来之状况及成绩。附小位于公共租界西摩路 175 号，环境幽静，交通便利。

5 月

5 月 4 日　举行五四运动纪念会，胡适做演讲。

是月　　　教职员与学生反日运动委员会召开联席会议。会上，钱基博、吕思勉、潘序祖、廖世承等有提案。

　　　　　田汉来校任教。

6 月

6 月 4 日　校成立三周年，举行纪念大会。

6 月 7 日　社会学会邀请顾子仁来校讲演，题为"以历史的眼光分析中国近来的变化"。

6 月 10 日　附中邀请艺术专家陆尔强担任美术课教师，学生对美术学识之兴趣，能得到特别提高。

　　　　　陆尔强近作在图书馆公开展览。

6 月 29 日　大学、中学戊辰级举行留别纪念游艺会。

6 月 30 日　举行第三届毕业典礼，中学主任廖世承致训词。高中毕业生有 96 人，初中毕业生有 35 人。

7 月

7 月 20 日、21 日　中学部举行新生入学考试，第三学年（自 1927 年 8 月至 1928 年 7 月）结束。

夏季　　　校图书馆新辟阅览室、储藏室等。次年春季及后年夏，又两次做调整扩充。

9 月

9 月 1 日　附属小学开始招生。是日，附小举行开学典礼，主任蒋孝澧报告筹备经过及今后努力方针。

9 月 3 日　大学暨附属中学第二次举行新生入学考试。

9 月 10 日　廖世承任附属中学主任，并兼任光华大学副校长之职。

9 月 20 日　召开第一次校政会议。后定每星期五开会。

是月　吴泽霖到校任教。

10 月

10 月 20 日　举行级际国语演说竞赛。

10 月 24 日　下午一时全体教员在西藏路南洋菜社聚餐暨召开第二次教授会议。

10 月 28 日　在校膳厅举行级际英语演说竞赛。

是月　《六三血泪录》书成，张寿镛校长为之序。

11 月

校哲学会、教育学会邀请蒋维乔演讲，题为"身与心"。

12 月

12 月 6 日　停课，召开全体大会，请孙本文来校演讲，题为"人口问题与中国"。

12 月 12 日　陈鹤琴来校演讲，题为"儿童心理"。

12 月 15 日　钱振亚来校演讲，题为"新村之研究"。

12 月 24 日　中学宿舍落成，停课，学生由教室迁入新宿舍。

12 月 28 日　停课，举行新年同乐大会。

1929 年

1 月

1 月 26 日　寒假开始。

2 月

2 月 26 日　举行春季招生。

2 月 28 日　寒假后开学，举行开学典礼，张校长训话，廖世承副校长报告本学期教务事务。

| 是月 | 汪仲长到校任教。 |

3月

| 3月1日 | 上海特别市教育局为立案事派专员周尚、薛公孝来校视察。稍后，校将立案呈文表册送呈上海特别市教育局，并转呈教育部。 |
| 3月14日 | 群育主任任孟闲到校办公，下午在膳厅向学生报告实施计划。 |

4月

4月1日	放春假一个星期。
4月19日	教育部为本校立案事派员来校调查。
4月22日	上海特别市教育局转教育部令，批准本校校董会立案。
4月25日	王济昌来校演讲，题为"社会科学研究之新趋势"。又据报道，近期校体育馆即将动工。
是月	教育学会向校教务会提出招收女生提案，经校教授会讨论，同意通过。

5月

5月6日	为附属中学立案事，市教育局派员视察学校。
5月8日	开玛尔来校演讲，题为"金本位问题"。
5月9日	举行校田径运动会。
5月11日	教育部令准本校立案。
5月23日	市教育局接到教育部准予立案之训令。
5月30日	举行国耻纪念会，罗隆基做演讲。

6月

6月3日	举行四周年纪念会，张寿镛校长致开会辞，校董及学生代表相继发言。下午六时后，举行游艺大会。
6月8日	光华剧团由储安平任主席。是日，剧团去吴淞游览。
6月12日	校长召集修改课程委员会，讨论通过课程草案及下学年各种计划，下学期将见诸实施。
6月13日	本届毕业生宴请全体教职员。后数日，张校长于觉园宴请全体教职员及本届毕业生，并合影留念。
6月23日	女生宿舍动工，计划9月初完工。宿舍建在校运动场的东面。
6月28日	本届毕业生举行留别纪念游艺会。

6月29日　举行毕业典礼，容启兆启程赴南洋群岛募捐。

7 月

7月1日　　暑假开始。

7月24日、25日　大学、中学举行下学年新生入学考试。第四学年（自1928年8月至1929年7月）结束。

8 月

教务处印发《教务年报》，推出教务改革设想。

9 月

9月4日、5日　大学、中学举行第二次新生入学考试。

9月23日　召开本学年第一次校务会议。

是月　　本学期开学后，蒋维乔任中国哲学教授。哲学会编《哲学研究》，蒋维乔为之作发刊词，次年由中华书局印行出版。

10 月

10月7日　召开第二次校务会议，定每周一下午五时开会。

10月10日　举行国庆纪念，由吕思勉做演讲。

10月18日　政治学社邀请徐谟来校演讲。后教育学社又邀请江问渔来校演讲。

10月28日　张寿镛校长召集全体学生训话。是日，日本文化事业部长坪上贞二等7人来校参观。

11 月

11月5日　潘文安来校演讲。

11月8日　陈柱尊来校演讲。

11月11日　总理诞辰纪念日，高一涵来校演讲。

是月　　校童子军编制课程标准，并新建童子军团部。
　　　　女生宿舍落成。

12 月

12月4日　胡适来校演讲，题为"新文化运动与国民党"。

12月7日　校女同学会成立，初由张允和任总长。女同学会还成立了一个昆曲组，请童斐教昆曲。

12 月 19 日　举行国语演说比赛。

12 月 26 日　林语堂来校演讲，题为"机器与精神"。

是年　　　　光华附中学生创办平民学校，教员均由附中学生担任。

1930 年

1 月

1 月 8 日　举行级际英语比赛，廖世承任评委会主席。

1 月 9 日　举行级际中文演讲比赛，容启兆任评委会主席。张允和参赛，赛题为"今日大学女生的通病"。

1 月 13 日　举行学期考试。

1 月 20 日　开始寒假休业。

1 月 26 日　召集审查成绩委员会，除名 42 人。

2 月

2 月 11 日　裁撤校教务处。是日，春季招生。

2 月 17 日　开学。

2 月 18 日　举行"三一八"纪念会，廖世承演讲。

2 月 19 日　补考新生。

2 月 22 日　女生宿舍失火，幸无人员伤亡。校召集紧急会议，议定善后办法：自本日起停课三天，以教员宿舍让作女生宿舍。拟再拨款赶造女生宿舍。

3 月

薛迪符到校任教。

4 月

4 月 2 日　春假开始。

4 月 7 日　校银行正式开始营业，开业当日存款达数千元。

4 月 26 日　举行全校田径运动会。

5 月

5 月 8 日　举行校内中文演说比赛。

5 月 15 日　举行校内英文演说比赛。

5 月 22 日　全体学生集会，请杨杏佛演讲，题为"婚姻问题"。

5 月 23 日　召开教授会议。是日，法国教育部特派考察中国高等教育专员等一行来
　　　　　校参观。

5 月 30 日　召开五卅惨案纪念会，由钱基博做演讲。

6 月

6 月 2 日　举行五周年纪念典礼，是日起停课三天。

　　　　　钱基博编《光华五期纪念册》，张寿镛校长为之序。

6 月 16 日　今起大考。

6 月 26 日　教员邀请毕业生茶叙。

6 月 27 日、28 日　中小学毕业生举行毕业典礼。张校长宴请毕业生。

6 月 30 日　暑假开始。

7 月

7 月 23 日、24 日　举行下学期新生招生考试。

7 月 27 日　第五学年（自 1929 年 8 月至 1930 年 7 月）结束。

8 月

　　　　　胡本孔来校任职。

9 月

9 月 1 日、2 日　举行第二次新生入学考试。

9 月 4 日　新生报到。

9 月 8 日　正式上课，举行开学典礼。

10 月

10 月 4 日　张校长于华安八楼宴请全体教员，并召开教授会议，讨论严行考试方法
　　　　　及注意平日积分与小考各点等，此时开始学分制及积点制。

10 月 10 日　举行国庆纪念会，王造时演讲。

10 月 11 日　廖世承邀请黄炎培自是日起至次年 2 月来校为学生讲授中国教育史。

11 月

11 月 4 日　上午举行第二次全体集会，林语堂发表演讲，题为"读书的艺术"。演说
　　　　　中说到不少学生未能将读书视为至乐之事，而失去了读书的本意。

11 月 5 日　罗隆基因批评国民党专制，在吴淞中国公学被捕。张寿镛、蔡元培等赴公安局具保，旋即获释。同日，政治学社开会请罗氏报告事情经过。

11 月 10 日　举行校内英语演说比赛。

11 月 19 日　第三次全体学生集会，张寿镛校长训话。

12 月

12 月 10 日　召开临时校务会议、临时教授会议。因大学部发生学生风潮，次日起提前放假。

12 月 15 日　《申报》刊发本校全体教职员宣言，详述此次学潮之始末。

12 月 16 日　校董会开会，宣布开除大学生 14 名，以整肃校纪。

12 月 21 日　学生黎竞等 251 人为风潮事发布宣言，声言要彻底驱逐廖世承及校内国家主义派教职员。

12 月 24 日　国民党上海特别市第九区执行委员会为本校学生风潮发布宣言，呼吁各级党部、各界人士声讨反对本党的廖世承、罗隆基等，以铲除危害学校、危害社会之反动势力。旋市执委会又向中央呈报光华学潮主因等，陈办法五项请求中央核办。

12 月 30 日　《申报》刊发副校长廖世承对此次光华学潮之声明。

1931 年

1 月

1 月 9 日　为校学潮事，张校长致电教育部。

1 月 11 日　开学。是日，上海特别市执委再呈请中央迅速处理光华学潮事，并函约张校长赴市部谈话。

1 月 12 日　经教育部电令准，改校训为"格致诚正"。廖世承辞去光华大学副校长，专任附中主任。

1 月 22 日　补行上学期考试。

1 月 26 日　招生新生考试。

1 月 27 日　光华附中推举代表，往嘉定迎接廖世承任附中主任。

2 月

2 月 9 日　学生注册。

2 月 12 日　正式上课，举行开学典礼。张寿镛校长训话，并报告校方人员调动及聘任教师。

2 月 16 日　张校长主持举行纪念周演讲。

2 月 26 日　童斐去世。

3 月

3 月 10 日　停课，开会追悼"讨逆"阵亡将士。

3 月 12 日　停课，总理逝世纪念，开追悼会。

3 月 23 日　童斐追悼会在校礼堂进行。

4 月

4 月 6 日　放春假一个星期。

4 月 13 日　举行本校国语演讲比赛。

4 月 20 日　国民会议代表选举，选举结果为：胡庶华 128 票，容启兆 73 票，张寿镛 56 票。

4 月 27 日　举行纪念周，由金通尹演讲，题为"知难行易"。

5 月

5 月 5 日　为革命政府成立纪念，放假一天。

5 月 11 日　举行纪念周，张校长主持。

5 月 27 日　毛起鵕应邀来校演讲，题为"社会学改造论"。

是月　　　校文学社邀请丁玲来校演讲，题为"我的自白"，讲演稿刊于《读书月刊》。

6 月

6 月 1 日　总理奉安纪念及庆祝颁布约法，放假一天。

6 月 3 日　本校六周年纪念会，张校长报告历年经过，钱基博等代表演说。

6 月 8 日　暨南大学校长郑洪年来校演讲，题为"行易知难与青年"。

6 月 9 日　学期考试开始。

6 月 19 日　张校长在觉园宴请全体教职员及毕业学生。

6 月 20 日　举行毕业典礼。

是月　　　附中筹办国文、英文、算术暑期补习学校。

7 月

7 月 12 日、13 日　举行第一次新生入学考试。第六学年（自 1930 年 8 月至 1931 年 7
　　　　　　　月）结束。

8 月

8 月 11 日、12 日　举行第二次新生入学考试。

8 月 30 日　陈训恕在巴黎逝世，是日下午在中国科学社举行追悼会。

8 月 31 日　第三次招生。

9 月

9 月 3 日　学生注册。

9 月 7 日　正式上课，行开学礼。

9 月 21 日　举行全体学生会议，组织抗日救国会。

9 月 23 日　全体教职员因日本袭我辽东事开会讨论抗日问题。

9 月 24 日　是日起停课，教职员与学生举行联席会议。大学部学生杨人伟、杨人偶
　　　　　兄弟留下遗书赴京参军。

9 月 29 日　今日起至 10 月 4 日停课。是日，江问渔来校演讲。

9 月 30 日　徐钧溪来校演讲。

10 月

10 月 2 日　张志让来校演讲。

10 月 7 日　罗隆基来校演讲。

10 月 10 日　本校学生在西门、闸北一带化装演讲，以期唤醒民众，不为日寇威胁而
　　　　　退缩。

10 月 19 日　陈彬龢来校演讲。

10 月 26 日　洪殷朴来校演讲。

10 月 30 日　吴迈来校演讲。

是月　　　彭文余来校任教。

11 月

11 月 2 日　举行纪念周。

11 月 12 日　总理诞辰纪念，放假一天。

11 月 16 日　举行纪念周，吕思勉来校演讲，题为"东北问题"。

11月19日　今起停课三天，募捐援助马占山孤军抗日。

11月23日　今起罢课，为抗日救国事至南市华界游行示威。

11月26日　张寿镛校长召开教授会议。

是月　　　叶君健进光华附中高中部读书。他后来回忆说，在附中学习时，在英语的听、讲和写上受益最大。

12月

12月3日　今起罢课反对政府设立"中立区域"及"国际共管津市"。是日，上海特别市党部训令本校抗日救国会，劝学生复课。

12月10日　艾迪博士来校演讲。

12月24日　今起复课。

12月31日　今起放假三天。

是年　　　王季淮等代表中华队参加万国运动会。

1932 年

1月

1月13日　上海中等学校学生抗日救国联合会召开第八次临时紧急干事会议，讨论参加大学联所召集之农工商联席会议案，推光华附中等五校为代表。

1月14日　今起放寒假。

1月25日　光华附中代表参加上海中等学校学生抗日救国联合会第二届第十二次紧急干事会议。

1月27日　附中代表参加上海市中学生抗日救国联合会第十五次干事会常会，并被推举组织宣传募捐队。

1月29日　春季第一次招生。

4月

4月10日　开学，本学期因日本侵我上海延期开学。校务仍由教育专家廖世承主持。附中暂租新校舍，在兆丰花园附近，地址安全，环境宜人。学生家长请求，特向附近华华中学租定四层楼为宿舍。

4月14日　正式上课。

5月

5月27日　光华派代表参加上海各大中学学生抗日救国会正式成立大会。

6月

6月2日　　下午六时壬申级毕业学生于大加利饭店宴请全体教职员。

6月3日　　校庆纪念，放假一天。

6月20日　附中迁回大西路校舍。

7月

7月5日　　是日报载廖世承决定留任附中主任。江苏省教育厅延聘附中主任廖世承
　　　　　为专科师范学校校长，廖氏谢绝。

7月11日　本日起举行大考。光华附中筹备招收女生，添建校舍及健身房等。

7月27日、28日　举行新生入学考试，召开成绩审查会议，第七学年结束。

7月30日　上午十时，品学成绩审查会在校长室开会。

是月　　　筹备成立光华实验中学，校董会成立，廖世承为常务校董。

8月

8月21日、22日　举行第二次招生。

9月

9月2日至4日　学生到校注册。

9月5日　　据报道，市教育局传令嘉奖光华附中。廖世承博士接任附中主任已经五
　　　　　载，声誉卓著。

9月7日、8日　举行第三次招生考试。

9月10日　开学。

9月15日　正式上课，上午九时行开学礼，张寿镛校长训话，副校长朱公谨、附中
　　　　　主任廖世承报告校务。

9月16日　下午二时本学年第一次校务会议在校长室开会。

9月18日　上午九时举行国难纪念，张校长主席，行礼如仪，王造时演讲，本日素
　　　　　食减膳以资助饷。

9月26日　上午九时二十五分举行纪念周，张校长主席，行礼如仪。

9月29日　下午二时第一次校务会议在校长室开会。

10月

10月1日　《光华大学半月刊》发刊，张校长撰发刊词。

10月2日　十二时留校毕业学生在新雅酒楼聚餐，改选职员，潘子端当选主席，吴

遐龄任书记，唐书第为干事。

10月3日　上午九时二十五分举行纪念周，张寿镛校长主席，行礼如仪。

10月4日　下午一时举行本学年第一次财务委员会及第三次校务会议，均在校长室开会。

10月10日　双十节停课一天。

10月13日　本学年第一次图书委员会开会，颜任光主席。

10月17日　举行纪念周，张校长主席，行礼如仪，录游杭诗数首示学生。

10月23日　上海童子军大检阅在本校举行，校童子军团参加，张校长发表演说。

10月24日　下午召开第四次校务会议。

10月30日　召集临时校务会议。

10月31日　召开第五次校务会议。

11 月

11月2日　附中举办第一次音乐会。

11月4日　召开第六次校务会议。

11月5日　张校长于大西洋菜社宴请全体教职员，并发表演说。

11月7日　举行纪念周。

11月8日　校修订章程委员会召开第一次会议。

11月12日　总理诞辰纪念停课一天。

11月14日　举行纪念周，钱基博做演讲。

11月21日　举行纪念周，张校长主席。

11月24日　召开第八次校务会议。

11月25日　本校举行学生音乐会，筹资支援东北义勇军。

11月29日　附中举行演讲比赛。

12 月

12月5日　举行纪念周，张校长主席。

12月7日　召开第九次校务会议。

12月9日　举行国语演讲竞赛。

12月12日　举行纪念周，张校长主席。

12月14日　下午二时上海各大学联合会在爱文义路觉园十一号张宅召开第五次执行委员会，张校长主席，朱时隽记录。

12月16日　下午四时半举行第十次校务会议。

12 月 19 日　上午九时二十五分举行纪念周，张寿镛校长主席，行礼如仪。

12 月 24 日　附中组织校友会，先成立上海分会，凡在上海就学或服务之毕业生，定于 25 日下午一时在本校开会。

12 月 26 日　上午九时二十五分举行纪念周，张校长主席，行礼如仪。

12 月 30 日　各年级学生举行交谊大会。

12 月 31 日　放年假至次年 1 月 3 日。

1933 年

1 月

1 月 5 日　下午二时举行第十一次校务会议。

1 月 9 日　本日起举行学期考试。

1 月 17 日　本日起放寒假。

1 月 19 日　下午一时在校长室召开第十二次校务会议，审查学生成绩。

2 月

2 月 3 日、4 日　春季第一、二次招生。

2 月 9 日至 11 日　选课注册。

2 月 13 日　上午九时行开学礼，张校长主席。本日正式上课，逾期注册收取罚金。

2 月 20 日　上午九时举行纪念周，朱公谨副校长主席，郭斌佳演讲。

2 月 24 日　下午三时举行第十三次校务会议。

2 月 27 日　上午九时举行纪念周，张校长主席，吕思勉演讲，题为"健康之身体基于静谧之精神"。

3 月

3 月 1 日　下午四时举行第十四次校务会议，因与会人数不足规定人数，改开谈话会。

3 月 6 日　上午九时举行纪念周，朱副校长、陈国珫演讲。

3 月 10 日　下午二时举行第十四次校务会议。

3 月 11 日　下午三时欧洲教育考察团的杨濂、郭有义在十三号教室演讲。

3 月 12 日　总理逝世纪念日，停课两天。

3 月 17 日　下午二时举行第十五次校务会议。

3 月 20 日　举行纪念周，张校长主席，行礼如仪，报告北上经过及热河失守情形。

3月27日　上午九时至十一时，大学、中学联合举行纪念周，张寿镛校长主席，行礼如仪，薛志伊演讲，题为"东北之复活"。

3月29日　革命先烈逝世纪念，停课一天，旋放春假。

4月

4月1日至9日　放春假。

4月10日　上午九时举行纪念周，张校长主席，行礼如仪，钱基博演讲。

4月14日　下午一时半举行第十八次校务会议。

4月15日　举行春季田径赛运动会，停课。

4月17日　上午九时举行纪念周，张校长主席，行礼如仪，吴崇毅演讲，题为"法国最近经济状况"。

4月21日　下午一时半举行第十九次校务会议。

4月24日　上午九时举行纪念周，行礼如仪，张校长主席，演讲"江浙经济情形"。

4月28日　下午一时半举行第二十次校务会议。

5月

5月1日　上午九时举行纪念周，朱公谨副校长主席，行礼如仪，伍纯武演讲，题为"法国人之爱国思想"；下午二时本校建筑公债抽签。

5月4日　本日停课，下午三时开会追悼龚伯威。

5月5日　革命政府成立纪念，放假一天。

5月8日　上午九时举行纪念周，张校长主席，行礼如仪，唐庆增演讲，题为"中国经济之出路"。

5月15日　上午九时举行纪念周，张校长主席，行礼如仪，金游六演讲，题为"中国宪法问题"；下午参加江大运动会，停课半天。

5月16日　庆祝江大锦标停课一天。

5月17日　下午二时至五时，举行英语演说预赛，朱副校长主席，柏兰莱、陈国珑、蔡美琴、郭斌佳、张中楹为评判员。

5月19日　下午二时至四时，停课举行英语演说决赛，张校长主席，潘光迥、陈立廷、黎照寰任评判员；下午四时举行第二十二次校务会议。

5月20日　下午二时至四时，在二十九号教室举行国文作文奖金比赛，钱基博、吕思勉、胡其炳监试。

5月22日　上午九时举行纪念周，张校长主席，行礼如仪，陈彬龢演讲，题为"国难期间的青年的责任"。

5月26日　　附中田径队欢宴新闻界；下午一时半举行第二十三次校务会议。

5月27日　　下午二时至四时，在二十九号教室举行英文作文奖金比赛，柏兰莱、胡其炳监试。

5月29日　　上午九时举行纪念周，张寿镛校长主席，行礼如仪，德汇兑专家耿爱德博士演讲，题为"中国经济问题"。

6月

6月1日　　毕业考试开始。

6月2日　　下午二时在大会堂举行八周年纪念，行礼如仪。是日，成立校友会上海分会。

6月3日　　放假一天。

6月8日　　毕业实验完毕，普通实验开始，至17日结束。

6月9日　　下午一时半举行第二十四次校务会议，四时审查毕业论文成绩。

6月12日　　下午二时举行毕业典礼，张校长主席，报告。同学会代表张祖培演说，继由大学、中学毕业生领受毕业证书，张校长夫人给奖，计中学毕业生101人。下午五时同学会开会，并召开校友会上海分会第一次执委会议。

6月18日　　本日起放暑假。

7月

7月14日、15日　举行下学期新生入学考试，本学年结束。

8月

8月21日、22日　举行第二次招生考试，第九学年开始。

8月23日　　光华实验中学创立一年，成绩斐然，是日，《申报》刊文报道该校近讯。

夏季　　　校图书馆整顿扩充，面积增至390平方米。

9月

9月4日、5日　本学期第三次招生。

9月6日　　开学。

9月7日至9日　注册。

9月11日　　上午九时行开学典礼，张校长主席，报告校务；中学主任廖世承报告中学校务，颜任光演说。

9月15日　　下午二时举行本学年第一次校务会议。

9月18日   上午九时举行九一八纪念活动，张寿镛校长主席，钱九威演讲，是日素食一天。

9月22日   下午二时举行第二次校务会议（以后每星期五下午二时举行）。

9月25日   上午九时举行纪念周，张校长主席，钱基博演讲。

10月

10月2日   上午九时举行纪念周，朱公谨副校长主席，黄炎培演讲，题为"今后学生之修养"。

10月9日、10日   国庆纪念，休假两天。

10月16日   上午九时举行纪念周，张校长主席，张知本演讲，题为"军人与政治"。

10月21日   下午七时张校长、朱副校长于八仙桥青年会宴请全体教职员，席间张校长、黄炎培、丁文彪、钱基博演说。

10月25日   下午四时至五时，数学家顾养吾在大学二十九号教室演讲，朱副校长主席。

10月30日   上午九时举行纪念周，张校长主席，胡昭望演讲，题为"谈今日的中国大学生"。下午四时上海市工务局局长沈君怡在大学十三号教室演讲，题为"治河问题"。

11月

11月4日   上午九时教育部视察员、国立编译馆编审陈可忠、国立浙江大学教授张绍忠、高等教育司科长谢树英、职员黄龙到校，由朱副校长伴同视察各教室、各办公处及图书馆仪器室等，至下午二时离校。

11月6日   上午九时举行纪念周，朱副校长主席，吴凯声演讲，题为"世界的危机"。

11月13日   补放总理诞辰假一天。

11月15日   下午二时召开临时校务会议。

11月20日   上午九时举行纪念周，朱副校长主席，报告自本日起开始收出席证。

11月21日   下午三时举行校内国语演说竞赛，朱副校长主席，黄炎培、吕思勉等任评判员。

11月23日   下午六时本校创办人王省三逝世，吕思勉撰《王省三先生小传》，校中下半旗志哀三天。

11月27日   上午九时举行纪念周，张校长主席，曾虚白来校演讲，题为"内蒙自治问题"。

12月

12月1日　上午九时至十二时，中央国术馆张之江等来校演讲，并表演国术，停课三小时。

12月4日　上午九时举行纪念周，张寿镛校长主席并报告。

12月11日　上午九时举行纪念周，朱公谨副校长主席，邰爽秋演讲，题为"二二运动"。

12月13日　附中参加上海中等学校协进会主办的自然科学常需测验竞赛，初中获团体第二名，高中获第四名。

12月18日　上午九时举行纪念周，张校长主席并演讲，题为"阳明学"。

12月20日　附中举行师生联欢会，联欢会节目分三节，计23个节目。

12月25日　上午九时举行纪念周，张校长主席并报告学生被捕及营救情况。

12月29日　下午二时起举行校董王省三先生追悼大会，张校长主祭。

是年　　　钱基博任文学院院长，草拟了大学中文系改革方案。

1934 年

1月

1月1日至3日　年假。

1月8日至13日　举行毕业试验及学期试验。

1月14日　是日起放寒假。

1月19日、20日　第一次招生。

2月

2月19日　开始选课注册。

2月20日　第二次招生。

2月22日　正式上课，迟到收取罚金。

2月26日　上午九时大学、中学二部联合举行第一次纪念周，并补行开学礼，张校长主席，廖世承主任报告校务。

3月

3月5日　上午九时举行纪念周，朱副校长主席，王显庭演讲，题为"华侨情形"。

3月12日　总理逝世纪念，停课一天。

3月19日　上午九时举行纪念周，张校长主席，徐善祥演讲，题为"生产救国"。

3月21日　上海地方纪念，放假一天。

3月26日　上午九时举行纪念周，张寿镛校长主席，并演讲，题为"新生活运动"。

4月

4月1日至8日　放春假一个星期。

4月9日　上午九时举行纪念周，张校长演讲，题为"浙游感想"。

4月16日　上午九时举行纪念周，张校长主席、报告，钱基博演讲，题为"礼义廉耻"。

4月23日　上午九时举行纪念周，张校长主席、报告，胡朴安演讲，题为"儒家学术的起源及变迁"。

4月28日　下午二时举行国文作文比赛。

4月30日　放假一天，庆祝本校获得江南大学运动会径赛锦标。

是月　陈文来校任军事教官。

5月

5月1日　下午一时，本校建筑公债在大会堂抽签；下午三时，在大会堂举行英文演说竞赛；晚七时半，本校学生欢送出席远东运动会代表陶英杰、董叔昭，并庆祝江大径赛锦标，在大操场燃放火炬及爆竹。

5月5日　革命政府成立纪念，放假一天。

5月7日　上午九时举行纪念周，张校长主席，蒋建白演讲。

5月14日　上午九时举行纪念周，朱公谨副校长主席，章乃器演讲。

5月21日　上午九时举行纪念周，朱副校长主席，潘公展演讲。

5月28日　上午九时举行纪念周，朱副校长主席、报告。

春季　校中国语文学会所编《中国语文学研究》出版。

6月

6月3日　本校成立九周年纪念，上午十时毕业学生在六三堂召开年会，通过会章，改选职员，张悦联当选为正会长；十一时半开纪念会，行礼如仪，张校长主席致辞；十二时半宴全体毕业学生，下午毕业学生及来宾等参观大学、中学办公室及宿舍；继又举行足球网球比赛，附中童子军检阅；晚七时在运动场举行焰火晚会，并备茶点款待全体学生。

6月4日　为九周年纪念，补假一天。

6月8日、9日　上海市国民军事训练会举行总检阅，本校受军训学生全体参加，列第十三名，射击比赛列第三名。

6月11日　上午九时举行纪念周，张校长主席，报告出席南京财政会议情形；下午六时本届毕业生甲戌级学生于福州路致美楼宴请教职员。

6月14日至20日　举行毕业试验。

6月21日至26日　举行学期试验。

6月22日　上午十时在校长室召开校务会议，审查毕业生成绩及毕业论文；下午三时本校教职员邀毕业生在一品香旅社茗叙。

6月23日　上午九时全体摄影及毕业学生摄影；上午十时举行毕业典礼，行礼如仪，张寿镛校长报告；市教育局局长潘公展演说，同学会代表伍纯武演说；附中主任廖世承呈请校长：给凭大学毕业生156人领受学位，高中、初中毕业生领受证书，容启兆夫人给奖；下午二时同学会招待毕业生。

7 月

7月1日　暑假开始。

7月20日　上午九时在校长室开校务会议，审查学生成绩。

8 月

8月6日、7日　秋季学期第一次招生。第十学年开始。

8月10日　上午十时招生委员会在校长室开会，审查新生入学考试成绩、录取新生。

9 月

9月6日、7日　第二次招生。

9月12日　学生到校，下午二时在校长室开本学年第一次校务会议。

9月13日至15日　学生注册。

9月17日　上午九时在大会堂举行本学年秋学期开学典礼，新旧学生到场1300余人，张校长主席、训话，廖世承、钱基博演说；十时起正式上课。

9月18日　辽案纪念，下半旗，素食志哀。

9月21日　下午二时在校长室召开第二次校务会议，商议通过宿舍、门禁等条例。

9月24日　上午九时在大会堂举行纪念周，张校长主席，钱院长演讲。

9月28日　下午二时在校长室开第三次校务会议。

10 月

10月1日　上午九时举行纪念周，张校长主席，薛院长演讲，题为"美国提高银价、采取白银政策后对中国之影响"。

10月5日　下午二时在校长室举行第四次校务会议。

10月8日　上午九时举行纪念周，朱公谨副校长主席，郐瀚芳演讲，题为"南洋情况"。

10月10日　国庆纪念放假，大礼堂工程开始。

10月15日　上午九时在大会堂举行纪念周，张寿镛校长主席并演讲，题为"游杭后之感想及今后大学生之努力"。

10月19日　下午二时在校长室举行第五次校务会议。

10月21日　上午九时在大会堂举行纪念周，张校长主席，陈柱尊演讲，题为"复兴中华民族与大学生之关系"。

10月29日　上午九时在大会堂举行纪念周，张校长演讲，题为"严禁大学生入舞场"。

11 月

11月2日　下午二时在校长室开第六次校务会议。

11月5日　上午九时在大会堂举行纪念周，张校长主席，陈一百演讲。

11月7日　下午一时，训练总监部国民军事教育处处长潘佑强来校检阅本校军事训练。

11月9日　下午二时在校长室开第七次校务会议。

11月12日　总理诞辰纪念，放假一天；下午二时，张校长同本校前副校长、现就任湖南教育厅的朱经农来校参观大礼堂建筑工程。

11月16日　下午三时在校长室开第八次校务会议。

11月17日　下午四时，本校足球队与震旦大学足球队在本校大学场比赛，本校以三比零获胜。

11月19日　上午九时在大会场举行纪念周，张校长主席，报告十周年纪念筹备事宜。

11月20日　美国乔其镇大学校长奈维尔氏与威廉镇大学校长茹飞氏来华游历，上海各大学联合会在国际大饭店设宴，本校张校长主席并致开会辞。

11月23日　下午三时在校长室开第九次校务会议。

11月26日　上午九时在大会堂举行纪念周，张校长主席，张君俊演讲。

11月27日　安徽教育厅厅长杨廉来校参观。

11月30日　上午二时在校长室开第十次校务会议。

12 月

12月1日　下午二时举行国文作文比赛。

12月3日　上午九时在大会举行纪念周，张校长主席，陈高佣演讲；上午十时，本校中国语文学会请胡朴安来校演讲。

12月7日　下午二时在校长室开第十一次校务会议。

12月10日　上午九时在大学堂举行纪念周，张寿镛校长主席，钱承绪演讲，题为"游历欧美之印象与感想"；下午二时举行国语演说竞赛，张校长主席，黄炎培等评判。

12月12日　下午二时举行英语演说竞赛，朱公谨副校长主席。

12月14日　在校长室开第十二次校务会议。

12月15日　下午二时半，本校足球队与中央大学足球队在本校大操场作江大锦标赛，本校以四比零获胜。

12月17日　上午九时举行纪念周，张校长主席，孙寒冰演讲，题为"世界政治的动向"。

12月19日　下午二时，本校教育学会请黄炎培先生演讲。

12月21日　下午二时，本校大学、中学开会追悼"六三"同志、附中教员郭麟川先生；下午三时在校长室开第十三次校务会议。

12月24日　上午九时在大会堂举行纪念周，张校长主席，张耀翔演讲。

12月28日　下午二时在校长室举行第十四次校务会议。

12月31日　本日起放新年假三天。

1935 年

1 月

1月7日　上午九时举行纪念周，张校长主席，钱院长演讲。

1月10日　本校足球队出征江西凯旋。

1月11日　下午二时在校长室举行第十五次校务会议。

1月12日　上海各大学联合会在八仙桥青年会举行年会，教职员叙餐，本校张校长主席。

1月14日　学期考试开始。

1月18日　上午八时，本校校董王省三先生灵柩运往杭州石虎山安葬，张校长等前往车站致祭。

1月18日、19日　第一次招生。

1月20日　寒假开始。

1月28日　审查学生成绩委员会在校长室开会。

2 月

2月11日、12日　第二次招生。

2 月 13 日　　新旧生到校。

2 月 14 日至 16 日　　选课注册。

2 月 18 日　　上午九时在大会堂举行春学期开学礼，大学、中学新旧生到场千余人，张寿镛校长主席，廖主任报告校务。

2 月 19 日　　举行新生活运动周年纪念。

2 月 21 日　　上午九时在大会堂举行纪念周，张校长主席，吕思勉演讲。

2 月 23 日　　上午二时在校长室举行第十六次校务会议。

3 月

3 月 1 日　　下午三时在校长室开第十七校务会议；四时消费审核委员会在校长室开第一次会议。

3 月 4 日　　上午九时在大会堂举行纪念周，张校长主席，杨荫溥演讲，题为"事业界所希望之大学生"。

3 月 7 日　　下午四时在校长室召开筹备十周年纪念第一次常务委员会议。

3 月 8 日　　下午二时在校长室开第十八次校务会议。

3 月 9 日　　上午九时在大会堂举行纪念周，张校长主席，程绍德演讲。是日起定期进行补考。

3 月 12 日　　总理逝世纪念，停课一天。

3 月 15 日　　下午二时在大会堂召开第十九次校务会议。

3 月 18 日　　上午九时举行纪念周，张校长主席，章益演讲，题为"中学为体西学为用对吗？"。

3 月 21 日　　上午九时，新生活运动视察团团长徐庆誉来校视察，本校大学、中学全体师生开会欢迎，张校长致欢迎辞，徐氏演讲，题为"新运与大学生"；下午四时在校长室举行筹备十周年纪念第二次常务委员会议。

3 月 25 日　　上午九时举行纪念周，张校长主席，葛受元演讲。

3 月 29 日　　革命先烈逝世纪念，休假一天。

4 月

4 月 1 日至 7 日　　放春假一个星期。

4 月 8 日　　上午九时举行纪念周，张校长主席，钱基博演讲。

4 月 12 日　　下午二时在校长室开第二十次校务会议；三时消费审核委员会在校长室开第二次会议。

4月15日　上午九时举行纪念周，张寿镛校长主席，陈鹤琴演讲。

4月18日　下午二时，上海市学生国货年推行联合会在市政府举行全市学生宣读服用国货誓愿典礼，本校推派唐书第、陈学儒两先生领导各级代表前往参加。

4月19日　下午三时在校长室开第二十一次校务会议。

4月22日　上午九时在大会堂举行纪念周，张校长主席，王官献演讲，题为"欧美经济之趋势及中国对银价涨落应定之方针"；上午十时会计费毓俊先生逝世，校旗下半旗志哀。

4月25日　下午二时半月刊编辑委员会在校长室开会；三时举行筹备十周年纪念第三次常务委员会议。

4月26日　在校长室开第二十二次校务会议。

4月29日　上午九时举行纪念周，张校长主席，何炳松演讲，题为"最近游武汉的感想"。

5月

5月1日　本校建筑公债在大会堂抽签。

5月10日　下午三时在校长室召开第二十三次校务会议；消费审核委员会开第三次会议。

5月13日　上午九时举行纪念周，张校长主席，马崇淦演讲。

5月16日　教育部派参事陈泮藻、国立编译馆自然科学主任陈可忠、中央政治学校教授阮毅成来校视察。

5月17日　下午举行第二十四次校务会议。

5月18日　上午为嘉奖杨秋苏先生先后向校捐地，特赠"功同广厦"匾额一方；下午举行国文作文比赛。

5月20日　上午纪念周，张校长主席，江问渔演讲，题为"民族复兴与政教合一"；下午四时，上海市教育局局长潘公展讲演，题为"文化与教育"。

5月23日　下午四时在教员休息室举行十周年纪念筹备会全体委员会议。

5月24日　上海市中等学校联合运动会假本校大操场开会；下午举行第二十五次校务会议。

5月26日　同学会召开最后一次校庆十周年纪念筹备会。

5月27日　上午九时举行纪念周，张校长主席，谢霖及骆传华演讲。

5月31日　下午举行第二十六次校务会议。

6月

6月2日 上午十时，张寿镛校长领导全体师生齐集中山路新校门前，张校长致辞，张校长夫人行开门礼，全体师生入礼堂举行大礼堂及附中科学馆健身房落成典礼。张校长、附中廖主任、校董来宾相继致辞。礼毕，校董会开会，加推颜任光为本校校董。下午校友运动比赛，展览会开幕。七时提灯，召开校友游艺会。

6月3日 上午九时举行十周年纪念典礼及王省三先生铜像揭幕礼。张校长主席，上海市市长吴铁城、教育局局长潘公展、校董来宾、"六三"同志会代表及校友相继致辞。下午举行球类比赛，校友会举行年会。

6月7日 下午举行第二十七次校务会议。

6月10日 毕业试验开始。

6月14日 下午举行第二十八次校务会议。

6月18日 下午举行毕业生成绩审查委员会。

6月22日 举行第十届毕业典礼。张校长主席，廖世承演说，胡其炳夫人给奖。

6月24日 学期试验开始。

7月

7月1日 暑假开始。

7月11日 举行前学期学生成绩审查会议。

7月24日、25日 举行新学年上学期第一次招生。

7月27日 上午召开招生委员会会议，录取新生。

8月

8月20日 第二次招生。

8月24日 开会讨论学程修订，制定《课外作业须知》。

是月 附中科学馆、健身房、附中女生宿舍等大建筑先后落成，近又计划建筑图书馆，近日即可动工。

9月

9月9日、10日 举行第三次招生。

9月11日 新学年上学期开始，新旧生到校。

9月12日、13日 学生注册。

9月16日 举行开学典礼，张校长主席，附中主任廖世承、文学院长钱基博演说。

9月18日　下午三时文学院钱院长对新生演讲校史。

9月20日　举行本学年第一次校务会议。

9月23日　举行纪念周，请上海国民军训处主任焦绩华演讲；下午四时，商学院杨院长对新生讲演。

9月27日　举行第二次校务会议。

9月30日　举行纪念周，樊仲云讲演，题为"意阿战争"。

10月

10月4日　举行第三次校务会议。

10月7日　举行纪念周，章乃器演讲，题为"货币改革问题"。

10月10日　第六届全国运动会在沪开幕，放假三天。《光华半月刊》第四卷第一期出版。

10月14日　举行纪念周，杨萌溥演讲，题为"中国货币改革"。

10月18日　举行第四次校务会议。

10月21日　举行纪念周，何清儒演讲。

10月25日　举行第五次校务会议；《光华半月刊》第四卷第二期出版。

10月28日　举行纪念周，张寿镛校长主席并演讲。

11月

11月1日　举行第六次校务会议。

11月4日　举行纪念周，吕思勉演讲。

11月8日　举行第七次校务会议。

11月10日　《光华半月刊》第四卷第三期出版。

11月11日　举行纪念周，周宪文演讲，题为"新币制"。

11月15日　举行第八次校务会议。

11月18日　举行纪念周，李权时演讲，题为"币制改革"。

11月22日　举行第九次校务会议。

11月23日　下午举行国文作文比赛。

11月25日　举行纪念周，章渊若演讲，题为"自力主义之国家观"；《光华半月刊》第四卷第四期出版。

11月29日　举行第十次校务会议。

11月30日　举行英文作文比赛。

12 月

12 月 1 日　上海市举行未立案专科以上学校甄别试验，由秘书朱有瓛代表出席主试。

12 月 2 日　举行纪念周，杨荫溥演讲。

12 月 6 日　举行第十一次校务会议。

12 月 9 日　举行纪念周，张寿镛校长演讲。

12 月 10 日《光华半月刊》第四卷第五期出版，举行国语演说竞赛。

12 月 13 日　举行第十二次校务会议。

12 月 16 日　举行纪念周，周予同演讲，题为"中国教育的新趋势"；举行英语演说
　　　　　　比赛。

12 月 20 日　举行第十三次校务会议；学生为反对"华北自治"，组织救国会。

12 月 23 日　举行纪念周，江问渔演讲，题为"青年如何救国"。

12 月 24 日　学生赴市政府请愿，反对"华北自治"运动。

12 月 30 日　是日起放新年假一个星期。

1936 年

1 月

1 月 8 日　　是日起开始举行学期试验及大考。

1 月 11 日　　厦门大学学生代表来校访问。

1 月 13 日　　寒假开始。

1 月 14 日　　张寿镛校长等当选为上海市"赴京聆训"代表。

1 月 17 日、18 日　第一次新生入学试验。

1 月 22 日　　本校校董余日章博士病故于沪寓。

2 月

2 月 9 日、10 日　第二次新生入学试验。

2 月 11 日、12 日　新老生到校。

2 月 13 日　注册。

2 月 17 日　上课开始，上午九时举行本学期开学礼，张校长主席，文学院长钱基博
　　　　　　演讲。

2 月 18 日　下午一时出版委员会开会。

2 月 21 日　举行第十四次校务会议。

2月22日　本学期改选学程截止。

2月24日　举行纪念周。

2月28日　举行第十五次校务会议。

3月

3月2日　举行纪念周，陈诚、邵爽秋演讲。

3月6日　举行第十六次校务会议。

3月9日　举行纪念周，章友三演讲，题为"国难教育"。

3月10日　《光华半月刊》第四卷第六期出版。

3月12日　总理逝世纪念，休假一天。

3月13日　举行第十七次校务会议。

3月14日　全校校工开始军训，由陈教官训练。

3月16日　举行纪念周，朱萃浚演讲，题为"罗卡诺公约"。

3月20日　举行第十七次校务会议。

3月21日　校董会敦聘翁文灏为本校校董。

3月23日　举行纪念周，杨卫玉讲演。

3月25日　《光华半月刊》第四卷第七期出版。

3月27日　举行第十九次校务会议。

3月30日　革命先烈逝世纪念，放假一天。

3月31日　从今天开始至4月7日为春假。

4月

4月1日　新建自流井完工。

4月7日　本校参加校董余日章博士追悼大会。

4月9日　教育部简任督学孙国封、专员郭有守、参事陈泮藻来校视察。

4月13日　举行纪念周，刘健群讲演，题为"青年教国之道"。

4月15日　《光华半月刊》第四卷第八期出版。

4月17日　举行第二十次校务会议。

4月20日　举行纪念周，韦捧丹讲演，题为"学生教国运动"。是日，德国哲学博士布洛克及澳人瓦尔德布恩来校参观。

4月27日　举行纪念周，胡越演讲。

是月　校学生成立战时经济座谈会，疗养院亦于是时动工兴建。

5 月

5 月 1 日　举行第二十一次校务会议。

5 月 2 日　理学院容院长担任中国出席世界运动会足球部主任，率领球员，转南洋赴德。

5 月 4 日　举行纪念周，曾虚白演讲，题为"战时经济"。

5 月 5 日　革命政府成立纪念，放假一天。

5 月 6 日　张寿镛校长对赴苏集训学生训话，并举行茶话会送别。

5 月 8 日　举行第二十二次校务会议。

5 月 10 日　大一学生赴苏受集中军事训练。

5 月 11 日　举行纪念周，潘仰尧演讲，题为"西南建设"。

5 月 12 日　本校钱基博教授所著《经学通志》由中华书局出版。

5 月 15 日　上海私立大学在一枝香举行叙餐会，本校与大夏大学做东，副校长朱公谨出席。上海市国民军训协进会在青年会开常务理事会。本校由朱有瓛先生代表出席。下午举行第二十三次校务会议。

5 月 18 日　上午举行纪念周，张校长主席，黄炎培先生演讲，题为"川游经过"。

5 月 20 日　举行音乐会，请国立音乐专科学校师生演奏。

5 月 22 日　下午举行第二十四次校务会议。

5 月 25 日　上午举行纪念周，张校长主席，杜定友先生演讲，题为"读书艺术化"。

5 月 31 日　赴苏集训学生行开学典礼，本校由秘书朱有瓛代表上海市国民军调协进会及张校长前往检阅。

6 月

6 月 1 日　校同学会举行年会。

6 月 2 日　下午举行本校十一周年纪念典礼及同学会赠送疗养院奠基礼，附中主任廖世承、毕业同学会代表张悦联等致辞；下午七时举行音乐会。

6 月 3 日　本校十一周年纪念日，放假一天。本校丙子级年刊暨本校半月刊第四卷第十期出版。

6 月 4 日　庆祝本校在江大运动会获径赛锦标，放假一天。

6 月 5 日　下午举行第二十五次校务会议。

6 月 8 日　毕业考试开始。

6 月 12 日　上海各大学联合会举行年会，本校由副校长朱公谨、文学院长钱基博、注册主任胡其炳、秘书朱有瓛出席，本校当选为该会执行委员。

6 月 18 日　下午四时张校长在觉园饯送本届毕业学生。

6月20日　下午举行第十一届毕业典礼，来宾吴铁城市长，教职员及学生千余人。张寿镛校长主席致辞，继由校董暨来宾演说。演说完毕，发给文凭及奖品。

6月22日　举行本学期考试。

6月24日　下午三时，朱公谨副校长召集各学生团体代表商论暑假社会服务工作。

6月29日　暑假开始。

7月

7月6日　校学生拟开展支持国货运动。

7月19日、21日、24日　《申报》分三次刊登廖世承《中学教育》一文。

7月21日　下午举行第二十六次校务会议。

8月

8月1日　本校理学院添办土木工程系，聘赵志游先生为主任。本校新章程出版。

8月3日、4日　举行新生入学试验。

8月10日　本校理工实验馆及疗养院动工。

8月23日、24日　举行第二次新生入学试验。

8月30日　举行公民宣誓，到场教职员等数十人，由张校长主席。

9月

9月4日　举行第三次新生入学试验。

9月14日　开学。

9月15日　下午二时，社会局召集本市中等以上学校校长会议，本校由廖世承、朱有瓛两先生代表出席。

9月15日至17日　新旧生到校选科注册。

9月18日　正式上课。下午举行本学年第一次校务会议。九一八纪念，本校茹素一天，以志哀思。新生指导周开始，张校长演讲，题为"对于新生的希望"。

9月21日　补行开学典礼，全体师生出席者千余人，由张校长主席，报告今后计划。继由朱副校长报告校务，商学院长杨荫溥、谢霖、土木工程系主任赵志游演说。下午四时举行新生指导。

9月22日至24日　举行新生指导，文学院长钱基博演讲校史。

9月25日　举行第二次校务会议。下午举行新生指导，训育主任胡其炳演讲，题为"怎样遵从学校的一切规则"；图书馆主任唐书第演讲，题为"怎样利用图书馆"。

9月28日　上午举行纪念周，张寿镛校长主席，蔡正雅先生主讲"中国劳工问题"。

10 月

10月2日　举行第三次校务会议。

10月5日　上午举行纪念周，张校长主席；附中主任廖世承演讲，题为"对于中日问题之感想"。

10月9日　举行第四次校务会议。

10月10日　国庆纪念日，放假一天。

10月12日　上午举行纪念周，张校长主席，谢海若先生演讲，题为"大学生历史的使命"。

10月15日　请英国伦敦大学文学士主任艾温思演讲，题为"现在英国在文学上之反映"。

10月16日　举行第五次校务会议。

10月17日　本校半月刊第五卷第一期出版。

10月19日　上午举行纪念周，张校长主席，商学院长杨荫溥因出国在即，对全体学生作临别赠言。下午四时，举行本学期导师会议。

10月20日　本校商学院长杨荫溥先生受任外交部特派国际经济专员，于本日首途赴欧，所遗院长职，由谢霖先生继任。

10月23日　下午举行第六次校务会议。

10月24日　为参观上海市运动会，放假一天。

10月26日　上午举行纪念周，张校长主席，理学院长容启兆报告欧游经过。

10月30日　举行第七次校务会议。下午本校设计委员会举行第一次会议，由朱公谨副校长主席。

11 月

11月2日　上午举行纪念周，张校长主席，奚玉书先生演讲，题为"会计公开之促进方法"。

11月3日　张校长赴杭，出席浙江省文献展览会。

11月6日　下午举行第八次校务会议。

11月7日　本校半月刊第五卷第二期出版。

11月9日　上午举行纪念周，张校长主席，文学院长钱基博报告学校最近之实施计划。

11 月 11 日　北平师范大学参观团由该校教授方永燕先生率领来校参观，本校由教育系主任兼附中主任廖世承、校长室秘书朱有瓛招待。

11 月 12 日　总理诞辰纪念，放假一天。

11 月 16 日　上午举行纪念周，张寿镛校长主席，本校教授金通艺演讲。

11 月 20 日　下午举行第九次校务会议。

11 月 21 日　举行国文作文比赛，由文学院长钱基博主试，胡其炳、周哲肫、徐仁甫三先生监试，文卷请唐蔚芝先生评阅。

11 月 23 日　上午举行纪念周，张校长主席，本校教授蒋嘉祥演讲，题为"罗斯福之新经济政策"。是日举行摄绥募捐运动。

11 月 27 日　下午举行第十次校务会议。

11 月 30 日　上午举行纪念周，张校长主席，许性初先生演讲，题为"意大利之复兴基础"。下午举行国语演说比赛，张校长主席，黄觉民、宋公谨、唐庆增、王英生四先生评判，陈学儒先生记时。

12 月

12 月 1 日　上海市西区学生军训队在本校操场举行大检阅，张寿镛校长、朱公谨副校长、廖世承主任致训词。

12 月 2 日　下午三时举行英语演说比赛，朱副校长主席，李圣五、何德奎、金游六三先生评判，陆上之先生记时。

12 月 4 日　下午举行第十一次校务会议。

12 月 5 日　举行数学测验。

12 月 7 日　上午举行纪念周，张校长主席，郑振铎演讲，题为"中国古代民族学的研究"。

12 月 8 日　本校半月刊第五卷第三四期合刊出版。

12 月 11 日　下午举行第十二次校务会议。

12 月 12 日　华东各大学国语演说比赛在南京中央大学举行，参加者十三校，本校代表李湘获个人第二名。

12 月 14 日　上午举行纪念周，张校长主席，社会局局长潘公展演讲，题为"西安事变之认识"。

12 月 18 日　下午举行第十三次校务会议。

12 月 21 日　上午举行纪念周，张校长报告陕变经过情形。

12 月 25 日　下午举行第十四次校务会议。

12月28日　张寿镛校长主席报告，请赵正平演讲。

12月30日　下午四时，社会局召集本市各级学校小学教育通讯研究处召开第一次联席会议，本校由朱有瓛先生出席。

1937 年

1 月

1月1日至4日　新年假期。

1月8日　下午举行第十五次校务会议。

1月9日　本校半月刊第五卷第五期出版。

1月11日　毕业考试开始。

1月15日　下午举行第十六校务会议。

1月18日　学期考试开始。

1月24日　寒假开始。

1月25日、26日　举行第一次新生入学试验。

1月31日　下午举行第十七次校务会议。

2 月

2月16日、17日　举行第二次新生入学试验，下学期开学。

2月18日至20日　新旧生到校注册选科。

2月22日　上午九时举行开学典礼，张寿镛校长、朱公谨副校长和文、理、商三学院院长以及附中廖世承主任等出席，由张校长主席，并训话。

2月26日　下午举行第十八次校务会议。

2月27日　本校小学教育通讯研究处组织成立，请廖世承先生任主任。本学期改选学程截止。

3 月

3月1日　上午举行纪念周，张校长主席，文学院钱基博院长、商学院谢霖院长报告校务。

3月2日　国文系举行谈话会，讨论基本国文教学等问题。

3月5日　下午举行第十九次校务会议。

3月8日　上午举行纪念周，张校长主席，杜佐周先生演讲，题为"求知与力行"。

3月12日　总理逝世纪念，休假一天。

3月15日　上午举行纪念周，张寿镛校长主席，武渭清先生演讲，题为"遗产税"。

3月16日　本校半月刊第五卷第六期出版。

3月18日　本校教育系主任廖世承召教育系同人举行座谈会。

3月19日　下午举行第二十次校务会议。

3月22日　教育部视察高等教育专员郭有守、陈可忠两先生来校视察，由张校长与朱副校长招待。上午举行纪念周，张校长主席，庞京周先生演讲，题为"医学教育"。

3月23日　上学期不及格学生开始补考。

3月25日　齐衡如先生来校演讲，题为"圆体字"，由文学院长钱基博主席。

3月26日　下午举行第二十一次校务会议。

3月29日　革命先烈逝世纪念，放假一天。

3月30日　本校半月刊第五卷第七期出版。

3月31日　中午张校长代表本校去新亚酒楼参加欢送吴市长的公宴。

4月

4月2日　下午举行第二十二次校务会议。

4月5日　春假开始。

4月12日　上午举行纪念周，张校长主席，张志骧先生演讲，题为"上海租界问题"。

4月13日　西南少数民族代表来校参观。

4月14日　中央国术馆馆长张之江先生率学生于下午五时来校表演国术。

4月16日　下午举行第二十三次校务会议。

4月17日　教育部体育组副主任章辑五先生来校视察体育教育。

4月19日　上午举行纪念周，张校长主席，薛光前先生演讲，题为"何者为复兴中国之道"。下午五时张校长代表本校去国际饭店参加王儒堂博士使美茶会。

4月20日　本校半月刊第五卷第八期出版。

4月23日　上午举行第二十四次校务会议，决议开办暑期学校。又接教育部训令，办中学暨师范学校教员暑期讲习班。下午三时举行国语演说比赛。

4月26日　上午举行纪念周，张校长主席，高玉柱女士演讲，题为"夷族"。

4月27日　上海各大学教育系举行教育辩论，题为"中国教育应该统制"，本校学生谭惟翰等获得决赛权。

4月30日　下午举行第二十五次校务会议。

5月

5月1日	下午三时，本校与大夏大学在本校进行华东各大学国语辩论预赛，题为"大学新生入学应限制资格"。结果本校代表不幸失败。本校建筑公债抽签还本。
5月3日	上午举行纪念周，张校长主席，西康建设委员会秘书柯愈章先生演讲，题为"建设中之新西康"。
5月5日	革命政府成立纪念，休假一天。
5月7日	下午举行第二十六次校务会议。朱秘书代表本校出席军事教育协进会第七次理事会议。
5月10日	上午举行纪念周，张校长主席，梅如心先生报告四川灾情。本校半月刊第五卷第九期出版。
5月11日	上海市卫生局专员到校检查本届暑期集训学生体格。
5月14日	下午举行第二十七次校务会议。
5月17日	上午九时举行纪念周，朱副校长主席，请孙寒冰演讲，题为"中国行政制度"。
5月18日	大学联排球锦标比赛在本校举行，本校对复旦大学，结果复旦大学胜。
5月21日	下午举行第二十八次校务会议。
5月24日	上午九时举行纪念周，朱副校长主席，请黄炎培先生演讲，题为"游赣感想"。
5月25日	上午九时在大膳厅欢迎受集中军训学生，茶点后在大操场摄影，以留纪念。
5月26日	下午举行第二十九次校务会议。

6月

6月1日	下午六时半同学会在浦东大楼开年会，同时举行聚餐，同学到者有五十余人。张校长莅会致训词，历述近年来校务进展概况及将来计划，并勉励各同学本着"六三"精神为母校努力。训词毕，讨论会务，改选职员。张悦联任会长，潘序祖、伍纯武任副会长，胡昭望负责总务，姚璋负责文书，薛迪符负责会计，胡祖荫负责出版，陆寿长负责调查，张华联负责通讯。最后举行摸彩游戏。中国化学工业社暨中国康元制罐厂赠予该会香皂及儿童玩具多种，以作奖品。十时始尽欢而散。
6月2日	九时在丰寿堂举行十二周年纪念典礼，校董、教职员、校友、校同学及来宾千余人参加，先期函请暨南大学校长何炳松到校演讲。开会行礼如

仪。首由张校长报告校史，并勉励同学抱总理革命精神，牢记十二年前缔造苦辛，继续努力，语毕介绍何炳松演讲，阐扬张校长以浙东学者艰苦卓绝之精神办理本校。校董林康侯、同学会总会代表潘序祖、南京分会代表杨仁勇先后致辞。十一时散会后，即休假。

6月3日　为本校立校纪念，休假一天，以志庆祝。是日为古钱展览会继续开放日。

6月27日　光华附中办暑期学校。

7月

7月12日　附中招生报名开始。

是月　卢沟桥事变爆发，大学、中学虽已进入暑假，但仍然按照原定教学计划开展各项活动。附中奉教育部委托，筹办五年制实验班，并建口字房以供特殊教学之用。

8月

8月2日　教育部向上海市社会局转发章辑五视察上海各中学的报告，称附中课程过多，环境卫生也亟待改善。

8月20日　附中招生报名开始。

8月21日　招生考试。

是月　"八一三"事变爆发，战火波及上海。因本校校舍接近战场，故而迁入愚园路岐山村内租房屋上课，大西路校舍不久也成为国民党军队据点。

9月

9月20日　光华附中开学，进行招生考试，公布录取之新生。

9月28日　借读生办理手续。

9月29日　据《申报》报道，是日本校迁至愚园路1028号临时校舍。

10月

10月1日　开学。

10月4日、5日　招收新生。

10月11日　正式上课。

11月

11月9日　大西路校舍首次遭到日军焚烧。

11月12日、13日   大西路校舍被日军彻底焚毁，总计损失在70万元以上。

11月23日   召开校董会，决定在成都设分校。

11月25日   成都分校筹备处在蓉成立。

11月28日   校董谢霖函请张寿镛校长等来川主持工作，附中校长廖世承来蓉负责一切工作。

11月29日   函恳四川省政府给予补贴。

12月

12月7日   四川省政府决定拨款5万元资助成都分校建设。

12月10日   谢霖赴重庆，邀薛迪靖共同主持成都分校事务。

12月30日   分校租定成都新南门内王家坝街房屋为校址，开始校舍的修葺。

是年   中学部迁至成都路274弄7号。

1938 年

1月

1月8日   聘请薛迪靖为成都分校附属中学校长。

2月

2月7日   光华沪校春季开学，中学部学生实到866人，上课时间与上学期相同，实验课和高三上课均在大学部。

3月

3月1日   按期开学，成都分校大学、中学两部注册学生300余人。普通学生每学期收费38元，寄宿生73.5元，以学费收入供经常开支，捐款专作建设之用。

4月

4月6日   成都分校补行开学典礼。

4月13日   容启兆赴上海接运沪校拨赠分校的图书。

4月15日   光华大学移川复兴建设委员会在重庆成立。

4月16日   谢霖副校长启程赴武汉，向教育部部长报告筹备事宜。

5月

5月1日　张寿镛校长函告上海校董会决议，增聘邓锡侯等为校董会成员。

6月

6月3日　成都分校举行校庆活动，邀请洪北平教授演讲，题为"本校成立纪念之经过与意义"。

6月26日　成都分校大学、中学部举行第一次毕业典礼。

6月27日　接受张富安等所赠田地建造校舍，张校长决定成都分校永留四川。

7月

7月12日　张校长返回上海。

7月13日　全国各大学校长联名致电欧美文化界，呼吁阻止向日军提供军火，张校长名列其中。

8月

8月5日　据教育部指示，成都分校被正式命名为"私立光华大学成都分部"。其时，各地迁入成都之大学甚多。上海本校自"八一三"至今继续上课，迄未中断。中学生1500余人迁移至成都部分，奉教育部核定名曰"光华大学成都分部"，并颁发图记。中学部主任由薛迪靖担任，分高中、初中二级，高中部分又分普通科及商科，因有本沪校来川，故一、二、三年级齐开；初中仅开一年级。本校高中商科，系取升学、就业两利之策，故课程之编制与其他商科职业学校微有不同。本沪校高中商科毕业生服务于工商金融界者为数颇多。本校来川未久，此种效益社会尚未深悉，故招生结果投考高中普通科者为多，投考高中商科者较少。

8月12日　谢霖副校长主持新校舍开土典礼，新校舍由永盛营造厂得标营造。

8月26日　成都分校自购仪器，由上海转经各地运至成都。

是月　廖世承受高等教育司委托赴湖南蓝田创办国立师范学院。

9月

9月3日　是日《文汇报》第10版报道：光华大学及附属中学，自去岁战后，分别迁入租界。大学在白克路660号，中学部在成都路。本学期以人数增多，原有校址，皆不敷应用。该校当局已觅得法租界祁齐路45号前中比雷锭医院旧址开学。第三次入学考试，亦将在新址举行。又闻该校中学部主任廖世承氏，为免除一部分学生长途跋涉起见，另设师承中学于成都路原址，一切课程设备，闻皆遵照光华云。

9月12日 光华大学暨附中本经租定祁齐路 45 号为校舍，因该处环境欠佳，择定汉口路 422 号证券大楼八楼为校舍，即日起开始在新址办公。

9月13日 成都分校购买土地，用以扩大校舍，且获准免征土地契税。

9月21日 光华沪校赁租汉口路证券大楼八楼为校舍，是日开学。次年秋，又另租三楼半部开为教室，以满足激增之大、中学生。是日，又制定颁行《训育纲领十条》。

9月25日 为照顾远道考生的投考，又于当日举行入学考试。

10月

10月1日 正式上课。因环境关系，分上、下午上课，上午中学部，下午大学部。教室分布在证券大楼的三楼和八楼，没有学生宿舍，故学生都是走读。

12月

12月10日 成都分校募得 2 万元建筑经费，决定将一座建筑物命名为"富荣堂"作为答谢。

12月19日 成都分校所购仪器及沪校所拨图书共 64 箱运抵成都。

是年 自成都分部设立后，因战事而入川之上海本部学生得以继续学业。

1939 年

1月

1月1日 成都分校迁入新西门外草堂寺新校舍，并将所在地改名为"光华村"，学习环境大为改善。光华村离成都约五里，环境极其优美。光华附中也设在光华村内，其设施及环境也与大学部相仿。成都分部校舍之建筑成功，全赖川人的热心赞助，故校方多以赞助人士之名号题其资助之建筑物等，以资纪念。

1月7日 沪校学生举办游艺会，收入全部用作难民捐。

是月 附中戊寅级毕业生决定出版《戊寅级毕业特刊》。

2月

2月18日 成都分校获赈济委员会拨款，作为建造附属中学校舍经费。

2月23日　光华沪校开学，大、中学生共计1671人。

3月

3月1日　光华沪校大、中学生正式上课。第三届全国教育会议于重庆召开，校长张寿镛委托谢霖代表光华大学出席，并做大会发言。

3月13日　上午八时沪校举行第十四届总理逝世纪念周。

4月

4月24日　成都分校获捐赠一万元，作为图书馆建造经费。

5月

5月31日　聘朱家骅为成都分校董事会成员。

6月

6月3日　光华师生以出版纪念刊物、筹办义卖献金和募集毛巾等慰问坚守四行仓库的孤军将士等方式纪念十四周年校庆。

6月27日　校董会召开会议，议决由朱经农主持校务，原定的暑期学校仍按计划开学。

6月28日　举行第十四届毕业生毕业典礼。高中上、下学期毕业梁玉钊、童亦珍等162人，初中上、下学期毕业杨明燕、朱湘华等78人。张校长作《光华大学十四年纪念告毕业同学书》。

7月

7月2日　据是日《申报》报道，康脑脱路上的光实中学，为光华大学毕业生所设立。昨日举行第四届毕业典礼，并分发各种奖凭。该校成绩优良，张寿镛校长特准光实中学毕业生直升光华大学，并同意其中的特优生免费入学。

7月9日　成都分校200名难童由附属中学初中部肄业。

7月15日　附中一〇级同学会会刊《神鹰》创刊号发刊。

7月17日　下午七时，附中一〇级同学会假八仙桥青年会举行聚餐。

8月

8月1日　附中招生报名开始。招生年级为高一上、初一上、新生及各年级上下学期插班生。高三下不收。报名从8月1日起至9日止。报名及考试地点为汉口路 422 号证券大楼。

8 月 11 日   举行招生考试。

8 月 22 日   移川建设复兴委员会决定就成都分校经费短缺问题向教育部申请补助。

8 月 25 日   据是日《申报》报道，附中女同学会呼吁使用旧教科书，并开始募集。

9 月

9 月 4 日   光华沪校开学，计有中学生 1028 人。自本学期起，改组教学管理体制。

秋季   分校开办附属小学，教员大半由本校大四学生担任；旋又在校内附设幼稚园一所。

11 月

11 月 18 日   四川省政府前主席王缵绪向成都分校捐法币一万元，资助附属中学的学生宿舍建设。

1940 年

2 月

2 月 22 日   光华沪校开学，共计 964 人。为提高学校行政效率起见，除校务会议之外，更成立行政委员会，由副校长和文、理、商三院院长、附中副主任及各组室馆主任组织之，并订定行政委员会议组织大纲。

2 月 25 日   沪校召开校董会议，推举虞洽卿为董事长，组建复兴委员会，确定今后校务方针，又审查 1938 年度财务决算。

4 月

4 月 2 日   大、中学与沪上各校一起电呈政府，重申拥护抗建国策。

6 月

6 月 3 日   沪校举行十五周年校庆活动。是日晚，校友篮球队与西华篮球队举行校庆友谊赛。为纪念光华十五周年校庆，张寿镛、吕思勉、蒋维乔分别撰文以志纪念。

7 月

7 月 22 日   附中开始招生报名，至 8 月 1 日结束。招收高、初中一年级上学期新生及其他各级上、下学期插班生（高三下学期不收）。

8月

8月2日　成都分校召开董事会议，议决加聘徐堪、薛迪靖等为董事会成员。

8月30日　高、初中各级（高三下除外）进行入学考试。

是月　附中学生黄庭耀、张友三在中法大药房举办的"赐尔福多"延年益寿粉奖学金征文比赛中荣获并列第六名。

9月

附中学生尤冠华在《申报》主办的首届大中学生暑期工作征文比赛中荣获第二名。

10月

校长张寿镛亲自主持课程标准的调整和充实工作，改进教学管理，举办各种课外学术竞赛活动，增强了学校的影响力。本年度大中学部学生人数2400余人，创史上最高水平。

1941 年

1月

1月18日　据报道，光华沪校自本学期起增设商科夜校，所设课程以应用技术类为主。

2月

2月1日　接教育部电令，成都分校暂缓招生。旋经谢霖副校长陈明原委，乃准照常招生办学。

3月

3月12日　校学生剧团光华平剧社为征募教育贷款上演《梁红玉》。

4月

4月13日　校家庭教育委员会邀请周予同来校演讲，题为"儒家之婚姻哲学"。

5月

5月11日　为协助本市中小学教员进修，校长张寿镛等发起学术讲座，是日举办第三次公开演讲，本校张耀翔做题为"青年之心理卫生"的演讲。

5月17日　成都分校增建附属中学的学生宿舍。

6月

6月3日　沪校举行十六周年校庆活动，同时欢送本届大、中学毕业生，张校长做题为"光华大学十六周纪念之感想并勉同人同学及毕业同学"的报告。

是月　出版《光华大学十六周纪念特刊》，此刊刊有唐书第所撰《光华大学图书馆概况》和黄赓祥所撰《光华大学实验馆概况》二文，观此可见太平洋战争前光华沪校图书、实验室等发展状况。

7月

7月19日　本校孙贵定主讲第七次学术讲座会，演讲题为"学习心理"。

8月

8月3日　本校董任坚主讲第八次学术讲座会，演讲题为"新儿童教育"。

8月11日　分校开始在重庆、成都两地招生报名。

8月20日　附中招生报名开始。

8月29日　举行招生考试。

9月

9月23日　成都分校正式开学，学费大幅度增加。

9月26日　谢霖副校长捐款用于分校学生餐厅的建筑经费，校方以"冠能堂"命名之。

10月

10月5日　沪校学生组织国学研究组和西洋文学研究组。是日，国学研究组举行第一次演讲会，张校长演讲"国学研究组之大概"。

10月12日　汪振声主讲第十二次学术讲座会，题为"从生物学的观点谈谈生命"。

10月15日　张校长在西洋文学研究组做演讲，并提出组织方法。同日，金松岑在国学研究组做题为"经世学"的演讲。

10月19日　张校长为沪校青年会做题为"从神道社会到民治精神"的演讲。同日，金松岑在国学研究组续讲"经世学"，提出当政治家之三要求。西洋文学研究组则由周其勋演讲"希腊文学"。

10月26日　吕思勉在国学研究组演讲，演讲题为"经世"。张校长在经济学研究组演讲，介绍经济学概况。

上海中学排球联赛开幕，附中男、女排球队均参与其中，并取得较好成绩。

11 月

11 月 2 日　张寿镛在国学研究组做题为"汉学、宋学之源流与利弊"的演讲。同日，徐燕谋在西洋文学研究组演讲"论援引"。经济学研究组则由唐庆增演讲"中国经济结构"。

11 月 23 日　国学研究组举行演讲会，汪柏年讲"经学大义"。同日，钱学熙在西洋文学研究组做题为"献给英国文学专业学生的若干想法"的演讲，经济学研究组由蔡正雅做题为"收入与生活费之联系"的演讲。

秋季　　　张校长召集大、中学全体教职员，商量进一步深化课程改革。是时，沪校在汉口路继续办学，学生人数达 1141 人。而成都分校已初具规模，校面积扩充至 150 余亩，学生人数达 402 人。

12 月

12 月 7 日　本校傅统先至第十六次学术讲座会做演讲，题为"科学的人生观"。

12 月 8 日　太平洋战争爆发，日军旋即进入上海租界。为应变计，沪校遂停办，而设诚正文学社、格致理商学社、壬午补习社，为大、中学生继续课业。

12 月 20 日　张寿镛致函校董会，恳辞校长之职。

12 月 21 日　国学研究组举行第八次演讲，金松岑做题为"易学大义"的演讲。

12 月 28 日　沪校召开校董会议，决定将张寿镛请辞函备案，缓议朱经农请辞副校长以及是否继续办校事宜。

是月　　　张校长一面撤去光华大学校牌，毅然停办，一面与蒋维乔等商议，决计改设诚正、格致、壬午等学社，以维系学校之命脉。
　　　　　诚正、格致两学社由教育部批准备案，并准许其毕业生仍作为光华大学毕业生给予学位。

1942 年

3 月

3 月 25 日　据视察员报告，该校校舍宽敞，环境卫生，图书馆设备亦尚可观，等因；成都分校奉教育部命令开学。

5 月

5 月 1 日　　是时成都分校校舍面积已达到 150 多亩。

7 月

7 月 3 日至 8 日　壬午补习社暨暑期学校招生报名开始。招收高中普通科、商科各级
　　　　　　　　暨初中各级。校址为汉口路 422 号证券大楼八楼光华附中原址。

7 月 10 日　考试。

7 月 13 日　上课。

7 月 14 日　壬午补习社招生报名截止。

7 月 16 日　举行招生考试。

1943 年

1 月

1 月 10 日　成都分校薛迪靖双目失明，聘李恩廉为副教务长，至 7 月，李恩廉亦因
　　　　　　事离校。

5 月

5 月 5 日　　本校移川复兴建设委员会名誉会长孔祥熙到蓉，莅校集合学生讲话。

9 月

9 月 1 日　　成都分校部分学生因学费过高而闹事，并要求改为国立大学。

9 月 2 日　　校内出现请求谢霖下台的标语。

10 月

10 月 7 日　谢霖副校长第三次要求辞职，校董会议定聘张登寿代理校务。旋校内有
　　　　　　张贴标语，反对张氏主持校务。

10 月 18 日　教育部督学陈宗英来成都视察学潮情况。

10 月 25 日　校董会决定由向传义暂时代理校务。

11 月

11 月 1 日　向传义到任视事，布告学费为法币 1700 元。

11 月 8 日　成都分校举行开学典礼。

1944 年

1 月

1 月 28 日　壬午补习社决定招收初中一年级免费生 10 名，是日报名开始。壬午社高、初中部系由光华附中同人创办，近由该社主持人潘予且、吴遐龄等商定招收初中一年级免费生 10 名，清寒有志向学者，均可亲携证件于本月 28 日至 2 月 3 日向证券大楼八楼（光华附中原址）该社报名。

3 月

3 月 4 日　成都分校董事会开会推选翁文灏为分校董事会董事长。

6 月

张寿镛呼吁前来为其庆祝六十九岁寿辰的校友和在校师生捐募助学金，毕业校友们踊跃响应。

7 月

7 月 2 日　成都分校董事会增选谢霖、李肇甫为董事会常务董事。

7 月 16 日　壬午补习社决定招收高、初中一年级免费生各五名。按照附中成规办理，三年以来新编学生均在数百人以上。本年因鉴于沪上清寒子弟失学者为数日众，特决定高、初中部各招收一年级免费生五名，有志向学者，可亲携证件径赴证券大楼八楼该校面洽应考手续。

12 月

12 月 9 日　因翁文灏不允任董事长职，董事会改选邓锡侯为分校董事长。

1945 年

2 月

2 月 1 日　成都分校决定停办附属小学。原附小改名为"私立光华小学"，由地方人士接办。

6 月

6 月 3 日　校庆二十周年纪念。又值张校长七十寿辰和谢霖六十寿辰，分校举行"三喜同庆"，并编辑印刷纪念特刊。

7月

7月8日　张校长七十寿辰，因病无法会客，于病榻旁见校友师生代表，以"复兴中华，复兴光华"相勉。校友遂捐募助学金，以为贺礼。

7月15日　张校长病逝，暂葬于上海静安寺公墓。

8月

8月10日　本校恢复"光华大学"名称。

8月26日　大、中学刊登复校启事。

是月　　沪校先行成立校务委员会，朱公谨为主席。因新校长尚未由校董会聘定，故沪校业已先行成立校务委员会，由朱副校长公谨为主席，容启兆、蒋维乔、唐庆增、薛迪符、张星联、张芝联为委员。兹抗战胜利，又因校长张寿镛先生病逝，爰由副校长朱公谨暂时代理，并兼附中主任，即日开始复校运动。前大西路光华大学暨附中全部校舍于此次事变中毁于炮火，暂时仍假三马路证券大楼招生开学。

9月

9月12日　校董会在重庆开会，议决聘请朱经农为大学校长、上海复校及成都分校永久留川等事项。

10月

10月11日　因地方秩序未定，学生不多，计大学部有350人，中学部有278人。本学期经费短缺约百万元以上。

　　　　　留渝校董开会，决议解散旧校董会，推举组织新校董会。为群策群力复元沪校，新校董会决定聘请杜月笙、王晓籁为名誉校董。

10月30日　川省人士决定接办成都分部。

10月31日　校董会向成都分部通报有关该分部独立的各项决议案。

秋季　　抗战胜利后，在证券大楼原址复校，朱公谨代理校长。旋重组校董会，即第五届（1945—1948）校董会，翁文灏先生为董事长。校董会议决：将捐诸川人之分校，仍还归川人，更名为"成华大学"；并聘朱经农、廖世承两先生分任大学、中学校长。

　　　　　光华附中复校，教职员阵容十分整齐。光华附中的基础和规模是廖世承先生一手建立起来的，从延揽教师、修订课程，以至实施导师制、计划课外活动等，莫不出于廖先生的心裁。因此，虽然抗战以后校舍全部被敌所毁，数度迁徙，从岐山村而成都路，而白克路，而汉口路，但是光华附中的精神依然没有改变。同时不能不感谢苦心维持壬午补习社的几位先生，没有他们的撑支，光华附中可能会断气脱节，复校工作的艰难程度不知要增加多少倍。

教导主任倪若水先生是廖先生从东大附中聘来而始终没有脱离过光华的教师。教导副主任毛仲磐先生在光华附中服务也十二年之久。教师的阵容十分整齐：国文系如顾荩丞先生、包玉珂先生，英文系如徐燕谋先生、芮听渔先生，数理系如归孟坚先生、王谷愚先生、廖康民先生、唐志瞻先生，社会科学系如姚舜钦先生、徐承烈先生，商科如卜坤一先生等都在光华附中担任过七八年至二十年的教师，经验丰富，学识宏博，其中有好几位都兼任大学的课程。

复校时学生人数为 278 人，本学期增至 333 人，分十一组，每组有导师一人。

学校把学生的学业和品行全部托付给二十几位教师。在行政方面，则力求教职员生活的安定，并尽力设法请得广大校舍，布置一个新环境，以增加教学的效率。

12 月

12 月 1 日　成华大学聘请光华校董，两校结为兄弟学校。

12 月 18 日　成都分部学生反对更名为成华大学，推选代表向教育部请愿。

12 月 23 日　成都分部改组为成华大学，王兆荣任校长。

冬季　　　教育部会同上海市教育当局，准将欧阳路 222 号敌产先行拨充光华校舍。

1946 年

1 月

1 月 10 日　国民政府褒扬故校长张寿镛。

2 月

2 月 1 日　成华大学接办成立，接收光华大学成都分部所有校产；同时成立光华大学成都分部结束办事处，负责处理十年以来未完之事项，并管理留蓉借读学生，计大学借读学生 1035 人，附中借读学生 327 人。

2月10日　　经校董会决议，成都分校之校产全数移赠成华大学。

3月

3月1日　　委托成华大学代饬分校学生的毕业志愿，代办至各班毕业为止。尚在附属中学高中、初中两部肄业之学生计有355名，与成华大学商定由成华大学仍用"私立光华大学附属中学"名义，代办至各班毕业为止。

5月

5月1日　　张芝联晋京谒见翁董事长和朱校长，带回有关校务的重要决定。

5月15日　　为帮助上海本部复校，教育部拨款法币1亿5000万元，其中2700万转拨成华大学。

5月18日　　附中遵市教育局规定，第二期学费征收结束，与敬师运动献金一起全部分发给教职员，以资补助。

6月

6月3日　　成华大学举行校庆，留蓉成华大学借读学生及附属中学肄业学生向上海本部贺敬50万元。

是月　　朱经农校长来沪规划下学期事宜，调整人事安排。校庆二十一周年纪念仪式借八仙桥青年会礼堂举行。

公布光华大学暨附中复兴基金捐款报告。

7月

7月10日　　校舍自证券大楼迁入欧阳路222号，大学、中学暂在一处办公。开办暑校招收新生，大学、中学报考学生合计近4000人。附中代理校长事宜，请倪若水先生主持。朱校长除常时来沪外，并用书函指示一切。旋廖副校长由湖南假返沪上，将沪寓家属迁入校中居住，因暑假后仍需至湘师一行，故暂不正式视事。

8月

经多方努力，上海市教育局正式下达批文，将两所毗邻的日本学校拨给光华，作为大学和附中校舍。

9月

9月27日　　大学朱校长经农及附属中学廖校长世承，均于是日到校视事。

9月28日　附中先行开学，学生人数由300余人增至近700人，高、初中共计14个班。

10月

附中宿舍管理实行保甲制。据1946年10月11日《文汇报》第2版报道，校方为"管理"便利起见，实行保甲制，十床为一甲，十甲为一保，与沪市实施之保甲前后媲美，惟其无警管区耳。校方对于"管理"两字之研究，可谓甚有心得也。

11月

大礼堂"丰寿堂"修葺完工，焕然一新。翁董事长亲书丰寿堂匾额，朱校长则亲自撰书楹联。

12月

12月28日　是月24日，北平发生"沈崇事件"。消息传出后，北平、天津、上海、南京、武汉、重庆等全国数十个大中城市学生举行示威游行，抗议美军暴行。附中学生亦致信《文汇报》，要求美军立即撤退。

是年　　本校全部接收欧阳路校舍，翁文灏举行茶话会，向各界劝募复校基金五万万元，梅兰芳亦为来宾之一。

是年6月至次年5月　附中施行考查学生操行办法和统一请假制度，又颁发学生证及重订食堂和宿舍章程等。

1947 年

3月

3月18日　为接收东北地区问题，本校成立爱国护权运动大会。

5月

5月22日　是月20日，南京、上海、苏州等地学生6000余人汇集南京，举行"挽救教育危机联合大游行"，高呼"反饥饿、反内战"等口号，遭国民党军警镇压，是为五二〇血案。光华部分学生召开后援会，并提议罢课，学生间发生冲突。

5月23日　学生继续罢课，多数教授亦自动请假，停止授课。附中各届校友承募捐款一亿一千万元，以添建男生宿舍。

5 月 24 日　　外校学生来光华宣传罢课，遭拒绝。

是月　　　　附中丁亥级学生毕业在即，学生撰文记述唐志瞻、归孟坚等先生；归孟坚导师亦回顾往昔，并寄语学生日后要运用学问、理智，致力于改进社会。

6 月

6 月 3 日　　光华大学留成华大学借读同学会庆祝本校二十二周年之六三节，并向上海本校献川绣校徽、绣旗；成都分部附属中学学生向上海附属中学献旗，题"教育基础"四字，贺二十二周年六三节，并贺廖校长世承复任。

6 月 29 日　举行校庆及第二十二届毕业典礼。

7 月

7 月 27 日　假座建成电台，举办第十七次星期日特别广播，请光华大学校长朱经农播讲"对于教育的几种感想"，主要内容包括：我们为什么要办教育？教育的基本精神是什么？教育的目的是巩固民主政治的基础，能不能达到这个目的？

10 月

10 月 13 日　《蒲立德援华建议》发表后，朱经农校长等积极争取美国贷款。

10 月 20 日　为应对物价飞涨，照顾清寒学生，上海社会服务处提供平价的米、煤、菜蔬及肉类等物品。

11 月

廖世承在《光华附中简讯》发表《教育信条》一文，阐述他的教育宗旨、方法及对教育工作者的责任等看法。

12 月

近一年来　附中在课程修订、能力分组、学业考查、实验室和图书馆建设等方面均有所建树。教务部门有该年度附中各年级学生人数统计及教务工作的概述。附中的训导工作也富有成效，又改进训导制度、惩戒方法和宿舍编制，恢复史地研究室，施行紧急集合制，并加强学生的课外活动。

是年　　　　附中为校舍建设，共筹得 1947 年度校舍建筑捐款 10 亿 3480 万元，实物 1 亿 7000 万元，实际支出为 13 亿 9900 余万元，不足部分由校方另行弥补。

经校董会呈请政府行政院，本校获准继续使用欧阳路校舍。

1948 年

1 月

1 月 15 日　经校有关部门议决，仍执行留额金制度，清寒学生可请求缓缴或免缴留
　　　　　额金。

1 月 17 日　光华附中学生参加上海两万余大中学生示威游行，抗议九龙暴行。香港
　　　　　当局为修建九龙机场，强行拆毁民房，迫害九龙同胞，史称"九龙事
　　　　　件"。为抗议港英政府，声援香港同胞，上海各大中学院校遂组织上海市
　　　　　各大中学抗议九龙事件联合会。

6 月

6 月 20 日　全校学生大会议决罢课三天，以求改为国立大学。

6 月 21 日　学生申明要求改为国立大学之理由，经济因素最为突出，并成立"请求
　　　　　改为国立运动委员会"。

6 月 22 日　教育部次长杭立武就光华、大夏改国立事发表谈话，强调目前经费困难，
　　　　　殊无将私立学校改为国立之可能；私立大学各有传统特性，教育部一贯
　　　　　采取奖助政策。至此，改国立运动未获新进展，学生代表至 23 日尚在京
　　　　　请愿。

6 月 24 日　校务会议议决考期展延至下周一开始。

是月　　　校方决定废止留额金制度。

7 月

7 月 3 日　中共中央发出关于争取和改造知识分子及对新区学校教育的指示，提出
　　　　　要大规模举办训练班，对知识分子进行政治教育，对新区原有的学校采
　　　　　取维持政策。

7 月 20 日　校董会召开复校后第二次会议，朱校长报告 1948 年春季开学之学期收支
　　　　　情况，收支相抵，不敷共计 36 亿元。

9 月

9 月 6 日　上海私立院校校长座谈会建议上海市清寒学生奖学金统一审核委员会尽
　　　　　快拨付奖学金，以便清寒学生能如期缴费上课。

10 月

10 月 17 日　校董会决定出售大西路校区地产 40 亩。

11 月

11 月 5 日　　鉴于物价涨势惊人，学生再次要求改私立为国立，学校全力劝导。

11 月 28 日　正式宣布本学期不再增收学杂费，学生闻讯颇感兴奋。

11 月 30 日　尽管生活困难，教师仍坚持授课，学生遂组织尊师运动委员会，筹募尊师金。

是月　　　　朱经农奉派参加联合国文教会第三届大会，离校期间校务由校政委员共同负责。

秋季　　　　为应对物价高涨，校方复向中央银行申请贷款，获准后再度增发十二个月教职员工薪津。

1949 年

1 月

1 月 18 日　学校决定利用寒假为学生补习功课。

3 月

3 月 1 日　　本学期学生注册，清寒学生准予免费。朱经农辞职，廖世承代理校长。

4 月

4 月 7 日　　由于学生人数减少，市面物价腾贵，学校无奈向中央银行贷款一亿元，用以补助教职员工待遇及维持学校正常运作。

4 月 14 日　又向中央银行贷款 2000 万元，其中七成至八成用作补助教职员工待遇。

是月　　　　董事长翁文灏辞职。

5 月

5 月 19 日　又向中央银行贷款金圆券 120 亿元，用以发放教职员工薪金。

至上海解放前夕，中共光华大学地下党支部共有党员 40 余人，积极开展了各项活动。

6 月

6 月 1 日　　成华大学附属中学借读学生于是月全部毕业，借读转学事宜结束。十二年来成都分部毕业学生人数如下：附属中学高中部毕业生 476 人，初中部毕业生 194 人，附属小学高小部毕业生 44 人，初小部毕业生 75 人。

6月4日　　本校成立教授会、讲师助教会，通过两会简章，选举两会理事会和监事会成员。讲师助教会理事会第一次会议推叶百丰为临时主席、理事会主席，并议决其他人选。

6月15日　　第五十七次校政会议议决将校政会议改组为校务会议。

8月

8月12日　　校董会举行上海解放后第一次会议，改选校董会，通过校董会组织章程，正式聘廖世承为大学校长，张芝联为附中校长。

11月

11月2日　　本校成立团支部，有 41 名学生入团。

11月9日　　代表上海 118000 名大中学生的上海市学生第一届代表大会于上午八时半在光华大学正式揭幕，大会讨论了学联章程、选举执委和当前上海学运的任务。

12月

12月23日　　中央人民政府教育部召开第一次全国教育工作会议。

1950 年

1月

1月4日　　本校开展推行公债运动，师生积极认购，帮助政府渡过困难。

1月12日　　新成立的校务委会，经市政府核准备案。

2月

2月1日　　校各单位代表举行座谈会，商定先组织光华教育工作者工会工作会议，作为有关工会事宜之核心机构。附中教员 6 人参加，他们是：陈思卓、孟永祈、叶百丰、邵鸿章、廖康民、毛仲磬。

是月　　经上级指示，将校工会工作会议改为工会筹备会；经两次开会商讨，通过筹备委员名单 30 人，报送上教工筹会审核。其中中学部叶百丰、廖康民、季振宙、徐家桃 4 人参加学习。

3月

3月18日　经上级批准，光华大中学教育工筹会分会正式成立，公推姚舜钦为主任，叶百丰、吕思勉为副主任，朱有琳为秘书。稍后，发展会员达153人。

4月

4月22日　光华大中学教育工筹会举行校工会委员会成员选举。

4月26日　下午全校停课半天，召开校工会成立大会。

4月27日　本校工会加入北区工会组织，姚舜钦等三人当选为区级工会委员。

4月28日　校工会举行第一次委员会议，选举吕思勉为本届委员会主席，姚舜钦、毛仲磐为副主席，叶百丰为秘书。

5月

5月6日　为响应政府生产救灾的号召，全校师生开始利用课余时间，开垦荒地，种植蔬菜。

5月7日　经过多次协商，最终以教授维持薪金原状、职工增薪一成的方案，顺利解决学生的学费问题。

5月16日　校长室向校工筹会、文教科、学生会发送文件，为迅速组织校计划委员会事征求意见，并提议于本月内完成成立工作。

5月26日　校大学暨附中工会文教委员会张贴通告：是日下午，李平心先生在大学部演讲，地点为大学部313教室，题为"中国人民革命胜利的原因与意义"。

5月27日　校计划委员会召开第二次会议，研议开办暑假补习班等事宜。关于暑校，可就大学学分不足开设补习性质的补习班以及为中学升学做准备进行两方面计划，并试办各种短期班。关于恢复附属小学应再具体研究，提出计划。

5月28日　大学暨附中师生联合慰劳解放军，号召每人捐献一块肥皂、两个鸡蛋。

6月

6月3日　是日为二十五周年校庆，举行纪念仪式、文体活动，并邀请解放军同志参加联欢会；华东局统战部周而复莅校演讲。

7月

7月22日　校游泳池（欧阳路221号内）正式开放，并发售优待券，以优待校外学生。

8月

8月6日　　工会、学生会联合举办暑假系统讲座。是日，文化部唐弢来校演讲，题
　　　　　为"文化建设问题"。

9月

9月3日　　经市教育局核准，薛迪靖在多伦路10号创办正平会计补习学校。

9月10日　世界民主青年联盟代表团抵达我国，为表示保卫世界永久和平的决心，
　　　　　校学生会向世界青联代表赠送资料及礼物。

10月

10月6日　世界青联代表团来校参观。

10月7日　世界青联代表团波兰代表戈拉尔斯基及非洲代表摩摩尼应邀到光华大学
　　　　　演讲。

11月

11月1日　校篮球场、排球场、足球场翻修整理竣工。自本学期起，增设体育课程，
　　　　　全校开始集体早操。

11月9日　为响应抗美援朝的号召，师生展开时事学习。

11月13日　召开校抗美援朝卫国保家运动委员会筹备会议，会议讨论了在温课考试
　　　　　期间如何推动与组织抗美援朝运动，提议加强时事学习，并列出时事学
　　　　　习讨论提纲。

11月15日　全体师生举行抗美援朝保家卫国大会，为不影响有关工作的展开，原定
　　　　　的期中考试延迟两周。

11月17日　校抗美援朝卫国保家运动委员会第二次筹备会议召开，廖世承校长、姚
　　　　　舜钦代教务长和学生会主席先后汇报工作，会议议决了进一步开展工作
　　　　　的步骤，以及加强门警与巡查防护等工作事项。

12月

12月8日　为支持抗美援朝运动，全体师生员工发表爱国宣言，开展爱国捐献运动。

12月29日　上海市北四川路区各界人民抗美援朝保家卫国代表大会筹备会，决定于
　　　　　1951年1月2日、3日晚上在光华大学召开各界人民抗美援朝保家卫国
　　　　　代表会议，要求下属各单位在本年本月28日、29日两天选出代表，筹
　　　　　备会致函光华大学，称经议决分配给光华大学教授代表名额为三名。是

日，学校推举廖世承、吕思勉、薛迪符为参加代表大会的代表，并函送筹备会代表名单。

1951 年

1月

1月11日 举行冬防护校反特座谈会，成立冬防筹备委员会。区长吴康到校报告"冬防护校肃清反革命活动的重要性"。是时，全校师生开展"肃反"政策学习。

1月15日 为协助政府肃清匪特，校举行宣传大会和座谈会，劝告失足分子赶快自新。

1月18日 举行全校性的反特控诉大会，敦促有关人员登记悔过。

2月

2月22日 下午举行全校教职员工、学生代表大会，讨论教学改进、行政效率等问题。

3月

3月6日 为受中国人民保险公司华东区公司委托举办保险训练班事，向华东军政委员会教育部呈送招生简章及课程表。

3月12日 校长室拟就本学期教学方针与任务讨论提纲，分送各部门，要求结合具体情况制订教学计划和工作重点。

4月

4月20日 大学暨附中教职员工踊跃参加《文汇报》读者慰劳中朝战士和救济朝鲜难民捐款，共计5796400元。

4月27日 下午五时，校工会五一劳动节示威大游行筹备会在校长室举行扩大会议，报告示威大游行的准备工作，并议决具体事宜若干。

4月30日 下午举行全校师生员工镇压反革命大会，成立全校肃清反革命委员会。

5月

5月24日 全校各级举行镇压反革命体育比赛。

6月

6月3日 举行建校二十六周年纪念庆祝会，邀请附近各工厂工人约 2000 人参加。
是晚又有文娱晚会。

6月9日 举行全校春季运动会。

6月27日 为了督促学生积极温课迎考，校学习委员会发出告示，拟定数种温课办
法，告示学生。

7月

7月10日 学生会、体育部成立游泳池管理委员会，是日举行开池典礼。

7月18日 华东教育部宣布以光华、大夏两校为基础，合并成立华东师范大学。学
生贴标语、出特刊、放鞭炮，热烈拥护两校合并。

8月

8月15日 由原上海纺织学院、交大纺织系及上海工专纺织科正式合并成立华东纺
织工学院，在原光华大学旧址动工建设。

9月

9月5日 华东军政委员会教育部下达通知，并出之系科除教员、学生全数并出外，
图书设备等应随之转移。旋，光华附中、大夏中学也改公立，合并成立
华东师范大学附属中学。

9月28日 举行光华大学最后一次董事会会议。

10月

10月8日 华东军政委员会教育部高教处举办讲座，由马寅初主讲"经济政策与教
育政策的配合问题"，通知本校有关教师参加听讲学习。

10月16日 华东师范大学正式成立。

秋季 华东师范大学附属中学成立，校址在欧阳路 222 号。

第二卷
大夏大学附属中学大事记
（1924—1951）

1924 年

5 月

5 月 26 日　厦门大学校秘书黄开宗致函教育科主任欧元怀、商科主任王毓祥、注册科主任傅式说及英文教师林天兰等 4 人，称奉校长面嘱，准予是年 8 月 20 日解职。欧元怀、王毓祥、傅式说 3 人约期并未满；林天兰约期虽满，但数日前英文科学生已向林文庆校长要求续聘。学生对此起而抗争，酿成学潮。

6 月

6 月 13 日　厦大离校学生团总部全权代表罗士清、施乃铸等 14 人，从厦门乘苏州号轮船，于 14 日抵达上海，暂寓法租界的大安旅店。

6 月 23 日　厦大离校学生团总部来沪后，认识到改革厦大之目的已完全无望。沪粤南洋各地，又皆停止招生，数百离校青年面临失学困境，因此专函辞职各教员，请其邀集教育界名流硕彦，筹备大学。

7 月

7 月 7 日　厦门大学去职教授 9 人和离校学生总代表 14 人，在上海贝禘鏖路（今成都南路）美仁里 24 号，设立大夏大学筹备处。初拟名"大厦大学"，后定名"大夏大学"，以志校史由厦大嬗变而来，并寓光大华夏之意，英文名为 The University of Great China。

7 月 24 日　在沪教员全体在宜昌路 115 号召开第一次筹备会议，通过大夏大学组织大纲。推定各项章程起草委员，着手组织筹备委员、董事会等事宜。

8 月

8 月 25 日　原租定宜昌路 115 号校舍不敷应用，另于劳勃生路（今长寿路）致和里租定新建洋房 40 余座。大夏大学筹备处迁入宜昌路 115 号。

9月

9月16日　校舍由宜昌路115号迁至小沙渡路（今西康路）201号，同时迁入劳勃生路致和里宿舍。新生录取工作陆续进行。

9月20日　假潘家花园举行秋季开学典礼，到会董事、教职员、学生、来宾200余人。全校有教员30余人，报到学生190人，嗣后陆续增至229人，基本上都是由厦大转来的学生。

11月

11月20日　校董汪精卫17日抵沪后，于今日全体开会欢迎，并举行董事会，商议各种进行计划，并请马君武为校长，推王伯群为主席董事。

11月24日　马君武就任大夏大学校长职，为首任校长。

1925 年

2月

2月16日　正式上课。新聘多名教授，并购置大量理科仪器及参考书。

5月

5月5日　大夏大学校务会议议决，秋季增设高等师范专修科和附属大夏中学。

5月18日　胶州路新校舍开始动工建设。

6月

6月1日　是日为大夏大学周年纪念日，上午十时，大夏大学教授、学生300余人及邀请来宾10余人，共聚胶州路新校舍旁潘家花园举行建校一周年纪念庆祝大会。下午七时，开游艺大会庆祝。

6月6日　英兵强行进驻校舍。学校临时迁至槟榔路潘家花园继续办学，并函请校董虞洽卿向工部局交涉。

7月

7月27日　教育当局派员观察后，认为学校教授管理认真，学风成绩俱佳，准予立案试办。

8月

8月24日　在胶州路新建校舍举行第二次入学试验，大学部暨预科、高师附中各级共录取新生180余人。

9 月

9 月 5 日　胶州路 301 号新建校舍落成，并开始迁入。该校舍为砖木结构的方形三层大楼，第一层为礼堂、图书馆、实验室、办公室；第二层有教室 14 间；第三层为学生宿舍，有寝室 52 间，可容纳学生约 300 人。校舍旁有空地约 20 亩，学校租为操场。在新校舍附近另建女生宿舍，并在劳勃生路致和里租民房十余幢为教职员宿舍。

9 月 10 日　新旧学生开始办理缴费注册手续，16 日正式上课。本学期注册学生 700 余人，教授 70 余人。其中附中有学生 90 人（高中 49 人，初中 41 人）。

9 月 28 日　本校暑中租定新校舍对面之亭园一所，为女生宿舍。兹因来校女生非常拥挤，该宅已不敷用，刻又租定胶州路 82 号洋桥近堍之大住宅一所，俾女生得全体迁入，并请英文教授陈慈爱及附中数理教员范冰心迁往该处，分任女生指导事宜。新校舍对面之亭园，改为教职员俱乐部。

10 月

10 月 10 日　下午，补行开学礼，师生共 800 余人到会。

10 月 26 日　上午十时半，胡适应邀至大礼堂举行演讲，题为"怎样去思想"，到会听讲者达 800 余人。

12 月

12 月 16 日　下午，图书馆主任艾伟在大礼堂举行图书运动大会。本校图书力求扩充，特召集各科同学会代表开会，筹议办法，大学、高师附中代表演说。

1926 年

1 月

1 月 1 日　庆祝元旦，晚上举行游艺晚会。

1 月 19 日　《申报》刊出消息，大夏大学附属中学试办半年，觉中学与大学合办一处，教授管理颇感不便。附属中学自春季起租赁潘家花园内祠屋改建为教室，将于大学新校对面空地建筑中学宿舍，并计划改革附中课程编制。

4 月

4 月 26 日　下午，学生会与校务议会举行联席会议。

5月

5月4日　举行五四运动纪念大会。

是月　　大夏大学附属中学为养成职业人才、适应社会需要计，决于本年秋季高中部添办女子师范及商业二科。凡初中毕业学生，及有相当程度者，俱得投考，定三年毕业，其课程注重专门智能之培养，现正从事编订章程，着手筹备一切，购买图书仪器和有关参考书籍。同时于本月举行全校智力及教育测验，实施新法教学。

6月

6月1日　建校两周年纪念日。上午举行校庆纪念大会，全体师生及来宾出席。下午举行田径运动会，全体学生参加。晚上举行游艺大会。

6月4日　聘陈伯庄为附中主任。

7月

7月22日　上午十时，校长马君武在大礼堂召集暑期学校全体教员、学生，并发表演讲，题为"学术与国家"。中午，马君武设宴欢迎新校董王省三。

是月　　新聘教授多人，其中聘定陈伯庄为文科教授兼附中主任。同时，校名由大夏大学附属中学改为大夏中学。

9月

9月18日　上午十时，举行秋季开学典礼。列席者在800人左右。

10月

10月8日　举行秋季师生恳亲大会，全体师生出席。马君武发表演讲，题为"读书与救国"。

11月

召开学生会执行委员会会议。

12月

12月17日　举行国语演说决赛。

1927 年

1月

1月4日　大夏大学附属中学主任陈伯庄因事辞职，校务会议推举郑通和继任。郑通和毕业于南开大学，后留学美国斯坦福大学及哥伦比亚大学。郑君对发展中学部深有计划。

2月

2月19日　马君武校长因职务繁重，恳请辞职，董事会开会挽留不获，议决改校长制为委员制，推举王伯群为大学委员长，欧元怀、王毓祥、傅式说、程时煜、应成一、杨承训、鲁继曾、艾伟、郑通和、孙瑞等10人组成大学委员会，为学校立法行政最高机关。学生会派代表参加委员会会议。

3月

3月12日　孙中山先生逝世纪念，停课一天。

3月22日　美国教育家克伯屈博士应邀来校演讲，题为"教育与进步"。

3月24日　上海学生联合会在新舞台举行陈骏、陈亮烈士追悼会。全体师生和全市各大中学学生5000余人参加。

4月

4月1日　举行大学委员长王伯群就职典礼，由王省三董事主持。

4月4日　下午二时，上海各团体在南市公共体育场举行五四运动八周年纪念大会。大学部及中学部均派代表参加。

6月

6月1日　上午举行建校三周年纪念大会及第二届毕业典礼。下午举行爱校募捐运动。晚上举行游艺联欢大会。

8月

8月6日　南京国民政府教育行政委员会向各省私立学校发布通令，要求所有学校皆行校长制，废止委员制。

9月

9月13日　举行秋季开学典礼，学生700余人。

9月30日　大学委员会议决成立校务发展委员会，筹划学校发展事宜。

10月

10月5日　举行学生会改选。

10月7日　下午二时，新当选学生会职员宣誓就职。

10月8日　上午举行师生恳亲大会。下午举行全校运动会。晚上举行游艺大会。

10月9日　主席董事兼委员长王伯群宴请全体教职员。

10月13日　召开学生会执行委员会第一次会议。

10月18日　大学委员会议决春季增设法科，并通过春季发展附中计划，决定将附中
　　　　　迁至戈登路（今江宁路）84至90号新校舍。

11月

11月18日　经大学委员会研究，推王祖廉博士兼任附中主任。王博士学识湛深，经
　　　　　验宏富，学生闻讯之余欢欣鼓舞。

11月27日　下午召开王祖廉博士兼任附中主任欢迎大会。

12月

12月16日　据《申报》报道，附中已租定戈登路84至90号洋房两大座为中学校舍，
　　　　　并决于下学期添办高中，各学科教员均多由大学教授兼任。

1928 年

1月

1月9日、10日　开始招考初中一年级新生及高、初中各级插班生，男女兼收。

是月　　　　　据1928年1月29日《申报》报道，大夏中学自王祖廉担任主任以来，
　　　　　　　积极扩充，力谋发展，并聘请卢锡荣为普通科主任、黄敬思为师范科主
　　　　　　　任、孙璠为商科主任、曾昌燊为教务主任、王裕凯为训育指导员、岱毓
　　　　　　　为女生指导员。其他教员皆为有学术之士，如邵家麟、蓝春池、潘承圻、
　　　　　　　郑琴德、王瑞琳、王宗轼、林觉世、叶嘉慧、罗静轩、王庆勋、顾文蔚、
　　　　　　　徐征吉等，将来校务前途定有一番新气象。

2月

2月13日至15日　春季开学，学生开始缴费注册，录取新生150余名。

2月20日　　正式上课。

2月29日　　前校长马君武先生来校演讲。

是月　　　　学生会举行职员改选。

3月

3月5日　　补行春季始业式。

3月6日　　学生会执行委员会开第一次会议。

3月19日　　大学委员会议决，遵行大学院颁布的学校条例，改委员制为校长制。经校董事会全体同意，推王伯群为校长，欧元怀为副校长。大学委员会改名为校务会议，为全校议事最高机构。

4月

4月28日　　下午二时，王伯群校长、欧元怀副校长就职典礼及春季师生恳亲会同时举行。中央研究院院长蔡元培在会上发言，上海市市长张伯璇与会。

5月

5月7日　　针对济南"五三惨案"，举行哀悼大会，全体师生宣誓抵制日货，并组织大夏大学反日运动委员会。

5月19日　　学生会开始反日运动募捐。

6月

6月1日　　上午，全体师生在礼堂举行建校四周年纪念大会。下午，在图书馆召开国内名家书画展览大会。在校生共137人，其中初中一年级35人、二年级27人、三年级43人；高中一年级23人、二年级9人。

6月9日　　上午举行学生军检阅典礼。下午举行毕业典礼。晚上举行游艺活动。

7月

7月10日　　第三期暑期学校开学，上课六周。

7月20日　　大夏中学因学生人数激增数百名，原有校舍不敷应用，经校务会议议决，自下学期起将高中、初中分设，高中部仍在戈登路88号，初中部则迁至131号之三层楼大洋房内，教室轩敞，操场空旷，为读书运动之佳地。学校总办公处仍在高中部。

8 月

8月10日　劳勃生路女生宿舍开始兴建。

上学期　　女生原有宿舍不敷分配，特于上月在胶州路劳勃生路校舍附近建筑楼房一幢，设备完全，可容女生百余人，秋季开学前，即可落成，并聘定叶嘉惠女士为中学部指导员。

9 月

9月17日　上午召开校务会议。

9月21日　秋季开学，新旧学生开始缴费注册。本学期注册学生 1045 人，其中大学部学生 880 人，中学部 165 人。

9月24日　召开校务会议。

是月　　　据 1928 年 9 月 9 日《申报》报道，大夏中学前主任王祖廉博士，因市教育局方面职责繁重，不克兼顾，函请辞职，挽留不获。学校现已改聘吴泽霖博士继任，吴博士学术湛深，经验宏富。同时学校更名为"大夏大学附属大夏中学"。

10 月

10月8日　召开校务会议。

10月12日　劳勃生路女生宿舍新建落成。

10月15日　召开校务会议。

10月25日　学生会执行委员会召开第一次会议。

10月27日　召开校务会议。学生注册者，中学部有 172 人。

10月27日、28日　举行秋季运动会。

11 月

11月5日　举行第一次教师会谈。

11月9日　学生会执行委员会召开第三次会议。

11月17日　补行开学典礼。

11月19日　召开校务会议。

11月23日　学生会召开第一次执监联席会议。

11月24日　图书馆大加整顿。

12 月

12 月 24 日　召开校务会议。

12 月 28 日　前校长、现任校董、广西大学校长马君武博士来校演讲。

1929 年

1 月

1 月 13 日　举行冬季毕业典礼。

3 月

3 月 15 日　向上海市房地局购定中山路新校地 200 亩。

学校原先计划在胶州路校区办十年。但到 1928 年，学生已达 600 余人，房舍不敷应用，特别是理科实验室和图书阅览室过于狭小，必须迁地为良。于是自 1929 年 3 月起陆续在中山北路梵王渡购置基地 200 余亩，另加荣宗敬捐赠的一条校河（丽娃栗妲河），全部基地面积达 280 亩。1930 年起在此兴建校舍，同年 9 月第一期建筑竣工，全部迁入，胶州路等处校舍则拨归附属大夏中学使用。

3 月 21 日　因大夏大学呈请立案，教育部派遣朱经农来校视察。

3 月 25 日　学生会举行改选。

4 月

4 月 9 日　教育部批准校董会正式立案。

4 月 30 日　教育部陈剑修、谢树英、钟灵秀来校视察。

5 月

5 月 12 日　大夏剧社邀请田汉先生演讲，题为"我们今日的戏剧运动"。

5 月 17 日　教育部批准大夏大学正式立案。

6 月

6 月 1 日　庆祝大夏大学建校五周年，全体师生前往中山路新校址参观，全校放假一天。王伯群校长为《大夏周报》纪念特刊撰写卷首语。

6 月 3 日　纪念周会，全体师生为购定校址、立案批准及运动会胜利，举行特别纪念会。

6月8日至10日 学生会组织游艺募捐会，为建筑新校舍募捐，并拟定办法。

6月23日 举行毕业典礼。

7月

7月10日 大夏大学附属中学通过上海特别市教育局私立学校审查委员会核准，奉令正式立案。

7月16日 暑假期间，校董马君武、欧元怀、王毓祥等人为筹建新校舍前往南洋募捐，今日离沪。

8月

8月1日 校务会议推举吴泽霖兼任附中主任。

9月

9月16日 欧元怀、王毓祥等人自南洋募捐返校。

9月19日 秋季开学，新旧学生开始办理缴费入学手续。

9月21日至23日 开始注册、正式上课。

大学经教育部批准立案后，永久校基亦同时购定，校务愈显发达。本学期学生竟激增至1440人，其中附中学生207人。

9月23日 召开校务议会，校务议会议决：教授代表改为3人，订定奖励附中高中毕业生升入本校办法，推定萧炳实为《大夏季刊》编辑主任。

10月

10月7日 召开校务会议，学生会改选职员。

10月9日 临时大礼堂落成。

10月10日 国庆日放假一天，在新礼堂举行庆祝典礼，马君武博士演讲，题为"我们需要安定"。晚间举行庆祝游艺大会。

10月19日 举行师生恳亲大会。会上向学业优良学生颁发奖状，向网球队颁发奖品。晚上，学校宴请全体教职员。

11月

11月13日 《大夏周报》改订成册出版。

11月18日 校务会议第六十一次会议，通过《学生旅行参观规则》及《学生发表壁报规则》。

11月27日　商学院举行国语辩论会，中学主任吴泽霖莅场指导。

是月　　　公布学分制及记分制试行办法。校诊察室扩充，添置药品及器具数十种，均已陆续到校。

12月

12月4日　《大夏年鉴》自去年冬着手编辑，经时数月，现已由大东书局出版，印刷精美，装潢华丽。内容有校景照片，大学教职员、大学各年级学生、中学教职员、中学各年级学生、历届毕业学生等之个人照片，以及各种团体摄影，并附有各教授及学生之中文、英文作品多种。用最上等之美术纸印成，共约400页。除去年已缴年鉴费之学生，每人各得一册外，所余无多，如欲购者，可向总务处接洽，每册售洋二元。

12月11日　第一宿舍装置消防管。

12月16日　举行英语演说竞赛。是日下午三时至四时，停课一小时，以便全体学生参加听讲。

12月20日　为融洽男女同学感情、互资借镜起见，由学生会征得女同学会同意，并经群育委员会允准，女生宿舍开放一天，任各同学前往参观。

12月21日　大夏剧社定于本月21日、22日举行第四次公演。

12月23日　召开校务会议。

12月27日　应社会学系主任吴泽霖约，下午三时美国俄亥俄大学社会学教授密律来校演讲，题目为"Dynamic China"。

12月30日　下午三时，举行国语辩论赛决赛，论题为"现在中国应利用外资以发展内政"。到会参观学生有八九百人，会场秩序颇为严肃，辩论员精神倍加奋发。

是月　　　女生指导员改聘廖莲芳担任。

　　　　　新校舍因扩充建设，已重新予以规划，并计划于冬季开始动工。工期预计于明年暑期结束。

1930 年

1月

1月1日　庆祝新年，学校放假三天。上午举行中华民国成立纪念大会，同时举行全体师生新年团拜。晚上，举行游艺大会。

1月5日　　下午，全体师生在中山路新校址举行新校舍建筑破土典礼。

1月11日　　邀请安徽省立第二中学校长许恪士博士演讲，题为"理想中的实验中学"。

1月18日　　举行冬季毕业典礼。晚上，全体教职员聚餐。

是月　　　校董胡文虎、戴培元、戴培基捐款已经到校。

2月

2月20日　　春季开学注册，该学期共有学生1447人。其中中学部200人，道远续到者仍络绎不绝。

2月28日　　举行第十一次群育委员会议，新聘女生指导员。

3月

3月3日　　举行全体新生集会。

3月13日　　下午，鲁迅应大夏乐天文艺社邀请来校演讲，题为"象牙塔与蜗牛庐"。

3月20日　　校务议会召集本届学生会执监委员谈话会。

3月21日　　纪念周会，校董马君武博士演讲，题为"由新式养蜂经验想到新式国家的建设"。

3月22日　　校务议会召开同学会谈话会。

3月24日　　新校舍第一座建筑奠基。基石内置铜箱一只，内贮有王校长题"树人之基"四字，王毓祥作《第一座建筑奠基记》一篇、1929年《大夏一览》一册、《大夏年鉴》一册、《五周年纪念特刊》一册、《建筑募捐册》一册及新校图样等纪念物。王伯群校长在建校初捐助2000元作开办费，这次为建筑新校舍又资助白银6700两，折合当时币值11万多元。

发起图书募集运动，向学生、毕业学生及教职员各方面征集。

3月31日　　召开校务会议，改《大夏季刊》为《大夏月刊》。

是月　　　校诊察室为便于学生就诊修改开放时间。

4月

4月5日　　学校新建男女生宿舍同时动工。男生宿舍两座，每座容纳700人，女生宿舍可容纳400人。男女生宿舍及学生饭厅、浴室、十二幢教职员宿舍，为新校第一期建筑工程，建筑费共60余万元。是日为清明节，学校放假一天，全体师生到新校参观建筑工程，并植树400余株。

4月10日　　厦门大学校长林文庆来校参观，由欧元怀、傅式说招待。

4月21日　召开校务会议，群育委员会添聘周长宪、黄敬思、吴泽霖三先生担任。

4月28日　举行教务会议，议决《高级中学保送学生入学办法》。

5月

5月2日　王伯群校长、欧元怀副校长、马君武校董以及王毓祥、傅式说、吴浩然前往查看新校舍。

5月5日　召开校务会议，议决自本年秋季起增设女子幼稚师范学校、幼稚园。自本年秋季起，改办高中部，招收一年级学生。现有大夏中学系六年制，照原定不改，暑期内将迁入胶州路校舍（现大学部），校舍宏敞，大事扩张，充实内容。中学部迁入胶州路校舍后亦拟添设职业工科。

5月12日　上午，中华教育文化基金委员会派邱椿、董时进来校视察。由欧元怀、邵家麟、吴浩然、吴泽霖等陪同，并往梵王渡察看新校舍建筑工程。

5月20日　1930年《大夏年鉴》开始筹备出版。

5月25日　教务长鲁继曾赴日本考察，主要调查大学课程及训育状况、中学职业教育及幼稚师范等方面。

5月27日　为融洽学校及学生两方面感情，学生会邀请校务会议代表及同学会代表开茶话会。

5月29日　下午，校务会议召集学生会代表谈话。

6月

6月9日　群育委员会公布《会议演习办法》。

6月14日　补行建校六周年纪念典礼及毕业典礼。上午在新校址举行校庆纪念典礼，并发运动会纪念品及辩论会奖品。下午举行毕业典礼，向毕业生授学位证书和纪念品，并请校董杨杏佛演讲。晚上举行盛大的游艺晚会。

7月

7月1日　大夏中学迁入胶州路校舍。

7月28日　校务会议议决群育主任朱章宝辞职，聘俞志瀚兼任，吴泽霖专任文学院院长，聘倪文亚为附中主任。

9月

9月1日　梵王渡中山路2566号新校舍落成，师生开始迁入新校舍。

9月11日　秋季开学，新旧学生办理注册、缴费及入舍手续。附中学生有410人。

9月14日 新校舍自流井、水塔、运动场、饭厅等配套设施陆续建成，投入使用。

9月18日 正式上课。

9月19日 群育委员会于各宿舍设群育员一名，以方便沟通。

9月22日 召开《大夏年鉴》编辑常会。

9月24日 召开本学期第一次事务委员会会议。

9月29日 举行全体新生集会。

是月 开通大夏公共汽车两部，每日从上午六时四十五分至下午六时二十五分，往来行驶于本校与西藏南路间21次，星期六下午及星期日并酌加开车次数，以便利留住致和里教职员和小沙渡路学生及附中学生。

10月

10月1日 图书馆正式开放。

10月2日 学校重视发展体育，特拟定本学期进行体育计划，并重新组织校体育部。

10月3日 晚六时，王校长宴请全体教职员，借此联络情感、交换意见。

10月15日 下午一时，学生会举行全校代表大会。

10月23日 校务会议代表召集学生会暨职员开谈话会。群育委员会设置集思箱，开始登记学生团体。

10月27日 教育部次长朱经农到校视察，并在纪念周会上发表演说。

10月31日 女同学会举行改选，由保志宁女士担任主席。

是月 学校添购心理及理化仪器若干件，已起运到校。大礼堂开设学生俱乐部，已拟定《学生俱乐部开放规则》。

11月

11月10日 纪念周会，请中央研究院西文总编辑林语堂博士演讲，题为"学问与学风"。

11月17日 本学期第六次纪念周会，请社会学教授潘光旦演讲，题为"理想的大学"。学生会举行教授及各团体茶话会。

11月24日 校务会议，议决年假日期。

11月28日 教务委员会召开会议，通过改选基本学程教学办法及改进招生办法。

12月

12月2日 大夏学生会邀请校务会议代表、群育委员会代表及各科院全体委员举行谈话会。

12月13日　下午，学生会举行全校学生游艺晚会，请中华口琴队、上海国术馆、梅花少女歌舞团等到会表演。参与师生及来宾 2000 余人。

是月　　　　筹设大夏储蓄银行。疗养室开始动工。

1931 年

2 月

2月2日　开始注册收费。至 23 日止，注册学生已达 1433 人，后到者络绎不绝，于 9 日上午八时起正式开始上课。其中预科及高中 521 人。

2月3日　校内邮政分局及邮政储金汇业分局于今日开幕。

2月9日　上海市教育局批准大夏大学附属高初中及女子幼稚师范学校董事会立案。

2月20日　群育委员会举行第二十三次常会。

2月23日　上午十时，举行新生集会，公布《订定学生请假规则》。

2月27日　欧元怀、王毓祥、傅式说、吴泽霖等发起组织大夏新村，有村友 20 余人。村友积极筹建新村建筑，教职员宿舍现已落成，部分教职员开始迁入。

3 月

3月2日　教务委员会召开第三十六次常会。

3月3日　第六学年账目，由立信会计事务所审查完竣公布。

3月4日　荣宗敬捐赠大夏大学西首大河正式移交，该河又称老河或丽娃栗妲河。

3月9日　校务会议开会，议决设出版委员会及革命纪念筹备委员会，并于各宿舍设斋务委员会及室长。

3月15日　群育委员会举行第二十四次常会。

3月18日　革命纪念筹备委员会召开第一次常会。

3月20日　校学生会举行各院科代表大会，选举新一届代表大会主席团及学生会干事。

3月23日　上午十时，举行纪念周，邀请李公朴先生来校演讲，题为"第十一届国联大会中之中国外交"。

3月30日　校务会议开会，更改春假日期为 4 月 6 日起至 11 日止。

3月31日　校务会议代表教师与学生自治会及同学会新职员进行谈话。

4月

4月3日　　群育委员会举行第二十六次常会。

4月4日　　《大夏周报》公布《宿舍斋务委员会及室长规则》。

4月13日　　召开校务会议。

4月21日　　召开群育委员会第二十七次常会。

4月30日　　第二次全体教职员聚会，讨论通过"教员公约"。

5月

5月2日、3日　举行春季田径运动会。

5月11日　　校务会议开会，议决七周纪念典礼延期至6月13日与毕业典礼同时举行；秋季起学生每人应制冬季制服一套；7月11、12两日及8月18、19两日为秋季招考新生日期。

5月18日　　下午七时，举行全体师生同乐大会。

5月25日　　公布《学生通则》第三章第八条《考场规则》。

是月　　　　《大夏周报》相继刊载一组校园建设及购置仪器设备等消息。本校附设中学现在胶州路，拟于近期内迁至中山路与大学部毗连，最近已于校舍水塔之西部及运动场之南部购定中学基地，面积约有30亩。

6月

6月1日　　经校务会议议决将建校七周年典礼改在13日举行。

6月4日至6日　举行毕业考试。

6月8日　　举行国语辩论竞赛决赛。

6月13日　　大夏大学庆祝建校七周年纪念，毕业典礼亦同时举行。下午，体育部邀请全沪日侨体育协会进行田径对抗，同时举行球赛，借资庆祝。

6月14日　　《申报》刊出消息称，大夏中学为适应社会需要，提倡职业教育，决定自下学期起添设高中土木工程科，以造就打样、画图、监工及测量等技术人才。本埠胶州路大夏中学为大夏大学附设之完全中学，初中三年，高中自第一年级起分普通科、师范科、商科等三科。土木工程科课程及一切设备，正在拟定购置中，现仅招第一年级新生，凡初中毕业生皆可应试。

7月

7月13日　　大夏大学定于秋季添办实验小学，并着手建筑幼师、实验小学及幼稚园校舍。

9 月

9 月 1 日　秋季开学，新旧学生办理缴费及入舍手续。

9 月 7 日　举行新学期开学典礼。群育委员会通函各学生团体按期改选新职员。

9 月 14 日　校务会议举行第一〇五次常会。倪文亚报告中学部已注册者 513 人。教员均已到齐，全校教职员、学生积极募捐赈灾情形。

9 月 23 日　九一八事变爆发，召开临时校务会议，讨论抗日救亡对策。此次日寇内侵，野心勃发。噩耗传来，全国愤慨。本校鉴于亡国之危迫，与团结奋斗之不容缓，乃于 23 日急促召集临时校务会议，讨论国民应有之对策。是日校务委员全体出席。议决：（一）即日下午二时召集全体师生大会。（二）星期六停课一天，上午九时开全体教授会议，全体学生一律参加市民大会。（三）全体学生每周加修军事训练三小时；全体师生一律穿着国货制服。（四）函请各教授于授课时间内指导学生救国运动。（五）组织救亡讨论会。公推鲁继曾、俞志瀚、马宗荣、傅式说、宋崇九等五人为委员。拟从学术、军备两方面，切实从事救亡运动云。下午举行全校师生国难紧急大会。本校遵照中央颁布之《义勇军教育纲领》，将大学部及附中全体学生编为一旅。军事训练时间，全体学生除出外宣传演讲外，每人每日训练两小时。中学部学生分甲、乙两组，甲组每日下午一时至三时，乙组三时至五时。

9 月 24 日　抗日救国会正式成立，并于翌日举行宣传抗日活动。

9 月 26 日　全体教授召开全体会议，商讨抗日救亡办法。

是月　　　教职员为水灾筹款。

10 月

10 月 1 日　鉴于外侮日亟，学校决定加紧军事训练和看护训练，以为救亡之准备，并聘请蒋文华先生为军事训练主任兼教练。此外，积极倡导国术，每天下午四时到六时学习太极拳、燕青拳、长枪、短刀、剑术等，并聘请上海国术馆干事顾兴先生及交通大学技击教授刘志新先生到校指导。

10 月 4 日　校务会议决定，鉴于提倡国货之重要，请全体教职员一律着国货制服，并由事务处选料量制。

10 月 8 日　救亡讨论会举行第二次会议。

10 月 19 日　纪念周会，举行不用日货宣誓典礼，以表示对日经济绝交之决心。

10 月 26 日　抗日救国干事会改选。

10月31日　南开大学校长张伯苓到校演讲，题为"对于时局的感想"。

11月

11月2日　校务会议通过《加紧军事训练暂定条例》，决定成立青年义勇军训练委员会，并详细规定军事训练办法。

11月5日　教育部派遣军事教官刘振洛、刘国宪、唐启琳、王昌裕到校，主持全校军事训练事宜，并指派刘振洛为主任教官。

11月9日　同时举行纪念周会及青年义勇军特别班开班典礼。本校青年义勇军业经编制完竣，共九个中队，其中中学部为第八、第九中队。

11月16日　邀请太平洋会议代表、英国利物浦大学教授陆克斯佩来校演讲，题为"国际联盟"。

11月19日　上海学生义勇军训练处科员彭培亮来校视察军事训练状况，并往各队视察。

11月20日　校务会议决定，19、20两日停课，在愚园路一带进行抗日宣传和救国募捐。途中有四队学生路遇日本巡逻队，惨遭殴打，并有多人被非法逮捕。后经多方交涉，被捕学生得以放出。

11月30日　北京师范大学教育参观团来校参观，由欧元怀、王毓祥、鲁继曾及教育学院学生招待陪同参观，午膳后校备汽车送至附中参观。

12月

12月1日　召开群育委员会第三十七次会议。

12月3日　邀请南开大学教授顾君毅来校演讲，题为"学生救国"。

12月7日　纪念周会，邀请艾迪博士来校演讲，题为"世界之近势"，由朱懋澄先生翻译。

1932 年

1月

1月1日　庆祝新年，学校照例放假三天。

1月13日　局势危急，学校公布本学期课程结束日期及办法。

1月19日　举行校务会议，通过冬季毕业生名单。

1月28日　上海中日战事爆发。

1月29日　学校将重要案卷、文件迁移到愚园路延陵村一职员家中保存。

2月

2月1日　学校在愚园路延陵村28号成立临时办事处，登记在沪学生。

2月4日　上海中日战事爆发后，学校停课。全校职员除事务、会计、教务三处及收发股各一人办公外，其余均留职停薪。

2月5日　遣散校工回原籍，仅留校警及工人数人看守校舍。

2月7日　学校全部图书、仪器搬往中华学艺社寄存。

2月9日　发第一次全体学生通函，准各就原籍或他处相当学校借读。

2月12日　学校铁床、桌椅全部借给上海各伤兵医院。

2月15日　胶州路中学部校舍借辟伤兵医院。

2月22日　发第二次全体学生通函，报告学校安全。

3月

3月2日　胶州路大学原址改建为红十字第四十伤兵医院，所需费用均由叶鸿英负担。

3月15日　大夏大学登报通告，大、中两部均在胶州路中学部校舍开学。

3月16日　留沪职员开始在胶州路校舍办公，并登记新旧学生。

3月17日　召开校务会议，议决将预科与高中课程合并开设。

3月19日　分别聘请教职员，并规定全体教职员不领薪金及支给车马费标准。

3月29日　校务会议布告教务、训育、事务各处事宜，大学部与中学部合并办理，各院科事宜仍由各该院科院长、主任主持大学，高中一、二年级与中学高中合并，由倪文亚先生主持，大学预科三年级由俞志瀚先生主持。

3月30日　高初中、预科及幼稚师范注册。

4月

4月4日　大夏附中初高中、预科及幼稚师范班，开始正式上课。

4月28日　公布上学期各学程补行结束办法。

7月

7月16日　校务会议议决，大、中两部迁回中山路新校舍。

7月27日　公布本学期准予毕业学生名单。

7月29日　学生注册。

8月

8月1日　暑期学校开始上课。

8月2日　校务会议议决，女子幼稚师范列为高中分科之一，不另设校。全校所有事务处及会计处事宜由大学部与中学部合并办理，教务处及训育处事宜由两部分别办理。

8月9日、10日　招考秋季新生。

9月

9月1日　大学部与中学部校舍合并秋季开学，新旧学生办理缴费入舍手续。报到极为踊跃，大学部1200人，中学部800人。其中女生有250人。

9月18日　举行九一八纪念大会。

9月21日　财政委员会召开会议，议决征收水电费等事项。

9月26日　经第一百二十七次校务会议议决，将筹设大夏公社，公布《大夏公社组织大纲》。

9月28日　下午六时，大、中两部全体教员叙餐，到者达百人。餐毕，大学教务长鲁继曾先生报告学生注册人数及本学期进行计划，中学主任倪文亚先生报告中学部增设科级及教训实施情形，图书馆主任马宗荣先生、事务主任吴浩然先生相继报告。

10月

10月8日　学校特设救亡教育讲座，首次讲座由江问渔先生演讲，题为"国难中的民族复兴问题"。

10月14日　开展救亡教育讲座，邀请陶行知先生演讲，题为"创造的教育"。

10月20日至22日　举行学生自治会改选，选出执行委员21人。

10月24日　召开校务会议。

10月26日　群育委员会召开第四十二次常会。

10月29日　开展救亡教育讲座，邀请高践四先生演讲，题为"救亡与新教育"。

11月

11月2日　群育委员会召集学生自治会职员开新学期师生谈话会。

11月7日　召开校务会议，通过图书委员会条例，并推举鲁继曾、倪文亚、陈荩民、孙亢曾连同图书馆馆长为本学年图书委员。

11月10日　宿舍斋务委员会召开成立会。

11月19日 开展救亡教育讲座，邀请陈彬龢先生演讲，题为"救亡"。

11月21日 召开校务会议。

11月26日 开展救亡教育讲座，邀请陈科美先生演讲，题为"救亡教育之根本方针"。

11月29日 体育委员会成立，并召开第一次会议。

是月 因大、中两部学生众多，医务异常忙碌，增聘外科专家刘东兴为本校校医。刘医生曾留学日本，归国后历任青岛市立病院、上海福民医院等处医师，现任白克路东兴医院院长。每星期来校两次，诊病时间为星期二及星期五上午十时至十二时。

12月

12月2日 开展救亡教育讲座，邀请廖世承先生演讲，题为"国难时期应有之态度"。

12月5日 召开校务会议，王伯群校长提议中学部添办农艺科，由倪文亚先生会同专家拟定具体计划及预算，交本会讨论。

12月19日 举行校务会议，议决师生自由参加第二期建筑募捐。

大学第一期建筑，承王校长、各校董及社会各界人士热心捐助，已于1930年秋季竣工。为充实内容，发扬光大起见，拟进行第二期建筑，以应急需。其计划有图书馆、科学馆、大礼堂、体育馆及游泳池、中学部课堂等建筑，并拟添购图书仪器。

1933 年

2月

2月2日 春季开学，学生开始办理缴费及入舍手续。中学部学生入校者甚为踊跃，共计698人。

2月7日、8日 举行新生开学考试。

2月10日至12日 学生注册。

2月13日 正式上课。

2月20日 教务委员会召开第五十八次会议。

2月27日 召开校务会议。

是月 新学期各实验室积极筹备，添聘教职员多人。

3月

3月6日　　学校决定，本学期各学生团体一律停止举行游艺会，节省游艺会经费，
　　　　　移助义勇军。

3月13日　召开校务会议，议决将上学期特种奖金交由教务委员会支配。该项奖金
　　　　　数大学部计有485.7元，中学部计有87元。

3月16日　校学生会开设"救国讲座"，邀请名流指示救国途径。国术课程正式开始
　　　　　上课。

3月24日　本学期开设"中日关系讲座"，由教务处请日本研究社理事陈泽华主讲。

4月

4月11日　学校附近有饮食店20余家，顾客多为学生。学校为谋学生饮食卫生，曾
　　　　　多次与各店交涉，要求使用自来水，不要取用河水，迄未照行。是日，市
　　　　　公用局、卫生局、公安局、闸北水电公司来校共同讨论取缔办法，限期安
　　　　　装自来水，否则限令停止。同时劝告学生不去使用河水的饮食店就餐。

4月22日　第五十一次群育委员会议决演说辩论比赛办法。

是月　　　国文系陈柱尊教授捐赠图书多部，奖励会考成绩优秀学生。

5月

5月6日　　组织救国募捐委员会，已收捐款600余元，将设法汇寄前方。

5月9日　　学生会执委会开第十四次常会，推举张汝砺、严步韩、高贞崧三人参加
　　　　　学联会组织之北上慰劳抗日宣传队，并用师生捐款购置毛巾赠慰前线
　　　　　将士。

5月24日　校务会议议决，严格优秀奖学金及中英文会考标准。

6月

6月1日　　上午举行建校九周年纪念大会。下午举行全国运动会选手预选赛。晚上
　　　　　放映教育电影。

6月11日　举行欢送毕业生话别会。

6月12日　召开第六十六次教务会议。

6月24日　为筹措学校第二期建筑费，倡议师生利用暑期进行募捐。

7月

7月7日　　第八届暑期学校开学，上课六周，8月20日结束。

8 月

欧元怀暂代师专科主任。

9 月

9 月 1 日　秋季开学日，新旧学生办理缴费及入舍手续。本校大、中两部上学期原有学生 1860 余人，暑期毕业者计有 200 余人。今年秋季招收新生共有 500 余人，连旧生合计达 2000 人以上，人数激增。

9 月 4 日　校务会议议决，创办学报季刊，专以刊载学术研究文章，凡师生研究心得或著作皆所刊载，并推王毓祥、吴泽霖、马宗荣、马公愚、林希谦等五人为编委。

9 月 11 日　正式上课。

9 月 20 日　校务会议通过《学生体育及格暂行标准及施行细则》，规定运动项目有十余项，每人至少三门达到及格，方得毕业。

9 月 23 日　举行新生指导会。

9 月 29 日　学生会改选结果公布，张汝砺等 29 人为执行委员，钱大钧等 19 人为监察委员。

是月　　　群育委员会开始整顿学生宿舍秩序，并对学生生活情况进行登记。同时聘定导师 30 余人。

女子幼稚师范列入高中师范分科。依据中学法规，将教务与训育两处合并为教导处，设教导主任一人，主持一切教务训导事宜。

10 月

10 月 24 日　图书馆添自由阅览室。

10 月 29 日　教育学院乡村教育班将大夏公社扩大改设为大夏实验区。

10 月 30 日　第一百四十九次校务会议议决，以复兴民族为学校教育之目标，已订定实施纲要，期于三年内按步施行。

是月　　　学校设立各种奖学金，勉励学生积极向学。

11 月

11 月 2 日　举行师生谈话会。

11 月 4 日　邀请刘海粟先生来校演讲，题为"何谓艺术教育"。

11 月 13 日　经第一百五十一次校务会议议决，群育委员会改称生活指导委员会，下分群育、体育、卫生及军事训练四部。

11月22日 国语演说比赛举行决赛。

11月25日 下午，生活指导委员会召开第一次会议。

12月

12月6日 民族复兴研究会开成立大会。

12月20日 事务主任吴浩然遵尊翁吴竹林先生遗嘱，将家藏珍贵图书130种，900余册，捐赠大夏图书馆，借供众览。

是月 奉教育部令，全校师生服装须用国货。中学部新购校地。

1934 年

2月

2月10日 南京教育部准校董会备案。

2月26日 校务会议议决，该学期实施民族复兴教育。是日公布本学期民族复兴教育方案。建筑中学校舍，包括中学部课堂二座、寄宿四座、办公厅及自修室一座，图样已全部绘成并已登报招标，决于最短期间兴工建筑，秋季即可迁入。中学校舍建成后，大学部校舍自有宽余，可作各种研究室或其他用途。原有大礼堂亦可恢复，大、中两部管教可以完全分开。

3月

3月1日 开学以来，新旧学生准时到校，至是日已注册大学部1336人，中学部603人，教职员115人。

3月4日 教职员及毕业学生发起组织大夏学会，是日举行筹备会。后大夏学会又拟定会员生活公约八项，校长王伯群对此又做了进一步的阐述。

3月11日 大夏学会召开成立大会，选举王伯群、欧元怀、王毓祥、傅式说等11人为理事，王伯群为主席。

3月18日 欧元怀副校长移其尊甫欧剑波太翁七十诞辰寿仪5000元，作为奖学基金。

3月19日 举行新生指导会，欧副校长报告学校简史及注意事项。鲁教务长、王秘书等先后报告有关校务。

3月20日 召集全体女生谈话会。

3月29日 大夏民众教育实验区开幕。

是月　　　　民族复兴方案有奖征文揭晓。严格军事训练。

4月

4月15日　《大夏学报》创刊号出版。

4月16日　大夏学会召开第一次理事会议。

4月22日　校董会召开本学期第一次常会。

　　　　　举行太平洋问题讲座第二讲，邀请张心一来校演讲，题为"太平洋上之粮食问题"。

5月

5月1日　　大夏中学开始兴建新校舍。中学由大夏大学附设，同在胶州路大学部原址上课。因学生激增，原有校舍不敷应用，就梵王渡大学部之北购地30亩为建筑新舍之用。

5月8日　　为整顿校风校纪，校务会议议决，除严厉执行考试规则外，制定取缔舞弊办法十六条，予以公布施行。

5月22日　上海市新生活运动促进会大夏大学分会举行成立大会。

5月29日　学校邀请江问渔先生演讲，题为"中国当前教育上的几个问题"。

是月　　　　军训进行实弹射击。

6月

6月5日　　学校邀请暨南大学教授周谷城先生莅校演讲，题为"世界现势与教育"。

6月8日、9日　学生300余人参加在龙华举行的上海市国民军训检阅大会。

6月11日至14日　举行毕业考试。

是月　　　　公布《毕业学生体育及格暂行标准及施行细则》。

7月

7月15日　校董会议定，增聘吴铁成、江问渔为校董。

8月

8月1日　　学校公布普及体育教育计划，自秋季起实行。鲁教务长及各教授捐赠运动场木桥完工。

8月20日　招生及入学审查部并入教务处，原部主任兰春池改任注册主任。

8月25日　自流井加深工程竣工。

8月30日　附设中学新校舍建筑竣工，中学部即将迁入新校舍。新校舍临河建筑，碧水一泓，垂杨夹岸，为海上名胜之景，进德修学之所。四个月来日夜赶造，现已全部竣工。计二层楼三幢列成品字形。前幢为图书馆、主任室、总办公处、会议室、学生休息室；后二幢为教室，计普通教室十八间、理化教室一间、劳作教室一间。式样新颖，质料坚固，美轮美奂，极为壮观。中学部新校舍已落成，学校各办公室仍迁回群贤堂，大礼堂恢复旧貌。

9月

9月1日　秋季开学，新旧学生开始办理缴费及入学手续。召开全体职员会议，以分别集会形式取代全体教职员聚餐会。

9月4日　校务会议议决，定于10月11日至13日举行建校十周年纪念暨中学新校舍落成典礼。11日上午九时举行中学部新校舍落成典礼，同日下午二时举行十周纪念典礼。12日、13日大、中两部举行秋季运动会，并拟登报通知毕业生回校参加典礼，以示隆重。

9月5日　开始办理学生入舍手续，中学全部教室布置就绪。

9月6日　中学部各办公处迁入新校舍。中学主任由王毓祥担任，开始推行级任导师制。是日上午，大夏中学召开第六十六次校务会议，议决通过训导员服务细则等要案。

9月9日　上午十时举行秋季开学典礼。

9月10日　大、中两部学生同时开课。附设之中学部，为求教导严格，亦已规定只收寄宿生，本期新生亦力求裁减。但自7、8两日开始注册以来，新旧生踊跃到校，气象一新。

9月17日　上午十一时举行新生指导会。

9月29日　下午三时，中央大学教授吴南轩博士到校参观各院各馆及民众教育实验区，并做题为"国际心理卫生运动"的演讲。生活指导委员会召集全体女生谈话。

9月30日　大夏新村新建两所网球场落成。为增进全体教职员兴趣，欧元怀、王毓祥、吴泽霖、吴浩然等人发起组织大夏大学教职员网球会，并于是日召开成立大会。

是月　　经生活指导委员会议决，每年将厉行身体检查。

10 月

10 月 2 日　举行校务会议，修正通过《新生活公约实施纲要》，并计划举办生产教育师资培训班。

10 月 3 日　科学实验馆扩建工程完工。该馆分物理、化学、生物各部，仪器、标本、设备充足。

10 月 22 日　纪念周会，全体教职员、学生出席上午的纪念周活动；邀请校董何应钦演讲，题为"怎样挽回不良学风"。

10 月 27 日、28 日　举行秋季普及运动会，运动项目 35 种，大、中两部全体师生 2000 余人参加。

10 月 29 日　召开该学年第一次校董会，议决将筹建图书馆，建筑费定为 12 万元，由各校董负责筹措。

是月　　　群育部增订集思箱投函规则。

11 月

11 月 3 日　举行庆祝建校十周年纪念，全校放假三天。上午补行盛大纪念典礼。中午宴请来宾、校董、教职员及毕业生。下午举行附中新校舍落成典礼，毕业生游园会。晚上提灯游行，燃放焰火，终日欢庆。同时，举办成绩展览、艺术展览、摄影展览。《大夏周报》《大夏学报》等七种刊物出版纪念特刊。毕业学生为母校捐建"夏雨亭"，教职员捐赠木桥和路灯。

据《大夏周报》第 11 卷第 10、11 期载，本大学十周年纪念日期原为 6 月 1 日。始则因待中学校舍落成同时庆祝，改于双十节举行典礼。嗣因王校长丁母忧，不克莅会主持，又延至 11 月 3 日。是日上午九时举行纪念典礼，到有中央委员会吴稚晖，行政院秘书长诸民谊，上海市市长吴铁城，教育部及上海市教育局代表蒋建白，上海各大学校长黎照寰、刘湛恩、萧友梅等，校董杜月笙、江问渔、王毓祥、傅式说、欧元怀及毕业生等千数百人。中午由王校长在中学阅览室宴请来宾、校董、教职员及毕业生，出席者 300 余人。下午二时，附设大夏中学新校舍落成典礼。市党部代表陶百川、市政府代表章渊若、教育局代表周尚、省立上海中学校长郑通和、黄渡乡村师范学校校长滕仰支等均莅会。四时，毕业生回校园游会。晚间六时提灯游行，八时燃放焰火。终日爆竹喧闹，欢声震耳，热烈情况，开中山路上之空前纪录。3、4 两日并举行各种成绩展览。

11月5日　纪念周会，王伯群校长主持并演讲，题为"厉行人格教育"。

11月6日　王伯群校长在愚园路私邸宴请南洋华侨巨商、名誉校董胡文虎先生。

11月7日　训练总监部派国民军事教育处处长潘佑强来沪检阅上海大中学军训成绩。是日，潘佑强偕同上海军事训练委员会主任焦绩华、朱汝纯来校，查阅学校全体军训学生，表示甚为满意。

11月10日　校务会议议决，禁止学生入跳舞场，由生活指导委员会严密调查，随时取缔，并通函各学生家长共同监督。

11月20日　毕业同学会母校分会召开成立大会。由群育部组织的学生课余社开放。

11月26日　全校学生开始进行体格检查。

是月　　　组织女生军训队。

12月

12月3日　纪念周会，邀请上海市教育局局长潘公展到校演讲，题为"教育旧义新释"。

12月4日　召开校务会议。

12月5日　大夏消费合作社正式成立，开始营业。

12月10日　纪念周会，请音乐专科学校学生来校演奏音乐。

12月13日　下午四时举行边疆问题讲座，请国民党青海省政府委员张心一来校演讲，题为"西北概况"，同时开演幻灯。

12月15日　举行全校越野赛，全程计长4000米。

12月17日　纪念周会，举行国语演讲决赛。

是月　　　体育馆即将招标开工兴建。

1935 年

1月

1月1日　庆祝新年，学校照例放假三天。

1月4日　校园内第二苗圃落成。

1月8日　召开校务会议。议决中学高一生实行军事管理。

2月

2月1日　春季开学，学生办理缴费入舍手续。

2月12日　召开校务会议。

2月13日　下午，大夏学会举行第二次理事会。

2月14日　本学期起职员一律穿着制服，式样采用中山装，衣价由薪水扣付。

2月15日　学生开始注册。

2月16日　举行全体教职员谈话会，王校长暨大、中学两部职员，均准时到会。中学主任倪文亚报告中学本学期计划。

2月18日　上午十时，大、中两部在大礼堂合并举行春季始业式。下午，大、中两部学生正式开始上课。

2月23日　召开全体导师会议及群育员联合会议。

2月25日　举行新生指导会。

2月27日　何敬之校董募得图书馆建筑费三万元。

是月　　　校长布告规定，无家长在沪之女生绝对不准在外留宿。

3月

3月3日　　召开校董会，全体校董均到会。

3月4日　　本学期举办救亡图存讲座。欧元怀副校长做首次讲座主讲，题为"学生国货年我们应有的努力"。

3月5日　　召开校务会议，通过《大夏丛书委员会条例》，将成立丛书委员会，负责征求审查稿件及相关出版事宜。

3月8日　　新学期伊始，多个学生社团举行成立大会。

3月11日　纪念周会，开设救亡图存讲座，邀请应元岳博士来校演讲，题为"救亡图存与健康运动"。

3月14日　生活指导委员会召集得奖学生举行座谈会。

3月17日　大夏学会举行第二届会员大会。

3月18日　纪念周会，开设救亡图存讲座，邀请国际问题专家项远村先生来校演讲，题为"欧洲现势之剖视"。

3月19日　自是日起，全体学生一律穿着制服，男生穿黑呢制服，女生穿蓝布制服，衣帽力求整齐。

3月20日　新生活运动总会视察团团长徐庆誉先生来校视察。

3月23日　举行春季女生谈话会。

3月25日　纪念周会，开设救亡图存讲座，邀请李公朴先生来校演讲，题为"远东现势之剖视"。

3月26日　开始进行女生体格检查。

3月27日　学生生活指导委员会举行第十四次会议。

是月　　为实行普及体育，学校鼓励学生自由组织球队。校长布告，国旗升降号声响后须在原地肃立致敬。中学部受军事管理学生，齐集群贤堂前，排队行礼，风雨无间。凡全校员工，每当国旗升降之际，一闻号声，均须在原地肃立致敬，以表示爱国之观念。

4月

4月8日　纪念周会，开设救亡图存讲座，王伯群校长演讲，题为"本大学对于复兴民族之责任"。

4月9日　召开校务会议。中学报告：普一学生开始集中军训，普三、师三会考学生遵教育部新改订会考规程，准免举行校内考试。议决：学生参加本市学生国货年宣誓典礼案，大学部派学生20人，中学部派学生10人，共30人参加，由群育部及附中办理。

4月14日　上午九时，召集本届毕业班学生在中学部大楼开谈话会。出席者有欧副校长、鲁教务长、吴事务主任等120余人。

4月15日　召开校务会议。议决：为鼓励学术研究，组织大夏荣誉学会；定于本月15日至20日为读书运动周；通过《学生国货年提倡国货的具体办法》；续办暑期学校。

4月18日　学生国货年推行联合会举行全市学生宣读愿词礼。

　　　　举行读书运动演说竞赛，由群育部主任顾君谊担任主席。

4月22日　纪念周会，开设救亡图存讲座，邀请教育学院院长邰爽秋演讲，题为"从教育立场观察应如何救亡图存"。

4月29日　举行国难音乐会，请上海音乐专科学校师生来校演奏。是日起，开始进行男生体格检查。

是月　　图书馆将编行《大夏图报》。课余社组织大纲公布。

5月

5月6日　纪念周会，开设救亡图存讲座，邀请交通银行经济研究室主任金侣琴演讲，题为"从经济立场观察应如何救亡图存"。

5月10日　现代教育社召开成立大会。

5月13日　召开校务会议。

是月 　教育部批准续办幼稚教育师范科。1930 年，为适应社会需要，曾附设幼
　　　稚师范学校一所，颇著声誉。不幸沪战爆发，乃并入中学高中师范科肄
　　　业。中学决于暑中招收该科一年级新生，入学资格须初中毕业。在校修
　　　业三年，相当于高中各科。

6月

6月1日 　建校十一周年纪念，全校停课一天。上午举行校庆纪念大会暨体育馆破
　　　土典礼。会后举行春季运动会。凡大学部学生每人均须参加三项，教职
　　　员暨中学部学生亦参加竞赛。

6月4日 　召开校务会议。
　　　学生自治会举办民族复兴讲座，邀请中央研究院院长蔡元培到校演讲，
　　　题为"民族复兴与学生自治"。

6月16日 　上午九时在中学部阅览室开毕业生话别会。

6月23日 　上午举行毕业典礼。

7月

7月9日 　教育部发布训令，提出改进校务意见若干。

9月

9月2日 　秋季开学，新旧学生缴费，办理入舍手续。

9月6日 　开始注册。

9月8日 　图书馆召开本学期第一次馆务会议。

9月9日 　正式上课。举行秋季始业式，王伯群校长在开学典礼上发表演讲，题为
　　　"实力发动与复兴民族之要道"。

9月10日 　召开第九十八次教务委员会会议。

9月16日 　举行秋季新生指导会。

9月23日 　举行体育馆落成典礼。该体育馆是由大夏新村村友捐赠建筑费一万元建
　　　成的。

9月25日 　鉴于水灾灾情严峻，校长王伯群发起校内水灾募捐，群育主任顾君谊担
　　　任赈济水灾募捐委员，分队向教师及学生募集款项。

9月27日 　晚七时举行女生谈话会。

是月 　市教育局局长潘公展先生认捐清寒奖学金 50 元，已交到校。本市教育局
　　　局长潘公展先生，前曾捐助本校社会学系奖学金，盛情厚意，犹在人心，

本学期附中行开学式，潘局长亲临训话，此次本校校董发起捐募之清寒奖学金，潘局长亦慷慨认捐 50 元，已于昨日交到。

10 月

10 月 8 日　召开第九十九次教务会议。

10 月 14 日　纪念周会改在新建体育馆进行。未来大战系列讲座第三讲，邀请樊仲云先生主讲，题为"中国与未来世界大战"。

10 月 15 日　召开校务会议，通过《体育馆管理规则》。

10 月 16 日　水灾募捐活动，学生方面共计捐洋 414.97 元，大、中两部教职员合捐 407.3 元。

10 月 19 日　全国运动会董事张伯苓、郝更生、袁同礼到校参观。

10 月 21 日　未来大战系列讲座第四讲，邀请航空委员会参事姚锡九先生主讲，题为"空中战争与防空"。

10 月 28 日　未来大战系列讲座第五讲，邀请理学院院长邵家麟博士主讲，题为"战争与科学"。

是月　　　学校设中等教育讲座，聘请专家轮流演讲。

11 月

11 月 1 日、2 日　举行秋季田径运动会，全体师生参与。

11 月 3 日　国民政府立法院院长孙科先生允任校董。

11 月 4 日　纪念周会，邀请上海盲童学校学生来校演奏。

11 月 11 日　纪念周会与总理诞辰纪念会合并举行，欧元怀副校长主持并报告校务及总理生平。

11 月 15 日　欧元怀等先生联名发表致全体教职员、学生公函，呼吁勿听信谣言，安心工作和学业。

11 月 19 日　召开第一百次教务常会。

11 月 21 日　图书馆收到王伯群校长捐赠图书馆杂志及各项报告等 2000 余册。

是月　　　公布提倡学生读书办法。心理学会开设心理诊察所，并定期进行读书报告及摘要卡片之工作，参加者踊跃。

12 月

12 月 2 日　王伯群校长当选为国民党中央政治会议委员。下午，首任校长、校董马君武莅校参观。

12月3日　举行国语演说比赛决赛。

12月9日　纪念周会，未来大战系列讲座第九讲，邀请校董江问渔先生主讲，题为"战时教育问题"。

12月16日　纪念周会，校董马君武博士出席并演讲，题为"考察华北后的感想及广西建设情形"。

12月17日　召开第一百零一次教务委员会会议。

12月23日　举行英语演说竞赛决赛。

12月26日　举行国语辩论比赛。

1936 年

2 月

2月1日　大、中两部开始办理学生春季开学事宜。

2月11日　鉴于国难日益深重，自该学期起实施救国工作训练新方案，设立救国工作训练委员会，下设军事训练组、救护训练组、技术训练组、社会工作组、推用国货组、国际宣传组、调查研究组、编译出版组等。

2月14日　开始注册。

2月17日　正式上课。举行春季始业式。

2月24日　举行新生指导会。

2月25日　救国工作训练委员会召开第一次会议。

是月　　图书馆设置自由阅览处。

3 月

3月2日　举行该学期第一次纪念周会，由欧元怀副校长做题为"国难教育"的演讲。

3月3日　开始实行早操及各项课外运动。

3月19日　举行第一次整齐清洁检查。

3月31日　教育部派人莅校视察。

4 月

4月10日　新生活运动总会视察员莅校视察。

4月11日　召开校董会会议。

4月13日　纪念周会，邀请中央军事政治学校刘健群先生演讲，题为"青年救国方法"。举行第三次集团唱爱国歌。

4月19日　在体育馆举行第一次救护训练实习。

4月20日　全校教职员、学生开始统一穿着制服。

4月23日　学生生活指导委员会开会。

4月30日至5月2日　举行全校捐款，购买飞机。

是月　　王伯群校长到校视察。校长王伯群自去冬荣膺中政会委员及国府委员后，即在京勤劳国是，参赞中枢，所有校务交由欧、王、傅、吴、鲁诸先生处理。本学期大、中两部开学时，王校长曾来校主持开学典礼及第一次纪念周，旋即返京襄理政务，月余未到校。本月初中旬，王校长乘返沪召开校董会之便，特抽暇莅校视察，对各部处服务人员多所指示。

5月

5月5日　下午四时，校务会议开会，组织校庆筹委会，修正章程学则，并编印本年度一览，组织筹募建设债券委员会。

5月11日　纪念周会，举行第五次集团唱爱国歌。

5月18日　上午，纪念周会，邀请上海市教育局局长潘公展来校演讲，题为"革命精神"。

5月19日　下午四时至六时，国防问题讲座开始，邀请石陶钧主讲，题为"国防问题"。该讲座自本日开始，连讲三天。

5月22日　江西教育厅厅长、教育学院前院长程时煃莅校参观并演讲，题为"学生之修养"。

5月25日　上午，纪念周会，举行国难音乐会，由国立音乐专科学校师生主持表演。

5月31日　中午假中学部图书馆楼开全校教职员及回校毕业学生叙餐会。

6月

6月1日　举行建校十二周年纪念大会。全体师生及校友2000余人出席，欧元怀副校长报告十二年来学校概况。教师代表和毕业学生代表相继致辞。下午，与暨南大学等校举行球类友谊比赛。同时，开放科学馆、图书馆及各研究室，供师生校友参观。并举办全校教职员金石书画展览会，展出各种书画篆刻100余件。

6月4日　校长室汇送全校教职员学生、校工购机祝寿捐款，函请市教育局转交。

6月8日　邀请暨南大学校长何炳松莅校演讲，题为"历史上中华民族所遇之国难及其御侮精神"。

6月20日	上午十时,举行毕业典礼,全校师生参加。下午三时,在中学部大楼开毕业生话别会。
是月	救国工作训练委员会开会,拟定秋季计划。各地校友积极认募校园建设债券。

7月

7月20日	沪西民生教育实验区举行一周年纪念会。

8月

聘请教师多人。

9月

9月1日	秋季开学,新旧学生缴费办理入学手续。
9月7日	开始注册。
9月14日	正式上课。中学部注册学生共399人。
9月16日	军事训练队本部成立,开始实施军事管理。
9月17日	财政委员会议决添建教职员宿舍一座。
9月21日	补行秋季始业式。
9月28日	举行新生指导会。
9月29日	开始举行宿舍整洁检查。
是月	孙亢曾继任附中主任。图书馆、科学馆不断扩充发展。

10月

10月2日	本学期第一次纪念周会,王伯群校长主持,并报告"中日外交现势"。公民教育讲座开始,由欧副校长主讲,题为"公民教育的意义及目的"。
10月5日	学生开始实行军事管理,受管理学生按军队系统编队,每天早晨集合,行升旗礼,做早操,晚间实行点名。
10月13日	救国工作训练委员会召开本学期第一次会议。公布《非常时期工作志愿登记表》,发放填写。
10月14日	王校长布告《大夏大学学生劳动服务规则》:(一)本校为提倡劳动起见特组织学生劳动服务团;(二)凡本校大、中两部学生志愿服务者皆得加入为团员;(三)服务时间暂定下午四时至六时;(四)凡参加劳动服务者在工作时间内经大学部群育部或中学部教务处之许可,得代替课外运

动；（五）服务工作暂定筑路、平地、掘壕、种树、刈草五项；（六）服务勤奋者酌予奖品。

10 月 15 日　财政委员会议决添建初中校舍。本校现在高、初中设在一处，管理上实感有许多不便，财委会亦拟于现在中学部校舍西北区运动场上，建制两层工字形校舍一座，内设课堂三间、特种教室数间、学生寝室若干间、厨房及膳厅一间、自修室若干间、办公室若干间、学生课余社一间等，将来初中学生无论衣食住方面，均由教师住校严格管理指导，以期养成良好习惯。现闻两项工程均已制就图样，登报招标，不日即将兴工。

10 月 23 日　英国伦敦大学英文系主任艾温思教授应邀来校参观并演讲，题为"现代英国"，介绍英国的历史、现状与前途。

10 月 26 日　纪念周会，公民教育讲座第四讲，邀请上海市社会局局长潘公展先生莅校演讲，题为"新生活运动与公民教育"。

10 月 30 日、31 日　举行秋季运动会，全体师生参加。王伯群、欧元怀两位校长任大会正副会长，观众 3000 余人。运动会举行阅兵式及开幕式，市公安局乐队演奏军乐。经过两天比赛，破 1500 米和 100 米竞走两项校纪录。晚上举行游艺同乐晚会，燃放焰火。

11 月

11 月 6 日　大夏写作协会成立。

11 月 10 日　教务委员会召开会议。

11 月 14 日　救国工作训练委员会主办非常时期特种技能训练班，各班人数已经确定。各班讲师已基本聘请完毕，即日开始训练。

11 月 16 日　纪念周会，为激发学生爱国情绪，请国立音乐专科学校师生及上海市其他音乐专家到校演奏、演唱爱国歌曲。

11 月 23 日　劳动服务开始，欧元怀副校长等领导学生刈草。

11 月 24 日　绥远抗战爆发后，师生、员工发起募捐运动。是日交大公报馆转汇前方将士，并致电绥远省主席傅作义。

12 月

12 月 7 日　纪念周会，公民教育讲座第十讲，邀请上海地方协会秘书长黄炎培到校演讲，题为"从绥远慰问归来到公民教育"。

12 月 8 日　推行节约救国运动，设置节约救国箱，继续募款援绥。

12月11日　上海市国民军事训练委员会主任李骧骐等到校检阅军事训练，并受邀做特种讲座第七讲主讲，题为"现代军人"。

12月14日　纪念周会，公民教育讲座第十一讲，请大夏附中主任孙亢曾主讲，题为"英德意公民教育比较观"。

12月17日　大夏剧社经过多日筹备，举行成立大会。

12月21日　纪念周会，公民教育讲座第十二讲，邀请江苏省教育学院研究部主任俞庆棠女士到校主讲，题为"公民教育与民众教育"。

12月24日　社会学系与中国教育电影社合作摄制教育影片《动物园》，于电影教室公开放映。

12月25日　救护与防毒训练相继展开。

12月28日　纪念周会，鲁继曾教务长发表演说，题为"西安事变的感想与中国公民教育前途的展望"。

1937 年

1 月

1月17日　中学部大楼举行冬季毕业生话别会，孙亢曾先生致辞。

2 月

2月11日　新旧学生办理缴费入学手续。

2月14日　王伯群校长离校赴南京出席国民党五届三中全会。

2月18日　教务委员会召开会议。

2月19日　开始注册。

2月22日　正式上课。大夏中学沿丽娃河又建二层校舍一幢，楼下为特别教室，楼上为初中宿舍并附建厨房、餐厅等。大、中两部教职员宿舍同时动工兴建。

2月28日　各宿舍开始晚间点名。

3 月

3月1日　上午十时半，补行春季始业式。群育部印发教育部颁布军事管理寝室规则，厘定学生作息时间表，选派值星生。

3月2日　召开校务会议。

3月8日　举行新生指导会。科学馆不断扩建充实，除寒假期间安装榨油机、制陶瓷机外，最近又新建土木实习工厂一所，并扩建铁工厂。

3月9日　大、中两部开始宿舍整洁检查。

3月11日　军事训练部为活跃学生文娱生活，筹组军乐队，寒假期间已购置鼓、号、笙、笛等乐器。是日举行成立大会。

3月15日　去年绥远抗战，全体师生募捐千金慰劳。是日，晋绥当局举行盛大军民大会，追悼抗战阵亡将士。全体师生备制挽联、横额，悼念阵亡将士。军事训练部组织骑射队开始训练。大、中两部开始早操。

3月19日　大夏辩论会成立。

3月22日　上午十时半，纪念周会，练习唱爱国歌曲，并请欧副校长演讲，题为"三中全会后国民应有之努力"。

3月31日　教育部派专员陈可忠、郭有守到校视察。

4月

4月2日　中华教育文化基金董事会派员来校参观。

4月8日　去年冬季毕业学生捐建"春风亭"一所，日内即可完工。春风亭建成后与夏雨亭遥相对应。

4月11日　平剧社成立。

4月12日　上午十时半，纪念周会，练习唱爱国歌曲，王伯群校长演讲，题为"国难严重声中青年学生应有之修养"。

4月16日　大夏新村委员会在丽娃河建钢骨水泥大桥一座，沟通东西两岸。桥长120尺，宽25尺，取名丽虹桥，由校董何应钦题名。是日举行落成典礼，请何应钦夫人王文湘剪彩，学生及附近居民1000余人前往观礼。

4月19日　上午十时半，纪念周会，练习唱爱国歌曲，邀请新任驻美大使王正廷博士来校演讲，题为"青年救国之途径"。

4月20日　召开第一百一十七次教务委员会。

4月21日　华侨学会召开成立大会。

4月22日　举行国语辩论赛决赛。

4月26日　上午十时半，纪念周会，练习唱爱国歌曲，大夏剧社公演话剧《秦博士》。

4月28日　中央政治委员会以学校办理成绩卓著，决议自该年度起每月由教育部补助经费一万元。

4月29日   中国语文学会邀请法国文学研究专家黄仲苏先生到校演讲，题为"谈谈茶花女"。

是月   新学期图书馆力求扩充，新聘方金镛任编目主任。闸北水电公司在中山路安放新水管，学校用水状况大为改善。

5月

5月6日   美国哥伦比亚大学教授脑尔顿夫妇，由上海市工部局华人教育处处长陈鹤琴博士陪同来校参观。欧副校长等引导参观科学馆、图书馆、体育馆及各院研究室。

5月7日   中国语文学会邀请德国文学专家冯至博士到校演讲，题为"德国文学"。

5月10日   上午十时半，纪念周会，练习唱爱国歌曲，邀请张发奎将军到校演讲，题为"青年在国难期间应有的准备"。

5月17日   上午十时半，纪念周会，练习唱爱国歌曲，邀请上海市社会局局长潘公展到校演讲，题为"学生军训与救国之道"。

5月21日、22日   举行春季运动会。

5月24日   上午十时半，纪念周会，练习唱爱国歌曲，邀请中央常务委员会陈立夫校董到校演讲，题为"建设中国应有的信念"。

5月25日   参加军训学生出发入营，全校师生近1000人冒雨欢送。

5月31日   纪念建校十三周年，全校停课两天。是日举行校庆预祝典礼。展览大、中两部成绩：大学部于6月1日开放科学馆、图书馆、各学院研究室，欢迎毕业生及来宾参观。中学部东西两教室于31日及6月1日展览各科成绩，欢迎学生家长来宾参观。

是月   经校务会议讨论议决，附设大夏中学将自下年度起设置农业科，推孙尢曾先生负责筹备。

《大夏周报》第13卷第24期载，本大学附设大夏中学，素以灌输实用智识技能为办学方针，故所设各科，类皆注重实科方面。例如工科、商科在沪上中等教育界均负令誉。最近校务会议以本校地处沪西，毗连村落，最宜于农事实验，特决议自下年度起在中学部先行设置农业科，推孙尢曾先生筹备，一俟中学农事科办有成绩后，大学即添办农学院，以便培养专门农业人才。

为提倡合作与谋全体师生便利起见，决定筹组消费合作社。

6月

6月1日　上午校庆纪念，欢迎校友及来宾参观。中午，全体教职员及校友聚餐。下午，举行新图书馆破土典礼，会后与圣约翰大学举行田径友谊比赛。

6月5日　欧元怀、傅式说、吴浩然、王裕凯、孙亢曾五先生前往龙华漕泾慰问大、中两部集中军训学生。

6月7日　上午十时半，纪念周会，练习唱爱国歌曲，并请文学院社会学教授吴泽霖先生演讲，题为"京滇周览之观感"。

6月20日　举行毕业生话别会。

6月21日　举行毕业典礼。

7月

7月9日　续办十二届暑期学校。原定7月9日至8月21日上课6周，后因战事提前结束。

7月15日　王伯群校长、欧元怀副校长、吴泽霖院长应当局邀请，出席庐山谈话会。

8月

8月13日　日军大举进攻上海，淞沪战争爆发。"八一三"抗战后，沪西改为战区，大夏大学被迫西迁，大夏中学则留在上海，暂借公共租界慕尔鸣路光夏中学校舍办学。

是月　　据1938年《教育杂志》载：大夏校址位于沪西中山路梵王渡，政府划为警戒区，为我军开赴闸北、真如等处必经地带。我军撤退苏州河以南，又成双方军事争夺据点；于是巍峨校舍，遂在侵略者飞机轰炸与炮弹烧毁之下，多半成为灰烬。事后调查，计全毁者有：男生宿舍群力斋、女生宿舍群英斋、科学馆、体育馆、疗养院、图书馆参考阅览室、中学部办公大楼等建筑物；半毁者有：群贤堂（课堂及大学办公厅）、男生宿舍群策斋及平房市房等。全部损失达200万元以上。至于与校舍毗邻之大夏教职员组织的新村住宅，不下30余座亦全部被毁，损失尚在不计。在这样沉痛情形之下，决定中学迁至租界续办，大学则与沪上其他友校联合内迁。

是月下旬，学校开始转移图书、仪器，并疏散全体教师和学生。

9月

9月1日　原定秋季开学。后因日军侵占上海，学校无法开学。本校已择定安全校舍，遵照部令准于9月20日开学。凡本校新旧学生，自即日起速到福煦路慕尔鸣路口 40 号光夏中学内本校临时办事处登记。

9 月 19 日、20 日　举行新生招生考试。

9 月 20 日　上午，王伯群校长在南京致电贵州省政府，商借校舍。下午，王、欧两位校长与复旦校长钱新之、副校长吴南轩会晤教育部部长，商定将与复旦联合，设第一联合大学于庐山，设第二联合大学于贵阳。

9 月 24 日　欧元怀副校长与复旦吴南轩副校长抵九江转庐山，筹备第一联合大学。

10 月

10 月 6 日　王伯群校长致函复旦钱新之校长，商议迁校事。

10 月 23 日　王伯群校长抵达庐山。

11 月

11 月 1 日　庐山复旦大夏第一联合大学开学。

11 月 8 日　复旦大夏第一联大正式上课。

11 月 28 日　战局急转直下，教育部令第一联大于必要时迁并贵阳。

12 月

12 月 1 日　复旦大夏第一联合大学部分师生由庐山出发，计划由四川转道贵州。

12 月 20 日　第二联合大学开学，新旧学生办理入学手续，并对贵州教育厅保送学生进行分组测验。

12 月 23 日　开始注册。

12 月 27 日　迁贵阳后联大第一学期开始上课。

1938 年

2 月

2 月 25 日　联合大学行政委员会在贵州桐梓县召开会议，到会者有欧元怀等委员。会议决定，自 1937 年度第二学期起复旦、大夏分立，以重庆之第一联大为复旦大学，贵阳之第二联大为大夏大学。4 月 1 日起大夏正式恢复名称，内部负责人仍为王伯群校长及欧元怀、王毓祥、傅式说、鲁继曾诸先生。校舍现在贵阳讲武堂旧址。

2 月 28 日　第九次纪念周会，王、欧两位校长报告大夏与复旦分立后之善后处置及今后发展。

3月

3月21日　在沪师生恢复大夏大学，租新大沽路451号作为临时校舍，是日正式开学上课，注册学生300余人。附属大夏中学暂租借福煦路725号为临时校舍开学，注册学生300余人。

4月

4月1日　春季学期开始。

4月5日　在会议室召开第一次校务会议。

4月7日　春季学期从今天起开始注册。

4月10日　《教育杂志》刊载欧元怀副校长文章《抗战期间大夏大学的苦斗》，阐述迁黔始末、在黔施教情形、沪校复课后的概况及今后努力方针。

4月30日　南宁大夏学会分会在苍西门如天酒楼举行成立大会，到会者除发起人外，还有吕毅民等26人。会上通过分会组织章程，选举曾广典等5人为干事，组织干事会，并致电香港欢迎欧、傅诸先生莅宁视察附中，参加附中新校舍破土典礼。

是月　《教育杂志》载：大夏在沪原有附属大夏中学，今年学生增至500人，为沪上著名中学之一。抗战以来，西南各省著名都会如行都重庆、桂林、邕宁，均有我毕业同学服务，各地毕业同学会以母校既迁西南，对发展西南教育，尤宜极力提倡；而中等教育为培养国家中级干部的重要阶段，在此抗战建国的大时代里，尤应亟谋推进，纷请设立大夏中学分校或新校。现各地先后成立者有重庆大夏中学，主任为教育学院毕业生陈宗朝君；邕宁大夏中学分校，主任为前大夏讲师曾广典君；贵阳大夏中学，分男子、女子两部，男子部主任为教育学院毕业生来元义君，女子部主任为教育学院毕业生俞曙芳女士。重庆中学设江北悦来场，现有学生500余人，高中部除普通科外，尚设有商科、土木工程科。邕宁中学已购定永久校址（南宁津头村），本已兴工建筑，近因战事关系，暂时停顿，本学期仍在南校场雷家祠租赁校舍上课，学生有600余人。贵阳中学系于去秋新办，男、女两部各招高中一年级一班、初中一年级二班，两部合有学生300余人。男子部附设在讲武堂大学部内，女子部设在贵阳城内乐群路。

沪校复课及其现状，当本校由沪迁庐由庐辗转经川、湘来黔之际，东战场战局急转直下，一般家乡沦为战区，不及随校西迁或留沪之本校学生，

不下 500 余人。大学本学期迁公共租界静安寺路 1051 号校舍。附设大夏
中学自战事发生后即迁至租界开学，从未停课一日，本学期校舍租定福
煦路 725 号，主任为孙亢曾先生，学生达 500 人。

5 月

5 月 20 日　副校长欧元怀和校董傅式说赴广西视察南宁附中，全体教职员及学生暨
大夏学会代表共 700 余人到南宁公路局车站夹道欢迎。是日清晨六点，南
宁附中全体教职员及学生暨大夏学会全体会员在附中操场开大会欢迎欧副
校长。曾广典主任致欢迎辞后请欧副校长训话，题为"认清自己的地位"。

5 月 21 日　上午八时，南宁附中全体教职员和学生 600 余人齐集整队赴津头新校址，
举行新校舍破土典礼，由欧副校长亲自破土并致辞。曾主任报告第一期
建筑计划，先造宿舍两座，课堂及膳厅各一座，预计下学期即可搬入新
校舍上课。

6 月

6 月 1 日　建校十四周年校庆，全校放假一天。上午举行纪念大会。中午，返校校
友、教职员聚餐。下午举办成绩展览和国语演讲比赛、球类比赛。晚上
放映电影。为庆祝校庆，鲁教务长发起捐赠彩灯 200 盏，在校服务学生
捐建牌楼一座。

6 月 7 日　校务会议在会议室召开第三次例会。由王校长主席，丁勉哉君记录。傅
先生报告上海大、中两部进行概况，欧先生报告各地大夏学会及南宁重
庆附中进行概况后，即开始讨论议案。

7 月

7 月 7 日　抗战一周年纪念，全校放假一天。

7 月 13 日　鲁继曾教务长等经香港回上海，与沪校主持人面商重要校务。

9 月

9 月 1 日　沪校租借法租界祁齐路 197 号为校舍，是日迁入办公，定 16、17 日两天
注册，19 日开始上课。上海附中本学期仍租借法租界福煦路 725 号为校
舍，由主任孙亢曾先生负责，是日开学。

9 月 5 日　附属贵阳大夏中学该月 1 日开学，是日正式上课。分男、女生两部，各
招高中一班、初中二班，注册人数已超过 300 人。

9 月 11 日	秋季开学，新旧学生办理缴费、入舍手续。南宁附中租借南校场雷家祠两处，本学期开学后，学生逾 600 人，已于该月 11 日正式上课。
9 月 16 日	开始注册。
9 月 19 日	正式上课。

10 月

10 月 3 日	补行秋季始业式。
10 月 23 日	下午三时，学校大、中两部男、女同学参加保卫大华南示威游行，军事教官田寇玉等随队指导。
10 月 25 日	下午四时，在会议室开校务会议。
是月	沪校设法、商学院夜校，已正式上课，学生有 100 多人。校址暂设法租界福煦路 725 号本校附设上海大夏中学。

11 月

11 月 7 日	是日起每天举行升旗典礼，全体师生均须参加。

12 月

12 月 4 日	下午一时，心理学会在中学部食堂召开该学期第一次会员大会，到全体会员 20 余人。
12 月 22 日	各方积极响应募集图书运动，踊跃捐献，截至是日共收到捐书 7196 册，学校将对捐书者予以表扬和奖励。
12 月 28 日	全校师生响应节约储金运动，是日开始捐款。
12 月 31 日	当晚在大礼堂举行国难音乐会，以从音乐艺术方面激发学生的爱国情绪。会上有合唱、独唱、昆曲、评剧、钢琴演奏等，节目颇为精彩。

1939 年

1 月

1 月 1 日	贵阳附中女生部举行成绩展览与恳亲会。成绩展览分学生成绩和行政成绩，参观者的批评指导令学校受益颇深。恳亲会出席者有各机关长官、来宾、家长等千余人。
1 月 2 日	举行募集图书展览会，并开放原有书库，前往参观者达 2000 余人。
1 月 6 日	升旗典礼后，全体学生分成五队进行防空演习。

1月19日　傅式说与教授鲁继曾等联合创办新夏中学。择定北京路300号（河南路口江苏农民银行原址）为校址，即日开始招生。

2月

2月4日　上午十一时半，敌机18架滥炸贵阳，死伤市民1200余人，受难灾民达2万余人。下午八时，校务会开紧急会议，就此议决联合贵州省各高等教育机关，致电全世界，揭露日寇暴行，并组织救护团和募款，救济灾民。

3月

3月1日　沪校开学。该学期学校增设大夏大学应用化学试验所于法租界霞飞路和合坊4号。

3月8日　贵阳附中男、女生部合并，是日起两天续招新生。

3月10日、11日　学生注册。

3月13日　正式上课。

3月15日　基督教青年会在贵阳市中学部课室之西设立大夏青年会课余社，是日正式开放。

3月23日　在会议室召开校务会议。

3月27日　在图书馆补行春季始业式。

3月30日　欧副校长分别致电教育部及湖北省主席，恳辞湖北省教育厅厅长的任职。

3月31日　校董何应钦莅校，学校举行欢迎大会，何校董讲述抗战形势，勉励员生发扬牺牲奋斗精神，培养抗战救国人才。

4月

4月2日　大夏笔会成立。

4月4日　基督教青年会与社会教育系师生合作开办民众夜校，是日晚正式开学。基督教青年会自上月改选后，新职员即与中学部合作成立课余社，置备各种棋子及音乐用具，提倡高尚娱乐消遣活动，月来大、中两部师生公余课后到社消遣者日有其人。

4月19日　大夏大学毕业同学会得知教育部拟改"大夏大学"为"国立贵阳大学"之消息后，曾致电王伯群、欧元怀两位校长，请求保留校名。是日该同学会接王、欧两位校长复电，表示学校改国立在进行中，校名保留。

4月24日　学校举行国民公约宣誓典礼，王伯群校长率大、中两部师生、员工进行宣誓。

5月

5月1日 与中学部联合举行第一次国民月大会，王校长主持，并带领宣读国民公约誓词，欧副校长报告中外时事。十时起，开始全校整洁运动。

5月4日 沪校大学秘书兼教务长鲁继曾和附中主任孙亢曾抵达贵阳，报告沪校大、中两部校务。

5月9日 升旗典礼，上海大夏中学主任孙亢曾做题为"抗战期中的上海教育界"的演讲。

5月10日 在大井坎26号王伯群校长公馆举行第四次校务行政委员会会议，议决请鲁继曾先生返沪主持工作。

5月26日 校务行政委员会于下午四时半在大井坎26号王伯群校长私邸举行第五次会议，讨论并议决多项重要事件。

6月

6月1日 建校十五周年纪念，全校放假一天。上午，举行纪念大会暨第二次国民月会，出席大、中两部师生900余人。王校长主持，勉教职员与学生完成学校迁黔三大使命：（一）为抗战教育的推行；（二）为促进西南文化；（三）为协助政府开发西南资源。欧副校长、王漱芳校董演说，谢六逸报告中外时事，毕业学生代表致辞。中午，教职员与返校毕业学生聚餐。晚上，举行抗战游艺会，全校张灯结彩。沪校大、中两部及南宁、重庆附中分别举行纪念大会。各地毕业同学会来电祝贺。

　　大学沪校于5月初即筹备庆祝本校十五周年纪念，并向黔校征集各种活动照片、纪念文字等。欧副校长撰有纪念文及各种照片航程寄沪。沪校因时局关系，不欲铺张庆祝，只举行纪念仪式。是日并由《大夏半月刊》出版特刊，举行演说、球类比赛。晚七时左右，大、中两部教职员及在沪服务毕业生，在大西洋餐社聚餐，借表庆祝。

6月7日 校务行政委员会在校长办公室举行第六次会议，欧副校长报告各附中现况。

6月28日 教育部高等教育司科长邵鹤亭、战时教育委员会委员陶愚川莅校视察。

7月

7月1日 上午六时半，举行第三次国民月会，大、中两部师生近千人出席，王校长主持，法学院院长谌志远报告中外时事。

7月18日　　校务行政委员会在校长室召开第十二次会议。报告贵阳附中及南宁附中重要职员聘定；议决中学部上月薪提前发给案、自8月起中学部会计独立案。

7月25日　　在大井坎26号王校长私邸举行校务会议第十四次会议，讨论议决多项重要事件。校长报告聘曾广典为贵阳附中主任、钟焕新为南宁附中主任，又重庆附中陈宗朝主任因公殒命，已电王祉伟校董就近处理。校长还报告重庆附中近况。

8月

8月1日　　校务行政委员会召开第十三次会议。报告中学部拟改存上海银行，自8月1日起中学部会计簿记独立及上海银行久透支五千元事。

8月9日　　校务行政委员会召开第十四次会议。王校长报告重庆附中主任已聘定侯刚春继任。

8月28日　　下午三时半，在大井坎26号王校长私邸举行校务会议第十五次例会，通过重要议案多项。派侯刚春为本校重庆附中主任，报告贵阳附中第一次招生录取人数。

8月29日　　校务行政委员会下午四时，在大井坎26号王校长公馆举行第十五次会议。议决大学部职员及中学部职员宿舍用灯不得由学校供给案，散在学校宿舍之大、中两部课堂桌椅由训导处、总务处会商调整。

9月

9月15日　　贵阳附中正式上课，是日举行开学典礼，王校长亲临讲话。附中现有高、初中各四个班，注册学生465人。该学期开始实行军事训练及军事管理。沪校在静安寺路1051号开学，注册学生950人，中学部500人，大、中两部均于是日正式上课。沪校校务由秘书长兼教务长鲁继曾、总务长吴浩然、文学院院长王成组、理学院院长邵家麟、商学院院长张素民、法学院院长唐庆增、附中主任孙亢曾诸先生协同主持，一切校务悉受黔校指示。

10月

10月1日　　上午八时，在大礼堂举行第五次国民月会，欧副校长领导全体宣读国民公约誓词后，即报告欧战和抗战局势。

10月2日　　上午十时半，在大礼堂补行秋季始业式，欧副校长讲话，教务长、训导长、总务长分别报告有关事务。

10月3日　　是日起开始举行该学期升旗典礼，其中包括精神讲话、早操及集团唱歌三项，早操每日十分钟，精神讲话与集团唱歌系间日举行一次，欧副校长和王训导长每晨均亲临主持。

10 月 10 日　大、中两部学生参加贵阳市军训大检阅。男生组参加阅兵式及分列式，女生组仅参加阅兵式。

11 月

11 月 1 日　国民月会，全体师生出席，欧副校长主持，教授吴道安做题为"贵州风土掌故"的演讲。

11 月 4 日　贵阳遭敌机轰炸后，学校将大批珍贵图书、仪器运往花溪存放，以策安全。该学期开学后，教学科研参考应用极为迫切，学校租用卡车将全部图书、仪器搬运回校。

11 月 5 日　全校师生为支援浴血抗战保卫国土却衣着单薄的前方将士，上月发起响应劝募寒衣运动，是日由王训导长将所得捐款全部转寄前方。

11 月 8 日　上午十时，在会议室举行校务会议第十七次例会。欧副校长报告各附中近况及学生人数：筑附中 491 人，邕附中 413 人，渝附中 424 人，沪附中 391 人，共 1719 人。

11 月 17 日　上午九时半，欧副校长、建筑师赵琛、各处院首长前往花溪新校址查勘。新校址占地有 2000 余亩，包括五座山坡。欧副校长一行现场讨论了新校舍布局，计划该年冬季兴工建筑。

12 月

12 月 1 日　国民月会，出席师生 600 余人，欧副校长报告时事，并领导宣读国民公约誓词。

12 月 2 日　晚上举行音乐演奏会，全体师生参加，由校内外音乐歌咏队、戏剧团做精彩表演。

12 月 25 日　纪念云南起义，放假一天。上午九时半在图书馆举行纪念仪式，王校长主席，到教职员和学生 600 余人。王校长做即席演讲之后，应邀前来的教育部实验巡回歌咏团举行音乐会以示纪念。

1940 年

1 月

1 月 1 日　全体师生在图书馆举行庆祝元旦大会，王校长主席，并即席讲话，报告开会之意义。上午中学部全体学生前往民教馆参加贵州省会各界庆祝大会。晚间在大学图书馆公演话剧及游艺节目，招待学生家长和来宾，以资庆祝。

1月10日　教育部部长陈立夫偕同高等教育司司长吴俊升莅校视察，王、欧两位校长以及吴教务长和马总务长陪同。

2月

2月20日　在大井坎26号王校长私邸举行校务会议，王校长报告本校贵阳附中拟在贵阳近郊另建校舍，划分建筑费情形。

2月26日　在新礼堂举行春季始业式。

3月

3月28日　上海市各大学讨逆协会大夏分会、上海市学生界讨汪总会大夏大学分会分别发表《为汪逆"组府"告大夏同学书》和《上海市学生界讨汪总会大夏大学分会为讨汪罢课宣言》，以表明爱国爱校、坚决拥护抗战的坚定立场。

4月

4月9日　国民政府行政院任命副校长欧元怀为贵州省教育厅厅长。

4月23日　上海大夏大学护校会发表宣言，阐述了该会组织的局势背景，坦言其爱国护校的职志，并向校方提出公开表明态度、驱逐傅式说等汉奸教授以及汪派师生等数项要求。

5月

5月2日　国民党直属大夏区党部举行成立大会，出席党员50余人，王裕凯报告筹备经过。选举王裕凯等5人为执监委员，胡工群等2人为候补，吴泽霖为监委。

5月6日　教育学院教学实习班学生12人开始在附中试教，试教科目有高中国文、英语、公民、历史、地理等，时间为是日起至25日。

6月

6月1日　建校十六周年纪念，全校放假一天。上午举行校庆纪念大会暨国民月会，出席师生、毕业学生、来宾1000余人。王校长主持，欧副校长演讲，毕业学生代表致辞。会后举行球类比赛，中学部举行检阅。中午，全体教职员及毕业学生 100 多人叙餐。晚上举行游艺大会，并放映抗战电影，各地毕业同学会来电祝贺。

6月9日 花溪新校舍举行破土典礼，全校教职员及大、中两部学生，各机关、学校代表，当地群众 1000 余人到会。王校长主持并报告花溪校舍筹建经过，欧副校长演讲，最后燃放爆竹庆贺，王校长亲自握锄破土。

7月

7月3日 校务行政委员会举行会议。议决中学主任曾广典加薪案，月加二十元。

9月

9月30日 秋季开学，黔校、沪校新旧学生开始办理缴费及入舍手续。

12月

12月10日 下午三时，在大井坎 26 号王校长公馆举行校务会议，王校长主持并报告教育部拨给补助费 6 万元，转拨 6000 元给沪校。

12月27日 上午九时，在校长室召开校务行政委员会会议，会议首先报告了财政近况、中学部情形等校务，其后讨论并审定了一些事项。

1941 年

1月

1月13日 教育部训育委员王衍康来校视察，适逢纪念周会，做题为"组织教育"的演讲，王校长主持。

1月14日 主任秘书、教务长、总务长、训导长等陪同教育部训育委员王衍康参观学校各处、各院系办公室、教室、图书馆、男女生宿舍，训育委员对学校设施表示满意。

1月15日 教育部训育委员王衍康参加本校升旗典礼，并向学生训话，对学生的爱国精神、民族观念以及行为表现等表示赞赏。

2月

2月4日 下午二时，校务行政委员会在大井坎王校长私邸举行会议，王校长主持，讨论并议决多项校务。议聘朱伯奇为本大学教授兼附中主任案，月薪实支 246 元。

2月26日	贵州省教育厅等单位举办青年寒假论文竞赛，附中学生冉隆勋获高中组第一名。
是月	贵州富绅华问渠捐赠田地40余亩作为花溪新校基，学校除登报鸣谢外，呈报教育部授予奖章。

3月

3月3日	春季始业式、国民月会及纪念周会合并举行，王校长主持，并报告国内外形势，随后领读国民公约誓词。
3月9日	下午三时，在教育研究室举行校务会议议事会，孙允曾先生报告附中概况。
3月12日	举行孙中山逝世十六周年纪念大会，王校长主持，并以"总理立德、立功、立言"勉励学生。
3月23日	贵阳附中在该学期开学一周后对学生实施军训一周。是日请欧厅长、夏教务长、王院长等前往检阅受训学生。学生全副武装，精神饱满，步伐整齐，受到欧厅长等嘉勉。

5月

5月4日	在本校三楼第十八号教室开校务会议纪事会，孙允曾先生报告附属中学概况。
5月6日	在王校长私邸举行校务会议，议决毕业生考试和论文事宜，暑期学校办理、秋季招生，以及校庆停课等多项校务。报告重庆附中近况。
5月19日	王校长任交通部长时曾兼任交通大学校长。学校迁黔后，交大也迁来贵州。最近该校举行三十六周年校庆，邀请王校长前往交大演讲。

6月

6月1日	举行建校十七周年纪念大会，王校长主持，并致开会辞，校董致贺词，最后唱校歌，高呼口号。九时半，大、中两部教职员与返校校友举行茶话会，同时举行新武术、太极拳、踢踏舞、苗舞等表演，中学部学生表演大夏万岁舞。十时，各院系成绩展览开始。下午举行男女生宿舍清洁竞赛、国语演讲决赛和各项球类竞赛。晚上举行游艺晚会。各地校友会来电祝贺。
6月2日	学校在花溪举行第二期建筑工程奠基典礼，全校师生及各界人士到会。王校长致辞，捐建校舍士绅代表戴蕴珊致辞，欧厅长演讲，在爆竹声中

由王校长行破土礼，第二期工程有建筑物三座，由九位士绅捐建。

6月25日 该学期期终考试和毕业考试于是日至 30 日举行，为避免空袭，教务处将考试时间安排在每天下午二时三十分至晚间八时四十分。

7月

7月13日 国民政府教育部次长顾毓秀等一行考察西南各省学校，是日莅校视察。由王校长、欧副校长及各处、院首长陪同参观学校各部。次长对学校设施颇多赞许。

9月

9月7日 在本校第二十八号教室召开校务会议，孙亢曾先生报告附中概况。

9月10日 全校教职员响应全国"教师号"献机运动，各捐献一日薪金，此项捐款及名册亦呈交。同时又发起一元献机运动，为建设空军，要求学生积极赞助，于入学缴费时随缴款一元。

9月24日 秋季开学，新旧学生开始办理缴费及入舍手续。

9月26日 开始注册。

9月29日 正式上课。

10月

10月6日 上午十时，秋季始业式、纪念周会及国民月会同时举行。王校长主持，并报告校务及国内外时事。

10月21日 国民政府教育部长来贵阳，在干训团向全市中学以上学校学生讲话，大夏大、中两部学生 1000 余人前往听讲。

11月

11月9日 召开校务会议，鲁继曾报告重要函件及附中概况。

11月27日 国民党山东省政府主席沈鸿烈因公过筑，顺便考察贵阳各文化机关，是日莅校参观。由王秘书长、谌教务长、傅训导长陪同参观各研究室、实验室。

12月

12月20日 广西教育厅厅长、川滇黔三省政务考察团团长苏希恂率团员莅校参观，王秘书长陪同参观学校各部、各研究室。是日起举行期中考试。

是月　　　太平洋战争爆发，在沪大夏大学附设大夏中学被迫停办。

1942 年

1 月

1 月 1 日　为庆祝元旦，学校放假三天，并举行了师生同乐大会、男女宿舍清洁比赛等庆祝活动。

1 月 21 日　自迁到贵阳后，学校经济上的困难与日俱增，至 1942 年初，学校曾试请保留校名，改为国立。国民政府行政院拟将大夏大学与贵州农工学院合并，改名国立贵州大学。消息传来，引起大夏师生的强烈抗议，他们奔走各方求与各校董商诸，要求教育部收回成命。最后，行政院收回成命，大夏大学依然维持其私立性质不变。

是月　　　教育部向大夏大学征求中学本国史地教本。

2 月

2 月 12 日　召开校务会议。会议由王伯群校长主持，议决本校沪部停办应如何救济其员生案：请其就近在东南数省择地迁徙成立分校，并代向教育部请求补助迁徙费用及常年经费，员生如有愿来黔校址尤表欢迎。

3 月

3 月 15 日　全体教职员及大夏校友总会经多次商议，推法、商学院院长金企渊、秘书长王裕凯随同王校长赴渝，同有关当局交涉学校改国立事宜，要求保留校名。校董会在渝召开会议，根据留筑校董欧元怀、杨秋帆、何纵炎三位先生的提案，决定呈请政府保持"大夏"名义。各地校友会及全校师生群起响应，积极开展护校运动。

是月　　　教育部视察学校后给出评语：学业与实验均认真举行。

4 月

4 月 1 日　关于保留校名问题，经与有关部门交涉，准予照旧维持。遂由校长来电，促早日开学上课。是日春季开学，新旧学生办理缴费及入舍手续。

4 月 9 日　开始注册。

4 月 13 日　正式上课。

4 月 19 日　为解决学校发展中的经费问题，大夏大学校友总会发动各地校友为母校募集百万基金运动。推王校长为募捐运动会会长，欧副校长等为副会长，并聘定各省市大队长。

4月20日　学校举行春季始业式，王秘书分别报告训导与赴重庆交涉本校改国立问题经过。

4月27日　大夏大学举行新学期升旗典礼及进行精神讲话。

是月　　太平洋战争爆发后，无数青年学子转往内地就读，学校亦接受大量沪港学生。

6月

6月1日　举行立校十八周年校庆纪念。王校长、欧副校长发表讲话，校友总会、重庆校友分会分别代表校友致辞。校庆期间还进行了丰富多彩的活动。早操既毕，中学部阅兵式开始。高、初中学生服装整齐，步伐一致，踏进操场。两旁走廊参观之大学部学生，即报以热烈掌声，表示欢迎。高中部军训教官态度从容，指挥若定，一望而知其为经验宏富之军官也。初中部童军教官周天一，即全国童军三四一团团长，现兼任贵州省童军理事会秘书，全省童军由其规划，成绩斐然。附中童军在其领导之下有全省冠军之称。检阅开始，先为阅兵式，由校长任主检官。欧副校长、谌教务长、傅训导长、王秘书长、中学部赵主任及其教授陪之，一时全场肃静，鸦雀无声。次为分列式，军乐前导，人人皆表现雄赳赳、气昂昂之精神。阅毕，两旁参观人士又鼓掌称善不置。

7月

7月19日　在贵阳招待所为该学期应届毕业生40余人举行话别会，王校长勉励诸生以"诚""大"二字立身处世，为社会服务。

7月20日　第十七届暑假毕业生考试及期终考试开始。为严格考试纪律，一律集中在图书馆会考，学生须凭学生证入场。

是月　　本校百万基金运动推行以来，各方踊跃响应，成绩颇为可观。

9月

9月7日　秋季开学，新旧学生开始办理缴费及入舍手续。

9月10日、11日　学生注册。

9月14日　正式上课。

9月21日　秋季始业式与纪念周会合并举行，王校长主持，并报告各项校务。

10 月

10 月 1 日　学校举行升旗典礼式，由训导长谢嗣昇先生主持，早操则由学校体育主任王健吾先生会同体育教师教练。

10 月 10 日　举行双十节国庆纪念会，附中全体学生参加国庆阅兵典礼。

10 月 17 日　大夏大学校友总会举行茶话会，到会校友百余人。理事长王伯群报告募集百万基金运动情况，至今已收到捐款 201340 元，募集运动将延至该学期结束。

11 月

11 月 2 日　王校长赴渝出席十中全会，后因公留渝，请夏元瑮院长暂代校务。

11 月 17 日　校务行政委员会在校长室召开第八十六次会议。议决中学部教职员工、学生要求向大学部图书馆借书案：中学部教职员各发借书证一张，中学部学生如要借书者，须由该部教员介绍即凭教员借书证借阅。下午三时许，"一·二八"上海抗日名将蔡廷锴将军莅校参观，秘书长王裕凯陪同参观各研究部门。蔡将军应学校两广学生邀请做演讲。

1943 年

1 月

1 月 1 日　庆祝元旦，全校休假一天。上午举行元旦庆祝大会暨国民月会。下午举行国语辩论竞赛，题为"战争创造文明"。晚上举行师生联欢晚会。

1 月 14 日　下午三时在校长会议室召开校务会议。校长聘定上海本校教授孙亢曾先生为本校代理教务长，电告已由粤启程前来。又教授葛受元先生亦已由沪到筑，下月开始讲课。

2 月

2 月 1 日　校长决定聘大夏大学教授兼沪校中学部主任孙亢曾为代理教务长。孙教务长亢曾由沪经粤转黔，历经长途跋涉，于是日到校视事。

2 月 15 日　春季开学，学生开始办理缴费及入舍手续。

2 月 22 日　开始注册。

2 月 26 日　开始上课。

2 月 26 日　学校举行春季始业式，王伯群校长主持，勉励全体学生奋发有为、自强不息。

5月

5月1日至4日　贵州省境内8所大学假大夏大学举行运动大会。大夏大学为迎接这次运动会，除积极训练外，还发动全校学生于每天劳动服务时间修建运动场。

5月10日　是日起，每日下午一时至四时为全校学生注射霍乱疫苗。

6月

6月1日　学校举行立校十九周年纪念。大学部与中学部皆停课一天庆祝。上午，举行升旗典礼、检阅学生军、童子军后，即举行国民月会及校庆大会。王伯群校长主持并致开会辞，宣读校友贺电，校董、校友、来宾代表致贺词，最后集体唱校歌。会后来宾和返校校友参观男女宿舍、中学部成绩展览。中午，返校校友、教职员聚餐。下午举行球类比赛，观众达3000多人。晚上放映电影及幻灯。

9月

9月4日　王伯群校长任国民党中央执行委员暨国府委员，是日晨乘专车赴渝，出席国民党第五届执监委员第十一次全体会议。

9月10日　该学期开学注册及一切手续开始办理。

9月27日　学校举行秋季始业式并开始该学期新生训练。

10月

10月4日　王伯群校长参加中央常务委员会，并被选为中央委员暨国府委员。

10月10日　国民党中央规定10日至16日为国防科学技术运动周，学校于是日除举行庆祝大会并参加贵阳市各种活动外，还举行第一次国防科学讲座，夏院长讲"物理学的要点"，讲述了物理学近年来的发展、物理学与国防的关系。

11月

11月12日　王伯群校长在渝公毕返校。

11月15日　上午七时举行纪念周会，王伯群校长出席并报告重要校务。

是月　教育部视察大夏大学及附中留沪师生。

12月

12月15日　部分教授及学生创办的《自强》杂志创刊号出版，夏院长、钟院长及金院长等被聘为该刊顾问。

12月23日　学校国民党区党部原属国民党中央领导，其时奉令改属贵州党部。

1944 年

1月

1月1日　庆祝元旦，全校休假一天。上午学校举行元旦庆祝大会暨国民月会，王校长主持，并以"新精神、新决心迎接胜利年"勉励全体师生。

2月

2月7日　清华大学校长梅贻琦博士莅校参观。

2月28日　上午七时半在大礼堂举行春季始业式，由王校长主持并报告时事，勉励师生共济时艰，成为有用人才。

3月

3月3日　王校长为六一校庆书画展览及向教育部接洽学校该年度补助费等事宜赴渝。

3月16日　贵州省文化运动委员会于3月13日至18日举行转移社会风气运动周。

3月20日　学校拟于二十周年校庆时举办名家书法绘画展览，筹集学校基金，王校长以个人名义发表通启，征求名家书画作品展览义卖。

3月25日　下午二时，黔灵学会举行首次学术演讲，请贵州革命元老任可澄主讲"云贵护国史话"，畅谈护国运动的原因、经过及结果。

4月

4月1日　中国地质学会第廿届年会在贵阳召开，王、欧两位校长任地质学会名誉筹委。

4月3日　春假休假三天。

4月12日　贵州省立艺术馆举办故宫书画展览会，展出我国晋代以来名家书画数百种。学校师生踊跃前往参观，并请博物院古物科科长庄慕陵到校演讲"故宫书画概说"。

4月13日　晚六时，残疾军人王长喜莅校为抗战募捐，各学生备受感动，先后捐款6000余元。

4月26日　大夏校友总会举行理监事联席会议，王理事长报告学校该学期经费极端困难，希望全体校友继续募捐，决定发动募集千万基金运动。

5月

5月3日　王校长从渝返校未久，是日又赴渝出席国民党十二中全会。

5月29日　王校长由渝返校，在渝期间为学校募集基金110万元。

6月

6月1日　学校隆重举行立校二十周年校庆纪念。上午八时，大、中两部学生1000余人齐集升旗台前，举行升旗典礼。骄阳初上，国旗与校旗飘扬空际，使人倍觉国家民族与学府之可爱。旋举行中学部学生阅兵式，由王、欧两位校长及各处、院主管人员暨来宾巡绕校场一周后，即举行纪念大会，由校长领导来宾、全体教职员、返校毕业校友、男女生共2000余人行礼如仪后，即席致开会辞。

6月2日至4日　学校在省艺术馆继续举行书画展览，展出徐悲鸿、任可澄、吕超、桂诗成、梁寒操夫人及王校长等名家书画，得义卖金20余万元。同时，每日下午在贵阳民众教育馆举行篮球比赛，由王校长及其夫人保志宁开球，三天比赛共得门票8万余元。

6月17日　第十九届暑假毕业生考试及期终考试开始。

是月　为适应其时环境，改定校历，每年分春、夏、秋三学期。

8月

8月1日　训导长高承元因法律系事务繁忙，请求辞去训导长兼职，校长聘会计系主任张祖尧博士继任。

9月

9月1日　由学生在暑假期间着手创办的壁报《天公报》第一期出版。

10月

10月4日　在校长会议室召开该学年秋季学期第一次教务会议。孙亢曾主持会议并报告该学期注册人数、开班学程数及兼任教员人数，图书馆胡主任报告图书馆相关事宜，讨论该学期注册截止后请延迟等议案。

11月

11月25日　下午五时在护国路135号召开校务会议。王校长做主席报告后，商讨学校西迁至黔北赤水的各项组织事宜。

11月27日　上午十时在校长室召开疏散委员会第一次委员会议。孙教务长主持会议，分配具体职务，讨论详细疏散办法。

11月29日　学校秘书长王裕凯教授前往赤水县，接洽校址校舍问题。

11月30日　学校图书、仪器及重要文卷开始装箱。

12月

12月2日　学校第一批图书、仪器及教职员偕眷属撤离贵阳赴鸭溪，去往赤水新校址。

12月9日　王校长抵渝，沿途劳顿使胃病加剧。

12月20日　上午六时二十分，王伯群校长因十二指肠出血过多医治无效，与世长辞，王夫人保志宁女士、其子女及何夫人王文湘女士均在侧。校长临终以"公""诚"二字勉励全校师生。

12月28日　重庆各界假长安寺公祭王故校长。

12月30日　下午五时，校董会在渝交通银行开会，公推副校长欧元怀博士继任校长，校董王毓祥先生任副校长，并发动募集王故校长永久纪念基金一千万元。

1945 年

1月

1月3日　疏散委员会改为迁校委员会，由欧校长主持全部迁校事宜。

1月4日　下午四时在大夏大学校本部总务处召开第一次迁校委员会议，会议由欧校长主持，议决定于2月26日春季开学及校具搬迁等事宜。议决本校花溪校舍之江大学已正式函请退租究应如何处理案：待中学部校董会成立后再行商讨之。

1月19日　贵阳大夏中学校董会在筑开会，欧校长主持。会议推何纵炎校友为董事长、吴熙恩校友为校长，决定迁设花溪，借用大学部校舍。

1月21日　学校及贵阳十余团体假省党部追悼王故校长。

1月29日　迁赤水一事，教育部准予备案。

2月

2月1日　欧校长卸贵州省教育厅厅长职，学校前训导长傅启学继任贵州教育厅厅长。

2月9日　　教育部对欧元怀继任大学校长一案准予备案。

3月

3月8日　　全部图书仪器及文卷先后由重庆及茅台运抵赤水。

3月12日　　欧元怀、王毓祥两位校长抵赤水，学校师生、社会人士数百人前往码头欢迎。

3月15日　　开学，学生办理缴费手续。

3月19日　　开始注册。

3月24日　　正式上课。

3月26日　　学校师生装置无线电收音机，收听国内外时事新闻，逐日出刊《大夏快讯》，公布于街市中心及校内。

3月31日　　收音机装设于礼堂，每日下午六时半开始收音，每晚前往听播音者极为踊跃。

4月

4月9日　　在赤水文庙七七抗战阵亡烈士纪念塔前举行升旗典礼和纪念周会。

4月16日　　王毓祥副校长赴渝发动募集王故校长纪念基金。

6月

6月13日　　大夏校友总会原设于贵阳，其时随校迁赤水，6月1日校庆改选理监事，欧、王两校长等9人当选为理事。是日，校友总会举行理监事联席会议，推欧、王两位校长为正、副理事长。

6月26日　　下午六时在学校本部第十教室召开校务会议。会议由王毓祥副校长主持，议决下学期开学时间为9月10日等议案、大夏中学毕业生应准予直接升入本校肄业案。

是月　　　应董事长孙科聘请，贵州省政府主席杨森被聘为大夏大学校董。

8月

8月10日　　自7月中旬起，因收音机发生故障，《大夏快讯》停刊。是日刚将收音机修理完善，即收到日本投降的消息，即夕，全校员生鸣放鞭炮狂欢，并闻教育部已核准大夏大学于明年5月间迁返上海梵皇渡原址。全校师生及毕业校友正以全力准备复校工作。

8月24日　下午六时，校董会在重庆打铜街交通银行二楼开会，孙董事长主持会议。会议决定学校将迁回上海，秋季仍在赤水开学，并电慰大夏大学沪校师生。

9月

9月10日　秋季开学，新旧学生办理缴费手续。

9月13日　开始注册。

9月17日　正式上课，并对新生进行入学训练。学校举行秋季始业式。

10月

10月3日　大夏大学上海校友会组织复兴母校委员会。

10月20日　校友陈立言是政治系毕业生，爱护母校，其时为纪念王故校长及母校迁沪建筑之用，慷慨捐赠百万元巨款。

10月27日　上海大夏毕业同学会致电赤水大夏毕业同学会，对母校师友备尝艰辛、百折不回的精神表达敬意，盼母校早日复员，并说明正在筹备恢复大夏毕业同学会和为母校复兴而进行的工作。赤水大夏留校服务同学会立即回电，说明因交通工具困难，春季仍在赤水续办一学期，5月初可望东下聚首，对鲁教务长、吴总务长、邵院长及诸校友在敌伪威胁之下不为利诱、茹苦含辛造就人才表示敬佩。

11月

11月12日　赤水县中等以上学校在大教场举行运动大会，各项比赛多有精彩表演。

11月27日　下午二时四十五分在学校本部第十教室召开校务会议，会议由欧校长主持，欧校长、王副校长分别做报告。会议通过不放寒假、春季仍在赤水开学等议案。

12月

12月1日　上海大夏毕业同学会正式成立，该会为配合母校复员计划，在校友中发起了募集捐款运动，并制订了恢复大夏中学、设立奖学金、定期出版刊物等事业计划和推进分组组织、设立俱乐部等会务发展计划。

12月23日　沪校在群贤堂举行纪念会，为办理王故校长逝世周年纪念，学校成立筹备委员会，发起千万纪念基金捐募运动。

是年　　　8月胜利后，学校即与占领本校中学部之伪华中矿业公司化学试验所交涉，收回中学部及教职员宿舍；十月盟邦集中营结束，全部校舍悉数交还，惜乎群力、群英两斋及大礼堂等处，已与新村房屋，同付劫灰。

1946 年

1 月

1 月 1 日　黔校教职员举行团叙庆祝元旦，赤水县县长到会。

1 月 8 日　欧元怀校长到上海处理学校复员工作，毕业同学会为其举行欢迎大会。会上，欧元怀校长报告了八年来黔校状况以及其后的复员计划。

1 月 14 日　黔校举行春季始业式。沪校决定于后一学期先将文、理、教三学院迁回中山路原址上课，法、商两学院则仍居静安寺路校址。

1 月 28 日　上海大中学校成立"上海市学生助学联合会"，大夏大学沪校学生也参与其中。

是月　沪校毕业同学欢迎王毓祥副校长返沪，并组织大夏大学毕业同学复兴筹备委员会，协助母校复兴。即席报告筹备经过情形，及组织校友复兴母校委员会、大夏中学复校委员会，出版《大夏通讯》等经过。

2 月

2 月 4 日　黔校举行纪念周会，欧元怀校长于 1 月 29 日从上海返回赤水，是日在周会上报告了沪校办学情况，并将之前在中山路校址拍摄的现存建筑照片放在图书馆展览。

2 月 10 日　中山路校舍驻军全部撤去，校舍及设备损失巨大，于其时开始赶工修理。

2 月 15 日　图书馆迁回中山路，该馆新近收到捐赠书籍有数卡车之多，其时正在整理编目中。

2 月 23 日　沪校学生参加上海市学生抗议张莘夫等被害的游行。

2 月 28 日　沪校迁回中山路校舍，3 月开始注册开课。截至是日，毕业校友会复兴母校捐款已达一千万元。

3 月

3 月 3 日　沪校迁往中山路原校舍复校。是日召开复校后第一次校务会议，鲁继曾报告学校注册人数、开班学程数和添聘教员情况，会议讨论了多起校务。

4 月

4 月 21 日　为尽快复员，黔校各学院课程于是日结束。

4月23日   黔校召开第七次复员计划会议，孙亢曾教务长报告：（一）6月民生公司
将拨船载运学校教职员和学生返沪。（二）学校决定于复员前在赤水立纪
念碑，并在校庆日举行纪念碑揭幕典礼。会议讨论了各项复员补助的具
体办法。

4月25日   董事长孙科于抗战胜利后首次到沪校参观视察，王毓祥副校长、鲁继曾
教务长向其说明学校其时亟待兴建校舍、置办图书和仪器的情况。

4月28日   沪校召开复校后第四次校务会议，王毓祥副校长报告：黔校于4月21日
结束教学，拟于5月开始迁沪。迁沪教职员每人津贴旅费10万元，眷属
每人津贴5万元，沿途轮船、火车等费用均由学校负担，图书、仪器约
40吨将交民生公司代运。会议决议加收第二期学费、修建校舍、整顿风
纪等多起校务事项。

4月30日   王毓祥副校长到沪校处理校务。

5月

5月12日   沪校召开复校后第五次校务会议，报告并讨论征收第二期学费等问题。

是月   教务长鲁继曾、总务长吴浩然、理学院院长邵家麟被聘为校董。

6月

6月1日   黔校、沪校分别举行立校二十二周年盛大庆典，沪校校庆由董事长孙科
和副校长王毓祥主持，黔校校庆由教务长孙亢曾主持。会上汇报了复员
工作进展和下一步计划。《大夏周报》刊出二十二周年校庆纪念特刊。各
界校友纷纷发来贺电，组织捐款。赤水立"大夏大学迁校纪念碑"，并举
行纪念碑揭幕仪式。

6月20日   王毓祥副校长由上海到昆明筹募经费。

7月

7月20日   欧校长由渝飞京转沪，与教育部接洽调整黔、沪两校教职员及决定建筑
大礼堂，秋季合并在中山路原址开学事宜。

7月27日   第一次新生入学考试开始。渝复员办事处与华泰公司订立船只合同。

8月

8月12日   复员船只起程东下。

8月29日   最后一批复员生及眷属自赤水抵重庆。

9月

9月11日　复员生全部上船。

9月25日　欧元怀校长回到上海处理复员工作。

9月27日　复员船只因在长江上游受阻，改于10月8、9两日注册，10日、11日起正式上课，布告学生周知。公布该学期清寒学生申请贷金办法。

10月

10月24日　复员轮驳平安到京。

10月25日　欧校长赴京照料复员到京师生。

10月26日　复员师生由南京乘火车到上海，结束了长达八年的流亡生活。

10月28日　复员圆满完成，是日学校在新建大礼堂举行复员后黔、沪两校合并大会及秋季始业式，欧元怀校长和王毓祥副校长等讲话。

　　　　　王毓祥副校长六十岁寿辰，学校为其举办寿典。

10月31日　十年以前运黔的图书、仪器等公物全部由南京运到。

11月

11月4日　开展复员后第一学期第一次纪念周活动，欧元怀校长报告校史。

11月7日　召开复员后的第一次校务会议，欧元怀校长报告复员经过，鲁继曾报告该学期全校注册人数共1800余人，吴浩然和苏希轼报告总务和训导工作。新建礼堂定名"思群堂"，以表追思王伯群校长。本校复员以后贵阳花溪校址、校舍拨给贵阳大夏中学。

11月10日　欧、王两位校长邀全体教职员于九江路花旗银行大楼欢宴，这是教职员复员后第一次全体集会。

是月　　　分期建设校舍，整理运动场地，组织学生膳食团。

12月

12月2日　期中考试开始。

12月5日　召开复员后第二次校务会议，欧元怀校长等报告学校教学和建设工作情况。会议讨论决定了应届毕业生毕业总学分、学业成绩规则、设置校景委员会等多项议案。

12月20日　隆重举行王伯群逝世两周年纪念活动暨思群堂落成典礼，全体师生出席，到会来宾及校友百余人，校长欧元怀、副校长王毓祥、教务长鲁继曾、总务长吴浩然等均发表悼念演说。

12 月 24 日　校董杨子惠莅校视察。

1947 年

1 月

1 月 1 日　元旦放假三天。是日上午十时在思群堂举行师生新年团拜暨庆祝大会，并由王毓祥副校长、徐汉豪主任报告出席国大制宪情形。

2 月

2 月 25 日　召开复员后第一次校董会议，董事长孙科主持。会议通过恢复教育学院、大夏中学，续办法、商学院第二院，筹建女生宿舍及发动募捐等决议。

3 月

3 月 3 日　是日开始正式上课。教务处为便利学生，编印出版《学生手册》。

3 月 15 日　丽园第二男生宿舍修理完毕。

3 月 17 日　举行新生入学指导会。

4 月

4 月 14 日　举行该学期第四次纪念周会，上海市教育局局长顾毓琇来校演讲。

4 月 15 日　复员后的第一次校庆，学校决定要盛大举行，是日举行第一次校庆筹备会议，推选专人负责筹备工作，并准备出版一系列校庆纪念刊物。

4 月 22 日　美国援华会向学校捐赠百册图书，欧、王两位校长复函致谢。

5 月

5 月 16 日　大夏毕业同学会召开理监事联席会议，讨论庆祝校庆方案。

5 月 23 日　上海学生掀起罢课风潮，要求当局停止内战，增加教育经费，改善教师待遇与学生伙食，大夏大学绝大多数学生未参与罢课，但发动签名运动，请求教育部准予改为国立。

5 月 30 日　学校六名学生被国民党当局拘捕，欧元怀校长多次设法营救，训导处派人前往慰问，全校教授发表宣言表示抗议。

是月　　　大力修建教职员及学生宿舍。

6 月

6 月 1 日　是日为二十三周年校庆纪念日，也是复员后第一次校庆，学校举行盛大的庆祝活动，董事长孙科到校主持庆祝大会。出版《大夏周报二十三周年校庆特刊》等各类纪念特刊。各地校友纷纷来电祝贺。

9月

9月4日　欧元怀校长受邀作为中国代表团顾问，参加在南京举办的联合国远东区基本教育研究会议。

9月22日　举行秋季始业式。

9月30日　学校对学生旷课向来极为重视，有凡旷课五分之一以上者，不得参与考试之规定。为求严格执行起见，特自是日起，将50人以上班组之教室予以编排座号，由教务处派员点名。

是月　　学生为清寒学生减免学费，设立奖学金。

10月

10月6日　该学期第三次纪念周会被改为新生总指导，由欧校长、王副校长暨各处首长领导该届全体新生千余人假思群堂隆重举行，历一小时余始散。

10月24日　学生自办膳食，膳费低廉，经济实惠。

10月26日　召开第十次教务会议，决议恢复《大夏学报》，并由各学院系联合组织大夏学报编辑委员会，同时规定学术演讲相关规定和学术论文竞赛办法。

11月

11月5日　召开第十四次校务会议。会议决定，自11月起，按照国民政府公布的公教人员待遇发放教职员薪水。

11月9日　举行首届校友返校节，返校校友600余人。同时举行群英斋、新力斋、群英桥、体育办公室落成典礼。

11月26日　欧元怀校长出席中国教育学术团体联合年会。

12月

12月7日　学校配发寒衣，调整膳费。

12月20日　王伯群逝世三周年，学校降半旗以示纪念，并在图书馆举行王伯群遗墨展览。

12月22日　该学期第十四次纪念周会用于举行王伯群逝世三周年纪念大会。

12月23日　学生发起募捐寒衣运动。

1948 年

1 月

1 月 1 日　元旦，举行团拜会。

1 月 12 日　欧元怀与王毓祥两位校长欢宴应届毕业生。

1 月 15 日　欧元怀校长参与全国大学教员团体立法委员竞选。

是月　　　学校发起百亿建筑运动，向各位校董、社会人士及校友筹募建筑费用。

2 月

2 月 16 日　春季开学。因物价上涨，学校调整学费及教职员待遇。

3 月

3 月 8 日　该学期第四次纪念周会改为新生总指导。

3 月 9 日　向上海市社会局申请正式刊行大夏大学毕业同学会出版的《大夏通讯》。

3 月 15 日　公布该学期获奖学金和免缴学费学生名单。

是月　　　学校调整教室，制作壁报，添购图书。物价狂涨，学生自动组织实惠的膳食堂。欧元怀、王毓祥两位校长捐赠"元怀篮球杯""毓祥排球杯"银杯各一双，让体育部组织球队竞赛。

4 月

4 月 19 日　《大夏周报》自创刊以来已有二十余年历史，战前已获发行执照。复员后重新向上海市社会局申请登记，今天获得上海邮政管理局新闻纸类登记执照。

5 月

5 月 31 日　欧校长被选为全国大学教员团体立法委员。

6 月

6 月 1 日　二十四周年校庆，学校举行庆祝大会，欧元怀校长报告校史，王毓祥副校长、鲁继曾教务长等相继致辞，发布历年学生人数。图书馆举办校庆展览，新图书馆行破土礼。

6 月 2 日　本校沪部毕业生，自 1941 年春起，因太平洋战事发生，沪黔交通梗阻，邮递困难，所有毕业证书均未能如期报部。附中学生毕业证书则自 1937 年秋起至 1942 年停办止，均因沦陷时期，市社会局（战前教育行政归社会局兼办）撤退，不得验印。自复员后，所有大、中两部学生毕业积案，始得开始整理。陆续造册制表，分批报验，迄至目前为止，除少数缺缴证件或照片等未能造报外，余如中学部毕业证书，大部分已补送教育局验印。

6月5日　上海学生举行反美扶日大游行，大夏大学学生参与游行，遭到国民政府镇压。

6月13日　欧元怀、王毓祥两位校长宴请应届全体毕业生。

6月20日　学生掀起大夏大学改国立运动。上午，学校举行第二十三届毕业典礼，散会时学生即席召开全体大会，要求校方同意改私立大夏大学为国立大夏大学。此后几天，约2000名学生罢课、罢考。校长欧元怀向董事会和董事长孙科汇报了此项情况，孙科与教育部就大夏大学改国立事宜进行沟通。罢课学生也推选代表赴南京请愿。但教育部不同意大夏大学改国立，这场国立运动以失败告终。事后，校方开除了一批鼓动学潮的学生。

是月　由于市场物价高昂，学校成立专任教职员日用品购买委员会。

7月

7月14日　本学期学费以米价计算。校方分函家长督促学生遵校规。

8月

8月1日　由大夏大学毕业同学会出版的《大夏通讯》获主管当局核发登记执照，是日复刊。此刊约半年前曾奉社会局批示，在未获正式核准前不得出版。

是月　暑假新生入学考试分两期举行，报名者空前踊跃，突破新生考试报名人数之纪录。

9月

9月1日　秋季开学。

9月15日　新力斋西面添建男生宿舍二十间完成。

9月28日　新图书馆破土动工。该馆由土木工程系设计，为学校复员后的最大建筑。

10月

10月4日　上学期因学生发起"国立运动"，期末考试未能进行。是日起补考一周。

10月24日　各学生社团举行会议，开展活动。

10月31日　举行第二十次校务会议，欧元怀校长报告该学年校务会议教授代表选举结果及行政会报定期举行等事宜。欧元怀、王毓祥两位校长宴请全体教职员。

是月　　　修理校园设施，将女生膳厅改为宿舍。

11 月

11 月 1 日　物价狂涨，金圆贬值，学校经济遭受巨大损失。教职员生活也极为困难，一个月薪金仅能维持个人伙食。学校领到户口米不够职员和学生食用，而菜价上涨二三十倍，食堂只能供白饭，无法提供蔬菜。

11 月 7 日　举行第二届校友节，到会校友 500 余人。《大夏周报》出版纪念特刊。

11 月 8 日　进行户口总检查。

11 月 23 日　因战事紧张，该学期准备提早结束。

11 月 28 日　举行第二十一次校务会议，决定提前结束该学期课程，于 12 月底放假，并设法为教职员加薪以渡过难关。

是月　　　新建的六幢教职员宿舍和新建的图书馆等陆续落成。

12 月

12 月 9 日　学校警卫派出所本日起恢复。

12 月 12 日　欧元怀、王毓祥两位校长为应届毕业生举行话别会。全体校务会议人员出席。

12 月 13 日　因环境影响，学期毕业考试提前于本日开始。向中央银行借款成功，增发教职员十五个月薪金，本日起先发四个月。

12 月 17 日　加发十一个月薪金。

12 月 20 日　举行王伯群逝世四周年纪念会，并举办王伯群遗墨展。

1949 年

1 月

1 月 8 日　大夏大学附设大夏中学，战前为上海市著名中学之一，历史悠久，毕业生先后共有两千余人，"八一三"上海事变后停办，另在贵阳、重庆等地设有大夏中学。是日，决定在上海恢复大夏中学，设立附中筹备委员会，由欧、王两位校长聘《大夏周报》编辑主任兼副教授宋成志校友为筹备主任，函报教育局复校。

1 月 11 日　学校成立应变委员会，今天举行第一次会议，明确委员会宗旨，修订

《大夏大学应变委员简则》，推选各组负责人。

1月18日　举行应变委员会第二次会议，议决统计留校人数、储存食品、接洽市区临时寄住房屋、进行警备等各项事宜。

2月

2月2日　上海市交通、同济、复旦、震旦、圣约翰、大夏、光华七大学获联合国教育科学文化组织远东科学合作馆赠送400万金圆的仪器装修费，其中大夏大学获赠88万元。

2月22日　复员后，大夏大学校舍半数毁于炮火，将中学部暂移为理工学院院址。是日，决定以虹口提篮桥榆林路94号为校址，今天正式复校上课。附中开始实行校长制，校董会聘请校友宋成志担任大夏中学校长，鲁教务长任董事长，拟定办法优待校友子弟。中学校务自筹备以来积极进行，教导、事务二主任，分请陆景宣、钱正骝二校友担任。校董会为求学生施以多年训练起见，高中仅招秋一、春一两班，初中招收一、二年级，现合高、初中共五班，男、女学生180人，住校男生20余人，教导认真，秩序良好，各项校务在推进之中。暑假时将再扩充，所幸中学部战前所有之图书、仪器均保存完好。

3月

3月10日　春节以来，物价上涨，教职员生活困难，校务会议决定，从该学期学杂费收入中提取75%作为教职工的薪金。2月中旬，曾按原薪金额的150倍补发和预发了各三个月的薪金。之后，再按原薪金额的300倍补发两个月薪金。今天又按原薪金额的300倍补发半个月薪金。

3月19日　欧元怀、王毓祥两位校长宴请新聘教职员、教务会议成员和中学部教师。欧校长报告学校困难和艰苦奋斗的精神，鲁继曾教务长报告本学期注册人数等校务。

4月

4月8日　学生发起组织学生应变自治会，今天召开成立大会。

4月10日　举行第二十四次校务会议，决议组织教授会、讲师助教会、职员会、工友会，并开始筹备二十五周年校庆纪念活动。

4月20日　学校校董和在贵阳的校友为纪念王伯群，将学校附设贵阳大夏中学改名为伯群中学，由校友罗亮畴任校长。

4月26日　上海警备司令部出动军警特务包围各大学，搜捕各校共产党人，共逮捕学生352人，大夏大学有25名学生被捕。各大学校长积极进行营救。校务中断。

4月27日　国民党上海军政当局命令大夏大学等15所专科以上学校疏散，学校召开紧急会议商讨应对方案。

4月28日　学校借中国纺织工学院为临时校舍，召开紧急校务会议，商讨疏散办法，决定尽快将图书、仪器迁出学校，以中国纺织工学院等地为图书、仪器存放地，兼作临时办公室，以青白中学等地为教职工及学生临时住处。同时决定以该学期期中考试成绩作为应届毕业生毕业成绩。此后三天，学校积极活动，又借到国立幼专教室、震旦大学校舍为教职员眷属住所，借到东南中学、市立师专校舍、榆林路大夏附中等为学生住所，勉强解决师生员工住宿问题。

5月

5月1日　借武进路市立师专校舍、榆林路大夏附中及高阳路巨厦为学生住所，教职员暨眷属由重华新村迁入震旦大学居住。

5月2日　学校搬迁后，重新布置重华新村校友俱乐部，作为临时办公处，中断的校务得以恢复。学校准备继续搬迁校具，却遭国民党军队阻止，第二天与警备部接洽通行证后才得以继续搬移。

5月6日　国民党军队在学校及中山路一带砍伐树木，修筑工事，学校多年种植树木被砍伐殆尽。

5月11日　领到疏散补助费银圆793元。

5月13日　私立各大学在震旦大学开会商讨应付时局问题。

5月15日　假光夏中学举行应届毕业生话别会。

5月24日　国民党军队炸毁中山桥及铁路桥。住大夏附中之学生迁往光夏中学。

5月25日　解放军于清晨二时解放上海市区，被逮捕学生15人恢复自由。

5月26日　国民党军队上午八时退出中山路校园，解放军20余人进驻学校，中山路及学校完全解放。召开行政会议商讨复校复课事宜。

5月27日　校务会议开会讨论返校复课及庆祝立校二十五周年纪念会诸事宜。苏州河北完全解放，国民党军队俘虏约5000人拘留于大夏大学。

5月30日　欧、王两位校长及鲁教务长与军管会高教处负责人接洽复校事宜。国民党军队俘虏全部迁离学校。

5月31日 教职员及学生开始迁返中山路原址。

6月

6月1日 在中山路校园中举行二十五周年校庆纪念活动。

6月2日 学校图书、仪器设备及教具开始搬运回校，至12日全部运回学校。

6月3日 召开大会庆祝解放及复课。

6月27日 该学期结束，是日起至7月9日进行政治学习，开设政治讲座。

7月

7月10日 临时校务委员会召开第一次会议，欧元怀校长报告此会筹备成立经过和学校财务情况。

7月24日 临时校务委员会召开第三次会议，欧元怀校长报告大夏附中已迁返，由校拨出一部分房屋以供应用。

8月

8月7日 临时校务委员会召开第五次会议，决定该学期继续举办补习班，开设补习课程。聘许公鉴教授暂兼教务处注册主任。

9月

9月4日 临时校务委员会召开第六次会议，议决：（一）组织学生减免费学额审查委员会，成立教职员宿舍分配管理委员会，以及节约委员会。（二）向华东人民革命大学说明学校无余屋可拨借。（三）拨图书馆及丽园全部房屋为大夏附中校舍，男生集中住群策斋，教职员住新力斋。（四）推吴泽为文学院院长、邵家麟为理学院院长、张伯箴为法学院院长、何仪朝为商学院院长、黄敬思为教育学院院长，并由各院长召集教员推选系主任，由学校聘请。（五）聘请姚雪垠等为教授。

9月11日 临时校务委员会召开第七次会议，欧元怀校长报告系主任推选结果。会议议决：精简职员，组织教务委员会，准予试读。

9月21日 上海市人民政府高等教育处批复，核准校务委员会全体委员名单，临时校务委员会为正式校务委员会。

是月 学校新布置了校舍。大夏附中迁回大学部，以图书馆、丽园宿舍，以及群英斋一部分作为校舍。本学期自初一至高三共六班，学生300余人，以原有校舍为理工学院所用，现在图书馆及丽园宿舍全部及群英斋一部为附中校舍。环境优美，场地宽广，男女生申请寄宿的很多，以现校舍不敷容纳，本学期寄宿男女生共一百数十人。大清早他们就在广大的场地上早操，增添了学校的气象。

大夏大学颁发聘书，大夏大学校长欧元怀、副校长王毓祥聘宋成志为大夏大学教育学院专任教授兼附属中学校长，聘期为1949年8月至1950年7月底。

10月

10月1日　庆祝中华人民共和国中央人民政府成立，放假三天。

10月2日　王毓祥副校长因病逝世。

10月3日　举行校务委员会常务委员会第一次会议，欧校长报告王毓祥副校长逝世情形，并决定组织王故副校长治丧委员会。

10月8日　全体教职员参加全市高教联组织的保卫世界和平、庆祝人民政协和中央人民政府成立的大游行。

10月30日　举行校务委员会第十二次会议，各处室列席并报告工作。会议决定响应全国总工会号召，发动教职员工开展学习运动。

是月　　　组织民众教育委员会，深入群众服务工农。大夏文工团成立。

11月

11月4日　举行校务委员会常委会第六次会议，通过教职员工学习运动推动办法，全校教员、职员、工友分别组织学习小组。

11月6日　举行王毓祥副校长追悼会。

11月10日　举行上海市学生第一届代表大会，大夏学生代表李祥麟等参加了会议，14日会议结束。会后出版《大夏周报学运特刊》，号召全校学生加强政治学习，展开新民主主义学习运动。

11月11日　举行校务委员会常委会第七次会议，议决为推动全校学习运动，组织学习委员会，推吴泽等9人及工友会、学生会代表组成；同时决定拟订教务、财务、事务三委员会组织规程。

11月14日　成立大夏教职员工学习委员会以全面推动学习运动。

11月19日　大夏附中学生会成立。附中学生会已由民主普选产生，于是日在思群堂举行庆祝大会，参加者约2000人。首先学生会主席黄进源说明学生会当前的任务，其次由校长宋成志发挥师生团结意义，校董欧元怀指示大夏立校之"苦教、苦干、苦学"精神。大会自下午二时开始直至七时散会。

是日上午，附中在操场举行体育竞赛，热烈地庆祝了一整天。

11月20日 举行全校第一次集体学习会，全体教职员工和学生出席。校长室发文说明学校经济困难情况，希望全体教职员、学生齐心协力，共渡难关。

11月28日 期中考试开始。这是上海解放后的第一次考试，考试的方法和观念都和以前有所不同。

12月

12月4日 举行全校第二次集体学习会，全体教职员工和学生出席，筹备成立大夏员工会。

12月5日 上海市第二届各界人民代表会议召开，欧元怀校长和吴泽教授等八人被邀出席。

12月15日 修订校董会组织章程。

12月16日 学生会为庆祝校务委员会、学生会、团总支成立及世界学生周，举行庆祝大会。

12月20日 举行王伯群逝世五周年纪念活动。

12月30日 举行校务委员会常委会第十三次会议，决议重新制定校旗、校歌，公开征求新校旗图样及新校歌词谱，并决定由校长、各学院院长、系主任组成毕业生考试委员会，主持毕业考试。

是月 筹划为全校员工、师生开办体格检查和健康保险。

1950 年

1月

1月1日 师生、员工庆祝上海解放后的第一个新年。

1月12日 举行校董会议。董事长王志莘主持，欧元怀校长报告该学期校务概况及经费收支情况。

1月18日 举行校务委员会第十五次会议，会议议决聘请吴泽兼任教务长。

1月28日 召开春季校务计划大会第一次会议，决议进行各方面精简，以使学校渡过经济难关。

2月

2月9日 举行校务委员会常委会第十七次会议，讨论春季开学、注册、上课日期，决定对被精简工友每人发遣散费180折实单位。对生活特殊困难的教职员每人借支 30 折实单位。

2 月 16 日　举行春季校务计划大会第三次会议，教务、事务、行政讨论小组分别报告该组初步总结。

2 月 28 日　今天开始举行春季校务计划会议总结大会，到 3 月 2 日会议结束，后发布了总结报告。会议决议：精简课程；精简工友、职员、助教和服务生人数；减少教学行政经费；成立大夏大学全体师生员工解决赤字委员会。

3 月

3 月 3 日　举行校务委员会第十六次会议，议决事务处与财务处合并为总务处；教务处分课务、成绩、印务、体育及教导五组，图书馆隶属该处。

3 月 6 日　举行校务委员会常委会第十八次会议，决议：（一）重新组织房屋分配委员会。（二）同意水产专科学校借用学校校舍。（三）请刘焕文兼任夜班主任。（四）确定教员薪金计算办法。（五）准备拟定教职员宿舍征收房租办法和教职员薪金支发办法。

4 月

4 月 27 日　举行校务委员会第十九次会议，欧元怀校长报告学生会第二届执委会全体委员业经普选产生，并已推定主席、副主席及各部处工作人员。会议决议五一劳动节举行工会成立大会。

5 月

5 月 14 日　举行校务委员会第二十次会议，会议议决 6 月 1 日举行校庆纪念活动，组织校庆筹备委员会。对精减离校职工，如经济确有困难，应予照顾。举行校务委员会常务委员会，规定电话管理办法。

6 月

6 月 1 日　建校二十六周年纪念，全校放假一天，同时举行校庆纪念大会。

6 月 18 日　举行全校师生员工代表大会筹备会议，讨论决定大会的具体筹备工作。

6 月 24 日　举行第一次师生员工代表大会，上午通过主席团名单，主席致开幕词。

6 月 25 日　上午校务委员会等各单位进行工作总结报告，下午分组讨论报告及提案。

6 月 26 日　上午继续分组讨论报告及提案，下午各单位汇报讨论情况。

6 月 27 日　上午，大会总结。此次会议通过主要决议有：（一）确定了今后的方针和任务。（二）举行秋季校务计划会议，解决具体问题。（三）组织暑期工作委员会，搞好暑期工作。（四）努力解决欠费问题。（五）进行教学总结。

7月

7月5日　举行校务委员会常委会第二十三次会议，议决定于本月14日召开秋季校务计划会议，并决定秋季开学、注册、上课及暑假招生日期。

7月11日　举行校务委员会第二十五次会议。暑期学校停办。

7月14日　秋季校务计划会议开始。会上详细讨论并决定了学校行政及人事制度、生产互助计划、校舍分配与管理、节约办法、财经预算、教学秩序、学制、课程与教学的具体办法等学校各方面的重大事项。还讨论附中要求借用校舍问题，现在农场办公室在可能范围内，设法迁至适当地点，将原房屋借给附中。

8月

8月23日　举行校务委员会第二十九次会议，会议通告学生宿舍管理委员会成立。

9月

9月1日　举行校务委员会第三十次会议，会议议决添聘教员等校务多起。附中毕业生总成绩在七十分以上者，准免予入学考试直升本校。

9月4日　举行教务委员会第十次会议，讨论教学计划大纲制定等问题。

9月9日　举行教务委员会第十一次会议，讨论教学事项多起。

9月19日　举行校务委员会常务委员会第二十四次会议。

10月

10月2日　王毓祥副校长逝世一周年，教职员和学生代表前往虹桥公墓陵园纪念。

10月8日　举行第三次行政会报，报告本学期学生缴费与减免费情况，以及学校收支情况，同时准备编制正式预算。

10月30日　举行校务委员会第三十五次会议，欧元怀校长报告：（一）学生会改选成立第三届执委会。（二）最近准备为全校学生检查体格一次。（三）明日下午全体员生在校集会，传达上海市人民代表大会报告。会议决议组织募集寒衣委员会；奖励学习成绩优良学生。

11月

11月3日　召开全体教职员及学生代表大会，由参加华东高教会议的代表传达会议精神。

11月8日　举行教务委员会第十二次会议，决议将期中考试延后举行，并议决教学
　　　　事项多起。本校期中考试原定于本月 13 日至 18 日举行，现决延至本月
　　　　20 日至 25 日举行。

11月16日　接到华东军政委员会教育部通知，要求精简教学计划，学生每周学习时
　　　　间不超过 50 小时。

12 月

12月7日　举行校务委员会第三十七次会议，会议报告：积极推进抗美援朝工作；
　　　　成立冬防委员会；按照教育部要求精简课程。

12月8日　下午全体教职员集会，欧元怀校长做抗美援朝动员报告。

12月13日　成立大夏大学抗美援朝保家卫国运动委员会。全体会员在会上宣誓将坚
　　　　决执行抗美援朝保家卫国行动纲领。

12月25日　召开全校师生员工代表大会，讨论如何做好向军事干校保送学生的工作。

1951 年

1 月

1月6日　举行校务委员会第三十九次会议，更正上次第二届第一次校务会议
　　　　（1950 年 12 月 23 日）为第三十八次会议，确定期终考试事宜，处理教
　　　　学纪律问题，计划进行全校户口检查和修订各科课程，并商讨下学期招
　　　　生工作和校务安排。

1月15日　举行第十一次行政会报，讨论校务多起，议决：（一）按教育部统一规定
　　　　寒假日期，2 月 2 日放寒假，2 月 16 日开学。（二）于 1 月 20 日预发 2
　　　　月份员工薪金。

2 月

2月16日　举行校务委员会第四十次会议，欧元怀校长报告：（一）校务委员会全
　　　　体委员名单经呈报华东教育部准予备案。（二）华东教育部通知，未经
　　　　呈准，不得以特别试读、寄读、旁听、借读等名义招收学生。（三）停
　　　　止教职员民主评薪。会议议决改组图书馆委员会；该学期注册日期
　　　　改为 2 月 23 日、24 日，26 日起正式上课；规定员工担保学生欠费
　　　　数额。

3月

3月3日　举行第十三次行政会报，议决：根据华东教育部通知，建立节假日、星期日值班制度；修订学则；统筹管理校河划船事宜等。

3月16日　举行校董会议，董事长王志莘报告校董情况。会议决定：补助已故王毓祥副校长家属一千万元；办理学校立案手续；请校董分别筹募学校经费；通过校董会组织章程。

3月23日　华东教育部曹未风处长到校视察。

3月30日　举行校务委员会常务委员会第二十六次会议，报告事项有：（一）奉华东教育部批复，核准邵家麟为教务长，姚雪垠为副教务长。（二）奉华东教育部通知，各校举办暑期补习班不得计算学分，学生每周修读时数不得超过十三节。会议决定：（一）成立体育委员会。（二）根据华东教育部通知，呈报秋季招生名额。（三）本校校车经常误点，同仁同学深感不便，最近会同工会、学生会及附中、水专等校，向上海公共交通公司洽商请恢复十路甲线，公司方面正考虑中。

4月

4月15日　举行第四十三次校务委员会会议，会议报告：（一）华东教育部核准学校扩大减免费数额计10500单位。（二）对全校师生进行体格检查。（三）决定改换新校徽。（四）学生会执委会改选。

4月28日　举行第十七次行政会报，决定贯彻执行华东教育部一年前提出的建立工作报告制度的意见，今后每两个月做书面报告一次。会议通报：昨晚和今天中午，在学校逮捕反革命分子9人（连大夏附中及水产专科学校教员各一人在内），行政会议决议对反革命分子分别给予解聘、解雇和开除学籍的处理。

5月

5月5日　举行镇压反革命代表大会，以协助政府贯彻镇压反革命的政策。大会成立了肃清反革命委员会，并发表宣言，号召学校师生员工提高政治警觉，协助调查。

5月10日　举行校务委员会常委会第二十八次会议，决定拨款支持肃清反革命委员会举办反特展览，并尽力协助解决大夏附中校舍困难问题。

5月19日　举行校务委员会常务委员会第二十九次会议，决议拨300至400单位作为国际学联代表团招待经费，尽可能腾拨房屋给工会托儿所和大夏附中。

5月29日 举行校务委员会常委会第三十次会议，决定将思群堂改名为"新夏堂"。

6月

6月1日 学校建校二十七周年，举行校庆纪念大会，同时举办以抗美援朝、镇压反革命及夏令卫生为主要内容的扩大展览会。为配合展览，6月1日、2日放假两天。

6月16日 举行校务委员会常委会第三十一次会议，欧元怀校长报告工友宿舍发生失火事件，华东教育部要求查明原因，做出深刻检查，建立严格的安全保卫制度。

6月26日 举行校务委员会常委会第三十二次会议，欧元怀校长报告：华东教育部补助经费一万单位，修缮费3345万元；华东教育部要求各校延迟学期结束日期。会议决定：期终考试结束后仍继续上课，至7月15日结束。

6月29日 校董会召开该学期第二次会议，欧元怀、邵家麟、张瑞钰分别报告有关校务会议议决：增聘陈善晁、张纪元、唐志尧、周庚、郑子荣为校董。六一校庆举行扩大展览，连续三天。全体员工响应抗美援朝总会六一号召，捐献款项已达5000万元。

7月

7月12日 举行1951年春季学期教学总结大会。

7月20日 举行校董会议，欧元怀校长报告中央教育部拟在各大行政区分别设立师范大学，华东教育部决定以大夏大学和光华大学为基础合并成立华东师范大学。校董会决定拥护华东教育部的此项决定。

9月

9月5日 接华东军政委教育部通知，大夏大学、光华大学合并成为华东师范大学。在筹建华东师大时，大夏大学文、理、教育各系并入华东师大；土木工程系并入同济大学；财经、政治、法律等系并入复旦大学、上海财政经济学院。附设大夏中学与光华附中合并成立华东师大附中。华东师大校址在大夏大学原址，师大附中在光华大学原址。至此，大夏大学结束了27年的历史。

第三卷
华东师范大学附属中学大事记
（1951—1958）

1951 年

9 月

9 月 17 日　华东师范大学附属中学隆重举行成立暨开学典礼。华东师大附中开始分
一、二两部。一部设在大夏附中原址，宋成志任附中主任；二部设在中州
路光华大学原址（由欧阳路原光华附中迁此），包玉珂任主任。

10 月

华东师大附中一部开展全校性拔河比赛。

11 月

11 月 1 日　附中一部迁至中州路附中二部校舍上课。

11 月 9 日至 12 日　华东师大附中一、二两部联合举行秋季运动会。除田径赛外，有
各种团体表演等。

12 月

12 月 23 日　在《推行一九五一年冬季学生体育锻炼标准》公布后，华东师大附中一
部添设了许多体育器具，如跳高架、爬绳、爬杆、铅球、跳绳等及许多
球类，以便学生练习。

12 月 28 日　本市推行冬季体育锻炼标准运动，华东师大附中二部初三甲 58 人中有
57 人报名参加锻炼小组。

1952 年

1 月

1 月 3 日　教导处举行第四次教导会议，由教导主任毛仲磐报告检查教学计划情况
及讨论有关学期结束工作，修订爱国公约，在教学上开展增产节约教育
等问题。

1月4日 本部基层工会成员赴复兴中学出席市、区两级人代会议。

1月12日 华东师大附中一部（原大夏附中）、华东师大附中二部（原光华附中）合并改制为公立华东师大附中。宋成志任副校长，朱云中任党支部书记，毛仲磐任教导主任，徐正贞、罗友松、郦家驹等分任教导副主任。

1月22日 寒假开始。本校并校委员会主任委员刘佛年莅校主持会议，发布本校教职员人事编制名单并报告新人事调整原则。

2月

2月5日 发放1951年度第二学期全体教职员聘书。

2月13日 春季开学，于本日起至15日开始办理高、初中各级学生缴费注册事宜。

2月19日 举行全体教职员工大会。由副主任委员宋成志、毛仲磐、徐正贞报告筹备开学经过，陈汉民、郦家驹报告参加寒假学习班学习情况。

2月29日 华东师大附中移交印信，共计9枚（前光华附中校钤印信及有关印信共7枚，华东师大附中暂用章及有关印信共2枚），移交人包玉珂，接收人刘佛年，监交人倪若水。

3月

3月4日 校行政工会协商组织成立学习委员会，推举宋成志、毛仲磐、陈汉民、罗友松、朱云中、郦家驹、倪若水、郑伯山等15人为委员。

3月5日 学习委员会首次会议召开，即席选举宋成志、郦家驹、朱云中、罗友松、陈汉民5人为常委，并讨论小组编制及每周学习时间等问题。

3月6日 副校长宋成志奉命到职视事。

3月13日 校毛泽东思想学习委员会举行学习动员大会，宋成志副校长任主席，号召全体同仁认真学习肃清非无产阶级思想，并由大学部教务长刘佛年莅校做动员启发报告。

3月21日 第六次行政会汇报讨论精简会议及学生作业等问题。移交工作座谈会召开，决定本校所属各部门交接人员名单。

3月22日 举行保健委员会第一次会议，讨论矫治学生疾病及加强公共卫生等问题。

3月25日 全校师生员工组织收听上海市市长陈毅《为争取反行贿及偷税漏税、反盗窃国家资财、反偷工减料和反盗窃国家经济情报的运动彻底完全的胜利而斗争》的广播报告。

3月26日 宋成志副校长和毛仲磐教导主任等赴市体育馆听取关于动员教育工作者参加"五反"运动的报告。

3月28日　第七次行政会议讨论春假工作安排，决定组织教师分别参加"五反"宣传工作和留校协助学生开展文化娱乐活动，初中少年队员赴师大进行春假露营。

4月

4月2日　临时行政会议讨论教职员工因病给假支薪办法，决议根据大学部办法处理。

4月3日　遵照市教育局规定，于本日起至5日放春假3天。

4月4日　校少年队全体队员赴本校大学部举行露营。

4月5日　学校举行春假文娱晚会。

4月10日　学校与新沪中学联合举行资产阶级罪行控诉大会，参与控诉资本家罪行的人员有本市机器翻砂厂工人及志愿军伤员。

4月16日　校学委会邀请道中女学姓马的同学来校报告《我怎样劝说我的不法资本家父亲彻底坦白》，本校全体教职员暨初三以上班级的学生出席参加。

4月18日　第九次行政会议通过期中考试日期等议案。

4月21日　华东师大附中钢印印模铸完。学校副校长、教导主任暨小组长等赴市体育馆听取陈虞荪的报告，关于解答第一阶段学习过程中所发生的问题，并布置下一阶段的学习内容。

5月

5月1日　为庆祝国际劳动节，初中举行少年队队会，进行"五反"以后对团的认识和对祖国的热爱教育。高中生140人参加五一节示威游行，高中各班分别参观工厂，与工人举行联欢座谈。

5月2日　市卫生局派人为全校师生员工注射霍乱预防针。

5月13日　教职员工集体赴市工人文化宫参观上海铁路五金纺织工人爱国生产成绩展览会。

5月18日　初中工作组会议，决定庆祝六一儿童节，拟邀请苏联儿童、朝鲜儿童及文学家、海军与少年队员组织联欢。

5月24日　华东师范大学附属中学钢印印模准予备查并同意启用。

6月

6月1日　举行庆祝国际儿童节大会。

6月2日　学校陈汉民奉调参加工农干部学习班，主攻数学教学。

6月4日　　本日起至5日，区卫生科派员来校注射伤寒、霍乱混合疫苗预防针。

6月6日　　第十五次行政会议决议抽调数学教师廖家时、语文教师苏常俨参加教育部学习速成教学法学习班。

6月7日　　宋成志副校长赴上海师范学院出席校长会议，听取陈向平报告。

6月10日　组织成立防疫委员会，下设防治、宣传、环境、卫生及检查四组，并推举委员及各组负责人选。

6月11日　区卫生科派员来校注射第二次伤寒、霍乱混合疫苗预防针。

6月13日　华东学习委员会上海市教育工作者分会抽调本校朱云中、郦家驹、徐正贞等6人参加思想改造学习班学习。

6月23日　高、初中毕业班本日起举行毕业考试，共4天。

6月27日　第十八次行政会议通过组织成立招生委员会等议案。

7月

7月1日　　学委会召开大组会，小结划清思想界限，并动员进行"五反"学习总结。

7月7日　　即日起至8日办理新生报名。减免费审核委员会公布第一次核准减免费的学生名单。

7月14日　迁校委员会第一次会议安排迁校工作推进工作，着宋成志、林仲良分别为本会正、副主任委员，分设设计组、运输组、包装组等，计划在本月18日前完成各组工作安排。

7月22日　本校教职员参加上海市中等学校教职员暑期学习班，于本日至新沪中学报到，集中学习。

是月　　　在王景甫的组织下，学校成立了少先剧团。其中有话剧队、木偶剧队、舞蹈队、民乐队和合唱队。合唱队由音乐教师沈晓负责指导，其余四个队全由王景甫负责指导。先后演出了五幕十三场的大型话剧《同志们和你在一起》，儿童话剧《蓉生在家里》《桃子熟了》《大灰狼》《白天使》等，木偶剧《渔夫和金鱼的故事》《田螺姑娘》《无孽龙》，湖南花鼓戏《双送粮》，舞蹈《送公粮》等。演出的服装道具、舞台布景、灯光甚至各种木偶，都是在王景甫的带领下，自己设计自己动手制作的。利用周六晚上在大礼堂演出，对家长和周围居民开放，轰动一时。少先剧团不仅丰富了学生的课余生活，提高了他们的文化素养，而且扩大了华东师大附中的知名度，后来还为高等院校和社会文艺团体输送了不少人才，如周渝生、符仲明、吴尔朴、陈茂林、吕也厚等。

8月

8月22日　暑期留校人员第五次会议决议迁校时间于本月25日开始。

9月

9月1日　迁校工作开启。下午六时半，迁校委员会会议讨论第一阶段工作如期完成，报告第二批搬运计划。这一年秋季开始，附中由欧阳路正式迁入中州路新校舍上课。

9月11日　本校教职员参加的上海市中等学校教职员暑期学习班，于本日结业返校。

9月15日　开学。

9月18日　副校长林静到职视事。

9月22日　全体教职员参加学习新形势及本学期方针任务，并进行小组讨论。

9月23日　成立本校普查工作委员会组织，由宋成志任主任委员，毛仲磐、季振宙、林仲良、郑伯山、高信鹏为委员，即日开展工作。

9月26日　普查工作委员会分别召开大小组长会议及第一次工作会议，并订立工作计划草案，展开工作。

9月28日　宋成志调至师大本部，林静副校长主持工作。

10月

10月1日　为庆祝第三届国庆节，本校放假两天，校园晚间举行狂欢之夜。

10月10日　普查委员会召开总结会议，总结收获和优缺点。

10月14日　举行第二次行政会议，讨论组织成立校务会议等问题，包括如何建立会议制度、委员会名额分配等。

10月22日　学校组织成立体育委员会，并公布委员名单，由林静、郦家驹（工会文教委会主委）等14人任委员。

10月27日　校大学部研究组自本日起至11月1日来校访问，进行调查研究工作。

10月31日　公布校务会议组成人员名单，由行政7人、各学级班主任代表6人、各教研组长6人、工会代表2人、学生会、青年团暨少年队各派列席人员1人组织成立。

11月

11月1日　举行第一次校务会议，教导处、事务处、医务室等负责人做工作报告，讨论本学期教育实施计划。

11月7日　为庆祝苏联十月社会主义革命三十五周年，本校举行纪念大会。

11月15日   举行第一次校务会议第二次复会，通过本学期教育实施计划，追认本学期冬季度预算及建立财务经管制度等议决案。

11月24日   少年队邀请苏联小朋友举行联欢会，并举行少年队检阅典礼。

11月26日   学委会举行改选，由林静、郦家驹、李嘉音、罗友松、毛仲磐5人当选该会委员。

11月29日   公安部队组织语文教师3人来校观摩初一乙语文教学。

12月

12月1日   教职员工请假暂行办法暨补充规定自本日起开始执行。

12月2日   举行全体教职员大会，林静报告调查统计工作。

12月7日   组织教工参观本校大学部，由教务长刘佛年做有关教学改革的报告。

12月13日   各系科教研室布置成立，各科任教师办公制度开始执行。

12月18日   萧承慎教授率领本校大学部生物系学生来校见习。

12月21日   举行首次教育学讲座，本校大学部教授曹孚主讲"教育与教学的性质"。

12月22日   举行行政暨社团联席会议，讨论庆祝元旦筹备事宜。

12月25日   本校大学部各系科学生第二次来校见习，见习化学、物理、语文、英文、历史、数学等科教学。同日，全校学生1000余人组织参观匈牙利人民共和国展览会。

12月27日   虹口区人民政府防疫站派员来校为教职员工检查白喉。

12月31日   初中部举行庆祝新年文娱晚会，同时由行政宣布初中部模范班级暨优秀学生评选结果。

1953 年

1月

1月1日   校高中部举行庆祝新年文娱晚会。

1月8日   校大学部学生178人由教授27人率领来校见习。同日，本校基层工会主办的业务交流展览会开幕展出。展览会上展出的主要有：音乐教师沈晓的"速成音乐教学法"，化学教师李嘉音的"蒲草代麻的创造"，物理教师唐志瞻为配合新课本而自制的各种物理仪器，地理教师芮乔松的小型气象台、铅丝地球仪及投影仪、海深测锤模型，生物教师王铨英、盛占春的孵化器、天然色果实标本等。

1月15日　本校基层工会举行改选，罗友松、田士道、季振宙等7名教工当选为工会委员。

1月17日　校基层工会主办的业务交流展览会胜利闭幕。

1月29日　学校教职员田士道等11人参加第三期思想改造学习班，教师们个个精神振奋，旧观念、旧思想得到了改造，能更加愉快地坚持教育岗位，也乐意终身从事教育工作，为培养下一代做出贡献。

2月

2月1日　本日起至27日开始寒假轮值办公。

2月3日　举行第二次教育学讲座，由本校大学部萧慎承教授主讲"教学原则"，会后进行小组讨论。

2月10日　举行第三次教育学讲座，由曹孚教授主讲。

2月20日　举行第四次教育学讲座，由朱有谳教授主讲。

2月27日　举行第五次教育学讲座，由胡守棻教授主讲"课堂教学"。

3月

3月3日　本日起至5日办理高、初中缴费。

3月6日　全校师生员工哀悼斯大林逝世，下半旗志哀。学校号召全体师生化悲痛为力量，以最大坚定性团结一致，从事斯大林同志未竟的事业。

3月7日　举行第四次校务会议，修正通过本学期教育实施计划。同日，参加第三期思想改造学习的教职员结业返校。

3月9日　校教职员工暨高中部学生列队至人民广场参加华东暨上海市各界人民追悼革命导师斯大林同志逝世大会。

3月16日　补行开学典礼，报告本学期教学总方针及学生守则等。

3月26日　学校行政及医务室、基层工会、学生会、青年团、少年队等代表组成爱国卫生委员会，并举行首次会议，讨论继续开展清洁卫生运动，并使之转入经常化等问题。

4月

4月1日　公布会客原则，即日施行。

4月2日　举行全校清洁卫生大扫除。

4月13日　举行第五次校务会议，讨论如何做好大学部学生来校见习实习的准备工作等议案。

4月19日　在上海财经学院操场举行本校第二届春季田径运动大会。

4月25日　本校行政暨工会联合召开全体教职员大会，研究并讨论本学期政治、业
　　　　务学习问题及部分家属生活困难补助金问题。

4月26日　教导处职员、反革命分子林汉被捕。

4月27日　本校行政暨工会联合召开全体教职员工大会。同日，分发新的公费医
　　　　疗证。

4月29日　教工集体收听庆祝五一国际劳动节广播。

5月

5月1日　国际劳动节放假一天，师生员工分别参加示威游行。

5月7日　初二戊班学生孙克勤由市体育总会派赴北京，出席参加全国体育测验。

5月11日　举行第六次校务会议，讨论期中总结工作及毕业班辅导工作等问题。

5月14日　召集校务会议代表举行座谈会。

5月18日　学校为大学部见习学生举行欢迎会。

5月19日　虹口区卫生防疫站派员来校为全体学生注射伤寒、霍乱二联预防针。

5月23日　举行音乐会，邀请大学部音乐系师生举行联欢。

5月25日　见习工作顺利完成，本周进入实习阶段。

5月30日　大学部见习、实习工作圆满完成，大学部与附中行政暨各系科教师分别
　　　　举行茶会联欢。

6月

6月1日　举行庆祝国际儿童节联欢晚会。

6月3日　华东工农速成实验学校语文学科师生来校听课。

6月10日　行政与基层工会联合召开全体教职员大会，由工会主席田士道传达关于
　　　　选举法的报告。

6月12日　重建饭厅工作即日动工。

6月20日　举行第七次校务（扩大）会议。

6月28日　学生会主办舞蹈比赛大会，于晚间举行。

7月

7月1日　少年队举行大队活动，庆祝中国共产党成立三十二周年。

7月3日　本校游泳池开放。

7月4日　大学部举行教育实习总结大会，附中行政各教研组长、各指导教师、各

见习班主任暨大会业务委员等 26 人出席参加。

7月6日　　校行政与工会联合举办的教学成绩展览会举行预展，7 日起至本月 10 日正式展出。

7月9日　　公布初中一、二年级模范班级评选标准。

7月19日　举行各班级品德考查。

7月24日　举行第九次校务会议，由林静报告学期工作总结。

7月25日　全体教职员工暨应届高、初中毕业生拍摄纪念合影。

8 月

8月9日　　即日起至 10 日办理新生报名事宜。

8月11日　举行欢迎上届毕业学生暑期回沪联欢座谈会。

8月12日　举行新生考试。

8月16日　公布录取新生名单，计录取新生高中 160 名，初中 250 名，并即日办理新生报到手续。

8月17日　公布录取新生选补生名单（计高一 4 名）。

8月31日　各处室恢复原办公时间。

9 月

9月1日　　即日起至 2 日办理各级学生缴费注册事宜。

9月2日　　举行第十次校务会议，讨论本学期教育实施计划草案。

9月3日　　举行本学期第一次全体教职员工大会。

9月4日　　举行开学典礼，学生会举办迎新会。

9月5日　　举行行政暨各社团（包括各民主党派）联席会议，商讨本学期教育实施计划草案。

9月7日　　正式上课。

9月18日　举行第十一次校务会议，修正通过 1953 年度第一学期教育实施计划。同日，重建新膳厅落成。

9月28日　召开全体教职员会议，传达关于国庆开展增产节约运动的报告。

10 月

10月1日　为庆祝国庆节放假两日，教职员工分别参加示威游行，晚间举行狂欢之夜。

10月15日　举行本学期第一次爱国卫生委员会议，讨论开展学生健康检查问题。

10月19日　举行行政暨党派社团第二次联席（扩大）会议，讨论并研究贯彻学生守则问题。

10月24日　举行全体教职员大会，由毛仲磐报告贯彻学生守则问题，会后分别进行讨论。

10月26日　举行第十二次校务会议，通过学生守则学习公布计划，并具体讨论学校师生员工进行 X 光、心肺检查问题。

10月31日　学生会文娱部主办纪念冼星海逝世八周年音乐晚会。

11月

11月3日　商请市肺结核病防治院本日派遣 X 光流动车来校为师生员工进行心肺摄影。

11月7日　举行全体教职员工大会。

11月12日　举行庆祝苏联十月社会主义革命三十周年纪念大会，由徐正贞做报告。

11月17日　举行第三次爱国卫生委员会议，通过定期分区清洁检查办法。

11月22日　大学部语文系学生第二次来校见习。

11月24日　学校呈报印模（校印自 1952 年 3 月 15 日启用，教导处及其他有关印模自 1952 年 2 月 15 日启用）。

11月27日　全体教职员工赴虹口中学出席大会，听取区委宣传部部长张耀宗做总路线和总任务学习动员报告。

12月

12月1日　各教研组进行教学检查。

12月3日　本日起实施定期分区进行清洁卫生检查办法。

12月7日　大学部教育系学生来校见习。

12月9日　大学部物理系学生来校见习。

12月11日　大学部音乐系、历史系学生来校见习。

12月14日　举行第十三次校务会议，由教导、事务两处分别做阶段工作报告，并讨论定期举行学业成绩展览会及学期结束前的准备工作。

12月17日　市选举委员会虹口区第二十三选区第五登记站公布选民榜。同日，大学部化学系学生来校见习。

12月18日　大学部地理系学生来校见习。

12月22日　虹口区教育工会在粤东中学召开大会，由中共上海市委朱立人做第二阶段学习的启发报告，本校全体教职员出席听讲。

12月26日　大学部生物系、教育系学生 123 人来校见习。

12月28日　举行爱护公共财物展览会三天。

12月31日　举行迎新大会。

是年　　　学校非常重视戏剧活动。教师演出京剧有《四郎探母》《黄鹤楼》《柜中缘》等，话剧有《放下你的鞭子》《年轻的一代》等。学生演出《野玫瑰》《团委书记》等。还上街宣传演活报剧，如《十五年赶超英国》。在教师王景甫指导下，学生演出的话剧《同志们和你在一起》，轰动虹口区。

　　　　　体育教师李玉林获虹口区一万米长跑冠军，打破市区纪录。

1954 年

1 月

1月2日　　少先队举行大队会庆祝元旦。

1月6日　　大学部语文系学生来校见习。

1月7日　　举行第三届成绩展览会，内容包括教学和学业、学科研究成绩及卫生展览三部分。

1月9日　　本校基层工会为庆祝新年举行京剧晚会彩排演出。

1月11日　成绩展览会胜利闭幕。

1月20日　举行第十四次校务会议，由副校长林静报告下学期人事调配，并讨论下次会议召开日期。

1月24日　寒假开始。

1月26日　团总支办公室 303 室晚间不慎失火。

2 月

2月15日　开学。即日起两日内办理缴费注册，举行第十五次校务会议。

2月18日　举行全体教职员工大会，由林静报告各单位上学期工作总结。

2月20日　召开第一次全体教职员会议，由林静传达市教育局关于布置本学期本市中等学校工作计划的报告，会后各系科处室进行小组讨论。

2月25日　召开临时教职员工大会，由林静传达市教育局关于食油问题的报告，会后进行小组讨论。

2月27日　举行第十六次校务会议，修正通过本校 1953 年度第二学期工作计划。

3月

3月1日　　召开第二次全体教职员工大会，由林静报告本校1953年度第二学期工作计划。

3月6日　　举行党政工团第一次联席会议，汇报前两周工作情况及布置下两周工作。

3月11日　党支部召集各民主党派举行会议，讨论贯彻学校工作计划问题。

3月12日　举行传达大会，由毛仲磐传达关于克服忙乱现象的报告。

3月19日　举行党政工团第二次联席会议，了解团队工作计划及工会改选问题。

3月26日　林静向全体教职员工传达市教育局关于"中学行政组织及制度试行"规定的报告。

3月28日　学校重视用英雄人物教育学生。季振宙任1954届初三丙班班主任，该班被学校命名为"古丽雅班"。《文汇报》先后三次来校采访，进行跟踪报道。

4月

4月1日　　基层工会举行行政改选大会，票选结果由谭惟翰、田士道、朱云中、郦家驹、陈建中、胡松云、盛新民等7人当选为委员，程自文为候补委员，邵贻裘为经费审查员。

4月2日　　党政工团队举行第三次联席会议。

4月12日　举行第十七次校务会议，讨论发挥集体领导及进行期中检查等问题。

4月16日　党政工团队举行第四次联席会议，汇报本阶段工作情况。另外，全体教职员出席总路线第一单元学习报告大会，由区委宣传部部长张耀忠做报告。

4月17日　举行教职员大会，由徐正贞传达市教育局关于学习学生守则的报告，会后进行小组讨论。

4月20日　学校教师33人赴大学部听苏联专家关于教育实习的报告。附中领导和全体教师都参加听讲，并组织学习讨论。讲座内容包括苏联教育理论、教育制度、教育大纲、课程教材、课堂讨论、教学原则和教学方法等，以及"五级记分制"、"教室日志"、"学生手册"、主题班会和课外活动等。自此，学校全面学习贯彻苏联教育家凯洛夫的教育思想，实行"教室日志""五级记分制""学生手册"。华东师大苏联专家多次来校指导。

4月22日　举行教职员大会，由徐正贞继续传达学习学生守则的报告，会后进行小组讨论。

4月26日　区卫生科防疫站派员来校注射伤寒、霍乱预防针。

4月27日　党政工团队举行第五次联席会议，汇报庆祝五一国际劳动节筹备工作。

5月

5月1日　为庆祝五一国际劳动节，师生员工放假一天，参加游行。

5月3日　举行第二次防疫针注射。

5月7日　全体教职员出席总路线第二单元学习报告大会，由区委宣传部领导做报告。

5月9日　大学部见习师生共177人来校寄宿。

5月10日　大学部教育实习在大礼堂举行欢迎大会，第二届教育实习正式开始。同日，举行第三次预防针注射。此外，本校举行第十八次校务会议，报告期中教学检查情况，并讨论本届初三毕业生直升标准。

5月11日　林静向大学部来校见习学生做报告，介绍本校一般情况。

5月12日　毛仲磐、徐正贞向大学部来校见习学生分别做教学工作情况及学生工作情况的报告。

5月17日　从本周起大学部实习学生开始试教。

5月21日　苏联体育专家来校观摩体育课。

5月23日　本日晚，学生会文娱部举行全校性文娱联欢会。

5月28日　举行传达报告会，由毛仲磐传达市教育局关于中小学毕业生升学和出路问题的报告。

5月29日　大学部教育实习总队部与本校各系科处室分别举行茶话会，见实习工作胜利完成。学生会主办欢送大学部实习教师文娱晚会。

6月

6月1日　为庆祝"六一"国际儿童节，少先队举行营火会。

6月4日　全体教职员出席总路线第三单元学习报告会。

6月5日　大学部曹孚教授莅校向全体教师做有关教室日志问题的报告。

6月8日　举行第八次党政工团队联席会议，汇报各部门工作情况。

6月9日　即日起至10日，本区举行中等学校田径体操运动大会，本校运动员50余人参加比赛。同日，调整教职员办公时间，规定上午为八至十二时，下午为二至五时三十分。

6月10日　区运动会结束，本校各得男子组及女子组总分第一。

6月12日　市运动会开幕，本校学生 25 人代表中北区参加比赛，姓黄的学生手榴弹掷远破华东区纪录，姓陆的学生跳高破市纪录。

6月18日　全体教职员出席总路线第四单元学习报告会，听取报告。

6月21日　高三毕业班本日起温课。举行试行教室日志座谈会，汇报试行情况。

6月23日　举行第十九次校务会议，由毛仲磐报告本届教育实习总结，并讨论布置学期结束工作的具体日程。

6月29日　大学部举行本届教育实习总结大会，本校行政暨实习指导教师出席参加。

7月

7月2日　全体教职员出席总路线第五单元学习报告会，听取报告。

7月3日　初中毕业班举行毕业考试。同日，拍摄本校全体教职员工暨第三届高、初中毕业生照片。

7月5日　举行第二十次校务会议，由林静传达市教育局布置的招生工作指示，并即席成立招生委员会。

7月8日　普通班级学期考试开始。同日，招生委员会举行组长会议，研究工作进行。

7月12日　举行试行教室日志总结会议。同日，招生委员会举行第二次会议，商议有关问题。此外，本日举行初中毕业典礼。

7月21日　招生委员会举行第二次组长会议，由林静传达市教育局关于统一命题的指示，并由各组长汇报工作进展情况。

7月25日　举行监试阅卷人员会议，传达市教育局关于统一命题及监试阅卷等问题。同日下午起至第二日下午，举行新生入学考试。

7月28日　招生委员会举行第三次会议，确定并审核录取新生。

7月29日　招生委员会录取通知组寄发录取通知书及不录取通知书。

7月30日　办理新生健康检查及报到手续，全体教职员听取区委总路线学习总结报告。

8月

8月2日　举行第二十一次校务会议，林静报告，奉大学部指示提升毛仲磐为本校第二副校长，郦家驹为第二副教导主任，并报告人事及工资调整情况。同日，职员暑期轮值办公开始。

8月24日　举行第二十二次校务会议，讨论上学期学校工作总结，通过布置开学工作具体日程。

8月27日　布告周知：提升毛仲磐为本校第二副校长，郦家驹为第二副教导主任。

8月28日　举行1954年度第一学期全体教职员第一次会议。

8月30日　本日起至第二日办理学生缴费注册。

9月

9月1日　举行开学典礼，下午正式上课。

9月3日　举行第二次全体教职员会议，由副校长毛仲磐动员学习市教育局布置的《上海市中等学校一九五四年度学校工作计划大纲（草案）》。

9月4日　举行干部会议，讨论如何进行学习《上海市中等学校一九五四年度学校工作计划大纲（草案）》。

9月6日　举行第三次全体教职员大会，由毛仲磐传达市教育局布置的关于《上海市中等学校一九五四年度学校工作计划大纲（草案）》的报告。

9月16日　举行第五次全体教职员大会，由林静报告本校工作计划草案。

9月20日　举行第二十三次校务会议，讨论并通过本校本学期学校工作计划草案，并决定在学期结束前举行第一次全校成绩展览会。

9月29日　举行全体教职员会议。

10月

10月1日　为庆祝中华人民共和国成立五周年，本日起至第二日循例休假，举行狂欢之夜。

10月15日　举行全体教职员会议，由林静做有关解放台湾的报告。

10月16日　毛仲磐出席大学部教育实习委员会召开的会议，讨论有关教育实习问题。

10月22日　总务主任传达有关公费医疗问题的报告，会后进行小组漫谈。

11月

11月3日　召开全校教职员大会，由毛仲磐传达市教育局局长陈琳瑚关于学习第一届全国人民代表大会文件的报告，各教研组进行期中检查和小结。

11月5日　举行全校时事测验。

11月8日　大学部教育学研究生54人由萧承慎主任率领来校见习。同日，举行第二十四次校务会议，报告及讨论期中检查，并研究下半学期工作计划。基层工会及教师团总支邀请史瑞芬做报告，会后进行漫谈。

11月19日　毛仲磐传达市教育局有关政治业务学习第一单元第一部分"教育为政治

经济服务"的报告。

11月20日 举行全体教职员大会，报告有关大学部教育实习问题及期中检查。大学部中文、历史、化学、音乐四系学生90人来校实习。

11月22日 举行欢迎大学部实习学生大会。

11月29日 大学部研究班高中班级听课开始。

12月

12月1日 举行全体教职员工大会，由基层工会徐建平传达关于实行食堂计划供应问题的报告。

12月2日 召开党政工团队联席会议，汇报上一阶段工作情况，并讨论下一阶段工作问题。

12月10日 举行全体教职员大会，由毛仲磐传达市教育局有关教师政治业务学习第一单元第二部分"中小学教育工作要积极地为过渡时期总路线服务"的报告。

12月16日 召开党政工团队联席会议，汇报工作，交换意见。

12月18日 基层工会召开会议，议题为"班主任怎样才能发挥主导作用"。

12月21日 召开实习工作联席会议。

12月23日 召开党政工团队联席会议，汇报工作情况。

12月25日 工会、学生会联合主办欢送大学部实习指导教师暨实习学生联欢晚会，演出节目有歌唱、舞蹈、京剧等。

12月28日 召开第二十五次校务会议，通过学期结束工作计划。

12月30日 召开全体教职员工大会，由毛仲磐传达目前国际形势报告，会上大组发言，会后进行小组漫谈。

是年 学生体育开展"劳动与卫国制"测试，分一级、两级标准。

1955 年

1月

1月3日 召开全体教职员会议，由郦家驹传达"培养青年共产主义道德，抵制资产阶级思想腐蚀"的报告，会后进行小组讨论。

1月6日 召开党政工团队联席会议，汇报工作研究问题。

1月13日 本日起至14日，各班级开始温课迎考。

1月14日　举行全体教职员会议。

1月15日　本日起至19日，班级举行学期考试。

1月20日　召开第二十六次校务会议，报告并研究学期工作总结。即日起寒假开始。

2月

2月5日　本校行政向大学部领导汇报学期工作。

2月10日　举行第二十七次校务会议，报告并研讨本校1954年度第二学期工作计划草案。

2月12日　召开本学期第一次全体教职员会议，报告上学期工作总结。本日下午续会，传达十二城市中学教育工作汇报会议有关提高教育质量问题的报告。

2月13日　举行第一次全体教职员会议第二议程，由林静报告本校1954年度第二学期工作计划草案。同日下午，分组进行讨论。

2月14日　举行全体教师会议，由大学部教育系朱有谳教授莅校做有关五级记分制的报告，下午各教研组进行小组讨论。

2月18日　举行第二次全体教职员会议，由林静传达目前政治形势报告。

2月21日　周会由林静做有关换发新人民币问题的传达报告。

2月22日　举行第二次校务会议，由大学部研究生做教育报告。

2月25日　举行第二次教师会议，传达市教育局培养青年共产主义道德教育计划报告。

2月28日　在上海市第八届少先队工作研讨会上，学校介绍了"集体在成长中"的工作经验。

3月

3月1日　举行第三次教师会议，大学部6位苏联专家莅校做教育报告。他们是：娥·芙·杰普莉茨卡娅、谢·米·祖波夫、伊·亚·沙巴丽娜、亚·亚·列别捷夫、维·波·波伐良也夫、尼·伊·居林。本校向苏联专家学习，开始的一段时间缺乏经验，目的性不够明确，缺乏有组织、有领导、有计划的学习，后与专家密切联系，有针对性地学习，效果明显。

3月4日　全体教职员听上学期政治业务学习小结，会后分组举行复习测验。

3月5日　大学部教育系举行教育学第一次报告，本校部分教师出席听讲。

3月7日　《文汇报》第7版"学校教育"专栏刊登了以"华东师大附中"署名的文章《集体在成长中》，介绍了初二甲班（第6中队）在少先队组织的教育下成长的事迹。

3月8日　召开本学期第三次校务会议，汇报并研究五级记分制、教室日志的试行情况，并传达市教育局关于培养新教师问题的报告。

3月9日　举行全校性二联预防注射。

3月16日　举行第二次全校性二联预防注射。

3月18日　举行政治业务学习动员报告会。

3月27日　本校即日在虹口体育场举行第四届春季体操、田径运动大会。

3月30日　召开实习指导教师会议，讨论有关教育实习问题。

4月

4月9日　全体教职员出席教育局在文化广场召开的第一次全市中学教师学习报告大会。

4月12日　举行第一次观摩班会（初三戊班），由大学部苏联专家出席指导。

4月20日　自本日起至23日，举行本年度第二学期期中考查。

4月21日　召开高三毕业班任课教师会议。

4月25日　师大实习生莅校实习。

4月26日　举行扩大校务会议，由教育局人事室宣布教育局令：林静副校长另有任用，派陆善涛为师大附中代理副校长。会后工会举行欢送和欢迎两位校长的茶话会。

5月

5月7日　举行校务会议，讨论推行教室日志及五级记分制小结等问题。

5月16日　本日周会由陆善涛做关于兵役法的报告，全体教职员工出席。同日，实习工作结束，举行茶话会。

5月19日　举行班主任实习工作会议。

5月21日　举行扩大校务会议。本学期施行教室日志及五级记分制小结，数学系、自然科学系、外交系教研组长介绍施行新制服的经验和体会。

5月26日　季振宙所带的1955届初三戊班，被学校命名为"吴运铎班"（吴运铎被誉为"中国的保尔·柯察金"，2009年被评为"100位为新中国成立做出突出贡献的英雄模范"之一），学校领导出席并讲话。会后，学生给吴运铎写了信。不久，吴运铎同志亲笔回了信。

6月

6月12日　《解放日报》第5版整版介绍了师大附中少先队课外活动的情况，配了文章和照片。

7月

7月30日　上海团市委在第三女子中学举行上海市第一届少先队员代表大会，本校初二甲班学生方正担任了大会主席。《解放日报》《文汇报》相继做了报道。

9月

9月3日　学校贯彻教育与生产劳动相结合方针，组织学生定期到工厂、农村劳动。

9月20日　学校建立了"少先剧团""木偶剧团"，学生自己制作木偶，演出话剧和木偶戏，培养了许多话剧和木偶爱好者。

10月

10月5日　全国社会主义改造高潮到来，学生干部陈步君发起并带领高中各年级学生骨干50多人，组成师大附中青年突击队，在虹口区团委统一安排下，到私营企业进行清产核资等工作，受到团区委表扬。

10月20日　大队辅导员王景甫兼任初一乙班班主任。他在班级建立了"红领巾歌舞团"，吸收全班学生参加。初二时，他们到市少年宫演出2次，还到上海市文化俱乐部演出1次，前后在市区演出12次，获优秀创作一等奖和优秀演出奖等。

11月

1956届高三学生黄世杰手榴弹投远距离打破上海市纪录，后又打破了全国纪录。1956届高三丙班学生陈国钧跳高1.75米，打破市中学生纪录。高三甲班学生章家树100米跑出11.3秒的成绩，再次破校纪录。当时的体育教师李玉峰打破上海市1万米和5000米纪录。

12月

12月31日　虹口区委在师大附中大操场庆祝全区所有私营工商业全部公私合营，手工业全部合作化，完成了社会主义改造。

1956 年

2 月

2 月 6 日至 10 日　学校少先队在团市委召开的工作经验交流会上介绍学校"红色工厂活动"经验。

5 月

5 月 10 日　在沈晓指挥下，附中高中合唱团排练的《怒吼吧黄河》等歌曲，在市文化俱乐部演出，上海人民广播电台进行录播。

5 月 30 日　学校在团市委召开的第二次少年儿童工作经验交流会上介绍"我们开始与工厂建立经常联系的经验"。

6 月

6 月 11 日　换发新校印。

6 月 15 日　学校部分高中学生到外滩与苏联海军联欢。

8 月

8 月 24 日　举行校务会议，讨论 1955 年度第一学期开学工作计划。

8 月 26 日　进行新生教育，安排介绍办主任、总辅导员见面，举行各班第一次班会等。

8 月 27 日　少先队召集全体新生队员召开大会并介绍少先队的情况，同日，举行第一次中队会。

8 月 29 日　召开校务会议，报告 1955 年度第二学期学校工作总结。

8 月 31 日　举行开学典礼。

9 月

9 月 3 日　召开教研组长会议，讨论并制定教研组工作计划问题。

9 月 10 日　选送部分教师参加教师进修学院学习。同日，召集新教师谈话，并组织第一组教师学习苏联先进的成绩考查制度。

9 月 15 日　举行体育工作联席会议。

9 月 17 日　扩大劳卫制一级，推行劳卫制二级，动员并颁发劳卫制及格奖章。

9 月 30 日　全体教职员学习中央教育部关于中学生守则的指示。同日，体育教研组及学生会联合组织学生参加虹口区体育运动大会。

10月

10月15日　召开办主任会议，研究如何推动班级争取先进集体、优秀学生问题及改进操行评定问题。同日，举行以初二丙班为观摩班级的"贯彻学生守则"主题班会。

10月17日　举行第二次校会，公布中学生守则。

10月22日　全校举行体育运动大会。

10月29日　体育锻炼检查组第二次来校检查。

10月30日　推行教育局制定的请假代课制度等守则。同日，各班完成家长代表选举工作，酝酿成立家长委员会。

11月

11月12日　全校检查课堂复习提问的质量及次数，同日，检查学科小组活动情况。

11月19日　全校检查班主任工作情况。

11月21日　召集试行口试制度有关教师座谈会，研究口试工作。

是年　　　陆善涛被任命为校长，兼任党支部书记，并筹建校办工厂，生产起重葫芦。

　　　　　向科学进军，学校领导深入各教研组研究，除各教师自带的学科小组外，由各教研组组织教师成立项目活动，于是纷纷成立舰模组、航模组、无线电组、生物组、地理组、气象组等。物理课上还普及装单管收音机。

1957 年

2月

2月8日　举行教研组长、班主任小组长会议，研究第三、四学季工作补充计划草案。

2月20日　徐正贞主持召开校会，报告当前形势和任务，分析当前国内外的基本形势，并说明本学期学生的学习任务。同日，举行第一次班主任会议。

2月23日　学校组织消灭"四害"动员工作。

2月25日　学校成立高三、初三工作组。

3月

3月2日　举行第一次体育卫生工作会议，研究体育团体成立等问题。

3月3日　　　各教研组室完成教研组工作计划，班主任完成工作计划。

3月10日　　召开第二次班主任会议，校长报告班主任工作的几项主要问题并布置春假工作。同日，陆善涛召开家长委员会，研究如何用好家长会议的问题。

3月17日　　举行第一次教学报告会，研究课堂教学中的积极性和自觉性原则。

3月19日　　本校大学部师大中文系开始实习。

3月24日　　举行第一次演讲会，邀请工程师报告关于当前世界科学水平的问题，参加对象为初三以上各班。

3月25日　　家长委员会召开全校家长会议，报告家长委员会组织条例，交流家长教育子女的经验。

3月31日　　陆善涛召开校务会议，讨论评报先进事例、优秀教师等问题。

4月

4月7日　　　学校召开第二次体育卫生工作联席会议，研究环境卫生及简易整治等问题。同日，召开俄文、历史、地理各有关教师会议研究实习的工作。

4月9日　　　成立学生体育团体。

4月14日　　举行第二次教研组长会议，讨论对课堂教学中培养学生的独立工作及思维能力的问题。

4月21日　　举行第三次班主任会议，讨论怎样通过值日员制度培养学生的道德品质，形成班级集体。同日，全校举行学习方法展览会。

4月23日　　本校大学部学生实习开始。

4月28日　　举行第三次校务会议。同日，举行第二次家长委员会。

4月30日　　举行第三次校会，研究庆祝五一劳动节及青年节的事务。

5月

5月12日　　徐正贞组织召开试行口试有关教师的会议。同日，召开体育晚会。

5月14日　　体育教研组开始排球联审工作及小球投准比赛。

5月19日　　举行第三次教研组长会议，交流各教研组如何进行观摩教学及备课小组集体备课的经验。

5月26日　　郦家驹组织第四次班主任会议，组织班主任商讨并交流班级时事学习、班会召开等经验。同日，全校文娱会演第二次演出，欢送师大实习生。

6月

6月1日　　　为庆祝"六一"国际儿童节，少先队举行大队活动。

6月2日　举行第二次教学报告会，汇报关于争取师大有关教授来本校做心理学基本知识的报告。同日，召开第三次家长委员会。

6月4日　徐正贞给高二学生做政治报告，主持召开第四次校会。

6月9日　体育教研组组织气枪射击比赛。

6月16日　全校文娱会演第三次演出。

6月23日　郦家驹组织召开第五次班主任会议，研究总结工作与暑假工作。

6月25日　为庆祝七一建党节，举行第五次校会。

6月28日　学校少先队员数十人在黄浦江边参观苏联军舰，晚上部分学生与苏联海军联欢。

7月

7月7日　举行毕业典礼，宣布毕业班优秀学生与先进集体。

7月16日　学校发动学生200多人暑假到郊区高境乡参加义务劳动。

7月18日　学校发动学生130多人暑假到茂昌冷藏公司参加义务劳动，为期20天。

8月

8月5日　举行校友返校日。

9月

高中学生开展社会主义教育运动，发动学生写大字报，开展大辩论。

12月

12月12日　本校教师张瑜赴北京参加"汉语拼音方案草案"座谈会。

1958 年

2月

2月28日　学校与虹口区保安里居委会、妇代会签订一项扫盲合同。

3月

学校贯彻教育与生产劳动相结合的方针，在教学计划中安排每周半天劳动，学生有的在校内劳动，有的到附近工厂或农场劳动。初一学生还组织到附近里弄进行扫盲，教会文盲居民识100个字。校办工厂也进一步扩展，建立了车、钳、刨、电等完整体系，供学生劳动实习。

6月

1959届高三丙班共青团团员方正被共青团虹口区委表彰为少先队优秀中队辅导员。

8月

由于工作需要，副校长毛仲磐奉调去华东师大参加筹建华东师大二附中工作，并被任命为二附中校长兼师大工农预科主任。因华东师大增办第二附中，学校遂更名为华东师范大学第一附属中学。

第四卷

华东师范大学第一附属中学大事记
（1958—2025）

1958 年

9 月

学校投入全民大炼钢铁运动，在操场周边筑起数十个反射炉、小高炉。不少师生停课炼钢。许多学生把家里的铁器带到学校，献给国家。不少女同学还剪下了长头发，供建造炼钢炉用。

学校开展劳动与卫国体育制度达标活动，全部学生通过了一级标准。学生为实现目标挑灯夜战，互相帮助，整个校园热气腾腾。市体育局群体处处长、团市委军体部部长都亲临指导。全校通过劳卫制标准，在上海中等学校中竖起了一面体育红旗。

10 月

学校大部分师生参加宝山县红旗人民公社劳动。

11 月

全校学生到宝山县红旗人民公社劳动，参加秋收秋种。两周后，高三学生 200 人参加上钢五厂建厂劳动。

1959 年

3 月

学校将高中一部分改为上海电子学校（中等专业学校），仅过半年，又恢复原名。物理教研组长夏哲公亲手编写《电工学》，印成讲义当课本。他和青年教师张正大分别在自己任课的班级里讲授。

4 月

学校广泛开展科技活动，许多学生创造性地制作科技作品。比如，高一丙班学生赵无非制作了火箭模型、电动汽车。1959 届高三甲班学生周小光在丁明指导下，在校园里挖出了沼气供厨房使用。

6 月

学校举办了学生科技作品成果展。

8 月

在校团委关心和辅导下，学校少先队创办了少年海军学校，组织少先队员参观军舰，与海军战士联欢、结对子，过夏令营生活。

9 月

9 月 9 日　学校收到上海市虹口区教育局发布有关人事工作的几项通知，内容涉及毕业生见习期满评定级别等具体做法。

10 月

10 月 1 日　上海隆重举行中华人民共和国成立 10 周年庆祝大游行，本校少先队员仪仗队作为全市游行队伍的第一路，在大队长诸雨民、副大队长徐忆诚带领下走在整个游行队伍的最前列。队伍中有旗手、护旗手、鼓号队等。

11 月

11 月 22 日　本校教师张瑜在《文汇报》发表《我怎样对学生进行语文基本训练》一文。

12 月

12 月 9 日　学校隆重举行纪念"一二·九"大会。党支部书记兼校长陆善涛等校领导亲自为团员颁发团徽。

12 月 27 日　1959 届高三丙班学生孙剑鸣获得了无线电收发报运动健将称号。他后来还在全国无线电通信比赛中获多项男子冠军。

1960 年

1 月

陆定一在《人民日报》发表《教学必须改革》后，学校组织教师讨论，强调"教改的关键是教员"。校长陆善涛在学期结束的教工大会上，号召教师要像梅兰芳有拿手好戏那样，拿得出有特色的好课。新学期一开始，全校就掀起改革课堂教学的热潮，各教研组纷纷推出公开课。语文教研组用"滚雪球"的办法，推出张瑜多次上公开课，逐渐影响全市。

3月

3月20日　学校积极开展无线电科技活动，丰富学生科技知识，提高教学质量。自1953年开始，学校根据学生爱好，结合物理教学成立了无线电小组开展活动。

3月26日　全校师生坚决响应市委号召，决心大搞卫生，大除"四害"，掀起一个春季运动的锻炼高潮。

4月

4月20日　上海市少先队在福州路人民大舞台开会，会议最后，学校学生周农上台发言，代表师大一附中少先队大队部向全市少先队员发出建立"上海市少先队绿化近卫军"的倡议，受到与会者热烈响应。不久，虹口区少先队员到虹口公园植树，事后少先队员沿着四川北路游行，一边高呼口号，一边宣传植树造林的意义。

4月24日　学校初三学生马洪年制成了一台能发射500千米的"短波发射台"。

5月

上海市教委派市教研室资深教研员杨质彬来校帮助总结张瑜的教学，欲树立教改标兵。

6月

6月1日　少先队大队辅导员林炳英和大队主席徐忆诚参加上海市少先队表彰会，曹荻秋市长出席。会上，师大一附中少先队大队部被授予"上海市优秀大队部"奖状，林炳英被授予上海市优秀辅导员称号。

6月20日　学校广泛开展科技活动，学生科技作品大量涌现。学校在本月隆重举办学生科技成果展览会。其中有船模、航模、自制示波器、电视机、超短波发射器，还有一只鸡一天生4个蛋等生物活动成果，引起有关方面和媒体高度重视。

是月　校长陆善涛代表华东师大一附中参加全国文教战线群英会，受到党和国家领导人接见。

7月

7月4日　《文汇报》刊发文章《发挥青少年才智，经常持久地开展科技活动》，报道学校大搞科技活动，取得了很大成绩。

是月　　学校根据市教育局要求，恢复成普通重点中学，进行五年制试点，重点是高中 3 年改为 2 年。由复旦大学、华东师大成立中学五年制教材编写小组，陆善涛校长参加化学教材编写组，张正大教师参加物理教材编写。

9月

学校按市教育局要求，恢复普通中学建制，实行五年学制试点，高中新生入学 7 个班级，要 2 年完成 3 年教学任务。

10月

学校在学生中大力倡导和发扬"勤学好问、刻苦钻研、一丝不苟、持之以恒"的优良学风。同时举办优秀教师备课笔记和学生作业展。

11月

11月20日　日本公务员工会访华代表团参观学校。

是月　　陆继椿自 1958 年担任《解放日报》通讯员以来，经常向报社反映学校情况，他写的通讯稿中，报道了学校广泛开展学生科技活动、建立学生劳动基地、学校第九届校友返校节等，都被评为报社的红旗稿。

1961 年

1月

1月6日　《文汇报》刊发文章《发挥集体作用，班级面貌天天向上》，报道学校高三丁班抓住有利时机，解决具体问题。

1月29日　《文汇报》刊发文章，报道学校党支部和行政全面关心学生身体健康，体育与卫生一起抓。

1月30日　《文汇报》刊发文章，报道学校是上海市教学改革试点中学之一，认真加强教学工作领导，教好革新教材，提高教学水平。

2月

春季开学第一天，中央人民广播电台早新闻第一条播报当天《中国青年报》头版头条文章《把思想工作做到学习中去》，介绍华东师大一附中高三丁班团支部工作经验。与此前后，上海《团的工作》和上海教育出版社《把思想工作做到学习中去》专辑都刊登了高三丁班团支部的经验。

4月

4月11日　学校语文教研组积极参加《文汇报》组织的"怎样教好语文课?"大讨论，新学期开始后，结合公开教学和专题总结，探讨语文教学的目的和任务。

11月

为应对东南沿海紧张局势，学校高二年级一批优秀学生参加了解放军。

12月

市教育局教研室语文教研员杨质彬奉命深入学校调研语文教学情况，重点调研张瑜的教学特色，帮助学校总结张瑜的教学经验，准备向全市推广。

1962 年

2月

学校全面贯彻《中学教育工作条例》(50 条)，实行校长负责制。各项工作以教学为主，学校教育逐步走上正确轨道。共青团组织贯彻《中学共青团工作条例》(38 条)。

4月

上海市中学生数学竞赛，全市有 50 名优胜者，一附中占 3 名，名列全市前茅。他们是高三乙班的周农、高三丙班的孙元骁和高三己班的关永康。

5月

陆继椿在《解放日报》开辟"火花集"散文专栏，在《文汇报》发表多篇教师笔记，还被《中国妇女》译成英语转载。

6月

学校为了克服我国国民经济在 1959 年到 1961 年发生的严重困难，组织各班学生大唱革命歌曲，振奋革命精神。

8 月

初二学生杨健生等在生物小组活动中研究蜥蜴，对蜥蜴断尾现象有新发现，写出的研究报告《蜥蜴的尾巴哪里去了？》得到华东师大生物学专家赞许，报纸也跟进做了报道。

9 月

从 1962 学年度起，根据上级指示，学校在教改试验已有的经验基础上，进一步进行五年制新学制的实验工作。语文、数学、物理、化学四门学科，采用上海编五五制新教材修订本，其他学科采用中央编十一年制或十二年制教材。学校提倡"科研领先，教有特长"，重视教师进修科研，鼓励教师读书。学校规定，教师可自定每周半天进修，告知教导处不排课。

10 月

团委根据团中央指示，对 1958 年整团中被错误处分的团员，全部甄别。

11 月

团委召开"两尺六寸布票向我们说明了什么？"的主题团员大会。会后，全体团员主动捐出国家发的人均两尺六寸布票，帮助国家克服困难。

12 月

学生会与语文教研组在举办文学讲座的基础上，成立了"文学爱好者协会"，吸收了许多语文尖子生。

是年　学校党组织、行政隶属、经费均划归虹口区领导。

1963 年

1 月

学校联系华东师大，送青年教师陆继椿到中文系古典文学专业进修研究生课程两年，其中全脱产半年。

3 月

学校响应毛泽东"向雷锋同志学习"的号召，广泛深入地开展学雷锋活动，助人为乐蔚然成风。

4月

一附中少先队员学雷锋，开展"红本子"活动，让队员把自己做的或看到别的队员做的好人好事，随时记在红本子上，供大家学习。这项活动得到了团市委的肯定，并很快在全市中小学推广。

5月

5月18日　《中国青年报》二版头条刊登了陈步君写的《学习雷锋，言行一致——记华东师大附中一次主题团员大会》。

6月

6月5日　为响应国家"十万上海知青赴疆屯垦戍边"的号召，1962届休学学生高大同、韩天航等带头赴新疆。韩天航后来成为著名作家，新疆百名突出贡献人物，两次获"五个一工程"奖。

6月27日　《文汇报》头版头条文章，标题是"华东师大第一附中高一高二学生四百余人下乡劳动亲身接触农村阶级斗争实际，上了一堂十分生动的政治课"。在第二版又登载了高二乙班马忆平、熊平，高三丁班赵双昌，高一戊班金吾根等4名学生的劳动日记。

8月

为了推动学生大唱革命歌曲活动，团委组织100多名共青团员排练《毕业歌》等革命歌曲，团委书记陈步君亲自指挥，参加上海市群众歌咏比赛，获优秀演出奖。

11月

校长陆善涛总结学校教育教学经验，在《上海教育》杂志上发表《全面安排学校工作，进一步提高教学质量》的文章。

12月

华师大一附中、二附中与上海中学等学校成立了少体校。学生住校，实行半军事化管理。

是年　虹口区试验《共青团工作38条》，陈步君和团区委学校部长顾鸿钧一起在高三丙班蹲点，取得试点经验后到其他学校介绍。

1964 年

3 月

学校团委配合学校党政领导，坚持在学生中开展"读革命书，唱革命歌，看革命戏，积极锻炼身体"活动，学生课余活动朝气蓬勃。

4 月

陈步君出席共青团上海市第五次代表大会，做了《把红旗插遍课余生活领域》的大会发言。会上，陈步君被选为第五届团市委委员。

师大一附中体操队荣获虹口区中学生团体冠军，首次超过虹口中学。

5 月

虹口区团委学校部在师大一附中礼堂召开全区学生团干部现场会，请"四好团支部"标兵师大一附中高三丙班团支部书记陈宗义介绍支部工作经验，高三丙班团支部被评为"虹口区团支部标兵"。

6 月

共青团上海市委书记张浩波，副书记王一鸣、章增等到附中调研学生中团的工作。

学生排球队第一次战胜复兴中学，荣获虹口区冠军。队长是高三丙班的欧阳靖。

7 月

本校有一批应届高、初中毕业生，如高三的蒲天达、罗微微、熊平，初三的崔敏怡等放弃高考、中考，奔赴新疆。

8 月

学校响应毛泽东三亿人学会游泳的号召，在师生中广泛开展学游泳活动，还组织学生畅游白洋淀和黄浦江。

学校从华东师大引进了彭根儒等 9 名大学毕业生，从上海体育学院引进了王顺奎、宋坤泉 2 位体育教师。

9 月

9 月 1 日　根据市教育局的指示，本校 1964 年度第一学期以"半工半读"为教育方向，把政治思想工作放在首位，大力加强革命化与劳动化的教育，坚持教学改革方向，减轻学生负担，全面贯彻党的教育方针。

9月16日 陈步君等教师受市、区劳动局和团市委委托，护送虹口区246名高、初中毕业生赴新疆生产建设兵团农一师屯垦戍边。陈步君分别受到农垦部王震部长和农一师领导的接见，并应邀留疆半年，协助开展青年工作。

10月

王剑青整理历年指导数学小组活动的内容，出版了《数学墙报》。

1965 年

2月

学校认真贯彻毛泽东"七三"指示，把总课时砍掉1/3，减轻课业负担，使学生得到生动、活泼、主动的发展。学校将各年级每周总课时减到28节，强调课内精讲多练，课外丰富多彩。教师之间相互切磋教材，随堂听课，教育质量不降反升。

3月

1966届中五乙班学生在"抗美援越"精神鼓舞下，成立了国防化学小组。在丁明远指导下，成功自制硝酸甘油、硝酸纤维素、三硝基甲苯、雷管等爆炸装置。他们的总结文章《在革命实践中练思想、学本领、长知识———附中学生国防化学小组结合备战开展课外科技活动》，发表在《华东师范大学学报》（哲学社会科学版）1966年第一期上。

5月

上海市中学生运动会召开，学校在运动会上取得优异成绩，其中女生初中组荣获4×100米接力赛冠军。

8月

1965届中五乙班学生廖有均高考总分全市第一，被清华大学录取。

10月

学校贯彻毛泽东1964年春节座谈会讲话精神，决定在部分优秀学生中实行跳级制度。当时初定了4个学生，最后中四年级的姜叙伦和戈才跳到了中五年级。学校允许准备跳级的学生到高一年级听课，对已经掌握的学科可以不上，到图书馆自修。

学校贯彻毛泽东"七三"指示，发扬教学民主，倡导学生生动、活泼、主动地学习。语文教师赵德明对所教中三甲班学生唐明俐的一篇作文认真批改后，学生又做了反批改。师生互批进行了两个来回。学校发扬这种教学民主、教学相长的典型，在师生中产生强烈反响。

11月

团中央学校部派 2 名同志到附中蹲点 1 个多月，调查学校贯彻毛泽东"七三"指示情况。

12月

12月25日　学校恢复在学生中发展党员。首批发展了 1966 届高三乙班的工人子弟李道瀛入党。

12月28日　1966 届中五乙班团支部被共青团上海市委授予"四好团支部"奖状。

12月30日　中共上海市委教育卫生工作部根据团中央调研组调研报告，印发教育卫生部内部简报，介绍师大一附中减轻学生课业负担，全面提高教育质量的经验。

1966 年

1月

1月4日　在学生中发展党员，徐立华、王华坤入党。

是月　　学校发布干部任命：教导主任盛占春，副主任徐怀芗、林炳英、孙光萱；总务主任胡松云；团委书记陈步君，副书记郑震中；少先队辅导员林树清。

学生情况：初、高中设置 6 个年级，共 28 个班级，约 1450 人。

北京《中学生》杂志全文刊登了学校师生互批的作文，同时还介绍了化学教师丁明远鼓励学生吴庆彪上台上课的两个范例。之后，《中国青年报》《解放日报》《青年报》相继刊登了相关的报道和评论。

2月

陈步君代表上海中学团组织赴北京参加团中央学校工作会议。

3月

校负责人徐正贞抽调吴侃、张正大、毛梦奇等人参加"四清"运动，地点是松江县泗泾公社。

4月

学校党支部发展工农子弟、学生干部中四丙班的张忠杰入党。

6月

6月17日　中共中央发文全国暂停大学、中学招生工作，让学生在校参加"文化大革命"。学校宣布从第二天起停课。

6月20日　"文化大革命"开始，派出下乡的教师回校。

6月24日　部分附中校友批判校领导，在师生中引起极大震动。

7月

7月14日　虹口区委派出"文化大革命工作组"进驻学校，领导学校"文化大革命"。徐正贞、蔡多瑞、蔡文澜被停职。

8月

8月14日　区委"文化大革命工作组"撤离学校。

8月24日　学校红卫兵组织成立，并设教工支队。

8月28日　虹口区委决定高中每十名学生可选派一人到北京"串联"，开始全国性"大串联"。

8月29日　徐正贞、张瑜等19位教师遭批斗。事后，有的教师被责令"劳动改造"。

10月

10月23日至11月18日　学校组织全体师生前往江苏省昆山县花桥公社参加"三秋"劳动。

12月

12月1日　根据上海市委《关于大中小学无产阶级文化大革命运动的领导问题通知》的精神，附中党支部、校长室停止领导。随后，各类群众组织宣告成立，教工中有赤卫军、红教工等。学生中出现了"红卫兵大专院校革命委员会中学部"（简称"红革会"），"毛泽东主义红卫兵"等。

12月16日　附中红卫兵、赤卫军、北京公社等组织，在大礼堂联合召开"向资产阶级反动路线猛烈开火"誓师大会。

1967 年

1月

1月28日　在"一月夺权"的风暴中，附中"红卫兵革命委员会"组织错误地宣布夺取学校工作的领导权。

5月

5月1日　经多次协商，附中各类群众组织实现大联合。学生建立附中红卫兵团，教工建立附中教工革命造反委员会。

6月

6月8日　学校组织部分学生到嘉定县封浜公社参加"三夏"劳动，历时14天。

9月

9月30日　经区革命委员会批准，由学校干部、学生、教师三方代表结合的学校革命委员会成立，蔡多瑞担任革命委员会主任。

11月

在虹口区教育局革命委员会组织领导下，学校开展招生工作，按学校和街道对口，学生免试入学。本次招生共设置10个班级，为1969届，学生约500人。年级组长为颜迪明。

12月

按虹口区革委会指示，学校选派徐怀芗、林炳英等16名骨干教师参加本区红军中学的创建工作。

1968 年

6月

上海铁路局工人毛泽东思想宣传队（简称"工宣队"）进驻附中，领导学校工作。

7月

是月起，在"工宣队"的领导下，学校1966届、1967届学生陆续离校，走向社会。除部分学生参军或进入上海工矿外，绝大多数学生上山下乡，其中不少优秀学生主动放弃在上海工矿或市郊的机会，奔赴黑龙江等外地农场屯垦戍边。

9月

学校继续按街道、居委对口，免试招收1970届学生750余人，分成25个班级。年级组长为陈步君、彭根儒。

12月

毛泽东发出"知识青年到农村去，接受贫下中农的再教育，很有必要"的指示，学校1968届学生全部上山下乡，奔赴黑龙江、内蒙古、吉林、云南、贵州、江西、安徽等地。

1969 年

2月

学校根据上级指示要求师生全部回校，全面落实复课。校革委会下设教育革命组、学生工作组和后勤服务组，做好教育教学和后勤保障各项工作。

3月

学校按照街道、居委对口免试招生，招收1972届学生800余人，共设置16个班级。

根据市、区政府要求，学校招生时间由秋季改为春季，学制由6年改成4年，取消高、初中，统一称中学，故1971届改成1972届。孙光萱任年级组长。

10月

常春泉等十几位小学教师和徐鼎柱等近10位机关干部前来学校支援教育工作，以解师资匮乏之困。

1970 年

1 月

虹口区职工民办子弟中学（"文化大革命"中改名为"军垦中学"）的 40 位教职员工以及 1969 届、1970 届的 400 多名学生，一起并入师大一附中。

3 月

学校招收 1973 届学生约 1110 人，开设 23 个班级，后合并为 21 个班级。年级组长为季克勤、常春泉。此时，全校学生共 3000 多人，61 个班级。教育教学资源发生困难，通过采取部分学生在外学工、学农，再把校内活动室、实验室等改为教室以及每班学生增至 60 多人等措施，终于克服困难，没有搞"三班两教室"。

5 月

全校开展向校友韩振民烈士学习的活动。

韩振民，附中 1966 届中五乙班学生，1968 年 9 月去黑龙江军垦农场，1970 年 1 月 21 日在爆破演习中不幸牺牲，被黑龙江生产建设兵团授予"烈士"称号，追认为中国共产党党员。虹口区革委会发出《关于学习韩振民同志英雄事迹的通知》，并在虹口区第二工人俱乐部举办了事迹展览会。

6 月

因备战需要，在学校操场和教学楼的地下全面开挖，建造防空洞。

"工宣队"轮换，新华金笔厂工宣队进驻附中，接替铁路局"工宣队"，队长尤中武，书记朱跃明。

9 月

1970 届 15 个班级分两批半年学工、半年学农。学工分别在市区不同工厂，学农集中到崇明县城东公社。

12 月

陈步君在全市学工学农会议上汇报学校 1970 届学生到崇明学农半年的情况，受到好评。并根据上级指示，挑选 1970 届 1 班和 4 班两个班级学农一年，全面了解农业生产过程，接受贫下中农再教育。

1969 届学生离校，走向社会。除极少数学生进入工矿或者参军外，绝大多数学生上山下乡。

在校学生按上级指示"学军"。在浦东川沙县开展"拉练"活动，为期 15 天，每天行走 20—30 千米。

1971 年

2 月

学校招收 1974 届学生，共 18 个班级，900 余名学生。年级组长为费国华、徐鼎柱。学校规模继续扩大，全校学生近 4000 人。

6 月

学校健全红卫兵团工作机制，学校设团，年级设营，班级设排，并批判"读书无用论"。

9 月

1970 届学生离校，走向社会，学校根据学生家庭情况及兄弟姐妹就业情况，按市工、外工、市农、外农四个方向进行分配。

12 月

是月底，华东师范大学与上海师范学院、上海教育学院、上海体育学院、上海半工半读师范学院五校合并成立"上海师范大学"。学校更名为"上海师范大学第一附属中学"，直到 1980 年 8 月恢复原名。

1972 年

2 月

1972 届有 800 名学生，共 16 个班级，在校革委会副主任蔡文澜率领下，到崇明县城东公社学农。一个班级进一个大队，一个班级分 7 个小组，每个小组进一个生产小队。6 月底回校。

3 月

招收 1975 届学生 700 余名，建立 15 个班级。年级组长为王秀珍、李春友。

6 月

学校首次迎来上海师范大学培训的李蒸、徐善铭等 9 名新教师。

7 月

7 月 28 日　经过全体教师讨论，学校建立了年级组和教研组并存的体制。学校事务以年级组为主，教研组一周一次会议，加强了教学研究，提高了教学质量。

8 月

8 月 26 日　工宣队指导员王顺香在挖防空洞的工地上不幸因公殉职。

9 月

党支部召开学生代表大会，部署开展"树理想，争三好"活动。各班级分别参观工厂、企业和科研单位，与劳动模范、先进工作者、科研人员座谈，认识青年一代责任，激发学习热情。学生开展关于"好学生的标准"的讨论。

12 月

党支部决定任命李蒸为红卫兵团辅导教师。

1973 年

2 月

2 月 28 日　虹口区委任命蔡祖康担任学校革委会主任与党支部书记，正式与大家见面。

学校招收 1976 届学生 600 余名，共设置 12 个班级。年级组长为彭根儒、郑明德。响应华罗庚号召，春节组织 1974 届八班学生学习优选法出专栏，被工宣队排斥于教育革命展览会之外，学生白伟光给教研组室装十路对讲机。教育系心理专业来该班开门办学，编写程序教学自学课本。

3 月

3 月 25 日　《文汇报》报道附中师生长期坚持开展"学雷锋，树理想，争三好"活动，陈步君在市、区有关教育工作会议上做汇报交流。

5 月

党支部决定在红卫兵中发展共青团员，由蔡宝珠、李燕、钱根娣3位教师组成建团小组。首批发展的共青团员为1973届的孙金革、季聪、顾国忠、赵剑耀等7名学生。

6 月

经区政府批准，学校成为外事接待单位，开始接待外国来宾，并以此推进学校的各项工作。学校开设各门公开课；图书馆、实验室更新充实后对外开放；展现丰富多彩的文艺体育社团活动，如田径、乒乓、武术、民乐、舞蹈、杂技、针灸等。

1974 年

1 月

又迎来一批上海师范大学培训的胡国琳、蔡国元、沈雪芬等8位新教师，加强教学工作。

2 月

学校招收1977届学生900余名，设立18个班级。年级组长为季克勤、石源泉、常春泉。

3 月

学校为保证复课，制定规章制度，其中学生重读制度，批判了"读书无用论"，促进教学秩序的恢复。

4 月

组织学生红卫兵参观学校地下防空洞工程并组织防空演习。

5 月

1974届学生开始离校，走向社会，有3名优秀学生被选送至复旦大学外语培训班学习。
学校在上海县陈行公社陈行大队建立新的学农基地，学生学农时间缩短为3—4周。

7 月

7 月 13 日　李蒸参加上海首批援藏教师团，去西藏交通局子弟学校任教 2 年，其间红卫兵团辅导教师由沈雪芬担任。

9 月

9 月 30 日　学校开始红卫兵组织转共青团组织的工作。

12 月

各班恢复共青团建制，但仍然保持红卫兵组织。

1975 年

2 月

招收 1978 届学生 700 多人，设立 14 个班级。年级组长为费国华、曾文斗、陈宗义。

3 月

为加强与上海师范大学的联系，学校作为上海师范大学的实习基地，来了一批又一批师大实习生。

4 月

自本月起，办好陈行学农基地的同时，积极开展学工活动。学生分别在新华金笔厂、上海工具厂、上海铸造厂、上港码头、上海卷烟厂进行为期 1—3 个月的学工活动。

6 月

在"批林批孔"运动中，学校领导坚持大批判和复课闹革命"两不误"。

9 月

蔡多瑞被调去地处宝山县的雷锋滑翔员学校任领导。

1976 年

1 月

周恩来逝世，全校师生开展悼念活动。

2 月

招收 1979 届学生 900 余人，设立 19 个班。年级组长为王秀珍。

9 月

毛泽东逝世，全校师生开展悼念活动。

10 月

粉碎"四人帮"消息传来，全校师生坚决支持，上街游行欢庆。全校师生满怀爱国之情，清除极"左"流毒，积极恢复、发扬附中优良传统。学校成立新一届团委，胡国琳任团委书记。

11 月

陆继椿写了《四丑灭亡曲》《吃蟹曲》等大量新散曲，被传抄全国，《文汇报》收入内部刊发。著名画家唐云还为《四丑灭亡曲》配了四幅画。

1977 年

3 月

3 月 9 日　《文汇报》第二版发表了长篇报道《有了方向盘的小将》，记上海师大一附中范诗京学习雷锋的先进事迹。

4 月

1978 届设 28 名学生的双差班，设陈宗义、刘定一为双班主任。因唐秀颖听课推荐，市教育局基教处处长余力接见，决定在本校开关于市双差班教育的现场会。区教育局局长赖纪云主持，赵宪初等专家表示肯定。《上海教育》发文报道。

5 月

5 月 10 日　陈步君代表学校党支部在粉碎"四人帮"后第一次在上海市中小学教育工作会议上发言，题目是"我们为什么能够深入持久开展'学雷锋、争三好'活动"，并代表学校接受上海市革命委员会授予的"先进单位"锦旗。

5 月 25 日　《解放日报》第二版头条发表上海师大一附中党支部文章《深入持久地开展"学雷锋、争三好"活动》。

6月

6月27日　《文汇报》头版头条及第四版报道上海师大一附中排除"四人帮"干扰，深入持久开展"学雷锋、争三好"活动，并发了长篇短评《为培养千万个雷锋式的革命青年而努力》。

6月28日　《文汇报》第二版整版介绍师大一附中教师、学生学雷锋的事迹和体会文章。

7月

7月27日　经中共上海市虹口区委组织部讨论决定，调任黄慕义为校党支部委员、副书记，校革委会委员、副主任。

8月

8月16日　经中共上海市虹口区委组织部讨论决定，调任徐英俊为校革委会委员、副主任，党支部委员。

8月30日　经中共上海市虹口区委组织部讨论决定，免去费国华师大附中党支部委员职务，调任费国华为上海市钟山中学党支部委员、书记，校革委会委员、主任。

是年　　师大一附中红卫兵团获"上海市大中小学学雷锋、创'三好'先进集体"，学生范诗京获"上海市大中小学学雷锋、创'三好'先进个人"，师大一附中获"上海市教育战线先进单位""上海市群众体育先进集体"，体育教研组获"虹口区教育系统先进集体（1977年度）"。

1978 年

1月

1月31日　经中共上海市虹口区委组织部讨论决定，黄慕义任校党支部书记、校长，徐英俊任党支部副书记，徐正贞担任党支部委员、副校长，陈步君担任党支部委员、副校长。

3月

3月1日　中共上海市虹口区委组织部讨论决定，石源泉、黄菊仙任校党支部委员。

4月

4月6日　经虹口区教育局讨论决定，石源泉为校教务处主任，钟源授为校教务处副主任，徐振东为校教务处副主任，王秀珍为校政教处副主任，蔡宝珠为校教务处副主任，胡松云为校总务处主任，徐鼎柱为校总务处副主任。

4月15日　上海市教研室语文教研员徐振维到华师大一附中主持陆继椿上"文革"后首堂全市公开课。陆继椿上了苏轼名篇《石钟山记》。他首次提出"一课一得"的教学主张。

4月28日　1969届中三6班原班主任宋宝权在市府大礼堂参加由市教育局召开的全市班主任经验交流会，在会上介绍了他怎样转变一个差班学生工作的经验，引发与会者强烈反响，受到市教育局局长杭苇的高度肯定。

5月

华东师大校长刘佛年召集中文系、教育系、一附中、二附中、附小教师，讨论"语文教学改革"。最后，刘校长提出实现中小学语文教学"一条龙"的教改任务。徐正贞校长在全校教工大会上宣布全权授予陆继椿参加"一条龙"教改试验。

6月

徐正贞校长倡导每周六的政治学习安排学术讲座。刘定一翻译《控制论基础》，由刘定一介绍控制论，全校许多教师学习控制论、信息论、系统论，即"三论"。

8月

上海师大一附中恢复举办高中两年制理科班。在全区初三毕业生中招了4个班级，与原在附中就近对口入学的1979届11个班级学生一起五年毕业。

9月

9月1日　经虹口区教育局讨论决定，王剑青为校教导副主任。

10月

著名德育教育专家、上师大教授胡守棻指导附中开展"德育分层次研究"，并在《教育研究》上发表文章，曾到青岛等地介绍经验。他主要针对德育"一刀切"的现象，认为德育要以人为本，研究各年级中学生的生理、心理特点，开展有针对性的教育，提高德育有效性。

11月

刘定一辅导的本班学生何华（1978届）参加"上海市第一届数学竞赛"获胜，并跳级考进了复旦数学班。该生后来旅美成了耶鲁大学教授。

12月

根据特级教师唐秀颖的推荐，市教育局中教处处长余立亲自安排刘定一向全市十区十县开公开课，课后由区教育局局长赖纪云主持现场会，赵宪初等专家讲话，给予充分肯定。《上海教育》刊载刘定一的文章《针对双差班特点进行数学教学》。

是年 师大一附中获"全国体育工作会议先进运动队和群众体育先进单位""虹口区教育系统先进单位"，体育教研组获"虹口区教育系统先进集体（1978年度）"，曾文斗（数学教研组长）获"虹口区优秀教育工作者"称号，季克勤（语文教研组长）获"虹口区教育系统先进工作者"。

1979 年

1月

1月10日 经中共上海市虹口区委组织部讨论决定，徐正贞为校长，免去黄慕义校长职务；季克勤为副校长。

2月

2月9日 为了探索改革开放初期学生思想政治工作的特点和规律，学校党支部同意陈步君副校长兼任理科班高一4班班主任。

3月

3月20日 经虹口区教育局讨论决定，冯晔波任校副总务主任，李春友任校副总务主任。

4月

4月27日 宋宝权与市教育局副局长吕型伟、普教处处长华晋玉一起到北京，出席由教育部和全国教育工会召开的教育工作会议。会上，宋宝权汇报了做班主任工作的经验。事后，全国教育工会将宋宝权的发言摘要单独发了简报。

5月

5月14日　经中共上海市虹口区委组织部讨论决定，曾云发为校顾问。

5月20日　市教育局局长杭苇、副局长吕型伟在一附中召开全市重点中学校长会议，研究学生思想工作。陈步君代表学校做了《理工班学生更要加强思想政治工作》的发言。

6月

6月18日　市教育局根据上海师大一附中具备的住读条件，同意学校在此年暑假招收高中一年级住读新生一个班，招生名额分配在黄浦、南市、卢湾、闸北、杨浦五区。

7月

7月24日　知悉增补支委的选举报告后，中共虹口区教育局党委经讨论同意林葆瑞为校支部委员。

7月30日　根据市革委会教育卫生办公室沪革教卫干〔1979〕5号文件批复同意，任命徐正贞为上海师范大学第一附属中学校长，任命陈步君为上海师范大学第一附属中学副校长，任命季克勤为上海师范大学第一附属中学副校长。

10月

10月8日　经团区委讨论批准，张建国任校团委副书记。

10月20日　《解放日报》《光明日报》先后在内部简报中介绍陈步君关于中学生思想特点和成因的分析。

11月

11月23日　经区委同意，由倪善新、金嘉琨、葛起超、李春友、陈仲仁、蒋惠芬、董文灿等9位同志组成教育工会工作委员会，并由倪善新任主任。

12月

12月1日　高二4班学生小孟向班主任陈步君吐露了思想苦闷，此后又写了思想汇报。学校领导认为这个学生的思想在青少年中具有一定的代表性，并向有关方面做了汇报。不久，中共上海市虹口区委、上海市教育局、共青团上海市委以及《解放日报》等都在内部简报中全文刊登，引起市领导的重视。

1980 年

1 月

1 月 20 日　《解放日报》在头版开辟 "青年思想通信" 专栏："什么是生活的正确道路?"，发表了一附中学生向陈步君的思想汇报《一个中学生的一份思想汇报》。同日，《文汇报》在第二版开辟 "问题讨论" 专栏："怎样帮助她解除苦闷?"，详细刊登了一附中学生思想汇报《一个中学生的苦闷》。两报都加了详细的编者按，希望全社会都来参与讨论。当天，《文汇报》发表了陈步君的文章《要满腔热情地帮助她》。

1 月至 3 月　《解放日报》《文汇报》连续开展了近 2 个月的讨论，共收到 4000 多封各方人士的来信。团中央第一书记通过答记者问对讨论做了小结。《北京周报》英文版、《人民中国》日文版详细报道了这次讨论。法国电视一台著名记者专程来学校采访了陈步君和小孟，并向全世界做了介绍。

2 月

2 月 1 日　陈步君出席上海市教育工作会议，会上做了《只有加强思想政治教育，才能更好的培养人才》的发言。

2 月 27 日　中共上海市虹口区委组织部讨论决定，陈步君任虹口区团区委书记，免去奚建华虹口区团区委书记职务。

3 月

3 月 19 日　《人民日报》第三版头条就两报关于上海师大一附中一个中学生的苦闷组织的讨论发表综述文章《整个社会都要关心青年的健康成长》。

4 月

4 月 8 日　《中国青年报》第二版头条发表上海师大一附中副校长兼班主任陈步君文章《要帮助学生解答思想上的 X》。

4 月 30 日　陈步君代表学校在上海市青少年问题研究会成立大会上发言，题目是 "当前中学生的思想特点及形成因素的剖析"。

5 月

5 月 9 日　根据市人民政府教育卫生办公室沪府教卫干〔1980〕42 号文件批复同意，免去陈步君上海师大第一附属中学副校长职务。

7 月

7 月 1 日　陈步君应邀到北京中央团校学校团干部专题培训班上介绍学校学生思想
工作经验。

8 月

8 月 15 日　上海师范大学（五校合并）分校，华东师范大学恢复原校名，上海师范
大学第一附属中学恢复原名"华东师范大学第一附属中学"。

8 月 23 日　经虹口区教育局讨论，同意陈宗义任校教导处副主任，徐振东任校教导
处主任。

8 月 24 日　举办师大一附中第一届职代会第一次会议，通过师大一附中第一次职代
会决议。

10 月

科学出版社向全国科学大会献礼的首批出版选题中，列入了刘定一翻译
的苏联列尔涅尔所著《控制论基础》一书，并于 1980 年出版。这是"文
革"后国内出版的第一本关于控制论书籍。在全国学习系统科学的热潮
中，该书供不应求，重印三次。此后，"教育控制论"也成了教育界热门
话题。1982—1986 年，刘定一在市教科所组织的研讨班等开设讲座 19
次，听众来自全国各地。

11 月

在华东师大教授胡守棻指导下，学校开展中学生德育大纲研究和实施，
成果在市《教育研究》杂志上发表。

1981 年

3 月

学校召开第一届"双分"教学研讨会。市内外参与试验的学校讨论了
"双分"教学体系的训练点设计、教材和相应的教学方法。会后，陆继椿
对整个"双分"体系做了修订。1978—1979 年，陆继椿在实践"一条龙"
教改试验中，用"一课有一得，得得相联系"的教学思想，探索语文教
学科学化道路，创建了"分类集中分阶段进行语言训练"（简称"双分"）
教学体系。1979 年 12 月，全国中学语文研究会在上海成立，陆继椿在

大会上汇报了自己的教改实践。各省市语文类报刊都做了报道，逐渐形成了影响全国的"得得派"教学。

7 月

初三学生骆利群报考中科大少年班被录取，并担任少年班团支书。

8 月

陆继椿获上海市教育战线优秀人民教师称号，体育教研组长夏银生获全国千名优秀体育教师奖。

8 月 27 日　在中学生智力竞赛决赛中，学校荣获第一名。

9 月

9 月 28 日　日本外宾前参议院议员第三次访华团 5 人来访。

10 月

10 月 19 日　日本教员海外派遣访华团 27 人来访。

11 月

学校团委在上海市共青团文体工作座谈会交流经验，主题为"开展丰富多彩的课余活动，促进青少年的健康成长"。

1982 年

2 月

2 月 15 日　高一学生杨芙蓉被评为全国三好学生。

2 月 17 日　佘晓勤被评为市红十字会先进个人，邱芳、周卫化等被评为虹口区红十字会先进个人。学校被评为上海市红十字会先进集体。

3 月

上海儿童艺术剧院的编创人员和主要演员来学校深入生活。学校师生的许多活动成为剧本创作的素材。陆继椿创作剧本《人民的儿子》(鲍宜国、童明友主演)、《接过雷锋的枪》(师生共同演出)、《教师的眼睛》(谢钧石主演)。

5 月

5 月 3 日　经中共虹口区职工业余中学第二联合党支部讨论同意，徐振东提任中共虹口区职工业余中学第二联合支部书记，王文杰提任中共虹口区职工业余中学第二联合支部副书记。

5 月 12 日　瑞典外宾 14 人来校访问。

9 月

学校被评为上海市中学生行为规范示范校。为此，陈宗义参加市教育局宣讲团，去南京、徐州、青岛等地讲学。

10 月

学校荣获上海市勤工俭学先进单位。

12 月

华东师范大学出版社开始陆续出版《分类集中分阶段进行语言训练实验课本》。是年暑假，学校召开了第二届全国"双分"教学研讨会。决定今后"双分"教学研讨会由各省市"双分"实验学校争取地区支持，轮流举办。共召开了 13 届，每届都由陆继椿撰论文做主题报告，会后交《语文学习》《语文教学通讯》等发表。

1983 年

3 月

3 月 1 日　学校被评为上海市"五讲四美"先进集体。

3 月 10 日　法国外宾 2 人来访。

3 月 16 日　学校领回"文晓杯"。《文汇报》报道王朝晖救人事件。刘刚士被评为虹口区先进体育教师。

5 月

5 月 23 日　英国中央教育交流观察局理事会主席约翰·伊凡斯、美国科技部宣传机构副局长托凡·梅尔访校。

6 月

6 月 2 日　日本、加拿大外宾访校。

9月

9月20日　皇家之星游船海员 25 人访校。

10月

根据邮电部第三研究所的推荐，人民邮电出版社于 1983 年出版了刘定一翻译的英国学者厄尔曼所著《文字图形识别技术》一书。

1984 年

2月

2月16日　纺织局团委仍委托学校办 4 个班，学生 193 人。

3月

3月18日　学校再办高复班，文科 104 人，理科 53 人。

3月27日　日本大阪市大学访华团 30 人访校。

4月

4月26日　陆继椿被评为上海市劳动模范。

4月27日　日本友好之翼访华团 26 人访校。

6月

6月29日　丹麦外宾 3 人访校。

10月

10月24日　日本外宾 23 人来校参观，并代东阳中学向学校致意。确定初一 3 班 7 名学生与日本鲭江市东阳中学通讯，双方建立友好关系。

11月

11月12日　学校与上海科技大学计算机系联合举办 CMC 双板微电脑培训班开始报名，准备收 100 名学生。

11月20日　刘定一在上海市自学成才经验交流会上被市总工会列入表彰名单。

12月

12月9日　陆继椿当选上海教育工会副主席。

1985 年

1 月

1 月 5 日　CMC-80 双板微电脑培训班开班。

1 月 7 日　学校上海市教育局科研所科研班开班，盛况空前。市教育局为检阅未来特级教师苗子，组织市中青年教师教学评比，语、数、外 3 门学科设 25 名优胜奖和 25 名鼓励奖，李燕、刘定一分别获得语文优胜奖、数学优胜奖。

4 月

4 月 15 日　学校被评为市文明单位。

4 月 30 日　哥伦比亚新闻工作协会秘书长 2 人访校。

5 月

5 月 1 日　陆继椿荣获"全国优秀教育工作者"称号与"五一教育劳动奖"。

7 月

7 月 1 日　学校成立退休协会分会。

10 月

10 月 1 日　举行校庆 60 周年活动。

11 月

刘定一通过层层选拔进入"上海市中青年教师教学评优活动"决赛，获得高度评价，荣获首届优胜奖。

1986 年

1 月

1 月 2 日　经讨论同意学校第四届工会委员由彭根儒、刘刚士、蔡宝珠、于国强、冯晔波、陈云娣、方军、陆福昌等 9 位同志组成，并由彭根儒任工会主席，刘刚士、蔡宝珠任工会副主席。

3月

3月4日　　学校试办法国中学留学生班。

3月27日　　在虹口区技术协会评选中，张瑞琪获选。

3月29日　　虹口区人民政府同意在虹口区华东师大一附中试办外国中学生短期汉语培训班。

5月

体育教研组获虹口区1985年度优秀教研组，学校工会获虹口区1985年度先进工会，彭根儒、刘刚士、蔡宝珠获虹口区1985年度优秀工会积极分子，舒念明、陈向阳、刘道宏、沈理笑4名学生申报虹口区三好学生，张旭、祝茵、李红漫3名学生申报上海市三好学生，初一1班、高一1班申报虹口区文明班级。

5月31日　　学校校长与日本山本治先生通信。

9月

吴佩玉获1986年虹口区中青年教师教学评比活动优胜奖（外语）。

石源泉、丁伟强进入虹口区教育系统先进工作者名单。

10月

蒋敏获"全国先进班主任"称号。

11月

11月17日　　学校做关于法国里尔综合工业技术高等学院学生参加本校汉语短期学习班的情况汇报。

12月

12月1日　　在上海市中青年教师评选活动中，吴佩玉、汤永蓉荣获优秀奖，何福山被评为1986年度"五好"家庭。

12月10日　　虹口区教育局经研究同意华东师大一附中接受日本国大阪市观光株式会社资助，开设日语进修班。

12月20日　　上海市数学教研会年会颁发了4份中学组《优秀论文证书》，刘定一的论文《论题解工程》即是其中之一。

1987 年

1 月

1 月 6 日　徐正贞在《中国教育报》发表文章《首先要抓教材教法改革》。

1 月 21 日　学校获 1986 年虹口区学校体育先进集体称号，体育教师黄顺奎、陈惠芬被评为先进个人。

2 月

2 月 5 日　记者陈亦冰等在《中国教育报》发表文章《华东师大一附中坚持八年开展教育科研活动　教育科研给学校带来勃勃生机》。

2 月 28 日　日本大阪市观光株式会资助开办日语选修班正式上课。

是月　　　学校在《教育研究》上发表文章《调查报告：从校友的反映看中学的教育教学》。

4 月

4 月 22 日　夏益辉、王剑青、蒋敏被提名为虹口区第七届政协委员。

5 月

5 月 19 日　学校和上海海隆建筑工程承包公司签订协议，由上海海隆建筑工程承包公司出资设立奖学金。《华东师范大学学报》于 6 月 15 日报道了此事。

是月　　　学校在《计算机教与学》上发表文章，报道中华学习机系列上海展示会教学应用软件。刘道宏、吴琼、朱伟、吴蔼忠、徐岭、曹彦俊 6 名学生申报虹口区三好学生。

6 月

学校邀请瑞士 2 名学生于 7 月 6 日至 8 月 10 日来上海汉语短期班学习。

8 月

8 月 5 日　以大阪府科学教育中心所长和田升为团长的大阪府高中生友好访华团一行 74 人来华东师大一附中进行文艺、书画、茶道、体育等交流活动以及访问部分师生家庭。

9 月

9 月 2 日　签订关于进一步加强华东师大一附中、二附中和三附中相互合作与支援的协议书。

9月15日　学校教师在《华东师范大学学报》发表文章《一附中重视教育科研——科研获奖项目居全区之首》。

9月18日　学校邀请德国海因茨·威尔斯耶先生于10月5日至24日来沪协商办班费用等事宜。

9月19日　经区委常委讨论同意，林葆瑞担任中共华东师范大学第一附属中学支部委员会书记。经本部讨论同意，胡国琳担任中共华东师范大学第一附属中学支部委员会副书记。

9月23日　根据虹编委办〔1986〕29号文件通知，华东师范大学第一附属中学相当于处级，故重新任命徐正贞为师大附中校长，季克勤、石源泉为师大一附中副校长。

12月

在上海市中青年教师教学评选活动中，地理教师王一民获优秀奖。

1988年

3月

3月5日　上海有色金属公司及宣传教育处与华东师大一附中签订相互协作协议书。华东师大一附中为上海有色金属公司培养人才提供一定的条件，上海有色金属公司为华东师大一附中改善办学条件提供帮助。

是月　华东师大一附中附属工厂被评为上海市勤工俭学先进集体。

6月

徐正贞获1988年市园丁奖。

7月

7月14日　经虹口区人民政府研究决定，季克勤任华东师大一附中校长（任期三年），免去徐正贞华东师大一附中校长职务。

7月20日　主题为"本文化和跨文化的教与学方式：语文教学的含义"的第四届国际研讨会于12月13日至15日在香港开展，语文教育学院邀请陆继椿先生在研讨会中选读论文《语文教学的多功能性及其实现价值》。

8 月

8 月 10 日　共青团上海市委员会授予 30 名中学生 1987 学年度"未来建设者"奖章，华东师大一附中学生张川东获奖。张川东是学校团支部副书记，数学成绩突出，曾获全国华罗庚金杯少年数学邀请赛二等奖，于 1987 年获上海市初中数学竞赛特等奖，多次获全国中学生数学竞赛、市中学生数学竞赛的特等奖和一二等奖，还获得美国初中数学邀请赛优胜奖。

9 月

9 月 3 日　经虹口区人事局研究决定，林葆瑞、石源泉任华东师大一附中副校长（任期三年）。

9 月 10 日　上海家用化学品厂与华东师大一附中厂校全面挂钩。

是月　方武勇获 1988 年上海市园丁奖二等奖，毛梦奇获虹口区 1988 年园丁奖一等奖，乌家瑞、沈雅丽、刘刚士获虹口区 1988 年园丁奖二等奖。

10 月

共青团上海市虹口区委下发关于表彰 1987 年度一类团支部的决定，师大附中高二 4 班团支部、高三 2 班团支部获得一类团支部奖状。

11 月

11 月 24 日　经虹口区教育局党委研究，同意学校支部改选后，党支部委员会由林葆瑞、胡国琳、季克勤、王起柳、方武勇 5 位同志组成。

11 月 25 日　为逐步打破"大锅饭"，调动教工教书育人的积极性，贯彻"多劳多得，好劳好得"的原则，引进竞争机制，增强学校活力，提高教育质量，把附中办成有特色、第一流的重点中学，学校在拉开奖金差距的基础上，进一步进行了学校管理改革。

12 月

12 月 10 日　虹口区政府下发关于法国技术教育督学一行在华考察旅游初步方法，学校积极配合。

12 月 19 日　经虹口区委员会讨论同意林葆瑞、胡国琳、季克勤为中共上海市华东师大一附中支部委员会书记候选人。

12 月 24 日　中共虹口区委组织部下发关于更改徐正贞参加革命工作时间的批复，根据中组发〔1982〕11 号文件第三条的相关规定，即"经我党组织决定，接受党的任务，在国民党、日伪统治区以公开社会身份为掩护，主要从事地下革命工作，并一直坚持革命工作的，其参加革命工作时间，从接受党的任务，主要从事地下革命工作之日算起"，以及沪委组〔1988〕30号文件的规定，同意徐正贞参加革命工作时间从1949年5月在暨南大学参加"雷社"之日算起。

是年　　　《上海教育》作为重点文章发表了刘定一的论文《数学教学研究的系统意识》，并被中国人民大学图书情报中心选中，影印汇编于《中学数学教学》。刘定一的《让系统思想进入数学教学——一个案例》获上海市数学会中教委员会首届普教科研一等奖，《中学数学教学》杂志予以发表。

郎建中等5位教师获海隆一等奖，沈雅丽等13位教师获海隆二等奖，吴振国等36位教师获海隆三等奖，林葆瑞等3位教师获海隆特别奖。经区委团委推荐，党支部、校长室同意，团区委研究决定，在虹口区中学生实践教育活动中，授予华东师大一附中学生冯振超"智多星"的荣誉称号。

1989 年

1 月

1月12日　经虹口区教育局讨论决定，林葆瑞任党支部书记，胡国琳任党支部副书记。

1月20日　经虹口区教育局讨论同意学校实行校长负责制。

2 月

2月22日　经共青团虹口区委员会评选，华东师大一附中王成东等7名团干部获创造杯优秀组织者。

3 月

3月9日　为发展"双外语"教学，唐丽萍经申请调入学校。

4 月

4月6日　学校获头脑奥林匹克"真及时"项初中第一名、高中第二名，为此，上海电视台来学校录像。

4月17日　经共青团上海市虹口区委员会讨论，师大一附中团委被评为虹口区颁证工作先进集体。

5 月

5 月 31 日　由于学校进行管理改革，申请拟调入周君红等 5 位教师进入学校。

6 月

6 月 1 日　由国家教委借调陆继椿参加人民教育出版社与香港麦克米伦出版有限公司合作编写出版香港中学《中国语文》教材编写。

7 月

7 月 7 日　经过全区各级党组织的评选，中共虹口区委员会表彰了 54 名党务工作者，林葆瑞被评为优秀党务工作者。上海市虹口区委组织部编印的七一特刊中报道了林葆瑞的先进事迹，其中特别提到他教育和带领党员努力提高"创先争优"的自觉性和自控能力，更好地发挥先锋模范作用，团结积极分子和周围群众形成一股合力，使学校的教育科研工作和党的自身建设形成相互促进的生机勃勃的局面。

9 月

9 月 1 日　本学期，日本自费留学生今野文进入初一 3 班学习汉语。

9 月 2 日　《新民晚报》发表文章《西渡中国的小小留学生——记华师大一附中日本小姑娘今野文》，记录了今野文来校学习的缘由。今野文的伯父今野利胜先生表示，来中国留学完全是今野文的主意，因为今野文对中国民族文化、山川景色表现出了浓厚的兴趣和仰慕之情。为保障今野文的学业，校方相应采取口语训练和文化教育同步进行的方法，并配备了教师补课和同学结伴帮助。12 月 11 日，学校向上海市教育局处事处汇报了今野文的学习生活情况。

11 月

11 月 28 日　学校投票同意林葆瑞作为区第四次代表大会预备人选。

是年　　　张思中获全国先进教师称号，季克勤获上海市先进教育工作者，徐惠芳、蔡爱莉获上海市园丁奖，郎建中获虹口区优秀德育工作称号，沈雅丽获上海市优秀青年班主任称号，吴振国、方武勇等 3 位教师获海隆一等奖，何福山等 17 位教师获海隆二等奖，宋坤泉等 38 位教师获海隆三等奖，徐正贞等 5 位教师获海隆特别奖，夏益辉获虹口区统战系统积极分子称号。

1990 年

1 月

1 月 4 日　国际俄语教师协会第七届代表大会将于 8 月 10 日至 17 日在莫斯科召开，应大会组委会邀请，国家教育委员会决定组团赴莫斯科参加大会，学校教师张思中作为代表团一员参加。

5 月

5 月 4 日　国家教育委员会发布《关于组织中学校长培训中心学员赴港考察的通知》，华东师大一附中校长季克勤作为第一期学员参加。

5 月 17 日　为全国人民所关注的第十一届亚运会将于 9 月 22 日至 10 月 7 日在北京举行，根据国务院批准《关于第十一届亚运会组委会借调工作人员的通知》精神，第 11 届亚运会组委会人事部借调学校陆江山参加赛艇工作，借调时间约从 9 月 12 日至 10 月中旬。

是月　师大一附中高二 1 班团支部获虹口区先进团支部称号，王成东获虹口区新长征突击手称号。

6 月

6 月 30 日　在党的 69 周年诞辰前夕，经过党组织的讨论和提名，对石源泉、徐惠芳、赵德明、余致康等 7 位同志给予表扬。

8 月

8 月 4 日　法国巴黎阿尔萨斯学校开设汉语课。1987 年、1988 年经法国大使馆教育处介绍，曾先后有 6 批学生来华东师大一附中学习汉语。根据双方协议，1990 年 8 月 16 日由巴黎北京协会副会长李克然、李德玲带队 30 名学生来校接受短期汉语训练。接待工作由石源泉、胡国琳等通知负责。

9 月

9 月 5 日　为了使新教师尽快地胜任教育、教学工作，推动教育改革，提高教学质量，特聘请部分有经验的教师为指导教师，与新教师结成"对子"。本年结对的有庄国荣与黄俊、谢美琪与高菁、周美芳与王嘉玢等。

10 月

10 月 30 日　学校美术教师张锋为华东师大一附中设计校标。校标源自中州校独特建筑造型，亦合虹关路校舍之鸟瞰外形。上方"一"横示一附中创一流之意，下方"冂"意为德智体全面发展和栋梁之材，整个图案新颖独特、美观大气。

12月

12月20日　根据上海市与澳大利亚昆士兰州于1990年签署的《一九九一年中华人民共和国上海市和澳大利亚昆士兰州教育合作协定》的规定，经考核和领导同意，学校教师吴佩玉被批准为1991年2月或9月赴澳大利亚昆士兰州教学团成员，并且参加1990年12月26日在上海教育学院的赴澳教师座谈会。

1991年

1月

1月4日　市教育局刘元璋副局长及外事处处长沈鸿等来校落实外籍教师生活安排工作，区教育局宋耀生副局长陪同参加。

1月5日　在全国首届振兴杯作文比赛中，学校初三年级学生傅莉敏获得一等奖，应丽韫获三等奖。

1月10日　在校长室举行"庆丰"座谈会，尖子生65人及教师代表10人参加，庆祝1990年取得的国家级、市级的一、二、三等奖及区一等奖有210余人次（不包括运动队获得的奖项）。俞威、张川东、林峰、周宏等8名学生在会上发言，石源泉副校长主持。

学校电教组被评为虹口区电化教学先进集体，唐尚群被评为先进个人，陈耀国被评为先进放映员。在1990年上海市少儿科教电影影评征文决赛中，学校初二学生张骏超的《智慧的结晶，邪恶的克星——观科幻片"魔犬"有感》一文获得一等奖。

1月22日　在第六届全国部分省市初中数学通讯赛上，学校学生吴恺、樊晓锋、凌珏、姜首诚、陆沁、李晓明获一等奖，朱皓明获二等奖，李华、姚一隽等获三等奖。

1月24日　华东师大一附中与延风中学签订结对子合同，开展互帮互学活动。

1月31日　在上海市中学生英语比赛中，学校学生顾宁晓、周密荣获一等奖，贺睿筠、杨杰、王尔玮获二等奖，蔡昀、刘运先、朱忻培获三等奖。

2月

2月4日　虹口区人事局发布任职通知，陆继椿、陈宗义任华东师大一附中副校长。

2月11日　市教育局同意华东师大一附中继续举办外国中学生汉语学习班。

2月25日　开学，教学大楼大修竣工，29个班级全部回教学大楼上课。

2月28日　虹口区党政领导班子领导彭淑妥、何新华、史济康、秦邦雍等来校检查
　　　　　开学工作，季克勤、石源泉等校领导接待汇报。

3月

3月4日　上海市人民政府教育卫生办公室发澳大利亚籍教师凯伦（吴凯琳）到职
　　　　　通知书，聘期为1991年3月11日至1992年3月10日。

3月7日　在第42届美国中学数学竞赛（AJHSME）初赛中，学校学生张川东获特
　　　　　等奖，魏磊、田廷彦获一等奖，王岸欣、陆炯获二等奖，严旻、俞威获
　　　　　三等奖，学校荣获上海市团体第一名，20名参赛学生全部出线。

3月8日　蔡宝珠获评1990年度虹口区三八红旗手。

3月10日　在第六届全国部分省市初中数学二通讯赛决赛中，学校学生李晓明、陆
　　　　　沁获大奖。

3月12日　杨丽萍被评为1989—1990年虹口区体育教学先进个人。

3月20日　上海电视台来校拍摄华东师大一附中与延风中学结为姐妹学校的实况录
　　　　　像。4月23日，上海电视台的新闻透视节目播放了该内容。
　　　　　在上海市"东华杯"中学生化学竞赛中，学校学生林凌获一等奖，蔡昀、
　　　　　王巍获二等奖，魏磊、朱戍东获三等奖。

3月23日　区委常委会讨论同意中共华东师范大学第一附属中学支部委员会改建为
　　　　　总支部委员会，并授予发展党员的审批权。

3月27日　在上海市第四届初三、高三作文比赛中，学校金纪文、吴亦怡获初三组
　　　　　一等奖，沈岚、黎溙、徐铱琼获初三组二等奖，颜勇获高三组二等奖。

是月　　学校学生周康成获1991年上海市青少年计算机绘图竞赛高中组一等奖，
　　　　　朱航获二等奖。

4月

4月18日　区委常委会讨论同意胡国琳为中共华东师范大学第一附属中学总支部委
　　　　　员会书记候选人。

4月24日　团区委常委会研究决定，授予华东师大一附中高一1班团支部"最佳团
　　　　　的活动方案设计与实践活动设计奖"。

4月25日　在第九届美国数学邀请赛（AIME）上海市赛区比赛中，学校学生张川东、俞威、曹嘉康获一等奖，陆炯、魏磊获二等奖。

是月　　学校分别与上海露美庄臣化妆品有限公司和上海家用化学品厂签署为期十年的厂校挂钩协议。

5月

5月6日　在上海市初中物理竞赛中，学校学生凌珏获一等奖，范晓峰、陆沁获二等奖。

5月14日　季克勤校长主持召开初级中学校长会议，介绍学校情况。

5月17日　学校被评为虹口区文明单位。

5月17、18日　学校举行初二年级离队、入团活动。

5月24日　学校学生吴刚、刘道宏、朱皓明、赵磊被评为1990学年度虹口区三好学生，陆盈盈、汤谷韫、徐震被评为1990学年度虹口区好少年（优秀队员）。

5月27日至6月1日　学校举行首届"华夏之光"艺术节，陆继椿副校长为艺术节致开幕词，全校师生在艺术节期间举办了丰富多彩的文艺节目和书画展览。著名演员汪齐风、辛丽丽等来校演出。

5月28日　东北校长培训中心同志来校访问。学校学生宗元、陈志骏获全国第二届中学生光学知识竞赛上海赛区二等奖。

5月29日　北京市校长培训中心同志来校访问。

6月

6月3日　光华附中老校友来校参加返校活动。

6月4日　学校学生周琳、范阳、项晓雨在上海市高一石化杯化学竞赛中分获一、二、三等奖。

6月11日　团区委常委会研究决定，授予华东师大一附中高三1班团支部"学雷锋活动先进集体"称号。

6月17日　在1991年上海市高三年级数学竞赛中，学校学生田廷彦、郁放获得一等奖，魏磊、黄子浩获二等奖，陆炯、杨杰等获三等奖。在1991年全国初三年级数学经三上海赛区竞赛中，学校学生姜首诚、范晓峰获一等奖，林珏、张琳、姚一隽获二等奖，李晓明、吴恺等获三等奖。学校参赛队在1991年上海市中小学生象棋比赛中获中学男子组团体第一名、中学女子组团体第二名。

7月

7月1日　　虹口区教育系统 1988—1991 年度先进支部、优秀党员光荣册发布，中共
　　　　　上海市华东师范大学第一附属中学支部委员会获区教育系统先进党支部
　　　　　（党总支）称号。

7月8日至12日　唐尚群、雷建初赴美参加计算机辅助教学会议。

7月10日　谢钧石、黄汉权获评 1991 年上海市优秀园丁奖。

7月24日　石源泉校长接待了韩国朋友一行 30 余人来校访问。

8月

8月18日至22日　张思中外语教学会全国性会议在学校举办。

8月18日至28日　学校为谢居易带队的 32 位法国留学生举办汉语学习班。

9月

9月4日　　在上海市小学生数学竞赛中，学校学生胡俊获一等奖，朱石麟、沈科、
　　　　　赵阳获二等奖，杨建良等获三等奖。

9月7日　　1991 年学校"海隆"、"露美"奖获奖名单公布，金贻德、金晓文、卓国
　　　　　诚 3 位教师获得一等奖，蔡康平、俞建伟、项志良等 11 位教师获得二等
　　　　　奖，王起柳、吴振国、徐志华等 52 位教师获得三等奖，季克勤、石源
　　　　　泉、胡国琳 3 位教师获得特别奖，陆继椿、陈宗义 2 位教师获得特别鼓
　　　　　励奖。

9月10日　朱家宝获评 1991 年全国优秀教师并被授予奖章。

9月17日　区督导室来校督导。

9月18日　韩国外宾一行 26 人来校参观。

9月19日　学校提任郎建中任教导主任，吴传发、吴振国为教导处副主任。

9月26日　日本友人今野利胜、今野重信、今野文等 7 人来校访问。

9月27日　选派吴佩玉赴澳大利亚昆士兰州进行文化交流一年。

9月30日　学校化学实验室实验员朱礼制作的"物质导电性示教板"，荣获 1990 年
　　　　　上海市中小学自制教具展评会三等奖。

10月

10月4日　上海市民政局发感谢信，代表市人民政府和灾区人民感谢华东师大一附
　　　　　中教工捐款 5434 元。

10月8日　在"两史一情"教育中，全校 29 个班以"祖国，我爱您""让世界充满

爱"等主题举行全区公开班会。

10 月 10 日　日本外宾 26 人来访，区政府、教育局同志参加，石源泉副校长主持。

10 月 16 日　韩国外宾 26 人来访，陈宗义副校长主持，参观电化教育设备。

10 月 23 日　韩国外宾 32 人来访，石源泉副校长主持接待。

10 月 28 日　高二下乡学农。

10 月 29 日　在虹口区中学青年教师教学评比活动中，学校青年教师丁伟强、符杰普获奖。

10 月 30 日　学校假虹口体育场举行校运会。北京市体育工作者 22 人来访，由区体委拨款接待。

11 月

11 月 4 日　日本外宾 18 人来访，区政府、区教育局同志协助接待。

11 月 11 日　学校学生孙琼达田径短跑二级运动员标准，张蓉达女子田径跳高二级运动员标准。

11 月 25 日　《虹口教育信息报》以"附中物理教学有进步"为题，介绍了学校学生陈志骏荣获复旦大学李政道物理教学金及学校在物理教学和竞赛中所取得的丰硕成果。

11 月 26 日　学校聘用季克勤担任校办工厂顾问，聘期为一年。

11 月 29 日至 12 月 13 日　学校召开五届六次教代会，校长石源泉、校党总支书记胡国琳、陆继椿、副校长陈宗义及工会主席彭根儒在全体教工大会上做述职报告，审议和通过了学校有关管理制度以及学校年终奖金分配方案。

11 月 30 日　全体教工赴上海县马桥乡参观马桥人走集体富裕的道路，参观了合资企业亚洲织造厂。

12 月

12 月 2 日　校长室任命徐志华为总务处主任助理。

12 月 5 日　学校召开第二十届团员代表大会，校党总支书记胡国琳出席并讲话，团委书记王成东做工作报告，虹口中学团委前来祝贺。大会授予张成斌、乔艺、李吉 3 名学生"优秀团干部"的荣誉称号。

12 月 16 日　虹口区人民政府发布任免通知，石源泉任华东师大一附中校长，季克勤因退休免去华东师大一附中校长职务。

12 月 17 日至 19 日　陆继椿赴香港参加香港教育署语文教育学院主办的第七届国际研讨会。

12月28日   团区委常委会讨论决定，同意由王成东、高菁、陈思劼等13位同志组成新一届共青团华东师大一附中委员会，并由王成东任书记，高菁任副书记。

12月29日   团区委常委会讨论决定，由邢洁皓、金晓文等5位同志组成新一届共青团华东师大一附中教工支部，由邢洁皓任书记，金晓文任副书记。

是月   学校举行第30次学生代表大会。学生会主席陈思劼做工作报告，学生会秘书长周乔青致开幕词，大会宣布了学生会好干部、优秀班干部等表彰名单，并颁发奖状和奖品。

1992 年

1 月

1月5日   王兆其被评为1991年度虹口区消防保卫先进个人。

石源泉校长与赵明辉所长签署横浜桥派出所与华东师大一附中《治安责任人治安承包协议书》。

2 月

2月17日   区党政领导班子领导及区教育局邓梦萍局长来校视察学校开学工作。

2月24日   虹口区教育局宣布石源泉担任华东师大一附中校长。

是月   应澳大利亚昆士兰州教育部邀请，学校英语教师焦国芬参加了由6人组成的上海市讲师团赴澳大利亚开展为期一年的讲学工作。

3 月

3月7日   澳大利亚外籍英语教师帕特里夏·杰恩·莱曼来校任教一年。

3月10日   区行为规范检查组来校检查工作。

3月22日   在中国上海头脑奥林匹克比赛中，学校"延时反应"和"混合接力车"两个项目参赛队均获得项目组比赛第一名。

3月27日   学校学生虞莉作为运动员赴澳大利亚参加太平洋学校运动会。

3月29日   华东师范大学发文《关于加强与一附中联系的意见》(沪华师普教〔1992〕1号文件)，其中确定由华东师大副校长江铭教授兼任一附中名誉校长等事项。毕业生分配优先考虑附中要求，为师资队伍的进修提供方便，加强对一附中的科研支持。

是月　　　　《虹口教育》1992 年第三期华东师大一附中专辑刊载了一篇介绍附中教育教学成果的相关文章。

4月

4月15日　　澳大利亚墨尔本教育代表团一行 20 人来校访问。

4月21日　　日本友人岩下春吉先生来校访问并捐赠学校 5 万日元。

是月　　　　赵德明作为优秀高校校外实习基地个人受到表彰。

华东师大一附中团委获虹口区新长征突击队称号，王成东获虹口区新长征突击手称号。

5月

5月4日　　　区教育局督导室来校督导工作。

5月18日　　区人民政府发布任职通知，区教育局宋耀生副局长兼任华东师大一附中常务副校长。

5月19日　　澳大利亚昆士兰州负责教育交流的官员到访，了解澳籍教师帕特里夏·杰恩·莱曼在学校的教学情况。

5月28日至6月4日　　学校头脑奥林匹克"延时反应"参赛队由少年报陈伟新带队，陆福昌为教练，与林峰、朱俊华、邱峰、郑伟亮、张玥 5 名学生赴美国参加第 13 届世界头脑奥林匹克决赛，获该项目高中组第六名。

6月

6月12日　　华东师大一附中与华东师大签署《华东师范大学与华东师大一附中建立教育实习基地协议书》。

7月

7月2日　　　华东师大一附中与上海川北实业公司签署关于联营的协议。

7月15日　　澳大利亚墨尔本教育代表团来访。

8月

8月16日　　学校行政干部赴普陀山参加工作研讨会。

8月20日　　陈宗义代表学校去昆明参加教育部举办的"课外活动与教育方针"研讨会，并做"课外活动和学校整体改革"发言，历时 40 分钟，全面介绍附中"课内打基础，课外出人才"的思想和做法。

9月

9月7日　由校务会议评选出海隆、家化奖教金人选，蔡立维、吴传发等（一等奖），毛梦奇、於国强等（二等奖），郎建中、周军红等（三等奖）近70位全校教师获海隆、家化教学一、二、三等奖金。全区军训会操在学校举行。

9月10日　举行全校教工庆祝教师节大会，副区长林葆瑞、区教育局书记姚宗强及华东师大副校长江铭出席大会并致辞。

9月18日　工会换届选举工作如期举行，彭根儒担任工会主席。

9月28日至10月4日　石源泉校长与学生陆盈盈、欧阳一苇等赴日考察访学。

9月28日　延风中学孙运生校长与一附中陈宗义副校长商定两校学期教育教学相关合作事项的备忘录。

9月30日　沈雅丽赴澳大利亚执行教授汉语一年的工作。

是月　政治、音乐、美术教研组获上海市教育系统文明组室称号，体育组获虹口区文明组室称号。王起柳获德育先进工作者称号，蔡康平、吴侃获教育改革先进工作者称号，宋坤泉获体育卫生先进工作者称号，符杰普获第二课堂先进指导老师称号，王静珊获服务育人先进工作者称号，许斌伟获优秀青年教师称号。

10月

10月1日　学校与延风中学共建会议举行，陈宗义副校长与延风中学孙运生校长商定学校语、数、外教师赴延风中学开课，带教青年教师，共建青年教师培养途径科研合作项目。

10月29日　在1992年上海市青年教师教育教学评优活动中，金晓文获虹口区中学语文二等奖。

10月29日至11月5日　全体高二学生由教导主任郎建中带队赴宝山塘桥参加学农活动。

11月

11月5日　全体党员选举了林葆瑞、胡国琳、方小慧3位同志为附中党代表候选人。

11月25日　一附中毕业生陈志骏荣获复旦大学李政道物理奖学金，石源泉校长在复旦大学李政道奖学金授奖大会上做"附中的物理教学有进步"的发言。

11月28日　石源泉校长接待来校访问的10名日本朋友，赵德明及高一学生寰昱陪同接待。

12月

12月9日 华东师大一附中召开第31届学生代表大会，审议并通过了第31届学生代表大会代表提案纲要，选举了新一届学生会的组成人员。

12月22日 焦国芬作为市教育局讲师团成员赴澳大利亚讲学。

12月30日 学校被评为1992年上海市中学体育先进集体；石源泉、刘刚士被评为1991—1992年区学校体育先进个人，黄斌获表扬。在上海市第二届中小学、幼儿园优秀教研组评选中，学校数学教研组获评上榜。

在虹口区教育系统1992年度干部考核中，校长石源泉获个人记大功，工会主席彭根儒获个人记功。

是月 上海交通大学翁史烈校长与一附中石源泉校长签署《交通大学与华东师大一附中建立加强联系协议书》。聘请交大教务长陈全福教授为附中名誉校长。交大派相关教师为附中开设选修课，每年组织高中学生参观交大，利用暑期组织开展学习活动，附中推荐优秀学生进入交大。

附中团委在全校学生中开展青少年学业发展基金的募捐活动，共收到1600余元。团委向全体师生表彰高一3班团支书汤梅的事迹，题为"茁壮成长的好苗子"。本年度附中高二年级下乡学农服务队受到表扬，罗店、杨行等地乡领导说：这样的学生我们是欢迎的。

1993年

1月

1月2日 《文汇报》对学校开展学生科技知识教育，每年举办学校科技节邀请著名专家学者为学生讲授科技知识的举措进行了报道。

1月15日 虹口区教育局发文批复同意学校与上海外国语学院、中州路小学合作建立上海国际双语学校虹口分部。

1月18日 在海军混三旅旅部召开学校行政工作研讨会。

2月

2月1日 虹口区人民政府发文免去石源泉华东师范大学第一附属中学校长职务。

2月19日 区教育局党工委副书记王凤新来校宣布石源泉校长到龄免职，由宋耀生主持学校工作。

2月28日　市教育局在黄浦区少年宫举行"上海市优秀服务队"授奖大会。附中学生长期参加社会实践活动，因成绩斐然而获奖。

3月

3月2日至7日　日本大阪市天王寺中学代表团一行5人来校访问。

3月3日　石源泉老校长与天王寺中学代表枝元一三校长分别代表各自学校在姊妹校协议书上签字。

3月18日　上海市副市长龚学平来附中就东亚运动会与学生展开对话，做相关报告，并观摩了学校"东亚运在我心中"文艺演出，副区长林葆瑞陪同参加。《解放日报》《文汇报》等媒体记者到场采访并于次日登载了相关消息，东方电视台及上海电视台在当晚的新闻报道中进行了播报。

3月19日　《解放日报》以"华东师大一附中一马当先——中学师生竞向东亚运献爱心"为题，《文汇报》以"小小东道主，奉献一片情"为题，分别报道了学校开展迎接东亚运的系列活动。

3月24日　在学校三楼影视厅举行上海国际双语学校虹口分校校牌揭牌仪式，林葆瑞副区长、上海外国语大学副校长吴友富、区教育局党委书记姚宗强、局长邢继祖参加，上海国际双语学校虹口分校校长、学校副校长陆继椿致辞。次日《解放日报》以"上海国际双语学校虹口分校成立"为题做了报道。

3月25日　学校与粤东中学、红军中学、新广中学等161选民小组选民一同选举新一届虹口区人大代表，学校蔡立维当选。

4月

4月5日　来自台湾的参访团一行60人来校访问，宋耀生、徐正贞等陪同接待。

4月7日　虹口区政协办公室通知学校党组织，吴传发、汤永容、夏益辉被提名为虹口区第九届政协委员。

4月9日　日本NHK大阪支局长棚桥昭夫一行2人来校访问。11日，石源泉校长设家宴款待了他们，宋耀生、胡国琳等陪同。

4月28日　《解放日报》以照片形式对张思中开展的外语教学法改革进行报道。学校获由虹口区教育局颁发的虹口区勤工俭学先进集体称号。

5月

5月24日至6月11日　师大一附中第六届教代会第一次会议审议了学校教职工岗位

责任制、审议了学校教职员工聘用制、审议和决定奖金分配方案、审议了学校食堂承包协议书。

是月　在虹口区中小幼教师"育苗奖"教学评比中，学校金晓文、纪莉青、邢洁皓、赵玮4人获奖，童明友获得"育苗奖"。江源、项志良、冯晔波荣获区优秀园丁奖，鲍玉珍荣获区园丁奖。

6月

6月2日　召开了六届一次教代会，审议通过了学校聘任制、岗位责任制以及奖金分配新方案。

6月18日　华东师大张瑞琨校长、江铭副校长等领导来学校与教工见面。

7月

7月1日　区教育局党工委书记姚宗强来校宣布宋耀生任校长的决定。

8月

8月7日　虹口区人民政府发文，宋耀生任华东师范大学第一附属中学校长。

8月14日　由胡国琳带队，陆继椿、徐惠芳等5人赴日本天王寺中学考察交流两周。

8月18日　学校初一1班、初一2班、高一3班、高一4班被授予1992学年度虹口区优秀班集体称号，赵薇佳、周宇、龚劲契、徐震、周峥嵘获评1992学年度虹口区三好学生。

8月31日　凉城二中与学校挂钩结对。
　　　　　黄顺奎获批为上海市优秀教育工作者。胡国琳、金晓文获上海市园丁奖。

9月

9月10日　区教育局党工委姚宗强书记来校参加庆祝教师节活动，学校颁布海隆、家化、露美四平奖教金名单。

9月27日　学校教学工作研究小组聘请王起柳、吴侃、黄顺奎、王政康、鲍宜国、张正大、汤永容、乔文秀、徐赋葆、徐善铭为研究员。

9月10日　虹口区教育局第九个教师节，《桑叶春蚕》一书中介绍"艰辛的开拓者——陆继椿""外语教育百花园中一支春——张思中"。同年附中团委获得虹口区新长征突击队。

10月

10月20日至25日　受国家体育运动委员会委派，学校国际级赛艇裁判陆江山赴韩国汉城担任第五届亚洲赛艇锦标赛的裁判工作。

10月25日至30日　学校举办以"学科技、长知识、树理想"为主题的1993年附中科技节活动。

10月21日　假虹口体育场举行全校田径运动会。

11月

11月2日　中国科学院学部委员杨雄里教授与附中学生进行科学素养交流。

日本友人一行16人（曾在附中中州路校舍上过学）来探访，石源泉接待陪同。

11月4日　学校有如下教师入选本届区学科职称评委：张正大（物理）、夏益辉（数学）、蔡爱莉（化学）、童明友（语文）、蔡立维（政治）、郑华芳（英语），张正大、宋耀生担任区中评委。

11月9日　学校提任黄顺奎为总务处副主任。

11月16日　学校提任陈剑波为校长办公室主任。

11月22日　虹口报以"师大附中一学生获李政道奖学金"为题，对学校优秀毕业生关犖在复旦大学获奖情况进行了报道。

是月　华东师大一附中举行第32届学代会，团委书记王成东致开幕词，第31届学生会主席卢航做工作报告。市教育局举办"金孔雀舞蹈大赛"，在黄浦区体育馆举行的决赛中，附中高中生代表队演出《祝福》，获得一等奖。

12月

12月9日　民进基层支部改选，经民进区委会审批，批准陆江山为支部主任，王政康为支部副主任，吴传发、俞建伟、毕红秋为支部委员。

12月17日至31日　华东师大一附中第六届教代会第二次会议审议了学校1994年至1997年三年规划、审议和通过了学校奖金分配方案、审议了学校奖惩条例和请假制度。

12月21日至28日　学校举办第二届"华夏之光"艺术节活动。在21日的开幕式上还进行了"班班有歌声"决赛。

1994 年

1 月

1 月 7 日 《新民晚报》以"师大一附中开展多种科技活动"为题，介绍了学校"课内打基础 课外出人才"及采取"三个三分之一"开展学生科技活动所取得的工作成果。

1 月 19 日 上海市首期校长外语短期强化培训由市教育局委托思中业余外语学校承担，运用张思中外语教学法开展教学。学校外语特级教师张思中亲自把张思中外语教学法的要点介绍给学员，《文汇报》以"中学校长要懂外语"为题对此进行了报道。

1 月 20 日 经虹口区教育系统 1993 年度干部考核评议，陈宗义获党政领导个人记大功的荣誉。

2 月

2 月 16 日 《文汇报》以"计算机辅助教学广泛进入课堂"为题，介绍华师大一附中等学校利用自编教学软件应用于政、史、地、语、数、外等学科的辅助教学，以形象、生动、灵活以及对话性、趣味性强等特点激发学生的学习兴趣和主动性，提高课堂教学效率的经验。

2 月 20 日 毕红秋赴澳大利亚昆士兰州教育部所属学校执行教授一年汉语的任务。

2 月 28 日 学校送陈宗义、吴振国、王成东 3 位青年干部，业余参加华东师大教育管理系硕士课程班学习，每周 1 天，为期 2 年，提高管理水平。

3 月

3 月 10 日 宋耀生校长应邀参加与学校结为友好学校的日本天王寺中学初三毕业典礼。

3 月 12 日 上海市数学会中教委、上海市数学竞赛委员会公布第 45 届美国中学数学竞赛上海赛区获奖名单，学校学生凌珏、吴俊非、吴恺、范晓峰、高俊航获一等奖，殷华、陆沁、孙捷男荣获三等奖。

3 月 18 日 符杰普在虹口区青年教师物理教学评比中获一等奖。

3 月 21 日至 4 月 7 日 学校工会第六届三次会议审议并通过《工资构成中活的部分的分配方案》《奖金分配方案补充意见》。

3 月 27 日 学校学生范晓峰、詹翊强荣获上海市"东华杯"化学竞赛一等奖，任嵘获二等奖，薛亮获三等奖。

3月28日　徐志华荣获1994年虹口区教育局绿化先进个人。

3月30日　宋耀生荣获上海市群众体育先进工作者。

4月

4月12日　学校与虹口区教育基金会签订关于委托存款的协议书。

4月17日　在上海市第七届初三、高三作文竞赛中，学校初三学生邵奕、杨薇荣获初中组一等奖，王露嘉获二等奖，俞晓歆、俞骅、金懿获三等奖；学校高三学生袁杰辰、包竣云、邢佳、沈岚、宋海云荣获高中组一等奖，童少君获三等奖。

4月26日　《上海教育观察与思考》以"一位特级教师的苦恼"为题，介绍了学校语文特级教师、副校长陆继椿潜心研究"分类集中、分阶段进行语文训练"的"双分语文教学体系"及其取得的成效。

4月28日　上海市数学会中教委、上海市数学竞赛委员会公布第九届美国初中数学竞赛（AJHSME）名单，学校学生赵辰、林云、顾琪龙、郑曾波获一等奖，李巍、胡亮、顾靖、俞哲元、越羿获二等奖，张振宇、裴宝瑜获三等奖。第十二届美国数学邀请赛，本校学生陆沁获上海赛区二等奖，殷华、周展飞获三等奖。全国高中数学联赛，学校学生林珏获上海赛区一等奖，范晓峰获二等奖，吴恺获三等奖。第二届上海市高一物理竞赛，学校学生戴元顺、孙广昊获一等奖，贝震颖、谢今明、顾文俊、沈恩华获二等奖，童琦、张竖峰、方彦明获三等奖。

5月

5月4日　华东师大一附中举行了"五四"教学特色周，并举办1993年教学成果展览，市、区有关部门和兄弟学校同行前来观摩。

5月5日　《解放日报》以"培养青年教师尽快成才"为题，介绍了学校开展教学特色活动周中12位青年教师的公开教学课，并就培养青年教师的相关举措进行了介绍。

5月14日　学校迎来了日本友人到校访问，宋耀生校长和徐正贞老校长接待了客人。

5月16日　经虹口区教育局中学教师评委会评审通过，王成东、金晓文、邢洁浩具有中学一级教师任职资格。

5月22日　上海市数学会、上海市数学会中教委公布"爱朋思杯"上海市高三数学竞赛名单，学校学生凌珏获一等奖，范晓峰、吴俊非获二等奖，周展飞获三等奖。

5月25日　在上海市应用数学竞赛中，学校获团体第二名，詹翊强、高俊航、屠一帆、金海鲲、戎安绮、袁潮、徐震获三等奖。

5月27日　上海市少科站、市军事体育俱乐部公布上海市中小学车辆模型赛名单，学校获中学组男子团体第二名、遥控车中学组团体第一名、遥控摩托车团体第一名、电动直线中学组第一名，学生朱思园同时获得遥控车及遥控摩托车两个项目的第一名。

6月

6月1日　学校学生赵薇佳、谢今明分别被授予上海市优秀少先队队长、上海市三好学生的光荣称号。

《青年报》以"华东师大一附中安排青年教师成名线路"为题，介绍了学校在培养青年教师方面的目标，即"1年入门，2—3年成熟，5—7年成为教学骨干，8—10年在市区有影响"，以及以老带新、提升学历层次、选派出国交流等培养举措及其取得的成果。

6月2日　宋耀生校长等接待了新加坡中华总商会华文教师奖学金赴上海华东师大教师培训团一行12人。

6月5日　学校学生顾文俊在上海市"一钢克浪杯"高一化学竞赛中荣获一等奖，裘捷、吴元捷获二等奖，谢今明获三等奖。

6月11日　上海市重点中学校长会议在学校举行。

6月12日　《文汇报》以"交流名校特色，开展教育科研"为题，介绍了全国知名中学科研联合体上海分部成立并在学校挂牌的报道。

6月15日　学校张红娣被评为1994年上海市普教系统优秀人事工作者。

6月16日　学校成立社区教育委员会，由虹口区副区长林葆瑞、区政协主席刘新昌任名誉理事长，宋耀生校长任理事长，以及部队、区法院、街道办事处、派出所、相关企业代表14人组成。

6月28日　《解放日报》以"华师大一附中扩大办班规模"为题，刊载了学校经市有关部门同意常设计算机培训中心的决定，并介绍了培训中心所取得的优异成绩。

6月30日　虹口区美育学会年会在学校召开，凌同光等市、区教育局领导、专家出席了会议。华东师大校长张瑞琨到学校指导工作，华东师大副校长叶澜陪同参加。

7月

7月3日　由校长任命黄顺奎为总务主任，任命吴振国为政教处主任，任命方武勇为教导处副主任，教务处主任吴传发兼任校科研室主任，王远任科研室副主任。

7月6日　学校接待了美国休·奥布莱恩青年基金会访华团一行60人。

8月

8月12日至15日　在全国青少年车辆模型比赛中，学校参赛队获全国团体总分第二名，朱思园获1/10三叶内燃越野车第一名，傅晨怡获1/12电动公路（B组）第一名。

8月17日　学生徐瑾瑾获"霸王杯"全国少年象棋锦标赛女子组第二名。

8月21日至26日　学校组织高一新生军训，由空军高炮八旅教官任教。

8月22日至26日　学校接待日本天王寺中学师生教育代表团，包括教头、家长代表及2名学生共5人。

8月31日　凉城二中作为华东师大一附中的挂钩学校，新学年开学举行了开校揭牌仪式，学校领导、教师代表应邀参加了揭牌仪式。

9月

9月1日　陈宗义副校长调任虹口中学任校长。

9月7日　《青年报》以"华东师大一附中坚持计算机教学出成绩"为题，介绍了学校在全校学生中普及计算机操作知识取得的可喜成绩。

9月8日　季克勤被评为虹口区先进离退休教育工作者，胡国琳被评为虹口区先进党政干部，陆继椿被评为虹口区从教30年以上先进教师，蔡宝珠被评为虹口区先进妇女工作干部，丁伟强被评为虹口区先进青年教师，黄汉权被评为虹口区从教25年先进班主任，饶志刚、朱家宝被评为虹口区先进教育教学骨干教师。

9月10日　学校物理教师符杰普、化学教师许斌伟荣获上海市青年教师教育教学评优活动二等奖。

9月29日　国际双语班毕业授奖典礼在学校举行，陆继椿副校长、上海外国语大学教师在会上发言，学校领导为国际双语班获奖学生颁奖。

是月　学校举行了1993学年度海隆、家化、露美、四平奖学金授奖大会，有10名学生获一等奖，另有16名学生获二等奖，28名学生获三等奖，一等奖获得者赵薇佳在会上发言。学校举行第 10 届教师节暨表彰先进大会，区委书记卢丽娟、区政协主席刘新昌应邀出席大会并向教师致祝词。

10 月

10 月 25 日　华东师大一附中召开第 33 届学生代表大会。

10 月 28 日　焦国芬、陈慧芬、周军红获虹口区"七百杯"教师进修先进奖。

10 月 30 日　上海市少科站、上海市工业应用数学学会等单位公布第三届"浦东金桥杯"中学生数学知识应用竞赛获奖名单，本校获团体奖第二名，詹翊强、高俊航、李磊荣获一等奖，陆俊、陶刚、苏健敏、周单展、崔宝静获二等奖，屠一帆、金海鲲、戎安绮、袁潮、徐震获三等奖。

11 月

11 月 23 日至 29 日　高二学生前往奉贤少年军校农场学农。

是月　　国家教委校长研修班来学校访问，宋耀生校长、陆继椿副校长在欢迎会上发言。

12 月

12 月 14 日至 16 日　陆继椿副校长应邀赴香港参加 1994 年度国际语文教育研讨会，在会上宣读了论文《用"得"的教学思想改革中国语文课堂教学》。

12 月 19 日至 1995 年 1 月 7 日　工会第六届六次会议通过创建一流学校、1995—2001 年七年发展规划和创建华东师大一附中凝聚力工程，确定 1995 年为教工要办的实事内容。

是月　　学校获 1993 年虹口区政府特殊津贴奖励的教师有：陆继椿、张思中、徐惠芳、朱家宝、蔡立维。

1995 年

1 月

1 月 15 日至 19 日　学校接待了韩国京畿道光明北高等学校校长金龙成率领的教育代表团一行 9 人，签订了《中国上海师大一附中与大韩民国京畿道光明市光明北高等学校建立友好交流关系的协议书》。

1 月 28 日　学校督导工作会议决定，自下学期起（即 2 月 13 日）根据"校内督导制"方案开始实施校内督导。

2月

2月21日　学校民盟支部被民盟上海市委会评为先进集体。

2月23日　学校团委被团市委命名为1994年上海市特色团组织。

3月

3月6日　虹口区人民政府发文（虹府任〔1995〕22号文件），胡国琳兼任华东师大一附中副校长，郎建中任华东师大一附中副校长。

3月9日至30日　学校工会第六届五次会议通过了新的奖金津贴方案，同时通过了教职工义务献血方案。

是月　学校英语教师周美芳依据《一九九五年中华人民共和国上海市与澳大利亚昆士兰州教育合作协定》，赴澳大利亚执教汉语一年。

4月

4月8日　学校与四平开发公司签署在附中设立以80万元为基数，以利息支付奖教金的协议。

4月12日　《文汇报》刊载了学校校长宋耀生的《难忘的毕业典礼》一文，介绍了宋校长于1994年赴友好学校日本大阪市天王寺中学参加毕业典礼的感受和所思所想。

4月26日　学校与上海海隆企业总公司签署《关于上海海隆企业公司在华东师大一附中设立"海隆奖教金"协议书》，海隆公司代表陆龙余与学校宋耀生校长分别在协议上签字。

4月27日　学校与香港晨兴电子科技有限公司签订了在附中设立每年4.5万元奖教助学金协议，宋耀生校长与晨兴公司代表周斌分别在协议上签字。

5月

5月11日　《人民日报》（华东版）以"电脑俱乐部"为题，转载了《上海青年报》介绍学校计算机课外教学中"电脑俱乐部"的活动情况。

5月22日　学校德育讲师团成立，讲师团成员有杨怀远、曹燕华、厉无畏、赵长天、宋振华、卢方、陈步君、郭升等13人。

5月26日　《解放日报》以"建校70年，育才2万余——华东师大一附中桃李满天下"为题，报道了学校建校70年来所取得的丰硕成果。《联合时报》以"日月光华，光我中华"为题，刊登了中共中央政治局常委、全国人大常委会委员长乔石为光华大学暨附中建校70周年的题词"发扬光荣传统，不断提高教学质量，为社会主义现代化建设事业培育德才兼备人才"。

5月28日　学校提任吴传发为教导主任，方武勇为教导副主任。

6月

6月1日　日本三菱商事捐款仪式在学校大礼堂举行，日本三菱商事代表庵原辉正、市教委德育处领导、虹口区区长黄跃金、副区长林葆瑞出席，宾客观看了学校庆祝六一文艺会演。

6月11日　《解放日报》以"大火无情人有情——发生在华东师大一附中的故事"为题，报道了学校高三学生徐佳住家发生大火受灾后，学校师生从物质、心理、学习上帮助她克服困难、渡过难关的事迹。

6月20日　为加强校际之间合作联系，发挥各校的优势与特长，华东师大一附中、鲁迅中学、江湾中学签署了三校《合作联系协议书》，三校将在教育教学管理、科研设施等多方面开展合作。

6月21日　《青年报》以"人生到处竞技场"为题，介绍了学校德育讲师团成员第37、38届世乒赛女单冠军、著名运动员曹燕华，在学校校会课上为学生介绍乒乓健儿为国拼搏的故事，赢得了学生热烈的掌声。

6月25日　在学校应届高三毕业生中发展了袁潮海、陆俊、苏健敏、徐震、张韵、何如、陆盈盈、张俊超等8名学生党员。

7月

7月11日　宋耀生校长与四平开发经营有限公司代表陈顺兆签署了《上海四平开发经营（集团）有限公司支持华东师大一附中改善教学条件的协议书》。

7月11日至24日　郎建中副校长率领包括教师代表朱家宝、学生代表许文嘉和赵薇佳组成的代表团赴日本大阪市天王寺中学进行友好访问。

7月15日　校长任命项志良为副教导主任。

8月

8月18日至27日　新高一赴解放军高炮八连（旅）进行军训。

9月

9月8日　学校庆祝第11届教师节，虹口区政协主席卢丽娟，虹口区教育局局长邢继祖等来校参加教师节活动。

9月18日　学校制定华东师大一附中1995—2000年教育发展规划。

9月20日　学校接待了澳大利亚威仕途公学校长一行3人教育代表团来访，就建立友好交流关系进行了签约。

9月25日　华东师大一附中召开了首届香港晨兴电子科技有限公司奖学助学金授奖大会，香港晨兴公司代表周斌出席并讲话。《新民晚报》以"投资助学，不忘母校恩"为题，报道了学校1962届校友杨文瑛在母校设立"晨兴奖教助学金"的相关情况。

10月

10月5日至12日　高二学生赴上海市警备区下属南汇东海农场学农。

10月15日　为建校70周年校庆，市教委副主任魏逸柏、张民生，市教委巡视员陈步君，华东师大校长张瑞琨，副校长叶澜，虹口区委副书记吴宗华，副区长林葆瑞、应蓓仪，区教育局党工委书记姚宗强，局长邢继祖等，以及谢晋、叶惠贤、梁波罗、赵长天等著名校友2300多人来校欢聚一堂。《新民晚报》以"办学特色名闻沪上——华东师大一附中喜迎'古稀'之年"为题，庆贺学校70周年校庆。

10月25日　学校科技楼加层工程开始实施。

10月28日至11月4日　宋耀生校长率团赴韩国光明北高等学校回访。

10月30日　上海市公安局外管处批复同意学校为外国留学生来校住宿处。

11月

11月7日　《解放日报》以"课内打基础　课外求发展"为题，介绍了学校开展素质教育，减轻学生过重课业负担的做法经验以及取得的成效。

11月8日　学校被虹口区教育局命名为1993—1994年教育系统文明单位，校党总支被评为1993—1994年度教育系统先进总支，学校工会被虹口区教育工会命名为1993—1994年教育系统先进之家。

11月11日　上海四平开发经营（集团）有限公司在华东师大一附中设立奖教金，举行签字仪式，四平公司代表陈顺兆与宋耀生校长在协议上签字。

11月23日　学校获叶仲午奖学金樟叶奖。

11月25日　卓国诚、饶志刚获批享受政府津贴。

12月

12月11日至18日　陆继椿副校长应邀赴香港参加1995年度国际语文教育研讨会。

12月25日　华东师大一附中召开第三十四届学生代表大会。

12月25日至29日　学校工会第六届六次会议通过了《教工代表大会条例》《关于借读
　　　　　　　生有关规定》《关于提高退休教工福利待遇的有关规定》。

是月　　　　　学校被评为上海市第三届教育科研工作先进集体。著名教育家吕型伟主
　　　　　　　编的"上海教育丛书"，首批出版了陆继椿的学术专著《语文教学新探》。
　　　　　　　蔡爱莉获全国优秀教师奖，郑华方获上海市园丁奖，吴振国、陈奕望、
　　　　　　　潘慧、蔡康平获虹口区园丁奖，叶曦闵、秦岭获虹口区未来园丁奖，丁
　　　　　　　伟强获虹口区十佳青年，胡国琳获建行首届教育管理干部奖，宋耀生等
　　　　　　　20人获首届晨兴奖，童明友等57人获第9届海隆、家化、露美、四平
　　　　　　　奖（暨第2届教书育人奖）。

1996 年

1月

1月13日　　　吴振国、符杰普、项志良、焦国芬、周美芳、沈雅丽被批准为中学高级
　　　　　　　教师。

2月

2月3日　　　学校召开为期一天的校务研讨会，就高三工作及由应试教育向素质教育
　　　　　　　转变的对策进行了探讨和研究，虹口区副区长林葆瑞到会并做了重要指
　　　　　　　示，宋耀生校长做了总结发言。

2月12日　　　《光明日报》以"张思中外语教学法　10年'教'遍全国"为题，介绍
　　　　　　　张思中和同事在全国各地举办上百期张思中外语教学法教改师资培训
　　　　　　　班，开设百余次讲座，为全国培训了近4万名外语教改骨干教师的事迹。
　　　　　　　1992年，中央教育科学研究所成立了"张思中外语教学法推广小组"，
　　　　　　　在上海成立张思中教学法研究所和研究会，还创办了上海市思中业余外
　　　　　　　语学校，将教学法推向全国180多个市和100多个县，取得累累硕果。

2月25日　　　《上海红十字报》以"开展红十字会工作与德育教育相结合"为题，报道
　　　　　　　了学校积极发展红十字会新会员，健全学校红十字会组织，把开展红十
　　　　　　　字会工作与学校的德育工作相结合的情况进行介绍。

2月29日　　　校友会所属华棣恒公司就业务发展，在陆继椿副校长兼总经理主持下召
　　　　　　　开了专门会议进行了研究，并对公司的人事问题做了安排。林葆瑞副区
　　　　　　　长，蔡祖康、陈步君等领导，以及宋耀生、胡国琳、陆继椿、郎建中等

校领导出席了会议。

3 月

3 月 11 日　虹口区教育局对学校德育工作进行了督导评估。《解放日报》以"华东师大一附中学生义卖赠灾区"为题，报道了学校学生走上街道，拿出自己制作的工艺品和捐赠的书籍、文具、玩具等举行义卖，将义卖所得全部捐赠给云南灾区学生的事迹。

3 月 21 日、22 日　虹口区政府和教育局及部分人大代表对学校高三毕业班工作进行了全面督导和检查，并对高一的课程教材改革提出了建设性的意见。

3 月 22 日　《人民日报》以"适当集中，反复循环，阅读原著，因材施教——张思中外语教学法有突破"为题，报道了张思中的外语教学法在全国上千所中小学校推广应用并取得显著效果的事迹。

3 月 25 日　周美芳从澳大利亚讲学进修后返校工作。

4 月

4 月 10 日　学校王远、金晓文、於国金、毕红秋、管维萍 5 位教师参加华东师大研究生课程的进修。

4 月 15 日　学校"十百千人才"培养工程共 26 人，人人都落实了科研题目。

4 月 18 日　虹口区教育局组织兄弟学校到学校进行行为规范对口检查。

4 月 25 日　学校教师符杰普被选为民盟虹口区委委员。

4 月 28 日　上海市人民政府授予张思中 1995 年度上海市劳动模范称号。

5 月

5 月 4 日　学校举行了纪念"五四"77 周年庆祝大会，会上进行了附中人风采辩论赛，同时对优秀团支部进行了表彰。

5 月 5 日　《上海青少年科技报》整版刊载了由学校教师撰写的趣味性较强的小实验、小制作操作方法。

5 月 15 日　学校召开了有 65 位学生家长代表参加的家庭教育研讨会，宋耀生、胡国琳等校领导参加。

5 月 23 日　《新民晚报》以"破'墙'办学，兴教育才"为题，报道了学校成立家庭教育委员会，广邀各行各业的学生家长入校当"客座"辅导教师共商育才大计的有关情况。

5 月 25 日　宋耀生、黄玲被评为虹口区艺术教育先进工作者。高一 6 班被评为 1995

学年度上海市优秀班集体，班主任周善瀛。初三 3 班获上海市 1995 学年度先进班集体，班主任王玉萍。

6 月

6 月 12 日 《人民日报》以"也学了，也玩了——见多了分离式教育，一个普通又'特别'的快乐女孩给人带来小小的启示"为题，介绍了学校高二学生莫雪梅学玩结合、全面发展的成长经历。

6 月 28 日 中共中央政治局常委、国务院副总理李岚清在中南海国务院第二会议室亲切接见了张思中，张思中将学生译作及教师编写的书籍呈送给李岚清副总理。

6 月 30 日 学校在应届高三毕业班学生中发展党员 8 名，他们是陈钢（交大自动化系）、管玉华（复旦外语系）、倪巍（交大计算机软件应用系）、顾一希（华理工）、顾文俊（交大）、汤谷韫（复旦国际金融系）、瞿新华（北大保险系）、谢今明（清华汽车工程系）。

7 月

7 月 10 日 《中国教育报》以"中南海里议教改"为题，报道了李岚清副总理于 6 月 28 日在中南海主持召开外语教学座谈会的情况，学校外语特级教师张思中等受邀参加了座谈会，李岚清副总理对张思中外语教学法给予了积极的肯定。

7 月 30 日、31 日 校务研讨会在青浦司法干校召开，商讨了新学期的工作。

是月 学校任命任大洲为教导副主任。

8 月

8 月 15 日至 17 日 张思中教学法第三次全国研讨会在上海召开。

8 月 17 日至 24 日 以胡国琳副校长为团长，陆继椿、蔡爱莉、郑华方、叶国梁（教育局副局长）为团员的教育考察团，出访澳大利亚维多利亚威仕途公学，为期 8 天。

8 月 28 日 吴传发被上海市教委评为上海市特级教师。

9 月

9 月 10 日 学校举行第 12 届教师节暨表彰先进人物教工大会，区政协主席卢丽娟，区人大常委会副主任林葆瑞，副区长姚宗强，区教育局奚建华局长等领导出席大会及庆祝活动。颁布了第 2 届晨兴奖教金以及第 10 届海隆、家化、露美、四平奖教金的人员名单，汤永容、毕红秋等代表获奖教师发言。

9 月 20 日　李蒸获上海市金爱心教师一等奖，她所带的初一 5 班荣获上海市金爱心集体。

9 月 30 日　学校举行了"庆国庆——纪念红军长征六十周年班班有歌声决赛"，宋耀生校长等校领导为获奖班级颁发了奖状。

是月　蔡立维荣获由市教育卫生委、市教委等部门颁发的上海市优秀中学思想政治课教师称号。符杰普获虹口区先进工作者称号，区志华获虹口区新长征突击手称号。虹口区教育局、虹口区教育工会、虹口区教育基金会颁布教育系统优秀集体和个人名单，学校化学教研组获文明组室，饶志刚获科技教育先进个人，彭根儒获优秀工会主席，童明友和吴传发获师徒结对优秀指导教师称号。

10 月

10 月 10 日至 16 日　高二学生赴南汇东海农场学农，宋耀生校长、胡国琳副校长前往农场探望慰问。

10 月 21 日　宋耀生校长参加国家教委华东师大校长培训中心进修班学习一个月，其中赴美国考察 2 周，11 月底返校。

10 月 28 日　虹口区委副书记周富长在教育局副局长陈宗义、中教科长周祖贻陪同下来校视察。宋耀生、胡国琳、陆继椿、郎建中等校领导参加了座谈。

10 月 30 日　黄玲被评为 1996 年度上海市优秀艺术教师。

是月　学校在虹口体育场举行 1996 年华东师大一附中全校运动会。

11 月

11 月 4 日　根据虹口区人民政府发文（虹府任〔1996〕109 号文件），吴传发被任命为华东师大一附中副校长。

11 月 6 日　《文汇报》以"高三学生仍需心理指导"为题，介绍了学校高三年级心理教育课所取得的成效。

11 月 20 日　由松田晃校长率领的日本大阪市立天王寺中学教育代表团到学校进行为期 4 天的访问。宋耀生校长等参加了接待，教育局党委书记邢继祖、副局长陈宗义、区政府外办副主任魏志云等也参加了接待。

11 月 27 日　学校被虹口区政府授予"科技特色学校"荣誉称号，并获得区政府颁发的"科技特色学校"铜牌。

11 月 28 日　学校干部人事档案工作被评为区级先进。历时 10 天的学校教学观摩活动共评出一等奖 4 人，二等奖 5 人。徐志华经虹口区教育工会批准当选为工会主席。

11 月 30 日　第二届全国教育科学优秀成果奖评比，学校刘定一等教师的研究报告《高中生跨学科研究活动辅导》、张思中的专著《张思中外语教学法》分别荣获二等奖。

12 月

12 月 2 日至 7 日　学校科技周活动顺利举行，胡天培教授、方炳初研究员、张玑总工程师等科学家到校做了"二十一世纪科技发展趋势对人才需求的迫切性"的报告。

12 月 6 日　由市教委档案处、市档案局、虹口区档案局及区教育局有关部门领导对学校档案管理工作升市级先进进行初评考核。

12 月 9 日　学校三十五届学代会召开，许文嘉、麦挺再次分别当选学生会主席、副主席。

12 月 12 日　区教育局奚建华局长参加了学校档案管理工作升级的正式考评会，学校顺利通过考评升级为档案管理市级先进单位。

12 月 12 日至 20 日　陆继椿副校长应邀赴香港参加 1996 年度国际语文教育研讨会。

12 月 20 日至 1997 年 1 月 3 日　学校第七届一次教代会召开，主要内容有：一、民主考评党政主要领导。二、审议通过了关于开展精神文明建设活动的倡议及师德修养条例。三、初、高中脱钩后的对策。四、为教工办实事。

是月　教导处副主任方武勇被提拔为教导主任。刘定一根据原国家教委"实现应试教育向素质教育的转变"的精神，花半年时间认真设计了一个新颖的教育科研课题《开创素质教育的新模式——高中生跨学科研究活动辅导》，经市教委批准，成为上海市教育科研课题。

是年　学校被评为上海市文明行为规范示范学校。在上海市小学生车模比赛中，学校获 8501 中学组团体第一名，8502 中学组团体第一名，电动公路车团体第二名。学校车模队在上海市"兴利杯"锦标赛中获 6 次冠军。在全国初中数学联赛上海赛区中，学校获得团体第三名。民盟支部被民盟上海市委会评为 1996 年度先进集体。

1997 年

1 月

1 月 24 日　学校召开德育工作研讨会。

　　　　　虹口区政府批准学校赵德明等 4 位教师为学科带头人。

1 月 25 日　学校召开关于新学期工作的研讨会。

2 月

2 月 5 日　学校获 1995—1996 年度虹口区青少年保护先进集体称号。徐来获评
　　　　　1996 年度上海市中小学实验专用室建设与管理先进优秀实验（管理）
　　　　　员。

3 月

3 月 21 日　学校召开徐虎报告会暨 33 支"小徐虎服务队"授旗仪式，著名全国劳动
　　　　　模范徐虎来校向全校师生做报告，并为"小徐虎服务队"授旗，学校聘
　　　　　请徐虎为校德育讲师团讲师。上海教育电视台当晚对此进行了新闻报道。

3 月 26 日　虹口区召开进一步推广张思中外语教学法大会，市教委副主任张民生，
　　　　　虹口区副区长姚宗强，区政协副主席彭淑妥，区教育局领导奚建华、陈
　　　　　宗义等出席大会。

4 月

4 月 8 日　香港津贴中学议会"中学校长研修班"访问学校，宋耀生校长，特级教
　　　　　师、副校长吴传发，特级教师张思中在座谈会上做了交流发言。校长们
　　　　　还观看了学生制作的 OM 机器人以及车模表演。4 月 14 日，《虹口报》
　　　　　对此做了相关报道。

4 月 10 日　学校举行学生科技活动成果展示会，区科协主席蒋振立及区教育局领导
　　　　　等莅临观摩。

4 月 21 日　《虹口报》以"数十年坚持不懈，开展科技活动硕果累累"为题，介绍了
　　　　　学校开展多种形式的学生科技活动所取得的显著成效。

4 月 25 日　学校团委与虹房集团团委签订协议，开展"徐虎走进重点校"系列活动。

5 月

5 月 2 日　由华东师大一附中、复兴中学、虹口中学三校共同发起了"遵守'七不'

规范，保护环境"的倡议活动，并发布了倡议书。

5月9日　四川北教育小区成立，学校宋耀生校长任小区主任，项志良任小区秘书长。

5月20日　高二6班（班主任周善瀛）被评为1996年度上海市中等学校先进班集体；初二1班（班主任沈雅丽）被评为上海市金爱心集体；初三4班（班主任陈榕）被评为上海市优秀中学生志愿者服务队；徐来获1997年上海市优秀实验管理员；高二2班许文嘉、高三1班江澜被评为上海市三好学生；初二3班陈琰被评为上海市优秀少先队长，并授予上海市文明好少年称号。

是月　丁伟强、毕红秋、陈慧芬、黄玲在1997年虹口区青年教师在"五个一"教学展示活动中受到表扬。

6月

虹口区教育局任命陆继椿为华东师大第一附属初级中学校长、陈剑波为常务副校长。学校免去陈剑波校长办公室主任职务，任命项志良为校长办公室主任，免去项志良教导副主任职务；任命陈奕望为教导副主任，任命唐家乐为总务主任助理。

学校高二1班（班主任焦国芬）、高一1班（班主任张青）、高一2班（班主任江源）被评为1996学年度虹口区优秀班集体称号。学校化学教研组、数学教研组被评为虹口区优秀教研组。学校在应届高三毕业班发展学生党员5名：张晓颖（复旦大学）、杨文捷（复旦大学）、王骅（同济大学）、俞骅（北京大学）、江澜（复旦大学）。高三1班江澜、朱诚，高三2班习灏、黄燕敏、哈凌，高三3班杨文捷、王蔚、俞莉，高三4班张晓颖、蒋云涛、杨建良等学生被评为上海市优秀毕业生。在上海市第11届光明杯中学生作文竞赛中，学校吕静荣获一等奖。在上海市第11届初中物理竞赛（银光杯）中，学校孔师今荣获一等奖。在1997年上海市"白猫杯"应用化学小论文竞赛中，学校徐尔东荣获高中组一等奖。学校姚敏吉参加上海市中学生劳技"英文打字"比赛，荣获一等奖。

7月

7月1日　学校就新学期工作召开了暑期研讨会。

7月8日至18日　由教导主任方武勇为团长，教师陈奕望、桌国诚及3名学生为团员的教育代表团访问日本大阪天王寺中学。

7月23日　学校领导和部分教师、学生代表到东海之滨的南京空军导弹三旅14营进行慰问联欢活动。学校学生江澜赴韩国参加第6届国际青年海洋节。

7月24日　学校高一1班、高二1班团支部70余人参加了八运会青年志愿者活动，许多团员在活动间隙接受了上海电视台的现场采访，当天东方电视台《新闻60分》、33频道《东视体育30分》做了报道。

7月24日至8月1日　应杨文瑛校友的邀请，宋耀生、张思中、黄顺奎、彭根儒赴香港访问。

是月　学校学生张震宁在上海市重点中学高中英语演讲赛中获得特等奖，由亿利达公司资助赴美国南达科他州学习生活一个月。

8月

8月26日　学校组织初二联合团支部参观虹口区人民法院，受到法官的热情接待，法官详细介绍了审判过程和起诉方法，8月29日的《新民晚报》《上海法治报》刊登了相关活动的报道和照片。

8月28日　在全国青少年车辆模型比赛中，学校学生朱思园获1/8内燃公路车第一名，傅晨怡获1/10电动越野车第二名，杨逸俊获8501电动车第二名。丁承梁参加全国青少年航海模型比赛获得C1级古典帆船第一名。在上海市《科学技术：飞向21世纪的金翅膀》的征文比赛中，学校学生刘君获第一名。

9月

9月10日　学校举行庆祝第13届教师节暨海隆、家化、晨兴颁奖大会，虹口区委原书记、区政协主席卢丽娟，区人大常委会副主任林葆瑞，区委副书记吴仲华等领导出席祝贺。

学校宋耀生获1997年上海市园丁奖；李莎莉被评为上海市三八红旗手；沈雅丽、金贻德、项志良、徐赋葆被评为1997年虹口区园丁奖；周善瀛被评为1997年虹口区优秀班主任。

9月11日　四川北教育小区召开庆祝教师节大会。

9月13日　学校初二年级召开了第一次主体青年大会，探讨初中学生自主、自立、自理的几个专题，发挥学生的积极性，配合学校搞好教育教学工作。

9月16日　学校召开"迎中秋，话友谊——附中知青子女座谈会"，校长宋耀生、校党总支书记胡国琳、团委书记吴燕出席。

9月28日至10月3日　由澳大利亚墨尔本威仕途学校外语系主任林宝柏率领的教育代表团对学校进行友好访问。

9月30日　学校举行"班班有歌声"歌咏比赛，威仕途学校和布里斯班楼根得中学60余位师生参与并登台引吭高歌。

是月　学校实验楼改建工程竣工，重建修缮物理实验室、化学实验室各3个，生物实验室、多功能实验演示室各1个，建立电视中央演播厅，32间教室电视联网。学校被评为1995—1996年度上海市中小学优秀卫生室，被评为区1995—1996年度先进红十字会。学校被上海市体委、上海市教委命名为国家体锻达标学校。

10月

10月8日　学校教工广播操代表队到钟山中学参加虹口区教育局组织的教工广播操比赛。

10月14日　重庆教委79人代表团来校参观学习。

10月15日　刘京海来校做学习十五大精神报告会，全体教工、高三学生及四川北教育小区各校代表千余人参加。

10月23日　学校教师罗祺获得虹口区香港回归教案设计评比二等奖，教案为《香港的概况》。

10月24日　学校"OM机器人"项目参加中国上海第十届头脑奥林匹克竞赛，获高中组第6名。

10月28日　学校成立了法治教育讲师团，著名大律师郑传本等11人被聘为学校法治讲师团成员，并来校对学生开展法治教育。

是月　学校被评为虹口区青少年保护先进集体。学校召开第三十六届学代会。

11月

11月12日　教育局党工委肖根妹等3人来学校检查党务文书档案，学校被评为虹口区党委文书档案一等奖。

11月13日　虹口区人民政府的教育督导室一行3人来学校检查九年义务教育工作。

11月21日　学校教师崔乐美的论文《高三心理健康课的实践与探索》在上海第一届心理卫生学会上荣获优秀论文奖，并获辉瑞心理健康卫士奖。

11月22日、23日　学校党总支举行主题党日活动。

12月

12月1日　学校参加1997年上海市少年象棋锦标赛，获男子团体总分第一名。

12月8日　虹口区青保办主任秦以祥来学校做禁毒报告。

12月12日　学校教代会通过《加强科学管理，提高队伍素质，增强凝聚力，争创一流学校》的决议。

12月20日　学校校办厂荣获虹口区质量管理先进企业称号；朱理根被评为优秀工作者；陆美华、沃秀珍被评为虹口区校办产业单项先进个人。

12月26日　工会第七届教代会第二次会议通过《奖金分配修改方案》。

12月29日　虹口区人民政府发文（虹府免〔1997〕134号文件），决定陆继椿不再担任华东师范大学第一附属中学副校长职务。

　　　　　由学校团委、学生会组织举办了"冬之韵——1998附中元旦文艺会演"，迎接新一年的到来。

是月　　　学校党总支被评为虹口区教育系统先进基层党组织。由市委宣传部、市科委、市教委、市科协共同发布的上海市科普"四个一"工程1997年度光荣册中，学校被命名为上海市科技教育特色学校。学校被评为上海市计划生育先进集体。学校学生张震宁荣获上海市第一届胡楚南奖学金杰出学生奖。

1998 年

1月

1月24日　学校在新广路20号举行中层干部、校务委员、校领导教育研讨会，对如何进一步推进素质教育，开设选修课、活动课，如何贯彻学生主动发展、以学生为本的思想，提高学生学力等问题进行了研讨，区政府督导室常务副主任盛逸民参加了研讨会。

1月28日　上海市体育运动委员会发布通知，陆江山被评为1994—1997年度全国优秀裁判员。饶志刚被虹口区人民政府授予1997年度虹口区科技育苗奖。

2月

2月16日　区教育局在学校举行张思中外语教学法推广基地揭牌仪式，区委副书记施耀新、宣传部部长张旺耀、区教育局党委书记邢继祖、副局长陈宗义出席揭牌仪式，大会由宋耀生校长主持，施耀新、张旺耀为基地揭牌，施耀新在会上做了重要讲话。

2月17日　上海市科协、市少科站、虹口区科协、区少科站来校审查学校申报上海
　　　　市科技特色学校工作。区科委主任蒋振立、区教育局副局长景观宗参加。

2月19日至24日　上海市教科所金辉等6人来校听课，并召开年级组长及教研组长
　　　　座谈会，与教师张琼、刘定一、郑华方等进行座谈。

3月

3月7日　学校组织民主党派成员赴浦东新区教育培训中心参观学习。

3月13日　虹口区政协召开九届常委会第三十七次会议，经协商决定，学校宋耀生、
　　　　吴传发被推选为中国人民政治协商会议上海市虹口区第十届委员会委员。

3月14日、15日　学校组队参加上海市头脑奥林匹克（OM）比赛，荣获第三名，指
　　　　导教师饶志刚被上海头脑奥林匹克协会评为1997年度上海市头脑奥林匹
　　　　克活动优秀教练员。

3月23日　学校举行家庭教育研讨会，家委会会长应建国在会上讲话。在上海市中
　　　　学生国土知识墙报评比中，王民获三等奖。

3月25日　四川北教育小区心理健康中心成立揭牌仪式在学校召开，教育局党委副
　　　　书记孙雪芬、副局长陈宗义出席会议。

3月30日　区政府督导室来学校进行行为规范工作检查。学校学生张骋中、章循、
　　　　胡振亮获上海市中小学生车辆模型竞赛直线电动车比赛中学组二等奖。
　　　　学校学生戚万莉获第一届双语杯英语竞赛即兴演讲一等奖。

3月31日　学校组织初一、初二学生赴上海体育场及烈士陵园参观。

是月　　学校被评为上海市虹口区校办产业1997年度先进集体，陆福昌被评为先
　　　　进个人；陆美华、沃秀珍、李伟民被评为单项先进个人。在虹口区教育系
　　　　统1997年"树、创、献"活动中，学校获先进单位称号，陈奕望获先进
　　　　个人，高一年级组获百个优秀班组称号，高三年级组及金贻德获局表彰。

4月

4月1日　虹口区教育局副局长陈宗义、叶国梁，计财科科长俞松琴，会同基建站
　　　　有关人员来校商讨附中翻建办公楼等事宜。

4月10日　扬州大学附中9位教师来校参观。

4月16日　在上海市重点中学高中生英语演讲比赛中，学校高二学生何灵、陈凯荣
　　　　获二等奖，指导教师为郑华方。

4月23日　在上海市第11届光明杯中学生作文竞赛中，学校学生吕静荣获一等奖，

麦挺、王质韬荣获二等奖，叶文静、蒲秋兴荣获三等奖。

4月27日　国家教委校长培训中心第二期香港中学校长研修班一行16人前来学校访问，听取了教学科研汇报，会上张思中介绍"张思中外语教学法"体系，宋耀生校长介绍学校科研工作。

4月28日　学校大礼堂举行高三年级"十八岁成人仪式"，会议邀请家长代表、虹房集团十佳青年夏建荣参加，并在会上发言。

4月29日　教科所金辉等人来校讨论《建设21世纪的一流精品学校——华东师大一附中建设示范性高级中学发展规划（讨论稿）》的修改。

是月　　学校学生舒彼得在上海市初中数学竞赛中荣获一等奖。在上海市第12届初中物理竞赛中，学校学生王之任荣获一等奖，丁乐平荣获二等奖，赵晨、潘吉彦获三等奖。

5月

5月7日　学校陈耀国被评为虹口区现代教育技术实验学校虹口区电化教育先进工作者。

5月8日　《上海科技报》以图片新闻的形式，报道了香港16所中学校长来学校听取英语特级教师张思中所做的外语教学法的经验介绍情况。

5月14日至21日　学校举行1998年附中艺术节活动，活动内容有"我心中的好老师"演讲比赛、"百年恩来"读书心得作品展、"卡拉OK"青春歌手大赛、"科技制作展示"、"附中服装设计大赛"作品展、"附中第二届贺卡设计大赛"作品展、"附中十佳礼仪学生"总决赛暨附中学生会、团委学期活动颁奖大会、摄影讲座及附中摄影大赛等。

5月18日　学校教师卓国诚被评为上海市劳动模范。同日，《虹口报》对卓国诚的先进事迹进行了相关报道。

5月21日至6月5日　学校第七届第三次教代会开幕，中心议题：一、建设21世纪的一流精品学校——华东师大一附中建设示范性高级中学发展规划。二、华东师大一附中津贴发放修改（补充）方案。讨论通过津贴修改方案。

5月22日　在1998年"天原杯"全国初中化学（上海赛区）竞赛中，学校学生蔡颖获二等奖。

5月26日　在上海市第11届中学生"敬业杯"游泳比赛中，学校荣获团体男子高中组第四名、女子高中组第二名、男子初中组第三名、女子初中组第六名；邵国栋荣获200米自由泳（男高）第一名、400米自由泳（男高）第一名；赵凯荣获 100 米蝶泳（男高）第一名；徐婷荣获 400 米自由泳（女高）第一名；董蓓蓓荣获 100 米仰泳（女高）第一名，200 米仰泳（女高）第一名；林培卿荣获 50 米蛙泳（男初）第一名；徐妍玮荣获 100 米自由泳（女初）第一名、200 米自由泳（女初）第一名；方玮荣获 200 米蛙泳（男高）第二名；徐婷荣获 50 米蝶泳（女高）第二名；丁忱欢获 200 米混合泳（女高）第二名。

5月28日　学校学生舒彼得在 1998 年全国（上海赛区）初中数学竞赛中荣获一等奖。学校在上海市首届大学生定向越野比赛中荣获高中男子标准距离团体第一名。在上海市首届大学生定向越野比赛中，学校荣获高中女子团体第二名。

6月

6月3日　在 1998 年上海市青少年（快捷杯）车辆模型比赛中，学校学生饶亮获 1/10 电动房车学生组第一名；肖隆飚获 1/12 电动公路车学生组第二名；杨逸俊、饶亮分别获得学生组第三名、第五名；肖隆飚获公开赛组第六名；肖隆飚、杨逸俊分别获得 1/10 电动越野车学生组第一名、第二名，公开赛组第三名、第四名；杨逸俊、吴佳骏分别获得 1/8 电动公路车学生组第一名、第三名；杨逸俊获公开赛组第四名；叶定盛获 1/8 内燃越野车学生组第三名。

学校教师吴燕被评为虹口区新长征突击手。学校教师蔡爱莉获评 1997 年度虹口区优秀科技辅导员。

学校学生方啸获 1998 年上海市"白丽社区杯"高二化学竞赛一等奖，胡秉桢获二等奖。

6月7日　上海市科普工作联席会议办公室发布通知，学校获 1997 年度上海市科技教育特色学校称号，全市仅 21 所学校获此殊荣。

6月8日　学校教师崔乐美被评为 1998 年度上海市优秀教育工作者。

6月9日　学校学生舒彼得获上海市中学生数学竞赛一等奖；王质韬、陆汝卿获上海市初中英语竞赛二等奖，殷铮、蔡颖、连瑶华、卢韵如获三等奖。

6月18日　在上海市中学数学教研论文评优活动中，学校教师吴传发的论文《中学数学思维训练和问题解决——课程与教材的实验设计》荣获一等奖。该论文被中国教育学会中学数学教学专业委员会评为优秀论文，授予二等奖。

6月19日　在全国青少年"追求真善美，抵制假恶丑"有奖征文活动中，学校学生赵薇佳获三等奖，倪哲昀、张佳丙、吴海瑾、黄沽莹获优秀奖，卫炜获鼓励奖。

6月22日　在1998年上海市中学生化学竞赛暨全国化学竞赛上海赛区初赛中，学校学生方啸获一等奖，胡秉桢获二等奖。

　　　　　虹口区人民政府发布任职通知（虹府任〔1998〕46号文件），学校副校长郎建中调任北郊中学校长。

6月26日　学校高三1班被评为上海市先进班集体，班主任焦国芬；高二1班赵薇佳被评为上海市三好学生；初三5班被评为上海市雏鹰中队；高一1班被评为虹口区优秀队集体；高一1班戚万莉、高一5班薛琳、高二3班杨雯君、高二4班陈勘凯、高二5班黄靓、高三2班陈颉被评为虹口区三好学生；高二6班被评为虹口区新长征突击队；初一1班施艳雯、初一2班张鹰、初二曹丽被评为虹口区优秀少先队员。

是月　　　在第9届全国青少年发明创造比赛和科学讨论会上，学校学生许尔东荣获科学论文三等奖；在上海市第9届青少年创造发明比赛暨第11届青少年科学讨论会上，许尔东的论文《水样中Cu^{2+}浓度测定方法比较——综合剂的选择》获一等奖，教师蔡爱莉荣获优秀指导奖。学校获虹口区"九五"师干训先进单位称号，虞永红获评先进专管员。在"新沪杯"虹口区青年教师"三字一文"竞赛中，学校教师张琮、金晓文获三等奖。

7月

7月2日　学校在大康度假城举行1998年暑期研讨会。会上就进一步推动课程教材改革，"学力人格教育"，培养学生科学探究能力，加强师资队伍建设，全面提高各类学生的素质等课题进行研讨。

8月

8月18日至27日　高一年级学生由空军高炮八旅任教官开展军训。

8月29日　在金海豹杯1998年上海市少儿象棋锦标赛中，学校荣获少年男子组团体冠军。在1998年上海市车辆模型锦标赛中，杨逸俊获无线电遥控1/8内燃公路车冠军，吴佳骏获亚军，叶定盛获季军；饶亮获无线电遥控1/12电动公路车冠军；叶定盛获无线电遥控1/8内燃越野车冠军；于冰获无线电遥控1/10内燃房车冠军，傅晨怡获亚军；于冰获无线电遥控8501

车冠军，任健获亚军；肖隆飚获无线电遥控摩托车冠军；肖隆飚获无线电遥控 1/10 电动越野亚军。学校荣获上海市行为规范示范校（第三批）称号。

9 月

9 月 8 日　应香港浸会大学语文中心邀请，学校教师李燕赴港参加"香港小学学童普通话能力发展研究"的课题研究。

9 月 9 日　在全国高中生语言文字应用规范知识电视邀请赛中，学校荣获三等奖、组织奖，李燕获指导老师奖。在《星星擂台——五省市高中生知识竞赛》中，学校荣获冠军。

9 月 10 日　庆祝第 14 届教师节暨海隆、四平、家化、华澳、晨兴奖颁发，区有关领导卢丽娟、卢方等 9 人出席大会。

9 月 18 日至 23 日　澳大利亚威仕途学校 6 人来校访问。

9 月 22 日　方武勇在上海教委教研室开展的中学选修课程实施经验论文评比中获三等奖。

9 月 29 日　《上海中学生报》以"'跨一步海阔天空'——记华东师大一附中高中生跨学科研究活动"为题，介绍了以刘定一为主在学生中开展跨学科教学活动的情况。

9 月 30 日　经虹口区教育局批准，汤永容、赵德明、蔡爱莉、崔乐美、李燕、李莎莉 6 位教师为中学高级"明星"教师；批准蔡国元、方小慧、王远、黄群英、周军红、金晓文、徐赋葆 7 位教师为中级 B 级"明星"教师。崔乐美被评为 1998 年全国优秀教师。

10 月

10 月 16 日至 29 日　应威仕途学校校长邀请，学校以宋耀生校长为团长，何福山、王关良、张红娣及虹口区教育局副局长许金莲，虹口区外事办公室副主任魏志云等 6 人组成的教育代表团，赴澳大利亚参加威仕途学校建校 35 周年校庆。

10 月 25 日至 30 日　学校高二年级赴上海川沙孙桥农场进行为期六天的学农活动。

10 月 30 日　《上海教育报》以"走在创新教育的前沿——华东师大一附中探索高中跨学科研究活动综述"为题，报道了学校在部分班级开展跨学科教学活动两年多来取得的成效。

是月　　　学校召开第三十七届学代会和第二十六届团代会。

11月

11月1日　《读者导报》以"走进'同龄人'的内心世界——全国优秀教师崔乐美实践纪实"为题，整版报道了学校心理教师崔乐美潜心关注学生心理健康及在实践中所取得的成果。

11月21日　学校接待了日本天王寺中学代表团，两校进行了教育、教学经验交流，两校学生进行了座谈。

11月25日　学校许家驹被评为虹口区植树造林绿化先进个人。学校在1998年上海市布谷鸟学生音乐节合唱比赛中荣获重点高中合唱比赛二等奖。

12月

12月2日　华东师大党委书记陆炳炎、副校长马钦荣、虹口区副区长姚宗强、区教育局局长奚建华来一附中检查工作，听取了一附中校长宋耀生、校党总支书记胡国琳、副校长吴传发的工作汇报及发展思路。陆炳炎书记、马钦荣副校长、姚宗强副区长、奚建华局长对学校的发展极为重视，当即提出"区校共建一附中，以区为主"的设想。

12月4日　上海市教委、上海市红十字会、虹口区体育局、区红十字会来学校进行达标验收检查。

12月10日　接国家体育总局通知，学校教师陆江山前往泰国执行亚运会比赛监督、裁判任务。

12月11日至1999年1月8日　学校召开七届四次教代会，中心议题是进一步完善学校发展规划和办学目标，讨论通过了学校科研条例。

12月17日　学校学生周钦获1998年"杜邦杯"上海市中学生数学知识应用竞赛三等奖。

12月20日　学校教师徐志华被评为1998年虹口区教育系统优秀工会主席。

是月　　　学校被评为上海市第四届教育科研工作先进集体。刘定一被市总工会授予"上海市合理化建议和技术改进活动先进个人"荣誉称号，他是全市文教系统获此殊荣的唯一代表。刘定一、张青、李志敏、傅志良、陈南轩、毕红秋、陈奕望、区志华、饶志刚9位教师的论文《开创素质教育的新模式：高中生跨学科研究活动》荣获上海市第六届教育科研成果一等奖，崔乐美的论文《高三年级心理健康教育的实践与研究》荣获三等奖。

1999 年

1 月

1月3日　学校荣获上海市首届大学生定向越野高中女子组团体第二名。

1月7日　在上海市中小学生纸模型制作和设计竞赛中，学校学生杜洁琼、刘舜华获"泰坦尼克号"一等奖，杜洁琼、刘舜华获"法国国会大厦"一等奖。

1月13日　学校刘定一等的《素质教育的一项有益探索》荣获虹口区第六届普通教育科研成果奖一等奖；崔乐美的《高三心理教育课课程和教学的研究》、毕秋的《培养学习兴趣，强化学习动机》分别荣获二等奖；蔡爱莉的《有机合成教学中培养学生的认识能力的策略研究》、崔乐美的《吹散愁云》分别荣获鼓励奖。

学校参加上海市中小学生车辆模型竞赛荣获直线电动车团体二等奖。

学校荣获上海市"布谷鸟"学生音乐节重点高中合唱比赛二等奖。

1月30日　学校假嘉兴戴梦得宾馆召开寒假研讨会，主要研究市重点中学督导评估报告撰写工作。

学校高三学生方啸、胡秉桢在上海市中学生化学竞赛中分别荣获一等奖、二等奖。

是月　中国化学会表彰学校教师汤永容在全国高中学生化学竞赛初赛、决赛中对学生培训的工作。学校制订《华东师大一附中教工手册》，含学校简况、附中校训、校风、学风、教风、办学特色、岗位职责、规章制度等。

2 月

2月8日　崔乐美被中国心理卫生协会评为"中国心理卫生协会第一届优秀工作者"。

3 月

3月2日　学校参加上海市首届青少年定向越野赛，荣获高中女子组团体第二名。

3月8日　附中全体女教师与华初女教师共庆三八妇女节。

3月上旬　崔乐美荣获 1997—1998 年度虹口区三八红旗手称号。

学校学生张赟荣获"海文杯"上海市高三英语竞赛三等奖。

学校荣获 1999 年上海市中小学象棋冠军赛男子中学组团体第四名。

3月15日　学校管乐队在上海大剧院演出，参加幼丽艺术协作学校管乐队建队 3 周年汇报公演，周慕尧副市长在演出前看望了大家。市委宣传部副部长方全林、市府副秘书长殷一璀、市教育党委书记王荣华、区委副书记应蓓仪、区纪委书记张富宝、副区长姚宗强等领导观看了演出。

3月22日　虹口区人民政府发布虹府任〔1999〕12号文件，决定葛起超担任华东师大一附中副校长。

3月28日　学校被评为首届"新概念"作文大赛组织推荐奖；高二8班孙佳妮荣获一等奖。

3月29日至4月1日　华东师大一附中接受办学水平督导评估，市教育督导室副主任、国家督学俞恭庆，市教育督导室副主任、市督学张岚，市人大教科文卫办公室副主任潘熙等20余位领导和督学参加了督导。副区长姚宗强、区教育局党委书记孙雪芬、局长奚建华等也参加了自评汇报会。校长宋耀生做自评报告。市督导室督学通过听取汇报、查看学校各部门、深入教师听课、看资料、向家长和学生进行问卷调查、师生座谈等全面了解了学校的办学情况，并进行汇总。

是月　在上海市第12届作文大赛中，学校初三4班曹丽荣获一等奖。

4月

4月16日至4月30日　校第七届第五次教代会讨论通过《华东师大一附中实行聘用合同制实施方案》《华东师大一附中交通费津贴调整方案》。

4月17日　学校荣获第12届中国头脑奥林匹克竞赛初中组"翻山越岭"第一名。
学校学生陆连被评为上海教育报刊社《当代学生》杂志优秀学生记者。

4月25日　在上海市第10届运动会车辆模型竞赛中，学校高二学生杨逸俊荣获1/8公路车第一名，肖隆飚荣获1/10房车第一名。
学校高二学生戚励莉、金丽、陈韵荣获上海市重点中学高中英语比赛一等奖、二等奖。

5月

5月24日　学校在"'爱国荣校'上海市千校校歌革命歌曲大汇唱"中荣获优秀演出奖。
在虹口区中小学摄影比赛中，俞建伟的《貌合神离》《各有所好》分别荣获二等奖、优秀奖；徐亮、戚皓栋荣获优秀奖。

5月25日至6月5日　由少年报社负责组成中国参赛代表团，赴美国田纳西大学参加第 20 届头脑奥林匹克比赛。学校有幸被邀参加该项决赛，由胡国琳书记为领队组成 10 人代表队赴美参加决赛。

5 月 26 日　中共虹口区委发布虹委〔1999〕51 号文件，关于胡国琳等同志职务任免的批复，胡国琳任中共上海市虹口区教育学院总支部委员会书记，不再担任中共华东师范大学附属第一中学总支部委员会书记职务；孙稼麟任中共华东师范大学附属第一中学总支委员会书记。

5 月 31 日　虹口区人民政府发布虹府任〔1999〕29 号文件，决定孙稼麟任华东师范大学附属第一中学校长，宋耀生不再担任华东师范大学附属第一中学校长职务；同日，虹府任〔1999〕49 号文件决定宋耀生任上海外国语大学职业技术学院副院长。

是月　学校初三 4 班学生唐厚闻荣获 1999 年光明杯上海市初中英语竞赛三等奖。学校学生吴碧芸在第 10 届上海市"白丽社区杯"高二化学竞赛中获一等奖。

6 月

6 月 1 日　学校第七届第五次教代会通过了《华东师大一附中聘用合同制》，并从 1999 年 6 月 1 日开始签约，由校长宋耀生向中层干部、教研组长、教师等各级教职员工签约聘用合同。

6 月 7 日　学校参赛队荣获第 20 届世界头脑奥林匹克总决赛初中组"翻山越岭"项目组第四名。

6 月 23 日　上海市教委聘崔乐美为上海学校心理健康教育讲师团专题讲座教师，并被虹口区学校心理健康教育研究中心聘为虹口区心理健康教育讲师团成员。

学校高一学生张海之荣获"挑战杯"中国大中学生展望新世纪主题设计竞赛巨龙鼓励奖。

6 月 25 日　校长办公会议讨论决定学校中层干部的聘任，具体如下：教导主任方武勇，副主任任大洲、丁伟强；政教主任陈奕望；总务主任黄顺奎，副主任徐志华、唐家乐；科研室主任王远；校办主任项志良；人事干部方小慧；校办厂厂长陆福昌；团委书记兼少先队大队辅导员吴燕。

6 月 30 日　经华东师大一附中党总支讨论决定，评选第一支部庞坚铭、胡锦城，第二支部唐家乐、蔡宝珠，第三支部区志华、胡宝康为 1998 学年度先进党员。

7月

7月30日　学校被虹口区委、区人民政府命名为"虹口区拥军优属模范单位"。

7月至8月　学校利用暑期对教师办公室进行装修。

8月

8月5日至13日　应日本天王寺中学邀请，学校由校办主任项志良为团长，刘定一老师及学生蔡颖、顾颖等4人组成教育代表团赴日本对该校进行友好访问。

8月11日、12日　学校在虹逸招待所举行发展规划研讨会，校长、中层干部、年级组长、教研组长参加。

8月下旬　学校高一新生由空军高炮八旅教官组织进行军训。

9月

9月3日　上海市教委沪教委人〔1999〕40号文件，发布关于上海市人民政府批准学校刘定一、蔡爱莉为上海市特级教师的通知。

9月上旬　学校举行庆祝第15届教师节活动，表彰了先进教工，同时召开教工座谈会，教工代表热情发言。教师节期间学校还组织了丰富多彩的教学研讨会等活动。

9月30日　学校获评1997—1998年度虹口区文明单位称号。

是月　虹口区教育局发布关于高、中级"明星"教师批准的通知，学校教师崔乐美、陆江山为中学高级"明星"教师，黄玲为中级A级"明星"教师，黄群英、王关良、管维萍、胡家安为中级B级"明星"教师。在庆国庆全国中小学主题作文竞赛中，学校高二1班学生王质韬、唐婕人荣获上海市优秀奖。学校新任领导孙稼麟、葛起超、吴传发等特邀学校老领导陆善涛、蔡祖康、李承昌、徐英俊、季克勤、石源泉、陆继椿来校座谈，共商再创附中辉煌大计。

10月

10月13日　学校任大洲被虹口区人民政府授予"虹口区科技育苗奖"。

10月23日　创造"张思中外语教学法"的外语特级教师张思中迎来了从教50年的喜庆日子。来自全国各地的300余名代表聚会区青少年活动中心，庆贺张思中从教50周年。市委副书记龚学平、国家教育部基础教育司司长李连宁等分别致信或题词致贺。

10月25日至28日　教育部基教司在江苏召开全国普通高中课程改革研讨会，学校教师刘定一做了《跨学科研究课程》的报告，受到与会者的欢迎。

10月29日　由卓国诚率领荣获迎澳门回归——沪澳青少年互联网交流活动网页设计上海队一等奖的陈慧丽、周晓东、汪浩伟3名学生，赴澳门进行为期5天的科技考察活动。

10月下旬　学校高二学生赴奉贤五四农场开展学农活动。

是月　虹口区区长薛全荣、副区长姚宗强、区教育局局长奚建华，邀请华东师大领导陆炳炎、王建磐、马钦荣来学校视察，听取了孙稼麟等校领导关于学校发展的思路，共同商讨大学与区共建师大附中的发展规划。

11月

11月10日　全国知名中学科研联合体1999年常务理事扩大会在成都召开，华东师大一附中数学特级教师刘定一从一线教师角度所做的发言"素质教育与研究型课程的开发——从宏观到微观"引起轰动，成都西南交大附中与一中聘请吴传发副校长和刘定一前去讲学。

11月13日　云南省文山州富宁县第一中学校长熊友武、第二中学教导主任何跃峰到学校开始为期五周的校长见习生活。他们将参与学校的教育、教学、管理等全面工作，食宿在校。这是学校支持希望工程的一种新形式。

11月15日　华东师大一附中举行虹口区教育系统邓小平理论"三进"工作交流活动。学校青年教师孟佳敏、陈明青用多媒体教学展示课的形式进行了大会交流。中共虹口区委副书记施耀新出席了这次活动，并做了重要讲话，高度肯定了华东师大一附中的邓小平理论"三进"工作。

是月中旬　学校数学特级教师吴传发撰写的论文《按照中学生数学思维的发展规律进行数学思维训练》，在中国教育学会数学教学专业委员会第九届年会上，被评为第三次全国中学数学教育优秀论文一等奖（上海市共获两个一等奖）。

11月19日　学校召开家委会全体会议，政教主任陈奕望向大家介绍了学校教育教学情况，家长在会上畅所欲言、积极交流。

11月26日　虹口区区长薛全荣、华东师大党委书记陆炳炎、校长王建磐前来学校商议共同建设华东师大一附中。一附中校长孙稼麟首先向区领导和华东师大领导介绍了学校近年来的建设和发展情况。薛区长就建设资金、发展方向、师资培养等问题做了重要讲话。华东师大党委书记陆炳炎和校长王建磐相继发言，充分体现了华东师大对附中发展的大力支持。区领导和华东师大领导的讲话给华东师大一附中的发展注入了新的活力。到华东师大一附中共商建设大计的领导还有：虹口区副区长姚宗强、局长奚建华、副局长叶国梁、主任周祖贻；华东师大副书记劳国民、副书记斯福民、副校长马钦荣。

11 月 30 日　在全国第二届教育科学优秀成果活动中，学校教师刘定一等的研究报告《高中生跨学科研究活动辅导》、张思中的专著《张思中外语教学法》分别荣获二等奖。

是月　学校高三 2 班学生陈尚斌、高三 4 班学生葛立在首届全国新概念作文大赛中荣获二等奖。在 1999 年"金海豹"杯上海市少儿象棋锦标赛中，学校荣获少年男子组团体第一名。在迎澳门回归——沪澳青少年互联网交流活动网页设计中，学校荣获团体第一名。

12 月

12 月 3 日　上海市政府督导室张岚副主任、市督学殷南华前来学校宣读对华东师大一附中办学水平的督导评估结果。督导室认为，学校近三年来的办学水平有较大幅度的提高，主要表现在：一、认真制订规划，办学目标明确，措施落实到位。二、科研领先，积极创新。三、重视师资队伍建设。四、学校发扬艰苦奋斗精神，充分发挥有限的教育经费与教育资源的作用。

12 月 21 日　学校学生朱佳娜、张丽在"健生杯"上海市中学生学习邓小平理论小论文竞赛中荣获一等奖。

12 月 22 日　学校教师陆江山被评为第三届胡楚南奖教金杰出奖。学校高二 6 班学生俞俊鑫荣获 1999 年上海市"一钢克浪杯"化学竞赛三等奖。

12 月 17 日至 31 日　学校召开七届七次教代会，讨论通过《华东师大一附中创建实验性、示范性高中规划》；讨论确定教研组办公形式及加强年级组功能的决议。

是月　由李及恩、林俊华、李恩琛组成的学校象棋队，在 1999 年"金海豹"杯上海市少儿象棋锦标赛中获少年组男子团体第一名。学校获上海市第三届青少年科技节先进集体称号。刘定一的教育科研课题《开创素质教育的新模式——高中生跨学科研究活动辅导》获第二届全国教育科学优秀成果奖二等奖。

2000 年

1 月

1 月 4 日　虹口区教育局副局长、区教育学院院长陈宗义来校指导工作，询问刘定一的"跨学科课程"课题进展情况，了解学校基建情况。

1 月 13 日　学校张锋被民盟虹口区委授予"优秀好盟员"称号。

1 月 18 日　上海市政府发展研究中心来校，对教育产业进行专题研讨。上海市发展研究中心郁青、虹口区政策研究所、区教育学院等单位出席。

学校获得虹口区"张思中外语教学法"先进集体的称号，李莎莉、毕红秋荣获"张思中外语教学法"教改论文一等奖。

1 月 21 日　学校被上海市三民科技节组委会评为上海市第三届青少年科技节先进集体。

1 月 25 日　市教科院普教所所长王厥轩受邀来校，对学校规划征求专家意见。

2 月

2 月 5 日　文汇报社摄影美术部来校拍摄附中彩页专刊照片。

2 月 23 日　《文汇报》教育画刊 12 版刊登《培养研究型学生，造就研究型人才》宣传学校，其中有华东师大一附中教育、教学、科研巡礼彩色照片及文字，照片共 18 张。

2 月 25 日　学校荣获 1999 学年度上海市"白猫杯"青少年应用化学与技能竞赛初中组团体第三名。

3 月

3 月 24 日　学校数学、物理教研组荣获虹口区第二届中小幼优秀教研组。任大洲的《语文学科特点是激活学生阅读兴趣的重要因素》荣获虹口区中小幼教师教学论文评比一等奖；管维萍的《效率从何而来——关于高中语文教学的几点思考》、金晓文的《多媒体在语文教学中的运用及思考》分别荣获二等奖；刘金玲的《浅谈学生写作激情的激发》荣获三等奖。

3 月 26 日　学校荣获 2000 年上海市中小学生象棋冠军赛中学组男子团体第一名；荣获 1999 年上海市青少年公园定向第一站高中女子组第三名、高中男子组第五名。

3 月 28 日至 4 月 6 日　学校高一年级前往奉贤五四农场参加为期 10 天的农村社会实践活动。

3月28日　学校荣获"中华杯"第二届新概念作文大赛组织推荐奖。

3月30日　学校学生戚万莉荣获1999年"海文杯"上海市高三英语赛一等奖。

是月　　学校的"基层女工工作剪影版面展示"被教育工会虹口区委评为特等奖。金晓文被评为1999—2000年度虹口区三八红旗手。在第14届中国上海头脑奥林匹克竞赛中，学校参赛队获得《鸟类奇事》高中组第一名，《音响第三组》高中组第二名。

4月

4月5日　为创建实验性示范性高中，华东师大一附中举行组室规划评议活动，虹口区督导室盛逸民、周祖贻以及市三女中校长何亚男等参加活动。

4月12日　"虹口区第一批市级骨干教师教学展示"闭幕式在学校举行，区教育局孙雪芬书记、奚建华局长和市骨干教师、导师出席闭幕式。学校的市级骨干教师卓国诚、毕红秋、丁伟强教学展示。

4月20日　学校学生赵奇琛参加2000年全国初中数学联赛荣获三等奖。在上海市第13届中学生作文竞赛中，学校学生王俊愉荣获一等奖，沈路荣获二等奖，蔡之嘉、罗婕、谢科佳荣获三等奖。

4月21日　中共虹口区教育局委员会发布《关于中共上海市华东师范大学第一附属中学总支部委员会委员、书记选举结果的批复》（虹教党组〔2000〕11号文件），同意孙稼麟为中共上海市华东师大一附中总支部委员会书记。孙稼麟、方武勇、葛起超、方小慧、项志良、金晓文、王旭平7位同志当选为中共上海市华东师大一附中总支部委员会委员。

4月25日　学校举行虹口区中学研究型教师培训基地揭牌仪式。会议由教育局党委副书记王立强主持。市教委副主任张民生到校祝贺，奚建华局长为基地揭牌。华东师大、虹口区教育局、教育学院、教科所以及10所虹口区高级中学领导出席揭牌仪式。

4月27日　教育部校长培训中心、第四期香港校长学习班16人以及教育部港澳台办公室、香港六校教育行政人员研修班20人来校访问。

是月　　华东师大一附中被评为虹口区推广"张思中外语教学法"先进集体；李莎莉、毕红秋获教改论文一等奖。高一年级组荣获虹口区新长征突击队称号、先进青年集体；蒋晓琳、郭备荣获虹口区新长征突击手称号。刘超、赵芳在虹口区青年教师英语朗诵演讲比赛中分别荣获特等奖、二等奖。学校荣获2000年虹口科技论坛"汽车与道路"辩论赛优胜奖。

5月

5月12日　　中央新闻教育采访团来校采访。采访团由中央电视台、人民日报、光明日报、中国青年报、瞭望杂志社、中央有线台等在京的8个新闻单位组成。

5月16日　　美国密歇根州立大学教育系专家来学校听取刘定一介绍跨学科课程等情况。

5月25日　　《中国青年报》教科文园地刊登名为"华东师大一附中开设研究型课程'学生论坛'选题排长队"的报道。

5月30日　　教育小区常委会在学校举行，讨论2000年小区工作计划。

是月　　　学校高二5班（班主任潘慧）荣获上海市中等学校"先进班集体"称号。陈国斌在1999学年度上海市高中青年数学教师教学交流与评选活动中荣获二等奖。

6月

6月3日　　学校高二学生潘吉彦在上海市第七届高二物理竞赛中荣获三等奖。

6月14日　　下午学校在南京饭店举行"贺陆善涛校长八十华诞，议一附中发展规划"活动。

6月23日　　华东师大一附中发布《关于学校中层干部职务任免的决定》，任命项志良为校务办公室主任，方小慧为人事干部；任命方武勇为教导主任，任大洲、丁伟强为教导处副主任；任命陈奕望为学生处主任，吴燕为校团委书记；任命徐善铭、唐家乐、徐志华为总务处副主任，由徐善铭主持总务处日常工作；任命王远为科研室主任；任命陆福昌为校办厂厂长。

6月30日　　学校举行青年教职工联谊会成立大会，孙稼麟校长出席并讲话，青联会会长张青代表组委会宣读《青联会章程》。

是月　　　在华东师大普教研究中心第六届科研大会中，吴传发的"按照中学生数学思维的发展规律进行数学思维训练"、韩亚成的"知识经济，内容产业，语文教改的新起点"荣获二等奖；《创设"实践性、研究性学校课程"的现代和实践》课题组荣获教科研先进集体；管维萍荣获教科研先进个人。学校荣获上海市少儿象棋锦标赛（分龄组）男子少年组团体第一名。

7月

7月1日　　学校发布《关于中共华东师大一附中总支表彰1999年度优秀党员的通

知》，学校郑华方、蔡宝珠、何福山、区志华、朱家宝、唐家乐、陈奕望等同志为 1999 年度优秀党员。

7月6日　学校与南京空军 86523 部队军民共庆七一党日主题活动，学理论、塑师德、铸军魂。会后表彰了学校先进党员，新党员进行入党宣誓。之后学校党员参观了导弹发射基地。

7月25日　学校举行退休数学教师王剑青追思会，葛起超副校长代表学校党政工介绍了王剑青的生平，虹口区教育局党工委副书记王立强以及附中党总支原书记、虹口区原副区长林葆瑞等数 10 人参加了追思会。

8月

8月5日　学校葛起超副校长应美国纽约国际文化艺术中心邀请赴美参加文化交流活动。

8月18日至27日　学校高一新生进行为期 10 天的军训，由空军导弹三旅教官协助军训。

8月20日　学校毕红秋参加市教委组织的市级骨干教师赴澳大利亚、英国进行为期一个月的短期进修。

8月30日　学校高三 2 班学生李兴华荣获 2000 年全国中学生生物学联赛三等奖和 2000 年上海市中小学环保征文比赛高中组三等奖。

9月

9月5日　虹口区教育局发布关于中小学高、中级明星教师批准的通知，经明星教师评审组审查，批准学校毕红秋、任大洲、王远、沈雅丽为中学高级明星教师；傅志良、黄群英、俞建伟、周军红、韩亚成、区志华、胡家安、金晓文为中级 A 级明星教师；李瑶、管维萍、沈立华、周源根为中级 B 级明星教师。

9月8日　学校与华初在新城酒店联合举行庆祝第 16 届教师节活动，孙稼麟校长、华初校长陈剑波宣读第 16 届教师节表彰名单。两校教师表演了精彩的节目，气氛欢乐、融洽，活动在轻松、愉快的气氛中结束。导弹三旅政委来校祝贺教师节。

9月9日　虹口区教育局举行虹口区第 16 届教师节评选活动，学校郑华方被评为"我喜欢的好老师"评选活动银奖；蔡宝珠荣获"我喜爱的好老师"提名奖；孙稼麟被评为"我心目中的好校长"；陈明青、韩亚成荣获虹口区

"我们今天怎样当老师"演讲活动优胜奖；韩亚成的《无悔的选择》荣获"我们今天怎样当老师"征文活动优胜奖；电化组荣获虹口区文明组室、虹口区教育系统文明组室。

9月15日　学校黄斌荣获虹口区国防教育先进个人。

9月16日　《文汇报》刊登《虹口区优秀校长、教师剪影，"再塑师魂、培育新人"》的照片报道，介绍了学校孙稼麟校长以及特级教师刘定一等的先进事迹。

9月19日　山东省教委4位领导在虹口区教育局局长奚建华的陪同下前来学校交流教育科研工作。

9月20日至10月5日　学校吴传发副校长随团前往美国进行为期15天的教育交流和考察。

9月27日　学校江源在全国第二届思想政治优质课评比中荣获一等奖。

10月

10月12日　学校举行2000学年度班主任工作"老带新结对"仪式。潘慧、曹迎辰，孟佳敏、蔡蕾、江源、蔡叔琦，钟立新、王贝宁、邢洁皓、许维颖、李瑶、陈耸，管维萍、黎芳，赵永江、袁珂等八对新老班主任结对。

10月17日　华东师大一附中第39届学代会开幕。附中团委书记曹丽致贺词，团委、学生会指导教师致开幕词，学会主席韩颖做第38届学生会工作报告，审议通过了工作报告，会上表彰了学生会优秀干部并颁发奖状。

10月18日　学校举行2000年教学工作新老教师"结对带教"会议。江源、陈耸，金晓文、王贝宁，区志华、许维颖，焦国芬、袁珂，钟勇、蔡蕾，邢洁皓、蔡叔琦，庞坚铭、张霁，端霄燕、邬文敏，俞建伟、陆韵婷等九对新老教师结对带教。

10月18日至22日　受上海市体育局邀请，陆江山前往上海市水上运动场担任2000年全国赛艇锦标赛大会副总裁判长。

10月20日　香港课程发展议会上海访问团来校听课、交流。

10月21日　学校教师任大洲、马翌民等参加的全国教育科学"九五"规划教育部重点课题、国家科技部重点项目、国家教育部重点科学技术项目"中小幼科技教育研究"，完成了研究任务。经全国教育规划领导小组办公室组织的以卓晴君为组长的专家鉴定组鉴定，项目获得通过。

10月28日　学校唐姻雯、牛志霄分别荣获E一代作文比赛一等奖、优胜奖。

10月30日　在《作文通讯》"文曲星"EDU杯第四届全国中学生作文大赛中，学校学生徐婉青、朱莹、卞沙沙、王青、朱青、徐青、凌隽仪、愁晨、乍侃、戴吉如荣获优秀奖。

10月31日　学校举行晨兴奖颁奖大会。中国科学院院士、上海首席科学家、上海药物研究所所长、1962届校友陈凯先来校做报告，题为"今天我以附中为荣，明天附中以我为荣"。

是月　　　学校召开家长委员会代表会议，并在会上颁发家长委员会委员聘书。学校荣获虹口区"张思中外语教学法"科研成果推广先进单位。虹口区教育系统思想政治工作研究会在学校举行，区教育局党工委副书记王立强出席会议并讲话。

11月

11月3日　学校学生潘吉彦参加第17届全国中学生物理竞赛（预赛）上海赛区"英才杯""南洋杯""复华杯"荣获二等奖。

11月7日　虹口区教育局对学校校舍进行检查。

11月17日至24日　学校召开第八届第一次教代会，教工正式代表28人，列席人员12人。审议通过了《关于调整校内第二次分配部分条款的若干意见》，选举产生了大会主席团成员和第八届教代会代表。

11月18日　在2000年上海市"延安杯"第一届重点中学田径比赛中，学校高二7班学生陈祝超、韩晶荣获女子组1500米第一名、第四名；张鑫荣获女子组跳高第三名；王艳艳荣获女子组铅球第四名、800米第六名；曹文静荣获女子组跳远第六名，秦永康、袁征宇分别荣获男子组跳远第三名、第五名；陆海宁荣获男子组铅球第六名；左慧敏荣获男子组100米第六名；周妍琼荣获女子组100米第三名；沙忆君荣获女子组200米第三名。

11月20日　学校学生周晓沧、谢晶欣分别荣获2000年全国高中数学联合竞赛一等奖、三等奖。

11月22日至26日　日本天王寺中学代表团访问学校，学校举行了隆重的欢迎仪式，代表团与全校师生见面，参观校园、听课、与学生联欢座谈，并游览了苏州、无锡等地。

11月27日　在虹口区中学生广播操比赛中，学校荣获第三名。

11月28日　华东师大一附中第五届科技节隆重开幕。虹口区副区长姚宗强、虹口区教育局党委书记孙雪芬、复旦大学、华东师大、虹口区各高中、市重点中学校长等出席会议。校长孙稼麟在会上做报告，并向各位顾问颁发证书；葛起超副校长宣布学生获奖名单；科技顾问团顾问、中国科学院院士陈凯先，虹口区科委主任、科协主席蒋振立讲话。

11月30日　华东师大一附中举行研究型课程研讨会。虹口区各高中、市重点中学校长、科研主任、市民进组织、教育系统民进人士参加了研讨会。刘定一向大会介绍《跨学科研究型课程》；毕红秋、潘慧开设学科研究性课程公开课；张青介绍学生开题报告。

是月　学校荣获2000年虹口区科技论坛优秀组织奖。华东师大《普教信息》2000年第8期刊载了《推进素质教育、培养创新人才——华东师大一附中隽星第五届科技节》的报道文章，介绍学校开展科技教育的相关情况。

12月

12月4日至15日　华东师大一附中举行"继传统、求发展、创特色"主题教学公开课。公开课指导思想是加强课堂教学研究，探索新型教学模式，充分挖掘师生潜能，努力提高课堂效率。本次公开课开设学科11门，执教人数达22位，参加听课人数为720人次。本次活动共评出一等奖2名、二等奖4名、三等奖6名。刘超、赵丽君获得一等奖；张锋、蔡叔琦、张华忠、蔡蕾获得二等奖；韩亚成、陆韵婷、黎芳、郭文敏、周馨、陈耸获得三等奖。

12月4日　虹口区举行中学生广播操决赛，学校荣获三等奖。
温州市教委教研室组织35人访沪团来学校听课，交流教学、科研情况。

12月7日　学校与四川省绵竹中学签订建立友好学校的协议，学校孙稼麟校长及绵竹中学校长刘少康分别在协议书上签字。

12月8日　学校对领导干部进行评议。

12月12日　国家级评审员方琳、刘秀文、朱美新等9人组成的档案管理评审组对学校档案管理升国家二级先进进行预审。预评审会由虹口区档案局夏才春主持，学校领导孙稼麟介绍达标准备情况，办公室主任项志良汇报升级自查报告，评审组进行实地考察及反馈预审意见。2001年1月5日，学校通过了国家二级评审。

12月19日　附中学生会开展"十佳"学生评选活动，评出高一4班黄丽萍、高一5班高莹洁、高二1班许欣、高二3班卢佳妮、高二9班吴霞、高三1班部佳、高三2班乔钲、高三3班殷铮、高三4班陈蓉、高三6班张海立等10名学生为附中"十佳"学生。

12月14日　《青少年科技报》以图片新闻的形式报道了学校隆重举行第五届科技节，以及学校在科技活动中多次代表中国参加世界中学生科技比赛并取得可喜成果的情况介绍。

12月20日　学校学生舒彼得、陈牧之分别荣获2000年"杜邦杯"上海市中学生数学知识应用竞赛二等奖、三等奖。

12月21日　学校被中国创造学会创造教育专业委员会批准为中国创造学会创造教育实验基地。

12月25日　下午，虹口区邓小平理论"三进"工作交流会在学校举行。会议由虹口区教育局党委副书记王立强主持，华东师大一附中教师孟佳敏介绍其主编的《高中生邓小平理论简明教程》及其多媒体辅助课件，大会向其颁发邓小平理论"三进"工作优秀教研组奖、优秀示范课奖、优秀课件奖、优秀小论文辅导奖；大会还向第二届全国优秀课评比一等奖获得者江源颁奖。市教委德育处叶大放、市委宣传部干教处朱响应、虹口区教育局党委书记孙雪芬、虹口区委委员施耀新等领导出席会议并讲话。

12月29日　华东师大一附中举行元旦文艺会演。

12月30日　学校学生潘吉彦参加2000年上海市"上师杯"青少年物理实验竞赛荣获一等奖。学校举行2000学年度第一学期评选学校优秀教师活动，第一轮共推选出优秀教师候选人25名；第二轮选出优秀教师候选人6名；然后在全校家长会上播放，由家长根据自己的感受投选票，最终选出2名荣获2000学年华东师大一附中优秀教师称号的教师。在2000年上海市中学数理科应用现代教育技术教学评选活动中，学校教师区志华荣获一等奖、童嘉旗荣获二等奖、陈国斌荣获三等奖。江源荣获上海市中学思想政治课教学一等奖。孙稼麟校长荣获上海市治安保卫先进个人，并荣获2000年度虹口区内保系统优秀治安责任人。

2001 年

1 月

1月11日　学校被评为科技事业单位档案管理国家二级单位。

1月12日　学校获2000年度虹口教育系统干部年终考评领导班子集体记功奖励。

1月19日　学校在"中华杯"第三届全国新概念作文大赛活动中荣获组织推荐奖。

2月

2月27日　上海市实验性示范性高中规划评审，专家组来校评审，由市教委基教处处长余利惠主持。

是月　　学校荣获虹口区"迎接新世纪，铸造新师魂"振兴中华读书活动先进单位。

3月

3月12日　学校开展"学雷锋、献爱心"活动，向市三女中学生裴颖捐款。

3月19日　在中国上海第14届头脑奥林匹克（OM）大赛颁奖大会上，学校荣获"机器宠物"高中组第一名、"鸟类奇事"高中组第一名、"音响"高中组第二名。

3月23日　学校参与全国教育科学"九五"规划重点课题《重点中学实施素质教育的途径与方法》的子课题《激发学生积极主动参与课堂教学活动的实践与理论研究》按时结题。

是月　　学校英语教研组获市第八届中学生科普英语竞赛团体三等奖。孙稼麟、陆福昌荣获虹口区2000年度校办产业先进个人。学校被列入进行上海市"学习型家庭推展100行动计划"研究基地。

4月

4月18日　孟佳敏获得第三届"虹口十佳青年"荣誉称号。

4月25日　学校被评为1999—2000年度上海市文明单位。

是月　　孙稼麟校长被评为上海市劳动模范。学校荣获2000年度虹口区红旗团组织称号。

5月

刘超荣获2001年上海市中小学英语教师演讲、朗诵比赛一等奖。王远荣获全国重点科研课题管理先进工作者称号。孙稼麟校长荣获全国教育科学"九五"规划重点课题管理优秀校长奖。学校荣获上海市行为规范示范学校。

毕红秋在2000年度第一届全国中学素质教育课堂教学精品课（现场课）比赛中荣获二等奖。学校在第8届上海市"新沪杯"中小学法律知识竞赛中荣获二等奖。符杰普荣获虹口区先进工作者称号。

6月

6月28日　学校编写的《邓小平理论高中简明教程》在虹口新华书店举行首发仪式。

是月　　学校在2001年上海市少儿象棋锦标赛中荣获男子16岁组团体第一名。
　　　　学校荣获虹口区教育系统先进基层党组织称号。

7月

7月2日　原虹口区法院办公楼（中州路10号）移交学校使用。

7月5日　应日本天王寺中学校的邀请，学校组成由校办公室主任方小慧为团长的
　　　　4人代表团访问该校。

7月9日　校友杨文英女士来访，了解学校困难学生情况等事宜。

7月11日　韩亚成的论文《建构作文创新评价体系的实践和思考》在"敦煌之夏"
　　　　全国中学作文创新研讨会上荣获特等奖。

7月20日　学校电化组被评为2000年度上海市文明组室。

8月

8月10日　在2001年全国青少年车辆模型锦标赛上，高一学生于冰、任建荣获1/10
　　　　电动房车、1/10电动越野车项目冠军。

是月　　吴传发副校长被评为上海市第5届教育科研工作先进个人。学校被评为
　　　　虹口区第五届教育科研先进集体。学校通过了创建实验性示范性高中规
　　　　划的初级评审。学校荣获2001年全国青少年车辆模型锦标赛团体总分第
　　　　一名、电动房车第一名、电动越野车第一名、奥迪房车第三名。区志华
　　　　荣获全国"TI技术与中学数学教学改革"优秀成果奖一等奖。

9月

9月3日　虹口区委书记孙卫国、副区长姚宗强、区教育局书记孙雪芬来学校视察
　　　　开学工作。

9月9日　《文汇报》头版头条通栏标题报道《让学生从"鼹鼠"变"镜片"——记华
　　　　东师大一附中研究型教师刘定一》文章，并配发短评《向研究型教师致敬》。

9月19日　《上海中学生报》头版报道华东师大一附中研究型教师刘定一的文章"修
　　　　身"课：《从研究自己开始》。

9月29日　新世纪中学教学论坛第二届会议在上海市召开，孙稼麟校长、刘定一分
　　　　别做报告。

是月　　在虹口区第七届普通教育科学研究成果评比中，刘定一、张思中的论文

分别荣获一等奖。陈惠萍获虹口区园丁奖。学校被评为上海市优秀家长学校。江源荣获上海市优秀教育工作者称号；郑华方荣获上海市园丁奖；胡世浩荣获上海市"教书育人，为人师表"从事教育工作三十年的荣誉称号。在2001年上海市中学数理科应用现代教育技术教学评选中，学校教师区志华荣获二等奖，许维颖、童嘉旗荣获三等奖。

10月

10月11日 根据虹口区教育局虹教任免〔2001〕64号文件决定，方武勇任华东师大一附中副校长（试用期一年）；陈奕望任华东师大一附中副校长（试用期一年）。

11月

11月23日 上海市总工会发布授予孙稼麟为"2001年上海市职工信赖的好厂长（校长）"称号的决定（沪工总基〔2001〕204号文件）。

是月 学校荣获虹口区第五届教育科研工作先进集体；孙稼麟、王远荣获虹口区第五届教育科研先进个人。符杰普、管维萍当选为虹口区青联会第三届委员会委员。

12月

12月9日 山东省兖州市教委与学校签订合作办学协议书。

12月22日 刘定一荣获上海市第四届胡楚南奖教金杰出奖。

是月 学校荣获上海市第四届青少年科技节先进集体。吴传发副校长荣获上海市第五届教育科研工作先进个人。在上海市第三届中学生科学课题研究评比展示活动中，符杰普指导的学生论文《关于帆船所受前推力的大小与船帆和风向的夹角之间的关系的理论推导及实验验证》荣获一等奖。学校荣获虹口区第16届现代教育技术先进集体称号。学校荣获2001年度虹口区教育系统培养中青年骨干教师先进集体称号。

2002 年

1月

1月2日 学校荣获上海市"师生同乐"奥迪遥控电动房车竞赛高中组团体冠军。

2月

2月8日　学校荣获 2000—2001 年度虹口区校务公开工作先进单位。学校召开第一届学生研究所成立大会。

3月

3月3日　学校在上海市中小学生象棋比赛中荣获男子团体第一名。

3月5日　高一学生于冰荣获上海市"附强杯"青少年无线电遥控车辆模型比赛第一名。

3月16日、17日　学校荣获上海市第15届头脑奥林匹克（OM）比赛"变色龙一队"高中组第一名、"变色龙二队"高中组第四名、"旅行奇遇"高中组第一名、"能组合拆开的结构"高中组第四名。

3月23日　学校与美国纽约平原中文学校签订举办中美学生夏令营活动的协议书。

是月　学校荣获中国上海第15届头脑奥林匹克比赛（虹口赛区）优秀组织奖。学校语文教研组荣获虹口区文明班组称号。

4月

4月1日　台湾嘉义大学余玉照、沈添钲先生来学校进行教育交流。

4月27日　《中国教育报》报道华东师大一附中面向全国招收应届初中毕业生的情况。

4月30日至5月5日　高一学生王世雍赴香港参加"港沪新三地高中学生交流"活动。

是月　学校团委荣获 2001 年度虹口区"红旗团组织"称号，孟佳敏荣获虹口区"新长征突击手"称号。

5月

5月21日至6月2日　在美国举行的第23届世界头脑奥林匹克高中组竞赛中，学校参赛代表队以 299.5 分的高分夺得亚军，这个成绩同冠军美国队仅差 0.5 分。

5月24日至27日　孙稼麟校长作为正式代表参加中共上海市第八次代表大会。

是月　学校学生钱旭昌、赵奇琛获市优秀团干部称号。上海三联书店出版由孙稼麟任主编、胡锦城担任执行主编的《朝花心语——华东师大一附中学生优秀作文集锦》一书，全书分为课堂篇、课外篇、获奖篇，共收录学生平时优秀作文 152 篇，获得上海市级以上竞赛获奖作文 43 篇。

6月

6月7日　《上海科技报》刊登华东师大一附中赴美参加第23届世界头脑奥林匹克竞赛的报道。

6月7日至20日　孙稼麟校长参加虹口区科委组织的代表团赴加拿大考察访问。

6月8日　周善瀛荣获第13届"希望杯"全国数学邀请赛数学竞赛优秀辅导员。

6月24日　根据虹口区教育局虹教任免〔2002〕29号文件决定，陈奕望因工作调动，不再担任华东师大一附中副校长的职务。

根据虹口区教育局虹教党干〔2002〕13号文件决定，项志良任中共华东师大一附中总支部委员会副书记，孙稼麟不再担任中共华东师大一附中总支部委员会书记职务。

6月30日　华东师大一附中与华一科技文化进修学校签订《关于扶助华一科技文化进修学校的协议》。

是月　学校陈敏、孙稼麟、毕红秋、陈超俊分别荣获"爱满天下"杯全国教师教育论文大赛优秀论文奖、一等奖、二等奖、三等奖。

7月

7月5日　学校对全国生进行招生考试。

7月19日至30日　学校组团赴瑞典等国参加定向越野瑞典五日赛的活动。

7月21日至8月17日　由葛起超副校长带队学校师生一行50人赴加拿大二埠教育局参加"育才欢乐暑期英语研习营"活动，提高学生的英语交流能力和国际交往能力。

8月

8月30日　"张思中外语教学法"荣获上海市职工技术创新成果奖。特级教师刘定一的"跨学科课程研究"荣获上海市职工技术创新成果奖。韩亚成的"高中文化信息课程的建构"荣获上海市职工技术创新成果奖。

是月　学校副校长陈奕望转任上海市虹口中学校长。区志华荣获2001—2002年度中国教育学会中学数学教学改革运用TI技术成绩一等奖。

9月

9月11日　下午，学校举办"教师——全国生温馨领教"活动签协仪式。

9月24日　学校召开第二届学生课题研究所代表会议。

9月26日、27日　学校迎来上海市实验性示范性高中规划中期评审，市教委专家组对学校规划的达成度非常满意。

是月　　　毕红秋被评为上海市特级教师。

10 月

10 月 18 日　人大代表来学校视察。

学校与上海市水电中学签订成立华东师大一附中教育科研实验学校的协议。

10 月 19 日　蒋晓琳获市"金爱心教师"一等奖。

是月　　　市教委认定孙稼麟校长为"上海市中学特级校长"。

11 月

11 月 10 日　根据民进市委 2002 年基层支部换届工作的通知，选举产生了新的华东师大一附中民进支部。俞建伟任主任、江源任副主任，委员是金贻德、潘慧、黄玲。

11 月 20 日　日本大阪市天王寺中学校来学校进行教育交流。

11 月 29 日　虹口区在学校召开学校自主发展报告会暨现代学校发展设计研讨会，专场讨论现代学校的教师专业发展。

是月　　　端霄燕的《让网页更加精彩》荣获 2002 年唯一数码奖全国教学设计方案评比优秀奖。

12 月

12 月 2 日　学校荣获首届"奥迪杯"遥控车模全国冠军赛 1/10 电动车项目青年组第一名，指导教师高华。

12 月 30 日　学校召开瑞虹新校舍迁建工程建筑设计方案专家评审会。区领导孙卫国、姚宗强、程光、孙雪芬、奚建华、叶国梁和规划局局长、华东设计院、同济设计院等专家来校投票。

是月　　　江源被评为 2001—2002 年度上海市优秀教练。学校被中国高等教育学会、中国教育报授予"中国西部地区教育顾问单位"称号。

2003 年

1 月

孙稼麟校长荣获 2002 年度虹口区教育系统干部年终考评记大功奖励。学校团委被评为 2002 年度上海市五四红旗团组织。

2 月

2 月 23 日　学校荣获 2003 年上海市中小学生象棋赛冠军。

3 月

3 月 6 日至 10 日　区志华参加市教研室组团出访美国，进行教育考察。

3 月 16 日　华东师大一附中荣获中国上海第 16 届头脑奥林匹克创新大赛第一名。

是月　陈明青荣获上海市教学实录《衡量人生价值的尺度》（高中组）一等奖。

4 月

4 月 1 日　江源获 2001—2002 年度上海市优秀教练称号。

4 月 2 日　学校高二 9 班荣获上海市先进集体称号。

4 月 4 日　上海市副市长严隽琪等领导来学校视察。

是月　孙稼麟校长荣获全国五一劳动奖章。

5 月

5 月 21 日　学校荣获上海市科技教育特色示范学校。

5 月 22 日　虹口区人大常委会组成人员、人大代表视察学校。

5 月 28 日　作为虹口区重点建设项目的华东师大一附中新校舍开工典礼在瑞虹新城举行。市教委副主任张民生、虹口区区长程光、虹口区政协主席葛文卿、虹口区教育局党委书记孙雪芬、区教育局局长王立强、华东师大一附中校长孙稼麟等领导出席了开工典礼。

7 月

学校被评为 2002—2003 年度虹口区先进基层党组织。

8 月

学校被评为 2001—2002 年度上海市文明单位。

9 月

陈敏、李蒸荣获第四届沪、港、澳与新加坡四地中学生读书征文活动优秀指导奖。傅志良荣获上海市优秀科技辅导员称号。韩亚成被评为虹口区教育系统"十佳"青年。

10 月

10 月 8 日　学校被评为 2003 年上海市金爱心集体。

10 月 26 日　瑞虹新校址动迁工作已完成总量的 24.1%（签约 219 户）。

11 月

11 月 1 日　瑞虹新校区学生公寓一层结构开始绑扎顶板和墙板钢筋，准备浇注混凝土，可行性研究报告已报市计委审批，扩初设计文本已编制完成并报市建委进入审批程序，基地周围环境经街道大力整顿已明显好转，为工程建设创造了良好的外部环境。

11 月 12 日至 16 日　由吴传发副校长为团长的 4 人代表团赴日本大阪天王寺中学进行友好访问。

是月　学校荣获 2003 年虹口区"育兴杯"信息科技竞赛团体一等奖。学校被评为虹口区第 7 届现代教育技术先进集体。学校荣获 2003 年上海市中学生定向越野赛高中男子团体第二名、女子团体第三名。学校荣获 2003 年上海市中小学游泳比赛男子丙组总分第二名。陈明青荣获第 3 届全国思想政治优质课交流二等奖。邬文敏荣获虹口区第 7 届现代教育技术先进个人、优秀指导教师称号。

12 月

12 月 2 日　高华指导学生在全国第 2 届"奥迪杯"遥控车模比赛中荣获 1/10 电动房车公路赛第一名。

12 月 22 日、23 日　学校创建实验性示范性高中总结性评价会在校本部举行。虹口区副区长华东平、华东师大校长助理任友群、区教育局党委书记孙雪芬等领导出席。

12 月 26 日　虹口区委发布关于项志良任中共华东师大一附中总支部委员会书记的通知。

是月　学校被评为 2002—2003 年度虹口区青少年保护委员会先进集体。学校被评为虹口区拥军优属模范单位。孙稼麟校长获得"上海市优秀思想政治工作者"称号。

2004 年

1 月

1 月 6 日　学校民进支部获"民进虹口区委 2003 年度先进支部"称号。

1月15日　学校获"虹口区行为规范示范校"称号。学校获得2003年度虹口区教育系统干部年终考评领导班子记功奖励的有：孙稼麟、项志良、葛起超、方武勇、徐志华。

2月

2月4日　学校被列为"国家基础教育重点科研课题基地校"。

4月

4月5日　陆韵婷获虹口区中学教师教学基本功比赛一等奖。

5月

5月1日至7月15日　为适应全国生扩招，改造中州路校舍，图书楼四层、五层改建16间学生宿舍及配套盥洗室，校办厂旧厂房拆除改建4间学生宿舍。

5月20日　校第九届教代会通过关于教职工子女就读本校问题的若干规定。

6月

6月4日　学校与安徽省砀山县魏庙希望小学签订共建协议书。

6月25日　学校九届一次教代会审议通过学校新三年规划。

7月

7月10日至8月10日　学校由傅志良、王旭平、焦国芬带队组织学生30人赴加拿大二埠教育局参加"育才欢乐暑期英语研习营"游学活动。

8月

刘峥赴美国参加国际文化交流组织（AFS）组织的文化交流一年。区志华获"中学数学教学改革TI技术"一等奖。学校有5名学生入选参加AFS组织的国际交流活动一年，分别赴德国、意大利、美国、芬兰、瑞典。

9月

9月10日　李瑶、许强和傅志良、焦国芬、阮捷等分别获虹口区优秀班主任和优秀园丁奖称号。

9月15日　赵晶晶获虹口区第二届教师技能大赛一等奖。

10 月

10 月 1 日　中州路校区图书馆四层、五层窗户更换改善冬季保暖。

10 月 12 日　日本大阪天王寺中学师生一行 4 人到学校友好访问。

10 月 20 日　学校被授予上海市头脑奥林匹克活动特色学校。邢洁皓获上海市园丁奖。
丁伟强获"上海市优秀教育工作者"称号。

11 月

黄鉴锋在 2004 年全国中学青年数学教师优秀课观摩与评比活动中获一
等奖。

12 月

孟佳敏、许强在上海市中小学青年教师教学评选活动中分别获一等奖、
二等奖。张霈获上海市中小学中青年教师教学评选活动一等奖。

经上海市教育科学规划领导小组审议通过，上海市教育委员会批准，市
级课题"修身：师生的共同发展——高中阶段德育新途径的探究"被确
立为 2004 年度上海市教育科学重点项目，项目编号为 A0415。项志良为
课题组组长，成员有：刘定一、金晓文、王远、张青、韩亚城、欧志华、
李瑶、陈耸、陈明青、江源、许强、张志勤、陈洁、朱丽等，该课题结
题成果由北京教育出版社出版。

2005 年

1 月

孟佳敏获上海市中小学中青年教师教学评选活动一等奖，许强获二等奖。
学校获上海市青少年"白猫杯"应用化学与技能竞赛团体三等奖。

2 月

2 月 23 日　市教委基〔2005〕11 号文件决定：命名华东师大一附中为"上海市实验
性示范性高中"。

3 月

学校获上海市中小学行为规范示范校称号。在上海市首届现代学校发展
创意设计优秀案例评选活动中，学校的《解构与重组》获一等奖，《修

身》获二等奖。学校获上海市普教系统德育工作先进集体称号。李瑶获 2004 年度虹口区教育系统三八红旗手称号。

4月

4月1日　学校与美国休斯敦圣约翰学校在该校签订学术合作备忘录。

4月10日　孙稼麟校长在华师大召开的第一届国际名中学校长论坛上交流发言，介绍学校在培养研究型学生、造就研究型教师、打造研究型学校文化方面的情况。

4月15日　刘超获 2005 年上海市英语新教材青年教师教学展评（高中组）一等奖。

5月

5月26日　在虹口区政府举行以华东师大一附中为龙头的教育园区翻牌仪式，位于教育园区的飞虹中学、飞虹路小学分别翻牌为华东师大一附中实验初中和华东师大一附中实验小学。

5月27日　学校在第18届中国上海头脑奥林匹克大赛中获"特技车"高中组第一名。

是月　　学校获 2004 年度市科技教育特色示范学校称号，学校荣获 2003—2004 年度上海市文明单位称号。

6月

6月1日　学校获第26届世界头脑奥林匹克决赛高中组"特技车"冠军。

6月15日　学校数学教研组获 2005 年虹口区教育系统星级文明组室。

7月

7月21日　根据虹教党〔2005〕72 号文件决定，孙稼麟、项志良、金晓文、方武勇、王旭平、庞坚铭、刘超 7 位同志当选华东师大一附中总支委员会委员，同意项志良为中共华东师大一附中总支委员会书记。

8月

8月31日　在瑞虹新校区举行华东师大一附中新校区启用仪式，虹口区委书记孙卫国、区长俞北华、区教育局党工委书记孙雪芬、局长王立强等领导出席。学校 2005 级高一学生将在新校区完成高中三年学业。

9月

9月13日　经虹委〔2005〕104号文件决定，金晓文任中共华东师大一附中总支副书记。经虹府〔2005〕55号文件决定，丁伟强任华东师大一附中副校长。

是月　学校《创设"实验性、研究性学校课程"的理论和实践》被评为上海市第8届教育科研成果奖二等奖。虹口区教育局党工委、教育局决定在学校成立虹口区校长培训基地、特级校长孙稼麟工作室。区志华获"2005年上海市TI图形计算器教学应用研究（高中数学）"评选一等奖。学校获上海市第6届教育科研工作先进集体称号。

10月

学校获联合国教科文组织华东师范大学教师教育教席联系学校资格。孙稼麟校长在坚持科学发展观与全面建成小康社会学术研讨会中获全国优秀论文特等奖。孙稼麟校长在华东师大召开的联合国教科文组织教师教席首批联合学校专家评审会上介绍学校特色。

11月

11月1日　中共华东师大一附中总支、新华初支部、一附中实验中学支部、一附中实验小学支部、安徽砀山魏庙小学支部联合举办"让党性在园区内闪光"党日活动。

11月2日　学校民进支部换届选举，俞建伟任支部主任、江源任支部副主任、金贻德任组织委员、潘慧任学习委员、黄玲任宣传委员。

11月8日至19日　葛起超副校长随教育部组团赴悉尼参加2005年中澳（新南威尔士）教育峰会，并代表学校做大会发言。

11月19日　学校在中州路102号老校区举行建校80周年庆典。几千名校友欢聚一堂。出席庆典的有市教委主任张伟江，虹口区委、区府领导俞北华、应蓓仪、许虎清、宋美红、华东平、叶国梁，华东师大副校长庄辉明，虹口区教育局、川北街道、新港街道领导等。教育部办公厅、韩正市长分别发来贺信，1949届校友、中共中央政治局原常委尉健行发来贺电，上海市人大常委会主任龚学平、市政协主席蒋以任、教育部部长吴君迪、华东师大党委书记张济顺、校长王建磐、虹口区委书记孙卫国等为校庆题词，虹口区区长俞北华、华东师大副校长庄辉明等在庆典上讲话。

11月30日　学校1949届校友、中共中央政治局原常委尉健行来访，在中州路老校区与部分1949届校友在母校重逢。陪同前来的有上海市委副书记王安顺、虹口区委书记孙卫国、区长俞北华及区教育局书记局长。尉健行对学校近年来的工作表示高度赞赏。

12月

12月7日　学校在校本部承办上海市实验性示范校高中年检会议。

12月18日　民进虹口区委华东师大一附中获"五个一"活动达标支部。

12月20日　孙稼麟校长获2005年度虹口区教育系统年终考评个人记大功奖励。濮晓粹、袁珂分别获市中小学青年教师教学评比二等奖。学校获全国教育科研联合体最佳组织奖，并成为联合体上海分部副理事长学校。学校头脑奥林匹克参赛队获得世界冠军（中国参赛队高中组首次夺冠）并得到韩正市长接见。

2006 年

3月

根据虹口区教育局虹教任免〔2006〕4号文件决定，韩亚成任学校校长助理和学校实验学校校长。

4月

4月9日至16日　孙稼麟校长作为联合国教科文组织教师教育首批联合学校领导赴日本访问推动国际交流。

6月

6月5日　学校（除2007届高三）搬迁至瑞虹新校区就读。

6月25日至7月11日　由毕红秋等带队共10名师生赴美国诺丁汉大学参加夏令营活动。

7月

7月5日　由方武勇副校长等带队共65名师生赴加拿大参加暑期游学活动。

7月30日至8月9日　由管维萍带队共14名学生赴新加坡瑞士村中学进行访问。

9月

9月8日　教育园区华东师大一附中、华东师大一附中初中、华东师大一附中培训中心、华东师大一附中实验初中和小学在来天华酒楼共庆第22届教师节。

9月10日　学校获全国中学教育科研联合体最佳组织奖和上海市第6届教育科研工作先进集体称号。

9月22日　美国大学理事会学生评比委员会8人由香港科技大学原校长吴家玮带队来学校选拔优秀学生赴美读书。

是月　　根据虹口区委虹盟〔2006〕12号文件，符杰普任民盟虹口区委副主任委员。

10月

10月27日　美国佛蒙特州教育代表团9人来学校进行友好访问。

10月30日　蔡蕾的《库仑定律》课在第7届全国中学物理青年教师教学大赛中荣获一等奖。

11月

11月20日至24日　日本大阪天王寺中学4名师生来校进行教学访问。

11月27日　学校与新加坡瑞士村中学结成友好学校，该校12位师生来学校学习访问一周。

11月30日　学校开展对全市的"创设平台、构建情景、体验探究"公开教育教学展示活动。

是月　　接中共虹口区委虹委〔2006〕132号文件，金晓文任学校党总支副书记试用期满考核合格。

12月

12月5日　上海市教委专家和区教育评估所来校对学校实验性示范性高中工作年检，区教育局局长王立强、市教委许象国等参加。

是月　　瑞虹新校区操场开始施工。高二学生谢律在第17届"希望杯"全国数学邀请赛中获上海赛区一等奖。上海市普教系统"双名工程"建设，上海市教委批准名师培养基地23个，"刘定一跨学科名师培养基地"为其中之一，且是虹口区唯一批准的名师培养基地。

2007 年

1 月

1 月 14 日至 20 日　由韩国教育会朴炳焕校长带队 14 名师生来校参加"汉文化交流"冬令营活动。

3 月

根据中共虹口区委〔2007〕28 号文件，免除金晓文为学校党总支副书记。

4 月

根据虹口区政协办〔2007〕5 号文件，决定符杰普任区教育委员会副主任。

5 月

江源获上海市劳动模范称号。葛起超、江源获 2007 年虹口区先进生产（工作）者称号。

6 月

学校被评为 2005—2006 年度上海市文明单位。根据虹口区人民政府虹府免〔2007〕74 号文件，决定免除葛起超副校长职务（到龄退休）。

7 月

由庞坚铭等带队共 65 名师生赴加拿大温哥华参加暑期游学活动。由蒋晓琳等带队共 14 名师生赴新加坡瑞士村进行友好访问。

8 月

瑞虹新校区操场施工完成启用。学校高二学生王丝雨、杨启凡作为 AFS 国际文化交流组织派出学生分赴比利时、丹麦学习一年。

9 月

符杰普、徐嘉文赴日本大阪天王寺中学访问。刘定一获全国优秀教师称号，傅志良获上海市园丁奖称号，区志华获 2007 年虹口区优秀共产党员称号，黄玲、黄群、王远获 2007 年虹口区园丁奖，傅志良获上海市第 17 届青少年金钥匙科技竞赛优秀指导教师奖。

10 月

根据虹口区人民政府虹府任〔2007〕114 号文件，韩亚成任学校副校长（试用期一年）。

12 月

根据虹口区人民政府虹府免〔2007〕123 号文件，决定免除孙稼麟校长职务（到龄退休）。根据虹口区人民政府虹府任〔2007〕121 号文件，决定丁伟强任学校校长（试用期一年）。

2008 年

1 月

1 月 11 日　虹口区委组织部部长龚若栋、区教育局党工委书记包龙根等来学校宣布关于任命丁伟强任学校校长（试用期一年）的决定，同时免去孙稼麟校长职务以及关于聘任孙稼麟为学校名誉校长的决定。

1 月 13 日　全国科学联合体 2008 年上海会议闭幕式在学校举行，来自全国科联体单位负责人 200 多人出席。

是月　　　孙稼麟校长获得 2007 年虹口区教育系统干部考评党政领导个人记大功。

3 月

学校获第 21 届上海头脑奥林匹克创新大赛暨第 29 届世界头脑奥林匹克中国赛区决赛第二名。学校成为 2005—2008 年度联合国教科文组织华东师范大学教师教育教席联系学校。

5 月

江源获 2005—2007 年度虹口区十大杰出青年称号。

7 月

7 月 17 日　2008 年上海国际青少年科技博览会组委会组织新加坡、日本及国内兄弟学校一行 40 人来学校参观。

8月

8月27日　澳门濠江中学教师一行23人在澳门中联办文化教育部副部长徐婷带领下来学校交流考察。

8月28日　虹口区人民政府发布虹府任〔2008〕44号文件，决定李支舜任华东师范大学第一附属中学副校长（试用期一年）。

是月　瑞虹新校全部建成，地址为虹关路88号。中州路102号老校区移交给民办新华初级中学使用。

9月

9月1日　虹口区委书记孙卫国、区委宣传部部长宋妍在区教育局局长王立强陪同下来学校视察工作。

9月26日　民进虹口区委在学校举办"减员增效、走内涵发展之路"教育论坛。民进区委主委叶国梁、市政协副秘书长李名慈、市教委基教处常务副处长倪闽景、中共虹口区委统战部副部长项荣及区教育局领导等出席。

10月

10月13日　虹口区人民政府教育督导室盛逸民、金新民来学校对2008年校本研修进行中期督导评估，做出了很高评价。

10月18日　阮静获2008年上海市第8届金爱心教师二等奖。

10月24日　香港教育局政府督学团一行13人由上海市教育学会杨华陪同来学校考察交流。

11月

11月8日至11日　日本大阪天王寺中学校长水野义明带队来校交流访问，该校与学校已有16年友好交往历史。

是月　学校民进支部被评为2006—2008年度民进上海市委先进支部。

12月

12月15日　管维萍、郭备在上海市第一届写作峰会论文评比中分获一、二等奖。

是月　接虹口区人民政府虹府任〔2008〕49号文件，丁伟强、韩亚成任学校校长、副校长试用期满，考核合格。张青获第三届"师爱在家庭中闪光"上海市中小学家长学校优秀工作者称号。学校获第29届世界头脑奥林匹克中国赛区决赛第二名。学校民进支部获2006—2008年度民进上海市委先进支部称号。

2009 年

1 月

校党总支书记项志良获虹口区教育系统 2008 年度干部年终考评个人记功奖励。毕红秋被评为虹口区拔尖人才。

2 月

2 月 9 日　上海市副市长沈晓明、市府副秘书长翁铁慧、市教委副主任尹后庆在虹口区区长俞北华、副区长华东平陪同下来校视察开学工作。

2 月 12 日　上海市名特教师一行 6 人由上海市教育学会秘书长许象国带队，来学校开展为期一个月的教学指导工作。

是月　学校被评为上海市头脑奥林匹克活动特色学校。学校获第 22 届中国上海头脑奥林匹克创新大赛暨第 30 届世界头脑奥林匹克中国赛区决赛第二名。

3 月

张青获 2007—2008 年度虹口区三八红旗手称号。学校被评为 2007—2008 年度上海市文明单位。

4 月

4 月 7 日　学校被评为上海市学校心理辅导示范校。

4 月 9 日　上海市普教系统跨学科名师培养基地展示活动在学校举办，语文特级教师、副校长李支舜主持，刘定一主讲《论语》解读报告会，出席的领导有市教委副主任王奇、市教委高教处处长田蔚凤，专家有复旦大学教授钱文忠、复旦附中特级教师黄玉峰等。

6 月

6 月 10 日　特级教师李支舜编著的《高考古诗词鉴赏与应考指导》《高考文言文训练与应考指导》由上海辞书出版社出版。两书为上海市"十一五"规划课题华东师大一附中"课型库"研究系列丛书之一。

8 月

张自勤、区志华获虹口区园丁奖，黄群获上海市园丁奖，学校政治教研组被评为上海市教育系统文明班组，江源获上海市模范教师称号。

9月

9月14日 虹口区教育局党工委书记潘惠琴、副书记王新、副局长常生龙来校检查高三教学工作，学校李支舜副校长做工作汇报并得到充分肯定。

9月20日 江源获上海市中小学优秀班主任称号。虹口区教育局党工委、教育局授予李支舜语文名师培养基地、毕红秋英语名师培养基地铭牌。

12月

姜振骅获上海市中小学青年教师教学评比一等奖。

2010 年

3月

3月24日 新加坡国立教育学院（NIE）校长代表团一行10人来学校访问交流。

3月28日 学校获第23届中国上海头脑奥林匹克创新大赛暨第31届世界头脑奥林匹克中国赛区决赛"发现保障"第二名。

4月

4月10日 学校政治教研组被上海市人民政府授予2007—2009年度上海市模范集体称号。徐凯里获上海市高中化学教师优质课评比一等奖。

4月27日 虹口区青年教师纪念五四运动91周年暨第三届"十佳"青年教师表彰大会在学校举行，副区长华东平、局党工委书记潘惠琴、团市委学校部副部长邵世志、团区委副书记李方明等出席。

5月

5月1日 学校被评为2009—2010年度上海市文明单位。

5月28日至6月4日 新加坡裕廊初级学院一行31位师生来上海参观世博会期间入住学校国际生宿舍，在校期间亦对学校教学活动进行参观访问。

6月

6月1日 虹口区历届"十佳"优秀青年教师听课评课沙龙在学校举行，学校语文特级教师李支舜主讲示范课。区教育局局长王立强、党工委书记潘惠琴、副书记王新等出席。

6月6日　在2010年上海市第7届头脑奥林匹克万人大挑战比赛中，学校获特等奖1项、一等奖5项、二等奖6项。

6月15日　根据虹口区教育局安排，因华东师大一附中实验中学维修校舍，自2010年6月起该校整体搬入学校上课，计划1—2年。

6月17日　以色列海法市教育考察代表团在虹口区教育局局长王立强及有关委办领导陪同下来学校进行友好访问。

6月29日、30日　美国优秀华裔青少年夏令营一行33人来学校访问交流。

7月

7月1日至5日　学校以李支舜副校长为领队的教育代表团师生一行4人出访日本大阪天王寺中学。

7月25日至8月4日　学校以国际部副主任俞建伟为领队的教育代表团师生一行14人出访新加坡瑞士村中学。

7月29日至8月24日　孙稼麟名誉校长带队师生一行60人赴加拿大温哥华参加英语游学夏令营。

10月

10月27日至30日　方武勇、徐凯里参加全国高中化学优质课观摩评比暨教学改革研讨会，徐凯里获说课比赛一等奖。

11月

11月15日至12月3日　郑州市第八中学、第二中学、第一〇三中学、第一〇六中学等校四位领导来学校挂职锻炼。

11月17日、18日　第4届亚太地区机器人锦标赛在香港举行，来自中国、韩国、新加坡、马来西亚、日本等国家118支队伍共600多人参加，学校3名学生组队参赛，最终夺得金奖。

11月21日至28日　新加坡瑞士村中学19位师生来校进行为期一周的学习体验和文化交流活动。

12月

12月7日　上海市教委基教处副处长颜慧芬、市教科院专家徐士强与朱怡华等来校对学校实施的《研究型学生创新素养的培养》项目进行评估检查并给予了充分肯定。

12 月 18 日　上海市第二期普教系统名师名校长培养工程展示活动（虹口专场）在学校举行，目前学校有 7 位教师被列入市级培养对象。

2011 年

1 月

1 月 5 日　虹口区委书记孙卫国、代区长吴清及副区长华东平来校视察，区领导在丁伟强校长、李支舜副校长陪同下巡视了校园，参观了学校校史长廊和教学楼，听取了学校领导的简要汇报。虹口教育局党工委书记潘惠琴、局长王立强、副局长常生龙、韩亚成等一同陪同视察。

2 月

2 月 27 日　上海市第 24 届头脑奥林匹克创新大赛暨第 32 届世界头脑奥林匹克中国区决赛在上海大学附属中学圆满落幕，学校代表队夺得了《疯狂老鼠车》赛题高中组亚军。教练是：高华、赵晶晶、王晓倩。

2 月 28 日　校务会确定 2011 年学校工作指导思想，进一步加快现代化、国际化、信息化教育园区建设，抓规范、重质量、创特色，促进学校全面、协调、可持续发展，努力办好让人民满意的教育，并不断丰富、完善"研究型学校文化"的内涵。

3 月

3 月 3 日　香港特区政府高级课程发展司主任一行 3 人在上海市教委教研室专家的带领下，来学校与语文教研组进行了交流研讨，主题是"校本课程的建设与发展"。

3 月 16 日　虹口区委常委、宣传部部长宋妍，虹口区委宣传部副部长、区文化局党工委书记、局长陆健，区教育局局长王立强等来校看望校男生合唱团，并对学校男生合唱团的成立表示祝贺，宋妍部长对合唱团的同学发表了热情洋溢的讲话，对合唱团"奏响青春、唱响人生"的团队精神表示了高度的赞赏。

3 月 26 日、27 日　学校代表队参加在复兴高级中学举行的第 26 届英特尔上海市青少年科技创新大赛，高三 1 班高翔获得工程类一等奖，高二 1 班孔维龙获得工程类三等奖，指导教师高华；高二 4 班金兆辉获得物理学三等奖，高三 4 班徐文怡获得医学类三等奖，高三 4 班徐文怡获得社科类三等奖，指导教师江源。

4 月

4 月 1 日　学校 1979 届校友、复旦大学经济学院副院长、复旦大学经济学院证券研究所常务副主任、复旦大学世界经济研究所副所长、《世界经济文汇》编辑、复旦大学金融研究院兼职研究员孙立坚教授回到母校，为学校及一附中实验中学的全体教工做了题为"中国宏观经济热点问题解读"的报告，受到了大家的热烈欢迎。

4 月 11 日、12 日　在教育局的组织安排下，虹口区疾病预防控制中心为学校高一、高二学生进行了健康体格检查，统计分析结果促进学校更有效地开展学生的预防保健、健康监测、疾病防治和预防学生意外等工作。

4 月 24 日至 29 日　学校 2012 届、2013 届学生在奉贤五四农场参加了学农活动。

5 月

5 月 23 日　刚刚完成季后赛征程的美国丹佛掘金队前锋达尼罗·加里纳利跟随 NBA 关怀行动来到学校，用一堂高水平的篮球训练课和近距离的精彩互动回馈了热爱篮球、热爱 NBA 的学生球迷。加里纳利和校队成员们合影留念，学生送给了他一份特殊的礼物——一块写有"我爱篮球"的书法牌匾。

5 月 23 日至 27 日　学校举办了以"学习科技知识，参与科技活动"为主题的 2011 年学校科技节。

5 月 31 日　以埃利泽·库拉斯市议员为团长的以色列海法市代表团一行 4 人来学校进行友好访问。

6 月

6 月 2 日　华东师大一附中教育园区"BC 国际高中课程"招生推介会在学校举行。

6 月 13 日　学校在体育艺术楼篮球馆举行了隆重的 2011 届高三学生毕业典礼，丁伟强校长和项志良书记为毕业的 379 名学生颁发了毕业证书。

7 月

7 月 9 日至 15 日　由国务院侨务办公室主办、市侨办协办、区侨办和学校等承办的

"寻根中国·相约上海"华裔青少年（加拿大渥太华）夏令营一行 16 人来学校开展了"中国文化寻根之旅"上海站的旅程。

8 月

8 月 21 日　由教育部教育管理信息中心主办的第 11 届中国教育信息化创新与发展论坛及全国中小学校优秀网站评选颁奖活动在重庆市举行。学校荣获全国"百佳网站"称号。李支舜、邬文敏荣获全国先进工作者称号。

9 月

9 月 1 日　由 18 名学生组成的首届中加国际高中 BC 课程班举行了开学典礼。

9 月 1 日至 17 日　虹口区教研室组织各学科教研员来学校开展教学调研。

10 月

10 月 21 日　沙奎尔·奥尼尔跟随 NBA 关怀行动来到学校，在校篮球馆亲自指导了一堂篮球训练课，之后与在场师生进行了互动交流。

10 月 24 日　学校成功申报"上海市普通高中学生创新素养培育实验项目"的项目课题"研究型学生创新素养的培养"中期实验报告研讨会在学校举行。市教委实验项目的有关专家许象国、顾志跃、胡兴宏、朱怡华等，以及区教育局潘惠琴书记等领导对学校在推进学生创新素养培育方面所做的探索和实践予以充分肯定，并提出了期盼和要求。

11 月

11 月 4 日　加拿大不列颠哥伦比亚省教育厅官员爱德华·努特先生访问学校，校党总支书记项志良、副校长李支舜接见了他，陪同接见的有国际部主任毕红秋、副主任俞建伟、加方校长西格米勒女士及其助理李修桂。

11 月 12 日至 16 日　日本大阪天王寺中学丰冈校长一行来学校访问，学校举行了隆重的欢迎仪式并互赠礼物。

11 月 15 日　2012 学年度华东师大一附中"中加国际高中"招生说明会在学校举行，来自本区的 24 所初中的教导主任出席了会议。

11 月 27 日至 12 月 4 日　新加坡瑞士村中学 12 名学生和 2 位教师来学校进行为期一周的学习体验和文化交流活动。

是月　在上海市第三届头脑奥林匹克创新学习活动亲子擂台赛（《纸绳拖重》高中组）中，高一 2 班姜亦丁荣获金擂奖，指导教师高华。

12月

12月15日　在江苏省靖江高级中学举行的华东师大一附中、浙江省舟山中学、江苏省靖江高级中学三校网络结对签约仪式上，李支舜副校长代表学校签约。三校本着"优势互补、长期合作、共同提高、共同发展"的原则，在教学、教研、学校管理等方面进行全面合作。

12月20日　虹口区副区长李国华来学校视察。区领导参观了学校的荣誉墙、教学大楼、体育馆及校史长廊等学校硬件设施，听取了丁伟强校长对学校情况的简要介绍。区教育局局长常生龙陪同视察。

12月22日　学校在虹口区青少年活动中心举行"爱满元旦·情溢附中"迎新文艺会演。8个班级排演的9个节目入围会演。

12月23日　学校举行2011学年第一学期社团嘉年华暨社团展示活动。

是月　　　在上海市青少年"西南位育杯"机器人知识与实践比赛虹口赛区中学组点球项目中，高二6班徐昕雨、高二5班冯顺利荣获一等奖，指导教师高华；在虹口赛区中学组接力项目中，高二学生徐昕雨、冯顺利、陈帆、宋天然荣获一等奖，指导教师高华。在第10届上海市中学生古诗文阅读大赛（高三组）中，高三4班邱明伊荣获高三组二等奖，指导教师沈晓年；高三7班冒韪劼荣获三等奖，指导教师管维萍。在上海市"华理—化工杯"高中学生化学竞赛中，高三4班钱洋荣获二等奖，指导教师王书玉。

是年　　　学校获得的荣誉和奖项有："十二五"上海市家庭教育指导实验基地；"十一五"期间上海市优秀家长学校；上海市金爱心集体；上海市中小学信息公开和网站建设优秀单位；上海市学生音乐声乐（合唱）专场实验性示范性高中二等奖；上海市第17届高一物理实验团体竞赛三等奖；"增爱杯"上海市学生公民意识创新实践活动优秀组织奖；上海市中小学象棋锦标赛高中男子组团体第二名，女子组团体第四名；上海市少儿象棋锦标赛高中女子团体第一名，高中男子团体第一名；上海市"六师附小杯"青少年象棋总决赛高中男子团体第二名，高中女子团体第三名；上海市学生阳光体育大联赛高中组自由泳接力赛第五名；"高中创新素养培育实验项目组"被华师大普教研究中心第17届科研大会评为先进集体；虹口区中小学行为规范教育"示范校"；虹口区"十佳"家长学校；虹口区十佳志愿者服务队；虹口区行为规范星级示范校；虹教系统"庆祝中国共产党建党90周年"党史知识竞赛三等奖；虹口区教育系统先进党组织；虹口区中小幼优秀教研组；虹口区爱国卫生（健康单位）先进；虹口区运动会优秀组织奖；虹口区志愿服务品牌项目；虹口区"中华诵·经典诵读行动"高一新生东方绿舟素质教育活动诵读专场银奖；虹口区第22届中学生劳动技能竞赛（金锤奖）《电子技术》团体一等奖；虹口区学生阳光体育大联赛最佳赛区奖和优秀组织奖；中国教育技术协会中学远程教育技术专业委员会第二届理事会理事学校。

个人获得的奖项有：邬文敏荣获全国普通高中信息技术优质课展评特等奖。周军红的论文《探索高三实验教学新模式提高学生思维品质》在化学教学专业第十四次年会上荣获二等奖。徐凯里在上海市教育系统2011年"校园新星"评选中获教育系统"教学新星"称号，在上海市中小学中青年教师教学评选中获中学化学一等奖。方侃侃荣获上海市中小学中青年教师教学评选（中学物理）一等奖。濮晓粹荣获上海市英语新教材青年教师教学展评（高中组）一等奖。管维萍、区志华、江源、郭备、黄玲荣获2010—2013年度虹教系统学科带头人。许强、阮静、褚亿钦、蒋晓琳、刘超、姜振骅、蔡蕾、张霁、张知愉、徐凯里、陈明青、陈耸、向胜翔、邬文敏荣获2010—2013年度虹教系统骨干教师。夏彬荣获虹口区2010年中小幼课堂教学评比《幂函数（1）》一等奖。叶莉荣获虹口区世博知识教学展示《爱城市爱生活》一等奖。黄光炜荣获虹口区温馨教室建设十佳优秀方案。张霁荣获虹口区第22届中学生劳动技能竞赛（金锤奖）《电子技术》优秀指导教师奖。李修桂荣获虹口区教育系统优秀师训专管员。赵丽君荣获虹口区学校推进"中华诵　经典诵读行动"先进个人。

另外，高一3班被评为上海市第9届金爱心集体。英体美组被评为虹口区嘉兴街道教育小区文明组室。

2012 年

1 月

1月17日　澳大利亚塔斯马尼亚州校长代表团一行19人来学校访问交流。

1月25日　在第6届上海市中学生现代文阅读大赛（高中组）中，高三6班马心怡荣获一等奖，指导教师褚亿钦；高三6班吴俊超荣获二等奖，指导教师

褚亿钦；高三 6 班梁祯灏、白莹莹与高三 1 班沈子若荣获三等奖，指导
教师褚亿钦、秦岭。

2 月

在"外研社杯"第 25 届上海市中学生作文竞赛（高一年级组）中，高一
9 班贺子昕荣获三等奖，指导教师郭备。

3 月

3 月 2 日　学校团委、学生会组织进行传统爱心慈善义卖活动，师生积极参与。募
捐的商品琳琅满目，其中还有教师的书法作品。此次义卖活动共募得善
款约 1.5 万元。

3 月 3 日、4 日　中国上海第 25 届头脑奥林匹克创新大赛暨第 33 届世界头脑奥林匹
克中区决赛在上海市向明中学举行。学校组队参加了"古典题"的比赛，
经过激烈角逐，夺得高中组冠军。

3 月 12 日　在教育局的组织安排下，虹口区疾病预防控制中心为学校高三学生进行
健康体格检查。

3 月 28 日　加拿大不列颠哥伦比亚省教育厅国际教育总监克丽·普利德摩尔以及随
从西奥·范德维格一行访问学校。

4 月

4 月 19 日至 21 日　2012 年 VEX 机器人世界锦标赛在美国洛杉矶阿纳海姆会展中心
举行。学校 A 队在 397 个高中队参加的遥控项目比赛中获得世界冠军。

4 月 23 日　澳大利亚墨尔本曼通中学的布赖恩·史密斯携夫人来学校访问交流。

是月　在上海市高三数学竞赛（新知杯）中，高三 1 班姜毅鏵、高三 5 班张嘉
诚荣获三等奖，指导教师阮捷。在虹口区第 23 届中学生劳动技能竞赛
（金锤奖）中，高二 10 班徐炜、高二 1 班周彦均荣获电子技术一等奖，
指导教师高华；高一 9 班周畅荣获金属加工一等奖，指导教师阮武林。
在第 27 届上海市青少年科技创新大赛（虹口分赛区）优秀科学论文和创
造发明评选中，高二学生龚迪、方志庆、王煌、秦亦晨、肖宜清、夏瑞
鸿、袁洋荣获一等奖，指导教师高华、张卫良。

5 月

5 月 3 日　由学校参与协办的虹教系统第一期名师培养基地、名师工作室展示评估

活动在学校举行。市教委副主任尹后庆、市教委基教处处长倪闽景、虹口区领导班子成员、虹教系统"双名工程"智囊团专家、名师培养基地和名师工作室评审组专家出席了活动。活动由区教育局局长常生龙主持。学校李支舜语文名师培养基地、毕红秋英语名师培养基地参加了本次成果展示活动。

5月9日　以埃利泽·库拉斯市议员为团长的以色列海法市代表团一行2人来学校进行友好访问。虹口区教育局副局长周海明、区外事办主任陈剑、李支舜副校长、学校国际部、学生处的负责教师毕红秋、濮晓粹等参加了这次活动。

5月18日　在副校长李支舜的带领下，学校一行4人在浙江省舟山中学与长三角结对学校（浙江省舟山中学、江苏省靖江中学）的领导以及部分教学骨干举行了一次别开生面的教学研讨活动。三所学校的四位教师开了课，其中，学校语文教师郭备上了杜甫的《登高》展示课，充分展示了学校语文教师的风采，给听课教师留下了深刻的印象。特级教师李支舜在评课会上做了简要而精彩的点评。

5月23日　虹口区政协委员30余人在区政协副主席陆清冬、秘书长赵国友的带领下来学校就推进虹口区教育国际化工作进行视察。

5月25日　学校2012届高三学生毕业典礼暨18岁成人仪式在虹口区工人文体活动中心举行。

是月　在2012年上海市青少年机械奥运比赛初赛中，高一9班沈力达荣获球探索项目中学组二等奖，高一9班张靖雪荣获拔河项目中学组二等奖，指导教师高华。在2012年上海市中学生劳动技术CAXA杯"电子控制"项目竞赛中，高二1班周彦均、高二10班周蕴玮荣获二等奖，指导教师张雱。

6月

6月20日　虹口区委书记孙建平、区长吴清和副区长李国华在区政府贵宾室接见了学校在2012年VEX机器人世界锦标赛中获得冠军的参赛师生。

6月28日　在第9届上海头脑奥林匹克万人大挑战（高中组）中，高一5班张盛英荣获一等奖，指导教师高华；高一1班张心怡荣获二等奖，指导教师赵晶晶。

7月

7月3日至17日　学校"华文基地"在市侨办的统一部署和区侨办的具体指导下，举办了"寻根中国·相约上海"华裔青少年夏令营，接待了来自美国大费城地区中文学校联合会和德国汉堡易北中文学校的20位华裔青少年营员和2位领队。

8月

8月26日至30日　学校举行了2012级高一新生暑期军训活动。

9月

9月3日　虹口区委书记孙建平与区委常委、宣传部部长刘可来到学校视察开学工作。

9月12日　上海市教委专家组杨安澜、谢应平、许建苗3位教育专家与市政府督导室领导张慧莅临学校督导工作。

9月18日　根据市教委《关于本市2012年秋季规范教育收费自查和检查的通知》，为进一步规范教育收费行为，加强监督管理，由区纠风办、物价局、财政局、审计局、局有关科室、局财务中心以及教育系统政风行风特约监督员组成的规范教育收费检查组来学校检查。

10月

10月15日　为夯实华东师大一附中教育园区合力打造的国际教育平台、提升教育园区国际教育的质量和影响力、形成虹口教育校际之间相互学习、相互探讨、共同进步的良好氛围，学校举办了虹口区国际教育校长研讨会。

10月16日　为贯彻落实《上海市中小学（幼儿园）见习教师规范化培训指导意见（试行）》精神，学校召开了2012学年度见习教师规范化培训见面会。

10月18日　学校在尚真楼201大礼堂举行了一场学生古典音乐会。

11月

11月5日　受江苏省靖江高级中学的邀请，在校党总支书记项志良的带领下，学校一行4人前往参加靖江高级中学同课异构对外公开教学活动。

11月22日　虹口区特级教师协会成立大会在学校举行。区教育局领导班子、相关科室负责人及区教育系统特级教师参加了大会，大会宣布了协会会长、副会长等，宣读了协会的章程，并对协会的工作进行了展望。随后举行了以"高端教师的发展"为主题的首次论坛，学校特级教师李支舜从不同的角度展示了高端教师的成长历程、在成长的过程中需要注意的一些问题、高端教师发展面临的主要瓶颈、突破瓶颈的若干举措等，给大家不少启发。全区的特级教师、协会顾问、区学科带头人、区骨干教师代表等参加了本次论坛。

11 月 23 日　学校高一年级诵读比赛在尚真楼 201 大礼堂举办。此次比赛由校团委主办，得到了校语文教研组的大力支持，副校长李支舜等评委出席。赛后，李支舜副校长做了精彩的点评，并给优胜班级颁奖。

11 月 26 日　新加坡瑞士村中学的 12 位师生来学校学习交流。

12 月

12 月 3 日至 7 日　学校根据虹口区教育局的统一安排，组织高一学生在东方绿舟参加了为期 5 天 4 夜的国防教育活动。

12 月 10 日　学校"青椒"沙龙读书会在教师阅览室举行，活动邀请了虹口区教育局局长常生龙莅临指导。

是月　　　在虹口区第 24 届学生欢乐艺术节比赛中，高二 1 班杨天贺荣获声乐一等奖，指导教师赵晶晶；高一 8 班刘岱奇、马相圆、萧圣达荣获喜剧类一等奖，指导教师叶莉；高一 5 班范伊莹荣获钢琴一等奖，指导教师姚士康。

　　　　　在 2012 年虹口区高二英语阅读竞赛中，高二 1 班陈沁、高二 6 班刘天硕、高二 8 班马圣煜、高二 9 班王木杉荣获一等奖。

是年　　　学校荣获上海市安全文明校园、上海市志愿服务"先进集体"、上海市志愿服务"品牌项目"等称号。在"益中杯"上海市青少年十项系列赛中，象棋比赛获高中男子组第一名、高中女子组第一名，国际象棋决赛获高中女子组第一名，围棋决赛获高中女子组第一名、高中男子组第一名。在上海市学生运动会中，高中组毽球比赛获体育道德风尚奖、高中女子组毽球比赛获第四名、高中男子组毽球比赛获第七名。学校获上海市学生阳光体育大联赛中国象棋高中男子团体二等奖、高中女子团体二等奖，围棋高中男子团体三等奖。学校被评为虹口区中小幼优秀教研组；获虹口区教育系统工会经审工作规范化建设标准考核二等奖（B 级），虹口区第 15 届"新沪杯"中小学生法律知识竞赛二等奖。

　　　　　刘超荣获"第二届全国中小学外语教师教学能手"称号。姜振骅荣获第 8 届全国高中英语教学观摩研讨会教学评比一等奖。洪慧琼荣获第 6 届全国高中青年数学教师优秀课观摩与展示活动三等奖。李支舜、邬文敏被评为全国中小学优秀网站建设先进工作者。毕红秋荣获 2011—2012 年度 CEAIE-AFS 文化交流项目"先进工作者"称号。管维萍荣获上海市园丁奖。袁珂荣获上海市第 10 届金爱心教师三等奖。洪慧琼荣获"世外"杯上海市高中青年数学教师教学交流与评选二等奖。张界天的论文《游泳运动对青少年心理影响的调查与分析》荣获上海市"中小学游泳训练与管理"三等奖。管维萍获第 10 届上海市中学生古诗文阅读大赛优秀指导教师奖。管维萍的论文《让学生"动起来"的三条途径》荣获虹口区第三届学科带头人高研班优秀论文。张霁荣获虹口区第 23 届中学生劳技竞赛（金锤奖）《光电循迹小车竞速》优秀指导教师奖。周军红、姜振骅获虹口区园丁奖。丁伟强在虹口区教育系统 2011 学年度干部考核中个人记大功。高二 1 班被评为上海市中等学校先进班集体，班主任王贝宁。高一 1 班、高一 8 班、高二 3 班被评为虹口区先进班集体，班主任分别为徐美丽、徐雅蓉、朱彦铭。总务处被评为虹口区教育系统文明班组、虹教先锋号。

2013 年

1 月

1 月 9 日　虹口区教育局在学校举办了以"弘扬'研究型'学校文化，创建教师专业发展共同体"为主题的校长论坛—附中专场。论坛由区教育局党工委副书记王新主持。丁伟强校长围绕"继承传统：'研究型'学校文化，孕育教师成长土壤；创新实践：'三块田'推进模式，激活教师发展共同体；面向未来：'1+5'工作思路，拓宽教师专业发展途径"三个方面进行了主题交流汇报。虹口区人大常委会原副主任姚宗强、区教育局党工委书记潘惠琴、局长常生龙以及市区教育系统有关专家和本区兄弟学校的领导等 200 余人参加了本次论坛。

是月　在上海市"唱我们自己的歌"校园歌曲创作评选活动中，高二 9 班仇韵舒荣获一等奖，高二 6 班董劼铭荣获二等奖，指导教师赵晶晶。

2 月

2 月 22 日　上海市虹口区人民政府决定李琰任学校副校长。中共上海市虹口区委决定李琰任学校总支部委员会委员、副书记（主持党务工作），免去项志良的学校总支部委员会书记、委员职务（退休）。

3月

3月3日、4日　学校代表队参加了第34届世界头脑奥林匹克中国区决赛，经过激烈角逐，获得了古典题"建筑与音乐"高中组第二名。教练是赵晶晶、高华、徐凯里。

3月15日　在教育局的组织安排下，虹口区疾病预防控制中心为学校高三学生进行健康体格检查。

3月25日　加拿大不列颠哥伦比亚省教育厅官员亨利·孔唐以及随从克劳迪奥·莫雷利一行访问学校。

4月

4月10日　上海市第二届白玉兰教学论坛高中专场在学校举行。

4月24日至28日　根据教育局的统一安排，学校在奉贤五四农场健生教育活动中心开展了学农社会实践活动。

5月

5月24日　在虹口区工人文体活动中心，学校举行了2013届高三学生的毕业典礼暨18岁成人仪式。

是月　在2013年VEX机器人世界锦标赛中，学校荣获最佳团体奖，指导教师高华。在上海市青年绿色领袖峰会中，高一6班邵陈皓获得最佳表现奖，指导教师王安欣。在虹口区第24届中学生劳动技能竞赛（金锤奖）《电子技术》中，高二2班黄沈源、高二9班宗灏荣获一等奖，指导教师张雱、阮武林。在第13届中国青少年机器人竞赛上海赛区选拔赛VEX机器人工程挑战赛中，高一1班韩韵诗、高一2班刘睿哲、高一5班倪晨杰、高一3班余雪淳荣获一等奖，指导教师高华。在2013年上海市中学生劳动技术比赛中，高一3班刘铮、高一4班张伟艺荣获金属加工类二等奖，高一2班邹一、高一3班高天赟荣获CAXA实体设计类二等奖，指导教师阮武林。在2013年上海市T1杯高二年级数学竞赛中，高三1班屠克非、宋骁荣获三等奖，指导教师谢健美。在第9届全国语文规范化知识大赛中，高二5班张奕萌荣获中学组一等奖，指导教师阮静。

6月

6月30日　学校邀请上海市教科院朱怡华教授向全校教师开展题为"教育转型与现代学校课程建设"的讲座。

是月　　　　在第 10 届上海头脑奥林匹克万人大挑战高中组比赛中，高一 6 班张纯、戚心炜、徐志超、高蓓蓓、葛珺亦以及高一 7 班吴天一荣获二等奖，指导教师赵晶晶、高华。

8 月

8 月 15 日至 18 日　亚洲机器人锦标赛中国区选拔赛在深圳市举行。学校 A 队获得了纯手控总冠军，直接获得了参加 2014 年 4 月在美国举行的 VEX 机器人世界锦标赛的入场券，随后 A 队和 B 队联手夺得了联队赛亚军，教练高华。

8 月 25 日至 29 日　学校举行了高一新生的军训活动。

是月　　　　学校就《新一轮的学校特色发展行动方案（草案）》举行了专题研讨会。

9 月

9 月 22 日　虹口区教育局党工委中心组联组学习在学校拉开序幕。区教育局党工委书记潘惠琴主持会议。

10 月

10 月　　　外语教研组在校级备课活动展示中交流了近两个月的课程建设成果，活动得到了与会者的好评。

10 月 20 日至 22 日　在教育局的组织安排下，虹口区疾病预防控制中心为学校全体学生进行健康体格检查。

10 月 31 日　由北京市教委副主任赵蓬欣率领的北京市西城区高中校长考察团一行 14 人，在区教育局局长常生龙、副局长孙磊的陪同下，来学校交流指导工作。

是月　　　　在 2013 年上海市"白猫杯"青少年应用化学与技能竞赛虹口赛区初赛中，高三 5 班刘天硕、高三 4 班毛泉、高三 2 班许昌浩、高二 7 班张鸣雷和王心韵荣获一等奖，指导教师祝培骏、王书玉、张知愉。在 2013 年上海市学生艺术单项比赛中，高三 8 班刘岱奇荣获高中组戏曲类铜奖，指导教师叶莉；徐安琪、李思佳、姚誉、曹典、于梦菁荣获高中组声乐类铜奖，指导教师黄玲、赵晶晶。在 2013 年上海市青少年"白猫杯"应用化学与技能竞赛中，高三 5 班刘天硕荣获一等奖，指导教师祝培骏；高二 7 班张鸣雷荣获二等奖，指导教师张知愉。

11 月

11 月 15 日 新加坡裕廊初级学院一行 34 位师生来学校访问交流。确定了以 2014 年为两校定期交流的元年。

11 月 16 日至 20 日 日本大阪市天王寺中学教育代表团一行 4 人来学校进行友好访问。

11 月 25 日 2013 年澳门校长储备人才班在学校正式开班。

11 月 25 日至 30 日 新加坡瑞士村中学教育访问团 21 名学生和 4 名教师来学校进行学习体验和文化交流活动。

11 月 28 日至 12 月 3 日 2013 年 VEX 机器人亚洲泛太平洋地区锦标赛在中国澳门特别行政区澳门科技大学举行。学校 A 队最终夺得了"程控项目"高中组冠军、"遥控项目"亚军，B 队荣获"联队赛"亚军，为上海乃至中国赢得了荣誉。教练高华。

是月 学校校园运动会分教工趣味专场、高一专场、高二专场相继举行。

12 月

12 月 2 日至 6 日 根据虹口区教育局的统一安排，学校高一学生在东方绿舟参加了国防教育活动。

12 月 16 日至 19 日 学校举行了社团节展示活动。

12 月 21 日 学校承办了由上海市慈善基金会与上海"爱的教育"研究会共同主办的第 21 届"温馨冬至夜"活动。来自全市 17 个区县、300 余所中小学的 370 个家庭困难但品学兼优的学生、社会爱心人士、志愿者以及各界领导出席了本次活动。

是月 在润梦 2013 上海市中学生模拟联合国大会上，高二 8 班官哲峻被评为杰出代表，指导教师王安欣。在"365 杯"第 26 届上海市中学生作文竞赛（虹口赛区）中，高二 4 班叶欣好、高二 2 班贺子昕、高二 8 班王沅琪、高三 8 班李澍荣获一等奖，指导教师曹玉蓉、郭备、李澍、王贝宁。在上海市"华理—化工杯"高中学生化学竞赛中，高三 5 班刘天硕荣获一等奖，指导教师祝培骏。在第 11 届 CTVE 剑桥杯全国学生能全历奇英语国际大赛上海赛区决赛（五等级十年级组）中，高一 8 班夏丹妮荣获二等奖，指导教师黎芳。在 2013 年虹口区第 16 届"新沪杯"中小学生法律知识竞赛活动中，宦哲俊、田泽丰、鲍嘉弘荣获一等奖，指导教师王元秋。

是年　　学校被评为上海市文明单位；上海市中小学行为规范示范校；上海市金爱心集体；上海市象棋协会先进单位；"飞和杯　走近边防线"上海市青少年国防教育活动先进单位，并在此系列活动中获虹口区决赛三等奖；华师大普教研究中心第19届科研大会先进集体（英语学科组）；虹口区教育系统"合格教工之家"；虹口区虹教系统"行风建设良好单位"；虹口区英语学科高地基地校；虹口区教育系统校（园）长、书记培训实践基地。

学校教师江源荣获全国五一劳动奖章。刘超被授予"第二届全国中小学外语教师名师"称号；在第二届全国中小学外语教师名师大会上，"MOTHERS LOVE"荣获教学课例类一等奖，论文《透析教材改编实例，看如何关注学生反馈》荣获学术论文类一等奖。在第9届全国语文规范化知识大赛上，阮静荣获教师组优胜奖，阮静、郭备、陈敏、李支舜、徐美丽荣获中学组优秀指导奖。在第4届全国中学生数理化学科能力展示活动中，洪慧琼获优秀指导教师奖。叶莉的高中思想政治《人民法院以民为本》、姜振骅的高中英语《Growing up》被评为全国中小学征集评选"学科德育精品课程"。阮武林的"光控流水灯的输入电路设计与程序编写"课获2013年度全国劳技、通用技术教育、综合实践活动优质课二等奖，获上海市2013年中学劳技学科竞赛辅导指导教师二等奖，《运用电子辞典组织主题式互动教学互动》获华师大普教研究中心第19届科研大会一等奖，《在高中劳技教学中提高学生技术设计能力的思考》获虹口区第11届教育科研成果奖三等奖，获虹口区第24届中学生劳技竞赛（金锤奖）《光电循迹小车竞速》《金属加工》优秀指导教师奖。袁珂被评为上海市优秀班主任。区志华的论文《一类对称问题的数形结合解法》荣获上海市二等奖，被评为华师大普教研究中心第19届科研大会先进个人。区志华、谢健美在上海市"TI图形计算器教学应用研究——绘图"学生作品活动中获优秀指导教师奖。罗祺、陈笪的《高中思想政治学科整体性构建德育教育的教学思考和实践探索》获华师大普教研究中心第19届科研大会优秀奖。王贝宁被评为虹口区优秀班主任。在虹口区中小幼教师课堂教学单项技能评比活动中，朱彦铭荣获高中拓展学科一等奖、黄军利荣获高中物理学科一等奖、阮武林荣获中学劳技学科一等奖、周玉香荣获高中英语学科二等奖、付君荣获高中政治学科三等奖、徐寅宏荣获中学地理学科三等奖。

在虹口区第11届教育科研成果评奖中，丁伟强、王远、向胜翔、徐凯里、陈耸、阮武林、陈敏、区志华、周军红、阮洁、李瑶、郭备、姜振骅、江源、高华的《基于学科"知识结构"教学的高中生创新素养培养》荣获一等奖，陈耸、罗祺、叶莉、陈明青、付君、王元秋、江源、徐嘉文的《梳理政治科学知识结构，提升高三教学的有效性》荣获二等奖，邢洁皓、王旭平、郭备、阮武林、刘金玲、高华、区志华、叶莉、徐凯里、周军红、方侃侃、励晨寒、黄军利、徐寅宏、陆明的《华东师大一附中"创新素养培养"短课程的开发与实施》荣获二等奖，濮晓粹的《语境化的词块教学初探》荣获二等奖，刘超的《透析教材改编实例，看如何关注学生反馈》荣获三等奖，付君的《游戏化教与学：提升学习者政治思维能力实现有效教学的新尝试》荣获三等奖，濮晓粹的《应用电子词典组织主题式教学活动》荣获三等奖，郭备的《文史教材"空无内容"的探究》荣获三等奖，袁珂的《依托过程教学法开展高中英语主题式作文教学的课堂实践与研究》荣获三等奖，陈敏的《作文案例教学的实践研究》荣获三等奖，邓凌翎的《"窄式阅读"在高中英语牛津教材的实践应用》荣获三等奖，李瑶、丁文怡、徐寅宏的《高一地理上册知识点梳理及习材》荣获三等奖，李支舜的《他山之石，可否攻玉？》荣获三等奖，徐雅蓉的《浅谈"提示策略"对高中物理解题的影响》荣获三等奖，陆明的《浅谈利用数字化实验提高物理课堂教学有效性》荣获三等奖，徐凯里的《创新学科笔记在高中化学教学中应用的实践研究》荣获三等奖，陈耸、罗祺、叶莉、陈明青、付君、王元秋、江源、徐嘉文的《基于知识结构教学实践的高中政治学科课本设计初探》荣获三等奖，郭备被评为虹口区教育系统读书活动先进个人，管维萍被评为虹口区教育系统优秀班组长。

2014 年

1 月

1 月 17 日　中国教育工会上海市虹口区委员会批复同意学校第 12 届工会委员会由刘小琴、许强、沃维佳、陈国斌、金贻德、项友才、俞建伟 7 位组成，并由金贻德任主席，经费审查委员会由王凯、祝培骏、高华 3 位组成，并由祝培骏任主任，任期 3 年。

是月　　　在第 4 届"优赛联合杯"海峡两岸中小学生作文大赛总决赛中，高三 6

班甘刘韵卓、高二 2 班贺子昕荣获高中组一等奖，指导教师阮静、管维萍；高一 5 班张陆馨荣获高中组二等奖，指导教师刘金玲。在第 10 届新少年中小学生现场英语作文活动中，高一 1 班尹沁怡荣获一等奖，指导教师周敏华；高一 8 班夏丹妮荣获二等奖，指导教师黎芳。

2 月

2 月 25 日 　虹口区英语学科学段组与毕红秋英语名师基地联合活动在学校举行。

3 月

3 月 25 日 　学校在尚真楼 104 会议室举行了党的群众路线教育实践活动班主任专业化培训讲座。讲座邀请了上海市七宝中学特级教师马九克，着力于解决班主任工作与信息技术融合这一课题。

4 月

4 月 28 日 　由嘉兴（社区）街道妇女联合会和上海市心理咨询协会主办的考生家长心理辅导讲座在学校开讲。上海市心理协会基础教育专业委员会秘书长、华东师范大学特聘资深心理咨询师陈默教授应邀为高三考生及家长带来一场题为"给孩子正能量"的精彩讲座。

是月 　在第 9 届"中国中学生作文大赛–恒源祥文学之星"（2013—2014）上海赛区"新知杯"比赛中，高一 1 班尹沁怡荣获特等奖，指导教师许强；高一 7 班夏金鼎荣获一等奖，指导教师李支舜；高二 5 班张欣妤荣获二等奖，指导教师张明。在中国中学生作文大赛中，高一 1 班尹沁怡荣获一等奖，指导教师许强。在第 14 届中国青少年机器人竞赛上海赛区选拔赛 VEX 机器人工程挑战赛中，高诗情、丁尉健、杨天琪、林子君、严晨枫、沈宇顺、孙卉佶代表队荣获一等奖，指导教师高华。

5 月

5 月 4 日 　学校在尚真楼 201 大礼堂举办金嗓子（Golden Voice）最强决赛。本届决赛借鉴《中国好声音》的赛制，历经初赛、复赛、复活赛等一系列选拔赛之后，由赵晶晶队（王彪、范瑄芸、王国秉、姚尧、金翊杰、马相圆）和特拉西队（赵诗雨、张晶晶、董劼明、曾冰洁、王钺）一决雌雄，最终赵晶晶队夺得了王冠。

5 月 16 日 　学校党员及入党积极分子等师生前往中共四大纪念馆参观。

5月23日　学校1958届高三校友、校友会理事、上海交通大学东京审判研究中心名誉主任向隆万教授应邀来到母校为全校教师做了"不应忘却的历史：东京审判"的专题讲座，为教师上了一堂生动形象的历史课。

5月26日　学校2014届高三毕业典礼暨18岁成人仪式在虹口区工人文体活动中心隆重举行。校长丁伟强与校党总支副书记兼副校长李琰、副校长李支舜一起向高三毕业生颁发毕业证书。

5月27日　在虹口区第25届中学生劳动技能竞赛（金锤奖）中，高一5班顾凌峰荣获金属加工类一等奖，高二1班邹一荣获电子技术类一等奖，高二2班张伟艺荣获光电循迹小车竞速类一等奖，指导教师阮武林。在2013年"家化杯"优秀作品评比中，徐向赟荣获一等奖，指导教师赵晶晶。

5月28日　在虹口区高二年级学生英语写作比赛中，高二9班余琪荣获上海市实验性示范性高中组一等奖，指导教师王安欣。在2014年上海市中学生劳动技术CAXA实体设计项目竞赛中，高一5班虞超荣获一等奖、高一1班冼昱荣获二等奖，指导教师阮武林。在2014年上海市中学生劳动技术电子控制项目竞赛中，高二1班邹一荣获二等奖，指导教师阮武林。

5月30日　在2014年虹口区高一年级学生英语课本剧比赛中，高二年级冼昱、周佳辰、黄朝、李雯婷、刘晨俊、姜苗苗、夏丹妮荣获团体一等奖，指导教师黄圣佳、郭瑜臻。在2014年全国中学生生物学联赛中，高三5班王心韵、高三2班史轶谡荣获三等奖，指导教师潘慧。

6月

在2014年虹口区高一基础物理竞赛中，孙竞成荣获一等奖，指导教师陆明。

7月

7月18日　市政府副秘书长宗明带领市教委、市体育局、市食药监局、市公安局相关负责人，来学校视察第12届全国学生运动会桥牌比赛的赛前准备工作。副区长李国华和区相关部门主要领导陪同视察。宗明等一行先后视察了比赛场馆、运动员宿舍和食堂，详细了解赛事组织、场地设备、电力保障、安全保卫、食宿安排等准备工作的落实情况，对各项赛前准备工作表示肯定，要求各有关部门全力支持、密切配合，把各项赛事工作做得更深、更细、更实。

7月27日　中华人民共和国第12届学生运动会"中国人寿杯"桥牌比赛的入营式在

学校举行。虹口区人民政府副区长、桥牌竞委会主任李国华，学生运动会桥牌竞赛委员会单位负责人，以及各代表团的运动员和教练员出席入营仪式。在仪式上，学校丁伟强校长向来自全国各地的运动员及教练员致欢迎辞，运动员代表、教练员代表分别进行发言并庄重宣誓。李国华副区长在讲话中对来到虹口参加比赛的代表团表示欢迎，希望运动员们赛出风格、赛出水平、赛出友谊，也祝愿此次比赛能像桥牌的名字一样，架起大家与虹口友谊的桥梁。

是月　　　《青年报》以《你不知道的"小青菜"（华东师大一附中驻地）》为题，在头版报道了附中志愿者在第12届学运会期间的突出表现。

8月

8月11日　上午，"孟宪承实验班"开班仪式在尚实楼203室举行，出席人员有华东师大领导、虹口教育局领导、丁伟强校长、李支舜副校长等。华东师范大学领导讲话，虹口区教育局领导讲话并给学员发学习用具。

8月14日至17日　2014年第5届亚洲机器人锦标赛中国区选拔赛在东莞举行。学校VEX机器人B队荣获联队赛冠军，指导教师高华。

8月23日至25日　学校新闻中心的11名学生参加了由新民晚报举办的2014年"学生通讯员"培养计划。通过活动，学生收获了新闻知识、技巧，点亮了心中的"新闻梦"。

8月24日至28日　学校举行了暑期军训活动。

9月

9月1日　虹口区副区长李国华和华东师范大学基教处副处长、基教办主任刘世清在区教育局局长常生龙、副局长孙磊的陪同下来学校视察2014学年秋季开学工作。领导们看望了新开班的孟宪承理科实验班的学生，勉励他们快乐学习、健康成长，并为他们发放了电子学具。

9月26日　学校在尚真楼201大礼堂举行了"点亮青春，唱响附中——'班班有歌声'合唱比赛"。

9月30日　下午，华东师大一附中孟宪承实验班专题会议在华东师大办公楼小礼堂召开。出席人员有戴立益、陈灵犀、刘世清、孙磊（虹口区教育局）、邹为诚、周燕、温玉亮、丁昀明、吕小红、景培书、赵云龙（学科专家）、丁伟强、李支舜等。会议主要内容有：孟宪承实验班背景；开班以来的课程方案及实施计划策略介绍；各学科专家就课程方案介绍各自思路和看法；下一步工作计划。

是月　　　　在第 13 届全国创新英语大赛华东赛区中，高三 4 班刘丛怡荣获二等奖，指导教师王安欣。在第 11 届上海头脑奥林匹克万人大挑战中，高二 8 班乔丹荣获高中组一等奖，高三 2 班钱闻臻、高二 1 班蒋昊亮荣获高中组二等奖，指导教师高华、赵晶晶。

10 月

10 月 17 日　经华东师大基教处推荐，美国加利福尼亚州立大学北岭分校艾斯纳教育学院院长来学校做短期考察交流。

10 月 18 日　学校举行了高二学生的课本剧表演大赛。

10 月 19 日、20 日　2014 年上海市遥控车模精英赛在上海举行，学校 RC 社团（遥控模型社团）的社员在比赛中获得优秀成绩。高二 8 班顾达夫获 TT01 房车亚军、电动房车一等奖，高一 4 班屠子洋获 TT01 房车二等奖，高一 7 班唐诚铭获 TT01 房车三等奖。

10 月 24 日　学校举行秋季运动会。

是月　　　　在第 28 届中国化学奥林匹克（初赛）中，高三 5 班杨仁慧荣获三等奖，指导教师周军红。

11 月

11 月 3 日　由包括教育、金融、制造等领域人员组成的丹麦综合代表团来学校访问交流。学校李琰书记、毕红秋主任接见了丹麦代表团一行，刘慧、俞建伟陪同参观交流，宾主双方就彼此关心的问题进行了充分友好交谈。

11 月 17 日至 21 日　学校高一年级全体学生赴东方绿舟参加国防教育活动。

11 月 17 日至 23 日　新加坡裕廊初级学院教育访问团 3 位教师和 26 名学生来学校进行学习体验和文化交流。

11 月 25 日　由华东师范大学各学科院系的 13 位教授组成的专家导师团，在华东师大基础教育与终身教育处副处长刘世清、教务处副处长陈灵犀的率领下，走进学校创新实验教室与孟宪承班的师生互动交流，拉开了"高校讲座进高中"的序幕。

11 月 28 日　在 2014 年上海市青少年"白猫杯"应用化学与技能竞赛高中组初赛中，陈家盛、隗志翔、张鸣雷荣获虹口赛区一等奖，施天宇、马泽生、隗志翔、顾文睿、张鸣雷荣获市三等奖，指导教师陈洁、张知愉、周军红、徐凯里。

12月

12月3日　由记者陈乐、冯凰采写的《"孟宪承实验班"探索人才培养新模式》专题报道发表在《新民晚报》，详细介绍了华东师范大学第一附属中学尝试"双导师制"的做法。

12月4日至7日　2014年DI国际邀请赛在北京举行，学校头脑DI队的学生荣获挑战E结构承重类"先失后得"高中组第二名（一等奖），取得了参加美国全球赛的参赛资格，队长高珮琪获得"品学兼优"奖学金。

12月26日　一场以"践行有效教学，彰显魅力课堂"为主题的长三角结对学校同课异构教学交流活动在学校举行。学校语文教师吴莹珩、英语教师沃维佳和来自江苏省靖江高级中学、浙江省舟山中学的语文教师、英语教师上了同课异构展示课。课后由李支舜等三所学校学科专家教师组成的点评团对教学活动进行了精彩点评。

12月28日　来自山东威海的3位校级领导和来自澳门的3位教育专家来到学校交流访问。

12月30日　为迎接学校建校90周年，语文特级教师李支舜专门创作《附中赋》，镌刻在校门"智慧墙"上。在迎新年庆祝会上，学校班子成员集体朗诵《附中赋》。

是年　学校被评为上海市安全文明校园、上海市象棋协会先进单位。在虹口区教育系统校本培训评比中获二等奖。在虹教系统党政干部考核中领导班子获集体表扬。获上海市"益中杯"青少年十项系列赛象棋团体赛高中女子组第一名、男子组第二名。被评为虹口区艺术特色项目学校（合唱）。

学校教师黄群获得全国优秀教师荣誉称号，黎芳荣获第11届CTV剑桥杯全国学生能全历奇英语国际大赛上海赛区"优秀指导奖"，李支舜荣获第10届全国语文规范化知识大赛中学组优秀指导奖，张青荣获上海市园丁奖，周馨荣获上海市第11届金爱心教师二等奖称号，丁伟强荣获第6届上海市青少年科普促进会优秀科教组织工作者称号，高华荣获第6届上海市青少年科普促进会优秀科技辅导员称号，洪慧琼的《高中数学课堂互动教学现状及对策探讨》获华东师范大学普教研究中心第二十届科研大会优秀奖，罗祺荣获上海市"我们的价值观，我们的中国梦——精彩课堂"展播视频（高中组）评选三等奖和虹口区第6届教师教育教学论文评选一等奖，罗祺荣获 2014 年学陶研陶论文评比三等奖，陈洁、阮静、刘铮荣获虹口区园丁奖，濮晓粹荣获虹口区教育局三八红旗手称号，黄圣佳、郭瑜臻荣获虹口区高一年级学生英语课本剧比赛优秀指导奖，付君、江源荣获虹口区 2014 年暑期高中政治学科培训教师作业评优活动优秀奖，周馨、邓凌翎荣获虹口区 2014 年暑期高中英语学科培训教师作业评优活动优秀奖，刘金玲、管维萍、许强、徐美丽、阮静荣获虹口区 2014 年暑期高中语文学科培训教师作业评优活动优秀奖，区志华、缪文琴荣获虹口区 2014 年暑期高中数学学科培训教师作业评优活动优秀奖，徐凯里荣获虹口区 2014 年暑期高中化学学科培训教师作业评优活动优秀奖，刘小琴、吴伟荣获虹口区 2014 年暑期中学体育学科培训教师作业评优活动优胜奖。

2015 年

1 月

1 月 14 日　江西会昌县会昌中学跟岗培训教师一行 3 人结束在学校为期 6 周的跟岗培训学习。

2 月

2 月 16 日　为迎接华东师大一附中建校 90 周年，学校资深美术教师张锋特地设计校庆徽标。数字 9 姿态向上，寓意着学校积极向上、勇攀高峰的奋进精神和对未来的无限憧憬；数字 0 采用宽大的椭圆形，也代表着一种独特的、自成体系的文化内涵。椭圆形内是校标图形，象征了附中人精诚团结、继往开来的精神。图形底色为红色，代表着激情和活力，也传递了学校的正能量和热情。整个图形以数字 90 为主要设计元素，遒劲豪放的枯笔效果似纽带与桥梁，寓意华东师大一附中紧密地联系着广大校友，共谋发展、再创辉煌。

3 月

3 月 11 日　学校召开 90 周年校庆活动筹备会议，出席人员有丁伟强、李支舜、项志良、吴传发、傅志良。活动由丁伟强主持，特邀吴传发老校长协助筹备工作。学校校庆总负责为李支舜副校长，吴传发、项志良协助。李校长就校庆活动谈了设想。总原则是：隆重、简朴、传承、创新。具体方案为："一主、两校、三线、四块"。其中，"一主"即一个主题——"继承传统求卓越，共创未来铸品牌——母校，我为你骄傲"。"两校"是中州路和瑞虹新校。"三线"即校史、校友、校貌，如校史长廊更新，校友名录、教职工名录、校友成果等，校貌就是对建筑楼宇、道路命名上墙、上路等。"四块"为庆典活动、宣传活动、命名活动、展示活动。经讨论，校庆庆典日期确定为12月6日。

3月17日　下午，由市教卫委党委组织的2015年区县教育党工委书记首次交流活动在学校举行。

5月

5月25日　美国密歇根大学教育代表团师生一行12人来学校访问交流。代表团一行浏览了校史，参观了校园，观摩了孟宪承理科班课堂教学活动，并与孟宪承理科班学生座谈交流。

5月27日　虹口区教育局中教科、区教育学院教研室组织的虹口区高中数学教师大会在学校举行，区教育局局长常生龙、副局长孙磊等出席了本次交流研讨活动。

6月

6月28日　为庆祝华东师大一附中建校90周年，特级教师李支舜策划的校庆宣传系列报道《光我中华继踵武，弘扬大夏谱华章》（校史篇）在《文汇报》专题刊登。

7月

7月3日至16日　一年一度的"寻根中国·相约上海"海外华裔青少年夏令营在学校举办，本次夏令营接待了来自美国芝加哥瑞华中文学校以及全美中文学校协会的学生和领队教师共计34名。

8月

8月28日　上午，区委组织部副部长竺晓中在华东师大一附中行政干部会议上宣读了虹口区委《关于丁伟强等同志职务任免的通知》和区委组织部《关于办理陆磐良等同志职务任免手续的通知》。区委决定免去丁伟强华东师大一附中校长职务，任中共上海市复兴高级中学党总支委员、书记；免去陆磐良中共上海市复兴高级中学党总支委员、书记职务，任华东师大一附中校长。

8月24日至28日　2018届新生280余人来校进行为期5天的军训活动。

8月30日　为庆祝华东师大一附中建校90周年，由副校长李支舜牵头设计执笔、濮晓粹和黄斌参与构造的校史长廊历时3个月按期完成。

9月

9月1日　学校高一、高二全体学生在虹口区工人文体活动中心观看话剧《东方之舟》首演。

9月10日　为传承附中历史，建设附中校园文化，华东师大一附中建筑物及道路命名征集活动于2014年6月至12月展开海选，2015年2月至4月进行汇总筛选。经过网络初选和投票复选，在学生、在职教师、退休教师和校友的层层筛选下，于2015年5月27日特邀由专家、附中教师、学生及校友组成的评审团进行盲选，确认最终方案。学校副校长、语文特级教师李支舜设计的"传承·敦尚"方案最终入选。主要建筑物名（尚真楼、尚博楼、尚雅楼、尚实楼、尚静楼、尚健楼）可用三句话概括：求"真"务"实"（工作作风）；崇"博"尚"雅"（育人目标）；"静"心"健"体（成长乐园）。两条环路名（光华环路、大夏环路）意在传承历史，以资纪念。

9月20日　在上海市学习型社会建设与终身教育促进委员会办公室的指导下，由上海市科技艺术教育中心和上海市老年教育工作小组办公室共同主办、虹口区教育局承办的"'寻找第五大发明'——2015科普在社区，科普进家庭"决赛活动在学校举行。市教委终身教育处处长庄俭、副处长夏瑛，上海市科技艺术教育中心主任卢晓明、副主任王艳，上海市老年教育工作小组办公室副主任李学红，青年报社副社长张丽，虹口区教育局副局长周海明，华东师大一附中校长陆磐良等领导出席了活动。本次活动吸引了千余名学生、家长和老年朋友参与。

9月29日　在陶行知年会暨学陶征文比赛中，学校被评为学陶先进学校，获得征文一等奖1篇，二等奖2篇，三等奖4篇。

10月

10月5日　为庆祝华东师大一附中建校90周年，由李支舜策划、丁伟强和陆磐良主编的校庆丛书一套五本（《校友风采》《论文撷英》《晨曦文萃》《附中名录》《跨学科足迹》）印刷出版。

10 月 20 日、21 日　参加华东师范大学全国优秀中学校长高级研究班的一行 10 人来校访问、考察。

10 月 28 日　为庆祝华东师大一附中建校 90 周年，特级教师李支舜策划的校庆宣传系列报道《卓越教师显睿智，教书育人谱新篇》（师资篇）在《文汇报》专题刊登。

11 月

11 月 4 日至 7 日　2015 年度中国教育国际交流协会 AFS 国际文化交流项目（CEAIE-AFS）全国年度工作会议暨国际文化教育交流志愿者工作委员会会员代表大会在重庆市召开。学校被授予 CEAIE-AFS 国际文化交流项目学校。

11 月 10 日至 13 日　日本大阪市天王寺中学教育代表团一行 4 人来学校进行友好访问。

11 月 16 日至 20 日　上海市教委基教处、市教研室等来虹口区进行课程与教学调研，调研启动仪式在学校举行。

11 月 23 日至 28 日　新加坡裕廊初级学院教育访问团 23 名学生、4 位教师来学校进行为期一周的学习体验和文化交流。

11 月 28 日　为庆祝华东师大一附中建校 90 周年，特级教师李支舜策划的校庆宣传系列报道《立德树人蕴方略，培桃育李创佳绩》（学生篇）在《文汇报》专题刊登。

12 月

12 月 4 日　华东师范大学第一附属中学 90 周年校庆系列活动之一的华东师大一附中、二附中骨干教师"同课异构"教学研讨会举办，主题是"聚焦有效教学，共建研究课堂"。

12 月 6 日　华东师大一附中 90 周年校庆庆典仪式在学校尚健楼三楼体育馆举行。约 3000 名校友从世界各地赶来，济济一堂，共叙师生情谊。杰出校友、上海市科技协会主席、中国科学院院士陈凯先代表致辞。上海市教委副主任贾炜、华东师范大学副校长郭为禄、虹口区政府李国华副区长等也参加了庆典活动，中共虹口区委书记吴清发来贺信。

12 月 17 日　学校作为已挂牌的"上海市教师专业发展学校"，接受市专家和区教育局的现场调研。

12 月 21 日　上海市普教系统"双名工程"第三期名师培养基地政治二组在学校举行

中期汇报展示活动。上海市教育学会会长、国家督学、上海市教委原副主任尹后庆先生，虹口区教育局局长常生龙，华师大基础教育处处长赵健教授出席了本次展示活动。

是年　　　学校获上海市文明单位、上海市中小学行为规范示范校、上海市心理健康示范达标校、上海市安全文明校园等荣誉称号。

学校学生获得第 36 届世界头脑奥林匹克中国区决赛一等奖、2015DI 上海青少年创新思维竞赛一等奖、2015 上海遥控车模精英赛一等奖、上海市青少年"西南位育杯"机器人知识与实践比赛一等奖、第 15 届中国青少年机器人竞赛（上海赛区选拔赛）VEX 机器人工程挑战赛一等奖等、2015 年上海市 TI 杯高二年级数学竞赛一等奖（2 人）、上海市第 21 届高中基础物理知识竞赛（TI 杯）市重点中学组一等奖、"大力神杯"第 28 届上海市中学生作文竞赛（高三年级）一等奖、第 5 届"优赛联合杯"海峡两岸中小学生作文大赛总决赛高中组一等奖（2 人）、上海市中学生劳动技术竞赛电子控制一等奖、中国化学奥林匹克（上海市）二、三等奖（各 1 人）。

2016 年

2 月

2 月 23 日　虹口区副区长李国华，华东师大党委副书记、副校长任友群在虹口区教育局局长常生龙陪同下，莅临华东师大一附中孟宪承实验班检查指导工作，李支舜副校长专题汇报《勇于尝试，追求卓越——孟宪承实验班工作》。

3 月

3 月 7 日　来自湖北省丹江口市第一中学的 5 名学生来到学校进行为期一周的游学访学活动。

3 月 10 日　北京第二十中学代表团和江苏省靖江市教育局高中校长代表团来学校交流访问。

3 月 11 日　虹口区教育系统"十三五"教师专业人才梯队建设启动大会在虹口区工人文化宫召开。学校共有 34 位教师入选梯队，其中毕红秋担任英语学科高地理事长，李支舜担任语文学科培训基地主持人；刘超作为英语学科培训工作室主持人，以"脚踏实地，仰望星空"为题在大会上发言。

3月19日　由上海市科协、上海市教委、上海市科委等主办的题为"创新·体验·成长"的第31届上海市青少年科技创新大赛在复旦大学举行。学校共有3个项目获得创新成果奖一等奖，4个项目获得创意项目一等奖。

4月

4月1日　为纪念学校1966届校友、著名作家赵长天逝世三周年，赵长天之子、学校1993届校友、作家那多代表母亲陈颖来校将赵长天的藏书捐赠给母校，并与附中学生进行了交流。

5月

5月11日　为了进一步加强大学附中的校际交流，学习高端优质学校教育教学经验，积极探索高中特色发展道路，虹口区人民政府李国华副区长率区教育局孙磊副局长和华东师大一附中陆磐良校长等前往华东师大二附中交流学习。华东师大二附中戴立益校长与一附中陆磐良校长共同签署了合作协议。

6月

6月26日　由副校长、特级教师李支舜策划、全体语文教师参编的语文早读读本《诗文雅诵》出版，特级教师李支舜撰写序言。

8月

根据中共虹口区委和虹口区人民政府的安排，王新担任学校党总支书记、副校长。

9月

9月1日　虹口区委书记吴信宝和区委常委宣传部部长刘可以及区委办一行，在区教育局党工委书记黄丽芳、副局长孙磊、嘉兴路街道党工委书记白爱军、办事处主任狄梁的陪同下，走进校园，深入师生，视察2016学年秋季开学工作。

9月20日　来自昆明市高中语文骨干教师高级研修班的45位教师，来到华师大一附中，与附中语文教师交流研讨。在李支舜副校长陪同下，教师先听取了陆磐良校长对学校的介绍，随后特级教师李支舜和青年教师张婧婧分别以精彩的语文课堂展示了自己的教学个性，给每一个观课者留下深刻印象。

10月

10月18日　山西省朔州市平鲁区人大常委会副主任冯海清、平鲁区政府副区长张秀珍、平鲁区教育科技局局长朱福等一行16人，在虹口区教育局局长常生龙的陪同下莅临学校考察交流。

10月25日　云南省教育厅一行24人在云南省教育厅基础教育处处长杨春城、云南省教育科学研究院副院长方贵荣的带领下，在虹口区教育局副局长孙磊的陪同下莅临学校考察交流。

12月

学校"一报两刊"（《华光报》《华东师大一附中学报》《华东师大一附中社刊》）创刊，陆磐良校长为创刊号致辞《承载希望，砥砺前行》。同时成立编辑委员会，陆磐良、王新担任主任；李支舜担任副主任。李支舜任《华光报》主编；陈耸任《华东师大一附中学报》主编；徐嘉文任《华东师大一附中社刊》主编。

是年　学校被评为上海市心理健康教育示范学校、上海市安全文明校园、上海市家庭教育指导实验基地、华东师大教育硕士教育实习基地、区爱国拥军模范单位、区未成年人保护工作先进集体。

在上海市TI杯高二年级数学竞赛中学校学生获一等奖（2人）、二等奖（3人）、三等奖（6人）。在第31届上海市青少年科技创新大赛以及青少年科技创新成果大赛中2个项目获一等奖。在第16届中国青少年机器人竞赛上海赛区获得高中组的桂冠。在第13届头脑奥林匹克万人大挑战高中组中获1个一等奖，5个二等奖，3个三等奖。

2017 年

1月

1月5日　学校邀请上海市电教馆许哲博士、上海师范大学教育技术学专家吴振华副教授进行慕课建设指导。

1月14日　上海市中小学心理辅导协会2016年年会在学校隆重召开。本次年会的主题是"科研引领、创意表达"。上海市教委德育处副处长江伟鸣，上海市教育科学研究院党委副书记陆勤，上海市教科院普教所所长汤林春，虹口区教育局副局长李琰，虹口区教师进修学院德育室主任李金瑞，华东师大一附中校长陆磐良，华东师大一附中党总支书记王新，上海市教科院教心室主任沈之菲，上海市中小学心理辅导协会理事长吴增强、副理事长梅洁，上海市中小学心理辅导协会袁胜芳、蒋薇美、冯永熙等领导专家，以及市区各相关领导、心理教研员、心理教师参加了本次年会。

1月16日、17日　"科研引领，追求卓越"——华东师大一附中首届科研年会召开，副校长李支舜主持。学校邀请了上海体育学院院长、博士研究生导师姚颂平院长做了题为"高中专项化体育课程改革中的教育教学"的专题报告。

2月

2月15日　华东师大一附中第一届"春华秋实杯"创新实践活动优秀论文答辩会举行。担任本届答辩评委的有复旦大学范伟达教授、华东师范大学赵云龙教授、华东理工大学钟新华教授、华东师范大学温玉亮副教授、华东师大一附中王新书记、李支舜副校长和教务处江源主任。

2月16日　团市委学校部部长徐速，虹口团区委书记杨海涛，虹口区教育局党工委副书记、纪工委书记杨利，团区委副书记陆叶麟，学校1974届校友、中国体育报著名记者平萍参加了学校2016学年第二学期的"开学第一课"。团市委学校部部长徐速对学生作了新学期寄语。中国体育报著名记者平萍做了报告，主题是"我认识的体育明星荣耀背后的故事"。

3月

3月27日　在升旗仪式上学校举行了首届光华读书节开幕仪式，副校长李支舜致开幕词。学校邀请著名出版人、翻译家章祖德，华东师范大学中文系研究员、博士生导师陈子善，中国科学院上海天文台研究员、博士生导师杨志根和中国当代悬疑小说家那多参与学校第一届光华读书节之华光论坛。

3月28日　学校成立《经典导读》编写组，编写校本课程"经典导读"读本，副校长、特级教师李支舜策划并担任组长，语文教师郭备、历史教师向胜翔等参与编写。

5月

5月11日　学校邀请了知名校友、数学专家施咸亮教授参与学校的华光论坛，上海市教育系统关心下一代工作委员会常务副主任、学校校友会老会长陈步君也来到了会场。

6月

6月9日　2017年虹口物理大会在学校顺利召开。本次大会主题为"丰富物理学习经历，助推师生共同成长"，全区各高中近300位学生和教师参与了这场物理盛宴。

6月20日　学校1958届校友、向哲濬之子、东京审判研究会名誉主任向隆万教授来母校为学生做题为"东京审判——为了世界的和平"的讲座。向隆万将其编写的《东京审判·中国检察官向哲濬》《向哲濬东京审判函电及法庭陈述》等书赠送给母校。

6月29日、30日及7月3日、4日　由共青团上海交通大学团委指导、上海交通大学昂立中学生发展研究中心主办的2017年交大科创体验日活动拉开序幕，迎来了两批学校新高一学生。学生们参观了交大校史馆、生物与机电实验室。

7月

7月1日至14日　"寻根中国·相约上海"海外华裔青少年夏令营（虹口营）在学校顺利举行。学校迎来了来自美国亚特兰大现代中文学校和华盛顿广东华裔青年协会的33位营员和领队。

7月6日　上海学生庆祝中国人民解放军建军90周年歌会系列活动在上海音乐学院贺绿汀音乐厅举行，55所示范性高中合唱团共同参与，学校合唱团带来《渔阳鼙鼓动起来》和《华东师大一附中校歌》的精彩演出。

8月

8月1日至7日　学校2名教师与10名高二年级学生组成的师生代表团，赴新加坡裕廊初级学院交流访问。

8月14日　在芜湖市教育局党委书记、局长的带领下，来自芜湖市的校长代表团一行来学校访问交流。

8月28日　学校新高二孟宪承实验班和创新实验班的学生参加了由虹口区科协、虹口区青少年活动中心组织的2017年青少年走进科普场馆探索科技奥秘活动。

9月

9月5日　虹口区政协主席石宝珍,区政协副主席张强、高庆迁,区政协秘书长姜汉军,区政协专委办主任马冬云,区教育局领导以及部分区政协委员莅临学校,召开虹口区政协文史委员会庆祝教师节座谈会。

9月14日　在金山区教育局原局长徐虹的带领下,一批专家应邀莅临学校参加学校发展战略研讨会,并做出学校发展的宏观建议。陆磐良校长向各位专家汇报了学校这三年来所做的工作和前期发展规划。

9月27日　第三批上海市人文关怀心理疏导示范点展示评估活动在上海交通大学钱学森图书馆举行,学校顺利入选第三批上海市人文关怀心理疏导示范点。

10月

10月19日　学校邀请上海市电教馆许哲博士、上海师范大学教育技术学专家吴振华副教授对学校第二轮慕课建设进行指导。

10月30日　为认真学习党的十九大精神,深入贯彻落实党中央开展的教育改革工作,学校全体行政人员开展党的十九大精神的专题学习会。

10月31日　在区侨办副主任卫应、区教育局副书记杨利的陪同下,王梅霜校长率瑞典瑞青中文学校20名瑞典籍高一学生和3位教师一行,来到学校开展教育交流活动。

11月

11月23日　学校邀请意大利佛罗伦萨美术学院教授、国际部主任爱德华·马拉齐齐为学生做关于科技创新推广讲座,主题为"工业科技品鉴之旅,领略意国设计风情"。

11月25日　以"关注学生读与写结合的单元教学"为主题的上海市语文教研活动在学校举行。

12月

12月11日至19日　学校举行为期一周的第一届大夏科创节。科创节的内容精彩纷呈,学校邀请了多名专家学者为学生进行各类论坛讲座;举办了"神奇的彩虹瓶"化学实验争霸赛;还有丰富的社团活动以及TED微论坛。

12月18日　来自澳门圣保禄学校的44人代表团莅临学校进行交流访问。

是年　学校被评为上海市文明单位、上海市中小学行为规范示范校、上海市心理健康示范校、上海市安全文明校园、上海市人文关怀心理疏导示范点等。

学校教师刘超、陈明青荣获上海市特级教师称号，陆磐良获上海市园丁奖、姜振骅获第 2 届上海基础教育青年教师爱岗敬业教学技能竞赛一等奖、方侃侃获二等奖，阮武林、张雳在"科教杯"上海市高中劳动技术教师说课活动中分别获得一、二等奖，沈闻佳执教的"穿越 15 年"在第 6 届上海学校心理辅导活动课大赛（高中组）中荣获二等奖。

学校学生在第 32 届上海市青少年科技创新大赛以及青少年科技创新成果大赛中获得上海市一等奖；在第 14 届上海市中学生时政大赛中获得高二组一等奖、三等奖；在第 4 届全国模拟政协活动中获得最佳提案奖、最佳展示奖、优秀团队奖、杰出调研报告奖等诸多奖项；在 2017 世界机器人大赛中国挑战赛中囊括高中组的冠、亚军；在 2017 世界机器人国际公开赛中获得冠军；获得上海市青少年创客新星大赛高中组一等奖；在 2017—2018 年 DI 上海青少年创新思维竞赛中获得第一名、第三名；在第 12 届 DI 中国总决赛中获得一等奖；在上海市信息技术奥林匹克竞赛中获得一等奖和二等奖；在第 30 届上海市中学生作文竞赛中获得一等奖、二等奖；在上海市中学生劳动技术竞赛"普陀杯"金属加工中获得多项一、二等奖。

2018 年

1 月

2017 学年度华师大一附中见习教师规范化培训圆满结束。

2 月

2 月 23 日　学校举行 2017 学年第二学期开学典礼和华光论坛，1955 届校友、著名表演艺术家梁波罗以"艺海波澜"为题，在华光论坛向母校师生讲述了自己的艺术人生。

2 月 28 日　区校合作项目专家辅导会在学校尚真楼 802 室举行。

3 月

3 月 2 日　上海市公安局虹口分局嘉兴路派出所万纯琪所长率领一行 6 人来到学校签署了共建协议。

3月20日　"青椒计划"2017年度总结暨2018年启动会议在尚真楼103室召开。

3月28日　由市级督导专家、区教育局领导、区教师进修学院领导、区教研员组成的督导团莅临学校，对学校教育教学工作进行为期一周的调研与指导。陆磐良校长向督导团介绍了学校近年来对学校文化内核的提炼情况，在会上展示了以"五修课程"为载体的研究型课程体系、以质量保障为指向的教学管理流程、学校所开展的研究型教师队伍的梯队建设以及保障研究型办学理念落地生根的机制体制创新。督导团分专家组和学科组两个组别，深入课堂听课，全面了解学校的课堂教学情况，并邀请学科教研组的教研组长、行政干部，以及新增设的学部和STEAM中心部门的负责人等座谈，细致了解学校各方面的管理实施情况以及核心团队对学校发展理念的共识。

3月26日至30日　学校开展主题为"新阅读——新视界"的第二届光华读书节。

5月

5月14日　学校第一届世承体艺节正式拉开帷幕，副校长李支舜发表题为"在激情的五月舞动青春"的致辞。上海市教育科学研究院科研处原处长吴增强教授、心理咨询师严艺家和前中国女排队员诸韵颖及其团队受邀做了讲座发言。

5月15日　虹口区教育局副局长李琰、虹口区教师进修学院书记汤国红、新精英生涯导师赵昂等一行市区级专家领导到学校进行生涯教育。

5月16日　在学校王新书记的带领下，陈耸、沃维佳、张蕾、邹园园前往浙江舟山参加为期3天的舟山中学第三届学术节。

5月29日　虹口区教师进修学院教师培训室和虹口区陈明青思想政治学科基地共同举办的"教师的基础能力——谈教师专业发展"专题研讨会在学校尚真楼201室召开。

6月

6月4日　学校开展的"光华风采"风尚人物评选活动决赛暨颁奖仪式在学校报告厅隆重举行。

6月10日至15日　为了落实《虹口区教育局关于基础教育改革经验向青海果洛玛沁县宣传推广三年工作方案》，加强沪青两地学校互助交流，应青海果洛州民族高级中学和拉加镇寄宿制藏文中学邀请，学校由李支舜副校长带队，方侃侃、张知愉、张明等骨干教师参与的互助交流团一行 4 人前往两校进行交流学习，落实"11+1"基础教育互助成长行动计划。

6 月 27 日　虹口区教师进修学院和华东师大一附中携手在尚真楼 201 报告厅开展了"党建引领 专业发展——庆祝建党 97 周年主题党日活动"。

6 月 28 日　教育部基础教育司考察团莅临学校，就开展高考改革和普通高中育人方式改革的情况进行专题调研。马嘉宾副司长主持开展座谈会。区教育局党工委书记黄丽芳致欢迎词。考察团仔细听取了学校在高考改革背景下教育教学方式的转变情况介绍，以及世承学部教育教学模式的专题汇报。教育司考察团与陆磐良校长就学生选科、教师排课等情况进行了交流询问。

6 月 29 日至 7 月 2 日　学校部分新高一学生随着"2018 年上海交通大学夏令营"活动一起走进百年交大，感受这所知名高校的魅力。

7 月

7 月 14 日至 23 日　来自西班牙巴塞罗那孔子学院的 21 名营员和 2 名领队陆续来到学校，开始 2018 年"中国寻根之旅——相约上海"海外华裔青少年夏令营。

8 月

8 月 31 日　学校成功举办主题为"立德树人·引领发展——为了每一个孩子的成长"的 2018 年德育工作会议。

9 月

9 月 7 日　学校举行以"弘扬高尚师德，潜心立德树人"为主题的 2018 年教师节庆祝大会。

9 月 11 日　台州市教育代表团在虹口区教育局蔡正茂局长及邬文敏科长的陪同下来学校访问。

9 月 13 日　由上海易顺公益基金会在学校设立的"王如珍助学助教金协议"签字仪式在尚真楼 503 室举行。

9 月 20 日　来自云南省文山州的代表团一行 10 人莅临学校进行参观考察。上海市虹口区委常委、副区长张伟和虹口区教育局副局长孙磊陪同参观。

10月

10月9日　下午，农工党虹口区委教育人才工作组一行9人对学校教育人才工作开展调研。本次调研会由虹口区人大代表常委、农工党虹口区委副主委李蕾主持。虹口区教育局副局长孙磊、虹口区教育局组织科科长高大石出席本次会议。学校党总支书记、副校长王新介绍了学校的人才工作。学校和复兴高级中学的部分教师参与调研。

10月10日、11日　市教委督导室、市教育评估院和督导评估专家组来到学校，开展上海市实验性示范性高中发展性督导评估现场督导评估。督导评估专家分别进行了访谈、座谈、听课、查阅资料、组织问卷、察看校园等工作。现场督导结束后，专家组向学校反馈了初步的督导意见，肯定了学校近年来的办学实绩和辐射引领作用，也指出了需要更完善的地方，并提出了改进建议。

10月15日　学校在尚健楼三楼篮球馆举行晨兴奖学金颁奖典礼暨华光论坛。
　　华东师范大学附属上饶实验中学新教师在华东师大一附中跟岗培训启动，华东师大一附中副校长李支舜主持会议。

10月16日　在学校尚真楼103室举行了附中学子爱心义卖善款的捐赠仪式。出席本次仪式的有校长陆磐良、书记王新、副校长李支舜、学生处主任张青，虹口区人保局副局长、玛沁县政府办公室副主任胡剑峰以及青海果洛州玛沁县拉加镇寄宿制藏文中学学生处主任多巴，还有学校学生会及团委师生代表。2018学年度华东师大一附中见习教师规范化培训基地启动仪式正式在尚真楼802室举行。

10月23日　安徽师范大学继续教育学院校长培训班一行150人来到学校进行考察培训活动。

10月30日　为庆祝《中日和平友好条约》40周年，日本大学JPUE联合访华团一行9人光临学校进行交流，并在尚真楼103室开展学术交流会。陆磐良校长、王新书记和李支舜副校长参加会议。王梅霜校长率瑞典瑞青中文学校20余名瑞典籍师生一行来到学校，开展为期半天的教学交流活动。

11月

11月13日至16日　学校教师发展中心主任陈笪、教师代表张明对日本天王寺中学进行了为期4天的互访交流。代表团受到了天王寺中学校长花山吉德和教头罔真由美的热情接待。

11 月 20 日　虹口区班主任队伍调研专家组来学校调研。本次调研主题是提升班主任队伍建设，主要聚焦如何有效提升班主任建班育人的综合能力。

11 月 26 日至 28 日　澳门圣保禄学校校长及教师一行 20 余人来到学校开展为期 3 天的交流访问，两校就学校管理、人才培养、学科建设等方面进行深入交流与探讨。

11 月 27 日　虹口区教师进修学院汤国红书记领队，与澄衷高级中学曹圣龙书记、钟山初级中学付金平书记、丰镇中学郦行书记共同组成虹口区教育局党工委第一党建督查组，对学校党建工作进行调研督查。学校党总支书记王新与总支委员会成员参与会议。

12 月

12 月 4 日　以"让研究成为习惯"为主题的华东师大一附中第二届大夏科创节正式拉开帷幕，李支舜副校长在升旗仪式上做了开幕演讲。社团展示邀请了第五中学、丰镇中学、钟山初级中学、江湾初级中学的学生一同参与学校的体验活动。

12 月 13 日　学校邀请到上海市教育心理名师基地和上海市学校心理健康教育名师工作室成员、上海市中小学心理辅导协会副秘书长、华东师范大学心理与认知科学学院兼职导师、具有丰富心理教育一线经验的曹凤莲为高三学生家长开展专题讲座。

12 月 19 日　虹口区嘉兴路街道教育小区党组织联组主题教育活动在嘉兴路街道社区党建服务中心开展，学校党总支书记兼副校长王新参加了本次活动。

是年　　学校学生在第 33 届上海市青少年科技创新大赛中获得一、二、三等奖等多个奖项；在第 16 届上海市百万青少年争创"明日科技之星"中获得第一名；在上海市第 20 届防震减灾知识竞答比赛中获得一等奖；获得上海市第 24 届高一物理基础知识竞赛团体赛一等奖；在 2018 年"未来杯"上海市高中阶段学生微电影大赛中获得二、三等奖等多个奖项；在第 6 届上海市中学生话剧节比赛中获得最佳音乐剧奖、优秀个人表演奖；在 2018—2019 年 DI 创新思维中国区总决赛中获得高中组总成绩和即时挑战赛双料冠军。

2019 年

1 月

1 月 8 日　为帮助学生顺利度过期末迎考、最大发挥个人潜能，学生处牵头、联合三个学部的力量，由心理与生涯教研组组织开展了系列考前心理辅导活动，关注学生考前心理、共护青春征程。

1 月 15 日　学校在尚真楼会议室隆重举行学生志愿服务工作交流总结会。虹口区校外联办裴铁枫以及虹口档案馆等 8 家志愿服务基地代表共计 13 人应邀出席了会议。

1 月 23 日　2019 年度华东师大一附中教育集团科研大会在尚真楼 201 室举行，会议的主题是"让研究成为习惯"，副校长李支舜主持会议。

2 月

2 月　　学校教师张盼和柴瑞娟分别执教了典型探究课程"DNA 分子结构"和化学"原电池"，运用科大讯飞智慧课堂系统，首次在全校范围展示了有别于传统教学形式、精彩纷呈的理科探究课，并进行了热烈有效的课后研讨活动。

2 月 17 日　华东师大一附中新学期第一次行政会议暨中心组学习在尚真楼 505 室进行，陆磐良校长就学校未来发展规划和新学期工作计划与学校行政班子讨论布置。

2 月 19 日　华东师大一附中第三届"春华秋实杯"创新实践活动优秀论文答辩会在学校尚真楼 104 室举行。受邀担任本届答辩评委的专家有上海交通大学资产管理与实验室处副处长、生命科学技术学院博士生导师彭华松教授，同济大学化学科学与工程学院博士生导师甘礼华教授，华东师范大学教务处副处长、化学与分子工程学院博士生导师丁昆明教授，华东理工大学商学院实验教学中心主任、博士生导师李英教授。

2 月 20 日　开学第一天，学校 2018 学年度第二学期开学典礼暨华光论坛在一片热烈的掌声中热烈开场。本次开学典礼由校党总支书记、副校长王新主持，副校长、语文特级教师李支舜，政治特级教师陈明青，英语特级教师刘超也出席了本次开学典礼。学校 1962 届校友、中国科学院院士、著名药物研究专家陈凯先是本次华光论坛的主讲人。

3月

3月4日　学校家委会部分成员参加新学期第一次家长开放日活动。

3月18日　学校政治特级教师陈明青赴京参加习近平总书记主持召开的学校思政课教师座谈会并发言，题目是"将马克思主义种子深深播撒在高中生心田"。

3月20日　毕业于佛罗伦萨美术学院的弗兰切斯卡·山德罗尼教授来到学校，为学生带来了题为"领略意国设计，徜徉艺术天地"的讲座。

3月27日　第四届"青史杯"高中生历史剧本大赛开幕式在学校举行。华东师范大学副校长戴立益、上海市教委德育处副处长江伟鸣、基教处副处长应华、华东师大二附中校长李志聪、华东师大历史学系主任孟钟捷、华东师大一附中校长陆磐良、党总支书记王新、副校长李支舜以及来自其他学校、出版社、上海博物馆的领导共同出席了本次开幕式。

3月30日　学校举行面向2019届应届初三毕业生及其家长的校园开放日活动。

4月

4月5日　宝山、虹口两区生涯辅导交流学习活动在学校举行。交流活动由虹口区中小学心理健康教育研究中心副主任李金瑞主持，宝山区德育研究室主任张雯、虹口区德育研究室主任石云艳、宝山区心理教研员王震、虹口区心理教研员王红丽等专家领导莅临现场，学校校长陆磐良、书记王新、学生处主任张青与4位心理教师参加活动。

4月11日　虹口区人民政府与华东师范大学签订未来五年战略合作协议。本次战略合作将在上一轮合作成果基础上进一步巩固提升，共同围绕区域基础教育发展等，落实区域与高校合作发展新机制。华东师范大学党委书记童世骏，副校长孙真荣、戴立益，虹口区委书记吴信宝，虹口区委副书记、区长赵永峰，虹口区委常委、副区长高香，以及双方相关单位负责人共同出席签约仪式。

4月16日　由华东师大一附中党总支与虹口高级中学党总支联合组织的"我与慕课同成长"两校青年教师专题研讨会在学校尚真楼103室召开。

4月24日　由上海英语教育教学研究基地吕晶晶带领的新教材编制团队部分成员来到学校，与学校特级教师刘超和两位虹口区英语教研员王林虎、陆佳一，以及来自学校和北虹高级中学的几位一线英语教师，共同探讨了在试用英语新教材的过程中所遇到的问题，并为大家解答疑惑。

4月29日   学校 2021 届高一学生与新华初级中学初二学生走进尚真楼报告厅，共同聆听"华光论坛"。本次论坛邀请学校 1999 届校友、旅澳诗人、作家、澳大利亚澳华悉尼雨轩社诗歌文化大使艾琳为学生做主题为"给孩子们的诗"的诗歌分享会。

4月30日   学校图书馆获"上海市中小学图书馆工作先进集体"奖。

5月

5月7日   学校化学教研组区公开课主题活动"智慧课堂"教学展示暨世承学部"构建灵动的课堂"教研周在学校成功举行。参与本次活动的有虹口区、普陀区各学校化学教师，以及世承学部的王元秋、姜振骅两位副部长。

5月10日   由学校党总支、工会和教师发展中心联合举办的"'他山之石，攻教之玉'系列读书活动——2019年'精读深研，专业发展'主题读书交流大会"举行。

5月31日   学校党总支组织全体党员及教职工参观了由市委宣传部、上海警备区政治工作局、市档案局、市委党史研究室等共同主办的"城市荣光——庆祝上海解放 70 周年"主题展览。

6月

6月9日至14日   应青海果洛州民族高级中学和拉加镇寄宿制藏文中学邀请，学校由党总支书记王新带队，光华学部副部长区志华、政治教研组长叶莉、数学教师华文娜与历史教师向胜翔一行 5 人组成上海—果洛教育互助成长交流团，前往两校进行交流学习，落实"11+1"基础教育互助成长行动计划。

6月21日   虹口区委常委、区委副书记洪流在虹口区教育局工作委员会书记黄丽芳的陪同下，来到学校调研教育教学工作。

6月24日   学校与上海师范大学教育学院、虹口区教师进修学院、虹口区教育学院附属中学、华东师大一附中实验小学，在学校尚真楼 201 室报告厅举行"不忘初心 传承师道"联合主题党日活动。

6月30日   学校大夏学部近 30 名学生来到上海市第一人民医院，进行社会实践活动和职业体验。

7月

7月15日   来自美国的 20 名海外华裔青少年及 2 位领队，在学校拉开了 2019 年

"寻根中国·相约上海"海外华裔青少年夏令营（虹口营）的帷幕。

8月

8月26日　学校2022届光华学部学子前往华东理工大学参观学习。

8月29日　虹口区教育局副局长孙磊代表区委、区政府、区教育局工委、区教育局来到学校宣布，虹口区教师进修学院教学研究室原主任袁芳任华东师范大学第一附属中学副校长。

9月

9月1日　上海市第一人民医院举行"卓越申城　健康先行——市民健康科普宣传周及医院开放日"启动仪式。学校光华学部的20位教师和学生代表参加了本次活动。

9月6日　以"晨曦细雨育桃李，金秋硕果慰园丁"为主题的华师大一附中第35届教师节庆祝大会在学校礼堂举行。

9月8日　学校师生参加上海市"为教师亮灯"庆祝活动。

9月10日　庆祝2019年教师节暨全国教育系统先进集体和先进个人表彰大会在京隆重举行，学校教师陈明青获"全国模范教师"称号，应邀出席此次大会，受到习近平总书记接见与表彰。

9月12日　华东师大一附中党总支召开华东师大一附中"不忘初心、牢记使命"主题教育动员大会，全面部署学校的主题教育工作。区委第二指导组副组长张勤和组员郭沙沙莅临大会指导。

9月24日　华东师大一附中新一届学术委员会正式成立，李支舜任学术委员会主任。

9月30日　学校光华学部开展《为祖国庆生》——经典诵读比赛"。

10月

10月15日　学校作为虹口区见习教师规范化培训的基地学校之一，于尚真楼802室正式启动了2019学年见习教师规范化培训工作。来自上海财经大学附属北郊高级中学、北虹高级中学、继光高级中学和华东师范大学第一附属中学的8名见习教师汇聚一堂，在学校进行为期一年的培训，副校长李支舜出席开班仪式并讲话。

10月21日　学校在尚健楼三楼篮球馆举行了晨兴奖学金颁奖典礼。出席本次晨兴奖学金颁奖典礼的学校领导有陆磐良校长、王新书记、大夏学部张青部长、世承学部褚亿钦部长、光华学部江源部长。

10 月 21 日至 25 日 "不忘初心、牢记使命"主题教育——"三地四校""同课异构"
教学公开展示周活动在学校隆重举行。

10 月 23 日至 26 日 天王寺中学由校长大西启嗣带队一行 4 人赴学校进行为期 4 天的
访问学习活动。

10 月 25 日 校党总支、工会、教师发展中心联合举办的"他山之石，攻教之玉"主
题系列读书活动交流大会举行。

11 月

11 月 7 日 由哈尔滨市教育局局长王长文带队的教育考察团一行 10 人莅临学校进行
交流研讨。上海市教委基教处副处长陆黎英、虹口区教育局副局长孙磊
陪同考察。

11 月 11 日 由中共虹口区委宣传部指导，上海华源传统文化研究院、虹口区文学艺
术界联合会主办，嘉兴路街道办事处、华东师大一附中承办的庆祝中华
人民共和国成立 70 周年，"不忘初心、牢记使命"主题教育，学习宣传
习近平总书记关于构建人类命运共同体理念暨百位元首、政要、名家手
迹和书画作品展在华东师大一附中举行。

11 月 18 日 苏州相城区中小学心理健康教育骨干教师团队和虹口区心理健康教育王
红丽老师团队共计 80 余人在尚实楼六楼的"心海引航"心理与生涯教育
中心济济一堂，交流研讨综合教育改革背景下的学校心理健康教育与生
涯教育。

11 月 24 日 来自新加坡裕廊先驱初级学院的 23 位师生访问团抵达学校，开始了在上
海为期 5 天的访问行程。

11 月 26 日 虹口区中小学心理学科课堂教学评比高中组复赛在学校"心海引航"心
理与生涯教育中心隆重举行。

11 月 28 日 学校第三十五届共青团第七届学生代表大会举行。

11 月 29 日 华东师大一附中汉字应用水平测试举行，全体教职员工参加。

12 月

12 月 2 日 第三届华东师大一附中大夏科创节开幕，本次科创节的主题是"让研究
成为使命"，副校长李支舜致开幕词。

12 月 9 日 "心海引航"心理与生涯教育中心迎来上海外国语大学附属外国语学校、
上外东校以及上外第一实验学校的生涯导师团的到访交流。

12 月 23 日　来自澳门嘉诺撒圣心英文中学的 29 名学生在郑梓姗和伦芷蔚 2 位教师的带领下来到学校进行为期 3 天的交流访问。

是年　　　学校教师谢健美、陈莹、董雨雪、张明、钟慧、邹园园，在第 22 届全国教育教学信息化交流展示活动中分别获得一、二、三等奖；叶莉在教育部和上海市的"一师一优课，一课一名师"活动中获得"活动优课"称号；陈慧获得 2018 学年虹口区入职 3 年青年教师"三个一"教学基本功评比多个奖项；沈闻佳、沃维佳获得 2018 学年虹口区见习教师规范化培训优秀指导教师一等奖，王元秋、张明、张知愉获得二等奖。

在第 34 届上海市青少年科技创新大赛中，学校学生在科技创新成果板块共获得一等奖 3 项，二等奖 13 项，三等奖 3 项；在科技创意板块获得二等奖 5 项，三等奖 10 项；在科技辅导员科教创新成果板块，学校教师谢健美的方案《用 TI 技术模拟制作动态模型》获得科教方案评比上海市一等奖，并被推送参加全国赛。

2020 年

1 月

1 月 13 日　华东师大一附中"不忘初心、牢记使命"主题教育总结大会召开。区委第二指导组组长项荣莅临大会指导并做重要讲话，区委第二指导组联络员徐杰参加了本次总结会。

1 月 14 日　华东师大一附中党总支举行换届选举党员大会。大会由校党总支书记王新主持。

1 月 18 日　2020 年度华东师大一附中教育集团科研大会在尚真楼 201 室举行，会议的主题是"让研究促进成长——研究型教师与课堂教学效率"，副校长李支舜主持。

2 月

2 月 28 日　全校师生在线收看了上海市德育公开课《在战"疫"中成长》。这堂课邀请了学校学生处副主任、政治学科教师陈明青作为主讲教师。

4 月

4 月 15 日　副市长陈群、市政府副秘书长虞丽娟、市教委主任陆靖前往虹口区华东师大第一附属初级中学、华东师大一附中检查开学准备工作，实地察看

　　　　　　了解两所学校的入校检测、留观室、卫生室、食堂、初三（高三）教室等处的防疫准备情况。

4月21日　华东师大一附中组织防疫安全全程演练，确保教师和学生掌握应急处置操作流程，保障开学后续安全。

4月27日　在详尽的准备和严密的防护下，华东师大一附中迎来了复学第一天。新华社、文汇报、中新社、新闻晨报、新民晚报、劳动报、上海电视台、上海教育电视台等十余家媒体进行报道。新闻联播、《人民日报》、《解放日报》、"学习强国"平台、上海电视台等多家媒体对学校复学各项工作开展情况予以报道，并对高三学子终于重返校园表示由衷的关切与祝福。

5月

5月7日　学校高二7班学生王恺作为上海学生代表接受联合国教科文组织终身学习研究所的全英文采访，详细介绍了作为一名中学生参与线上学习的体会和感想。

6月

6月30日　虹口区副区长张雷到学校关心高考准备工作，在陆磐良校长和袁芳副校长的陪同下，来到高三大夏学部的办公室和教室，亲切慰问了积极迎考的高三师生。

是月　　学校为促进学校优秀青年教师专业进阶发展，丰富研究型学校文化内涵，助力虹口教育强区建设，在尚真楼103会议室召开"助推优秀青年教师专业进阶"项目交流会议。

7月

7月2日　第一次"名师荟萃展芳华，网络分享共提升——海上名师坊"专家研讨会在华东师大一附中尚真楼505室顺利召开。

7月3日　在华东师大一附中尚真楼201室举办"明史之实，强党之志"纪念建党99周年主题党日活动，共建单位、辖区单位及教育集团领导参与本次活动。

7月4日　学校团委组织大夏学部全体学生在尚真楼201室举行了庄严的十八岁成人宣誓仪式。

7月13日　学校光华学部2022届高一年级在尚真楼201室举行结业典礼。

7月18日　学校大夏学部2020届学子在尚真楼201室举行毕业典礼。大夏学部的学生代表学部向学校赠礼。

8月

8月27日　2020年华东师大一附中教育集团教学工作会议在尚真楼201室顺利召开。会议主题为"根植核心素养，赋能教学变革"。

8月31日　学校校医钱佳妮给全校班主任集中做了防疫工作培训。学校与卫生室、食堂、物业、保安等多方沟通，积极开展防控工作。

9月

9月1日　新学年开学第一天，学校在尚真楼201室举行2020年第一学期开学典礼暨开学第一课华光论坛。本次华光论坛邀请到了上海市第一批援鄂医疗队领队兼党总支书记、上海市领军人才郑军华医生及其团队。

9月4日　学校党总支把深入学习贯彻市委全会精神作为开展"四史"学习教育的重要任务，开展了"'四史'诵读、声声入心"组织生活会。

9月11日　学校举行了以"强化专业成长，织就职业幸福"为主题的第36届教师节庆祝活动。

9月17日　学校在尚真楼103会议室召开青年骨干教师座谈会。虹口区副区长张雷与学校的14名青年骨干教师代表座谈交流。

9月21日　来自华东师范大学的9名硕士研究生在学校正式开启为期3个月的实习。

9月27日　虹口区思政课一体化"弘扬爱国主义硬核力量"探索交流会在学校举行。本次活动吸引了虹口区思政教师、各人才梯队主持人、各校领导以及全市的思政等学科的教师前来出席，还通过网络向全国进行了实况转播。

9月29日　在校领导的温暖关怀与校工会的精心组织下，学校召开2020年新进教师与住宿教师座谈会。

10月

10月19日起　学校工会开展为期一周的教职工健身比赛活动。本次活动由校工会主办，体育组协办。

10月20日　华东师大一附中2020学年见习教师规范化培训开班仪式举行，副校长李支舜出席并讲话。来自华东师范大学第一附属中学、继光高级中学、第五十二中学的20名见习教师汇聚一堂，共同迎接为期一年的学习。

11月

11月6日　华东师大一附中举办了三地六校"新中考新高考"教学改革研讨暨联合中心组学习会。参加此次会议的有上海市钟山初级中学校长周玉萍、青海省果洛州玛沁县拉加镇藏文中学党支部书记唐生亭、玛沁县第一民族中学副校长久美旦增、玛沁县第一民族中学玛沁文化补习教学点副校长玛麻、云南省昆明市寻甸县第一中学校长阮云新等。

11月10日　在学校副校长、特级教师李支舜的主持下，青海省果洛州玛沁县拉加镇藏文中学党支部书记唐生亭、玛沁县第一民族中学副校长久美旦增、玛沁县第一民族中学玛沁文化补习教学点副校长玛麻来到浦东建平实验中学交流学习。

11月16日　在学校三楼体育馆隆重举行"砥砺奋进　自强不息——华东师大一附中2020年学生晨兴奖学金颁奖典礼"。

11月26日　青海省果洛州玛沁县的三位书记和副校长在华东师大一附中校长、特级校长陆磐良安排带领下，来到上海市民办新华初级中学参观交流学习。

11月30日至12月4日　学校第四届大夏科创节拉开序幕，本次科创节的主题是"让研究成为责任"，王新书记致开幕词。

12月

12月7日至11日　学校开展2020学年见习、职初教师同课异构教学公开展示活动，本活动在华东师大一附中及继光高级中学校园举行。

12月17日　教师发展中心主任陈菅与20位基地校见习教师进行了跨学科教学研讨。

12月21日　在学校体育馆三楼举行第四届大夏科创节颁奖典礼。

12月22日　以"新课标·新教材·新教学·新教研·新评价"为主题、以"单元文本解析与教学活动设计"为视角的教学研讨活动在学校举行。本次活动由虹口区教育学院教研员陆佳一主持，分为课堂教学、微报告、专家点评及活动总结四大板块。

是年　学校教师许文怡的课例获2019年度"一师一优课、一课一名师"活动部级优课；柴瑞娟的课例获上海中小学幼儿园"公共安全教育活动精品课程"。在"聚焦学科德育 提升教学品质"2019年虹口区中小幼课堂教学评比中，张蕾、许璐、董雨雪、许文怡、罗吾民获得一等奖，陈清源、陈慧获得二等奖，柴瑞娟、赵讷、罗莉、张惺艺、卫佳琪获得三等奖。卫佳琪获得2019"博学杯"历史人文素养展示活动优秀指导教师奖。

罗莉、柴瑞娟分获上海市见习教师规范化培训基本功大奖赛一等奖、二等奖。应敏佳、刘仪伟分获虹口区"我和于漪老师"征文活动见习教师组一等奖、三等奖。陆磐良、陈明青在虹口区第 13 届教育科研成果评比中获得一等奖，陈耸、邓凌翎、李支舜获得二等奖，王书玉获得三等奖。在 2019 年"博学杯"历史人文素养展示活动中，学校学生周彦廷和徐瞳卉获二等奖（一等奖空缺）。在第 35 届上海市青少年科技创新大赛中，学校学生在科技创新成果板块共获得一等奖 2 项，二等奖 5 项，三等奖 2 项；在科技创意板块获得三等奖 4 项；另有专项奖多项。在科技辅导员科教创新成果板块，学校教师高华的方案《无人机飞行器创新设计——空投无人机》获得科教方案评比一等奖，并被推送参加全国赛。在上海市中学生数学探究性论文评审活动中，李燊茂获一等奖。在 2020 年长三角中学生数据应用创新研究活动中，杨奕开、张晨卉、濮君彦及高周智阳、杨韵清、沈子翔获得二等奖、三等奖。

2021 年

1 月

1 月 15 日　由学校发起、六所学校联合主办的"学于漪·铸师魂"师德论坛暨启动仪式在学校举行。学校党总支书记兼副校长王新向论坛第二站的曲阳第二中学党总支书记兼校长龙艺传递论坛纪念杯。

是月　区委第二巡察组向学校反馈巡察情况。区委第二巡察组组长项荣传达了区委书记郭芳在听取十届区委第十三轮巡察情况汇报时的讲话精神和区委关于巡察整改工作的具体要求，并向华东师大一附中主要负责同志和华东师大一附中领导班子反馈了巡察情况。华东师大一附中副书记、副校长（主持工作）袁芳主持反馈会议，并就做好巡察整改工作作表态发言。

2 月

2 月 22 日　学校 2020 学年第二学期开学典礼暨华光论坛在尚真楼 201 室隆重举行。本次华光论坛邀请了芦荡英雄周奋烈士之子、上海市新四军历史研究会一师分会宝山虹口片组长、1966 届高三乙班周继奋校友，以"抚今追昔，忠魂千古——庆祝中国共产党建党一百周年"为题向全校师生做报告。

2月25日　元宵佳节前夕，学校党政工召集部分教职员工举行了庆元宵茶话会。应邀参加茶话会的有各个部门、组室不同年龄阶层的教职员工，表达自己对学校建设和发展的见解。

是月　　虹口区委组织部副部长王敏代表区委、区政府宣读了陆磐良的工作调动决定：陆磐良不再担任华东师大一附中校长，调任复兴高级中学书记兼校长；同时还宣布袁芳任一附中党总支副书记、副校长（主持工作）。

3月

3月4日　在尚真楼201室召开学校第三十六届共青团、第八届学生联合代表大会，参加此次大会的有校团委书记、副书记、学生干部、学生代表和团委学生会干事候选人。

3月12日　华东师大一附中教育集团2020年科研年会暨总结分享会议顺利召开。大会由李支舜副校长主持，对2020学年科研工作、"双新"教育背景下科研探索工作进行总结研讨。

3月22日至26日　学校第4届"新阅读—新学界"光华读书节正式拉开帷幕。王新书记致开幕词。

3月23日　学校2023届大夏学子在学校开展为期一周的学军活动。

3月26日　学校开展"聚焦双新课改，助力学科发展"的各学科教学研习活动，本次教研活动邀请到上海交通大学高景教授、同济大学王蓓蕾副教授、特级教师叶伟良、特级教师周靖、特级教师陈寅、上海市教研员方耀华、行知中学高级教师闫白洋等专家担任主讲，一附中全体教师分学科参与了研习讨论。

3月27日至4月4日　为了让学生和家长全方位、零距离了解与感受学校校园文化与学生生活，学校开展了主题为"走进附中名师""课程教学""学生生活与安全""校园活动三大节""与学长面对面"五场专场直播。

4月

4月10日　学校举行了"学党史，强信念，育新人"党史学习汇报活动，全体教职工以及学校"青马工程"优秀学生代表参加了活动。

4月21日　学校举办了"传承红色基因　赓续精神血脉"——虹口学校依托思政育人体系开展党史学习教育交流展示活动。市教卫工作党委书记沈炜出席并讲话，市教卫工作党委副书记、市教委副主任闵辉出席并启动虹口馆校红色文化共建联盟。虹口区委常委、宣传部部长吴强，虹口区人民政府副区长张雷出席活动，活动由虹口区教育工作党委书记黄丽芳主持。

4月30日　在五一国际劳动节即将来临之际，中共虹口区委副书记洪流，虹口区人大常委会副主任、区总工会主席胡军和虹口区总工会党组书记、副主席袁忠民在虹口区教育工作党委书记黄丽芳、虹口区教育局副局长邬文敏的陪同下，一同来到学校慰问学校政治正高级教师、特级教师、学生处主任陈明青。陈明青曾荣获2020年"全国先进工作者"和2019年"全国模范教师"称号。

5月

5月10日　学校迎来了"百年风华新征程，体艺飞扬正青春"第二届世承体艺节。在上午的开幕式上，副校长、副书记袁芳致开幕词。

5月15日　世承学部2021届学生成人仪式在共青森林公园隆重举行。

5月17日　虹口区高考工作会议在学校尚真楼103会议室召开，各高中学校校长、书记等出席本次会议，会议由虹口区教育局局长李国庆主持。

5月17日至19日　学校一行4人在副校长袁芳的带领下前往浙江省舟山中学参加该校2021年第五届学术节活动。

5月22日、23日　学校开展2021年校园开放日活动，百余位2021届应届初三毕业生与家长参与其中。

5月27日至30日　按照"华东师范大学—寻甸县素质教育帮扶试点项目"要求，学校教师团队一行4人，在副校长、语文特级教师李支舜的带领下，来到寻甸一中，就新课程推进工作进行对口帮扶和交流互动活动。

5月28日　学校和浙江外国语学院联合举行了"联学共建聚合力，党史教育促发展"党史学习教育联学活动暨大中小思政一体化研讨活动，活动由浙江外国语学院教务处副处长刘涛主持。

5月31日　在升旗仪式上，华东师大一附中庆祝中国共产党成立100周年主题教育活动隆重举行。

6月

6月4日　学校举行了"命题的有效性"专题研讨会，各学科教研组长出席会议。

6月10日　2020学年区见习教师规培华东师大一附中基地校结业典礼在尚真楼802会议室召开。

6月21日　在学校尚健楼体育馆隆重举行世承学部2021届高三毕业典礼。校党总支书记兼副校长王新、校党总支副书记兼副校长（主持工作）袁芳、副校长李支舜、光华学部和大夏学部领导以及世承学部全体教师、部分家长代表和全体 2021 届高三学生参加了此次毕业典礼。

6 月 24 日　学校举行了"百年征程，光大华夏——华东师大一附中 2020 学年颁奖礼"。

6 月 30 日　学校举行了以"牢记初心使命，寄情百年华诞"为主题的庆祝建党 100周年主题党日活动。

7 月

7 月 2 日　学校 2021 级世承学部"我为科狂"夏令营活动举行。

7 月 5 日　学校在华东师大闵行校区的先修课程夏令营拉开帷幕。

7 月 16 日至 22 日　学校一行 28 人来到寻甸一中开展"教育山海情"访学活动，同时也参加了寻甸一中"思政大课堂"夏令营活动。

7 月 22 日至 25 日　学校一行师生代表 28 人来到云南师范大学附属丘北中学开展第二站"教育山海情"访学活动。

7 月 26 日　学校成为首批中国儿童青少年体育健康促进学校。

是月　　副校长李支舜到龄免除副校长职务，学校继续聘任其为学术委员会主任，延迟退休，负责编辑"一报""两刊"和百年校庆筹备工作。

8 月

8 月 3 日　虹口区"高中教育质量提升"项目推进领导小组和项目推进专家组赴学校，就提升高考综改质量推进成效及"双新"实施情况进行调研。15 位市区领导专家出席会议，学校王新书记及全体中层干部、学部长参加了调研。

8 月 4 日　学校与新加坡裕廊先驱初级学院首次线上论坛之学生专场在大礼堂拉开帷幕。本次论坛学校学子选择了虹口历史、衣食住行在上海、虹口故事、生活在瑞虹四个主题，分别拍摄并制作了视频。来自新加坡的学生也围绕主题"走进邻里，认识新加坡"，用中文介绍了新加坡的城市魅力。

8 月 5 日　在首次线上论坛之教师专场中，学校与裕廊先驱初级学院共 8 位教师结合自身相关学科，结合新形势下的教学变化，分享研讨。学校 4 位教师围绕"双新"改革的实践体验分享这一主题，四门学科分别是政治、历史、物理、语文。新加坡裕廊先驱初级学院的 4 位教师交流的主题为"混合式学习与线上教学策略"。

8 月 10 日　学校党总支及下属四个支部聚焦"学党史、悟思想、办实事、开新局"主题，召开党史学习教育专题组织生活会。学校全体党员参加本次会议，市委党史学习教育第六巡回指导组组员裘国莉莅临指导。

8 月 14 日　学校组织高二、高三全体学生分批次错时前往虹口区嘉兴路街道社区服务中心完成新冠病毒疫苗接种。学校当日完成了高二、高三在读学生新冠病毒疫苗接种 432 剂次，无不良反应发生，由校联络员及时上报接种情况。

8 月 31 日　虹口区教育工作党委书记黄丽芳等莅临学校宣布区政府任命决定。陈寅、江源任华东师范大学第一附属中学副校长。

是月　　　世承、大夏、光华三个学部利用暑假时间进行了全覆盖的家访。

9 月

9 月 1 日　学校迎来 2021 学年新学期开学典礼暨开学第一课华光论坛，典礼在尚真楼 201 大礼堂隆重举行。本次开学典礼特别邀请到第一财经传媒有限公司总经理、1992 届校友陈思劼先生为学校师生开展华光论坛讲座。

9 月 10 日　学校全体教职员工齐聚一堂，举行以"赓续百年初心，书写育人华章"为主题的教师节庆祝活动。

9 月 12 日　为迎接华东师大一附中建校百年，学校成立"百年附中·百年故事"校庆丛书编撰组，李支舜任组长，公布编撰方案：以"史"带"人"，简称"一线四点"，即《百年大事记》《百年名师》《校友风采》《附中往事》《附中名录》。

9 月 13 日　教务处组织开展主题为"聚焦学科素养，落实五项管理，探索评价改革"的优秀教研组评选活动，共有 6 个教研组积极参评，学校邀请 6 位学科专家深入了解教研组在组室建设和内涵建设上所做的努力。各组根据现场抽签的顺序进行展示。

9 月 18 日　学校开展纪念九一八事变爆发 90 周年暨人民防空宣传教育活动，拉响防空警报，全校开展防空应急疏散演练活动。

9 月 23 日　虹口区高中语文教研活动在学校尚真楼 201 大礼堂举行。本次活动由虹口区高中语文教研员胡梦蔓主持，区内全体高三教师共同参与。

9月25日　全国首届（上海市第二届）高中生5分钟科研项目英语演讲活动专家研讨会在学校顺利举办。

9月28日　华东师范大学基础教育集团领导戴立益一行莅临学校开展座谈交流。书记王新，副书记、副校长（主持工作）袁芳，副校长陈寅、副校长江源等出席会议。陈步君、林葆瑞、戴立益、项志良受聘华东师大一附中"百年校庆"筹备组顾问，袁芳副校长（主持工作）颁发聘书。

10月

10月20日　虹口区全区的高三英语教师齐聚学校文创实验室进行教研活动。本次教研的活动主题为"聚焦教学评价"。出席会议的嘉宾有虹口区英语教研员王林虎、陆佳一，上海市正高级教师、特级教师姜振骅，复兴高级中学英语学科教研组长楼蕾等。

10月29日　学校世承学部高一6班师生步行前往同济大学设计创意学院进行参观研学。

是月　　　学校地理教研组教师和大夏学部师生来到位于上海临港的中国商飞上海飞机制造有限公司参观。

11月

11月4日　第四期"上海市普教系统名校长名师培养工程"学术年基地巡展"发展学科核心素养的教学研讨"主题联合展示活动在学校举行。上海市师资培训中心副主任陈霞、华东师范大学教师教育学院王祖浩教授、上海市教委教研室徐睿出席活动，虹口区教育学院符杰普院长、华东师范大学第一附属中学袁芳副校长（主持工作）致辞。本次活动采用线下和线上同步直播的方式进行，线上观看人数超过4000人。

11月9日　学校组织全体在校住宿生进行消防应急逃生演练。

11月10日　学校将于2025年6月3日迎来100周年华诞，为传承百年办学传统，展示百年办学辉煌成就，讲述百年附中人的故事，开创一附中美好的未来，华东师大一附中百年校庆筹备组会议召开。领导小组组长：王新、袁芳；工作小组组长：李支舜。

11月12日　虹口区副区长陈筱洁一行莅临学校调研指导工作，虹口区教育工作党委书记黄丽芳、虹口区教育局局长李国庆、虹口区教育局副局长邬文敏、学校党总支书记王新、副校长（主持工作）袁芳、副校长陈寅、副校长江源陪同视察。

11月18日　第五届大夏科创节·"春华秋实"研究性课题评选活动优秀论文答辩会在尚真楼201室举行。

11月22日至26日　华东师大一附中开展第二届见习、职初教师同课异构教学公开展示活动。

12月

12月2日　崇明区、虹口区高中英语学科联合教研活动在学校举行，主题为"'双新'背景下高中英语单元视角下的学习活动设计"。

12月26日　华东师大一附中校友会举行理事会六届五次工作会议，专题讨论附中百年校庆筹备工作，李支舜介绍了学校筹备工作方案。

12月31日　学校心理组教研活动在尚实楼6楼心理中心顺利开展。本次教研活动特别邀请上海市教委教研室特级教师、正高级教师陆伯鸿莅临指导。

是年　　学校被评为上海市先进基层党组织。政治教研组青年团队被评为2020年度"上海市青年五四奖章"集体。学校获得2021年教育系统教工第九套广播体操比赛三等奖；上海市中小学（幼儿园）见习教师规范化培训"优秀组织奖"；2021年上海市应用化学与技能竞赛团体一等奖。学校教师陈明青获得2021年全国最美教师称号；刘家平荣获得第14届金爱心教师称号。在2020学年虹口区中小学（幼儿园）见习教师基本功大奖赛中，严仪昀获得特等奖，朱越、吴莹洁、王柳雁、刘徭瑶获得一等奖，刘毅获得二等奖。物理教研组、政治教研获得2021年虹口区中小幼优秀、先进教研组。

在第36届上海市青少年科技创新大赛中，学校学生在科技创新成果板块获得二等奖、三等奖，在科技创意板块获得一等奖、二等奖。学校学生获得2021年DI全球总决赛高中组挑战C世界季军奖杯；2021年世界头脑奥林匹克选拔赛高中组第一名；2021年全国《红楼梦》整本书阅读主题征文活动一等奖；2021年上海市青少年人工智能与机器人科创大赛格斗机器人项目冠军、季军；2021年度上海市高中生英语竞赛一等奖；2021年长三角中学生数据应用创新研究活动一等奖、三等奖；2021年上海市应用化学与技能竞赛一等奖、三等奖。

2022 年

1 月

1 月 8 日　在虹口区见习规培基地校中期调研评审中，专家分别从"政治性与思想性""课程目标""课程框架""内容与实施""考核评价""课程思考"6 个方面对 13 所基地校的课程框架进行评审，学校"素养培养背景下新班主任培训课程框架"取得并列第一的好成绩。

1 月 10 日　虹口区 2021 年教育科学研究项目评审工作顺利结束，学校多个项目获得立项资格。虹口区教育学院师训室就 2020—2021 年虹口区中小学（幼儿园）青年教师（2—5 年）专业发展实践研究项目，开展了结项阶段专家评审工作，学校教师卫佳琪主持的"以核心素养培育为目标的高中历史统编教材单元作业实践研究"项目获得优秀。此外，多个学校实践及青年教师实践项目顺利完成结项。

1 月 13 日　教育部办公厅印发《关于做好首批全国学校急救教育试点建设和管理工作的通知》，公布了首批 201 所全国急救教育试点学校名单，学校被教育部认定为首批全国急救教育试点学校之一。

1 月 14 日　中共华东师范大学第一附属中学总支部委员会组织召开 2021 年党建工作总结大会，会议由校党总支书记王新主持。

1 月 19 日　华东师大一附中教育集团 2021 学年科研年会在尚真楼 201 会议室顺利召开。

2 月

2 月 17 日　2021 学年第二学期开学典礼暨开学第一课华光论坛举行。学校 1954 届校友、外交部原高级日语翻译周斌先生应邀主讲开学第一课，学校党总支书记、副校长、特级书记王新主持典礼。

4 月

4 月 25 日　"新阅读—新境界"第 5 届光华读书节举行。

6 月

6 月 3 日　华东师大一附中"百年校庆主题征文、实物征集启事"对外发布。

6 月 6 日　复学第一日，高二、高三学子重聚校园。

6 月 23 日　2021 学年虹口区见习教师规范化培训华东师大一附中基地校结业典礼在腾讯会议平台召开。

7月

7月1日　学校举行"奋进新征程　勇毅向前行——华东师范大学第一附属中学庆祝中国共产党成立101周年、喜迎党的二十大"主题教育活动。

7月15日　华东师大一附中召开2022年度全面从严治党"四责协同"机制建设第一次专题会议。虹口区教育工作党委副书记、教育局局长王磊，虹口区教育工作党委副书记陈薇及虹口区教育局办公室赵洋主任莅临指导，学校党总支书记王新、副书记和副校长（主持工作）袁芳、副校长陈寅、江源参加会议。

7月17日、18日　华东师大一附中2022年招生直播圆满收官。五场专题直播由副校长袁芳、副校长陈寅和陈明青、管维萍、王元秋、洪慧琼、叶莉、高华、蒋一洋、张蕾、方侃侃、祝培骏、徐英俊等教师以及刘家铄、凯尔·史密斯、胡家颖3名2022届学生共同参与。

8月

8月3日　2022年华东师大一附中与新加坡裕廊先驱初级学院第二届线上论坛之学生专场拉开帷幕。新加坡共和国驻上海总领馆领事饶舒婷女士和上海教育国际交流协会秘书长李维平先生也加入线上论坛，亲切问候两校师生，并给予本次论坛大力支持。

8月5日　2022年华东师大一附中与新加坡裕廊先驱初级学院第二届线上论坛之教师专场于学校尚真楼会议室隆重举行。本次论坛邀请了教育部中学校长培训中心副主任刘莉莉、虹口区教育局副局长邬文敏莅临现场指导。参与活动的还有新加坡裕廊先驱初级学院院长王金富、学校党总支书记王新、学校副校长（主持工作）袁芳、学校各学科教研组教师、裕廊先驱初院各学科教研组教师。

8月10日、11日　来自上海市虹口区的国家乡村振兴重点帮扶县教育人才组团式援滇、援青帮扶团队分别启程。学校教师焦文佳、吴伟积极响应号召加入支教队伍，奔赴云南省文山州马关县第一中学和青海省果洛州玛沁县果洛州民族中学，开启为期一年半的支教旅程。

8月27日　学校召开了2022届高三工作检视会。

8月29日　华东师大一附中党总支在尚真楼505室举办以"数字化转型资源建设"为主题的中心组学习活动。

9月

9月1日　学校迎来了2022学年新学期开学典礼暨开学第一课华光论坛。

9月9日　虹口区人民政府发布任命（虹府任〔2022〕28号文件），决定袁芳任华东师范大学第一附属中学校长（试用期一年）。

学校开展第38届教师节庆祝活动。

9月10日　学校高一7班姜泊含入围2022世界人工智能大会5强，进行全球直播。

9月19日　2022学年华东师范大学教育学院硕士实习开班仪式在学校举行。

9月22日　召开华东师大一附中"百年附中·百年树人"丛书编撰会，李支舜主持，丛书编撰组成员参加。

9月28日　学校团委参加了"喜迎二十大奋进新征程——沪演四校团组织工作交流和研讨活动"，与云南省马关第一中学、上海市虹口高级中学、上海市澄衷高级中学三校团委就团组织工作进行了视频交流。

9月30日　华东师大一附中党总支组织召开党员大会，会议由校党总支书记王新主持。市第十二次党代会代表陈明青在会上宣讲了中国共产党上海市第十二次代表大会的主要精神。

10月

10月10日　为迎接华东师大一附中百年校庆，校庆筹备组向历届校友、教职工有奖征集100周年校庆标志，最终，学校资深美术教师张锋设计的"立德树人，继往开来"被录用。整个徽标如同一顶博士帽或一幢立体的建筑外形。左侧建筑的背光面形成了阿拉伯数字1，右侧建筑受光面，源自华东师大一附中的传统校标造型，右下方又形成2个阿拉伯数字0。整个徽标构成数字100，说明是学校百年校庆，凸显百年学府立德树人、千秋功业继往开来。

10月18日　华东师大一附中党总支开展了"喜庆二十大，奋进新征程"入党申请人座谈会。

10月20日　华东师大一附中政治教研组深度教研暨云南文山州赴沪骨干教师交流会在尚真楼505会议室召开。

10月21日　华东师大一附中校级课题（理科组）开题报告会在尚真楼103会议室举行。校党总支书记王新、校长袁芳、副校长陈寅、教师发展中心主任陈耸以及各子课题的主持人及参与课题的教师参加了报告会。本次会议邀请的专家有王华（数学）、曾国光（数学）、陆伯鸿（物理）、毛东海（化学）、王生清（生物）、管文川（劳技）。

10 月 25 日　华东师大一附中基地 2022 学年见习教师规范化培训开班典礼在腾讯会议平台举行，标志着本学年度见习规培工作正式启动。

10 月 27 日　虹口区市示范性高中高质量发展研讨会在学校尚真楼 103 会议室召开。华东师范大学副校长戴立益，华东师范大学基础教育与终身教育发展部副部长冯剑锋，虹口区教育工作党委副书记、局长孙磊，虹口区教育学院副院长胡军，虹口区三所市示范性高中书记、校长、副校长等出席本次会议。学校王新书记、袁芳校长、陈寅副校长、江源副校长出席会议，会议由孙磊局长主持。

11 月

11 月 16 日　华东师大一附中《百年名师》编撰研讨会召开，李支舜主持，相关人员参加。

11 月 24 日　大夏学部组织开展了题为"同心聚力，合力前行"的心理团队辅导活动。

11 月 28 日　下午，在尚真楼 201 会议室召开学校第三十八届共青团、第十届学生联合代表大会。

11 月 30 日　为优化学校人力资源配置，增强青年教师人才活力，建立并落实青年后备人才培养长效机制，推动学校高质量、可持续发展，学校举行后备人才轮岗实训启动会议。

是月　　　　基于"新结构化"教学，探索"悦动课堂"的构建策略，学校教务处、教师发展中心、光华学部共同开展教学研讨活动。

12 月

12 月 4 日　学校展开第七届心理解谜校园定向大赛。

12 月 5 日　学校世承学部语文备课组进行备课活动，并通过腾讯会议平台与青海省三江源民族中学开展教研联动。

12 月 6 日　学校 1954 届高三乙班校友周斌和 1956 届高三甲班校友姚佩君夫妇专程来到母校，就设立"周姚奖教助学金"与学校签署协议。

12 月 8 日　学校通过线上和线下结合的方式，组织校青年教师及青海省三江源民族中学教师共同参加学习党的二十大主题宣讲。

12 月 9 日　对外公示《百年名师》初定名单（第 3 稿）。

12 月 12 日　学校开展第六届大夏科创节华光论坛，邀请到上海交通大学计算机科学与工程系的朱燕民、余明峰、刑明阳、周韧研以及中国科技大学的龚明、屠秉晟带领学生探索未知的大门，走进科技的堂奥，拓宽了学生的视野。

12月20日　2022学年第一学期虹教系统高端教师研修A班调研（华东师大一附中场）通过线上平台顺利举行。会议由虹口区教育学院副院长赵军山主持。

12月23日　学校与青海三江源民族中学的化学教师相聚云端，举行线上深度教研活动。

12月25日　李支舜设计并执笔的《首期人文虹教（一校一品）项目——"百年附中，百年树人"华东师大一附中校史馆》方案获得批准。

12月31日　学校高一7班姜泊含、高二6班房彦名入选由上海市教育委员会与世界顶尖科学家协会上海中心联合实施的"未来科学家"培养计划。

是月　　　学校56位教师入围2022—2024学年虹口区教育系统教师专业人才梯队，4位教师入选虹口区2021—2023年度高端教师研修A班学习。

是年　　　学校荣获2021年度上海市三八红旗集体称号。学校在2021学年虹口区见习规培基地校考核方案评审中被评为优秀；在2021年上海市教师专业发展学校年检中被评为优秀学校。

学校教师严仪昀在2021年上海市中小学（幼儿园）见习教师基本功大赛中获得一等奖。袁芳、王新、陈耸、阮武林撰写的《基于学校办学理念下的慕课建设规划、策略与经验》在上海市高中名校慕课优秀案例征集活动评选中荣获二等奖。叶莉获得"全国青少年普法教育优秀辅导员"光荣称号。在第二十七届华师大普教科研大会中，叶莉获先进个人，陈洁、张知愉、陈耸、许文怡的论文获一、二等奖，学校被评为先进教研组。陈耸、张偲玓分获2022年虹口区思想政治教师教育教学论文评选活动一、二等奖。沃维佳、张蕾、黄圣佳、陈慧佳、陆旖颐、蒋一洋获得2022年上海市中小学单元作业设计比赛二等奖。在2022年虹口区中小幼教师课堂教学评比中，蒋一洋、柴瑞娟、许璐、卫佳琪获得一等奖，焦文佳、王柳雁获得二等奖，朱越、刘艺伟、孙佳俊获得三等奖。

学校学生在2022年线上世界头脑奥林匹克选拔赛中获高中组第二名；获得上海市中小学生（中职生）百优"新时代好少年（美德少年）"称号；在2021—2022年DI全国总决赛中荣获高中组一等奖；在全国首届（上海市第二届）中学生5分钟科研项目英语演讲比赛中获得一等奖、优胜奖。在第19届上海市中学生时政大赛中获得二等奖、三等奖。

2023 年

1 月

1 月 6 日　学校学术委员会改选，袁芳任主任，王新、陈寅、陈明青、李支舜任副主任，陈耸任秘书长。任期为 2023 年 1 月至 2025 年 12 月。

1 月 16 日　学校教师发展中心主任陈耸主持"课堂实践推进工作"筹备会议。袁芳校长、陈寅副校长，以及各攻关小组通过线上和线下相结合的方式共同参与了会议。

1 月 17 日　全体教职员工相聚云端，举行了辞旧迎新年度总结大会。袁芳校长首先对一年来各部门的辛勤工作与高光时刻进行了总结和回顾。王新书记对一年来附中人的付出与努力表达了感谢，传达了虹口区教育局 2023 年对学校的新要求与新任务。

1 月 27 日　虹口区教育领域首个可再生能源项目在学校完成并网验收，学校 347.05 千瓦光伏示范项目建成并网，是迄今为止虹口区装机规模最大的分布式光伏项目，预计年均可节省标准煤 10.67 万千克，减少二氧化碳排放约 29.30 万千克，对虹口正在全力打造绿色低碳示范高地建设，具有积极示范作用。

2 月

2 月 13 日　学校中层领导召开行政会议会部署开学工作，召开全校教工大会，开展新学期工作动员，组织各教研组开展备课组活动，安排学生领取教科书。

2 月 15 日　2022 学年第二学期开学典礼暨华光论坛于尚真楼 201 大礼堂隆重举行，开学典礼由学校党总支书记王新主持。本次开学第一课华光论坛特别邀请到学校 1962 届校友夏铿做报告，报告的主题为"附中情"。学校高一 5 班全体学生代表华东师大一附中于线上参加了上海京剧传习馆与上海海南中学共同举办的"'学习二十大　传承中国传统文化'——听傅希如老师讲京剧的传承与创新"活动。

2 月 17 日　为迎接学校百年校庆，丛书编撰组经过"推荐—筛选—初评—再评—审核"等程序，确定《百年名师》(第 5 稿)初定名单，提交学校领导讨论批准。

2 月 24 日　华东师大一附中与澳门圣保禄学校第一届线上论坛之学生专场拉开序幕，两校师生跨越地界，相遇"云端"，再续前缘，重新开启澳门与上海的交流互通。

3月

3月1日 华东师大一附中与澳门圣保禄学校第一届线上论坛之教师专场于学校文创中心室隆重举行。本次论坛的主题为"沪澳两地教育改革新背景下线上线下混合式教学策略的交流"。出席本次论坛活动的有：澳门圣保禄学校校长陈信望、华东师大一附中校长袁芳、澳门圣保禄学校校长助理朱聪颖、课程主任黎柏祥、中学主任杨颖琪，以及两校各相关学科教研组的教师。论坛邀请到虹口区教育局副局长邬文敏莅临现场指导。

3月2日 学校举行"指向'教考一致'的教学问题设计"——党的二十大精神"三进"教学研讨活动。上海市教师教育学院党委书记周增为、上海市教师教育学院副院长纪明泽、虹口区教育工作党委书记王磊、华东师大一附中党总支书记王新、校长袁芳等领导出席，参加活动的还有上海市高中思想政治学科研训一体项目团队代表、上海市各区高中思想政治学科教研员和教师代表、上海市教师教育学院（上海市教委教研室）相关学科教研员、学科教师等。

3月3日 华东师大一附中基地校在尚真楼 802 会议室举行 2022 学年第二学期见习教师规范化培训开班会议。

3月6日 "勇于砥砺奋斗 担当时代责任"——华东师大一附中 2022 年晨兴奖学金暨第六届大夏科创届颁奖典礼在尚健楼 3 楼隆重举行。

3月7日 华东师大一附中工会联合丘比食品有限公司开展以"爱满三月·感恩有你"为主题的健康科普活动。

3月8日 东北大学和华东师范大学第一附属中学正式签订优秀生源基地合作协议。

3月9日 2022 年度虹口区教育科学研究重点项目开题论证会在学校顺利进行。参加本次论证会的专家和领导有普陀区教育学院科研室吴华清、嘉定区教育学院科研室刘颖、虹口区教育学院科研室主任季恒。会议由虹口区教育学院科研室高中学段科研员陈先锋主持。华东师大一附中王新书记对其领衔的虹口区教育科学研究重点项目"基于高中社会实践课程推进'五育融合'的实践研究"进行汇报。

3月13日 2023 年上海市教育科学研究一般项目"以'新结构化'教学撬动普通高中育人方式变革的实践探索"的开题论证在学校尚真楼 7 楼会议室进行。

3月14日至21日 虹口区教育学院教研室、专家组成员共赴学校开展主题为"虹课优学——赋能教育高质量发展"的课程与教学专项调研活动。

3月17日 青海省三江源民族中学考察团一行 10 余人在校长李沛宇带领下莅临学校

考察。华东师范大学紫竹基础教育园区管理办公室主任盛爱民陪同考察。袁芳校长与李沛宇校长互签两校交流合作协议书并合影留念。

3月18日　学校党总支举行换届选举党员大会。大会由校党总支书记王新主持。经过无记名投票差额选举，王新、叶莉、张青、张蕾、陈明青、陈寅、袁芳当选为新一届总支部委员会委员。新一届总支委员召开华东师大一附中党总支第一次全体会议，会议由王新主持。会议全票通过王新为新一届党总支书记，袁芳为新一届党总支副书记，并对委员分工进行了协商。

3月20日至25日　学校举行第6届"新阅读—新世界"光华读书节。

3月24日　华东师范大学第一附属中学第十五届工会换届选举大会举行，大会由校党总支书记王新主持。最终，张青当选为华东师范大学第一附属中学第十五届工会委员会主席，刘小琴、许强、沃维佳、祝培骏、钱佳妮、徐雅蓉当选为工会委员会委员；陈国斌当选为华东师范大学第一附属中学第十五届工会经费审查委员会主任，张华忠、高华当选为经费审查委员会委员。

3月25日　在校友第六届理事会第六次工作会议上，李支舜通报丛书编写进展。

3月27日　泰宁一中副校长黄清辉带领教研室主任邱灿斌、教务处副主任肖莉、高一年段副段长余灵凤莅临学校，开启了为期5天的研学分享指导交流。

3月28日　虹口区教育学院教研室和专家组成员赴学校进行调研反馈。虹口区教育局中教科科长王德明提出了指导建议：第一，规范听课制度，加强日常诊断；第二，推进"新结构化教学"，实现科研兴校；第三，拓展实施途径，推进数字化转型。

3月29日　召开百年校庆丛书《校友风采》专题研讨会，李支舜主持，胡锦城、吴传发、陈步君、陈宗义等参加。

3月31日　学校邀请华东师范大学课程与教学研究所的安桂清教授做专题讲座"单元学习设计：'教—学—评'一体化的视角"，全体教职工共同参与学习。

4月

4月6日　同济大学招生工作组一行来到学校，同济大学团委书记唐志宇、同济大学团委副书记郑彧豪、同济大学团委组织部部长齐梦瑶向大夏学部介绍了学校的办学特色和学科设置等方面的信息，详细讲解了招生政策和录取标准。

4月7日　学校开展消防应急疏散演练。

4月14日　大夏学部 2023 届学生成人仪式在共青森林公园隆重举行。

4月18日　华南理工大学上海招生组组长吴招胜、未来技术学院副教授陈岑到访学校，就 2023 年综合评价招生向高三学生进行宣传。

4月20日　北京理工大学上海招生工作组一行莅临学校，北京理工大学材料学院党委书记金海波教授为学校师生带来了精彩的讲座。

4月24日　杭州市第十四中学学科教师、班主任等一行 60 余人莅临学校，开展考察交流活动。

4月25日　学校举办家长开放日活动，家长和全体师生一同参加了升旗仪式和各类奖项的颁奖典礼。

4月26日　易顺公益基金会特立"王如珍奖教金"华东师大一附中 100 周年校庆专项捐赠项目协议的签署仪式在一附中校区举行。

5月

5月6日　虹口区"青年教师成长营"开营仪式暨第一次研修活动在虹口区青少年活动中心展开，经过前期遴选，学校的陈莹、徐怡诚、陈慧、姚旭栋 4 位教师正式入营。

5月8日至12日　学校光华学部高一全体学生前往东方绿舟国防教育基地，开展为期 5 天的国防教育活动。

5月10日至12日　应福建省泰宁一中的邀请，在校党总支书记王新的带领下，叶莉、徐雅蓉、徐越蕾、卫佳琪、严仪昀一行 6 人，前往泰宁一中开展研学交流学习活动。

5月12日　学校世承学部同济科创班师生共同来到位于浦东新区张江人工智能岛的同济上海自主智能无人系统中心进行参观游学。

5月24日　在华东师范大学托管帮扶项目负责人盛爱民主任的积极支持下，学校江源副校长带队，和叶莉、黄群共赴青海省三江源民族中学开展教学交流研讨活动。

5月25日　学校光华学部的学生来到复旦大学进行参观研学。

5月26日　学校工会举办了 2023 年教职工趣味运动会。

5月28日　基于"以新结构化教学撬动课堂育人方式变革"课题的初步研究成果，2022 学年第二学期"新结构化"教学实践反思交流会在学校尚真楼 201 会堂举行。参与本次会议的有在学校交流访问的来自海南文昌和云南文山的教师。

6月

6月1日　2022学年虹口区见习教师规范化培训华东师范大学第一附属中学基地校结业典礼在尚真楼802会议室召开。副校长、化学特级教师、正高级教师陈寅，基地校带教导师、见习教师，来自海南文昌及云南文山的跟岗培训教师参加了此次典礼。

6月1日至5日　学校11名学生受邀参加"维州青年领袖营中国项目"（VYLC）。该项目是由澳大利亚维多利亚州政府与中国合作开展的学生交流项目。

6月16日　学校和新加坡裕廊先驱初级学院联合举办的"韵律之美——为亚运加油"艺术展，在尚健楼3楼开幕。参加本次开幕的嘉宾有新加坡驻沪政务领事饶舒婷、上海师范大学美术学院造型艺术系主任何振浩等。

6月21日　大夏学部2023届高三毕业典礼隆重举行。

6月24日　学校顺利开展了一年一度的校园开放日。

8月

8月8日　新加坡共和国驻上海总领事馆举办新加坡共和国58周年国庆日招待会。学校和新加坡裕廊先驱初级学院合作举办的"韵律之美——为亚运加油"艺术展受邀亮相招待会活动现场，虹口区教育局和学校诸位领导应邀出席。

8月29日　物理特级教师、正高级教师、上海市教研室原副主任陆伯鸿在学校尚真楼大会议厅为教师进行了一场主题为"教学基本环节及其改进"的精彩讲座。

8月31日　为促进学生的综合素质发展，学校邀请到英国开放大学软件工程教授俞一峻为高二年级学生进行精彩的讲座。

9月

9月8日　学校开展第39届教师节庆祝活动。

9月11日　华东师范大学第一附属中学2023年东西部协作教师培训项目、云南省"万名校长培训计划"、"青海果洛州教师赴上海跟岗研修项目"跟岗实训启动仪式在学校尚真楼706会议室举行。

9月12日　2023年华东师大一附中华东师范大学教育硕士跟岗实习启动仪式在学校召开。

9月16日　学校开展国防安全意识教育，提升师生应急疏散逃生的自救技能，营造平安、文明、和谐的校园育人环境。

9月18日　学校召开学习贯彻习近平新时代中国特色社会主义思想主题教育部署会。校党总支书记王新主持会议并讲话，党总支副书记、校长袁芳，华东师大一附中主题教育领导小组及办公室全体成员出席会议，校级中层以上党外人士、学校全体党员教职工参加会议。

9月20日　《百年大事记（1966—1976）》专题征稿会召开，陈宗义主持，李支舜、陈步君、范伟达等参加。

9月22日　学校物理教研组和政治教研组与青海省三江源民族中学、泰宁一中进行了连线交流活动；语文教研组邀请在学校跟岗学习的殷南荣书记参与研讨。

9月25日　学校邀请上海市虹口区人民检察院第一检察部副主任施丹，在学校升旗仪式上进行了主题为"法律伴我们成长"的法治宣讲。

9月26日　学校党总支中心组成员及各支部委员在党总支书记王新的带领下汇聚于尚真楼505会议室，对《中国共产党章程》进行了一次深入的学习与探讨。

9月28日　大夏学部高一"班班有歌声"大赛在尚健楼体育馆隆重举行。

10月

10月12日　由王新书记主持的虹口区教育科学重点课题"基于高中社会实践课程推进'五育'融合的实践研究"中期论证会在北郊高级中学举行。

10月13日　教务处主任、数学教研组副组长洪慧琼，体艺教研组长陆韵婷和丁宁、王柳雁赴青海三江源民族中学相关教研组开展了"同课异构"展示课交流活动。

10月15日　在尚真楼201室，"附中名师讲堂"第一讲正式开讲。本次活动面向华师大一附中集团校和部分区内初中初三学子，由上海市特级教师、物理正高级教师、华东师大一附中校长袁芳主讲，主题为"脑洞大开"。

10月16日　一年一度的奖学金以及"附中年度人物"的颁奖典礼举行。

10月28日　学校成功举办虹口区第6届运动会（学生组）暨2023年学生阳光体育大联赛"华师大一附中杯"羽毛球比赛。本次比赛由虹口区教育局、虹口区体育局主办，学校承办，来自全区28所中小学的207名运动员参赛。

是月　　　学校心理教研组长沈闻佳为青海省三江源民族中学心理教师、果洛地区学校跟岗教师以及华师大教育硕士实习教师开展了题为"学校心理健康教育顶层设计与实践操作"的讲座，并在讲座后进行交流。

11月

11月4日、5日　学校世承学部的学生前往南京开展"赓续红色血脉，立志砥砺前行"的研学实践活动，参观了侵华日军南京大屠杀遇难者同胞纪念馆、南京大学等地。

11月8日、9日　由学校主办，虹口区教育学院指导，江苏省靖江高级中学、浙江省舟山中学、上海市洋泾中学协办的"三地四校"双新教学展示研讨活动顺利开展。

12月

12月5日至7日　泰宁县第一中学举办了"指向核心素养目标的项目式教学"市级教育教学开放周活动。学校校办副主任濮晓粹（区英语学科带头人）、STEAM中心主管王书玉（区化学中心组成员）应邀参加此次活动。

12月8日　上海市虹口区学生联合会第七次代表大会在学校召开。虹口区委副书记姜爱锋，虹口区副区长陈筱洁，团市委挂职副书记唐志宇，上海市学生联合会主席李俨达，区教育工作党委书记王磊，团区委书记梁丽娜，区教育工作党委副书记、教育局局长孙磊，团市委学校工作部副部长、市学联副秘书长李卓，区教育工作党委副书记陈薇，团区委挂职副书记徐旭东出席开幕式。来自虹口区13家高中、中职学校的正式代表、列席人员齐聚学校尚真楼201室，回顾、总结虹口区学联五年来的工作，并为今后的发展出谋划策。

12月10日　澳门圣保禄学校代表团一行26人，在陈信望校长带领下来到学校交流访问。

12月12日　华东师大附属学校学科联盟物理组在学校举办物理基地活动。本次活动以"素养导向的物理课堂·教学设计实践探索"为主题，由华东师范大学潘苏东教授主持，参与团队包括华师大研修团队、虹口区袁芳物理学科基地、虹口区方侃侃物理研修团队以及华师大一附中物理教研组。

12月27日　李支舜为《廖世承》剧本组讲解附中校史，提供有关编剧材料。

是年　　学校在2022学年虹口区见习规培基地学校中期调研评审中获得优秀；在2023年虹教系统教职工射箭比赛中荣获团体一等奖。学校见习教师规范化培训考核方案在区级评选中获得优秀。

学校教师潘炯心、沈闻佳、陈耸撰写的《以"新结构化"教学撬动普通高中课堂教学改革的研究综述》在征文评选中荣获三等奖。在第28届华东师范大学普教研究中心科研大会上，心理课题组荣获先进集体称号；许文怡荣获先进个人称号。陆旖颋的论文《高中英语任务型听说教学中"活动单"设计与实践初探》被评为一等奖；方侃侃的论文《在真实问题的研究中培养科学思维——以利用tracker研究匀变速直线运动规律为例》被评为二等奖；柴瑞娟、张知愉、陈洁撰写的论文《信息技术与高中化学教学深度融合策略探索——以"氧化还原反应"教学为例》及陈耸的论文《指向核心素养的高中思政课堂真实情境的建构》被评为优秀奖。焦文佳荣获2023年虹口区"最美巾帼志愿者"称号。叶莉执教的高中思想政治课例和应敏佳执教的高中语文课例入围2022年"市级精品课"。丁宁获得"2023年上海市中小学（幼儿园）见习教师规范化培训主题征文活动"三等奖。徐怡诚获得全国中学物理教学创新展示交流活动一等奖。柴瑞娟、许璐在2023年上海市中小学中青年教师教学比赛中获得二等奖。

学校学生获得第35届上海市高中生作文大赛二等奖、三等奖；第21届上海市古诗文阅读大赛二等奖；青少年机器人设计大赛BoxBot空中机器人对抗赛项冠军；2022—2023赛季DI全国总决赛双料冠军；2023全国中学生5分钟科研英语演讲比赛全国二等奖、全国优胜奖。在第38届上海市青少年科技创新大赛中，学校学生共获得一等奖1项，二等奖6项，三等奖9项，专项奖3项。此外，学生还获得上海市高二数学竞赛二等奖、三等奖；2023年上海市中学生通用技术竞赛一等奖、三等奖、团队三等奖；虹口区第32届中学生劳动技能竞赛一等奖、二等奖、三等奖；第7届全国青少年无人机大赛一等奖、二等奖、三等奖；第37届中国化学奥林匹克竞赛省二等奖、三等奖；第40届全国中学生物理竞赛（上海赛区）三等奖；上海市第17届高三物理竞赛二等奖；上海市青少年物理实验竞赛获得一等奖；上海市白猫杯化学竞赛二等奖、三等奖。

2024 年

1 月

1月16日　学校Citywalk"社区参与"小组成员前往邻近学校的瑞虹三期小区进行

实地考察调研。

1 月 26 日 学校 Citywalk "科创城市" 小组成员来到同济大学，开展一场踏星辰携日月的研学之旅。

学校 Citywalk "青年运动" 小组成员在全长 2.28 千米的红色道路上行走。

2 月

2 月 16 日 学校特邀上海科技馆馆长倪闽景为师生带来题为 "人人都可以成为拔尖创新人才" 的主题演讲，旨在希望教师用创新的理念和改革的勇气走进新学期的课堂。

2 月 19 日 学校 2023 学年第二学期开学典礼暨华光论坛在尚真楼大礼堂举行。2024 届高三一模第一名、学校奖学金一等奖获得者高三 7 班曹成珺做主题发言，袁芳校长做新学期致辞。开学第一课暨华光论坛请到了学校 1977 届校友王如珍，分享她在附中的学习、成长以及创业之路。

2 月 26 日 学校教师白金友、舒文响应虹口教育东西部协作与对口支援工作号召，作为上海市第二批国家乡村振兴重点帮扶县 "组团式" 帮扶援青教师团队一员，出发前往青海省果洛州。虹口区教育工作党委副书记、教育局局长孙磊、副局长邬文敏、学校党总支书记王新为援青教师送行，虹口区教育工作党委书记王磊亲自将援青教师团队送至青海。

3 月

3 月 1 日 学校以 "以研问道，立德树人" 为主题，从立德树人的价值、格局和内功三个角度出发，通过学生论坛、微讲座、微报告等形式，举办了一场德育研讨会。王新书记、袁芳校长、陈寅副校长以及全体学校教职工参加会议，会议由校学生处副主任王元秋主持。

3 月 3 日 学校头脑奥林匹克队荣获第 45 届世界头脑奥林匹克选拔赛高中组全国第四名（二等奖）。

3 月 8 日 学校邀请来自虹口区嘉兴路街道社区卫生服务中心的黄潇飞、史静卉和孙华医生为教师带来讲座。附中的女教师在图书馆制作了珐琅爱心锁和马赛克灯等精美作品。学校联合嘉兴派出所展开 "校园防止外来人员侵入演练" 活动。

3 月 12 日 学校领导与高三年级任课教师和学生代表种下了一棵樱花树，本次植树活动饱含着对高三学子的真诚祝愿。

3 月 17 日 学校高一 1 班王奕周在 2023—2024 学年上海市中小学生锦标赛羽毛球比

赛中获得高中组女子单打第三名。

3月18日　"正青春　悦读行"华东师大一附中第3届光华读书节开幕，在升旗仪式上，陈明青副校长致本届读书节开幕词。

3月20日　学校DI队荣获2023—2024赛季DI创新思维活动全国总决赛高中组一等奖、即时挑战第一名。

3月21日　学校高三5班黄倚宸在上海市古诗文竞赛中荣获一等奖。

3月22日　学校学子在陈明青副校长、学生处王元秋、张惺艺和许维颖的带领下探访焕发新生的上海创新创意设计研究院（雷士德工学院旧址），亲身感受了雷士德工学院的历史底蕴与现代创新。

　　　　　光华学部5、6、7班的部分学生走进同济大学，开启了首次科学探索之旅，领略校园环境、了解光学前沿知识，参观校史馆和光学国家重点实验室。

　　　　　校党总支书记王新主持召开教工大会暨党课学习，传达十四届全国人大二次会议和全国政协十四届二次会议精神。

3月25日　第7届光华读书节的重头戏——华光论坛拉开帷幕。

3月28日　海口市高中市级骨干教师一行60余人莅临学校，开展交流活动。校长袁芳、教师发展中心主任陈耸、校办副主任濮晓粹等领导接待交流团一行。

3月31日　大夏学部孟宪承实验班的学生在袁芳校长、副校长兼大夏学部长陈明青、STEAM中心主管王书玉和班主任徐雅蓉的带领下走进复旦大学，开展为期一天的科学探索活动。

4月

4月1日　高二5班杨铠泽在2023—2024学年"燕园元培杯"全国中学生地球科学奥林匹克竞赛中获上海市一等奖。

4月2日　"正青春　悦读行"华东师大一附中第7届光华读书节"诗文雅诵"主题活动在尚真楼201会场举行。

4月9日　学校策划了一场名为"拥抱祝福，赋能前行"的心理团体活动。活动以温馨、趣味的方式，激发学生的内在动力，释放压力、收获自信。

　　　　　"虹韵传承　红色华章"华东师大一附中第7届光华读书节学生演讲比赛在尚真楼201会场举行。

4月11日　第7届光华读书节"文韵华章，课题展翼"文科课题展示在尚真楼201会场举行。

4月12日　学校邀请到华南理工大学吴贤铭智能工程学院院长陈小奇院士，在学校尚真楼103教室带来题为"人工智能＋机器人：发展与未来"的讲座。

4月26日　大夏学部高一5班的学生在STEAM中心主管王书玉和班主任卫佳琪的带领下参观同济大学深海探索馆。此馆依托海洋地质国家重点实验室，在上海市科委和同济大学科技处大力支持下建设而成。

4月28日　下午，学校在尚健楼3楼体育馆举行了"百年华章，共筑梦想"华东师大一附中百年校庆倒计时400天庆典。近百名校友回到母校，与在校师生欢聚一堂，共同见证这一激动人心的时刻。

5月

5月1日　高三7班沈彦获评"上海市高中优秀学生干部"称号。

5月6日　学校举行2022—2023学年新团员入团仪式，由校团委副书记、高三7班沈彦主持。

王新书记主持的区重点课题"基于高中社会实践课程推进'五育'融合的实践研究"在虹口区教育学院进行结题汇报。本次会议参与专家为杨浦区教育学院科研室奚莉芳、普陀区教育学院科研室吴华清。

5月8日　2024届世承学部18岁成人仪式隆重举行。校党总支书记王新、校长袁芳、副校长陈寅、副校长陈明青以及世承学部的任课教师和班主任莅临参加，共同见证这关键而意义重大的时刻。

5月10日　学校组织全体教职工和退休教职工开展春游活动，前往周浦花海和新场古镇赏花赏景，放松身心，感受江南春日。

第3届体艺节圆满落幕。

5月11日　学校高三学子在细雨中踏上了他们高中生涯的最后一次春游。

5月12日　以"新时代学校心理健康：协同联动，规范发展"为主题，中国心理学会学校心理专业委员会的年度学术盛会于西安圆满落幕。学校教师徐越蕾应邀汇报了心理健康教育成果《研究型学生的人格塑造——华东师范大学第一附属中学心理健康教育的创新实践》。

5月13日　学校举行以法治宣传为主题的升旗仪式，邀请学校法治副校长、上海市虹口区人民检察院第一检察部副主任施丹带来法治宣传讲座。

5月16日至19日　在副校长陈寅的带领下，一行教师远赴青海西宁，深入三江源民族中学，面向学生和教师开展教学展示、辅导讲座和学术讲座，共同探讨教学方法和策略，分享教学经验和案例思考。

5月17日　英语教研组以高中英语（上外版）2DU1单元为内容载体，围绕"教育数字化转型背景下的高中英语写作教学设计"主题，与三江源教师一起开展英语新教法研讨。

5月20日至28日　学校举行"创生境脉　悦动课堂"2024年教学展示周活动。数学教师黄钰凯的课为《利用递推公式表示数列》；英语教师娄诗悦的课为《基于真实语境的作文习作讲评》；物理教师郑赟杰的课为《真实情境下的物理问题分析》；政治教师付君的课为《安邦定国：民族复兴的坚强保障》的第2课时；地理教师刘毅的课为《主题2区域差异与因地制宜》；体育教师陈慧和陆韵婷的课为《足球：前额正面跳起头顶球（18—4）》，祁棋的课为《羽毛球：发接发（4—2）》。

5月21日　在上海市第28届高一物理基础知识竞赛中，学校高一7班许孝延荣获个人赛二等奖；高一7班许孝延、朱珈阅、宋启仁荣获团体赛二等奖。指导教师为徐雅蓉。

5月23日　学校高二5班杨铠泽在"燕园培元杯"2023—2024学年全国中学生地球科学奥林匹克竞赛决赛中排名第27位，摘得金牌，并成功入选国家集训队。指导教师潘伟佳获得优秀指导老师称号。

　　　　　果洛州民族高级中学教师代表团来到学校进行参观学习。果洛州民族高级中学副校长熊英、英勤措毛，学校校长袁芳、教师发展中心主任陈耸、教务处副主任方侃侃、学生处副主任王元秋，上海援青教师蔡纶、舒文以及随行教师代表等一同参加了本次活动。

5月24日　"双新"推进校级子课题（理科组）结题会在学校尚真楼802会议室进行。本次结题会邀请虹口区教育学院柳栋作为专家进行指导。

5月25日　学校高一学生和家长在校党总支书记王新、地理学科教师刘毅的带领下前往上海交通大学农业与生物学院，参加了由虹口区家庭教育中心举办、虹口"劳模工坊"承办、增爱公益基金会资助的主题为"爱国·科技·成才"的科技研学活动。

5月26日　学校举行2024年校园开放日。1000多名初三应届毕业生和家长聆听袁芳校长讲座并体验丰富课程。

5月29日　学校举行2023学年华东师大一附中"双新"推进校级子课题文科专场的结题汇报，本次会议邀请北京师范大学课程与教学论（生物学）刘颖博士作为专家对项目的成果进行总结和评估。

5月30日　上午，2023学年虹口区见习教师规范化培训华东师范大学第一附属中学基地校结业典礼在尚真楼 802 会议室召开。下午，以"少年志　正青春"为主题的 2024 年上海市未成年人修身励志讲堂巡讲首场暨虹口专场活动在学校举行。活动邀请国防大学政治学院军政训练系主任、教授古琳晖，华东师范大学中文系教授、博士生导师方笑一，上海天文馆展教中心网络科普部部长、副研究馆员施韡三位专家学者与学生进行交流分享。现场还发布了三个文明校园区域共建项目，其中包括华东师范大学第一附属中学与嘉兴路街道新时代文明实践分中心共建的"奇趣课堂"项目。

6月

6月1日　　学校组织开展六一儿童节亲子活动。书记王新、校长袁芳和主席张青代表学校向前来参加活动的孩子及爸爸妈妈送上了节日的祝福。总务处主任黄斌和工会委员祝培骏、沃维佳、高华、钱佳妮一起策划活动方案。

6月3日至6日　大夏学部全体师生齐聚东方绿舟国防教育基地，参加国防教育活动。

6月5日　　浦东新区心理学科团队莅临华东师大一附中心理与生涯教育中心教研交流。学校教师徐越蕾做题为"个性化成长蓝图——华东师大一附中探索高中升学指导与大中衔接的创新路径"的汇报。

6月7日　　学校光华学部学生孟泽昊、廉骜闲获上海市高二数学竞赛三等奖。

6月10日　学校高二 7 班戴睿轩和肖其雨在 2024 年全国中学生生物学联赛（上海赛区）中获得三等奖。

6月12日　上海学生心理健康教育发展中心副主任沈之菲、黄浦区教育学院副院长梅洁、普陀区德研室主任王萍、虹口区心理教研员王红丽、虹口区教育学院叶丽青莅临学校开展上海市中小学心理健康教育示范校复验评审工作，书记王新进行展示汇报。

6月17日　学校高一学子吴宇航、邢天然、夏宇轩斩获首届同济大学未来飞行器中学生邀请赛暨第十三届同济大学未来飞行器设计大赛（青少年组）一等奖。

6月21日　2024 届高三毕业典礼在学校尚健楼三楼举行，高三毕业生、高三全体任课教师和部分学生家长到场，线上同步直播典礼。

　　　　　高一 6 班（同济科创班）全体学生在 STEAM 中心主管王书玉和班主任刘家平的带领下，前往同济大学化学科学与工程学院，聆听化学科学与工程学院副院长刘梅川教授关于"分子世界　化学之美"的讲座，参与化学实践活动。

6月25日　华东师大一附中教育集团校开展题为"传承英雄志·曲韵颂党魂"的文化传承与党建教育融合主题党日活动。上海戏曲广播电台主持人张源和上海京剧院的专业演员带来"戏聚英雄——上海广播爱国主义艺术党课"。

6月27日　学校党总支开展了"感受城市底蕴·守纪不忘初心——党纪学习教育暨庆祝建党103周年"活动，活动组织全体党员、入党申请人、教工团团员与民主党派同志前往中共四大纪念馆与北外滩世界会客厅。

6月28日　2024年华东师大一附中与新加坡裕廊先驱初级学院、澳门圣保禄学校第一届线上教师论坛于华东师大一附初中举行。出席本次论坛活动有华东师大一附中副校长陈明青，党办副主任、校办副主任叶莉，上外东校副校长濮晓粹，新加坡裕廊先驱初级学院副院长潘用瑞，澳门圣保禄学校校长助理朱聪颖，以及三校相关学科教研组教师。论坛由学校教师娄诗悦、新加坡裕廊先驱初级学院教师孙毅敏和澳门圣保禄学校教师欧肇娴联合主持。

6月30日　学校大夏学部孟宪承实验班的学生前往华东师范大学闵行校区开启研学之旅。

7月

7月2日至7日　学校大夏学部学生在副校长陈明青和大夏学部教师许维颖、郑赟杰的带领下，师生26人参加了"山海情——大夏学部赣闽两省三地文化研学活动"。

7月23日至31日　学校韩恩泽、万钦文、陈和钰、郁彦珺、王钰欣、孙恒鋆、潘飞宇共7名学生，由大夏学部副部长沃维佳带队，踏上"联合国可持续发展青少年赋能项目"瑞士营研学之旅。

7月26日　学校大夏学部学生在副校长陈明青和大夏学部教师许维颖的带领下，来到上海市第一人民医院进行"医路同行"参观体验活动。

8月

8月1日至5日　学校光华学部5班共32名学生在学生处副主任、学部副部长张蕾、班主任应敏佳的带领下，前往山东青岛开启青岛海洋科学特色研学营。

8月11日　学校学生潘唯嘉、张若曦、胡泓飞和刘岚野在2024年全国青少年电子制作锦标赛中荣获一等奖1项、二等奖1项、三等奖1项，指导教师阮武林、高华。

8月19日　学校学生吴宇航、夏宇轩在第八届全国青少年无人机大赛定翼设计与制作竞速赛中获得银牌，诸光轩、许德皓在无人机协同穿越任务赛中获得银牌，指导教师高华。

8月20日　学校34名学生来到新加坡国立大学开始为期5天的"数据分析与数学统计"课程学习。

8月21日　华一研学团到新加坡裕廊先驱初级学院进行友好交流访问。

学校举行2027届新生军训开营式。

学校世承学部学生参与由中国工商银行虹口支行开展的"护航校园季，反洗钱校园行"主题教育活动。虹口支行纪委书记范锋、校党总支书记王新出席活动。

8月22日　学校世承学部30余名女学生在校学生处副主任、团委书记王元秋的带领下，参与虹口区妇联举办的"点亮未来，逐梦启航"职业生涯教育主题活动，区妇联党组成员、副主席秦静出席活动。

8月25日　学校举行2027届新生结营仪式。

8月28日　召开2024届高三工作检视会，校党总支书记王新、副校长陈寅、副校长陈明青、各学部部长团队以及光华学部、大夏学部的全体教师参与会议。

是月　　学校学生陈劭楸在2024年上海市学生信息素养提升实践活动中荣获二等奖，其作品被选送全国师生信息素养提升实践活动参展。

9月

9月1日　学校食堂改为自助餐模式。

9月2日　百年启航，青春筑梦行——华东师大一附中2024学年第一学期开学典礼暨华光论坛在尚真楼大礼堂举行。开学典礼由上海市特级书记、正高级教师、校党总支书记王新主持。由学校1984届校友、华东师范大学副校长戴立益为学生上以"学思践悟、以知促行"为主题的一课。

9月3日　由上海市科学技术协会和上海市教育委员会联合主办的"大师课堂"——院士专家进校园活动邀请到上海人工智能研究院总工程师王资凯为学生开展题为"数字化与智能化新时代"的科普讲座。

9月6日　学校高二7班许孝延在第三届上海市中学数学学术展评活动中获个人赛二等奖；高三1班胡浩羽、蔡沐沁，高二7班甘宇宸、许孝延，高三7钱思源获得团队赛三等奖，指导教师刘家平、方倩。

9月9日　市委书记陈吉宁，市委副书记、市长龚正与上海市优秀教师代表举行座谈，全国最美教师、学校教师陈明青结合教学科研、深耕思政教育的探索实践谈了感想体会。在2024年度享受国务院政府特殊津贴专家名单中，学校教师陈明青喜获殊荣。虹口区委书记李谦于教师节之际接见陈明青。

9月12日　学校在2023年上海市教师专业发展学校年检中获得优秀。

9月23日　学校教师朱越、蒋一洋、严仪昀、王柳雁在2024年虹口区入职3年青年教师"三个一"基本功评比展示活动中荣获综合奖评比一等奖。

9月24日　2024学年虹口区见习教师规范化培训华东师范大学第一附属中学基地校开班典礼在尚真楼802会议室举行，本学年度见习规培工作正式启动。
学校心理教研组与青海三江源民族中学的心理教研组于线上开展深度教研，昆山教育局陈湘萍教研员率领的50余位心理教师团队莅临现场。

9月25日　上海各界人士庆祝人民政协成立75周年大会暨市委政协工作会议举行，学校陈明青副校长参与全过程人民民主大中小学集体备课，现场聆听陈吉宁书记讲话。

9月26日　学校1967届校友、国际氧化物半导体领域的著名学者卢毅成教授来到学校和青年教师进行座谈。

9月29日　学校举行"盛世华诞　家国同庆——庆祝中华人民共和国成立75周年"主题升旗仪式。
学校荣获2024年度上海学校心理健康教育活动季优秀组织奖。

9月30日　学校9名学生荣获全国青少年劳动技能与智能设计大赛铜奖。
全体教职员在尚真楼201报告厅举行以"师道传薪火　教育筑强国"为主题的教师节庆祝活动，活动由潘炯心和姚旭栋主持。

10月

10月1日　学校获评2019—2023年度虹口区人民城市贡献奖先进集体。学校大夏学部学生的作品《破局者：逆转旁观者效应》荣获虹口区2024年度心理活动季校园心理情景剧一等奖。学校教师徐越蕾在第十届上海市中小学心理健康教育活动课大赛中荣获三等奖。

10月3日　学校高二7班许孝延斩获第41届全国中学生物理竞赛上海赛区二等奖。

10月9日　华东师大一附中"新结构化"教学十讲系列课程在尚真楼802会议室正式开始，本次课程主要由教师发展中心主任陈耸主讲，首讲主题为"核心素养与深度学习"。

10月10日　大夏学部学生代表在副校长陈明青和许维颖的带领下来到上海科技体育
　　　　　运动管理中心的教育展示馆进行实践活动。

10月11日　学校高三1班严承佑在第38届中国化学奥林匹克初赛中获得二等奖。

10月18日　学校理科综合实验班学生前往复旦大学邯郸校区参观体验复旦大学
　　　　　元·创中心，即复旦大学本科交叉实践中心。学校15名优秀学生代表在
　　　　　学生处副主任兼校团委书记王元秋的带领下，参与"中学生走进人大"
　　　　　思政选修课程实践活动，受到虹口区文化和旅游局副局长梁言的亲切
　　　　　接待。

10月19日　学校大夏学部学生前往佘山参与同济大学地球与海洋科学学院的考察
　　　　　活动。

10月21日　全国劳动模范、学校教师陈明青画像亮相"奋斗有你　最美是你——致
　　　　　敬新时代最美劳动者"主题美术展览。

10月25日　"百年薪火，荣耀附中"——2024学年度奖学金颁奖盛典在学校尚健楼
　　　　　三楼举行。出席本次典礼的嘉宾有学校奖教助学金的捐赠者、1977届校
　　　　　友王如珍女士。

10月28日　广西柳州市卓越校长培养工程教育代表团一行10人莅临学校开展为期5
　　　　　天的考察交流活动。

10月30日　学校心理教研组和世承学部举办了主题为"心手相连，温暖同行"的校
　　　　　园心理团建活动。

11月

11月1日　学校高三7班张艺馨在2024年"未来杯"上海高中阶段学生未来演说家
　　　　　大赛中斩获上海赛区优秀奖。

11月2日　学校光华学部学生伏悦、陈其然斩获2024年全国高中数学联赛（上海赛
　　　　　区）二、三等奖。

11月3日　学校化学教研组与青海省三江源民族中学、青海省果洛民族高级中学、
　　　　　福建省泰宁一中的化学教研组教师开展以"单元·情境·问题·工具的
　　　　　系统化设计发展学生模型认知素养"为主题的联合深度教研。

11月5日　学校退管会组织退休教职工前往上海世博文化公园秋游。

11月8日　学校荣获2023学年虹口区优秀教师专业发展学校称号。

11月10日　学校教工在2024年虹教系统教工乒乓球团体赛中荣获季军。

11月14日 学校高二6班武文璐在2024年虹口区生态环保主题作品征集活动中荣获自然笔记组一等奖。

11月15日 学校世承学部学生前往汽车博物馆与古猗园秋游。

11月16日 在"位育杯"第十九届上海市高中名校读书节活动中,学校高三2班陈和钰荣获"读书征文"一等奖,高二4班周守仪荣获"书籍推荐"最佳人气奖,高二7班胡舒华荣获"读书征文"二等奖。

11月18日 第八届大夏科创节暨百年校庆倒计时二百天庆典活动在尚真楼201会议室举行。中国体育报上海记者站站长、1974届校友平萍女士出席。

11月19日 第八届大夏科创节华光论坛邀请了来自复旦大学、上海交通大学、同济大学、华东师范大学和上海人工智能研究所的6位知名教授为学生讲座。

11月20日 新教研项目展示活动在学校举行,活动主题为"新教研、新结构、新课堂"。上海市教育学院院长王洋、小学教师部副部长沈慧丽、劳动与通用技术教研员管文川、综合教研员张新宇和赵雪晶,校党总支书记王新、校长袁芳、副校长陈明青,新教研项目学校、高阶教学项目学校代表,高校专家以及各区相关学科教师参加活动。活动包含课堂教学展示、学科专家点评、教研微论坛、主题报告、项目专家点评等环节,由陈明青主持。

11月22日 校工会组织全体教职工来到中华艺术宫参观"何以敦煌"敦煌艺术大展。学校同济科创实验班的学生在教师王书玉、朱晔和夏婕的带领下,前往同济大学校区研学参观同济大学物理实验教学示范中心。

11月23日 全国青少年社会与情感能力培养千校联盟第二届学术年会分论坛四在学校举行,主题为"学生社会与情感能力培养的教师发展"。

11月24日 学校高三5班赵伊一、高三7班孙恒鋆荣获2024年上海市高中生英语竞赛高三组二、三等奖。

11月25日 学校教师王新、方侃侃、陈莹的课题在2022年度虹口区教育科学研究项目结项等第评为优秀。

11月28日 四川德阳市"高中学科领军教师培养计划"交流团到学校开启为期一周的学习交流。

11月29日 学校教师陈寅的成果"发展学生学科核心素养的普通高中化学课程教学的实践研究"荣获上海市教育科学研究院第八届学校教育科研成果奖三等奖。学校历史教师卫佳琪荣获2024年上海市基础教育中青年教师教学比赛一等奖。

12 月

12 月 1 日　学校学生获 2024 年上海市学生运动会羽毛球比赛（中小学组）高中联队组男团亚军。

12 月 2 日　学校教师陈明青入围上海市双名工程"高峰计划"，叶莉入围上海市双名工程"攻关计划"。

12 月 4 日　学校在 2024 学年虹口区见习规培基地学校培训方案评审中获得优秀。2024 年度虹口区重点课题开题论证会在学校顺利召开。

12 月 6 日　学校高二 5 班何锦言荣获 2024 年上海市第 31 届高中学生科普英语竞赛个人组三等奖；高二 3 班俞斯皓、戴祥云、俞申珺荣获团体组二等奖；高二 7 班胡舒华、许孝延、吕洋镒荣获团体组二等奖；高二 7 班王睿轩、马时杰、韩哲宇荣获团体组二等奖；高二 5 班黄语乐、王欣宜、王亦辰荣获团体组三等奖；高二 7 班董乐怡、赵伊陶、顾子衿荣获团体组三等奖。

12 月 8 日　学校长绳队在 2024 年上海市学生阳光体育大联赛跳踢拍比赛暨第 43 届上海市中小学生跳踢拍比赛中，荣获高中组长绳（A）项目一等奖。

12 月 9 日　"共筑安全防线，守护平安校园"2024 年平安校园主题教育活动在学校举行，特邀虹口消防救援站的消防指战员和上海市高境强制隔离戒毒所警官指导。

12 月 11 日　学校学生金琪航荣获全国青少年信息学奥林匹克联赛（NOIP2024）二等奖，陈昊霖、张照晨获三等奖。

12 月 12 日　2024 年度虹口区青年课题、一般课题开题论证会在学校顺利召开。

12 月 13 日　学校化学教研组、体育教研组荣获 2024 年虹口区优秀教研组。

12 月 14 日　学校光华学部 5、6、7 班的学生赴上海交通大学闵行校区校园开展研学活动。

12 月 15 日　学校学生获 2024 年上海市学生阳光体育大联赛羽毛球比赛高中男子团体一等奖，罗裕超获高中男子个人组别第一名。

12 月 17 日　学校高二 5 班何锦言荣获第 37 届上海市中学生作文竞赛决赛一等奖，高三 7 班葛一言荣获上海市二等奖，高一 6 班徐依镁荣获三等奖。

12 月 18 日至 20 日　学校第五届见习教师教学公开展示活动顺利举行。虹口区教育学院领导、师训室教师、区内兄弟学校教师、学校基地校领导、见习指导教师以及 7 位见习教师共同参加了此次教学展示活动。此外，来自青海省三江源民族中学及云南师范大学附属丘北中学的教师通过线上直播方式参与活动。

12月20日　学校举办"共迎百年辉煌"——2025年新年音乐会，特邀学校1958届校友吴尔朴先生朗诵《我爱这土地》与《面朝大海，春暖花开》。

12月25日　学校召开2024年度全面从严治党"四责协同"机制建设第三次专题会议。学校全体班子成员参加会议，区纪委监委第六派驻纪检监察组组长吴志波出席会议，会议由党总支书记王新主持。

12月28日　由上海开放大学指导，大中小学思想政治教育一体化建设创新发展中心、上海教育系统网络文化发展研究中心、上海教育电视台、上海市虹口区教育局、上海市虹口区教育学院紧密合作、精心筹备，携手华东师范大学第一附属中学副校长、上海市特级教师、正高级教师陈明青，倾力打造的系列思政金课《明青讲习所》于是日开播。

2025 年

1月

1月1日　学校教师李雪娇、吴荃洁、华文娜、孟庆媛、许璐在2024年"新教杯"教师评价技能大赛中分别获得一、二等奖、三等奖。

1月5日　学校开展"过政治生日，忆入党初心"活动，为党龄逢五、逢十的党员送上政治生日贺卡，以独特而温暖的方式庆祝党员的"政治生日"，强化党员对党的忠诚与热爱。

1月10日　学校世承学部高一年级5、6、7、8四个班全体学生跟随学部教师及班主任，走进了复旦大学邯郸校区，开展科学探索课程。

1月14日　同济大学与学校隆重举行"苗圃计划"人才培养基地签约仪式。

1月15日　学校开展以"情系母校，畅谈生涯"为主题的交流活动，邀请考入"双一流"高校的优秀毕业生回到母校与高三学子分享自己的学习经验和升学规划。

1月16日　学校"狂想人声乐团"获虹口区第二届高中生阿卡贝拉音乐会二等奖。

1月17日　由校长袁芳和教师发展中心主任陈耸带队，部分教研组长和"青椒"教师代表组成的学习交流小组赴江苏省苏州第一中学进行学习参观。

1月18日　学校团委和新一届学生会学生骨干代表作为志愿者参加了安丘居委会举办的"走进居民的一米新空间"暨安丘新春欢乐游园会活动。

1月20日　学校光华学部、世承学部和大夏学部分别召开部分学生家长座谈会。会上，家长围绕学校的食堂餐饮、课程设置、生涯指导、体育活动、学业成绩和班主任工作等方面进行了深入交流。

2月

2月5日　学校组织校友春节返校活动，1956届和1962届校友分别举行座谈会并参观校史馆。

2月13日　市委书记陈吉宁，市委副书记、市长龚正会见了上海受表彰的全国离退休干部先进集体和先进个人代表，学校校友陈凯先、陈步君受到接见。

2月17日　学校迎来了2024学年第二学期新学期开学典礼。本次开学典礼暨华光论坛以"钢铁脊梁，百年传承"为主题，邀请1962届校友、享受国务院政府特殊津贴、宝钢集团公司资深专家王喆教授作为嘉宾，开展以"回望钢铁初心，坚守报国使命"为题的讲座。

2月26日　虹口区教育局副局长陈寅、中教科科长王欣磊莅临学校高三走访调研。

3月

3月1日　学校世承学部理科综合实验班学生，在校长袁芳、班主任朱越以及徐越蕾的带领下，与家长志愿者一起，前往位于青浦区的大观园景区实地沉浸式学习。

3月2日　学校OM队获上海头脑奥林匹克创新大赛暨第46届世界头脑奥林匹克选拔赛冠军，同时获富斯卡创造力奖。

3月3日　学校邀请中国科学院上海微系统与信息技术研究所副研究员朱德峰博士为学生开展以"时空智联：低轨卫星应用"为主题的学术讲座。

3月5日　学校教师陈慧佳、陈慧、王柳雁设计并执教的课例获评教育部2024年"部级精品课"。

3月10日　"百年春秋，阅见未来"华东师大一附中第八届光华读书节开幕，语文教研组副组长张婧婧致辞。

3月11日　百年校庆领导小组讨论修改校庆宣传片《跨越百年之问》。

3月20日　主办"百年附中，光曜华夏"教学周展示活动。

3月28日　讨论并确定"光大华夏·百年树人——华东师大一附中百年校庆庆典暨学校高质量发展推进会"议程。

4月

4月8日　百年校庆领导小组讨论并确定百年校庆纪念册《百年风华，光耀如一》

宣传内容。

4月29日　讨论主办"百年薪火，翰墨飘香"华东师大一附中百年校庆书画展。

5月

5月6日　更新学校官网，调整有关栏目，增加相关内容。

5月10日　学校为迎接百年校庆，校报《华光报》（总第26期）专刊出版。

5月30日　出版"百年附中　百年树人"华东师大一附中百年校庆丛书：《百年大事记》（李支舜主编）、《百年名师》（李支舜主编）、《校友风采》（胡锦城、吴传发主编）、《附中往事》（胡锦城主编）、《附中名录》（项志良主编）。丛书编委会主任：王新、袁芳，副主任：李支舜。

6月

6月1日　学校在虹关路88号尚健楼举行"光大华夏·百年树人——华东师大一附中百年校庆庆典暨学校高质量发展推进会"。播放专题片《跨越百年之问》、校史馆揭幕、发布《学校高质量发展白皮书》。除仪式外，庆典分为三个篇章：传承·百年之光，奋进·树人之路，启航·未来之梦。

6月3日　华东师范大学第一附属中学建校100周年纪念日。

参考文献

[1] 上海市地方志编纂委员会.华东师范大学志［M］.上海：华东师范大学出版社，2021.

[2] 上海市虹口区志编纂委员会.虹口区志［M］.上海：上海社会科学院出版社，1999.

[3] 袁运开，王铁仙.华东师范大学校史（1951—2001）［M］.上海：华东师范大学出版社，2001.

[4] 张耕华.光华大学编年事辑［M］.上海：华东师范大学出版社，2015.

[5] 娄岙菲.大夏大学编年事辑［M］.上海：华东师范大学出版社，2014.

[6] 汤涛.光华大学：90 年 90 人［M］.上海：华东师范大学出版社，2015.

[7] 汤涛.大夏大学：90 年 90 人［M］.上海：华东师范大学出版社，2014.

[8] 汤涛.图说华东师大［M］.上海：华东师范大学出版社，2023.

[9] 汤涛.张寿镛校长与光华大学［M］.上海：上海人民出版社，2016.

[10] 汤涛.马君武校长与大夏大学［M］.上海：上海书店出版社，2020.

[11] 汤涛.廖世承校长与光华大学［M］.上海：上海书店出版社，2018.

[12] 汤涛.王伯群与大夏大学［M］.上海：上海人民出版社，2015.

[13] 汤涛，汪洪林.大夏大学与赤水［M］.上海：上海书店出版社，2018.

[14] 汤涛.光华文萃［M］.上海：华东师范大学出版社，2015.

[15] 汤涛，朱小怡.大夏文萃［M］.上海：华东师范大学出版社，2014.

[16] 赵健，汤涛.大夏大学、光华大学附属中学史料选辑［M］.上海：上海三联书店，2018.

[17] 杜成宪.大夏教育文存·廖世承卷［M］.上海：华东师范大学出版社，2018.

[18] 汤涛.图说大夏大学［M］.上海：上海人民美术出版社，2024.

关于华东师范大学第一附属中学校庆日、校训的决定

1951 年 7 月 17 日，华东军政委员会教育部宣布，经中央人民政府教育部批准，以大夏大学、光华大学的文、理、教育学科成为新校基础，成立华东师范大学。10 月 16 日，学校举行成立暨开学典礼，正式宣布华东师范大学成立。光华大学附中和大夏大学附中合并为华东师大附中，即今华东师范大学第一附属中学。

据 1995 年出版的《光华的足迹》载：1925 年，五卅惨案在上海爆发，各界纷纷走上街头。圣约翰大学的师生也组织罢课抗议，但遭到校方阻挠。6 月 3 日，学生 553 人以及以孟宪承、钱基博为首的全体华籍教师 19 人，集体宣誓脱离圣约翰大学，随后，光华大学成立校董会，正式成立了"光华大学"。"光华"二字寓"光我中华"之意，取自《尚书大传·虞夏传》里的《卿云歌》："日月光华，旦复旦兮"。以日月卿云为校旗，以红白为校色，以"知行合一"为校训，1930 年校训改为"格致诚正"。

据《大夏大学、光华大学附属中学史料选辑》《大夏大学编年事辑》载：大夏大学是由 1924 年因学潮从厦门大学脱离出来的 300 余名师生在上海发起建立的一所综合性私立大学。初名大厦大学，"大厦"即"厦大"之颠倒，后来取"光大华夏"之意，定名大夏大学。1925 年秋，大夏大学开始设立附属中学，成为大

夏大学的组成部分，校训为"自强不息"。

鉴于此，两所大学附中成立的时间分别为 6 月 3 日和秋季，为方便纪念，特以光华大学附中成立的时间 6 月 3 日为华东师大一附中的校庆日。

为传承校史，发扬校训精神，华东师大一附中的校训定为"格致诚正，自强不息"。

特此告知。

华东师范大学第一附属中学

2019 年 9 月 10 日

华东师范大学第一附属中学校训释义

李支舜

校训是一所学校的灵魂，是一种精神，一种追求。它浓缩了一所学校的办学传统与教育理念，既是学校人文精神的高度凝练，亦是学校历史与文化的深层积淀。

"格致诚正，自强不息"为华东师大一附中新时代的校训。

华东师大一附中的前身是光华大学附中和大夏大学附中。"格致诚正"，源于光华大学及附中的校训；"自强不息"，源于大夏大学及附中的校训。汇此二训，意在继承传统，延续文脉。

"格致诚正"，是"格物致知，诚意正心"的简称，语自《礼记·大学》："致知在格物。物格而后知至，知至而后意诚，意诚而后心正，心正而后身修，身修而后家齐，家齐而后国治，国治而后天下平。"

"格致诚正，修齐治平"，是儒家经典《大学》中的"八目"。"格致诚正"是内修，"修齐治平"是外修。格物是去除虚幻的表象，把握真实的本质；致知是达到知识的内化，形成自己的认识；诚意是达到内心的纯真、和善、美好；正心是确立积极向上、昂扬的人生理念和价值观念。修身是承接前面的内修，开启后边的外修，简单理解就是修养身心；齐家是管理、协调好家庭的各种关系；治国是治理国家，积极入世；平天下是胸怀天下，心系苍生。"格致诚正，修齐治平"从内在人格修养到外在事业达成，构建了一个人不断生发的生命成长历程。

"自强不息"，出自《周易》："天行健，君子以自强不息；地势坤，君子以厚德载物。"天的运动刚强劲健，君子处事应像天一样，力求进步，刚毅坚卓，发奋图强，永不停息；大地的气势厚实和顺，君子应增厚美德，容载万物。

"格致诚正"是一种内在修养，是实现人生理想的"基础工程"；"自强不息"是一种拼搏精神，是实现人生价值的"必备前提"。因此，校训"格致诚正，自强不息"，二者各有侧重，相互融合。

华东师范大学第一附属中学楼名、路名源解

李支舜

虹关路校区楼名用"尚"字贯首，有推崇、注重之意，且"尚"字暗寓追求最好、最佳。两条环路，追踪溯源，承继史脉。

楼名、路名用字，除其功能性外，突出教育理念、行动以及达成目标，既有一定的文化内涵，也有一定的稳定性。

A、B、C、D楼为学校主要建筑物，用"求真务实、崇博尚雅"并联，便于识记；E、F楼主要突出其功能，故以"静心、健体"名之。六幢主要建筑物可由三句话概括：求真务实（工作作风）；崇博尚雅（育人目标）；静心健体（成长乐园）。

【尚真楼】尚者，推崇、注重也。且"尚"还有"上"之意，暗寓追求最好、最佳。真者，本原也，教育旨在返璞归真。《庄子·秋水》："谨守而勿失，是谓反其真。"真与伪相对，应去伪存真。做人须真诚，为教求真理。

【尚博楼】博者，广也，多也。牟子曰："见博则不迷，听聪则不惑。"《三国志》："海以合流为大，君子以博识为弘。"

【尚雅楼】雅者，正也，即符合规范、正确的，另有美好、不粗鄙之意。《荀子》："君子安雅。"即君子温文有礼，为人处世合乎规范，令人敬仰。

【尚实楼】实者，一则切实验楼，有实践、验证之意，强调动手实验。所谓"学习在积累，实践出真知"。《淮南子》："众人以为虚言，吾将举类而实之。"二则有诚实、真实、坚实、充实诸意。

　　【尚静楼】静者，心宁也。诸葛亮曰："夫君子之行，静以修身，俭以养德。"《大学》："定而后能静，静而后能安。"

　　【尚健楼】健者，康乐也，即安康快乐。体育，在外，旨在体健；艺术，重内，旨在心健，二者皆健，可谓完美也。

　　【光华环路】【大夏环路】华东师大一附中前身为光华大学附中与大夏大学附中，两校均创办于 1925 年。以此命名意在传承历史，以资纪念。

编后记

　　2021 年 9 月 10 日，华东师大一附中百年校庆筹备工作正式启动，确定编写"百年附中·百年树人"丛书，随之召开了第一次编撰会议。丛书方案为"一线四点"，以"史"带"人"。"一线"即《百年大事记》，"四点"即《百年名师》《校友风采》《附中往事》《附中名录》。

　　《百年大事记》一书由李支舜策划，全书划分为 7 个年段，分别组稿。采取"分段负责，集中审稿"的做法，每个年段由两人负责，分别是：1925—1949 年，李支舜、马君君；1950—1965 年，李支舜、罗莉；1966—1976 年，陈宗义、应敏佳；1977—1990 年，方武勇、朱越；1991—2000 年，傅志良、向胜翔；2001—2010 年，葛起超、张青；2011—2025 年，龚娟、刘徭瑶。

　　各年段文稿收齐后，由李支舜统稿，按照学校历史沿革分为四卷：第一卷《光华大学附属中学大事记》（1925—1951）；第二卷《大夏大学附属中学大事记》（1924—1951）；第三卷《华东师范大学附属中学大事记》（1951—1958）；第四卷《华东师范大学第一附属中学大事记》（1958—2025）。

　　编辑成文后，在"百年校庆丛书编撰组"公示，提出修改意见，再由李支舜进行补充和订正。

　　《百年大事记》跨度时间长，现有资料少，困难多，难度大，编写组本着"承风续脉、修史育人"之初心，克服重重困难，夜以继日，多方求助，查阅大量史料，按照计划，有序推进，得以完成。在此书编写过程中，百年校庆顾问、校友会名誉会长、学校原副校长陈步君，除提供许多史料外，还审阅了每个年段的组稿材料，并提出修改意见，甚至不顾年迈，亲自多次组织老教师、老校友召开研讨会，补充史料。校友会理事、学校原副校长陈宗义负责的"文化大革命"

十年的大事记，现存材料严重缺乏，他组织一些老教师多次召开座谈会，收集材料。校友会理事、复旦大学教授范伟达先生，把自己珍藏多年的日记提供给编写组。1968届校友章世钰先生亲自到上海档案馆、上海图书馆和文汇报社查阅史料，打印成稿，送给学校。还有一批校友亲临学校参与座谈交流、提供史料，他们有：朱雷宝、姜玲玲、沈慧芬、隆振亚、应安国、薛孔亮、何建中、叶骏、徐意诚、马广秀、魏伯华、孙元骁、郝福良、周晓光、王湄君、赵无非、葛玛琳、王慧麟、乌琦霞、方正、席与泉、欧阳靖等。一批老领导、老教师，如张正大、蔡祖康、胡国琳、李蒸、蔡宝珠、赵德明、彭根儒、刘定一、童明友、鲍应国、宋宝权、陆继椿、项志良、唐家乐等，不顾年老体弱，关心支持大事记材料的收集。此外，华东师范大学档案馆馆长汤涛、副馆长李炜菁，华东师范大学出版社肖梅兰主任等为学校提供许多有关光华大学、大夏大学、华东师大的书籍，为此书的顺利编写提供了保障。在此，一并向他们表示诚挚的谢意。

百年风雨传薪火，一路弦歌育栋梁。在华东师范大学第一附属中学100周年华诞之际，参与大事记的编写十分幸运。但因时间仓促，水平有限，现有资料缺乏，各年段记载的史实仍不够完整，虽然我们召开过多种座谈会征求意见、补充史料，但还是有不少遗憾，祈望大家理解体谅、批评指正！

编者

图书在版编目（CIP）数据

百年附中　百年树人 / 王新，袁芳主编. — 上海：上海教育出版社，2025.4. — ISBN 978-7-5720-3401-5

Ⅰ. G639.285.1

中国国家版本馆CIP数据核字第20250AQ457号

百年附中　百年树人

策划编辑　刘美文
责任编辑　马丽娟
封面设计　王鸣豪

百年附中　百年树人
王　新　袁　芳　主编

出版发行　上海教育出版社有限公司
官　　网　www.seph.com.cn
地　　址　上海市闵行区号景路159弄C座
邮　　编　201101
印　　刷　上海普顺印刷包装有限公司
开　　本　700×1000　1/16　印张 66.75　插页 3
字　　数　1160 千字
版　　次　2025年4月第1版
印　　次　2025年4月第1次印刷
书　　号　ISBN 978-7-5720-3401-5/G·3039
定　　价　258.00 元（全三册）

如发现质量问题，读者可向本社调换　电话：021-64373213

王 新 袁 芳 主编

李支舜 编

百年附中
百年树人

百年名师

上海教育出版社
SHANGHAI EDUCATIONAL
PUBLISHING HOUSE

《百年附中　百年树人》编委会

主　任

王　新　袁　芳

副主任

李支舜

编　委

（以姓氏笔画为序）

马君君　王　凯　王　新　方武勇　朱　越　向胜翔

刘徭瑶　李支舜　吴传发　应敏佳　张　青　陆继椿

陈　寅　陈步君　陈明青　陈宗义　罗　莉　项志良

胡锦城　袁　芳　唐家乐　龚　娟　葛起超　傅志良

分册主编

《百年大事记》主编　李支舜

《百年名师》主编　李支舜

《附中往事》主编　胡锦城

序

春秋代序，百年征程！

在美丽的浦江之滨，在崛起的瑞虹新城，矗立着一所历史悠久的名校。

1925年对华东师范大学第一附属中学（以下简称"华东师大一附中"）来说，具有开启生命的意义。那一年，它的前身光华大学附属中学和大夏大学附属中学先后创办，以"教育救国，振兴中华"为办学宗旨，校名取"光我中华"和"光大华夏"之意。1951年秋，两校合并为华东师范大学附属中学，1958年改为华东师范大学第一附属中学。

回溯华东师大一附中建校100年历程，"研究型"学校文化体现在学校奠基、传承和发展中，可谓源远流长。20世纪20年代，我国著名教育家、心理学家廖世承校长提出了"积极研究、勇于尝试、艰苦卓绝"的办学思想，成为学校的精神导向。在廖世承校长主持下，光华大学附属中学贯彻"育人、育材"的教育方针，其高质量的教学深受社会赞誉，并与江苏省立上海中学、南洋模范中学并称为当时上海的三大中学名校。中华人民共和国成立后，华东师范大学附属中学是上海市最早学习苏联凯洛夫《教育学》、学习苏联教育制度的一所学校。陆善涛校长是"研究型"学校文化的传承者，他认为教师是否进行教科研，其"思想境界不一样、理论素养不一样、信息意识不一样、教育能力不一样"。他代表学校参加"全国文教群英会"，受到党和国家领导人的接见。学校被上海市教育局确定为首批要办好的13所重点中学之一。徐正贞校长勉励教师"要当教育家，不做教书匠"。他以非凡的魄力，开创中学教师"整学期不排课，享受科研创作长假"之先例，提出"向科研要质量"，涌现出张思中、陆继椿、刘定一等一批"科研领先，教有特点"的教师。全国五一劳动奖章获得者、上海市特级校长孙稼麟在实践中提炼出"培养研究型学生，造就研究型教师，建设研究型学校文化"的"三个研究型"办学理念，带领学校成为上海市首批实验性示范性高中。丁伟强校长思考如何弘扬和发展"研究型"学校文化，创建教师专业发展共同体，建设"三块田"教师专业发展工程。上海市特级校长陆磐良注重梳理"研究型"学校文化历史，确定"格致诚正，自强不息"为新时代华东师大一附中校训，把培养新时代"光华人"作为学校的培养目标，完善了华东师大一附中"研究型"学校文化办学体系。

在百年征程新的起点上，学校将赓续传统，秉持"三个研究型"办学理念，在"双新"课改的大潮中，始终坚持"人的发展"是第一要务，求实求新，追求卓越；以课堂教学为师生发展的主要载体，力推"新结构化"教学；转变观念，关注问题、情境和学习心理，以高水平管理，培养高素质人才，谋求高质量发展。

在百年征程上，学校先后被评为上海市重点中学、上海市首批实验性示范性高中、上海市科技教育特色示范学校、国家节约型公共机构示范单位、上海市文明校园、上海市中小学行为规范示范校、上海市依法治校示范校、上海市家庭教育工作示范校、上海市中小学心理健康教育示范校、上海市教师专业发展学校暨见习教师规范化培训基地学校等。2021 年，学校党总支被评为上海市先进基层党组织。

百年附中，百年树人！

华东师大一附中建校 100 年来，为国家培养和输送了大批优秀人才。既有乔石、姚依林、尉健行等党和国家的重要领导人，也有方成、陈凯先、叶澜等著名的科学家和教育家，还有谢晋、赵长天等著名导演和作家。学校被人们称为"培养高级人才的摇篮"。

辉煌附中，致敬百年！

为传承华东师大一附中百年办学传统，展示百年办学辉煌成就，讲述百年附中人的故事，开创华东师大一附中美好未来，我们特地组织编写《百年附中　百年树人》(全三册)。其中，《百年大事记》收集整理了华东师大一附中从 1925 年创办一直到 2025 年的办学历程，详细记录了各个年段所发生的"大事"。《百年名师》选取华东师大一附中各个历史时期代表名师近 100 位，简要介绍他们的求学、工作经历、贡献等。《附中往事》通过师生对华东师大一附中往事的回忆，形象地展现了百年附中的历史沿革、风云变化和所取得的累累硕果。

教育，是传承的事业；历史，是前行的始端。在今天回眸学校 100 年的历史，可以清晰地看到学校开拓前行的轨迹，会留给人们许多弥足珍贵的启示。

学校 100 年的历史，可以说是一部"研究型"学校文化奠基、积淀、提炼、传承和弘扬的历史。正是这种"研究型"学校文化，孕育了一批又一批"研究型"教师；正是这种"研究型"的文化土壤，造就了一代又一代"研究型"学生。今天，时代要求我们追求高中教育内涵提升和特色发展，这必然对"研究型"学校文化的发展提出新的要求。

在百年校庆之际，我们将共同思考这一问题；在今后的办学实践中，我们将用创新实验的成果来书写新时代的教育华章。

袁　芳

2025 年 3 月

目录

上 编
（以姓氏笔画为序）

中　编
（以姓氏笔画为序）

下　编

（以姓氏笔画为序）

附　录

上编

国学家
王蘧常

王蘧常（1900—1989），字瑗仲，号涤如，又号明两，别号端六、阿龙，晚号欣欣老人、玉树老人，笔名俣厂、偏翁、废寥生、涤翁。生于天津，祖籍浙江嘉兴。中国著名哲学史家、历史学家、诗人、书法家。曾先后执教于光华附中、大夏大学、复旦大学等校。

王蘧常出身书香门第，5岁以后始读"四书"与《毛诗》《礼记》《尚书》《左传》，7岁时作诗10余首，被誉为"神童"。1909年，王蘧常入富川县学受读，开始接受正规教育。1911年辛亥革命爆发后，王蘧常随家人迁回嘉兴，次年入嘉兴高等小学。他14岁时因成绩优异，越级入浙江省第二中学校读书，1915年因病休学。

1919年，王蘧常在上海正式拜沈曾植为师，学习书法、文学、诗歌、历史等。1920年，王蘧常入无锡国学专修馆（1930年易名为无锡国学专修学校），受教于唐文治。21岁时，他编写《三代史》并在报刊上零星发表，王国维读后大为赞赏，誉之为"王三代"。

1924年，王蘧常经唐文治介绍，入私立无锡中学任教，1925年兼任无锡国学专修馆讲师。1927年，王蘧常至上海，在光华大学附属中学高中部任教。李瑞骅回忆道："老师批改作文是非常认真的，凡认为写得好的句子，都在边上画上圈，精彩的部分甚至标以双圈。"同年，王蘧常兼任大夏大学预科讲师，1928年担任私立复旦大学中国文学系讲师。任教期间，王蘧常钻研诸子学派，撰成文稿，获知于梁启超。

1930 年，王蘧常任大夏大学国文系教授，同时任高等师范专修科国文系主任。1933 年，他与钱仲联先生合出诗集《江南二仲诗》，二人此举一时成为文苑佳话。其间，王蘧常一边教学一边进行学术研究，1936 年在中华书局出版的《诸子学派要诠》和《先秦诸子书答问》两书，显示了其深厚的学术素养与功底。1938 年，无锡国学专修学校迁至上海，王蘧常任教务长。此后，王蘧常又任教于之江文理学院历史系，兼任交通大学中文系讲席。

1941 年，太平洋战争爆发，汪伪国民政府接收交通大学，王蘧常与同事 5 人毅然辞职离校，后又坚辞汪伪国民政府聘任之中央大学文学院院长一职，保持了中国知识分子的民族气节。

1946 年，王蘧常任教于暨南大学，次年又任教于无锡国学专科上海分校，1949 年开始任无锡中国文学院副院长。1952 年后，王蘧常一直在复旦大学任教，先后任中文系和哲学系教授，从事中国古典文学与中国古典哲学的教学和研究工作。

王蘧常毕生从事教育事业，以教书育人为己任，在各类学校执教逾六十载，传道、授业、解惑，桃李满天下。王蘧常饱读诗书，苦心钻研学术，对中国的文、史、经、哲都有精深独到的研究。他爱好学术，又耽于书法，将学术思想融会贯通到书学研究上，自出新意，把篆、隶、草、正熔于一炉，形成自家面目，即蘧草，人称"前有王羲之，后有王蘧常"。

王蘧常一生著述宏富，在史学、子学、诗文和书法等方面均有极深的学术造诣。其主要著作有《诸子学派要诠》《先秦诸子书答问》《严几道年谱》《沈寐叟年谱》《国学讲演稿》《国耻诗话》《王蘧常章草艺术》《荀子新传》《明两庐诗》《续许氏嘉兴府志经籍志》《商书坟典志》《商书汤本纪》《礼经大义》《抗兵集》《梁启超诗文选注》《顾亭林诗集汇注》《顾亭林诗谱》《顾亭林著述考》《书法答问》《明两庐题跋劫余录》等；遗著有《秦史》；主编有《中国历代思想家传记汇诠》《江南二仲诗》等。这些著述在学界影响甚巨。

1989 年，王蘧常心脏病发作，在上海去世，享年 90 岁。

体育名家
王季淮

王季淮（1907—1983），江苏无锡人。华东师大附中体育教师，曾任体育教研组长，毕业于光华大学，曾是20世纪30年代我国著名的田径运动员，1962年荣获"上海市优秀教师"称号，1982年任上海市体委文史委员会委员。

王季淮，是20世纪30年代我国著名的田径运动员，擅长跳远、标枪、五项全能等项目。1933年毕业于光华大学，在学生时期保持该校田径项目中近半数的纪录。1931年，在江南大学运动会上，王季淮曾创造标枪全国纪录。1930—1935年，他先后五次参加上海万国运动会，获两次标枪冠军、两次跳远冠军。其中，在1933年第三届万国运动会上，王季淮还击败美国名将赫夫雷，获跳远冠军，并以6.49米打破当时的国家纪录。1930年和1934年，王季淮代表中国参加了在日本东京举行的第九届和在菲律宾马尼拉举行的第十届远东运动会（亚洲运动会前身）。1934年，在南京举办的第十届远东运动会预选赛上，王季淮创造了2269分田径五项全能成绩，成为全国最高纪录。这一成绩直到1957年才被高树贵打破。

此外，王季淮还获1930年在杭州举行的中华民国第四届全运会男子三级跳远冠军，1933年在南京举行的中华民国第五届全运会男子跳远铜牌和1935年在上海举行的中华民国第六届全运会男子跳远银牌。1935年10月，在上海江湾体育场举行的中华民国第六届全运会开幕式上，经大会主席团确定，由王季淮代表全体运动员进行宣誓，可见他在当时的显赫名声。宣誓誓词如下："余等谨本总理提倡之体育精神，以业余运动员资格参加比赛，愿恪遵大会一切规则，并服从裁判之判决，谨誓。"1936年，王季淮就读于南京交通研究院航政系，毕业后任航政局研究员及船舶修检所工程师。

1953年，王季淮受聘于华东师大附中，成为一名体育教师，并凭借其丰富的体育阅历和文化科学素养担任了体育教研组长。在学校领导的重视和支持下，王季淮充分发挥体育教师的主观能动性和工作积极性，在不长的时间内，使华东师大附中的群众性体育活动就蓬勃开展起来了，在当时上海的学校中产生很大的影响。

王季淮按照上海市1950年12月颁发的高、初中《体育课程暂行标准（草案）》，把每周2课时体育课和课外体育活动列入课程表，坚持开展广播体操活动（后来又增加眼保健操）。

1954年，华东师大附中率先成为上海市推行《准备劳动与卫国体育制度》（简称"劳卫制"）试点学校，取得经验后，于1955年开始在全市各中学推行。与此同时，学校选拔成立了田径队，开展系统的业余训练，在市、区比赛中屡获优异成绩，并向上海田径队输送了多名优秀运动员。

1956年，国家颁布《中学体育教学大纲（草案）》，王季淮带领全体体育教师认真学习和贯彻执行，并力促学校将体育工作列入学校教学工作计划，开展教材教法和以劳卫制为重点的教学研究，使体育课的教学质量与教学效果得到进一步提高。

1958年，在"大跃进"的浪潮推动下，华东师大附中和所有其他中学一样，要求在校学生必须达到"三红"（即通过劳卫制、普通射手、等级运动员标准）。王季淮及其他体育教师和班主任带领学生挑灯夜战，一边大炼钢铁，一边为达到"三红"而刻苦锻炼。

1959年，在王季淮和其他老师的共同努力下，华东师大附中成为虹口区第一青少年业余体校。这为后来成为上海市田径传统项目学校奠定了基础。

1959年至1961年三年困难时期，根据当时的实际情况，王季淮严格控制学生课内外运动量，只上体育课和做广播操，将耐力跑改为自由活动和游戏，而运动队并没有停止训练。

1947年，邢鹏举的师承中学因五年的房屋租赁到期，不得不停办，学校的课桌、仪器、图书等，悉数给了无锡的怀仁中学。

邢鹏举虽只读了不到两年的历史系，但这不妨碍他成为一名历史学家。1931年出版的《中国近百年史》，作为高级中学教本，由胡适题写书名，由著名历史学家、曾任该校历史系主任的吕思勉作序，文中评价道："邢君鹏举，英年好学，近世史事，尤所究心；讲授之余，从事篡述，宏纲具举，要言不烦"。

1936年6月，邢鹏举撰写的《历史学习法》一书由中华书局出版发行。此书共十个章节，从"为什么要学习历史"开始，深入浅出地讲述了学习历史的基本知识和要求，最后还附了许多世界史和中国史的习题。意图帮助中学生掌握历史学习方法，提高历史学习效率，应中学会考急需。

1941年出版由吕思勉题写书名的《西洋史》时，私立师承中学已创办，邢鹏举把此书作为"师承丛书"之一，还用了师承书店的名义出版发行。此书原是邢鹏举在师承中学的讲义，内容"起于先史时代的欧洲，终于一千九百三十三年的四强公约"，其中第三、四、五章专讲希腊上古历史。

在外国文学研究和译著方面，邢鹏举更是成绩显著。作为新月派成员，1929年他还在光华大学就学时，就翻译出版了法国中古时期民间爱情故事《何侃新与倪珂兰》，徐志摩亲任译校，并在其主编的《新月》月刊上做了推介，说译者在散文方面用直译，在诗的方面用意译，务期十分忠实而又能把原作的神韵惟妙惟肖地传出，徐志摩又介绍此书在新月书店出版。

邢鹏举在1930年4月译成《波多莱尔散文诗》，这是国内问世的第一种介绍波氏作品的专著，由徐志摩主编并作序，推荐给中华书局出版。1932年，邢鹏举又撰写《勃莱克》一书，先在《新月》月刊连载，后由中华书局出版单行本。这些译著奠定了他在现代翻译史上的地位。此外，他在《新月》月刊第三卷第三期发表论文《莎士比亚恋爱的面面观》，还把莎士比亚的《罗密欧与朱丽叶》改编成适合国人理解和欣赏的话剧《铸情》，并搬上了舞台。

1950年末，邢鹏举病逝在北大荒。他一生从事教育，爱好历史和文学。与徐志摩一样，也是英年早逝，在荒无人烟之处，默默走完短暂的人生。

教育家
孙亢曾

孙亢曾（*1898—2002*），字侃争，广东梅县人，著名教育学家。*1925* 年毕业于大夏大学教育科。曾任大夏附中主任、大夏大学教授。

孙亢曾于 1921 年考入厦门大学教育科。1924 年，厦门大学学生与校长林文庆因学校管理问题发生冲突，由于双方分歧太大，调停失败，酿成学潮，300 多名学生宣誓离校。孙亢曾参加了学潮，并被推选为厦大离校学生团 14 名总代表之一。他与欧元怀、王毓祥等离校教授及其他师生合作赴上海创办大夏大学。1925 年，孙亢曾作为大夏大学教育科首届毕业生毕业。从 1927 年起，孙亢曾在学校执教五年，后赴英国里治大学（现通译为利兹大学）钻研比较教育，于 1936 年获文科教育硕士学位。

1936 年秋，孙亢曾应母校电召，回国担任大夏附中主任。抗战爆发后，大夏大学内迁，孙亢曾留沪主持大夏大学沪校及附中。1939 年 5 月，孙亢曾到贵阳向领导汇报沪校办学情形，随后返回上海，在大夏大学沪校及附中继续任教。在上海沦为"孤岛"时期，作为大夏附中主任，孙亢曾主张抗日反汪，对学生的抗日救亡活动不干涉、不制止。1939 年夏，经由孙亢曾同意，学生建立课余进修班，在校内广泛吸收同学参加活动，关心国家、民族的命运，了解国内外形势。

孙亢曾参与创办大夏大学，又为大夏大学首届毕业生，并长期任职于大夏大学，对大夏大学感情十分深厚。1943 年 2 月，孙亢曾由上海经广东到贵阳，出任贵阳大夏大学（又称"大夏大学黔校"）教务长。在学生的印象中，孙亢曾教授"容貌清癯，精神饱满，不苟言笑，是位望之俨然、即之也温的典型人物。一经请益，无不和颜悦色，使人有如沐春风、如沾化雨的感觉"。1944 年，孙亢曾与欧元怀等共同主持贵阳大夏大学内迁赤水。

1949 年，孙亢曾赴台湾，任台湾省立师范学院教授，并担任教务主任、代院长、教育系主任、教育研究所教授。1966 年至 1971 年，孙亢曾任台湾师范大学（以下简称"台师大"）校长。1971 年，应新加坡大学聘，孙亢曾为该校教育系毕业生校外考试委员，并仍任台师大教授至 1973 年。

在担任台师大校长期间，孙亢曾积极贯彻其教育主张，提出台师大办学的四大原则——"尊师、教学、立教、宏规"。他要求学生要认识到自己的兴趣，要多下思辨功夫，考虑自己将来要成为哪种老师或担任何种教育行政工作；还要学生磨炼语文能力，亲自动手开采图书馆、博物馆等知识宝库。他强调一定要自己探究，才能有所成就。针对当时台湾师范类学校不多、学生就业困难的情况，孙亢曾从比较教育观点出发，认为国外大学的教育系主要是通过给文学院、理学院学生修习教育学分的机会来让其掌握教育原理及教学技巧，他按此思路实施辅系制度，即教育系学生除必修课程外，自二年级起选修中文、英文等课程，便利其就业，在实践中取得了良好的效果。

孙亢曾专业功底深厚，学问渊博，精通多国语言，教学经验丰富，知名度甚高。他著有《教育概论》《教育经纬》《师专教育概论》等，论文则以比较教育方面为多。孙亢曾的比较教育研究注重"内在因素"和"无形势力"，特别重视教育的宗旨和价值比较，认为由此入手，可免研究的肤浅、琐碎之憾。

2002 年 9 月 16 日，孙亢曾在台湾去世。孙亢曾一生在教坛耕耘几十年，性行廉介，学养深淳，桃李遍天下。

化学名家
李嘉音

李嘉音，1912年生，浙江永嘉人。毕业于燕京大学，为化学工程硕士研究生，华东师范大学化学系教授。先后在光华附中、华东师大附中、国立中央大学理学院、中华电化厂和上海自来水厂等任教员、工程师、总工程师等职。

李嘉音，自1929年起在上海圣约翰中学求学，1932年至1936年在沪江大学化学系学习，后攻读燕京大学化学工程研究生，获硕士学位。毕业后，他先后在光华附中、国立中央大学理学院、中华电化厂和上海自来水厂等任教员、工程师、总工程师等职，从事中学化学、普通化学、分析化学、有机化学的教学工作，参与了乙醇、油脂、漂白粉、烧碱等生产的技术研究工作。

中华人民共和国成立后，李嘉音于光华附中和沪江大学任教，担任高中化学和大学无机化学、工业化学等教学工作。1954年起，他在华东师范大学化学系任教，又在课程教材教法研究所从事研究工作，并创办《化学教学》学刊，任学刊编辑部主任。李嘉音是华东师范大学乃至全国最早招收化学教育法硕士研究生的导师。李嘉音长期从事中学化学和大学化学的教学，并参与多种化工生产的技术研究，是我国从事化学教育研究的专家之一。

李嘉音在光华附中和华东师大附中任教期间，治学严谨，求真务实，深受学生爱戴。李嘉音授课时，不拘于课本，而是广泛联系生活、联系社会；语言生动，板书流畅，在滔滔不绝地讲解的同时，能熟练无误地写下一条又一条化学反应式，行云流水，如数家珍。那些枯燥无味的原子符号和化学分子式，都活转来了，这使得学生对化学的兴趣猛增，不少学生对李嘉音崇拜得五体投地。

李嘉音是一位令人敬佩的教师，为人敦厚正直，学术造诣精湛，教学质量高超，受他教导过的学生无不得益匪浅，终生难忘。

（1955 届高三乙班丁忠源　撰稿）

文艺理论家
吴调公

吴调公（1914—2000），原名吴鼎第，字调公，笔名丁谛、江澄、周言、漱六、南薰等，江苏镇江人。当代文艺理论批评家、著名古典文学家、教育家。1935年毕业于大夏大学法律系。曾任光华附中中文教员。

吴调公出身于儒医世家，自幼习文，受过私塾教育，具有古诗文功底。他的父亲除潜心撰著医学书籍以外，对古代文史涉猎较广，藏书较丰。这样的家庭环境，对吴调公决定以文学安身立命起到了潜移默化的作用。

吴调公高中就读于大夏附中。1931年春，18岁的吴调公转入大夏大学预科三年级，学习文科；同年秋，入读法学院法律系。大学毕业后，他先在镇江的一所职业中学教英文，之后任江苏省镇江师范学校国文教师、光华大学附属中学中文教员。

中华人民共和国成立后，吴调公历任江苏师范学院（苏州大学前身）讲师，南京师范学院（后改为南京师范大学）中文系副教授、教授，南京师范大学中文系文艺理论教研室主任，1991年获国务院颁发的政府特殊津贴证书。他还曾任《钟山》文艺丛刊、《文艺理论研究》等刊主编、编委，中华诗词学会理事，中国古代文学理论学会理事，中国文心雕龙学会理事，中国作家协会江苏分会顾问，江苏省诗词协会副会长，江苏省美学学会第二届会长等社会兼职。他于1956年参加九三学社，1985年加入中国共产党。

吴调公在大夏大学附属中学及大夏大学就读期间，修读了国文、英文、世界史、经济学、人生哲学、社会概论、中国文化史、法学通论、刑事诉讼法、债权法、破产法等科目，当时的授课教师多为大家。在大夏大学时的学习和生活对吴调公影响甚深。学校图书馆保存的大夏大学首任校长马君武先生手书的一副对联"旧学商量加邃密，新知培养转深沉"，曾引起他的深思。多年后，他给研究生上课时还兴致酣畅地谈论这副对联。吴调公对李商隐的诗产生浓厚的兴趣就源于在大夏读书时期，从那时起，他不仅写诗模仿李商隐，散文创作也融入了义山的朦胧风格。

20 世纪 30 年代，吴调公主要从事小说、散文的创作，并协助作家胡山源编辑文学刊物。抗战胜利后，他着重唐诗研究及对李商隐进行研究。1949 年后，他开始从事文学理论的教学和研究工作，成为古代文论与古代美学研究领域的大家。他见解独到、深邃，文笔优美，将古代文论研究和文艺欣赏、美学体验相结合，是古代文论体系的探索者。

吴调公一生笔耕不辍，著作等身，著有《调公文录》《谈人物描写》《李商隐研究》《神韵论》等 20 多部著作，并在《中国社会科学》《文学评论》《文学遗产》《文艺研究》及全国众多学术刊物上发表学术论文 200 多篇。他善于融合旧学和新知，重视宏观研究，从"微"观"宏"，以"宏"统"微"，融评论于鉴赏，文笔富于美感，汪洋恣意而逻辑严谨。

吴调公的文章既是学术论文，又是富有韵味的散文。他的古代文论研究曾被学界誉为"中国古典文论研究的新走向"。他的文论如《古典文论与审美鉴赏》《刘勰的风格论》等兼及美学；诗论如《论诗味——评钟嵘〈诗品〉的美学观》《李商隐诗歌渊源论》等亦多涉美学，且多研唐人，钟情义山，探奥索隐。吴调公是李商隐研究的名家，他的《李商隐研究》一书，引起了较大的反响，香港《大公报》发有专评，台湾再版。吴调公独特的治学道路和风格还集中体现在他对我国古代神韵一派文论的研究，并结集为专著《神韵论》以及对中国启蒙文艺思潮的研究《中国启蒙文艺思潮史纲》中。在古代文论、古代美学这两个特别重要的领域，吴调公先生的系统研究处于开创和领先的地位。

身为作家的吴调公，还创作了许多中、短篇小说和散文作品。他在"孤岛"时期创作的中篇小说《长江的夜潮》，1998 年在上海重刊发行。其作品颇具诗文并茂的笔调、华赡的文采和娓娓动听的文风。

扎根于对古典文论的深刻理解和深湛修养，吴调公授课和指导学生时，善于灵活地运用众多中国古典文艺理论范畴，往往能使后学有意想不到的启发。

生物化学家
沈昭文

沈昭文（1906—1998），江西南昌人。著名生物化学家。光华大学化学系1926届毕业生，曾任光华附中化学教员，光华大学化学系教师、教授、系主任。

沈昭文早年在上海先后就读于育才中学、圣约翰大学附中和圣约翰大学。1925年，圣约翰大学"六三"事件爆发，大批师生离开圣约翰大学，创办光华大学，沈昭文也在其中。1926年，沈昭文作为光华大学首届毕业生毕业。

大学毕业后，沈昭文留光华附中工作，任化学教员，1928年改任浙江省立高中教员。1933年至1940年间，沈昭文回到母校，任光华大学化学系教师。1939年考取"庚子赔款"公费赴英留学生，1940年前往加拿大多伦多大学攻读生物化学。1943年获博士学位后，受聘于美国密歇根大学任路易斯研究助理，从事氨基酸代谢研究。

沈昭文是我国多个生物化学分支学科研究领域的开创人。1946年，沈昭文回到祖国，在中央研究院化学研究所开始酶学研究，是中国酶学研究的创始人之一。1951年，沈昭文与王应睐教授一起组成代谢研究组，进行蛋白质膳食对氨基酸代谢影响的研究。20世纪50年代，沈昭文率先提出用化学方法合成胰岛素的理论，并亲手建立了我国第一个制备氨基酸的实验室。60年代初，沈昭文任生物化学研究所代谢研究室主任，领导脂质代谢调节的研究。

　　沈昭文也是我国生化事业的重要科学组织者。1950年起，生理生化研究所、生物化学研究所定期为新进科技人员举行"生化训练班"，传授生化基础知识和实验技术，沈昭文是历届训练班的主要负责人之一，并亲自讲课和实验示范。20世纪50年代中期以后，生物化学研究所多次举办全国性"高级生化训练班"，沈昭文不仅是主要负责人之一，还承担了部分教学和教材编写工作。沈昭文还协助复旦大学生物学系筹建生化教研室，协助上海科技大学筹建生物物理化学系，并临时担任教研室主任和代理系主任。1979年，中国生物化学会单独正式成立后，沈昭文长期担任常务理事，同时担任上海生化学会秘书长、理事长和顾问。沈昭文提议并亲自创办了《生化通讯》（1981年更名为《生命的化学》），他多年担任此刊物的主编和顾问。现此刊已成为全国生化界十分重要的科普刊物。80年代初期，沈昭文还担任了中国科学院上海分院图书馆馆长，此图书馆在上海市因其生物科学书刊的丰富库藏量而闻名。

　　沈昭文精通多种语言，更兼有深厚的国文功底，为生化出版事业做出了卓越贡献。20世纪50年代，为使我国在科研、教学及出版业上有统一的名词术语，沈昭文和一众生化学家对数千条生化基础名词逐一讨论切磋，诞生了油印本的《生化名词汇编》。以后，在科学出版社的支持下，沈昭文带领"生化名词小组"，于1979年及1986年出版了第一、二版《英汉生物化学词汇》。在此基础上，1996年再经修订和增补，又出版了《英汉汉英生物化学词汇》第三版。1986年成立了全国自然科学名词审定委员会，沈昭文担任审定生物化学名词的主任委员，还是《中国大百科全书》化学分册的副主编。他亲自拟定了全册百多条的条目框架，推荐了撰稿人队伍，并亲自撰写了有关"糖"方面的许多条目。此书于1989年由中国大百科全书出版社出版。

　　1998年6月1日，沈昭文在上海病逝，享年92岁。

昆曲艺术家
张允和

张允和（1909—2002），安徽合肥人，昆曲艺术家。民国时期著名的"张家四姐妹"中的二姐。擅长散文、随笔、昆曲，被誉为"一代才女"。光华大学历史学系毕业。曾先后任教于光华附中、光华实验中学、光华大学成都分部附属中学。

1909年7月25日，张允和出生于安徽合肥张家老宅。张家是当时的名门望族，张允和的曾祖父张树声为晚清重臣、淮军名将。父亲张武龄在五四运动后，受到新思想的影响，于1921年变卖部分家产创办著名的乐益女子中学，推动女子教育的发展。

张允和家共有十个姊妹兄弟，前四个是姊妹，后六个是兄弟，她是家中次女。在父亲的影响下，幼年的张允和学唱昆曲，饱读诗书，并在家塾接受家庭教师的教导。1922年，张允和进入父亲创办的苏州乐益女子中学读书。1927年，张允和以优异成绩考入上海中国公学。1929年，大学二年级的张允和转入光华大学历史学系，被推举为光华大学女同学会会长。1932年"一·二八"事变后，张允和转到杭州之江大学借读。届时，已从光华大学毕业的校友周有光正在杭州民众教育学院教书。"才子佳人"的恋情在西湖月下的良辰美景中，由朦胧走向成熟。同年，张允和回到上海光华大学毕业。1933年4月30日，张允和与后来被誉为"汉语拼音之父"的周有光喜结连理。婚后不久，张允和随周有光赴日本留学。在日期间，她潜心学习日本文学。1934年，张允和因怀孕生子返回上海，诞下儿子周晓平。

1935年，张允和进入上海光华实验中学任教历史。1936年春，因女儿周禾晓诞生，她辞去工作，回到苏州相夫教子。1937年七七事变后，她和周有光带着孩子避难四川、重庆。抗战期间，光华大学在成都成立分校，张允和前往该校附中任教历史。她用新式思想指导学生，广受欢迎。抗日战争胜利后，1947年初，张允和随周有光到美国，在伊利诺斯大学读英国文学，夫妇二人一起游览了英国、法国、意大利等地。这些经历开阔了张允和的眼界，成为她后来升华昆曲艺术的宝贵财富。

1949年，张允和夫妇回到上海，加入新中国建设。其间，张允和在光华附中任教历史。执教期间，使用的教科书是范文澜编制的《中国通史简编》，张允和针对教科书中的一些问题，认真写了两万字的意见，刊登在当时的《人民日报》上。她在历史教材方面的独到见解，被时任人民教育出版社社长的叶圣陶先生肯定，并推荐其到出版社工作。1952年，张允和被调到人民教育出版社，担任历史教材编辑，编写历史教科书。

在政治运动的波浪中，张允和从出版社辞职，潜心研究昆曲。1956年8月至1964年，张允和与俞平伯等一起在北京创办北京昆曲研习社，任联络小组组长。1959年10月8日，该社的全本《牡丹亭》参加了国庆会演。"文化大革命"前，研习社活动被迫中止。1979年12月19日，北京昆曲研习社复社，张允和担任主委，负责全社工作。

张允和一生热爱写作，中学时代曾与姊妹兄弟们编辑家庭刊物《水》。这份刊物几度中断，1996年，在86岁高龄的张允和的极力推动下，《水》于58年后复刊。晚年的她笔耕不辍，著有《最后的闺秀》、《昆曲日记》、《多情人不老》（与周有光合著），口述《张家旧事》等。2005年，张允和生前会同三妹张兆和合编的作品选集《浪花集》出版问世。

2002年8月14日，张允和突发心脏病逝世，享年93岁。

历史学家
张芝联

张芝联（1918—2008），浙江鄞县（今宁波鄞州区）人，生于湖北汉口。著名历史学家，教育家。1940年毕业于光华大学英文系。曾任光华附中校长、光华大学副教授、北京大学历史学系教授。

　　张芝联出生于湖北汉口的书香世家，父亲是光华大学创办者及首任校长张寿镛。张芝联自幼在家塾饱读诗书，博闻强记。1934年，张芝联从光华附中毕业，考入沪江大学医预系，后因病休学，1935年考入燕京大学西语系。1937年，七七事变爆发，张芝联转入光华大学。曾师从张歆海教授学习英国文学，师从中国史学大师吕思勉、童书业学习历史。

　　1940年2月，张芝联毕业于光华大学西语系，毕业后留教于光华附中，其间编纂了《西洋文学》杂志。1941年8月，该杂志停刊，同年，张芝联考入燕京大学研究院，研究中国历史，开始其学术生涯。1946年，他赴美留学，入耶鲁大学研究生院攻读历史学。1947年，他转赴英国牛津大学，继续研究历史。留学期间，他广泛涉猎外国文学、历史和学术思想等领域。

　　1947年，张芝联回到上海，在光华大学任教授，同时担任光华附中校长（1947年代理，1949年为校长）。早在大学毕业前，张芝联就立下了一个现在听来还有些奇怪的志向，当一个中学校长和大学教授。当时其父曾提醒他："那你的月薪恐怕只有二百元。"张芝联的回答是："没有关系，这是我的心愿。"他认为只有中学水平高才能保证大学生的质量。这也促使他后来成为史学大家的同时，也不忘教育家的身份。

1949年以后，各种轰轰烈烈的运动接连不断，张芝联作为光华附中校长积极组织学生参加各种社会活动，配合新中国建设。在任职光华附中校长期间，他殚精竭虑，致力于学校发展，诚如他在文章《复校后之光华附中》所言："我可以很骄傲地说，光华附中的行政是民主的，经济是公开的，学校和教师是互相谅解的，教师和学生是打成一片的。"1951年，他因病辞去光华附中校长职务，北上到燕京大学历史系任教，教授世界史，1952年转入北京大学任历史学系教授。

张芝联不仅是位教育家，还是一位史学大家。他一生著作宏富，在推动我国世界史研究发展方面躬耕半生。中华人民共和国成立初期，世界史教育基础非常薄弱，在资料、文献和研究成果方面与国外差距很大，因此，他先后参加了《世界通史》的编著和《世界史资料丛刊》的编审工作，编译了英国史资料集《1815—1870年的英国》。1978年以后，他又发表了一系列文章，评论二战以来西方史学的发展方向。他最早把法国年鉴学派介绍到中国，1986年发表长篇论文《费尔南·布罗代尔的史学方法》，引起中国学界的广泛关注。

同时，张芝联还是公认的法国史专家，他主编的我国第一部《法国通史》，以翔实的资料、独到的见解、新颖的体系赢得了诸多赞誉。1985年，法国政府授予他法兰西共和国荣誉军团骑士勋章。1988年出版的专辑《从高卢到戴高乐》，收集了有关法国历史、中法关系、法国大革命、法国史学等方面的研究成果，获得北京大学第三届科学研究成果荣誉奖。

此外，张芝联还是中国人权问题研究的首倡者。1989年初，他在北京外国问题研究会成立大会上首次提出当代中国研究人权问题的必要性，并主持承担了国家社会科学基金重点课题"国际关系中的人权问题"，从历史、理论、实践三方面来研究人权问题。

2008年5月27日，张芝联在北京病逝，享年90岁。

文学史家
张枕蓉

张枕蓉（1896—？），原名张振镛，字贞用，一字枕蓉，皆名之谐音，早年喜以"枕蓉"之字行，江苏宜兴人。江苏省立第三师范学校毕业。民国时期诗人，著名文学史家。曾任教于无锡县立第二高等小学、无锡东林学校、圣约翰大学及附中、光华大学及附中、湖南蓝田国立师范学院及附中国文教师。1948年在上海交通大学担任教授。

张枕蓉，少年长于乡间，自言"耕则有水旱不灾之田，居则有蔽风雨不撼之宅"。7岁入小学，后入江苏省立第三师范读书。毕业后，入无锡东林小学执教。后经黄霞峰先生介绍，与钱基博先生相识，仰其学识，跟从钱基博先生学习文史，尊其为师。

1923年，钱基博先生入圣约翰大学任教国文，引荐张枕蓉入该校附中为教员。

1925年，五卅运动，圣约翰大学校长卜舫济禁学生罢课，钱基博先生慷慨陈词，怒斥其非，6月3日，与教职员19人、学生531人退出该校，另立光华大学，张枕蓉与焉，任该校及附中国文教师。张枕蓉于光华附中任教时，授课绝不教白话文，多以《昭明文选》为教材，《中国文学史分论》是张枕蓉在光华执教时所作，所论自先秦直至当代。

1938年，蓝田国立师范学院建成，廖世承先生任校长，钱基博先生入该校为教授。1939年，张枕蓉受聘于蓝田国立师范学院，与徐燕谋等数人相约同赴湘西，至1946年6月离校前，张枕蓉已为教授。1948年，张枕蓉离湘回沪，入上海交通大学为教授。1952年春，张枕蓉始入苏南工业专科学校授国文。1956年春，该校内迁西安，张枕蓉不欲同往，遂辞职。1957年2月，由高教局调至第一师范学院（文科），次年该院与第二师范学院合并为上海师范学院，至1958年10月，张枕蓉以老病为由辞职，12月获准。

张枕蓉坚守从教初心，躬耕三尺讲台数十载，不仅勤勉于教学，而且笔耕不辍，在学术方面颇有建树。其所著《中国文学史分论》，原名《中国文学史纲要》，前三册出于1931年12月至次年1月，第四册在1932年1月29日商务印书馆被日军炮火炸毁。张枕蓉发愤重作，改"纲要"为"分论"，1933年10月初版。《中国文学史分论》六编，曰诗，曰文，曰词，曰曲，曰小说，曰戏剧，别为四册，共五十万言。

张枕蓉所著《国学常识问答》，正编包括文字学、经学、子学、史学（附地理学）、理学、诗歌、文章、词曲、小说戏剧等9个部分，系统介绍了国学常识。而其续编共有10个部分，第一部分"文字学"改为"文字学续编书（增书学）"，除正编9个部分的续编外，还增加了"目录版本学"，插列于第五部分"理学"和第七部分"诗歌"之间的第六部分。两书结构大致相同，对中国传统文化做了一个清晰明了的脉络简介，向大众普及了国学方面知识。正编自1935年商务印书馆初版以来，至1947年已连出十版之多。其续编，自1936年初版以来，至1939年已印四版。港台所出，尚不计在内。

张枕蓉著述甚富，除以上二书外，还有《张氏文通》《国文参考书》《文典通义》《读书导言》《文心雕龙义疏》《诗学研究法》等。曾在《国学丛刊》《约翰声》《光华季刊》《光华半月刊》《晨曦》《光华周刊》《光华附中》《苏讯》等刊物发表过大量诗词和论文。

张枕蓉一生历任多所学校，在国学教育领域不遗余力，硕果累累。因晚年生平资料相对匮乏，卒年无法稽考。

外语名家
周芳

周芳（1909—2002），湖南宁乡人，1932 年毕业于
上海沪江大学。曾任山东威海卫公立女子中学教务主
任，上海工部局东区女子小学教务主任，大夏附中俄
语与英语教师。

　　周芳于 1928 年考入上海沪江大学，1932 年大学毕业后因受时局影响，曾赴
各地任教。

　　周芳外祖父周震鳞是早期同盟会会员，是孙中山和黄兴的战友，做过徐特立
和毛泽东的老师。周芳的丈夫是出席远东国际军事法庭的中国检察官向哲濬，其
子向隆万先生也是华东师大附中校友。由向隆万先生编写的《东京审判·中国检
察官向哲濬》第二部分回忆录就是由她撰写，描述了向哲濬不平凡的一生。

　　周芳在教书育人方面，业务水平出色，工作兢兢业业，勤勤恳恳，曾总结中
学俄语教学经验，编写了一本全国通用的中学俄语教材。她在 30 多年的执教生
涯中从不考虑个人得失，坚决服从组织安排，任劳任怨，乐于助人。周芳不仅俄
语教得好，还注重同学的德智体全面发展，鼓励学生参加航模、摄影、歌咏等兴
趣小组。

　　周芳对学生视如儿女，经常给家庭困难的学生买学习用品，见学生生病，帮
助就医送药，更被学生称为"妈妈"老师。例如，在 1954 年校运会上，她的班
有一个选手在 400 米接力决赛中被人踩伤了脚背，这个选手为了集体荣誉坚持跑

到终点后倒地，她见状立即将该同学送校医务室诊治，并雇三轮车亲自护送其回家，事后还多次将其行为提到集体主义、共产主义的高度进行表扬。

她教过的班级学生在 1958 年高考时，俄语都取得优异成绩，高校录取率在全校名列前茅，受到大家一致的好评。

周芳是一位深受学校倚重的教育家，受到学生的广泛喜爱，能成为她的学生，无疑是一种幸运。

（1958 届高三甲班谢仲华　撰稿）

艺术名家
周大融

周大融（1903—1997），浙江海宁人。1928年毕业于上海私立艺术专科学校。任光华附中、华东师大附中音乐与美术教师，擅长声乐、指挥、素描、油彩画等。

周大融，1925年毕业于杭州私立安定中学，1928年毕业于上海私立艺术专科学校，1929年任上海敬业中学美术音乐教师，1934年任江湾复旦实验中学美术音乐教师，1949年任上海市北中学美术音乐教师。

1950年8月任光华附中音乐教师，1951年5月在光华附中集体加入中苏友好协会，后转入华东师大附中中苏友协支会，1951年8月参加上海市教育局、文化局、上海音协联合举办的训练班。他擅长声乐、指挥、素描、油彩画等，1951年10月任华东师大附中二部音乐教师兼班主任，1952年2月任华东师大附中音乐与美术教师兼班主任，1964年退休。

1956年秋，一群满怀期待的学生步入华东师大附中的初一甲班教室，开始了他们新的学业旅程，他们的美术课由周大融主讲。第一堂美术课上，周大融准时且风度翩翩地走进了教室。他穿着一件短袖白衬衫与一条灰色西装长裤，脚蹬一双棕色凉皮鞋，梳着整齐的发型，戴着一副眼镜，身材挺拔。他目光炯炯地扫视了全班一遍，然后用洪亮的嗓音开始了他的教学。

周大融首先询问班上的学生小学时是否上过美术课，学生吵闹地回答小学时上过图画课，这些十一二岁的学生调皮且好动，上课时并不十分安分，但周大融的讲课提起了学生的兴趣。周大融的美术课课堂纪律向来很好，学生从未看到他对学生生气，他也没有向时任初一甲班班主任季振宙老师告过学生的状。

周大融指导学生从最基本的绘画技巧开始，一开始是教学生铅笔画。首先指出要有正确的握笔方法，选择合适的铅笔，然后讲解如何画线条，如何表现物体的明暗，在讲解了要领后就让学生动手。周大融会沿着课桌间的走道边走边看边指点，他对学生的辅导始终和颜悦色，从不训斥，对画得不大好的学生，他也十分耐心地予以指导。

在指导学生通过铅笔素描绘画各种立体图形后，周大融开始指导学生绘画实物和真人。之后，周大融也教学生画水彩画，讲解了三基色，使得学生学会了如何调色，如何掌握用色的深浅、虚实的表现等。

此外，周大融还上过音乐课。有次，音乐教师沈晓生病，周大融就代过他的课。周大融的嗓音洪亮，是一位出色的男高音。当时，华东师大附中图书馆二楼的音乐教室里挂着聂耳、冼星海、莫扎特和贝多芬的照片。周大融说自己和冼星海曾是同窗，这更增添了我们对他的敬意。

当时，周大融是年级丁班的班主任，他在丁班学生中的威信很高。毕业后，学生经常会去看望退休后的周大融。周大融每天一早都会去虹口公园，之后，虽然周大融从四平路搬到了江苏路，但他仍觉得在中山公园不怎么习惯，于是他就会舍近求远每天清晨坐 21 路电车去虹口公园。学生在他九十寿辰时去看望他。他还如当年那样腰板笔直地坐着与学生谈笑风生。

自 1928 年开始从教到退休为止，周大融的教师生涯持续了 30 多年，培养了一大批音乐爱好者和这方面的专业人才，为提高附中学生的美育水平做出了杰出的贡献。在华东师大附中的音乐与艺术领域，他留下了深深的脚印。

1997 年 12 月 24 日，周大融逝世，享年 94 岁。

（1956 级初一甲班夏铿　撰稿）

古典文学家
赵善诒

赵善诒（1911—1988），字毅丞，江苏苏州人，著名古典文学研究家。中国共产党党员，中国民主同盟盟员，上海市第五届政协委员。1936年毕业于光华大学国文系。后任光华大学中文系教授，在光华附中兼教国文。1951年，光华附中与大夏附中合并成华东师大附中，他兼教语文，后来任华东师范大学中文系主任。

赵善诒，1932年考入上海光华大学中国文学系，在校期间学习非常认真，对文学表现出极大的热情。1936年，赵善诒从光华大学毕业，获得文学学士学位。此后，他先后担任光华大学成都分部、成华大学副教授和光华大学教授，并在光华附中兼教国文。1951年，随着全国院系调整，在大夏大学和光华大学的基础上组建了新中国第一所师范院校华东师范大学，赵善诒开始任教于华东师范大学，担任教授，在华东师大附中兼教语文。他先后担任华东师范大学中文系主任、中学语文教学法组长、中国古典文学研究室主任等职。

赵善诒在任期间，几乎每天早晨第一个出现在系办公室，下班后又总是最后一个离开。他把全部心思都放在学科建设发展中，经常与各教研组教师商讨学科建设中的问题，制订发展措施。他除了自己担任着本科教学，还常常去听其他教师的课，以便直接掌握教学的实际情况，以更有效的措施提高本系的教学质量。

赵善诒对青年教师倾注了深厚的关爱。他特别重视青年教师业务水平的提高。对刚任教的青年教师，赵善诒会从备课开始进行指点，亲自去听他们上课，及时把自己的听课意见转告给对方。对青年教师的科研工作，他也会给予十分具体的指导。有一段时期，古典文献的出版非常有限，部分书籍只有一定级别的教授才能在内部书店购得，赵善诒常常自己出资购书，并将这些书籍或放于系资料室，或送给从事相关研究的教师，尽力为青年教师的教学科研创造条件。

赵善诒对学生的学习状况也十分关心，认为学校的主要任务是培养和教育，身为系主任就不能对学生有任何忽略。他经常向辅导员了解学生情况，在听课时特别关注课堂氛围，并与任课教师讨论如何充分调动学生学习的主动性。

以事业为重而不计个人利益，是赵善诒的人生原则。尤其在个人意愿与工作需要发生冲突时，他总是毫不迟疑地舍弃个人利益，做出服从大局的抉择。20世纪50年代，学校提出师范教育必须重视教学法研究，要求各个系相应地成立教学法教研组。这在当时是新生事物，是大家所不熟悉的一门学科。教学原本就各有明确的专业方向，有相对应的教学科研基础，中途做调整改变，是绝大部分人所不愿意的。何况当时大家在一定程度上还对教学法存有偏见，认为其学术含量比较低，不足以体现自己的学术水平。然而赵善诒却接受了学校的委托，毅然担起了负责组建语文教学法组的工作。

赵善诒把自己喜爱并擅长的古典文学研究工作暂时搁置一边，把自己讲授多年的古代文学课程讲义搁置一边，从基础着手，并做全面规划，开始一步步地建立并完善教学法学科。他注重队伍建设，物色适宜从事教学法工作的教师，尤其注重对青年教师的培养。他在考虑一些教师留校时，为教学法组的建设奠定了基础。为了迅速提高教学法学科的水平，他积极建议从中学调一些有影响的语文教师到系里工作，当时陆续调来从事语文教学法教学科研工作的教师，后来都成为重要的业务骨干，在该领域发挥了很大作用。他注重教材建设，在语文教学法学科基本呈现空白状态的情况下，一方面千方百计地寻求可资参考的材料，另一方面在实践中探索总结。他特别鼓励有中学语文教学经验的教师，把丰富的教学实践上升到理论认识，同时自己也承担了相关课程，与大家一起摸索教学规律。经过努力，不久，赵善诒即与教研组的教师编写了《语文教学法讲义》，这对该课程的科学性和规范化起到了重要作用。

赵善诒在古代文学研究方面，堪称成就卓著。他尤致力于古籍的校勘整理工作，早年所著的《韩诗外传补正》在学界有很大影响。晚年撰就的《说苑疏证》《新序疏证》受到学界高度重视，其书广征博引，资料丰富，长久为学者所征引。

在担任《辞海》分科主编时，赵善诒依据扎实的学术功底，对词语条目的撰写和审订一丝不苟，严格把关，为这一重大项目的完成做出了重要贡献。

赵善诒还被聘为《辞海》编辑委员会编委暨词语分科主编、上海市语文学会理事、上海市古典文学研究会顾问。他的专著有《韩诗外传补正》《说苑疏证》《新序疏证》，其中《说苑疏证》获华东区大学出版社首届优秀图书二等奖。他参与校点《新唐书》《新五代史》《王文公文集》《荣斋随笔》《贞观政要》《续资治通鉴长编》等文献典籍；参与编写大学统编教材《中国历代文学作品选》(下编)；与人合作制定了《上海市十年制中小学语文教学革新方案》；编辑了中小学各年级语文试行课本。

历史学家
郦家驹

郦家驹（1923—2012），江苏南京人，著名历史学家。曾任光华附中、华东师大附中历史教员、教导处副主任、中国宋史研究会副会长等职务。

1923年4月，郦家驹出生于江苏南京，1943年考入四川大学历史系学习，1946年转到复旦大学借读，1947年毕业。郦家驹毕业后在当时的江南大学担任文学院院长钱穆的助手。郦家驹作为钱穆的入门弟子，加之自幼受中国古典文化的浸润，学术底蕴厚实。在中国古史研究领域，他善于进行多角度和大跨度的考察，能把历代史的研究置于纵和横的联系之中，常有点石成金的见解，信而有征，精当不易。

1950年至1956年，他先后在光华附中、华东师大附中任历史教员、教导处副主任。郦家驹在教学历史时旁征博引，凸显着深厚的历史学识。1956届丙班学生张森根回忆道："50年前郦老师向我们讲述17世纪和18世纪英法革命和美国独立战争的时候，他讲到英国议会和法国国民大会把英王查理一世和法王路易十六推上断头台，美国的三权分立，卢梭的天赋人权说，绝对专制政体和无限权力的君主制度在欧美的崩溃……这些涉及人类文明进步的知识，使我终身受益。"

在教学期间，郦家驹还担任班主任。他制订班规，以"品学兼优、体魄健壮和全面发展"的标准对学生严格要求，鼓励学生自评、互评，在班会、小组会和黑板报上，全班同学能友爱地开展批评和表扬活动，使学生通过同伴互助，取长补短。他还积极组织学生参与班级活动，引导学生在实践中体验知识，"郦老师组织全班去吴淞参观人民海军的一个营地，让我们接受活的教育"。

1956年，郦家驹调入北京中国科学院哲学社会科学部历史二所（后为中国社会科学院历史研究所），专攻宋史并出任学术秘书，参与全所的业务筹划，成为所长侯外卢先生的得力帮手。"文化大革命"时期，郦家驹遭遇多轮审查，历经劫难，但"赤子之心未泯"，"文化大革命"结束后，郦家驹又复萌自己的豪情壮志，全身心地投入工作中。20世纪80年代初，他先后担任中国社会科学院历史研究所副所长、中国宋史研究会副会长、中国地方志指导小组成员兼秘书长、中国地方志协会副会长和方志出版社社长等职务。他为中国地方志指导小组机构的健全与发展、地方志学科的成长与兴旺做出了不同凡响的贡献。为适应修志事业的发展，郦家驹白手起家创建方志出版社，出版各类志书的部数以千万计，字数以亿计。他作为这项文化事业浩大工程的实际操作者和指挥员之一，功不可没。

进入新时期以来，郦家驹把他的全部智慧、才干、时间与精力，都毫无保留地用在科研组织、学科建设和集体科研项目上。先后发表《两宋时期土地所有权的转移》《试论关于韩侂胄评价的若干问题》《五代两宋时期官田的经营方式》等论文，参加撰写的著作有《中国史稿》第五册、《中国屯垦史》第二册等。70年代末，他和邓广铭教授等共同筹组中国宋史研究会，于1980年在上海正式成立，推动并参加了于1984年在香港举办的国际宋史讨论会，为海峡两岸宋史研究开展学术交流之滥觞。

2012年12月20日，郦家驹先生在北京不幸去世，享年90岁。

历史学家
姚舜钦

姚舜钦（1902—1970），原名姚璋，字舜钦，后以字行，江苏武进（今常州）人。著名历史学家，哲学家。1927年毕业于光华大学教育学系，曾任光华附中教师、光华大学教务长。1951年后，任华东师范大学历史系教授。

姚舜钦，1923年考入上海圣约翰大学。1925年，圣约翰大学爆发"六三"事件，大批师生离开圣约翰大学，创办光华大学，姚舜钦也在其中，后遂入光华大学文学院教育学系。在光华大学读书期间，姚舜钦热心学校事务，曾任校刊《光华大学半月刊》编辑委员会委员、主编。

1927年7月，姚舜钦从光华大学毕业。1934年9月，姚舜钦返回母校任教，担任光华大学教授、注册处主任、教务长，兼任光华附中历史教师，教授人生哲学课和西方哲学史。任教期间，他组织演说辩论会，并担任导师。光华附中学生柳存仁回忆道："姚先生写的书可以说是教我们认识西方思想的启蒙书。姚先生的课，令人感到一种如坐春风的感觉，带领我们进入另一个峨冠博带的西方哲人坐而论道的境界。"

1941年，太平洋战争爆发，日军进占租界。光华附中与光华大学一起停办，为学生延续学业考虑，光华大学校董会决定暂隐校名，将文学院改称"诚正文学社"，理学院、商学院改为"格致理商学社"，光华附中改称"壬午补习社"。姚舜钦为沪校在极端艰难时期勉力支撑付出了很大的努力。

1951 年夏，姚舜钦为华东师范大学筹备委员会 19 名成员之一，筹备光华大学、大夏大学合并成立的华东师范大学。之后，姚舜钦长期任职华东师范大学，任华东师范大学历史系教授兼历史系副主任，继续为华东师范大学的发展奉献心力。姚舜钦不仅顺利完成大学诸多行政事务，而且在学术上颇有建树，在哲学尤其是哲学史方面成就显著。

姚舜钦所著《秦汉哲学史》一书，于 1936 年由商务印书馆出版。该书认为，秦汉时代的哲学是混成的，是翻陈出新和互相融通的，这一见地得到张东荪、蒋维乔和吕思勉的一致称赞。该书卷首更有三位大家作序，可见其人学养之深厚邃达，其书识见之新颖博通。

姚舜钦所著《八大派人生哲学》，由张东荪作序，李石岑为封面题字。该书将古今中外的人生哲学分为八大派：克己派、返朴派、出世派、放纵派、功利派、进化派、救世派、中和派，每派选举一名或两名代表。每派一章，总共十章。

姚舜钦和张东荪合撰的《近世西洋哲学史纲要》，系中华百科丛书中的一种，属于普及性读物，但对 17、18 世纪经验派与理性派哲学进行了深入研究。该书由于编写目的和篇幅所限，在内容上只限于几个影响大的哲学家和几个有特色的学说，却展现了近代西方哲学发展的宏观面貌，勾勒出近代西方哲学发展过程的总体面貌。

姚舜钦勤于学术，笔耕不辍。除上述所举数著外，他还著有《陶渊明的人生哲学》、《中国妇女大事年表》（与张东荪合著）等多部著作。

姚舜钦长期在光华大学求学、任职，对光华大学历史了解甚深。他撰有《八一三以来之光华大学》、《复兴光华》、《十五年来之光华大学》（合撰）、《光华大学简史》等诸多校史文章，对光华大学自建校以来的艰辛历程做了叙述。这些文章约而不繁，疏而不漏，为后人了解光华大学办学历程提供了不少便利。

语文名家
顾荩丞

顾荩丞，生卒年不详，上海金山人。毕业于南京高等师范学校。任教于江苏省立第三中学、南开大学附中、圣约翰大学附中。光华大学成立后，任光华大学文学院教授。先后在光华附中、华东师大附中、华东师大一附中任教。

顾荩丞于南京高等师范毕业后，先在江苏省立第三中学、南开大学附中、圣约翰大学附中任教，后随"六三"事件脱离圣约翰大学，任教于新创立的光华大学和光华附中。1951年后，任华东师大附中、华东师大一附中教师。著有《文体论ABC》《说文综合的研究》《国学研究》等。

顾荩丞是金山人，乡音比较重，不过不难听懂。他身着旧呢藏青中山装，足蹬旧黑皮鞋，板刷头花白，方脸盘上几条皱纹明显。同学们说，顾老师是位慈祥的老人，备课很详尽。他出身私塾，长期浸润于圣约翰大学，国学根底深厚，英文亦佳。顾老师博学、通透，深藏不露，所谓"大隐隐于市者"。他讲《昭明文选》《古文观止》等作品，信手拈来。他还推荐学生详读《唐宋诗举要》和《唐宋文举要》。语文教研组教师进修课目中，有一项《文心雕龙》，由顾荩丞担纲讲解。在他的影响下，很多学生在高中就研读了这部南朝文学理论巨著。

顾荩丞很随和，记性极好，无论在哪里，碰上熟人，只要旁边没其他人，他就像跟朋友谈天一样，言语中引经据典，像私塾先生开讲了。顾荩丞退休前与学生临别时，写了一首很长的七言诗《长歌一首留别高一丙诸同学》赠别全班，四页纸贴在教室进门方向黑板旁的墙上。他对全班 50 个学生，每人都用两句诗来勉励。顾先生对学生作文的改动和评判，是用毛笔蘸红墨水以小楷写字，每一篇不少于 150 个字。连同他上课时的板书，皆为颜体。他的字，无一字不气度，无一字不规整，无一字不艺术。

同在语文组任教的陆继椿回忆道："我留校工作后，曾有幸跟顾老师的办公桌比邻，请教当然方便了。然而，只要办公室里老师多几位，他就只是三言两语作答而已。八九十年代，因为创写新散曲的关系，我结识了那时经常在《新民晚报》发表古体诗词的姚昆田先生。后得知顾老师竟然是他的塾师！他在写回忆父亲的《姚石子传略》中说，姚家世代书香门第，珍藏图书 10 万册。'当时任我家塾师，后来任上海光华大学文学院教授的顾荭丞先生，曾一度住在我家帮助父亲校勘史籍。他个人的一些专著也是凭借这个家庭图书馆提供的资料写出来的。'"

季振宙刚到华东师大附中任教时，没有学过语文专业。可他遇到了非常好的语文老师，即顾荭丞。他非常感谢顾荭丞，是顾老师手把手地教他上语文课的。顾老师上一节课，他跟着学一节课。上课前顾老师带他一道备课，顾老师上一节课他就去听一节课，然后他上课的时候，顾老师在下面听课。就这样，一天天地培养他、带教他，最后季振宙老师也是深受学生爱戴的一位名师。

顾荭丞的《国学研究》于 1930 年 12 月由世界书局出版，可见青年时的顾老师是多么勤奋了。国家图书馆出版社 2019 年 11 月出版的《近代国学文献汇编》第一辑（全二十册），顾老师的《国学研究》被收编在第四、五册，成为传世之作。

（1959 届高中陆继椿、1964 届高三丙班欧阳靖　撰稿）

教育家
钱基博

钱基博（1887—1957），字子泉，又字哑泉、子潜、潜夫，号老泉，别号潜庐，江苏无锡人。著名学者、古文家、教育家和书法家。曾任光华附中主任、光华大学国文系教授等职。

1887年，钱基博与孪生弟弟钱基厚生于江苏无锡县城内连元街钱家所租的吴氏寓庐。钱基博原名基来，小字博，其父为之改名基博，字子泉。

钱基博出生于儒学世家，渊源深厚。1903年，16岁的钱基博在《新民丛报》发表了《中国舆地大势论》一文，颇得梁启超赏识。辛亥革命爆发，钱基博积极参与，获授中校军衔。1913年辞去军职，投身于教育事业，先后担任无锡县立第一小学国文、史地教员，无锡县立图书馆馆长，吴江县丽则女子中学国文教员，江苏省立第三师范学校国文、经学教员和教务长。

1923年，时任圣约翰大学国文系主任孟宪承为整顿教会大学重英文教育而轻国文教育的风气，专程邀请钱基博前往任教。任圣约翰大学国文教授之后，钱基博注重对学生进行爱国主义思想教育，并努力培养学生对国文学习的兴趣。

1925年，"五卅惨案"次日，钱基博在教授会议上拍案而起，斥责校长媚外卖国的无耻行径，并与全校中国籍师生集体离校，以示抗议。同年筹备建立光华大学，取"光我中华"之意。

1925年秋，钱基博前往北京清华学校任教。1926年秋，钱基博回到上海，出任光华大学国文系教授。此后，长达 12 年，钱基博一直任教于光华大学，其间还兼任光华大学文学院院长（1933 年至 1937 年）、国文系主任（约 1931 年至 1937 年），并于 1927 年暂代光华附中主任。

为养成"笃实无嚣张之弊"的学风，钱基博改革了光华大学国文系教学，将国学课程分为诵读学程、整理学程、训练学程三大类，着力引导青年学子扎扎实实打好基础，形成深厚的学术根底，又设立教育心理研究室、历史研究室等指导学生课外研究。

在光华大学任教期间，钱基博还兼任无锡国学专修学校、正风文科大学（后改名为正风文学院、诚明文学院）等校教授。

1937 年夏，迫于东南战事吃紧，钱基博在暑期前后由上海光华大学转赴杭州浙江大学国文系任教。1938 年 1 月，钱基博随浙江大学迁徙江西泰和；11 月，辗转至湖南安化县蓝田镇，任蓝田国立师范学院教授、国文系主任。1946 年，他先后任武昌私立华中大学国文系教授、华中师范学院历史系教授。在华中师范学院期间，他将自己一生精心搜集的全部图书共 5 万余册和 230 件珍贵文物无偿捐献给学校。

钱基博以毕生精力从事于国学，安身立命于国学，熔铸生命于国学，对国学进行了全面而深入的研究，为后世提供了丰硕而极有价值的国学成果，是一代国学大师。他的学术成就是多方面的，对国学、文学史、经史子集四部、文学、目录学等无不淹贯，造诣深湛。钱基博对国学的源流、定义、内容都有论述，集中体现在他撰写的《国学文选类纂》《国学必读》《十年来国学之商兑》《今日之国学》《茹经堂外集·叙》，其对经史子集四部均有深入研究，建树颇多，而尤长于集部之学。他结合多年教学，为《周易》《老子》《庄子》《尹文子》《邓析子》《慎子》《惠子》《公孙龙子》《离骚》《古诗十九首》《文心雕龙》《诗品》《文史通义》《古文辞类纂》和"四书"等古代典籍撰写了各种解题、疏证、读法，考述极尽详切；又有《经学通志》《中国文学史》《现代中国文学史》《版本通义》等通论著作。钱基博对文学史也特别有研究，最能代表其文学成就的是他的《中国文学史》《现代中国文学史》。除此之外，他在目录版本学、地理学、区域文化史、兵学、博物学等方面皆有涉猎。当代国学大师张舜徽称赞钱基博"学问的渊博，文章的雄奇，著述的宏富，举世皆知，足传不朽"。

1957 年 11 月 30 日，钱基博因喉癌在武汉逝世，享年 71 岁，其灵柩归葬于无锡城西徐巷啸岭湾祖坟。

英语教育家
徐燕谋

徐燕谋（1906—1986），曾用名徐承谟，字燕谋，后以字行，江苏昆山人。毕业于光华大学，著名英语语言文学教授，长期从事外国文学研究，曾于光华大学及附中、华东师范大学、复旦大学任教。

徐燕谋8岁时随父母迁居苏州，15岁从苏州草桥中学毕业，进入桃坞中学（今苏州市第四中学）。1924年，徐燕谋以优异的成绩考入上海圣约翰大学。1925年"五卅惨案"发生后，圣约翰大学及附中的师生组织罢课抗议，但遭到校方阻挠。经过各方协助，在3个月内成立了光华大学。当时的中国文学系主任是钱锺书之父钱基博，徐燕谋在光华大学就读期间，师从徐志摩受业英语，师从钱基博受业中国文学。1928年，徐燕谋毕业于光华大学商学院。

1930年，徐燕谋由钱基博推荐，到私立无锡中学任教高年级的英语，是为他以英语教学终其身之始。1934年，徐燕谋又由钱基博推荐回到光华大学，任光华附中英语教员。1935年至1939年，徐燕谋任光华大学英语系讲师，仍兼附中英语教员。学生任嘉尧回忆道："燕谋师讲课眉飞色舞，兴致盎然，使人振奋，使人投入，使人易于记忆教学内容。光华附中英语水平甚高，燕谋师盖有功焉。"1939年，抗日战争处在艰难时期，国民政府为维持战时教育局面，筹建了六所师范学院。徐燕谋赴湖南蓝田镇，任国立师范学院英语系教师，在此期间，徐燕谋与好友钱锺书二人一同教授英语，谈天论地。

1941 年夏，徐燕谋重返母校光华大学及附中任教。至 1942 年，因学校为日寇统治，徐燕谋遂停止执教。1945 年，光华大学复校，徐燕谋复任光华大学外国语文系副教授、教授，兼光华附中英语教师。抗战胜利后，他重返教职，历任光华大学、华东师范大学、复旦大学英语教授。他与钱锺书先生是过从甚密的诗友。徐先生的旧体诗集《徐燕谋诗草》也是钱先生作的序。徐燕谋先生 1954 年 8 月到复旦大学担任外文系教授。他极有学问，中英文学都有深厚根底，远不止是一般的英文教授。他襟抱冲和谦退，对不同意见从来不争不辩，微笑而已。据说徐燕谋先生在课堂上相当活跃，他剃板寸头，讲课时在课堂中走来走去，时而拍拍某学生的肩膀，课堂上的讲解深入浅出，课余要求学生学语法，写短文，背诵世界短篇名著。尽管如此，他对学生的要求也极为严格。他认为，作为中国人，只有中文学得好，才有可能真正学好外文。

徐燕谋对外语教育的贡献，还在于他主编了一批高质量的英语教材和注释读物。1962 年至 1963 年，徐燕谋曾主编全国高校英语专业统编教材，供当时全国为数不多的英语专业使用。徐燕谋主编的《英语》第七、第八两册，与前面六册的定位不同。《英语》第七、第八册为高等学校英语专业四年级教学之用，每册包括课文、注释和练习三部分，每册课文 16 篇，较前六册更注重英语的文学性。在这两册中，徐燕谋特别推崇近代西方文学名著，这正好体现了他英语教学的灵魂——重视英语的文学性，彰显语言背后的文学魅力。

1946 年 8 月，上海龙门联合书局出版了由谢大任、徐燕谋编选的《现代英文选》(*Modern English Selections for College Students*)，入选作品 30 篇。徐燕谋深谙英国的散文随笔，欣赏干净纯澈、文气畅达的佳作，在选材方面手眼独到，诸如马克斯·比尔博姆的《送行》、克里斯托弗·莫利的《门》这类作品。这本教材出版以来，蒙各大学采用，一年之内销数达两万册，经海内学者批评与赞许，特详加修订。时任北京大学教授的朱光潜在翻译课上也以《现代英文选》为教材。

除了编辑英文教材和注释读物，19 世纪三四十年代后，在经历求学、逃难、从教、停职等人生坎坷与起伏之后，徐燕谋多观照内心世界，发表了一定数量的旧体诗佳作，编有《徐燕谋诗》，深受钱锺书、龙榆生等人赏识。徐燕谋写旧体诗，注重艺术性与自我精神诉求的表达，有较高的文学价值，也展现了诗人清高的人格与渊博的学识。

"文化大革命"期间，他保留了中华人民共和国成立前创作的诗文手稿，家人担心因此招罪，将其烧毁，仅有少数文稿保留下来，后收入《徐燕谋诗草》烬余集中。钱锺书在《徐燕谋诗草》序中称其"于古人好少陵、山谷、诚斋、放翁，于近世名家取巢经巢、伏敔堂。自运古诗，气盛而言宜，排傲而妥帖"。

1986年，徐燕谋因病复发，坠井而亡。

经济学家
郭秀勚

郭秀勚（1905—1976），又名郭大力，江西南康人。经济学家，教育家，翻译家。1927年毕业于大夏大学哲学专业。曾任中国科学院哲学社会科学部委员、大夏附中伦理学教师。

郭秀勚，1923年自江西赣州中学考入厦门大学化学系。1924年，郭秀勚跟随欧元怀等到上海转入了新创办的大夏大学，受大夏大学李石岑教授影响，他放弃继续学习化学，转攻哲学。在这段时间，他开始广泛涉猎社会科学著作，接触马克思主义，并由此开始决心深入研究马克思主义经济理论。

1927年，郭秀勚从大夏大学毕业。第一次大革命失败后，白色恐怖非常严重，郭秀勚知道革命理论对中国革命的重要意义，因此开始翻译《资本论》，决心把这部伟大著作完整地介绍给中国人民。1月，他来到杭州大佛寺开始这项工作，并结识了之后翻译《资本论》的另一译者王亚南。在翻译过程中，郭秀勚遇到了巨大的困难，由于生活贫困，理论准备以及翻译经验也不足，在译完第一卷后，不得不中断。

郭秀勚回到上海，在大夏附中任教，边讲授伦理学，边潜心研读经济学、自修德语，便于加深对马克思《资本论》的理解。1934年，当郭秀勚再次翻译《资本论》时，1928年翻译的第一卷原稿，已全部毁于日本帝国主义的侵华炮火之中，他不得不从头另译。1937年8月，淞沪会战爆发，郭秀勚从上海回到了阔别多年的故乡，在艰苦的环境中潜心创作。

1938 年春，郭秀勔带上翻译好的手稿，冒着风险到了日寇占领的上海。在上海，经过几个月紧张的校阅，180 多万字的《资本论》三卷中文全译本，终于在 1938 年 8 月至 9 月出版了。这是马克思的巨著《资本论》最早的中文全译本。10 年间，郭秀勔经历了贫困、战乱、迫害和疾病等困难，最终将这本巨著献给中国人民。

1940 年春，郭秀勔应广东文理学院院长林砺儒之聘，到该院讲授经济学。一边任教，一边在课余翻译《剩余价值学说史》。由于国民党反动派加紧反共，"皖南事变"后，他被迫辞职，带领全家回到江西乡下，生活窘困，但他仍以坚韧不拔的精神投身于翻译事业，终于在 1943 年 11 月把马克思 100 多万字的《剩余价值学说史》著作全部译完。

1949 年上海解放前夕，《剩余价值学说史》全书三卷中译本由三联出版社出版。《剩余价值学说史》作为《资本论》的历史部分，马克思是当作《资本论》的第四卷来写的。郭秀勔认为，只有把《剩余价值学说史》也全部译成中文，才算把《资本论》完整地呈现给中国人民。

这 20 年间，郭秀勔也从一个对经济学少有知识的学子成长为理论造诣深厚的经济学家。郭秀勔先生四十八载译介人生，数十册经典译著，倾注了他对践行革命理想的全部心血。他对《资本论》的钻研和教学贯穿一生，为马克思主义理论在中国的传播做出重要贡献。

1950 年 6 月，郭秀勔任中央马列主义学院政治经济学研究室主任，讲授《资本论》与"帝国主义论"。1953 年至 1954 年，郭秀勔第一次对《资本论》译文修订后重新出版。1955 年，郭秀勔入选中国科学院哲学社会科首批学部委员，继续为传播共产主义而奋斗，极大地推进了中国特色社会主义政治经济学理论构建，对中央党校及党校系统的理论教学工作起到了无可替代的榜样作用。

1976 年 4 月 9 日，郭秀勔因病在北京逝世。他为研究、介绍和宣传马克思主义经济学贡献了毕生的精力，把用毕生的心血和智慧凝结的宝贵精神财富留给了中国革命事业，留给了子孙后代。

数学教育家
章质甫

章质甫（1896—1976），本名章彬，字质甫，江苏江阴人。华东师大附中数学教师，著名教育家，毕业于交通部南洋公学土木工程系。

章质甫，1919年毕业于交通部南洋公学土木工程系。1947年至1952年，他先后出任江苏省立南菁中学和私立无锡中学（当地称"私锡中"，现为无锡市第三高级中学）的校长。1953年开始在华东师大附中高中教课，同年受上海市邀请参加国庆观礼。1956年被授予"优秀教师"称号，获得陈毅市长颁发的奖状和奖章，同年评职称时，荣获一级教师殊荣。

身为无党派民主人士，章质甫一生热爱祖国，他身体力行"教育救国"，倾注毕生心力从事新中国人才的基础教育，从不计较个人得失。自南洋公学毕业后，他曾在县建设局、铁道部等处任职，也曾在大学执教。对章质甫来说，这些单位专业对口、待遇优厚，他却决然舍去，偏要选择中等教育作为他的终身职业，并乐此不疲。

章质甫治学和教书育人的基本精神被其子女和学生总结为：锲而不舍，精益求精。任教之后，为提高学识水平，章质甫经常研读各类书籍到深夜，并有多种译著。在授课方面，他不仅精于几何、三角、解析几何和化学，而且善于讲解物理，且对古文学和英语也有较高造诣。

章质甫在教师中享有盛誉，被师大视作典范，并且经常组织师生旁听观摩他的课程。他教学极其认真，有强烈的责任心，处处为学生着想。章质甫备课阅卷常常忙到深夜，每逢寒暑假，他总是把下学期教案进行通盘研究，所有题目都要亲自演算一遍，一题多解的也要一一列出，对命题或答案有差错的均逐一纠正。章质甫的备课教案都会经过反复推敲，确保学生既能够听懂，又不致负担过重，他编写的教案不仅内容精到，而且字迹工整，曾被华东师大附中陆善涛校长借到校史展览室展出。

章质甫讲授的课程包括大代数、立体几何、解析几何和制图。章质甫授课时，操一口江阴口音，用平和的语气，谆谆诱导，由浅入深，语词精练，思路清晰，通过解析各类基本定义、概念、特性和关联，培养学生的逻辑思维能力和形象思维能力，并把学生的认识从二维水平提高到三维水平。学生普遍感到听章老师的课属于人生难得的享受，在他引导下，学起来是那么自然而然，在不知不觉中掌握了不少知识。

1954年学校尝试开设一门制图课，开始时不知从哪里请来一位制图教师，年纪轻轻的，经常出洋相，连在黑板上一个圆也画不成，上了两三堂课，实在上不下去了，急请章质甫来"救课"，也就是兼教制图课。章质甫的"救课"效果非常好，学生对这门课的兴趣大增。尤其令人叫绝的是章质甫高超的板演技艺，画任何图形，不论是立体的还是平面的，都是一气呵成，从不修修改改，特别是画圆圈，一笔而就，和圆规画出来的一模一样。在制图课中，章质甫还教学生怎样用圆规和制图笔，怎样画直线、曲线、虚线，怎样写宋体字和规范的阿拉伯数字。到了后期，章质甫经常布置作业，他所布置的作业大致分为两类：一类是根据实物立体图，画出三视（正视、俯视和侧视）图；另一类则是根据三视图，画出立体图。为完成这些作业，学生乐意花很多时间、功夫和财力，用于购置制图板、丁字尺、三角尺、曲线板、制图圆规、制图笔、制图纸、不同型号的铅笔等工具，他们抱着对制图课的浓厚兴趣和求知欲望，乐此不疲，认真地去完成作业，这在一定程度上培养了学生的动手能力和创意能力。

20世纪50年代后期，在华东师大附中高中数学中曾新增解析几何，章质甫负责教授这门曾是大学数学中的课程，授课逻辑性特强，从点到线，从线到面，从面到空间，步步紧扣，没有重复，没有多余的一句话。从圆到椭圆，从椭圆到抛物线，从抛物线到双曲线，把圆锥曲线的特征分析得那么透彻，学生的心被紧紧地抓住，思维跟着讲课的节奏在运转、提升，这是一种知识被雨露滋润的享受。

由于章质甫一贯注重教学效果，他深为华东师大附中所倚重。1959届高三毕业班数学成绩欠佳，校领导就请章质甫去突击辅导一个月，高考时成绩出乎意料地好。1962届高中改用两年时间学完三年课程，在章质甫和其他教师精心培育下，高考录取率超过50%（同期多数学校录取率仅为30%左右）。

值得一提的是，当年私立无锡中学的一个校友在回忆其母校的文章中写道："校长章质甫是一位经验丰富的老教育家，知识丰富，曾在我们班代过课，深受同学们的欢迎。"

章质甫在培养青年教师方面成绩也突出。1955届有个严姓同学高中毕业后，其高考的政审没有通过，但因该同学数学学得很扎实，当时因一位数学教师休产假而需要一位代课教师，章质甫推荐严姓同学成为华东师大附中的数学代课教师。在章质甫悉心辅助下，严姓同学出色完成了代课任务，后被宝山中学聘为数学教师，因教学成果突出，后来成为宝山中学副校长兼区政协委员。

1962年，章质甫从华东师大附中退休。1976年11月，章质甫去世，享年80岁。

（*1955届高三乙班丁忠源　撰稿*）

生物名家
盛占春

盛占春，1913年生，上海青浦人。毕业于复旦大学理学院生物系。由光华附中到华东师大附中，他先后出任生物学教员、班主任、教研组长、副教导主任和教导主任等职，多次被评为校、区、市级的优秀教师，成为学校的骨干。

盛占春，1935年7月于复旦大学理学院生物系毕业，1939年由毛仲磐推荐至光华附中任教，后曾在明德女中、复旦实验中学兼职教书。由光华附中到华东师大附中，他先后出任生物学教员、班主任、教研组长、副教导主任和教导主任等职。由于专业水平突出、教学成绩优秀，他多次被评为校、区、市级的优秀教师，成为学校的骨干。

盛占春从教43年，全身心投入教育，以身作则，身体力行，克己奉公，为人师表，对讲授生物课程深深热爱，对教书育人的崇高职责殷殷忠诚，为此付出了一辈子的心血和精力。

盛占春讲课给学生留下深刻印象，听他的课时学生总能全神贯注，兴趣盎然，几乎没有人会开小差。盛占春操着一口带有青浦口音的普通话，口齿清楚，语调抑扬顿挫，讲解深入浅出，概念透彻，逻辑严密，善于把生物学知识系统的结构性、连贯性交代得一清二楚。盛占春几乎不会留书面作业，只留口头作业，上课时他会先点名让两三个学生回答他就上一堂课的主要内容的提问，并记为平时的考查成绩登记在册。一学年下来，几乎每个学生都会站起来回答多次，学生不仅记牢了功课，而且培养了现场口语表达能力，从而不再怯场。由于学生听懂领悟了盛占春的讲授内容，生物学课的总平均分都在 80 分以上，没有出现不及格者。

盛占春讲课时总是会用标本、挂图或实体小动物作为辅助手段来启发学生领悟课本内容。临近高中毕业时，在盛占春的生物学课程的启发下，1956 届高三丙班有九个学生选择报考生物、农业和医药专业，使之成为终生为之奋斗的方向。同级的卞咏梅校友因病休学一年，在她参加下一届高考前，盛占春专门为她突击补习生物学课程，结果以第一志愿考取南京大学生物学系，毕业后成为中国科学院中山植物园的植物分类学教授。

盛占春上课时经常有外校的教师前来观摩、取经，教室临时加座，坐得满满当当，班上学生常为之感到紧张，他却安之若素，如同平时一般，丁一卯二，把一堂课的内容如数家珍头头是道讲完。说完最后一句结束语时，下课铃声响起，外来的客人兴致勃勃地离开教室。盛占春还多次指导华东师大生物系的毕业生来附中当实习教师，帮助他们制订教案和指导他们如何利用动植物标本提高教学质量，还建议他们讲课时要注意语调，加深学生的印象。

盛占春亲手制作了一批标本和模型用于教学，他还曾应上海教育出版社的邀约，先后编写或审阅出版了四类中学生物学教材，为提高国内中学的生物学教学做出贡献。他还于 1958 年代表学校赴北京参加全国教育成果展览会上海分馆的布展工作，由于他善于开动脑筋、大胆策划而获得了同事们的夸奖。

盛占春著作颇丰，1962 年和 1963 年主编《中学生物学实验手册》上、下两册，由上海教育出版社出版，1979 年修订该书的第二版时将两册合并为一册，1982 年该书的第三版扩大发行，据说该书曾被翻译成越南文远播国外，在国内外广受欢迎，该书于 1980 年获上海市科技协会"新长征优秀科技作品奖"，1990 年被纳入《中国优秀科技图书要览》；1978 年参加上海教育出版社出版的《生物宏观标本制作》第一章的编写和全书审阅，审改俞仰青编写的《生物模型制作》（该书于 1990 年 4 月出版，当时盛占春先生已去世）。

盛占春是一位伟大的教育家，也是一位伟大的父亲。他平时话虽不多，但总是默默关心子女的情况。正是在盛占春的指引下，他的子女得以进入华东师大一附中学习，使他们受到了优异的教育和卓越的熏陶。他喜欢和子女聊天，耐心倾听子女工作的欢愉与苦恼。盛占春常对子女说，生活出现意外很正常，这时候必须学会宽容。在子女参与单位的管理工作后，他时时提醒子女要把握好手中的权力，真诚为大家尽心；取得成绩，要多想想别人的帮助；遇到问题，要多问问自己的失误；荣誉面前，要大度谦让；困难面前，应该勇往直前。

（1956届高三丙班张森根　撰稿）

体育名家
储德

储德，1914 年 4 月出生于江苏宜兴，中国民主促进会会员，大夏附中、华东师大附中体育教师，上海市体育一级教师，拥有很高的体育学术理论水平，曾多次担任体育比赛裁判。

储德，1923 年 2 月至 1924 年 1 月读私塾，1924 年 2 月至 1929 年 7 月就读于臧林小学，1929 年 8 月至 1933 年 7 月于江苏省立无锡中学乡村师范科肄业。他于 1936 年 2 月任杭州市立弄口小学专科教师，1937 年 1 月任浙江宁波民众体育馆康乐组主任干事，1938 年 8 月任浙江青田私立阜山初级中学体育主任兼童子军教练；1949 年 8 月任浙江省立杭州高级中学体育专任教师。1949 年 8 月和 1950 年 8 月，他在杭州两次参加中教暑假学习会，学习政治理论。

1951 年 2 月，他进入大夏附中，1951 年 8 月进入华东师大附中一部，从 1952 年 8 月开始在华东师大附中任教，直至退休。1954 年、1955 年夏，他参加上海市中教体育学习会；1954 年起，参加上海市教育局中学体育教研组；1956 年夏，参加北京全国中师体育教学大纲学习会。

储德是一位名声在外的优秀体育教师，拥有着高超的体育学术理论水平，当时的学生都知道他是一个水平高而不外露的人。时任体育教研组长王季淮曾是我国杰出的田径运动员，在远东运动会上曾获得五项全能冠军，其纪录直至 20 世纪 50 年代初才被打破。作为心直口快、爱护学生的名师，王季淮在学校是极其德高望重的，他曾批评过很多体育教师，但却对储德始终十分尊重，学生曾多次看到王季淮与储德探讨体育教学中的一些问题。其他体育教师也都很尊重储德，学生不止一次听到他们称赞储德的理论水平。

作为敬业的名师，储德给人的印象是"风度儒雅，说话不紧不慢，思路表达清楚"，他一生治学严谨，能做、能说、能写。身为"文化大革命"前上海市仅有的两名体育一级教师之一和浙江省跳高纪录保持者，储德拥有着健壮的体魄和扎实的基本功。在"文化大革命"后期，年近六旬的储德仍能够重新执教，身体力行，为学生做"俯卧式跳高"的示范，在无海绵包的沙坑里摔一身汗，沾一身沙，可见他对教育事业的负责与热爱。

储德十分关心晚辈，且拥有着丰富的教学经验。在帮助一位年轻教师制订公开课教学任务时，储德建议一节课用一个教材，从而重点解决一个问题，在此思路下，公开课的效果十分出色。从此，那位年轻教师在备课中一直注意制订任务时要明确且有针对性，储德的建议使其受益终身。

学生排球队进行比赛，往往请储德做裁判员。储德在比赛过程中吹哨果断且对规则烂熟于心，因此很少出现误判，不吹偏哨，十分公正，体现了高超的体育技术水平。

在球场作风上，储德对排球队队员的场上表现都看在眼里。一次比赛结束后，储德语重心长地对学生夏铿说："你是队长，要带动其他队员，自己要带头，别人失误了千万不要埋怨责怪，要多鼓励。你是主攻手，扣球失误了，要主动承担责任，千万不要埋怨二传。"至今，夏铿始终记得储德在对他讲这番话时的神态，他认为这是一位老师也是一位长者对他的教导。

储德对夏铿技术上的优点与不足都看得一清二楚，他认为夏铿弹跳好，拦网好，扣球击球点高，不足的是一传不够稳定，对二传的喂球适应性还不够。听了储德的指点后，夏铿有意识地练习用左手扣球，加强接发球的训练，终于练成左右开弓扣球，对二传的喂球也不太有疙瘩，攻击力大大提高，接一传的到位率也有所提高。夏铿认为，他的点滴进步都有储德对他悉心指导的功劳。

储德是江苏宜兴人，他的儿子与夏铿初中同班，并且身体素质好，体育悟性强。储德对儿子要求十分严格，从不惯他，经常能够看到储德在严加管教自己的儿子。储德的儿子初中毕业后考入上海体院，后来在浙江体委工作，为浙江的体育事业尤其是排球运动做出了很大的贡献，还带出了国家男排教练，储德的体育教育事业可谓后继有人。

（1956级初一甲班夏铿 撰稿）

著名教育家
廖世承

廖世承（1892—1970），字茂如，江苏嘉定（今属上海）人。著名的教育家、教育学家和心理学家。曾任光华大学校长兼附中主任、华东师范大学副校长、上海第一师范学院院长、上海师范学院院长等职。

　　廖世承，字茂如，嘉定人，著名的教育家、教育学家和心理学家。他出生于江南著名的科举世家、文化世家。才3岁的他，就能准确地指出《荡寇志》图像人物的名字，八九岁已熟读"四书"，并开始读《礼记》。12岁时进家乡的中城高等学堂读书，次年转到县立高小毕业班，15岁毕业。1908年就读于邮传部上海高等实业学堂（原南洋公学）中院，在新的学习环境中，少年廖世承的视野得到拓宽，由爱读武侠小说转向热衷阅读学术书籍和进步报刊，从埋头读书的学子转向关心国家命运前途的有为青年。

　　1912年，廖世承考入北京清华学校高等科。1915年以"庚款留学生"身份赴美国布朗大学修读教育学、心理学。当时中国的国情，教育学乏人问津，家族反对他当"一生吃粉笔灰没有出息的穷教师"，为他联系了能捧"金饭碗"的银行工作。但面对灾难深重、积贫积弱的国情，廖世承抱定教育救国的信念，家族的劝阻反对都不能动摇他的意志。他说："今天的青少年就是未来的国民，他们的素质如何，是忍辱负重，殚精竭虑，积极建设，还是为个人名利地位，关系到国家的兴衰，社会的进退，民族的隆替。"在获得大学学士、硕士学位并读完博士课程后，廖世承于1919年回国。两年后他又把博士论文寄回布朗大学，被授予哲学博士学位。

廖世承是我国现代教育理论探索和实践的先驱者，他开启了教育实验和心理实验在我国广泛应用的先河。

回国后，廖世承任南京高等师范学校教授兼附中部主任，参与创建中国最早的心理实验室之一，即南京高等师范学校心理实验室。他积极参与以改革学制和课程为主要内容的教育改革运动。廖世承积极运用先实验后推广的方法，为国家培养栋梁之材。他在南京高师附中的很多教育实验是开创先例的，诸如童子军教育、学生穿着统一校服、设立课外活动、提升学生理科基础等，十几年之后在全国中学得到推广。1922年，廖世承起草了"六三三"学制，由民国政府批准施行。1924年，廖世承编撰出版了《教育心理学》，这是中国教育心理学领域最早的教科书。1925年，廖世承与教育家陈鹤琴合编了《测验概要》，该书对推广教育测验和心理测验起了一定的作用。廖世承把当时只用于个人的中小学测验发展为用于团体，并丰富了测验内容，被称为"廖氏之团体测验"。

廖世承是一位杰出的中等教育专家。他不仅在中等教育理论方面有创见，在教育实践方面更是成绩突出，其执掌的光华附中就是最好的明证。

1927年廖世承来沪担任光华大学副校长，并担任光华附中主任。1931年春，他力辞副校长，潜心在附中办学。光华附中的基础和规模是廖世承一手打造的，从招揽教师、修订课程，到实施导师制、计划课外活动等，事无巨细，无不倾心。廖世承在考试舞弊、教师待遇等方面有一套完善的制度，并时时处处以身作则，倡导民主作风，重视学生的意见。光华附中在廖世承的组织领导下，办学很有特色：师资队伍强，教学质量高，校风淳朴，管理严格，"知行合一"的校训，已深入全校师生员工的心中。廖世承十分重视"以人为本"的人格教育，认为人格教育的核心是爱国主义教育，一定要做一个堂堂正正的中国人，尊师重道，关心国家前途；学习的目的在于为祖国服务，振兴中华民族。

廖世承以真正教育家的姿态办学，短短几年，光华附中便"在教学成绩和体育比赛中，都已胜过洋人所办之约翰中学"。光华附中的教师称得上是当时国内第一流的，他们学有专长，教导有方，历年来为国家培养出了大量的人才。1936年，民国教育部指定全国优良中学九所，光华附中以"设备完善，办学认真，成绩斐然"而榜上有名。

廖世承主持光华附中时，制定出全面发展的教育方针，他说"学校不应专顾及学生知识，而忽略品性"，而应重思想教育。他抓体育，重视劳动教育，尤其重纪律教育。他办学有一套完整的制度，制度一经公布，一定严格执行。例如，学生无故缺一堂课，记小过一次。凡记满小过9次，或大过3次，立即除名。至于考试作弊，一经发现，便勒令退学，决不宽容。因此，光华附中的校风极好，许多学子都慕名而来。

作为教育家的廖世承深知，一所学校能办好，关键还在于有一支高素质的师资队伍。为此，无论环境如何艰难，他总是想方设法罗致各类人才，充实教师队伍。当时，光华附中的教师大都学有专长。许多能胜任大学教职的教师，如徐燕谋、王蘧常、包玉珂、归孟坚、倪若水、章质甫、盛占春、郦家驹、叶百丰、谭惟翰等，偏偏就职于光华附中，这与他的科学管理、他的个人魅力是分不开的。他想方设法提高教师的工资待遇。当工资封顶时，他又减少教师的课时。这样，教师生活安定，他们爱校如家，专心讲学，又可将多年的教学经验加以整理，有条件的便可著书立说了。

在此时期，廖世承立足光华附中，相继发表了《为全国中学校请命》《毕业会考究竟有什么价值》《十年来之中国中等教育》《修订中学课程的意见》等一系列有关中学教育教学和管理等方面的文章，对整个中国的中等教育从历史、现状和理论三方面进行了系统的研究，提出了富有创见的主张。

廖世承是我国现当代师范教育的奠基人之一，其服务我国师范教育的30余年，对我国师范教育的发展影响深远。1938年7月，随着抗战的深入，国民政府意识到教育对挽救国运的重要性，决定分区办理独立的师范学院。同年10月，聘请廖世承到湖南安化县蓝田镇创办国立师范学院并出任国立师范学院院长。廖世承创办、主持国师8年，为国家培养了大批师资，是抗战期间全国影响较大的院校之一，被誉为"树师范学院独立办理之先声"。

在此期间，廖世承主张"三育并进"，但程序是体育第一、德育第二、智育第三，认为强国必先强身。他的学生、后来成为华东师大教授的语言学家张斌回忆，无论严寒酷暑，每天早操都是廖校长第一个到操场，他站在主席台上，注视排成方框形的学生队列，哪个学生没出操是会受到严厉批评的。他要求学生必须选一门最爱好的体育项目，在国师体育不及格是不能毕业的。你可能不信，学校的体育设施，甚至有直到今天都较为冷门的棒球、垒球等。

1946 年至 1949 年学校光复，他两度出任光华大学副校长，1949 年 3 月校长朱经农滞留美国辞职，廖世承又临危受命代理校长，8 月正式出任校长。在历史的紧要关头，他把光华大学顺利地带入了新时代，并最终与大夏大学合并，成立华东师范大学，并担任副校长一职。

自 1956 年起，廖世承先后任上海第一师范学院（后与上海第二师范学院合并为上海师范学院）院长、上海师范学院（现上海师范大学）院长等职。廖世承作为学院行政的第一负责人，积极发挥自己的作用，贡献自己的智慧和经验，参与社会主义高等师范教育的实践。他主张学校工作应以教学为中心，特别重视"三基"（即基础理论、基础知识和基本技能）的教学和训练，注重培养学生的独立思考和独立工作的能力。哪怕廖世承到了年逾花甲之时，仍积极参与社会主义高等师范教育的实践。每学期的开学典礼，他总要语重心长地鼓励学生"今天做优秀的师范生，明天当合格的人民教师"。在上师大纪念廖世承 120 周年诞辰的专题片中，有这样一组数据：在上海的中小学中，近 70% 的教师和近 70% 的中学校长是上师大的毕业生，其中有全国优秀校长、上海市教育功臣和师德标兵等一系列杰出代表。

廖世承毕生从事教育事业，研究领域涵盖高等教育、师范教育、中等教育等，成绩卓著。中华人民共和国成立后，除了担任学校领导工作，他还历任全国第二、三届人大代表，以及民盟中央委员、上海市委副主任委员、上海教育学会会长等职，为发展新中国教育事业做出了很大的贡献。

1970 年 10 月，廖世承病逝于上海。

数学名家
廖康民

廖康民（1915—2001），江苏嘉定（今属上海）人，民盟盟员。毕业于光华大学，曾任光华附中、华东师大附中数学教师、数学教研组长。1950年1月参加上海市教育工作者工会筹备会干部学习班，1950年5月加入教育工会，被选为光华大学附中委员会执行委员，1951年8月参加暑期中等教育研究会。

廖康民，1928年至1937年就读于澄衷中学，1931年至1933年就读于光华附中，1933年至1937年在光华大学学习。1937年至1938年，廖康民任私立允中女校数学教师，1938年至1939年任光华附中数学教师，1939年至1944年先后任职于环球无线电报公司、嘉宝食油公司、环球企业公司、中国乳粉厂、华影制片公司，1945年至1951年任光华附中数学教师，1951年至1972年任华东师大附中数学教师、数学教研组长。

廖康民的父亲廖世承是光华附中的创始人、校长，廖世承热爱国家和民族，秉承"光我中华"的信念，一心为国为民为教育，做人做事做学问。在家庭教育的培养和熏陶下，廖康民读书期间，各门功课成绩均名列前茅，游泳、田径也很出色，曾担任光华大学足球队领队和文艺社社长。中华人民共和国成立后，廖康民到华东师大附中任教直至退休，其间担任数学教师、数学教研组长。

在华东师大附中任教时，廖康民讲课条理清晰，深入浅出，循循善诱，给学生留下了深刻的印象。1964届中三甲班沈旭平回忆道："廖老师上的教学课，真可用'完美'一词来形容，思路清晰、逻辑严密。听了他教的课，从来都没有什么不清楚或模糊的地方。廖老师不仅教给我们课本知识，更重要的是，廖老师把理解和分析问题的能力传授给了我们。"廖康民教学不拘泥于书本，旁征博引，进行启发式教学，不仅"授之以鱼"，更是"授之以渔"，充分调动了学生学习的积极性和主动性。叶家琛提及"我曾对数学感觉索然无味，上数学课总爱打瞌睡，自从听了廖老师的课，激发了对数学的浓厚兴趣"，而如今叶家琛已是执教多年的著名数学教授。1955 届高三乙班丁忠源也回忆道："廖康民老师是我们初三甲的班主任，当时教我们平面几何。他不但教课认真，关心我们的成长，还经常出现在课外活动中进行指导，甚至在暑假期间。"

廖康民兢兢业业，关心学生。作为教师的教师，廖康民更是倾囊相授，经由陆善涛校长牵头，他成为毛梦奇三年的带教老师，毛梦奇后来成为华东师大一附中数学组的骨干教师。他在回忆录中写道："廖老师对我要求很严格，他上课前先要检查我的备课笔记，若看到有一点好的地方，他上课时会马上采用，还要说这是向毛老师学来的，于是我备课更认真了。三年来廖老师毫无保留地把他的教学精华传给了我，我向他学习了崇高的师德和精湛的教学艺术，学到了他渊博的知识。我初中三年教案在学校里长期展览。我这一辈子受廖老师的影响最深。"对待同僚，廖康民绝不含糊，对同事毫不吝啬地分享自己的教学经验和方法，用心待人，以诚待人。

廖康民扎根在基础教育的讲台，他的一生几乎都奉献给了附中的学生和附中的发展。廖康民作为华东师大附中数学教研组长，倾尽毕生心血使数学成为附中教学特色学科。附中在 20 世纪 50 年代成为上海市重点中学，这与廖康民任组长的数学教研组的教学特色是分不开的。

廖康民在附中任教几十载，教过的学生无数，深受学生的尊敬和爱戴，曾荣获上海市优秀教师称号，并当选为上海市人大代表。20 世纪 50 年代，他被评定为为数不多的一级教师（当时中学教师的最高职称），在数学学科教学的发展方面起到了引领作用。

2001 年 2 月 27 日，廖康民因病去世，享年 86 岁。

语文教育家
谭惟翰

谭惟翰（1913—1994），笔名沙骆、高普。原籍安徽太平，生于湖北武汉。著名语文教学法专家、小说家、剧作家。1938年毕业于光华大学教育系，曾任光华附中国文教师、华东师大附中语文教研组长。

1913年10月，谭惟翰生于湖北武汉。20世纪30年代初，谭惟翰在光华大学附属中学读书，1938年毕业于光华大学教育系。在大学读书期间，谭惟翰兼任义务小学校长，毕业后担任光华附中国文教师。1951年，光华附中和大夏附中合并成华东师范大学附属中学，谭惟翰担任语文教研组长。其学生向隆万回忆道："谭惟翰先生是一个才子，板书特别好，清楚秀逸，条理分明。"他主张语文教学要遵循六条标准：言之有物，言之有理，言之有情，言之有味，言之有方，言之有的。他认为："教师讲得好，整个过程也就是导的过程，而绝非满堂灌。"1956年，谭惟翰调任华东师范大学中文系教师、教材教法教研室副主任。1981年调任华东师范大学教育科学学院教授，担任语文教学法硕士研究生导师。他是我国20世纪80年代最早招收语文教学法专业硕士生的导师之一。

谭惟翰从1933年开始从事教育工作，教学生涯长达56个年头。其中，他从事过4年小学语文教学，18年中学语文教学（兼教14年英语），大学本科教学28年和研究生教学6年。谭惟翰一生致力于语文教学法学科建设，为发展和壮大语文教学法师资队伍贡献心力，被视为"语文教学法的引路人"。1980年，谭惟翰被选为全国语文教学法研究会常务理事，后担任学术委员会主任。1988年后，上海中小学课程教材改革委员会成立，谭惟翰担任副总编审。

谭惟翰潜心于语文教学研究，在国内语文教学期刊上发表研究论文《思路教学和教学思路》《教学中谁为"主体"》等数十篇，曾主编《中学语文教学资料选辑》十二册（与陈钟梁合作）。他的专著《语文教学心理学》曾获光明日报社的优秀著作奖，该著作系统地阐述了语文教学过程中师生心理活动的规律，具有较高的学术价值。

谭惟翰的才华不仅限于教育方面，他同时也是民国时期知名的海派小说家、剧作家。早在 20 世纪 30 年代，谭惟翰就开始发表习作，而在 40 年代，他已是文坛上颇有影响的作家，创作小说、诗歌、散文、剧本等形式的文学作品。著有短篇小说集《海市吟》，诗歌、散文合集《灯前小语》，长篇小说《夜阑人静》、《圣女》、《夜莺曲》（署名沙骆）等。长篇小说《乌夜啼》（署名沙骆）及在《新民晚报》上发表的连载小说《暮云飞》，都很受广大读者的欢迎。此外他还有大量未收入集子的作品散落在《天地》《风雨谈》《杂志》《大众》等杂志上。

在中华人民共和国成立前，谭惟翰也曾经短期从事电影编剧。1942 年，他受邀翻译了犹太艺人高天伦的木偶戏剧本《木偶天堂》。1944 年，他以高天伦为原型写了《木偶的悲哀》，同年编写了电影剧本《木偶奇遇记》。所编电影剧本《秋之歌》《草木皆兵》《笑笑笑》《夜长梦多》等均被搬上银幕。

1994 年 7 月 12 日，谭惟翰因病去世，享年 81 岁。谭惟翰一生博学多才，在语文教学领域和艺术领域建树丰厚，被誉为影响中国 20 世纪的语文教育大家。

历史学家
潘序祖

潘序祖（1902—1989），字子端，笔名予且、水绕花堤馆主，安徽泾县人，中国现代通俗小说作家。光华大学文学士、东吴大学法学士，曾担任光华大学社会学系讲师、光华附中教师和教导主任。

　　潘序祖青年时代进入上海圣约翰大学读书。1925 年上海发生"五卅惨案"，圣约翰大学当局压制师生参加社会活动，激起学校师生的强烈反对，潘序祖也积极投入反帝爱国运动，参加"六三同学会"，最终与学校当局发生冲突甚至停学。于是潘序祖和当时一批爱国师生一起，毅然脱离圣约翰大学入新建之光华大学。潘序祖原本是圣约翰大学 1925 年的毕业生，因出于爱国义愤，他没有领取圣约翰大学的毕业证书，而是领取了光华大学的毕业证书，被授予光华大学"特届毕业生"称号。

　　毕业后，潘序祖进入光华附中任教兼任光华大学社会学系讲师，教授西洋史课程，1938 年光华附中原教导主任邢鹏举辞职，潘序祖受聘接任。在光华附中任职期间，潘序祖带头著书立说，从事创作和翻译，组建演说辩论会和摄影会，并担任导师，有效地鼓舞了全校学生开展学术研究和文艺创作活动。李励之、谭惟翰、柳存仁等诸多同学在其影响下经常在《光华附中》半月刊上发表论文和文艺创作。柳存仁回忆道："老师潘序祖先生在光华的名声是很响亮的，他经常写小说、随笔，常鼓励同学们练习讲演、演剧和写作。潘先生教授的西洋史课程，很注意提纲挈领，教我们特别留心书中的大黑字（就是每章每节的小标题）。"另一个学生杨小佛也回忆："在光华附中求学期间，潘子端先生所讲述的社会问题和近代世界史，使我们听得津津有味，下课铃打了大家还不肯立刻离开教室"。潘序祖的授课方式和风格得到一众学生的喜爱。他还在校内开展校园话剧活动，辅导学生演戏，编写过剧本、剧评和舞台理论书籍《说写做》《舞台艺术》等。对于潘序祖的作品，谭惟翰如此评价："多风趣，通俗，不迷信题旨，描写平淡，注意心理分析，用力在别人所不留心的琐事上。"

在教学之余，潘序祖也发表了多篇小说、散文。他是上海"孤岛"和沦陷时期重要的通俗文学作家。以新文学的小说体式，描绘了上海弄堂市民日常的人生相、社会相。他的作品注重细节，描写生动，通俗易懂，引人入胜，受到许多读者的青睐。

1934年至1937年，潘序祖的通俗长篇小说《小菊》、中篇小说《如意珠》、短篇小说集《妻的艺术》和《两间房》由中华书局出版。1937年，他的长篇小说《风》由良友图书公司出版。

抗战爆发后，潘序祖携全家离沪，1939年复返上海。潘序祖是位多产的作家，1940年之后，除出版了短篇集《七女书》《予且短篇小说集》，散文集《霜华集》等之外，还有散见于报刊的多部长篇小说。当时，诸如《万象》《小说月报》《小说》《风雨谈》等著名刊物先后连载了潘序祖的六部长篇小说《浅水姑娘》《风》《女校长》《乳娘曲》《金凤影》《心底曲》等，在文坛影响较大。三部长篇小说《乳娘曲》《金凤影》《心底曲》由万象书屋分别于1946年7月、1947年1月相继出版。

潘序祖还在《大众》月刊上连载描绘市民众生活百态的"百记"系列，如《寻夫记》《怀母记》《拒婚记》《觅宝记》《一吻记》《埋情记》《争爱记》《留香记》《寒窗七记》等，《大众》杂志连续十几期都以这些"记"作为刊物的首篇。

潘序祖采用自己独特的新文学式的通俗写法，在探寻日常生活趣味的同时不忘记透视人性的复杂，在20世纪40年代被称为"新市民小说家"。

1950年以后，潘序祖逐渐淡出文坛，默默躬耕于教学事业，直至1989年去世。

中编

数学名师
丁伟强

丁伟强，1960年12月出生，上海人。曾任华东师大一附中校长，数学高级教师，曾任上海市复兴高级中学党总支书记。曾获虹口区"十佳"青年教师、上海市教育系统先进工作者等荣誉。

丁伟强，1979年9月至1983年7月在华东师范大学数学系数学专业学习，1983年7月至1998年6月在华东师大一附中任教师、数学教研组副组长，1998年6月至2002年6月在华东师大一附中任教导处副主任，2002年6月至2005年9月在华东师大一附中任教导处主任，2005年9月至2007年12月在华东师大一附中任副校长，2007年12月至2015年8月在华东师大一附中任校长，2015年8月至2021年2月任上海市复兴高级中学党总支书记。

丁伟强担任华东师大一附中校长期间，将如何弘扬和发展"研究型"学校文化作为研究的对象，把创建"教师专业发展共同体，探索教师专业发展形态"作为提升学校"研究型教师"和"研究型文化"的战略思考。明确"研训一体，搭造平台，建设三块田"是教师专业发展工程；把创建"教师专业发展共同体"作为聚焦教师专业发展的重点；用三个"研究型"作为学校文化新的突破点、增长点，一批中青年教师脱颖而出。在虹口区政府和华东师大的支持下，创建孟宪承实验班，构筑"五修课程"体系，为学校跨越式发展奠定了基础。

丁伟强教学教研成果丰富，1986年荣获虹口区教育系统先进教育工作者，

1990 年荣获上海市飞跃杯青年教师教学大奖赛三等奖，1992 年荣获上海市第四届教育科学研究成果鼓励奖，1993 年荣获上海市青年教师教学评比一等奖，1993 年荣获虹口区先进青年教师，1995 年荣获虹口区教育系统十佳青年教师，1995 年成为虹口区教育系统"十百千人才"培养工程的培养对象之一，2001 年被聘为虹口区"十百千"骨干教师的导师和上海市远程教育集团特邀专家，2004 年荣获虹口区学科带头人，2004 年荣获上海市先进教育工作者，2006 年上海市教育系统黄浦名师基地学员，2007 年荣获虹口区学科带头人。

丁伟强有许多著作，如《数学问题与模式探求》《新教材数学同步分层导学》《名师点拨高三数学学习指导》《高中数学学·记·考》《高中数学同步分层导学》等。

丁伟强积极投身于课程教材改革和教育教学改革，严谨治学，不断提高教育教学水平和效率，工作成绩显著，为区、市上示范课、观摩课 30 余节，多次在上海教育电视台招考热线中进行数学讲座，在全校、全区的数学教学中起着骨干带头作用。丁伟强努力使自己的数学课堂成为不留下遗憾的艺术。他十分重视上好每一节课。从课前钻研教材、设计教法学法，到课中导入新课、创设意境，再到课后小结、效果反馈等，从不轻易放过任何一个环节。教学过程中，他根据课的内容设计问题导入的方式，通过情境建构、多元互动、分层递进来提高学生学习数学的兴趣，发展学生的数学素养。多年来，他在教学实践中逐步形成了自己的"问题导引，情境建构，多元互动，分层递进"16 字教学特色。他的课不仅获得市、区各种奖项，而且成为全校教师课堂教学改革和质量追求的示范，成为学校开设拓展型、研究型课程的经典个案。

特级书记
王新

王新，1964年10月出生，山东微山人。特级校长（书记）、正高级教师、上海市三八红旗手、上海市园丁奖、上海市"四有"好教师（教书育人楷模）、上海市第六届"育德之星"获得者。1985年毕业于上海师范大学生物系。曾先后担任上海市继光初级中学、上海市继光高级中学党支部书记兼副校长，2010年1月至2016年6月担任上海市虹口区教育局党工委副书记、纪工委书记，2016年7月至今担任华东师大一附中党总支书记兼副校长。

王新，中共党员，1985年7月毕业于上海师范大学生物系。毕业后先后任职于上海市南汇县大团中学、上海市南汇县中学、上海市继光初级中学、上海市继光高级中学，曾任上海市继光初级中学、上海市继光高级中学党支部书记兼副校长。2010年1月至2016年6月任上海市虹口区教育局党工委副书记、纪工委书记。2016年7月至今担任华东师大一附中党总支书记兼副校长。2019年3月获评上海市三八红旗手称号；2021年8月获评上海市中小学（幼儿园）特级校长（书记）称号；2021年9月获上海市园丁奖；2022年1月获评上海市第六届"育德之星"称号；2022年9月获评上海市"四有"好教师（教书育人楷模）称号；2022年12月获评正高级教师。

王新作为学校党总支书记，始终坚持以习近平新时代中国特色社会主义思想为指导，牢牢把握意识形态工作的正确方向，自觉承担起"举旗帜、聚民心、育新人、兴文化、展形象"的使命。贯彻落实党组织领导的校长负责制，把党的领导有效融入办学治校和教书育人的全过程，把好学校发展方向，使党组织成为价值引领者、行动先行者，加强先锋引领。她注重从顶层设计上建构党管德育体系，坚持党管德育，从政治站位、制度机制、资源整合、思想引领和队伍建设上牢牢把好立德树人正确方向，使党建成为学校发展的原生动力，校党总支被评为"上海市先进基层党组织"。她始终坚持探索实践与反思，先后出版相关专著 2本，在核心期刊上发表论文 4 篇，公开发表论文 10 余篇，领衔开展 10 多项市级课题研究，分获一、二等奖等，"立德树人落实机制"被收录国家社科重大课题优秀案例库。

王新始终致力于以专业行为引领学校专业发展，不断提升自身的专业素养和业务能力，积极探索教学和管理的新思路。她坚持终身学习，参加了市百名校长班基地学习，完成了美国陶森大学教育学硕士等学业，积极参加各类培训，并成为国家二级心理咨询师、社会工作师、家庭教育指导师和生涯规划师，为做好教书育人的专业性工作奠定了良好基础。她通过开展"321"工程，增强党组织的引领力、凝聚力和推动力；通过完善绩效激励机制、人才发现机制、梯队晋升机制和后勤保障机制，让每一个想要发展的教师都得到发展，将党的领导贯穿于办学治校、教书育人的全过程。全校教师进入区级人才梯队占比全区第一，多名党员教师先后成为特级教师、特级校长，多名中青年教师成长为中层干部，也为区内其他学校培养输送多名校级干部。

王新作为首批市实验性示范性高中、教育集团龙头学校的党总支书记，坚持开放思维，带教市区及校内党建、德育及后备干部等 10 多人，学校还成为区干部培养基地。她也是区王新书记工作室的主持人，推动了区域干部人才队伍发展，带教学员有成长为校级副职，有荣获全国和市区级荣誉等。她还带领学校党总支举行了多次市、区级层面的交流展示活动，并与社区、大学、共建单位、兄弟学校每年开展党建联建，在多个层级平台辐射党建、治校经验，在市、区的影响力不断扩大，成为区内党建"高地"。在实现个人和学校同步成长的同时，她积极发挥个人和学校的辐射作用，主动承担社会责任。

在她的带领下，学校先后获得市文明校园、市三八红旗集体、市行为规范示范校等 20 多个市级奖项。5 人次获全国优秀教师、市五一劳动奖章、市园丁奖等荣誉称号。学校的面貌日新月异，引发广泛社会关注。

生物名师
毛仲磐

毛仲磐（1912—2008），毕业于复旦大学生物系。历任光华附中初中生物学教师、光华附中教导副主任、华东师大附中教导主任、华东师大附中副校长，曾任华东师大二附中校长兼师大工农预科主任等职。

　　毛仲磐，1934年毕业于复旦大学生物系，受聘担任光华附中任初中生物学教师，教授动物学、植物学和生理卫生等课程。1935年，他任初二级课任导师。抗战时期，他受聘在师承中学兼教高中生物课。1939年，他担任光华附中教导副主任。后光华附中在抗战期间停办，毛仲磐担任壬午补习社教导副主任。抗战胜利后，光华大学暨附中复校，毛仲磐仍担任教导副主任；1946年至1947年兼光华大学生物系讲师；1946年至1950年兼复旦大学生物系讲师；1952年，担任华东师大附中教导主任，同年加入中国民主促进会，并建立民进华东师大附中基层组织；1954年，升任副校长，仍兼任教导主任；1956年，成为中国共产党预备党员；1954年和1958年，两次当选虹口区人民代表；1958年，奉调去华东师大参加筹建华东师大二附中工作，被任命为华东师大二附中校长兼师大工农预科主任。

　　毛仲磐早年的教育生涯受到光华附中廖世承校长很深的影响。1934年，毛仲磐刚参加工作不久，在初二的一节生理卫生课上，廖世承校长旁听了他的课，并给予了他教学方法和内容上的评价与指导，这些教诲让毛仲磐印象深刻，使他养成了经常深入课堂听课的习惯，并在课后找任课教师谈话，交换意见。毛仲磐和廖校长的私交也不错。一次，毛仲磐带着学生去昆山踏青，偶遇廖校长，在给学生照相之外，还给廖校长专门拍了一张照。

毛仲磐在对待学生的教育方面认真负责，并且坚守教育原则。上海有名的实业家、人称"棉纱大王"的穆藕初先生之子穆家麟，在上初二的时候平时并不认真学习，他在毛仲磐任教的生理卫生课的考试中考了不及格。穆藕初先生知道后，托廖校长请任课教师为其子补习辅导。毛仲磐在课余时间，找穆家麟复习有关知识并提出些问题让他思考。同时，毛仲磐把他在1935年编写的初中复习丛书《卫生学》（商务印书馆出版）给穆家麟做复习参考。后来，穆家麟的补考及格，顺利升入初三。抗战时期，毛仲磐在壬午补习社工作，当时高二有一个学生叫王宁，国文考试不及格，经补考后仍不及格，按规定他应留级。一天，他当律师的哥哥特来寻衅，一定要让他弟弟升级。毛仲磐据理力争，最终维持并让王宁接受了留级的决定。

毛仲磐在文化建设与交流方面十分上心。光华附中每年要编辑出版《光华附中》校刊若干期，他曾写了几篇文章，如《谈谈心理卫生》《几种食虫植物》《关于肺结核》。抗战后，光华附中复校，毛仲磐积极参加京剧社，爱好操琴，为演唱伴奏，参与演出剧目有《打渔杀家》《坐宫》《南刚关》等。中华人民共和国成立后，毛仲磐协助陆善涛校长负责学习苏联教育的工作，参与接待来自英国、苏联、罗马尼亚、捷克斯洛伐克、朝鲜等国的外国教育参观团，以及来自各省市和香港的教育参观团。1953年后，毛仲磐牵头向《文汇报》供稿，并鼓励学校教师也向该报供稿，毛仲磐在《文汇报》上发表的文章有《关于高中毕业同学升学志愿问题》和《五年来在接受马克思列宁主义教育中的体会——把工作再提高一步》。

毛仲磐参与了学习苏联教育，建立一套新教育制度的工作。学习苏联教育学和组织领导师大教育实习等工作的全面负责人是陆善涛校长，毛仲磐是重要的辅助人员。1954年秋，毛仲磐和陆校长每周会定期去中山北路的华东师大听苏联专家上课，并做详细的笔记。与此同时，苏联专家带翻译，也常来学校指导教育工作并和学校领导一起深入课堂听课，课后举行评议会。评议会上，先由任课教师介绍自己备课、写教案以及介绍班级的有关情况，而后学校领导对课堂教学进行分析，然后大家展开讨论。当时，毛仲磐是教导主任，主管教学工作，因此往往由毛仲磐先发言。毛仲磐的发言先肯定教师教学上的优点，并分析学生听课情绪、课堂气氛和教学效果等，而后指出讲课的某些不足和应改进之处。最后，由苏联专家对该堂课做全面分析和评讲总结。如此这般，华东师大附中在华东师大领导下，成为上海市第一所学习苏联教育和推进一套新的教育制度的学校。毛仲磐曾应邀代表学校在市三女中大礼堂，向全市中学校长、教导主任做过一次这方面的报告。从此，毛仲磐逐渐养成了在每周制订计划时，安排好听课和讲评活动等内容的习惯，包括确定听课时间、班级、课程、任课教师等，以及课后找教师谈话及对讲课进行分析和讲评。每天课后，他从教员休息室内取下各班教室日志，逐本查阅一遍，发现有特殊情况的，记录下来加以处理。

1958 年夏，由于工作需要，毛仲磐奉调去华东师大参加筹建华东师大二附中工作，并被任命为华东师大二附中首任校长兼师大工农预科主任。这样，毛仲磐依依不舍地告别先后工作了 24 年之久的前光华附中和华东师大附中。毛仲磐去师大筹建二附中工作时，带去了附中的全套学校规章制度，结合新校特点，做了适当的修改后，认真地贯彻执行。华东师大附中的优良传统，在新建的华东师大二附中得到继承和发扬。

跨学科名师
刘定一

刘定一，1942 年生，上海人。1958 年复兴中学高中毕业，1961 年从教，1970 年起工作于华东师大一附中，1999 年被评为数学特级教师，2007 年获得"全国优秀教师"称号，2007 年退休，2001 年起任跨学科课程研究所常务副所长至今。

刘定一于 1958 年高中毕业后开始自学，半个世纪来形成独特的知识结构，面对的许多问题都能迎刃而解。"文化大革命"结束后，国家表彰在十年动乱期间自学成才的人，刘定一于 1984 年 11 月在上海市自学成才经验交流会上，被市总工会列入表彰花名册。

1988 年，刘定一成为上海市首批数学高级教师。除日常教学外，刘定一在各个历史时期屡有突出表现。

1977 年恢复高考，各校高考复习的学生程度严重分化，"双差班"应运而生。1978 年，根据特级教师唐秀颖的推荐，市教育局中教处处长余立亲自安排刘定一向全市十区十县开公开课，课后由区教育局局长赖纪云主持现场会，赵宪初等专家讲话，给予充分肯定。《上海教育》组发了有关文章（刘定一《针对双差班特点进行数学教学》）。

刘定一的中学时代初、高中读的都是俄语，他的英语全靠自学，随着"文化大革命"后"科学的春天"来临，他的 50 万字译稿得以发表，包括《世界科学》等杂志多篇译文和两本学术译著。

1978 年，科学出版社向全国科学大会献礼的首批出版选题中列入了刘定一翻译的苏联列尔涅尔著的《控制论基础》一书，并于 1980 年出版。这是"文化大革命"后国内出版的第一本控制论书籍，该书供不应求，重印三次。1982 年至1986 年期间，全国掀起学习系统科学的热潮，刘定一在市教科所组织的研讨班等开设讲座 19 次，听众来自全国各地。

"文化大革命"后全国各行各业加速填补高新技术空白，刘定一是国内对人工智能应用做过早期工作的人士之一。20 世纪 80 年代初，邮电部门由于缺乏有关理论资料，研制信函自动分拣机困难重重。因此根据邮电部第三研究所的推荐，人民邮电出版社于 1983 年出版了刘定一翻译的英国厄尔曼所著的《文字图形识别技术》一书，作为研究生教材。

1988 年，国家教委教材司委托京沪两地高教普教人士各编写一套《教学指导书》，供全国中小学教师参照使用。刘定一被指定为沪版《初中几何教学指导书》的主要编写者，负责全书容量的三分之二。

1996 年至 1998 年，刘定一个人主持的项目"高中生跨学科研究活动辅导"荣获上海市第六届普教科研成果奖一等奖，打破了虹口区前五届一等奖零的纪录。1999 年，这项研究又荣获十年评一次的第二届全国教育科学优秀成果奖二等奖（其中普教科研没有一等奖）。上海市获六个二等奖，华东师大一附中占了两个，当年上海市普教界盛誉为"一附中现象"。

因刘定一历年所出的一系列"点子"产生的社会效益，他于 1998 年被市总工会授予"上海市合理化建议和技术改进活动先进个人"荣誉称号，他是全市文教体卫系统的唯一代表。

刘定一还为上海市推出"研究型教师"理念做出贡献。2001 年教师节前夕，《文汇报》头版头条发了记者王柏玲的 3000 字采访稿——《记华东师大一附中研究型教师刘定一》，并发布社评《为研究型教师叫好》，记者因此荣获一等奖。

2001 年，刘定一被市教育考试院聘为高考综合能力测试专家。他了解到上海市综合能力测试成绩只分"合格""不合格"存在三大困境（与中央精神不合，不利于维稳，考试院无法测量试题的难度、信度、区分度），而且一年会比一年陷得更深，于是在年底致信文教副市长周慕尧，建议"综合能力测试以 20% 计入高考总分"。此建议被市教委迅速采纳，2002 年 1 月中旬，新任考试院长李瑞阳宣布，2002 年上海市高考总分由 600 分增加为 630 分，"一举而三役济"。《家庭教育导报》头版头条公布了这封信的摘要。考试院老院长胡启迪登门向刘定一致谢。

2001 年，刘定一为学校设计 7 门校本课程——"数理生修文史经"，并主持市教育科研基地跨学科课程研究所。2006 年，他被市教委指定主持上海市双名工程"刘定一跨学科名师培养基地"，成为市里首批 23 位基地主持人之一。

因为师生"修身"教育的迫切性，必须钻研儒家经典，刘定一凭借古文"童子功"，长期从事《论语》《大学》《中庸》的教师教育，已出版《论语读本》和《论语求真》，对《论语》500 章的 60 处误读提出了疑问。

特级校长
孙稼麟

孙稼麟（1947—2020），江苏苏州人。毕业于上海师范大学政教系，上海市首批市级骨干校长，上海市特级校长，上海市高中名校长高级研修班导师和主持人。曾任华东师大一附中校长、名誉校长。

孙稼麟，1947年2月出生于江苏苏州，毕业于上海师范大学政教系。1985年至1990年，孙稼麟在上海市韶山中学任校长期间，学校被评为上海市加强初中先进单位。1990年，他调任上海市长白职业学校校长后，经过艰苦工作，学校被评为虹口区行为规范示范学校，上海市办学水平B级职校。1992年4月14日《解放日报》以"可贵的长白效应——长白职校成功探秘"为题，对学校的办学经验做了专门报道。1992年10月，孙稼麟调任上海市统计职业技术学校，任常务副校长，1993年3月任校长，学校被评为上海市中学生行为规范示范铜牌校、全国职教体育先进单位、上海市文明单位。1999年6月，孙稼麟担任华东师大一附中校长，2008年开始担任华东师大一附中名誉校长。

孙稼麟在华东师大一附中工作十多年，爱满师生，爱洒校园，学生是他的最爱，学校是他的家园。在校园里，他说的最多的一句话是："对所有老师要好，对学生要充满爱。"任职期间，他以超人的智慧，在传承学校80多年办学特色的同时，首次总结并提出了"培养研究型学生、创设研究型课程、造就研究型教师"的办学理念，为深化学校教学改革，找到了一把开启学校前行门户的钥匙。

孙稼麟组织筹办的学校特色项目头脑奥林匹克参加世界大赛，获得高中组世界冠军，受到时任上海市市长韩正的亲切接见。

在孙稼麟担任校长的十多年里，华东师大一附中在学校文化建设、现代学校制度建设、学校管理、学校德育、学校课程、教育科研、师资队伍、课堂教学、研究性学习和教育特色示范等十个方面都取得了比较丰硕的成果，学校成为国家基础教育重点科研课题基地校、全国研究型教师培训基地。华东师大一附中首次和上海中学、北大附中、清华附中等十一所全国名校编入走进中华名校丛书，向党的十七大献礼，为学校的可持续发展和区域性教育发展奠定了坚实的基础。孙稼麟曾获全国五一劳动奖章、上海市劳动模范、上海市全心全意依靠职工的好领导、上海市优秀思想政治工作者、上海市职业教育先进工作者、虹口区教育系统优秀党员等称号，曾是上海市第八次党代会代表，虹口区第十一届、十二届、十三届人大代表，虹口区有突出贡献的知识分子。

孙稼麟作为校长，在学校建设方面颇有建树；作为教师，其教育教学能力同样出类拔萃，曾被邀请担任上海市电视中专哲学主讲教师。1988年，孙稼麟的《哲学》教学录像片曾在上海电视台20频道播放，教学简案也被印发给全市同行业教师观摩。在著作方面，孙稼麟出版了《职教浅谈》(合著)，并担任《统计原理》《统计实务》《统计学》等教材的主编。在科研方面，他也不甘于人后，主持了多个国家级子课题、省市级科研课题，并在国家核心期刊上发表了多篇研究论文，研究成果累计达60万字。

2020年5月8日，孙稼麟因病不幸逝世，享年73岁。

特级书记
李琰

李琰，1973 年 7 月生，广东五华人，毕业于上海师范大学政法系，2010 年获新加坡南洋理工大学教育管理硕士。曾获"全国关心下一代先进个人"、上海市特级书记等荣誉，2013 年 3 月到 2017 年 1 月在华东师大一附中担任副书记（主持工作）、副校长，2017 年 1 月至今担任虹口区教育局副局长。

李琰于 1991 年 6 月就读上海师范大学政法系，1995 年 7 月大学毕业获得"虹口区未来园丁奖"，应聘到上海市澄衷中学担任高一班主任、高一政治备课组长，1996 年提前转正后担任政治教研组副组长、组长，1999 年担任校科研室副主任兼班主任，2000 年担任校政教主任，2002 年担任副书记（主持工作）兼副校长，2003 年担任党支部书记兼副校长。2008 年初调入继光高级中学担任党支部书记兼副校长，其中 2009 年到 2010 年在职攻读新加坡南洋理工大学硕士学位，2012 年兼虹口区教育局党建督导办公室主任。2013 年 3 月调入华东师大一附中，担任党总支副书记（主持工作）兼副校长。2015 年被评为上海市特级校长（书记）。2015 年受市教委调派，到闵行古美高级中学支教，兼职党支部书记、副校长一年。2016 年到虹口区教育局工作，2017 年 1 月至今担任虹口区教育局副局长，分管德育、未成年人保护、法治建设、体卫科艺等工作。

她参与的多个课题荣获上海市基础教育教学成果奖一、二等奖。其主持上海市教育科学研究项目"红色戏剧进校园——区域一体化路径实践研究"，由上海教育出版社出版了专著《红色戏剧进校园——区域推进的实施路径与方法》。参与编写了由上海教育出版社出版的《超越标准：校长专业发展》。其主持的党建课题并撰写的关于"为师生共同发展建章立制"的研究成果发表于同济大学出版社出版的《区域性现代学校制度体系构建》和《现代学校章程建设》书中，《以需求为导向的教育系统基层党务公开流程制度与实践策略的研究》《普通高中学生党校课程设计实施的转型研究》等党建论文多次荣获上海市普教党建研究会论文评比一等奖和二等奖。

语文特级教师
李支舜

李支舜，1961 年 7 月生，湖北监利人。毕业于华中师范大学，历史学硕士。上海市特级教师，正高级教师，上海市人民政府督学，全国先进工作者，全国优秀语文教师，教育部曾宪梓教育基金奖获得者，上海市杨浦创新区拔尖人才。曾任华东师大一附中副校长、学术委员会主任，兼任"一报两刊"编辑委员会副主任、《华光报》主编、百年校庆筹备工作组组长。中国阅读鉴赏研究会理事，上海市中学高级专业职务教科研成果鉴定专家，上海市中学高级专业职务任职资格评审委员会委员。

李支舜，1978 年 9 月考入湖北省监利师范学校中文科，1984 年 6 月毕业于湖北广播电视大学中文系，1987 年 6 月毕业于华中师范大学中文系，2003 年 1 月华中师范大学历史文化学院硕士研究生毕业，获历史学硕士。

他于 1980 年 8 月在湖北省监利师范学校毕业后留校任教，先后任学校教工团支部书记、教务处副主任、主任、副校长；1999 年 8 月至 2002 年 6 月任湖北省监利实验高级中学副校长；2002 年 7 月至 2008 年 6 月任上海交通大学附属中学语文教师；2008 年 7 月至 2021 年 7 月任华东师大一附中副校长。

他践行"学文先做人，教书以铸魂"的教育理念，倡导"博读、精思、巧练"的学习方式，探索"课前生疑—小组探疑—课中质疑—精讲释疑"的"四疑教学法"，形成富有个性的"语文问题式"教学风格。

20 世纪 80 年代，在"课内打基础，课外出成果"的教学实验中，他创办文学社，坚持 20 年，出版刊物 100 多期，指导学生发表、获奖作品 200 多篇，应邀在全国各地介绍经验，出版《校园文萃》《中学语文课外活动》。90年代，在学校开展教育部师范司立项的"导读与导教"实验课题，他主编出版《中师语文学习手册》《中师课堂作文指导》等，成果推广至兄弟学校。2007年，他主持教育部人事司特级教师专项课题"中学语文活动艺术研究与实验"，成果显著；主持中国教师发展基金会重点课题子课题"批判性思维在中学古诗文教学中的实践与运用"，出版《批判性思维与古诗文教学》。他还在《中学生报》《中学生阅读》等报刊开辟"名师热线""李支舜讲文言"等专栏，为中学生答疑解惑。

他的语文课堂，以学为中心，采取各种办法，让学生动起来。如课前"头脑风暴"，即每上一课，学生必做预习：写一段读后感，至少提两个问题。他把语文学习活动多样化，强化听、说、读、写能力的培养，提出"五个一"活动：每节"一讲"（每节课前轮流请1个学生演讲3分钟）、每天"一译"（每天进行一段文言翻译）、每课"一练"（每篇古诗文学完后进行一次跟踪练习）、每周"一篇"（每周一篇随笔或摘抄）、每月"一本"（每月至少读一本书）。针对学生需求，出版《高考文言文阅读与指导》《高考古诗词鉴赏与指导》《高中作文技法与指导》"三导"书，被学生誉为语文学习"三宝"；所著《高中古诗文详注通译》被誉为"中学生的《古文观止》"，教育部曾将其列入全国中小学阅读推荐书目。

他注重学校文化建设，潜心研究校史多年，梳理"研究型"学校文化结构体系。为学校"华光论坛"命名，新辟"校园文化宣传栏"，从"校训""校庆日"的考证，到"办学思想"的确立；从"办学理念"的完善到"办学策略"的确定，以至"办学特色"的诠释，都倾注了他的思考和研究成果。华东师大一附中前身为光华附中与大夏附中，为传承历史，以资纪念，建校90周年之际，他为学校两条环路取名为光华环路、大夏环路；楼名以"尚"贯首，既有"尊崇、注重"之义，也暗含"最好、最佳"之义，学校主要建筑分别取名为"尚真楼""尚博楼""尚雅楼""尚实楼""尚静楼""尚健楼"，赋予内涵，形成一体。在90周年校庆时，他亲笔写就《附中赋》，镌刻校园，成为一景，届届流传；策划"校史长廊"，并执笔完成所有文稿。为迎接学校一百周年校庆，他组建校庆筹备组，策划并负责"百年附中　百年树人"丛书编写。负责学校"一报两刊"，并担任《华光报》主编。

他是虹口区第一期、第二期"李支舜语文名师培养基地"主持人，第三期、第四期、第五期"李支舜高中语文学科培训基地"主持人，倡导学员"读三种书（通识性、本体性、条件性）、做两样事（上好一堂课、写好一篇文）、成一家言（有思想的人）"，争做一个读书有"底气"，思考有"灵气"，教学有"才气"的教师，为区域培养众多学科带头人。他是华东师范大学硕士研究生导师、上海市督学、中国阅读鉴赏研究会理事、中国语文现代化学会研究员、中国毛泽东诗词研究会会员。他从事高中语文教学与研究45年，参加上海市中学教师高级专业技术职务资格评审和论文评审，参与上海市教育考试院全国语文统一考试（春考、秋考）高考命题、审题、评卷；在《文汇报》《语文学习》《中学语文教学》《语文教学与研究》等报刊发表文章300多篇；出版《新课程语文教学探究与思考》《批判性思维与古诗文教学》《高阶思维与高中作文教学》《中学生古诗文阅读辞典》《高中古诗文完全手册》《高考作文十大亮点透视》《新编高考古诗词鉴赏与指导》《新编高中作文技法与指导》《新编高考文言文阅读与指导》《新编高中古诗文精讲精译精练》等30多部书籍。

数学特级教师
吴传发

吴传发，1942 年 7 月生，福建永定人。毕业于福州大学数学系，上海市数学特级教师，上海市优秀教育工作者，曾任华东师大一附中副校长。

吴传发于 1960 年就读于福州大学数学系，1965 年毕业。毕业后，他长期从事中学数学教学工作，于 1977 年 8 月在华东师大一附中任数学教师，直至 2003 年退休；2003 年至 2007 年在民办上海市汇民高级中学工作。其间，他曾任华东师大一附中教导主任、副校长，汇民高级中学校长，民进上海市普教委员会副主任，全国中学教育科研联合体副理事长、上海分部负责人等职。吴传发于 1985 年被评为上海市优秀教育工作者，1995 年被评为上海市特级教师。

吴传发擅长数学教学和数学教育科学研究，能把教学实践经验上升到理论，著书立说。他撰写的论文，曾多次在省、市级以上的各类刊物发表。他对"数学思维与问题解决"的研究造诣颇深，成果突出。其撰写的《"中学数学思维训练与问题解决"课程教材的实验研究》《按中学生数学思维发展规律进行数学思维训练》等论文，分别获得上海市中学数学教育优秀论文一等奖、全国一等奖，曾多次在省、市级研讨会上做学术报告，在上海市和全国有一定的影响。他注重培养学生的进取精神和自治自理能力，提高学生的素养。在 1985 年任班主任期间，他指导学生开展"参与性学习活动"，他设计的题为"观察、调查、参与"的创新实践活动，获得上海市中小学创新实践活动的优胜奖，《观察、调查、参与》这一论文被选入《上海市中小学优秀政治思想工作论文集》，此项活动产生良好的社会效益，得到社会好评，《解放日报》也做了报道。

自 1993 年起，他根据上海市课程改革精神进行"中学数学思维训练与问题解决教学"的实验研究，提出了"把思维知识、数学知识和问题解决融为一体"的构想，施行开发"最近发展区"、"物化"思维过程和疏导情绪三个教学原则，简称为"一体三原则"。这一创新性的教学方法具有开拓性和创造性。他教学开始第一年进行理论研究和设计，后两年边编写教材，边实验和总结。

1995 年 5 月，华东理工大学出版社出版了他的著作《数学思维与问题解决》第一册。1996 年底，他撰写的论文《"中学数学思维训练和问题解决"课程教材的实验设计——兼述中一年级实验结果》，发表于由中央教科所主办的刊物《课程研究》，文章阐述了课题的设计、实验及阶段性成果。此论文被评为上海市中学数学教育科研优秀论文一等奖。

他撰写的论文《按中学生数学思维的发展规律进行数学思维训练》，主张根据中学生的不同年龄段，对学生进行全面思维训练，使学生的数学思维品质、思维能力、思维方法等各方面发展相互促进、相互渗透，以形成完整的数学思维结构，从而全面发展学生的智力。他根据中学生的思维发展规律和多年的实践研究，设计出"中学各年级数学思维训练内容"，进一步探索中学生数学思维的有序问题。此论文发表于中国科学技术协会主管、中国数学会、北京师范大学主办的社会科学类的学术期刊《数学通报》，被评为全国中学数学教育科研优秀论文一等奖。

他撰写的《游戏、探究、交流——数学活动课的尝试》，是关于如何开展初中数学活动课的探索性的文章。此论文发表于华东师范大学《数学教学》，被收入《数学素质教育教案精编（点评本）》，点评称：本教案将同色棋子嵌入黑子和"负负得正"做联想，已属于数学概念数学法则等整体数学范畴的游戏，确实别开生面，它的教育价值，在某种意义上会比问题解决式的活动更有教育意义。这样的活动课，所用时间不多，对学生的思维培养大有益处。

吴传发的教学特色和科研成果在社会上有一定影响，受到有关人士和部门的赞赏和关注。由九章出版社出版的《名师授课手记》，是由一些负有盛名的数学教师撰写的，吴传发受邀参加了该书的撰写工作。由学林出版社出版的《特级教师教数学》系列图书是由上海一些有影响的特级教师编写的，吴传发受邀参加了该书的编写工作。此外，他还与其他教师合作，编写多本中学生的学习资料和参考书。

外语教育改革家
张思中

张思中（1932—2019），福建尤溪人。1959 年 7 月毕业于华东师范大学俄语系。上海市外语特级教师，长期任教于华东师大一附中。1983 年被授予"全国'五讲四美三热爱'优秀教师"称号，1996 年被授予上海市劳动模范光荣称号，1997 年享受国务院政府特殊津贴。

张思中，福建尤溪人。1949 年 8 月参加中国人民解放军，任第三十一军连队文化教员，多次立功受奖。1955 年 6 月复员，7 月考进华东师范大学俄语系。1958 年被错划为"右派分子"，1959 年改正。是年 7 月从华东师范大学毕业。1960 年 2 月至 1999 年，任华东师大一附中俄语教师。1992 年创办张思中教学法研究所，任所长。1993 年创办上海市思中业余外语学校，任校长、董事长。该校于 1994 年、1996 年被评为上海市社会力量办学先进集体，2002 年被评为上海市社会力量办学 A 级学校。

张思中本名张伍胥，思中是在抗日战争时改就的名字，意为思我中华、爱我中华、扬我中华，他之后的人生路程也正是循此而行。1947 年，张思中与著名数学家陈景润一起，考入福州英华高中，因学习勤奋，两人成为好友。1949 年 8 月，张思中参加了中国人民解放军，他在连队任文化教员，为战士扫盲，亲自参加了特等功荣立者祁建华创造的"速成识字法"扫盲运动，使战士一个月内能识 2000 多字，做到能读报、写信。1955 年，张思中复员，免试外语考入华东师范大学俄语系。连一个俄语字母都不认识的他，借鉴汉字扫盲的方法，只用半年时间就跟上了全班进度，赶上学习三年俄语的应届毕业生水平。

1960 年，张思中进入华东师大一附中任俄语教师，直至离休。他的口音有严重的福建口音，他就按收音机的发音学；他要求，一进教室就要用外语交流；要看原著，甚至让学生学做翻译俄语数学竞赛题。凡是他所教的外语"基础差"的学生，都能在短短一两学期内迎头赶上。3 年后，他由教初中而擢升为教高中，所教学生毕业时许多都能阅读俄语原版的数理化课本，并能在当时与苏联朋友对话、通信。张思中根据自己多年来的教学经验创立"适当集中，反复循环，阅读原著，因材施教"十六字外语教学法和"心理优势论"，获得国家教委的高度肯定并在全国予以推广。华东师大外语教学法专家李震雷教授特别撰文《使学生生动活泼地主动地学好外语》，表示对张思中教学方法的肯定。《文汇报》也从 1983 年开始 20 多次不断报道张思中的教改，《人民教育》不仅多次报道还特派记者考察"张思中外语教学法"的推广情况，并撰写文章《大面积实现推广张思中与十六字外语教学法纪实》。

1990 年 8 月，张思中应邀赴莫斯科参加国际学术交流。1992 年，他创办张思中教学法研究所，任所长。1993 年，创办上海市思中业余外语学校，任校长、董事长，该校于 1994 年、1996 年被评为上海市社会力量办学先进集体，2002 年被评为上海市社会力量办学 A 级学校。

张思中在华东师大一附中工作几十年，在教学中他因材施教，既面向全体学生，又注重学生个性发展。这种经过精心准备的智慧教学方法，体现了他对外语教学的深刻理解。经过 40 余年外语教育教学的探索与试验，张思中总结出了一套符合我国国情、教情、学情的外语教学法，它以快速、高效、简便、易学而见长。由于效果显著，在全国 29 个省市的上千所中小学得到应用，并不断扩展到大学。

2002 年，张思中完成教育部"九五"重点课题"大面积提高中学外语教学质量的实验与推广研究"。同年，"张思中教学法"被台湾嘉义大学引进，并在台湾地区传播。2004 年、2005 年，他应邀赴台讲学、培训教师。2006 年，完成教育部"十五"规划课题"一门外语基础过关的理论与实践研究"。专著有《张思中外语教学法》及该教学法系列专著 40 多本，主编《张思中英语教程》(4 册)、《张思中儿童英语》(3 册)。1999 年，《张思中外语教学法》一书获全国教育科研成果二等奖。2005 年,《张思中与十六字外语教学法》一书被教育部师范教育司收进国内首部"教育家成长丛书"。

凭借在外语教育教学上的突出成绩,张思中于 1983 年获"全国'五讲四美三热爱'优秀教师",1989 年被评为全国优秀教师,1990 年被评为上海市特级教师,1996 年获上海市劳动模范称号,1997 年享受国务院政府特殊津贴。

2019 年 8 月 18 日,张思中因病医治无效不幸逝世,享年 87 岁。

特级校长
陆磐良

陆磐良，1964年9月生，1986年7月毕业于华东师范大学数学系数学专业。上海市特级校长，中学数学高级教师，国家二级心理咨询师。历任上海师范高等专科学校教务处副处长、上海师范大学初等教育学院教学办主任、上海市复兴高级中学党总支书记兼副校长、华东师大一附中校长等职，现任上海市复兴高级中学党总支书记、校长。曾获上海市园丁奖、上海市国防教育先进个人、上海师范大学优秀青年教师、西藏自治区优秀教育工作者、虹口区优秀共产党员等荣誉称号。

陆磐良早年就读于上海市建平中学，后考入华东师范大学数学系。他执教过高等数学、教育科学研究方法、概率统计、数学史、高中数学等课程，曾在高校、市实验性示范性高中等不同类型学校担任教育教学和学校管理工作。

他的座右铭是"态度决定一切"。他从华东师大数学系毕业后，到上海师范高等专科学校、上海师范大学等高校从教，后又到上海市复兴高级中学担任副书记、副校长、书记，到华东师大一附中担任校长，直到2021年再次调到上海市复兴高级中学担任书记兼校长，一直坚守在教育岗位上。他的语速很快，这和他清晰的思路和坚定的理念是分不开的。

2015年，陆磐良调任华东师大一附中担任校长，他成为广受家长、学生关注的校长。在他的主持下，华东师大一附中的口碑在家长、学生口中节节攀升，被誉为上海市实验性示范性高中"低进高出"的典范。

各种教育岗位，尤其是不同类型管理岗位的经验，使得陆磐良对学生教育全流程的认识更为具体和深刻。怎样办学、怎样教学、怎样学以致用……这些问题始终盘旋在陆磐良的脑海里。在深入研究学校如何办学后，他决定从抓教师队伍建设做起，突破点就在学校管理，总结起来是三个词——机理、机构、机制。

他认为，校长要做的不是急于提出一些办学理论，而是要梳理和继承学校传统文化中的精华，找到其中可以成为其办学的文化基因。陆磐良梳理了学校历史，从历史中找到了诸多宝藏，根据华东师大一附中的前身光华附中和大夏附中，分别以"格致诚正""自强不息"为校训，经过全校师生、校友讨论，陆磐良决定将二者合并，作为新时代华东师大一附中的校训。对此，陆磐良曾说："怎样把这些思想、理念落实落地，怎样让校训成为师生的行动指南，还需要行动策略，所以我就提出'以德立校、依规治校、数字强校'的办学策略，这样就建立了一附中办学的理论体系，我把这称为办学机理。"陆磐良认为，目标是要最终实现"科研领先、教有特点；全面发展、学有特长"的办学特色。如此，陆磐良建立了学校办学理论体系，既有传承，也有发展，得到了全体师生员工、校友的认同，学校也以此为指导，以"强精神、强队伍、强环境"建设为突破口，勇于探索、积极研究，善于创新、追求卓越，逐步实现教学质量提升的新突破。

在学校机构的设立上，陆磐良按照学段建立了三个学部，赋予其全面统筹开展教育教学活动和促进教师专业发展的职能，希望在三个方面开展探索和实践。"第一个是学科教学与德育'两张皮'的问题，第二个是直接服务于学生和家长的最后一米问题，第三个是如何调动教师专业发展积极性的问题。"陆磐良曾这么解释道："从实际效果来看，学部制这样的机构模式是成功的，因为一附中连续几年都在高考中取得了好成绩，还培养和锻炼了一支年轻的班主任队伍和备课组长队伍，让他们收获了专业成长和专业自信。"

好的机制可以催人奋进，使得人人想争先、个个能出彩。深谙此理的陆磐良，非常重视机制的完善，他以问题为导向，以目标为驱动，形成新的教师专业成长激励机制，制订名特教师攻关计划。用陆磐良本人的话说就是："在我担任一附中校长5年多里，有4位教师被评为上海市特级教师，有2位教师获得上海基础教育青年教师爱岗敬业教学技能竞赛一、二等奖，还有1位教师完成博士学位，形成了名特教师培养机制。"

陆磐良对教育和管理的探索从未停止，对于如何成为一名好校长，他提出，

"首先要把自己定义为一个新手，然后再去思考如何把学校办好"，为此，"要保持坚定的信念""要善于把握方向""要注意遵守规则"。陆磐良认为，作为新手，有机会领导一所学校，实现自己的教育理想，不失为教师职业生涯的一段精彩历程，只要保持坚定的信念，大胆谋划、精心论证、悉心实施，相信天道酬勤，一定会有一个好的收获。

他的科研成果有《高学历小学教师数学素养培养的思考》《专科学历小学教师培养模式之比较研究》《关于小学教育专业（本科）教育理论与实践课程设置构想》等。他参与研究并组织实施的"面向 21 世纪，培养高素质小学新师资——具有中国特色的专科程度小学教师培养模式的探索"研究课题获 1998 年上海市教学成果奖一等奖，"面向世界，中外高中学生素质能力差异的思考与对策研究"课题则获上海市普通教育研究所课题二等奖。

国家督学
陆善涛

陆善涛（1921—2014），浙江平湖人。毕业于上海暨南大学化学系。曾任华东师大一附中校长，上海市教育局政教处、教学处处长，上海市教育科学研究所所长，上海市第六届政协委员。1988年受任教育部首届国家督学。

陆善涛，1921年出生于浙江平湖，1945年毕业于上海暨南大学化学系，曾任福州高级工业学校教师，抗战胜利后先后任江苏省立常熟中学、震旦大学附中、南洋女子中学等学校教师。1947年加入中国共产党。1949年至1955年，陆善涛历任上海市复兴中学教导主任、上海市市西中学副校长兼党支部书记。1955年4月，上海市教育局派陆善涛担任华东师大附中代理副校长，主持学校工作。他提出要从教学质量考查、评定着手，改革学校管理制度，并大力学习推广苏联五级记分制、教室日志制和校长全面负责制等制度，这项改革持续到1957年暑假，对提高学校教学质量起了重要作用。1958年，陆善涛被任命为校长兼党支部书记。华东师大附中在陆善涛主持下，试行四年一贯制，在四年期限内完成初、高中全部课程，当时中国仅有名列一二的几所中学试点。

在教学上，陆善涛主张教育要改革，课堂教学要生动活泼，学生课业负担要减轻，要培养全面发展的学生。他强调，办学要重视团体总分，要重视小学与中学的衔接。陆善涛在全校范围内实施"推门听课"制度，鼓励全校教师博采众长、共同学习、共同协作，逐步形成了全校"推门听课"无障碍的良好教研氛围，为全校教师共享教育智慧和教学艺术提供了切实可行的通道。陆善涛也鼓励教师尝试教学变革，俄语教师张思中最初的教改实验得到了陆善涛的大力支持，同意他在所教的班级试点。张思中的"十六字外语教学法"如星火燎原，从华东师大一附中的一个班辐射到全校乃至全市、全国各地，影响了全国外语教改几十年。陆善涛在回忆自身的教育生涯时，将其教学心得总结为要"边学边干""摆正教学工作的位置""掌握教学动态""管理出质量""教学研究结硕果""知人善用，人尽其才""为教研、科研服务"。

在学校管理上，除了实施"推门听课"，陆善涛还破除了"坐班制"。"坐班制"几乎是每所学校都要执行的一项考勤制度，不论是不是班主任，也不论当天有没有课，都要按时上班、按时下班。可陆善涛没有这样死板。他规定，中、老年教师每周有半天自由支配的时间，不搞"坐班制"。这半天可以来学校，也可以不来学校；可以去图书馆、实验室，也可以在自己家里，只要与教导处打个招呼就可以了。与此同时，他又要求中、老年教师，要制定专题教学研究课题；要在一年之内写出有水平的论文来，能在报刊上发表。从表面上看，学校逐步不实行"坐班制"了，对教师的管理很宽松，可实际上对中、老年教师提出的那两点要求，就像"紧箍咒"牢牢锁住了教师的心。再加上陆善涛提倡实施的"推门听课"，他从不事先通知，推门就来听课，又有哪个教师会在教学上有半点松懈呢？因此，尽管陆善涛破除了"坐班制"，然而当时学校的教学质量并没有因此而下降。

在陆善涛的心中有三本"账"：第一本"账"是对教师的了解。第二本"账"是对全校各门学科的教学动态的掌握，包括教学计划、教学大纲、教学进度的落实情况，课堂教学、课外活动的质量情况。第三本"账"是各个班级学生的情况，包括学生的思想状况、班集体形成和各类学生的学习情况等。陆善涛认为，这三本"账"不仅需要他自己清楚，而且要让学校领导班子都心中有数。

在担任校长期间，陆善涛以其不断争先的目标管理能力，在为学校争得学制改革先机的同时，奠定了教育科研工作在学校的地位。当时，华东师大聘请苏联教育专家杰普莉茨卡娅担任校长顾问，提出要从教学质量考查、评定着手，改革教学方法，改革学校管理制度，实行五级记分制与教室日志制；采用以五个环节为主的综合课型；强调伦理谈话、主题班会，建立班级集体；实行校长全面负责制。

1960 年夏，陆善涛代表学校参加全国文教群英会，受到党和国家领导人的接见。1964 年，陆善涛任上海市教育局政教处处长，后任教学处处长；1972 年至 1978 年，陆善涛调任同济大学教务处处长；1978 年至 1984 年回上海市教育局，再任教学处处长；1984 年至 1988 年，任上海市教育科学研究所所长；1988 年受任第一届国家督学。

陆善涛在华东师大一附中工作期间，付出了大量的智慧和心血，主动推进教育改革，实行因材施教，为学校的发展奠定了扎实的基础，做出了不可替代的贡献。陆善涛在任校长时期是华东师大一附中的一个快速发展期，被称为中华人民共和国成立后学校发展的第一个辉煌期。也正因为如此，陆善涛校长的工作能力、工作风格、工作态度等也确立了华东师大一附中校长工作的标杆。在学校教职员工心目中，"校长当如陆善涛"，人们以此为鉴，来评判、要求、评价后继校长的工作。

2014 年 9 月 7 日，陆善涛因病医治无效不幸逝世，享年 93 岁。

"得得派"开创者
陆继椿

陆继椿，1937年12月出生，江西丰城人。语文特级教师。1959年中学毕业于华东师大附中，1963年在华东师大中文系古典文学专业进修，攻读研究生课程。历任华东师大一附中语文教研组长、副校长，曾兼任上海市教育工会副主席。后任华东师大第一附属初中校长、荣誉校长。曾被评为上海市优秀人民教师、上海市劳动模范、全国教育系统劳动模范、全国先进教育工作者等，曾荣获全国五一劳动奖章和人民教师奖章。

陆继椿，1937年12月出生。1959年中学毕业于华东师大附中，留校教语文。1963年在华东师大中文系古典文学专业进修，攻读研究生课程。1965年回华东师大一附中，历任语文教研组长、副校长，还曾兼任上海市教育工会副主席。1997年后，任华东师大第一附属初中（后转制民办，称"新华初级中学"）校长、荣誉校长。因语文教改成绩斐然，他先后被评为上海市优秀人民教师、上海市劳动模范、全国教育系统劳动模范、全国先进教育工作者等，曾荣获全国五一劳动奖章和人民教师奖章。2005年，他还被评为《东方讲坛》优秀讲师。

陆继椿读高中时，是叶百丰先生的"得意门生"，在华东师大中文系进修时，又成为叶百丰先生的研究生，叶师教诲，给他打下了扎实的语文基础。1978年，在徐正贞校长的委派和叶师的鼓励下，陆继椿参加了华东师大刘佛年校长亲自指导的"中小学语文教学一条龙，初中语文要过关"的语文教改试验。当时，"文化大革命"刚结束，百废待兴，陆继椿迎难而上，边调查学习，边设计体系；边编写教材，边进行试教，边总结经验，提炼出了"得"的教学思想："一课有一得，得得相联系"，力求一个语文教学的"序"，探索语文教学的科学化道路。

经过三年试验，陆继椿终于设计出"分类集中分阶段进行语言训练"（简称"双分"）教学体系，编写出六册"双分"实验教材，总结出一套"语言训练教学法"（又称"双分"法、"得得"法）。这个语文教改试验，既有我国著名教育家刘佛年教授指导，又有教研组内童明友和卢启之两位教师参与实验教学；接任校长的季克勤和区教研室主任邢继祖，更是配合华东师大教育科学院，参与了试验的评估、验收和推广工作。全国各省市的"双分"教学实验班，累计达4000多个。从1981年开始，每年确定一个主题，由陆继椿做主题报告，召开全国"双分"教学研讨会。除1989年外，共召开了12届年会，形成了一个新的教学流派——"得得派"，影响深远。

1995年，上海教育出版社出版了陆继椿的专著《语文教学新探："双分"教学的理论与实践》，并收入"上海教育丛书"。该专著系统地阐述了"双分"教学，探索了语文教学中有关教材与教法、语文学科的工具性与人文性、现代文教学与文言文教学、语文教学中的德育和美育、智力训练和创造性思维训练等重大问题，科学地总结了语文教学全面改革的"双分"试验的成果。1991年，麦克米伦出版公司推出了我国著名语言学家张志公主编的香港语文教材《中国语文》。这是我国教育部组织编写的第一套海外教材，陆继椿是编写组的五个成员之一。在总体设计中，该教材渗透了陆继椿"得"的教学思想，体现出"一课一得"的特色，这在陆继椿具体编写的中三年级学生课本、教师课本和教学用书中尤其明显。这套教材从中一到中五，共编写了30册，被香港教育署评为最高等级AA级。

1997年，上海深化教育体制改革，市重点中学高、初中分离，高中扩招，初中转制。陆继椿奉命任华东师大一附初中校长，陈剑波为副校长，带领学校部分初中教师，去一所薄弱初中用民办机制办学。该校学生免试入学，师资参差不齐，设备简陋不全。这样的薄弱初中还要办成优质初中，等于白手起家！陆继椿迎难而上，从调查研究入手，边学习，边规划；边实践，边总结，团结班子，建章立制，关心、安排和引进教师，实现优优组合。他合理利用资源，逐步改善学校的办学条件。

陆继椿深谙办学的关键是提高教育质量。他经常跟教职工探讨，商量对策，终于统一到遵循有教无类、因材施教和因势利导的教育原则，摸索出"主流教育"的理念和办法，调动了各层面学生的主动性和积极性。

陆继椿提炼并创导的所谓"主流教育"的理念，即认识到社会的各项事业、各个单位、各种岗位，都有"力争做得最好"的人，被称为"带头人""领军人物"。这些人就是各行各业"做得最好"的状元，就是推动和促进社会发展进步的主流人物。而在学校中，虽然学生的个性特点和学习成绩不一样，但都可以在同一层面的群体中"力争做得最好"，培养"主流意识"，为将来立身社会成为主流人物打好基础。在"主流教育"理念引导下，该校学生自觉在分层中"力争做得最好"，小步走、有提高，差的不自卑，往前赶；好的不骄傲，更冒尖，学习氛围好了，班级风气正了，该校教育质量明显提高了。

十年磨一剑。在陆继椿校长和继任的陈剑波校长及全体教工的努力下，到2007年，华东师大一附初中在校生已有1500多名，学生参加各种竞赛获得市、全国、国际奖项3000多人次。每届毕业生的中考成绩都在全市名列前茅。《上海教育》、上海教育新闻，甚至《江西教育》都对该校的"主流教育"理念和实践做了专题报道，获得了社会的好评。

德育名师
陈步君

陈步君，1939年2月生，上海市崇明区人，高级教师，上海市优秀共产党员。1985年上师大政法专业本科毕业（专升本）。1957年6月至1980年2月在华东师大一附中工作，历任团委书记、党支部委员、政教主任、副校长等职。

1954年，陈步君考入华东师大附中高中，就读期间担任学生团委副书记，因表现优异被学校授予"优秀学生"奖章。1957年高中毕业，本想报考清华大学动力机械系或航空发动机专业的他，服从学校党支部安排，毅然放弃高考，留校担任团委书记。工作期间，他在上海教育学院进修政教专业大专课程。由于工作表现突出，在1964年的共青团上海市第四次代表大会上，陈步君被选为团市委委员。1977年，陈步君担任华东师大一附中副校长，1980年2月调离学校，先后任虹口区团委书记、共青团上海市委学校工作部部长、上海教育学院党委宣传部部长、上海市教育局局长助理、副局长兼上海市青少年保护办公室主任、上海市教育委员会巡视员、上海市中小学德育研究协会会长、上海市普教党建研究会会长、上海市教育系统关心下一代工作委员会常务副主任兼秘书长等职，直至1999年底退休。在建党100周年时，陈步君被上海市委评为"上海市优秀共产党员"。

在华东师大一附中工作期间，1961年，陈步君总结的工作经验刊登在《团的工作》《中国青年报》上。1962年前后，他组织并担任指挥的百名共青团员合唱团，获上海市"优秀演出奖"。1963年3月，毛主席发出"向雷锋同志学习"的号召后，他撰写的《学习雷锋，言行一致》文章，发表在1963年5月18日的《中国青年报》第二版。1964年召开的共青团上海市第四次团代会上，他做了题为"把红旗插遍课余生活领域"的发言。

1964年9月，陈步君受上海市劳动局、团市委委托，护送虹口区246名应届高、初中毕业生到新疆生产建设兵团农一师屯垦戍边。由于他带队有方，受到各方高度肯定，农垦部王震部长多次接见了他。他受邀留疆工作半年，协助开展青年工作。他住在连队，与青年同吃同住同劳动。他撰写的有关该连队的调查报告，被农一师党委转发给各团场党委。他协助开展的另一个连队思想教育经验，在兵团政治部组织部简报中全文刊登。回沪后，他在许多市区支青工作会议上汇报进疆青年的情况，进一步推动了上海青年进疆的热潮。1965年，时任学校党支部委员兼团委书记的陈步君，主动要求兼任中五乙班班主任。他创造性进行班级管理，让学生自治自理，德智体美劳全面发展，该班团支部被共青团上海市委表彰为"先进团支部"。1966年2月，陈步君代表上海中等学校赴北京出席团中央学校工作会议。

1977年5月，上海市委、市政府在万体馆召开"文化大革命"以后第一次全市中小学教育工作会议，陈步君代表学校做了"我们为什么能够深入持久开展学雷锋争三好活动？"的发言。会上，上海市人民政府授予华东师大一附中"先进集体"锦旗。同年5月25日《解放日报》在二版，6月27日《文汇报》在头版头条（转四版），28日《文汇报》整版详细报道了华东师大一附中开展学雷锋活动的经验及相关情况，还为此配发了短评。

1978年，他分管学生工作，为了探索新时期学生思想工作的经验和规律，他主动要求兼任理科班中基础最差的高一（4）班班主任。经过一年多的工作，这个班的学风明显好转，成绩显著提高，团支部被评为虹口区先进集体。1979年底，该班一个女生对陈步君诉说了自己的苦闷，并写了一份"思想汇报"。于是他将这份"思想汇报"转交给有关部门。虹口区委、市教育局、团市委内部简报全文刊登并加了编者按，引起了市委领导的重视。1980年1月10日，《解放日报》头版以"一个中学生的思想汇报"为题，《文汇报》在二版以"一个中学生的思想苦闷"为题全文发表了这个女同学的思想汇报。两报都加了很长的编者按，要求大家讨论。陈步君在《文汇报》上写了《大家都来帮助她》的文章。

在一个多月的时间里，两报和陈步君以及这个学生共收到 4000 多封来信。社会各界人士，包括大中学生、工人、教师、军人、烈士家属、著名学者都写了热情洋溢的信，帮助这个女同学提高认识。最后，团中央第一书记为这场讨论写了总结文章。《人民中国》（日文版）、《北京周报》（英文版）详细报道了这场讨论。法国电视一台记者专程来沪采访了陈步君与该学生，并向全世界做了介绍。《人民日报》于 1980 年 3 月 19 日就这场讨论发表综述《整个社会都要关心青年的健康成长》。1981 年初，在上海市中小学教育工作会议上，陈步君做了"只有加强思想政治教育，才能更好地培养人才"的发言。事后，他又撰写了《要帮助学生解答思想上的 X》的文章，并应中央团校邀请到北京做了介绍。相关内容在《上海青少年问题研究》《中国青年报》及人民教育出版社出版的专辑中发表。

陈步君调离华东师大一附中后，依然关心母校的教育与发展，因此被推举为华东师大一附中校友会会长、名誉会长。

陈步君长期从事青少年教育工作，发表过 300 多篇文章，主编过《中学共青团工作》、《青少年的法律保护》、《国情教育》、《让德育插上科学的翅膀》、《人生第一课堂》（2 册）、《教师家庭教育指导实务》（中职版）等 10 多本著作，出版了《陈步君德育文集》。

全国先进工作者
陈明青

陈明青，1975年12月出生，上海人。本科毕业于上海师范大学政法系，后又攻读华东师范大学教育硕士，1998年7月起在华东师大一附中工作，先后担任学生处主任、副校长。

陈明青自1994年9月起在上海师范大学攻读本科，获得法学士学位；2008年9月起在华东师范大学攻读教育硕士；1998年9月起在华东师大一附中工作，任思政课教师。

2019年3月18日，陈明青参加了习近平总书记主持召开的学校思想政治理论课教师座谈会，并向总书记做了汇报。2019年，她被评为全国模范教师，受到习近平总书记的亲切接见。2020年，她被中共中央、国务院授予全国先进工作者荣誉称号。2022年，她被中宣部、教育部评为全国"最美教师"。她是上海市特级教师、正高级教师、教育部大中小学思政课一体化建设指导委员会委员、教育部基础教育教学专家指导委员会委员。

陈明青曾让毕业班学生在小纸条上写下对思政课的感受。其中一张纸条上面写着"用生命点燃生命"。她让思政课不再枯燥乏味。在陈明青的思政课上，电影片段情景表演是学生最喜欢的教学环节。《觉醒年代》《1921》《革命者》《中国医生》等饱受青少年关注和好评的主旋律影视作品片段都被她搬上了思政课堂。陈明青在中学生党史学习的经验交流会上说："好的影视片段用细节刻画了有血有肉的人物，比干巴巴的讲述更有力量。学生由于成长环境所限，靠想象往往不能还原当时的历史情境。通过情景表演，学生会发觉历史人物是有血有肉的，也会有欢喜、有害怕，有各种各样的想法，是一个立体的人，是他们可以模仿、可以触碰的人物，否则他们会觉得英雄是永远无法企及的。"

陈明青将思政小课堂与社会大课堂联动。理论和现实生活相距远，往往阻碍了学生对思政课的热情，于是陈明青带领学生走出教室，引导学生关注社会。学生学了人大政协制度相关知识之后，她便组织学生模拟人大、模拟政协。但提案议案从哪里来呢？陈明青引导学生选择课题调研。例如，有学生调研区里残障人士设施情况，陈明青不是要求学生通过发问卷的方式把各类无障碍设施都摸清楚，而是要求他们做一件非常简单的事——把自己的眼睛蒙起来，随后走走看。

假期和周末，陈明青还会背上行囊，带着学生去"两山"理念诞生地浙江湖州的安吉县余村，了解那里的农民无偿捐了1500万株白茶苗给贵州的黄杜村的故事。学生的问题接踵而至：为什么安吉余村几乎每个农户门上都挂了"念党恩"小牌子？安吉余村在向"绿水青山就是金山银山"的转型过程中经历了怎样的阵痛？在陈明青的引导下，学生走访农科院专家、农户、村干部，心中逐渐有了自己的答案。陈明青经常挂在嘴边的一句话是，思政课要教给学生的，绝不仅仅是结论，更重要的是看问题的方法。

从教25年，陈明青把政治课上得游刃有余。但在面对新课程、新教材、新课标、新的考试方式时，陈明青常说自己始终处于"本领恐慌"中。如何解决"本领恐慌"？陈明青的回答是"奔跑"——让"奔跑"成为教师专业学习的常态。陈明青是上海市第一期德育实训基地、第三期上海市名师后备基地政治二组的学员，10多年来一直在市级专业发展团队里浸润学习，从一名青年教师成长为特级教师，至今她依然在上海市德育实训基地中积极发挥辐射引领作用。

"用生命点燃生命"，是陈明青在2021年"最美教师"颁奖典礼上的颁奖词，也是她25年来的执着与坚守。她一步一个脚印，探索创造充满生命活力的教育教学，感受课堂中生命的涌动和成长，促进学生生命的满足和发展，在此过程中，她让自己的教育教学工作闪发出创新的光辉和人性的魅力，将马克思主义的种子播撒在高中生心田。

历史名师
陈奕望

陈奕望，1955 年生于上海，浙江萧山人。1983 年毕业于华东师范大学历史学系，同年进入华东师大一附中，任历史教师、副校长，2002 年调任上海市虹口高级中学任校长，2005 年调任上海市复兴高级中学任校长，2014 年调虹口区政府教育督导室任职直至退休。

陈奕望于 1979 年自市郊崇明农场考入华东师范大学，师从著名历史学家吴泽、王家范、钱洪等，1982 年因在华东师大一附中教学实习时表现出色，受到历史组长李永圻的好评，1983 年本科毕业后即进入华东师大一附中任职历史教师。

华东师大一附中是陈奕望人生成长的沃土。他是幸运的，因为有学校优良的教育传统引导，因为有优秀教师团队的引领，因为有具强烈进取心学生的配合，他成长的轨迹是清晰的。

在这里，他的教学能力不断提升，课堂教学深受学生的欢迎，教学成就不断收获，多次获得市、区教学评比优胜奖，学生的会考、高考成绩均取得优秀成绩，为学校发展添砖加瓦，成为学校荣誉榜上闪烁的一点。他的课堂多年后仍是师生们津津乐道的话题。他曾多年教学毕业班，是虹口区历史教学中心组成员、市区学科组和市高评委成员。

在这里，他的教育内涵不断充实，无论是担任班主任工作还是年级组长，都能在教师和学生的支持下，脚踏实地，兢兢业业，为取得良好发展而努力奋斗着。他所带班级曾获得区红旗团队称号，他所在年级组曾获得区优秀团队称号。

在这里，他的教育教学科研成绩不断进步，能够结合教育教学实际，总结经验升华理论，努力探索教育教学中的规律。他多年来坚持动笔写作，《高中学生历史学习兴趣初探》《深化德育工作，提高学生素质》《调动学生的一切积极因素是学校德育工作的立足点》《校园中的爱》《强化自主性规范》《实施德育课程化，培养研究型学生》《创建学习型家庭，加强对学生的教育和保护》《创设氛围创造条件创新模式》等文章分别刊登在市级杂志、华东师大校刊和其他书籍上，另有《华东师大一附中心理健康教育现状和教育模式思考》《有利学生身心健康，有利学校持续发展》《设置有效课程促进学生充分发展》等文章分别在市级会议和海峡两岸会议上交流。他还开展及主持"学生自主发展和协作发展的研究""修身""亲子沟通技巧""数字化校园系统和谐整合与应用""智优学生创造力综合性发展的自主适应性课程实证研究"等国家、市、区级科研课题。

在这里，他的教育教学管理层次不断深化，在思想政治上积极要求上进，认真学习教育教学理论，努力理解各级教育教学工作会议精神，在工作中积极探索和贯彻素质教育。在学校德育工作中追求完善，多年来坚持探索学校德育的实效性，以"一切为了学生，为了学生一切，为了一切学生"为工作宗旨，开展对德育工作时代化的实验，在思想政治教育、道德教育、法治教育、心理健康教育、行为规范教育和德育课程化、学生社会实践活动、创建学习型家庭等方面取得一定成效。他曾任华东师大一附中教导处副主任兼科研室主任、政教处主任、副校长，任上海市中小学心理协会心理健康专业委员会理事、华东师大免费师范生兼职导师、教育部中学校长培训中心兼职教授等职。

全国先进工作者
陈寅

陈寅，1974年1月出生，江苏武进人。毕业于上海师范大学化学教育专业与香港教育大学教育管理专业。从2021年7月迄今，担任华东师大一附中副校长。曾获得全国先进工作者、全国五一劳动奖章、全国模范教师、上海市教书育人楷模等荣誉称号。

陈寅，1992年—1996年，就读于上海师范大学化学教育专业；2016年—2017年，就读于香港教育大学教育管理专业。1996年—2010年，任上海市继光高级中学教师、科研室主任；2010年—2014年，任上海市复兴高级中学教师、科研室主任；2014年—2021年，任上海财经大学附属北郊高级中学副校长；从2021年迄今，任华东师大一附中副校长。

陈寅自工作以来，一直坚定不移地拥护党的教育方针，贯彻党的教育思想，执行党的教育路线。在教育改革新时代，"以学生发展为本""为了每个学生的发展"等理念成为陈寅开展教育工作的指针。陈寅是上海慈善志愿者服务总队的慈善义工，曾在上海市爱心假日学校为家庭经济困难的学生义务上课。2006年和2018年，陈寅赴云南文山富宁县、新疆克拉玛依扶贫讲学，为县全体中学化学教师做了"课堂教学中如何实现学生学习方式的转变"等多场报告，内容主要体现和反映上海课程改革的理念与实践经验。

陈寅曾作为全国优秀教师代表受党中央、国务院邀请到北戴河休假，并参加全国优秀教师代表座谈会，受到中央领导的接见。近年来，陈寅先后获得全国先进工作者、全国五一劳动奖章、全国模范教师、上海市教书育人楷模、上海市优秀共产党员等荣誉称号。

2018 年 7 月开始，陈寅与我国著名有机化学家、复旦大学麻生明院士共同领衔主编《普通高中教科书·化学》必修 2 册，以及《化学反应原理》《物质结构与性质》《有机化学基础》等 3 册选择性必修教材，5 册教材已于 2020 年 7 月通过国家教材委员会专家委员会审核，目前已经投入上海地区使用。跟教材配套的教辅资料陆续通过上海市中小学教材审查委员会的审查，与教材同步推出。

陈寅从事中学化学教学 27 年的经历，使他领悟教学设计的最终目的是支持学习过程，教师设计教学活动时应始终站在有利于学生学习的角度来思考。近年来，他在《人民教育》《化学教学》等全国性刊物上发表《一步一步地看见，一寸一寸地欢喜》《基于发展学生学科核心素养的化学单元教学设计——以"晶体的结构与性质"为例》等多篇论文。2021 年 11 月，他作为上海市普教系统第四期"双名工程""高峰计划"主持人，联合徐雪峰基地、娄华基地，在华东师大一附中成功举办第四期"双名工程"学术年基地巡展暨"发展学科核心素养的教学研讨"主题联合展示活动，会上他做了"发展学科核心素养的化学单元教学设计"的学术报告。

从教 27 年以来，他共执教国家级公开课 2 次、市级 9 次、区级 14 次。2017 年，上海市教委举办了"讲台上的名师"高中化学专场，他执教"离子键"一课，课后阐述自己的教学思想，得到专家的高度评价。他主持和参与课题研究 5 项，其中 1 项教育部课题已结题，3 项课题获市、区级奖项。例如，"高端化学教师研修新模式——以'中学化学教材比较与教法研究团队'为例"获上海市教学成果奖二等奖，市级课题"改变思维，提升素养"获上海市教育科学研究院第六届学校教育科研成果三等奖，市教委规划课题"高中化学促进师生思维互动的教学实践研究"获虹口区第 13 届科研成果评比二等奖，教育部名师领航工程课题"化学学科核心素养视域下的中学化学教学设计的理论与实践"已结题，上海市普教系统第四期"双名工程""高峰计划"团队课题"发展学科核心素养的化学单元教学设计"也已顺利结题。

作为上海市特级教师、特级校长、联谊会副会长与市青年教师联谊会副理事长，他注重发挥教育正能量发出教育者的声音。他先后发表《翻一翻天津大爆炸中的那些化学知识》《走向高远》等文章在"第一教育""上海特级教师"等公众号平台；为疏解社会对新高考改革的焦虑，2017 年 3 月，他在《文汇报》上发表了文章《化学学业水平考：注重概念和思维的练习》；2017 年 9 月 1 日，他在上海图书馆"2017 特级教师开课啦"系列讲座中做了"从化学思维开始学好化学"的大型讲座。2021 年 5 月，他参加"我国数理化基础学科教育若干重大问题研究"院士重大咨询项目调研座谈会，会上代表教材主编发言，建议提高高校招生化学专业科目比例，并被采纳。

陈寅作为上海师范大学特聘教授，坚持每年开设学科教学"化学教材比较研究""化学教学设计与实施"等硕士课程，参与上海师大学科教学论研究生的培养。

2021 年 5 月，陈寅作为教育部中小学名师领航工程"陈寅名师工作室"主持人，向教育部华东师大基地，以及市教委人事处领导汇报工作室开展情况，受到领导和同行好评。"陈寅名师工作室"的教师奋斗在教学一线，澄衷高级中学教师陈佳阳赴青海果洛两所学校支教 3 年，北虹高级中学教师陈大为前往云南丘北县云南师范大学附属丘北中学支教。2020 年初，工作室成员华东师大一附中教师张知愉、陈洁参与了上海市教委"空中课堂"化学课程的录制工作，为学生居家安心学习做出贡献。

优秀辅导员
林炳英

林炳英，1935 年出生，福建福州人，中共党员。
1957 年毕业于华东师范大学政教系，1957 年 9 月至
1967 年 11 月在华东师大一附中工作，历任政治教师、
班主任、少先队大队辅导员、教导处副主任。1960 年
被评为上海市优秀少先队大队辅导员。

林炳英在华东师大一附中工作十年，虽角色不同，但共同点是教书育人，做
少年儿童教育工作，是她人生中最美好的时光。她朝气蓬勃，热情洋溢，年轻有
为，不辞辛劳，全身心地投入促进少年儿童德智体美劳全面发展的事业中。

她以身作则，教育少先队干部要树立"热心为大家服务"的思想，提高学习
能力与工作效率；要有"先别人后自己，先大家后小家"的精神；要平等待人，
养成多看别人优点，不断克服自身缺点的谦虚态度；要有不怕困难、勇往直前的
毅力；要努力成为大家学习的榜样。

她牢记少先队是少年儿童自己的组织，要尊重他们、引导他们，让他们学会
当家做主。她让大队委自己动手布置大队部，整理大队委员会的"内务"。1959
年国庆十周年，团市委少年部委托华东师大一附中大队部担任国庆节游行的仪仗
队。暑假里，仪仗队要去人民广场排练，她事先与大队委一起构思策划，把事
情安排得有条有理，届时放手让大队长诸雨民、徐意诚集合队伍，准备队鼓队
号，认真操练，自己乘车来回，胜利完成了操练任务。在国庆节当天，华东师大
一附中少先队仪仗队迈着整齐的步伐，昂首通过检阅台，给全场留下了深刻的印

象，充分展现了学校少先队干部的智慧和才能，以及少先队员们自己管理自己的独立自强的主人翁精神。华东师大一附中大队部被团市委命名为优秀大队委员会。

她精心组织针对青少年特点的少先队主题活动，进行爱国主义和革命理想教育，邀请了许多先进模范人物和革命前辈来校讲演，开展"红领巾月"等活动，组织六一节检阅，表扬先进，登载入"大队荣誉册"，给少先队员树立学习的榜样，对少年学生的人生导向起到潜移默化的作用。

她传承了华东师大一附中"团带队"（共青团带少先队）的传统，在团委书记陈步君的支持下，选派高中年级的优秀共青团员担任初中少先队中队辅导员。她把中队辅导员组织成一个温暖的大家庭，互相交流经验，发挥集体的力量。并通过中队辅导员的具体榜样，把学校的优良风气层层往下"传帮带"。在初三年级少先队员即将超龄离队时，举行"迈开青春第一步"的队会活动，或参加辅导员高中班级的团支部审批新团员入团的大会，让少先队员们明确继续前进的方向。

她待学生如弟妹和朋友，对学生从来不发脾气，总是和蔼可亲，耐心体贴。学生马广秀家的经济比较困难，大冷天穿着一条单薄的裤子上学，上课时瑟瑟发抖。林炳英看在眼里，记在心里。隔天冒着严寒到马家去家访，并送给她一条自己没穿过的棉裤。马广秀十分动情地说："这条棉裤陪伴我度过了好几个冬天。在天寒地冻中给我的身子带来了温暖，更给我的心带来了温暖。"

她担任教导处副主任期间，还积极协调学生的课余生活，邀请学科教师热心指导，如气象小组（庄国荣老师）、无线电小组（邵贻裘老师）、植物园（秦政文老师）、歌咏队（沈晓老师）、美术书法（周大融老师）、小足球队（储德老师）等，拓宽了学生的视野，增长了才干，培养了许多兴趣爱好。

林炳英担任少先队大队辅导员的这几年是华东师大一附中少先队最朝气蓬勃、生动活泼、积极向上的时期。许多年逾八十的"少先队员"回忆起当年在华东师大一附中度过的少先队生活时说：那是自己一生中最难忘的美好时光。

1967年—1978年，虹口区教卫办从华东师大一附中抽调部分教职工由林炳英带队去创办新校红军中学，林炳英任教育革命组组长。1978年—1990年，她被安排到华东师大二附中工作，任党总支副书记、副校长，直至退休。退休后，她还在教育系统工作，先后在华东师大人事处、侨华中学、华东师大信息学院工作。至 2009 年，林炳英在教育系统辛勤耕耘了 52 年。

（*1959 届校友方正、陆有仪　撰稿*）

物理名师
项志良

项志良，1953年2月出生，上海人。1990年本科毕业于上海第二教育学院物理专业，获上海师范大学理学学士学位。1978年分配到华东师大一附中，2013年退休。曾任教师、年级组长、教导处副主任、政教处代理主任、学校办公室主任、校长助理、学校党总支副书记、书记。政协上海市虹口区第十一届和第十二届委员会委员，虹口区第九次党代会代表。华东师大一附中第五届、第六届校友理事会会长。华东师大60周年校庆时，他被选为"华东师大基础教育60杰"，并被聘为华东师大"社会导师"。

20世纪七八十年代，项志良主要担任初三物理教学工作，是学校初中物理骨干教师，基本上每年承担初三整个年级（四个班）的物理教学，每年升学考试成绩名列虹口区前茅。所辅导的学生多次获上海市初中物理竞赛等一等奖，1995届初三学生有18人获市物理竞赛一、二、三等奖。80年代末，他进行探索性教学，学生通过自主实验和讨论探寻物理规律，得出初步结论，让学生了解物理学的研究过程，掌握一些初步的研究方法，增强对未知事物的探索兴趣。

项志良物理演示实验的设计和操作能力很强，撰写的论文《演示实验的看见、看清和看懂》和相关课堂实录发表在华东师大的物理期刊上。他数次为虹口区全体初中物理教师开设《初中物理实验技巧》《初中学生学习物理的思维障碍破解》等讲座。他还参加《初中物理解题途径》《顶级初中数理化公式定理（初中版）》物理部分书籍的撰写；参与《中学物理实验大全》的撰写；担任《初中数理化》编委，在上海市、区的初中物理教学上有一定影响。

2003 年项志良担任学校党总支书记后，负责学校党的建设、精神文明建设工作。他坚持一个指导思想：学校党组织的中心工作是教育教学，形成党政工一致的工作目标和合力；坚持两条决策途径：校务委员会和教职工代表大会，健全"集体领导、民主集中、个别酝酿、会议决定"的决策机制，保证党和国家教育方针的实施，维护教职工权益；坚持三支队伍建设：教职工队伍、党员队伍和干部队伍，提升干部、党员、教职工的精神和业务素质，促进学校教育教学质量的提升；坚持四项重要工作：党组织建设、凝聚力工程、群众团体工作、制度机制建设，致力营造学校良好的教育氛围。他还定期为上海市教委党校开设的全市学校书记学习班开设《改善思维模式 促进学校和谐——校长负责制下学校党组织和书记工作的一些思考》讲座，宣传学校做法，扩大社会影响。

在此期间，他还分管学校的德育工作。组织全校师生探索"从个体到群体的修身"德育新途径，构建和开设"修身"校本课程。从"个体反省—集体争辩—制订规则—付诸实施"，将传统德育中道德结论由"外"灌注，转变为促使学生道德思想素质由"内"建构的方式，提高学校德育工作有效性。《解放日报》《新民晚报》《上海教育报》《新闻晨报》《新闻晚报》《学生导报》《中学生报》等报刊以及电视台都报道了这一成果。同期，他主持上海市教育科学重点项目"修身：师生的共同发展——高中阶段德育新途径的探索"，获上海市第九届教育科学研究成果奖三等奖。

项志良退休后，担任了两届校友会会长，协助学校建立了"杨文瑛奖教奖学金""王汝珍助教金""周姚奖教助学金"，资助学校办学。组织了十多届的校友回校举办年级聚会，邀请了 30 多位校友回校为学生和教师开设形势、科技、教育讲座和学科辅导，发挥了校友智力、人力、经济诸方面对学校教育教学的支持。退休十年来，他在上海各区和全国数个省市进行学校教育管理指导和督导，宣传和推广学校的办学理念和经验，在社会上有一定的影响。

物理特级教师
袁芳

袁芳，1971年10月出生，江苏镇江人。上海市物理特级教师，正高级教师，华东师大一附中校长。曾在上海市控江中学任教17年，担任虹口区教育学院教研员、教研室主任9年，2019年任华东师大一附中副校长，分管教学，2021年担任主持工作副校长，2022年任校长。现任上海市教育学会物理教学专业委员会副主任，曾经参与上海市教育考试院物理高考、物理等级考试、学业考试命题、审题，上海市初中物理竞赛、高一物理实验竞赛的命题，是上海市物理教材审查组成员，担任第四期上海市"双名工程""攻关计划"物理学科主持人、华东师大兼职导师、虹口区科协常委。曾获上海市园丁奖和上海市教育系统三八红旗手、虹口区拔尖人才等称号。

袁芳多年来专注于高中物理课堂教学，主张物理教学应当做到过程有趣、学法有效，物理课成为学生的一场历险，习得的物理思维方式能够使学生获益终身。她基于任务驱动、团队合作、评价激励的原则开展教师培训，指导的教师都取得很大进步，如她在承担上海市"攻关计划"主持人工作时期，一位学员获得上海市青年教师爱岗敬业教学大赛一等奖，两位学员获评正高级物理特级教师。

近年来，她在核心期刊发表《关于物理概念教学的讨论》《关注科学思维能力发展的教学评价改进初探》等10多篇文章，参与多项市级课题研究，获上海市基础教学成果奖二等奖、上海市教师学会优秀课题、第八届全国物理特级教师大会论文评比一等奖，参编《新课标 新教学 新评价》《物理学科教师评价框架的构建与实践》，著有《高中物理愉悦教学的实践和探索》《聪明教物理——基于学习科学的中学物理课堂实践应用研究》等。

袁芳认为，学校应成为鲜活生命蓬勃绽放的场所。为此，她在担任校长期间提出"高品质管理　高素质人才"的办学主旨，主张开门办学、顺势而为、借力发展，着力将学校带入高质量发展的轨道。她主导设计的课程规划于2021年获得上海市优秀课程规划，赋予"五修课程"在"双新"课改背景下的新内涵，借力市级课程领导力项目推动课程建设，丰富选修课程和主题研修课程。她认为，学校的一切活动都是课程，教育时机随时都有，关注德育课程的实效性，鼓励学生行走中国，先后开拓了四条研学线路，为学生创设机会去认识当下中国和社会百态，根植家国情怀。自袁芳担任校长以来，在全体教职员工的共同努力下，学校稳步发展、社会声誉得到不断提升。

袁芳认为，课堂学习过程应成为学生的历险之旅。她提出"新结构化教学"三要素，即情境场、问题链、反馈环。其本义是：学习内容有价值，有现实意义；学习经历有挑战，有思维进阶；学习过程有评价，有情感体验。她希望以"新结构化教学撬动学校育人方式变革"这一上海市规划课题来深化学校课程改革。

她主张全人教育，认为学生拥有无尽潜能，未来有无限可能。因此积极开拓课程资源，推动全员导师制，尽可能发掘学生的潜能，提供课程支持和个性化辅导。在多方努力下，近两年数学、物理、化学和信息的学科竞赛、科创大赛、各类文科比赛呈现蓬勃发展态势；校园活动多姿多彩，无论是体艺节、科创节、读书节，还是新年音乐会，每一个学生都能找到自己绽放的舞台，在德智体美劳方面都得到全面发展。

她将自己视为学校发展的推动者，为如何引领一附中人走得更远而殚精竭虑。学校发展要有高度，要有顶层设计；学校管理要有序高效，要风清气正；学校氛围要有温度，需要人文关怀。她改善班主任待遇、增设"附中年度人物"的评选，让每一位努力工作的教师被看见。在推动教师发展方面，她竭尽全力为教师搭建平台、提供交流学习机会，鼓励教师走出去，加强与大学、国内外学校的联系和合作，以开放的心态看待教育变革带来的机遇。

在管理方面，她提出干部要具有学习力、沟通力、抗压力；面对新形势、新任务有不断学习的动力，思考要有前瞻性；面对学校高质量发展所面临的困难，要有足够的抗压力，在爬坡奋进阶段能够砥砺前行。针对高品质管理的目标，她提出闭环管理，管理者要有责任意识，对上能担责，对下有担当。她延续了扁平化的"学部制管理"，并进一步完善，形成新的细化机制，让学部岗位锻炼成为干部的孵化器。

作为从教 32 年的教育人，袁芳严于律己，恪守教育规律，矢志不渝地保持着教育初心：忠诚党的教育事业，为党育人，为国育才！

科研校长
徐正贞

徐正贞（1926—2008），浙江宁波人。毕业于复旦大学，曾任华东师大一附中校长兼上海市虹口区教育局副局长，中学高级教师，华东师大教科院副院长、研究员，上海市教育学会副会长，上海市优秀教师。

徐正贞就读于复旦大学，他在大学时已接触并参加地下党的工作，毕业后被安排到华东师大附中工作。1964年，陆善涛校长调往上海市教育局工作，由徐正贞担任华东师大一附中副校长，主持学校工作。根据当时"减轻负担"的政策精神，学校采取措施，课时一周减到28节，并因材施教，允许优秀的学生跳级，学校学生高考各科成绩在全市名列前茅。为此，团中央学校工作部于1965年11月派调查组进驻学校，总结学校减轻学生负担、提高教育质量的经验。上海市委教育卫生工作部还特地出专刊，介绍推广学校"减轻学生负担、提高教育质量"的经验。

1980年，徐正贞正式接任校长，在任期间（1980年—1988年）继续坚定不移地推进教改，取得很大成绩。在教师科研方面，徐正贞经常勉励教师"要当教育家，不做教书匠"，他指出："教育家"和"教书匠"二者最大的区别就在于教师搞不搞研究。学校设有教育科学研究室，分个人、教研组、学校三级开展科研工作，60%以上的教师都投入了研究活动。20世纪80年代，教师发表论文600多篇，出版著作60余册。他以非凡的魄力，开了中学教师"整学期不排课，享受科研创作长假"的先例。华东师大一附中的学术研究氛围浓厚，名师辈出。以张思中、陆继椿、刘定一等为代表的一批教师，热衷于中学教育科研，以科研促教学，逐渐形成了"科研领先，教有特点；全面发展，学有特长"的华东师大一附中办学特色。

在华东师大一附中的校史上，从教师干到校长职位的人物凤毛麟角，而徐正贞就是其中的一位。在师生的心目中，他是一位实干、平易近人的校长。许多学生在回忆往事时，常常提到在校园里看到徐正贞弯腰捡起地上的废纸、垃圾，清扫礼堂的情景。他们对徐正贞爱校如家、平易近人、真抓实干的作风予以高度的评价。徐正贞不仅主张课内打基础，而且也强调课外出成绩，十分重视学生的课外活动，促使"三个三分之一"（即课余时间里分别有三分之一的学生在实验室，有三分之一的学生在图书馆，有三分之一的学生在运动场）成为学校的教学特色。"文化大革命"后的几年，学校课外活动小组发展到160余个，许多学有特长的学生，在校期间就纷纷崭露头角，考上大学、走上社会后，成为各行各业的栋梁之材。

徐正贞极为重视教师队伍建设，他认为"教师要有一桶水，才能给学生一碗水"，因此一直提倡教师业务进修。当时他责成教导处为每位教师每周排出半天进修时间，同时还安排星期六下午（当时是六天工作制），作为全校教师进修的专用时间，讲师德修养，讲教育学，交流心得体会，帮助年轻教师迅速成长。

此外，徐正贞还十分关爱学生。在20世纪50年代初，当时徐正贞还是一个青年教师，生活并不富裕，但他遇到经济困难的学生，都会解囊相助，帮助克服困难。据当时的学生回忆，受惠的学生达数十人。88岁的1954届高三乙班校友周斌和85岁的1956届高三甲班校友姚佩君夫妇，特别是周斌，在回忆当年徐正贞对他学习、生活、政治乃至婚姻上无微不至的关怀时，仍然记忆犹新。周斌回忆道："那时徐校长特别关心学生的健康成长，因了解到我家庭经济条件不宽裕，徐校长每月会省出费用，以补贴伙食。高中阶段，他介绍我入党，甚至连我和姚佩君的婚姻也关心到了。正是有徐校长的关心，我被保送进入北京大学，甚至还得到了徐校长对我赴北大报到的路费资助。"

对一些有才气、素质好的学生，如陈步君、陆继椿、郑震中、林树清等，在他们高中毕业后，就将他们直接留校，担任教师，并创造条件让他们到大学里去培训。事实证明，留下来的这些学生，以后都是上海教育界的骨干，有些还担任市区教育界的领导。徐正贞对来自学生的批评，也能坦然接受，真诚相待。

徐正贞以尽职尽责的工作态度和对教育事业的挚爱之情，在华东师大一附中坚定不移地推进教学变革，促进学校教学质量显著提高，为学生的职业生涯打下了扎实基础。

全国优秀教师
黄群

黄群，1971年6月出生，江西新余人。1995年毕业于江西师范大学历史系，1998年入职华东师大一附中，先后担任历史学科备课组长、历史教研组副组长。全国优秀教师、上海市"金爱心教师"，获上海市园丁奖。

黄群，1991年考入江西师范大学历史系，1995年大学毕业后进入上海市闵行第三中学任教，1998年入职华东师大一附中。

自参加教学工作以来，黄群坚持以学生发展为本的教育理念，把学生看作自己生命中至关重要的一部分，用她特有的沉稳、耐心和细致，默默无闻地工作在教师岗位上，为学生奉献自己的爱，用实际行动践行为人师表的师德标准。

黄群多年担任高三历史班班主任工作。她认为新时期的班主任要有个人的人格魅力，与学生沟通的能力，为学生做好示范，严于律己，真诚待人，用自己的行为去感染影响学生，培养其自律、进取、负责的品格；用真诚去打动学生，走进他们的内心世界，用善于发现的眼睛挖掘每个学生身上的闪光点，让他们体会到被关注的幸福和被重视的价值。她会从学习上的每件小事培养学生的学习习惯；从生活上的每个细节润物细无声地引导学生走好每一步，从而赢得了学生的尊敬和信任。她注重在历史教学中渗透人格化教育和理想信念教育，让学生懂得"做人、乐群、爱学"的道理，取得较好成效，其所带班级曾荣获"区先进集体"和"校先进集体"称号。她多次获得班主任考评优秀奖，并在2006年获得上海市"金爱心教师"的荣誉称号，2007年获得虹口区园丁奖，2009年获得上海市园丁奖。

在教学上，黄群兢兢业业，多年担任高三历史教学工作，教学任务繁重，工作压力大，但她没有喊过累，也没有请过假，心中只有一个目标：为学生进入理想的大学而努力。面对高考改革的多次挑战，她带领备课组教师认真研究课程标准，研究教材和命题，以提升学生历史学科核心素养为教学核心目标，努力将学生对知识的学习过程转化为发展核心素养的过程。她所任教的高三班级高考历史平均分多次超过市重点平均分，2008年在上海市中学历史教学研究会举办的历史命题比赛中获高中组二等奖。2014年，她撰写的教学论文《提高高三历史讲评课实效》获得虹口区教育科研优胜奖，所撰写的"从《五四运动》一课教学探索看历史学科'立德树人'的育人价值"获得区学科德育优秀案例；曾作为虹口区历史学科骨干教师和虹口区高考历史讲师团成员，多次参与区高三历史模拟试题的命制，并向全区开设试卷评价的公开课；进行"从高考阅卷看高三历史学习""教师的职业精神"等主题的发言；向全区历史生开设"把握分散的区域文明到整体的全球文明发展的历史框架"的综合复习讲座。积极参与区校合作项目"基于知识结构教学实践的高中历史校本课程设计"，并指导学生在区"历史知识结构构建"比赛中获奖；2019年在上海市德育实训基地开展的"在读史中获得教史的体悟"的读书比赛中获得二等奖，其《天国兴亡，系于文化——读吕思勉中国通史有感》一文刊登于《历史教学问题》。

黄群在德育和教学上的辛勤工作最终使她在2014年获得了"全国优秀教师"的荣誉称号。

全国优秀教师
崔乐美

崔乐美，1944 年 5 月出生，浙江杭州人。1966 年毕业于上海师范大学生物系。1987 年调入华东师大一附中担任团委书记，后任生物教师、心理教育专职教师。全国优秀教师、中国心理卫生协会首届优秀工作者、上海市"十佳好妈妈"。

崔乐美于 1962 年从上海中学考入上海师范大学，于 1966 年毕业。1987 年调入华东师大一附中担任团委书记，并参加团市委组织的心理健康教育培训班，开始从事青少年心理研究，从生物教师转为专职心理教师。1999 年到退休年龄，因学校心理教育工作需要，延迟退休一年于 2000 年 8 月退休。

1988 年，她在华东师大一附中季克勤校长的支持下，在上海市精神卫生中心余展飞医生的指导下，开展学生心理健康教育。

她率先把心理教育引进课堂，当时没有心理教育方面的教材，她就自己编写，先在初中开课，后在高中开课。她还面对高三年级学生开设心理课，让他们学习心理健康常识，进行心理训练和心理咨询，让高三年级学生学会自我心理调节，消除考试紧张、焦虑情绪，以积极的状态迎接高考心理课取得显著成效，深受教师、学生、家长的欢迎。

崔乐美是中国心理卫生协会会员、全国心理咨询和心理治疗专业委员会委员、全国青少年心理卫生专业委员会委员、上海市学校心理健康教育讲师团讲师。

国家职业资格心理咨询师远程教育上海培训基地，特聘崔乐美为国家心理咨询师上海学员见习指导专家。她还被上海教育委员会聘请为上海市学校心理健康讲师团专题讲座教师，被同济大学聘为心理教育顾问。

崔乐美特别注意对有心理问题和心理障碍的学生进行心理教育，取得良好的效果，对特殊人群进行心理危机干预，挽救过5个人的生命，有记者、教师、学生等。

崔乐美创造了心理健康教育"两全美心法"，中国教育电视台进行了采访报道。由于心理健康教育成绩显著，她于1998年9月被国家教育部授予"全国优秀教师"荣誉称号；1999年2月被中国心理卫生协会评为第一届中国心理卫生协会优秀工作者（上海学校仅一人）；荣获上海市学校心理健康教育贡献奖。

崔乐美在家庭教育中进行心理健康教育，教子有方，1990年7月被上海市教育局、上海市妇联等单位评为上海市"十佳好妈妈"。

崔乐美在心理教育实践基础上开始理论研究，并编著有关心理教育书籍，曾出版《青少年心理卫生教育读本》《心海引航》《心理健康之友》等著作。她热心教育公益活动，曾经把她编著的心理教育有关著作寄送给偏远地区有关学校。

崔乐美曾被同济大学、虹口区教育学院、妇联等13个单位聘任为顾问、咨询员、特邀科研员等。2000年退休以后，崔乐美被虹口区多所中小学返聘为心理教育指导教师，带教心理教育工作。

崔乐美是国家心理咨询师授课教授、虹口区就业促进中心职场导航专家、大众卫生报《新健康周刊》点评专家及《名师课堂》专栏作者。她曾发表有关心理教育论文、文章几百余篇。在中央人民广播电台、中国教育电视台、上海人民广播电台、上海电视台、上海教育台、《解放日报》、《文汇报》等十多家新闻媒体多次介绍报道崔乐美。

崔乐美的《"崔乐美两全美心"学校心理健康教育法》在全国中小幼心理健康教育内容与方法研讨会大会上报告（2000年3月）；《"崔乐美两全美心"学校心理健康教育法》在面向21世纪跨省市心理健康教育研讨会大会上报告（1999年10月）；《高三心理教育课的实践与探索》在第二届泛亚太地区心理卫生学术研讨会上专题报告（1998年10月）。《快乐小格言》获全国第二届中小学心理健康教育优秀成果评选一等奖（2003年12月）；《心海引航——青少年心理辅导》

一书获上海市中小学心理辅导协会科研成果一等奖（1999 年 1 月）；论文《高三心理教育课的实践与探索》获上海市心理卫生学会优秀论文奖（1997 年 11 月）；"高三心理教育课的实践与探索"课题获上海市辉瑞心理健康卫士奖（1997 年 11 月）；"高三心理健康教育的实践与探索"课题获虹口区第六届普通教育科研成果三等奖（1998 年 9 月）和上海市第六届教育科研成果三等奖（1998 年 12 月）。

物理名师
葛起超

葛起超，1947年8月出生，江苏启东人。本科毕业于上海第二教育学院物理系。1999年至2007年在华东师大一附中工作，任常务副校长，主管教学和基建工作。曾两次被评为上海市劳动模范，两次被评为虹口区先进生产（工作）者。1991年被评为中学物理高级教师，1993年开始享受虹口区政府特殊津贴。

葛起超1966年从北郊中学高中毕业时正逢"文化大革命"，到崇明下乡。1972年，他被选送到上海师范大学（"文化大革命"时华东师大暂名）物理系进修，两年后毕业。从教后他又到上海第二教育学院，学习取得物理系本科学历。1974年起，葛起超先后在上海建江中学、北郊中学、华东师大一附中任教高中物理和行政工作。

葛起超在华东师大一附中任常务副校长时，当时学校各学科都有一些享誉区市的名师临近退休，如何让他们传带好年轻教师，是个迫切任务。葛起超组织了专门班子，逐一对每个教研组排摸组情，连续听课、查作业、学生座谈、教师个别交谈，慎重地与教师本人一起找出成绩和不足，并跟名师结对带教，一学期后再"回头看"效果。他为取得第一手教学信息，与"高温车间"教师同甘共苦，特意兼任高三一个班的物理课。他同备课组一起备课、流水阅卷、批作业、补差，一样不落下。他还坚持参加每一届高三的每一次家长会，与教师一起直面问题。干群感情融洽了，大家工作更有劲。他还倡导教育科研，立足解决教育教学中的实际问题，与教师一起研究学生学习心理及教育理论，提高教学效率。努力终有成果，2003 年市教委对学校申报"市实验性示范性高中"的总结性评审中，作为考核办学质量的一个重要指标的教学工作获得很高评价。

学校的新校迁建工程属虹口区重点工程，葛起超受组织委派为此工程的校方负责人。首先碰到的重要问题是选址。区领导曾初步设想了三种选址方案，葛起超通过对三种方案周边地区踏勘，权衡利弊，向有关领导力陈，最终选了现址。从建成后周边十多年的发展看，这个选址是十分恰当的。在教育局支持下，他又向有关部门力争到了容积率、建筑面积的顶格批复，为学校长远发展储备了足够的空间。在建造中，他还从实用、方便的角度，跟设计单位反复磋商，大至各种专用空间的布局，小至报告厅座椅的选型，力求尽善尽美。最后落成的新校：学校占地面积 60 亩，建筑面积 49600 平方米，拥有标准教室 48 个，专用教室 26 个，计算机、语音室 8 个，图书馆 2000 平方米，拥有 400 米标准跑道的操场和 4000 平方米的体育馆，馆内有标准室内篮球场、羽毛球馆和乒乓房，拥有可供 600 人住宿的学生公寓。新校启用后又陆续完善了包括生物数码互动实验室、DI 实验室等理科实验室 9 个，心理等人文学科实验室 3 个，图书馆藏书 10 万余册。新校工程最终荣获上海市建筑行业白玉兰奖。葛起超也被虹口区政府评为 2007 年区先进生产（工作）者。

葛起超当年因"文化大革命"高考大梦一场空，壮志未酬的他将深深抱憾化作了后来对学生的倾心培养，他对三尺讲台有着特殊感情。他上课生动、形象，学生非常欢迎。譬如电学实验中要求按电路图连接各器件，尤其有些女生，不知如何下手，还常错接漏接。他就告诉学生接线口诀是：先"一竿子到底"（即从电势最高的电源正极出发，顺电势下降，一路依次串接遇到的器件头尾，如果沿途遇到有节外生枝出去的器件则先不要理会，要一直连到电势最低的电源负极为止），然后再"锦上添花"（观察哪里有分支出器件，添接上去）。这种接法避免了顾此失彼，所以又快又准。又譬如用万用表测二极管单向导电性时要记住：黑棒插负极孔电势高，红棒插正极孔电势反而低。尽管已交代过表内构造，知为什么负极孔电势高，但由于习惯上根深蒂固知负极，代表电源负极电势低，所以学生还是会记错。他说，那就记个上海话谐音吧，说罢开玩笑地指着学生，瞪着眼说："侬，瞎胡搞！"学生一下子怔住了，顿了顿恍然大悟，原来是："瞎（黑）""胡（负）""搞（高）"，从此再没人记错了。葛起超还多次辅导学生参加竞赛，一次上海市高中物理竞赛，全市共 51 人获一、二、三等奖，他的学生获一、二、三等奖各 1 人。他的教学事迹，《文汇报》、上海电视台都有过专题报道。

他的专著有《直流电路分析》《根据女生学习心理特点组织高中物理教学》《碰撞速度的可取值范围》等，合编有《高中物理（甲种本）教学参考书》（教师用书）等近 20 册。退休前，他是上海市教委高评委学科专家库成员、虹口区中评委委员、物理学科组长。

下编

化学名师
丁明远

丁明远（1925—2016），祖籍江苏泰兴黄桥。毕业于同济大学理学院化学系，华东师大一附中化学教师，曾任化学教研组长、校友理事会理事。

丁明远的父亲丁文潮早逝，他从小由四叔父丁文渊悉心抚养。丁文渊曾两度被委任同济大学校长，任职校长期间，他十分重视学校人才的引进，聘请在德国留学的著名中国教授回国任教，培养了大批优秀学生。其二伯父丁文江是北京大学地质学研究教授，是我国地质科学和地质教育的开拓者，培养出一批中国地质事业早期的骨干人才，对中国地质事业的发展做出了卓越贡献。在两位优秀的叔父辈科学家和教育家报效国家、献身科学与教育的精神和人格魅力熏陶下，丁明远勤奋好学，努力上进，1950年毕业于同济大学化学系，并留校当助教辅导实验，院系调整时，他被调至华东师范大学任教。

1952年末，由于华东师大附中的化学教师李嘉音调入华东师大，因此附中空缺把关的化学教师。在李嘉音推荐下，华东师大领导决定调丁明远到附中代替李嘉音的位置。当时附中的林静校长也几番劝说丁明远调任到附中。最终丁明远顾全大局，从华东师大转入附中担任化学教师，直到1987年离休。

丁明远有着十分吸引学子的形象，他高挑的身材能够把毛装穿出中山装的味道，常穿一双小方头的棕色皮鞋，风度翩翩，很是帅气。在附中任教期间，丁明远在化学教学中讲课沉稳，因材施教。1956届初三甲班、1959届高三甲班校友周晓光说："印象最为深刻的当然是化学老师丁明远了，他是我们高三时的班主任，平时讲课底气足、声音响，书写的字又大又美、十分飘逸。他把门捷列夫元素周期表编成了顺口溜，同学们都背得滚瓜烂熟。"作为高中化学的重点，讲好氧化还原反应并不容易，而丁明远能深入浅出地讲解理论（基本概念、原子结构、分子结构等）和应用（电池、电解），并且还能阐明量化的部分（配平）。

受大学注重实验操作训练的教学模式影响，丁明远在教学中特别重视化学实验，严格要求学生做好每个实验，同时注重方法引导，趣味教学，取得了显著的教学效果。1955届高三乙班丁忠源回忆道："在高中期间，我们做了不少化学实验，至今印象最深的是两个实验，一是'生产肥皂'，另一是'制氯化氢'，实验很简单，却让我牢记至今。实验课后的一堂化学课开始时，丁明远老师让我把上节课做的制氯化氢的实验装置画在黑板上，画完之后丁老师指出了我的错误，并引导我改正，这件事虽小，但对我后来在化学领域的学习、深造、教学和研究影响深远。做实验不是配药方，一定要弄通原理，认真写好预习报告和设计方案，画出实验装置图，才能取得较好的实验效果。"

丁明远热爱教育事业，在教育教学方面有其特色，尤其在30多年的化学教学工作中，他在备课、教材研究、教学实验、考试命题以及培养学生动手能力等方面都积累了丰富的经验。他多次在区内、市内及对全国各地教师进行公开教学，并摄制成电影和电视录像，在全市及全国均有很大的影响。丁明远尤其擅长实验，指导学生课外化学小组活动成绩显著，荣获各类奖项。1956年，丁明远被评为上海市优秀教师。他所培养的青年教师日后都成长为各个学校的骨干教师、特级教师。

此外，丁明远对学生也十分关爱。1958年"大跃进"，丁明远负责带领学生参与运动，寻找天然气，其间周晓光两次负伤，丁明远第一时间和其他学生一起将其送往第一人民医院救治。这场运动后，丁明远和周晓光的感情加深，周晓光还记住了甲烷的作用。1985年，周晓光从西南回到上海工作后，经常去看望丁明远。丁明远常常会把他写的许多回忆文章送给周晓光，并为其讲述上海解放前夕他在同济大学学习时参加学生进步组织、秘密集会、印发传单的一些活动情况。

在坚守教学讲台的同时，丁明远仍坚持写作，笔耕不辍。多年来，丁明远在报刊上发表了数十篇论文，出版了专著《氧化还原反应》《有机化学反应规律》等。业余写作是他另一爱好，写作内容广泛，他经常自行打印并编汇成册，如《感谢我的有机化学的两位导师》《我的教学先涯中的轶事》《友情篇》和《多彩的业余文化生活馨我心》等。

　　退休后的丁明远，懂得多国文字，会讲英语、俄语、法语，尤其擅长德语，他爱好摄影、录像，喜欢游泳和骑马，会跳舞，也会弹钢琴，并时刻关心后生学子们的成长。

　　2016 年 11 月 2 日，丁明远因病医治无效不幸逝世，享年 91 岁。

化学正高级教师
王书玉

王书玉，1981年1月出生，河南南阳人。同济大学环境科学专业博士毕业，化学正高级教师，教育部基础教育精品课获得者。2005年7月进入华东师大一附中，现担任学校STEAM中心主任。

1998年9月，王书玉自河南省唐河县一中少年班考入同济大学应用化学专业；2002年9月，保送直升同济大学有机化学专业硕士研究生。2005年7月，入职华东师大一附中。2012年9月，攻读同济大学环境科学与工程学院博士研究生，2016年9月获工学博士学位。

王书玉从教20余年来，坚守讲台，深耕课堂，用优质的化学教学助力学生成长。她秉持"挖掘潜力，适时引导，人人皆可成才"的育人理念，抓住四个关键词：教学、研究、创新、辐射，努力做好四件事：

一做有意义的教学。在实践中，王书玉倡导"关注认知发展，探寻学科本质"的教学主张，努力打造让学生有充分获得感的化学课堂。她连续多年担任高三教学工作，因教学业绩突出，多次荣获虹口区突出贡献嘉奖。在收获学生和家长认可的同时，也得到专家的高度肯定，2020年受邀录制上海市空中课堂，2023年度获评教育部基础教育精品课、全国名师现场优质课评比一等奖等荣誉。

二做有针对性的研究。围绕核心素养如何落地，王书玉从教师的"教"和学生的"学"两个方面进行探索：一是以大概念为统领，开展单元教学设计与实施，形成典型案例，研究成果除在《化学教学》期刊发表外，还被选为虹口区"十四五"教师研修课程；二是以化学的实际应用为核心，以生涯探索为导向进行课程开发，让学生在真实问题情境下发展核心素养。近年来，王书玉主持区级重点课题 2 项，区校合作项目 1 项，作为核心成员参与市区级课题多项；以第一作者共发表论文 12 篇，其中 SCI 论文 3 篇，在《化学教学》《化学教育》等核心期刊上发表论文 6 篇。

三做有特色的创新教育。王书玉尽己所能，努力打造华东师大一附中科创教育特色。一是与沪上复旦大学、上海交通大学等高校建立深度合作关系，构建了中学-大学贯通创新实践平台；二是基于高中化学知识设计适合高中生学情的研究项目，将前沿课题校本化，有效衔接高中知识与学科前沿。王书玉不仅负责学校的科创教育，还带领学生进行课题研究，师生共同在 *Research on Chemical Intermediates* 上发表科学研究成果 "Controlled synthesis and enhanced bacteriostatic activity of $Mg(OH)_2/Ag$ nanocomposite"，申请国家发明专利 1 项，《解放日报》曾对该工作进行专题报道。她指导二十余项学生课题在上海市青少年科技创新大赛、"明日科技之星"等比赛中获奖。

四做有实效的辐射。作为虹口区学科中心组成员、区骨干教师，王书玉为区内外师生开设公开示范课和专题讲座，为浙江省高中化学教师培训项目授课，赴福建、江苏、青海等地担任评委专家或做专题讲座数十次。在新教材应用三年之际，王书玉代表上海在全国教材应用研讨会上做主旨发言，交流上海经验。她在兼任华东师范大学教育硕士研究生导师的同时，也在校内带教青年教师，指导他们获得上海市基础教育青年教师教学竞赛一等奖、中小学（幼儿园）见习教师基本功大赛一等奖等荣誉。

在推进教育高质量发展、建设教育强国的新征程上，王书玉正在以教育家精神为引领，牢记为党育人、为国育才的初心使命，秉持特色，深耕课堂，为一代代学生成长成才奉献自己的智慧和力量。

知识结构教学专家
王远

王远，1953年出生，浙江绍兴人。毕业于华东师范大学历史系。一生从事中学历史教学和教学研究。任华东师大一附中的科研室主任。曾参加"成功教育"和"新基础教育"课题组活动，是全国知名中学科研联合体常务理事。

王远，1953年3月出生在上海一个教师家庭。1970年4月，他"上山下乡"去了云南景洪的橡胶农场。1978年被华东师大历史系录取，1982年毕业，获史学士学位。1993年至1994年，他在职进修了华东师大教育学的研究生课程。

王远研究"知识结构教学"，最初只是想要改变历史教学中学生"记—背—忘"的低水平重复。在探索的过程中，他先后发表了《谈教学结构研究的思想方法》《高中历史学科插入研究专题的教学》《基于学科知识结构教学的高中生创新素养的培育》和《课程教学的二维拓展》等相关文章。

王远认为，教材、教师和学生相互联系和作用的教学结构，是实现教学功能的内在因素。外部影响教材的社会政治、经济、文化因素，规范教师活动的学校制度因素和学生背后的社会、家庭环境及心理因素，都可以在教学结构中被准确地认知和描画。有关教学研究的各种理论，也只有在解决教学结构问题时，才会被综合考量和显现其理论价值。拓展教学"冗余度"，是王远研究知识结构教学的切入点。他认为，想要不被复杂的教学问题搞昏头脑，不被各种"成熟"的教学理论牵着鼻子走，就必须把握教学"冗余度"，即教学结构要素在相互联系和作用时的临界状态。

　　"建构—解构—重组"，就是针对教学的展开、深入和结果等临界点提出来的基本应对策略。王远认为，高效的教学要围绕知识建构而不是知识点展开；教学的深入需要对知识解构而不是解释；教学的成果体现在师生认知水平的提升而不是知识量的增加。根据王远的定义，建构就是在学科事实、概念与方法之间建立结构联系。这是避免学科知识被割裂和教学低水平重复的基本策略。教学解构，则是追究知识结构中事实、概念与方法之间的非一致性和偶然性。解构就是让学生了解学科事实的客观存在与文本存在的本质区别。教学解构是突破教材对教学束缚的基本策略。重组是指学习者对建构获得的间接经验和解构获得的直接体验重新组合。重组的过程，既是知识结构内化为认知经验、拓展认知结构的过程，也是学习主体的认知心理通过课堂外化为表征、同化和顿悟的学习过程，解决了学生学什么和怎么学的问题。

　　1998年，王远设计的"解构和重组"的教学实验方案，被市教委批准立项，并成为教育部重点课题"上海市高中生创新素养的培育"的子课题，华东师大一附中成为该研究项目的实验基地学校。王远全程主持了学校的实验研究，并最终完成了研究报告《基于学科知识结构教学的高中生创新素养的培育》的撰写。报告得到专家小组的充分肯定。

　　2013年，王远被北京师范大学政府管理学院聘为兼职教授和兼职研究员。其后，他受北师大委派，在国内一些省市的教育学院开设教师培训课程，讲授"知识结构教学"的思想方法、基本策略和课堂操作。

语文名师
王树琪

王树琪（1913—2004），河北临榆人，二级教师。1952年至1970年任华东师大附中语文教师、教研组长。

王树琪，1928年1月至1931年7月在潘阳女子师范学校初中学习，1932年7月至1937年7月就读于天津女子师范学院中文系。1938年2月至1940年1月任同济大学图书馆职员，1940年2月至1941年5月任昆明昆华女子中学教师，1943年8月至1946年7月任同济大学附中教师（抗日战争时迁至四川），1946年7月至1951年7月任上海税务局职员，1951年9月至1952年9月任同济大学教导处职员，1952年10月起任华东师大附中语文教师。她精于新文学，尤其精于鲁迅作品的研究。她一生之中尽心尽力教书、读书、做人。

王树琪是一位出色的语文教师。她一进课堂开讲，就好像演员进入了角色，声音和神态充满激情，身心完全沉浸于课文之中。讲《社戏》时，她会把学生带入诗情画意的境界，使鲁迅先生描写的景物和人物变得鲜活，令人陶醉。讲《友邦惊诧论》时，她激情满怀、义愤填膺，时不时从课文生发开去，以自己当时的感受丰富课文内容，见证鲁迅先生深刻的讽刺力量。

几乎每一堂课的开始，王树琪都会向学生介绍一篇或者一段报纸杂志的文章，与学生共享读书之乐，自然地引导学生拓宽视野，将语文课与当时的思想、感情及语言交融起来。

王树琪当教研组长时，帮助其他教师上公开课。当时，张瑜的公开课总是能轰动全区或全市，能做到这点，除了依靠张瑜深厚的功力，还需要王树琪组织的一次次"滚雪球"的试教讨论，集中大家的智慧和经验加持。

王树琪喜爱读书。她的床边堆着随手可拿的书籍，书架上不时有几册新出版的书。和学生讨论时，谈书是一个很主要的内容。她最爱读散文，看到报纸杂志上喜爱的文章，不仅圈圈点点，还剪存、抄录。她别无嗜好，唯嗜读书，又少外出，终日待在书斋之中，自得其乐。她经常借书给学生并讨论，以提高学生的文字感悟和欣赏能力。有次，她带学生到她家，让学生任意挑选她的藏书，一边说"这是我心爱的书"，一边把崭新的书递到学生手中。

王树琪十分重视友谊。王树琪和华东师大附中图书馆管理员陈念荪是好友，在陈念荪生活困难时，王树琪总是雪中送炭。"文化大革命"时期，王树琪和友人有事来到杭州，千方百计寻找陈念荪的住址，好不容易打听到，却得知陈因手术住院，于是她克服杭州交通不便、对当地生疏的困难，直到傍晚前才抵达医院，前去看望陈念荪。王树琪八旬高龄时，曾去陈念荪家小住一周，把陈念荪看作亲人。后来，陈念荪还经常去上海看望王树琪。

此外，王树琪还是一位受五四新文化运动影响的先进知识分子，早在去世十几年前就办好了遗体捐献手续，完全将自身献给社会。

数学名师
王剑青

王剑青，1929 年 12 月出生，浙江黄岩人，高级教师，市数学学会会员，区政协委员，《中学数学辅导》编委，《帮你学》丛书编委。1952 年 7 月至 1988 年 9 月先后任华东师大附中、华东师大一附中数学教师、副教导主任。

王剑青，1940 年 9 月至 1946 年 7 月就读于浙江黄岩私立中学，1946 年 10 月至 1948 年 10 月就读于复旦大学海洋系。1948 年 11 月至 1949 年 5 月，王剑青任浙江南部游击纵队三支队文化教员，1949 年 5 月至 1949 年 9 月任浙江黄岩黄乐县委宣传队队长，1949 年 9 月至 1949 年 12 月任浙江黄岩私立中学政治教师，1950 年 1 月至 1950 年 9 月任大连中学生物教师，1950 年 10 月至 1951 年 4 月任志愿军二六军侦查科英文翻译，1952 年 7 月至 1988 年 9 月先后任华东师大附中、华东师大一附中数学教师、副教导主任。1986 年荣获区园丁鼓励奖，1981 年 7 月至 1988 年 9 月任虹口区第五、六、七届政协委员。

王剑青的数学教学极其优秀，他与廖康民、毛梦奇实现老、中、青教师的传帮带，培养了大批优秀数学教学精英。他的数学课是学生对附中美好回忆的一个重要部分。他能够随手画圆，能够深入浅出、生动精细地讲解平面几何（会讲几何在机械制图中的应用），有效增强学生的逻辑思维和推理能力。他那精确而又有条理的阐述，幽默的语言，与学生频繁的互动交流，使听他的课成了一种美妙的享受。他经常在黑板上出练习题，从每个小组抽同学上去演示，再评点打分。

学生在冷静思考和热烈竞赛气氛中,很快做完了一系列习题,他又计算出各小组总分,激发学生再比高低的学习劲头。在课余,他总到班里来和学生无拘无束地交谈,又和学生一起到农村劳动及参加其他社会活动。他是学生的良师益友。

王剑青高超的教学能力源于他广博的学术根底。他曾说起过他大学读的专业是海洋,这使受他教诲的许多当时只知道搞原子能是高精尖的中学生颇为疑惑:这样有才气的人为何选了这么一个冷门专业?后来学生涉世深了,了解到人类在陆上资源大量消耗后,已把开发的重点移向海洋,万分佩服他的远见。但未等王剑青完成学业,朝鲜战争爆发,他又投笔从戎,上前线当了一名英语翻译。回国后他还以此为背景,发表了小说集《侦察兵》,并在课堂上花 5—10 分钟讲志愿军的故事。以他的经历、才能、文笔和英语水平,在回国后是可以大展宏图的。他说过当时作家协会和一些别的热门单位也都要他去,但他最后还是选择当中学教师,长期无怨无悔地耕耘着人才的土壤。

70 年代中期,姜叙伦校友在沪光灯具厂工作时,一天王剑青突然找上门来要姜陪他去找厂技术组的技术员给中学生讲课,谈数学在灯具设计中的应用。当时厂技术组很忙,姜对到中学去额外讲课也不甚热心,但王剑青软磨硬求,终于游说成功。

王剑青还有篇独创的关于数字舍入规则的顺口溜:加减看小数,乘除观有效;中间多一位,结果同最少。此外,在玩桥牌方面,王剑青也有一手,他和屈肇塈在虹口区进行桥牌比赛中打败过好几个学校的对手,其中还包括虹口中学。

王剑青的主要著作有:《怎样编写数学精报》(1964 由上海教育出版社出版);《如何加强数学教学理论联系实际》(1964 年发表于《华东师范大学学报》);《数学练习》(发表于《上海教育》杂志);《分式教学》(发表于《数学教学》杂志);《高中数学解题途径》(获华东师大教学科研三等奖);《初中教学教与学》(1983 年由浙江科技出版社出版);《高中数学复习资料》(1986 年由天津科技出版社出版);《初中数学辅导》(1985 年由华东师范大学出版社出版);《初中代数》上、下册(1986 年由上海教育出版社出版)。

数学名师
龙凤超

龙凤超（1920—2020），河南信阳人。1948年毕业于福建暨南大学国际贸易系。长期从事中学数学教育工作，担任过华东师大附中多届班主任。

龙凤超于1945年考入暨南大学，1948年毕业后回到家乡在信阳市义光中学（现信阳市第一高级中学）任教务长，1949年到上海空军器材处工作，1953年到华东师大附中任数学教师，1968年调新组建的红军中学任教，直至退休。

1938年龙凤超高中毕业时，正值抗日战争爆发，她在江西战时第一儿童保育院负责收养抗战牺牲将士遗孤和难民孤儿工作。由于战事趋紧，她和同事们带着一批难童向内地撤离。一路上她既当老师又当母亲，无微不至地关心照顾着孩子，历经千辛万苦把孩子送到后方。八九十年代还有不少当年的难童学生来看望她，感谢她当年的关心照顾之恩。

自1953年以来，龙凤超一直在华东师大附中担任数学教学工作。龙凤超讲课思路清晰，分析深入浅出，灵活结合实际，适时启发提问。她特别注重打好基础。在讲透每一条定理之后才指导学生举一反三、灵活运用。尤其善于将日常生活的哲理与智慧融入教学，引导学生深入理解，做到知其然，还要知其所以然。她要求学生必须按规范的要求解题，不能有丝毫马虎。她的严格教育训练为学生打下扎实的数学知识基础，几十年后都能清晰地记得当时的学习内容。

　　龙凤超不仅有着丰富独到的数学教学经验，更是一名优秀的班主任。1956年至1966年十年间，她先后担任过四届班主任。

　　作为班主任，龙凤超十分重视对学生的思想品质教育，严厉中饱含爱护。她教导大家要团结友爱，要倡导集体主义思想，维护集体荣誉。每逢组织各项集体活动，她都要求把事情做到最好，使学生在活动中养成严谨细致、一丝不苟的作风。她带教的班总会在年级中取得最多的荣誉。每次带领班级去农场、农村劳动，无论割稻插秧、除草挑肥，她都身先士卒，干在前面，让学生感到老师始终在他们身边。她要求学生做一个友善的人，一个作风正派的人。当有些学生做了不当之事时，她会立即批评指出。当发现一些不良倾向时，她总会及时指出，提醒大家重视。

　　在学生面前，龙凤超既是严师又是慈母，她把每个学生都当作自己的孩子，时时刻刻予以关心。

　　每逢暑假，她都会冒着酷暑对学生进行家访，还与许多家长保持良好的关系。有学生遇到困难挫折，她都及时伸出援手，尽自己所能给予帮助。她主动为有生活困难的学生争取补助，还经常自掏腰包为学生解燃眉之急。有个学生患重病需休学治疗，为此情绪低落到极点，她一再安慰开导，还为该学生安排好复学后合适的班级，让学生放下了沉重的思想负担，跨过了这道坎；有个学生家庭经济特别困难，她主动联系学校，帮他毕业后留校就业；有学生因成绩差失去学习的信心，她给予个别辅导，当其有所进步时，她及时地表扬鼓励，使该学生重拾信心，逐步走上学习的正轨。初中即将毕业，有不少学生为了想早日参加工作而打算报考中专技校。她便逐一找他们个别谈话，联系家长，劝导学生要放远眼光，继续深造，使这些学生重新选择在附中高中继续学习，从而改变了人生轨迹。

　　直至半个多世纪后，她的学生还都对当年老师的教诲记忆犹新，感恩她为指导学生走好人生第一步而呕心沥血！正如学生所说的："常言父母是孩子的第一任老师，我们要说老师是我们的第二任父母。龙老师就如我们的严父慈母。"

　　龙凤超曾多次被评为先进教师，还获得过虹口区三八红旗手称号。

（龙凤超之子、1968届中三丁班刘宇亮提供资料，
1965届中三丙班林国定、陈肖瑠　撰稿）

政治正高级教师
叶莉

叶莉，1981年11月出生，福建福州人。2004年毕业于华中师范大学思想政治教育专业。2007年进入华东师大一附中工作，获全国青少年普法教育优秀辅导员、第四届上海基础教育青年教师教学竞赛一等奖、上海市教学能手等荣誉。曾任政治教研组长、教务处副主任以及党群办副主任。

叶莉，2000年考入华中师范大学，学习思想政治教育专业。2002年11月18日加入中国共产党。在大学就读期间，叶莉曾任学校文艺部部长、学生会副主席、大学生活动中心主任以及勾沉话剧社社长。

2004年大学毕业后，叶莉回到家乡，任福建省福州第一中学政治教师。2007年，叶莉来到上海，进入华东师大一附中任教，曾任政治教研组长、教务处副主任以及党办副主任。同时，她也是虹口区学科带头人、区学科研修团队主持人。

任教期间，叶莉对高中思政课教学"点线面体"的全方位构建进行了探索。

一是把握课堂教学这一关键点，在学校"新结构化教学"基础上结合高中思政学科特质进行探索，融合知、情、意、行四个维度，将道理讲深、讲透、讲活。这样的教学方式既吸引了学生，也获得了专业肯定。叶莉曾获教育部基础教育精品课、部级一师一优课、全国学科德育精品课和全国思政课教师基本功大赛特等奖等4项全国教学奖项；获得第四届上海市基础教育青年教师教学竞赛一等奖、上海市学科德育精品课、上海市法治教学案例一等奖等多项市级教学奖项，荣获上海市教学能手称号。

二是串联学段线，联动大中小学段推动思政一体化教学研究。叶莉主持 1 项上海市一体化项目，参与华东师范大学、上海市师培中心一体化课题，组织参与多次区思政一体化展示与研讨。

三是延展学科面，推动跨学科研究。叶莉组织跨学科联合教研，联合语文、历史、政治三科共备《实践是检验真理的唯一标准》一堂课，共同挖掘育人资源，形成育人合力。叶莉也牵头组织跨学科课程开发，如联合历史、心理教研组开发《红色虹口 行在当下》课程，联合历史、地理教研组开发《中国式现代化》课程。其中，《红色虹口 行在当下》融合历史学习、志愿服务、社会调查、公共参与为一体，入选上海市"中国系列"课程。

四是构筑共同体，将社会资源引入校园，将课堂搬到社会中，通过融通家校社资源，带领学生参与全国青少年模拟政协、走进人大、"男女平等国策进校园"等活动，推动学生知行合一。

叶莉将教学实践中的积累落笔成文，形成自身的科研思考，出版专著《让知识活起来》。该书分为五章，围绕建构、解构、重组三个教学环节，阐述了融合学科知识、高阶思维和社会实践，促进学科核心素养落地落实的策略与方法。同时，她围绕思政课一体化、复杂情境设置、政治认同素养培育等学科热点、难点问题持续研究，撰写了《指向学科核心素养培育的高中思政课复杂情境创设》《指向培育学生"政治认同"核心素养的高中思政课教学实践》《"知识结构教学"助学科育人》《高中育人方式改革背景下教师自我发展之路探析》等多篇论文，发表于《人民教育》《现代基础教育研究》《思想政治课教学》《现代教学》等期刊。

在担任党群办副主任和教务处副主任期间，叶莉还参与了学校的上海市"双新"课题、课程领导力项目以及多个市级党建课题研究，推动各教研组形成了"一月一会、主题化、序列化、全员参与"的深度教研机制，为推动学校全面育人、高质量发展做出了自身的贡献。

英语特级教师
毕红秋

毕红秋，1961年生于上海。1984年毕业于华东师范大学英美文学系。2002年被评为上海市英语特级教师。曾担任华东师大一附中国际部主任、英语教研组长，民进虹口区委副主委、虹口区政协常委，虹口区"毕红秋英语名师基地"主持人，虹口区"英语学科高地建设"理事长。被华东师范大学和虹口教育局评为"科研先进个人"，并荣获"全国教育科学研究贡献"特等奖，被区政府授予"虹口区拔尖人才"荣誉称号。

1984年毕红秋本科毕业于华东师大英美文学系，同年至1987年执教于华东师大二附中，1987年起执教于华东师大一附中，长期从事外语教学工作。后受上海市政府派遣赴澳大利亚工作进修一年。回国后参加了华东师大国际与比较教育研究所比较教育专业在职研究生课程进修班的学习。1996年6月当选华东师大普教研究中心1996年度科研工作先进个人。1998年获华东师大国际与比较教育研究所比较教育专业在职研究生课程进修班结业证书，同年12月被评为虹口区教育科研先进个人。1999年9月被评为上海市中青年骨干教师。

2000年5月获全国中学素质教育课堂教学精品课展示二等奖，2000年夏受市政府派遣，赴英国兰卡斯特大学进修语言，2000年9月被推荐为中小学骨干教师国家级培养对象，2000年11月获"全国教育科学研究贡献"特等奖。2002年9月荣获上海市特级教师称号。2003年以来连续参与了虹口、杨浦、普陀和闸北等多个区的教师职务学科评议组的工作并任学科组负责人。2009年获得虹口区拔尖人才称号。2010年担任"虹口区英语名师基地"主持人。2013年担任"虹口区英语学科高地"理事长。

毕红秋探索有效的教学方法，努力提高教学质量。她认为必须立足课堂45分钟，注重语言能力训练，强调知能并重，着力培养学生的跨文化素质。她的教学追求是"大信息、快节奏、高密度、勤实践"，并逐步成为她的教学风格。1993年，经学校推荐、上海市教委批准，毕红秋作为交换教师赴澳大利亚昆士兰州布里斯班工作一年。她从外国人学习汉语所遇到的种种困难中更加了解中国学生在学习英语时可能遇到的困难，从语言选材到课堂内的大量实践，迅速提高学生的开口能力，并反思国内英语教学中的种种问题，从而形成了自己研究的方向。1995年毕红秋被选拔为虹口区的"十人工程"培养对象，参加了研究生课程的学习，攻读比较教育学专业。在出国学习和研究生课程学习之后，毕红秋结合课程教材改革、强化口语训练教学的新构想，开展了"高中英语口语工程"的课题研究，开辟了课内外结合、培养学生听说能力的新途径，提出以"经典阅读、夯实基础、面向运用、培养创新"为内涵的英语口语训练教学目标，引入项目开发、任务驱动、师生互动等先进的教学模式，全面提升了学生的口语表达和运用能力。

经过多年的教学实践和科学研究，毕红秋对一些问题形成了独特的看法和认识，撰写和发表论文数十篇，其中，《培养学习兴趣，强化学习动机》和《学会学习——关于学法的几点认识》分别获得1996年、1997年华东师大普教研究中心科研论文二等奖；"最有潜力的英语第三板块学习"获全国教育科学"九五"规划教育部重点课题"大面积提高中学外语教学质量的实验研究"结题论文一等奖和"全国教育科学研究贡献"特等奖。2002年毕红秋被评为上海市特级教师。

2010年初，根据虹口区教育发展的要求和需要，毕红秋担任虹口区"毕红秋英语名师基地"主持人，开始承担起虹口区青年英语骨干教师的培养工作。她精心设计、认真制订基地名师培养的工作计划，遵循"在培养中使用，在使用中培养"的工作原则，以"扎根于学校，拓展于基地，引领于区域"为培养思路，综合运用理论学习、导师带教、实践锻炼、课题研究、教育考察、跟踪培养相结合的培养模式，将基地建设成英语教师专业发展的平台，造就了一支综合素质优秀、整体水平高、教学和科研能力兼备的教学团队，为虹口区英语教学质量的提升做出了积极的贡献。

2013年虹口区教育局出于对虹口教育发展和教师队伍建设的综合考虑，制定了虹口学科高地建设的行动方案，要求英语学科进行小、初、高全学段的高地建设行动，毕红秋担任英语学科高地理事长。英语学科高地在成立后，毕红秋带领学员将信息技术与教研相融合，以"微课"即微型课程资源为载体，依托网络打造了一个区域内的教师研训平台。把微课分为微讲座和微课例两种形式：用微讲座进行源自教学实际的理论学习，主要介绍词汇学习的策略和方法；用与微讲座理论相配套的微课例进行多样化的课堂教学研讨，微教研依托的网络平台有利于优秀教学资源的固化、推广和传播，便于教师进行跨校、跨区域的学习、交流和借鉴。

高地的建设得到了上海市教委教研室、虹口区教育局、虹口区教师进修学院的大力支持，每年都有品牌展示活动。英语学科高地不仅完成了一项又一项研究任务，还让经验型的教师找到了专业发展新的增长点，青年教师看到了新的挑战，并在老教师的指点下迅速成长。高地就是这样培养和造就了一批优秀的教师、专家型的教师。

英语特级教师
刘超

刘超，1975年4月生于上海，江苏扬州人。毕业于上海师范大学外国语学院英语教育专业，1997年至2019年在华东师大一附中工作，曾任英语教研组长。上海市特级教师、第二届全国中小学外语教师名师、虹口区教育系统"十佳优秀共产党员"。

刘超，1993年起就读于上海师范大学英语系英语教育专业。就读期间，上海师范大学英语系改名为上海师范大学外国语学院。1997年6月，刘超加入中国共产党，并于同年毕业于上海师范大学外国语学院，获得文学学士学位。

1997年7月，刘超进入华东师大一附中任教英语学科。在华东师大一附中工作期间，他曾先后担任班主任、备课组长、英语教研组副组长、组长等。2019年，刘超调离华东师大一附中，进入上海市教育委员会教学研究室工作。

在华东师大一附中任教的22年里，刘超从备好每一堂课做起，认真上好每一堂课，积极研究教材教法，逐步形成严谨求实的作风、扎实生动的教风。在日常教学实践中，他以不懈努力赢得了学生的喜爱和尊敬，曾以全票获评学校"我心目中的好老师"。

在课堂教学中，刘超注重教学相长，重视现代教学技术与方法在课堂中的运用，逐步形成"严谨扎实、生动活泼"的教学特色，力求以多种方法激发学生的学习兴趣，为学生创设真实的语言情境，变枯燥乏味的知识传授为生动活泼的实践体验。2005年他参加上海市新教材青年教师教学展评，获得高中组一等奖。

2008年，刘超成为上海市普教系统第二期"双名工程"名师培养对象，并开始担任学校英语教研组长。他以身作则，言传身教，用基地班学到的教学理念与教学方法带动英语组全体教师共同进步。在他担任组长的 10 多年里，华东师大一附中英语组先后有 1 人被列为第三期双名工程名师培养对象，2 人多次获得上海市市级学科教学竞赛或评比的一等奖，英语组的整体教学水平与精神面貌焕然一新。在他的带领下，华东师大一附中英语组于 2013 年被华东师范大学普教研究中心第十九届科研大会评为先进集体，2015 年被评为虹口教育系统优秀教研组。

2013 年起，刘超担任上海市中青年教师教学评选活动评委，2015 年担任全国师范生教学技能竞赛高中英语学科评委，并被聘为教育部 2015—2016 年度"一师一优课，一课一名师"活动"优课"评审专家，2016 年起主持虹口区英语学科培训工作室（基地）工作。先后指导校内外多位青年教师获评全国高中英语课堂教学观摩展示课评选以及全国高中英语课堂教学观摩培训教学设计评选的一等奖。

2013 年，刘超获评第二届全国中小学外语教师名师称号。2017 年，刘超被评为上海市特级教师。他出版专著《"互联网＋"与教师的专业发展》，撰写多篇论文发表，并曾获得上海市英语学科教育教学论文评选一等奖。

2019 年，刘超进入上海市教育委员会教学研究室工作，担任课程教材研究部教研员，负责上海市中小学英语学科全学段的教材建设与管理工作，为上海市两套高中英语非统编新教材建设做出了自己的贡献。2022 年起，他担任上海市教育学会中小学外语教学专业委员会理事。

化学名师
汤永容

汤永容，1945年6月出生，浙江鄞县（今宁波鄞州区）人，毕业于上海师范学院化学系。华东师大一附中化学教师，曾被评为虹口区化学学科带头人、中学化学高级教师，荣获上海市金爱心教师三等奖，曾参与上海市高考化学命题、上海市高中化学会考命题，参与编写《重点高中化学导读》。

汤永容毕业于上海师范学院化学系。1969年至2000年在华东师大一附中担任化学教师，在学校的鼓励和培养下锻炼成长。汤永容于1986年参加上海市第一届中青年教学大奖赛并获优秀奖，1991年被评为中学化学高级教师，1997年被评为虹口区化学学科带头人，1998年荣获上海市金爱心教师三等奖。1995年和1997年参加上海市高中化学会考命题，1998年参加上海市高考化学命题。

汤永容任教期间，热爱学生、踏实工作，用系统论思想指导化学教学，通过理线织网，提高课堂上45分钟时间的教学质量。她对每一个学生都付以诚挚的师爱，鼓励不同学习能力的学生共同进步。在参加市区组织的7节公开课研习时，她学习从局部看整体，在相似中找不同，在差异处找共通，在辨析中通概念，在反思中提能力。1991年，汤永容执教的高中化学课《苯酚》参加上海市教育局电化教学观摩研讨活动，在备课期间得到学校电化教研组教师的大力支持与帮助。该课录像存档于上海市电化教育馆，曾作为部分师范大学"中学化学"教育观摩内容。

汤永容担任班主任期间，带领学生进行理想前途教育，走出课堂开展社会实地调研，促进学生成长。她曾带领学生到上海市社会科学院、杏花楼食品店等地开展社会实地调研。汤永容还开展人人自荐班长活动，培养学生的自信与能力。

汤永容参与编写了7本著作，其中，科技文献出版社出版的《重点高中化学导读》重版重印多次；科技文献出版社出版的《重点高中化学试题精选》的附录"疑难解题分析指导"部分由汤永容与学校化学组同仁共同编写，也多次重印；上海教育出版社出版的《高中化学教师备课资料手册》，汤永容也参与了部分编写。

汤永容还发表了许多科研论文，如《备课、上课、说课》获1997年华东师范大学普教论文二等奖；《用系统论思想指导化学教学的理线织网》获虹口区科研论文鼓励奖；《创新精神与过程教育的尝试》于1998年刊载于全国核心期刊《化学教育》(该论文署名为"庞关")。

此外，汤永容还积极辅导学生参与化学竞赛。1997年和1998年，汤永容经市教育局教研室推荐，担任上海市化学化工学会业余学校周日教员，辅导优秀学生两次参与化学竞赛，获中国化工学会表彰。1998年，汤永容还辅导学校高三学生获得上海市高中化学竞赛团体二等奖等。

劳技正高级教师
阮武林

阮武林，1978年3月出生，江西新余人，劳动技术教育正高级教师。自2004年10月起在华东师大一附中工作，担任高一、高二劳动技术（通用技术）学科教学，现任学校信息劳技教研组长；上海市第四期"双名工程"后备名师和"种子计划"领衔人；虹口区学科带头人和研修团队主持人。

阮武林，2001年6月毕业于江西师范大学教育技术学专业，同年7月进入上海市第五中学开始教育工作，2004年10月进入华东师大一附中工作，2010年于华东师范大学教育技术学专业毕业（教育硕士）。

阮武林通过学习思考和动手实践，了解到学科育人的关键是要育德、育心、育能、育品。20多年来，他经常利用周末、假期时间研究学科育人，形成了基于学科内容进行多角度育人方式，将社会主义核心价值观、中华优秀传统文化和科技发展史融入课堂，让学生知晓、感叹、感悟、感恩前人奋斗事迹，懂得今日幸福生活来之不易的道理。他以身作则，2020年疫情时参加"空中课堂"在线视频课录制，完成了8节课录制，获上海市教育卫生工作委员会突出贡献奖。2022年4月至12月，他先后在街道和学校参加核酸采样等工作，被学校评为优秀党员和"抗疫标兵"。

阮武林在学科教学上强调一个"动"字，包括动手、动脑、动心、动情等多层含义。动手、动脑是让学生体验技术设计与制作过程，增强技术意识、提高动手实践能力。动心是让学生深入真实情境，发现问题，综合运用已学知识解决实际问题,感受实际问题解决的复杂性和艰巨性,培养创新思维,培养匠心、责任心和恒心。动情是让学生从身边发现问题、形成课题研究,服务他人、社会,报效国家,做一个热爱劳动、乐于奉献的人。

阮武林在技术课程开发与教学上有自己的特色,先后参与、主持完成7个市、区级课题,出版专著《DIY Arduino 智能车》,参编《3D 建模与成型》机器人书籍;机器人课程获上海市优秀教学成果奖二等奖,两篇论文获全国一等奖,5次获市、区教学类评比一等奖;指导400多名学生参加各类竞赛,200多人次获奖。

阮武林多次参与学科重大工作,2017年参与《高中劳动技术学科装备指南》的编写;2018参与全国人教版《通用技术》教材总方案和教材审读工作;2020年参与《通用技术》选择性必修6《智能家居应用设计》教参编写工作;2015年参与《高中劳动技术教材评价》编写;2022年参与"空中课堂"视频课录制指导工作;2023年被聘为上海市中小学中青年教师教学比赛中小学劳动技术/通用技术学科评委。

阮武林至今共带教3支团队,带领学校慕课团队开发了15门慕课,曾获华东师大普教中心先进集体奖和先进个人;指导虹口区学科研修团队多位教师在各类竞赛中获得优异成绩;带领"种子计划"团队课题"TRIZ理论下的高中生创新设计教学策略研究"并被评为优秀,课题成果被学科专家和科研专家认为具有较好的推广意义和实践价值,5位学员获得较好成绩。

语文名师
孙光萱

孙光萱（1934—2012），笔名江远白，浙江余姚人。1957年肄业于北京外交学院外交系，曾任华东师大附中团委书记、语文教研组长、上海教育学院中文系教授。

1934年3月，孙光萱生于浙江余姚天元，父亲为小学教师，古典文学根底深，孙光萱受其影响，从小阅读《孟子》、《战国策》、《史记》、唐诗、宋词等，以及鲁迅、郭沫若、茅盾、托尔斯泰、契诃夫、莫泊桑等中外名家的作品。1949年前，孙光萱曾在余姚县报发表散文、诗歌习作。1952年，孙光萱毕业于华东师范大学附属中学，因学校颁布"优秀毕业生可留校任教"政策，他被留校当团委书记，兼任政治教师。据学生回忆，"孙老师的团委工作搞得很出色，政治课也教得很受同学欢迎，思想品质和业务素质都表现出众，是一位很有前途的青年教师"。

1956年，凭借出色的专业能力和思想品质，孙光萱被北京外交学院外交系录取，但受政治风波影响，1957年肄业。同年，他重回母校任教。因当时学校用人从水平和能力出发，没有学历限制，也无资格认定，孙光萱基于深厚的文学功底和对语文浓厚的兴趣，得以从任教政治学科转向语文学科。他在语文教学上有自己独到的见解，教学语言简意赅，教学风格严谨又不失趣味。学生贝新祯回忆道："孙老师上课一本正经，几乎从不旁枝逸出。他的教学语言非常精练、规范，这种风格能够在课堂上自始至终吸引住学生的注意力。"学生陆继椿也回忆道："孙老师见人就微笑。他上课时吐词没有一个是拖沓的；板书即使是长长的一行，每个字都刷刷成列，大概不会有一厘米的倾斜。他的语文课条理清晰，语言简练。他在教授文学作品，特别是小说和诗歌时，善于分析细节，推敲词句，善于发挥，很能吸引学生。"

孙光萱在文学上也颇有建树，1961 年在《文汇报》上发表关于鲁迅小说的文艺札记。1978 年调上海教育学院中文系任教，先后兼任图书馆馆长、《上海教育学院学报》常务副主编、教学督导。主要著作有《抒情诗的艺术》（与吴欢章合著）、《论贺敬之的诗歌创作》（与尹在勤合著）、《中国现代文学专题史》、《新诗创作和欣赏系列谈》、《张志民的诗歌艺术》等。《论贺敬之的诗歌创作》获首届中国当代文学研究奖，《论近年来新诗创作中的现实主义发展趋势》获上海哲学社会科学优秀论文奖。

1988 年，孙光萱任《新诗鉴赏辞典》常务副主编，撰写了 30 余篇赏析文章。此外，他还先后主编了《中国现代作家作品选》（3 卷本）、《中国现代文学作品选读》等多种书籍。先后发表论文评论 200 余篇。

孙光萱凭借出色的文学底蕴和严谨的好学精神，在语文教学和文学作品上展示出了卓越的才华和深厚的造诣。年过古稀后，他仍"焚膏油以继晷，恒兀兀以穷年"。

2012 年，孙光萱因病去世，享年 78 岁。

历史名师
李永圻

李永圻（1927—2019），江苏武进人（今属常州市武进区）。毕业于复旦大学法学院经济系，师从中国近代著名史学家吕思勉，曾任华东师大一附中历史教研组长、历史教师。

李永圻出身书香门第，1927年3月7日生于江苏省武进走马塘，其父李德夫在民国时期一直在常州政府部门主管文化教育，是中国近代著名史学家吕思勉的世交挚友。李永圻9岁离家来常州城里求学，小学毕业后考入常州中学，此时吕思勉正在常州中学任教，李永圻聆听了他的课后，对人文学科产生了浓厚的兴趣。吕思勉见李永圻秉性诚厚，勤奋好学，又是挚友李德夫的儿子，遂将他收归门下。吕思勉对李永圻如同己出，又严格要求，从此吕思勉和李永圻结下了非同一般的师生情谊。

李永圻高中毕业后考入复旦大学法学院经济系，在读期间受到常州籍著名经济学教授周有光的指导，课余时光受恩师吕思勉的引导阅读史书，在两位大师的熏陶下于1949年大学毕业。后由吕思勉推荐进入光华附中任历史学科教员，直至1987年2月从华东师大一附中退休，1950年11月至1951年9月兼任光华大学图书馆职员。

李永圻用毕生精力投身于教书育人的事业。他知识渊博，平易近人，不仅教学有方，还善于引导学生培养正确的价值观。1960届初三甲班马饮川在回忆录中写道："有段时间班里一些同学喜欢在课余时间打扑克，李老师见状，在黑板上手书'勤笔勉思'四个字，然后讲了学生要有志向，珍惜宝贵的年轻时光。对学生的缺点他从不直接给予严厉批评，反倒常常引用诗词和名句，婉转温和地讲明做人做事的道理，几十年后，这些学生还清晰记得他的教诲。"

除了课堂教学，李永圻还十分重视学生的课外活动，如组织历史课外兴趣小组，举办讲座，参观博物馆、纪念馆及历史遗址，邀请校外专家来校做报告等，这些活动对丰富和拓展学生的历史知识、形成科学的史学观起到了很好的促进作用。1955届高三乙班丁忠源回忆道："李老师担任班主任时，经常参加同学们的课余活动，尤其是周末，近在虹口公园，远到复兴岛，他几乎没有缺席过一次。在活动中，一点没有师生隔阂，完全打成一片，玩到高兴处，他会像小孩一样，笑得前翻后仰，躺倒在草地上。这一景象，同学们至今历历在目。"

作为吕思勉的弟子，李永圻敬仰吕思勉的学问文章和人品道德。教学之余，李永圻积极参加著名史学家吕思勉史学论著编辑工作，并编写了《吕思勉先生编年史辑略》及《吕思勉先生编年事辑》。自20世纪50年代末，李永圻就和吕思勉的女儿吕翼仁一起着手整理吕思勉的著作文献。在将近60年的漫长岁月里，特别是在90年代之后吕翼仁病逝，李永圻退休回家，他始终埋头于一堆故纸前，认真仔细编辑、校对、整理吕思勉的遗稿。后与华东师大历史系的张耕华教授数十年如一日地艰苦奋斗，直到2015年10月终于将26册，总计1400余万字的《吕思勉全集》编辑完成，交由上海古籍出版社出版发行，在学术界、教育界和社会上引发了很大反响，吕思勉的皇皇巨著也因此得到更加深入广泛的研究和传播。

2016年，90高龄的李永圻来到母校，把花了半个世纪时间收集和整理，直至80岁时才出版的《吕思勉全集》赠送给母校。他说："我对师大附中充满希望，今天把《吕思勉全集》作为一份薄礼送给学校，希望能推动学校的教育教学。预祝师大附中在100周年校庆时，成为上海名校，不辜负学校创办人廖世承校长的愿望。"

2019年3月29日，李永圻因病医治无效离世，享年92岁。

语文名师
吴侃

吴侃（1933—2021），江苏建湖人。1955 年 9 月至 1960 年 8 月在华东师范大学中文系学习，1960 年 9 月至 1962 年 9 月在华东师范大学教育科学研究所任助教，1962 年 10 月进入华东师大一附中担任教师工作。曾任语文教研组长，1994 年 2 月退休。

吴侃在建湖完成私塾和中学阶段的学习。吴侃于 1948 年 2 月至 1953 年 7 月在上海市商业学校学习，1953 年 7 月至 1954 年 8 月留校担任教导员以及班主任工作，1954 年 9 月至 1955 年 8 月在上海市药材公司任职员。1955 年 9 月至 1960 年 8 月在华东师范大学中文系学习，1960 年 9 月至 1962 年 9 月在华东师范大学教育科学研究所任助教，1962 年 10 月进入华东师大一附中担任教师工作。1970 年，吴侃加入中国共产党。他曾任语文教研组长，1994 年 2 月退休。

吴侃热爱教育事业，热爱学生，全面关心学生成长，教书育人尽心尽职。他对所教语文学科有扎实的专业知识和理论功底，对中学各年级语文学科的教材、教法能全面熟练地掌握运用，积极投入语文学科的教学研究，参与市、区语文教学改革工作，在全国期刊上发表了不少论文，如 1989 年出版的《京津沪等市重点中学高年级教师作文指导荟萃》一书中收入他的文章《谈谈"写什么"的问题》。他曾在十三校作文教学讨论会上宣读论文，并发表于《江苏教育》杂志上。

他的品读教学、课堂调动以及对教材的处理方面自有独到之处，使学生难以忘怀，铭记在心。如《范进中举》一文，他抽丝剥茧，层层剖析，把人物之传神分析得淋漓尽致；无独有偶，他把《梁生宝买稻种》中对主人翁的细节描写讲解得绘声绘色。

他认为多读多写始终是语文教学有效的方法。他坚持每学期要求学生背诵20篇诗文，写20篇作文，数年下来学生对学习语文有了程度不等的兴趣，阅读和表达水平也都有了较为明显的提高。他的具体措施：一是落实"以阅读为基础"的语文教学的传统思想。以"读书无疑者，须教有疑，有疑者却要无疑"的读书法指导学生学习课文，对一些课文，让学生从遣词造句、布局谋篇等方面提出意见，有时还让学生在课堂上展开争论，最后达到意见一致，或求同存异。二是千方百计鼓励学生尽可能多写、写好作文。在写作教学上，他提倡自由文，鼓励说真话，努力求效用，调动积极性。对学生的作文，经常在班级宣读、讲评推荐，或张贴于墙报，还经常鼓励学生写稿，投寄报社。

吴侃参加了1990年和1991年的上海市高中语文会考命题工作。

拥有深厚古文底蕴的吴侃还钻研历代笔记小说，他的学识风度让学生记忆犹新。有的学生并没有直接被吴侃授过课，但是，不管哪个班级的学生都可以去找吴老师聊聊，吴老师自然是不吝赐教，使学生获益良多。

吴侃在工作期间不计时间、不计报酬，受到了学校领导和同事很高的评价与赞扬，并深得家长和学生的欢迎和尊敬。20世纪80年代初，他两次荣获学校先进，获得海隆奖二、三等奖各一次。1992年8月，他获得虹口区教育系统1992年度教育先进工作者荣誉称号。

吴侃待人诚恳，有着一颗爱校、爱生、为民之心，他刚直仗义，热心助人，善良真诚，是深受大家爱戴的好朋友、好同事。校医姚莲宝不幸逝世，吴侃于1988年3月赋诗一首《悼姚莲宝女士》："白衣天使赤诚心，救死扶伤道义深。同仁体质蒙关顾，学子餐飧受恤存。在校严抓清洁事，下班屡探卧床人。惊闻噩耗肝肠裂，顿觉身边少热忱。"短短几行诗句，情谊溢于言表，发自肺腑，真切感人。吴侃对同事的深情厚谊由此可见一斑。

吴侃退休之后还一直关心着学校，每次来校参加退管会组织的活动，他总是为学校的发展和成就而高兴。他还经常关注着以往学生的成长与进步。2013年，有一个学生前去探望吴侃，并向他赠书一册。吴侃即邮寄两首诗给这个学生。其一："是月是我好门生，不是门生是友人。昔日攻文亲近我，如今辗转觅寒门。"

其二："一睹尊文吃一惊，辉煌成就令人钦。当年雏凤平平尔，今日清于老凤声。"这两首诗既显示了吴侃谦虚的为人，也表达了他爱生之深情，对学生也是莫大的鼓励与鞭策。

吴侃勤奋踏实、爱校如家、关爱学生、无私奉献的精神值得人们弘扬。

1987年7月21日，吴侃赋诗一首《游黄山归来有感》："身在黄山勿怨山，出门未有不登攀。人间一样无平路，莫畏崎岖莫畏难。"这首诗道出了吴侃的心声，道出了他为教育事业所做的努力与奋斗。

（1965届中五乙班宓正明　撰稿）

音乐名师
沈晓

沈晓，华东师大附中音乐教师。教学经验丰富，引导学生接触、欣赏不同类型的音乐作品，曾指导1956级初一甲班参加虹口区中学生歌咏比赛。

沈晓有着白净方正的脸庞，浓眉大眼，严肃中又透着慈祥，学生总觉得他不像艺术科的教师，倒像数学教师，这让学生将沈晓的音乐课像主课一样对待。

沈晓授课时语速平稳，讲解清楚，其授课内容十分丰富。他会从五线谱和初步的乐理开始讲起，很重视乐理知识，自编了视唱教材，每节课要让学生到讲台旁唱，让学生课前认真准备，课后及时复习。经过这样的训练，尽管学生音色各异，有的学生五音不全，但是都敢在众人面前开口唱了。

沈晓上课时并不只是教唱几首歌，在教唱某首歌之前，他还会介绍这首歌的一些背景知识，选择教的歌曲也有不同种类，有中外儿童歌曲、中国民歌、不同时代的著名歌曲等。除此之外，沈晓还经常安排时间给学生进行音乐欣赏，这成为学生热爱上音乐课的一大原因。沈晓有一些78转的胶木唱片，常用留声机放给学生听。放唱片时，沈晓会不时停下插入他的讲解，最后再完整地给学生放一遍。此时，音乐室里变得特别安静，学生全神贯注地聆听，沉醉于音乐的旋律中。

沈晓安排给学生欣赏讲解的曲目包括但不限于聂耳的《金蛇狂舞》《大路

歌》，广东民乐《彩云追月》《步步高》，阿炳的《二泉映月》，刘天华的《光明行》，冼星海的《黄河大合唱》片段，罗马尼亚民间音乐《云雀》，莫扎特的《土耳其进行曲》，舒伯特的《军队进行曲》，还有《歌唱祖国》《牧童》《让我们荡起双桨》等名曲，以及像《十面埋伏》这样的民乐，其激昂的琵琶声，把学生带到楚汉之争的古战场。在提高学生的欣赏水平、陶冶情操的同时，又增强了爱国主义的教育。他通过讲述《满江红》《苏武牧羊》等故事，将岳飞、苏武的民族英雄气概潜移默化地植入初中少年的心中。不少学生还记得沈晓组织和指挥过 200 人的多声部大合唱，唱《英雄们战胜了大渡河》，并应邀到校外演出。当年的演出成功给学生带来很大的兴奋，丰富了课外生活，也充分显示出沈晓的音乐造诣和驾驭能力。

沈晓有一双发现好苗子的慧眼（也可以说是"聪耳"），他认为 1956 级初一甲班的童声很出色，于是细心指导了该班正确的演唱方法。在他的鼓励与调教下，该班参与了虹口区的中学生歌咏比赛，以合唱歌曲《我们的田野》取得了该场比赛的最高奖项。

沈晓在组织课外兴趣小组钢琴小组时，引导、支持和鼓励方中同学在课余练习钢琴并阅读大量音乐方面的书籍。出于爱才、惜才的心态，沈晓为这个爱好音乐、刻苦学琴和练琴的学生提供了音乐室的钥匙，帮助方中于晚上在音乐室加练钢琴，这使得方中的琴艺迅速提高，其精神也得到了沈晓的表扬。此后，方中经常拿自己试作的歌曲去办公室找沈晓指教，并得到了沈晓热情的指导。在沈晓这位伯乐的帮助下，方中创作了许多歌曲，如《小皮球》《抓小麻雀》《红旗在飘扬》等，并考上了上海音乐学院附中作曲系。

沈晓任教期间，由于拥有丰富的教学经验，能够迅速有效地维持课堂秩序。某次，上课铃响了，但学生的吵闹声仍未安静下来。于是，沈晓手执教鞭，在讲台上敲了两下，音乐教室立刻安静了下来。随后，沈晓将自己比作指挥，要求学生听从指挥，从而有效地稳定了课堂纪律，使得学生能够迅速进步。多年后，1956 级初一甲班学生在母校聚会时，都深深感恩沈晓当时在他们的心中播下美妙的音乐的幼芽，许多学生从那时起对音乐的爱好一直延续至今，并且音乐水平高于同期的其他学校学生。2007 年该班在南京聚会时，大家一起深情地唱起了当年沈晓指导他们唱的那首比赛歌曲《我们的田野》。

沈晓对华东师大附中学生的德智体美劳的全面发展做出了出色的贡献。他师德高尚、业务精湛、热心教育、懂得学生心理、循循善诱、善于发现苗子、因材施教、悉心培育、爱护学子，是一位值得学生尊敬的好老师。

（1956级初一甲班夏铿、1958届初三甲班葛玛琳　撰稿）

物理名师
张正大

张正大，1934年出生，江苏无锡人，毕业于华东师范大学，曾任华东师大一附中物理教师、物理教研组长。

张正大，出生于江苏无锡。初中在乡村中学读书，高中进入苏州中学，当时张正大成绩处于班级下游，直到高三时才跟上班级步伐。在报考大学时，张正大的第一志愿是北京航空学院，第二志愿是北京地质学院，因体检查出色盲未被录取，第三志愿填的是师范，被华东师大录取。在大学里，张正大政治表现、学习成绩优异。1957年，张正大本科毕业后，由陆善涛校长亲自挑选进入华东师大一附中，1960年，任物理教研组长，直到1995年退休。

张正大教学严谨，语言简练，注重教学改革的探索。1977届14班曹勤荣回忆道："作为我的中学理科老师，我最熟悉的就是他。张正大老师的板书认真，字迹清楚，一气呵成。画几何图形一般不用擦，尤其是画圆，抡起手臂，一转即是。"1962届中五己班贝新祯在与张正大通信中讲道："张老师，您的课像您的人一样干练，三年的内容两年教完，我们照样和三年的学长同台飙戏。我记得那时候，您一单元一测验，后来数学、化学都抢着测验了，虽然弄得学生有点紧张，但读书质量确实更高了。"张正大优秀的教学经验培养出许多出类拔萃、成就斐然的杰出人物，在张正大所任教的中五丁班出了个上海市科协主席、中国科学院院士陈凯先。陈凯先回忆道："张正大老师清晰严谨、要言不烦的教学，使我对物理学产生了难以遏制的兴趣，我之所以后来报考复旦大学物理二系，可以说一大半是由于张老师讲授的物理课的影响。"

张正大不仅在教坛耕耘，也多次参与命题和教材的编制。1960 年，市委书记杨西光亲自挂帅，组织华东师大、复旦大学和华东师大一附中，组成教材编写组，同时让上海教育出版社密切配合，即编即印，陆善涛校长参加编写化学教材，张正大参加编写物理教材，夜以继日，奋战半年，部分教材顺利出版。1986 年、1991 年张正大作为唯一的中学教师被邀参加上海市高考命题，参与物理命题，1993 年受邀成为高考审题组成员，参与命题之后的审阅工作。张正大还担任了数届虹口区教师职称评委成员。

张正大不仅教学认真，事业心强，而且还保持了为人谦逊、淡泊名利的作风。季克勤校长想上报推荐张正大为特级教师，张正大却婉言推辞，他表示自己学术水平没有"特级"之高度，教课水平没有"特级"之艺术。张正大从不追求名誉或地位，只是想用自己的力量与行动教书育人，默默在三尺讲台上精耕细作。

张正大在华东师大一附中从事教学工作 38 年，怀一颗赤诚之心，育学子成英才，更是与学校共同成长，砥砺前行，见证了学校的发展，为学校卓著的声誉做出了不可磨灭的贡献。

语文名师
张瑜

张瑜（1933—2021），山东济南人。华东师大一附中语文教师，毕业于山东师范学院中国语文系，曾参与市教育局领导的《初中汉语教学参考书》1至6册的编写工作，曾被选为上海虹口区文教方面社会主义建设先进工作者。

张瑜，1940年9月至1946年7月任职于济南市三和街小学，1946年9月至1948年7月任职于济南市山东省立女子中学初中，1948年9月至1949年9月任职于山东省立女子师范，1949年9月至1950年1月任职于山东省立第一师范，1950年1月加入共产主义青年团，1950年2月至1950年5月担任山东尧沟镇小学教师，1950年6月至1950年7月担任青岛市绥远路小学教师，1950年9月至1951年9月担任青岛市圣功小学教师，1951年10月至1952年9月担任青岛市朝城路小学少先队辅导员，1952年9月至1954年9月为山东师范学院中国语文系学生，1954年9月至1954年12月担任山东师范学院附属工农速中教师，1955年1月至1955年8月因病在家休养。

张瑜于1955年9月至1975年5月担任华东师大一附中语文教师。任教期间，她关爱学生、和蔼可亲，作为班主任，对学生多采取肯定和褒奖，对学生有着深深的爱。学生对张瑜有着深厚的感情，并且对她极其尊重。

1975年5月至1987年12月，她在上海外国语学院图书馆工作。

张瑜为教育事业做出了巨大的贡献，留下了许多著作，并获得诸多成就。

1956 年至 1957 年参加市教育局领导的《初中汉语教学参考书》1 至 6 册的编写工作，已出版。1959 年 11 月《文汇报》刊登她的文章《我怎样对学生进行语文基本训练》。1960 年 5 月，张瑜被选为上海虹口区文教方面社会主义建设先进工作者，出席了上海市文教方面社会主义建设先进单位和先进工作者代表大会，会上被颁发奖章。1962 年 12 月《上海教育》刊登她和孙先董合写的《突破老框框，教好语文课》。"文化大革命"前，张瑜在区、市的范围内举行过若干次的公开课和观摩，取得了一些成绩，积累了一定的教学经验，和教研组的同事写出了一定质量的工作总结。

张瑜是一位美丽、文静、知识渊博、和蔼可亲的教师。她的讲解谆谆善诱，无不体现她深切理解每个学生的情感和思想。她在课堂上说的话，并不特定针对谁，但是却像是在与每个人深入交心。哪怕是很少与她说过话的学生，也能够对她印象深刻。

张瑜在授课时，一直在贯彻着对学生无微不至的关怀，学生则对她回以极大的热爱。许多学生依然对她讲授的第一堂课《荔枝蜜》印象深刻。在一次开学后的第一次作文评讲课上，她点评了金大雯校友的命题作文《暑假日记一则》，并给予其当时班级最高分 85 分。"承蒙老师错爱，她给了我此篇作文高分并当堂点评。让我这个性格内向、出身不好的班里的'小透明'狠狠刷了一次存在感，一下子让班里的新同学认识了我。所以我非常感谢张老师！"金大雯如是说，并将张瑜的评语保存了很多年。刘晓雯校友则回忆到张瑜问她考初中时的作文（《记一次公益劳动》）是否写了"削香莴笋"，并且询问了作者的名字以及是否进入附中的情况。汪国伦校友当时作文写得极好。有一次用了虚构的手法，张瑜给他打了 95 分，似乎是当时的最高分。不难看出，当时的学生十分喜欢上张瑜的作文评讲课，尤其是他们的作文被张瑜点评时，会获得难以言表的幸福感。

"文化大革命"时期，张瑜受到了迫害，学生十分关心她，至今都对那段时期印象深刻。最终，她成功克服了这段困难时期，生活也回到了正常的轨道上。

张瑜晚年失聪，但依然以安静为喜好，不同意购买助听器，每次学生探望时，她都会让女儿准备茶点招待他们，并认真倾听他们的讲述。最后几年，张瑜罹患阿尔茨海默病，时而清醒时而糊涂，但仍能叫出刘晓雯等一些学生的名字，这展现了师生之间的深厚情缘。不久，张瑜离世，她在生前要求丧事从简。

　　张瑜对华东师大一附中有着深厚的感情，她从未忘记过学校的那段与学生、同事之间的美好时光。"在附中的这段时间，是我从事教师这个职业以来，最开心的一段日子。这成了我做教师以来，一段最美好的记忆。"张瑜如是说。

　　张瑜是一位拥有伟大的人性之爱的优秀教师，成为她的学生，无疑是极其幸运的。

（*1967* 届中三乙班刘晓雯　*1964* 届中三甲班、*1966* 届中五乙班沈旭平　撰稿）

地理名师
陆大堉

陆大堉（1923—2015），江苏太仓人。毕业于圣约翰大学。曾任太仓娄东中学教师、华东人民革命大学外专干部、华东师大附中教师、上海师院附中教师、上海市市北中学教师等职。

陆大堉，1942年9月至1945年9月于圣约翰大学文学院经济政治专业学习。他于1945年8月至1946年2月任太仓娄东中学教师，1946年2月至1947年7月任物资供应局秘书处职员，1947年7月至1950年12月任美商德士煤油公司职员，1950年12月至1951年7月任华东革大外专干部，1951年7月至1957年9月任华东师大附中教师，1957年9月至1959年9月任上海师院附中教师，1959年9月至1987年2月任上海市市北中学教师。

陆大堉是一位风度翩翩的教师，据周晓光校友对陆大堉先生的描述："陆老师戴一副粗黑边的近视眼镜，身材魁梧，很有气派。时而西装革履，气度不凡；时而军绿大衣灰布裤，随意自然。他讲课内容丰富，风趣又幽默。"陆大堉是教地理的。那时，他体硕高大，微黑的四方脸很饱满；眼睛虽然不大，但透过那玳瑁框的镜片，便炯炯有神了。虽然不过三十来岁，腹部却有点凸圆。这样一来，西服一穿，俨然是位风度翩翩的绅士。在1956年那阵，社会上穿西服还是常见的，但陆大堉穿西服的气质架势却是非同凡响。

当时的学生之间有传言说陆大堉曾是外交官，并曾服务于联合国。然而该传言对陆大堉为何来华东师大附中执教语焉不详，当时的学生也表示不会也不敢去询问陆大堉本人。

陆大堉在担任班主任期间放手让学生自治。他在讨论班级工作时，常常用商量的口气问："你们看怎么办呢？"当时的几位班干部则在此理念下各抒己见并各行其是，给了学生很多自我锻炼的机会。

在任教期间，陆大堉的世界经济地理课，让学生印象极为深刻。或许是因为陆大堉在联合国工作的履历，他经历过许多事件，接触过许多国家的人，眼界较高，视野开阔，讲课时会很自然地把各个国家、地区的气候、资源、物产跟地缘政治结合起来。学生很喜欢听他闲聊，他常常聊向海阔天空，聊得眉飞色舞。学生从他口中知道了联合国大会、五个常任理事国、奥地利的瓦尔德海姆等内容。据周晓光校友的描述："世界各国的风土人情对他来说如数家珍，听得大家新奇又向往。他说日本人称饭盒为'便当'（顾名思义，多方便啊），他说捷克皮鞋世界闻名，他说因纽特人坐狗拉雪橇快捷又舒适，他说大面积三夹板的板材不是用锯子平面切割树木制成的，而是用卷笔刀削铅笔的原理卷削出来的……难忘的是每次讲完课后他的真诚微笑。"由此可见，陆大堉的眼界和知识储备是有相当高的程度的。

陆大堉拥有大才，能够提出十分敏锐和有见地的观点。有一堂课，他讲到生产配置问题，以苏联为首的社会主义阵营和以美国为首的资本主义阵营，都强调国际分工。他冷静地分析说，分工的意义是协作和合作，这有利于发挥国家和地区的优势，总体上会促进和完善经济发展。但是，如果其中的强国左右了其他国家，就会出问题。比如，苏联工业很发达，曾经提出过要我们中国着重发展农业，我们没有同意，第一个五年计划就突出发展重工业了，这一观点在之后的历史中得到了印证，显示出了陆大堉的高瞻远瞩。

反右派斗争开始后，由于忙碌，陆大堉收起了笑容，上课的话也减少了，不久，他离开了华东师大附中，调往上海师院附中。据说，后来陆大堉去了深圳，并且跟联合国联系上，还原了工作身份，并享受到联合国退休的待遇。

（1959 届高三乙班陆继椿　撰稿）

体育名师
陆江山

陆江山（1944—2023），江苏海门人，高级教师。华东师大一附中体育教师，1962届校友，赛艇国际裁判，曾任亚洲赛艇裁判委员会副主席，荣获"园丁奖"和"胡楚南优秀教师杰出奖"，三次被授予"全国优秀裁判员"称号。

陆江山，于1962年从华东师大一附中中五（五年制中学）毕业，同年考进上海师范学院体育系，于1966年毕业。1968年进入华东师大一附中任体育教师，陆江山一直在华东师大一附中工作直至退休（其间曾在第五十二中学工作五年）。

陆江山在教学、训练和社会体育方面均有出色的贡献。在教学中，他进行"体育个别教学法"的研究，针对不同的学生个体，采用不同的方法进行教学，达到相同的教学要求。

在训练中，他带领的学校田径、游泳和足球队都获得了上海市冠军，并向上海市和兄弟省市输送了许多运动员，还向体育院校和高等院校输送了合格新生。在社会体育上，他担任了赛艇项目的裁判员。在亚洲赛艇锦标赛时，他首创编制了"四条航道淘汰晋级制度"，得到了国际赛艇联合会的批准，成为"用于亚洲比赛"的正式文件。1991年，陆江山在日本考取了赛艇国际裁判。以后，为规范国内赛艇比赛的裁判工作并与国际赛艇比赛接轨，他又撰写了《赛艇裁判工作细则》，统一裁判执法程序和尺度，被中国赛艇协会聘为裁判讲师，培育和考核了大批国家级裁判员。陆江山多次在国际、国内的重大比赛中担任执法裁判。1988

年奥运会时，他担任国内技术官员（NTO）总协调。

陆江山因其出色的贡献，曾荣获园丁奖和"胡楚南优秀教师杰出奖"，三次被授予"全国优秀裁判员"称号。

陆江山曾任中国赛艇协会竞赛委员会副主席，并被亚洲赛艇联合会任命为裁判委员会第一副主席。此外，陆江山还曾为华东师大一附中游泳池水的改革消毒提出新措施，为学校做出了卓越的贡献。

陆江山在职期间曾获得以下荣誉：1988年5月上海市中学体育先进工作者；1989年3月全国体育优秀裁判员；1990年10月第十一届亚洲运动会先进工作者；1991年9月虹口区优秀园丁奖；1992年5月上海市第六届中运会显著成绩奖。

科技名师
陆福昌

陆福昌（1942—2023），浙江余姚人，一级教师。华东师大一附中头脑奥林匹克比赛资深教师，1987 年获得上海市优秀青少年科技辅导员称号。

陆福昌，1957 年 9 月至 1960 年 6 月于上海市北虹中学（初中）就读。1960年 9 月至 1961 年 8 月，从上海市虹口师范学校毕业。1975 年 9 月至 1976 年 9月于虹口区教师进修学院培训。1961 年 8 月至 1975 年 7 月任虹口区乍浦学区教师，1976 年 9 月至 2002 年 8 月任华东师大一附中教师。1987 年获得上海市优秀青少年科技辅导员称号，1990 年获评虹口区教育系统先进第二课堂指导教师称号，1997 年获评 1995 年度虹口区校办产业先进个人，2001 年获得第十四届中国上海头脑奥林匹克竞赛隐形第四组第二名。

陆福昌是学校头脑奥林匹克比赛的资深元老级教练，他很擅长培养学生的兴趣。培养学生对某项活动的兴趣的关键，往往在于让参与者明确活动背后的意义，因此，陆福昌从头脑奥林匹克的英文原名"Odyssey of the Mind"（简称"OM"）入手，由于英文中的"Odyssey"一词源自古希腊诗人荷马创作的史诗《奥德赛》，其讲述了英雄奥德修斯的冒险故事。作为一位擅长讲故事的人，陆福昌通过奥德修斯的故事，引领学生认识到 OM 竞赛的创立者这样命名是富有象征意义的，它暗示着参与者将踏上一段充满智慧挑战和创意冒险的旅程，这与《奥德赛》中描述的史诗般的冒险旅程相呼应。然后陆福昌具体地分析了 OM 竞赛的项目结构，包括一个长期题和一个即兴题，如同心智和精神上的大小探索之旅，旨在培养年轻人的创造力、团队协作能力和解决问题的技能。细分来说，首先，史诗人物奥德修斯以创造力著称，这个特质帮助他克服了旅途中的种种困难。OM 竞赛鼓励学生运用创新的思维解决复杂问题。其次，奥德修斯的同伴在他的旅程中扮演了重要角色。在 OM 竞赛中，团队合作是至关重要的，学生需要共同合作，发挥各自的长处来解决问题。最后，奥德修斯在经历了诸多挑战后成长为更加强大的人物。在 OM 竞赛中，学生也需要通过应对挑战和难题，培养解决问题的能力，促进个人成长。陆福昌用故事和类比的形式，让学生感受到参与此项竞赛的意义，好像每一个人都是小小的奥德修斯，自主积极地参与到 OM 旅程中来。

在 OM 竞赛中，创造力是成功的关键。这要求参赛团队的教练本身就具备出色的创新思维能力，这才能够引导学生跳出思考框架，挑战常规，发现解决问题的新方法。陆福昌一直强调每个队员的多方面能力的培养和知识结构的完整性。在学好课堂知识以外，他鼓励队员看脑筋急转弯类的书籍。20 世纪 90 年代这样的书市面上很少，他就推荐学生去距离学校不远的四川北路上的企业家书店购买。

在 OM 竞赛中，问题和挑战经常变化，陆福昌始终鼓励学生发挥内在动力，激发自身的好奇心和探索精神，不断创新。他的做法常常让人联想到著名足球教练亚历克斯·弗格森。

在处理创意过程中的挑战和失败时，他展现出极大的耐心和包容性，和学生一起寻找问题，改进问题。他鼓励学生从错误中学习，以平和、从容的心态面对错误。

陆福昌在带领团队的过程中，始终重视对学生的荣誉感和责任感的教育。他重视传统文化，并且鼓励学生在参赛的过程中，更多地表现中国元素，讲中国故事。记得有一年学校的获奖项目就引入了《西游记》里孙悟空的形象。每一个 OM 参赛队的目标都是国际 OM 大赛，能在世界的大舞台上展现中国的风采、中国文化的魅力，这是陆福昌的初心。

陆福昌所扮演的角色远远超出了一名竞赛教练的职责，成为学生心中不可或缺的引导者和心理支柱。

（1994 届校友蒋箭　撰稿）

语文名师
陈开树

陈开树（1933—2022），浙江温州人，毕业于华东师范大学历史系，上海市中学高级教师，全国优秀教育工作者，曾任华东师大一附中语文教师。

陈开树从华东师范大学历史学系毕业后前往华东师范一附中任教历史，他以扎实的文史功底、独到的教学方式，注重启发学生思考和探究，让学生在探索中体味历史的魅力。1959届高三甲班李桂君回忆道："陈开树老师上历史课十分投入，那时就让我们知道，学历史并不只是记年代、背条款，重要的是分析和总结历史的背景。"1964届高三丙班欧阳靖也说道："历史课完全脱稿，慷慨陈词，口若悬河，辩才无碍。陈开树，真可是玉树临风！"陈开树不仅在教授历史课时独具特色，他更是一位通才，文学与史学兼修。1958年，政治教研组长、班主任林仲良被调到华东师大二附中任教，因此陈开树开始担任班主任，并接替孙光萱教学语文。

在担任语文教师期间，陈开树忠于教职，精于专业，其文史学识渊博，课堂上旁征博引，引经据典，让语文课堂成为有活力和温度的课堂。1967届高三乙班黄九如说："高二起，陈开树老师教我们班的语文。那时，我对明史有些兴趣。陈老师得知后，叫我到教研组，开了一些明史典籍目录，并教我如何到上海图书馆查找资料。后来他看了我的读书笔记，又为我提供了在课堂上演讲的机会。"1962届中五己班贝新祯也回忆道:"陈开树老师讲课特别投入,声音高亢,辅以肢体语言,两节课下来,汗流浃背,衣服湿透。对于爱好语文的我,其乐无穷,感到听陈开树讲课是一种享受。陈开树老师的阅读讲练、作文指导,给我留下了至深的印象,对我今后的教学生涯起到了根深蒂固的影响。我是华东师范大学物理系的毕业生,但我也是一名语文教师,我的语文能力根基是在师大附中打下的,非常感谢我的附中语文老师陈开树先生,我的'吃饭本事是他给的'。"陈开树渊博的专业知识和高尚的人格魅力给他的学生留下了深刻的印象。

作为学科教师,陈开树极具专业性;作为班主任,他也非常注重学生的生活和成长。1964届高三丙班欧阳靖回忆道:"某次上课他要求同学们站起来背诵古诗词,我因为通宵看小说竟背不出,他是何等敏感的人,明察秋毫,我还未张口就命我坐下,用宽厚免去了我的难堪……"陈开树为人宽厚,善待学生的同时也注意引导学生发展,其学生贝新祯在他的鼓励和引导下,虽然毕业于华东师范大学物理系,最终也追寻本心,成为华东师大一附中的一名骨干语文教师。贝新祯回忆道:"物理学一年级学生要做大量的高等数学习题,哪有时间去啃俄语长诗。然而,陈老师引导我、告诉我,爱好应该是高雅的、有充沛的文化含量的,这无声的教诲从此融进了我的血脉。"

写影评是陈开树的业余爱好,他在区文化馆做电影评论讲座,1956届初三甲班、1959届高三甲班周晓光说道:"记得陈老师评过苏联影片《白夜》,国产片《洪湖赤卫队》。他布置作文,写一篇《洪湖赤卫队》评论。他让我写主角韩英,我对文艺创作中的英雄人物的塑造,颇得他的好评,给出了90分,这个高分纪录也是我临危受命教语文的一点底气所在。"

2022年2月18日,陈开树因病医治无效不幸逝世,享年90岁。

语文名师
季振宙

季振宙（1925—2022），江苏太仓人，中学高级教师。1946 年从上海大同大学工商管理系肄业。1949 年至 1958 年在光华附中、华东师大附中任语文教师和班主任。

季振宙 1945 年考入上海大同大学，1949 年进入光华附中工作。后光华附中与大夏附中合并为华东师大附中，他在华东师大附中工作，先后担任了毕业班和初一新生班共 5 个班级的语文教师和班主任。

第一个班级他跟了两年半，直至 1954 年初中毕业。该班被学校命名为"古丽雅班"。当时的《文汇报》先后三次来校采访，对此进行了跟踪报道。

第二个班是 1955 年毕业的初三戊班。当时学校是根据学生年龄分班的，戊班的学生年龄都较大，工农子弟比较多。季振宙估计他们中相当一部分人初中毕业后将直接参加工作，就与学生一起学习吴运铎的《把一切献给党》，边学边行动。这个班后来被学校命名为"吴运铎班"。学校领导要他举行一次以"把一切献给党"为主题的公开班会，全上海有 500 多位教师前来参加。由苏联专家杰普莉茨卡娅进行讲评。活动非常成功，在全市影响很大。

之后他担任 1956 年初三甲班主任，当时正值中国第一个五年计划开展。他动脑筋组织了一个爱国主义教育活动，指导学生在课余时间制作五年计划的模型。这个活动搞得很有成效。新华社还来拍了许多照片，给了大家很大的鼓舞。

他根据甲班学生年龄偏小的特点，带领全班去苏州旅游，激发学生热爱祖国锦绣河山的热情。许多校友对此至今难以忘怀。校友周晓光（1956届初三甲、1959届高三甲）说："想想那时候我们一个班的小朋友，都才十三四岁，季老师他一个人带着大家乘火车、挤公交车、坐木船、爬山、游园，有多难！要知道季老师身上的责任多重啊！放到现在来看，真是太不可思议了！而让我永生不忘的是，季老师还特地为我承担了这次活动的全部费用……让我享受到了人生第一次旅游的快乐……我将永远铭记在心！"

紧接着，季振甯带了1956年入学的初一甲班。其间，他组织了一次"热爱学校、美化校园"的主题教育活动。他带领学生收集废铜烂铁，两个多月后，用卖废铜烂铁的钱买了两棵松树送给学校，中队为此举行了隆重的仪式。60多年来，此树在中州路老校区已长大成材，这个班的学生也都已成为祖国各条战线的出色人才！

之后，他接了1957年入学的初一甲班（1960届），也就是陈凯先的那个班，这个班的学生也是年龄小。季振甯对工作极其负责，对学生满腔热情，待学生如弟妹。从各方面关心和爱护学生成长，并针对不同特长的学生，采用不同的方法。特别是对调皮的学生，他总是能找出他们身上的特点，积极鼓励，一视同仁。季振甯与学生的感情也非常好，毕业后一直保持着联系。

季振甯教语文很有特色。他讲课条理清晰，语言精练易懂，板书端正，文字秀丽，惹人喜爱。他的楷书写得特棒，当年许多学生都模仿他的写字，临摹进步很快，可见其文字之魅力。他经常在课堂上表扬写得好的作文，鼓励学生写作文的兴趣。他还成功地将学生的作文推荐给《少年文艺》杂志刊登。

为了给学生做榜样，他还克服乡音，刻苦学习普通话，荣获上海市推广普通话先进工作者称号。1958年，他与毛仲磐副校长等一起创建华东师大二附中，任语文教师、班主任兼年级组长，任教导处副主任，直至1988年退休。

季振甯努力钻研青少年学生成长规律，不断探索教育方法。他勤于教学，笔耕不辍，在工作之余不断总结经验，提升自己的工作水平，在报纸上发表了多篇文章，如《努力开好毕业班学生的家长会》《祖国要我们做什么我们就做什么》《要教孩子们诚实》《第一次班会》等。另外，上海生活·读书·新知三联书店于2018年出版的《师说传薪火》一书还收录了《为师之道——季振甯老师访谈录》。

他热爱学生，他94岁高龄时还能把65年前的"古丽雅班"每个学生的名字默写出来，一个也不差。见到50多年从未谋面的学生，他竟能一口叫出姓名并说出家曾在哪儿。面对学生的惊讶和赞叹，他笑呵呵地说："活到老，学到老！"

季振宙教书育人40年，把心掏给学生，把爱献给学生，用情感化学生，以德引导学生，他就是这样终生践行着"为师之道"，在教书育人的岗位上做出了不平凡的贡献。

（1959届校友方正　撰稿）

物理名师
屈肇堃

屈肇堃，华东师大附中物理教师，毕业于圣约翰大学。

屈肇堃是华东师大附中物理教师，毕业于圣约翰大学。

屈肇堃平时不苟言笑，上课准时到，下课就走。午饭常常是上饭馆，很少在学校用餐。屈肇堃的右脚有残疾，据传是他在大学踢足球时出了事故，也有人怀疑并非如此，但并没有明确的证据推翻上述传言。因此，屈肇堃需要依靠一根木拐走路，并且用得十分熟练，他在上下楼梯的时候，走得十分轻捷，给看到他的人留下十分深刻的印象。

屈肇堃上课时并不怎么临时备课，他会带着一份不厚的老讲义来，在开学时吩咐每个学生上交一本练习簿，然后将收上来的练习簿油印上他自成体系的"物理 100 道题"。上完课后，直接从那 100 道题中挑题目作为作业，省去了教师另外出题和学生抄题目的麻烦。需要指出的是，那会儿的教科书后，其实也有题目，但屈肇堃并不乐意使用这些题目，他更偏好自己出的那 100 道题。

屈肇堃的自信不仅仅体现于"物理 100 道题"上。有一次，上下课一向十分守时的他拖堂了两分钟，学生提醒他后，他却更相信自己的手表，认为铃声早响了两分钟。更明确的案例是，在读英文字母 W 的时候，虽然他毕业于圣约翰大学，英语十分不错，但由于乡音的影响，他会读成"台拨溜"。"台拨溜"的"台"读得过于响亮，并且拖了长音，他本人又不理会学生对此有意无意的提醒，这逐渐导致学生在私下里干脆直接把"台拨溜"当成绰号使用，指代屈肇堃本人。

屈肇堃的教学方法富有个性，理论扎实，表述清晰。在进行教学时，他时常要求学生不仅要学好书本上的知识，还需要用学到的物理知识动手做实验。有一次，他请了病假，让年轻教师代课，讲重物上坡下坡的合力分力问题，年轻教师连讲两节课，仍没能让学生听懂该问题，导致学生做习题极易出错。第三节课，屈肇堃回归，用了很短的时间，三言两语就向学生解释清楚了这个问题。这一事件让学生对他肃然起敬，后来，在屈肇堃由于腿脚不便做出可笑动作时，在进行小测验的过程中用滑稽的动作坐上讲台看原版英文书时，都没人再敢当面笑话他。

物理课代表蒋铮可能是唯一敢顶撞屈肇堃的人，她的某次顶嘴让屈肇堃非常生气，他虽没有当场发作，却连着在四节物理课上，每节课专门留出十分钟表达他对蒋铮损害教师尊严的行为的不满。

在玩桥牌方面，屈肇堃也有一手，他和王剑青在虹口区进行桥牌比赛中打败过好几个学校的对手，其中还包括虹口中学。

在无奈需要"避风头"的时候，屈肇堃也是有些办法的。"文化大革命"时期，屈肇堃不幸被打成"反动学术权威"。有一次，一些学生想给他剃一个阴阳头来打击他，结果屈肇堃却迟迟不来，学生就开始传播各种不着边际的谣言。许久后，当屈肇堃终于出现时，学生却发现他剃了一个接近光头的极短小平头，再给他剃阴阳头已然没有什么意义。

此外，屈肇堃还曾和华东师大附中的多位名师合作，帮助 1966 届 4 名学生卢毅成、叶骏、冯才根、姜叙伦完成"提前高考"，辅导四人的自学。据传，在"文化大革命"时期，屈肇堃被造反派打坏了脚，请了一个回城知青看护，并与之产生感情、结婚。

历史名师
郝陵生

郝陵生（1931—2020），祖籍河北大城县。毕业于重庆立信会计专科学校，后加入中国人民解放军，任川北军区文工团团员。曾在上海师范学院历史系学习，先后任上海市解放中学俄语教师、外语教研组长，上海市海南中学俄语教师、外语教研组长；1970年起至华东师大一附中任教历史教研组长直至退休。

　　郝陵生，1931年4月出生于江苏南京，1936年就读于南京竹桥小学，抗战全面爆发后搬到重庆，于1937年至1943年分别在川东师范附小、重庆北暗镇中心小学、观音岩中心小学和安乐洞中心小学读书，1944年至1949年分别在重庆市立男子中学、南京东方中学、南京市立第四中学、南京市立第五中学和汕头市海滨中学就学，1949年9月至1950年2月在重庆立信会计专科学校学习，1950年10月加入中国人民解放军，任川北军区文工团团员，1951年部队改编为西南军区公安部队文工团，1954年9月调至云南军区四十一师文工队，1955年3月复员后回到重庆，1956年8月至1960年8月在上海师范学院历史系学习。1960年9月至1964年8月在上海市解放中学任俄语教师、外语教研组长，1964年9月至1970年在上海市海南中学任俄语教师、外语教研组长；1970年起至华东师大一附中任教历史学科，后担任历史教研组长，直至1991年4月退休。

　　郝陵生热爱教育事业、热爱学生，在教育教学上有自己鲜明的特色。在"文化大革命"结束恢复高考后，他连续担任三届文科班的班主任，取得显著成绩，他所带班级高考升学率一直在全区名列前茅。在教学中，他始终把学生作为课堂的主人，想方设法调动他们的积极性，改变教师一言堂的教学模式；在教学方法上，他强调以系统论为指导，注意知识结构和学生能力的培养；他鼓励学生要有远大抱负，不能只拘泥于报考上海高校，很多学生受他教诲积极报考适合自己兴趣爱好的外地高校，最终成就了自己的事业。复旦大学历史系教授钱文忠高中时代在华东师大一附中就读，他回忆说，郝老师会在每节课前介绍一些中国学术界的情况。某日，郝老师提及了梵文对中国学术的重要性，又不禁感叹所学之人太少，或许不久的将来，随着季羡林等老一辈的离去，中国便再无人传承了。听闻此言，钱文忠对梵文迸发了浓厚的兴趣，在郝老师的指导下，选择了北京大学东方语言文学系梵文巴利文专业，作为自己高考的第一志愿。

郝陵生在历史教学中重视对教材教法的研究，先后有《系统论在历史教学中的运用》《历史课审美教育》《运用总体图表进行教学的做法和体会》《西欧封建制度的解体和资本主义的兴起》等二十余篇论文发表在《上海教育》《历史教学问题》《中学历史课实录》等专业期刊上。许多论文多次被上海、杭州等地的论文集转载或引用。他曾在全国历史教学法年会上做教学法报告。《中学历史教学法讲义》《中学历史教学法概论》及《新编中学历史教材教法》等书对他独创的"总体图表历史教学法"做了介绍，并从系统论、知识结构论、辩证法三方面做了论述，给予很高的评价。

他提出历史美育的新构想，曾发表过多篇论文，并在复旦大学历史系、上海师大历史系及全国美育研讨会、全国历史教学实践研讨会上做过专题报告。他所编撰的《历史教学与美育》一书也成为"美育丛书"系列读本之一。

郝陵生在中学历史学科教学上的突出成就，得到了教育行政部门和社会专业团体的高度认可。他是中学历史教学法研究会成员，担任教师学研究会历史组负责人、虹口区教学大奖赛评委；任上海市史学会会员，虹口区中青年教师教育教学探讨小组组长，还被华东师大教科院、上海师大历史系和上海市教育学院聘请为兼职研究人员或授课教师，是全市唯一一位受到三所师范大学同时聘请任教的中学教师。他还任湖北大学《史志文萃》兼职通讯员，甘肃《少年文史报》高中版特邀通讯员；他热情指导校内外青年教师，李月琴、陈奕望等都曾得到过他的悉心指导。1988年他被评为中学历史学科高级教师。

　　他还多次受国内教育单位邀请赴郑州、镇江、大庆等地做历史教学改革的学术报告，深受同行欢迎。

　　退休后，他仍笔耕不辍，独立或与人合作撰写出版了《历史的美》《大唐气象》等多本著作。

科技名师
饶志刚

饶志刚，1953年2月出生，四川成都人，毕业于上海市教育学院应用物理专业，1993年至2001年在华东师大一附中工作，中学高级教师，曾被评为上海市模范教师，两次荣获上海市园丁奖。

饶志刚1968年7月初中毕业于北郊中学，1969年3月赴江西峡江插队落户，1976年6月回到上海，先后在欧阳街道文化站、欧阳少年之家、虹口区少年宫工作，1993年9月调入华东师大一附中，担任科技教师，负责学校的头脑奥林匹克、遥控车辆模型、机器人等学生社团，开展丰富多彩的科技活动。

饶志刚在工作中不断创新，他具有广泛而扎实的基础知识，精深而娴熟的专业技术知识，先进而又新鲜的前沿知识。

多年来，饶志刚默默无闻地从事科技辅导工作，付出了艰辛而繁重的劳动，任劳任怨，全凭着献身精神。

加强课外教育师资队伍建设，提升教师育人意识与专业技能，是饶志刚的工作重点。他多次举办各种教师培训班，开展"名师引领我践行"的带教工作，主动为学校的科技活动提供具有时代元素、注重人文素养、适合学生特点的项目。同时，他还为相关学校扶植了各具特色的科技活动品牌。华东师大一附中的头脑奥林匹克、遥控车辆模型、机器人等项目，在上海都有很高的知名度。

2004年成立了以饶志刚名字命名的科技工作室，他肩负起了普及与提高的双重任务。他积极探索资源整合、辐射学校、放大效应、优势互补的活动载体与方式。他撰写的《"科技工作室"——校外教育优化模式的探索活动方案》《发掘传统项目的潜在优势 展现遥控车模的内在魅力》《创造教育——头脑奥林匹克活动的实践与探索》多次获奖。2000 年 5 月，他和其他两位老师共同编著的《青少年海·陆·空模型竞赛指导》，由湖南师范大学出版社印刷发行。

在活动中，饶志刚注重培养学生的观察能力、思维能力、分析问题和解决问题的能力。1999 年 5 月，他带领华东师大一附中初中队参加在美国举行的头脑奥林匹克总决赛，荣获第四名（是当年中国队最高的名次）。2001 年 8 月，他带领学校车模队参加全国青少年车辆模型锦标赛，荣获团体冠军。

2012 年 4 月，他带领华东师大一附中高中队，参加在美国举行的"VEX 机器人世界锦标赛"。他辅导学生自主创新制作的机器人，不但结构新颖、操纵灵活，而且编写的程序独树一帜，在来自世界各地 397 支队伍参与角逐的、紧张激烈的比赛中，过五关斩六将，夺得世界冠军。当师生登上领奖台，全场掌声雷动，为中国、为学校争得了荣誉。回到上海以后，区委四套班子在区政府进行了隆重的表彰。

多年来，饶志刚辅导的学生在头脑奥林匹克、机器人、遥控车模比赛中大显身手，有 30 余人荣获了相关比赛的全国冠军，有 100 多人获得上海市各项科技比赛的冠军。其中有些人还获得了"中国少年科学院院士""全国运动健将""上海市明日科技之星"等荣誉称号。

这些优秀的学生，在饶志刚的率领下，先后二十余次赴美国、德国、韩国、澳大利亚、新加坡和中国香港、台湾等地参加国际比赛，获得二十余项金奖。这些学生不仅动手能力出众，而且课业学习成绩优秀，先后被复旦大学、交通大学、同济大学等知名高校提前录取。累累硕果获得了学校、家长、学生的一致好评。

饶志刚在国内外一系列重大比赛中辅导学生取得令人瞩目的成绩，他也因此荣获了全国先进儿童少年工作者、全国少年儿童校外教育名师、上海市模范教师、上海市园丁奖、上海市优秀科技辅导员、上海市科技之光——伯乐奖、虹口区政府特殊津贴、虹口区学科带头人、虹口区可敬的老师等诸多称号和奖章。

饶志刚在《师说心语》电视节目中说："我的目光聚焦未来，我的目标是在青少年中培育更多科技人才，争取在国际比赛中站上最高的领奖台。"

英语特级教师
姜振骅

姜振骅，1982年7月出生，山东烟台人。毕业于上海师范大学英语（师范）专业，2004年至2022年在华东师大一附中工作，先后担任过备课组长、世承学部副部长、世承学部部长、教务处主任助理、教务处副主任、教务处主任等职。曾获上海市园丁奖、上海市教学能手称号、虹口区青年英才称号、虹口区五一劳动奖章、第八届全国高中英语课堂教学展评一等奖、上海市中小学中青年教师教学评选活动一等奖等荣誉。

姜振骅2000年9月考入上海师范大学，完成英语（师范）专业学习，2004年毕业并获得上海师范大学优秀毕业生称号。2004年7月至2022年3月，就职于华东师大一附中。2022年3月至今，就职于上海市虹口区教育学院，担任教研室主任一职。

现为第七届上海市教师学研究会第七届外专委副主任、上海市英语教育教学研究基地兼职研究员、上海市教委教研室英语学科中心组成员、华东师范大学外语学院外语教学研究中心常务理事、上海市教育委员会教学研究室专家库成员、华东师范大学免费师范生兼职导师、虹口区高中外语学科培训基地主持人。2020年承担上海市英语学科在线教学资源建设工作，任高中英语在线资源建设中心组成员与授课教师。

他认为英语课堂的智慧和灵动主要可以体现在三个方面：关注学生需求、开展多方互动以及鼓励学生深度参与。他先后30多次开设区级以上的公开课，授课方式受到了全国各地学生的喜爱。

　　在教学实践中，他逐步形成鲜明的教学特色，主张"互动中深知，体验中生智"。在课堂中他坚持用平等对话和真实倾听方式与学生开展交流，引导学生关注主题意义，善于根据学生的反馈提出新的问题，不断追问，步步深入，激发学生自主探究，深入思考。他倡导创设以学生为中心的智慧灵动的英语课堂。

　　在科研领域，他参与词汇、写作、阅读等方面的课题研究和相关书籍的编写。他参与单元教学的课题研究，并在此基础上形成子课题"语篇单元说明文专题教学的研究"，研究成果撰写成文并被人大复印报刊资料转载。他还主持多个研究项目，聚焦难点、关注热点，形成并发表成果20篇左右，完成了10多个课例的拍摄。在研究的同时，他注重积累、梳理与总结，结合自己的教学实践完成了个人专著《一课一世界：新课标视野下的高中英语课堂教学实践研究》。

优秀辅导员
宣文本

宣文本（1917—1968），浙江富阳人。在华东师大附中成立前就进入附中工作。曾任班主任、少先队大队辅导员和教导主任。1967年调入上海市红军中学。1978年改正错划"右派"。

宣文本在华东师大附中成立前就进入附中工作，在学校拥有超过十年的工作经历，曾任班主任、少先队大队辅导员和教导主任。

宣文本对学生满腔热情，对工作极其负责。那时他住在学校里，没日没夜地全身心投入工作。正是在他的倾心努力下，学校少先队活动搞得有声有色，受到团市委和虹口区团委肯定。团市委少年部部长蒋文焕常来附中蹲点取经。

宣文本组织领导的少先队活动丰富多彩，有经常排练演出的少先剧团，有黑板报《少年先锋报》和讽刺批评不良行为的《小鳄鱼报》，还有各种生动活泼的活动，如营火晚会、军事游戏、外出露营、野炊等。为组织这些寓教于乐的活动，他煞费苦心。在他任大队辅导员期间，学校的少先队工作在全市名列前茅，《解放日报》《文汇报》多次大篇幅发图文介绍，在全市和全国很有影响。

宣文本注重对学生进行集体主义和爱国主义教育。他担任1953年初一乙班班主任，一跟就是两年。他常在课余给学生讲故事，如志愿军战斗英雄黄继光、邱少云和苏联英雄保尔·柯察金、卓娅的故事，鲁迅先生写的《铸剑》故事，还讲他带着全家人抗战逃难的经历。针对学生年龄特点，宣文本注意从小地方抓起，从具体的事情抓起，耐心讲道理。他抓住机会循循善诱地教育学生，让他们懂得人生的道理。

宣文本教育学生很有艺术性，特别是对待犯错误的学生不是一味地批评，不是动不动告诉家长，而是帮助分析、讲道理，使学生心服口服，再不犯同样的错误。校友王湄君（1956届初三甲、1959届高三丁）回忆道："有一天，同学对一位老师特讨厌，想来个报复。我小脑筋一动，拿个小盒子盛满水，放在教室门顶上。老师一推门，盒子掉了下来，水洒了老师一身，衣服全湿了，老师气得扭头就回去啦！宣老师来了，他厉声问道：'谁干的？'我说：'是我！'我一人去了教导处，宣老师叫我讲经过，我说：'全部是我一人干的。'我等待着严厉批评，宣老师反而表扬我敢于承担责任，爱护同学。然后，他问了我一句话：'十年后，如果你当上老师，你去关心学生，学生用水洒你一身，你感觉如何？'我低下了头，我流泪了，我知道错了。后来我去给那位老师道歉，请求原谅我。接下来，宣老师还告诉我一个道理：'一个人的快乐不能建立在别人的痛苦上面，做什么事情前都要想想别人的感受，遇到事情要设身处地想想，一个人在世界上应该给大家带来快乐！'这几句话我一直牢记着，成了我一辈子待人处世的原则。"

宣文本细心观察每个学生的特点，发扬学生自身的优点，以表扬和鼓励为主，进而克服他们自身的缺点。他在班会上经常和学生平等地、启发性地谈话，谈话深入浅出，出人意料。当时有不少华东师大的实习老师在后面听课。每当他说出精彩的话，那些老师都在后面悄悄喝彩。

宣文本在学校少先队里建立了一个传帮带的好传统，就是选派高年级的共青团员同学担任低年级少先队班级的中队辅导员（这个传统是在宣文本担任大队辅导员时建立起来的。后来一直延续到"文化大革命"前）。这对高年级学生是个很好的锻炼机会，而对不太懂事的低年级学生来说，多了一个学习榜样和知心朋友，这对学校优良传统的传承也起了很好的传帮带作用。

宣文本有很强的事业心，努力开展少先队工作，积极组织各项活动，讲究符合年龄特点的教育方法和说话艺术，对学生进行爱国主义、集体主义教育，工作卓有成效，深受广大师生的好评。

许多校友认为，宣文本完全有资格被评为百年名师，他对学校所做的贡献是具有特色的，深受学生的欢迎，应予以肯定。

（1956届初中1959届高中方正、1956届初三乙班朱以中　撰稿）

历史名师
徐怀芎

徐怀芎，1954年毕业于山东大学，华东师大附中历史教师，曾担任1957级高三乙班的班主任。她担任班主任期间关注学生未来发展，多次与学生交流，并疏导学生找到合适的出路。

徐怀芎，1954年毕业于山东大学，华东师大附中历史教师，后担任1957级高三乙班的班主任。徐怀芎的表情有点严肃，不苟言笑，留着类似电影里妇救会主任般的短发，身穿整洁而又朴素的灰布衣服，文静、透着书卷气，但又略带与实际年龄不符的老气和一丝土气。

徐怀芎家住在同济新村，离学校很远，每天都要挤公交车上下班。从最近的公交车站到中州路校园还需要走将近十分钟，很是辛苦。但凡有历史课，每当上课铃刚响罢，徐怀芎就会走进教室开始讲课。有一天，下着大雨，铃声一停。她就平静地站在讲台上开始讲课了。但是她衣服的前襟、下摆和袖子都是湿漉漉的。事后有人问她："你怎么不把湿衣服换下来再去上课呢？不怕着凉吗？最多不过耽误几分钟时间。"她淡淡地说："我哪怕只耽误2分钟，全班50个同学就是100分钟。"

高二历史是学中国近代史，高三是学新民主主义革命史，也就是中国现代史。每讲完一个单元，也就是历史上的一个时期，照例要做一个小结。徐怀芎要学生不要拘泥于她所教的教科书上的定论，而是引导学生把众多史实汇总梳理出一条主线，提纲挈领，归纳、分析成败与得失。去粗取精、去伪存真。这样那些史料都活泛起来，变得条理清晰、层次分明，自然就得出了正确的结论。

华东师大附中每学期有三次大型的课外活动，都是学生欢乐的盛宴：每学期学校组织一次郊游、全校的春（秋）季运动会、每学期举办一次文艺会演。会演的时候，学生惊喜地看到自己的班主任徐怀芎居然表演了一个节目：歌剧《白毛女》序幕中赵大叔的咏叹调，原来悠长、缓慢、苍凉、悲愤的歌声，改为清亮的女中音唱出来时，悲怆中隐含着些许激昂。台下学生议论纷纷：没想到徐老师歌唱得这么好！没想到她有这好的嗓子！

高三毕业班要迎接高考，而填报志愿是人生道路中非常重要的甚至是决定命运的一次抉择。徐怀芎仔细地查看每一份报考的志愿表，并根据每个学生的条件反复推敲、权衡利弊，提出更为合理、可行的意见。何安莉在高三以前都在担任初中班级的少先队中队辅导员，课余时间都在初中的班级里，因此很少有机会与徐怀芎单独接触和交流。和大多数女同学一样，填志愿时不约而同地选择了医生这个职业。徐怀芎认为她报考理工科比较合适。她还以开玩笑的口吻说了句："你胆子这么小，当医生你不害怕吗？"何安莉惊叹虽然和徐老师接触不多，但徐老师对自己各方面都十分了解，甚至连自己胆子小都知道。在徐怀芎的启发和建议下，何安莉填报了理工类的相关专业，进了北航，之后一直从事航空材料的科研工作。王世敏因为身体太差而不能考大学，更找不到合适的工作。她看不到前途，几近绝望。徐怀芎得知后，介绍她到职工夜校教书，这真的是雪中送炭。王世敏十分感激，事后还在一个同学的陪同下去探望徐老师。

老同学们每年都要聚会一次，徐怀芎都会尽量争取参加。她关心每个学生的学习、工作、生活和家庭情况。阴历正月初五是"返校日"，在这一天也总能看到她有点衰弱的身影，她在等候她教过的上千名学生。后来，她参加不了学生的聚会了，就改为由几个定居上海的同学事后把冲洗好的聚会活动的照片送到她家去。有一次，祝宜和印钰给徐怀芎送照片时，徐老师问："王世敏好吗？"并且很惋惜地说："王世敏就是身体不好，否则考取北大、清华一定也是个学霸。"

一位退休的老教师，在垂暮之年心里还一直挂念、关爱着这批60多年前的学生；而这些步入耄耋之年的学生，身处在天南海北，有些还定居在大洋彼岸，但他们人人心中都牵挂着敬爱的老师。彼此的牵挂和关注也将一直保持在心间，直到各自生命的尽头！

（1957 届高三乙班全体同学回忆，张绍龙执笔）

化学特级教师
徐凯里

徐凯里，1980 年 4 月出生，浙江桐乡人，上海市特级教师，正高级教师。2002 年毕业于北京大学化学与分子工程学院材料化学专业，2003 年至 2015 年在华东师大一附中任教，曾担任备课组长、教工团宣传委员等。

　　徐凯里，1998 年考入北京大学，2002 年 7 月本科毕业，2003 年 9 月入职华东师大一附中；2016 年调入上海市复兴高级中学，任学校发展中心主任；2021 年 9 月调入上海财经大学附属北郊高级中学，任副校长。

　　在华东师大一附中工作期间，徐凯里教学基本功扎实，教学效果显著，多次任教创新实验班，班级成绩名列同类班级前茅，教学质量、水平广泛为学生、家长和学校所认可。2007 年 12 月，徐凯里破格获得中级职称，2011 年 12 月破格获得高级职称。徐凯里是学者型的教师，经过长期积累探索，逐步形成"注重素养导向下深度学习"的教学理念，既有理论研究又有实践经验，课堂教学气氛活跃，教学效果有效实用。

　　基于这种理念，徐凯里开设过许多独具风格的公开课，多次在各级各类教学比赛中获奖。如 2010 年获全国高中化学优质课评比一等奖；2010 年获上海市高中化学教师优质课评比一等奖；2011 年获上海市中青年教师教学评选活动一等奖；2013 年获全国部分省市"聚焦课堂"活动一等奖；2015 年获首届上海基础教育青年教师爱岗敬业教学技能竞赛一等奖等。2020 年，徐凯里接受市教研室委托，承担了高一第一批 12 节视频课的录制任务与后续视频课审核任务。作为"试水"先锋，在没有现有经验可以借鉴的基础上，他与团队一起尝试摸索，最终不但完成了高质量的视频课，而且也为后续线上线下融合式教学实践提供了不少宝贵经验。

徐凯里不仅业务突出，是公认的学术尖兵，他还积极发挥所长，不遗余力地帮助其他青年教师，发挥自己的辐射能量，彰显自身魅力。为此他积极带教，课堂大门始终对其他兄弟学校的青年教师敞开，通过优势互补，沟通互助，不断促进周围青年教师专业技能提升，共同成长，如主持开发了虹口区"十二五"教师研训一体课程"高三化学有机推断试题命制策略"，参与开发市级共享课程"'高低结合'化学高效课堂"等。正是靠着这种对事业的执着追求，徐凯里多次获得嘉奖。如 2011 年获上海市普教系统"教学新星"称号；2013 年获虹口区教育系统"十佳青年教师"称号；2013 年获"虹口十大杰出青年"称号；2015 年获上海市教学能手称号。

徐凯里努力践行课程改革，为课程改革做了大量的研究工作。作为上海市高中化学学科中心组成员与市名师基地学员，他积极参与市、区各级各类课题研究，参与高中、初中化学新教材的编写工作，多篇论文在国家、市、区级获奖，或在《化学教育》《化学教学》《中学化学教学参考》等核心期刊上公开发表，多次获得华东师大普教研究中心科研大会奖项与虹口区教育教学成果奖。在试题命制方面，徐凯里积极探索，勇于创新，并将"素养导向下深度学习"的理念贯彻其中。2012 年以来，徐凯里每年都参与虹口区高三化学一模、二模的命题工作；2012 至 2014 年连续三年是上海市中考命题组成员之一；多次承担华理—华工杯、天原杯等市级化学竞赛的初赛、决赛试卷命制工作。近年来还多次担任教育教学、教材编写审查等活动的专家、评委。

在科技教育领域，徐凯里更是成绩斐然。在 2003 年至 2008 年期间，他担任华东师大一附中头脑奥林匹克（OM）教练，每年都带领队伍进入全国三强，获得全国冠军五次以上，每一块奖牌上都凝聚着他辛劳的汗水。2005 年，他带领学校 OM 队赴美参赛，以绝对优势一举拿下高中组世界冠军，成为中国有史以来获得的第一个高中组冠军，实现了零的突破。在载誉归来后，他受到当时韩正等市领导亲切接见，被誉为"上海的骄傲"。

外语名师
凌康年

凌康年（1927—2015），浙江宁波人。1953年从上海外国语大学英语专业大专毕业，本科肄业。1953年2月起至80年代初在华东师大一附中任职，任俄语教师、英语教师、英语教研组长和班主任。曾荣获上海市文教卫生先进工作者称号。

凌康年从1943年上高中起即作为家庭教师开启执教生涯，后进入小学执教，同时教英语和俄语，业余时间还翻译书籍。

凌康年从1953年2月起在华东师大附中工作，当时任教俄语。同时在上海外国语大学英语专业进修3年。后来又在华东师范大学进修俄语。通过不断进修和自学，她熟练地掌握这两门外语的读、写、听、译基本技能和教学方法。

她先后担任过毕业班和初一新生班等多个班级的外语教师和班主任。下面举两个令人记忆深刻的班级为例。1955年毕业的初三乙班，是凌康年作为班主任送他们毕业的。半个多世纪后的今天，学生想起带领他们将近3年的班主任，脱口而出的回忆是"对学生很好、很关心"。1964年毕业的高三甲班，其中近一半的学生是从1961年毕业的初三甲班考入本校高中的。凌康年作为班主任，带领他们度过了完整6年的中学时代。

凌康年既是严师又是慈母，是他们印象最为深刻的老师之一。当时学校是根据学生年龄分班的，甲班的学生年龄都较小。根据学校的统一安排，凌康年曾几次带着这个班级到农村居住和劳动，每次两个星期。第一次下乡，学生还在年龄不足 14 岁的初中阶段，可以想象带队的班主任责任多重、难度多大啊！但凌康年以其出色的组织能力，激励学生在劳动中不怕苦和累，受到农民的交口称赞，吸引了《文汇报》记者专程到农村采访，第二天报纸的头版就以此为例，报道了华东师大附中贯彻德智体全面发展教育方针的瞩目效果。当年接受采访的学生，60 多年后回想起那时的场景，依然历历在目。

凌康年工作中少有轰轰烈烈，她一贯的作风是踏踏实实、持之以恒。她教俄语课极其负责，虽然这些学生不是住校的，但每天清晨正课之前都安排俄语早读，使这个班级的俄语成绩在平行班中总是名列前茅。高考时班级学生俄语平均考分在全市也是遥遥领先。尽管凌康年没有赶上中小学教师职称聘任制度的实施，也未曾头顶高级职称的光环，但学生在心目中公认她是工作认真负责、业务精湛的优秀教师。

这个班的教室环境卫生也做得特别好，每天都要拖地，经常对学生的卫生值日生工作进行检查。更有特色的是，凌康年还在学生中开展"预防近视，修复假性近视"的工作，和卫生机构一起对患有近视的学生采取中西医结合治疗，使不少患有假性近视的学生近视程度降低，甚至视力恢复正常。因此凌康年荣获上海市文教卫生先进工作者称号。

凌康年对待学生坚持正面引导，在品德评语中总是给予一些鼓励的话。正面教育也体现在课堂教学中。听课时，有人讲话或者思想开小差，她并不当面批评，而是马上向该生提一个问题，让学生本人察觉不对，马上改正。

长期的外语教学工作，使凌康年积累了丰富的专业经验。她编写了专业书籍，把这些经验分享给更多的青年教师和在读学生。至今还能在网上找到上海外语教育出版社 1982 年出版的凌康年主编的《高中英语复习练习册》。该书内容达400 多页，并多次重印。

20 世纪 80 年代初，因工作需要凌康年被调到虹口区教师进修学院培训年轻英语教师。1983 年 8 月退休。之后，她在 1990 年 6 月还被评为"虹口区好长辈"，1993 年 5 月又获虹口区园丁奖。

即使退休了，有些学生家里的小辈英语学习遇到困难，求助于凌康年，她也是义不容辞，亲自给予帮助。为此，凌康年即使年近九旬，还学会了电脑使用方法，经常用电脑打印自编的辅导资料，帮助这些学生学好外语。

　　凌康年将毕生的精力和心血倾注于外语教学之中，把一生献给了教育事业，献给了莘莘学子。她是每一个蒙她"传道、受业、解惑"之恩的学子永远尊敬和怀念的园丁！

（1964届高三甲班校友　撰稿）

外语名师
龚贞观

龚贞观（1927—2016），上海人，毕业于华东师范大学俄语系。任华东师大一附中俄语教师、英语教师。

龚贞观，1947年9月至1949年1月在上海法政学院法律系就读；1954年9月至1956年8月在北京师范大学俄语系就读；1956年9月至1958年6月在华东师范大学俄语系就读。

1949年2月至1949年9月任上海制革第一小学教师；1949年9月至1949年12月任安徽芜湖市泾县小学教师；1949年12月至1950年4月任华东军管会出版委员会办事员；1952年7月至1954年9月任华东新闻出版局科员；1958年8月至1982年2月任华东师大一附中教师，1982年退休。

龚贞观仪表端庄、气质优雅、经验丰富，她那堪称纯正的俄语发音，给学生留下了深刻的印象。她在俄语教学中告诫学生要有自己的爱好，注意发挥各自的特长，她注重培养学生的修养和气质。

龚贞观遵循教学心理学原理，向学生传道、受业、解惑，反复向学生解释"遗忘曲线在记忆过程中的表现规律"，有针对性地为不同的学生改进学习方法，提升学习俄语的信心。她十分注重在教学过程中与学生的互动，不时地调节课堂学习俄语的良好氛围；她强调加强学生的听与朗读能力；在学习好课文的基础上鼓励学生阅读一些适合自己的俄语课外读物；也鼓励学生与苏联少年交朋友，并指导学生与之互通书信，在学生写信的过程中培养学生的阅读与写作能力，随之增强了学习俄语的兴趣。

1961年6月1日《解放日报》刊载了一篇题为"不把它念准不罢休"的文章，文章中提到华东师大一附中的一个学生，他其他各门功课均好，却由于俄语的个别语音发音不准而影响了俄语的学习成绩。这天晚上他在家复习俄语，有几个单词听起来似乎读得很准了，可是拿起笔来一写，又错了。他心一急，拔脚就往学校跑。刚巧俄语任课教师龚贞观还在学校里，龚贞观一看他这副急呼呼的样子，也觉得很高兴，就耐心地帮助他练习发音，念了一遍又一遍，最后那个学生终于把这些单词念准了。

作为班主任，龚贞观是具有威信的，她对学生一视同仁，严厉而不失风度，即使当时的调皮学生心里对她也有几分敬重。龚贞观还注重培养班委学生的工作能力，比如班级年度总结，龚贞观会让各个班委按分工条线写好各自的总结，然后汇总。

龚贞观对学生的关心是细致的。有一次她在班级里的墙报上注意到一个学生写的小文章，文中提到这个学生在家中大声地朗读英语。于是，她便找那个学生进行交谈沟通，她说："你现在刚起步在课堂上学习俄语，基础还没有打结实，就马上开始在课外学习第二外语，你的出发点当然是好的，想多学习一门课，但是学习要循序渐进，不能操之过急，如果因为学习英语而分散了精力，效果反而会适得其反。"这个学生听了龚贞观这番语重心长的话，从此就开始专心致志地学习俄语了。

龚贞观对学生的关爱是周到的。1965年，一个学生高中毕业后将赴新疆生产建设兵团学习和工作。她得知这个学生的家境并不宽裕，便"雪中送炭"，给学生送上一双松紧布鞋和两条固本肥皂。当这个学生发现行囊中增添了来自龚贞观如此普通又如此珍贵的礼物时，不由得十分感动。龚贞观还勉励这个学生，学习俄语还是有用武之地的，新疆就有俄罗斯族呢。后来，据悉在20世纪70年代初，这个学生曾在一所职工子弟学校中教了一个学期的俄语课，他说，幸亏龚贞观所教的俄语知识当时还没怎么忘掉。

后来，由于国际关系的原因，开设俄语课程的中学越来越少，大都开设英语课，龚贞观因此改教英语，而当时中学的英语课程度很基础，或许这对龚贞观来说无从发挥和展示她的教学水平，但是她仍和其他教师一样，认真负责、尽力教好学生，让学生学得更多。

此外，龚贞观还是一个文艺爱好者，在学校文艺演出时，还能登台唱一段"样板戏"。

龚贞观任教时以教学心理学为指导原则，向学生传授知识，解答疑惑，注重培养学生的学习方法，根据学生的不同情况进行针对性的指导，从而提高学习俄语的信心。龚贞观深爱教育事业，一直以敬业的精神投入教学工作。她的优雅得体是学生学习的榜样，她的美好永远留存在学生的心中。

（1965 届中五乙班宓正明、1975 届三班陈依　撰稿）

物理名师
符杰普

符杰普，1962 年 6 月出生，1986 年 7 月至 2010 年 2 月在华东师大一附中工作，先后担任物理教研组长、教务副主任、教务主任。

1980 年 7 月，符杰普被上海师范大学物理系录取。也许是与教育工作有缘，按照后来知晓的当年高考录取规则，凡考生志愿序列中有师范类志愿者，若高考成绩达到该志愿分数线，就跳过该考生前面的志愿先予录取师范类志愿，这开启了符杰普值得庆幸的教育工作生涯。

1984 年 6 月，符杰普本科毕业后先在徐汇区工作了两年，1986 年 7 月调入华东师大一附中任教物理学科，先后担任物理教研组长、教务副主任、教务主任，连续在华东师大一附中工作了 24 年。

符杰普具有较深的学术修养和水平，他重视基础知识和基本技能的掌握与应用，注重思维能力的培养，力求让学生开阔眼界，突破学科界限，能举一反三，触类旁通，形成了既生动又扎实的教学特色。符杰普多次获得市、区教学评比优胜奖。1995 年 12 月被上海市教育委员会破格晋升为高级教师，是当时上海市教学一线教师中最年轻的高级教师之一。

符杰普在虹口区乃至上海市都具有一定的影响力。自首届起连续被聘为虹口区物理学科带头人和区物理学科组组长，被虹口区、杨浦区、宝山区、静安区等多个区聘为教师职务学科评议组组长或成员。

符杰普多次为全国各地到上海进修的教师做学术报告，展示了上海教育的风采；受邀赴云南、浙江、福建、青海等地，为当地的校长、教师、学生做学术报告和辅导讲座等；在电视台为全市高考考生做系列辅导讲座；受邀为青年报主持高考热线电话，接受全市考生、家长及教师的咨询。此外，在不同报刊上受邀撰写和发表了有关高考改革动向、高考点评、学科辅导的文章等。

符杰普受不少学校的邀请，为高中物理教师特别是高三物理教师开辅导讲座，在教师培训、论文指导、高三教学、学科竞赛、实验能力训练等方面热心帮助广大物理教师，如为教师和学生做学科专题讲座；为各校物理教师做科技辅导讲座；为虹口区物理教师做课件制作辅导讲座等，起到辐射引领作用。

符杰普在任华东师大一附中物理教研组长期间，紧抓教学质量，创设良好的学术氛围，提供教师个体发展的良好条件，充分调动全组教师的积极性和能动性，身体力行，以身作则，使物理组在各方面都取得很大成绩，物理学科成为相对强势的学科，几次被评为虹口区优秀教研组。

符杰普长期来带教与培养青年教师，既有成长迅速、职称得到破格晋升的优秀教师，又有脱颖而出、在全国中青年物理教师教学大奖赛上作为唯一一名上海市高中物理教师的代表取得全国一等奖的优秀教师，符杰普本人作为指导教师也受到上海市教委的嘉奖。

符杰普重视班级文化和学习氛围的建设，任班主任的班级被评为上海市红旗团支部、虹口区先进班集体，培养了市三好学生以及区三好学生等。

符杰普培养了一大批优秀学生，在上海市物理竞赛中有许多学生获上海市一、二、三等奖；辅导学生撰写科研论文，使学生在物理、数学、实验技能、科学方法等方面都得到很大提高，特别是培养了勇于质疑、善于探究和实事求是的科学精神。例如在2002年，他指导学生对某教材中的科学疑点进行探究，以有力的理论推导和巧妙的实验设计，与现场的实验验证相结合，指出了有关的疏漏，并得出正确的结论，该论文在上海市第二届学生论文评比中荣获一等奖（全市共2个），符杰普本人也受到上海市教委嘉奖；辅导学生取得上海市"上师杯"物理实验竞赛个人第二名的好成绩，受到学生、家长的广泛好评。

符杰普多年来不断为学生开设科技讲座，以期提高学生的科学素养。通过对热点话题和学生感兴趣问题的讲解，热心助力学生的进步。例如"地外文明探索""四维空间""宇宙的创生""相对论浅说""黑洞浅介""星宸的演化""超导小知识""激光""原子能的开发""物理学在生物现象中的运用"等讲座，深受学生欢迎。

符杰普身兼数职，在承担社会工作、学校管理工作和认真履行教师岗位职责的同时，也积极开展教学科研活动，就物理学科教学方面，他参与撰写了用作全市物理教师参考用书的《高中学科多功能手册物理分册》，也有涉及科学发展过程的《中学数理化史话》等。符杰普是虹口区乃至上海市很早将计算机信息技术运用于课堂教学的教师，例如自 20 世纪 80 年代起，在物理实验资源有限的情况下，为配合实物教学，他自行编制计算机软件模拟物理实验的实际操作场景，来进行相关的练习和考试等，自行编制计算机软件改进实验数据的分析、图像呈现及规律验证的水平和精度等，其中有关的教研课题论文被核心物理教育期刊刊登。他为增强教学效能、提高学生学习兴趣做了有益探索和尝试。

全国优秀班主任
蒋敏

蒋敏（1932—2003），浙江孝丰人，毕业于东北师范大学政教系。全国优秀班主任，上海市"五讲四美"为人师表积极分子，曾任华东师大一附中政治教师、教工党支部书记。

蒋敏是浙江孝丰人，1932年生于浙江杭州，童年时期随着父母因谋生而辗转全国各地，未进入正规学校接受教育。中华人民共和国成立后，她得以进入正规中学读书。1952年10月，蒋敏考入东北师范大学政教系。1956年9月毕业后，分配在华东师范大学任教，1958年参与了四明山老革命根据地的调查工作。回大学后，为了加强华东师大一附中的政治课教学，蒋敏主动争取调到学校工作，任政治教师、班主任，直到1987年2月退休。

蒋敏的教育思想工作坚持动之以情，晓之以理，耐心细致，坚持说服教育。她做班主任时积极了解每个学生，特别是对有些情况特殊的学生，蒋敏更加耐心细致，总是从调查研究着手，在笔记本中开设专页，随时熟悉和增添教育情况。她常常放弃休息日进行家庭访问，与学生谈心，从实际出发制定班级工作目标，有目的、有步骤地进行教育，争取社会各方面的配合。在班级工作中，蒋敏经常开展系列性班会，注重从理论和实践上解决做人的道德问题。她要求学生学习上发扬刻苦钻研精神，生活上提倡艰苦朴素。蒋敏先后带过12个班级，经过努力，有10个班级先后被评为市、区、校文明班级或先进集体。

　　蒋敏坚持以自己为榜样来教育学生，对学生严格要求，首先从自己做起，不论教学也好，劳动也好。虽然她是一位女教师，但她总是站在最累的岗位上，以身作则。她患有严重的气喘，经常性复发，有时带着喷雾器坚持上课、坚持劳动，她的执着和坚韧的品质，无不影响着周围学生，曾被评为上海市"五讲四美"为人师表积极分子。1975届12班傅荣华回忆道："蒋老师的哮喘病频繁发作，有时她气还没喘匀了，接着还要布置工作。她对学生的热爱和对工作的敬业精神，深深地打动着我。"

　　蒋敏特别注意人才的培养，在劳动中，在课外活动中，在平时的日常教学中，一经发现在某方面有特长的学生，她就积极向有关教师推荐，使他们有被重点培养的机会。所以在蒋敏带领的12个班级、600多个学生中出了大批优秀人才，毕业后在不同领域成为科研员、运动员、工程师等社会骨干，为社会主义建设做出了可贵的贡献。

　　蒋敏全心全意为教育事业奋斗终身，在教育岗位上三十余载，一直坚持"一切为了教育事业""一切为了学生发展"的教育信念，不论酷暑腊月，白昼黑夜，她全心全意为学生服务，一心扑在学生身上，从不计较个人得失，被授予"全国优秀班主任"称号。

　　2003年，蒋敏因病逝世，享年71岁。

政治名师
蔡立维

蔡立维，1937 年 6 月出生，安徽巢县人。中学高级教师、上海市思想政治课教师研究会会员、中国自然辩证法研究会上海分会会员。1959 年至 1987 年在复兴中学任教，1987 年在华东师大一附中任教，2000 年退休。1990 年至 1997 年任虹口区第十、十一届人大代表。

　　蔡立维于 1959 年 8 月从华东师大政治教育系本科毕业，分配至复旦大学，借调复兴中学参与五年制试点工作，担任年级组长、教研组副组长，由于区教育局挽留未回高教系统。1987 年，他被调到华东师大一附中任教，担任教研组长工作，并参加区、市中心教研工作。

　　在复兴中学工作期间，他开展学生自选题目写作小论文，他的教学研究工作小结《辅导写作小论文达到政治课教学目的的有效手段之一》获 1987 年上海市中学政治课教会研究会论文奖。《改革考核方法调动学生学习政治学科的积极性》作为经验总结，登载于 1985 年上海市《政治课教学经验选编》。复兴中学连续几年均获市小论文写作团体奖。1987 年起他参加市小论文竞赛评委工作，同年到华东师大一附中工作，继续推动学生写作小论文，并在虹口区理论联系实际研讨班上培训教师，推动这项工作在虹口区开展。除开展小论文写作这项工作以外，他从 1985 年开始组织学生开展社会调查研究活动，《社会调查与学生思想政治工作改革》一文于 1987 年被收入"上海市学生思想教育改革和发展规划"第二课题组研讨成果选（市教卫主办）。他坚持为高二年级开展社会调查研究活动，为高三年级开展自选题、小论文写作工作。

在华东师大一附中担任教研组长工作时，蔡立维制定了理解、宽容、团结、向上的组员行为准则，把组员自身条件和整体需要结合起来，为教师创造条件，让他们接受锻炼，发挥才干。在这样的集体里，每位教师都有长足进步。一些教师辅导学生小论文写作在市里得了奖，一些教师在区里逐渐成为教学骨干，一些教师撰写论文获得全国中学思想政治课教学论文二等奖。从 1990 年起，教研组三次被评为虹口区教育系统文明组室，1992 年被评为上海市普教系统文明组室，1993 年 10 月在虹口区教育工会召开的表彰大会上以"兴协作之风，攀科学高峰"为题做经验交流。由于蔡立维在校和区里教学工作方面发挥的作用，1993 年 10 月区政府给予特殊津贴，并颁发证书；1995 年 6 月区教育局聘蔡立维为区政治学科，"百千万人才工程"的指导老师。教研组教师在这个集体氛围中成长迅速，不少教师参加区、市全国教学竞赛获一等奖。

蔡立维自 1959 年起一直从事中学思想政治课第一线教学工作，在 41 年教学工作中，始终坚持理论联系实际这一原则，撰写了《政治课生命力之探索》。论文获 1993 年上海市中学思想政治课教学论文三等奖，并编入 1993 年上海市中学思想政治课教学改革经验交流会材料印发交流。在教学中他能运用丰富的知识，使政治课融科学性、知识性、趣味性为一体；能深入浅出，并针对学生实际，解决学生人生道路上的疑难。蔡立维的课堂教学经常给前来听课的教师和学生留下深刻印象，用听课教师的评价来说就是知识面广、容量大、信息多、联系实际、"撒得开、收得拢"、教得"活"；学生的评价是："短短的一年，您的课也不是很多，是您使政治课生动有趣，成为我高三最爱上的一门课。我不再只从别人的言语中做出幼稚的推断。许多原先模糊的认识，在听了您的课后也清楚起来了。"

1990 年，蔡立维被评为虹口区先进工作者。1994 年，在上海市中学思想政治课教学改革交流会上，时任教育局局长袁采在报告中说："蔡立维老师用有趣的事实来引起学生对严肃问题的思考，从而引导学生进入角色寻求正确的答案。"这次大会对浦以安、曹雅娣、蔡立维三位教师作为三种不同教学风格予以肯定，并实录教学课，全市组织交流。1996 年，蔡立维被评为上海市优秀中学思想政治课教师。

化学特级教师
蔡爱莉

蔡爱莉，1946年2月出生，浙江宁波人。化学特级教师、全国优秀教师、上海市三八红旗手、上海市园丁奖获得者。1968年毕业于复旦大学化学系。1971年8月进入华东师大一附中任化学教师至2006年7月退休，曾担任化学教研组长。

蔡爱莉，1963年8月考入复旦大学化学系，1968年毕业。毕业后被分配到上海市虹口区教育局，然后赴长兴岛劳动锻炼一年，于1969年底参加上海市中小学教材编写组虹口分组编写数学教材。1971年8月进入华东师大一附中任化学教师，从1984年至2001年担任化学教研组长。1991年被评为中学高级教师，1999年获特级教师称号，于2006年7月退休。

蔡爱莉在任教35年中，十分注重寓教育于教学之中，对学生进行爱国主义、辩证唯物主义观点和科学态度的教育。她一直争挑重担，多年担任高三年级教学，她教高三时选修化学的学生就特别多，且许多学生在高考中取得很好的成绩。在实践中蔡爱莉形成了"新""简""严"的教学风格，即教材处理和教学过程设计的创新；上课清晰、简明，善于授之以渔；注重对学生进行严格的思维训练。她承担的市、区公开课，均获很高评价。教案"化学方程式"入选《名师授课录》一书。1998年，她被评为虹口区明星教师。

蔡爱莉努力探索现代教学模式，1988年至1993年，她作为上海市普教科研市级重点课题"师生共振教学"项目成员，参加了建立教学结构理论的研究工作，并进行了大量的教学实践，对共振教学原理有很多发挥和创造。该项目成果《师生共振原理与化学教学设计》一书获全国教育学会1999年优秀专著一等奖。1998年她参加区级重点课题"中学教学中培养学生元认知能力的策略研究"的探索。同年，她被评为虹口区教育科研先进个人。

蔡爱莉长期坚持组织学生课外科技创新活动。1974年，她响应学校提出的"开门办学"要求，带领几名学生进行课外实践，选择"桂皮酸提纯"这一课题，买原料、借设备，从1974年2月至5月，经过3个多月的努力，将工业原料提炼成化学纯试剂，其间锻炼了学生，最后产品还出售给上海市轻工业局。20世纪90年代，她指导的学生在市"东华杯"等化学竞赛中获得过两次团体奖，获个人一等奖的有5人，二等奖3人，三等奖3人。另外，她指导学生完成的论文《水样中的Cu^{2+}浓度测定方法比较——络合滴定中络合试剂的选择》，于1998年8月在香港举行的第九届全国青少年发明创造比赛和科学讨论会上获科学论文全国三等奖。她于1998年5月获上海市第九届青少年创造发明比赛暨第十一届青少年科学讨论会优秀指导奖，同年被评为虹口区优秀科技辅导员。

从1984年起，蔡爱莉担任化学教研组长17年，在教研组建设和培养青年教师方面尽心尽责。她先后担任多位青年教师的指导老师，坚持听课、评课，逐字逐句帮助青年教师修改教案。在她的言传身教下，组内涌现出市化学实验教学论文二等奖、区青年教师教学评比一等奖获得者，区百人工程培养对象等优秀中青年教师。化学教研组于1994年和1995年被评为校文明班组，1996年被评为区文明班组，1997年被评为区优秀教研组。

蔡爱莉在各类刊物上发表论文、经验总结和教案10篇，其中3篇刊登在全国中等教育类核心期刊《化学教学》上，参与编著的教学辅导书籍共有8本。论文《师生共振教学原理的应用》和《〈有机合成〉单元教学设计思路》分别获华东师大普教研究中心第四、五届科研大会优秀奖和二等奖。她在1969年底至1971年7月参加《三视图》等上海市数学教材的编写。在20世纪八九十年代中，她一直参加由市教委教研室组织的《高中化学复习提要》（高二与高三各一本）的编写和修改工作，该书与教材配套供学生使用。

蔡爱莉多年被聘为虹口区化学中心组及高三中心组成员，1994年起任区职称评审化学学科组成员。1998年至2002年，她为区化学教研组长、化学教师、华东师大化学系学生和兄弟学校高中生做过多次专题报告，还应邀赴温州永临中学讲学，参加福建省龙岩一中"全国名校名师讲学交流会"并发言。她曾受聘在培养奥赛选手的"市中学生业余化学学校"任教，并参加中学奥林匹克竞赛丛书"精英化学—基础读本"的编写工作，该书在 2003 年出版。

蔡爱莉受上海市教育考试院聘请，参加了 1996 年上海市化学会考命题、1997 年上海市高考命题、2000 年上海市高考审题工作。

语文特级教师
管维萍

管维萍，1966 年 4 月出生，上海嘉定人。上海市特级教师、正高级教师，上海市园丁奖获得者。1988 年毕业于上海师范大学汉语言文学专业。1995 年进入华东师大一附中工作，担任语文教研组长、语文教师。

管维萍从教 30 年来，以教育为自己的终身理想与追求，以促进学生语文素养与人格成长为己任，多次被评为"学生最喜爱的老师"。她的教学课获评上海市基础教育精品课；教学论文先后获得上海市写作论文一等奖、长江三角洲语文教育论坛"文学鉴赏与语言表达"论文评选一等奖、华东师范大学普教中心科研论文一等奖等奖项。因在教育教学上的成绩，她先后获得虹口区优秀党员、虹口区高中语文学科带头人、区语文学科基地主持人、上海市双名工程种子计划领衔人、上海市园丁奖等称号和奖项。

作为华东师大一附中语文教研组长、区语文基地主持人，她也把自己热爱教育、全身心投入教育事业的热情与理想化作推动力，带领团队一起践行理想。作为上海市攻关计划学员，她响应攻关团队参加"强校"工程建设，到薄弱学校传授教学心得，为学生开设写作讲座，获得所到学校师生的一致好评。2020 年，她勇挑重担，承担了部编教材上海市高一年级"空中课堂"一个单元的教学，在时间紧、任务重的情况下，她克服困难、完成任务，为疫情时期的上海教育做出了贡献。

在教学科研上，她秉持研究开拓的精神，近年所主持开展的"阅读与写作一体化"教学在转变传统的读写关系、实行由读到思到写的一体化单元教学、有效促进学生语言运用和思维能力的协同发展、切实改善写作教学方面有了可贵突破。

"单元读写一体"，即"基于母题思考的单元阅读与写作一体化"教学，其要旨在于寻求一种教学方法、策略，对学生写作起到可控、持久而稳定的帮助，即以可操作的方式，改变传统读与写的泛泛结合，重新思考读与写的关系，关注学生由阅读转化为写作能力的学习经历，以对思维发展的过程管理，促进学生语言运用与思维品质的提升，有效改善写作教学效益。具体的做法是建立结构化的读写一体单元，在阅读与写作之间搭建一座桥梁，实现阅读与写作的深度结合，在教与学的层面上构成对现有课程的补充和延伸，获得写作教学新收益。

在管维萍的带领与推动下，全体语文教师对"单元读写一体"教学经过 10多年的探索，学生获得上海市中学生作文竞赛一等奖总人次全区第一；语文综合素养提升显著，在高考评价中屡获佳绩。2017 年"单元读写一体"教学以市级教研形式进一步扩大影响，管维萍代表学校语文教研组向各区教师分享了读写一体教学的创新实践与具体操作，引发了同行从读与写关系变革的层面来提升写作教学效益的再思考。活动中，市语文教研员范飚评价说：读写一体教学超越了传统的读写结合，在"读什么，写什么，读和写是怎样的关系，它们又如何结合"上有了答案与具体做法，对华东师大一附中的这个教学新实践给予了充分肯定。管维萍读写一体的论文也获得了华东师范大学普教研究中心论文评比一等奖，从一个侧面证明了研究的科学性。2019 年，她提炼研究成果的专著《思若泉涌　下笔成篇：单元读写一体写作教学新实践》由广西师范大学出版社出版，为读写一体策略的进一步优化，并在"双新"背景下继续发挥作用打下坚实基础。目前，读写一体教学也被确立为虹口区语文基地的研究项目，以此为平台，辐射影响，为虹口区语文教师的专业发展起到推动作用。

在管维萍带领下，语文组成为团结进取、锐意创新的优秀团队，连续三年获得区优秀教研组荣誉称号，在最新的区人才梯队评选中，语文组获评两个语文基地、一位区学科带头人、多人次获评骨干教师和教学新秀等，教师获得上海市金爱心奖等众多奖项，教师队伍发展显著。

近年，管维萍参与上海市语文建设的多项重要工作。2017年至2022年多次参加上海教育考试院语文学科高考命题评价；先后担任教育部"一师一优课"活动的优课评审，上海市第一、二届优秀作业评比语文学科评审；担任上海市基础教育竞赛、上海市职初教师教学技能大赛评审等工作。在双新教学中，她参与部编新教材必修下册、选择性必修中册配套练习的设计编写；参与"高中语文学习任务群详解与案例丛书"（语文出版社出版）编写；参与《统编教材语文学科教学指南》（复旦大学出版社出版）的编写；参与上海市级基础教育精品课的录制。管维萍在不同平台上为上海语文教育教学的发展做出贡献。

2020年，管维萍获得上海市语文特级教师荣誉称号，同年获评正高级教师。在语文教学宽广的园地上，在华东师大一附中美丽的校园中，她以自己的赤诚初心，默默耕耘，延续着一代又一代附中人的梦想，薪火相传，为教育的未来添彩。

政治名师
颜迪明

颜迪明，1932年10月出生，1952年加入中国共产党，1961年毕业于华东师范大学历史系，毕业后任华东师大一附中政治教师，长期担任政治教研组长，后成为著名电视新闻评论员、编辑。从事新闻工作后，电视片作品《彩虹在浦江升起》荣获首届"中国新闻奖"一等奖。

颜迪明，1957年至1961年就读于华东师范大学历史系。1961年至1974年任华东师大一附中政治教师，任职期间多年担任政治教研组长。1974年至1977年在电视台任编辑，参与筹备恢复电视教育节目，1977年底至1979年底，先后在虹口区委党校、市教育局、华东师大二附中担任教员，1980年至1985年在上海人民广播电台社教部任编辑、副组长、副主任，1985年底调上海电视台新闻部任评论编辑、责任编辑。所获头衔有上海记者协会委员、全国伦理学会委员、上海市伦理学会理事、上海市统一战线理论研究会理事。

颜迪明在华东师大一附中任职期间是一位优秀的政治教师，极其富有人格魅力，这是他基于高尚的人格与学生建立起来的一种感情的力量，并由这种力量形成的教师威信，这是他思想道德、学识能力、工作作风的综合体现。颜迪明的那种政治教师的人格魅力其实也是一种重要的教育手段，具有深入性、持久性、潜移默化的特点，是一种深刻的非权力性影响力。因此，颜迪明在政治课教学中，总是通过自有的人格魅力影响学生，并形成了自己独特的风格，赢得了学生的喜爱，取得了显著成效。颜迪明的施教之功在于启发、引导、点拨、开窍，他充分调动学生自主学习的积极性，创设和谐的学习政治课的情境和气氛。

颜迪明方脸浓眉，课间休息会时不时与学生讨论交流，闪烁着一双机智大眼，给学生留下了深刻印象。他讲授政治课，抓住了高举爱国主义与国际主义这条主线，对学生循循善诱。他结合国际、国内形势进行生动的讲解，而不是乏味的空洞无力的说教。譬如他讲学雷锋，就引导学生要确立正确的世界观与人生观，在课堂上联系实际，分析指出当下部分学生中存在的一些错误观念和思想误区，并以此来警醒学生。他还在课后主动找学生谈心，交流思想，听取学生对一些政治问题的见解。在和风细雨的交谈中，使学生感到获益匪浅。

成为新闻工作者后，颜迪明曾说：上海电视台《新闻透视》节目一经问世，就抓住人们关心的热点新闻事件，采用全方位、立体式的报道，对社会现象进行深刻的剖析和透视。有专家评论说：上海电视台早期的《新闻透视》是一个非常有战斗力的团队。最初的班底中就有总策划穆端正、孙泽敏和颜迪明。

早在 1987 年 7 月 19 日播出的《新闻透视》第三期节目中，由颜迪明领衔的三人记者组就选择了"工厂在呼唤技术工人"如此醒目的标题。他们撰写的解说词是这样的："最近，在沪东造船厂举行的全市焊接技术比赛，拉开了全市技术工人操作比赛的序幕。这是中华人民共和国成立以来规模最大、工种最多、参赛人数最多的一次'大比武'……这项活动对推动广大职工热爱本职、钻研技术、努力提高技术素质，起着积极的推动作用。然而，就目前全市职工队伍技术水平的结构来看，还是不能令人满意的……技术工人队伍结构严重不合理的状况已经引起一些企业领导的重视。"颜迪明领衔的三人记者组发出的振聋发聩的声音，即使放在现今来说，也不为过时。

作为上海电视台的新闻评论员，颜迪明在一篇论文《浅谈新闻大特写在电视报道中的独特优势》中如此说："在电视新闻大特写中，多向参与是一大特色，这里说的'多向'，是指上下、左右、前后多视角、多侧面的采访。如在报道南浦大桥的大特写中，我们先后在现场采访了 25 人，其中包括总指挥、工程技术人员、一线工人、动迁的工厂和居民，甚至追踪采访了因病仍坚守岗位而被领导'强迫'住院的工地主任，通过捕捉许多感人的细节，突出了大桥建设者的奉献精神，使整个报道具有全方位、立体式的现场感。"

值得一提的是，被誉为"世纪之桥"的南浦大桥于 1991 年年底通车，在大桥紧张施工期间颜迪明与记者同仁们一起冒着酷暑，到大桥进行了现场采访。他与同仁们讴歌："一道恢宏壮美的彩虹在全世界的瞩目下，在数千名建设者的挥汗编织下，冉冉地升起。"

在孙泽敏、王一敏、颜迪明等不懈努力下，这部《彩虹在浦江升起》的电视片拍摄得相当成功，并荣获首届"中国新闻奖"一等奖。

颜迪明虽然已永远离开了，离开了他所热爱的教育、新闻事业，但他给学生、给母校、给上海市民观众留下了难以忘怀的敬业者形象，他的音容笑貌深深地刻在大家的心中。

（1965 届中五乙班宓正明、1968 届校友章世钰　撰稿）

附 录

学校历任党支部（党总支）书记、副书记名录

姓　名	职　别	任期时间	备　注
张本（即张玉谋）、金瓯卜（即金嗣炘）、晓歌（即徐光燦，笔名坦克）、雷霆（即雷筱粹）、高平、徐智（即徐沛身，又名曹向）、冯秉序（即冯永年，又名王助）、詹荣曾	书记	1938—1940	光华附中 （1938年始建党支部，至1943年止，共历九届五年）
乔石（即蒋振平，又名蒋昭明）	书记	1940—1945	光华附中
		1946—1948	光华附中（1946年2月党组织开始恢复秘密活动。乔石、钱其琛、翟象乾在光华附中学生运动中，通过地下党员发展了周学斌、杨旭文、张永醒、尉健行、戴冠群等12名地下党员）
杨旭文	书记	1949年上半年	光华附中
朱云中	书记	1951—1953	华东师大附中
徐正贞	书记	1954—1956	华东师大附中
陆善涛	书记	1956—1964	华东师大附中
蔡多瑞	副书记	1958—1969	华东师大一附中
朱耀明	书记	1970—1972	华东师大一附中
蔡祖康	书记	1973—1977	上海师大一附中
黄慕义	书记	1978—1983	上海师大一附中
徐英俊	副书记	1978	上海师大一附中

续表

姓　　名	职　　别	任期时间	备　　注
李承昌	副书记	1980	华东师大一附中
徐正贞	书记	1983—1988	华东师大一附中
林葆瑞	副书记	1981—1989	华东师大一附中
林葆瑞	书记	1989—1991	华东师大一附中
胡国琳	副书记	1989—1991	华东师大一附中
胡国琳	书记	1991—1999	华东师大一附中
孙稼麟	书记	1999—2002	华东师大一附中
项志良	副书记	2002	华东师大一附中
项志良	书记	2003—2013	华东师大一附中
金晓文	副书记	2005—2007	华东师大一附中
李琰	副书记（主持）	2013—2016	华东师大一附中
王新	书记	2016—	华东师大一附中
袁芳	副书记	2020—	华东师大一附中

学校历任校长、副校长名录

姓　　名	职　　别	任职时间	备　　注
陆士寅	主任	1925	光华附中
鲁继曾	主任	1925	大夏附中
廖世承	主任	1927	光华附中
陈伯庄	主任	1926	大夏附中
郑通和	主任	1927	大夏附中
王祖廉	主任	1928	大夏附中
吴泽霖	主任	1929	大夏附中
倪文亚	主任	1930	大夏附中
王毓祥	主任	1934	大夏附中
倪文亚	主任	1935	大夏附中
孙亢曾	主任	1936—1941	大夏附中
张寿镛	主任	1938	光华附中
张华联	主任	1939	光华附中
廖世承	主任	1945	光华附中
张芝联	校长	1949	光华附中
宋成志	校长	1949	大夏附中
宋成志	校长	1951.9.17	华东师大附中一部
包玉珂	校长	1951.9.17	华东师大附中二部
宋成志	校长	1952.1.22	华东师大附中
林静	副校长	1952.9—1955	华东师大附中
陆善涛	副校长	1955—1956.7	华东师大附中
毛仲磐	副校长	1954—1958	华东师大附中
陆善涛	校长	1956.8—1964	华东师大一附中

续表

姓　名	职　别	任职时间	备　注
徐正贞	副校长	1960—1969	华东师大一附中
顾芳三	副校长	1962—1964	华东师大一附中
蔡文澜	副校长	1965—1972	华东师大一附中
蔡多瑞	革委会主任	1967—1972	华东师大一附中
蔡祖康	革委会主任	1973—1977	上海师大一附中
黄慕义	革委会副主任	1977	上海师大一附中
徐英俊	革委会副主任	1977	上海师大一附中
黄慕义	校长	1978—1979	上海师大一附中
陈步君	副校长	1978—1980	上海师大一附中
徐正贞	副校长	1978	上海师大一附中
徐正贞	校长	1979—1988	华东师大一附中
季克勤	副校长	1979—1987	华东师大一附中
石源泉	副校长	1981—1991	华东师大一附中
季克勤	校长	1988—1991	华东师大一附中
林葆瑞	副校长	1988—1990	华东师大一附中
陈宗义	副校长	1991—1994	华东师大一附中
陆继椿	副校长	1991—1997	华东师大一附中
石源泉	校长	1991—1993	华东师大一附中
宋耀生	副校长	1992—1993	华东师大一附中
宋耀生	校长	1993—1999	华东师大一附中
胡国琳	副校长	1995—1999	华东师大一附中
郎建中	副校长	1995—1998	华东师大一附中
吴传发	副校长	1996—2003	华东师大一附中
孙稼麟	校长	1999—2007	华东师大一附中
葛起超	副校长	1999—2007	华东师大一附中

续表

姓　　名	职　　别	任职时间	备　　注
陈奕望	副校长	2001—2002	华东师大一附中
方武勇	副校长	2001—2013	华东师大一附中
丁伟强	副校长	2005—2007	华东师大一附中
韩亚成	副校长	2007—2010	华东师大一附中
孙稼麟	名誉校长	2008—2020	华东师大一附中
丁伟强	校长	2007—2015	华东师大一附中
李支舜	副校长	2008—2021	华东师大一附中
李琰	副校长	2013—2016	华东师大一附中
陆磐良	校长	2015—2021.2	华东师大一附中
王新	副校长	2016—	华东师大一附中
袁芳	副校长	2019—2021.1	华东师大一附中
袁芳	副校长（主持）	2021.2—2022.9	华东师大一附中
袁芳	校长	2022.9—	华东师大一附中
陈寅	副校长	2021—2025	华东师大一附中
江源	副校长	2021—2024	华东师大一附中
陈明青	副校长	2023—	华东师大一附中

《百年名师》入选条件

"百年名师"入选者，必须师德高尚、为人师表，是学科领军者、带头人。

符合下列条件之一即可入选：

一、特级教师，正高级教师；

二、历年全国劳模，全国先进教师；

三、1925—1949 年，有史料记载的光华附中、大夏附中名师；

四、1950—2004 年，教有特点、术有专攻、社会影响力大的教师；

五、2005—2025 年，校史长廊"群英荟萃"中部分入选者；学有专长，教有特色，成效显著，且对学校有重大贡献的教师等。

华东师大一附中百年校庆筹备组

2023 年 4 月 12 日

编后记

2021年9月10日，华东师大一附中百年校庆筹备工作正式启动，确定编写"百年附中 百年树人"丛书，随之召开了第一次编撰会议。丛书方案为"一线四点"，以"史"带"人"。"一线"即《百年大事记》；"四点"即《百年名师》《校友风采》《附中往事》《附中名录》。

《百年名师》一书，由李支舜策划，初步拟定《百年名师》入选原则和条件，随后召开多次研讨会，听取各方意见和建议，通过"推荐—遴选—研讨—审核—公示—反馈—研究—终审"等过程，最终确定入选标准和人选。

在名师推荐过程中，许多在附中工作过的老领导、老教师非常认真，推荐了不少候选人，并附上了推荐理由，如陈步君、项志良、陆继椿、陈宗义、吴传发、葛起超、方武勇、唐家乐、胡锦城、傅志良等；一些校友也热心参与推荐，如1949届陆永醒、李令闻、徐愚、羊涤生，1956届初中、1959届高中方正，1964届中三、1966届中五、1967届高三校友等。

名师小传的材料主要源自三个方面：一是部分名师自己提供，二是部分校友提供，三是搜集查阅相关资料获得。在现有资料基础上，撰写各位名师小传。小传主要包括三个部分：一是求学、工作经历，二是在附中工作的业绩与贡献，三是学术成就及社会影响。

在撰稿过程中，许多校友回忆过往，缅怀师恩，积极参与撰稿，为了铭记他们的付出，我们在书中相关名师小传中署名，以作纪念。

在附中百年办学征程上，一些名师教有特点，术有专攻，为人师表，堪称典范，但因材料缺乏，无法成文，甚是遗憾，如包玉珂、倪若水、归孟坚、吴遐龄、胡梅轩、胡昭圣、仲子通、陆尔强、钱正飒、钱光耀、李厚基、唐志瞻、周缵武、傅贤达、夏哲公、夏银生等。

此次正式入编名师共 87 位，为方便浏览，全书分为三编：上编以光华附中、大夏附中及华东师大附中的名师为主；中编以校级领导、全国表彰名师为主；下编以各学科名师为主。

文稿形成后，我们特邀我校退休语文高级教师陈敏老师进行了格式初审和文字增删。

《百年名师》跨度时间长，现有资料少，困难多，难度大，但编写组本着"承风续脉、修史育人"之初心，克服很多困难，夜以继日，多方求助，查阅大量史料，按照计划，有序推进，得以完成。

在名师推荐、材料提供、小传撰写过程中，曾在附中工作的老领导、老教师，还有一些老校友怀着对母校的深情，他们关注此书，提出了不少建议。在此，向他们一并表示诚挚的谢意。

百年风雨传薪火，一路弦歌育栋梁。

在华东师范大学第一附属中学 100 周年华诞之际，参与《百年名师》的编写，十分幸运。但因时间仓促，水平有限，仍有不少遗憾，祈望您批评指正！

编　者

王 新 袁 芳 主编

百年附中
百年树人

附中往事

胡锦城 编

上海教育出版社
SHANGHAI EDUCATIONAL
PUBLISHING HOUSE

《百年附中 百年树人》编委会

主 任

王 新 袁 芳

副主任

李支舜

编 委

（以姓氏笔画为序）

马君君　王 凯　王 新　方武勇　朱 越　向胜翔

刘徭瑶　李支舜　吴传发　应敏佳　张 青　陆继椿

陈 寅　陈步君　陈明青　陈宗义　罗 莉　项志良

胡锦城　袁 芳　唐家乐　龚 娟　葛起超　傅志良

分册主编

《百年大事记》主编　李支舜

《百年名师》主编　李支舜

《附中往事》主编　胡锦城

序

春秋代序，百年征程！

在美丽的浦江之滨，在崛起的瑞虹新城，矗立着一所历史悠久的名校。

1925 年对华东师范大学第一附属中学（以下简称"华东师大一附中"）来说，具有开启生命的意义。那一年，它的前身光华大学附属中学和大夏大学附属中学先后创办，以"教育救国，振兴中华"为办学宗旨，校名取"光我中华"和"光大华夏"之意。1951 年秋，两校合并为华东师范大学附属中学，1958 年改为华东师范大学第一附属中学。

回溯华东师大一附中建校 100 年历程，"研究型"学校文化体现在学校奠基、传承和发展中，可谓源远流长。20 世纪 20 年代，我国著名教育家、心理学家廖世承校长提出了"积极研究、勇于尝试、艰苦卓绝"的办学思想，成为学校的精神导向。在廖世承校长主持下，光华大学附属中学贯彻"育人、育材"的教育方针，其高质量的教学深受社会赞誉，并与江苏省立上海中学、南洋模范中学并称为当时上海的三大中学名校。中华人民共和国成立后，华东师范大学附属中学是上海市最早学习苏联凯洛夫《教育学》、学习苏联教育制度的一所学校。陆善涛校长是"研究型"学校文化的传承者，他认为教师是否进行教科研，其"思想境界不一样、理论素养不一样、信息意识不一样、教育能力不一样"。他代表学校参加"全国文教群英会"，受到党和国家领导人的接见。学校被上海市教育局确定为首批要办好的 13 所重点中学之一。徐正贞校长勉励教师"要当教育家，不做教书匠"。他以非凡的魄力，开创中学教师"整学期不排课，享受科研创作长假"之先例，提出"向科研要质量"，涌现出张思中、陆继椿、刘定一等一批"科研领先，教有特点"的教师。全国五一劳动奖章获得者、上海市特级校长孙稼麟在实践中提炼出"培养研究型学生，造就研究型教师，建设研究型学校文化"的"三个研究型"办学理念，带领学校成为上海市首批实验性示范性高中。丁伟强校长思考如何弘扬和发展"研究型"学校文化，创建教师专业发展共同体，建设"三块田"教师专业发展工程。上海市特级校长陆磐良注重梳理"研究型"学校文化历史，确定"格致诚正，自强不息"为新时代华东师大一附中校训，把培养新时代"光华人"作为学校的培养目标，完善了华东师大一附中"研究型"学校文化办学体系。

在百年征程新的起点上，学校将赓续传统，秉持"三个研究型"办学理念，在"双新"课改的大潮中，始终坚持"人的发展"是第一要务，求实求新，追求卓越；以课堂教学为师生发展的主要载体，力推"新结构化"教学；转变观念，关注问题、情境和学习心理，以高水平管理，培养高素质人才，谋求高质量发展。

在百年征程上，学校先后被评为上海市重点中学、上海市首批实验性示范性高中、上海市科技教育特色示范学校、国家节约型公共机构示范单位、上海市文明校园、上海市中小学行为规范示范校、上海市依法治校示范校、上海市家庭教育工作示范校、上海市中小学心理健康教育示范校、上海市教师专业发展学校暨见习教师规范化培训基地学校等。2021年，学校党总支被评为上海市先进基层党组织。

百年附中，百年树人！

华东师大一附中建校100年来，为国家培养和输送了大批优秀人才。既有乔石、姚依林、尉健行等党和国家的重要领导人，也有方成、陈凯先、叶澜等著名的科学家和教育家，还有谢晋、赵长天等著名导演和作家。学校被人们称为"培养高级人才的摇篮"。

辉煌附中，致敬百年！

为传承华东师大一附中百年办学传统，展示百年办学辉煌成就，讲述百年附中人的故事，开创华东师大一附中美好未来，我们特地组织编写《百年附中　百年树人》（全三册）。其中，《百年大事记》收集整理了华东师大一附中从1925年创办一直到2025年的办学历程，详细记录了各个年段所发生的"大事"。《百年名师》选取华东师大一附中各个历史时期代表名师近 100 位，简要介绍他们的求学、工作经历、贡献等。《附中往事》通过师生对华东师大一附中往事的回忆，形象地展现了百年附中的历史沿革、风云变化和所取得的累累硕果。

教育，是传承的事业；历史，是前行的始端。在今天回眸学校 100 年的历史，可以清晰地看到学校开拓前行的轨迹，会留给人们许多弥足珍贵的启示。

学校 100 年的历史，可以说是一部"研究型"学校文化奠基、积淀、提炼、传承和弘扬的历史。正是这种"研究型"学校文化，孕育了一批又一批"研究型"教师；正是这种"研究型"的文化土壤，造就了一代又一代"研究型"学生。今天，时代要求我们追求高中教育内涵提升和特色发展，这必然对"研究型"学校文化的发展提出新的要求。

在百年校庆之际，我们将共同思考这一问题；在今后的办学实践中，我们将用创新实验的成果来书写新时代的教育华章。

袁　芳

2025 年 3 月

目录

教师篇

学生篇

教师篇

戊辰年之光华附中

廖世承

　　光华附中是一个负有重大使命的学校，它的设施、它的成绩，不特影响沪地一隅，外人也很注目，所以我们对这个学校，不应当以维持现状为能事，应该努力发展，使它成为沪上的中心学校。不过说话很容易，实现却困难。我们必须有真实的热诚、坚强的毅力、逐年不断的进取，才有成功的希望。现在我们且把本年的附中状况报告一下，以为改进的始基。

　　一、组织

　　光华附中的办事系统，曾经两度变迁。初起时，中学行政会议与大学分立，后来又与大学合并，组成大中联席会议。自本年度起，行政会议重新分立。除主任及训育主任、注册主任、事务员为当然会员外，于教员中推举六人组织之。每星期开会一次。这样，教职员能时相接触，教员对于行政方面问题不致有隔膜。此外有全体教职员会议、各分科会议，及各种委员会。全体教职员会，每月开常会一次，分科会及委员会的会期无定。

　　二、经费

　　中学一切收入，向归大学，大学不敷开支，往往以中学收入为挹注。在基金无着、经费竭蹶的时候，此诚为不得已的办法，不过中学行政方面既没有支配经济的权，所有计划，总觉不易实现。结果，中学只能苟且敷衍，无丝毫独立的精神。上学期末，中学曾与大学再三商酌，得大学许可，自本学期起，划分一部分经费归中学保存支配。此后行政，自可较前活动了。

　　三、校舍及设备

　　光华大学新成立时，校舍无着，大、中学在外面租屋分居。自大西路新校舍成立，中学方与大学迁居一处。唯人数拥挤，校舍仍不敷分配，以芦棚为临时教室。但全校精神，并不因此稍减。学校当局与学生会仍继续努力，募捐建筑中学宿舍。现新屋已开工，可容约六百人，预计暑假期内可以落成。落成后，当然不必再用芦棚做教室了。至图书仪器等，中学往年也与大学合用。本年度起，中学另开图书室一所，仪器也与大学分立，现物理、化学、生物仪器标本及图书等，购置已不下数千金，以后拟再陆续添置。

四、课程

附中课程也于本年修正，修改的注重点，归纳起来有三层：（1）提高数理程度，使数理与国文、英文并重。（2）增加选科学程，使学生多得自由选择机会。（3）限制学生任意改科，以免所学漫无系统。（办法详见一九二七年九月修订之光华附中简章）

五、学业考查

学校不应专顾及学生知识，而忽略品性。可是现今的学校，连"智识贩卖所"的头衔都当不起。学生在校，不特道德的习惯不能养成，应用的技能绝少练习，即书本上的死知识，都得不到几多。缺课、逃席、考试作弊，已成"司空见惯"，毫不为异。世风如此，实足为国家寒心。附中现决计除注重平日口问及小考外，每学期举行全校测验一次，比较各班及各个人的成绩，列表宣布，以唤起全校师生的注意，并备行政人员指导学生和改进校务的参考。

六、训育

训育为现今学校最难解决的问题。不过我们不能因为难解决而置之不理。本年附中对训育最小限度的设施，均分下列数点：

甲、管理方面

特别注意学生无故缺席及擅自外宿二事。取缔无故制度办法，唯有请各教员当日报告缺席人数，由训育处记过惩罚。禁止外宿，则唯有每晚点名，并随时巡察。

乙、训练方面

1. 举行半月会

开会时全体学生均须出席。各班座位号数，均经编定，迟到及缺席者订有罚则。散会时各班学生须按照次序退席。会务分报告、演讲、表演多种。盖此会性质，一方在使学生多得团体聚会机会，养成遵守秩序之习惯；一方在灌输各种常识，使学生明了全校进行状况。

2. 穿制服上课

我国中学生太不注重形式上的整齐，以致做事苟且，毫无精神。全体学生穿制服上课，也为整饬精神的一道。

3. 试办童子军

童子军教育，对于初中学生最为相宜。且注重体验，不偏向于"纸片教育"，更足以祛除现今学校的弊病。附中本拟下学期将童子军列入必修科，嗣因大学办有罗浮队，顾尽指导之责，故于本学期先行试办。

4.提倡课外作业

课外作业的重要，本不亚于正课。其优点在促进研究心，培养合作精神，练习社交，强健体格和欣赏高尚的娱乐。唯课外作业的种类繁多，经济如何筹划，指导员如何聘请，时间如何支配，会员兴趣如何保持，都应该审慎考虑。现指导课外作业委员会已成立，拟定本学期先从下列各种事业入手：（1）书法研究会、（2）国语研究会、（3）英语研究会、（4）自然科学研究会、（5）数学研究会、（6）昆曲研究会、（7）周刊社、（8）篮球队、（9）田径赛。这数种课外作业，校中都有良好的指导员，进行时较有把握。如学生对其他作业有特殊兴趣，可商请学校增设。

上述各点，虽无特殊规模，苟能实事求是，精进不懈，成绩当有可观。我顾我全体教职员、同学勿蹉跎误此良好之戊辰年。

一九二八年二月廿九日写于光华大学

我在附中工作期间的所见所闻
——从光华附中到师大附中

毛仲磐

1934 年，我从复旦大学生物系毕业，受聘于光华附中；1958 年奉命到华东师大，筹建华东师大二附中，其间在附中工作了 24 年，经历了学校各时期的变迁发展，现将自己在附中工作期间的所见所闻回忆如下。

一、光华附中主任廖世承先生

光华大学和光华附中创建于 1925 年 6 月 3 日，它们是在反帝爱国斗争中诞生的私立大学和私立中学。光华大学首任校长是张寿镛先生，附中主任是陆士寅先生。1927 年，廖世承先生离宁回沪，受聘任光华大学副校长兼附中主任。

廖世承先生早年公费赴美留学，在美国勃朗大学①专攻教育专业，获得勃朗大学哲学博士学位。学成回国后，他曾任南京东南大学教育学科教授兼东大附中主任。在此期间，他已有多部教育专著问世，有的教育专著被国内有些高等师范学校和中等师范学校选为教材。廖世承先生对中等教育有独特的研究，被誉为"中等教育专家"。

1927 年，廖先生离宁回沪。据康民兄介绍，当时他父亲有两种选择：一是受聘任工部局华人教育处处长，这是一个有高薪和居住花园洋房的优厚待遇的高职；二是受聘任光华大学副校长兼附中主任，薪水相对较低。但廖先生出于爱国之心，决心出任光华大学副校长和附中主任之职，这体现了廖先生深厚的爱国主义情操。廖先生明确表示，要办好中国人自己的学校，光我中华。

光华附中在廖先生的组织领导下，办学很有特色：师资队伍强，教学质量高，校风淳朴，管理严格，"光我中华"的校训已深入全校师生员工的心中。廖先生十分重视"以人为本"的人格教育，认为人格教育的核心是爱国主义教育，一定要做一个堂堂正正的中国人，尊师重道，关心国家前途；学习的目的在于为祖国服务，振兴中华民族。廖先生不但重视培养学生的德育、智育，而且对体育和文艺活动也很重视。

光华附中的体育活动，在廖先生的大力倡导下，开展得相当活跃。早上学校升旗

---

① 即布朗大学（Brown University）。

做操时，廖先生往往早就站在操场前面，关注学生的早操。田径和球类活动，普及每个年级和班级，经常举行校内竞赛并派运动员参加校际竞赛。有一年，在全市中学生的体育比赛中，光华附中荣获十项冠军。从现在的教育观点来看，是否可以说，廖先生是实施素质教育的先驱者和实践者？

当时，光华附中的教育质量与当时的上海中学和南洋模范中学并驾齐驱。1934年，上海市开始举行中学毕业会考，光华附中曾连续两届会考成绩名列第一。教育部门以"设备完善，办事认真，成绩斐然"相嘉奖。1936年，教育部指定光华附中为全国九所优良中学之一。

廖先生平时常穿一套藏青色中山装，生活俭朴，待人谦和，处处以身作则，身体力行。他的爱国敬业、无私奉献的精神，为光华同仁所钦佩。

二、大西路的光华附中校园

光华附中自1925年在反帝爱国斗争中创建后不久，与光华大学一道在沪西大西路建设了新校舍。大西路校址的土地60余亩，是由校董会的王省三（即王丰镐）先生捐助的。兴建校舍的费用是由张寿镛校长、校董会董事、社会各界人士和学生家长等认捐，再由学生募捐，并发行建设公债等多种方式筹集。学校大门开在大西路，是一座很宏伟的古典式的水泥大牌坊。大牌坊的横匾上，闪耀着"光华大学"四个金光闪闪的大字，这是王省三先生的手笔。大学部校舍在校园西部，附中校舍在校园东部。大学和附中的两座教学大楼中央竖立着高耸的旗杆。校园北面有绿化地带，南部中间为田径场，场西为学生食堂，场东为附中学生宿舍。附中教室在东部的教学大楼，附中主任办公室和教务处、训导处都设在大楼底层。图书馆和理、化、生实验室都设在楼上。宿舍楼底层还有一个消费合作社，出售食品、文具和体育、生活用品等，同时也供高中商科同学作为实践基地。附近为童子军营地，为初中童子军野营活动基地，可供童子军操练和宿营、烧烤。当时，光华附中收寄宿生，供外省市和远郊学生在校寄宿。高中分科设文科、理科和商科，并开设春季班。学生主科不及格，经补考后仍不过关者，要留级，但因设有春季班，就留半年。

1935年建校10周年之际，学校又在东、西两座教学大楼中间，筹建了一座大礼堂，名"丰寿堂"（纪念王丰镐和张寿镛两位光华创始人）。

1936年，附中得到社会人士和学生家长等资助，在学生宿舍楼旁新建两层楼的科学馆和体育馆各一座。这是比较新颖的两座建筑，具有相当规模。原来的理、化、生等实验室，全部迁入新建的科学馆，馆内还设有仪器、药品贮藏室和生物标本模型室等。体育馆的设施也比较齐全。这为学生上实验课和体育课以及球类的训练比赛创造了良好的条件。当时，一般中学里设有科学馆和体育馆的尚不多见。

三、廖校长来听我的课

1934年，我从复旦大学生物系毕业，受聘光华附中任初中生物学教师，教初中一、二年级动物学、植物学和生理卫生等课程。当年秋季开学不久，一次我在初二上生理卫生课时，没有想到廖校长就坐在教室的最后一排听我上课。当时，我还是一名大学刚毕业的新教师，没有一点教学经验，看到廖校长来听课有些紧张。那天，讲课的内容为"人体结构"，我带了人体模型、挂图等教具，在课堂中边讲解边为学生演示。因为心情紧张，在揭开人体模型胸腔部分时，不慎把胸腔内的心脏模型也拉了出来，掉在地上。前排有一名女同学代我捡起来，我谢谢她，但却搞得十分尴尬，脸涨得通红。同学们却很平静，仍然十分专心地听我讲解，并回答我的提问。下课铃响了，我的心才平静下来。事后，廖校长约我在主任室谈话，对这堂课做了分析，对我这位新教师给予很大的鼓励。他说，你是新来的老师，课讲得很清楚，也很有条理，还不时提出问题让学生思考，这点很好。但在运用教具时，要把人体模型和挂图内容有机地结合起来，使学生对人体结构有一个完整的概念。同时要做到理论联系实际，讲的内容要跟学生日常生活，特别是有关健康卫生方面的知识紧密地联系，这样学生对讲课内容会有较深的印象。教生理卫生课，老师还要关心学生的身体健康，让他们养成良好的卫生习惯等。60多年过去了，当时廖校长和我谈话的情景还历历在目，我至今还铭记在心。廖校长对我的教诲，影响了我大半辈子的教育生涯。后来，我在华东师大附中和师大二附中任教导主任、校长工作时，也养成了经常深入课堂听课的习惯，并在课后找任课老师谈话，交换意见。我认为，学校领导抓教学，深入课堂听课，并和老师交换意见，是领导教学的一项重要措施。一方面是通过听课了解教学情况，并向教师学习；另一方面，对帮助教师改进教学方法，提高教学质量，也有一定的作用。

光华附中在教育教学管理上，要求一向是很严格的，有一套较完整的规章制度。拿学生的升留级制度来说，如果某一学生主科不及格，经补考后仍不及格，就要留级。当时，初二有一个名叫穆家麟的同学，他是上海有名的实业家、人称"棉纱大王"的穆藕初先生的儿子，平时学习不太认真。我上的生理卫生课，他考试不及格（生理卫生课非主科），他父亲知道后托廖校长请任课老师为他的儿子补习辅导。我在课余时间帮他复习有关知识，并提出一些问题让他思考，还把我在1935年编写的初中复习丛书《卫生学》（商务印书馆出版）给他做复习参考。我对家麟同学既严格要求，又亲切关心，他的学习态度有了转变，对其他功课也抓得紧了，成绩有所提高。后来，他补考及格，最后顺利地升入初三。当然，我们大家也都很高兴。

四、到昆山去远足踏青

光华附中有一个传统，就是每年放春假时，学校组织师生外出远足踏青。每个班级由级任导师（即班主任），带领本班同学到郊外远足踏青。地点由各班师生自己决定，但不能走得太远，要求当天来回，并注意安全。1935年春，我教初二，任级任导师，带了40多人的一个班，搭火车去昆山踏青。班长叫余森，全班分四个组，由组长负责分散活动。在马鞍山山脚下，我们巧遇廖校长，他也准备上山参观游览。有四个女同学，张丽琳、杨明燕、赵镜等，一直跟着我同行。当时，我带了一架照相机，我为廖校长和四个女同学照了相，也单独为廖校长拍了一张照。廖校长穿毛呢中山装，站在山顶宝塔下，非常有精神。拍的这张照片除送廖校长留念外，我自己也留了两张，珍藏在相册中，可惜在"文化大革命"中被抄走了。马鞍山不高，但很秀丽，登高远眺，在白云蓝天下，一望无际。山的周围，尽是金黄的油菜花和碧绿的麦苗，空气特别清新，令人心旷神怡，微风吹来，麦浪滚滚，自然景色太美了，令人陶醉。下了山，我和同学们又去昆山老街兜了一圈，了解了当地民风民俗，并碰巧参观了正在展出的书画展和民风民俗展。这次昆山游览，在自然景观和人文景观两方面都取得了不少收获。回校后，我要求同学们用随笔和日记形式，写点昆山远足踏青的感受和体会，练练笔。通过郊游，师生关系更加密切了，而且我认为，这也是让同学们接触社会、了解社会的有效途径之一。

五、光华附中优秀的教师队伍

在光华附中，廖世承校长一贯十分重视学校的师资质量。他认为，要办好一所学校，师资质量是起决定性作用的。因此，廖校长对聘请教师要求是很高、很严格的。就我所知，大致有这样几个条件：德才兼备，品学兼优，教师必须敬业爱生；教师必须是著名大学本科毕业生，而所教学科必须和自己读的专业对口，即大学化学系毕业的教化学，生物系毕业的教生物学；优先聘用教学经验丰富和教学质量高的教师。正是由于光华附中师资水平高，教学质量也高，因此学生在严格的教导下品学兼优。高三学生毕业时，一般都能考上国内较有名的大学。在抗日战争前，光华附中在社会上就享有较高的声誉。

20世纪30年代中期，光华附中的教师阵容如下：国文教师有王蘧常、顾苣丞、张振镛、周哲肫、白蕉、郭晴湖、陈式圭等；英文教师有徐燕谋、董小培、周缵武、吴遐龄、蒋鹏、汪仁溥等；数学教师有倪若水、桂叔超、金马丁、归孟坚、王宾时、严子嘉、张幼虹等；物理教师有胡梅轩等；化学教师有胡昭圣、沈昭文；生物教师有张予若、毛仲磐、顾志成（即顾传玠）；历史教师有潘子端、邢鹏举、姚舜钦（姚璋）；地理教师有陶绍渊等；商科教师有卜坤一、唐书绅、范家标等；体育教师有陆翔千、姜静南，童子军教练戴企留；美术教师有陆尔强（《申报》美术编辑）；音乐教师有仲子通等。在这些教师中，有一部分是大学教师来附中兼课的，其中更多的教师后来都升到大学任教,并大都有自己的专著。

六、《光华附中》校刊和毕业纪念册

光华附中每年要编辑出版《光华附中》校刊若干期。校刊内容有:学术论文、教学辅导材料、学科教学经验、小说、戏剧、诗歌、散文、随笔等,作者均为校内师生和部分校友。这本校刊由校刊编委会负责征稿、审核、修改、定稿、校对、出版、发行。校内师生人手一册,对外作为校际交流读物,也寄给部分校友。由于内容丰富、实在,校刊在当时上海教育界产生了一定影响。数学教师桂叔超、金马丁等先生,几乎每期都编写有关代数、三角、几何等方面的教辅材料,同学们看到后往往进行学习和讨论。历史教师潘子端用笔名予且写的小说、戏剧剧本很受读者的欢迎。有的剧本还由班级或年级排练,在全校话剧比赛时演出。导演即由班级聘请潘子端老师担任。在校刊上,我也写过几篇小文章,如《谈谈心理卫生》《几种食虫植物》《关于肺结核》等。

关于光华附中的毕业纪念册,那是很值得记一下的。在 30 年代,每届高三毕业班都成立编委会,由学生干部主其事,聘请老师任顾问。编辑出版的毕业纪念册,印刷和装帧十分精致,并有逐年攀比的趋势。编委们所花费的时间和精力不少,同时他们在编写过程中也得到了很好的锻炼。例如《中国新文学大系》主编赵家璧先生,他就是光华附中的学生。在校学习时期,他曾担任学校和班级出版刊物的编辑出版工作,从此产生了浓厚的兴趣,以后竟成了一名著名的出版家。当年上海出版的《良友》画报,他也参加了创编工作。

我在 1934 至 1937 年间所收到的几届高中毕业纪念册中,我认为,1936 年丁懿明、何振志等同学毕业的那一届编印的毕业纪念册最为精致,内容丰富精彩,印刷、装帧也特别考究,书厚达一寸(约 3.3 厘米)。首页刊登光华大学张寿镛校长的照片,而后是光华附中廖世承校长的照片以及文、理、商科各班级任导师和任课老师的照片,还有班级同学的集体照等,最显眼的是各班同学的个人照片和照片旁的自传式短文。其他还有班级小史、获奖记录、老师和同学的文章,包括小说、诗歌、散文等。最精彩的是他们请白蕉先生画的兰花插页。这本毕业纪念册中,竟刊登了白蕉先生画的不同姿态的兰花达五幅之多,兰花插图放在文、理、商分科和不同类别文章的前面。此外,还有白蕉先生的书法也很精彩,这是非常名贵的艺术珍品。毕业纪念册的经费来源主要靠广告收入。有许多学生家长都是沪上大企业、大公司的经理、厂长,花钱登广告是没有问题的。编印出版毕业纪念册,对负责此项工作的班级干部来说,倒是一个很好的锻炼机会,从中增长了才干。

七、光华附中的体育和文艺活动

廖校长不仅重视学生的德育和智育,有一套完整的规章制度,而且平时也很重视

学生的体育和文艺活动。

体育方面，除重视体育课外，还抓学生早操、课外体育锻炼、田径和球类运动队的训练和比赛。每年春季定期举行全校运动会，开展各项体育竞赛活动。在全市中学生体育比赛中，光华附中代表队的实力较强，曾名列前茅，还获得过冠军。中国致公党主席董寅初先生和著名电影演员舒适（舒昌格）先生，都是当年光华附中的体育健将。在学校领导大力倡导下，文艺活动开展得也十分活跃。每年"六三"校庆或元旦来临时，学校常举办全校性的大型文艺会演，或话剧比赛，各班级都会挑选好的文艺节目参加会演。节目有音乐、舞蹈、大合唱、民乐和西乐演奏以及相声等。举行话剧比赛（一般安排在欢庆元旦时），是光华附中艺术教育的特色之一。班级和年级几个月前即选定参赛剧目，同学们主动聘请擅长此道的老师出任导演，进行排练。就我记忆所及，参赛的剧目有：《娜拉》、《吴淞之夜》（该剧系潘子端所创作，并由他执导）以及活报剧《放下你的鞭子》等（有些话剧剧目我不记得了）。潘子端后来还写过一篇小说——《不求人》，发表在文艺刊物上，后被改编成电影剧本，由上海电影制片厂拍成电影，向观众放映。这是一个轻喜剧，放映时受到观众的欢迎和喜爱。比赛时，我也曾被聘为评委。光华附中的文艺会演和话剧比赛是全校师生节日狂欢的文艺盛会。廖校长不仅是这些文艺活动的倡导者，而且每次活动都出席观看，与全校师生同乐。

廖校长在担任光华附中校长期间，处处体现了早就形成的培养学生德智体美全面发展的教育思想。廖校长被誉为"中等教育专家"，是因为他有先进的教育理论和丰富的教育实践。

八、抗战期间，光华附中三迁校舍

1937 年 8 月 13 日，日军大举入侵上海。同年 12 月 12 日、13 日，大西路光华校舍全部被敌寇焚毁。秋季开学，光华附中迁至愚园路岐山村作为临时校舍，继续照常开学上课。但该处为越界筑路区，为全校师生安全计，不久又迁至成都路一座公馆大宅为临时校舍。那时，初中开设精神修养课，由沈昌焕先生任教。沈昌焕先生的弟弟沈昌瑞也是光华附中校友。1938 年夏，光华大学和附中再次迁至三马路（即汉口路）证券大楼上课。这一时期，附中新聘了一些教师，国文有叶百丰、谭惟翰、万云骏、吴调公、于在春、朱梦华等；数学有郑锡兆、华祗文、任有恒、孙宗堃、张其钰等；英文有陈云荪、蒋启壎、叶承畴；物理有唐志瞻、朱世璜等；化学有李嘉音、张德櫆、汪冬心等；生物有盛占春等；历史有徐承烈、张葆庠、张允和；地理有王礼兆、刘先培、翁史伦等。这些新聘教师一般都具有较丰富的教学经验，教学质量也是比较好的，深受同学们的欢迎。当时上课的教室，初中安排在三楼，高中安排在八楼。附中与大学分上下午轮流上课，都只上半天课。老师上八楼可乘电梯，规定学生不能乘电梯，只允许徒步上楼。其实，这对学生来说倒也是一个锻炼。因限于当时条件，有些课程不上了，如高中理、化、生实验课，还有体育、音乐、美术等课程。每天上午上4节课，每周上24节课。下午所有教室由大学部学生上课。附中自成都路搬走后，原来的临时校舍，由附中原历史教师邢鹏举先生接办师承中学，另招收学生就读。校名叫"师承"是为了纪念廖世承先生。当时，我应聘在师承中学兼过几节高中生物课。在教员休息室里，我见到了唐弢先生，他也在师承中学教国文课。

1938年，廖校长奉教育部令入湘筹办蓝田国立师范学院，光华大学张寿镛校长兼任附中主任。1939年，我任光华附中教导副主任，主管学校教务工作，潘子端先生任教导主任。我们定期到愚园路觉园，向张寿镛校长汇报学校工作，并听取他对附中工作的意见。张校长很重视学生的思想道德教育，他把公民道德修养的有关内容列出提纲，让我们带回学校，分发给各班级任导师，由级任导师于周一上午第一节"谈话课"时，向学生宣讲。那时，附中的教学环境是差的。不仅外有日军的侵入，上海沦为孤岛，而且证券大楼内的证券交易所在开盘时声音非常嘈杂，对附中上课很有影响。但附中师生依然继承良好的校风，认真教学，不受丝毫影响，相反学生学习格外刻苦努力，他们懂得自己努力奋斗。这段时间，光华师生团结勤奋，就学人数反有增加。1940年，大、中学学生数有2 400余人。这也说明光华大学和附中在社会上的声誉很高。当时，上海虽沦为孤岛，但中国共产党领导的地下对敌斗争，始终没有停止过。其时，乔石同志任中共光华附中党支部书记，组织领导进步青年开展地下革命工作。1941年冬，太平洋战争爆发，上海租界也为日寇所占，形势更为险恶。张寿镛校长当机立断做出决定，光华大学和附中立即停办。

九、光华附中停办，成立壬午补习社

光华附中为了不向日伪立案登记，保持民族气节，决定停办。与此同时，为了不让原光华附中的同学失学，让他们在母校老师的教育下，继续有一个较好的学习机会，经老师们商议后，决定开设壬午补习社（壬午补习社成立于1942年壬午年，故以壬午为名），招收原附中同学来补习社学习。所有课程、教材和任课老师，跟原来光华附中相比，基本上没有什么大的变动，校址仍在三马路证券大楼，上课时间仍安排在上午（下午由改名为诚正文学社的光华大学文学院给大学生上课），设置的课程主要有国文、数学、英文、生物、化学、物理、历史、地理等，但新增加了一门日文课。同学们对日文课很不重视，思想上有抵触情绪，采取应付态度。壬午补习社社长，由老师们推举原英文老师吴遐龄先生担任。任课教师由社长发聘书聘请，我仍担任教导副主任，主管教务工作，潘子端先生任教导主任。

汪伪政权成立后，发行大量储备券，造成物价飞涨，民不聊生，百姓怨声载道。

为了减少通货膨胀造成教师的经济损失，开学时，补习社收到学生缴付的学费后，即把一学期六个月的薪水全部发给教师，让教师把半年所需的生活必需品早早买好，防止伪币贬值。

这个时期，教师的生活特别清苦，非常困难。出于无奈，很多教师不得不采取到别的学校多兼课的办法，增加收入，维持生计。这里，我用自己的例子做一点说明。当时，我家住徐家汇，清晨骑自行车沿贝当路（即衡山路）再转入霞飞路（即淮海路）朝东，过八仙桥后，不远即可到达三马路证券大楼。一般上午七时半前必须赶到。在壬午补习社，我既要负责教务工作，又要为学生上生物课。中午吃自带的盒饭，吃完饭即匆匆骑车赶到静安寺上东南中学下午的课，或去白克路（即凤阳路）坤范女子中学上课，或到其他学校上课。下午课后四点多钟，我还要赶到海格路（即华山路）谢公馆教谢家三个孩子学小学算术、英文课（孩子们不读小学，专门请老师家教。国文课另有一位老先生任教。孩子们的母亲是上海女子商业储蓄银行行长）。晚饭我在谢家吃，四菜一汤，三荤一素，我可以借此增加点油水（家里小菜实在太差）。星期天上午，我也得不到休息，要去戈登路（即江宁路）务光女中上两节高中生物课。该校教务主任陈云涛先生（陈铁迪同志的父亲）是我的朋友，我被聘任，不好意思不去。当然，星期天上午兼课也可以增加一点收入。原来一周内的课已排满，务光女中的两节生物课只能安排在星期天上午。这样一天工作下来，身体极度疲劳，一到晚上就想睡觉。即使如此，每月的薪水收入也仅能勉强维持一家生活，相当艰苦。其他老师，我估计也跟我差不多。

在壬午补习社工作期间，有两件事我印象很深刻。一是补习社领导要求师生带好干粮，由补习社保存。原因是日军侵占上海后，路口经常会突然被封锁，行人不得通行。我们补习社位于三马路闹市地区，一旦马路被封锁，师生都将无饭可食，带干粮就是应付随时可能发生的这种局面。二是高二有一个同学叫王宁，国文考试不及格，经补考后仍不及格，按规定他应留级。一天，他当律师的哥哥特来寻衅，一定要让他弟弟升级。我管教务，负责学生升留级工作。他大骂我们是"黑店"，揪住我的领口，要拉我去巡捕房评理。我坚持说理，彼此争执起来，幸好在旁的几位老师出面劝阻。最后，他自知理亏，边骂边走。我以为王宁不会再来这里上学了，但我猜错了。第二天，王宁还是来了，并愿按规定留在高二重读。这件小事说明恃强不讲理是不得人心的。虽然环境险恶，生活艰难，但我们坚守教育岗位、为国家培养学生成才的这个心愿是不会动摇的。

十、抗战胜利，光华大学暨附中复校

1945 年 8 月 15 日，日军无条件投降，抗日战争胜利了，全国人民无不欢欣鼓舞。遗憾的是，光华大学张寿镛校长却不幸于胜利前夕的 7 月 15 日与世长辞了。临终前，张校长殷切地告诫光华师生，要以"复兴中华，复兴光华"为己任。

是年秋，光华大学暨附中同时在三马路证券大楼宣告复校。校董会公推朱经农先生执掌大学，刚从重庆回到上海的廖世承先生执掌中学。是年冬，教育部拨出虹口欧阳路 221 号、222 号敌产为光华大学暨附中校舍。1946 年 7 月，光华大学和附中迁入欧阳路新校舍上课。大学校舍在校园东南面，附中校舍在西北面。1946 年，上海著名实业家荣尔仁先生，为纪念其尊人德生先生，捐建中学宿舍楼一座，名德生堂。1946 年至 1948 年，廖校长继任附中校长（在此之前，附中校长由张华联先生任职），教导主任一职改由倪若水先生担任，我仍任教导副主任。当时，我外面兼课已相对大为减少，1946—1947 年仍兼光华大学生物系讲师，1946—1950 年兼母校复旦大学生物系讲师。光华附中迁入欧阳路新校舍后，在廖校长领导下，学校恢复全日制。所有理、化、生实验课、体育课以及音乐、美术等课程，全部恢复上课。图书馆经整理和增加各类新书后，也对师生开放。这一时期新聘的教师，教国文的有汪星六（兼舍务主任）、虞超、赵善诒；数学有章质甫、陈品端、王谷愚；英文有徐燕谋（重新回光华附中执教）、孟永祈、郑伯山（兼校长秘书）、叶冶；物理有朱世璜；化学有陈思卓、顾学民、沙静娥；生物有盛占春；历史有包玉珂、郦家驹、李永圻、洪廷彦、张家驹、邓荣龄；地理有陈尔寿、芮乔松、王文瀚、褚绍唐；商科有汪译来；体育有童载新、储体芳、俞贵芳、邵鸿章、史汝棠；音乐、美术有周大融等。教导员有季振宙（后任国文教师）。其中有些老师原是大学教授，是来附中兼课的。教师阵容得到进一步加强。新生报考者逐年增多，并招收寄宿生。学生总数大大增加，班级数也随之增加。除初中三个年级，高中仍分文科、理科、商科三类。文科为甲班，开设 1—2 班，分为 A、B 组，理科为乙班，开设 2—3 班，分 A、B、C 组，商科为丙班，人数相对较少，仅开 1 个班。复校后的光华附中，师资水平和教学质量已逐步恢复到抗日战争前的辉煌时期。学校的课外文艺和体育活动大大地活跃起来。一年一度的春季运动会和元旦文艺会演等都开展得十分热烈、隆重。学生的课余文化生活丰富多彩。光华附中原有的优良传统，如爱国主义传统、尊师爱生、勤奋学习、团结友爱、艰苦奋斗等良好风气得到了继承和发扬。光华附中良好的声誉又重新树立起来了。

十一、光华附中成立京剧社，开展京剧艺术的学习和演出

光华附中复校后，学校鼓励师生参加各项文体活动，以丰富师生的精神文化生活。光华附中的教师、职员中，原来就有几位特别爱好京剧艺术，由他们发起成立光华附中京剧社，吸引了一批也爱好京剧艺术的师生参加活动。京剧社聘请两位专业京剧教师，分生、旦两组，开展教戏和演唱活动。在每周课余规定时间内，爱好京剧艺

术的师生集中在一起，举办学习和哼唱活动，大家情绪都很高。我和高中的朱学熹同学都爱好操琴，就为大家的演唱伴奏。参加京剧社的积极分子，教师中有谭惟翰、毛仲磐、汪译来、胡松云、顾苠丞、叶百丰、盛占春、罗友松、廖康民、陈学儒（光华大学文书）；同学中有朱学熹和杨雪英等。学习和排练成熟后，京剧社在每年光华"六三"校庆时，先后彩排演出过三四次。演出剧目，就我记忆所及，有《打渔杀家》（毛仲磐演肖恩，谭惟翰、杨雪英演桂英，廖康民演教师爷，罗友松演丁郎儿，胡松云、汪译来演李俊、倪荣），《黄鹤楼》（顾苠丞演刘备），《空城计》（叶百丰演诸葛亮，盛占春演司马懿），《御碑亭》（胡松云演王有道，谭惟翰演孟月华，陈佩珍演淑英），《坐宫》（毛仲磐演四郎，俞雪华演公主），《乌盆记》（胡松云演刘世昌，廖康民演张别古），《女起解》（陈学儒演苏三），《捉放曹》（胡松云演陈宫，汪译来演曹操），《南阳关》（毛仲磐演伍云召，汪译来演韩擒虎）等。后来的宋成志校长、林静校长先后都很支持京剧社的演出活动。京剧社在学校张贴演出海报时，轰动了全校。京剧社的演出采取师生会演的形式。戏内的跑龙套也全由老师和学生扮演。每当开演时，大礼堂坐满师生，不少学生站在过道里观赏。部分演员家属也来捧场，学校党政领导、工会主席在前排预留座位就座。有的班级学生祝贺任课老师演出，送上花篮，摆满舞台前面两侧，气氛相当热烈。每位教师演员出场亮相和演唱时，都受到了在场学生观众的鼓掌欢迎。这里讲三则逸闻：（1）戏中跑龙套的，由老教师倪若水、章质甫、唐志瞻、李嘉音和部分学生扮演。跑龙套虽然在台上不用开口，但龙套跑的路线是有规定的，不能随意乱跑。但由于他们排练太少，正式登台时会走错路线，经常发生跑龙套演员相互碰撞的情况。有时跑错了，又退回来，场面相当尴尬，引起观众哄堂大笑。（2）有的教师演员上台演唱太紧张，平时背熟的唱词，上台时会突然忘记，张了口却唱不出，又会引起台下观众哄笑。（3）有一次，我演《坐宫》，饰四郎，在跟公主对唱结束公主退场后，最后有一句嘎调"叫小番"。"番"字音调非常高亢。我因嗓子不顺喊不出来，汪译来同志事前知道情况，帮我做假，他躲在幕后，代我唱嘎调，我就张张口，演了一次双簧。但观众并不了解，仍然拼命鼓掌，的确很滑稽。中学里能成立京剧社、举办演出活动，这是不多见的，可以说是光华附中在文艺活动方面的创新。由于学校领导大力提倡文艺活动，光华附中京剧社先后多次演出，在推动全校学生广泛开展各种文艺活动方面起到了一定的促进作用。

十二、光华附中和大夏附中合并前后

　　1948年，上海临近解放时，反动的国民党党政机构和军队纷纷撤离上海，逃到台湾。当时局面极混乱，物价飞涨，一日数变，金圆券不值钱，商人又囤积居奇，搞得民不聊生。1949年5月27日，中国共产党领导中国人民解放军，推翻国民党反动政权，解放了上海。全市人民欢欣鼓舞，敲锣打鼓，欢庆上海解放。全市各处都洋溢着热烈的欢庆气氛。在解放前夕，光华附中在地下党支部书记杨旭文和支委尉健行等同学的领导下，组织进步同学，开始练习打腰鼓、扭秧歌、唱革命歌曲等，并做好各项宣传准备工作。各区人民群众在党的领导下开展了大规模的庆祝游行活动。我们欢庆游行的地区在北四川路。光华附中师生在张芝联校长的积极支持下也参加庆祝游行。光华附中京剧社社员们拿出锣鼓参加游行。我和汪译来、胡松云等同志排在学校队伍前面，把学会敲打的锣鼓经都用上了。锣鼓声、口号声响成一片，北四川路满街红旗飘扬。虹口区的各行各业、各界人士都派代表参加游行，队伍排得很长。大家高呼口号，高举红旗，边走边喊，秩序井然。马路两旁店铺纷纷燃放炮仗，欢迎游行队伍。当时的热烈情景，历历在目，记忆犹新。

1949 年 11 月，附中高中学生中有几个追求进步的学生，毅然投笔从戎，申请参加南下工作队，随军南下参加革命工作。

1950 年年底，张芝联校长率领附中高三甲组同学，去黄浦剧场给著名越剧演员徐玉兰女士报喜。演出开幕前，张校长向徐玉兰女士送上喜报，祝贺其胞弟徐履渊（光华附中学子）光荣参军。徐玉兰当场致答词，鼓励弟弟在部队好好学习训练，锻炼成长，报效祖国……

1951 年 1 月，在中国人民志愿军赴朝参战的严峻岁月里，附中又有不少品学兼优的学生，响应祖国号召，分批报考解放军干校。1951 年 7 月，高三学生毕业前夕，附中又有部分学生响应中共上海市委号召，放弃高考，走上市政建设岗位。以上情况极大地鼓舞了在校师生。这是学校长期进行爱国主义教育和革命传统教育所取得的成果。

光华附中和大夏附中，原来都是上海有名的私立中学。为了适应中华人民共和国成立后学校教育体制改革，在光华大学和大夏大学等校合并改制为华东师范大学的同时，两所大学的附中也于 1951 年 10 月按上级指示合并改制为公立华东师大附中，归上海市教育行政部门和华东师范大学直接领导。原大夏附中改为华东师大附中一部，宋成志同志任一部主任；原光华附中改为华东师大附中二部，包玉珂同志任二部主任。1952 年 1 月，一部、二部合并后的华东师大附中，宋成志同志任校长。倪若水先生不再担任教导主任，由我接任教导主任。徐正贞、罗友松、郦家驹等分任副教导主任。改制后的附中师生人数大量增加。原大夏附中教师，教政治课的有徐正贞、林仲良、宣文本，语文教师有夏胤中、谢燕卿、谢卓卿，数学教师有陈汉民、庄炳珍，英语教师有吴瑰卿、周芳，物理教师有夏哲公，化学教师有丁明远，生物教师有管和，历史教师有欧国倩、黄礼玉，地理教师有陆景宣、欧文柔、王靖国，体育教师有储德、李玉峰，音乐教师有沈晓等。

1952年夏，全校教师参加思想改造学习班学习，旧观念、旧思想得到了改造。教师们个个精神振奋，更加愉快地坚守教育岗位，乐意终身从事教育工作，为培养下一代，做出贡献。这一年秋季开始，附中由欧阳路正式迁入中州路新校舍，学校面貌焕然一新。

在以后几年中，附中又先后聘任了一些教师，以满足增开班级教学上的需要，师资队伍得到进一步加强。新聘任的教师中，教政治的有丁一明、林炳英、林瑞华、徐建平等；教语文的有王树琪、张瑜、龙家炎、郑明德、费新宝、苏常俨等；教数学的有王剑青、石源泉、张炽昌、屈文淑、龙凤超等；教外语的有凌贤骅、凌康年、程白文、张尺芗、方之慧等；教物理的有屈肇塈、李兴诗、孟繁璋、张正大、黄元熙、邵贻裘等；教化学的有李厚基等；教生物的有王铨英、范仲伯、秦正文等；教历史的有蔡多瑞、陈开树、田士道、徐怀芗等；教地理的有陆大堉、庄国荣、黄允钧、杨毓湘等；教体育的有王季准、郝春德、赵蕴华等；此外还有美术教师魏继昭等。

十三、学习苏联教育，建立一套新的教育制度

中华人民共和国成立初期，全国掀起了一股学习苏联的高潮，我们教育界也是如此。当时，东北旅顺中学在学习苏联教育方面走在全国最前列。《文汇报》连续登载系列报道，介绍旅顺中学学习苏联教育的一整套经验。全国不少学校以此作为学习苏联教育的样板。我们附中的领导同志和全体教师也学习了他们的某些经验，首先在各年级开设俄语课，逐步代替原来的英语课。俄语教师凌贤骅同志，除为学生教授俄语课外，还为学校领导和教师开俄语培训班，教授俄语，并举行阶段性测验，考查学习效果。

1953年春，华东师大聘请苏联教育专家杰普莉茨卡娅任师大教育系教授兼校长顾问，为师大学生上苏联教育课程。

1954年秋，附中林静校长被调到市三女中任校长，陆善涛同志接任附中校长职务。陆善涛同志是一位认真负责又富有教育经验的校长。我和他每周定期去中山北路的华东师大听苏联专家上课，并做详细的笔记。与此同时，苏联专家带翻译也常来附中指导教育工作，并和学校领导一起深入课堂听课，课后举行评议会。评议会上，先由任课教师介绍自己备课、写教案以及介绍班级的有关情况，而后学校领导对课堂教学进行分析，然后大家展开讨论。当时，我是教导主任，主管教学工作，因此往往由我先发言。我的发言先肯定教师教学上的优点，并分析学生听课情绪、课堂气氛和教学效果等，而后指出讲课的某些不足和应改进之处。最后，由苏联专家对该堂课做全面分析和评讲总结。同时，专家也对我的发言做讲评。这样的随堂听课和举办公开课

以及课后的评议搞过多次。

后来，为了进一步系统学习苏联教育学，师大领导又派教育系的曹孚、朱有瓛、肖承慎和胡守棻等四位教授定期来附中开有关苏联教育的讲座。附中领导和全体教师都参加听讲，并组织学习讨论。讲座内容包括苏联教育理论、教育制度、教育大纲、课程教材、课堂讨论、教学原则和教学方法等，以及"五级记分制""教室日志""学生手册""主题班会"和"课外活动"等。通过听讲座，我们学校也掀起一个学习苏联的高潮。学习苏联教育学和组织领导师大教育实习等工作，都由陆校长全面负责，我只是从旁协助他工作。学生的思想政治教育和班主任工作，先后由党支部书记朱云中和徐正贞同志具体负责（朱云中同志调至师大工作后，1954 年起由徐正贞同志任支部书记）。在班主任工作中，学习苏联也取得初步成效。有的班级学习英雄人物后，把自己班级命名为"古丽雅班"，班主任为季振宙。也有的班级命名为"卓娅""舒拉"的，也有用中国英雄吴运铎命名的。很多学生到图书馆借阅苏联小说，如《青年近卫军》《钢铁是怎样炼成的》《卓娅和舒拉的故事》等。学校还组织师生观看苏联电影《乡村女教师》，对瓦莲娜留下极为深刻的印象，大家感受很深。学习苏联教育采取的是边学习边实践的方式，在此基础上，通过教学实践和总结，附中逐步建立了一套新的教育制度。其中有"教室日志""五级记分制""学生手册""公开课""观摩课""研究课""评议会""教学质量评定""专题班会"和"课外活动"等。这样，华东师大附中在华东师大领导下，成为上海市第一所学习苏联教育和推进一套新的教育制度的学校。我们在昆山路校外宿舍内，办了一个学习苏联教育成果展览会。我曾应邀代表附中在市三女中大礼堂向全市中学校长、教导主任做过一次这方面的报告。从此，我逐渐养成了在每周制订计划时，安排好听课和讲评活动等内容的习惯，包括确定听课时间、班级、课程、任课教师等，以及课后找教师谈话及对讲课进行分析和讲评。每天课后，我从教员休息室内取下各班教室日志，逐本查阅一遍，发现有特殊情况的，记录下来加以处理。但在学习苏联教育的过程中也出现了一些问题，照抄照搬的形式主义现象相当严重。如在课堂教学中运用五个教学环节，即组织教学、复习旧课、讲解新课、巩固新知识和布置家庭作业，搞得很僵化，不考虑班级和学生的特点，以及学科性质的特点和教学内容的要求。每堂课都上成综合课，强调五个环节，而实际上课的类型是多种多样的，有复习课、讨论课、实验课、写作课、测验课、教授新知识课等。这些课在课堂上是有不同要求的，需要根据实际情况，发扬创新精神，做出灵活安排，才能收到较好的教学效果。又如在教学中贯彻教学原则的问题，苏联凯洛夫教育学提出直观性、自觉性和积极性、巩固性、系统性和一贯性、通俗性和可接受性等教学原则。但我们认为，在课堂教学中贯彻教学教育性原则（即思想性原则）和理论联系实际等教学原则尤为重要，我们需要的是有中国特色的社会主义教育学。

当时，附中在社会上已有一定声誉，外宾、内宾先后来参观访问的不少。1954年，我升任副校长，仍兼教导主任工作，我就跟陆校长一起参加接待工作。我记得我们先后接待过英国、苏联、罗马尼亚、捷克斯洛伐克、朝鲜等外国教育参观团，还有香港和国内各省市的教育参观团，彼此交流教育经验，很有收获。

十四、接收华东师大第一届实习生

随着华东师大各系各科学习苏联教育学的不断深入，1953年5月，师大第一届教育实习生开始在附中实习。附中是全市第一批被指定为教育实习的学校。一般情况下，教育实习的程序是：

（1）听附中领导全面介绍学校情况。

（2）听教研组长和班主任介绍学科教学和班主任工作以及实习班级的情况。

（3）观看学校安排的观摩课（一般由教学经验比较丰富的老教师执教），参加评议会。

（4）先听附中指导教师上课，让实习生熟悉上课教学规律。

（5）实习生上公开课，附中领导、师大教学法教师、附中实习指导教师、同学科的实习生都去听课。有时师大校系领导也来参加听课，参加公开课、评议会，对公开课进行讨论。最后，师大教学法教师总结。

（6）按照实习计划排好的实习课表，实习生在充分备课、写好教案的基础上，连上一个单元的实习课，课后要分组进行评课，师大教学法教师出席指导。

（7）实习班主任工作的实习生，先深入实习班级，和学生一起生活，熟悉班级情况和学生情况，然后根据实习班级特点，选定主题班会的主题，收集有关资料，认真做好准备。在此基础上举行主题班会，由实习生主持，组织学生发言。附中指导的班主任参加班会，会后也做评议。实习生的实习成绩，由附中实习指导教师和师大教学法教师共同打分评定。教育实习时的师生生活，由附中总务处负责安排。整个教育实习结束时，附中领导和师大教学法教师各自进行总结，写报告，对实习做出评价。

在整个教育实习阶段，我的工作是比较忙的。除自己要上高一生物课外，要帮助附中实习指导教师开展各项工作，要听公开课、参加评议会、出席实习班会，在评议会上要做评议发言。此外还要参加日常的教研组长会议、行政会议和处理每天课后审阅各班教室日志等工作。但我心情很愉快，感到附中的教学生活很充实。师大领导对教育实习工作非常重视。刘佛年副校长和有实习任务的各系系主任也常来附中出席会议，听取实习工作汇报，听公开课，参加评议会，并在评议会上做总结性发言以及检查和指导实习工作等。有一次，师大政教系和化学系学生同时来附中实习，刘副校长和政教系冯契教授、化学系夏炎教授，分别参加各项实习活动。实习生上了公开课后，他们在评议会上分别做了精辟而深刻的分析。刘副校长做的总结性发言，不仅对实习生教育启发很大，而且对附中领导和任课教师也有很大的帮助。

为了报道和交流教育实习工作的经验，在附中党政领导的支持下，附中工会和民进组织联合编辑出版油印的《教育实习简报》，及时报道教育实习各项活动，包括公开课、主题班会、评议会等情况，还介绍指导教师和实习生的工作体会、经验总结等，颇受师大和附中指导教师以及实习生的欢迎和好评。

十五、鼓励教师向《文汇报》投稿

华东师大附中于1951年建校后，成为上海市最先学习苏联教育制度的一所学校，又是华东师大第一所附属中学（华东师大二附中建于1958年，华东师大三附中建于1984年），也是华东师大教育实习和教育科研基地。由于师资队伍强，教学质量高，学校管理严格，各方面都取得了可喜的成绩，附中深受学生家长和社会的信赖。当时，《文汇报》记者张枕同志负责联系我校。他经常来校了解情况，采写学校新闻，在《文汇报》上发表。如《文汇报》记者曾报道发表了《华东师大附中同学通过执行学生守则，提高了认识，祖国需要他们这样做——记华东师大附中高一丙班试行学生守则后的转变》。当时我任华东师大附中副校长兼教导主任，主管学校教学工作，因此由我负责接待张枕同志。他知道附中多年来在各方面已积累了不少好的经验，希望我与有关教师联系，鼓励他们把优秀的教育教学工作经验总结出来，写成文章交给他，由编辑部择优发表。张枕这个意见，我觉得不错，在《文汇报》上发表附中教师的文章，交流教育教学工作经验，有利于促进学校教育的发展。后经学校党支部同意，我就首先鼓励各学科教研组长和有经验的班主任写文章，向《文汇报》投稿。我先带个了头，就高三毕业班同学升学填写志愿问题写了一篇文章，题为《关于高中毕业同学升学志愿问题》，发表于1953年7月24日《文汇报》上。当时，我是以华东师大附中教导主任名义写的文章。1954年10月6日，我又写了第二篇文章，发表在《文汇报》"社会大学"栏目里，题目为《五年来在接受马克思列宁主义教育中的体会——把工作再提高一步》。文章主要谈了上海解放后，我通过学习和历次政治运动，在政治思想上和教育教学业务上有所提高的点滴体会。学校通过做思想工作，调动了教师写文章的热情和积极性。1953年和1954年两年内，附中教师在《文汇报》上发表的文章有20多篇。内容比较广泛，如宋成志校长谈"学习苏联教育经验"，教导副主任徐正贞谈"毕业班升学辅导工作"，费新宝老师谈"怎样做一个班主任"，班主任季振宙谈"劳动教育"和介绍"古丽雅班"班级活动的情况，音乐教师沈晓介绍试教

"速成唱歌"的经过，物理教研组长唐志瞻谈"高一物理示教仪器制作过程和它的教学效果"，体育教研组长储体芳介绍体育课上试行"合班分组轮换"教学法，物理教师邵贻裘写了《我怎样指导无线电小组课外活动的》，物理教师夏哲公写了《我们初三的物理实验》，医务室医师谈兴中写了《我对学校体育卫生工作的一些体会》。

　　1953 年 1 月，华东师大附中举办教学经验展览会。展览会上展出的主要有音乐教师沈晓的"速成音乐教学法"，化学教师李嘉音的"蒲草代麻的创造"，物理教师唐志瞻为配合新课本而自制的各种物理仪器，地理教师芮乔松的小型气象台、铅丝地球仪及投影仪、海深测锤模型，生物教师王铨英、盛占春的孵化器、天然色果实标本，等等。参观展览会的师生对这些很感兴趣，认为很有启迪作用。《文汇报》上还刊登过两篇学生写的文章，一篇是初三庚班的《看看我们有哪些进步？》，另一篇是"古丽雅班"学生吴微芦写的《我要做一个人民教师》。

　　以上这些资料在"文化大革命"中都被毁了。这次，我为了写回忆在华东师大附中担任教导工作的一段历史，托我二儿子嘉亨（他是华东师大电子科学技术系微波实验室主任、高级实验师）去上海图书馆寻找资料。他用了一天半时间，翻阅了 1953 年和 1954 年《文汇报》上刊登的华东师大附中教师和学生的文章，摘录下来，才寻到了根。我认为，应当把这些历史资料保存下来，作为华东师大附中校史的一部分。

　　十六、成立民进附中基层组织

　　中国民主促进会是中国共产党领导的爱国统一战线中的一个民主党派。它成立于 1945 年 12 月，以"发扬民主精神，推进中国民主政治之实践"为宗旨。

　　上海解放后，我继续在华东师大附中工作，思想上要求进步。在光华大学周煦良教授和郑伯山两位同志的介绍下，我于 1952 年参加了民进。同我一起先后入会的有叶百丰、胡松云等同志。在附中党支部的支持下，经上级批准，我们建立了民进华东师大附中基层组织，我任民进华东师大附中基层干部。以后，又陆续发展吸收了附中工会主席、语文教师谭惟翰，体育教研组长储德，物理教师邵贻裘，外语教师方之慧等同志入会。加入民进的同志通过学习，思想觉悟进一步得到提高。他们在学习、工作和各项政治运动中都发挥了较好的作用。特别是在学习苏联教育、建立新的教育制度和支持帮助师大实习生搞好教育实习以及筹办《教育实习简报》、组织和开展课外活动等方面都做出了一定成绩。1956 年，我和叶百丰、胡松云三位民进会员，又同时被批准光荣地加入了中国共产党，成为中国共产党预备党员。1954 年和 1958 年，虹口区举行人民代表选举时，我以民主党派成员身份曾先后两次被选为区人民代表。在人民代表大会召开期间，我和其他教育界代表，曾就学校教育工作等问题联合提出若干提案，有些提案得到区人民政府的重视和采纳。我充分行使了人民代表当家做主的权利。

民进市委负责同志看了我写的《五年来在接受马克思列宁主义教育中的体会——把工作再提高一步》的文章，提出若干修改意见，要我把文章再做修改补充后，作为我列席1956年春民进中央在京召开常务理事扩大会议上的发言稿。是年春，我有幸和民进市委选出的代表吴若安、段力佩、柯灵、李楚材等同志一起赴京出席会议。上海代表住在北京饭店，我们到达的那天晚上，严景耀（雷洁琼同志的爱人）代表民进中央即来看望我们，并和我们做了亲切的谈话。在大会上，我们听了民进中央的工作报告和兄弟省市代表的发言。我以列席代表身份也做了发言，并参加分组讨论。通过学习讨论，我进一步加深了在新的历史条件下对民进的性质、任务、作用的认识，以及党的"长期共存、互相监督""肝胆相照、荣辱与共"方针的理解。我特别感到幸运的是，在各民主党派中央在京召开大会期间，中央统战部在北京饭店大厅隆重举行招待酒会，宴请各民主党派出席会议的全体代表。党中央领导毛泽东、刘少奇、周恩来、邓小平、陈毅等同志都来参加宴会。会场气氛非常热烈。宾主频频举杯祝酒。周总理和陈毅同志亲赴每桌为同志们敬酒。周总理代表党中央致辞，欢迎民主党派同志。最后，毛主席以洪亮的湖南口音说："祝同志们身体健康，工作顺利！"会场上立即响起了欢呼声和鼓掌声，宴会气氛达到了高潮。酒会结束时，民主党派同志列队向毛主席和中央其他领导同志告别。毛主席和代表们一一亲切握手。与会同志无不感到这是自己一生中最大的光荣和幸福。当时，我太兴奋了，回北京饭店后，浮想联翩，感慨万千，一夜都没有睡好觉，考虑今后如何把党派工作和本职工作做好，决不辜负党和民进组织对我的期望。这对我来说是一次最为深刻的思想教育。

十七、附中丰富多彩的课外活动

华东师大附中继承了光华附中和大夏附中的优良传统，学校领导不仅重视抓学生的德育和智育，而且抓学生的体育、文艺、科技、劳动、绿化、卫生等各项课外活动。从现在来说，就是重视培养学生德智体美劳全面发展。

在体育活动方面，附中的田径、球类活动一直很活跃，每年都要举行全校运动会。我记得，1951年10月两校合并时，就曾举行过联合运动会，以此迎接华东师大附中的诞生。当时，场面很壮观、热烈，田径赛上出了不少好成绩。如黄世杰（华东师大体育系系主任黄震教授之子，他大学读的是体育系，毕业后曾在体育研究所工作）以三铁（铅球、铁饼、标枪）优异成绩打破了全市中学生田径纪录。他的教练、体育教师王季淮，就是过去破全国三铁纪录的优秀运动员。附中的球类成绩，如篮球、排球和乒乓球等，在区里也是名列前茅的。全校学生课间操，由学生体育干部领操，队伍整齐，动作规范。学校领导和班主任也站在学生队伍后面，参加做操。每天下午课后，在操场上进行体育锻炼的同学很多，因场地不大，常挤得满满的。"发展体育运动，增强人民体质"，成为附中师生开展体育活动的指导思想。

在文艺、科技活动方面，开展了多种形式的课外活动。除学科小组外，开设的文学小组，指导教师为语文教师叶百丰；成立朗诵小组、话剧团，指导教师为语文教师谭惟翰。著名电影演员梁波罗（《51 号兵站》主演），当时就是话剧团的骨干。民族乐团、合唱团、木偶剧团的指导教师为王景甫。还有钢琴小组和舞蹈团等，由音乐教师和体育教师任指导。科技方面的气象小组，由地理教师陆大堉指导；生物标本收集制作小组，由生物教师王铨英和盛占春任指导；无线电小组由物理教师邵贻裘任指导。各项课外活动，一般都安排在下午课余时间，每周活动 1—2 次。这里要特别提一下附中的木偶剧团，可以说这是附中的首创。剧团的各种木偶都在王景甫老师指导下，由学生自己动手制作。教师还指导团员怎样熟练地操作、发声等。经过认真学习操练，《三打白骨精》等木偶剧的演出，深受学生的喜爱。一次，捷克斯洛伐克木偶剧专家特来附中参观访问，并观看附中木偶剧表演，非常赞赏，认为演得很好，很有特色。当时，由我和木偶剧团骨干周渝生等同学参加接待，专家也介绍了自己国家在学校里开展木偶剧活动的情况。周渝生就是在附中参加文艺活动，而对文艺产生浓厚兴趣。她后来选择了文艺工作的道路，曾任上海市文化局党委书记。附中的课外文艺活动开展得蓬蓬勃勃、热热闹闹。

每年元旦前夕，在各班的文艺联欢活动的基础上，推选优秀节目，参加全校大型文艺联欢。师生以愉悦的心情迎接新年的到来。

在劳动锻炼和卫生、绿化工作方面，学校组织师生下乡支援农业生产劳动，接受劳动锻炼。50 年代前期，每年 10 月下旬，我们按计划组织师生下乡进行劳动锻炼。

学校组织高中学生到吴淞农村支援三秋劳动，为期一周到 10 天。下乡劳动由支部挂帅，成立下乡劳动指挥部，领导下乡劳动各项工作，包括编队、安排食宿地点（一般借农村小学或仓库）、联系劳动内容、落实后勤保障和交通等。卫生室许耐涵带领卫生员在指挥部设卫生站，下乡期间轮流到各劳动点进行巡回医疗，为下乡伤病师生进行简易治疗。下乡劳动大军，在指挥部徐正贞、毛仲磐、林仲良等领导下，排成整齐队伍，以行军方式步行至天通庵路火车站，乘小火车到吴淞镇下车，再步行至宿营地落脚。师生的伙食靠自己办食堂解决。每天早上出工前，劳动大军在操场集合，由指挥部领导讲话，布置每天劳动内容、各队劳动地点及劳动注意事项等，并及时表扬劳动中出现的好人好事，对违反劳动纪律的提出批评。当时，劳动内容大致有割稻、捆稻、挑稻、脱粒、摘晒棉花、松土、播种等。女学生和部分体弱的男学生，另外安排较轻的劳动。当时的劳动纪律比较严格，学生一般都能自觉遵守。每年组织的下乡劳动基本上没有发生过重大事故。

初中学生虽不参加下乡劳动，但经常性的打扫卫生（打扫包干区）、绿化劳动（修剪树木花草，给盆花浇水、除虫等）仍按规定认真执行，并定期开展检查评比。学校把劳动教育列入学期工作计划，认真贯彻执行，这对学生树立正确劳动观点、培养良好习惯都是必要的，是全面贯彻教育方针的具体内容之一。

华东师大附中是上海的一所重点中学，办学有特色，师资质量高；教育管理严，校风淳朴；教师教学认真，学生学习勤奋。学校不断地开展教学改革，因而教育教学质量逐年提高。学校高中毕业生考进大学的升学率很高，学生活动能力较强，在社会上赢得了很好的声誉，受到社会各界人士的关注和学生家长的信赖。

1958年夏，由于工作需要，我奉调去华东师大参加筹建华东师大二附中工作，并被任命为二附中校长兼师大工农预科主任。我依依不舍地告别了先后工作24年之久的光华附中和华东师大附中。这两所学校留给我的印象是极为深刻的，我将铭记心中，永远不忘。我去筹建二附中工作时，带去了附中的全套学校规章制度，结合新校特点，做了适当的修改后，认真地贯彻执行。华东师大附中的优良传统在新建的二附中得到继承和发扬。一附中是华东师大二附中的老大哥，它的好传统、好经验是二附中这个小弟弟永远学习的榜样。

忆我的教育生涯

陆善涛

我不是师范院校毕业的，没有学过教育学和心理学。在读书的时候，我也没有想过要当教师。但是，历史却使我选择了教育这一行，并且一干就是整整45年，我对教育工作的热爱越来越深，我深深地体会到教育工作是最富有创造性的。值得欣慰的是，在上海普通教育事业发展道路上，我当了一块小小的铺路石子。

一、边学边干

我是怎样走上教育工作岗位的呢？似乎有些偶然。在旧中国，毕业就是失业。1945年，当我就读于暨南大学化学系的时候，正值抗日战争，大片国土沦丧。暨大从上海迁到闽北山沟中。我们耳闻目睹祖国农业衰败、工业凋敝，官场腐败、民不聊生。我在那个山沟沟里没有自己选择职业的余地。正当我大学毕业寻找就业机会的时候，福州高级工业学校招聘教师，经暨南大学推荐，我就成了那里的一名教师。

抗日战争胜利后，我来到了上海。因找不到工作，我不得不先在一所弄堂式的私立中学代课半年，后在江苏省立常熟中学任教，一年后又回到上海，在震旦大学附中任教。在这个时候，我接近党的地下组织，参加了由地下党领导的中等教育研究会，利用业余时间积极地干社会工作。不久，我就加入了中国共产党。

我当教师，不只是教化学，还担任过许多学科的教师。我教过物理，教过动物、植物和生理卫生，教过初中代数、三角、几何。中华人民共和国成立后，我还担任过政治课教师。当然，我也做过多年的班主任。我觉得一个大学本科毕业的教师能兼教几门相邻学科，不仅是可能的，而且是十分需要的，因为理科各门学科是相通的。实践证明，我那时兼任多门学科教学工作，虽然教学水平不是很高，但对我后来担任学校行政领导工作和全市教学研究工作是很有益的。

离开震旦大学附中后，1948年，我在南洋女子中学任教，并担任班主任。上海解放前的南洋女中党的力量很强，政治很活跃，民主空气很浓厚。记得当时学生会搞竞选活动，我当班主任的这个班级的班干部要采用演活报剧的形式参加竞选，让我为他们编个剧本。我说我是学理科的，不会编写剧本，但学生的政治热情和真挚的要求，使我不能拒绝。于是，我就读了些剧本，学着编写独幕剧。结果活报剧演出成功，宣传效果很好。这使我联想到，刚开始教书的时候不会上课，刚开始当班主任的时候也不大会做，但只要下功夫，边学边干，边干边学，就没有学不会的事，没有干不好的事。教课是这样，做班主任也是这样。

1949 年，领导派我去复兴中学。我在复兴中学任教导主任的时候兼任政治教师。上政治课对我来说也是陌生的，但我认识到政治课不只是传授知识，更重要的是解决学生的思想问题，提高学生的政治觉悟。要解决学生的思想问题，就必须理论联系实际，不是从概念到概念，不是引导学生读条条、背条条，要培养学生善于用学到的基本理论去分析现实生活中的实际问题。在抗美援朝时期，学生的思想问题很多，普遍存在崇美、亲美、恐美思想，在"要不要出兵抗美援朝""能不能保家卫国"问题上，有的学生认为美帝国主义力量强大，解放军不一定打得赢；有的学生怕我们一出兵会引起美军轰炸上海，引火烧身。针对学生的这些思想，在课内做宣传讲解是必要的，但只采用教师讲、学生听的方法，并不能解决学生的思想问题。后来我就采用师生大辩论的方法，让学生充分、自由地发表意见，大家从道理上、感情上用实际例子畅谈自己的看法。辩论会开了整整一个下午，班主任也参加了辩论。辩论会触动了学生的内心世界，解决了学生的一些思想问题，使学生认识到抗美援朝的重大意义，初步消除了亲美、崇美、恐美思想，辩论会成了一次生动的爱国主义教育。学生提高了认识，产生了炽热的爱国热情，很多学生自觉投身抗美援朝运动。他们给中国人民志愿军做光荣袋、慰问袋，捐献慰问品，积极宣传抗美援朝的意义。很多学生要求入团，立志保卫祖国，他们的学习积极性也大大提高了。

二、摆正教学工作的位置

1953 年，市教育局调我到市西中学任副校长兼党支部书记。市西中学是一所颇为有名的学校，教育质量高，师资水平也高，团、队干部力量较强。有一段时间，学校出现了一些"忙乱现象"，学生的社会活动太多。有些学生干部认为，只要社会工作积极，功课差一点不要紧，有时为了参加各种会议和活动，甚至可以不上课，作业也不准时交，正常的教学秩序被打乱，严重地影响了学习。这种现象在当时的上海有一定普遍性。为了在学校里摆正教学工作的位置，上级教育行政部门提出了"教学为主"的口号，以克服这种"忙乱现象"。调我到市西中学就是为了取得"以教学为主，克服忙乱现象"的经验。当时，由市委宣传部、市教育局、团市委组成一个工作组，协助我一同工作。在赵传家校长主持下，学校成立校务委员会，领导学校各项工作。每学期详细制订学校工作计划，统一思想，以教学为主，全面安排各项工作，但又不削弱对学生的思想品德教育。一方面协调班主任、团、队、学生会的各项活动，具体规定班会、团、队、学生会活动时间；另一方面组织教研组学习教育大纲，改进课堂教学，由班主任统一协调各门课程的考试测验次数，不使考试测验在一段时间内过分集中，减轻学生过重的学习负担。对少数学习困难的学生干部，在做好思想工作的基础上，免除或减轻他们的社会工作，使他们有时间、有精力认真学好各门课程。经过一个阶段的试验，全校教学秩序逐渐恢复正常，师生教和学的积极性高涨，各项课外活动蓬勃开展，出现了一个生动活泼的学习局面。在市教育局的领导下，学校向全市做了介绍，扩大了影响。

1955 年，我又调到华东师大一附中。那时正是全面学习苏联的时候，华东师范大学校长顾问、苏联教育专家杰普莉茨卡娅把附中作为推行教学改革的实验点。市教育局把我调到师大一附中，就是让我全面主持这项教改实验任务。但是 1955 年以后，运动不断，先是 1956 年工资改革，接着肃反运动和反右派斗争，师大一附中又都是这些政治任务的先行单位。我当时既是学校校长，又是学校党支部书记，党政双肩挑，政治和业务两副担子都压在我的身上，既要完成政治任务，又要完成教学改革的实验任务，如何正确处理、合理安排是一大难题。如果顾此失彼，不是削弱政治任务，就是影响教学改革。经过实践摸索，我提出了"一套班子，两套人马"的想法。"一套班子"就是党支部统一领导（当时学校工作强调党支部领导）；"两套人马"就是党政领导干部分两支力量，一部分人专职分管政治运动，一部分人坚持抓教学改革。"两套人马"在党支部统一领导下经常相互通气，全面合理安排各种会议和活动，既保证政治任务顺利进行，又使日常教学工作正常运转，教学改革项目一项一项落实。事实上，学校那两年上述几项政治任务都顺利完成，起了先行点的作用，而且在教学改革实验工作中，特别是在改进课堂教学方法、试行日常考查方面，取得了一定经验，并通过几次现场会议，在全市产生了一定的影响。当然，我在完成政治任务方面也做了一点蠢事，在学习苏联经验，进行教学改革方面，搞了一些形式主义的东西，带来了不好的影响。我体会到学校领导干部之间合理分工，坚持集体领导下的分工负责，强调工作中的相互配合、协调，这是一种领导方法，也是一种领导艺术。

我在师大一附中工作时，要参加的会议很多。市教育局召开的各区（县）教育局局长会议，市重点中学校长要参加；有关的各种专业会议或座谈会，我要参加；华东师大校务会议（我是校务委员），我也要参加。我是中共虹口区委委员，要参加区委会，还要参加市委召开的市委扩大会议。区委教育卫生部的会和区教育局的校长会议，我也要参加。有的会议不只是半天、一天，有时少则三五天，多则十天、半月。如果各种会议都要参加，我怎么还能深入教学第一线领导教学？面对这种情况就要善于安排，处理好条条块块的关系。我的办法是有选择地参加。我认为一定要参加的会议，即使校内已安排了活动，也宁可更改或请其他领导主持，自己去参加这些会议。而有些活动和会议，我则事先向召开会议的主办单位打个招呼，说明情况，请别人代替。开始时，有些部门的领导有意见，批评我对他们的工作不重视、不支持。我向他们讲明，要我开会，无非是要贯彻、落实布置的任务，我让别的同志参加会议，回来向我汇报，由我来贯彻落实，不是一样完成任务吗？如果不放心，可以来检查，完不成任务，可以批评我，如果能完成任务，何必要计较谁来参加会议呢？这样，我就摆脱了一些可出席可不出席的会议，把主要精力用于抓教学工作。学校领导不把主要精力放在教学上，怎么能算是"务正业"呢？怎么能进行教育改革，提高教育质量呢？

三、掌握教学动态

我任师大一附中校长，前后共十年时间，初期是在杰普莉茨卡娅和华东师大教育系的帮助下进行教学改革实验。这段时期虽然工作中存在着一些形而上学的东西，脱离了国情，搞智育第一，但对我领导教学工作是有一定帮助的。后期，苏联专家撤走，就由我独立自主地领导教育、教学工作。经过这段时间的摸索，我认为领导教学工作首先要知情，也就是要掌握教学动态，分析教学中的主要矛盾。我觉得这是领导教学工作的基本功。毛泽东说过，情况明，决心大。我的脑子里经常有"三本账"，这"三本账"不是一成不变的，而是随着形势的发展在不断变化。表面上看，学校的教学工作似乎只是每天上课、下课，很平静，其实在这种平平常常的教学活动中，正孕育着教学质量的变化。教学过程是一个循序渐进、潜移默化的过程。在这个过程中常会遇到种种障碍，如果不及时扫除这些障碍，教育质量就会受影响。因此学校领导一定要及时了解教学动态，及时弥补工作中的不足，千万不能等问题成堆了再去解决。一旦问题成堆，就难以解决了。

第一本"账"是对教师的了解。要了解每一位教师的长处和不足之处。了解他们的长处，是为了加以发扬，用其所长，形成他们的教学特色。每一位教师都有所长，关键是善于发现，不论是新教师还是老教师，都要知人善任。也要了解教师的不足之处，目的是帮助和培养他们，绝不是责难、轻视，同时还要给他们创造进步的条件。更要了解每一位教师的进步，应该相信在正确的知识分子政策指引下，每一位教师都会在原有的基础上不断进步。不能用固定的、静止的眼光看待教师。看到了教师的进步，就要及时肯定，这样，他们是会很受鼓舞的，产生"士为知己者用"的心理。调动教师的积极性，不能光靠做报告，也不能只靠物质鼓励，我是靠情感交流，帮助他们不断进步的。当时师大一附中没有坐班制规定，但很多教师整天在学校里积极工作，甚至不少人晚上和星期天也在学校里加班加点，从不计较"忙"与"苦"。

第二本"账"是全校各门学科的教学动态，包括教学计划、教学大纲、教学进度的落实情况，课堂教学、课外活动的质量情况。这本"账"越具体越好，而且要落实到各门学科的每一位任课教师。我心里既有一本"总账"，也有一本"分类账"。"总账"就是全校教学动态的综合分析和各门学科共同存在的问题；"分类账"就是各门学科各自存在的问题。有了这"总账"和"分类账"，就能够判断出学校教学工作处于何种水平，从而把握住教学改革的主攻方向。我虽不精通各门学科的教学，但能找出教学工作中的共同规律，掌握共同的倾向性问题，这样就能从实际出发，指导教学改革工作，及时发现和总结教师的教改经验，发现和解决教改中的问题。如果对本校的教学工作处于何种水平不了解，对教学工作中的薄弱环节心中无数，教学改革就只能照搬照抄，或者随大流、赶时髦。教学改革不结合自己学校的校情，是不能形成自己特色的。

第三本"账"是各个班级学生的情况，包括学生的思想状况、班集体形成和各类学生的学习情况等。从这本"账"中，可以看到班主任和团、队的工作情况，借以指导团、队工作，培养学生干部和物色班主任人选。在加强德育的时候，这本"账"特别重要。

这三本"账"不仅我自己清楚，而且要让领导班子里的同志都心中有数，有统一的认识。这样才能做到全面掌握校情，目标一致、步调一致地开展工作。如果班子中每个人只了解自己分工负责方面的情况，缺乏对全面情况的了解，工作就难免会出现"各敲各的鼓，各吹各的号"的现象，不能形成合力。

怎样才能掌握好这三本"账"呢？我首先是充分发挥领导班子成员的作用，大家职责分明，各司其职。但重大问题必须集体讨论，并且定期分析校情。当时，我们每个人都有个人的周工作计划，在周末排出下一周的工作：开什么会议，听什么课，与哪几位教师谈工作，参加什么学生活动，等等。这张工作安排表，放在每个人的办公桌玻璃板下面，力争做到有目的、有计划地工作。我自己除了必要的会议和听课外，经常到处走走、看看、听听、谈谈。到教研组去走走，跟教师聊聊，翻翻桌上的作业本、试卷，边看，边问，边谈，这不但可以了解许多情况，而且也使我和老师的关系更加密切。我还经常到教室里去走走，看看学生怎样活动，如果学生在做作业，就坐在边上看看他们是怎样做的，以便了解学生的学习方法。也与学生谈谈家常，问问他们的学习情况，听听他们对老师教学的意见。我因为经常去走走、谈谈，学生对我也不感到拘束。我还经常到操场、图书馆、实验室和各种课外活动场所，去看看、问问、谈谈。这样做可以使我获得第一手材料，有较多的感性认识，再加上适当地听听汇报，我知道的情况就比较全面、具体、真实。

经常听课是我了解教学动态的另一个重要途径。我不主张光靠查阅教师的教案来判断教学状况。当然，查看教案或抽查作业、试卷也是了解情况、掌握教学动态的一种办法。但是，单看这些书面的东西有片面性。有些老师可能教案写得比较简单，就是几条提纲，但课却上得很好、很活跃，深受学生欢迎。有些老师教案写得很详细、很具体，每个环节都写得清清楚楚，有时还加上红笔的圈圈点点，但上课很呆板、不活跃。所以，我不只从教案写得怎么样来判断一位教师教学质量的高低，而且把经常性的听课与检查作业、检查试卷结合起来，把亲自掌握第一手材料与听取汇报结合起来，这样就较客观地掌握了学校的教学动态。

听课有各种各样的目的和方式方法。开学初期，领导班子都要花两三周的时间进行普遍听课，了解教师是否真正在贯彻落实新学期提出的新任务。有时我还到一个班级听上半天或一天的课，以了解一个班级各门学科的教学情况，统计这一天老师给学生共布置了多少作业。还利用下课时间与学生聊聊，听听学生对这些课的意见，这样的听课所得到的收获也是很大的。新教师刚上课，他们的课一定要去听，听课后一定要交换意见，鼓励和指导新教师上好课。但对新教师不应要求过高，不宜过多地指出缺点。领导听课还可帮助教师总结教学经验。总之，有目的地听课是掌握教学动态和发现教学经验必不可少的好方法，也是学校领导取得领导教学发言权的一种有效手段。

我认为教材的编写质量固然重要，但也不是绝对的，关键在于教师怎样使用教材。光有一本好教材，如果没有好教师，不一定就有好的教学效果；如果教材不太理想，有某些缺陷，但有经验的教师可以在教学过程中弥补教材的不足之处，并且取得较好的教学效果。另外，统一编写练习册、习题集固然有一定的作用，可以提供师生各种类型的题目，但也有副作用：一是加重了学生的课业负担，尤其是教育行政的业务部门编写的，教师与学生不敢不做、不敢有选择地做，于是作业量就增加了；二是不利于区别对待，因材施教，不顾学生原有的学习基础，让全市所有学生都做同样的习题是不符合教育原则的。同时，由于有了这种统一的习题集，教师就不需要另外再去找题目让学生做，抑制了教师发挥自己教学特色的积极性。总之，我认为编写教材中的习题，应精选题目，考虑到各种最基本的题型，数量要适中，留有余地，让教师根据不同学生的不同情况，自己去找补充题目给学生练习。

四、管理出质量

教学质量不是考出来的。考试、考查只是教学过程中的一个环节，是检验教学质量的一种手段。通过考试、考查，学校可以分析教学质量上的问题，找出教与学方面的原因，从中找出学校领导在教学管理上的问题，以便提出改进意见，促进教学改革。所以，教学质量主要是教出来的，是学出来的，是管理出来的，不是考出来的。管理得好，就能调动教师和学生的积极性，使教师教得更好，学生学得更好，这就是所谓的"管理出质量"。

管理首先是教育思想的管理，更确切地说，是教育思想的领导。教育思想是否正确，对学校领导来说是办学方向问题，对教师来说是工作方向问题。它涉及质量观、人才观、学生观。这是学校管理工作的首要课题。

对学校来说，教育思想的中心内容是党的教育方针和培养目标，就是让每一位教师弄清楚教育与政治、经济的关系，明确培养什么样的人。不是按照个人的好恶，而是按照党的需要、国家的需要去教育培养每一个学生。因此，教育思想必然会触及每一个教师原有的人生观、价值观，这里有一个思想改造、观念转变的过程。这将是一份长期而又艰巨的工作。我在学校工作期间，除了组织全体教师学习党的教育方针和上级的有关指示、文件，主要是通过讨论一定阶段的学校工作计划、统一对工作目标和工作任务的认识，来逐步达到明确党的教育方针的。每学年工作计划中都提出工作目标，这个目标往往是针对教育工作的薄弱环节、侧重某一方面提出来的，在组织全体教师讨论时要讲清楚为什么强化这一方面的道理。把道理弄清楚了，这个目标就可以为教师自觉接受，工作进展就顺利了。如，有一时期，我们发现学生在日常行为品德方面比较薄弱，纪律松懈，礼貌欠缺，不注意公共场所的整洁，乱扔纸屑，随地吐痰。于是就在工作计划中着重提出这方面的任务，教师通过讨论弄清楚这个工作目标，继而全体教师都来纠正学生的这些不良行为，效果显著。又如，有一时期，学生的体质有所下降，体育运动水平提不高，针对这种情况，我们一方面着重减轻学生课业负担，另一方面大力开展课外体育活动，并在此基础上年年抓体育，逐步形成了学校的体育特色。除了结合实际工作统一教育思想之外，我们还针对一些典型事件进行讨论，统一对培养目标的认识。有一年，教师对某个学生能不能评优秀学生、能不能继续当学生干部有意见分歧。这个学生的思想品德很好，工作积极，但有些课程学得不好。班主任主张这个学生可以评优秀，也能当干部；一部分任课老师则认为他功课学不好，当学生干部没有威信，如果评上优秀学生，会引起有些学生轻视学习，两种意见一时难以统一。我就引导大家从培养目标出发，讨论全面发展与平均发展的关系。通过讨论，教师对这个学生的具体情况有了进一步的了解，认识到他之所以有些课程学得不太好，不是学习态度问题，主要是活动太多，学习时间太少，如果适当减少一点社会工作，还是可以学好的。教师进一步认识到衡量一个学生是否优秀，首先要看他的思想品德素质，不能去追求门门课程都是优秀，不能把全面发展误解为各门课程的平均发展。最后大家一致认为可以评他为优秀学生，但暂时免去一些社会工作，让他有时间、有精力把功课抓上去。不久，这个学生的学习成绩也跟上来了。通过这样的讨论，不是从概念到概念，而是从学生身上把培养目标具体化了，思想上更明确，收获更大。当然，思想教育时常会受到社会思潮的影响，会随着形势的发展变化有反复性，必须经常抓，松懈不得。

在教学业务管理方面，抓好教学常规管理。在教学过程的各个工作环节上建立常规制度，如备课、上课、作业、考试以及班主任工作的各个环节，都要有要求、有规矩。常规管理，就是对教学过程基本环节的管理。抓好了教学常规，就能使全体教师在教学基本环节上都符合要求，就能提高教学质量。制定教学常规，不能搞得很烦琐，要有针对性，要针对学校教育、教学工作中比较薄弱的环节，不必面面俱到。即使执行上级制定的常规，也要针对学校实际，有重点地执行。同时，常规要求也要切实可行，让教师感到既能够做到，也要经过一些努力才能做到。随着情况的变化，常规的内容与要求也应不断更新、提高。这样，随着常规内容与要求的步步深入，推动教育、教学工作不断深化。

抓教学常规关键在落实，不搞花架子，不要开始时热闹一阵子，不久就冷冷清清，使常规变成一纸空文。要经常检查，及时发现常规执行中的问题，及时提出，及时纠正，要一抓到底，要真干，不要假干。

当时，师大一附中校门口有十六个醒目大字——"勤学好问，一丝不苟，刻苦钻研，持之以恒"。这十六个字既是对学生讲的，也是对教师讲的。落实到每个教师、学生的行动中去，就成为学校中的一种教风和学风。

五、教学研究结硕果

教学是一门科学，有它自身的规律。要使广大教师认识这个规律，掌握这个规律，除了学点教育理论外，还必须组织教师进行探索、实践，在实践的基础上积累经验，认识规律。教学中的很多问题都涉及教育思想问题。思想问题只能通过学习、讨论，通过提高认识与典型示范相结合的办法来解决，不能单纯依靠行政命令的办法来解决。教学又是一门艺术，同样的教材，同样的教育对象，由于教师的个性、特长不一样，可以有各种不同的教学风格。"教学有法"是指教学必须遵循规律；"教无定法"是指允许有不同的教学风格，形成不同的教学特色。改革教学方法，千万不能形式化、凝固化，更不能以领导的个人偏爱而"厚此薄彼"。开展教研活动是学校教学工作的一个中心课题。如果说掌握教学动态、了解情况、分析矛盾是领导教学工作的基本功，那么领导教学研究活动、探索教学规律、发扬教学风格，就是领导教学工作的真功夫。

教学研究要有课题。课题来自教学实践，是在分析教学工作的各种矛盾中提炼出来的，可以有全校共同的题目，也可以根据不同学科的情况有不同的题目。有一年，师大一附中试行中学五年制（初中三年、高中二年）的学制改革。当时的主要矛盾是既要缩短学制，又要保证教学质量。关键是处理好教材，改进教学方法，调动学生学习积极性，改进学习方法。我们就抓住这个问题进行研究，对各门学科提出了精简教材的方案，进行了教法和学法的研究。大家既钻研教材，又研究学生，提出了"备课又备人"的口号。各教研组热热闹闹地开展了观摩课、研究课活动。班主任和团、队围绕学制改革，加强对学生的思想工作，调动学习积极性，交流学习方法。这项工作持续了五年，学生毕业时与本校同届的六年制学生相比，在德智体诸方面均达到了相同水平。后由于种种原因，只搞了一届的试验就结束了。但通过这项试验，教师中逐步形成了教研的风气，班主任和团、队工作也积累了围绕学习开展学生思想教育的一些经验。在学制改革试验时，我们发现由于片面抓课堂教学，忽视了课外活动的开展，于是又提出让学生的聪明才智得到发展、学得更生动活泼的教研课题。各教研组在研究改革课堂教学的同时，研究制订了指导课外活动的计划，纷纷成立了学科兴趣小组。各班级又发动学生按自己兴趣自动组织起来，成立各种科技、体育、文娱之类的兴趣小组，有的是在教师指导下进行的，有的则没有教师指导（主要是高中学生），学生自己找资料、自己设计研究方案。图书馆、实验室全天开放，全校形成了一股参加课外活动的热潮，出现了许多感人的事迹。一些初中学生研究壁虎是怎样断掉尾巴的。高中的五六个学生从一本资料上看到"威尔逊云雾室"的照片，决定仿制，根据学到的物理、化学知识，以及金工、木工的手艺操作，在将近两个月的时间里，经过试验、失败、再试验、再失败，终于土法仿制出"威尔逊云雾室"，而且让它产生了云雾。在这个过程中，学生锻炼了研究能力，增长了科学知识，培养了顽强意志。文科方面也纷纷成立各种文学小组，出壁报、编小报、写评论、搞创作，大大发展了学生的文学才能。美术小组开展创作研究，每年举办五一、十一两次创作画展，培养了一批"小小画家"。航模、船模、无线电小组活动更是普遍开展，从装配单管收音机到多管收音机。集中抓课外活动，也锻炼了教师，发挥了有特长教师的作用。经过一段时间的实践，取得了发动和组织课外活动小组的经验，摸索出了一套课外活动的管理办法，课外活动成了学校的一大特色。为此，我代表学校出席了1960年全国文教群英会。

结合学科特点开展教学研究是经常性的工作。1956年，语文学科进行汉语与文学分科教学的试验，开展了教学研究（后来也由于种种原因没有继续下去），接着又研究读写结合。外语学科始终抓住听、说、读、写的综合训练进行研究。数学学科一直研究"精讲多练"（这是当时的提法，确切地说，应该是"精讲精练"），推广了一位数学老教师精选作业的经验，数学组几年来一直在精选习题上进行研究。理、化、生学科坚持进行加强实验研究，包括边讲边实验和指导学生实验两个方面。历史学科研究史料和观点统一的问题。地理学科研究地图教学问题。班主任工作是研究对班干部的培养和班主任工作与团、队相互配合、协调等问题。虽然以上这些项目研究层次比较低，研究方法比较原始，但由于抓了教学研究，而且有一定的持续性，也就逐渐在校内形成了一种教学研究气氛，培养了一批有一定研究能力的骨干教师。

在教学研究过程中，学校领导班子成员分别投入各项研究工作，与教师一起研究。我体会到，要领导教学研究，自己一定要多学一点东西，多学一点教育理论，多懂得一点教学规律，多懂得一点有关学科的知识，这样才能有发言权。不仅向书本学习，还要向教师求教。只要诚心诚意请教教师，他们定会热情帮助。花功夫认真学习，不懂就问，领导教学研究就有了主动权。

六、知人善用，人尽其才

学校教育质量的高低，很大程度上取决于师资队伍的水平和他们的积极性。学校三大"基本建设"中，最基本、最重要的是师资队伍的建设。

要办好学校，就要团结人。"团结就是力量"。要团结人，就要对教师多关心、多帮助。关心要全面，政治上、思想上、工作上、生活上都要关心。帮助也是全面的，更重要的是思想上、业务上的帮助。

关心、帮助，就能团结人，增强凝聚力。教师凝聚力的形成，不能单靠物质刺激。那时，根本谈不上什么物质刺激，可是教师的工作积极性很高。加班没有加班费，但加班是常事；班主任没有津贴，大家也愿做班主任。当然，领导班子成员本身也要有奉献精神。在团结人的基础上，对不同的教师要区别对待，做到知人善用，人尽其才。

长期从事教育的老教师，教学经验比较丰富，一般来说，知识也比较渊博，但有时接受新事物比较慢一点，在教学改革过程中可能起步迟一点。对他们不能要求过高，操之过急，要尽量发挥他们的长处，用其所长。当时师大一附中的数学、语文、外语、物理、生物、体育等教研组有好几位这样的教师，他们被称为教研组里的"活字典"，教师碰到教材中的难点，如有些典故的出处、词汇的解释、难解的题目、实验的处理等，常常请教他们，他们也都能热情指点。我是尽量发挥这些老教师的作用，在工作上照顾得多一点，工作量减少一点，排课时尽可能满足他们的要求。师大一附中取消坐班制，首先就是从这些老教师开始的。几年来，在他们的影响下，骨干教师成长较快，也形成了教研组内相互切磋、讨论的气氛。

对青年教师，我既严格要求，又热情帮助。做学问，搞教学，要有严肃的科学态度，严谨的治学方法，严格的基本训练。新教师报到后，我都要找他们谈话，向他们提出："要当好一个教师，首先要站稳三尺讲台。"鼓励他们安心、认真教学，并且要求他们当几年班主任。告诉他们只有把课堂教学搞好，才能树立威信，班主任工作才能做好。我还让青年教师与老教师搭配在一起，让他们跟班听课，提倡新老教师互相帮助。我还为青年教师排足课时，担子重一点对他们的成长有好处。

要使学校办得有特色，一定要有一支骨干教师队伍。他们是形成良好校风和教学改革的主要力量。我要求骨干教师的教学有自己的特色，带头搞教学改革，还让他们参加党课学习，有的送出去进修培养。对骨干教师的教学改革，我基本上都是全力支持的，只要有新的设想、新的尝试，且符合原则，我都支持。如特级教师张思中在"反右倾"斗争中受过不公正的待遇，大学毕业后分配有困难，我大胆地接收了他。他肯干，有一股犟劲，我就发挥他的长处。他改革俄语教学，我就支持他搞试验。搞改革一开始，我就要求十全十美，可以说是一种不近人情的"苛求"。他的起步是艰难的，曾受到各种非议，但我公开支持他的试验，经过多年的努力，他的"适当集中，反复循环，阅读原著，因材施教"的外语教学方法，终于被许多学校的教师采用，今天已成为有相当影响力的教改试验。再如特级教师陆继椿，他是师大一附中毕业后留校的。他肯学习，有独立思考能力，我就送他去华东师大接受培养，后来在教材改革方面做出了成绩，并影响到全国。几年来，师大一附中各门学科教师以及班主任中都有一些有一定教学特色和工作特色的教师。此外，我还注意培养课外活动的指导教师，关心他们的成长，创造条件让他们施展才能，在指导科技活动，开展音、体、美课外活动以及团、队建设等方面，培养了一批骨干力量，为全面贯彻教育方针，发展学生才能，组建了一支骨干教师队伍。

七、为教研、科研服务

由于工作需要，1964年我离开了师大一附中，调到上海市教育局，先是负责政教处工作，后又负责教学研究处工作。不久，"文化大革命"开始，教育事业遭到空前破坏。我也受到了不公正的待遇，在"五七"干校劳动锻炼。1972年，我调到同济大学，在教育革命组（后改称教务处）工作了六年，主要是分管基础课教材的编写工作。那六年我虽然离开了普教战线，但对高等教育有了一些了解，这对我以后继续搞普通教育的教学研究是很有益的。

粉碎"四人帮"以后，1978年我又回到市教育局，继续负责教学处工作。当时不少学校的教学情况十分混乱，面临的任务是：按照党的十一届三中全会的思想路线，"解放思想，实事求是，团结一致向前看"的精神，对教育工作进行拨乱反正。解放思想，就是要冲破"禁区"，研究新情况，解决新问题，使上海的普通教育在恢复中发展，在恢复中创新。

为了整顿和恢复学校的教学秩序，加强对教学工作的领导和管理。经过调查研究，我会同教学处的同志研究制定了上海市中小学教学工作的几个文件，即《中小学校长、教导主任领导教学工作的若干意见（试行稿）》《教研组工作和组长职责（试行稿）》《教师备课的几点要求（试行稿）》《中学实验室管理办法和实验（管理）员职责（试行稿）》和《中学生学习与作业的基本要求（试行稿）》。

文件制定后，下发至各区（县），由各区（县）转发至各中小学，并组织学习讨论。为了帮助学校领导领会文件精神，我基本上跑遍了所有区（县），向中小学校长做报告，并组织教学处人员检查落实情况。这项工作对当时拨乱反正，恢复正常教学秩序，加强对教学工作的领导，起了积极的作用，受到了欢迎。

1980 年初，我在全市中学校长会议上就当前学校教学工作中的问题做了一个报告，提出了"智力""能力"问题。在这个基础上，由市教育局归纳为"加强基础、培养能力、发展智力"十二个字，作为学校教学工作的一条指导性原则。这个报告对当时的教学工作起了促进作用，学生的智力和能力开始得到重视。为了使这项任务落实到各学科教学中去，我又组织各学科教研员根据本学科特点，拟定了各学科课堂教学中贯彻"十二字"的基本要求和基本做法，并形成了《当前改进中小学各学科课堂教学的意见》这一文件，下发至各学校，使"十二字"的教学要求落到了实处，推动了教学改革。

我在教学处短短的五年时间里，以上这两项工作总算对全市中小学教学工作起了一点作用，留下了一点痕迹，为进一步深化教学改革做了一点奠基性工作。

1984 年，我调任上海市教育科学研究所所长，当时教育科学研究所刚成立，条件极差。教育科学研究尚未引起各方面的重视，缺乏教育科学研究的理论和方法。教育科学研究所本身又没有一支像样的研究队伍，没有像样的研究条件，缺乏经费，缺乏资料，在这种环境下工作是艰难的。初创阶段，只能做一点打开局面的工作，比如：推动各区（县）设立教育科学研究室，形成市区（县）两级教育科学研究网络机构；举办教育科学研究方法学习班，培养科研骨干队伍；设立教育科学研究成果论文奖，并建立评奖制度，每两年评选一次，以推动群众性的教育科研工作；召开科研课题规划会议，规划全市科研课题；在教科所内部组织力量进行课题研究（当时主要是研究中小学办学水平的评价）；等等。以上这些基本上都属奠基性工作，上海市教育科学研究所在今天对全国有一定的影响，主要是后任的几位所长和全体科研人员努力的结果，我实际上没有做什么工作。

我还当过上海市第六届政协委员、国家教委兼职督学、上海市中小学课程教材改革委员会顾问和中小学教材编审委员会副总编审。我于 1988 年离休，离休后继续参加课程教材改革工作和教科所有关课题研究等活动。

我把自己的教育生涯写出来，仅仅是作为个人的历史回顾。但愿后来者在我这颗小小的铺路石子上，筑起一条宽广的大道，迎接更大规模的教育改革。

陆善涛校长抓教改，敢于破除"坐班制"

丁明远

什么样的中学校长才是称职的校长？对此，可谓仁者见仁，智者见智。有的校长一上班就会在门房查看教师早上报到的情况，并已成为习惯；有的校长像人民警察，火眼金睛，观察着操场上、课堂上、走廊里师生的一举一动；有的校长常在操场上，看学生活动的情况，观察体育尖子的训练情况；有的校长常到厨房，关心师生的饮食和健康。单凭这些，你很难判断这样的校长称不称职。我们的陆善涛校长，有些与众不同，他胆子可大了，居然敢与"坐班制"对抗！不过，他自有一套管理教师队伍的办法。

陆校长对年轻教师和中、老年教师分别有不同要求。他听年轻教师的课，从不事先通知。一次，一位新教师上课上到一半，才发现下面学生的座位上坐的是校长，一紧张，课讲得"语无伦次"。学生要笑，又不敢笑出声来。陆校长往往要连续听一个星期的课，笔记也记得很详细，听完了总要与新教师谈话，分析其特点，指出其长处和短处，既诚恳，又很精辟。陆校长常对新教师讲，要像海绵吸水那样，吸收新知识，要"站稳讲台"。

而对新教师的独创精神，陆校长则经常给予及时的鼓励。记得有一次在教研组长会议上，陆校长介绍物理组新来的张老师的教学实况。他上课的题目是"自由落体"，讲解之前，张老师拿出两张大小一样的白纸，给学生看一看。然后拿其中一张白纸，从一个高度落下，白纸下落的速度较慢；再把另一张同样大小的白纸捏成一团，从同样的高度落下，纸团下落的速度快得多，接着张老师就开始讲"自由落体"。陆校长介绍了这一情景，我当时就记住了。这就是陆校长从系统听课中发掘的青年教学能手。当老物理组组长退休后，校长破格提升这位年轻老师当了组长。

陆校长对中、老年教师则给予特殊待遇。正如前面所讲的敢于对抗"坐班制"，即中、老年教师每周有半天自由支配的时间，不搞坐班制。这半天可以来学校，也可以不来学校，可以去图书馆、实验室，也可以在自己家里。这半天在什么地方，只要与教导处打个招呼就可以了。

　　另一方面，陆校长对中、老年教师又有特殊要求，要制订专题教学研究课题；要在一年内写出有水平的论文来，达到能在《上海教育》或《文汇报》上发表的水平。例如，对我来讲，两年中计划的两篇专题论文均按时完成，其中一篇是《如何提高中等化学实验课的质量》，登载在《上海教育》上，另一篇是《喜看学生走上讲台》，登载在上海《文汇报》上。

　　陆校长破除了"坐班制"，当时附中的教学质量并没有因此而下降。从此，师大附中的教师，不仅中、老年教师不再实行"坐班制"，连青年教师也不必天天坐班了。这个传统一直沿袭至今。

我的老校长陆善涛

张思中

送走了 93 岁高龄的老校长陆善涛，我的心依然久久难以平静。

陆善涛是华东师大一附中成立时的第二任校长，是我的大恩人。

1959 年 12 月的一天，我"劳动教养"的单位——华东师大图书馆的书记黄健霭突然通知我，叫我准备到一附中去报到，担任俄语教师。我说："我不去，我被划为'右派分子'，不适合当老师。"后来，在其他几位领导的劝说下，我一个只读了一年半的俄语"大学生"，只好被动地去当了老师。"馅饼"怎么会掉在我这个华东师大俄语系 1959 届没文凭的"右派分子"头上的？

我到一附中后，才初步了解大概的情况。原来，当时一附中奇缺一位俄语教师，时任校长陆善涛了解了我的情况后，知道我来自中国人民解放军英雄部队"济南第二团"，而且曾是个"优秀文化教员"，尽管我当时因"右派"问题，刚解除"劳动教养"，但他还是马上拍板，要我来一附中报到任职。

1960 年开学的第一天，我就踏上俄语课的讲台试上课了。这是我生平第一次当外语老师，陆校长悄悄地坐在教室后面看我上课。之后，教导主任、教研组长轮流来听课，但没有任何评语，表明我的"三关"考试通过了！就这样，我在一附中从教了一辈子。

在我的记忆里，有一年开展"工业学大庆"运动，陆校长召开了一个青年骨干教师座谈会，也邀请了我。学校没有歧视我，我很受感动。会后，我激动地告诉陆校长："我有一个很好的教学法，能让学生很快出成绩，可以试一试吗？"陆校长是明白人，就叫我悄悄地试一试。于是，我就利用星期天下午，把高中的三个班级学生集中在大礼堂，先介绍什么是循环记忆法，然后立即进行试验。学生一节课就掌握了五十几个俄语单词，十分兴奋。他们做梦都没想到自己竟然那么"聪明"！

在陆校长的支持、鼓励下，就是这么一试，我的外语教改就一炮打响了。如今已形成"教学法"体系，在全国推广应用，至今半个世纪久盛不衰！每当我在教改的道路上取得一点进展，我都会情不自禁地想起陆校长的知遇之恩。

记得"文化大革命"期间，陆校长虽已在市教育局工作，但因重用我，被揪回学校批斗，也和我一块儿劳动改造。此情此景，我知道是自己连累了陆校长，这让我十分不安，因而对陆校长更加敬重。

后来，陆校长虽不在附中工作，但仍然十分关心我的外语教改进展。在改革开放初期，我总结的这个教学法原来叫作"反刍法"。"反刍"，顾名思义，就是像牛和骆驼吃草一样，先把草匆匆吞下，然后再返回到嘴里细嚼慢咽，所以牛和骆驼都长得又高又大。外语学习最好先掌握大量单词，紧接着大量阅读与背诵原著，反过来促进单词的掌握和深刻理解。"反刍法"一下子轰动全国！那时，已是市教育局教研室主任的陆校长对我说："你用'反刍法'的名字不好！你把学生比作牛和骆驼，把教师比作农牧民，不好！不好！必须马上改，如果不改我就不让你发言，不让你发表文章！"可是改什么名称好呢？当时我也请教了许多全国有名的教学法专家，大家觉得可先采用"张思中外语教学法"的名称，到成熟时再改。可这不是叫我"老王卖瓜，自卖自夸"吗？此后，每次讲课之前我都声明一下，为什么会叫"张思中外语教学法"这个名字。

陆校长慧眼识珠，敢于保护创新人才，善于培养优秀人才。在他主持下的华东师大一附中，培养出了一大批著名优秀教师和校长，以及众多优秀的学生。因此，华东师大一附中当时一跃成为全国的名校。

2014年9月7日，陆校长因病医治无效，永远离开了我们，但他对我的培养、教育，他对"张思中外语教学法"的诞生所给予的支持、关怀，我将时刻铭记在心。谨以此文表达我无尽的哀思，表达我对他深深的怀念，表达我对他的感激之情。

写于 2014 年 9 月 15 日

率真的徐正贞先生

陆继椿

我留校当教师，第一桩工作是徐先生（我从当学生会干部起，一直用上海话这么称呼他）交给我的。

那是1959年的炎热的夏天，学校快放暑假了。有一天上午，他把我带到教学大楼顶楼的小房间外，用钥匙开门，但开来开去都打不开。我见他脸憋红了，冒汗了，白衬衫的短袖窝也沁湿了，便说："我来试试看。"我接过钥匙，端详了一下生锈的铁锁，向那寸把长的钥匙吐了口唾沫，慢慢推进钥匙孔里，小心地左右转动，就在接近到底的地方，锁柄动了动，我趁机用力往下一拉，锁开了。

徐先生很高兴，笑了笑，说："还是你会使巧！"

我扯扯衣角擦了擦额上的汗，不好意思地说："旧锁锈住了，钥匙上抹点油更好。"

开门进去，里面很闷热，我去把窗打开。这个地方确实有些时间没用了，堆的东西都积了一层薄灰。徐先生指着几堆手写的、复印的和油印的材料说："你尽管熟悉学校，但那是从学生的角度，现在，你更需要从老师的角度来了解学校，要了解学校的历史、办学的特点和师资的情况，特别是我校语文教学和班主任工作的一些经验。这对你当一个华东师大附中的新教师是个很好的起点。这里的东西，你可以随便翻、随便看。"

我想，徐先生大概为我的留校想了许多，最后想到了这个主意。我心里十分感激，因为这给我创造了一个非常好的提高起点的条件，这些材料都是很宝贵的第一手教育资料，而且我校是当时上海的一流名校，阅读、学习、研究它们，岂不等于在读名校师资培训班！

我很高兴地东翻翻，西看看。徐先生也许看出了我的心事，末了，布置了一道作业："一个月之后，你能写一份我校办学沿革和特色的总结给我吗？"他微笑地看着我，语气很委婉，但我突然觉得肩上的担子沉重起来。尽管我知道这担子给我挑，是对我的了解、信任、锻炼和鼓励，可是我还是对写这样一篇大文章感到力不胜任。

那时，我虽然当过校报《战斗报》的主编，担任《解放日报》的通讯员也快一年，发表过几篇通讯报道和小文章，但要驾驭这一大堆材料，提炼出一所学校的教育思想和教育经验，理出一条思路清晰、观点鲜明的叙述线索，写出总结性的文章，还是缺底气的。于是，我有些嗫嚅地说："我，我，好像……"徐先生一看，恢复了他平时爽快干脆的性子，拍拍我的肩，快人快语地说："拿出点勇气来，练练拼刺刀嘛！"

我当然没话说了。当我的同学挥汗如雨为考大学拼搏的时候，我也挥汗如雨在为写出一篇比较像样的总结报告而奋斗了！记得快一个月的时候，我写出了两万多字的初稿，徐先生看了，找我谈了一节课的时间，指出我校自 1925 年以来的继承与发展关系，特别突出光华附中和大夏附中合并建立华东师大附中后，作为华东师大的"实验工厂"，进行了一系列全国领先的教育改革，最先成为上海市的重点中学，成为一所新时代名校。我心里豁然开朗，经过反复修改，最后改定一万五千字左右。徐先生看了，把我叫到他的办公室，说："这不拼出来了吗？不怕苦，不怕累，功到自然成。任何成绩都是拼出来的！"事后，他还请我吃了块中冰砖。

这就是我留校工作的开头。徐先生在我心上深深地印上了一个"拼"字。

也是在他的办公室，徐先生告诉我新学期教初一语文，又派我参加了市教育局组织的暑期教师备课学习。他叮咛我要虚心，要向一切能够接触到的校内外语文老师学习。的确，当时的名教师果鲁英多次给我们做报告，谈备课要求，落实"双基"，分析教材，分析课文，使我获益匪浅。就这样，我开始了我的语文教师生涯。

当时，我是语文组年龄最小、学历和资格最浅的新教师。也许我曾是学生干部，还在学校征文比赛中得过一等奖，为大家熟知；也许我曾是叶百丰先生的得意门生，有时进教研组向老师请教；也许是徐先生曾经在参加语文组会议时，通报了我留校教语文的事，总之，大家对我都非常关心，都允许我去听课学习。

1958 年，叶百丰先生上调华东师大中文系之后，语文教研组长是王树琪老师。我开始教语文了，我的高中班主任孙光萱老师也改教语文了，不久还兼任了教研组长，我跟王树琪老师共同领导教研组。那时，正逢"文道之争"大讨论之后，语文教改进入了一个高潮。市教研室杨质彬老师又深入我校帮助张瑜老师总结教学经验，我也跟着去听课，并且初生之犊不畏虎，学着上起公开课来。徐先生听了我几节课之后，找我说："你掌握课堂，分析课文，都还可以，但板书、粉笔字、拼音、普通话，都还有问题，要抓紧练，抓紧学！"他好像怕影响我的情绪，又自我解嘲道："我的普通话是不行的，但我人到中年，学不好了，教政治还凑合。你教语文，小青年嘛，不能凑合！"

这无疑是给我一声棒喝。我观察下来，孙光萱老师教我政治的时候，板书就特别有条理，粉笔字也写得很整齐，很有特色，现在上语文课，每堂课的板书设计，既反映教学的内容，提纲挈领，又突出重点词语；张瑜老师拼音熟练，一口普通话标准、亲切、甜润，听她说话、讲课，简直就是一种享受！也算苍天不负苦心人，几个月下来，我的普通话、讲课都像样多了。不过，我自忖即使努力一辈子，讲普通话、讲课也达不到张瑜老师的水平。

有一点我是引以为豪的，那就是坚持写作。从徐先生给我阅读学校的教育资料开始，我的眼光和身份就从学生转换成教师了，业余写的东西也都是学当教师的见、闻、感。其中影响最大的是，我在《解放日报》发表的有关学校的动态报道和系列散文诗组《火花集》。后来我又在《文汇报》连续发表《教师笔记》。徐先生一直关注我写的东西，为我高兴，并且不断地鼓励我。

也许是因为《解放日报》内部多次将我写的稿件评为"红旗"稿，又从上海教育学院举办的教育成果展览会上，了解到我是个留校培养的、资历最浅但勤奋努力有点拼劲的青年教师，可以作为典型发扬，当时的教育卫生部主任亲自带了编辑、记者，到学校来联系，是徐先生接待的。后来，我知道徐先生婉言谢绝了报社的好意，说我苗子是好的，但太年轻、不成熟，还得好好磨炼。报社最后只好取消计划，去别的学校找典型去了。

我在《文汇报》上发表的《教师笔记》也引起了一些社会关注。其中有一篇《诱导》，是我记叙教育两个学生寻找学习榜样、树立理想、努力学习的事儿，比较生动有趣，被翻译成多种语言，转载到向海外发行的《中国妇女》杂志上。编辑到学校来联系时，也是徐先生接待的。编辑部的意思是不仅要转载，还要配发我的照片和简介。这次，徐先生代表党支部同意转载文章，但不同意配发我的照片和简介。当时，我并不知情，直至我收到刊出的杂志，去向徐先生汇报，他才告诉我是怎么回事。记得他拍着我的肩，笑了笑，亲切地说："这是对你的爱护啊！你还年轻，出名不见得是件好事。你写文章我们支持，语文教师要'下水'呀！"

好在这两件事徐先生为我挡掉了，否则十年浩劫时我要更多地挨批吃苦头了。

说到十年浩劫，徐先生挨批挨斗，一只耳朵都被打聋了。有一次，在公费医疗门诊部，我见他也在看病，便走去轻轻地叫了他。他回过头来，尴尬地笑了笑，说："一点外伤。"医生诊断的时候，我终于看见那外伤很恐怖。他强忍着疼痛让医生检查，我的眼睛也湿润了……但是，他向周围看了看，板着脸说："干什么？快走开！"他是怕有人看到影响我呀。

痛苦的岁月显得很漫长，但终究会过去的。终于熬到了粉碎"四人帮"的那一天，我那时深深被大快人心的氛围浸染，写了诸如《四丑灭亡曲》《吃蟹曲》等一系列新散曲，每写一首，热心的学生就张贴到中州路口的墙上，一时观者如堵，广泛传抄。有不少地方还油印成集子，后来，我干脆给取了个名字，叫《火剑集》。有一次我路过，见徐先生在人群旁也仰着头，我自然地喊了他一声。他冲着我一笑，还伸了伸大拇指。我也不好意思地笑了。

徐先生终于被结合进领导班子，担任了虹口区教育局的副局长。不过，他最后还是选择回学校当校长。那是一个百废待兴、充满希望的年代，大家都浑身是劲，要把十年浩劫的损失夺回来！教改又启动了。1978 年 5 月，有一天，徐先生通知我去华东师大中文系参加一个座谈会。到会的时候，我看到为首的是我国著名教育家、时任华东师大校长的刘佛年教授。他在"文化大革命"之前主持过五年制中学的教材编写工作，我也去开过会、发过言，并向他请教过。1962 年，我进华东师大中文系进修，又是他特批的。所以他喊得出我的名字，招呼我坐下后，就开会了。到会的还有二附中、附小、中文系和教育系的老师，我大都认识。这次座谈会学习了我国著名语言学家吕叔湘先生对中小学语文教学的批评意见，探讨了语文课的弊病：课时多，教学时间长，学生的语文水平却过不了关。连着开了好几次会，刘校长总结的精辟观点是："实现中小学语文教学一条龙，初中语文要过关！"

于是，语文教改"一条龙"试验就起步了。我综合当时刘校长的谈话，深深感到这个试验是一个探索语文教学科学化的大改项目，意义深远、责任重大，因为我认为刘校长提出的"一条龙"试验，就是要找到一个切实有效的语文教学的"序"，帮助学生循"序"渐进，到初中毕业时，语文水平达到"过关"的要求。我如实地把会议的情况、刘校长的指示和自己的体会，向徐先生做了详细的汇报。他听了很满意，就在那一周的全校教工大会上郑重地宣布："关于参加华东师大语文教改'一条龙'试验的任务，全权授予陆继椿同志。"我听了非常激动，因为"全权授予"四个字凝重而有力，这意味着我可以放开手脚大胆地闯一闯、拼一拼了！

这是我人生和事业迈出的最具色彩的一步。我开始在刘佛年校长的指导下调查研究，设计体系，编写教材。我倡导了"得"的教学思想，根据"一课有一得，得得相联系"的原则，编排出一个由 108 个"训练点"组成的语文教学的"序"，定名为"分类集中分阶段进行语言训练"（简称"双分"）教学体系。同时，按每个"训练点"的要求编写训练教材。后来又在华东师大教育科学院的帮助下，经徐先生同意，跟志同道合的童明友、卢启之两位同事先后试教。1981 年，我的首届试验班毕业了，华东师大教育科学院做了试验验收，这个班级中考语文获得全区第一的好成绩。区教研室邢继同志专门调出这个班级的语文试卷做了质量分析。于是，"双分"试验班推广了。我国著名的语言学家张志公先生，突出"双分"教学"一课有一得，得得相联系"的特点，概括为"得得派"而走向全国。从 1982 年开始，每年轮流在有关省市召开"双分"教学全国研讨会。徐先生离休后，季克勤校长继续支持，试教的队伍扩大得很快，不久就达到 24 个省市，最多的时候有 4 000 多个试验班，可谓极教改风景的一时之盛！

这就是从 1978 年到 1992 年产生全国影响的"双分"教学。这个教学试验涉及语文教学所有的领域，它的成果被我写进专著《语文教学新探——"双分"教学的理论与实践》，被收进"上海教育丛书"，上海教育出版社于 1995 年出版。

综上所述，我深感徐先生是我生活道路上最重要的导师之一。我深深地怀念他，一想起他，脑海里就会浮现出他那率真的一幕幕……

深深地怀念徐正贞校长

——忆徐正贞校长二三事

陈宗义

  我在附中36年，除"文化大革命"十年外，一直在徐正贞校长的领导和关心下学习和工作。他是一校之长，我是普通教师或中层干部，不在同一层次，所以除了在教师大会上听他做报告，在行政会议上听他讲话之外，和他个人直接接触的机会不多。有时在校园里碰到徐校长，他与我交谈几句后，就匆匆离开忙其他事情了，而留给我的却是深深的思考和感动，至今难忘。

  记得1964年9月，在操场上，他拍拍我肩膀说："这事是教育革命的举措，我们一起来做好。"我明白，这事是指我担任1967届中一己班的班主任。这年招生为了贯彻阶级路线，首次到闸北、普陀、杨浦等工人家庭比较多的区招生，招来的都编入己班，且全部住校就读。这事的确重要，可我刚刚高中毕业留校工作，除了年轻的优势，其他都是弱项。而且我没有经过师范院校的系统培训，也没有做教师的思想准备，自然压力很大，困难很多。

  徐校长的一句"一起来做好"，言出必行。他指定学校少先队大队辅导员林炳英老师做我的"师父"。林老师是一位优秀的政治教员，她指导我备课、上课。很长一段时间，我都是先听林老师的示范课，然后再"依葫芦画瓢"去上课。徐校长也经常来听我的课。一次，徐校长陪同当时虹口区委的文教书记来听我讲《无产阶级接班人的五条标准》。因为紧张，备课的内容我半个小时就讲完了。怎么办？我灵机一动，出几道题让学生做练习。课后，校长没批评我，而是建议"上课不要满堂灌"，可以让学生讨论，活跃课堂气氛。

  一年后，学校决定我原地"踏步"，即再接1968届的中一己班，仍是外区招生集中的住宿班。由于已有一年的实践经验，我在班主任管理和政治课教学上就比较顺手了。第二年5月，为庆祝"六一"国际儿童节，上海《解放日报》记者在我班拍了许多少年儿童幸福成长的照片，准备在报上刊登。不料风云突变，6月1日各报要转载《人民日报》社论《横扫一切牛鬼蛇神》，照片也无法登了。

  "文化大革命"十年，不堪回首。粉碎"四人帮"，春回大地。徐校长又重回岗位，他无怨无悔，带领附中师生，拨乱反正，为党的教育事业继续奋斗。记得一次在操场上，徐校长对我轻轻说了句："你年纪轻轻，不要老是唉声叹气，好好干吧。"当时，我感动得眼泪也快出来了。由于在"文化大革命"期间，我为教师秦松做了辩护，受到近一年的审查。尽管后来工宣队进校后，我即恢复了教师的工作，做了班主任，还升为 1978 届年级副组长。但曾经的挫折，使我多少有些畏难情绪，遇到困难、问题，有时也会唉声叹气。这一切没有逃过徐校长的眼睛。我心想，徐校长这样鼓励我，我一定要振奋精神好好干，不能辜负他的殷切希望。

1980 年，我被任命为学校教导处分管德育的副主任，从而直接在徐校长领导下工作。改革开放的新形势下，学生思想工作很有难度，怎么办？徐校长多次提出：德育要改革，德育要搞科研。我们邀请华东师大教育系胡守棻教授做指导，开展调查研究，研究中学生的心理特点，进行分层次的教育，组织社会实践，加强行为规范训练，调动学生的主动性和积极性，努力提高德育实效性。通过实验后，我撰写的《初中学生思想特点分年级探索》一文在《教育研究》杂志上发表。学校多次被评为上海市中学行为规范示范学校，我参加了市教育局组织的行为规范检查宣讲团，在本市和外地的学校宣讲。暑假里，我还代表学校受邀去山东青岛，给山东省教师宣讲附中德育工作情况，获得同行好评。

1983 年春夏之交的某天下午，在走廊里，我遇见徐校长。他把我叫到一边，突然问我："想不想去大学读书？"我喜出望外，连声说："想，做梦也想。""文化大革命"结束后，特别是从事德育科研后，我越来越感到知识很重要。由于高中留校工作，我连大专学历都没有。为了不影响工作，我利用业余时间参加了复旦大学政治理论专业的自学考试，并且已经通过了"哲学""大学语文""政治经济学"等 7 门课程，但边工作边读书确实很辛苦。现在徐校长说出了我不敢或不好意思说的心里话，太好了。徐校长见我高兴，接着说："入学要通过严格考试的，行吗？"我连连回答："行，行。"这样，通过学校推荐，严格考试，我实现了大学梦。在上海师范大学教育管理系（专升本）脱产学习 2 年，我成绩优秀，取得了本科文凭和学士学位，更重要的是，学到了专业知识，结交了教育界的许多有识之士。

1985 年夏，我大学毕业回到附中，担任教导主任，主持教导处工作。我与郎建中、周祖贻 3 人齐心合力，教导处工作受到市、区教育局和校长室的多次表扬。当时我们教导处 3 人都未入党，有时会影响工作的顺利开展。徐校长便鼓励我们用实际行动争取入党。他多次找我谈话，指出我的缺点，指明我努力的方向。终于在我 40 岁时，由徐校长和蒋敏老师介绍，党支部通过了我的入党申请。教导处另外两位主任也先后加入了中国共产党。当时我暗暗下定决心，按照徐校长对我讲的，"不仅要组织上入党，更要思想上入党"，做一个真正的共产党员，为党的教育事业贡献一切。

在我的人生中，值得我感恩的人许多，而徐正贞校长无疑是极为重要的一个。在徐校长逝世 13 周年之际，谨以此文表达我对徐校长的深深怀念。

值得怀念的一段岁月

郦家驹

1950 年初，我进入当时的光华附中任历史教员。1951 年冬，光华附中与大夏附中合并，改名为华东师范大学附属中学，我在这里继续任教，直至 1956 年底离开。在这整整的 7 年当中，我还曾先后两次担任过班主任。这段经历让我终生难忘。

在这 7 年里，我有幸认识了一大批令人敬佩的老教师，其中有倪若水、章质甫、徐燕谋、周缵武、唐志瞻、李嘉音、盛占春等诸位先生。这些老前辈都为人敦厚正直，学术造诣精湛，教学质量高超。凡受他们教导过的学生无不得益匪浅，终生难忘。我当时还是一个 20 多岁的青年人，年少气盛，不懂世事，在和这些老前辈的交往中，受到了从做人到治学等多方面的启发和熏陶。我由此深切感受到，光华附中和师大附中之所以能够有较高的教学质量，成为上海具有一定声望的学校，与拥有这样一批老教师是分不开的。

在 7 年的中学教师生涯中，1956 年毕业的学生是我接触的最后一批学生。我现在还保留着当年他们送给我留作纪念的照片，这些照片都是一寸大小的黑白照片，历经 50 年的时光，许多照片的颜色已经泛黄。这一张张照片上的面孔透露着稚嫩、单纯和青春活力。如今，他们都早已年过花甲。在那个年代，同学与同学之间、学生与教师之间充满了真诚的情谊，不能不让人倍加珍惜。他们中的不少人至今还和我保持着联系。有一种难以割舍的友情，仍然在我们之间维系着。这也就是为什么那一段时光成为我们一生中最值得怀念的根本原因。

与大家一样，我现在也经常追忆当年的师长和学校生活。20 世纪三四十年代，我在合川国立二中、四川大学和复旦大学念书的时候，师长们不但精心传授知识与学问，而且十分注重道德和人格教育。当时各类学校都有言简意赅、深沉亮丽的校训与箴言，循循善诱，引导我们反躬自省，奋力向上。这种人格教育和素质教育领先的优良传统，使那个时代出来的大多数知识分子，在他们的人生旅程中，不管山高水险，还是荆棘满途，通常都能保持眼睛和心灵的清亮。我现在特别缅怀、景慕师长们身上体现出来的这种人文主义精神。

　　1956 届学生离开学校的时间，虽然比我那代人要晚一二十年，但你们仍有幸接受过这种人文精神的熏陶和不言之教。"格致诚正""自强不息"不断鞭策你们、激励你们。走上工作岗位之后，不论从事工、农、商、医、理、文等何种行业，你们都能诚实做人、诚实做事，因而成为栋梁之材。你们不愧是专业精湛、人格高尚的一代。你们又属于奋斗的一代，创业的一代，也是奉献和牺牲的一代。我为你们这一代人感到骄傲。我也为自己曾经教过你们而感到无上荣光。

　　悠悠岁月，风雨同舟。世情沧桑，万感并生。当年的学生现在大多步入古稀之年。与许多早已作古的师友相比，包括英年早逝的 1956 届学生在内，我们都是大幸者。桑榆暮景的我们，依然要坚守师辈们传承下来的优秀人文精神，自励自慰，赓续生命。愿吾辈共勉之。

　　我今年已经 83 岁，双目因患黄斑变性，中心视力基本丧失，本文只能由我口述，请老伴笔录。

2006 年 7 月 9 日写于北京朝阳区北苑拂林园

许身孺子　躬耕教苑

蔡多瑞

1952 年我进入华东师大读书。从乡下到城市，我感到样样都是那么新鲜，再加上师大办学条件那么好，老师又都是中国著名的历史专家，我感到进入了一个教育新天地，非常满足。我如饥似渴地学习历史知识，白天认真地听课、记笔记，晚上复习和参阅课外材料。除参加政治活动外，我把全部的时间都用在翻阅历史资料上。我还把休息日和寒、暑假作为我专题研究的宝贵时间。在两三年的时间里，我一次都没有回家探亲，就这样废寝忘食地在学校苦读。毕业分配时，作为一名团干部的我，思想上早就准备带头响应党的号召——"到边疆去！到祖国最需要的地方去！"可是，在公布分配名单上，全班只有我一个人留校，其他同学大部分到东北或回原省。我当时也不知道是什么原因，大概是家庭负担较重和毕业考的成绩比较好的关系。过了几个月后，历史系又分配我到华东师大的附属中学去。它是师大的实验基地，前身是光华附中，名师汇集，素以"三高"（高质量、高师资、高薪水）著称。原校长廖世承是我国现代的心理学家、师范教育和中等教育专家，当时教育界有"北张（伯苓）南廖（世承）"之口碑，他是当时华东师大的副校长。附中时任校长林静是老解放区的老干部，有优良的革命作风，教师中有不少是光华大学和大夏大学留下来的教授、副教授、讲师和名教师。能进这样一所中学当教师，我是十分满意的。我暗暗地下决心：在教育理论上要认真学习廖先生的学术著作；在工作作风上要向林校长学习，学习革命优良传统，立志许身孺子，躬耕教苑。

我是 1954 年 9 月到附中的，林校长分配我担任初一己班班主任，教初一和初三的中国历史课和世界古代史课。我当时一方面认为交给我如此繁重任务，是校长对我的信任；另一方面又感到只经过一个月的中学教学实习，没有什么经验，非常害怕不能完成任务。林校长也看出我当时的心态，她鼓励我，只要虚心向老教师学习，什么困难都是可以克服的。在教学上，我虚心地向历史教研组的老教师，尤其是向郦家驹老师学习。每上一节课，我都事先与他们一起备课，听取他们的教学经验，然后详细地写好教案，再听他们讲课，最后才自己上课。课后又听取学生的意见。在班主任工作上，我主要是学习老教师那种关心体贴、"爱生如子"的感情，一心一意、真诚地为学生服务的无私奉献精神。我发挥了年轻力壮、精力充沛的优势，把大部分时间都泡在班级里和家庭访问上，与学生建立了一个民主、平等和互相关爱的亲密关系，真心实意地解决他们在生活和学习上的困难。在学习上，我充分发挥他们的潜力，在生活上严格要求他们遵守学生守则和校规校风。在处理问题上，我采取灵活的方法，既要晓之以理、以理服人，又不以理压人，而要以情服人。时间一长，和学生、家长的感情就融洽起来。在工作方法上，我比较注意学生的自理和自治的管理，同时又注意进行爱国主义和集体主义的思想教育，重视培养学生干部和团队意识。因此，我当班主任的班级被学校命名为"卓娅班"，被虹口区评为先进集体。在教学方法方面，我比较认真地学习老教师的经验和作风，语文组的叶百丰老师、历史组的郦家驹老师可以说是我的榜样。同时我又较注意教材教法的改革，注意教材的系统性和思想性，古为今用，联系实际，以及精讲重点等，因此教学效果较好。这与我在20世纪50年代参加了上海市教育局教学研究室主编的《中国历史课本第三册教学参考资料》有很大关系。

1955年，党支部考察了我两年的工作情况，由支部书记徐正贞同志和支委郦家驹同志介绍我入了党。1956年春，我又被评为上海市优秀教师。我捧着盖有陈毅市长印章奖状的时候，内心异常激动。我深感自己政治上不成熟，业务上还生疏，这奖状是党和人民给我的鼓励和鞭策。从此，我一直把教师工作当作一个神圣的事业。我"痴情"地在中学这一块土地上一丝不苟地耕耘着，奉献出我全部的爱，可谓"只因许身孺子牛，历尽艰难终不悔"。

1956年，我担任支部副书记，陆善涛同志担任支部书记兼校长。他是一位教育行家里手，我在他的领导下工作得益匪浅。学校这时正在学习苏联进行教学改革的实验，政治运动连续不断，我校又是市区推行政治任务的先进单位，任务极其繁重。当时我是分管政治运动工作的，主要是负责教师的政治学习和苏联教学改革的教育思想的学习。我认识到这是我的主要工作，是党给青年干部"压重担"，要求政治和教学双肩挑，成为"又红又专"的干部。我应竭尽全力把它搞好，但又不能影响教学工作。我知道，单凭工作干劲是不够的，而是要科学地安排工作、利用时间，这是领导学校教育工作的真功夫，也是领导的艺术。我当时不仅要事先安排好每周的工作计划，而且要安排好每月的工作计划。开什么会、上哪几节课、要同哪几位老师和学生谈话或家访等，都要订在计划中。除上课外，白天其余的时间和晚上九点钟以前几乎全部要用在政治运动的工作上。备课和改作业的时间只能放在每天早上四五点钟。如此超负荷地工作，身体虽感到极度疲惫，但心情非常愉悦。几年的工作实践与锻炼，使我的思想有了较大的提高，在领导岗位上亦学到不少东西。1960年，我荣获上海市文教方面"社会主义建设先进工作者"的荣誉称号。这是党又一次给我的荣誉，是对我的再次激励和鞭策，更坚定了我走"又红又专"道路的决心。

如何用正确的教育思想来统一全校师生员工的思想与行动，是学校领导工作中首先要解决的问题，是第一位的工作。思想政治工作对学校来讲，主要是教育思想，而教育思想的中心内容是党的教育方针和培养目标。学校领导的教育质量管理，实质上是教师教育思想的领导管理。教育方针、教学大纲和教学计划的具体执行者是教师，提高教师的教育思想水平是保证教育质量、促进学生全面发展、实现教育教学任务的根本途径和主要措施。如何提高教师的教育思想和业务水平？我认为，主要是正确贯彻党的知识分子政策，消除"左"的影响，坚持"双百"方针，坚持群众观点和群众路线，要有"海纳百川"的心态。在思想上充分信任，在工作上放手使用，在生活上关心照顾。要做到这一点，首先要对学校教师队伍有一个实事求是的基本估计，要了解教师的思想特点。师大附中的教师，不少是原来光华大学和大夏大学留下来的。他们长期以来，无论经历什么政治风雨，无论生活如何清苦，都始终不渝地相信党，热爱教师事业，爱校如家，爱生如子，这是他们的一大特点。同时，他们都有较高的业务水平和丰富的教学经验，基础知识扎实，通晓自己所教的学科，因此也具有比较看重荣誉、有较强的自尊心的特点。

针对这些特点，我体会到学校领导不能只强调管理、制定制度，而是要把"科学管理，领导艺术，感情联系"三个元素结合起来，尤其是对知识分子更应该强调"感情联系"。学校领导要做深入细致的思想工作，要主动关心教师，善于和教师交朋友，经常和他们促膝谈心，及时解决他们思想上的问题，特别是关心他们生活中遇到的困难，解除他们的后顾之忧，让他们以充沛的精力投入教学工作。所以我当时给自己定出一些规则，有空时或节假日要定时、定人进行家庭访问，特别是要深入教师集体宿舍，了解教师的思想动态，这对党支部的工作决策有很大的帮助。

在历史学科教学中，我也比较重视教学改革。1955年师大聘请的苏联教育专家杰普莉茨卡娅把附中作为推行教学改革的实验点，我是非常赞成的。我认为，在西方帝国主义国家对我国实行封锁包围，而我们自己又缺乏社会主义教育经验的情况下，向社会主义的苏联学习是历史的必然。我积极地带头学习，对凯洛夫《教育学》中的许多教学原理感觉非常新鲜，认识到这些原理对于加强青少年一代共产主义道德品质的培养、重视课堂教学、加强基础知识教学和基本技能训练以及实施综合教育和加强劳动教育等方面是非常必要的。但是由于我们认识上的片面性，对苏联教育经验的理想化和绝对化，脱离国情，脱离实际，对某些具体做法，甚至是不成熟的做法缺乏分析，照搬照抄，因而产生了消极的影响。

中华人民共和国成立以来的教育史，可以说是教育改革史。1958年的教育大革命，1960年进行的"四个适度"（适当缩短年限，适当提高程度，适当控制学时，适当增加劳动）的教学改革，1963年强调坚持教学改革实验等教育改革活动，我认为都是克服当时学校教育的一些时弊，探索使教育符合国情，走出一条自己的道路的有益实践。我十分赞同并积极参加了。这一期间，学校在教育教学改革、日常思想政治教育的改革、教学计划和教师队伍建设等方面继续不断地进行探索和创新，重点进行五年制的实验，要求达到六年制中学的水平。我则参加了当时上海教育卫生部部长杨西光同志组织领导的教材改革的历史小组，编写历史课本，以供实验五年一贯制的学校使用。

那几年，我在历史教学方面也比较重视教材教法的改革，取得了不错的效果。师大附中有一届历史学科的高考成绩名列全市前茅，由此引起了上海教育出版社同志的注意，希望我能将复习的材料编写出来，以帮助全市的高中学生复习。因此，1962年我与复兴中学宗震益老师（负责世界史）共同编著《高中历史复习资料》一册，由于体例不单单是资料汇集，而是包括教材教法的经验，因而颇受学生的欢迎，得以再版两次。后来我们又共同出版《高中近代史教学参考书》。1963年，我到天津参加人民出版社修订全国统编的历史课本。这几年我前后共编写教材教法二三十万字。在历史教学中，我坚持教改，提高质量，曾撰写过《我们在中国近代史进行爱国主义教育的体会》等数篇文章，发表于天津《历史教学》月刊和华东师大《历史教学问题》学刊，被收入人民教育出版社的《中学历史教学经验选集》，受到社会上较好的评价。在历史教学改革中，我曾在华东师大的《历史教学问题》等刊物上发表了《对当前历史教学改革中几个问题的理解》等几篇文章，并在上海历史学年会上做报告交流，探索如何厚今薄古和如何恰当地结合现实。可惜这些资料在"文化大革命"中被烧毁，毫无保留。在开展历史课的电化教学工作中，我也取得一定成绩。我和学生编制教学应用的幻灯片和历史地图105幅。1963年和1964年，我曾兼教华东师大历史系的教学法课程，讲解历史概论和教学方法，颇受大学生的欢迎。

1964年，陆善涛调到市教育局负责教学研究室工作，学校行政工作由徐正贞同志负责，党支部工作由我负责。我们仍继续不停地进行教育教学改革，探索和创新日常思想政治教育、教学计划以及教师队伍建设等。我们主要精力集中放在提高教学质量、减轻学生负担的专题教学研究上。在研究实践过程中，我们比较明确要解决这个问题的基本办法是改革教材、提高教师水平、改进学校领导。于是我们果断地采取了以下措施：一是教师要掌握教材分量和授课进度；二是减轻过重的课外作业；三是加强平时成绩考查，改进考试制度；四是改进课外活动。这些措施的实施和落实的中心环节是提高教师的思想水平和业务水平。而教师思想水平和业务水平的提高又需要加强、发挥教研组的作用，使教研组真正成为教学研究的组织。这些教学措施的落实，使学校在提高教学质量和减轻学生负担方面取得了一定的成绩。这些经验教训曾向全市中小学校做过介绍，得到当时市委教育卫生部部长常溪萍的肯定。

追思蔡多瑞老师

陆继椿

蔡老师走了，走得匆匆，走得突然，给我留下了深深的遗憾！他去养老院的时候，给我打过电话，讲了许多去养老院的原因，尽管电话里多次传来他的笑声，我知道，他心里很苦。他的晚景有点凄凉，有许多社会现象他不理解、想不通；老年丧子，日本老板连抚恤金都不给；还有孙子在美国留学，也需要负担……半个多小时的来电，只是听他絮絮地诉说，我没能插上几句安慰的话。于是，我请他告诉我养老院的地址，准备以后去看望他，跟他好好聊聊，宽慰宽慰这位 85 岁的老人。然而，几次打算去，终于没去成，错过了促膝深谈的机会。见到他老人家的时候已经只有追思了。

蔡老师是教历史的。我读高中时对历史是很感兴趣的，文史不分家嘛！那时候，我受到叶百丰老师的鼓励和照顾，不但确定了读文科的志愿，还得到了进学校图书馆翻阅藏书的方便，不仅乱啃文学作品，也乱翻历史、地理图书。听蔡老师上课，竟常常随着他的讲课线索浮想联翩，联想到许多相关的历史事件和历史人物。我常常觉得有些体会和问题想跟蔡老师说说，可是蔡老师那时很忙，他还是学校的党支部副书记，正值各种运动不断。记得有一次学生干部会上，他穿着短袖白衬衫，两手叉腰，非常激动地跟我们分析国内外形势。瘦削的脸上那犀利的眼光，不时地随着他的滔滔解说扫视着每个人，不由得你会热血沸腾起来，坚定自己的立场，听党的话，跟党走！当时，在我的心目中，他就是一位马列主义者，理论水平很高。在他面前，我显得很幼稚，就不敢去找他了，只在心里尊敬他、佩服他，听他的课更加认真了。

蔡老师教历史，常常会拓展开去，补充一些相关的资料，课也就显得更有容量和深度了，因而很有吸引力。我的上课笔记就专记这些资料，上图书馆的时候还会留意翻翻有关的书籍。蔡老师考我们历史也与众不同，他布置我们写"论文"，每个人可以根据自己的兴趣报选题，限两周内交卷。这不仅新鲜，还让我们感觉受到了抬举，把我们当"大学生"了，这就激发起大家的热情，纷纷议论，交流彼此的想法。我当然满腔热情地大做起文章来，这是我有生以来写的第一篇论文，题目是《论五四运动的冲击价值》，足足写满了一本练习册！文章充满了激情与豪情，从社会、政治、文化、道德各个层面洋洋洒洒写来，自以为很有分量。哪知蔡老师批评说，历史论文要有理有据，不可武断，不可想当然。尽管给了我一个好分数，但我知道这是一篇不合格的论文，教训很深刻，启发也很大。蔡老师指出的两个"不可"，岂止是写历史论文，写任何文章、对待任何事情都要记住这两个"不可"啊！

高中毕业健康检查时，我查出肺有不到一年的钙化点，不能参加高考。蔡老师竟也知道了，他笑着拍拍我胸膛，安慰我说：古人云"三更灯火五更鸡，正是男儿读书时"，用功读书付出一点代价是正常的、值得的。不要有思想负担，革命者要有乐观主义精神嘛！少奇同志在延安生过严重的肺病，肩负重任到现在，是我们的光辉榜样！去读读他的《论党》吧。用今天的话来说，这样的安慰很"雷"人，可在当时我聆听后很受鼓舞。他作为一位长者、读书人、学校领导，如此关心我、理解我、鼓励我，我真是由衷地感激！

那年，我没有报考大学，而是留校工作了。这是许多老师关心我、推荐我，学校领导信任我的结果。其中可以想象，蔡老师跟其他几位学校领导一样，是投赞成票的。作为当时跟上海中学、南洋模范中学齐名的学校，名师如云，留一个高中毕业生教语文，是破天荒的事！我既有些受宠若惊，又有些诚惶诚恐，更意识到自己底子薄、责任重，非下一番苦功，加倍、加倍、再加倍努力不可！蔡老师确实是非常信任我的，有一次，我不经意地开玩笑说，我是个"学徒老师"。他却一本正经地高兴起来，抚着我的肩说："好呀，你有这种认识和态度，肯定有出息！"经过市教育局简短的暑期教学培训，新学年开学，我正式成为语文组学历最低、资格最浅、年纪最轻的新教师。

我一边上课，一边抓住每个机会去听老教师的课，以至慢慢地冒出一个奇想：把每个老师的长处学过来！这当然是不可能的，但在上课、听课的潜移默化之中，我渐渐地自己也觉得讲课顺畅起来了。当时，语文教学"文道之争"正在深入，而1960年开门红，《人民日报》刊登了陆定一同志的文章《教学必须改革》，我也就初生之犊不畏虎，跟着老教师上起公开课来，竟也得到了一些好评。我平时写东西也转向教育教学了，而作为《解放日报》的通讯员，我也积极反映学校的教改动态。在教师大会上，我不仅经常发言，有时还会即兴赋诗朗诵。

过去，我没想过要当教师，初中毕业时想学化学，高一、高二想搞文学，后来又思考起哲学来。尽管一年的教师实践有不少体味，感觉不错，但心里还是想考大学，念大学的老同学也在信里向我招手。于是，我流露了自己的愿望，不料竟被蔡老师狠狠批评。他把我叫到教员休息室，叫我跟他面对面坐着，完全是组织谈话的严肃场面。我愣愣地看着他，他开口就一连串批评：专业思想不巩固，个人主义作怪，名利思想抬头，等等。我受到了极大的震撼，不知说什么好，他见我讷讷无言，语气慢慢缓和下来。最后，他竟和颜悦色地安慰我说："你不是想读大学吗？好好教书，好好读书，会有机会的！"

蔡老师的话，既有毫不留情的尖锐，也有语重心长的温馨。从此，我再也不提考大学的事，全身心地投入工作，而且排出计划，去进修中文系的主要课程。真的，1963 年，机会来了，教育部委托华东师大中文系，吸收大学毕业一年以上、有培养前途的青年教师办研究班。学校得到消息，把我报了上去。哪知经办人不同意，认为我这个留校教师不够条件。那天，我正好经过二楼党支部办公室，听见蔡老师正大声地在与人据理力争：他自己通过进修，已经具备了大学毕业的程度，我们送出来的教师不会比你们吸收的差！你们不是还要考的吗？后来，蔡老师告诉我，华东师大刘佛年校长答应了，他们才同意。这个名额得来多么不容易，我对学校的信任和培养，对为我争取机会的老师们，特别是蔡老师，心存深深的感激！

两年的研究学习，让我的视野更宽了，基础夯得更实了，思维也更活跃了。可惜的是，回校不久，"文化大革命"开始！十年动乱，学校教育受到极其严重的破坏。我当时虽然年轻，也被点名批判，差一点身陷囹圄。

世界上的事情是复杂的。蔡老师后来调出了虹口区，去滑翔学校当校长，又去华东师大二附中当校长，最后在上海教育科学研究所任党支部书记，直到退休。其间，我每次跟他见面，他总是谈论社会现状和教育改革，滔滔不绝，满怀深情，让我一次次受教益。

而今，他走了，带着他的理想和希望走了，我深深地怀念他，他永远是我的好严师！

回忆当年附中党组织的一些人和事

林葆瑞

2021年是中国共产党一百周年诞辰，在上海市举行的庆祝大会上，一附中党总支部委员会荣获"上海市先进基层党组织"称号。闻此喜讯，作为曾经在一附中工作过近30年的老党员，我为附中党组织所取得的殊荣感到高兴，也倍感自豪。当年附中党组织的许多人和事又重现在眼前，久久挥之不去……

我是1963年8月26日从大学部调到一附中任教的。记得那年暑假，天气异常闷热，工作又很紧张，我突然接到系党总支书记、系主任通知："附中需要人，决定调你去一附中工作。"作为一名党员，服从组织需要，这是纪律。开学在即，我放弃休假，立即前去报到。到了一附中，党支部书记、校长陆善涛同志接待了我，并告知安排我任教1966届中国地理和1967届世界地理学科，兼任中一戊班班主任。当天下午，我由王树琪老师陪同，参加了初一新生的少先队中队活动，与班级学生见了面。次日清晨，我刚进校门，陆校长又通知我，班主任一职就不要兼了。自此，我开始了在一附中的教学生涯。

陆校长是一位中华人民共和国成立前就参加革命的久经考验的地下党员，又是一位富有教育工作经验的领导。当时学校正在推广苏联的五级记分制。他主张教育要改革，课堂教学要生动活泼，学生课业负担要减轻，要培养全面发展的学生。他强调办学要重视团体总分，要重视小学与中学的衔接。他对学校工作严肃认真，每次在学习讨论时，他的发言总能给人以启发，他的决策时有画龙点睛之功。他对教师十分尊重、体贴关心，大家也都非常尊敬他。他做报告时，给人的感觉是没有一句废话，十分精练，可见事前经过了充分的准备。每逢他做报告时，会场都鸦雀无声，大家都听得聚精会神。师生员工都十分愿意听他讲话，可见他做报告的水平很高，深受大家的欢迎。

那时担任副校长的徐正贞同志不仅亲自执教，还经常深入教学第一线听课、评课。他时常不打招呼就悄悄地坐在教室后面听教师上课，教师也已非常习惯在领导面前授课。深入课堂教学是他一贯的工作作风，而平日里他待人谦和，能耐心听取教师的意见和想法。这种无声的督促，在领导和教师之间构成心有灵犀一点通的境界。老中青教师（尤其是年轻教师）无不认真备课，充满激情地上课。徐正贞同志主张课内打基础、课外出成绩。他十分重视学生的课外活动，以至于附中的"三个三分之一"（即课余时间里分别有三分之一学生在实验室，有三分之一学生在图书馆，有三分之一学生在运动场）成为学校的办学特色。

当时的党支部副书记蔡多瑞，上海解放前曾打过游击。他是历史老师，空余时间经常钻研历史，编写了历史教材教学参考书。他平时从不坐在办公室，更多时候是深入教师中间。他待人热情谦和，同时又爱憎分明，刚正不阿，让人印象深刻。

其他党支部委员，如徐怀芗老师、林炳英老师、陈步君老师等都是严于律己、工作能力强、年轻有为、充满活力的好领导。

在这样的支委会领导下，附中的党内生活既严肃又活泼，既民主又集中。附中党组织领导能身先士卒，带领党员全身心投入学校的教育教学工作，取得了出色的成绩。

记得那时我所在的党小组组长是数学组的石源泉同志，组员有生物组的吴士芬同志、杨丕明同志和史地组的我。组织生活地点安排在教工活动室，时间都在晚上六点开始。开展组织生活时，每位党员首先汇报自己的工作和思想状况，然后相互交流意见、提出工作建议。那时，史地组、生物组相邻，中间只隔着一排窗，进出同一扇门。我和杨丕明、张思中还住在学校教工宿舍的同一个房间，早晚同进同出，都很熟悉。党小组会上，大家相互交流，可谓知无不言，言无不尽，所以党小组会常常到了晚上八点钟还结束不了。

每次开支部大会，除了书记传达文件或上级会议精神以及通报学校大事外，总留有时间让党员各抒己见，对学校工作提建议，对领导提意见，会场气氛十分活跃。

党支部对党员个人的困难也都能及时了解、及时帮助。当支部了解到一位党员家庭开支拮据时，人事干事沈蔼兰同志就在一次支部大会结束前，倡议党内同志伸出援手给予帮助。会后，许多同志立即在支部办公室慷慨解囊，且都不记名。记得沈蔼兰同志曾将为自己孩子订的一瓶牛奶送给一位患结核病的同志，让他增加营养，助他早日康复，真是同志情浓于亲情。这在 20 世纪 60 年代初物资极度缺乏的时候，实在太不容易了。当年教工之间互相帮助、互相关心，在附中已经蔚然成风。

1965 年初，我因持续高烧，身体极度乏力。当我卧床在家深感无助时，附中党支部及时与第四人民医院联系，争取到床位并送我入院治疗，还向区政府领导反映。我住院后，得到了内科主任医师和医护人员的关注，甚至有一天下午，区长孙成伯同志还在百忙之中特意抽空，由医院院长陪同前来病房探望。我因高烧未退，在昏睡中不知详情。第二天护士长查房时，问我是什么来头，方才知晓区长来看我了。我仅仅是一个普普通通的青年教师，患病时却能够得到党组织和区政府首长的如此关心。由此可见，党组织和区领导对人的生命的关注和重视，对青年人的厚爱。这份恩情深深地埋藏在我心底，终生难忘。

附中党支部还十分重视对教师的思想政治教育。每周固定一个下午第二节课后按教研组组织政治学习。史地组和外语组合在一起，教研组长兼学习组长。每次都有一个中心议题，老教师和党团员教师带头发言，青年教师不甘落后，发言踊跃，气氛热烈，从未有冷场，具有满满的正能量。

党支部领导十分重视和尊敬每一位教师。记得陆校长对当年的党外骨干教师都敬称为"某老"。其实当时他们的年龄也仅四十岁左右。他的示范作用带动了全体党员，促使每一位党员努力做好群众工作，发挥模范带头作用。那时，一附中虽无明确的坐班制，但是大家早来晚走都是普遍现象。比如像体育教研组长、远东运动会五项全能金牌获得者王季淮老师，他每个周日都要来学校看看，关心运动队的训练情况（学校运动队训练经常安排在周日，避免影响学校的正常体育课）。这种爱校如家的风气，那时在附中教师中早已化为自觉的行动。

党支部在开展学校教育、党团队教育的同时，十分重视加强学生的政治思想工作。学校专门设立政治辅导组，选派青年党员担任政治辅导员，这在当年也是一种创新。我曾兼任 1966 届高三年级的政治辅导员，配合班主任，利用午间休息时间深入班级，和学生聊天、交朋友。从中发现入党积极分子，经过培养、教育、考察，经党支部讨论通过，吸收了李道瀛、王华坤为预备党员。1967 届中五年级的徐立华、张忠杰也先后成为预备党员，他们的入党介绍人是由李春友同志和我担任的。在高中阶段发展学生党员，这在上海市也是比较少的。一附中学生在追求共产主义理想的氛围中都是很勤奋、很优秀的，他们努力全面发展。据我了解，当时仅高三年级就有好多思想品德、学习工作兼优的学生。他们的健康成长对我也是一种启迪。他们在学校期间，有的递交了入党申请书，有的口头提出了申请，有的虽然内心有想法，但对自己很严格，尚未表态。不过，他们在后来报名参军，解放日报社来校招录编辑记者时，都先后获得学校推荐。还有的学生后来在上山下乡、到工矿企业，以及恢复高考时，都充分展示了他们的优秀品格和良好素质。

回忆当年一附中党组织的一些人和事，我依然感到十分亲切。这些好领导、好同志的形象常常浮现在我的脑海里。我从他们身上汲取营养，事事处处以他们为榜样，并在这样的环境氛围中成长起来。我的成长离不开附中党组织的长期培养和教育，离不开周边同志们的关心和帮助，这是我终生难忘的！而今，我虽已是耄耋之年，但忆及以往，仍为我曾是附中党支部中的一员而无比自豪！

写于 2021 年 7 月

值得珍惜和回忆的十年

林炳英

　　1957年，我从华东师大政教系毕业后，就被分配到华东师大附中工作。1967年11月，虹口区教卫办从一附中抽调部分教职工去创办新校，于是我和20多位同志离开了一附中，来到了红军中学。这样算来，我在一附中整整工作了10年。尽管10年在人生的旅途中是短暂的，但是在一附中的10年经历使我感受很多，我得到了锻炼，为我从热爱教育工作起直至终身从事教育事业打下了良好的基础，非常值得我回忆和珍惜。

　　一附中的学风、教风、校风给我留下了深刻的印象。当时一附中的领导个个都德才兼备、作风深入，用他们的言传身教为青年教师做出了榜样。记得当时陆善涛、徐正贞、蔡多瑞等学校领导都兼课，深入教研组备课、听课、参加团队与班级活动，对青年教师的工作及时给予评价和指导，深受年轻教师的欢迎。徐正贞同志每天早上必在校园操场兜一圈，见到纸屑就随手捡起。我看在眼里，记在心里，真是言传身教并重，校园虽小，但是清洁、整齐；陆善涛同志参加少先队红领巾月活动，和队员们留影纪念，参加学校运动会的跑步项目，给师生们极大的鼓舞；蔡多瑞同志的历史课深受学生的喜爱。良好的学风、校风、教风从领导做起，这一点是千真万确的。

　　一附中的老师德高望重，教学有方，备课认真，讲课深入浅出、重点突出、条理清楚、板书有序。王树琪、龙凤超、廖康民、丁明远、孙光萱等老师的课我都去听过。学校还经常对外开观摩课，我也都争取去听。这一切对刚走上教育岗位的我很有启发和帮助，让我学会了怎么上课、怎么启发学生思维、怎么调动学生的积极性。

　　一附中是华东师大的教学实验基地，教师在华东师大教材教法小组的指导下积极参加教育科研活动，不断探索教学教育中的问题。《上海教育》《文汇报》经常有教师研究成果的文章，这些也是年轻教师学习的资料。

　　一附中的学生学习刻苦、勤学好问、思想活跃、奋发向上，在一附中学习期间不仅掌握了扎实的基础知识，为以后学习打下基础，而且积极参加丰富多彩的课外活动，如气象小组、木偶剧团、无线电小组、美术、书法、小足球队等。学科教师热心指导，拓宽了学生的视野，使学生增长了才干、锻炼了能力，为学生成人成才打下了良好基础。

特别要提出的是，一附中富有特色的团队活动，如红领巾月、团带队、"迈开青春第一步"主题会等，许多先锋模范人物成为青少年学习的榜样，对青少年学生人生导向起到了潜移默化的作用。

我在一附中工作10年，担任过班主任、政治教师、少先队大队辅导员、教导处副主任等职务，角色不同，共同点是教书育人，做少年儿童教育工作。

我近期参加了几次聚会活动，有虹口区原中学辅导员联谊活动，有一附中50—60年代少先队大队委员聚会，还有一附中1960届初三甲班（我所带的第一届学生）毕业50周年纪念聚会。参加这些活动很自然地让我想起在一附中担任辅导员工作时的情景。少先队是党领导的少年儿童组织，我既是队员的老师，也是他们的大朋友。我既要引导他们，也要尊重他们，让他们学会当家做主，自己管理自己，发挥他们的主动性、创造性，培养他们的责任感，长大才能成为国家的栋梁之材。当年的少先队干部，如刘克立、蒋雪珍、袁国珍、诸雨民等大队长，都是品学兼优、很有才华的学生干部。大队委员开会、少先队集会，邀请张琼区长、裘慧英（李白的夫人）、老红军杨振海来学校做报告，我事先都同他们一起构思策划。还记得1959年庆祝中华人民共和国成立十周年全市大游行，团市委少年部委托我校少先队担任仪仗队。正值暑期大热天，队员们到人民广场训练，队长诸雨民、旗手徐意诚学会了管理队伍。每次集会，准备队鼓、队号以及乘车来回人民广场，都由他们自己出面组织，非常有条理，出色地完成了任务。

离开一附中40多年了。当年的学生、少先队干部也已经退休了。半个世纪后他们组织聚会，感恩母校，难忘师恩，这是一附中良好的校风、师生情谊的延续，也是极可贵的尊老敬老的中华传统美德的体现，我是很受教育和鼓舞的。

回忆我在一附中的10年工作经历，深感一附中不仅为国家输送了合格的毕业生，培养出不少精英人才，也锻炼培养了青年教师，让我热爱学生、热爱教育事业、终身从事教育工作。

回忆一附中的10年，十分亲切，终生难忘！

忆改革开放初期的一次德育探索

陈步君

1978年下半年，教育界也和其他战线一样都在拨乱反正，清除"四人帮"的流毒，恢复教育秩序。当时我担任华东师大一附中副校长，分管学生德育工作。在一次学校班主任会议上，我向大家布置了一大堆德育工作。有一个班主任冷不丁说："这些要求根本实施不了。现在的学生不比'文化大革命'前，很难教育。不信，你来教教看。"该教师也许是无意将了我一军，而我却陷入了深思。当时学校思想教育是遇到了空前的挑战，老办法不好用，新办法不会用，硬办法不能用，软办法不顶用。时代不同了，学生变了，教育方法也要随之改变。我想，我如果不能取得新时期班主任工作经验，就无法领导学校德育工作。经党支部和校长同意，我决定选择一个基础最差的高一理科4班兼任班主任。当然，这样一来我既要抓一个班的工作，同时又要管全校的学生德育、体育和课外活动，工作量必然大量增加，但我义无反顾。

我首先对该班开展全面调研，找前任班主任和所有任课教师访谈，与每一个学生谈心，并走访了每个学生家庭，广泛听取家长的意见和建议。我参加学生的各项活动，与他们打成一片。我了解到，该班高一第一学期参加全市理科班统测，与全市平均分相比，数学差5.3分，物理差12.4分，化学差11.2分。这固然与学校分班时将高分的学生集中在前面3个班，教师配备也不均衡有关，但根本原因是学生学习目的不明确，学习动力不足，学习方法也不正确，学风不端正。我一方面请教导处适当调整任课教师；另一方面指导学生改进学习方法，端正学习态度，培养良好学习习惯。我组织学生开展了许多学习活动，使班级学风认真踏实起来。同时，我大力加强思想教育，组织学生学时事形势，学英雄、学先烈，参观工厂、大学、科研单位，同科学家、工程师以及先进工人座谈，帮助学生明确学习的意义，将个人的学习与国家的社会主义现代化建设联系起来。经过一年多的努力，班级学习成绩显著提高，毕业时（两年制）高考各门课总分仅与最好班级差1分，名列年级第二。班级也被虹口区团委表彰为"先进团支部"。

经过调研和教育实践，我发现当时理科班学生具有以下特点：要求进步，尊重事实，但厌倦政治运动，忽视政治理论；关心国家大事，向往"四化"未来，但不满现状，要求过高；思想活跃，独立思考，但观点混乱，会因个别人的怀疑而动摇；学习努力，但多数人缺乏理想，人生观模糊；遵纪守法，能抵制"污染"，但道德水准不高。我当时称他们为"思考的一代"。

记得那是 1979 年底的一天傍晚，我和往常一样，从校长室向教学楼三楼高二 4 班教室走去，只见小孟一个人在阳台上拿着一本外语书在沉思。我问她为什么不回家。她说："我想到一个人活着没有意思。"这突然的回答使我非常惊奇。我问："你怎么会有这种想法？"她说："整天读书、吃饭、睡觉，没劲。"还说："现在用功读书就是为了考大学，考进了大学又是为了什么呢？有人认为考大学就是为了舒适的工作、优厚的待遇、美满的家庭。我认为这些也没有什么意思。但究竟什么最有意思，我也讲不清。"她说："每个人都是为了自己，一切为了金钱，什么阶级友爱、同志友谊，在生活中根本没有——共产主义是空的，理想是缥缈的轻烟。"每当在学习中碰到困难不能解决时，她就想："这样钻研又有什么用呢？何苦呢？算了吧！"于是就放弃了。她恳切地说："我知道这种想法不对，是危险的，希望有人帮帮我。"那天回家，我百感交集，心情久久不能平静。我既感到高兴，学生这样信任我，把内心深处的思想苦闷坦率地向我倾吐，想求得我的帮助，我又感到惊奇，没想到正在复习迎考时她却思考这些问题。我意识到只关心他们的学习，只帮助他们解答科学文化上的"X"，而较少关心他们的思想、帮助他们解答人生道路上的无数个"X"，是片面的。事后，我又找她谈了两次话，并叫她把思想理一理，找一找原因。不久她写了一份思想汇报给我。我和党支部的同志看了，都感到她写得很真实，在学生中有一定代表性。于是我立即向虹口区委、团市委、市教育局做了汇报，希望引起他们的关心和重视。他们在内部简报中全文做了介绍。1980 年 1 月 20 日，《解放日报》《文汇报》同时刊登了这份思想汇报，并分别以"什么是生活的正确道路？""怎样帮助她解除苦闷？"为题展开讨论。一石激起千层浪，思想汇报的发表立即在本市和全国各地引起社会各方面的强烈反响。在一个多月时间里，两报和我及小孟总共收到了 4 500 多封来信。大家从不同的角度，用切身的体会，摆事实，讲道理，循循善诱地帮助小孟。广西边防军战士寄来了中央慰问团送的纪念品，烈士夫人与小孟亲切交谈，当时的团中央第一书记和著名伦理学家余心言都在报上写长篇文章与她谈心。这种全社会平等、民主、朋友式的、充满关爱的通信和讨论，使小孟的认识很快有了提高，并从心底里感谢大家对她的帮助。这场讨论在《人民日报》、《中国青年报》、英文版《北京周报》、日文版《人民中国》以及法国电视一台等都做了详细报道，这对推动全社会关心青少年健康成长，进一步解放思想，促进人生价值观的拨乱反正，起了积极的引导作用。

同时，我还和团支部一起花了一年多时间，帮助了一个更加看破"红尘"，表示"与其不明不白地活着，还不如清清白白地死了"的女学生转变了思想。后来她在《文汇报》上发表了长达五千多字的文章，《我是怎样从徘徊彷徨到精神振奋的》，汇报了她的思想转变过程。我在这个班毕业后撰写了《帮助学生解答思想上的"X"》的工作总结，并在中央团校和上海市教育工作会议上做了汇报，受到了与会同志的肯定和赞赏。

我在总结中提出，要按照学生的思想脉搏做工作，主要是：要关心爱护学生，给学生温暖和爱；教师和团员做出榜样是最有说服力的教育；学英雄、学先辈，为学生指明一条人生的道路；敢于触及社会现实，指导学生在讨论中学会观察社会的正确方法，坚定信念；帮助学生认清大好形势和暂时困难，激发革命责任感和爱国主义热情；要寓教育于各科教学之中、各项活动之中和学生日常生活之中。

尽管我在这个班毕业前调离了学校，但我仍以副班主任的身份协助后来接任班主任的教师开展工作，使班级德智体各方面生动活泼地发展，被评为学校的"新风班"，这个班的绝大部分学生考入了高等学校。

回顾改革开放初期我兼任班主任的实践，我体会到：要做好学生工作，首先要了解学生的特点，而要了解学生的特点，必须深入学生，深入班级，与学生打成一片；其次一定要探索和遵循教育规律，以达到事半功倍的效果；最后一定要把思想政治工作放在首位，坚持立德树人的正确方向。

写于 2019 年 5 月 15 日

学生工作的领路人
——陈步君老师

李 蒸

　　我虽然在附中度过了初中、高中的学习生活，但是与陈步君老师几乎没有说过话，因为我没有担任过学生干部，到高二时才入团。那时陈老师在我的眼里，就如同他在附中教师排演的话剧《年青的一代》中饰演的萧继业，是一个"高大上"的人物。

　　1972年，我从农场被分回附中教音乐课，同时协助沈晓老师指导、管理校文艺宣传队。不久，陈老师推荐并安排我分管学生工作，担任"红团辅导员"。在陈老师和林树清老师手把手的带教下，我从对学生工作一无所知，到逐渐学会一些方式方法，体会到了学生工作的艰辛和乐趣，并且越来越认识到做好学生工作的重大意义。在这期间，陈老师就是我做学生工作的领路人。

　　"文化大革命"期间，附中学生基本来自乍浦路街道所属的居委，按居住地段分配进附中求学。当时报纸上正批判"一代不如一代"的所谓"九斤老太"（鲁迅笔下人物）的言论。学校召开教工大会，组织老师发言，强调"一代更比一代强"，说如今的学生有"造反精神"，是"小老虎"，而"文化大革命"前附中的学生则是人云亦云的"小绵羊"。当时，我忍不住贸然站起来，从几方面举例反驳，为此就被扣上了"九斤姑娘"的帽子。还有人批评校领导让一个有今不如昔思想的"九斤姑娘"去分管学生工作，会把学生干部引入歧途！面对种种非难，陈老师没有动摇，顶住压力，坚持带教指导我从事学生工作，直到我可以挑起这副担子。

　　在一起从事学生工作的日子里，我耳闻目睹了陈老师对学生的一片爱心。陈老师除了没有架子，平易近人外，还特别善于发现学生身上的长处，或者说闪光点。对学生干部是如此，对调皮捣蛋、经常惹祸的学生，他也能看到对方的闪光点，并且帮助学生将这一闪光点巩固下来，继而发扬光大。我从没有见过陈老师对哪个学生大吼大叫，他跟学生如朋友般谈话的方式，让我学会了与学生打交道要互相信任、平等交流。我也逐渐看到学生身上的优点和长处，与许多学生成了很好的朋友。

　　在许多人的脑海里，从事学生工作的人往往不苟言笑，爱讲大道理。但是从我做学生工作开始，跟着陈老师和林老师学习到的就是如何和学生打成一片，努力站在学生的立场和角度去考虑问题。这些让我在以后长期担任班主任工作中受益匪浅。

除此以外，陈老师处处与人为善，也给我留下了深刻的印象。

1979年4月，在区教育局三令五申不准出上海春游的情况下，我作为初三的班主任，带着班级不辞而别，去杭州春游三天。回来后，我受到区教育局"全区通报批评"的处分，在学校党支部会上做了几次检查都没通过，当时我有些想不通。后来和陈老师交谈时，我说自己只是觉得答应了学生去杭州春游，就应该"言必信，行必果"，怎么就成了"把自己凌驾于组织之上"，"援藏后觉得自己了不起"了呢？我无法接受。听了我的申辩后，陈老师一针见血地指出，上级严令不准出沪春游，你不经领导同意，擅自带学生去杭州春游，就是目无组织纪律！可我还是觉得委屈，我说："第一次告诉了校领导，不同意，被拦下来，没去成，这才有了第二次的悄悄外出。"此时，陈老师没有再一味地严厉批评我，而是很耐心、很中肯地开导我说："做工作不仅要有热情，还要注意方式方法。你对学生做到了'言必信'，那么其他服从了教育局的命令、取消原定出沪春游的班主任不是言而无信、很被动了吗？"同时陈老师还帮我分析了带学生离沪春游可能出现的风险，一旦出了事故，我个人的能力是无法承担的……听了陈老师的一席话，仔细想想，我便慢慢想通了。

陈老师不仅对犯了错误的我循循善诱，还能正确对待、处理犯了错误的其他教师。记得有位教师犯了错误，在党支部讨论如何处理时，大家几乎一边倒地认为该教师是"犯罪"，要严惩。此时，陈老师站了出来，他力排众议，坚持认为这位教师只是"犯错"。他很客观地分析了该教师犯错的原因，提出要治病救人，以帮助他认识并改正错误为好。后来徐正贞校长采纳了陈老师这一意见，取得了良好的效果。

总之，从担任红团辅导员的工作起步，到后来担任一届又一届的班主任，我始终能与学生如朋友般相处，班级活动总能开展得丰富多彩，这离不开陈老师对我的引导和帮助。我深深地感激我从事学生工作的领路人——陈步君老师。

在星星火炬照耀下
——师大附中少先队生活回忆

林树清

我于 1954 年秋季考入师大附中，每天佩戴着鲜艳的红领巾读完初中。高中受团组织委派，我当了两年中队辅导员。1960 年高三毕业，我服从党组织需要，毅然放弃高考，留校担任大队辅导员，直至"文化大革命"动乱，少先队组织活动中断。弹指间，我和少先队结下了整整十年不解情结。近年来，每次参加校友团聚，遇上昔日的红领巾们，大家都会不约而同、情不自禁地回忆起 20 世纪五六十年代附中的少先队生活。提起当年红领巾月，学雷锋、推粪车，夏令营晚上紧急集合等情景时，个个眉飞色舞、津津乐道，沉浸在 40 多年前那段"激情燃烧的岁月"。是的，当年的少先队生活折射出那个时代斑斓的色彩，也在那一代青少年脑海里烙下了深刻的印记。

一、牢记自己是少年先锋队队员

小学时脖子上系上红领巾，感到脸上有光彩，仅仅满足了好奇心与自尊心；进入附中后，才逐渐有种归属感，真正体会到自己是少先队组织的一员。

记得那时的辅导员经常讲述中华人民共和国成立前党领导的共产国际少年、儿童团及地下少先队革命斗争故事，组织看《鸡毛信》《地下少先队》《红孩子》等电影。辅导员结合队章教育我们，红领巾是"无数革命先烈用鲜血染成的"，红领巾代表"国旗的一角"；行队礼五指要并拢，"五指"示意"五爱"（爱祖国、爱人民、爱科学、爱劳动、爱护公共财物），高举过头顶，表示"人民利益高于一切"；先锋队的称号则要求我们做"好好学习、天天向上"的学习先锋，长大成为建设祖国、保卫祖国的模范。每天佩戴红领巾，就是要牢记自己是少年先锋队队员，要用自己的模范行动为红领巾争光。

每天清晨，大队部安排值勤队员在校门口检查队员是否带手帕、剪干净手指甲和佩戴红领巾。那时，队员们普遍有一个习惯：晚上临睡前，把洗干净折好的红领巾放在枕头边。次日起床，整装后第一件事就是对着镜子系好红领巾。记得有个队员在写毛笔字时不慎打翻墨汁瓶，红领巾染上一片黑，为此她大哭一场。当她向中队写了检讨书后，由大队部出证明去商店买了条红领巾（那时买红领巾和队长标志须出证明），才使她内疚的心情平静下来。

那时，少先队还对队员们在德智体各方面提出要求，做出决议。如卫生常识课，老师要求学生养成良好的卫生习惯，可是个别队员晚上临睡前不洗脸、不刷牙，甚至不洗脚，家长批评也不见效。后来小队做出决议：每晚必须洗脸、刷牙、洗脚后才能上床，很快纠正了他的习惯。另外，小队会上也经常开展批评与自我批评。有个队员星期天戴着"二道杠"中队长标志在虹口公园玩，碰巧被同班队员看到。次日的小队民主生活会上，他受到一致批评。原来他不是队长，中队长标志是向别人借来戴的。为此，他检讨自己的行为违背了"诚实、勇敢、团结、活泼"的队风要求。

二、团员带队员

高中团支部带领初中少先队中队是附中团队工作的一大特色。首先是组织落实，大队辅导员由校团委副书记兼任，中队辅导员则由高中班级团支委中的少年委员担任。团委每学期工作计划，都有团带队的内容；学期结束，辅导员都要向团委和支部汇报工作，有时还要进行专题研究。

其次，在队员中发展团员，在初中班级建立团支部是团带队工作的重点。一般先是在初中二年级中队普遍开展"当我十四岁的时候"主题队会。内容有队员回顾从小学入队以后的进步，高中团员汇报入团后的体会，入团积极分子表达要求入团的迫切心声。辅导员的总结更使人铭记在心："入队、入团、入党是一个人政治生活的三件大事，也是前进道路上的里程碑"；"人有两条生命，一是生理生命，一是政治生命，生理生命终究因自然规律而消失，而政治生命因其革命的理想而永存"。接着就是高中团员做联系人，组织队员学习团章，召开队员座谈会，推荐优秀队员入团。1956年，在张关庆、周雅蓉辅导员的带领下，我所在的1957届初二丁中队成立了团支部。记得首批入团的有我、史方、罗杏美、毛长生、林则鸣等。在我担任中队和大队辅导员以后，我又介绍了近百名队员入团，其中以大队委员、中队干部居多，有袁国珍、赵长天、王广竹、陈颖、陈小芬、虞丹南、丁训言、薛孔亮等。

附中有一个传统，每年的六一儿童节和五四青年节，除了初中生，高中生也要佩戴红领巾。那天早操升旗，国歌声一响，"唰"地一下，整个操场各路纵队学生齐行队礼，从领操台上往下看，每个人脖子上都戴着红领巾，煞是一道美丽的风景。此时此刻，队员和团员们的心里都会联想翩翩……

那时，团委书记陈步君和大队辅导员林炳英经常组织我们学习、交流，明确团带队工作中辅导员的作用。记得方正、何亦诚、陆有仪、王音益、邵秀芳等都是中队辅导员中的佼佼者，是少先队员喜爱的大朋友。

三、仪仗队和列队式

组织仪仗队和列队式是开展少先队活动的必要程序，也是组织教育的手段。当仪仗队出发时，大队长喊"出旗，敬礼"，全体队员"唰"地一下，立正齐行队礼。先是两遍"嗒嘀嘀嗒"响亮的号声，接着是清脆的两遍鼓声"咚叭、咚叭、咚咚叭咚叭、咚咚"，于是8名男号手身着白衬衫、蓝裤子，脚穿白袜、白跑鞋，昂着脖子吹出有节奏的号声，闪光的铜号、飘着星星火炬的红色号旗，走在仪仗队前列。其后是16名女鼓手，身穿白衬衫和齐膝草绿色背带裙，脚穿白袜、白跑鞋，头上顶着美丽的蝴蝶结，双手有节奏地敲打绑在腰前的圆鼓，鼓的前半周围着红色星星火炬鼓旗。再后面就是4名护旗手，守护着中间高出一头的旗手。旗手双臂向前伸直，撑着星星火炬队旗。在鼓号声的伴奏下，仪仗队迈着整齐的步伐，绕场一周。仪仗队途经每个中队队列前，队员们都要行注目队礼。仪仗队行军完毕，全体队员齐唱少先队队歌。50年代唱的是："我们新中国的儿童，我们新少年的先锋……"20世纪60年代唱的是："我们是共产主义接班人，继承革命先辈的光荣传统……"

列队式是这样进行的。先由小队长（一般1个中队有4个小队）依次命令队员立正看齐后，两手空握拳头，曲肘提起，小跑步向中队主席行礼，并报告："报告，中队主席×××，第×小队参加大队××活动，原有×人，实到×人，报告完毕。"中队主席回答："接受你的报告。"然后，中队再向大队报告。不同的是报告词中的"小队"变为"中队"。所有中队（那时大队有18个中队）报告完毕后，大队主席统计好人数，立即命令全体队员立正看齐，向大队辅导员报告："报告大队辅导员×××同志，参加大队××活动，原有人数×××人，实到×××人，报告完毕。"辅导员一般都是"接受报告"，勉励队员，预祝活动圆满成功。但是，在列队报告过程中，如果发现队伍不齐，有讲话声，辅导员也会不接受报告，命令大队主席重整队伍、再次报告。碰上这种情况，那些队伍不齐、有讲话声的中队队员们会感到无地自容，脸上没有光彩。

在当时队员们的心目中，仪仗队是自己组织显示"军威"的时候，若能成为其中一员，会感到无比光荣和自豪。大队部每学期都会从各中队挑选品学兼优的男女队员定期轮训。大队部的袁国珍、王广竹、虞丹南、王美明、徐定玉都负责过训练。为了提高仪仗队水平，入选的队员曾去解放军营房观摩队列操练，还请解放军当教官。

当年师大附中少先队仪仗队，在虹口区乃至全市，都以训练有素赫赫有名。每年国庆节游行，游行队伍中是少不了师大附中少先队仪仗队的。他们还经常被邀请参加市、区团队举行的重大活动和迎接外宾等活动。

在附中，除大队仪仗队外，各中队也有仪仗队，不同的是人数少一点。一般是4名号手，8名鼓手，2名护旗手和1名旗手。在我的记忆中，叶刚、邵允悌、王本宏等都是出色的号手；沈显明、何明波、陈英、徐小和、陈蕾、乔萍等都是优秀的鼓手。

四、榜样教育

榜样的力量是无穷的。附中少先队组织在 50 年代初以学习苏联卫国战争时期的英雄榜样为主。当时红领巾读书活动开展得很有生气。《古丽雅的道路》《卓娅和舒拉的故事》《钢铁是怎样炼成的》《牛虻》《青年近卫军》以及高尔基自传本三部曲（《童年》《在人间》《我的大学》）等都是大家最爱读的"热门书"。好几个班级及中小队都为被命名为"古丽雅班""保尔·柯察金中队"和"铁木儿小队"而自豪。牛虻、保尔、阿廖沙他们虽然是为不同性质的社会理想与革命事业而奋斗，但都充满无畏的斗志和伟大的献身精神。这些作品对那一代少先队员的人生观、价值观及人格、修养、志趣、心态、能力有着深刻的影响和熏陶。"人最宝贵的是生命。生命每个人只有一次。人的一生应当这样度过：当回忆往事的时候，他不会因为虚度年华而悔恨，也不会因为碌碌无为而羞愧；在临死的时候，他能够说：'我的整个生命和全部精力，都已经献给了世界上最壮丽的事业——为人类的解放而斗争。'"奥斯特洛夫斯基的这段话，几乎人人会背，成为人生的座右铭。墙报上、日记上、作文中经常出现这段话，铭刻在广大少先队员的心坎上。

1963 年，毛泽东发出"向雷锋同志学习"的号召，把榜样教育推向高潮。学雷锋、学好八连、学焦裕禄、学铁人王进喜是附中少先队教育的主旋律。画雷锋的像、读雷锋的日记、唱雷锋的歌，看《雷锋》电影，开学习雷锋的主题队会，"学习雷锋好榜样"的春潮在附中涌动。"学雷锋精神，走雷锋道路，做雷锋式接班人"成为广大少先队员的共同心声。学雷锋见行动的火热激情在每个人胸中燃烧，好人好事层出不穷。有的小队组织了"关窗小组"，每天放学后把全校每个教室的玻璃窗关好，以免被风刮破，坚持数年，风雨无阻；有的学好八连，人人自制针线，用报纸自制信封，还自备工具箱，包修教室里的课桌椅；有的用收集废纸换来的钱自购理发工具相互理发。记得 1963 届中二己中队有个"扫煤灰小组"，每天坚持把学校对面工厂吹来的煤灰扫集起来，做成百余斤煤球送给学校食堂，也清除了校门口的环境污染。寒假里，许多队员去北火车站和十六铺码头为旅客服务；暑假里为交警递送茶水、毛巾。有的课余时间轮流去四川路桥和河南路桥"推桥头"。大队部还集中组织队员去解放军农场拾稻穗、摘棉花等。尤其是星期天清晨"推粪车""倒马桶"的劳动更使队员们难忘，因为大家的思想斗争最多。比如凌晨三点钟左右要从温暖的被窝里起身，推着粪车走街串巷，天亮后怕看见熟人，倒马桶时怕臭，等等。如今，家家户户有卫生设备，但推粪车、倒马桶这项公益劳动的情景却永远印刻在这些队员的记忆里。

通过理论联系实际，红领巾们深化了对雷锋精神的认识：从"活着，就是为了让别人生活得更美好""把有限的生命，投入到无限的为人民服务之中去"的名言中，找到了人生意义的简洁答案；从"干一行、爱一行""做一颗永不生锈的螺丝钉"的名言中懂得了对待事业的社会责任心；从"对同志要像春天般的温暖，对工作要像夏天般的火热"的名言中领悟到人生态度；从雷锋的"钉子精神"中懂得了学习革命理论和各种知识要有钻劲与挤劲。雷锋22岁的生命如同一颗流星，虽转瞬即逝，却给那一代青少年留下无限的美丽动人的光辉，成为永不熄灭的烈焰，照亮那一代人的心灵。时隔多年，雷锋平凡而伟大的形象依然是我们心中的丰碑。

为了交流学雷锋的体会，大队部专门总结了毛梦奇老师所带中队开展"红本子"活动的经验，把学雷锋做好事的感性认识升华到做雷锋式接班人的理性高度，在全校推广，并受到团市委的表扬。

五、丰富多彩的课外活动

课外活动是少先队教育的主要抓手，少先队组织最大的特点就是寓教于活动。思想性、知识性、兴趣性相结合是附中少先队活动的显著特点。那时候，每天下午第二节课后，丰富多彩的课余活动开展起来，是每个队员发展兴趣爱好的"广阔天地"。

（一）少先剧团和木偶剧团

那时候，少先剧团和木偶剧团经常有排练和演出。少先剧团曾演出过《同志们和你在一起》《星星火炬》《马兰花》《小白兔》；木偶剧团演出过《渔夫和金鱼的故事》等。鲍大军、翁文涓、唐英华都是出色的演员，符仲明、周渝生则是木偶剧团的顶梁柱。

（二）美术小组

由周大融老师指导的美术小组吸引了一大批图画爱好者。石膏像素描、静物水彩写生、校景速写、去虹口公园写生、参观美术展览会等活动，使队员受到审美的熏陶。梁洪涛、向隆万、丁荣魁、荣筱明、李品鑫等是少先队里的"小画家"，他们都是少先队队报的出色策划者、优秀的宣传委员。

（三）《少年先锋报》和《小鳄鱼报》

当时少先队的大队报《少年先锋报》与《小鳄鱼报》（仿效苏联著名漫画讽刺报《鳄鱼》而取名），是表扬与批评的主要阵地，特别引起队员们的关注。记得方正是《少年先锋报》的主编，梁洪涛、丁荣魁曾是《小鳄鱼报》的主编。他们出色的绘画技能使队报吸引力很大，可以与当时校学生会主办的《战斗报》媲美。那时候，队员们最怕的是在《小鳄鱼报》上见到自己被讽刺的漫画，而在《少年先锋报》上看到表扬当然是心里乐滋滋的。

（四）"白鸽"与"乌鸦"

那时候大队部每天在放学后都要检查各个中队教室的卫生状况，内容包括黑板、课桌椅、玻璃窗、地板、走道等，并用专门的飞禽动物示意，清洁合格的用"白鸽"表示，不净不合格的用"乌鸦"表示。次日清早，队员们一进校门就去看检查结果。如果哪个中队教室连续出现"乌鸦"，就会受到舆论批评。因此，每天放学后的清洁值日工作成为每个队员课余生活的一部分。尽管每学期值日每人只轮到两三次，但戴着红色"值日生"臂章干起活来都是兴高采烈的，只希望自己中队的教室卫生状况一直是"白鸽"。

（五）文艺会演

当年附中每学期都有文艺会演。大礼堂舞台上经常有演员排练节目，分高中场和初中场，高中场由学生会负责，初中场由大队部负责。每次会演都有教师参加。节目形式主要有大合唱，男、女声小组唱，独唱，民乐独奏、合奏，相声，配乐诗朗诵等，最后总是话剧压轴。时隔四五十年，沈晓老师指挥的民乐合奏《金蛇狂舞》《喜洋洋》《步步高》的旋律仿佛还在耳边响起；廖康民与陈品端两位老师男女合演相声使人难忘；谭惟翰老师的男旦《苏三起解》引起师生们好奇。此外，吴真、苏常俨、季振宙、廖康民等演出的京剧《打渔杀家》《柜中缘》等，引起大家对国粹艺术的关注和兴趣。有个小插曲，我至今未忘。有场京剧，由陆善涛校长和魏继昭老师扮演出场"龙套"，他们全身戏装，举起旗牌，脚下却穿着黑色皮鞋，逗得观众大乐一场。

当年，附中教师文艺人才济济。鲍宜国的独唱和诗朗诵是很出色的。有一次，他化装成陈然，配乐朗诵《我的"自白"书》："对着死亡我放声大笑，魔鬼的宫殿在笑声中动摇……"烈士形象深深地打动了观众。陆继椿根据焦裕禄事迹编写的短剧《人民的儿子》，由鲍宜国饰焦裕禄，郑明德、庄炳珍、童明友、王秀珍分别饰贫下中农老大爷、大娘、儿子及小孙女。感人的剧情、投入的演出轰动了全校。如今，我还珍藏着当年的剧照。教师也排演了当年革命传统教育的"热门"话剧《年青的一代》，由童明友演林育生，王秀珍饰林岚，李春友饰革命老干部林父，陈步君演肖继业，我演了顽皮落后、后来思想转变的小李子。话剧成功演出，成为当时师生的佳话。该剧还应邀在虹口区工人俱乐部演了两次。丰富多彩的文艺会演不仅为附中校园文化增加了色彩，而且师生同乐，密切了师生关系。

（六）兴趣小组

附中各科教师充分发挥自己的专业特长，每周都精心辅导课外兴趣小组。如庄国荣老师指导气象小组，沈晓老师指挥合唱队和民乐队，邵贻裘老师指导无线电小组，张瑜老师指导红领巾广播台，童明友和廖康民老师担任少先剧团导演，赵德明、苏常俨老师指导书法小组，周大融老师指导美术小组等。我对绘画的爱好和特长得益于周大融老师的教育。印象最深的是体育老师王季淮，尽管当年他已五十开外，但总是操着中气十足的大嗓门，经常为我们小足球队员边讲边示范动作。他是我们小足球迷们的最佳教练。

总之，附中精彩纷呈的课外活动是我们学习的沃土、成长的雨露。母校为我，也为我们那一代青少年铺就了坚实的人生基石。

六、夏令营

夏令营是广大队员最期盼的活动。每年暑假，是大队委员们充分施展组织才干的大好机会，也是少先队的工作"旺季"。一般采用"三日营"，在校进行，每期2个中队，80人左右。主要内容有：入营式、列队训练、看电影、参观展览会、参观部队营房、游泳、划船、举办纳凉晚会和智力竞赛、猜谜、讲故事以及多种文体活动，还有"军事游戏"、结营式等。营员三餐在家，晚上住校。下面介绍几项有趣的活动。

（一）"联络网"比赛

大队部发出插上三根鸡毛的紧急"鸡毛信"，通知中队里住址离校最近的队员，然后由各中队按事先组织好的"联络网"依次迅速传递，直到最后一名队员拿着"鸡毛信"到校报到，汇报参加夏令营人数。大队部计算时间，确定优胜中队。那时候不像现在家家有电话，手机通信普遍，完全由队员拿着"鸡毛信"，头顶烈日跑步，一个接一个地向下传。这一活动旨在培养中队的集体观念和团队精神，也是夏令营的前奏。

（二）入营式

入营式晚上在学校灯光篮球场上进行。先是仪仗队列队式，营主任授营旗，宣布夏令营开始。接着就是纳凉晚会、猜谜、讲故事、喝自制汽水、品尝西瓜等。然后"奥林匹克兴趣运动会"开始。主要项目有：铁饼（用报纸剪成圆形）、标枪（鸡毛插在竹筷上）、铅球（气球）投掷比赛，"两人三脚"赛（一人左脚与另一人右脚合绑），一人弯腰赛（右手与右脚绑住），"袋鼠"接力赛（双脚穿在大麻袋内，双手提着袋口），"传口令"（如同"拷贝不走样"），"潜水赛"（把头、脸闷在盛满水的脸盆里，屏着气而不出水面，计时长的为胜者），"支援前线"（以小队为单位，由组织者布置"前线"急需的物品，可以是红领巾、队长标志、衣、鞋、袜等，看哪个队集中物品齐且快送到"前线"为胜），等等。

（三）"紧急集合"

夜间的"紧急集合"是最感刺激的一次活动。熄灯后，每个营员都要做好"武装"准备。半夜（一般在凌晨三点左右），忽然一阵急促的号声，划破寂静的夜空。营员们一骨碌起身，在黑暗中打好背包，全副"武装"，以最快速度赶到操场。营部检查每个营员的装备，包括背包、穿深色长衣裤、红领巾及"枪支"（体操棒），并计时进行全营评比。然后宣布"夜行军"开始，沿路传口令。到达目的地外滩公园，在黄浦江边看日出。请历史老师介绍外滩、外白渡桥及黄浦江的变迁，揭露帝国主义侵华史。

（四）挖"定时炸弹"

半夜在大操场紧急集合，营主任宣布：根据情报，有"特务"在我们校园内埋藏了3颗"定时炸弹"（3个预先拨好时间的闹钟），一小时后即要"爆炸"，要求全体营员分散到校园各个角落寻找、搜查。此时，每个人心情紧张，边走边低头静听"嘀嗒嘀嗒"的声音。最后，终于在东校园的大树下、图书馆底楼的南端角落及游泳池边的绿草丛中挖出了"定时炸弹"。尤其是挖出还有一两分钟即将"爆炸"的"定时炸弹"，大家的心情既紧张又兴奋。排除"敌情"的营员受到营部的立功嘉宾（如每人发一张电影票等）。

（五）"秘密行军"

夏令营的一个上午，营员以2个小队为单位，接到营部的一封信。行军的目的地是不写明的。只有集体研究，不断破译信中的多种暗语，找到正确答案，才知道行军的方向。信中有谜语、计算题、智力题等，同时又要细心观察沿路的环境，相互结合，才能准确判断出前进方向。如信中写道："当你踏上武士前进的道路，两边十字形路口有一个身穿红衣服的矮胖子，他嘴巴朝着的方向就是你们前进的方向。"（即走到武进路，两边的十字路口有一个消火栓，消防龙头朝的是北火车站方向），又如"沿着风平浪静的路"（即海宁路）前行。在行军途中，只有充分发挥每个人的智慧，集思广益，才能正确、迅速地到达秘密行军的目的地。营部设的目的地，一般是虹口公园或人民公园。经过一个多小时的行军到达目的地，又有新的活动向营员们招手：划船、拍照、参观鲁迅纪念馆等。

七、红领巾月

红领巾月是附中少先队每年的传统活动。每届都有鲜明的主题，如围绕学风教育，有"树优良学风（认真听、仔细想、敢于问、反复练），做探索科学的尖兵"；突出榜样教育，有"学雷锋精神，走雷锋道路，做雷锋式接班人"；进行革命传统教育，有"发扬延安精神，誓做红色少年"；狠抓团队建设的教育，有"今天是红领巾，明天是共青团员"等。时间一般安排在4月中下旬到六一儿童节。其间有劳动节、青年节、上海解放纪念日，是每年上半年少先队集中教育活动的最佳时机。

红领巾月开幕式，由大队部发出主题号召，提出要求。每个中队要订出活动计划，做到班班有歌声，周周有活动。做到几个一，如访问一位革命前辈，读一本书，看一场电影，开一次主题队会，搞一次公益活动，写一篇心得体会等。要求每个队员都动脑、动手，自己设计活动，自己教育自己。各个中队"走出去，请进来"，看电影《永不消逝的电波》，请李白夫人裘慧英做报告，去宝山、龙华扫革命烈士墓，读《红岩》《在烈火中永生》等革命书籍，去青年宫参观"延安革命时期生活展览"，为烈军属做好事，六一儿童节向幼儿园小朋友送玩具，举办科技、手工艺小制作展览，发展新团员，入团宣誓等。每届红领巾月都紧紧抓住主题，开展活动。

六一儿童节那天的少先队列队式大检阅，既是隆重的闭幕式，又把红领巾月推向高潮。先是仪仗队、列队操练，每个中队按列队式要求，以整齐的步伐通过主席台，接受检阅。主席台上有党支部书记陆善涛校长（后来是蔡多瑞书记）、团委书记陈步君、全体中队辅导员（后来由班主任兼任）。接着是配乐诗朗诵，突出红领巾月的主题与收获。大队部宣布表扬名单后，由优秀集体与个人代表发言。团委书记宣布新团员名单，举行入团宣誓。最后，由党支部书记领呼号："准备着，为共产主义事业而奋斗！""时刻准备着！"全体队员举起右手，齐声答道。闭幕式后，盛大的篝火晚会开始。唱歌、朗诵、跳集体舞，红领巾们散发的青春激情与篝火一样在熊熊燃烧……

八、一支出色的班主任队伍

少先队开展多项活动离不开各科教师的帮助和支持，更离不开班主任的精心指导。20世纪五六十年代师大附中初中年级拥有一支出色的班主任队伍，有苏常俨、郑明德、庄国荣、季振宙、龙凤超、陆继椿、童明友、赵德明、王文桂、潘漱中、孙运生、王秀珍、毛梦奇、鲍宜国、柯琼、郑震中、吴士芬等。他们以自己扎实的学科教学，每天向学生传播科学的种子，同时以忠诚党的教育事业的责任心，尽心尽职，教书育人。60年代后，附中由班主任兼任中队辅导员，于是他们又经常佩戴红领巾，带领少先队员开展多项活动，成为广大队员的好朋友，深得队员们的尊敬与爱戴。正是由于他们辛勤的劳动、出色的工作，使那个时期师大附中少先队工作呈现鲜明的特点，也取得显著成绩，多次受到共青团市委和虹口区委的表扬。

这批班主任掌握青少年的心理特点，懂得青少年所需、所爱和活动要求，几乎每人都有自己的特长和"拿手戏"。开展少先队活动，都是"该出手时就出手"。陆继椿擅长写儿童剧和写诗，每届文艺会演的压轴短剧，尤其是每年红领巾月、主题队会的配乐诗都出于他的手。鲍宜国的歌唱得好，会朗诵、会演戏，每次上台演出都赢得满堂彩。季振宙的拿手戏是京剧，郑明德的绝活是讲故事。体育方面，郑震中的羽毛球，毛梦奇的乒乓球，潘漱中的篮球（他有一米九左右的身高，常在篮球场上"鹤立鸡群"地与少先队员打球，活像今天的姚明），都很出彩。童明友会演戏，是少先剧团的导演。赵德明的绘画和苏常俨的书法更是大有名气，少先队出墙报、环境布置，总是少不了他们的指导。其他几位女班主任熟悉女生特点，以慈母般的呵护精心辅导女生们度过难忘的青春期。

这批班主任有以下共同特点：一是有爱心，热爱教育事业，热爱青少年，无私奉献自己的毕生精力，几乎都是一辈子在附中工作。二是有钻劲，他们懂得"多学习一门知识，多掌握一种技能，就多了一把打开青少年心灵的钥匙"。他们学习青少年心理学、教育学知识和多种技能本领，甘当"孩子王"。三是有童心，他们想队员之所想，爱队员之所爱，循循善诱，都有一颗永不泯灭的童心。

记得陆善涛校长在一次班主任会上讲过，办好一所中学，提高学生的学习质量的关键是教师的业务素质；提高管理学生的水平，关键是依靠团队组织和班主任队伍。办好学校要有特创精神，学校要有特色，教师要有特点，学生要有特长，才能培养出社会所需要的各类人才。

作为老校友，回顾40多年前附中的少先队生活，想想老校长当年的讲话精神，也许对师大附中的今后办学有所启示。

我心中的李永圻老师

林葆瑞

李永圻老师仙逝了，得到消息后我多少还是感到有点意外。虽然他已有92岁高龄，但他的身体一直保养得很好。那几天，我沉浸在悲痛之中，李老师和蔼可亲的形象始终在我眼前闪现，挥之不去。

我是1963年暑期末调到一附中工作的，当时李老师是史地教研组长。他博览群书，知识面广，又善于与人交谈，对待新同事非常热情，和气亲切。平时他总是面带微笑，说是组长，更像是一位大哥。在他领导下，教研组人虽不多，却富有生气，是一个十分和谐的集体。记得一附中教工庆祝十五周年国庆的晚会上，小小的史地教研组在他带领下，竟然上台演唱《打靶归来》等歌曲，赢得全场热烈的掌声。

我初到一附中任教，他多次深入课堂听我的课，不断鼓励我，还多次邀请以前在一附中任教过的两位老教师来听我的课。像市北中学的陆大堉老师在中教界是位名师，一般是很难请得到的，因此我有幸成为他们指导的后生，内心十分感激。我知道他们都是在无私地关心我，帮助我。

李老师给人的印象，是一位风度翩翩、气质儒雅、彬彬有礼的谦谦君子，与他一起工作是我的荣幸，可以从他身上感受到温暖，得到许多有益的启示。

李老师为人处世甚是恭谨低调。他虽有很好的住房和收入，但从不显山露水。他在食堂与我们一起用午餐，从不外出加餐，每天上下班都是以步代车。他穿着十分朴素，脚上常年穿一双整洁的布鞋，春秋天外加一件风衣，冬天在中式棉袄外加一条厚围巾，戴一顶老头帽。然而，他对他人却慷慨大方。记得1964年初秋，为了欢送大学部历史系派来一附中兼课的老师回校工作，他特意邀请全组同事去四川路桥下的新亚饭店吃午茶，花费不菲。那天他很早就在饭店里等着大家，事后我一直很感动，甚至有种愧疚感。

李老师在校任教时，课后常有学生到办公室质疑，他总是和蔼可亲地、耐心地与学生交谈，使小小的办公室充满了春意。假期里，特别是退休后，仍有学生结伴去看望他，可见他在学生心中的魅力。他身上具有"腹有诗书气自华"的优雅和气质，吸引着昔日的学生近悦远来。

李老师是位无党派人士，但他是中国共产党的挚友，他对一附中的感情和对党的热爱是一贯的，他对学校工作有想法会直接向党支部表达。在蔡多瑞同志负责一附中党支部工作时，他俩不仅在专业上相通，有共同语言，在感情上也是好朋友。我在协助徐正贞校长分担党支部工作时，李老师也不时给我建议，但他永远很低调。我知道只要一附中教育工作好，年轻人有进步，他就心满意足。像他这样忠诚党的教育事业、热情扶持年轻人的同仁在一附中还有许多，从而形成了一附中特有的环境氛围。回忆一附中当年的成就，对李永圻老师更觉难忘。

李老师在"文化大革命"中受到不公正对待，但他没有怨气，也从不向人诉说，他的气度、心胸开阔令人敬佩。

随着他年龄增长，生活上乏人照顾成为一个难点。有时他找我聊聊就过去了，从不提过分的要求。有的老师曾好奇地问我："他还有什么困难的？"言下之意，李老师应该过得很好。我只好笑笑说："大家有大家的难处，小家有小家的难处，家家有本难念的经。"其实，我也缺乏经验，如当时能多点具体帮助，那该有多好啊。我离开一附中后，曾去他家探望。他虽孤身一人，但对生活的热爱、对学问的执着、对人的友爱依旧未变。他知道我喜欢书，几次赠书于我。

李老师一生以教书育人立身立业，是一个典型的教育工作者。他一身正气，把他的一生都给了一附中。他是一附中的老教师、老前辈中平凡又不平凡、普通又不普通的一员，他应是一附中的一面旗帜。他除热爱教育工作外，笔耕不辍，数十年如一日地悉心整理研究他的恩师、历史学家、国学大师吕思勉先生的著作和遗稿。他参与整理编辑的《吕思勉文集》（共二十六册）的出版，堪称卓有成效，传之后世。然而，他淡泊名利，除赠书给学校和同事及学生外，从不对外声张，我想这应是他一生美好的谢幕。

如今，他安然地离开了我们，但他的优点和长处，永驻我心。让我再一次轻轻地叫他一声"李老师，我的大哥"。

写于 2019 年 3 月 30 日晚

难忘孙光萱老师

童明友

光萱老师走了，永远地走了，走得叫人心碎！

一个月前，我和赵德明、沃秀珍一起去市六医院看望他，只见他无神而茫然地睁着眼，脸似有些肿，不会说话。我走上前去叫他，对他说我们三人来看望他。我连说了几遍，他都一无反应。直到最后一遍，我们似乎从他脸上看到一丝反应，但他终究没有能答话，没有能看我们一眼！我们三人的心都碎了！我们异常痛苦，一个那么聪明能干的人，而且去年我们老语文组同事还一起聚过，他还说了不少话，怎么一下就变成这样了呢？上天怎么就这样残酷地作弄人呢！

光萱老师是我们师大附中第一届毕业生，他毕业后留校任团委书记。我读初中时，与他接触不多。直到 20 世纪 60 年代初，我大学毕业回校做语文教师，他是组长，我们又都住在华师大，接触就多起来了。在长期的接触中，他给了我不少的影响和教育。

他的生活是很简朴的，上下班总骑一辆旧"坦克"，背一旧书包。我家经济虽也困难，但有时也会赶赶时髦，背一个稍微好一点的书包。有时到他家里，总能看到他把家里的中门当黑板，在上面写留言或一首古诗（大概是叫孩子背吧），所以原先蓝灰色的门板上半截都变成白的了；只是到后来才添了一块小黑板。

他很聪明，读书非常勤奋。他在诗歌研究方面是很有成就的，他写过多本这方面的书。如他的《论贺敬之的诗歌创作》《新诗的欣赏与写作》《诗与人生》《诗海拾贝》等。他在诗歌评论界是颇为人知晓的。他不是大学科班出身，却是大学教授！这都是他勤奋的结果。他每天骑车往返于华师大与附中之间，都在不停地背诗文。他读书、读报时，身边总有一本练习本——孩子做作业的练习本，随时记下一些心得或摘录些要点、观点。他就曾经向我介绍过这种读书方法。我试着去做，确实很有收获。他研究学问如他的简朴一样，踏踏实实，从细小处入手，深入下去，然后发挥开去，言他人所未言，独到而亲切。这正如他的一本书名那样：《于细微处见功夫：文学作品欣赏漫笔》，"于细微处"。我记得，他早年曾在《文汇报》上发表过一篇短文，是谈孔乙己伸出五指罩住碟子的，可惜文题忘了。他就是从细小处发掘问题，做学问的。他的勤奋读书、做学问的精神，对当时语文组良好风气的形成起了很好的推动作用。

他的为人是很谦和诚恳的。我因为读书迟，所以工作时虽是青年教师，却也只比他小两岁，所以他既是我的老师，又是我的兄长和同事。他对我是很关心的。他常提醒和督促我们要多读书、勤读书。那时，我和陆继椿老师两人，每周都有半天在教员休息室一起读《文心雕龙》。学校当时曾有过规定，每周有半天在家读书，要列入计划，要做笔记。我都认真去执行，这与他的榜样、他的督促和提醒不无关系。在教学上，他总鼓励我、肯定我，这使初上讲台的我有了极大的信心。

记得60年代，文艺理论界曾批判所谓的"中间人物论"，《文艺报》为此发表了社论。孙老师在组内推荐这篇文章，而我在同事中表示了不以为然的态度，他就找我谈话，并告诉我社论的背景。今天看来，他的看法并不正确，但在当时，这实在是爱护我的表现。因为那个时代，像我这样随便发议论，是极易犯错误的，这于他也是有过沉痛教训的。所以今天想起这件事，我还是要感谢他的。

此外，还有一件事我也要提及。"文化大革命"初期，孙老师曾在党支部内部及对有关人说过我"不可靠"。对他的这种说法和做法，我并没有特别地在意。因为在那个年代，这是很正常的。所以我并没有记恨他。但是，一天晚上，他特意到我家来，诚恳地向我赔礼道歉，做检查。我当时是很被他感动的，我一再向他说明，我很理解他的说法和做法，我没有记恨他，希望他别放在心上。这件事也足以说明他的为人坦荡、诚恳，有错就改。

现在，他走了，走得叫人心碎！他走了，离开了我们的视线，却永驻我的心间！

最难忘我在一附中工作的十年

季振宙

我叫季振宙，1925 年出生，今年 94 岁了，可以说是从光华附中到华东师大附中至今健在的老教师之一。

我是 1949 年 7 月进光华附中工作的，当时学校在欧阳路。1951 年，光华附中与大夏附中合并，成为华东师大附中，校址迁至中州路。1958 年 7 月，我跟着毛仲磐校长到华东师大去筹建华东师大二附中，在二附中我一直工作到退休。

最难忘的是，我在一附中工作的十年。在这十年里，我担任了 5 个初中班的班主任。这 5 个班给我的印象非常深，因为这些班级的学生同我建立了非常深厚的感情。

一

1951 年，中华人民共和国成立不久，当时国家尚不能满足所有初中毕业生都考上高中，有相当一部分学生要在家自学。《解放日报》还为此发了个社论，我仔细看了一下，觉得这个事情非常重要。当时我看了一本描写苏联女英雄古丽雅的书——《古丽雅的道路》。我想给学生进行爱国主义教育，就给学生人手一册来阅读，引导大家深入学习古丽雅的爱国精神。毕业时，学生都非常赞同《解放日报》社论指出的"即使考不上学校，也要好好在家进行自学"。学生的家长都十分支持。当时，《文汇报》对此进行了跟踪报道。毕业后，班上好几个学生没有考上高中，他们成立了一个"古丽雅自学小组"，安心地在家自学。一个家长腾出住房供他们学习用。此事得到了团市委的重视与赞赏。小组里有一个叫汪贤煌的学生，后来团市委保送他到由波兰专家主持的中国第一所滑翔机学校（在山西）学习。团市委副书记召开保送大会，我们上了主席台。这个学生后来成为中国第一批滑翔机学校的学生，由于成绩优秀，毕业留校工作几年后当上了该校的校长。他每年都与我联系。

这个班级的学生以自己是"古丽雅班"的一员而感到十分光荣。在他们毕业了几十年后，好多学生来联系我。有的写信到一附中的校友会去询问。后来这封信在校友报上登出来了，说他非常想念"古丽雅班"，想念班主任季振宙老师。我当时没有这张报纸，是孙光萱老师拿给我看的。这个学生叫董兆申，在西安，是四军大的军队卫生教研室主任、教授。我马上与他取得联系。通电话的时候，他的第一句话就是"我是'古丽雅班'的学生"！可惜，他得了血液病，几次约好要到上海来看我，但因病情发展未能成行。2008年我从美国回来，得知他已经病故了，我很难过。他夫人葛芳杰知道我们之间的师生情，遂与卞咏梅联系，带了孙子、外孙一起来看我。她说要继承丈夫的遗志，完成丈夫的遗愿，以后每年都与我联系，这令我非常感动。

当年这个班的学生在一次家长恳亲会上演了话剧《我们的明天》，卞咏梅演一个园艺家，董兆申演一个战士，后来他们都实现了自己的理想。卞咏梅是南京植物研究所的教授、高级工程师，董兆申参了军，后来在四军大。董兆申虽然去世了，但同学之间、师生之间的感情还是很深厚久远的。卞咏梅最近做了胃切除手术，我从微信上看到她到一附中参加聚会，说起自己刚动完大手术，我知道了心里很不安。她很坚强，很乐观，经常跟我联系。还有周性吾，他毕业后进了外交学院，成了中国新一代的外交官。他退休后住在北京，每年都跟我联系。当年的宣传委员吴傲芦，后来成了画家，专门画儿童画。原来在美国，但他不忘祖国，现在长期在上海，经常来看我。还有何通曾，当时任体育委员，退休前是教授，在加拿大，每次回国都来看我。

这些学生都很有成就，现在他们大多82岁了，一直与我保持着联系。目前这个班有21个学生与我联系。前几年，我们每年都要聚会一次。这个班级也是华东师大一附中的一份宝贵的财富。

二

当时一附中是根据学生年龄来分班的，1955届初三戊"吴运铎班"的学生年龄都较大，工农子弟比较多，估计他们中相当一部分人初中毕业后将直接参加工作。我与学生一起学习吴运铎的《把一切献给党》，边学边行动。在学期即将结束之前，校领导要我举行以"把一切献给党"为主题的公开班会。全上海有500多位教师来参加，由苏联专家杰普莉茨卡娅进行讲评。这个活动搞得很成功，影响很大。

这个班级毕业后出了个有名的人物仇美才。他毕业后到上海工具厂工作，两年后，他创造了一种先进工作法，提前两年完成生产任务，被评为青年突击手，成为全国劳动模范。后来他调到华东师大担任师大教具厂副厂长，去年刚去世。这个班级的学生好多被分配到全国各地参加国家建设。我还记得他们的名字，有唐焰藩（新华医院工程师，最近还有联系）、仇美才（他去世前，我与他联系较多，还请他到二附中做报告）、李光顺、郭明群、高仲文、唐如览、李为荣、屠韵珠、卞金发、李蕴华、张玉英、刘国钧、李根林、吴如生、施琍珠、袁秀英等。

这个班春假时，我带他们去杭州游览。

三

接下来我担任了 1956 届初三甲班班主任，就是方正、厉无畏他们班级。当时正值第一个五年计划期间，华东师大地理系的实习生来附中实习，我就与实习老师组织了一个爱国主义教育活动，由地理老师指导制作一个五年计划的模型。这个活动搞得蛮有成效的，当时新华社还来拍了许多照片，给大家很大的鼓舞。1956 年 4 月春假，我带他们去苏州，游览西园、留园、狮子林、拙政园、虎丘等园林；坐船到木渎，登上天平山观看日出。当时我们住在我事先联系好的苏州学校教室里。后来学生遇到我都说，初三毕业那年去苏州印象很深，现在还记得。

这些学生都很有成就。虽然我只教了他们一年，但他们同我的感情非常深，经常和我联系。杨大有后来当了兰州的一所中学校长，路过上海，总不忘记来看我。自我 2007 年从美国回来，他们多次组织与我团聚，还给我过了几次生日。2015 年 2 月，他们祝贺我 90 岁生日。厉无畏给我写了藏头诗题，写在王湄君画的一幅寿桃画上，周晓光专门去裱好了。住在杭州的周德藻也写了一首诗祝贺，钱龙兴请书法老师工工整整地抄写在字幅上。他们送到我家，挂在我房间的墙上，使我非常感动。

四

1956 届这个初三甲班毕业后，我接了一个 1956 年入学的初一甲班（1959 届初三甲）。他们进来后，我一看，都是 10 岁、11 岁的小年龄，我觉得特别有趣。我当时还没结婚，我把他们当弟弟妹妹来看待。他们天真活泼，非常可爱，当然也有调皮的，但都很聪明。这个班级我只教了一年。由于校领导要我对初一年级把关，在我教了这个班一年后又把我换到下一个初一班级去了。我是很舍不得离开这个班的。50年后，这个班的学生都与我取得联系。

2007 年我从美国回来后，发现自己头脑里长了一个肿瘤。这个班的学生知道后，对我非常关心。夏铿告诉在长征医院任神经内科主任的邵福源，虽然他与我 50 多年没见过面，但一听到我的消息就马上赶到我家里给我做检查。医院要我再做一次加强核磁共振检查以进一步确诊，我当时有点不大想去做，邵福源建议我去做这个检查。检查后，邵福源把片子拿到长征医院跟放射影像科、脑外科等专家一起会诊，确诊是长了一个肿瘤。邵福源联系有伽玛刀的空军 455 医院，夏铿代表我家属办了住院手续，邵福源与手术医生一起进行了手术前的定位，我很快就住了进去。两次手术时，邵福源都亲自到场。由于发现得早又及时手术，恢复得很好。我能够活到现在，要感谢邵福源、夏铿，他们是我的救命恩人。当学生知道我住院做手术后，好多学生分批到医院或家中来看我。在我病好后，这个班级每年都与我聚会，给我过了好几次生日。想一想，做一名教师真是幸福啊！我教他们的时候，他们才 10 岁、11 岁。50 年不见了，他们不但还记得我，还这样热情地关怀我，这真是师生情浓。

这个班还有一件值得回忆的事情。我和当时的中队辅导员孟金玲一起，启发学生收集废铜烂铁。2个多月后，把卖废铜烂铁的钱集中起来，买了2棵松树，中队为此举行了隆重的仪式，开展了一次热爱学校、美化校园的主题教育活动。60多年来，此树已在中州路校园长大成材，这个班的学生也成为各条战线的出色人才！

五

1957年我接了刚入学的初一甲班（1960届），也就是陈凯先的那个班。这个班也是小年龄，学生同我的感情也是非常好的。由于自1957年下半年开始，学校开展反右派斗争，占用了教师的大部分工作时间和精力，所以我现在回忆不出多少这个班级的具体故事。只记得曾经组织过"爱国周""纪律周""爱清洁周"等主题周活动，召开过主题班会。这一年的班主任工作也没有像前几届那样有特色。

六

一附中的十年在我心里留下了不可磨灭的印象。从一附中毕业的学生都有丰富的感情，对老师有深厚的感情，同学之间也有深厚的感情。我以上提到的几个班级，他们都建有微信群。时隔五六十年，大家还能团结一致。作为班主任，我对我教的每一个班都有要求：爱祖国、爱学校、爱老师、爱同学，要使班级成为一个团结友爱的集体。上面所列举的班级都是一个个这样的集体。很多去外地工作的学生都不言艰苦。他们在回想自己取得的成就时，都把其归功于自己在一附中受到的教育。我作为一附中教过他们的教师，内心感到十分欣慰。

我只是一个教初中的教师，过去总以为教初中的教师很普通。现在看来，当个初中教师把学生培养好，让这些学生在祖国的各个建设岗位上积极地发挥作用，这就是我的成绩。

我要感谢一附中对我的培养，因为原来我不是做教师的。我过去学的是工商管理，到光华附中后，开始是做学生工作，后来学校培养我当教师。我是在"边教边学"中成长起来的，因此在我的脑子里，一附中也是我的母校。

我刚到光华附中时，对教学一窍不通，让我教语文，有点赶鸭子上架。但是我在一附中遇到了非常好的语文教师——顾荩丞老师，是他手把手地教我上语文课的。上课前，顾老师带我一道备课，他上一节课我就去听一节课，然后我上课的时候，他在下面听我的课。就这样，一天天地培养我、带教我，真是呕心沥血！我慢慢地也就"滥竽充数"当上了语文教师。

当班主任，那是更难了。我没有学过教育学，不知如何当班主任。当时正好学苏联，学凯洛夫的教育学，我就自学了。通过自学、实践，这样才当上班主任的。所以说，我既是一附中的教师，也是一附中的学生。我在学生面前也不避讳我这样的经历，学生也理解我。我是和我的学生一起成长的。我要感谢一附中，感谢学校的领导和同事们，感谢我的学生！你们给了我温暖，给了我力量，给了我一个学习工作的平台，给了我满满的幸福，我将永远铭记在心！

2019 年 1 月 16 日

（本文由季振宙口述，方正、夏铿整理）

沃土上的一串脚印
——向母校报告

陆继椿

一、起点

我有幸成长在一个充满理想的年代，"向科学进军"的口号，使青少年热血沸腾，浮想联翩，个个憧憬着美好的未来。那时我读初中，因为在一次上海市"三好学生"积极分子代表大会上，听到一位化学家谈祖国建设，他激情洋溢地说"在化学家的眼里是没有废物的"，于是我的激情也跟着燃烧起来，下决心要学化学，为祖国开发宝藏！当即打听到沪上有上海化工学校，准备初三毕业去报考。可惜，那年这所中等专业学校不招生。我只好按捺住当化学家的急迫心情，左挑右拣，考取了当时的上海名校华东师大附中（那时候还没有二附中），打算高中毕业再去上大学读化学。

华东师大附中是当时华东师大唯一的实验工厂，从学习苏联专家指导的《红领巾》教学开始，就踏上了教学改革的漫漫长途。1956年我进校读高一，语文课本就是叶圣陶、张志公等先生主编的《文学》《汉语》分科教材。那淡橘色封面的《文学》课本，令我耳目一新。从《诗经》的选篇开始，按中国文学史的线索编排课文和专题，我十分喜欢！语文老师叫叶百丰，是教研组长，听同学说，还是位教授，很有水平的。果然，上课不到一周，我就打心底里佩服他！因为他上课从不看课文和教案，瘦而黑的长脸，一团和气，两手轻抚讲台，高个儿显得温文儒雅，只是两眼很有神地看着我们，娓娓道来。教室里没有一点杂音，偶尔会发出一阵哄堂大笑。而我，更多的是会心的微笑。他板书的时候并不多，字却非同寻常：粉笔不浓，看似信手、随意，却轻重有致，柔中含刚，很是漂亮。

第一次作文，叶老师没出具体题目，只要求写自己深有感悟的内容，并且不必当堂写，限三天交卷，但必须是自己认为的最后的修改稿，这就叫"写好再改，改定再交"。课后，同学们议论纷纷，叶老师这是叫我们亮相哩，这篇叫你不得不精心写就的作文，就代表你现在的写作水平，就是你今后高中作文进步的起点。还有比这更有意义的严格要求吗？我跟同学们一样积极准备，经常苦思冥想，要用最好的内容、最好的构思、最好的语言，写出在本市最好的学校念高中中的第一篇好作文！

　　叶老师上第一次作文评讲课那天，我至今记忆犹新。他似乎很兴奋，那带有安徽口音的普通话，抑扬顿挫的速度比讲课文时快多了。他分析了几篇学生的好作文，还摘读一些好句好段。大半节课都过去了，还没有提到我一个字。我难免坐不安席起来，脸也发热了，一定是红红的。突然，叶老师的眼光转到我脸上，嘴角的笑纹更是明显，然后又拿起一本作文簿，一扬手，对大家说："陆继椿同学根据我们才学过的《氓》，改写了一个短篇小说，应该说是创作的尝试吧。先请他自己朗读，然后请大家评论评论！"我的心忐忑忐忑，走向讲台时还做了一次深呼吸。接过作文簿，看了同学们一眼，不自然地微笑了一下，学着叶老师那抑扬顿挫的腔调朗读起来。教室里好静，我能听见自己的心跳！我的话音刚落，同学们就鼓起掌来。评论很是热烈。文中对弃妇形象的细节描写多获好评；对主题的看法则分歧很大，有些同学认为，小说对背叛爱情的批判鞭笞不足，使弃妇的性格显得软弱了。叶老师在总结的时候说："改编既要有新意，又要忠于原作。值得肯定的是，小陆没有去向新女性方向拔高，而是在理解原作的基础上，提炼出我国传统文化中精粹的东西，使古代贤妇贞女的爱情观在弃妇形象中得到了一定的表现；特别是小说中描写的那些场景和细节，说明他很有想象力，语言也有些个性特点。当然，这是一篇好作文，也是一篇尚稚嫩的处女作。"

　　作文簿发下来后，一些同学的借阅让我很兴奋又很不好意思，因为文后有叶老师的评语，最后两句是这样的："百尺竿头更进一步，前途未可限量也。"这对我当然是极大的鼓励，渐渐地我成了叶老师的"得意门生"，成了语文课代表，还被同学们选为班长。于是，我学习语文的热情高涨起来，在叶老师的指导下，我又从课文学习出发，读了一些有关的书刊，也成了学校图书馆的常客。那时，华东师大附中图书馆号称藏书十万，竟然有一套聚珍版的《廿四史》！不过是锁着的，学生不能借。有一回，我跟叶老师谈及，没想到几天后叶老师把我带到图书馆老师面前，我得到一个意外惊喜：可以进藏书室翻阅。当然也可以请管理员打开那神秘的《廿四史》了。从此，课余我就像牛进了菜园子乱啃起来，古今中外广泛涉猎，可谓贪婪至极。叶老师对我的读书很关心，还介绍了两位老师叫我不时请教。一位是对现代文学特别是鲁迅作品很有研究的王树琪老师，一位是喜欢外国文学读了许多世界名著的张瑜老师。这样，我的课外阅读就如鱼得水，无论是现当代的中国作品，还是古典的外国作品，都有可请教的老师了。班级的墙报上常刊我的文章，有散文、小说，也有诗歌。读高二的时候，在学校举办的作文比赛中，我写的一篇反映社会新风尚的小说获得了一等奖。于是，知道我是叶老师"得意门生"的师生越来越多了。不久，我就被聘为学生会《战斗报》的主编，并且在一些活动场合朗诵自己的诗歌。那一年，我开始在上海《青年报》上发表小文章，还被《解放日报》吸收为通讯员，反映学校情况，写出了一些报道，后来有好几篇通讯还被报社内部评为"红旗"稿呢。

高三毕业时，我已被评为区的建设社会主义积极分子，当了两届学生会干部，时任学生会副主席，在课余活动中得到了很多锻炼。读书面广了，生活丰富了，眼界也就开阔起来。同时，受到叶老师深深的影响和其他文史老师的熏陶，曾经向往当化学家的我，渐渐萌发了读文科的新念头。一次历史考试，老师竟不出试卷，而是以两周后交一篇历史论文来评成绩，这大大调动了大家的积极性！我反复思考，查阅资料，最后写了一篇《论"五四"新文化运动》，差不多用了大半本练习簿。历史老师正是学校党支部副书记蔡多瑞，他看了大为赞赏。他知道我是叶老师的"得意门生"，在跟我谈话时，竟建议我报考历史系！那时，叶老师调到华东师大中文系去了，他对我考大学倒没有具体说什么，却建议我读点哲学著作。他用自己的经历和中华人民共和国成立十年来的学习体会告诉我，哲学学得好，看待人生与社会才能高屋建瓴。于是，我暗想，干脆去读哲学吧。

二、留校

可是，命运不由人哪！高三毕业健康检查，我因肺结核钙化没满一年不能报考。这结果对我来说无异晴天霹雳，打击太大了！许多老师和同学都关心我、安慰我，尽管我很感动地微笑，不过内心的痛苦有时还是要反映到脸上来。我总感到前途有些茫然，便想起高二前参加上海市中学团干部夏令营的事。有一天登上无锡锡山，大雾弥漫，身边的人都看不见，忽然觉得遗世独立了，不禁口占一绝："已至天地外，重返混沌中。前途何茫茫，秋山又几重？"不料竟成今日谶语！其实，老师们在安慰我之余，正多方面替我想办法。最后，班主任孙光萱通知我留校当语文教师，徐正贞副校长找我谈话，鼓励我认真完成从学生到老师的转变，给了我一大堆学校的教育资料学习，并要求写出一份校史，反映学校的办学特色。这不啻教我自学速成师范生，读读写写三个月，不仅勉强完成了任务，还参加了市教育局举办的暑期备课培训。新学年开学，陆善涛校长在教工大会上介绍新教师，最后介绍我，大家都笑了。前面介绍的都是华东师大各系分配来的毕业生，只有我是附中留校的，学历最浅、年龄最小，深感荣幸与压力！

我教新初一甲、乙两个班的语文，不久又担任了初一乙班的班主任。在学生面前，我就像他们的大哥哥。除了上课，我有空就跟他们在一起，有说有笑，他们天真，我也单纯，教了一个学期，我读到了陆定一同志的文章《教学必须改革》。那时候，语文教学刚经过一番"文道之争"，我也被一些争论意见所吸引，初生之犊不畏虎，竟也对改革跃跃欲试。但毕竟浅陋，就想多听课，揣摩老教师是怎么上课的，哪些地方是体现改革的。这想法很幼稚但很美妙，成为一种学习的动力。在老教师的支持下，我渐渐地尝到了听课的甜头，发现老教师的课都有特色，各有所长。自己便发个宏愿：集诸位先生之大成，上有自己特色的课！于是，我琢磨出一个扎实的笨办法，听课的时候做"线索笔记"，当天按老师上课的线索，进行"背课"，就是到校园的一个僻静角落（地理园），从头至尾复述这堂课，连老教师语气神态都模仿一番。起初自己都觉得生硬可笑，慢慢地也就有滋有味，乐此不疲了。我的教学学生欢迎起来，他们不仅在课上表现积极、课后交谈，还会七嘴八舌地评说呢。周记里也常常读到一些学生的批评和建议。有一天，我上课的时候，发现有位胖胖的脸带微笑的女老师坐在后面。哟，那不是在帮助张瑜老师总结教学经验的市教研员杨质彬老师吗？她怎么来听我的课呢？我怎能放过这个请教的好机会呢？课后，我随杨老师来到教员休息室。原来她是听陆善涛校长说有个刚毕业留校教语文的，就顺便来听听。"小陆老师，这一课我特别欣赏你叫学生通过朗读想象场景的设计，学生活动积极，发挥想象的描述，深化了对课文的理解……"杨老师做了肯定之后，又指出了好几处可以改进和商榷的地方。鼓励我坚持向老教师学习。其实，发挥学生想象的活动安排，正是我听张瑜老师上课学来的。"虽然你没上过大学、读过师范，但这所学校是名校，师资水平是很高的，你的语文基础也不错，叶百丰先生的得意门生嘛！你留校当老师，是破格呀，不容易！现在，领导关心你、培养你，老教师帮助你、支持你，在战争中学习战争，真比上大学还强。要珍惜、要努力啊！"杨老师语重心长的话，让我血脉偾张！是的，我的成长，我每一步的攀登，都离不开引路人，离不开关注我、给我营养和力量的人。我决心教好语文，争取做一个优秀的人民教师！此后不久，我也对外上公开课了。

三、进修

不过，我似乎是个向往完美的人，总觉得大学还是必须念的。于是，我搜集华东师大和复旦大学中文系本科的课程，业余自学和争取去大学旁听。这当然是忙中加忙，很辛苦的。再加上考进北大的一位老同学怂恿我考北大，我确有些心动了。在给学校党支部汇报的时候，我被蔡多瑞老师狠狠地批评"专业思想不巩固，名利思想作怪"，但他又安慰我别想得太多，定下心来，把语文教好，把班级带好，适当的时候，组织上会考虑你的要求的。我当然接受批评，把考北大的冲动压下了。

语文教学值得探讨的问题是很多的，特别是"双分"教学向全国发展之后，各类学校在具体的教学实施中的经验体会和思考建议，很需要交流和讨论。因而，从1981年开始，每年暑假举办一次"分类集中分阶段进行语言训练"教学体系全国研讨会，简称"双分"教学研讨会。每年一个专题，我把自己关于这个专题一年来的实践研究写成论文，作为主题报告印发，会后再修改完善，交有关语文杂志发表。由全国各地先后承办召开了 12 届研讨会，试验班累计 4 000 多个，论文和材料 2 000 余份。由于各省市对语文教改的力度不同，"双分"教学体系反映科学规律和原则的东西，其他语文教改项目也参照吸收，又有了许多新的创造发展。1994 年，上海市中小学幼儿教师奖励基金会计划陆续出版一套反映教改经验和成果的"上海教育丛书"。丛书的主编、著名教育家吕型伟先生向我约稿。我便把"双分"教学的理论与实践整理成专著《语文教学新探——"双分"教学的理论与实践》，1995 年由上海教育出版社出版。

四、不断攀登

1997 年，上海深化教育体制改革，市重点中学高、初中分离，高中扩招，初中转制。虹口区人民政府和华东师大协商，交给我一所薄弱初中做转制试点。我立即意识到又是个条件差、要求高的大改项目，学校要转向民办机制，薄弱初中要转为优质初中。我又下决心攀登了，还请来时任校办主任的陈剑波合作，鼓足勇气，带领一批附中的初中教师开始了白手起家的创业性办学。我从调查研究入手，边学习，边规划，边实践，边总结，团结班子，整顿秩序，关心教师，并实行优化组合，强化师资队伍。然而，从市重点初中到薄弱初中，从考试入学到免试入学，办学条件和生源都反差极大，我们经常和教职工一起研究，逐步改善办学条件，特别是研究对能力参差不齐的学生如何施教。我们终于感悟到：必须遵循"有教无类""因材施教""因势利导"的教育规律，积极理解吕型伟先生说的"人人有才，人无全才，扬长避短，人人成才"，坚信每个学生都有个性、特长和潜力，都能调动出上进心和积极性。于是，我们要求教师亲近学生、了解学生，从实际出发分析学生，把学生分类成不同层面，鼓励同层面学生相互促进，提出了"力争做得最好"的口号，逐步调动了每个学生的进取心。

因为是同层面促进，小步走提高，差的不自卑，往前赶；好的不骄傲，更冒尖，学习氛围好了，班级风气正了，教学质量明显提高了。从中我深感初中学生的可教育性，只要教师有责任心和事业心，就会对每个学生的进步有信心；只要尊重学生的人格，引导他们扬长避短，确实能够人人成才。这个"才"是指各行各业的，特别是其中"力争做得最好"的领军人物，就是推动社会发展进步的主流人物。于是，基于这种认识，我提出了"主流教育"思想，努力培养学生的主流意识，为他们将来成为社会的主流人物打好坚实的基础。《上海教育》、上海的教育新闻，甚至《江西教育》，都做了专题报道。十年磨一剑，到 2007 年，在校学生已有 1 500 多名，参加各种竞赛获得市、全国、国际奖项 3 000 多人次，中考成绩全市夺冠。后来《文汇报》的一篇教育评述把我校列为上海初中教育"四小龙"之一。

　　1985 年，我获全国五一劳动奖章后，在《教工》杂志约写的一篇文章里，激动地写下了与大家共勉的话："教师应该是新思想的传播者，新知识的介绍者，新道德的实践者，新教育的开拓者。"这是我的座右铭。1989 年，我去泰安开会，有机会登上泰山极顶，有感而吟一联："七高八低人生尝够，五颜六色世界看遍"，横批是"不断攀登"。这些概括似乎是自我的人生写照，尽管我已年近八十，但身体健康，生活充实，自感不老，还觉得有许多事要做呢！

钱文忠的路

郝陵生

不记得是 20 世纪 80 年代末的哪一天了，钱文忠的一位同学告诉我，文忠回上海了，开了一家书店。闻听此言，我不由叹了口气，我初始对他的担心是对的，他没能逃过劫难。但我又相信他是颗良种，总有一天会开出美丽的花朵的，只是不知道他的晴天何时才会到来，希望不要太久远才好。

1999 年 12 月 23 日的清晨，文忠带了一大堆书送我，有他写的，也有他编的。他胖了，成熟了，仍然带着一脸灿烂的笑容。好小子，真不错，没在苦难面前趴下，这一大堆书和他的笑，说明他终于迎来了一个美丽的晴天。这时，我又突发奇想，那场刚刚离他而去的劫难，莫不是上苍特意为磨炼他而安排的？正如孟子所说："天将降大任于是人也，必先苦其心志，劳其筋骨，饿其体肤，空乏其身，行拂乱其所为。"在后来的日子里，我看到他身上所具有的强烈的社会责任感，以及勤奋工作的精神，也许就是在这劫难中进一步得到提升的吧。

1984 年，他以上海考区文科第二名的优异成绩，考进北京大学东方语言系，成为季羡林先生的关门弟子。他高兴地把这个消息告诉了我。我却对他说："你要想学好这门古老艰深的语言，就要像老和尚一样清心寡欲，在古灯黄卷下静下心来才行。"我知道，我把他送上了一条艰难而又寂寞的漫长的道路，他能走到底吗？这是我最初的担忧。

据我所知，1960 年以后，北大东语系就没招过生。这门古老而艰深的语言对青年太缺乏吸引力了。有人说，1984 年那一届是为钱文忠而招生的。我想有可能，不仅因为那一届招的学生很少很少，而且到后来仅剩文忠一人了。

季先生在推荐文忠免试攻读博学院意见书上是这么写的：我任教五十年，从来没遇到过外语和汉语都有比较坚实的基础，分析问题的能力，他的同龄人恐怕都难以相比。"照目前的情况发展下去，他能在本学科内有突出的建树。"在老先生的赞语中，我们不是能很清楚地看出老人对他的期望吗？"能在本学科内有突出的建树"。当然，更期盼他能把这门学科带到一个繁荣的境界。任重而道远，文忠能做到吗？

　　有次，他对我说，他的妻子是学历史的却在教外语，他是学外语的却在教历史。我能感到他心中的无奈与酸楚。

　　我对他说："目前梵文研究的危机，因为有你才暂时缓和了，可怕的是你还没有接班人。你眼下最迫切的任务就是找学生，延续香火。这可能也是季先生的愿望吧。"

　　他对我说，季先生说过，只有最聪明的又最肯下笨功夫的人才能学好这门学问。

　　老天爷，这条件太苛刻了吧！在今天这样一个物欲横流的时代，有几个"才子"愿意学这门学问？文忠面临的困难也许比季先生还要大，这可能是个世界性的难题。季先生隔 24 年才找到文忠一人，文忠也要等 24 年？或许要等更长的时间？我不由产生了"古道西风"的想法。

　　后来，一位在佛学院教书的朋友请我去枣子树饭店吃饭。朋友说，"枣子树"就是早吃素。在这家吃素的饭店里，我看到几位青年僧人。不由想到，文忠能否到佛学院去招个接班人呢？他们至少已能做到清心寡欲，一心向佛了。何况梵文与佛学又有密切关系。我还没有机会向文忠提出这个建议，不知能行否？也许这是杞人之忧，凭文忠的聪明才智，一定能解决这世界性的难题的。

　　当然，在这条道路上，行人将始终不会多的。文忠也许比季先生还要寂寞。

化学（摄影）课外小组中的几位人杰

丁明远

附中在课外活动方面总结出了"课内打基础，课外出人才"的经验，附中的化学课外小组（包括摄影小组），就是在这良好的校风熏陶下逐渐成长、壮大起来的，涌现了一批能动手、会思考的优秀学生。他们从附中毕业后，在大学里、社会上，施展了他们的才华。

这里，我给大家介绍几个比较典型、杰出的学生。

1953届郭秉英，是化学课外小组最早的成员之一。当时，我不但自己试制闪光灯，也协助郭秉英等学生试制闪光灯。从此，我和学生拍照时有了自制的闪光灯的配合，真是"如虎添翼"。后来，郭秉英考进清华大学后，立即被推为该校的摄影小组的组长。这期间，他还研制出了一种简易闪光灯，整个电路非常精细。学校放假，他回上海探亲时，特来向母校、向我报喜！见到他时，你能知道我当时的心情是何等的兴奋！

1954届张志岳，从小喜欢拍照，在附中摄影小组里，他学到更多的摄影知识。大学毕业后，他的才华得到了更好的施展，曾担任《美化生活》杂志的副总编辑。那些年，他每月按时将《美化生活》寄给我。当时，在八九十年代，这份《美化生活》是最受读者欢迎的杂志之一。他曾花了两天时间，回母校拍了一系列的校景照，是用反转片拍的。最后在学校底楼走廊的转角处，陈列了一组"美丽的附中校园"的照片，由于向上有灯光反射，很美，路过的人都要特意去"看一看"。

1955届的方成，曾是化学课外小组的组长，他有时也学一点底片的冲洗。毕业时，高三甲、乙、丙三个班的毕业集体照，如果请照相馆印很费钱，同学们建议方成包下来自己印。他以前只印过小照片，这么大的照片从来没有印过，但方成有兴趣，自己做曝光箱。曝光箱做成了，第一张照片曝光后，再显影、定影后，结果一片漆黑！什么原因？我不表态，他们议论后，认为光太集中，因此要把光分散一些，找了一块破的毛玻璃挡一下。再试了一下，人像出来了，但图像不清晰。于是反复试验，把灯光和毛玻璃的距离不断调整，最后终于洗出了一张清晰的集体照来。

　　我当时认为，能印出一张张清晰的照片固然重要，但更重要的是在实践过程中发现问题、找出解决问题的方法。当时看到方成的一举一动，是那样实在，那样有信心，我真是喜在心里。

　　方成从附中毕业后，考进南京大学天文系。"文化大革命"中，大家做"逍遥派"，方成带着铺盖住进了南京紫金山天文台，夜以继日地观看天空行星的变化。由于他在天文事业上有卓绝的成就，被评为中国科学院院士。他作为国际天文学联合会副主席，为提高中国天文学在国际上的地位做出了显著的贡献，并为国家培养了一批优秀的科学人才。国际天文学会特将国际编号为 185538 的小行星，命名为"方成星"。

　　方成为人谦逊，他去法国讲学回国时，从虹桥机场回来，没有先回山阴路的老家，而是与夫人寿季卿（也是我的学生）双双来到昆山路我家探望，感谢我在母校对他的特殊指导。他实践的毅力来自附中，我作为老师感到太幸福了。

　　1957 届的杜毓庄，他曾担任过附中摄影组组长，当时拍照已初露才华。为了进一步深造，他考取了北京电影学院摄影系。毕业后，他受到名导演王为一的赏识，拍摄了好几部电影。其中由王为一导演、杜毓庄担任摄影的《孔雀公主》一举成名。他曾多次来母校为课外摄影小组的学生讲课，从理论上指导学生如何摄影，并赠送多余的未曝光的短片，在摄影材料上支援了母校的摄影小组。

附中职工中的"传奇"人物

童明友

　　一所知名的学校，比如华东师大一附中，她所以知名，是由多种因素造就的，职工也是造就一所知名学校不可或缺的一种因素。这里，我只想回忆几位我印象深刻的有个性的"传奇"职工。

　　先说说学校负责排课表的贾涞。其实，要排好一所完全中学的课表是件很不容易的事。它要考虑到各门学科的恰当分布，特别是文理科的合理分布，以避免学生的用脑停留在一个思维模式上；要避免任课教师连续上课；要保证全校活动时，应参加的教师都能出席，如班主任会、教研组会、行政会等；要保证各类课外活动的正常开展；要保证各学科教师能参加区的教研活动；等等。20世纪60年代，学校还规定每一位教师有半天自己读书的时间，而且是雷打不动的。那么，课表又得排定。这些问题，要在今天是很容易解决的，设计一个电脑软件就基本解决了。可是，当时我们还不知电脑为何物呢！但是，没关系，学校负责排课表的贾涞，就有一个电脑式的大脑。他高高的个子，一米八左右，皮肤较黑；鼻梁挺挺的，胡子总剃得光光的，但络腮胡虽剃去，两边脸颊胡根的青青的印迹却依然清晰可见。贾涞烟瘾大，好像还喜欢下棋。排课表、下棋时，他总衔支烟。他对人和气，在我的印象中，似没见过他与人发过火。他说话时，总带着糯糯的苏州腔。每学期开学前一周，贾涞就到校排课表，教师开学第一天就能拿到新的课表。这可是件大事啊！它保证新学期全校的教学工作能有序地进行。

　　说到贾涞，我就很自然地想到教导处的文印老师傅沈常金。他是现今学生处小沈的父亲。他的家乡音也很重。印象中他个子高大，话不多，行动较慢，有点"笃悠悠"的味道。每天不论何时，你到教导处去，总见他在忙着。高初中那么多班级，那么多油印件，他怎停得下来呢？不过，从我读书时起到我进附中工作，我从未见到或听到他埋怨印件多，抑或埋怨某人要印的东西太多。别看老沈平时慢悠悠的，工作起来却是麻利得很呢！就拿数纸来说吧，他把一刀纸竖着对折，左手捏住右下角，拉起，一拃，纸就显出向右斜的层次。随后，他右手虚握拳，四指轻弹分出层次的纸，很快就数出可用的纸张。我看得多了，居然也学了这一手。还值得一提的是，那时没有打字机、复印机，教师大多有刻写蜡纸的本事。有的教师忙不过来，也会请学生刻写，我就是初中读书时在苏常俨老师那里学会的。可以毫不夸张地说，苏老师的刻写技术最高，他字写得极小，蜡纸的利用率最高。但这样刻好的蜡纸最难油印，最易破。可是，沈师傅值得称道的本事，就在于像这样的蜡纸他也能印几百张而不破！可见沈师傅的技术高超，可见他的敬业。

写到这里，我不由得想到了另一位"传奇"人物——老阿四。老阿四是食堂管理员，是现在总务处小阿四项友才的父亲。我从读书时起就认识他，心中留有深刻的印象。他个子矮小，江阴口音很重。据说他是从大夏附中并过来的。20世纪50年代末60年代初的三年困难时期，物资严重匮乏，粮、米、油、盐、鱼、肉等都凭票供应，所以学校食堂要办好，困难重重。可是在老阿四的管理下，食堂却搞得有声有色。尤其是"兔骨罐头"，美味，价廉，中午一顿花五分钱，就可吃得很舒心了，所以深受大家的欢迎。这罐头是益民食品厂出的，不知老阿四通过怎样的途径采购到的。大家除了在校吃，有时还可买了带回家。我那时住在华师大，就经常花五分钱买一个带回家，算是荤菜，弟妹们都很开心，全家其乐融融的，有时还喝点酒呢！老阿四和沈小淦阿姨的服务也是极其到位的。谁还没来吃，他们都知道，会把饭菜留好。老阿四高兴时，下午也会到操场上打打篮球，虽然动作不规范。

哦，我又想到一位老人，他姓白，名字我记不清了，好像叫其根。他好像也是从大夏附中过来的。他好像是个孤老，因为从我读书起，他就住在传达室，日日夜夜都在。他对工作尽心尽责，一早起来就打扫校门口，生煤球炉烧水，供应各办公室开水。白天他还要给办公室送报送信，没事就坐在传达室。他对人和气，大家都很尊重他。

说到校工中的"传奇"人物，绝不能忘记蔡康郎，附中人都叫他康郎。他是从光华附中过来的，在附中服务时间最长，应该说对学校的贡献也很大。在我印象中，他似乎无所不能。他身体健硕，力气大，学校不管脏活累活，都有他的份。可以说"有困难找康郎"总没错，所以他的服务范围是很广的，当然也就最忙。校内的事只要叫到他，他都会及时解决，从不拖拉，甚至有些人家里有些活也会找到他。当然个人家里事找他，他一般也不会拒绝，只是安排在下班后。退休之后，他已是高龄人了，却还在帮助他人。据说吴士芬老师夫妇因儿女都不在国内，住进养老院，每到换季时，都是康郎替她换送衣被的。可见，附中老同事尊重他确实是有道理的。

喔，我还不能停笔，我又想到总务处会计老邱了。他个子高高的，但可能是会计的职业造成的，上身有点弓，行动比较慢，步幅也不大。老邱说话，语速不快，但常会讲些冷幽默的话。他留给我最强烈的印象，就是双手可以同时打算盘，甚至还可以是不同的数字。那时没有计算器，每次考试后要算平均分，我用笔算速度很慢，很伤脑筋。这时我就偷懒，找蔡国元老师或老邱。蔡国元老师，我服他！他看两遍分数单就可把平均分算出来。而看老邱算分数，则是一种享受。耳听算盘珠相碰击的清脆悦耳的声音，眼看老邱双手高速同时拨珠的动作，看得我眼花缭乱。我心中只有"佩服"二字，同时充溢了享受的滋味。他之所以用双手算，就是为了核对，一次成功啊！

　　除了贾涞，我没有确切消息，其他几位职工可惜都已作古了。但我至今没有忘记他们，也不应该忘记他们！我写此短文的目的就是让今天的师生知道过去的附中曾经有过这样一些可爱可敬的、有些"传奇"色彩的职工。也正是有了这些职工的参与和奋斗，附中才有轰轰烈烈、名噪一时的过去。今天的附中正是过去附中的延续和发展，今天的附中人也应该知道附中过去的历史，知道附中过去的那些人。

忆谢公钓石二三事

陆江山

谢公离我们而去了，师大附中又少了一位性格有特点、教育有特色的好老师、老同事。

谢公有特点，不是随随便便瞎讲讲的。

相信绝大多数认识和熟悉谢公的师生，都只知道谢老师是一位两腿细细瘦弱的老师。但他们却不知道谢公会掷出一手漂亮的标枪！谢公掷标枪确实有一套。首先引枪助跑，他不是举在肩上，而是将标枪直臂拖在身后助跑，直到最后掷枪前，双腿交叉助跑时，才翻腕抬枪，最后奋力将标枪掷出，而且成绩还不错。恐怕直到现在附中师生对此还知之甚少，估计诸位根本想象不出如此瘦弱的谢公居然还会掷标枪，这可是膀粗腰圆的壮汉才能玩的体育玩意儿。

冰冻三尺非一日之寒。谢公的知识渊博是由来已久的，谢公是他那个时代少有的双学位博学之才。谢公是语文教师、教研组长，但又有多少人知道谢公的外语也是呱呱叫的。我曾听见谢公同我校担任过苏联专家翻译的戴庭中老师用俄语流利交谈！这可不是简单几个俄语单词的水平了。

谢公的随性豪放也是很有特点的。记得一次体育组一行借了一辆卡车，准备到常州去探望范绍纯老师。车刚到校门口，恰遇提着包准备回家的谢公。得知我们是去范老师家，谢公随手将提包交给李蕊老师，托她送包回家，转身跳上卡车，就和丁自力、周固华等体育组的老师高高兴兴地前往常州的范老师家了。从中也能看出谢公的率性自由、喜欢和朋友热闹的一面。

早年间，大家收入不多，但同事、朋友间有时也有吃碗面、馄饨之类的小聚。因各人经济、家庭和性格等情况不同，处事也会有些不同。一次教师集体参加了活动，结束后路过一家点心店，其中有位老师平时比较吝啬，喜欢占点小便宜，大家也都知道。于是谢公大声说谁不愿吃，请自己说，这位老师说我还有事要回校。谢公马上说，好，你回去，我们几个进去吃。由此也看出谢公非常豪爽，不喜欢事事处处盘算，想到或看到什么都会大胆说出自己的意见，是一个正直豪放的侠士。

　　深秋时节，也是菊黄蟹肥的日子，谢公自然也喜爱此物。别瞧谢公看起来身材瘦小，白酒的酒量，却能与附中的几位"酒仙"试比高。此时，谢公喜欢约上颜迪明等几位好友，在他家里蒸上螃蟹，烫上好酒，海阔天空侃大山，畅饮一番。此时的谢公仿佛也成了"酒仙"了。

　　呜呼，谢公仙逝，离我们而去了，伤心之余，谨以此小文怀念多姿多彩的谢公钧石。

《织网姑娘》
——三代校友跳过的舞蹈

李 蒸

　　我在 1961 年考入附中，不久就参加了学校的舞蹈队，已经毕业的学姐教我们跳了《织网姑娘》。记得参加排演的除了我和同年级的季元青、陈蕾、张黎明、吴融、浦茜外，还有比我们高一届的沈慧芬和陈英。为我们伴奏的是学校民乐队，队长叫赵天慧，比我们高一届。

　　这个舞蹈是穿着木拖鞋跳的，上海人叫"木拖板"，当时很普遍。有一种女式的广东木拖板还画着五彩图案，鞋跟略高，鞋底有弧度，不仅好看，穿着也很舒服。我们 8 个人都穿自己的木拖板上台演出。木拖板最容易坏的是上面那根带子，带子一般是帆布或者胶皮的，用钉子将它固定在鞋子上，时间长了，带子会断。有一次舞蹈队去上海市少年宫演出，舞蹈由"海边织网""上船撒网""丰收而归"几个场面组成。我们穿着木拖板出场，跳到固定位置，就随着音乐脱下木拖板，赤着脚跳。在将近尾声时，又一个个走到原来的位置，穿上木拖板，合着音乐节拍，踩出清脆的木拖板声，排成一行，手举织好的网下场。结果那天临下场时，我走到穿鞋的位置，发现最后剩下的一双木拖板不是我的，而且其中一只的带子居然断了，没法穿！犹豫了一下，我只能赤着脚下场。到了后台，我委屈得直哭，有人批评我为这点小事哭，太娇气；有人则觉得意外又滑稽；还有人在问是谁穿错了……只见吴融笑嘻嘻地说，她刚上场脱下木拖板，带子就断了，下场时无法穿，于是不管旁边一双是谁的，穿了就下场了。这是无数次演出中唯一尴尬的小插曲，所以我记忆至今。

　　1972 年夏，我被分配到附中当音乐教师。学生是按居住地段统一招收的，中州路 6 号的军垦中学也合并过来，所以学生非常多。1973 届有二十几个班级，1974、1975、1976 届各有十几个班级。我除了上音乐课，还协助沈晓老师开展课外文艺活动。沈老师指挥民乐队，我管舞蹈队，黄翰琴老师负责女声小组唱。我们演过的舞蹈有《延边人民热爱毛主席》《我家女子民兵班》《南瓜生蛋的秘密》《究竟谁怕谁》等。那时，每年的五一、十一，鲁迅公园都举办游园会。我们学校每次负责一台节目，从上午游园开始演出到中午结束。所以每年的暑假都在排练十一的节目；寒假一过又开始忙五一的节目。沈晓老师是这台节目的总指挥，很辛苦。往往游园会结束不久，我们就要商量下次该推出什么新节目。

一次在家整理旧书本，意外翻到一张十几年前油印的《织网姑娘》的简谱，虽然纸张已泛黄，我还是欣喜地带去学校，准备排练这个舞蹈。沈晓老师很快做成总谱，指挥民乐队排练；我则教舞蹈队的学生学跳这个舞蹈。毕竟事隔多年有些遗忘，于是趁张黎明从农场回来休假，我找到她，请她一起回忆队形和动作。个别动作实在想不起来，就把当时正在上映的电影《海霞》中海岛女民兵们唱着歌织网的动作借用过来。

舞蹈排好了，但是商店里却买不到木拖板了，因为70年代的人们已经改穿塑料拖鞋了。后来不知道是谁提醒，说公共浴室里有木拖板，于是去打听，这才买来了8双很简陋的本色木拖板。再到校办工厂用灰色的油漆刷一下，总算聊胜于无吧。1973届的陈苹丽，1974届的陈伯仙、谢君丽、徐冠凤、康婉华、周剑萍，1975届的张慧萍、马君琦，就是穿着这些木拖板在学校礼堂、在游园会的舞台上，多次跳了舞蹈《织网姑娘》。

50年代附中的学姐教我们跳《织网姑娘》；60年代我在附中跳过这个舞蹈；70年代我回到附中，教我的学妹跳这个舞蹈。一个舞蹈传承了附中三代的校友，而且三代校友的演出穿的都是那8套演出服！这真是非常地有意义。

从教工的体育爱好看附中的体育传统

陆江山

师大一附中一直是上海市体育传统学校。学生喜爱田径、游泳、球类、模型等诸项目，并在市、区的各项竞赛中始终名列前茅。附中学生喜爱体育活动，除了青少年自身的特点外，还一直深受教工的影响。

附中体育教研组有两位前辈。储德老师是"文化大革命"前全上海仅有的两位中学体育一级教师之一。我们现在的体育锻炼标准前身叫"劳卫制"。它是根据苏联的"准备劳动与保卫祖国体育制度"变化而来的。当时市体委的一个调查组长期在附中蹲点，与储德老师研究制定了"劳卫制"，并在全国推行。这对丰富青少年课余生活，增强体质起了非常大的作用。"劳卫制"除了跑、跳、投项目外，还有体操项目，对人体的锻炼和发育非常有益。

储德老师是中华人民共和国成立前的浙江省跳高冠军，排球、足球均是拿手项目，他带的排球队一直有非常好的成绩。另一位王季淮老师更是赫赫有名，他的名字和 1936 年柏林奥运会的选拔成绩收录在体育院校本科田径教科书里。王老师还是体育器材的发明家，他发明的跳高、撑竿跳架子的内置升降器，至今在全世界应用。原先是人工放置搁横竿的小平台，费时、不准，尤其是四五米高的撑竿跳要两位裁判用两架梯子爬上去，还要两位裁判一人量、一人看。现在只要一摇动把手，就升降自如了，不仅准确、稳当、省时，而且省力。当时在南京路体育画廊上有大照片陈列，只可惜当时没有专利一说。

附中教工酷爱体育，上至校领导，下至教师、职工，蔚然成风。老校长徐正贞喜欢游泳，陈步君教师代表市教育局参加乒乓球比赛，丁伟强校长篮球、排球、台球样样玩得转。化学教师丁明远不光自己喜欢游泳，还到国外指导外国人游泳、跳水。数学教师夏益辉的 45 度角打板进筐，堪称一绝，学生说夏老师的三角算得准。语文教师王文桂可以一个猛子扎下去，在游泳池潜水 50 米，后来还畅游了长江。语文教师潘漱中个子高，上课时黑板擦搁在黑板上缘，打球时在篮下灌篮，易如探囊，常引起一片惊呼。还有一位大家想象不到的，谢钧石老师是标枪高手，他的肩下引枪技术，有独到的功夫。林树清老师的小足球、跨栏都参加了区比赛。附中教师中的体育积极分子不一一列举了，让大家去回忆吧。

附中的职工也不乏体育达人。还记得"赤脚大仙"蔡大郎吗？他是伙房中的烧煤工。虹口体育场原先是煤渣跑道、木看台，蔡师傅就是光着脚板在煤渣上跑一万米，并在上海市比赛中获得优胜成绩。他还用闹钟在附中训练他的儿子练长跑，太厉害了。无独有偶，伙房班长老阿四项云生爱打篮球，一手背后转球神出鬼没，真叫一个绝。汽车驾驶员王其明也喜欢篮球，在篮架下骁勇异常。电工、驾驶员闪永明的乒乓球、象棋颇有水平。虞永红也喜欢乒乓球，发球有绝招，下棋、打牌样样精通……

那时附中的下午，操场上师生同场锻炼，其乐融融，一派龙腾虎跃的气象。所以，附中的体育活动能形成传统，与领导的身先士卒、教工的言传身教、学生的自觉锻炼分不开。愿如此美景在附中一直延续下去。

当年附中教师的文体生活

李 蒸

20世纪的70年代、80年代初，在没有平板电脑、没有手机、没有电脑，甚至连卡拉OK都未曾出现的时候，附中的教师在业余时间做些什么呢？且听我慢慢道来。

1972年夏天，我作为音乐（当时称"革命文艺"）教师分配到附中工作。每天中午，音乐教室总有一些爱唱歌的教师聚在一起引吭高歌。当时能唱的歌曲不多，除了样板戏选段、毛主席语录歌，还有就是出自一本叫《战地歌声》的歌曲集。有时在收音机里听到一首好听的歌，没有歌谱，教师会将旋律与歌词记下，拿到音乐室来。我将主旋律一弹，几位教师就跟着琴声唱。这样的自娱自乐，教师往往要唱到接近下午上课时间，才恋恋不舍地离开，第二天再继续。

基于此，我们代表学校参加区里的教工会演，每次都获奖。印象较深刻的有表演唱《歌唱光荣的八大员》。那原是总政歌舞团的一个节目，我们稍加改动，如原来表演唱中演售票员的人报站名"前门到了"，我们改为"外滩到了"。演八大员的来自各教研组：数学组的鲍宜国老师演理发员，刘定一老师演缝纫员，历史老师郎建中演邮递员，体育老师丁自力演炊事员，政治老师张建国演售票员，物理老师谢成英演售货员，外语老师李莎莉演保育员，音乐老师王晓迈演文工团员。我那时教语文，负责选歌曲，并且拉手风琴伴奏。此外郎建中、鲍宜国、刘定一和地理老师王一民，还演过男声四重唱《游击队之歌》《远航归来》《青春祖国万万岁》等。

至于体育活动，更是活跃。除了教研组之间的排球、广播操比赛，还有个人的乒乓球、跳绳等比赛，我曾经连续几年获得女教工跳绳比赛第一名。

1974年的夏天，我报名并被批准首批援藏。大约在出发前半个月，虹口体育场举办全区教职工运动会，我参加了女子800米比赛。起跑时许多人冲在我的前面，但第一圈400米跑下来，我的前面只剩一位高大的选手了。第二圈我超过她身边时，能听到她呼呼的喘气声，而我却呼气均匀。因为在附中求学时，体育课上储德老师教会我们长跑时如何合理分配体力、控制呼吸，所以我冲过终点后并没有上气不接下气。以至于按秒表的裁判听到徐善明老师说我即将去援藏时，感叹地说："她800米跑下来那么轻松，看来可以一直跑到西藏去了！"

1978年，区里举办女教工排球赛，我们附中为了比赛临时组队。队员中有数学老师李少奎、物理老师叶杏娣、化学老师蔡爱莉、政治老师沈雪芬、体育老师陈慧芬、音乐老师王晓迈等，我也去"凑数"，还当上了队长。我们起先只是抱着重在参与的想法，没想到在体育组陆江山、范绍纯两位教练出色的训练和指导下，居然一场接一场都赢了！当时正值暑假，尽管天气炎热，但陆老师和范老师带我们训练毫不含糊。比赛时，他们利用暂停或休息的间隙，频频为我们支的招十分有效。郎建中老师不会打球，但他每场必到，发挥"嘴上谈兵"的特长。当时复兴中学、长风中学都是排球特色学校，等我们战胜了这两所学校后，大家斗志更足，决心要夺冠。最后一场我们轻松战胜市五中学，第一次（也是唯一的一次）获得区女教工排球赛冠军！比赛期间有两个花絮值得一说。

当时陈慧芬老师还在哺乳期，为了比赛，她带着婴儿一起去现场。要上场了，她就请场边的老师帮忙抱着，休息时再给儿子喂奶。我清楚地记得，在与四川中学比赛的那次，有一个球掉到孩子头上，孩子哇哇大哭，陈老师心疼地哄了哄孩子，幸好无大碍。她无奈地让抱孩子的人离场地远一些，自己转身又上场了！一次比赛前，我因细菌性肠胃炎，发烧腹泻，连忙赶去医院输液。当药液还没输完，我一看比赛时间快到了，拔下针头就赶去参赛。

当年，我们教工无论参加演出还是比赛，都没有物质奖励，没有车贴、没有冷饮费，毛巾和白开水各人自己带，演出的服装自己解决，比赛穿的运动服从学校总务处借，比赛结束后归还。精神奖励是有的，一张大红纸，写上我校的什么节目在区里获奖，或者参加比赛获得什么名次。我那次参加女子800米比赛获得第一名，工会就在进校门的地方贴了张大红喜报。唯有那次获得区女教工排球赛冠军，学校工会给我们每位参赛者发了一个两元钱的黑色人造革小包，那是破格了。

即便如此，当年附中教师的文体活动还是开展得非常活跃。如今想来，依旧无比怀念那段岁月。

九十载　附中情
——华东师大一附中 90 周年校庆活动日纪实

胡锦城

2015 年 12 月 6 日，星期天，华东师大一附中 90 周年校庆活动日。这天，天公作美，淅淅沥沥下了几天的冬雨终于停止了她恼人的脚步；这天，在虹关路 88 号校门口，搭建了充气的鲜红拱形大门，校园内彩旗飘扬，呈现一派喜气洋洋的节日景象；这天，来自海内外的 3 000 多位校友、嘉宾齐聚一堂，共同欢庆附中人的盛大节日。

早上 7 时 30 分，学生志愿者便在老师的带领下，在校门口、走廊里、教室内，早早地做好接待的各项准备工作。华初学生管弦乐队的演奏者们，整齐地列队站在尚健楼主会场外的空地上，吹奏着欢快的迎宾曲，恭迎校友们的到来。8 时不到，陆陆续续就有校友迈着轻松的脚步，跨入校园的大门。他们在接待处填好了信息表，领取了印有"九十载　附中情"六个大字的礼品袋，袋内装有《附中名录》《校友风采》等书和一条印有校庆标志的彩色围巾。校友们登记完毕，有的进入主会场，有的直奔教室，为校友聚会做准备；有的漫步在校史长廊，观看布置一新的展览；有的徜徉在校园，流连在操场上写有"九十载　附中情"的纪念墙前，拍照留影。9 时刚过不久，2 000 多份纪念品就被领取一空。

这天，有的校友白发苍苍，拄着手杖来了；有的行走不便，在家人陪伴下坐着轮椅来了；还有的校友携儿带女，其乐融融地来了。校友们见到了久违的同学，虽然不能一下子叫出彼此的姓名，但一阵热烈的握手、一个大大的拥抱，陌生感顿时便烟消云散。校友们沉浸在重逢的喜悦中，沉浸在回到附中的欢乐中，沉浸在祝福母校 90 岁生日的浓烈气氛中。

9 时 15 分左右，在尚健楼三楼篮球馆主会场，华初学生管弦乐队开始表演，他们演奏了《艾格尔》《在那遥远的地方》《自由探戈》等乐曲；庆典舞台的大屏幕上播放了学校宣传片《群星璀璨耀东方》。

9 时 30 分，以"九十载　附中情"为主题的庆典活动正式开始。

著名节目主持人、1984 届校友戚彦（阿彦）和著名播音员、1966 届校友刘文仪领衔，与高二学生吴丞源、张顺顺，共同主持了庆典大会。

庆典上，全国首届班主任工作学术论坛"班主任的专业发展"一等奖获得者、虹口区十佳班主任黄光炜宣读了虹口区委书记吴清同志专为附中90周年校庆发来的贺信。

吴清书记在贺信中充分肯定了90年来一附中所取得的辉煌成绩，并希望学校能以90周年校庆为契机，坚持办学思想，践行办学理念，突显办学特色，更加注重研究型学校建设和创新型人才培养，为促进虹口教育强区建设、服务社会经济发展、上海科创中心建设，做出更大贡献。

庆典上，华东师范大学第一附属中学校长陆磐良首先致辞。

他在致辞中代表华东师范大学第一附属中学，对各位领导、各位来宾、各位校友莅临本校表示热烈欢迎，并对大家在百忙之中出席典礼表示衷心感谢。他在致辞中着重阐述了90年前廖世承校长提出的"积极研究、勇于尝试、艰苦卓绝"的办学思想，并表示要秉承廖校长的精神和价值，去创造一附中更加美好的未来。为了感谢历任老校长、老书记在附中的各个发展阶段所做出的杰出贡献，他还特意安排了一个献花环节。当出席典礼的石源泉、蔡祖康、宋耀生、林葆瑞、孙稼麟、项志良、陈步君、陆继椿、陈宗义、葛启超、吴传发、方武勇、陈奕望、陈剑波等老领导，在"芳草地鲜花开放……"的校歌乐曲声中接受附中学子敬献的鲜花时，全场掌声雷动，大家都为这温馨的场面深受感动。

接着，校友代表、上海市科协主席、中国科学院院士、我校1962届校友陈凯先致辞。他回顾了自己在附中学习、成长的5年时光，深有感触地说："附中是一所好学校""附中有一批好老师""附中有一批好同学"。他说，人的一生要经历许多阶段，中学时期对人的影响可以说最为重大。这一时期学到的知识、培养的能力、养成的习惯、形成的思想，将在人的一生中长期起作用。好的中学教育，可以使人终身受益，附中就是这样一所好中学。

他在致辞中衷心祝愿母校不断焕发活力，蓬勃发展，蒸蒸日上，弘扬附中的优良传统，继续走在全市同类学校的前列，为国家培养一代又一代栋梁之材，成为受人尊敬、享誉中外的名校。

随后，虹口区人民政府副区长李国华同志、华东师范大学党委常委和副校长郭为禄同志、上海市教委副主任贾炜同志先后致了贺词。

李国华同志在贺词中回顾了一附中的发展历史和取得的骄人成绩，勉励学校继续秉持教书育人的历史使命和责任担当，为国家、为民族培养更多高素质的人才；希望一附中的教师坚定职业理想，以自己的人格魅力、学术素养感染学生，做学生健康成长的指导员和引路人；希望一附中的学生能志存高远，勤奋学习，全面发展，成为祖国需要的高素质人才。

郭为禄同志在贺词中回顾了一附中与华师大的历史渊源，回顾了两校紧密联系、紧密合作所取得的丰硕成果。他希望一附中在虹口区政府的领导下继承传统，迎接高考招生制度改革带来的机遇和挑战，励精图治，谱写上海高中教育新的华彩乐章。

贾炜同志在贺词中代表市教委对一附中 90 华诞表示热烈祝贺。他说，一附中是一所在上海乃至全国颇有知名度和影响力的历史名校。90 年来，一附中在推进教育改革方面，参与多项教育改革的试点，勇于承担各项改革任务，逐步形成具有自身发展特点的教育模式和教育风格，走在基础教育改革的前列。他对一附中所取得的成绩表示热烈祝贺，并对一附中的灿烂明天充满期待。他在贺词中对一附中提了三点希望：一是希望一附中坚持为国家、为民族培育英才的办学志向，不为功利所困，不为应试阻挡，以全面育人、科学育人为原则，积极探索，努力创新，再铸学校辉煌；二是希望一附中在高考改革中积极探索符合学校实际、有利学生发展的有效途径和方法，先行先试，善于总结，在上海发挥示范效应和借鉴作用；三是希望一附中坚持研究性文化为重点，积极研发研究性课程，以项目化为抓手，开展跨学科研究，提升学生敢于创新、乐于创新的能力，不断提高学生的创新素养，不断提升学校教育的软实力。贾炜副主任表示，市教委将一如既往地支持一附中的发展，并深信在虹口区政府、教育局的直接领导下，在华东师大的指导下，一附中一定能惠泽虹口，辉映上海，辐射全国。

当天出席庆典活动的区领导还有虹口区人大常委会副主任谢榕榕同志、虹口区政协副主席徐爱娣同志。虹口区教育局领导潘惠琴、常生龙等同志以及市教委有关处室、嘉兴街道的领导也出席了庆典活动。

领导致辞结束后，会场上举行了隆重的廖世承校长铜像的揭幕仪式。廖世承先生是华东师大一附中的前身之一——光华附中的第二任校长。他主持光华附中时，学校以"设备完善，办理认真，成绩斐然"列入甲等学校，与沪上当时的上海中学、南洋模范中学并称为三大名校。为了永远纪念一代教育宗师廖世承先生，学校特地制作了廖世承校长的铜像。

当校友会名誉会长陈步君先生、校友会会长项志良先生与廖世承校长的重孙廖云和重孙女廖震，共同上台为铜像揭幕时，全场响起了热烈的掌声。

随后的庆典活动分三章进行。每一章的开头，都用沙画的形式来演绎、突显主旨。

第一章　附中变迁

在庆典舞台的大屏幕上，沙画的表演者先后用细沙画出了三处富有代表性、标志性的建筑形态，以表现附中的变迁：1951 年秋，成立于 1925 年的光华附中与大夏附中合并为华东师范大学附属中学，校址是欧阳路259号；1952年，迁址到中州路102号；2005年，又迁至虹关路88号。最后，一座现代化的校园呈现在世人面前。此时，沙画的左上方出现"光我中华　弘扬华夏"八个大字。

然后，六位教师与学生集体朗诵了由语文特级教师、副校长李支舜撰写的《附中赋》。该赋描述了一附中从诞生、变化、发展到辉煌的整个历程。有领颂，也有齐颂，富有变化、抑扬顿挫的朗读，仿佛把观众带到了附中师生曾经共同奋斗的峥嵘岁月中。

第二章　文化传承

此刻，屏幕上的沙画，先是中间上方出现了一把火炬，接着在其两侧各画了一只手，然后在其下方又画了一本摊开的书。过了一会儿，书的上方，画面变化成一棵参天大树，枝叶繁茂，暗喻文化的传承和积淀。这时，画的上方出现"文化传承"四个大字。

在这一章，先是进行学生科技活动"机器人项目"表演。一附中是上海市科技教育特色示范学校，该"机器人项目"于2012年获得世界冠军，为学校争得了荣誉。接着，为了感谢广大校友，特别是1962届杨文瑛、1977届王如珍、1984届陈铮、1967届沈宗德等校友对母校的支持和帮助，陆磐良校长在庆典上为他们中的代表王如珍校友颁发了捐款证书。随后，校友代表周斌、向隆万、童明友、范伟达、叶骏、陈卫平、邹克耀、李怡平向在校学弟学妹赠书，举行赠书仪式。最后，在校学生表演了歌舞《青花瓷》。

这四项活动，看似没有什么关联，实则彰显了附中的文化，突出了附中的传统。

第三章　师生情深

此时，屏幕上的沙画，展现的是这样一幅画面：大地上有一棵幼苗，其左上方有一把正在浇水的水壶，右上方是一位年轻女教师的头像。其寓意是：学生正在"园丁"教师的辛勤浇灌下成长。当画面上的幼苗长大、开花，年轻女教师的头像则变成了满脸皱纹、一头银发的老太太。这时，开花的幼苗演变成一束花，左下方则伸出一只手，仿佛要把那束花献给年迈的老师。此刻上方出现"难忘师恩"四个字。这样的画面给人无限的想象空间，感人至深，令人动容。

在"师生情深"这一章，首先由附中教师代表、英语特级教师、虹口区教育系统英语学科高地理事长毕红秋发言。她回顾了自己在附中成长的经历，表达了愿为教育事业奉献终身的真诚愿望。然后是1967届校友、附中退休教师李蒸朗诵自己创作的诗歌《永不停止的接力赛》。这首诗回顾了附中教师对她的培养教育，讲述了自己走上教师岗位的往事，表达了感恩老师、深信教育事业一定后继有人的情感。最后学校男生合唱队在音乐老师黄玲的指挥下，多声部深情演唱了《老师，我总是想起你》，将以"九十载　附中情"为主题的庆典活动推向了高潮。

历时两个多小时的庆典活动，在全场嘉宾、校友、师生的热烈掌声中圆满结束。

下午，有的校友继续留在新校区，参观校容校貌、校史展览，或开展各班级的聚会活动；有的则前往中州路老校区，开始一段怀旧之旅。

据笔者了解，这天中午，陆陆续续有校友从虹关路回到中州路 102 号。那些曾在这里学习生活过五六年，甚至七年的校友，将中州路 102 号视作自己精神上的家园、生命中的福地、人生中的驿站。他们在母校 90 岁生日这天回到这里，犹如回到母亲的怀抱。这里的一草一木、一窗一门、一桌一椅，甚至空气都是那么熟悉。他们回到昔日的教室，坐在曾经的座椅上，让思绪穿越时空；他们悠闲地在校园内漫步，东瞧瞧，西看看，只为寻找少年时清纯、青春的印记，甚至还有初恋的滋味。据统计，这天有 30 个教室被提前预订，有近 800 名校友回到中州路的母校旧址。

当夜幕逐渐降临，步出两处附中校园的校友们依依不舍地道别，大家相约来年再见。据了解，前来参加 90 周年校庆的 3 000 多位校友，既有 1949 届的耄耋校友，也有刚进大学的应届校友，前后跨度达 66 年。从历届校友预定教室的 100 多个班级分析，60、70 年代毕业的校友前来参加这次校庆活动的人数最多。校友们对母校怀有深深的眷恋，对母校充满了深深的感激，更对母校的发展充满了殷切的期待。从校友们互相转发的微信上，你也能深切地感受到他们浓浓的附中情。

在此，我们不妨摘录几段，作为本篇报道的结束语。

2005 届邵晶皓：

昨天是我母校一附中的生日，九十周年校庆，我已经毕业十年了。可是走到熟悉的校园里，一切都没有变，那个充满欢乐的寝室楼空置了，落下了重重的灰尘，可是在里面生活的一切时光，还鲜活于我的心中。走在通往办公室的那条走廊，走进不变的昔日教室，想起阮阮娓娓道来的语文课，想起祝老大的那些带着浓重上海腔的化学方程式，想起方老师对我物理课上的包容……那个时候真的好单纯、好美好。

2001 届李麦琪：

就像记忆开了闸，太多画面涌入。上学路上期盼的偶遇，清晨升旗仪式时的私语，课堂里的小动作，午饭时候拉帮结伙觅食，傍晚操场上踢网球，回家路上想着今晚作业还有多少没做。这里有穿着水手服校服的漂亮女生、捣蛋却不坏的兄弟们，老师一个个那么和蔼，即使今天看也能感受到温暖。你问我，这中学七年有什么遗憾，我说就缺一场恋爱，但这缺了角的回忆却是无比美好。我想这也是我至今梦里几乎没出现过交大、欧洲工商管理学院的校园，而永远是这个校园的原因吧。

生日快乐，华东师大一附中。

学生篇

从《晨曦》想到我的老师

1928 届　赵家璧

　　1925 年，"五卅"惨案在沪发生。6 月 3 日，我在圣约翰大学附中一年级念书，因美国校长卜舫济不让我们全体学生悬半旗为死难烈士致哀，一场反帝爱国的学潮爆发了。此后，就由离校学生的家长张寿镛先生等，靠中国人自己的力量于短时期内创办了上海光华大学，同时附设中学。秋季开学，我就进入高中一年级。由于全校弥漫着一股奋发图强救中华的爱国热情，附中学生自治会成立后，学生自发地要求配合学校，除认真读书外，各自做出些贡献。学生会下设编辑部，决定出版一种像样的中学校刊，经过商议，刊名为《晨曦》，每季出 32 开 10 万字铅印本一期，我被选为编辑之一。说办就办，次年 1 月 20 日创刊。如果从我开始当学生编辑计算起，距今正好一个甲子。

　　当年，几个中学生能够编辑出版这样规模的校刊，全靠几位热心老师的指导和帮助。学校老师除了在课堂上谆谆教诲外，还善于观察每个学生的爱好，然后发挥他们的特长，让他们从事各种课外活动，引导学生去独立思考，从实践中自己解决问题。出版校刊也是其中之一。我们当时共有 10 多个同学组成了编辑部，聘请 4 位老师当顾问。当我们遇到困难时，才去请教老师，老师绝不包办代替、发号施令，而是放手让我们一群十六七岁的大孩子自己去动脑筋、去实干。他们仅仅指导我们如何去找合适的师生组稿，如何排列每期的选题目录。审稿加工由学生自己去做。重要的文章才请熟悉这一方面的顾问去做决审。我记得，学校中搞事务的职员老师介绍我们到浙江路华丰印刷所印报刊。跑印刷厂、看校样，都由同学分工负担。当刊物出满 4 期后，我被推为总编辑。我试行改革，把教会学校校刊半中半西（一半刊英文作品）的传统打破了，全部中文，增加篇幅（每期十二三万字），彩印封面，扩大发行，面向社会。这时学生会所拨经费不够开支，于是请教了一位教工商管理的商科老师，他建议我可以向同学家长中经营工商业或挂牌行医者兜揽广告。我这个总编辑便兼了个广告主任，亲自上冠生园、商务印书馆等大企业请求赐登广告。这样一来就保证了刊物在经济上的收支平衡。同时又由老师出面，请全校同学推销校刊（每一同学可得赠书一册），在全市各有关地点，如学校、图书馆、书店等设经销处，一本小小的校刊就这样推向了社会。上海解放后，上海文艺出版社编了《全国现代文学期刊目录》，《晨曦》荣列其中，这是我所意想不到的。

在大西路光华附中的岁月

1931 届　祝永年

1929 年至 1931 年,在光华附中念书的这段时间是我终生难忘的岁月。

那时,才十四五岁的我,每天走在上学的路上,觉得大西路很长。穿过凯旋路的铁路道口,再前行约 200 米,往东拐入一条小路,即望见一座玲珑小巧的水泥牌坊,横匾上标有秀丽遒劲的"光华大学"四个金字(系捐地办学的王省三先生的手笔),这就是学校的大门。

进入校园,东西对峙着两座气宇轩昂的宫殿式大楼,西楼为大学部,东楼为中学部,两楼之间的中央竖立着高耸的旗杆。两座大楼和旗杆把校园划分成两半,北部布置成绿化地带,南部中间为田径场与足球场。运动场的场西为学生食堂,场东是附中学生宿舍。我就住在二楼朝南的房间里,书桌紧靠着南窗,向外望去,是无边无际的田野,大小坟墩起伏在稻禾之间,临窗正对着一座高大的坟墩。每天清晨我总带着笔记本到校园西北角上的一座孤坟旁边早自修,效果特别好。后来听人说,这就是捐给光华建校基地的王省三先生的祖坟。我这样细水长流的学习方式,使我每逢期终考试,当同学们紧张地复习时,我倒觉得轻松安闲。由于我考试成绩名列榜首,故每学期都获得学校颁发的奖学金。至今,老同学相聚时,还有人竖起大拇指夸我一番。记得谭惟翰就是老称赞我的人,惜乎!他已在去年谢世了。我怎么也忘不了,大西路光华附中这片园地,竟成为我求学时代学习效果最好的地方。

记得附中的教室在东大楼,每间教室里,课桌椅排列整齐,窗明几净。同学们对老师很尊敬,课堂纪律也很好,听课时鸦雀无声、聚精会神。这是因为当时光华附中师资力量雄厚,有许多好老师。邢鹏举先生是教中国近百年史的,当讲到帝国主义历次侵略史实时,他声泪俱下,学生无不为之动容,这也激发了学生的反帝爱国之情。姚舜钦先生教世界地理,他采用英文版教材,开始时学生听课有点困难,几周之后就能跟上了。这样不仅学到了地理知识,而且提高了英语阅读能力。倪若水先生教几何,他的板书清清楚楚,画图明净正确,不用圆规,手臂一转就成一个正圆。加上他讲课时精神十足、口齿清楚,学生得益匪浅。桂叔超先生教代数,条理清楚,学生听了心领神会，消除了解题的困难。其余教语文的张振镛先生、教英语的吴清先生也都是好老师。

附中的校长廖茂如先生，长长的脸，尖尖的鼻子，高高的个子，瘦瘦的身材，穿着长褂子，很朴实。他待人彬彬有礼，说话带着嘉定口音。他是著名的教育家，办学十分严谨，管理有条不紊，使光华附中无论在学业成绩还是体育比赛方面，都名列上海全市之冠。

我怎么也忘不了，在大西路光华附中念书期间，我有幸遇到廖校长这样的好校长和上面提到的许多好老师，他们的言传身教使我终身得益！

如今当年的大多数同学音讯全无，只有少数几位至今还保持联系，他们是张鄂联、张芝联、廖家义和丁忠保，喜爱打篮球的宋启后和多才多艺的谭惟翰已在一两年前作古了！

我怎么也忘不了，在大西路光华附中结交到这几位好同学，他们成为我的老朋友。

回忆中学时代的姚依林

1935届 萧 霖

姚依林，原名姚克广。1930年，我考入光华附中初二春季班，他比我早半年，是秋季班。"九一八"事变后，学生运动蓬勃发展，我们一同去南京请愿时，成了亲密的朋友。

记得黄炎培先生到学校演讲，带来了日本田中内阁上天皇的奏折，开头有"如欲征服世界，必先征服支那"的话。我们看了非常气愤，高唱起岳飞的《满江红》词。姚依林用毛笔写了"莫等闲，白了少年头"的大纸条送给我，我拿来贴在宿舍的后墙上。

当时，姚依林住在静安公园隔壁的延年坊，他父亲早逝，家里只有母亲、姐姐。他母亲很和蔼，姐姐姚锦新外语异常地好。姚依林平时生活非常俭朴，蓄平头，穿蓝布大褂。他思维敏捷，落笔异常的快，无论写什么，一会儿就写好了。他念书很勤奋，涉猎面很广，外语很好，得力于他姐姐的帮助。有一次，我在他家玩英文单词接龙的游戏，他姐姐出了jazz，我只能用zero或zoo接上，他却用zebra接上，可见他的英语阅读很广泛。同时，他的中文也有相当的造诣，除了介绍我看"三李"和"苏辛"的词外，还介绍我看韦庄的《浣花集》、纳兰性德的《饮水词》和王国维的《人间词话》。他还用宣纸写了韦庄的《女冠子》和纳兰性德的《水仙子》词送给我。当时，我们也谈到王国维的《浣溪纱》是他自沉昆明湖的先兆。一个中学生对中国古典文学有这样的理解是难能可贵的。

1932年"一·二八"淞沪抗战发生后，闸北、吴淞一带的难民被收容在大世界。我姐姐是学护士的，就义务去看护难民的孩子，不幸染上了时疫，没几天时间就去世了。办理丧事的钱，我一时来不及筹措，为难之际，姚依林立刻告诉了他母亲，借了钱给我。虽然没过几天，我家电汇的钱到了，如数还了他，但他在我患难时给予的帮助，至今我铭记在心。

他中学毕业后考上了清华大学经济系，我们时有通信联络。"一二·九"学生运动发生后，不久便没有了他的音讯，但他一直让我牵记。直到"文化大革命"后期，才知道他改了名字。1988 年西南联大 50 周年校庆，我陪弟弟去昆明，遇见了姚依林的表妹陈文希，她说会后要去北京见姚，我托她向姚问候。1992 年上海师范大学举行廖世承校长百年纪念会，姚依林专程托人送来祝辞，笔意潇洒，不减当年。

　　姚依林严格要求自己，勤俭朴素，刻苦努力，才智过人，知识渊博，是一个通才。我拉杂地写了这些，主要说明姚依林中学时代在抗日浪潮中激发了爱国主义思想，加上党的指引，便走上了革命的道路。至于他为我国经济建设做出的卓越贡献，以及他在革命中的巨大功绩，自有党和国家的记载，无须我来写了。

我编《光华附中》半月刊

*1936*届 范 泉

50多年前，大约是在1933年秋季，教我们中国近百年史的老师邢鹏举，找我谈了一次话，要我帮助他编辑《光华附中》半月刊，我高兴地同意了。

《光华附中》半月刊，是发表全校师生学术论著和文艺创作的校刊，名义上虽说是半月刊，实际上却是一个月刊，有时甚至是双月刊。16开本，彩色封面，每期字数一般10万字以上，有时出版特刊，就增加篇幅到20多万字。作为一所普通中学，能够出版这样一个基本定期的大型刊物，这在当时的上海，甚至在全国范围内，也可以说是并不多见的。

邢鹏举先生是徐志摩的学生，曾在《新月》杂志上发表过作品，追求唯美主义的艺术理想。我和他走的是两条路子，但是有一点却使我对他十分钦佩。他能放手让我这个17岁的孩子大刀阔斧地自作主张，从刊物的组稿设计、编排划样，以至跑印刷厂去校对或改版，除了定稿时检查一次编列的内容和格式外，他都一概不闻不问。这使我思想上解除了顾虑，充分发挥了我的主观能动性。就这样，我编刊物的兴趣越来越浓了，对文艺创作也越来越喜爱了。我不仅给校刊写稿，还给当时黎烈文主编的《申报》副刊《自由谈》投稿。我的第一个描写故乡金山卫盐民生活的剧本《归》，在校刊发表以后，由潘子端（予且）先生导演，在学校的礼堂里公演。这就进一步激励、鞭策我编好这个刊物，写好我的习作。

从《光华附中》半月刊上的记载里，可以看到当时附中校园里空前活跃的多种多样的课外活动。文艺会演、国语演讲比赛、英语演讲比赛、数学竞赛、辩论会、运动会、文理商科之间的球类比赛、班级墙报或班刊评比等，真可以说是千姿百态、丰富多彩，一片春意盎然的蓬勃气象。记得当时国语演讲比赛的优胜者常有谭惟翰等，英语演讲比赛的优胜者常有姚克广（后改名为姚依林）等。参加辩论会的柳存仁（雨生），善于诡辩，灵机一动，能把死的说成活的，黑的说成白的。和我同班、坐在我背后的舒昌格（拍摄电影后改名为舒适），是一位名不虚传的"咱们班的篮球健将"。他在运动中锻炼得腿壮、胳膊粗，为他后来走上舞台和银幕扮演正面的英雄人物形象准备了条件。

学校的老师如潘子端、邢鹏举、姚璋（舜钦）等，带头著书立说，从事科研和创作小说或翻译，有力地影响了全校学生开展广泛的学术研究和文艺创作活动。当时经常在《光华附中》半月刊上发表论文和文艺创作的同学有李励之、谢云晖（飞白）、谭惟翰、柳存仁等。现在，作为课外活动的积极参与者，姚克广膺选了为全国人民服务的国务院副总理，舒昌格成为名导演，谭惟翰成为一员能说会道的教育家，柳存仁在澳大利亚的中国文学研究所工作，李励之在印度尼西亚，我则是最碌碌无为，干了一辈子的文学编辑工作。

虽然时间已经过去了50多年，但是每当想到自己怎么会跟铅字和书稿打交道的时候，就会想到从17岁开始我协助编《光华附中》半月刊的情景，想到为这个刊物挥毫的一大批才华横溢的老师和同学们，想到光华附中这座冶炼和培养各种人才的教育大熔炉！

回忆抗战期间光华附中的学生运动

雷 霆 张和谋

抗战前，光华附中与光华大学的校址一起在上海西郊法华镇（现为延安西路中国纺织大学校址）。"八一三"后，校舍被日军炮击，夷为平地。学校先迁至愚园路岐山村，再迁至成都路，最后迁至汉口路证券大楼。1941年12月8日，太平洋战争爆发，日军占领租界，日伪逼迫各大、中学校都向其"登记"，受到光华爱国师生的抵制。1942年2月，学校为了维持教师生计，让学生免受失学，改办壬午补习社，直至日本侵略者投降。

抗战前期，光华附中虽有个别学生党员，如侯聘（后改名王一凡，1936年11月入党，1986年病逝于南京），但未建立党的组织。1938年初开始在校内建立党支部，至1943年上半年，党支部共历九届。历任党支部书记依次为：张本（即张玉谋）、金瓯卜（即金嗣忻）、晓歌（即徐光桑）、雷霆（即雷筱粹）、高平、徐智（即徐沛身）、冯秉序（即冯永年）、詹荣曾、乔石（即蒋昭明）。

一、抗战前期的救亡运动

1935年12月19日，上海各大、中学校学生为支援北平"一二·九"学生运动举行游行。当各大学学生夜间步行来到光华附中时，侯聘即去大操场打钟集合同学参加游行，一同到江湾，向上海国民党市政府请愿，要求国民党停止内战，一致抗日。请愿活动一直坚持到第二天上午。社会各界闻讯后纷纷派代表买了面包前去慰问，以示声援。直到国民党上海市市长吴铁城被迫出来接见，并答应将学生意见书转报南京当局后，游行才暂告结束。部分进步学生还参加了以"七君子"为首的上海各界救国联合会在租界内召开的大会，聆听了沈钧儒等人主张抗日救亡的演说。会后游行，向沿途群众宣传抗日救国。游行至华界时，队伍被军警围攻，不少学生被打伤，更激起了群众的义愤，抗日救亡运动由此一浪高过一浪。

1935年，北平"一二·九"运动后，光华附中的学生，主要是高中学生，开始活跃起来。他们不仅在本校活动，而且与外校进步学生也有较广泛的联系。在校内，许多进步同学是四川籍和广东籍的，他们就以四川同乡会、广东同乡会的名义进行活动，并逐步团结其他省、市的进步同学。1936年，抗日青年救国团成立，校内的组织由侯聘负责，他同时兼沪西区抗日青年救国团的领导工作。参加的成员有兰肇恒（即李止舟）、张源庆（即张一鸣）、何鹏、王昌颖、赵涛君、沈世豪（即胡斌）、雷霆等。

当时，青年学生出于对民族危亡的悲愤和渴求真理的激情，举办了各种爱国进步活动。其一是办读书会，由参加者各人拿出自己的进步书刊，建立一个"流动图书馆"，交换阅读，议论时事。书籍大致有《新生代》《土敏土》《铁流》《大众哲学》等，报刊有《团结》《解放》等。其二是组织学生观看进步影剧，如《夏伯阳》《女壮士》和话剧《大雷雨》等。还曾聘请知名音乐家盛家伦等来校，向同学教唱抗日救亡歌曲，如《松花江上》《打回老家去》《毕业歌》等，每周一次。当时正在拍摄的电影《夜半歌声》的主题歌和几支插曲，就是由光华附中歌咏队演唱时灌的音。学生剧团曾由金山、崔嵬等担任导演，演出过《阿比西尼亚的母亲》《放下你的鞭子》等。上述种种活动，向广大学生、群众揭穿国民党当局的"攘外必先安内"的不抵抗主义谬论，激起他们抗日救亡的热情。与此同时，校际之间的活动也相当活跃。

1936年鲁迅先生去世，出殡时，光华附中也有部分进步学生参加送葬，在举行下葬仪式时，聆听了宋庆龄等人的讲话。

1936年12月中旬，当"西安事变"和平解决的消息传到上海时，光华附中全校师生连夜集中在大操场，以示庆贺。以抗日青年救国团成员为骨干的光华附中进步同学，还曾多次与外校同学一起，组成上海学生剧团去郊县进行抗日救亡宣传。1936年7月，剧团去松江演出，却被国民党松江县长率领军警团团围住，切断电源，不准演出。僵持达数小时之久，最后剧团被强行押送回沪。在火车站，赵涛君等同学向围观群众慷慨陈词，说明事实真相，博得了群众的广泛同情。这些斗争，进一步暴露了国民党当局压制抗日运动的真面目，同时也更增强了同学们抗日救亡的决心，使他们更紧密地团结在党领导下的抗日青年救国团组织周围。事后，上海的报刊专为此事做了报道，刊登了当时现场的照片。

二、抗战中的抗日救亡活动和反汪斗争

这一时期从淞沪抗战爆发到1941年"一二·八"太平洋战争，日军占领租界为止，形势逐渐趋向恶化，抗日救亡活动从公开、集中逐渐转向隐蔽、分散，并从校外逐渐转向校内和班级。

"八一三"战事初起，租界外的大、中学校因地处战区，都先后迁入租界，家在外地的同学纷纷离沪返乡。这时，光华附中原抗日青年救国团成员，留在上海的侯聘、王昌颖、张源庆等数人，也先后进入租界。1937年底，王昌颖绕道武汉去参加新四军。1938年初，侯聘直接去了解放区。

侯聘离沪前，曾在张源庆的住所创办过一个读书会，从研究抗日民族统一战线问题开始，大量阅读、讨论进步书刊。最先来指导读书会的是广西人苏曼（党的学委委员、留日学生、烈士）。1937年底，苏离沪去延安后，就由学委书记刘峰来继续指导。参加读书会的有张源庆、张玉谋、沈毓刚、雷霆等。实际上这是一个小型的"建党训练班"。参加读书会的同学先后都入了党。根据1938年3月《中共中央关于大量发展党员的决议》和江苏省委的相应指示，从1938年上半年起到1939年下半年，光华附中先后发展了一批党员。其中有张玉谋、张源庆、金嗣忻、沈毓刚、徐光桑、雷霆、陈义鑫、董乐山等，并于1938年上半年成立了光华附中的第一届党支部。

1937年10月，党为了适应抗战形势发展需要，大力加强开展学生界的抗日救国运动，领导成立了上海学生界救亡协会（简称"学协"）。光华附中是首批参加"学协"的中学之一，并很快在校内建立了"学协"小组，发展了一批会员。"学协"在校内的活动就此蓬勃地开展起来。同年秋，高中一年级文科班以徐光桑为首的一批爱好戏剧的同学，在张敏普（影剧界著名人士张石川之侄子）家创办了"初步剧社"，排演过《月亮上升》《五奎桥》《烙痕》等进步话剧，有的还在卡尔登大戏院星期剧场演出过。为更好地团结女同学，组织了女同学会，先后由张玉谋、张恺谋担任会长。"学协"和女同学会在学校开展了多种多样的爱国救亡活动，组织学生到难民收容所慰问难民，到伤兵医院慰问负伤的士兵，并带领学生去慰问抗日英雄谢晋元和"八百壮士"。此外还创建了流动图书馆，同学互相交流进步小说和书报杂志，并在进步同学中传阅斯诺著作《西行漫记》及"学协"出版的《学生生活》等。女同学会还组织歌咏队、教唱抗日歌曲以及发动义卖和劝募寒衣等活动，团结了广大同学，培养了一大批积极分子。

当时对青年学生进行思想政治教育的基本做法是：从日本帝国主义要亡我中华的严峻现实出发，激发青年学生的爱国热忱；进一步引导他们去思索，在国民党蒋介石统治下国家何以糟到如此地步，日军何以如此嚣张长驱直入，从而使他们意识到蒋介石反共、反人民、投靠帝国主义的反动本质。"学协"还联系"社会上为什么还有那么多的不公正以至黑暗的现象"，从而教育学生得出结论：抗战的前途，中国的前途，只能依靠以中国共产党为代表的进步力量和亿万人民群众。这样做，使广大学生包括家境较富裕的中上层家庭的青年学生也能接受，认清了方向，明确了个人前途同国家前途是紧密相连的，从而逐步走上革命的道路。有的还直接奔赴前线投入战斗，甚至献出了自己年轻的生命。

租界沦为"孤岛"后，根据日益恶化的形势，当时党的工作作风和工作方式方法实现了大的转变。从前一个时期以开辟阵地、扩大组织为主，转到更深入隐蔽、以巩固阵地为主，在巩固中求得稳步发展。原上海学生界救亡协会，经1939年4月"学协"第三次代表大会，改名为"上海市学生协会"（仍简称"学协"）。到 1940 年下半年，为了应对突发事变，学委决定让"学协"上层停止活动，各个党员就所在学校的级、班，通过学生会、级会、班会开展工作。

1940 年 3 月汪精卫在南京登台后，对上海租界施加的压力就更大了。汪伪为推行奴化教育，强迫在租界内的大、中学校向汪伪政权"登记"。为了激发学生青年的民族气节和爱国主义精神，粉碎汪伪阴谋，在党的领导下，租界内的各大、中学校里，普遍掀起了一场轰轰烈烈的反对悬挂拖着"和平、反共、建国"黄色小尾巴的伪国旗和反对学校向汪伪政权"登记"的反汪斗争。我们分析光华附中学校当局的政治态度是站在国民党一边的，对校内进步力量是歧视的。有的行政负责人对抵制"登记"的态度是有顾虑的，在汪伪的压力下，既不甘心公然附逆，但又不敢得罪汪伪，于是要求学生埋头读书，不问国事，反对学生参与政治活动。学生中的进步力量是坚决反对"登记"的，部分学生虽然反对汪伪，但因为顾虑文凭问题，行动上抱观望态度。根据上述情况，光华附中的党组织提出了在进行反汪斗争中，要坚持公开、合法和群众性的原则，斗争要讲究策略，并提出了"反对登记、反对奴化教育""宁可失学，决不要汪伪政府发的文凭"等口号，向学生进行广泛的宣传教育。党员和"学协"干部站在斗争前列，和各班进行广泛的联系和酝酿，在发动群众的基础上，由各班推出一名代表，全校共 21 人，其中有党员陈义鑫、董乐山等，向校方交涉，提出要求停课，召开全校学生大会，要求校方坚持不向汪伪"登记"。

当时，接见学生代表的教导主任对学生的行动感到惊恐，表示对于学生的要求会向校长报告，但不准停课开大会，说后即匆匆离校。学生代表对此很不满，便发动各班同学约 200 人，自行在证券大楼七楼召开了大会。代表们在会上报告了向校方交涉的经过，表明了坚持反对向汪伪政府"登记"的坚定立场。大会一致同意，并委托代表直接向校长交涉，送去以全校同学名义发出的《宣言》。之后，校长在家中接见了代表，表示对"登记"一事早有所知，文凭没有问题，可放心，并说："我校自建校以来从未发生罢课（指停课），你们年轻，无经验，不要被人利用。"代表不和校长正面争论，而是强烈表示了为了维护民族气节，发扬"六三"（声援五卅运动的"六三"离校事件）光荣传统，坚决反对"登记"，反对奴化教育的立场。经过这番交涉，校方迫于学生的强烈要求和正义行动，最终未向汪伪"登记"。通过这次斗争，党的政治影响扩大了，也发展了一批积极分子。但由于对校方的争取工作做得不够，发动群众不充分，少数党员、干部冲在前面暴露了力量，之后一些党员被校方除名，受到一定的损失。

三、反汪斗争后的"光华团契"活动

1940 年秋，陈义鑫、董乐山等因反汪斗争于学期末被学校除名或勒令转学，有的党员和干部撤退去解放区，留下来的只有张和谋等少数党员。组织上派曹向（即徐智）、冯秉序等党员考入学校充实力量，不久曹向又去了解放区。学期结束后有些党员转校，党组织和进步力量有所削弱。1941年秋，上级党组织又陆续部署一批党员考进学校，计有詹荣曾、周充瑞、何以文、朱福昌等，加上原有党员陈庆绮、陈秉钤等，党的力量有所加强。1942年又先后发展了倪耀文（即陆明）、陈建元（即余瑾）入党。他们在党支部领导下，团结了褚善元、秦寄生（即秦建生）等一批积极分子。根据党的"勤学、勤业、交朋友"的方针和努力学习、尊敬老师、与同学交知心朋友、在师生中树立威信等工作要求，鉴于光华附中有普遍采取"团契"形式开展活动的传统，并能为大多数学生所接受，而且也能取得校方的许可和支持，于是组织"光华团契"，开展多种多样的活动。如通过读书、听音乐、看戏、看电影、跳舞、秋游等，以及到同学家串门、到老师家拜年，来团结同学、争取教师，一点一滴地积蓄力量，将群众队伍重新组织起来。活动规模较大的是组织全校性乒乓球比赛。决赛是在八仙桥青年会举行的，学校领导人也来观赛。最后，在场的同学和学校领导人一起在青年会八楼合影留念，从而提高了"光华团契"的合法地位。"光华团契"以高三年级为主，组织光华足球队与交通银行、邮电局球队进行比赛，扩大了影响。"光华团契"还与校内陈庆绮参加掌握的"新曙社"一起，在辣斐大戏院组织演出有进步意义的话剧，为创办义务中小学筹款。还租用北京路和平里三林小学校址，创建了壬午义务小学，后又扩充为壬午义务中小学，并在北京路的一所中学内建立了分校。这样，使数百名贫苦家庭失学少年儿童得到了就学机会。其中一些学生后来也走上了革命的道路。由于义务中小学颇具规模，因此动员了相当一批同学去任教。这在团结教育群众方面起了积极的作用。

　　1942年下半年，光华附中改为壬午补习社，教学活动到1943年秋就结束了。当时，校内还留存少数党员，工作更加艰苦，待学校全部结束后，这些党员或转校，或转移去新四军根据地。光华附中党组织存在的整整5年内，未遭敌人的破坏。据现有材料，从抗战爆发前夕到1943年秋学校全部停办为止，先后在光华附中学习、工作过的党员共有50多人。其中，先后去新四军根据地的近20人，已去世的6人，即何以文、周充瑞（在战斗中牺牲）、侯聘、王昌颖、王荣卿（病故）、陈南涛。

　　光华附中的这段历史，在抗战期间的上海学生运动史上留下了值得回忆的一页。

　　本文根据胡斌、张逸民、雷霆、陈禹孙、张和谋、陆明、余瑾等同志提供的材料撰写

我所知道的抗日战争时期的光华附中

1946 届　李贻钧

抗日战争时期，光华附中在汉口路的证券大楼办学。1942 年以后，光华附中改名为壬午补习社。在当时的中学里，光华附中不仅是一所具有爱国传统、有民族骨气的学校，而且还有良好的学习风气，为社会培养了一大批人才。

1941 年 7 月，我因原来的学校校长当了汉奸，教学搞得不好，就由表哥周镜潭介绍，进了光华附中，读初一下。当时，高中部在 8 楼，初中部在 3 楼，每天上半天课。

附中的教师都是很出色的，如语文老师万云骏、英文老师吴遐龄、代数老师归孟坚、生物老师毛仲磐、物理老师唐志瞻、化学老师徐燕谋、历史老师姚舜钦等。老师的教学比较认真，上课时很能吸引学生。学生都想多学点知识，多读点书。学校的课堂里总是比较安静的。那时学习风气良好，半天上课，还有半天往往是三三两两互相帮助，做功课。半日制的学校里，学到的文化知识并不比全日制的少。

当时，十里洋场的上海孤岛，熙熙攘攘，畸形发展。证券大楼又是股票、证券、房地产买卖的集中地。在这样的环境里办学，取得这样好的效果，确是不容易的。

当年的 12 月 8 日，日寇侵占上海的租界。早晨，我还是按时到校。路上日军杀气腾腾，到校时，校内气氛也紧张。8 楼的高中同学发动罢课，3 楼初中有的班级还在上课。很快，高中来 3 楼动员，初中也全部罢课。学生的罢课得到校方和老师们的支持。10 时左右，大家都回家了。

1942 年年初，学校通知我们，为了应付日伪的立案登记，保持学校的民族气节，决定改名为壬午补习社。实际上，课程照旧，老师很少走的，同学也很少换校，因为大家对光华附中还是充分信任的，何况不少同学的家庭与光华附中有千丝万缕的关系。当时，为了应付，学校不得不设日文课。可是，同学们很不愿意上日文课，一上课就吵吵闹闹。一个男老师、一个姓王的女老师，也没有办法。考试时，几乎没有人不及格。为什么？大家都互相传递答案。有一次考试，不知哪位同学把课文都抄在教室的梁上，谁都能看到，唯有那位高度近视的女老师看不到。现在来看，这件事是幼稚可笑的，可是却蕴藏着一个中学生的爱国之心。

1943 年 9 月，我们进入高中，学校按规定还是分设文、理、商三个班，这在当时是少见的。我是理科的班长。这时，扬州中学有一个班合并进来。王以琳、王以琦和我的堂兄李贻为，还有张松鹤等都来了。这些同学的功课也都比较好。文、理、商三个班中，文科和理科功课好的同学多，一直保持到高中毕业。高三时，我记得还有一个学校的班级部分同学也进入光华附中，来到我们班级。

1945 年 9 月抗日战争胜利，我们已是高三了。光华附中恢复了，记得在 10 月或 11 月，廖世承老师从重庆来到上海，对我们做了一次讲话。他是我们附中的校长，后来，又宣布张芝联老师是校长。学校着手复校，寻找新的校址，在 1946 年 7 月搬到了欧阳路。

抗战胜利了，校名恢复了，大家情绪很高。可是，物价飞涨，学费高昂。有部分同学为交不起学费而发愁。于是，大学部的同学搞了助学运动，很快吸引了初中部同学。最早的助学运动是在 1945 年年底，助学机构活动地在牯岭路的净土庵里。大家向社会募捐，还发动义卖，推销国货，抵制美货。这是在抗日胜利后光华大学地下党支部领导组织的第一次重大活动，那时还是在青年会的名义下开展的。这是我第二次参加社会活动，就此走上了革命的道路。

助学运动以后发展为敬师运动，到 1946 年 6 月间又发展为"要和平反内战"运动，很多同学签了名，参加"六二三"游行的同学有几十人。这段时间，我们班级、高二乙、初三、初二比较活跃一些。高二乙班是全科模范集体转来的，这个班里有地下党员张饮神、李家栋、庄迪军、金福根等。

这段时间，学校里有中共地下党领导的学生运动，也有国民党下属的三青团（三民主义青年团）方面对学生运动的破坏。过去在抗日战争时期的三青团学生以及以后青年军转来的人，他们搞了一个三青团的上海学生总会光华附中分会，专门与我们唱对台戏。但是这些人不得人心，而且功课不好，还有的行为不端，争风吃醋、打架斗殴，不仅同学们看不起他们，教师对他们也没有好感，他们活动的市场极小。

回顾这段历史是很有意义的。这所有着爱国光荣传统的学校，为社会、为祖国培养了一批人才。仅就我们班来说，就有许多同志在上海解放前后，为建立中华人民共和国、建设社会主义贡献自己的力量：有的入了党，有的当了干部，有的成了技术骨干，有的同学去了香港，但还经常回沪看看日新月异的上海。

密切联系群众的党小组
——记 1946 年初至 1947 年春季光华附中党的活动

1947 届　张钦楠

　　我于 1945 年 8 月在上海金科模范中学参加了中国共产党，随后不久相继发展了同学金福根、李家栋入党，成立了党小组，我被指定为小组长。我们当时的基本任务是联系群众，并揭露国民党发动内战的企图。我们几个党员的群众关系都相当好，我当时被选为级长，并负责编辑学校的墙报。1946 年初，我们在墙报上批评校方贪图营利的行为，得到同学们的支持，但为此受到校方的压制、报复，学期末竟然要我们全班同学留级。同学们都非常愤慨，表示再也不能在这个学校读下去了。经组织同意，我找了叔父张芝联（当时光华附中的副校长），希望能让我们全班转到光华附中。经他征得廖世承校长和老师们的同意，把我们班与光华附中的高二合并。由于转学人数多，于是把高二分成文、理两个班，金福根、李家栋在文科，我在理科。我们的这一行动在上海《学生报》上被报道，并受到社会的支持。

　　当时光华附中在上海汉口路证券大楼上课，与大学部在一起。我们进校时，附中原来有一名党员李贻钧（上海解放后为上海郊区农委负责人），因为只有一名党员，所以他的关系放在大学支部。我们进校后，大学支部因工作需要，经组织同意仍把他留在大学部，但有些活动两个支部一起搞。比如，共同编辑油印刊物《六三通讯》，一起组织文艺联欢会、售敬师章等。这些活动不仅密切了支部之间的关系，也密切了我们与学校之间的关系。我把售章的收入交张芝联后，他在课堂上代表校方表示感谢。

　　有了学校和老师的支持，我们的工作才能如鱼得水。一次，国民党搞"反苏大游行"，市教育局下令当天所有学校停课。我于是找张芝联副校长商量，他表示不赞成教育局的做法，但又不好明确反对，于是校方采取既不宣布停课，也不宣布上课的做法。那天，教师大都仍然去上课，理科学生绝大部分继续上课，文科学生有一部分去参加了游行。第二天，我们在学校走廊上嘲笑游行后当局派车送面包的做法，说他们一边"反苏"，一边吃"罗宋面包"，弄得一些三青团员狼狈不堪。这次以后，我校的国民党、三青团再也搞不成什么活动了。

　　1946 年秋，学校搬到欧阳路新址。我和许多同学住读在中学部三楼的大宿舍内，一百余人济济一堂，对增进友谊、联系群众有很大好处。我们宿舍外面楼梯口的小间住了倪若水老师，下面二楼住了徐燕谋老师。我们晚上常到他们房间去闲聊，师生感情融洽。徐老师还给我出课外题，做英文作文，并细心地给我改卷，使我终生难忘。

我们还进一步感受到，党小组的工作只有联系群众，才能无坚不摧。当时我们党小组的上级联系人主要是潘文铮，有时是王光华或王伟业。我们的组织生活一般在我家，有时在李家栋家。他们除了向我们传达全国形势和党的方针，还一再向我们讲解群众观念的重要性，使我们理解共产党只有关心群众，与广大群众有血肉联系，才能生存和发展。很多年过去了，我至今仍然记得当时他们的教导。现在有许多党员做了官就以为可以不要群众了，这是很危险的。

那时候我们都只有十几岁，缺乏政治斗争的经验和魄力，群众的政治觉悟也有一个提高的过程。因此我们主要是做联系群众、培养积极分子的工作。记得那时我们在宿舍中传阅《文萃》等进步杂志时，同学对其中的一些文章还有争论。但总的来说，我们和群众的感情是融洽的。如文科的陈明格、陈键等，思想进步、活动能力强，成了我们重点培养的积极分子。

记得有这么一件事。当时大学部有一股"黑势力"，号称"十兄弟"，非常霸道。那时，学校每天有一辆交通车从校部开出空车到静安寺再逐站搭人回校，下车后付钱。按规矩，空车不能上人，但是有一位"兄弟"却硬要司机停车让他上空车。当司机没有听他时，他上车后就要打司机，并在到学校后命令所有乘车人不得付交通费。我实在看不过去，不顾他的"命令"给司机付了钱。"十兄弟"得知此事后，就准备整我。有一天，我和几个同学晚上到校门对面的小饭店吃面，有一位"兄弟"就在旁桌用很下流的话骂我。我那时耳朵已经有些聋，也没有注意到他们是在骂我，故没有理睬他们。饭后，宿舍里的同学都为我打抱不平。于是，我们第二天晚上又故意去那家小饭店，果然，几位"兄弟"也在。我们一进屋他们就开始骂，当我回话时，一位"兄弟"就走过来推我一把，说："我不但要骂你，还要打你呢！"这时，饭店门外传来了"不准打人"的声音，大家往外一看，原来在附中住读的百来名学生都集中在门外。消息传到校内，"十兄弟"的"智多星"匆匆赶来做和事佬，把他的几位"兄弟""劝"回去了。经过此事，我更体会到依靠群众的重要性，否则我恐怕早已头破血流，或命绝欧阳路了。

国内形势发展很快，到1946年末，我们已经可以察觉群众情绪的变化。原来对国民党政府还抱有幻想的人，在目睹它的腐败和独裁后，许多人从不满发展到愤慨，在宿舍里赞成《文萃》杂志里观点的人越来越多。

1946年冬，北平发生了美军强奸中国女学生的事件。消息传来，上海群众集会抗议，遭到国民党分子的殴打。陈明格参加了那次集会，回来后在宿舍中向大家介绍了当时的情况，引起了同学们的愤怒。当晚，潘文铮同志到校找我，说上海工商学要组织大游行，要我们尽可能发动群众参加。我向他汇报了校内的情况，表示有信心可以动员较多的同学参加。回来后，我们与陈明格等做了动员，很多同学表示愿意参加。但第二天潘文铮又来紧急通知，说游行暂不举行。但我知道，光华附中的新局面已经到来。

1946年秋，我们理科班又增加了一名新党员王立诚。但那时我在活动中已暴露了党员的身份，同时，我父母又有机会送我出国留学。经党组织同意，我在1947年3月离开上海去美国。光华附中党的工作就由李家栋负责。据我后来收到他的来信，知道他们参加了一系列的运动。我们这一级在1947年夏毕业，李家栋进了光华大学，金福根被列入黑名单不准升学，王立诚进了上海交大。我们附中党小组活动也就此结束。据我所知，我们原来党小组的几位同志，在后来的斗争中都做出了积极的贡献。

培育火种

——忆1947年下半年至1948年上半年光华附中地下党的工作

1948届 戴行锐

　　1947年夏，光华附中老的地下党员毕业离校，只留下2名高二年级的地下党员升入高三理科，1名高一的地下党员陆永醒（即张永醒）升入高二理科。全校初、高中6个年级只有3名地下党员。这时，郭丰敬和我因在"五二〇"运动后受国民党校方迫害，被各自的学校开除，于是在1947年秋季考进了光华附中高三理科。这样，附中的地下党员增加到5名，但4名集中在高三理科（郭和我还是新生），1名在高二理科。占高中部学生半数的文科没有1名党员，在高一及初中各年级也没有1名党员。1948年上半年，上级领导要求高三理科的4名党员要有1名主动报名去文科开展工作。为工作需要，我报名去了高三文科，但离毕业也只有半年时间，总的来说，当时地下党的力量是薄弱的。

　　光华附中教学质量很好，学校治学抓得很紧，但在国民党当局控制下，政治上管得很严。同时，学生中富家子弟较多，并且学生中三青团势力较大，所以工作很难开展。但地下党男中区委领导力量很强，一年中先后有乔石、钱其琛、翟象乾3位同志直接领导我们光华附中地下党的工作。

　　在他们领导下，我们高三文、理科4名党员编成一个组，由郭丰敬担任组长，高二理科的陆永醒等党员由郭单线联系。高三4名党员从1947年秋到1948年夏开展工作的时间只有短短的一年，到时就要毕业离校。从实际出发，我们的迫切任务是必须抓紧时间，在离校前培育一批新的地下党员和党的积极分子，把革命火种传下去。

　　我们从两方面着手开展工作：一是开展革命道理、革命形势和革命人生观的宣传教育，吸引一批学生，团结在我们周围；二是在此基础上培养一批积极分子，参加校内外学生运动，使他们在革命实践中受到锻炼，提高觉悟，从而逐步培育他们入党。

　　在宣传教育方面，我们创办了《火把》月刊，一张8开小报，分政治、社会、生活、文艺4个版面，由我任总编辑。几名地下党员和积极分子撰写文章，宣传革命理论、革命形势、人民解放军在战场上的进展、上海学生运动动态、革命世界观和人生观等，向各班级散发。这一份地下党秘密主办的小报，打破了学校沉闷的政治空气，引起了学生和积极分子的兴趣，对发现和培育积极分子起了重要作用。《火把》的出版，使学校中三青团组织大为吃惊，他们也出版了一份反动刊物，针锋相对，狂妄地称为《灭火机》，也在校中散发。他们十分惧怕革命之火燃起，每期《灭火机》都针对每期《火把》的重要文章，写出他们的反动文章，企图以此扑灭燃烧起来的革命之火。例如，我们写了一篇《谈谈帝国主义》，揭露美帝国主义助蒋发动内战、镇压中国人民革命的真面目，他们就写了一篇《也谈帝国主义》，造谣、诬蔑所谓"苏联帝国主义帮助中共作乱"的文章。这样，我们冒着风险在地下秘密出版，他们仗着国民党政权支持，大模大样地公开发行。水火不相容的激烈斗争坚持了近一年。邪不压正，蹩脚的《灭火机》没有能够扑灭革命的《火把》。后来，我们高三地下党员毕业离校，由周学斌、陆永醒、杨旭文等留下来的新老地下党员坚持将《火把》办下去，直至上海解放。革命的《火把》，终于把《灭火机》烧成一堆灰尘。地下党员个个扬眉吐气，三青团成员狼狈遁迹。

宣传教育的另一个措施是创办了"星火图书馆"，由地下党员和积极分子捐赠进步的书籍，组织学生传阅。青年时期是革命人生观形成时期，不少学生通过交流阅读书籍，如艾思奇的《大众哲学》、沈志远的《新人生观讲话》、高尔基的《母亲》和《我的大学》、斯诺的《西行漫记》等，提高了觉悟。其中有些同学就成了团结在我们地下党周围的积极分子。我们还不断组织积极分子参加大规模的学生运动的革命实践。

1947年10月29日，浙江大学学生自治会主席于子三被国民党政府残杀于杭州狱中。为了抗议国民党政府屠杀和迫害学生，我们在学校中发起了学生签名运动。当时除了高三外，还需要到没有党员和积极分子的班级去发动签名。党员和积极分子分头发动签名。我和另一名地下党员出发到一个班级，还没有进课堂，就被三青团分子获悉，赶去报告校方。教导主任原是国民党的县参议员，赶过来大声叱责我们竟敢在校中搞违反校规、国法的活动，不许我们进其他班级课堂。我们在走廊里与他大吵了一架。接着，当时的校长把我们两人叫到办公室，狠狠地训斥了我们。他说我们平时一贯在校内搞非法活动，找学生开会，唱共产党歌曲，现在又要搞反政府签名活动，警告我们不准在校内搞政治活动，否则立刻要我们离校，等等。我们不服，与他辩论了一场，不欢而散。

签名运动遭到挫折后，我们不屈不挠。后来浙江大学邀请上海大、中学生去杭州参加公祭于子三烈士的革命活动，我们地下党组织发动了17名积极分子前往。当时我是上海地下学联光华附中的代表，由我带队去杭州。第二天一早，上千人的学生队伍向凤凰山上的于子三烈士墓地进发。当天寒风呼号，阴云密布，长长的队伍如一字长蛇，排得整整齐齐，默默地向山上蜿蜒而去。烈士墓地前浇了一块很大的水泥平台，浙大学生自治会在地下党领导下，与杭州和外省市学校的代表组成了主祭团。我作为光华附中的学生代表与其他大、中学校代表20余人一同站在平台上临风追悼烈士。当主祭人读悼词追念烈士生前事迹时，台下一片哭泣声，天地同悲。正当大家控诉国民党政府屠杀学生时，杭州国民党政府派出大量全副武装的军人，在凤凰山脚下操练、呐喊，威吓在山上参加公祭的学生，使学生愤怒不已。直至我们公祭完毕返程，他们才撤走军队。这次赴杭公祭活动给了我们地下党员、积极分子和群众一次很好的政治教育。

1948年1月5日，英帝国主义占领下的香港，发生了英国当局强拆九龙地区民房，对中国居民开枪，造成流血事件，并使2 000名居民露宿街头。英帝对香港同胞的暴行使上海学生深感屈辱，而国民党政府的屈辱外交政策更引起学生的愤怒。在上海地下党学委的领导下，交大地下党举行了邀请全市大中学生参加九龙抗暴晚会，并在会上成立了"上海市学生抢救民族危机抗议九龙暴行联合会"，定于1月17日举行全市学生上街示威游行。我们5名党员发动了几十名光华附中的积极分子和群众赶制游行用的旗帜、横幅、标语等，于当天赴同济大学集合。上海各路近万名大中学生浩浩荡荡奔赴外滩英国驻上海领事馆。一路上学生高呼"打倒英国帝国主义""抗议九龙暴行"等口号，高唱《团结就是力量》等歌曲。到外滩目的地后，重重叠叠包围了英国领事馆。领事馆如临大敌，国民党军警全副武装，枪口对着学生，严密把守领事馆内外。大学生派出代表向领事馆递交了抗议书，要英国领事出来答话。学生向持枪的国民党军警高呼"枪口对外，中国人不打中国人"。军警受了感动，果真竖起枪支，不再把枪口对着学生。学生还堵住了领事馆门口道路，过往有轨电车纷纷停下，大量行人和电车上的乘客围观，支持学生并与学生一起高喊反对英帝暴行口号。英国领事和所有工作人员龟缩馆内，装聋作哑，不敢露面。僵持了数小时后，学生爬上领事馆大门，用柏油漆黑了门柱上两个英国金色国徽，然后沿外滩转向南京路方向，继续进行抗议九龙暴行的大游行。国民党上海市政府害怕学生的革命行动，又出动大量全副武装的军警，并配备"飞行堡垒"（一种架着机关枪的装甲车）。他们心虚理亏，不敢对学生采取行动，在两旁默默地、缓缓地随着学生往前行进。学生既对他们宣传道理，又哄笑他们的可怜，嘲讽地齐声高呼："警察好，警察妙，谢谢警察跟佬跑。"游行队伍从外滩折入南京路后，继续示威，直到西藏路才结束。这次在上海中心地区最热闹的南京路上，举行这样规模的示威游行，是一次对上海市民影响很大的教育，也很好地教育和鼓舞了参加游行的学生。

第二次世界大战后，美帝积极扶植日本军国主义复活，国民党政府屈从美帝旨意，不敢反对。1948年4月30日，中共中央发布"五一"口号："反对美帝扶植日本侵略势力复活"。上海地下党学委决定在6月5日举行全市反美扶日大示威。我们5名党员在上级领导指示下，带领20多名积极分子和群众，到外滩美国领事馆集中。由于离校路远，我们到达时，全市中学生已从南京路开始，沿着中山东一路的人行道，层层叠叠地背靠林立的大厦排了队。当时，外滩千余学生人头攒动，"反对美帝扶植日本""打倒日本军国主义"的口号声响彻云霄。队伍已排过北京路，我们只能排到最后一段，接近南苏州路一带。路对面沿黄浦江一长段，也是人山人海，成千路过的行人遥望着学生的革命行动。后来才知道，地下党市委、学委等领导同志当时都挤在人群中观察和掌握现场。而国民党则派出大量军警和便衣特务分布在长达半里路的学生队伍前面，监视着我们的动静。不幸消息传来，上海主要的国立、私立大学都已在上午被国民党军、警、宪、特包围，大学生无法突围。外滩上千示威学生大多数是中学的学生。我们面对手持上了刺刀枪支的敌人毫不畏惧，大声对军警呼喊："警察、同学一条心，枪口向外打日本""警察、同学团结起来，反对美国扶植日本""天下兴亡，匹夫有责"等口号。这样对峙到下午5时左右，警察、特务又在外滩抓捕学生，谁要一离开队伍，便被一拥而上的警察、特务抓了就跑。将近6时，眼看大学生突围来外滩已无望，此时国民党政府下了毒手，增调大批武装马队前来镇压、驱散学生示威队伍。当时，我们光华附中20多人，直被冲散到现今的中山东一路、南苏州路转角处，只得拐进南苏州路、圆明园路方向。当天在外滩示威的各校学生有几十名被捕，我们光华附中的几名党员和积极分子，在围观群众的掩护和帮助下都脱身无恙。这次"反美扶日"的学生示威队伍是被国民党军警从北到南依次驱赶镇压的。南面的学生队伍获悉北面的队伍被冲散，就先向南京路方向突围。他们唱着歌，喊着"反美扶日""反对国民党卖国政府镇压学生"的口号，昂首挺胸在人流拥挤的南京路上，从东向西游行。沿路大楼的群众向他们抛下国旗，支持他们的爱国行动。他们的游行替我们出了一口气。这次"反美扶日"示威游行，是一年来最激烈的一次斗争，也是高三党员毕业离校前带领积极分子和部分群众进行的最后一次斗争。学生和积极分子通过目睹国民党反动派这次凶恶镇压，大大提高了政治觉悟，更坚定地认识到要跟共产党走，推翻国民党反动政府。

地下党男中区委乔石、钱其琛、翟象乾同志，先后在光华附中学生运动中，通过我们5名地下党员贯彻了党在白区工作的"隐蔽精干、长期埋伏、积蓄力量、以待时机"的方针，使光华附中地下党工作取得了进展。一年中，通过以上宣传教育工作和革命实践斗争，我们在光华附中培育了革命的火种，培育了党的后备力量。斗争中涌现的积极分子也陆续在校内外参加了共产党。先是郭丰敬在离校前发展高二的积极分子周学斌入党。1948 年秋，周学斌又发展我联系的高二积极分子杨旭文入党；杨旭文、陆永醒、杨慧丽后来又发展了尉健行等 9 名积极分子入党，使地下党员增加到 12 名。最后在 1949 年上半年上海解放前，终于建立了光华附中党支部，由杨旭文担任党支部书记，团结同学出色地投入迎接上海解放的斗争，达到了学生运动方针的目标。激于义愤，与我一起转学光华附中的积极分子杨景厚，经过一年锻炼，也在升入大学后入了党。许多后起的新生力量在社会主义建设时期为党和国家做出了重要贡献。他们中，有的担任解放军军事情报工作，有的被评为全国工业生产的先进工作者，还有多位被党组织提拔为高级干部。其中最突出的是尉健行，他是中国共产党第十四届中央政治局委员、中央书记处书记，第十五届中央政治局党委、中央书记处书记。

在战斗中成长
——我高中三年党组织开展进步活动的回忆

1949 届　陆永醒

　　抗战胜利后，光华附中复校。我党在光华附中恢复了党的组织，每学年都从校外调派地下党员转学来校，充实党的力量，先后有 9 人之多。同时从在斗争中涌现出来的一大批积极分子里，先后发展了 14 名新党员。除了李家栋、康际英、牟光启，1949 届有 8 人、1950 届有 3 人，入党时间集中在 1948 年夏到 1949 年春。这些同学能够入党是光华附中几届党组织坚持开展进步学生运动，对他们长期进行教育培养的结果，也是他们自己在政治上不断追求进步，渴望参加革命的必然结果。党组织扩大了党员队伍，锻炼了进步同学，增强了进步力量，顺利地开展了迎接上海解放的各项工作。

　　1946 年秋和 1947 年春，先后转来高一的陆永醒和高二的陈瑞铨两人（1994 年才知道当时高三另有 3 名地下党员，因无"横的"关系，互不相识）。按照上级党组织的要求，他们先熟悉环境，结交朋友，团结同学，再开展工作。

　　那时，有不少同学由于家庭或社会进步思想的影响，不但学习用功，而且为人正直，有爱国热情和正义感，关心国家大事，向往民主、自由、平等。如 1949 届的杨旭文、陈冠芳、周学斌、尉健行、石秉槐、张希龄和 1950 届的张贤华、勇俊本等。陆永醒等利用同班、同宿舍的方便，主动和他们个别接触，议论时事、政局、战争形势，推荐他们阅读市学联出的《学生报》，加强和他们之间的交往，加深相互了解，沟通思想。

　　1947 年秋，当时党组织的负责人郭丰敬和戴行锐带头发起成立全校性的群众团体"星火图书馆"。戴行锐负责编辑，康际英刻写蜡纸，出版了《火把》。参加活动的有 50 多个同学，1949 届的还有戴冠群、戴经意、沈人群、徐振华、刘应中、周士、郭桢和、高时英、沈墀、王传慧、陆新地等 20 多人。党组织引导那些同学来星火图书馆阅读，还举办联谊活动，如开"派对"，每次有二三十人，组织去广肇山庄郊游，请剧专老师来教唱进步歌曲。教室里、寝室里常能听到《山那边哟好地方》《你是灯塔》《二月里来》等歌曲声。星火图书馆里艾思奇的《大众哲学》、高尔基的《母亲》《我的大学》，尤其是被国民党视为禁书的斯诺的《西行漫记》等书，都成了那些关心政治、爱好文艺的进步同学最爱读的书籍。通过对这些进步书刊的座谈、讨论，同学们对共产党和解放区有了一点了解。星火图书馆先后设在张和（1948届）、周学斌、戴冠群家。这对发现、教育、培养积极分子，团结进步同学起了重要作用，为之后扩大党的队伍、建立各类社团组织打下了基础。

党组织接着组织引导积极分子参加"反饥饿、反内战、反迫害"和抗议美军暴行等政治斗争，让他们经受锻炼。对于一些重大问题，党组织布置党员利用课余饭后，在宿舍休息、校园散步之际，与积极分子个别交谈，或三四人一起讨论，提高认识。例如，一次大学部的三青团分子挑起一场"反内战，还是反内乱"的辩论时，附中党组织引导积极分子摆事实、讲道理，驳斥三青团分子的谬论。三青团分子在辩论遭到惨败后，恼羞成怒，殴打进步学生，一直追打到附中校园。积极分子面对眼前发生的暴行很是气愤。当浙江发生国民党当局迫害进步学生致死的"于子三事件"时，他们都在党组织发起的抗议书上签了名。1948年6月5日，附中的党员带领各自年级的进步同学参加反美扶日示威游行，国民党军警、特务冲击、殴打、乱抓学生。同学们目睹国民党反动派的种种暴行后，认识不断深化，思想觉悟有了迅速提高。周学斌说："争取民主、自由、平等是要付出血的代价的。我相信太阳必将照耀到上海滩上。"杨旭文说："民不畏死，奈何以死惧之。压迫越重，反抗越强。"陈冠芳说："学生爱国无罪，为何用马队冲击，还派特务抓人？学生手无寸铁，为何以警察相逼，刀枪相加？"张希龄嘲笑说："现在哪有民主，只有抿嘴。"尉健行打比喻说："沙皇俄国是没有民主自由的时代，所以是黑暗时代。"石秉槐还给班级壁报写稿，隐喻国民党为"暴日"，共产党为"明月"；"暴日"日薄西山，皎洁"明月"普照大地。

通过星火图书馆打开工作局面，积极分子队伍形成后，党组织加快了扩大党的队伍的工作。积极分子中的周学斌曾多年参加青年会的进步活动，比较成熟老练，图书馆设在他家，他还教同学唱解放区的歌曲。杨旭文早在初三时已受到《民主》《文萃》《周报》等进步刊物的影响，常为《火把》撰稿。郭桢和来校前就追求进步。陈冠芳喜爱读《世界知识》等进步刊物，对旧中国饱受侵略深感忧愤。他热心公益，参加"救饥救寒"上街募捐活动。附中党组织建立了半公开的积极分子组织"号角社"，把周学斌、杨旭文、郭桢和、陈冠芳等积极分子组织起来，并确定他们4人为入党发展对象。不久郭丰敬等分别介绍周学斌、郭桢和入党。后周学斌介绍杨旭文入党。

1948年夏，郭丰敬、戴行锐、康际英等高三党员毕业离校，陆永醒、周学斌、杨旭文先后担任党组织负责人。1948年冬，周学斌、郭桢和奔赴解放区，附中只留下陆永醒、杨旭文和1951届的杨慧丽3名党员同学。为了发展党的队伍，迎接新的任务，上级党组织宣布成立附中党支部，杨旭文任书记，陆永醒任组织委员。

1948年底，理科的顾佑先只身投奔苏北解放区，对陈冠芳等有一定的影响。当年寒假，陈冠芳和外地留校住宿的勇俊本、张贤华、尉健行、张希龄、石秉槐、朱信泉等，都痛恨国民党反动派的腐败，不愿在国统区的黑暗环境中待下去了。他们渴望光明，议论、酝酿奔赴解放区，投身革命。

1949年春开学第一天，石秉槐把自己心底的秘密告诉了同宿舍的陆永醒。同时，文科的戴冠群也对同班的杨旭文讲了自己要去解放区。党组织经过认真回顾和考虑，认为这8名积极分子的思想基础和政治表现都是好的，可以作为发展对象。上级领导认为，这些用功读书的同学情愿放弃学业，自愿奔向共产党领导的解放区，就是政治上成熟的表现。经过教育，他们本人提出申请，经上级审查批准，党支部先后将他们分别吸收入党，加上1953届的牟光启，附中党支部有了12名党员，张贤华、陈冠芳、勇俊本参加支委会。

经上级区委批准，校内建立了党支部直接领导的秘密积极分子组织"地下学联"，党员在各自的班级里发展成员，成立"地下学联"小组。组织成员秘密收听解放区电台的广播，传阅地下《学生报》，学习党的文件。党支部在宝山路北的农田小路边租了一间小木屋，设立秘密印刷场所，张贤华等夜以继日地印发油印的《火把》。组织"地下学联"的成员秘密在校园、教室张贴、散发《将革命进行到底》《告上海人民书》《中国人民解放军布告》《工商政策》等资料，宣传党的政策，稳定社会人心。在上级布置下，"地下学联"成员分散到宝山路以西方圆几公里及江湾地区去调查敌情，侦察敌军驻防地点、碉堡分布，并将所了解的情况，绘成地图，标明记号，汇总上交区委。为保卫学校和附近地区的安全，成立了有50多人的人民保安队。各班级以"地下学联"为骨干，建立班级团体。胡匡祥、戴经意、余其炯、张强星、邵元中等参加组织起"活力社"；张贤华、勇俊本、朱信泉分别办起"灯塔社""互助社"等班级团体。为团结更多同学，陈冠芳、尉健行先在班里宣传迎接考试、开展温课活动的必要性，尉健行还编写了一本数学复习资料，油印成册，请归孟坚老师题写书名，深得同学的赞同。

1949年4月，国民党军强占我校，学校被迫停课，学生分散。党支部组织党员和积极分子提出"保护学生，迅速复课"的要求。陈冠芳、尉健行、勇俊本等6名党员串联各寝室代表，组织"寄宿生联谊会"，1949届的胡世谷、徐乃瑜、张人洪、刘明义等12人任干事。在此基础上，成立"应变会"，陈勇是总负责。为了争取校方支持，赶走国民党驻军，党支部书记杨旭文两次找廖校长（去家里和校长室）面陈撤出国民党军队、学校复课的要求等。校方支持学生的要求，出面交涉，驻军很快撤走，学生纷纷返校。党支部带领校内数百名同学迎接解放的斗争就更加紧张地开展起来，为上海的解放做出了一定的贡献。

根据陆永醒讲述整理

同窗岁月渐朦胧，桃李天涯更芬芳
——忆1951届高三甲班

1951届 朱平如

每当我阅读《华光报》上一篇篇充满激情的回忆文章时，总会情不自禁地回想起哺育我们成长的母校，以及1951届高三甲班这个难忘的集体。

我们这个班级是1949年上海解放后，由原来高一年级文、理、商科5个班中成绩较好的同学重新组合而成的。大部分同学虽然出身于工商业和小资产阶级家庭，但革命热情高涨，风华正茂。大家如饥似渴地学习政治理论，积极参加社会活动，很多同学为迎接中华人民共和国，加入了秧歌队和腰鼓队，参加大游行。

当时，革命形势飞速发展，在"一切从祖国的需要出发"的思想激励下，1949年11月我班王芝芜等5名先进同学，毅然投笔从戎，随军参加了南下工作队。他们是我班最早投身革命的精英，极具榜样力量。

1951年1月，在中国人民志愿军赴朝参战的严峻岁月里，我班方鄂华、杨洁民等9名品学兼优的同学，响应祖国号召，分两批报考了中国人民解放军干校。在当时光华附中各年级中，我班参军的人数最多。

至今我还清楚记得，1950年年底，张芝联校长率领我班同学步行十余里，到黄浦剧场给著名越剧演员徐玉兰送喜报的情景。在演出开幕前，张校长向徐玉兰报喜，祝贺其胞弟、我班同学徐履渊光荣参军。徐玉兰当场致答词，鼓励其弟弟努力锻炼成长，报效祖国……当时全场观众情绪激动，长时间热烈鼓掌。

怎能忘记1951年1月6日的夜晚，那晚举行了全班欢送入伍同学的联欢晚会。应邀参加的还有我班两位班主任唐志瞻和倪若水老师，以及其他师长。唐老师的"波浪运动"和倪老师的"坐标确定"讲话，鼓励我们青年人要汹涌澎湃地不断前进，要在革命和建设中确定自己应有的位置。他们还表示要向听从祖国召唤的同学们学习。夜虽已经很深，但彼此仍然有说不完的同窗谊、叙不尽的师生情。当大家互换礼品、依依惜别时，东方已经露出鱼肚白了。

服从祖国需要、听从组织安排是我班同学的光荣传统。1951年7月高中毕业前夕，又有李标年、张连琳等6名优秀同学，响应上海市委号召，服从分配，放弃高考，义无反顾地走上了市政建设岗位。

我们这个班，学习成绩优良，集体荣誉感强，是一个德智体全面发展的先进班级，在当时附中校园里颇有声誉。参加高考的 23 名同学全部被录取；全班同学集资、采购、经营的校内小卖部，为全校师生员工购物提供了方便；1950 年春季清洁运动中，我班教室获"优胜"锦旗，男生和女生宿舍均得整洁第一名；全校排球比赛，我班男生队和女生队双双荣获高中组第一名；我班男生排球队代表光华附中校队，参加 1950 年上海市虹口区中学排球比赛，荣获区第二名；全校歌咏比赛，我班得了第二名。

转眼 46 年过去了，当年的莘莘学子现今已是鬓发斑白。母校扎实良好的基础教育，孕育出一大批像方鄂华、应玖茜、胡乃人等有名的专家教授，知名导演王芝芫，著名企业家郑宝伦等，以及各条战线上的领导和骨干。他们在人生道路上，尽管历经各种辉煌和坎坷、欢乐和磨难，但同窗情谊、附中情怀，始终把大家紧紧联系在一起，难以分离。每当外地工作的同学出差或探亲回沪时，上海地区的同学就积极组织大家聚会叙谈，而在北京地区工作的同学则每年至少聚会一次。这正是：同窗岁月渐朦胧，桃李天涯更芬芳。

大夏附中琐忆

1952 届　孙光萱

　　上海解放不久，大夏附中开始复校招生。校址设在大夏大学东南角，即今华东师大附小一带，除教学办公楼外，还有饭厅、宿舍、操场等附属建筑和设施。尽管学校的"硬件"较为简陋，但全校师生团结一致，奋力拼搏，颇有一股欣欣向荣的气象。我当时在校内念高中，回忆 50 余年前的往事，至今还历历在目，难以忘怀。

　　当时的校长为宋成志，话剧作家。徐正贞任教导副主任，负责学生团队工作，兼教政治课。当时在我班先后任教的还有数学教师陈汉民，英文教师周芳、吴瑰卿，历史教师陆景宣，生物教师管和，化学教师丁明远，体育教师储德，音乐教师沈晓等。当时这些教师多半都还年轻，精力充沛，作风民主，很容易和学生打成一片。上海解放初期，上海的寄宿制中学不多，大夏附中在这方面可谓得天独厚，加上不少教师又都住在校内，所以我和俞阳泰、陈现明等高中同学经常晚上到徐正贞、林仲良、宣文本等老师家去串门谈心，见面时既不用报告致敬，分开时也不用鞠躬道谢，真可谓"上课时是师生，下课后成朋友"。有了这么一种精神纽带，师生彼此间十分亲切温暖，很少产生隔阂。我觉得这是当年大夏附中的一大办校特色，至今还值得借鉴和学习。

　　不少教师在教学上也很有特点，像陈汉民老师教代数，由浅入深，反复启发，条分缕析，思路清晰，不知不觉就激发了大家的兴趣，纷纷在"求解"方面动起脑筋来。一个学期下来，学生的代数成绩提高不少。徐正贞老师教政治，真正做到了理论与实际相结合，因为所举的例子多半是学生身边发生的事情，一提到理论上来分析，就给人以豁然贯通之感。我原来体质较弱，在跳跃方面成绩很差，体育老师储德就积极鼓励我。我在试跳时，跑到他的面前，他喊一声"加油"，立即用双手托起我的臀部，要我从他的头顶上跳跃过去，一节课下来，我已经熟练地掌握了运动要领，不再是运动场上的"懦夫"了。那时全校体育成绩十分突出，在练好身体、建设祖国、保卫祖国的精神鼓舞下，体育活动搞得轰轰烈烈，学校曾两次荣获上海市运动会团体冠军，可喜可贺。

　　当时全国正轰轰烈烈地开展着抗美援朝、镇压反革命、土地改革三大革命运动，校外活动较多，这是社会发展和时代变革的需要，每一个热血青年自然不会置身事外、冷眼旁观。大夏附中在这方面表现得十分活跃，经常得到上级的表扬。校内团队活动热火朝天，积极分子不断涌现。办公楼前贴着"参加军干校"的大幅标语和不少决心书，操场上响起了嘹亮的歌声："当祖国需要的时候，我们马上拿起枪，跨过鸭绿江……"入夜，团员干部又聚集到圣约翰大学大礼堂听报告。国务院副总理钱其琛当时担任长宁区团委书记，风华正茂，向我们做过几次精彩的报告。报告的具体内容今天全忘了，但他抑扬起伏的声调、从容不迫的姿态征服了不少听众，却是记忆犹新的。听完报告，回校时迎着月色，沿着苏州河步行，又是一番风味。

1951年，国家决定创办华东师范大学，以原大夏大学为新办的华东师大校址，把原光华大学连同光华附中的校址统一划拨给华东师大附中使用。消息传出以后，大夏附中师生觉得眼前展开了新的篇章，心头十分激动。不久，大夏附中即搬入欧阳路光华大学本部，门口挂的校牌是"华东师大附中一部"，比邻而居的光华附中则改称"华东师大附中二部"。记得当时两部的团组织干部还开展过一次联欢活动，光华附中是沪上名校，设备齐全，师资力量雄厚，比起大夏附中来要强多了，因此我们处处抱着虚心学习的态度。原光华附中师生也并不以老大哥自居，十分尊重我们。两校的合并十分顺利、融洽，对照这些年来某些学校并校时经常产生的种种矛盾和纠葛，真是不可同日而语了。到了1952年暑假，师大附中第一届高中毕业生离校，学校也迁入中州路新址。我留下来任校团委书记，原光华附中的程光裕同志任团委副书记，在党支部书记朱云中等同志的领导下，我们面对新的环境，跨出了新的学习步伐。

在结束这篇短文的时候，我还想花些笔墨回忆一位敬爱的师长，他就是曾担任我们班主任的宣文本老师。

宣文本老师是浙江富阳人，出身贫苦，并没有了不起的学历，但他刻苦好学，埋头实干，终于在实践中练出了非凡的组织活动能力。当时我们班级秩序较差，少数染有流氓习气的学生经常捣蛋起哄。宣老师受任于"危难之际"，不急不馁，依靠正派的学生，经过大量的谈心和思想工作，终于扭转了班级的局面，其中的甘苦真是一言难尽！学校迁入中州路新址以后，他担任少先队大队辅导员，开展了一系列卓有成效的活动。当时师大附中的队员活动丰富多彩，全市闻名，前来取经者不绝于途。宣老师还亲自对我讲过，抗战爆发以后，他曾和同校同学沈图（后任中国民用航空局局长）、梁灵光（后任中共广东省委书记）密商奔赴延安。后因他从富阳赶回杭州时恰逢大雪，交通阻隔而未能成行，他后来每每引此为终身憾事。

我想寄语今天的青年学生：我们的回忆中既有欢乐和愉悦，也有苦涩和不幸，须知历史就是这样过来的！

我家与附中之缘

1952 届　姚鎏琳

我是光华附中 1952 届毕业生，我与光华附中有着两代情。我父亲姚舜钦（又名姚璋）先生是光华大学第一届毕业生，毕业后即留校任大学校长室秘书，历任注册主任、光华大学教务长，是华东师大筹备委员之一。

光华附中是上海的三大名校之一，除领导有方外，许多光华大学教师来附中兼课也是重要原因之一。我父亲自光华附中成立到 1949 年止，一直在附中教逻辑及世界史。1949 届的尉健行是他众多学生之一，乔石、姚依林、周而复等均是他的学生。

我的姐姐姚丽林，约在 1944—1945 年从光华附中高中商科班毕业，我的三个表哥金燕伯、金平仲（约 1945 届）、金均也是光华附中毕业的，其中金均与尉健行是同学。

我父亲直到上海解放后还保留着光华大学历届毕业生纪念刊物，我记忆中似乎还有光华附中的材料（毕业刊），在我动员下全交到华东师大图书馆。我建议不妨去华东师大图书馆查询，可能会找到有价值的有关光华附中的重要资料，因为光华附中与光华大学是血脉相承、相连的。

我在北京的姐姐常参加光华附中及大学的聚会。在聚会时，尉健行同志还谈到我父亲在光华附中上世界史时，上课用英文原版书，对他出国应用英文很有帮助，他对我父亲印象很深。张芝联先生提到光华附中有六大名师，我父亲也是其中之一。

我父亲于 1952 年院系调整后到华师大教历史，就不再担任行政职务了。他在"文化大革命"中受到冲击迫害，生前著作如《西洋哲学史大纲》《秦汉哲学史》《八大派人生哲学》及其他稿件就因此丢失了。

春风化雨忆吾师

1953 届　陈星文

1950 年我进入光华附中，该校有着光荣的反帝斗争历史，师资雄厚，人才辈出，教师水平很高，多是在大学任教而又在附中兼课的。

孟永祈老师是我们第一任班主任兼英文教师。他学问渊博，性情豪爽，上课时经常会停下来和同学们讲一些国内外大事。他家学渊源，父亲孟宪承是有名的学者，是当时华东军政委员会教育部部长，对苏联的凯洛夫教育学很有研究。所以上他的课，同学们可以学到许多书本上没有的东西。我特别爱听他的课，他谈的各种对世界上所发生的事件的观点，常常启发我去探索和研究。后来，他调去了华东师大。最后一次看到他，是在高三时我去华东师大参观的那天。在队伍中我发现他蹒跚走来，就上去殷切地和他握手，他比较沉默，只是简单问了一下我们班情况就离去了，当时我是多么想和他聊上一回啊！

郦家驹老师才华横溢，是学校中颇有号召力的老师，他对我影响太大了，是他萌发了我对中外历史的特别兴趣。我感到他教历史不是简单地讲历史故事，而是在做政论。他教我们如何做人，如何去分辨历史实质，把历史当一面明镜，作为前车之鉴。他对我的鼓励也是很大的。正由于此，我简直发了疯似的每天下课后即坐车去福州路旧书摊，大量阅读课外历史参考书，总想在考试中能对历史分析写出什么"高招"，以博得他的称赞。我相信他是很希望我去学历史的，但我却报考了清华大学建筑系。录取后，他曾问我："你是第一志愿报考的吗？"我说："是的。"他沉默了一下，点点头走了。我感到他也许对我是很失望的。

1954 年暑假我回上海，曾到学校去拜访过他。他很高兴，我们畅谈了一个上午。我说我对中国建筑史很感兴趣，想将来专门研究一下，他未置可否。实际上，我是想借此表达我内心对他的歉疚。

郑伯山先生是一位德才兼备的学者，他那稳重而豁达的教风令人钦佩。他是民主党派人士，在政治上很活跃，和孟永祈老师一起翻译过一本《论社会主义的现实主义》。他的外语很好，是一个多面手。

谭惟翰先生是一个才子，板书特别好，清楚秀逸，条理分明。他学问渊博，后来听说他写过许多小说，在文艺界颇负盛名，与影剧界人士多有交往，如黄宗英、赵丹等都是他的好友。有一次学校要搞一个反浪费的展览会，他要我协助他。结果我并没有出多大力，而他却表扬了我，我感到他很是宽宏大量。高三毕业考试后，大家都在忙高考。他在教室走廊里叫住了我，高兴地告诉我："你的语文成绩，三年总评还是班上第一。"当时我看着谭老师脸上慈祥、诚恳的笑容，眼泪都快掉下来了。现在他已作古，但我眼前还浮动着他颀长的身影……

理科方面的老师，都十分令人敬畏。归孟坚先生的精微，唐志瞻先生的明晰，倪若水先生的准确，李嘉音先生的务实，都使我受益匪浅。

周缵武老师对我学外语很有影响。他曾说："真正文科学得好的，理科也绝不会差，反之亦然。"他又说："这就叫一通百通。"这句话，我终生不忘。它使我明白：只要努力，一切困难都将被征服。

叶百丰老师是古文大师，讲课内容很丰富，语言有韵味，你若专心听讲，他就高兴。有一天，我上他的语文课，因下一课数学要测验，有些数学公式还背不出，急得偷偷地在看数学书，不料却被他发现了。他狠狠批评了我一顿，还说我是个"伪君子"，真是冤枉，其实我是多么崇敬他呀！很长一段时间，他对我总是存有看法，现在想起来真后悔，为何不去主动说明一下呢？

再一个我想要写的是包玉珂老师。他可是一个"万能博士"，当时老师们给他起了一个外号叫"包罗万象"。他成为光华附中最后一任校长时，是他最春风得意之时。据说，他是老师们"公民投票"选出来的，是众望所归的。老师们谈起他都很佩服，如李嘉音先生就讲过："我让他用外语的化学专用名词讲出各种颜料的名称，他竟然一口气讲了十来种。"郝春德先生（体育老师）则说："他对 200 米短跑的弯道跑的运动机理讲得非常专业。"我们常常看到有同学在请教他英语，或者他为同学们讲数学原理，讲得头头是道。

40 多年过去了，多么想一切重新再来！如能再过一遍这样的中学生活，再和师友共济一堂多好啊！那将又是什么样呢？

写于 1997 年 5 月 8 日

附中三年，受惠一生
——忆母校对我的精心培育

1954 届　周　斌

1951 至 1954 年，我在华东师范大学附中念高中。

回顾一生，我最不能忘却、最应该报答的，就是华东师大附中、北京大学和外交部。由于自己的特殊经历，我一直把华东师大附中放在第一位。附中三年的学习生活，为我此后的人生奠定了坚实的基础。

我是南通人，出生在战乱年代。由于父亲是大货车司机，全家人跟着他在湖南长沙、衡阳和广西吉林、柳州居住过。我在上述城市上过两所小学、四所初中。1951年 7 月，我从柳州新华中学初中毕业。

一天，学校一位上海籍的方老师来我家做客，对我父母说，小周频繁变更学校，对学习非常不利，并建议他们认真对待这件事，一定要为我选择一所好的高中，才能确保三年后考上一所名牌大学，将来有个好的前途。方老师还说，自己虽在柳州执教，但两个孩子一直在上海接受教育。

我父母觉得方老师所言极是，当场就决定立即举家迁往上海。到达上海的第二天，我外出偶然见到附近大夏附中的招生广告，便立即赶去报了名。招生办审阅我的毕业证书和青年团员转组织关系的证明后，当场宣布我可以免试入学。

十几天后，我去办理入学手续时，招生办又告诉我一个特大喜讯：中央教育部日前决定将大夏大学、光华大学两所私立大学，合并成国立华东师范大学；同时两所大学的附中合并成华东师范大学附中。"国立""私立"，显然大不一样，至少在收费方面，会减少很多。我庆幸自己的运气实在太好了。

招生办还告诉我，学校教导处徐正贞老师要约我面谈。我去他办公室，他立即起身与我握手，非常亲切。在详细询问我家庭状况和个人经历后，十分坦诚地说了以下一段话：今年学校招收的近一百名新生中，连你在内，只有三个青年团员，希望你从入学第一天起，就要严格要求自己，各方面都起带头模范作用。同时，你初到上海，又没有固定住处，今后你在学习、生活上遇到什么困难，可以随时告诉我，我一定会设法帮助你的。

　　徐老师说到做到。他开学第一个月领到工资后，就往我口袋里塞了两元钱，并表示，一个人年轻时生活艰苦一点，对其一生未必是件坏事。不过长身体时期也需要得到最低限度的营养。从现在起，今后三年，他会每月给我两元钱，希望我全都用在改善伙食上。他还要求我不要把这件事告诉任何人，因为现在需要得到帮助的，不止是我一个人。其实，徐老师每月资助我的两元钱，完全可以用来改善自己的伙食，每天早晨吃一个鸡蛋，下午吃一个葱油饼，但他却没有这样做。

　　至今我还记得，徐老师每月工资九十几元，虽然不少，但师母是家庭妇女，没有分文收入，还要抚养两个年幼的孩子。逢年过节，更要给宁波老家寄点钱去。因此，徐老师常常感到自己心有余而力不足。

　　比起生活上的补贴、照顾，徐老师更关注我政治思想方面的进步、成长，以及工作能力方面的磨炼、提高。高一年级，他安排我当班长兼团小组长。高二年级，他推荐我当校团委的宣传部长，并要求我认真做好全校上海《青年报》的推广、发行工作。高三年级，他启发、鼓励我提出入党申请，并表示他愿意当我的入党介绍人。

　　正是在他精心培育下，我对党的认识不断深化，感情更加浓烈，并慎重提出了入党申请。1954年3月5日晚，校党支部大会经过讨论，一致同意我的入党申请。在报经虹口区委组织部批准后，我也成了一名光荣的中国共产党党员。

　　我记得鲁迅先生说过一句至理名言："人生得一知己足矣！"而我人生中得到了徐正贞老师这位知己，他既是我的老师，也是我的兄长，更是我志同道合的革命战友。

　　除徐老师外，我在校学习期间的校长林静老师、教导主任毛仲磬老师、党支部书记朱云中老师、团委书记孙光萱老师、我入党时另一位介绍人程光裕老师、语文课谭惟翰老师、数学课陈品瑞老师、英文课程自文老师、地理课陆大埕老师、时政课郦家驹老师、体育课储德老师等，都对我十分友善、亲切，都在不同科目、不同方面教给我许多有益的知识。

　　光阴如箭，岁月不饶人。我上面提到的多位长者、老师，都已先后驾鹤西去了。这里我之所以一一重提他们的尊姓大名，就是因为他们都有恩于我。同时，我也希望学校的学子都能记得、怀念自己在学校学习、成长、发展过程中的每一位老师、每一位长者、前辈。

有关"吴运铎班"的美好回忆

1955 届初三乙班　盛祖畦

　　我退休后在老家嘉兴。不久前,嘉兴电视台热播连续剧《枪神传奇》。据 2012 年 11 月 1 日《都市快报》报道:"剧中主人公吴英德的原型之一正是我国兵工事业开拓者吴运铎,他被誉为'中国的保尔·柯察金'。"这让我情不自禁地联想起在一附中学习时,全班师生争取将班级命名为"吴运铎班"的难忘而动人的故事。

　　当时,1954 年,我在初二乙班。学校正轰轰烈烈地开展向苏联英雄及国内英雄学习的运动,有的班争取命名为"古丽雅班",有的班争取叫"卓娅班""舒拉班",而我班同学从自传体小说《把一切献给党》中看到吴运铎的英雄事迹后深受感动,经过认真讨论,向学校领导提出了争取把班级命名为"吴运铎班"的申请。

　　自此以后,全班拧成一股绳,劲往一处使。上课时认真听讲,勤奋思考;下课后认真完成作业,各组展开学习竞赛。做好事不留名,经常有人悄悄地擦黑板、修桌椅,抢着抹桌、扫地。稍不留神,值日生的活儿就被人干完了。很多人把家中的图书拿到教室来建立了图书角,由专人负责借阅。有的同学主动到学校花园浇花。班里有人病了,大家就轮流探望,帮助补课。有的同学家庭经济困难,大家捐出零用钱给他看病。全班同学就像一个大家庭,兄弟姐妹愉快地生活在一起。

　　当然,偶尔也会出现一些不和谐的杂音。一次上体育课,一个同学调皮不守纪律,老师批评了他,他反而破口大骂。同学们自发写稿投到黑板报,批评这一不尊敬老师、侮辱人格的行为。班主任林仲良老师(兼政治课老师)与他促膝谈心,亲切地对他说:"你们家也是苦出身,爸妈赚钱把你养大,供你上学不容易,望你好好学习,长大成为对国家有用的人才,也可报答父母。我们对老师应该像父母一样尊敬。况且班里正在争取命名为'吴运铎班',你这样做影响了班级荣誉,是不对的……"在大家的帮助下,他认识了错误,向体育老师道歉。自此以后,他的学习和品德都有进步,大家看了都很高兴。

　　由于师生的共同努力,学校正式命名我班为"吴运铎班"。在举行命名典礼前,同学们兴高采烈地积极筹备,有的排节目表示庆贺,有的准备茶点招待客人,有的请学校开介绍信到校外去借红旗布置会场……忙碌的筹备工作提高了我们的能力，一个团结向上的班集体形成了。校领导（记得好像是教导主任徐正贞老师代表学校领导）和任课老师参加了这一隆重的命名典礼，并在会上讲了话。

事后，我们还给吴运铎同志写了信，向他报告这一喜讯。令我们意想不到的是，他老人家在百忙之中抽空给我们回了信，勉励同学们继续努力，争取更大的进步！

其他兄弟班级以苏联的英雄命名，而我们班为以中国的英雄吴运铎命名而感到自豪！

这事已经过去 50 余年，至今仍记忆犹新，它激励我在人生的道路上永不停步，奋勇向前！

后记：

这篇文章引起了当年同班同学叶友文、於亢笛、李惕群、彭亦鸣等校友的集体回忆。他们聚集在一起，一一回想起当年的老师和同学，以及全班同学奋发向上、努力学习、积极锻炼、热心社会活动的许多事例。放学后班级同学主动修操场跑道、整修图书等；班级成立民乐队，参加校文艺会演。章开先笛子独奏；陈素英领唱，全体女生演唱陕北民歌；束延林、叶文元扮演父女，跳双人舞；谈永基指挥班级大合唱；彭亦鸣、席品媛等演出话剧《蓉生在家》；吴尔朴参加校艺术团，经常演出话剧，后来成为市青年话剧团专业演员；郝以恂代表校队参加中学生运动会，获得女子跳高第一名，后来成为市跳伞队运动员。师大一附中给大家留下了一段极其难忘的、美好的回忆。

——方正、叶友文

母校是我梦开始的地方

1955 届高三甲班　梁波罗

我 1955 年毕业于华东师大附中，同年投考上海戏剧学院表演系和华东师范大学中文系，被双双录取，最终选择了进入上戏。

我今年 82 岁，在影视表演事业中辛勤耕耘了 60 年，虽未取得傲人业绩，但作为一代电影人，在我国光影长廊里也留下些许作品。而在附中学习的日子，是我一生中最难忘的华彩乐章，是我梦开始的地方。

记得在初中时（那时是光华附中，校址在欧阳路），我就对戏剧表演萌生强烈的兴趣，自编自导自演独幕话剧《一只热水瓶》，并在数学老师廖康民指导下演出过《夜攻汉城》等，在校内产生了一定的影响，也引起了学生会的注意，破例推荐我参加虹口区高中生寒假话剧骨干培训班。我曾在当时上海剧专学生魏珉导演的《母亲的心》中扮演男主角，初试啼声，获得了良好的社会反响，从而坚定了我走文艺道路的决心。

高中阶段，彼时师大附中在中州路上课，我是个数理化落后而文科出众、发展不均衡的偏科学生。由于我对戏剧文学的热爱，数学老师廖康民和语文老师谭惟翰觉得我是一棵好苗子，对我是爱恨交加。高二时，我甚至做出了惊人之举，每周一、三、五晚上学昆曲，二、四、六晚上学京剧，周日上午去练把子功，将每周课余时间排满，企图走自学成才的从艺之路。如此这番，我学业成绩大幅下滑也就不可避免了，这引起班主任、化学老师丁明远的高度警觉。他频频家访，了解原委后，不是简单批评我，而是苦口婆心、语重心长地告诫我，支持我对艺术的追求，但要求我必须把高中基础打扎实，不可操之过急。在丁老师的开导和干预下，父母与我取得共识，决定当即调转船头。丁老师适时指派雍新生、许淑真两位"学霸"辅导我的学业，我总算争气，高中毕业取得了投考上戏的资格。所以说丁老师在关键时刻及时帮助我调整航向，对于日后我能顺利走上从艺道路是至关重要的，说他是我人生方向的指路人，也不为过。

师恩难忘。自打那时起，我和丁老师就建立起超越一般师生的情谊，成为无话不谈的朋友。当我投身于电影事业之后,丁老师会将我在银屏上的表演录下来,分门别类整理成集,为我取得的点滴成绩而骄傲。丁老师晚年时还一再鼓励我:"你最大的优点,是取得成绩不骄傲,很谦虚,这很好!"这话音始终在我耳边回响。2017年,丁先生溘然长逝,然而他已永远活在我心中。

我与高三甲班学友也是情深谊长,毕业60多年来,只要有人南来北往,班长总会组织大家小聚一番,叙谈各自近况。虽然彼此年龄越来越大,聚会参与者越来越少,但在师大附中所结下的同窗情谊,依然源远流长。大家在一起,经常会感慨我们的韶华岁月,感慨曾经受惠于母校雄厚的师资力量,追忆良好的校风、学风。

由于历史的原因,我所取得的艺术成就与前辈相比,无论是数量还是质量上都存在很大差异。我退休之后,被上海市文联吸纳为文化指导员,一直深入基层从事文艺的普及工作。下社区、学校、军营,开班辅导、办讲座、当评委……仅以讲座一项,就从上海拓展至长三角地区,近年来举行过200多场,所到之处,反响热烈,获得了良好的社会效应。我想,作为一名文艺志愿者,只要我一息尚存,我将会一直进行下去。

尤其荣幸的是,2018年2月23日,在师大一附中新学期的第一天,在隆重的开学典礼后,我应母校邀请,在"华光论坛"以"艺海波澜"为题,向母校的老师和学弟学妹们讲述了自己的艺术人生。

在母校95周年华诞之际,以此小文表达对母校深深的敬意,祝贺母校继续传承发扬附中的优良传统,在新时代再创新的辉煌!

写于2020年

母校哺育我成长

1955 届 方 成

1995 年，我荣幸地当选中国科学院院士，这是我国科学技术方面的最高学术称号。虽然我深切地感到对国家、对人民的贡献还很少很少，但是鲜花和赞美却接踵而来，我实在当之有愧，更禁不住回忆起中学时代哺育我成长的可爱的母校，回忆起谆谆教导我的敬爱的老师……

1949 年上海刚解放，我就跨入了师大附中，到 1955 年毕业，我在母校度过了整整六年的难忘的学生生活。虽然至今保留下来的中学时期照片不过一两张，但那时的一幕幕情景却深深地刻印在我的脑海之中。它是那样亲切，那样鲜明，使我永远不能忘怀！

中学时代最令我难忘的是师生之间亲密无间的深情厚意。老师既是我们的引路人，又是我们的挚友。记得在初二，我们班上同学都很活跃，又很调皮。课间休息时，班上男生、女生经常"打架"，拿着扫帚互相追打，煞是热闹。一次正好被班主任倪若水老师碰见了，大家都吓得不敢作声。倪老师却耐心地说："下了课打打闹闹也是可以的，打出团结嘛！就是不要打伤了。"他既亲切又循循善诱的讲话在我们幼小的心灵上留下了深深的印象。老师积极组织我们开展各种丰富多彩的活动，从郊游、野餐、办展览到组织各种文娱体育比赛等，许多老师都亲自参加并指导。师生亲密无间，建立了深厚的感情。记得有一次为了配合抗美援朝，我们初三班级排练了一出名叫《夜攻汉城》的话剧，我和梁波罗（著名电影演员）等许多同学都参加了。谁知临到演出那一天，我的嗓子突然哑了，话也讲不出来。班主任罗友松老师鼓励我坚持演出，由他亲自在后台念台词，我在前台表演，演出了一场有趣的"哑剧"，居然还获得了奖励，大家高兴极了。每到校庆时，学校都要组织文娱演出，老师和学生一起上台表演，气氛极其热烈融洽。像廖康民、毛仲磐等老师演出的京剧《打渔杀家》，顾荩丞等老师演出的京剧《徐策跑城》等都是些百看不厌的传统节目，至今历历在目！这些活动，不仅融洽了师生关系，也让同学们建立了牢固的集体观念。爱护集体、关心集体、互相帮助、追求进步蔚然成风。

浓厚的师生情谊和融洽的团结气氛，大大提高了同学们学习的积极性和主动性。大家上课时认真听讲，很少有人讲话或开小差；课后努力完成作业，不懂的地方就互相帮助或请教老师，老师总是不厌其烦地耐心讲解。今天回想起来，这种优良学风的熏陶，真的使我受益匪浅。可以说，正是母校的教育使我懂得了如何搞学问，懂得了什么叫严谨求实，什么叫刻苦勤奋，并在我心目中真正树立起热爱科学、追求学问、为国争光的远大志向。如饥似渴的学习使我打下了扎实的数理基础，开阔了知识视野，以各科全优的成绩向母校交了卷。

中学时代对我影响很深的还有一件事，那就是毛主席在1953年对青年学生发出的"身体好、学习好、工作好"的号召，也就是德智体全面发展的要求。我们当时对这"三好"的重要性体会并不深，但在毛主席的号召和母校老师的谆谆教导下，我们努力去实践。坚持体育锻炼、刻苦学习知识、积极承担工作成了我们的座右铭。这使我学生时代在德智体各方面得到了全面锻炼和发展，为以后的事业打下了坚实基础。就拿社会工作来说，当时尽管学习很紧，我还是担任了团支书、校团委宣传委员等许多社会工作。这对我组织宣传能力以及处理人际关系能力的培养起了很大的作用。没有这些必要的锻炼，我想我也很难能在科学技术飞速发展的今天，团结大家共攀科学技术的高峰。

我离开母校已42年了，真是弹指一挥间！但是母校的优良校风、老师们的高尚风范以及同学们的团结友爱都使我永远不能忘怀。今天我能在科学事业上取得一点成绩，都是与老师们的辛勤耕耘分不开的。我愿借此机会再次对哺育我成长的母校表示最深切的敬意，对辛勤培养我的老师们，包括倪若水、顾荩丞、丁明远、廖康民、李永坼、徐正贞、孙光萱等老师，表示最真挚的感谢！

最后，我衷心祝愿可爱的母校、敬爱的老师和年轻的同学们在新的一年里万事如意，取得更辉煌的成绩。

写于 1997 年

感谢您，亲爱的母校

1956 届初三甲班　杨大友

　　我是华东师大附中 1956 届初三甲班的毕业生。毕业后，我随支援大西北建设的父母去了兰州。时间一晃已过去 52 年，但初中三年的母校学习生活仍历历在目，让人难以忘怀。

　　在华东师大附中初一学习时，由于住校，我像脱缰的野马，玩"疯"了，"小考小玩，大考大玩"，学习成绩一落千丈。当时，初一甲班是学校年龄最小的班，大家都活泼好动，也比较散漫。学校通过生动的少先队活动，加强我们的集体荣誉感，让每个同学都进步。班上有许多同学喜欢画小人画，上课不好好听课，私底下互相传阅自己的得意之作。于是，大队交给我们中队一个光荣的任务——画一本《黄继光英雄画册》，作为献给解放军的慰问品，但不许影响课堂听课，只许在课余时做。当然，仅一本画册是不够的，还要有其他礼物。于是各小队转入了"地下工作"阶段，对做哪些礼物各显神通，又相互保密。为了出色地完成任务，小队团结起来了，男女生团结起来了，遇到大的困难，各小队又互相支援帮助。活动从做礼物又发展到把学习搞好，以好成绩向解放军汇报。在迎接 1955 年新年的大队活动上，大队宣读了少先队大队荣誉纪念册："第六中队在整个学期中最出色地完成了组织交给的任务，每个队员都尽了自己的责任。而且全中队有了显著的转变，他们已不再是最落后的中队。他们的进步和成绩，将永远占据着少先队荣誉纪念册中光辉的一页。"这一活动登上了1955 年 3 月 7 日的《文汇报》，标题是"集体在成长中"。

　　以后，中队又搞了很多活动，如初二暑假的"少先海军军官学校"，初三时的"秘密行军"，寒假里中队去中国电讯器材厂劳动，等等。

　　那时，学校的少先队活动搞得有声有色，每次队活动的仪式也非常庄严隆重。学校选派的辅导员都是优秀的高中生，他们充满爱心，成为我们尊敬和喜爱的大朋友，是班主任的得力助手。学校在体育、文艺活动和其他课外活动上也都搞得非常好。

　　那时，我兴趣广泛，曾转过好几个课外兴趣小组：我做矿石收音机，物理老师便让我去物理小组焊接安装线路；我参加木偶剧团，做了一只可以被操纵表演的"大公鸡"；

参加少先合唱团，在虹口区比赛中获得了第一名；我参加时间最长的是美术小组。

读初三时，我们班换了一位班主任。他眼睛炯炯有神，闪烁着对我们的一种期望；他微笑着，让我们感到亲切、踏实和一种信任、鼓励；他从不发火或大声训斥，但说话像磁石一样吸引着我们，让我们仔细听着生怕漏掉什么。他就是季振宙老师。当时，正是全国第一个五年计划的建设高潮，我们中队成立了一个"红色少年工厂"，分成若干个车间（小队），以"五年计划"的题材，搞一个"小五年计划"，制作能反映祖国建设成就的各种模型、沙盘、图表等，季老师则是工厂的顾问。我们在制作中需要的大木盘、各种颜色的油漆、工具，以及遇到的困难和问题，季老师都会及时给我们解决。记得一次我做的军舰模型要下水试航，没有电池，季老师就借来了蓄电池。我将船放入水槽中，看着军舰缓缓前进，我欢呼起来："成功了！"回头看看季老师，他微笑着，手里仍提着沉重的蓄电池在供电，我真不好意思极了。这次中队活动也上了《文汇报》。

我们渐渐长大了，也懂事了，全班的学习风气非常浓，谁拿来一道数学难题，大家都会争着做，看谁先解出来，甚至课间十分钟都不休息。季振宙老师（语文）、庄炳珍老师（几何）、陈品端老师（代数）等的教学风采更给我们留下了深刻的印象。

1956年8月的一天，我离开上海随父母去兰州（父母因高校院系调整，原华师大音乐系调整到西北师大）。那天晚上，吴培刚辅导员和方正等一些同学特地到火车站为我送行，他们每人送给我一件用彩色丝带包起来的精致小礼品。1957年除夕，季老师又给我寄来一本漂亮的《青岛日记》，还鼓励我取得更大的进步。这深厚的同学友谊和师生情，一直珍藏在我心中。

我从西北师大附中高中毕业后就报考了西北师大，一是因为我一直喜爱物理专业，另外一点是我非常尊敬和喜爱教师这个职业。毕业后我被分配到兰州大学附属中学（现兰州市三十三中）任教。我的亲身经历让我深感一个好学校、一个好老师对正在成长的青少年是多么重要。我努力像母校老师对我们那样对待自己的学生。在这所中学努力工作了40年，直至退休，虽做出了一些成绩，也取得了一些荣誉，但我最怀念的仍是我初中就读的母校华东师大附中。

我曾多次利用出差的机会回母校看看，拿着相机在校园内溜达，听公开课，问一些我感兴趣的问题，母校的老师都会热情地介绍和给我满意的回答。看到母校更加现代化，更加美丽，母校的教育硕果累累，人才辈出，我心里更加踏实、骄傲。

2006年，我们毕业了50年的初三甲班老同学又和季老师欢聚一堂，大家一起畅叙母校给自己的影响，汇报自己在事业上取得的成绩，从心底里迸出一句话：感谢您，母校！感谢您，老师！

写于 2008 年

怀念少先海军军官学校

1956 届初三甲班 方 正等

20 世纪 50 年代，我们在附中的少先队生活是绚丽多彩的。那时候，在以宣文本、王景甫、林炳英等老师为代表的大队辅导员的辛勤努力下，华东师大附中少先队的活动在全市都是赫赫有名的，报纸上经常有报道。最可贵的是，许多活动是根据少年儿童的年龄特点独创的，比如"秘密行军""少先海军军官学校""少先剧团""少先木偶剧团"等，至今让人回味无穷。

最近，我们 1956 年毕业的初三甲班上海同学在华师大一附中新校区聚会，校友邓忠民给了大家一个极大的惊喜：他居然拿出了珍藏了半个多世纪的"少先海军军官学校毕业证书"。虽然纸张已经泛黄，但保存得极好，上面的字迹和印章依然清晰可辨。

这张"毕业证书"是 1955 年 7 月 20 日发的。它是一张普通的纸，正反两面全是手工刻蜡纸油印的（王景甫老师的手迹），反映了当年少先队勤俭节约的精神。背面直排写着：

学员邓忠民系华东师大附中初二甲学生，于一九五五年七月十三日进入我校学习，学习成绩优良，决定提升三级为中尉军级，并发给奖章以资鼓励，特此证明。

下面还有一串人名：少先海军军官学校校长吴培刚（他是我们班的中队辅导员）；副校长陈昌道（他是我们班的中队长）；教务主任叶秋霞（大家记不起她是谁，可能是家长代表）；教务副主任郭丽娟（她是我们班班长）；军事顾问王景甫（他是我们初二班主任）。

这张毕业证书，勾起了大家美好的回忆。校友何津云还拿出了珍藏至今的《新少年报》记者采访报道少先海军军官学校的剪报（1955 年 7 月 20 日《新少年报》），回忆起当年和郭丽娟、王湄君一起制作肩章、奖章的情景。

当年担任我们中队辅导员的吴培刚回忆道："1955年我国第一次实行军衔制，大家对此很感兴趣。为了培养少先队员勇敢机智和集体主义的精神，我们决定仿照军官学校的形式搞一次中队夏令营活动。从1955年7月13日到7月20日，一个星期。由于学校放假了，教室空闲着，我们就安排大家睡在教室里。男生两间教室，女生一间教室。每个学生从家里带来了席子和毛巾被，有的睡在地板上，有的睡在用几张课桌拼起来的'床'上。因为学校里有游泳池，每天下午大家在游泳池里游泳，用水枪打水战，玩得不亦乐乎。"

为了培养大家的动手习惯，军官学校的肩章和奖章都是学员自己用硬板纸做的。还做了一面很大的少先海军军官学校校旗，上面的字都是女同学手工绣的。相当不简单！我们曾到二军大去进行一天军训、射击。回来时，不顾一天的疲劳，排着队，唱着歌，行进在大街上，精神抖擞，军旗飘扬，引来路人一阵阵惊奇的眼光，大家心里乐滋滋的。

少先海军军官学校也得到了家长的支持，校友何维隽的父亲还在开学典礼上代表家长讲了话。至今好多同学还会模仿他广东普通话的腔调说："今天我们为什么成立海——军军官学校，不是陆——军军官学校，也不是空——军军官学校呢，那是因为我们要建立一支强大的海军……"

少先海军军官学校的活动非常丰富，也很刺激。有侦察员遭遇战、传送密件、偷营、搜索、野战、行军、炸碉堡、水战等八次战斗演习，还在战斗任务完成后进行浦江夜游。

最惊险的还是"传送密件"这项活动。"传送密件"要求每个学员自己想办法把密件（上级发给的军事情报）藏在"敌人"搜查不到的地方，胜利穿越封锁线。大家绞尽脑汁，各显神通。有的藏在鞋子里，有的藏在裤带里……"最大胆的还是陈馥同学，她把密件捏在手心里，大大方方地通过了'敌人'的搜查。我们都称她是'孤胆英雄'！"校友胡在钧回忆道。

最搞笑的要算会见苏联海军上将乌沙科夫。大家排着队，举着旗，一本正经行走在南京路上，最后走进了大光明电影院，原来是看电影《海军上将乌沙科夫》，这是一场多么有趣的"会见"！

当年同届不同班的校友、后来当了校长的陆继椿至今还记得，1959年他留校时，徐正贞副校长让他翻阅附中的教学教育材料。他看了无数材料，却被一份《夏令营情况小结》中的"少先海军军官学校"活动深深吸引（遗憾的是经过"文化大革命"浩劫，这份材料已经丢失）。在他的印象中，"偷营"一项活动非常精彩，因为新鲜有趣，很具神秘感。"偷营"的那个晚上，更多的是弯腰猫行和匍匐前进，而前方不断传来"谁""口令"之声，充满了紧张的气氛，趴在地上的同学大气都不敢出，好像真的是一支海军陆战队在行动。

当年的"少先海军军官学校"的"小军官们"如今都已近古稀之年，每逢儿童节还都不时会想到这些幸福的"少年往事"。这些"润物细无声"的教育活动，是名副其实的素质教育，影响了我们每个人的一生。校友胡在钧说："'少先海军军官学校'使我对海洋的宽广无限向往，它是我后来人生走上航海之路的开始。"

当年参与制作肩章、奖章和校旗的校友王湄君回忆道："'少先海军军官学校'让我们在快乐中学习，在快乐中成长。它培养了我勇敢精神，观察能力，动手习惯，动手能力……'少先海军军官学校'一结束，我马上动手做小船，做兵舰，先用纸叠，后来用铅皮做，最后在兵舰的后部加上蒸汽动力，用自己做的酒精炉，通过一个小管子出蒸汽，结果我的兵舰自动开啦！当时高兴极啦！尝到了动手的甜头。后来，还做了收音机，装了电风扇、电视机……进交大进行九种基本工种训练（车工、钳工、刨工……），做一个小锤子，我的产品是优等的。工作时，新设备调试、改装，我最快，我会自己上机床，自己锉。这令导师和同事不解，大家认为这是男人干的事，一个小姑娘却干得那么快、那么好。我工作中很轻松就取得了不少成果，得到几个国家科技奖，我感到这与'少先海军军官学校'的活动有联系，在此我要感谢附中的老师，感谢辅导员！"

1956届初三甲班陈昌道、邓忠民、胡在钧、何津云、王湄君、杨大有、周晓光、何维隽、冯寄湘等提供有关素材

我心中的几位初中老师

1956 届初三　童明友

这里所记的只是师大附中的几位极普通的初中教师，但几十年来他们始终活跃在我心中，总在影响着我。

首先要说的是教历史的李永圻老师。他大大的脑袋，动作、语速从来都是不紧不慢的，操着一口浓浓的常州乡音，有一种特别的韵味。听他的课，就如听有人用江南语音吟唱古诗文，是一种享受。对我来说，听李老师上课的更大享受还是课的内容。他上的历史课与众不同。一般历史课常停留在反复叙述历史事实上，不免叫人生厌。而李老师却常是由一个史实联系到社会现状等，再引出文学作品或电影，以之佐证史实与现状，整堂课内容丰富多彩，学生听得津津有味。听李老师的课，给我的意外收获是，我对阅读英、法、俄文学产生了浓厚兴趣。毫不夸张地说，这些阅读对我的成长，对我后来从事语文教学，无形中都起了不小的作用。要知道，那时我只是一个孤陋寡闻的初中生啊！那些书名不少都是前所未闻的。这种无形的引导，确是起到了启蒙的作用。

李老师对学生、对学校饱含深情。有一件小小的事，几十年来一直清晰地留在我的记忆里。20 世纪 50 年代初，师大附中是实行苏联五分制的试点学校，每堂课都要进行书面和口头并行的密集检查，2 分为不及格。一次课上，李老师叫一个同学回答问题，她没有答出，得了个 2 分，哭了起来。李老师连忙安慰她说，不要紧，下堂课再问你。下次上课果然提问她，评了个 5 分，郑同学笑了，全班都笑了，李老师也笑了起来。李老师的学生很多，和他保持联系的学生也多。我来校工作后，一次要到外地去。他听说了，就主动拿了封信来找我，说那里有他的学生，有事凭信去找他。我虽然没去找，但他的热心、关心我是体会到了。

李老师一辈子服务于附中，对学校感情之深厚是可想而知的。去年 1967 届中三戊班学生聚会，他们邀请了教过他们的几位老师，李老师也在其中。会上老师们都分别说了话，李老师从回顾附中历史，谈到今日的附中，说到动情处，老泪纵横。此种情状，非终生奋斗于此，熟知附中昨日与今日的人，是无法理解老人的热泪的！

热爱学生，关心他人，忠于自己的教师职业，是当时附中教师的风范。这令我想起了另一位历史老师黄礼玉，她是位特别矮小而又高度近视的女老师。50年代，附中的班级是按年龄编的，我们班是戊班，年龄偏大，多数家庭都较困难，有的在校还拿助学金。黄老师因此常买好饭票送给个别特别困难的学生。这使我们很感动，以至我直到今天还记得这件事。后来她调到二附中去了。

写到这里，我又想到了数学老师龙凤超。她数学教得好，班主任工作也做得出色。红军中学刚开办时，她随其他一批教师一起调入红军中学。她没教过我，因她对一件事的处理让我感动，所以我很敬重她。我读书时，学校是有住宿的。龙老师兼管女生宿舍。我的一个有些亲戚关系的同学，在宿舍内犯了一点错误。龙老师知道她家的情况，不便联系，怕影响她的家长，于是就找到我，要我私下对她妈妈说。这件事的处理，看来很平常，却充分表现了龙老师的爱心，处理问题的细心周到。她既考虑对学生的教育，也考虑到对学生的保护，更想到学生家庭情况的特殊，也尽力给予保护。正因为这样，几十年来，这件事一直深深留在我的记忆中，难以忘怀。

附中老师对学生的关爱，也反映在对学生的德育教育上。苏常俨老师是我的班主任，他出身于书法世家，行书写得很漂亮。附中校牌原是大书法家舒同写的，后来的校牌就是苏老仿写的。苏老师人很瘦，动作快，走路碎步，频率很高。他说话时，一边嘴角会不自觉抽搐。他爱好京戏，学校文艺晚会教工京戏专场，总少不了《借东风》，而周瑜又总是他扮演的，不仅扮相好，唱得也好。苏老师做班主任很重视德育教育，经常印发这方面的材料，例如《谈友谊》《论团结》等，然后在班会上组织全班学习讨论。我觉得这是作为班主任最重要的事。教育的本质就是培养新人，就是教学生做人嘛！

附中建校至今已90周年了。90年来，她曾以德智体全面发展著称于世，她的学风口号也是实实在在的：勤学好问，刻苦钻研，一丝不苟，持之以恒。她之所以能在普教界占有重要一席，除了领导，除了名师，我以为，更为重要的是有一大批默默无闻、勤勤恳恳地奋战在一线的普通教师。我以学生身份写这篇短文，是为了纪念，是为了告诉今日战斗在一线的老师：附中曾经的辉煌，有这些普普通通老师的一份贡献。

写于2015年

忆班主任宣文本老师的点点滴滴（一）

1956届初三乙班　林炳尧

在师大附中初中三年，我印象最深的就是宣文本老师。他既是我们的班主任，也是附中少先队的大队辅导员。他个子不高，但精神抖擞，点子多，他陪了我们三年。当时我们十一二岁的小孩，可不容易调教，但是宣老师就是有办法。

平息打闹

刚踏入中学大门，我们还提醒自己，中学生啦，不能再胡闹啦！一个个做出一副大人的样子。但不久，相互熟悉后就按捺不住了，开始调皮捣蛋。教室里不时发生打闹事件。一方追，一方逃，嘻嘻哈哈，左躲右闪，这时，总伴随女同学"要叫老师啦"的喊声。

一次打闹，一个同学亮出用竹管做的水枪，威力很大，教室乱成一团。恰在这时，宣老师进来了，双方立即停战，听候发落。宣老师拿起那把尖端武器看了看，说出谁都想不到的话："做得不错嘛！"他抬头看了看大家，"啊，每人都做一把，星期六下午到操场比一比，怎么样？"大家立即欢呼雀跃。"不过，说好今后不准在教室里玩！"从此，教室里再没有追逐打闹的事了。

第一个重任

宣文本老师给我的影响太深了，影响了我一辈子。虽然有的事小得不得了。

记得大概初一下半学期，我已经很少捣乱，但是参与集体活动不积极，处观望阶段。一次，宣老师叫住我，很认真地问："能不能帮我做件事？"哇，天降大任啦，其实"任务"不大，他要我在黑板上写"请同学上学戴校徽"几个字。

平时我只在下面瞎闹，众目睽睽下上台可是大事。这次，我确实认真，大家还能认识我的字。因为我刚写完，一个同学马上嚷嚷开了："校徽的'徽'字写错啦！"这是我平生第一次"上台"。

华东师大野营

关于搭帐篷的事，我和朱以中回忆的"碎片"稍有不同。

那时，流行苏联的军事小说和电影，我们这群半大小子最喜欢他们的军事游戏。

有个"搭帐篷"游戏，人员要分成两队，各队把帐篷隐蔽起来，然后想办法点燃对方帐篷里面的炮仗。谁先点着，谁就算胜。我们在土游戏"官兵捉强盗"中已经积累"一定经验"，当然期盼"搭帐篷"的游戏。再说60年前，华东师大初创，除小河边几幢宿舍以外，校园野草遍地，一片荒凉，适合做这个游戏。宣老师一说，我们这群小子们热情高涨，于是，先在附中靠中州路的校园里学习"搭帐篷"。

60年前那个晚上到底发生了什么事？我记得是这样的。那晚，在宣老师的监督下，我们很早就睡了。大家睡了以后老师才走。半夜，有同学醒了，都没表，不知道几点钟。看外面通明，以为已经天亮。接二连三，大家都醒了。于是，三五成群在校园乱逛。那夜也许是我第一次"夜半赏月"，觉得那夜的月亮特别亮。

睡在大楼里的宣老师被校园里的喧嚣声闹醒了，马上把大家招拢在一起。我们排好队准备挨训。老师开始讲话，这哪是训人，分明在催眠。他声音不高不低，语气不急不缓。等我们一个个东倒西歪站立不稳了，他马上命令：回帐篷睡觉。

军事游戏的梦就这样破灭了。正如以中说的，"要带这一大群淘气的孩子搞这种活动，是何等费心和辛苦劳累的事情"，而且点炮仗、涉水、摔跤，还要冒更大风险！以后到华东师大野营，只是划船，做些"低版本"的军事游戏，相当不过瘾。

剪报获表扬

初二时，我常把报纸上的文章剪下来，贴在本子上。宣老师见到了，表扬了几句，接着布置任务："好啊，能不能为中队办个壁报？"我被宣老师一表扬就来劲了，马上聘全校"著名画家"朱以中为"美术编辑"，两人把壁报办得颇有些声色。至于是因为剪报好，还是美术水平高，我自己就不便评说了。不记得出了几期，反正按时挂到教室后面墙上，不曾落下。

宣老师在中队里把我们"狠狠"表扬了一番，还为我佩戴苏联少先队的队徽！这是我一生获得的唯一的一枚奖章。可是乐极生悲，跟周富君到苏州河附近玩耍，把奖章掉落在了那里。一个同学看见，拿回来给我，严肃地批评了我。

初二上学期结束，破天荒地，我这个昔日的"调皮大王"，品行得了个"甲等"。回家后，我装作若无其事的模样把成绩单交给母亲，她看了看，只是笑了笑。晚上我偷偷地听见父亲跟母亲说，不容易啊，老师真不容易！我想这是对宣老师最好的褒奖。

当上大队委员

初三，我居然当上了少先队大队委员！当天会上宣布选举结果后，要我上台发言。我第一次见那么大场面，战战兢兢，憋着嗓子直吼，没念几字，就满头大汗。尽管如此，队员们还能听懂，刚念完，掌声一片。我赶紧到后台抹把汗，再上台端坐。

　　我主要"抓"科技小组，曾"视察"楼顶的气象站和园子里种的花草，曾和模型小组一起讨论怎么做长江大桥模型。当时，武汉长江大桥正在建设，全国为之欢欣鼓舞。我们打算做个模型展示大桥风采。后来怎样我也忘了。

　　现在回想起来，那时我"当官"，与其说是队员投票的结果，还不如说是宣老师"选"出来的。为什么选上我？我猜想是受苏联电影的影响。当年苏联有两位杰出的教师：一位是乡村女教师瓦尔瓦娜，扎根边疆，做出很大成绩；另一位是马卡连柯，致力于改造流浪青年。用信任来感化"小流氓"，效果极佳。当时，两位教师的事迹通过电影传播很广。想必宣老师受其启发，用此法来改造我这个顽皮少年。可以说效果不错，可惜没有机会再继续了。

深深的怀念

　　30多年前，我和朱以中一起回中州路102号，想探望宣文本老师。当时我们心想，在形势急转直下的1957年，宣老师被划成"右派"，后来应该改正了吧？不料传达室没有人知道他。后来见到一位老教工，他听到"宣文本"三字，马上说："很久以前就去世啦！"我们一听，愣住了。

　　当年我们太小，太糊涂了，连宣老师是哪里人、有过什么经历、1957年以后有哪些遭遇都全然不知。因为年代久远，现在附中的人也已渐渐把他遗忘了。

　　可是，我们1956届初三乙班的同学没有忘！当年我们背诵过的普希金的一首诗是这样的：我为自己建造一座非人工的纪念碑，人民走向它的路径长不起杂草，它昂起那颗不肯屈服的头颅耸立着，比亚历山大纪念石柱还高。

　　母校、老师，在我心中就是一座座纪念碑。历经风霜雨雪，这些纪念碑虽然有的已经模糊，有的有些残缺，但是依然高高耸立在我心里，依然在闪闪发光。

忆班主任宣文本老师的点点滴滴（二）

1956届初三乙班　朱以中等

朱以中：

我曾几次去中州路学校旧址看看，看看我们的校园、校舍，想看望我们的老师，特别是班主任宣文本老师。当年有关他的往事一幕幕在我们脑中闪过。

在组织少先队活动方面，宣老师做了很多，过队日、开营火晚会、做军事游戏、搞军校活动、实行五分制、学苏联卫国战争英雄，还有组织队员看苏联电影、小说。

宣老师组织这些活动的目的是很明确的，就是要提高队员的素质，提高他们的集体观念，至今我还清楚地记得在活动中老师对我们的教导。

一次是在华师大校园，各小队做划船游戏。记得，游戏告一段落，有的小队同学有意见，觉得划船的时间比别的队少了，噘着嘴，在一边嘟囔。宣文本老师敏锐地发觉到同学的情绪，当即召集大家谈话。他主要说的是，我们小小的年纪不能妒忌别人，划船是小事，看到别的同学多划一点时间就妒忌，很要不得，太小气了。宣老师抓住这件小事进行了教育，使大家心服口服。他的谈话立意很高，给我很深的印象。

我们1953年入校的时候，他是学校的大队辅导员。这个职务不是哪个老师都能担任的，他有很强的组织能力，对少年儿童的心理有准确的把握，很善于做孩子的思想工作。

记得我们刚入校，就面临男女生团结的问题。男女生习惯各自活动，但一起活动做游戏时需要拉手，男女生就不愿拉手，场面很难堪。

宣老师就跟大家说，你们知道吗？你们这样，谁最高兴？是美帝和国民党反动派，他们看见你们这样不团结，就高兴死了。他这样一说，效果非常好，男生、女生马上拉起手来，没有犹疑。

我曾和高我一年级的同学说起此事。他说，那时宣老师也是这样对我们说的，很快就有效果。

他善于在组织活动时进行教育。记得有一次搞野炊活动，各小队带了粮食和蔬菜，在野外挖灶架锅做饭。因从未这样做饭，大家手忙脚乱，做出的大都是夹生饭。

可能肚子也饿了，就忙着吃饭，却把带我们出来的老师和辅导员晾在一边，没有人安排他们到哪个组去吃饭。宣文本老师召集大家，毫不客气地说了几句：你们吃饭了，为什么没有人看看老师和辅导员吃饭了没有？要知道辅导员昨天一个人骑自行车跑了很远的路，为你们打前站啊！

宣老师一席话，使大家非常惭愧，纷纷请老师到他们组里去。事后想想，宣老师此刻能站出来教育学生如何尊重老师、尊重别人，是非常高明的。换了别的老师，因为涉及自己，可能不好意思这样做。宣老师没有考虑自己的面子，一切为了教育孩子，使他们懂得做人的道理。

其实，对那个年龄段的孩子空讲大道理是没有用的，抓住了关键，才会使他们终身受益。

宣老师很会做学生的思想工作，有时谈话、组织活动往往会出人意料。我记得，他在班会上经常和学生对话，当时还有不少实习老师，即华师大的学生，在后面旁听。记得，每当他说出精彩的话，那些实习老师都在后面悄悄喝彩。

他做学生的思想工作，堪称教育学家。印象很深的是一个星期一的早晨，有几个同学早早来上学，风风火火地在教室的墙上贴了一个壁报。壁报的名字叫"小鳄鱼"，内容都是批评班里的不良习气，如课堂上讲话、做小动作、做操不认真等等。细看作者都是班里比较自由散漫、不太守纪律的同学。

大家看了感到莫名其妙。原来，星期天宣老师召集班里比较调皮的孩子开了一个会，说我们现在要在班里树立正气，造舆论，批评不良风气，办一个"小鳄鱼"壁报，并指定某同学负责。当时苏联的讽刺漫画杂志《鳄鱼》影响很大。印象里这些学生平常老挨批评，宣老师提倡办壁报，既调动了这些学生的积极性，也保护了他们的自尊心。

壁报出版后对班里的风气改变起了很重要的作用。

宣老师当时的用意，后来我们慢慢明白了，也渐渐体会到老师对教育学生的辩证法运用得何等大胆、精彩！

师大附中很注意培养学生的品德和素质，但我印象中一本正经的政治思想教育并不多，很少组织学生听枯燥的政治报告，政治性强的主题活动也不多。这也许和中华人民共和国成立初期到1957年的政治形势或苏联专家当顾问有关。

学校的主题活动很多，大都是寓教于乐的少先队活动。如夏令营、营火晚会、野炊，还有"少先海军军官学校""秘密行军"等军事游戏。

少年儿童向往军人生涯，年轻人好胜、好动、好奇，游戏模仿军事活动，竞争激烈，惊险刺激。

其中"秘密行军"就是师大附中很有特色的传统军事游戏。这样的"秘密行军"能寓体育锻炼、智力训练、道德教育和娱乐于一体。这些活动好玩，学生投入，必然会受到教育。

回想起来，组织这种活动，教师和辅导员多么费工夫啊！如他们设计从中州路校区出发到达活动目的地的路线，就要花大量的时间去一一实地考察，边走边看，注意周围的各种可以利用的店名、路名、招牌，以及道路特征，用巧妙的文字编写成四封"密信"。没有真诚地培养孩子、教育孩子的热情是难以做到的。

有一年，我和林炳尧同学回母校看望宣老师，却听到了令我们震惊的消息：宣老师1957年被划为"右派"，之后被边缘化了。后来他在"文化大革命"中去世了。知道这个消息，我和同学都很难过。

谢贤灵：

宣文本老师是我们初中乙班的班主任，又是大队辅导员。他工作认真、热情，也很有办法。记得我们在初一时，宣文本老师曾经动员全班同学给贫困地区捐献衣服，有好几个同学拿了衣服，像沈玉琦就拿了好几件衣服来，还有其他同学也拿来了不少。

初一时我们全班同学在中队辅导员的带领下去江湾文化馆参观，好像是坐小火车来回。下车后有同学举起了一面中队旗，上面有星星火炬的红旗，我们排队跟在后面步行。李家骏、王森辅导员比我们高两级，是同一个班的。

华东师大附中因少先队工作做得好，活动丰富多彩，所以团市委对我们学校少先队很重视。团市委少年部蒋文焕部长经常来我校，与宣文本老师谈话，交流商量工作。我曾见到过好几次。

也许是初二或者初三时，团市委请我们乙班全体同学去市政府大礼堂，向市优秀共青团员献红领巾。那时我们男女同学的服装是市里统一的：女同学是一条粉红的背带裙，白衬衫、白跑鞋；男同学是一条深蓝色的短裤，白衬衫、白跑鞋。我们走到台上，给优秀共青团员戴上红领巾。有一位优秀共青团员还把任佰钦同学抱起来。那天，演电影《小梅的梦》的女主角赵玉嵘的小妹妹也来了，她是来做大会司仪的。听好报告后，团市委还请我们吃点心，一人一盘蛋糕。

还有一次接到市里通知，捷克代表团到上海来，团市委在市少年宫举行欢迎仪式，又请我们学校少先队去表演节目。我们班严敏求、胡川华、林佩芬、何惠禾、刘健明和我等6个同学，表演了自己创作的中苏儿童友谊舞，由高中一个女同学用手风琴伴奏。我们跳得很好，下面观众热烈鼓掌。听朱以中说这次欢迎会他也参加了。我前一段时间同刘健明聊天，刘说确有此事，但6个人的名字也许记忆有误。

宣老师很重视对学生的思想品德教育。记得初一时，宣老师还在班级里跟我们讲过爱国"七君子"的故事。

一次，我生病了，待在宿舍里没去上课，宣老师知道了马上就来看我。宣老师后来还对班上的同学讲："谢贤灵同学生病了，下课了你们有空去看看她。"这说明宣老师平时是很关心同学的。不但自己关心，还引导大家同学之间要互相关心，从身边小事做起。

还有一次，房光祖大扫除后把教室钥匙带回家了，当他发觉后立即回校交回钥匙。第二天宣文本老师在班上表扬他了，教育我们从小做事就要负责任，知道错了当即就改，不要拖到第二天。

宣老师这么好的老师，在反右派斗争中被错划为"右派分子"，到了"文化大革命"，又被批斗。后来我从宣老师女儿宣歌娅那儿知道，宣老师去世的日期是1968年12月28日。

张美光：

我们考入师大附中的时候，得知我们的班主任是少先队大队辅导员宣文本老师，感觉非常幸运。

记得宣老师和我们初次见面，就让我们感到非常亲切。他教导我们，我们这个班集体就像一个大家庭一样，要团结友爱，努力学习。

他要求我们要有礼貌，走进教室就要向大家问好，离开时要说再见。果然我们以后一进教室就会互致问候，离开教室时也会互相打招呼。别看这简单的问候，这一声声问候让大家感到了集体的温暖。

课间休息时，宣老师还到教室来给我们讲鲁迅先生写的故事《铸剑》，还给我们讲他带着全家人在抗战中逃难的经历，对我们进行爱国主义教育。

我们住校生吃完晚饭，晚自习前有一段休息时间，就到操场上玩耍，遇到宣老师，他也会和我们一起聊天，解决我们的思想问题，就像我们的家长一样。

学校还给我们班派了少先队辅导员，记得当过我们班的中队辅导员有王森、章嘉树、冯允修和李家骏，他们都是高中的学生。下课后，他们就会到教室里，教我们怎样好好学习，怎样为人处世，还给我们读少儿长篇小说，如《小象波波的故事》等，就像大哥哥大姐姐一样关怀我们。

在宣老师和辅导员的关怀下，我们班的同学团结友爱、互相帮助。记得卞若邱同学的脚受了伤，没法到校上课，我们班就组织一部分同学排班，每天上他家去给他讲当天的功课。这样他虽然休息了不少天，但功课一点儿都没有落下。1955年6月12日的《解放日报》还专门报道了这件事。

袁国胜：

谢贤灵记性真好！少年宫我也去了。

还有一次活动大家一定不会忘，《新少年报》有大篇报道，那就是去华东师大参观体验。可惜那份报纸没留下。

记得那天早上从中州路出发，乘的是华东师大的校车，很气派的大巴，自动门，那时候在其他地方还真没见到过！中午在师大的学生食堂吃的饭，我感觉伙食很好，要知道那时师范学生吃饭是不要钱的。我们在那里分成两个组，好像做了"追踪"的游戏，大家很努力，玩得很开心！

张国新：

给外宾献花，这是我人生中第一次也是唯一的一次。记得有一天放学后，宣老师在操场上找到我说，星期日你去机场迎外宾（肯定还有其他同学，记不得了），这是重要任务，你一定要做好。天哪，星期六我要回家（因为我在校住宿，很想家），本来想说出口的话又被噎回去了，只好听老师的话，那天去了机场。

我们每人手中捧着一束鲜花，站在迎宾楼前。当外宾陆续下机后，我们就把鲜花献给了各自对应的外宾。我把花献给外宾后，他回送给我一枚纪念章。我后来才知道，这是一枚以色列的纪念章，可惜在"文化大革命"中遗失了。

实际上宣老师对苏联是很热爱的，他吸取了苏联开展少先队的好经验，使我们学校的少先队活动丰富多彩，我们都很尊敬和喜欢他。

我记忆中还有这样一件事。宣文本老师有一次在课堂上说："有个班已命名为'古丽雅班'了，我们乙班同学要不要努力成为'卓娅班'？"班上气氛一下子就活跃起来了，同学们都希望通过大家的努力去争得荣誉。宣老师很懂孩子们的好胜心情，以此来激励我们好好学习，天天向上。

附中不应忘记王景甫老师

1956届初三　童明友

1953年至1956年，我在附中读初中，后因学校没法住宿，初中毕业后就回到普陀区读高中了。在附中读书期间，我参加了学校的话剧组，后被选为学生会文娱部副部长。在此期间，我和王景甫老师认识，且接触较多，因为他是主管全校文娱活动的老师之一。

王景甫老师是湖南人，没有家小。至于他的经历及如何到附中来工作的，我就一无所知了，因为那时我不过是一名初中生。

当时学校有5个文娱团体：话剧组、木偶剧组、舞蹈组、合唱队、民乐队。合唱队是由音乐教师沈晓老师负责的，民乐队似是王景甫老师负责的，其余三个团体全由王景甫老师一人负责。

木偶剧组曾排演过童话剧《海螺姑娘》。这是一个很美的童话剧。说一只海螺每天变成一个美丽的姑娘，悄悄地给一个勤劳的青年烧饭，然后就离开。这个谜最后被青年揭开，他们终成眷属。我也参加过演出，整部剧的音乐伴奏是由民乐队承担的。二胡演奏者和饰海螺姑娘的女同学后来到上海木偶剧团成了专业演员，这个女同学就是后来曾担任市文联党组书记的周渝生。我记得，高中她是蒋敏老师班的学生，她对退休后的蒋敏老师很关心，蒋敏老师常和我说起她。

关于舞蹈组，我只记得一件事，就是由高中女同学王莞清领舞的《送公粮》去北京参加比赛，并得奖。舞曲我记得是湖南特色的，好像是《浏阳河》，是由王景甫老师指导的。

话剧组排的戏较多，演的多是苏联的反映学生生活的戏，影响最大的是《同志们和你在一起》，我在剧中饰团委书记。这是一个多幕剧，是一个晚上的专场戏。

别看只是演演戏，跳跳舞，其实事情是很多的。要制作布景、木偶，要做舞蹈服，要舞台的灯光、音响，演出要化妆等等，这些都离不开王景甫老师。舞蹈的有些服装、木偶的服装都是他缝制的。学校特意给他配了一台缝纫机。布景是他带领我们学生一起做，钉木框、绷布、粉刷等，这其实是一个繁重而又烦琐的活。

文艺晚会的舞台管理也往往是在他的参与下组织分工的。我也是在这些活动中学会了这套本事。1961 年来校工作后，徐校长要我兼管学校文娱活动，因为我以前有过较多实践，所以做起来就得心应手。

那个年代，附中的文艺活动搞得红红火火，王景甫老师是有功的。所以说，附中不应该忘记王景甫老师。

据说后来王景甫老师犯了错误，被送到崇明参加填海劳动，回来后调到华东师大出版社印刷厂。"文化大革命"期间我住在师大，曾见到过他。但在那样的政治空气中，我不敢去惹是非，就没过去打招呼，这是很遗憾的事！"文化大革命"之后就不得而知了。

几年前，唐家乐老师向我问起王景甫老师的事，说是有校友向他打听，于是就有了这篇短文。

以上这些都是我凭记忆和听闻写的，难免有出入，知晓的人可以纠正、补充。

"卓娅小组"和"舒拉小组"

1956 届初三甲中队辅导员　吴培刚

这两年有机会与当年 1956 届初三甲班的同学们时隔 50 多年后再相会，感慨万千。

我在华东师大附中的六年里，印象最深的还是作为中队辅导员与初三甲班的同学们在一起的那一段美好时光。今天我要公开一个保存至今的小秘密。

当年受学习苏联英雄的影响，我们师大附中有"古丽雅班"，但很少有人知道还有个"卓娅小组"和"舒拉小组"。

卓娅和舒拉是苏联卫国战争时期的英雄。姐弟俩从孩提时代起就逐步养成许多优良品质：尊重长辈、乐于助人、学习勤奋、积极劳动、热爱生活、兴趣广泛等。他们后来先后参加了反抗德国法西斯的战斗，英勇不屈，壮烈牺牲。

我想到要学习英雄学习勤奋、乐于助人的精神，就在初三甲班以中队委、小队长为基础（其中方正是例外，他当时是大队长），建立了"卓娅小组"和"舒拉小组"。还以两人名字第一个俄文字母的形象叫作"Э—Ш小组"。小组是保密的，每两周秘密开一次会，讨论如何帮助学习上有困难的同学。考虑到这些被帮助的同学的自尊心，小组成员一对一主动接近他们，和他们一起学习，帮助完成作业和复习功课，而又不为被帮助的同学察觉，以便使全班每一个同学都能顺利毕业。

鉴于 1956 年初三甲班男女同学界限分得很清，我们尽量让"卓娅小组"成员去帮助女同学，让"舒拉小组"成员去帮助男同学，不过后来也并不特意去区分男女生了。徐美娟和陈馥这两个"卓娅小组"成员分别帮助了班上的两个比较顽皮但很聪明的男同学，结果他们的成绩都明显上去了。

尽管这两个小组仅存在了短短几个月的时间，小组成员却牺牲了自己不少的学习和休息时间帮助同学。每当我回想起这些，作为他们的中队辅导员，我要向当年"卓娅小组"和"舒拉小组"的成员表示由衷的感谢，他们是：陈昌道、罗树方、方正、郭丽娟、孟金玲、徐美娟、何津云、陈馥。谢谢你们！你们助人为乐又不求人知的精神深深感动了我！特别是——郭丽娟和陈馥两位同学，现已与大家永别，我们将永远怀念你们！

"卓娅小组"和"舒拉小组"除了帮助同学学习，还要去擦黑板等，做好人好事，这也许就是后来"一帮一、一对红"活动的雏形。

奖章珍藏　师恩难忘

1956届　朱　川

　　我珍藏着一枚奖章，它是我附中六年青春年华的见证。附中时期的许多文字材料——日记、作文、美术作业等都在十年浩劫中被我亲手付之一炬，唯独留下了这枚奖章、一张学生证和六年全部的成绩报告单。

　　这是一枚"优秀学生"的奖章。一颗红星代表了德育，一本书代表了智育，跑步的人代表体育。两条绶带上分别写着"优秀学生"和"华东师大附中"，周围环绕着光芒，完美体现了德智体全面发展的培养目标。当时我想这一定是多才多艺的美术老师周大融先生设计的。

　　其实，我得过两次"优秀学生"的称号。一次是在初三，另一次是在高三。因为已经发过奖章，所以第二次就不再发了。我清楚地记得，高中那次是由物理老师夏哲公先生宣布的。

　　这枚小小的奖章上，凝聚着多少老师的心血啊！翻开我六年的成绩报告单就一目了然。我进附中时并不是一个德智体全面发展的优秀学生。虽然在初一我曾经得过包玉珂校长签署的奖状，可是上面写的是"名列第三"，显然只是成绩好。而查查当年的成绩报告单，我发现第一学期就请了64节病假，体育只有60分（大概是老师送的吧）。那时我不爱活动，弱不禁风，曾经晕倒在公交车上被送进医院。当时的班主任芮乔松老师在评语中谆谆教导我"要提高体质"。当时的生物课老师毛仲磐先生是教导主任，发现我肺门有钙化点，怀疑有结核病病史。毛老师一直督促我去医院检查身体，检查之后还要向他报告检查结果，对此我印象颇深。后来我下决心住校，腾出时间参加体育锻炼。那时，每到下午4点学校操场上全是人，各种球类活动吸引着男同学，体操、舞蹈则是女同学的最爱，我也渐渐习惯了体育运动。看成绩报告单，后来每学期病假逐渐从16节减少到14节、11节、4节，最后不再请病假，体育成绩也提高到80分。毕业时我的体育成绩是五等，班主任评语也终于有了"体质增强了"的好评。

　　根据成绩报告单上的图章、记分册上的签名，我回忆起曾经教过我的老师的名字，使我吃惊的是居然有近30位老师之多（这还是极其不完全的统计）。为了培养一个班级的学生，这么多老师齐心合力，课上课下悉心教导六年之久，怎不叫人感动呢？

教我语文的老师有三位：初一赵善诒，初二、初三叶百丰（兼班主任），高中谭惟翰。这三位老师后来都调到华东师大中文系任教，赵老师和叶老师还担任系主任。我从复旦大学中文系毕业后也到师大中文系工作，就好比离开了妈妈之后又投入了外婆的怀抱，一直受到呵护，太幸福了！赵老师教我们的时间很短，他离开之后不久我便收到了一本《文艺学习》杂志。这是当时唯一的一份适合青少年的文艺杂志。这按月飞来的杂志使我十分惊喜，从此对文学产生了浓厚的兴趣。后来我才知道这是赵老师悄悄为我订的。可以说，我走上中文这条路就是三位语文老师指引的。

教过我数学的老师有六位：章质甫（算术、代数、三角），钱正骝（平面几何），庄炳珍（代数兼班主任），归孟坚（立体几何），倪若水（立体几何），陈品端（代数）。钱老师很风趣，总是跟我们说有人叫他"钱正风"，其实他名字里那个字读"帆"，不读"风"。

进入高三，记分采用五分制。那时每人都有一本记分册。上课时教师提问，或者板演、检查，有时还会有课堂测验，都是当堂评分。记分时我们拿着自己的记分册走上讲台递给老师，老师当场写分数并签字，怪紧张的。这本记分册上留下了宝贵的信息，那就是老师在写下分数之后所签上的名字。如今，看着当年老师所签下的名字，我仿佛看见夜空中闪耀的群星。

我记得数学老师归孟坚先生教我们立体几何的时候，年纪已经很大了。他不苟言笑，十分认真。当时我们从他那清癯的面容就知道他身体不好。每次上课大家都非常认真，特别珍惜。从我的记分册上看，1955年10月7日和11月7日我曾经有幸得到他的签名：一个"坚"字。往后就再也没有他的签名，直到1956年3月15日，出现了倪若水先生的签名。不久之后就传来归先生去世的消息，大家才知道归先生其实是带着病教我们的。

一附中的师生关系非常融洽。历史老师李永圻温柔敦厚，简直成了孩子王。郏家驹老师儒雅潇洒，对学生非常爱护，长期资助生活困难的学生，不止一个。郏先生跟政治老师罗友松还兼任教导副主任。每个学生的每一份成绩报告单上都有他们的图章。老师还鼓励学生大胆创造。我在高中时就曾经编写过一个话剧，居然自编自导自演，还不自量力公开演出。每到纪念日全校一定有演出或者比赛，高年级同学演出全本的《黄河大合唱》，看得我们低年级同学崇拜不已。还有师生合作的，谭惟翰老师跟罗爱伦合作《放下你的鞭子》令人叫绝。每次演出的压轴戏往往是京剧《空城计》：

叶百丰老师演诸葛亮，毛仲磬老师演司马懿，每次都能获得满堂彩！此刻我们会感到一附中就是我们的家——一个充满亲情温暖的家！

如今，60多年过去了，我会继续珍藏我的这枚奖章，更难忘附中老师们的恩情。他们把毕生的精力奉献给了教育事业，尽心竭力地培养学生成为德智体全面发展的优秀学生。他们不计较待遇职称，没得到过"特级教师"的桂冠，然而在学生心目中，他们是最特别的人，是最值得珍藏的无价之宝！

成长的集体　美好的时光
——追忆 1956 届高三甲班往事

1956 届　佚　名

一、亲切温馨的家

1953 年 9 月初，在虹口区中州路华东师大附中里，一个新的集体——1956 届高一甲班诞生了。全班 40 多名同学，大部分是从本校初中的不同班级升上来的，也有华东师大教职工的子弟，或者上海其他学校的初中毕业生慕名而投考进来的。

从本校初中升上来的同学，最初分别来自位于上海东北角的光华附中和坐落在城市西头的大夏附中。

那时候，我们还是一群不懂世事的少年，当我们在这所学校里度过了整整三年时光（有些是五年），于 1956 年高中毕业时，都已经是发育成熟、思想初步成型的俊男靓女，个个意气风发，梦想着辉煌的未来，憧憬着美好的前程。

我们中的绝大多数考取了大学，高高兴兴地奔赴分布在全国各地的高校，开始了新的生活。在大学和大学毕业以后漫长的日子里，我们享受过许多成功和荣誉带来的喜悦，也吞咽过不少不公和坎坷酿造的苦水。抚今忆昔，我们固然有不少感慨，更多的却是美好的回忆，思绪常常飞回到 50 年前的母校。

学校那座 L 形的教学大楼里，三层东端有一条南北横向的走廊，里边一字排开的四个教室，分别是 1956 届四个高中班的教室，南端的那一间就是我们甲班的所在地。

上课自然是学生生活的主要内容。我们在那间并不宽敞却温馨如家的教室里学习，吸取文史地、数理化的各种基础知识。十分值得庆幸的是，教育我们的是一批学识丰富、循循善诱的好老师，他们是：语文老师夏胤中、汪星六、周哲朏、盛新民，政治老师林仲良，历史老师郦家驹、李永圻，地理老师陆大堉、王靖国，数学老师王剑青（代数）、倪若水（三角几何）、"小周老师"、章质甫（制图），物理老师屈肇堃，化学老师丁明远，生物老师盛占春，外语老师周瓒武、周芳、凌贤华、吴遐龄，体育老师储德、王季淮、储体芳、李玉峰……时至今日，每当我们聚在一起时，都会情不自禁地回忆、谈论起他们的形态体貌、生活爱好和语言特征，他们的音容笑貌还是犹在眼前，令我们倍感亲切。

　　课外时间是我们展示青春活力的时候，除了早操、课间操，下午两节课后的活动更是丰富多彩。黄关敏、宁德忠、钱汝明、郑元瑚、尹元昭等人喜爱篮球，每天下午三四点钟以后是他们大显身手的时间；姚佩君是年级乃至学校的短跑"名将"，那短短 100 米还要拐个弯的跑道上没少留下她的汗水，她的 100 米和 60 米带绳跳跑的成绩在很长时间内雄踞校榜之首。即使是没有什么体育特长的同学，也要在那一圈有200 多米的跑道上绕上几圈，或者在单双杠区舒展一下身子。盛夏时节，操场西侧的那个游泳池，更是许多同学最爱去的地方。来自大夏附中和师大教职工家庭的同学，他们的家多在城市的西边，故不少同学成了当时并不多见的"住读生"。男生宿舍最初在学校操场南侧的一座两层木楼上，后来又搬到了离校约一刻钟路程的昆山路宿舍。女生宿舍则在学校西北角的一座两层小楼里。住读生从早到晚天天泡在一起自不必说，不少"走读生"也"恋校"，课后常常迟迟不愿回家。所以，在三年乃至五年时间里，我们朝夕相处，亲如一家。

　　每逢节日的前夕，课余时间是文娱积极分子的天下。依靠他们的努力和才干，在沈晓老师的指导下，我们的合唱《二郎山》《翻身道情》，在一次歌咏比赛中获得了一等奖；在王景甫老师的指导下，我们在毕业晚会上演出了话剧《二十年后再相会》，获得好评。在一次全校文艺会演中，班上女同学演出了精彩的舞蹈——《荷花舞》，她们优美的舞姿，深深地吸引了观众，而束际万同学甜美动听的歌声更深得赞美。在一次班级的新年化装晚会上，全体住读男生演出了名剧《钦差大臣》的片段，我们大胆想象，对剧中人物进行了滑稽、夸张的化装，令见者无不捧腹大笑。其中，何维亨和蒋柏宏男扮女装，分别扮演沙俄时代的贵族小姐和太太，他俩的装扮和惟妙惟肖的表演真是出尽了风头。当时的情景至今还是同学聚会时的热门话题……

　　课余时间也是同学们的"社会活动"时间。同学之间的交流谈心，每周一到两期黑板报的编写工作，多在这个时候进行。有一段时间我们还油印出版了一份自己创作的文艺"期刊"，蔡益鼎是这份期刊的主编，许镇亚提供了当时极为难得的油印机等出版工具，并负责印刷。

　　春游是我们不愿轻易放过的时光。三年间，我们曾经骑着自行车，自带锅瓢炊具，男同学驮带女同学，到龙华、吴淞口春游。我们在田野、在海滩挖坑架灶，拾荒柴枯草自己煮饭炒菜，饭菜香飘十里，引来农民、驻军战士围观、赞扬；我们借宿宝山中学教室，次晨三点即到吴淞口海滩上等看日出，极目远眺一轮红日从东方海波中冉冉升起。我们还一起游览了苏州、无锡、杭州。有一个暑假，我们还到闸北公园露营，青春年少的我们挤在几顶帐篷里，共度了美好的一夜。

　　我们的学习、活动都是在班主任老师的指导、帮助下进行的，我们的成长和成熟浸透着班主任老师的汗水和心血。三年里先后担任我们班主任的是陆大堉老师、汪星六老师和盛新民老师。直到现在，我们还深深地感谢他们，怀念他们。

二、品学兼优、健康成长的摇篮

在这个摇篮里，我们养成了遵纪守法、热爱师长、关心集体、追求思想进步、奋发向上的良好品性。全班三年间无一个不良青年出现，班里形成一个人人善于独立思考、敢于发表不同意见的生动活泼局面。我们热心社会工作，为公众服务，如王惠芳、束际万、冯懿治等任初中少先队辅导员，胡智博、姚佩君、冯懿治担任团委工作，还有同学长期做学生会工作。1956 年的寒假，我班邝琴等 10 余名学生干部作为虹口区委组织的志愿工作者，下工厂、商店、里弄宣传总路线，自编自演小节目，颇受欢迎，获得虹口区委好评，得奖旗一面。在这个集体里，我们树立了自己的信仰、理想和抱负，许多同学加入了共青团，有的还成为共产党员。

在这个摇篮里，我们勤奋学习，好学成风，毕业升学率 100%（个别同学因患当时较难治愈的肺结核病未参加高考的除外），以"零志愿"考入北大、清华的有 10 余人，考入当时全国一流名校的同学占全班总人数的 60% 以上。

在"向科学进军""为祖国健康工作 50 年"口号的鼓舞下，我们积极锻炼身体，热情参加各类体育活动，除个别带病（肺结核病）上学的同学外，"劳卫制"一级达标率 100%，有多人通过二级。1956 年春，我班 10 余人由胡智博领跑参加市民迎春长跑，全部在前列跑至终点，每人获奖章一枚。每届校运动会，我班每个同学都会参加一项竞赛，获得优良的团体总分，其中还有几位杰出"名将"：姚佩君蝉联几届校短跑冠军，何维亨获校体操冠军，宁德忠率领班队获得校男篮联赛冠军……

大学毕业后的几十年里，我们生活在不同的城市，从事着不同的职业。我们的工作成绩有大有小，所做的贡献有多有少，但我们可以说，我们都尽了力，我们无愧于母校的培养，无愧于我们当年温馨亲切的"家"，无愧于培育我们成长的"摇篮"。如今我们都已近古稀，大多已退出了忙碌的工作，正在安享无限美好的"夕阳"生活，可是我们依然怀念我们魂牵梦萦的 1956 届高三甲班这个"家"。

写于 2005 年 11 月

忆秘密行军

1957 届高三甲班　吴培刚

从《华光报》上读到 1956 届初三甲班方正校友及其他多位同学的回忆文章，我很激动。

1951 年至 1957 年我在华东师大附中度过了六年学生生活。初中时在庚班，高中时在甲班。

那时，师大附中的高中和初中都在中州路 102 号的同一幢教学大楼里。

师大附中有个好传统，就是选派高中的同学（共青团员）去担任初中班级的少先队中队辅导员。我们班上的张霭珠和沙慧贤都曾经做过初中班级的中队辅导员。后来我也当了中队辅导员，就是在方正那个班。

如今回想起来，在师大附中的六年里，我和初三甲班的同学朝夕相处度过的那段时光，是最美好的。

说实话，当时我做辅导员是很尽责的，花了不少课余时间，动过不少脑筋。

"秘密行军"，就是我策划和组织的一项少先队活动。幸亏方正校友有一篇《秘密行军》的文章，发表在当年的《少年文艺》杂志上。文章写得很好，感谢他给我们以往的历史留下了深刻的印记。

记得，那时我准备在一个星期天组织一次"秘密行军"的中队活动。针对他们年龄小、活泼好动、喜欢动脑筋的特点，我将目的地事先保密，路线也不透露，搞得神秘兮兮的。出发前给每个小队一封密信，让他们依靠集体的智慧，按照信中的提示或暗示，一步步向目的地进军。

为了这次活动，我设计了从中州路校区出发到达同一个目的地（静安寺附近，好像是少年宫吧）的四条不同的行军路线。然后花了两个星期的时间去编写四封密信。我沿着自己设计的路线，边走边看，观察周围有什么店铺的招牌、弄堂的名字可以编成谜语，有什么路名或者比较特殊的建筑物可以作为暗语，到了十字路口是向左转还是向右转，等等。我边走、边记、边想、边编，第一个星期终于完成了四封密信的初稿。第二个星期再按照这四封信的初稿自己去走一遍，边走边修改补充。

活动当天，少先队员们都很兴奋，每个小队拿着我编写的密信高高兴兴地出发了，我在目的地等他们。快接近中午的时候，一个小队到了，又一个小队到了，第三个小队也到了，但还有一个小队迟迟未到。我一路返回去寻找，结果发现他们看错了信中的提示，走迷路了。我把他们从岔路上直接带到了目的地，大家欢聚在一起，开始了野炊。

这次活动给队员们留下了美好的回忆。时隔50余年后，当我与他们再相会时，大家还津津乐道地提起当年的那次"秘密行军"。

怀念师大附中少先队生活及宣文本老师

1957 届高三乙班 王 森

我今年 84 岁了。1951 年秋，我小学毕业后考进了位于中山北路的大夏附中。1952 年秋，大夏附中与光华附中两校合并，改名为华东师大附中，搬到了中州路。因为家住在静安区，所以我寄宿在学校。初中毕业后，我直升高中，在附中度过了整整六年的美好时光。

我在初中时是一名少先队员，当年的大队辅导员就是宣文本老师。

那时的教育方针是培养德智体美全面发展的学生，因此学生没有高考的压力，学习轻松、愉快；老师则全力以赴，把精力都扑在教育事业上。师大附中有很多优秀的老师，宣文本老师就是其中的一位。

宣老师担任学校少先队大队辅导员，这项工作很费精力。我们经常看到他不知疲倦，放弃休息，没日没夜地全身心投入工作，却还常常乐在其中。

正是在宣老师的倾心努力下，附中的少先队活动搞得有模有样、有声有色。华东师大附中少先队的工作很出色，在全市中学中名列前茅。

附中少先队生活丰富多彩，有自己的剧团——少先剧团，有自己的黑板报——《少年先锋报》，还有学习苏联《鳄鱼》专门讽刺和批评不良行为的《小鳄鱼报》。记得少先队有自己的大队办公室，里面放着会议桌和队旗、队鼓、队号。大队有大队长、大队委员，中队以班级为单位。我们这一届，大夏附中有 3 个班，光华附中有 6 个班，共 9 个班。从甲、乙、丙、丁、戊、己、庚、辛，一直排到壬，我是辛班的。

每逢重大节日，如六一儿童节、营火晚会等，全大队都要在操场上列队，举行少先队检阅仪式，非常隆重。那天，每个少先队员都要穿上白衬衫、蓝裤子，戴上神圣的红领巾。中队集合完毕，由各个中队长向大队长敬礼报告，大队长再向大队辅导员宣文本老师报告。检阅开始，最前面是大队旗手，两旁各一位护旗手，后面是小号手、小鼓手，吹起小喇叭，敲起小铜鼓……其后是各中队少先队员，迈着铿锵的脚步走过主席台，接受学校领导、大队辅导员的检阅，多带劲啊！这种情景我永远都不会忘记。

附中少先队还有个好传统，就是选高年级同学担任低年级同学的中队辅导员。这对高年级学生是个很好的锻炼机会，而对不太懂事的低年级学生来说，多了一个学习榜样和知心朋友，对学校优良传统的传承也起了很好的传帮带作用。

我在高中时，有幸被宣老师选中，在他当班主任的1956届初二乙班里担任中队辅导员。在他的带领下，我们组织了很多课外活动，有营火晚会、"秘密行军"等。宣老师作为大队辅导员，还经常对我们中队辅导员进行工作指导，组织大家交流工作心得。我后来因附中团委另有工作安排，所以只当了一年中队辅导员。其实要与这些少先队员们分别，还真有点依依不舍。

回想在附中的六年，那是我最值得留恋的日子，尤其与宣老师和1956届初二乙班少先队员们在一起的日子，特别开心。我要感谢宣老师为我的成长创造了条件，正是有了在中队辅导员岗位上的实践，让我在高中毕业时，报考了师范院校，选择了做教师这一崇高的职业。

在和宣老师相处的日子里，他的敬业精神给我留下了深刻的印象。记得那时宣老师住在学校里，照管住宿的男生。宣老师和男同学一起住在图书馆楼上。他的宿舍是一间大约4平方米的小房间，门一开就是一张床和一张平行摆放的写字桌，桌子若要想横过来都无法放，非常狭窄、简陋。他晚上要在校值班。因为那些住宿的男同学都是初中的小男孩，他们白天调皮，晚上常有尿床，甚至还有从床上掉下来的情况发生，这些都要宣老师及时去处理。宣老师白天很忙，晚上还要值班，真是非常辛苦。当时我们女生住在学校西北角的一座两层的小楼里，由龙凤超老师负责管理。

我在师范院校毕业后，被分配到中学教高中物理。第二年我独立带班，当了班主任，就学习宣老师的带班模式。放学后，我单独组织班级的同学进行军事操练，搞得像模像样，引得校内不少班级非常羡慕。他们有要求，我就顺势安排小班班长及操练中的楷模学生，去帮助低年级的班级举行操练活动。这样一来就调动了本班同学的积极性，他们认为这是一种荣誉。所以到周末，我请从部队复员回来的初中同班同学做指导，学生都很乐意来学校进行操练。当时我带的这个班集体外出活动就是一支小部队，可像样呢，真值得自豪。除了操练，我们还搞军事游戏，放学后排《长征组歌》，对此校领导非常欣赏，正准备推广，可惜"文化大革命"开始了……

有关宣老师的遭遇，我是后来才知道的。1957年他被错划为"右派分子"，被剥夺当教师的权利，只能在总务处工作。更让人痛心的是，"文化大革命"中他又被迫害而死。这么优秀的宣老师，竟然是以这种方式与世界告别，真是令人痛惜！

今年是宣老师当班主任的1956届初三乙班的同学毕业65周年，作为曾担任他们中队辅导员的我，写下上述文字，表达我对宣老师的深深敬意和怀念。

2021年2月17日写于广西

我是幸运的

1957 届　吴梦麟

2007 年 5 月 12 日，我们所熟悉的母校校园里，阵阵问候声、欢笑声、惊讶声不绝于耳，望着 50 年未见的同学面容，惊奇和疑惑交织在一起。当双手紧握在一起时，亲切无邪的眼光里充盈着晶莹的泪花，激动、高兴、期盼的氛围笼罩着整个会场……

这次相聚的 34 个同学（其中 27 个高中同学，7 个初中同学）来自祖国的四面八方。时隔 50 载，如果你曾生活在这个班级里，就会深深体会到她的亲和力和凝聚力。这个班是个和谐向上、团结友爱的集体，能成为其中的一员，每个同学都是幸运的。

我是幸运的。由于历史的原因，我家突遭变故，家中唯一的经济支柱倒塌，生活渐入绝境。这时，我考入了华东师大附中，成了这个集体中的一员。我清晰地记得初一下学期，一天晚上八九点钟时，有一群同学在朱倩、沈起鹏的带领下来到我家，送来了弥足珍贵的一袋大米，因为那天我家要断炊了。这袋米是他们提议，多个同学家凑起来的。当时我母亲心中的感激之情难以言表，我也将此事铭记在心，永志不忘。事后，同学们又将此情况向学校反映，很快就让我享受了六年的人民助学金，减免了学杂费和住宿费，使我顺利地完成了六年的学业。每每想起此事，总能让我的感激之情溢于胸怀，这个班、这些同学让我终生不忘。接受过这样帮助的又何止我一人，如沈海雄同学就是其中一例。

这次帮助，不仅仅是让我物质上受惠不少，更改变了我的一生。这群同学用言行展现了共青团的形象，激励着我听党的话，向组织靠拢，做一个让党放心的人。经过努力，我也入了团，我也像他们一样做人做事。在毕业后的 50 年，党的教育、同学的影响，时刻激励着我克服诸多困难。无论是三年严重困难，还是十年浩劫，我身处深山峻岭，孤守小山村学校，仍默默地教育孩子。历时 43 年，我都无怨无悔，只认为是自己应尽的责任，是我报答社会、报答中学时代老师和同学的情意所应该做的。

因为我忘不了中学时代那些点点滴滴的善事。那一张张电影票，让我与同学们共享电影对我们的熏陶；一次次团队活动，基本上我都是免费参加的，让我处于一个温暖的班组家庭中；一双同学们为我定做的棉鞋，让我度过一个寒冬。每当周末，宿舍里的同学都回家了，只留下孤独的我时，就有同学敲开门，唤我走出校门，来到马路和公园，一边闲聊一边谈论所有感兴趣的人和事，让我不感到孤寂。更让我不能忘记的是，1957 年 12 月 29 日在十六铺码头，我登上江华轮赴皖时，姜元元同学来码头送我，并塞给了我 20 元钱，作为到皖南的生活费。要知道，这 20 元相当于我第一个月的教师工资，这 20 元体现了珍贵的同学情谊呀！攥着这火烫的 20 元钱，我在船上失声痛哭。离别了上海，也离别了对我帮助最大的同学，离别了我们可爱温馨的班级……

50 年了，这些记忆永留我的心田，成为我的精神支柱。我再一次地感谢同学们，感谢这个充满亲和力、凝聚力的温馨班级，我太幸运了。

写于 2007 年

忆在附中学习成长的往事

1957 届　陈步君

华东师大一附中是我从小仰慕的学校。记得报考高中那天，是 1954 年 6 月的一天凌晨 2 点，我到学校排队报名时，队伍已排到中州路虬江路口的老虎灶边上，足见人们对一附中的向往。考试是在教学楼的 309 教室进行的。

附中三年的高中生活给了我极其丰富的养料，无论是在政治上、思想上、品格上，还是在知识上、能力上、身心上，我都得到了极大的培养和锻炼，为我一生的成长发展奠定了良好的基础。在此，我回忆自己在附中成长的往事，与大家分享。

刚进入高中，政治课读的是于光远等人编的《辩证唯物主义常识》，林仲良老师富有说服力的分析，让我懂得了"世界是物质的，物质是变化发展的"，破除了我从小相信和害怕鬼的恐惧。记得高一下学期，我与同学一起参加佘山军事夏令营。深夜轮到我值班站岗，看到远处山谷不时闪出一团团火光，我顿时怕得瑟瑟发抖，心想这就是"鬼火"。但转而一想，林老师在政治课上讲的，世界上没有鬼和神仙，所谓鬼火只是人的遗体中磷的自燃而已。这样一想，我的心也平静下来了，胆子也大了，坚持站完了一班岗。

高一上学期的语文课由叶百丰老师任教。一次他叫我站起来朗读一篇课文，我结结巴巴读了 15 分钟，打乱了叶老师的教学计划。我正羞愧地坐在位置上，等待叶老师的批评和同学们的责怪。这时，叶老师却温和地鼓励我说："你今后要胆子大一点，多练练朗读。"于是我的一颗忐忑不安的心终于放下来了。此后，每当老师上课提问，我总是带头举手发言，迫使自己上课积极思考，也训练自己口头表达能力。日后我能在成百上千人的集会上侃侃而谈，我想这是与叶老师当年的宽容与鼓励分不开的。

高一下学期，我担任团委军体干事，带领团员同学开展军事和体育运动。如开展"劳动与卫国"体育达标测试、"攀登珠穆朗玛峰"象征性长跑运动、小口径步枪射击等。本来我的体质并不好，高一上学期秋游回来，我累得生病休息了好几天。自从担任军体干事后，我以身作则，带头参加长跑等体育运动，通过了"劳卫制"一级测试。在"为祖国健康工作 50 年"口号鼓舞下，我逐步养成了自觉锻炼身体的好习惯。

从此，我多年不生病，伤风感冒也很少。现在参加体育活动已成了我的一大爱好、我的生活方式。今年我80岁了，身板仍硬朗，活动自如，还能经常参加游泳、打乒乓球、骑自行车等活动，这与我高中阶段养成了锻炼身体的好习惯是密不可分的。

1955年下半年，全国掀起了农业、资本主义工商业和手工业的社会主义改造高潮，我想学生也不能置身于运动之外。于是我们学习了列宁的《青年团的任务》和毛主席的《青年运动的方向》等著作，向团委提议组织"青年突击队"，参加虹口区私营工商业的社会主义改造运动。经共青团虹口区委同意，我带领学校20多个共青团员，分别加入青年职工队伍中，到一些私营商店、工厂进行清产核资工作，做好公私合营的准备。这项工作历时一个多月，受到虹口区团委表彰，并授予我们"社会主义青年突击队"的锦旗。我们"青年突击队"全体成员还参加了在附中大操场举行的有5 000人与会的庆祝虹口区社会主义改造胜利的大会。我们心潮澎湃，无比激动，感到我们的心与祖国社会主义革命的进程紧紧联系在一起了。

高二年级时，我被推举担任学校团委副书记。高二下学期，团委书记孙光萱同志到北京外交学院深造，新的团委书记尚未到任，我一度主持团委工作，负责筹备召开团员代表大会。从组织代表选举，起草并代表上届团委做工作报告，到选举产生新一届团委委员，这一系列的工作对我的宣传、组织、协调能力是个极大的考验和锻炼。记得一天下午课后，我召开部分团干部会议，事先为准备会场，我一个人从大礼堂扛了五六张长凳搬到底楼一个空教室。由于凳子比较重，从楼上搬到楼下，搬着搬着，我心里冒出了一股莫名的怨气，泪水也滚出来了，心想怎么没有一个人来帮忙，转而又想，产生这种怨气正说明自己还不是真正具有全心全意为人民服务的思想。当时我也自责，自己不发动群众，不依靠群众，这能怪谁呢？从此以后，我在工作中比较注意发动群众，依靠群众，学会了"从群众中来，到群众中去"的群众路线工作方法。也就是在高二下，我慎重地向党组织递交了入党申请书，决心一辈子为人民服务，为共产主义奋斗终身。

1956年，苏联共产党举行第20次党代表大会，赫鲁晓夫做了全面否定斯大林的秘密报告，国际上掀起了反苏反共的高潮，发生了波匈事件，学生中也出现了许多混乱的想法。我组织部分团员同学开展了"波匈事件说明了什么？"的讨论辩论会，我请陈开树老师向同学做了学习《关于无产阶级专政的历史经验》的辅导报告，澄清了同学中的许多模糊思想，受到了党支部、陆校长的肯定。1957年上半年，校团委、学生会收到了上海中学学生会寄来的信函，说国家今年只招收107 000名大学生，是近年来最少的一届，要求我们组织同学上街游行，到市教育局去抗议。我收到信后，及时向党支部做了汇报，并在三楼黑板报上做了宣传说明，使我校高三同学能正确认识、对待国家招生计划的调整。高三毕业时，学校授予我"优秀学生"奖章，我是当年同届 7 个班中唯一获此殊荣的。

我从小接触旧飞机和柴油发动机，也想将来从事这方面的工作，做个机械工程师。因此高三在填报高考志愿时，15 个志愿中，我前 7 个志愿都选了这方面的学校。第一志愿是清华大学动力机械系，第二志愿是北京航空学院的航空发动机系，第三至第六志愿分别是哈工大、西北工大、交通大学、南京航空学院的动力机械和航空发动机专业，第七志愿是长春汽车拖拉机学院。正在我全力准备复习迎考的时候，6 月中旬的一天，党支部书记兼校长陆善涛找我谈话，叫我放弃考大学，留校做共青团工作。由于当时我的思想上早就烙上了"党叫干啥就干啥""党的需要就是我的第一志愿"的观念，再加上认为做团的工作非常光荣，所以我一口答应了。但是学校的要求遭到了我父母的坚决反对。他们早就为我到北方上大学做好了充分准备，购置了棉衣棉裤、10 斤重的被子和日常生活用品。更何况我们家族中还没有一个大学生，所以他们强烈希望我考上大学光宗耀祖。他们劝我考大学，甚至动员亲戚来劝我。但我听党组织的话，决心已定。记得那是 6 月 26 日下午，我趁父母不注意，拿了一条毯子、一张席子和替换的衣服及生活用品离开了家，到上海团校参加全市团干部培训班。从此我一直住在学校，10 年没有回家住过，全身心投入学校的青少年教育工作中，把立德树人作为我一生的追求。

心底无私天地宽
——缅怀范仲伯老师

1958 届初中　陈奉德

　　寒冬，噩耗传来，一位老教师离世。心中一惊，一痛！因为我和我的老同学与这位范仲伯老师维系着长达 65 年的师生情。这份情谊如此绵长，如此醇厚，可谓少见。

　　1955 年，一群年仅 10 岁、11 岁的红领巾踏入华东师大一附中的校门。迎向我们的范老师，20 多岁，瘦高的个儿，操着一口带有浓重宜兴口音的普通话，英气勃发。他教我们生物课，并担任班主任。从此，初一年级年龄最小的属猴和属羊的孩子们，开始与他相识相知。年幼无知的我们经常调皮捣蛋，干了不少错事、糗事。好脾气的范老师从不发火，像邻家的大哥哥，像慈爱的父亲，对每个同学都亲切耐心，循循善诱。范老师的生物课上得流畅有条理，注重实验。还记得他教我们解剖癞蛤蟆，胆大的、胆小的同学都在范老师的指导下顺利完成了。我们在校三年，正值整风反右时期，虽然社会上风风雨雨，但范老师张开羽翼保护着我们。当时班上有几个同学家庭受到冲击，范老师为其保密，并默默地帮他们申请助学金渡过难关。初中三年，我们的学习生活真是轻松快乐。在人生打基础的时期，我们有幸在一附中提倡全面发展的教育方针指引下，在范老师和其他老师的培养下，各方面都打下了良好的基础，受用了一生。后来，我们班的学生从中央副部级的干部，到普通平民百姓，"没有一个出问题的"（范老师语），家庭也和睦。

　　1958 年，我们初中毕业，范老师被毛仲磐校长点将调离一附中，和他的同仁们一起创建了如今的名校华师大二附中。

　　几十年过去，弹指一挥间。当一群退休的鬓生华发的老学生重聚在范老师身边时，我们就像一群鸟儿归巢。我们发现彼此都老了，但不变的是年轻的心、纯真的情。范老师深爱他的每个学生，认为每一个都是宝。正如二附中李校长在悼词中说的：为学生成长成才，范仲伯老师投入了全部感情，倾注了全部心血，以至几十年之后，他还能对当年的学生如数家珍，一提到学生，他就双目炯炯，满脸洋溢着幸福。范老师以我们为骄傲，我们把范老师视为最敬重的师长。我们和范老师都期待着每年的三次聚会，除了春节团拜，我们还一起上北京，去南京，到宜兴，师生同乐，再续了师生情、同窗谊，留下了一帧帧珍贵的合影、一段段美好的回忆。

2020 年注定是个不寻常的年头。国庆节前夕，我和两个同学去看望病重的范老师。已经被疾病折磨了一两年的 90 岁高龄的范老师，高兴地挣扎起身，谈兴骤浓。尽管说话已口齿不清，但我还是听懂了他说的话。在生病的日子里，范老师回顾一生，无怨无悔，口中清晰地说出："心底无私天地宽。"听到这句话，我很震惊：病重如此，尚能牢记这句名言！可见在几十年的生涯中，范老师把这句话铭刻在心。他这一生，做到了毫不计较个人得失，清清白白做人，认认真真做事。他曾长期掌握学校财物，从来不沾不贪，不与人争，两袖清风。担任学校副校长的他，始终只住着小小的老公房。

那次探师归来，范老师说的那句话总在我耳边回响。没想到，这成了老师给我们的最后遗言。在追悼会上，在师大二附中李校长的悼词中，我又一次听到了这句话。原来范老师曾把它用工整娟秀的小字记在随身携带的工作笔记上，时刻铭记在心，并以它为标尺，督导自己走完了一生。

范老师永远地走了，他只是千万教师中普通的一员，没有英雄的光环，没有辉煌的业绩，实在平凡，但他无疑是一个高尚的人，一个纯粹的人。我深切地缅怀老师，也会牢记老师的"心底无私天地宽"这一句话。在浩浩茫茫的天地间，敬爱的老师永远闪耀着星光。

饮水思源

1958 届高三乙班　向隆万

记得在师大附中上初中时，有次写作文记春节感受。我用一句套话开头——"光阴似箭，一年一度的春节又到了"，巧的是好几个同学都用同样的开头。语文老师郑明德说：你们小小年纪，怎么这么老气横秋。一转眼，半个世纪过去了，当年"不识愁滋味"的少年学子已成为花甲老人，现在才真正感到"光阴似箭"的含义。

如今回忆人生，感到非常幸运，因为我始终能在一流中学、大学中学习和工作。我先后在华东师大附中学习 6 年，在同济大学学习 2 年，在复旦大学学习 3 年，在哥伦比亚大学和麻省理工学院进修 2 年，在西安交大工作 21 年。1984 年我调到上海交大工作，至今也有 18 年了。

饮水思源，一个人如果有所建树，青少年时期所受的教育极其重要，中学阶段更是起到奠基的作用。我曾经主管过上海交大的教学管理和招生工作，与上海的许多中学打过交道。上海的一流中学很多，各具特色。我感到师大附中最大的特色是培养学生全面发展。

师大附中有一支一流的师资队伍。我是 1958 届高三乙班学生，许多老师的风采至今在我脑海中回味无穷、难以忘怀。例如，生物老师毛仲磐的宽厚、数学老师钱正骦的博学、物理老师夏则公的敏锐、语文老师夏胤中的幽默、历史老师田士道的雄辩、体育老师王季淮的耿直，等等。

"有其师必有其徒"，我们班中也是人才济济，教室后墙上挂满了学生获奖的锦旗。同学中涌现出许多文艺、体育"明星"：电影《两个小足球队员》的主角李允中、"话剧大师"鲍大军（吴尔朴）、"诗人"杨醒华、"画家"赵梓雄、合唱指挥郑培德、市中学生百米冠军詹玉麟、"矮脚虎"李光汉、"飞毛腿"姜水和等。学习上更是怪才迭出，有"大学生"屠韵珠、"老夫子"徐祖芳、"教授"陈世康、"全能冠军"吴子舆、"数学家"汤绳祖、"冷面杀手"滕永康等。

记得高三那年春节前后，我们班搞了一次化装晚会。班长朱克勤女扮男装，扮演罗马武士，英姿飒爽；自幼立志当教师的叶维娜（叶澜）则成了苏联电影《乡村女教师》中的瓦尔瓦拉；龚国强和郑永宁活像意大利电影《警察与小偷》中的一对活宝；黑纱遮面的侯丽芳俨然是南斯拉夫电影《攻城计》的女主角；全班公认的最漂亮的姑娘冯今明更加光彩照人……

大家簇拥着班主任林仲良老师，畅谈理想，唱歌跳舞，直至深夜。这样的浪漫时光，一生能有几回！

正是在这样一批优秀教师的指导下，又和这么多优秀的同学朝夕切磋，我也得到很大的进步。我加入了共青团，各门成绩优良，还参加过多次话剧、朗诵、相声、双簧等演出，也是班级篮球队、排球队队员。不仅如此，在大学学习、留学生涯以及在各种工作岗位中，母校的教育都使我有能力面对变化，迎接挑战。

在上海交大的同事中，有许多母校的学长、学弟、学妹都很优秀。副校长张圣坤是上海市人大常委会副主任，最近被选为民盟中央副主席；博士生导师刘应中、胡天培、陈敏逊、郁维庸分别是船舶流体力学、人体康复、电子信息工程和电力工厂的专家，大家都认为母校的教育使人终身受益。

忆我们的音乐老师沈晓

1959 届初三甲班　夏　铿

1956 年 9 月，我们这些十一二岁刚入学师大附中的初一甲班学生，走进校图书馆二楼东侧的音乐教室，去上我们的第一堂音乐课。音乐教室很宽敞，三面都是窗户，显得十分亮堂。黑板前的一侧放着一架立式钢琴，侧面的墙上挂着四个镜框，分别是莫扎特、贝多芬、聂耳和冼星海的像。

上课铃响了，我们叽叽喳喳的吵闹声还是没有安静下来。我们似乎没有注意到黑板前已经站着一个中等个子、身材匀称的男老师。他手里拿着一根教鞭，已经注视我们这些闹哄哄的学生一会儿了。他拿起教鞭在讲台上敲了两下，音乐室瞬间静了下来。老师做了自我介绍，他叫沈晓，将给我们上音乐课。我本来想当然地以为音乐老师是个女的呢。

沈老师拿着手里的教鞭说话了："你们知道这个在乐队中叫什么吗？"同学回答："指挥棒。""对了，现在我们上音乐课，我就是指挥，你们要听从指挥。"几句话，一下子就把我们镇住了。

儒雅的沈老师，上课讲话语速平稳，讲解清楚。他一开始就教我们五线谱视唱。从初步的乐理一点一点讲起，开始是 C 调，慢慢再是 G 调，F 调……上音乐课我们纪律不错，听讲认真，学得也较快，沈老师为我们的迅速进步感到高兴。

沈老师的音乐课内容丰富，不只是教唱几首歌。他教我们一首歌前，总要先给我们介绍这首歌的一些背景知识。选择教的歌曲也有不同种类，有中外儿童歌曲、中国民歌、不同时代的著名歌曲等。

除了教歌外，他还经常安排时间让我们欣赏音乐，这也成了我们非常爱上音乐课的一个原因。沈老师有一些 78 转的胶木唱片，用留声机放给我们听。放唱片时，他还不时停下来插入自己的讲解，最后再完整地给我们放一遍。这时音乐室里显得特别安静，大家全神贯注地聆听，沉醉在音乐的旋律中。

记得沈晓老师给我们欣赏讲解了聂耳的《金蛇狂舞》《大路歌》，广东民乐《彩云追月》《步步高》，阿炳的《二泉映月》，刘天华的《光明行》，冼星海的《黄河大合唱》片段，罗马尼亚民间音乐《云雀》，莫扎特的《土耳其进行曲》，舒伯特的《军队进行曲》等。

至今，沈老师给我们欣赏讲解《土耳其进行曲》的情景还历历在目，深深地印刻在我的脑海中。我们班的女同学吴子真弹得一手好钢琴。得知吴子真会弹《土耳其进行曲》，沈老师就叫她给我们完整地把这首曲子演奏了一遍。他在讲解《云雀》时，栩栩如生的描绘，让我们听得出神，那情景我至今记忆犹新。

沈老师的音乐欣赏给了我们一些同学很大的影响。还是在初中时，我放学后常去同学何丰来家，一起听他爸爸收藏的唱片，那时我们就听过贝多芬的《田园》了。

沈晓老师慧眼（应该说是"聪耳"），觉得我们班的童声很不错，要是能掌握正确的演唱方法就更出色了。他对我们说，唱歌可不是拉开嗓门大声叫，合唱时不能自顾自地唱，要注意掌握节奏，要体现好的乐感……在他细心的调教下，我们班第二学期的歌声明显比上学期时好多了。

沈老师觉得我们班的合唱水平已经可以代表学校去参加区里中学生歌咏比赛了。他利用课外时间为我们辅导排练，选择的参赛合唱歌曲是《我们的田野》。他选中的领唱是女同学束景璟，为我们合唱钢琴伴奏的是吴子真同学，指挥是男同学方中。在多次排练中，沈晓老师对我们始终和颜悦色，从不发火，十分耐心，不厌其烦地纠正我们的瑕疵，精雕细琢，不断打磨。

至今我的脑海中对他的一个动作及一个有力的声音印象十分深刻。他扬起右臂，手掌向上有力地一扬，大声地说："很好！再（用的不是第四声，而是第二声）来一遍！"我们的配合逐渐协调，音色的掌控也趋于完美，基本达到了沈老师的要求。沈老师还不断为我们打气，鼓励我们，要有充分的自信，上台不要紧张。

区中学生歌咏比赛的日子来到了。我们前往虹口区第二工人俱乐部参赛。那天我们男同学白衬衫、蓝裤子、红领巾，女同学白衬衫、花裙子、红领巾。轮到我们上台表演了，我们真是一点儿也不紧张。随着方中指挥手势一起，吴子真的钢琴声流淌了出来，束景璟优美的领唱响起，我们大家合唱的几个声部歌声飘了出来，优美动听……

比赛结果是我们获得了最高奖项，被授予一面锦旗，为学校争得了荣誉。在大礼堂开大会，当我们班的中队长张圣尧同学上台去领受那面漂亮的粉红色锦旗时，全班同学都沉浸在喜悦之中。沈老师也十分开心，他的心血没有白费。我们的成绩有很大一部分应归功于他。

此后，上海人民广播电台少年儿童节目邀请我们班去电台实况播出我们唱的这首歌，以及另外一首《我们是绿化近卫军》。

沈老师还推荐吴子真在每周的校会或少先队大队会前弹奏少先队队歌，还鼓励她要敢于在大庭广众下自如地发挥。

沈老师还组织了课外兴趣小组"钢琴小组"，有兴趣的同学可报名参加。我们班里有一个很有音乐才能的同学叫方中。矮个子，脑袋很大。读小学期间，他在著名音乐家屠咸若的教诲下，对音乐产生了浓厚的兴趣。方中进入师大附中后，在沈晓老师的引导、支持和鼓励下，经常在课余练习钢琴，并阅读了大量音乐方面的书籍，崇拜"乐圣"贝多芬（方中的生日正好是贝多芬的逝世日）。他迷上了钢琴，大量课余时间花在了练琴上，但音乐室的钢琴下午能弹的时间不多。当方中向他提出晚上是否可以去音乐室练琴时，识才并惜才的沈老师爽快地答应了，下班后就把音乐室的钥匙交给了方中。

方中下午把功课赶紧做完。他家离学校不远，吃了晚饭后就匆忙赶到学校，一头扎进音乐室苦练钢琴。有时他不回家，带个面包或馒头当晚饭，抓紧时间苦练钢琴。有几次他练琴太投入，竟忘了时间，离开学校时已经是晚上十点多了，值班门卫已睡觉，校门也关了。他只好翻爬大铁门出去。

方中的琴艺提高得飞快。记得一次沈老师讲完课后，特地表扬了方中同学刻苦练琴的精神。他还让方中在全班同学前弹了一首贺绿汀的钢琴曲《晚会》。方中的双手在琴键上飞快地弹奏着……一曲奏完，全班响起了热烈的掌声。如今，束景琚谈起自己当年听方中弹《晚会》时受到的震撼，说："他弹得那么铿锵有力，我听了觉得简直可以与柴可夫斯基的《第一钢琴协奏曲》辉煌的开头媲美！"

方中还努力学习作曲和指挥，他成了我们班级大合唱的指挥。他经常拿着自己试作的歌曲去办公室，请沈晓老师指教。沈老师总是不厌其烦热情地帮助与指导。方中为我们班创作了几首歌曲，如活泼的《小皮球》《抓小麻雀》等。他还为师大附中少先队第一次积极分子大会创作了《红旗在飘扬》。一个初中二年级的学生就能作曲，而且在全校传唱，这在当时是很少见的。有的歌我们班的同学至今还记得，还会哼唱。功夫不负有心人，方中初中毕业后考上了他心仪的上海音乐学院附中作曲系，而沈老师就是方中同学的伯乐、恩师。

回想起来，当我们还是初中生时，沈老师就让我们学会了五线谱，学习了"视唱练耳"，又让我们欣赏了许多中外名曲，接触了一些音乐家的故事，吸引我们走进了神圣的音乐殿堂，并在不知不觉中提升了音乐素养。这对我们的全面发展，乃至一辈子的工作和生活都有很大的影响。多年后，我们在母校聚会时，都深深感恩沈老师在我们的心中播下了美妙的音乐的种子。许多同学从那时起对音乐的爱好一直延续至今。当我们升至高中，与其他学校同年级同学相比，才知道沈老师的教育理念和教学方法是多么新颖和独特。到了大学，与来自各地的同学一比，更凸显出华东师大附中学生的音乐水准要高出一筹。2007 年我们班级同学在南京聚会时，大家一起深情地唱起了当年沈老师指导我们唱的那首比赛歌曲《我们的田野》，忘情地沉浸在回忆之中。

沈晓老师对华东师大附中学生的全面发展做出了出色的贡献。他是一位值得我们尊敬的、师德高尚、业务精湛、懂得学生心理、善于发现苗子、因材施教的优秀教师。

写于 2023 年 9 月 30 日，此文经方正修改

高中生活的点滴回忆

1959 届高三丙班　袁永根

1956 年秋，我和傅贤波同学一起从建新初级中学考入华师大附中高中部。建新初中在 1952 年院系调整时被撤销，徐家汇的校舍划给上海交大做校园，在市区另建了 6 所中学，教学水平远不如华师大附中。

进入高中后，班里一开始让我担任团支部组织委员。但我既不会组织开会，又不会在同学面前发言，根本胜任不了这个角色，后来改选我就不再担任这个职务。不过，高中三年在同学和老师的帮助下，我在组织能力方面还是有很大长进。以至到了北京大学，第一学年被委任为体育委员，第二学年被选为班主席兼任民兵排长，直到毕业。

1957 年开始到农村劳动，培养了我一生的吃苦耐劳精神。第一次劳动去江湾的一个农村，我与何祖城等 4 个同学住进了农家的牛棚，用稻草铺地，报纸贴墙。当时每人交的伙食费很少，而年轻人的饭量又大，陆孝孟同学负责伙食，只能让大家吃稀饭和咸菜。我被分配去 10 多里外的河中捞水浮莲，用平板车拉回来。早上出发，晚上 9 点多才能回来，孝孟同学给我留了一锅子的粥，我全都喝完。

那年夏天，参加上钢五厂的建设。我们住在农村的冰窖里，地方很大，也很阴暗和潮湿。我们学生年轻能顶住，像章质甫那样的一批老教师也住在里面，实在令人感动。

在体育方面，我喜爱田径和篮球。我的短跑和跳远的成绩接近当时的三级运动员水准，但是长跑不行，缺乏耐力。所以，在 1958 年上半年我很容易达到"劳卫制"一级标准。但在"劳卫制"二级测验中，其他项目都一次通过，唯长跑第一次没通过。后来在班级军体委员郁惟镛同学的帮助下，我第二次测验时获得通过，在 1958 年底拿到合格证书。

在学校，老师和学生都认为我有一个显著特点，即学什么像什么。记得射击就是在郁惟镛的指导下学会的，而且很快就掌握了射击技术。我在测试中成绩突出，5 发子弹中了 47 环（最高 50 环），这令郁惟镛和我自己都很惊奇，所以到北大后，我就参加了校射击队。

1959 年夏，进入毕业考试和大学入学考试阶段。当大家拿到录取通知书后，班上组织了一次活动，到浦东看日出和游泳。因我的一个邻居是川沙一小学教师，于是由我出面，联系住宿问题，晚上住在他们学校里。那天早上 4 点从小学出发，步行到海边，遗憾的是那天是阴天，没能看到日出。但大家在海边玩得还是很开心的，部分同学还游了泳。

高中三年是我一生中最愉快的三年，师生和同学之间友好相处，一些重大政治运动没有波及我们学生。我轻松地完成学业，进入了自己想进的大学。这一切都要归功于附中的出色教学和对学生德智体美劳全面发展的培养。

活跃的少先队辅导员集体

1959 届高三丙班　方　正

20 世纪 50、60 年代，在附中有一支特别的队伍，那就是朝气蓬勃、积极向上的少先队辅导员集体。他们每个人来自不同的高中班级，个个独当一面，工作在不同的初中班级。他们团结友爱，互相帮助。他们除了要完成好自己的学习任务，还像大哥哥大姐姐一样关心着低年级的学弟学妹。他们是低年级少先队员的知心朋友、小老师，也是学习的好榜样。

一、我们的中队辅导员吴培刚

我 1953 年 9 月进入华东师大附中，那时我还没满 11 岁。我们初一甲班是全校年龄最小的一个班。虽然都戴上了红领巾，但调皮好动，课堂纪律较差，没少让班主任老师费心。初一班主任是费新宝老师，初三班主任是季振宙老师。大队辅导员先后是宣文本老师和王景甫老师。在这些老师的悉心教导下，我们班级成了一个变化显著的班级，1955 年 3 月 7 日的《文汇报》刊登了一篇以"华东师范大学附属中学"名义发表的专门报道我们班级事迹的长篇文章《集体在成长中》，向全市做了介绍。后来从我们初三甲班升到高中的同学，在各个班级里也都表现得很出色。高中毕业后，我们在各自的岗位上都取得了很好的成绩，这不但要感谢我们的老师，也要感谢我们的中队辅导员吴培刚。

吴培刚是比我们高两届的学长。他中等身材，微胖，圆圆的脸，笑起来眼睛常常眯成一条线，和蔼可亲，很受大家欢迎。

那时他一下课就往我们班跑，跟我们一起玩，跟我们交朋友，成了我们的大哥哥。大家有什么事情都喜欢跟他讲。他很会动脑筋，想出许多适合我们年龄特点的活动和游戏。

当年我们都很崇敬英雄，他就把《卓娅和舒拉的故事》讲给我们听。卓娅和舒拉是苏联英雄，他们姐弟俩从学生时代起就逐步养成许多优良品质，如尊重长辈、乐于助人、学习勤奋、积极劳动、热爱生活、兴趣广泛等。其中有个情节，卓娅晚上做作业，有道题想了很久没想出来，就去水龙头下用水冲脑袋，让头脑清醒清醒，继续思考，终于解决了。另一次弟弟舒拉有一道题做不出来，姐姐把答案放在他旁边，舒拉坚持不看，要自己想出来，最后成功了！这种学习上刻苦钻研、不向困难低头的顽强精神，极大地鼓舞了我们。

吴培刚辅导员要求我们不但要自己学习好，还要去帮助别的同学。他在我们初三甲班里以中队委员、小队长为基础，秘密组织了"卓娅小组"和"舒拉小组"。每两周秘密开一次会，讨论如何帮助学习上有困难的同学。考虑到被帮助同学的自尊心，小组成员一对一主动接近他们，和他们一起学习，帮助他们完成作业和复习功课，而不被他们察觉。小组成员牺牲了不少学习和休息时间去帮助同学，使整个班级的成绩得到了显著提高。

再有，那个引人入胜的、受到大家普遍欢迎的少先队中队活动"秘密行军"，正是他发明的。事先，他不辞辛劳，利用好几个星期天去学校周围勘察路线，注意道路、商店、影院、书亭、弄堂名称和位置特征，想出有隐含内容需要大家动脑筋猜出来的问题，编写成对应四条不同路线的四封密信。到了正式出发前，给每个小队一封，各队各自按照信中有趣的、谜语式的提示，一路摸索前进，不断克服困难和"危险"，绕过行军途中隐藏的"敌人"，到达同一个目的地。这个游戏，一路上惊险不断，充满神秘色彩，环环紧扣，需要大家群策群力，开动脑筋，才能赢得最后胜利。它激发了我们的求知欲和冒险精神，培养了我们坚忍不拔、力排困难的顽强精神。虽然时隔60多年，但至今记忆犹新，令人回味无穷。

我为此写了一篇《秘密行军》的作文，被班主任兼语文老师季振宙老师推荐给了《少年文艺》杂志，刊登在1956年6月号上，使"秘密行军"在全国范围扩大了影响，后来成了师大附中少先队的传统节目。

吴培刚辅导员还首创了华东师大附中"少先海军军官学校"。为了培养少先队员勇敢机智和集体主义的精神，他决定仿照军官学校的形式搞一次中队夏令营活动。从1955年7月13日到7月20日，一个星期，学校放假了，教室空闲着，大家就睡在教室里。吴培刚辅导员自己担任校长，我们初二甲班班长陈昌道担任副校长，大队辅导员王景甫老师担任军事顾问。活动内容丰富多彩，组织战斗演习8次，如侦察员遭遇战、传送密件、偷营、搜索、野战、行军、炸碉堡、水战等；还有"会见"苏联海军上将乌沙科夫，在战斗任务完成后去浦江夜游等。因为学校里有游泳池，每天下午大家在游泳池里游泳，用水枪打水战，玩得不亦乐乎。邓忠民至今保存着"少先海军军官学校"的毕业证书。

1955年7月20日《新少年报》还报道了我们"少先海军军官学校"活动。

胡在钧说："'少先海军军官学校'活动影响了我的一生，使我萌生了航海周游世界的志趣。"长大后他真的走上航海之路，实现了周游列国的理想。

吴培刚辅导员毕业后去了成都电讯工程学院。他一到上海，就跟我们碰头聊聊。我们聚过好多次，大家挺亲热的。

由此可见，我们的吴培刚辅导员是师大附中少先队辅导员的一个杰出代表。还有许多大家熟悉的优秀辅导员，如孔勤、鲍显芳、张霭珠、钟修芳等。他们也都经常关心我们这些学弟学妹。

二、我也加入了中队辅导员的队伍

1957年1月我入了团，9月团组织就交给我一项光荣的任务——担任1957年新入校的初一甲班的中队辅导员，也就是诸雨民、陈凯先的那个班。他们的班也像我当年的初一甲班一样，是全校年龄最小的班。

他们把我看作大哥哥，对我无话不说。我也是一下课就往他们教室里跑，和他们交朋友，像关心弟弟妹妹一样，关心他们的学习生活和中队工作。

我发现，我们1959届高中四个班里都有担任中队辅导员的。甲班有俞靖芝、王音益，乙班有郭丽娟、陆有仪，丙班有孟金玲、何祖城、我，丁班有何津云、陈馥、张伟光。

俞靖芝担任1956年入学的乙班（刘克立他们班）中队辅导员，陆有仪高一时担任1956年入学的丙班（蒋雪珍班）中队辅导员，高二时担任1957年入学的丙班（徐意诚班）中队辅导员。孟金玲和何祖城担任1956年入学的甲班（夏铿班）中队辅导员。

我们作为中队辅导员，既要以身作则，使德智体美全面发展，成为低年级学弟学妹的榜样，又要和少先队打成一片，成为他们的知心朋友。我们要倾听他们的诉求，解答他们的疑惑，解决他们的矛盾，有时还要去家访，常常要花去不少时间。我们坚守一条准则：从他们那里了解到的情况，绝不向家长告状，也不向班主任告状。我们以真诚、真心，赢得少先队员对我们的信任。他们有些不想公开的秘密都愿意告诉我们。

与同班同学相比，我们的确少了学习的时间，但是繁忙的辅导员工作，逼着我们学会了安排时间，提高学习与工作的效率，树立了积极向上、艰苦努力的目标，锻炼了实际工作的能力，并体会到成功的喜悦，提升了为崇高理想做出贡献的信念。我们因为"少先队辅导员"的身份，工作时必须戴红领巾。每当少先队列队在操场上凝视国旗在校园升起，国歌歌声响起，我们也和少先队员一样，敬起少先队队礼，把手指并拢举过头顶，心里默念：人民利益，高于一切！

在辅导员的集体里，我们互相帮助，团结友爱，亲密无间。这时候大队辅导员是林炳英老师。她1957年8月从华东师大政教系毕业后分配到附中来工作。她梳着两条又粗又长的辫子，长着一双炯炯有神的大眼睛，嗓音响亮，中气十足，说着一口带点福建口音的普通话。她工作起来热情似火，很能感染人、鼓舞人。她经常把我们中队辅导员召在一起在大队部开会，先务虚（分析形势）再务实（布置任务），交流心得体会，提高我们工作水平。现在想来，正是林炳英老师在其中起到了核心的凝聚作用。她严格要求自己，热情帮助大家，把中队辅导员团结在一起，尽心尽责地做好少先队的工作。她因出色而卓有成效的工作，被评为上海市优秀少先队辅导员，是我们全体中队辅导员学习的好榜样。

陆善涛校长和陈步君团委书记也很重视我们辅导员的工作，给我们很多鼓励和支持。高中毕业时，陆校长给我写了毕业赠言：

> 方正同学：六年的中学生活，在党与教师的教导下，你成长起来了。高中两年，你又负起了辅导少年儿童的责任，而且做得很好！今天，你将升入高等学校，念什么呢？我认为还是念师范吧！这不仅是适合你的志愿，而且它是祖国的需要。

后来，我真的被华东师大录取了。

我们毕业离校后，还会经常回到母校聚聚，或者去林炳英老师家里看望她。附中的这段少先队辅导员的岁月，给大家留下了非常美好的回忆。

本文经 1959 届高三乙班陆有仪修改

附中
——我们成长的摇篮

1956 级高一丁班　张美光

　　1953 年我进了华东师大附中，成了一名中学生，当时心里特别高兴，但同时又有点胆怯。高兴的是，附中是一所多么好的学校，有学生宿舍，有高大气派的教学楼、平整宽敞的操场，还有健身房和游泳池，东校园也很漂亮。胆怯的是，因为学校离家太远，从此我就要离开爸妈做一名住校生了，觉得自己什么也不会，真是担心哪！没想到学校考虑得十分周到，让我们这些初一的小新生和高一的大同学分在一个寝室里。我的寝室有 5 个高一的和 5 个初一的，初一的是甲班的陈馥、姚美伦和乙班的我、张国新、陈筱雪。有高年级大同学作为榜样，我的心就放下来了。住校生的生活十分有规律，6 点 50 分校门口那口大钟当当敲响，大同学就说起床了，我们也马上起床，跟着她们铺床、梳洗，尽快赶到操场上按年级排队进行早锻炼，然后就去吃早饭。早饭后到寝室拿书本、文具到教室去上课。晚上还有晚自修，晚上九点半熄灯睡觉。我很快就适应了有规律的住校生活。

　　很幸运，我们初一乙班的班主任是少先队大队辅导员宣文本老师。他和我们初次见面就让我们感到非常亲切。他教导我们，班集体就像一个大家庭一样，要团结友爱，努力学习。他要求我们要有礼貌，走进教室就要向大家问好，离开时要说再见，果然我们以后一进教室他就说："同学们好！"同学们回答："你好！"他离开教室时说："同学们再见！"大家都回答："再见！"别小看这简单的问候，它让大家感到这个集体的温暖。课间休息时，宣老师还到教室来给我们讲鲁迅先生写的故事《铸剑》，还给我们讲他带着全家人抗战逃难的经历，给我们进行爱国主义教育。我们住校生吃完晚饭，晚自习前有一段休息时间，就到操场上玩耍，宣老师就和我们一起聊天，解决我们的思想问题，就像我们的家长一样。学校还给我们班派了少先队辅导员，记得当过我们班中队辅导员的有章嘉树、王森、冯允修和李家骏。他们都是高中的学生，下课后就到我们教室来，教我们怎样好好学习，怎样为人处世，还给我们读少儿长篇小说，如《小象波波的故事》，像大哥哥大姐姐一样关怀我们。在老师和辅导员的关怀下，我们同学间也团结友爱。记得卞若邱的脚受了伤，没法到校上课，我们班就组织一部分同学排班每天上他家去给他讲当天的功课。这样他虽然休息了不少天，但功课一点都没有落下。1955年6月12日的《解放日报》还报道了这件事。我们的任课老师都是一流的，他们极其认真，严格要求我们。数学老师为了让我们养成"稳、准、快"的习惯，一上课就在黑板上出两道题。我们已习惯了上课前就准备好纸和笔，马上运算，几分钟之后，老师就按学号收一部分卷子当场判分。这样一来，我们很快就注意力高度集中，认真上课。别看老师教很多班、教很多学生，他们对每个学生的学习情况了如指掌，对那些比较淘气的学生一直抓得很紧，上课前还要提问他们上一节课讲的内容。物理、化学课都有各种小实验，俄语、历史、政治、植物、动物课都讲得让学生很爱听。高中时还开了一门"金工课"，学校还建了一间像车间一样的实践教室，里面有简单的机床和各种钳工工具，让学生自己动手制作一个铁锤。附中老师在课堂和实验室教给我们的知识，让学生像海绵吸水一样，打下了文理科坚实的基础，我们从心底里感谢各位老师，是他们的辛勤付出让我们健康成长。

师大附中还是一所要求学生德智体美全面发展的学校。教我们音乐的沈晓老师，在上第一节音乐课时，就用他创造的"快速识谱法"教会我们认识简谱。一直到现在，我们拿起简谱就能唱，真要感谢沈晓老师。三年音乐课都是沈晓老师教的，我们不仅学会了许多歌曲，还学会了识五线谱，学会了打拍子，还听了好些音乐欣赏唱片。在沈晓老师的组织下，附中还有一个很有朝气的大型合唱团，很有水平。教美术的周大融老师教我们从素描学起，画人的五官石膏模型、静物写生、水彩画和创作画，还有设计手帕、花布等，真是用尽心血来教我们。体育课王季淮老师要求严格，田径各项、体育器械都教过我们。附中的文娱会演也是一流的。各个班级的合唱，尤其是我们初中的童声合唱，大家都唱得非常起劲！老师放手让我们自己创作、自己练习。我们班那年自编了一个《花圈舞》，叙述少先队到郊外活动的场景，最后我们班的《花圈舞》和童声合唱都得了全校文娱会演的"优胜奖"。两面锦旗挂在黑板旁的墙壁上，大家别提有多高兴了。这里要特别感谢的是王景甫老师，全校那么多节目大部分都是他手风琴伴奏的，真是辛苦！

高二时，因学校不收住校生，我不得已转学了。但一直到现在，虽然已过了60年，附中生活仍然深深地印在我的脑海中，师大附中是我成长的摇篮，我这辈子最愉快、最难忘的日子，就是在师大附中度过的，我会永远怀念我的华东师大附中！

写于2019年8月

附中学习生活回忆

1959 届高三甲班　周晓光

1953 年我进入华东师大附中学习，那时我最喜欢佩戴校徽，而且每每都把它佩戴在上衣的口袋处，故意用口袋的沿口遮掉底下"附中"两个字，走在路上昂首挺胸的，显得像个大学生的样子，那心里别提有多得意了。

初中时，我们甲班是年级中年龄最小的。班上 50 个同学，个个都活泼好动，又都聪明伶俐。虽然平时课堂纪律比较差，同学之间打打闹闹是常事，但每当考试时，我们班的成绩又总是最好的，弄得老师们也是爱恨交加。课外活动时，女生喜欢跳绳、跳橡皮筋、玩掷骰子之类的游戏。男生最爱到操场上去踢小橡皮球，遇到下雨天会在走廊东端大门处打乒乓球。印象深刻的是吴肖龄同学的远台削球，搓得又低又稳，落点刁钻，围观助阵的同学们都会情不自禁地为他鼓掌叫好。梁民基和张义恕军棋下得出色，中午休息时，只要是他们俩对垒，男同学都会围拢来观战。张义恕下得比较沉稳老练，梁民基则喜欢主动出击搏杀，声东击西、虚虚实实是其常用的战术。战局激烈时，经常看得旁观者心惊肉跳，而他们俩却都能冷静应对、运筹帷幄，双方输赢往往也就在一两步棋之间。大家都会为赢者叫好，为输者惋惜，但更多的则是对他们棋艺的赞誉。方正、杨大有、盛允伟等画画好。我因为和郑厚植并排，看到他每次美术课都很认真，素描一个圆锥体中间横插一个长方体的石膏像，从点到线到面他都画得十分准确，能充分体现石膏体的质感，深得周大融老师的好评。

那时我们年龄虽小，但男女生之间的界线却是划得很清的，几乎都不怎么讲话，所以相互之间也不太了解。印象中我记得吕懿范体育成绩特别突出，尤其是跳高，每次运动会她总是第一名。汤璇罗当属我们的班花了，修长的身材、白白的脸、大大的眼睛、小巧的嘴，一头天然的卷发，梳理成两个齐肩的辫子，长得像个俄罗斯小美女，成天笑眯眯的，特别甜美可爱。周大融老师还给她画了一张坐姿的水彩画像，挂在美术教研室里，凡经过的人都喜欢多看上几眼。后来她以优异的成绩进入上海中学高中学习。

我那时很喜欢田径运动，60 米短跑是我的强项。因为弹跳性能比较好，王季淮老师就来亲自指点我，他说："跳远时应该要注意吸气踏板、后蹬起跳、挺胸收腿、收腹前倾。"所以我跳远也曾多次得到过第一名。对体育运动的爱好几乎贯穿了我整个学生时代，使我受益匪浅。

初三的平面几何是庄炳珍老师教的，那时我很喜欢做一些比较难的课外题，庄老师发现后就说："你应该首先要真正地弄懂书上的每一条定理和概念，做好课内习题，有时间、有精力再去适当地做些难题。"从此我开始认真地看起了几何书，并且慢慢地也扩展到能认真地阅读其他数理化课本。现在想来，这良好的学习习惯就是从庄老师的教导开始的。

印象最为深刻的当数初三时班主任季振宙老师带全班同学到苏州春游。游览西园、留园、狮子林、拙政园、观前街；坐船到木渎，爬上天平山观看日出；登上虎丘看斜塔。大家都是自带被子的，住在观前街一个小学教室里，桌子一拼，住了两个晚上，第三天傍晚坐火车回到上海老北站。想想那时候我们一个班的小朋友，都才十三四岁，季老师他一个人带着大家乘火车、挤公交车、坐木船、爬山、游园，有多难！要知道季老师身上的责任多重啊！放到现在来看，真是太不可思议了！而让我永生不忘的是季老师还特地为我承担了这次活动的全部费用，人民币三元整（那时一根棒冰才四分钱）。在这里我要深深地说一声："季老师，您让我享受到了人生第一次旅游的快乐，感谢您的资助和培养，我将永远铭记在心！"

高中我仍然在甲班，我至今还清晰地记得高中三年教过我们的绝大部分老师，他们每一位都非常优秀，又各具特色。

班主任是程自文老师，她是一位端庄、慈祥、十分高雅而可亲的俄语老师，教了一年后就调到华师大外语系教英语去了。据说她毕业于上海圣约翰大学英语系，俄语是她自学的。她让我们背诵《我们的祖国》。前几年同学聚会时，李桂君等很多同学都还会背呢。她热爱我们每一个同学，关心大家的成长，主动帮助家境困难的同学申办助学金；她还经常资助特别困难的徐同学，鼓励他坚持努力学习。徐同学后来进入了同济大学，毕业后成了一名出色的工程师。

语文老师叶百丰，瘦高个儿，戴一副深度的近视眼镜，讲课时声调很低，但很有磁性。"关关雎鸠，在河之洲。"这首诗他慢悠悠地边吟边唱边解读，声情并茂，听得我们如痴如醉。"车辚辚，马萧萧，行人弓箭各在腰。"他吟诵得悲悲戚戚，男人们被迫去当兵，父母妻女不忍，牵衣顿足泪相送，疆场浴血相战，尸骨累累……一幕幕兵荒马乱的凄惨场面立时呈现在同学们的眼前，听得大家悲愤不已。几乎每一堂课每首古诗词他都会吟唱，这极大地提高了同学们对古典文学的兴趣和爱好，至今许多古诗词大家都还能背诵，显然这是与叶百丰老师的出色教学分不开的。

三角老师钱正飕，胖胖的身材，讲课时一口纯正的绍兴话十分洪亮。在黑板上不用圆规徒手一笔画圆是他的特色，功夫了得！作为平时的考核，他喜欢课堂最后五分钟出一道小题给大家做做，题目往往和课堂刚讲的内容相关。刚开始，同学们常常被他的突然袭击给吓着，慢慢地大家就习惯了，知道上课时一定要注意听他讲课。

立体几何老师夏益辉，特别年轻，讲课时脚步轻快，有点跳跃，很是自由自在的样子。黑板上画好几何图形后，他会习惯性地走下讲台，站到左侧边，歪起个脑袋得意地自我欣赏一下，然后讲述相关内容。他的板书更是写得龙飞凤舞，十分优美。同学们爱听他轻快活泼的讲述，课堂上经常会爆发出阵阵的笑声，真是师生同乐啊！

解析几何老师章质甫，讲课时尽管声音很低很轻，但课堂里却鸦雀无声，因为他讲课逻辑性特强，从点到线、从线到面、从面到空间，步步紧扣，没有重复多余的一句话。从圆到椭圆、从椭圆到抛物线、从抛物线到双曲线，他把圆锥曲线的特征分析得那么透彻，同学们的心被他深深地抓住，思维跟着他的节奏在运转、在提升。这是一种被知识雨露滋润的享受！我记得大学一年级学高等数学时也有解析几何的内容，一比较就感到章质甫老师的讲授胜过大学老师啊！

历史老师陈开树，是我们高二时的班主任，讲一口带有浓重温州口音的普通话。他中气很足，嗓门大，有时一堂课下来喉咙都喊哑了。他叙述历史的史实，分析历史的原因，总结历史的经验，却很少要求同学们死记硬背历史年代和人物。

地理老师陆大埒，戴一副粗黑边的近视眼镜，身材魁梧，很有气派。时而西装革履，气度不凡；时而军绿大衣配灰布裤，随意自然。他讲课内容丰富风趣又幽默。世界各国的风土人情对他来说如数家珍，听得大家新奇又向往。他说日本人称饭盒为"便当"（顾名思义，多方便啊），他说捷克皮鞋世界闻名，他说因纽特人坐狗拉雪橇快捷又舒适，他说大面积三夹板的板材不是用锯子平面切割树木制成的，而是用卷笔刀削铅笔的原理卷削出来的……难忘的是每次讲完课后他的真诚微笑。

印象最为深刻的当然是化学老师丁明远了，他是我们高三时的班主任。毕业于同济大学理学院化学系的他，高挑的身材，毛装也能穿出中山装的味道，常穿一双小方头的棕色皮鞋，风度翩翩，很是帅气。他平时讲课底气足、声音响，有时候唾沫星子都会飞到前排同学的脸上，板书写得又大又美、十分飘逸。他把门捷列夫元素周期表七个族的元素编成了朗朗上口的顺口溜，同学们都背得滚瓜烂熟，我至今都背得出来。

氧化还原反应是高中化学的重点，他能深入浅出地将理论和应用阐明，并且加上量化的部分。丁老师曾经很高兴地告诉我："晓光，你知道吗，你们1959年高考时，附中学生的化学单科平均成绩是上海市第二名啊！"显然这优异成绩中凝聚着他和李厚基老师的辛勤付出，为我们打下了扎实的基础，谢谢这两位好老师！

　　1958年"大跃进"运动时期，丁老师也带领我们投入了这场轰轰烈烈的全民运动中。我们在教学楼背面食堂前，用排球裁判员坐的高凳子作为架子，将粗麻绳从教学楼四楼屋面檐口处悬下来，挂上吊车葫芦，八九个同学在丁老师的指导下，开始钻井找天然气了，实际上就是沼气。当时同学们的积极性可高了，白天黑夜地干，谁也不想多休息会儿。而我在这过程中不幸两次负伤。第一次是悬挂吊车葫芦的麻绳在四楼屋檐处被磨断了，吊车葫芦直砸下来，打中了我的脑门，血流满面。后来换了绳子，加强了檐口的保护，大家又继续干了好多天。第二次负伤那天，我站在排球裁判的高凳上，干了一个通宵，由于过分疲倦，左手不自觉地抓到了边上220伏赤裸输电线，造成触电昏迷。丁老师和同学们急忙把我送到了第一人民医院救治。后来沼气没有打出来，运动也停止了。曹铮同学最近还在问我："当时你们怎么会选在那儿打沼气的呢？"那时候做过的许多事情现在想起来觉得不可思议，也很荒唐可笑，但这就是我们所经历过的实实在在的历史。

　　通过打沼气，我知道了甲烷（CH_4）是一种最简单的烃类，除了可用作燃料，还可以制造氢气、碳黑、一氧化碳……这些知识现在还深深地印在我的脑海之中，这真是用命换来的呀！经过这场运动，我们师生的感情大大加深了。1985年我从西南回到上海工作后，就经常去看望丁老师。

　　高中二年级时，为了迎接即将召开的第一届全国运动会，逯一云同学被选拔为水上摩托艇的选手，需要停课去训练，她毫无怨言，为此她延迟了一年毕业。同样的情况，优秀学生熊君清被选拔为体操选手到少体校集中训练，不到半年她就达到了国家一级运动员的水平。后来因故回校继续学习，她很快就把耽误的学业给补上来了，并以优异的成绩考入了华东师大物理系。

　　那时我们班级的文体活动也搞得丰富多彩。由文娱委员刘健明同学带头，组织了6个男同学和6个女同学跳舞蹈《花儿与少年》。他们的精彩演出受到了全校同学们的热捧，后来还多次被邀请到其他兄弟学校去会演。至今说起这件事情，林健芳同学还津津乐道，并能马上回忆出参加演出的分别是女生赵企云（女主角）、徐美娟、刘健明、朱静娴、薛淑仪、庄音益；男生林健芳（男主角）、孙筑、沈后、杨延芳、葛文华、吕志明。

　　记忆深刻的是高三年级开运动会，作为体育委员的杨延芳同学积极动员，同学们为了集体的荣誉也踊跃报名。丁老师还和他仔细研究各项目参选名单：李平参加100米短跑和跨栏，我、林健芳、沈后、杨延芳是4×100米接力，我还参加了1 500米的比赛，杨延芳跳高，薛淑仪参加800米跑，黄发源推铅球，平时很少参加运动的丁仁佈，被动员参加了 400 米跑，李桂君同学参加了从未训练过的撑竿跳高。结果，这些项目我们都得了第一名。我们甲班还获得了总分第一呢！

高三时，我们第三小组组长是赵企云同学，组员有我、厉无畏、吕春秋、邵亚声、陶素蝶、盛壁华、程小莉等十几个同学。我们曾和虹口中学高三甲班第三小组结成友谊组，相互之间经常举行联谊活动。最后一次进行数学竞赛，我们的平均成绩要高出他们 10 多分。那时候身为附中的学生感觉好极了。

高中毕业后我进了同济大学路桥系铁道建筑工程专业，后来从同济大学毕业分配到了四川成都铁道部第二设计院，先后参加过成昆铁路、贵昆铁路、湘黔铁路、胶济铁路、石太铁路等重大铁路干线的勘察设计工作。回沪工作后，我参加过上海地铁一、三号线的设计，并开始在上海做高层房屋的设计。作为一名建筑师，我直到现在还在做一些中国古建筑的设计。不管做哪一项工作我都能较快胜任，我喜欢创新。这其实与我从中学到大学都受到的良好教育有关，尤其是附中各位老师的言传身教和附中同学的榜样，始终在激励着我。

如今，中学时代已经过去整整 60 年了，不论我们身在何处，我们随时都在思念母校。因为那是我们最熟识的地方，是留下清澈记忆的地方，是我们获取知识的地方，是拥有同学友情的地方。附中的学习生活和美好的师生情感，使我们感怀终生！

写于 2019 年

附中游泳池留给我的美好记忆

1959 届高三丙班　郝生立

最近我在校友理事会理事陆继椿和方正的陪同下，参观了即将竣工验收的中州路老校区的游泳池，心里不免一阵激动。我激动，是因为附中的游泳池给我留下了美好的回忆。我读初中的虹口中学原来有游泳池，很遗憾的是后来被填了。我高中之所以要改考华东师大附中，就是因为附中有游泳池。

1956 年进入附中高中后，我与初中时一样，是班里的体育委员、学校体操队队员，经过考核获得了国家三级体操运动员证书。我当过广播操领操员，也在附中游泳池当过救生员。救生员工作由体育老师储德负责，每个救生员要通过他的考核，不但要能游一定距离，还要能跳水、潜水，从游泳池这头跳下去，然后潜水到对面上来。我经过考核，被录取了，非常高兴。随后，储德老师对我们进行了培训，教我们怎样救生。我记得他告诉我们，救落水者最关键的是，不能迎面去救，要从他的背后去救。否则，你会被落水者的双手死死抓住不放，并越抓越紧，那时你就无法伸展手脚了。你只有从落水者的背后游过去，把他的头颈夹住，让他的头浮出水面，他就可以呼吸了，然后用侧泳把他夹住拖到岸上。我们反复练习，很快就掌握了要领。救生员工作主要集中在暑假期间，我除天天游泳以外，常常坐在游泳池旁边高高的椅子上，观察游泳池里的情况。我对救生员工作一直兢兢业业，及时劝阻一些容易发生危险的行为，所以始终没有发生过一次溺水事故。

师大附中给了我德智体美全面发展的机会，后来我考上了上海交大无线电系。

毕业后，我回母校看望老师，总会去看看游泳池。"文化大革命"后，不知道什么时候游泳池被封掉了，很可惜。最近几年，知道附中初中部现任校长陈剑波想把游泳池恢复起来，心里十分高兴，听说为此，王如珍校友一个人就赞助了 100 万元。现在经过千辛万苦，各方努力，游泳池即将恢复了，而且比过去更漂亮、更宽敞了。

游泳对青少年的体格和体魄的成长有极大的益处，如今回想起当年在附中泳池中游泳、当救生员的情景，依然是那么美好，让人难以忘怀。

写于 2014 年 1 月

母校教育　受益终身

1959 届高三丁班　王湄君

今天一清早，朋友给我发了一条消息："好习惯是需要养成的。"我静下心来想了一下，我的一些好习惯是什么时候养成的呢？我喜欢运动，热爱劳动，我有强烈的求知欲，兴趣爱好很多，又有很好的自学能力，喜欢自己动手，等等。这些好习惯都是在我的母校华东师大附中培养和教育下养成的。

我离开母校已经 60 年了，随着一件件往事浮现出来，我深感华东师大附中教育内容十分全面，老师的教育方法相当正确，把我从一个喜欢调皮捣蛋的小女孩教育成一个身体健康，性格开朗，有良好学习习惯，并掌握良好的学习方法，懂得爱，积极向上的青年。我后来工作中所取得的一些成果，以及我现在丰富多彩、快乐的晚年生活，都与母校的教育和培养有密切的关系，我深深体会到"母校教育，受益终身"。

华东师大附中是一所要求学生德智体美劳全面发展的学校，我想就从这五个方面来写吧！

一、德

华东师大附中特别重视学生优秀道德品质的培养，经常开展各种集体活动，组织学生参加社会活动。印象最深的是"少先海军军官学校"，还有年末的辞旧迎新晚会、到打字机厂劳动、到电影院打扫卫生、到公园里去搞活动……丰富多彩的课外活动提高了我们的觉悟，从爱班级集体到爱祖国；从爱同学、爱老师到热爱每一个人。

记忆犹新的是初三时班主任季振宙老师一个人带着我们全班到苏州去春游。现在想想，当时老师一个人，带着几十个十三四岁的小孩上火车、挤公交、坐船、爬山，是多么不容易呀，他担当的责任有多大啊！然而，为了我们快乐成长，他甘愿付出一切。我第一次体会旅游的快乐，旅游可以增加许多活知识，获得独立生活能力，同学之间更加团结友爱了。我尝到了旅游的快乐，在后来的生活中，我酷爱旅游，只要有朋友来约我，我工作能够安排好，必定欣然参加。

高中的班主任李厚基老师刚从华东师大毕业，全身心地投入工作中。他爱每个学生，关注我们微小的进步。我好动，纪律性差，上课不专心，开会时经常捣蛋，还经常出坏主意，我抓住支部书记的生理缺陷起外号……我做了不好的事情，李老师从来不当众批评我，也不告诉我的父母。放学后，他会轻轻地告诉我，这样不好，那样好。渐渐地我改正了自由散漫、不拘小节、大大咧咧等不好的习惯，慢慢地成长起来！

　　我深深地体会到附中的教育很有艺术性。特别是对犯错误的学生不是一味地批评，不是动不动就告诉家长，而是帮你分析，给你讲道理，使你心服口服，再不犯同样的错。

　　记得初中时，有一件事给我留下了很深的印象，而且影响了我一生。事情是这样的，当时学校没有食堂，大部分学生家都在附近，中午回家吃饭。个别家远的同学早上从家里带饭来，在学校烧水锅炉上热一下。一天，有个带饭的同学对我说，有个老师天天在中午吃饭时到教室里来看我们吃饭，问长问短，感觉特别讨厌，叫我想想办法。我当即答应了，小脑筋一动，坏主意就有了。我回家先恳求妈妈第二天让我带饭，然后用硬纸板做了一个长方形的小盒子，里面还垫上油纸。第二天一早到校，我把带的饭盒放在锅炉上，然后我告诉每个带饭的同学，中午拿好饭赶紧回到教室里。好不容易等到上午第四节课的下课铃响了，大家拿好饭盒回到教室，我把自己做的小盒子装满水，请高个子男生放在教室门的上面，门虚掩着，大家有说有笑地吃着饭，期待着老师的到来。终于老师来了，一推门盒子掉下来，水洒了老师一身，老师气得扭头就走。我像打了胜仗的英雄，高兴得得意忘形地跳到课桌上，正在忘乎所以拍手叫好的时候，学校的教导主任宣文本老师来了。他严厉地问道："谁干的?"我站在桌子上举起右手说："是我!"我赶紧从课桌上跳下来，低着头跟着宣老师去教导处。他叫我讲经过，我讲全部是我一人干的，宣老师不相信。因为我当时个子很小，就是站在桌上也不可能把盒子放在门上。他要我讲实话，我要求宣老师不告诉同学的家长，我怕同学的爸妈要打他。宣老师答应了，我才说了实情。我低头等着严厉的批评，没想到宣老师反而表扬我，表扬我敢于承担责任，爱护同学。过了一会儿，他温和地对我说："10年后你当了老师，你去关心学生，学生把水浇你身上，你的感觉是如何呢?"又强调指出，我们干什么事都要将心比心、换位思考。我低下了头，我流泪了，我知道我错了。宣文本老师还告诉我一个做人的道理："一个人追求快乐很好，但一定不能建立在别人的痛苦上，做什么事情前都要想想别人的感受，遇到事情要好好地想想后果是什么。一个人在世界上应该给大家带来快乐才对呀!"这几句话我一直牢记心里，成了我以后生活中为人处世的原则，我要自己快乐，更要给有缘相遇的人带去快乐，绝不能给对方带来痛苦。我感觉我的努力有一定成效，我发现各种各样的人都喜欢与我聊天，与我交朋友。我现在很忙，老同学、老同事、老邻居、老朋友、新朋友都来约我聚会，去旅游、去公园、去听音乐会……每当同学、亲戚、朋友聚会，都会因为我的到来而热闹起来，许多人都说我是一个开心果。

现在我已近80岁，但还很忙。我是小区治安志愿者，每逢14日、29日需要巡逻值班。我为养老院组织了一个合唱队，每星期四请老师前往养老院教老人唱歌，歌声给老人带去快乐，带来希望。逢年过节我还会组织茶艺队的朋友、唱歌班的同学前往养老院奉茶，老人一边喝茶，一边看精彩节目，十分快乐！去年底，养老院还给我发了证书，授予我"最佳志愿服务奖"荣誉称号。

二、智

附中的老师，不但有渊博的学识水平，工作认真负责，更难能可贵的是具有高超的讲课艺术，培育了我的求知欲望，培养了我的自学能力，使我受益终身。

我刚进师大附中的时候，按照年龄分班。我在的初一甲班是全年级也是全校年龄最小的班，调皮捣蛋的学生很多，我更是差中之差了。我上课纪律很差，爱做小动作，爱与同学讲话。后来我是怎么从不爱学习转变为热爱学习的呢？主要是学校在几个班级里开展了争取流动红旗的活动。为了班级的荣誉，在争取流动红旗的活动中，我认真听课，不做小动作了，也没有人跟我讲话。慢慢地我对学习有了兴趣，并且爱上了学习。

我特别喜欢上数学课，这与数学老师陈品端是分不开的。有一次，我忘记了老师布置的背九九表的作业。第二天上课的时候，老师请学生一个个地站起来背九九表，背不出来的就要站到黑板前。一个同学没有背出来，他站到黑板前，轮到我背到三三得九，三四就不知道了，只好乖乖地站到黑板前。同学们继续一个一个地背九九表，黑板前站了十几个同学。我认真地听了一遍又一遍，居然记住了。下课铃响了，老师对我们站在黑板前的几个同学说，下节体育课继续背，背不出，放学后再背，背出了才能回家。我对老师说："我现在就可以背了。"当时，我几乎是一口气背完九九表的。老师摸着我的脑袋亲切地说："你有一个优秀的数学脑子，你只要喜欢，有兴趣，有能力学好数学，一定会掌握得很好的。"陈老师勉励的话燃起了我对数学的兴趣，枯燥无味的1、2、3变成奥妙无穷的数字。我从"要我学"变成"我要学"了。从此，我数学成绩飞速提高，上课的内容，我已经吃不饱了。陈老师单独给我开小灶，借给我很多书，指导我怎么看、怎么学。我在奥妙无穷的数学王国里得到了许多快乐。可以这么说，我这一辈子都在与数字打交道，因工作需要，我自学了计算机编程，退休后成为计算机老师。这与在附中打下的数学基础是分不开的。

到了高中，物理课屈肇塈老师又带我从奥妙无穷的数学王国进入精彩万分的物理世界。我因此喜欢上了物理学，特别喜欢物理学中的力学、电学……一直到原子能。

老师要求我们不但要学习好书本知识，特别强调要用学习来的知识动手做实验。我参加了科技小组，在物理实验室做各种各样的实验。

在快乐的学习中，我个人的理想也确定下来了。当时我的偶像是居里夫人，我要像她一样搞物理研究。同学们给我起"玛丽·居里"的外号，我很喜欢，也很得意。1959 年，我以第一志愿考入了上海交通大学工程物理系。大学的学习对我来说太轻松了，成绩也不错。我考试之前不起早、不摸黑，成绩却不错，主要原因在于附中培养了我强烈的求知欲，打下了知识面广的扎实基础，又提供了好的学习方法，还培育了我的自学能力。

三、体

师大附中很重视学生的身体健康，体育活动丰富多彩。当时提出了"发展体育运动，增强人民体质""为祖国健康工作 50 年"的口号。

每天早上，全校在大操场上做广播体操。我记得我班吕懿范同学经常在高高的台上领操，动作标准、姿势优美。因为做广播操也是评比流动红旗的一项重要指标，大家都做得十分认真。做完操，浑身舒坦，神清气爽。体育课是我最喜欢的课，下课铃一响，我就第一个冲到操场，跑啊！跳啊！玩秋千啊！教我们体育课的有王季准老师、储德老师，每堂课安排得井井有条，有一个重点训练项目，练习跳高、跳远、高低杠等，最后还会安排一些游戏，训练大家的灵活性。

每年，学校还会召开校运动会。为了班级荣誉，我们都积极参与比赛项目，赛前积极训练。我虽然个子矮小，但弹跳力好，跑步还快，我经常参加学校运动会的跳远、100 米短跑、400 米接力赛，每个项目取前六名，我总能拿到一到两个第五、第六名，为班级的总分加上几分。

我印象特别深的是，高中时在军体委员严公宝同学的带领下，我们一起努力通过"劳卫制"的情景。那一阵子，每天课外活动，操场上人声鼎沸，热气腾腾。有跳远的、跑步的、跨栏的，也有举重的……每个同学都针对自己的短板和弱项积极锻炼。女子 1500 米长跑和男子 3000 米长跑，许多同学过不了关，我们就挑灯夜战，组织了啦啦队，在跑道边上为跑步的同学加油。经过一段时间的努力锻炼，我们全班每个同学都通过了"劳卫制"。更重要的是我们的体质都大大提高了。我进校时，身高不到一米二，高二的时候已经接近一米六了，这不得不归功于体育运动。从此，我养成了每天锻炼身体的习惯，现在我快 80 岁了，还是坚持每天运动，主要是走路、做操和游泳。

四、美

师大附中配备了非常棒的美术老师和音乐老师，给我们在美学方面打下很好的基础。

先说说音乐老师沈晓，他很有水平。他在音乐课教我们唱歌，不是简单地教我们唱几首歌，而要求分声部唱，要求有领唱、伴唱，按照上台表演的要求。他还用他创造的"快速识谱法"，不仅教会我们认识简谱，还教会我们认识五线谱，教我们大调、小调等许多乐理知识，如何打拍子，如何指挥。音乐课经常会留下几分钟的时间，老师用一台老式的手摇留声机放唱片，让我们欣赏各种中外名曲，培养我们对音乐的兴趣。像民族乐曲《金蛇狂舞》《步步高》等，外国歌曲《五月》（莫扎特作曲，又名《渴望春天》）、《丰收之歌》、《喀秋莎》、《哩哩哩》等。有许多歌曲我印象很深，如《快乐的节日》《我有一双万能的手》等歌曲，我现在还能记得歌词，随口就能唱出来。我身上音乐细胞不多，小时候没有学过什么乐器，在师大附中只学习过打鼓，也就是少先队的行进鼓乐。后来，在大学里学习过一段时间的小提琴，尽管我拉得不好，但是许多同学都来问我乐理知识，我却能讲述得非常清透，这都是沈晓老师教给我的啊！以后的几十年，我养成了喜欢听音乐的习惯，学习工作紧张了，听听轻音乐，放松一下心情，十分舒适。我记得我结婚时什么都没有买，房间和其中的家具全是向原子能研究所借的，属于我自己买的第一件物品，是一台留声机和几张大的胶木唱片。空闲时间就放唱片听音乐，喜欢听音乐放松心情的习惯，正是在中学养成的。我感恩我的音乐老师。

再说说美术课吧。美术老师周大融教我正确的画图方法。他教我们从素描开始，静物写生、水彩画，还指导我们设计花布图案，提高我们画画的兴趣，同时也提高了我们画画的水平。有两件与画画有关的事情我记忆深刻。一件是学习铅笔素描。老师拿来许多白色的石膏模型，有球体、正方体、石膏头等。老师先用粉笔在黑板上画一个圆形，再慢慢地打上粗细松密不等的线，圆圈也就慢慢地突出来了，变成一个立体的球了。然后，跟我们讲解光线和影子的关系，画上一个影子后，球显得更加立体了。接下来，老师拿来一个外国人的石膏模型头像，教我们画。我很认真地画了头像，眼睛和鼻子都画好了，但左看右看不像外国人，眼睛是平的，鼻子是塌下来的。老师过来拿起我的6B铅笔，在眼睛和鼻子中间画了几下，啊！一下子感觉眼睛凹陷下去了，鼻子凸出来了，像一个外国人了！我好佩服我的老师，我也学到了画画的技能。

还有一次是画水彩画，我画的是一幅乡村田园景象。有一间茅草屋，门前有条小路，路两边有花草树木，远方还有山。我正在给树上绿色的时候，不小心笔一抖动，在画面上滴下了两滴，我不由自主地叫嚷起来，周老师走到我面前，一边安慰我不要着急，一边拿起画笔把落下的一滴绿色用水化开，加入少量蓝色，变成美丽的云彩了。落在小路上的几滴加入黄色成了几个可爱的小鸡了。经过周老师的修复，我的画顿时出彩许多。我更加佩服我的老师啦！他也使我懂得一个道理，不小心犯了一个小错误，没有什么，只是要好好想想，动动脑筋，努力改正错误，一切会变得更好、更美。我们生活中也经常如此啊！

美术课不仅教授我们很多有关画画的知识，还培养了我们的立体概念，为后续轻松学习立体几何、画法几何、机械制图都打下了基础；对我工作后能够轻松地搞机械设计，画装置结构设计图和装置的实景图都有很大帮助。退休后，我又去上海交通大学老年大学学习国画，初步了解国画的一些基本知识和基本笔法，学习画了一些花和鸟。当我们初中的班主任季振宙老师要过90岁生日时，我接受同学的委托，画了幅桃子图，含生日寿桃兼桃李满天下之意，送给季老师作为礼物。这幅画表达了我们对老师深深的爱。在这里，我要再次感谢我美学的启蒙老师。

五、劳

华东师大附中十分重视培养学生的劳动习惯，树立良好的劳动观念。当时劳动是排入课程表里的，每星期有半天是劳动课，安排我们到食堂捡菜、打扫校园操场等。我们班级安排值日生打扫教室，同学们都很认真，因为教室的清洁卫生也是评定流动红旗的一项重要内容。为了班级的荣誉，值日那天大家都会早早到学校来，把黑板、玻璃窗擦干净，地上没有一点垃圾。我们班级团支部还组织大家到群众电影院打扫卫生，扫好地以后还能白看一场电影！正是在快快乐乐中提高了我们的觉悟，培养了我们的劳动习惯。儿时我们经常唱两首歌：《快乐的节日》和《我有一双万能的手》。我感觉自己真的有一双万能的手，自己的事情自己做。物理课讲到蒸汽的推动力量，回家后我立刻动手做了一个蒸汽推动的小兵舰。我还自己做了一个靠扭紧橡皮筋为动力的、能够飞上天的小飞机模型。在老师的指导下，我还装了一台收音机……每做成一样东西都会有成就感，当小兵舰在水中行驶的时候，当小飞机上天飞翔的时候，当收音机里听到上海人民广播电台播放的声音的时候，我多么高兴啊！

我们高一有金工课，这是我喜欢的课，它培育了我的动手能力。由于我的动手能力强，到了交通大学进行基本工种训练时，我上手很快，一下子就掌握了车床、铣床等，老师傅都说：看不出来啊，一个小姑娘干这种活居然还干得那么漂亮！到了工作岗位，做实验架子、搭建操作平台等，干钳工的活，我都能与工程队师傅一起干。说真的，我的动手能力强是与附中培养教育分不开的。

如今，我能健康快乐地工作和生活着，我要感恩我的母校，感恩我的好老师。正因为有你们的辛勤培育和精心的教导，才有我快乐的今天！母校教育，受益终身！

难忘的记忆

1959 届高三丁班　严公宝

转瞬间我离开华东师大附中已经 60 年了。1956 年至 1959 年我在附中高中求读三年。三年岁月虽短，但在我的一生中留下了许多美好、难忘的记忆，并深深地印在我的脑海里。

记得开学前，班主任李厚基老师到我家访问，看到我家住房狭窄简陋、兄弟姐妹多、收入少的情景，他十分同情，把我的助学金由在初中享受的丙等（每月 4 元）调整为乙等（每月 7 元），以解决我的后顾之忧，同时指定我为高一丁班临时班长。

我们班是一个奋发向上、朝气蓬勃、团结友爱的集体。学校配备业务好、水平高的老师来任教。资深语文老师叶百丰在华师大上完课后还来给我们上课，他讲的唐诗宋词至今我还能背上几句；我特别爱听殷德徽老师的历史课，他分析重大历史事件和重要历史人物简明透彻，听得我津津有味，为我日后攻读马列主义打下良好基础；化学老师李厚基、物理老师屈肇塾不仅课上得好，而且带领我们认真做实验；俄语老师陈伟军带病上课……在这些优秀教师的循循善诱下，全班同学成绩优良。高中毕业后不少人考上了名牌高校，成为科技战线上的栋梁，成为祖国社会主义四个现代化建设的优秀人才！

在团支部书记戴贵忠的组织带领下，我们班经常在周末组织集体活动，如参观鲁迅纪念馆，到虹口公园划船、摄影，去西郊公园观赏动植物等。这些活动丰富了我们的课余生活，增强了同学间的友谊，培养了我们的集体主义精神。

高一时，有三件事我印象深刻。

一是我和陈越民同学参加上海市航海俱乐部的机电培训班。该部设在外滩一幢大楼里。每周末我俩准去听教员讲解电机的构造和性能，并做一些实验，观看摩托艇在黄浦江江面上风驰电掣的表演，培养了我们学习机电的兴趣。我将节省下来的零花钱买了一些有关机电、汽车构造方面的书籍在课后阅读，遐想将来成为一名机电专家、汽车设计和制造的工程师，这个梦想由于后来的诸多原因未能成真。

二是帮助因腿部骨折不能上课的陈效丽同学补课。陈效丽同学不慎跌倒，造成右腿骨折，不能来校上课。消息传来，团支部决定，为了不使她耽误学业，每天下午课后派同学去给她补课，不让她掉队。补课足足有一月之余，体现了一方有难、八方支援的互助友爱精神。我们的行动得到了陈效丽父母的称赞！

三是到英国驻沪领事馆抗议。1956年深秋，从中央人民广播电台传来英法联军入侵埃及苏伊士运河的消息以及我国政府坚决支持埃及政府和人民反侵略的声明，我校师生群情激愤，决定去外滩英国驻沪领事馆抗议。晚饭后，我们几百名同学整队出发，每人手中拿着反对英法侵略、声援埃及人民正义斗争的各色标语，一路高呼口号。大家慷慨激昂、义愤填膺地来到英国驻沪领事馆大门外，只见来自上海四面八方的抗议队伍已把领事馆围得水泄不通。使馆门前人头攒动，抗议声浪震天，英国驻沪领事站立门口，双手接过一份又一份抗议书，显得狼狈不堪。此情此景大灭了侵略者的威风，大长了中国人民和世界被压迫人民的志气，给我们上了一堂生动深刻的国际主义教育课。

高二时也有三件事使我记忆犹新。

第一件是挑灯夜战搞"四红"。高二上学期，我被调入校团委担任军体委员。根据上级要求，学校掀起了一股通过"劳卫制"一级、二级以及等级运动员和等级裁判员的"四红"热潮。我在搞好学习之外，将大量时间投入"四红"活动中去。每天课外活动，操场上人声鼎沸，热气腾腾。锻炼项目五花八门、丰富多彩，有的在打篮球和排球，有的在跳远和跨栏，有的在做引体向上和举重……每个同学针对自己的短板和弱项积极锻炼。

众所周知，在"劳卫制"一级、二级的运动项目中，最难通过的是女子1 500米和男子3 000米中长跑，不少同学跑到一半就从跑道上退了下来。为了攻克这项难关，我们挑灯夜战，组织啦啦队，在跑道边高呼"下定决心，不怕牺牲，排除万难，去争取胜利"的口号，为奔跑的同学加油打气。

功夫不负有心人。经过一段时间的磨砺，我们全校每一名同学终于全都通过了"四红"。上级要求我们总结经验，团市委将我的总结文章刊登在上海市《团的工作》刊物上，并给了4元稿费，我用它买了一套《毛泽东选集》四卷合订本，经常阅读，保存至今。

第二件是慰问、参观东海舰队某舰。1957年8月1日是中国人民解放军建军30周年。学校指派我和其他班几名同学到东海舰队某舰慰问，参观学习。我们在吴淞口登上战舰，心中有说不出的高兴、道不完的喜悦。因为我们第一次见到人民海军威武雄壮的列队，第一次见到海军官兵的宿舍里叠得方方正正的盖被，第一次见到他们的衣裤、鞋帽、生活用品在宿舍那狭窄的空间中摆放得整整齐齐。第一次下到船舱，见到轮机长的熟练操作；第一次听到舰船轮机发出的震耳欲聋的轰鸣声。回到甲板，我们第一次在舰船上看到一望无际、碧海连天的大海。人民海军守卫着祖国的海域，保卫着祖国领海，有了这样一支人民军队，人民才能和平地生活，我们才能专心致志地学习。

第三件是在市人大礼堂聆听陈毅元帅的教诲。1958年的金秋十月，已经调离上海任外交部长的陈毅元帅来沪，我作为上海市中学生活动积极分子，有幸去市人大礼堂聆听他的教诲。

我清楚地记得我当时坐在第四排中间座位，离陈毅的座席很近，能十分清晰地看到他的形象。他高高的个子，两眼炯炯有神，讲起话来声如洪钟，铿锵有力。陈毅与我们畅谈理想信仰，对我们寄予厚望。他谆谆教导我们：理想信仰是一个人的灵魂，一个人的精神支柱，是做人的根本。他用革命战争年代无数英雄流血牺牲、拼死战场的故事，勉励我们中学生一定要向英烈学习，坚定理想信仰。他又说，只要坚定理想信仰，再大的苦也能吃，天大的困难也能克服。只要坚定理想信仰，共产主义不仅一定要实现，而且一定能实现。最后陈毅勉励我们，要在理想信仰的指引下，刻苦学习，做到德智体全面发展，把自己打造成建设社会主义四个现代化的优秀人才！陈毅的话语重心长，对我们中学生寄予无限希望，使我终身受益，一直指引着我的人生前进方向。

高三上学期的"三秋"劳动和为筹建上钢五厂添砖加瓦的劳动，也是我三年岁月中抹不去的记忆。

我们读书的年代是一个激情燃烧的年代。1958年的下半年，即高三上学期，我们到宝山县学农支工，这两周的劳动给我心中留下了难忘的记忆。

按照教学计划，我班在10月中旬到宝山县淞南公社参加一周的秋收、秋耕、秋种的"三秋"劳动。每天早饭后，大家戴着草帽，迎着朝阳，手拿镰刀和农民在稻田里一起割水稻。对我们这些从未干过农活的城市学生来说，这是磨炼自己的好机会。半天下来，有的同学割破了手也不喊一声痛，有的同学割得腰酸背痛也不叫一声累，有的同学干得大汗淋漓也不叫一声苦。收工回来吃晚饭后，还要给农民家挑水扫地做好事，我还抽空给农民理发。一周的"三秋"劳动使我们收获匪浅，我们不仅学会了一些农活，学到了一些农业知识，更重要的是学到了劳动人民艰苦朴素、吃苦耐劳的优秀品质。

记得在返校的前一天夜晚，学校党支部副书记蔡多瑞老师突然出现在我们面前。他首先称赞我们为粮食"先行官"出力干得好，然后动员我们继续留下为"钢铁元帅升帐"贡献力量，为筹建上钢五厂添砖加瓦。

淞南公社旁边早已建成的上钢一厂，生产的是普通钢材。这次建设的上钢五厂要生产制造飞机的优质钢。我们的任务是搬砖、运砖，为上钢五厂砌围墙。听完蔡老师的动员，我们欣然接受这一光荣任务，开赴上钢五厂工地。每天，同学们三五成群组成一个个小组，搬砖、运砖，拉着一板车一板车的红砖给工人师傅砌砖墙，还有一些同学手中握着粗绳，拉着石墩，口中哼着劳动号子夯地。整个工地洋溢着劳动热情，充满着年轻人的青春活力，你追我赶，热火朝天。每个同学都累得直喘气，但想到自己能为早日建成生产优质钢的上钢五厂添砖加瓦，贡献自己的一份力量，脸上露出了幸福的笑容。"三秋"劳动和为上钢五厂添砖加瓦的劳动，不仅锻炼了我们的身体，培养了我们的工农感情，更使我们目睹了社会主义建设正欣欣向荣、蒸蒸日上。

现在我已加入"80后"（80岁）的行列，安享晚年，空闲下来经常回忆起60年前在母校的青春岁月，一件件往事依然历历在目……

写于 2019 年 3 月 14 日

秘密行军
——记50年代一次有趣的队日活动

1959届高三丙班　方　正

　　那天，全中队一早在学校的操场上集合，然后到郊外去野餐。不过，这次野餐要自己带锅子，自己搭灶，自己生火，自己淘米烧菜……总之，一切都要自己动手。特别有意思的是，连这次野餐的目的地也要自己去找！

　　中队辅导员交给每个小队一封信，信上并不是像我们想象的那样，写明从哪条路到哪条路，坐几路车到什么站下车，再换乘什么车，到达什么地点；而是像猜谜语那样，信里的每一句话，都要动一番脑筋才能明白。

　　比如，信上第一句是："队员同志们，走出校门，拣石子路最短的那条路走吧！"校门口有三条路，哪一条石子路最短呢？想了一会儿，一个队员说："大概就是校门边上的那条小路吧，那条路除了头上一段是石子路，其余都是沙子路呀！"

　　"对啦！"大家欢呼着奔出校门，踏上了那条小路。到了岔路口，小队长又读了信上的第二句："向右拐弯，找一个名叫'松盛'的地方，那里有许多'工业的粮食'。"另一个队员想了想说："我想，那就是'松盛煤号'！"不一会儿，大家就聚集在松盛煤号下面了。

　　接下去，信上说："寻找离开此地最近的一座大自鸣钟，按照钟面上'3'字的方向继续前进！"

　　就这样，队员发挥着集体的智慧，边猜边行进。

　　辅导员为了增加活动的神秘性，还跟商店的营业员打好招呼，让他们配合担任临时的"敌人"。这对我们这些只有十几岁的少先队员来说，要躲开"敌人"的视线，防止被"敌人"发现而被扣留，那的确是很紧张、很刺激的。

　　更令人发笑的是，信上要我们向一个木头木脑的大胖子鞠个躬，他就会给我们一样好东西。

　　为了找到这个大胖子，大家费了不少心思。有个机灵鬼A想到，这大胖子木头木脑，会不会是一棵大树呢？果然，附近有一棵老白杨树，树身粗得一个人也抱不住。周围也没有别的东西比它更"胖"了。A忽然叫了起来："就是那棵老白杨树了，

'木头木脑的大胖子'！"大家从沉思中清醒过来："对！对啦！"大家拥到这棵老白杨树前，难道要向它鞠躬吗？这岂不成了笑话？好吧，试试看吧！一个队员向老白杨树鞠躬，刚把腰弯下去，就发现了一张小纸条嵌在围着白杨树的竹篾缝里。纸上写着："队员们，你们胜利了！现在请你们朝前走，走到红房子前面再向左转，目的地就在眼前啦！"

大家高兴得跳起来，发疯似的向前奔去，一拐弯就看见远远地飘着一面红旗——瞧，那不就是我们的中队队旗吗？！

外交官老师陆大堉

1959 届高三乙班　陆继椿

　　有一天，庄国荣老师告诉我，他碰到陆大堉老师了。大堉老师说起在附中教过的学生，许多人都想不起来了，只记得两个学生的名字，其中一个就是我，并且问："陆继椿现在怎样了？"当时，我听了感到很意外，也很感动。大堉老师大概 90 多了吧，还记得我，还想了解我的近况，我就像一个背井离乡几十年的游子，突然听到耄耋之年的长辈，从遥远的故乡托人带来的探询，心里十分愧疚而温暖，不知道说什么好，顿然语塞了！

　　大堉老师是我念高中时的班主任，教地理。那时，他体硕高大，微黑的四方脸很饱满，说笑起来，显得富有弹性；眼睛虽然不大，但透过那玳瑁框的镜片，便炯炯有神了；虽然不过 30 来岁，腹部却有点凸圆。这样一来，西服一穿，俨然是位风度翩翩的绅士。在 1956 年那阵，社会上穿西服还是常见的，但大堉老师穿西服的气质架势却是非同凡响。

　　慢慢地，同学之间就悄悄传开了：大堉老师曾经是位外交官，而且服务于联合国！至于怎么会来附中执教，就语焉不详了。当然，我们谁也不会、也不敢去问大堉老师本人。

　　不知道为什么，我被大家推举为临时班长。大堉老师当班主任很潇洒，放手让学生自治。讨论班级工作时，他常常用商量的口气问："你们看怎么办呢？"我们几个班干部也就各抒己见，各行其是了。

　　开主题班会是很重要的班级活动，第一次主题班会尤其重要，又是迎国庆，还有"向科学进军"的时代背景，开始学习新生活的年轻人充满了幻想。于是，七嘴八舌之后，班干部最后定下了主题：二十年后回母校。大堉老师当然笑允了。

　　憧憬未来，放飞青春，前途无量，理想纷呈……阵阵欢笑和掌声之中，我被说成是当了人民教师！天哪，读初中时我曾经向往过搞化学，根本没想过将来当教师，即使是当化学老师。不知道同学们为什么会有这样的想象。不久，有一回在老师办公室里，大堉老师向我了解班级各科教学的情况，我大致转达了同学们的看法，都很满意，有的还非常敬佩。他很高兴地笑了，用厚实的手掌拍拍我说："当教师不错哩！"这话我听得懂，也点点头，并报以赧然的微笑。

没想到高中毕业，我真的留校当了教师，从此就没离开过附中，直到现在成为退休教师！

大埔老师教的世界经济地理，我印象极为深刻。也许是因为他在联合国工作过，经历过许多事件，接触过许多国家的人，眼界较高，视野开阔，讲课时很自然地把各个国家、地区的气候、资源、物产跟地缘政治结合起来。我喜欢听他闲聊，他常常聊向海阔天空，聊得眉飞色舞。我从他那里知道联合国大会，知道五个常任理事国，知道奥地利的瓦尔德海姆……

有一堂课，大埔老师讲到生产配置问题，以苏联为首的社会主义阵营和以美国为首的资本主义阵营，都强调国际分工。他冷静地分析说，分工的意义是协作与合作，这有利于发挥国家和地区的优势，总体上会促进和完善经济发展。但是，如果其中的强国左右了其他国家，就会出问题。比如，苏联工业很发达，曾经提出过要我们中国着重发展农业，我们没有同意，第一个五年计划就突出发展重工业了。今天看来，大埔老师的观点是非常敏锐而有见地的。

只可惜，不久，反右派斗争开始了，老师都很忙。大埔老师的笑容不见了，上课话也不多了。我那时虽已被选为学生会干部，但规定中学生不参加运动，也不便去打听运动的情况。只是听校党支部蔡多瑞老师报告，大埔老师要接受"反右"教育。没有跟我们告别，新学期开学前，大埔老师就离开了附中，听说调到别的区去了。

从此，我跟大埔老师失去了联系。中苏关系破裂、中美建交、粉碎"四人帮"、改革开放，一系列历史烟云过后，我听说他在深圳，并且跟联合国联系上了，还原了工作身份，还享受了联合国退休的待遇。他老人家的晚景应当是不错的。

我终于没能联系上他老人家。

令我终身遗憾的是：庄国荣老师把联系他老人家的电话告诉我，我打过去没人接。后来，电话通了，却是他侄子接的，告诉我，陆大埔老师已经仙逝了。

附中求学时的记忆

1960 届高三甲班　高泰钧

一、循循善诱的附中老师

在刚开始学习俄语时，我一方面听人说俄语科技资料少，用处不大；另一方面也感到俄语难学，单词不好记，因此就曾产生过放弃的想法。但周芳老师的行动感动了我，使我改变了态度。

在第一次俄语期中测验时，还不到考试时间的一半，我就想交卷离开教室。周芳老师发现我只答了一小半，就很客气地让我坐下继续答卷。到了 12 点，同学们都答完交卷走了，教室里只剩下我一个未答完的。我想交卷走人，周芳老师仍和颜悦色地劝我继续答，并且说愿意等我答完。最后，一直到 12 点 40 分我才答完交卷。老太太这才离开教室。这事让我深受感动。又听说周芳老师原来是英语老师，这么大年纪还改行来教俄语，我觉得自己没有理由不好好学习俄语。从此，我一直认真学俄语，成绩一直很好。

以前，我写作文时标点总用不好，就去请教胡峰老师。胡老师教我一个好办法：认真读《毛泽东选集》。因为这部书出版前，每个字、每个标点都是经过许多专家认真推敲过的。我按照胡老师的教导，把《毛泽东选集》从头到尾认真地读了两遍，并注意文章的结构、逻辑、标点符号，每一句话的主语、谓语、宾语、补语，每一段文章的中心思想、段落大意。我从中学到了很多东西，从此我的标点符号也用得比较正确了。以后我又用同样的方法去研读每一本教科书，这样，我对教科书的内容也理解得比较透了。从此，我的自学能力提高了。在离开学校、走上工作岗位后，我又用这样的方法去"啃"一些我从未学过的学科，常常能做到无师自通。

李厚基老师教我们化学课时，他那纯正的苏北口音让我感到滑稽有趣，因此在回答问题时总搞些小小的恶作剧。但李厚基老师宽宏大度，装作看不出我那些淘气的小把戏，并且总从正确的、积极的方向引导我。有一次，我有一个问题不清楚，到化学教研室去问李老师。在耐心地给我解答了问题以后，他一本正经地对旁边的一位老师说：这是我的得意门生。这一句话说得我脸红了，感到很不好意思。从此，我上课时就不再搞恶作剧了，以后就老老实实、认认真真地学习化学，并且越来越喜欢化学这门课了。

二、体育活动影响了我一生

附中的体育水平在当时的上海各中学中是名列前茅的。我记得黄杏杰同学曾获得全国手榴弹投掷第一名，宫依仁、杨秋娴分别获女子跳高全国第一名、第二名，这里限于篇幅不一一列举了，我只谈一下附中体育对我的影响。

1957 年，我从附中初中部升入高中。那年，附中大力推广"劳卫制"，要求每个人都达标。我原来不重视体育锻炼，所以身体比较弱，每天晚上上晚自习时，常常打瞌睡。"劳卫制"一级标准要求在 6 分 30 秒之内跑完 1 500 米，我经过努力，终于达到了。"劳卫制"二级标准要求在 12 分 30 秒之内跑完 3 000 米，我经过几个月的努力又达到了，并且从此喜欢上了长跑。高二以后，我每天跑 3 000 米以上，并且保证每天下午四点以后参加各种体育活动一小时。到了高三，面临高考，时间紧，我每天早上慢跑到学校，晚上下自习后，又慢跑回家。这种长跑我一直坚持了下来，每天沿马路跑 3 000 到 4 000 米。结果人就变了个样：体力大大增强，脑子也变得聪明了，上课思维敏捷，能很好地跟上老师的思路，偶尔还能猜测到老师下一步会讲什么。老师课堂提问时，我常常举手抢答。除了保证及时复习当天上课的内容外，有时还有精力预习下一堂课的课文，并看一些课外读物。总之，学习效率大大提高，这使我从此在学习上一直打主动仗。此外，高中时我还在课外自学英语。

我初三的时候，当觉得脑子不够用时，还会去买一些补药吃。自从喜欢上长跑和其他一些体育锻炼项目后，我才明白，体育锻炼，特别是长跑，才是最好的使脑子聪敏的灵丹妙药。

在体育方面，王季淮老师是对我产生影响最大的体育老师。在"劳卫制"达标的过程中，我与他有了少量的接触。他对体育工作的热忱达到了忘我的境界，这使我这个原来对体育不重视的人也产生了兴趣。甚至在高二升高三的那个暑假，我这个不是学校运动队的人，也跟着校运动队到虹口体育场去训练了一阵，跟王季淮老师学习了一些如做长跑或大运动量运动前的准备动作，以及变速跑、高抬腿跑、跨步跑等提高体能的方法。我一直到 60 岁时还在用这些锻炼方法，这使我一辈子受益。至今，我都很少生病吃药，这得感谢附中体育对我的影响。

三、重视体育和卫生，关心学生健康

在附中，老师对待学生就像父母关心子女一样，不但在学业、品德方面关心学生的成长，而且十分关心学生的身体健康。

在体育方面，附中有室内健身房，有游泳池，有 200 米跑道环绕的体育场地，内有可打篮球和排球的设施。在当时上海的中学中，这些条件算是不错的。附中的体育运动水平在当时的上海各中学中也是名列前茅的。此外，附中的课外体育活动也十分活跃，每天下午上完课，操场上到处是锻炼身体的学生，有跑步的，有跳远的，还有打球的，班际间的篮球赛、排球赛也搞得十分红火，这些都是与附中的体育老师的努力分不开的。

附中的教室窗户较大，室内比较明亮，所以当时附中的学生一直到高三毕业，近视的很少。老师对学生的健康十分关心。我记得有一次流感流行，班上不少同学因病缺席。课堂上，班主任徐怀芟老师就向大家介绍了一种防治流感的穴位疗法。

在医疗卫生方面，附中的卫生室也很认真地为大家服务。我记得卫生室内有个姚莲宝老师，工作热情，认真负责。我在初二时有一次参加学校组织的体检，在胸部透视中发现左肺有一个陈旧的钙化点，自己以后就注意了，直到现在肺部一直很正常。还有一次在校内的体检中，一直以为牙齿很好的我，被发现左下齿中有一个很小的龋齿点，经医生处理，用银汞补好了。从此，我就开始注意口腔卫生，所以直到现在，一口牙齿还很好。

四、短期改制，得益匪浅

1958 年，华东师大内设立了电子学研究所，附中的高中部一度改为"上海电子管学校"。为此，学校开设了高等数学、电工学、工程制图和材料力学等中专课程，并且还建立了一个小小的金工车间，让我们初步接触了车床、刨床、冲床、铣床等机床，这些使我在日后的学习和工作中得益匪浅。

我上的大学是中国科学技术大学，课程是理工结合的，既有高等数学、物理、化学、生物等基础科学，也有电工学、工程制图等工程技术方面的课程。由于我在上大学前就已经有了高等数学、电工学、工程制图等初步概念和知识，所以在紧张的大学学习中，我就能"赢在起跑线上"。

从中国科学技术大学毕业后，我被分配在中国科学院工作。当时中国科学院有70% 的技术力量参加了"两弹一星"工作。我所在的昆明动物研究所，本来按计划要改为放射生物学研究所，只是由于"文化大革命"的突然爆发，还未正式批准挂牌。但是该所仍然参加了"原子弹爆炸"的一部分工作。这时，我在中专学的和在大学里学的工程技术知识就使我有了一些优势。我能画图纸、设计实验室、设计实验仪器，因为有共同的工程技术语言，又能与工厂里的工程技术人员交流、沟通，并能使用机床加工一些特殊用途的零部件。因此，在工作中，我设计、建造并安装了一个 7 000克镭量的自动控制的辐射实验室，并且在实验室中对 20 000 多个实验动物（小白鼠、大白鼠、兔子、狗、猴子等）进行了辐射处理。这样，我们就能与军事医学科学院等单位一起为原子弹杀伤力战时允许剂量、放射防护、放射治疗等原子弹爆炸时的许多现场实验，提供实验方案和重要参考数据。辐射实验室这个关键设备的建成是一系列实验的基础。

1967年，云南轴承厂承担了生产飞机上用的高精度航空轴承的任务。为此，国家批准云南轴承厂用150万美元进口了20多台仪器和机床。翻译这些设备的说明书、对设备进行验收，需要有英语和机床、电子仪器设备的知识。由于当时国内的大学生一般都只懂俄语，并且懂机械的往往不懂电子仪器，懂电子仪器的往往不懂机械，而翻译说明书必须同时具备英语、电子仪器、机械这三方面知识。当时这样的多面手不好找，而我恰好具备这些条件，所以有关单位就找到了我。我义不容辞地挑起了这个担子，并且顺利完成了任务。

后来，我又调到天津医药科学研究所工作。因为我既能与中国医学科学院协和医院及中国医学科学院药物研究所的专家在专业上沟通，又能与工厂里的工程技术人员在技术上沟通，所以在我与同事们的共同努力下，中国第一台BS631型血小板聚集仪终于试制成功了，填补了我国在这个领域的空白。从此，许多医院就增加了"血小板聚集功能"检测这个项目。

回想起这些，我就十分感谢附中曾经给我的教育和帮助。

五、附中图书馆，知识的宝库

附中不仅有许多优秀的老师，还有一个很好的图书馆。这对提高教育质量和促进年轻人的成长起到了很重要的作用。

当年学俄语时，我遇到一个比较大的困难，就是俄语单词很长，不好记。后来，我在附中图书馆内看到了赵卓编的《俄语单词简捷记忆法》，以及韦光华编的《俄语构词法》，初步掌握了俄语单词记忆的技巧，从而节省了记忆俄语单词的时间，也提高了学习俄语的兴趣。

另外，图书馆里还有像《趣味数学》《趣味物理学》《趣味化学》以及华罗庚著的《从杨辉三角谈起》等趣味读本，以及凡尔纳著的《海底两万里》《八十天环游地球》《地心历险记》等科幻小说，极大地提高了我对学习自然科学的兴趣。

图书馆里当时还有许多有关英雄和伟人的事迹或传记的书。列宁、奥斯特洛夫斯基、卓娅；爱迪生、牛顿、瓦特、居里夫人；孔子、孟子；韩信、张良、岳飞、文天祥、林则徐等人的形象，通过文字，深深地烙在了我们的心坎上。这些励志的书，给我们中学生指明了前进的方向，激励着我们从小立志要为中国和世界做贡献。

在图书馆里，我还发现一本好书——《逻辑学》。这是一本讲形式逻辑的书。形式逻辑是讲正确思维的学科，数学、物理中的逻辑推理方法用得很多，逻辑推理就是一种形式逻辑。这本书是一本翻译过来的苏联中专的必读课本。我们国家高等学校学的辩证法又叫辩证逻辑。形式逻辑和辩证逻辑是相辅相成的两种逻辑思维方法，就像人需要有两条腿才能走得稳一样。这本书对促进我思维的发展，起到了极为重要的作用。

如今的学校图书馆，随着人们生活水平的提高、网络的发展，其境遇似乎一年不如一年。然而在我的记忆里，当年的附中图书馆就是一个知识的宝库，取之不尽，用之不竭。

六、和睦大家庭，师生一家亲

在附中，特别是在1957年之前，当我上初中时，感觉师生关系、同学关系尤其亲密。那时，附中有不少人兄弟同校，如我初中同学吴培兴的两个弟弟吴培仁、吴培良也在初中，他们的哥哥吴培刚在高中，另外我班陈培民的哥哥陈培雄、陈培龙在高中；姐妹同校，如张英元在高中，张微元在初中，隔三年后张童元又进入初中。这说明大家对附中有深厚的感情，有美好的印象。

那时老师常邀同学到家中去玩。记得在初中时，我就去过两次。一次是教生物的王铃英老师邀我们到她家去玩；另一次是教语文的马驷骧老师邀我们去他家中玩，好像他的妹妹马驷骊也是附中学生。大家上课是师生，下课是朋友，亲密无间。

记得那时学校里经常有文艺会演，那是我们学生最开心的时候。平时比较严肃的老师，也在节目中扮演一些角色，逗得大家一阵阵发笑。现在还清晰记得，有一次在《打渔杀家》节目中，廖康民老师演萧恩，陈品端老师演他的女儿。印象中，谭惟翰老师导演的《白天使》，深受学生喜爱。我还清楚地记得，初中时我们班的同学吴培兴颇有些文学才能，由他撰写剧本的话剧，起初名为《男女生团结问题》，后改名为《饺子煮烂了》，曾在附中和其他场合演出过。

大家爱附中，爱这个大家庭，怪不得哥哥姐姐上了附中，又把弟弟妹妹带进附中；周芳老师在附中教书，又把儿子向隆万带进附中；哥哥在附中教书（如陆大堉、马驷骧）又把弟弟（陆大庆）或妹妹（马驷骊）带进附中。

过了50多年，经历了社会上的风风雨雨，回忆这段在附中的经历，我觉得分外亲切。这是我一生中最甜蜜、最无忧无虑的日子。

附中师生情谊浓　历久弥新无价宝

1961届高三戊班　姚丽新

我是附中1958届初三丙班、1961届高三戊班的学生。读高二的一天，由于我运动时过于激烈，双下肢麻木疼痛。那天在体操房休息了一个小时后，周丽华同学将我送回了川公路家中，次日我只能慢慢步行上学，后来又改骑自行车上学。在不能骑车上学后，每天早上6点30分，张洁明、高大同、曾远航、陈远喜同学特地来家中扶我下楼，送我上自行车座。一行人前扶后推，送我到教学大楼下。然后一边一个男同学将我抬到三楼教室学习。最后，我终因双下肢瘫痪，疼痛难耐，休息在家进行治疗。

从此，班上的老师、同学放学后，轮流到我家给我补课。班主任李能贵老师与俄语课代表黄绮俊来看望，并带了《刘胡兰》课文，逐个单词地教我，帮我理解词句含义，带我朗读课文，直到华灯初上才回家。学习委员曾远航为我辅导数学与物理。一次给我讲解"表面能力"的原理、公式推导，他不厌其烦地给我打比方，使我能更形象地理解。当在复述中出现了"夹生"现象，他又重新讲述。时钟指向晚上9点了，当时正值初夏，他讲得满头大汗，衬衣也全湿了。我谢谢他，他说这是应该的。在55年前的"病录"中，我记下了同学们对我胜过亲兄弟姐妹的关怀。落下的学业，在同学们的帮助下全补上了。期末时，李能贵老师冒着酷暑来我家安排考试，除物理之外的各门功课都取得优良成绩，我如愿升上了高三。

为了让我能顺利参加高三的学习，学校特意安排我住进了附中女教师宿舍。班主任林瑞华老师的母亲为我整理床铺，为我灌开水，为我倒洗脚水；清晨同房居住的数学女老师（忘了姓名）扶我进教室；午间同学为我端上饭菜，抢着帮我洗碗。大家的热忱更增添我战胜疾病的信心，我愉快地度过了附中的最后一年，如期毕业，选择了医学专业。当第一批录取通知书下达时，我们班有28个同学被录取，我也如愿进入上海第一医学院医学系。同学们叮嘱我："你是我们班唯——个学医的，要好好学习，为攻克癌症等疾病发挥作用啊！"我记住了大家的话，满腔热情地投入大学生活中。

没想到，1962年3月26日由于在班级组织的一次集体活动中过于劳累，我旧病复发，4月3日住进了华山医院。入院第五日，附中老同学徐莉英、张洁明、高大同、周丽华来医院探望我，令我又惊又喜。病友们异口同声地说："你的中学同学真好呀！"在我住院期间，来探望的还有戴克壮、尹端汕、沈以正等。高大同赠送了《人的一生应该怎样度过》，戴克壮寄来了《养生之道》，张洁明还来信鼓励我战胜病魔。后来我因病第二次瘫痪，休学在家。放暑假时，在外地求学回沪的附中老同学，如"老大哥"稽林珍、"小头"龚松茂、"小个子"童布雷，以及黄震邦、杨道琪、黄绮俊、叶秀珠、徐莉英、王瑞沤等纷至沓来，前来探望我。从附中毕业一年后，有20多个同学在我艰难痛苦、困顿彷徨时雪中送炭，给我安慰、鼓励。这是多么真诚、震撼我心的精神力量啊！这是附中老师精心培育德才兼备的学生的结果，这是充满了正能量的优良校风的发扬。我有何德何能让众多胜似亲人的老同学如此牵挂与厚爱呢？我在心里默默发誓，一定要正视疾病并战胜它，奋发学习，努力成为能对社会做出较大贡献的医务人员来回报大家。

1968年我从医学院毕业，在医疗战线工作的30多年中，无论在甘肃酒泉，还是在上海远郊，我都信守自己的诺言，做一名有良知、有良心的普通医生，热爱这个"经常是帮助，有时是安慰"的崇高事业与神圣职业，把为病患解忧当作一件伟大的工作，并为之奋斗、拼搏、奉献，实现了自己的人生价值。

1991年春节，我与分别了30年之久的附中师生取得了联系。学友重聚，回首往事，激动不已。在"主心骨"班主任林瑞华老师的关爱下，在李振民、孙广萱、周丽华等"核心"的操作下，每年聚会1至3次，大家其乐融融。而我，有时也有感而发，自作多情地默默写上一篇怀旧的拙作给自己看。偶尔也"发表"一下我对高三戊班的感谢，对师生的感恩。如果不是附中老同学们鼎力相助，我的人生轨迹将是另一番景象了！同学的含义是没有任何血缘和亲情关系、一同上学的青少年。在我最困难迷茫时，是老师的鼓励支持、同学的热情关爱，让我在友情陪伴下一路走来，健康地活着，我是多么幸运与幸福呀！师恩学友情无限，人间自有真情在。我们的情谊随着时光荏苒，尽管齿摇发白、步态蹒跚，但在岁月浸润下更加深厚。彼此之间即便遥远，依然牵挂与想念，彼此珍视着，友情历久弥新。而今这份动人心魄的情义还在延续、拓展。2012年师生同寿时，杨道琪从北京赶来，送了一个特大号蛋糕。林瑞华老师给学子分送寿桃糕团，师恩无限，受之有愧！2013年与黄震邦相聚，杨道琪推迟了手术从北京赶来参加毕业50周年活动。2014年我们与分别了53年的陈远喜、曾延稿同学重逢，陈远喜同学用出租车送叶袁生回莘庄住地。2014年9月的一个晚上，尹瑞让同学的一个电话问候，似亲姐妹般的关爱，让我感动了好一阵。近年摄影师黄震邦与李振民协作为我拍了肖像，那是我一生中最美的留影。

　　三毛在《说朋道友》一文中说："朋友之最可贵，贵在雪中送炭……朋友中之极品，便如好茶，淡而不涩，清香但不扑鼻，缓缓飘来，细水长流。"让我们铭记通讯录上"勿忘母校，勿忘师恩，勿忘同窗"的箴言，让重逢成为人生丰满回味的机会，成为延年益寿的良剂，有了它，生活才是完整的、有滋味的，愿附中师生情万古长青！

沈晓老师和二百人合唱队

1961 届高三甲班　蒋伟民

我们在附中读书时，学生的课余文娱活动丰富多彩。

我记得，当年学校有个二百人的合唱队，担任合唱队的指导和指挥的是沈晓老师。合唱队有个拿手节目叫《英雄们战胜了大渡河》，曾经风靡校园，红遍全区。歌曲表现的是人民解放军顶风雪，战恶浪，排除艰险，越过大渡河，将支援物资运送到拉萨的情景。

这首歌有领唱，有合唱；领唱分男女声，合唱又分四个声部，演唱有一定的难度。沈晓老师为让队员唱好这首歌花了不少心血。他从基础教起，教我们如何发声，如何用气，如何把握声部。因为这首歌声部多，演唱者稍不留神会跟着别的声部而溜调，他着重教了我们如何把握声部。排练中，沈晓老师容不下半点差错。有些同学唱起歌来，脖子老爱朝前伸，他就叫这些同学别伸脖子了，说形象不好，像只鸭子，有碍观瞻，惹得大家哄堂大笑。这首歌的男声领唱是 1960 届的张炳麟，他人高马大，声音厚实，共鸣声强，有点男低音的味儿。"万里风雪盖草原哪，大渡河水浪滔天"，他一出场，那厚实的音质，一下子就紧紧抓住了观众的心。女声领唱是我们班的李洁文，她嗓音甜美，音域宽广，那大段的唱词，从她嗓子里吐出来，真让人陶醉！男女声领唱后，有个叫板，担任叫板的是我们班的李炳林。李炳林那一声"开船了……"真是叫得荡气回肠，令全场观众屏气凝神。至于合唱部分，更是极富变幻，那变幻的歌声为人们营造出一幅船队行驶的场景，给人一种置身现场的感觉。尤其是那"嗨哟嗬"和时不时的呼喊声，烘托出解放军战士与恶浪险滩搏击的紧张而热烈的气氛，把人的心都悬了起来。在沈晓老师的精心指导下，队员把这首歌演绎得非常好，再加上二百人的强大阵势，因此每次演出都会博得好彩头。

记得在虹口工人俱乐部参加区文娱会演那天，唱完这首歌，台下爆发出的掌声简直是地动山摇。就连沈晓老师的同学、五十二中学的音乐老师也不得不对我们的演唱水平心悦诚服。听沈老师说，他那女同学是个十分要强的人，她的学校也有个合唱，原以为在她指导下会稳操胜券的，哪里知道会蹿出我们这匹黑马。在那次文娱会演上，我们准备了三首歌，除了《英雄们战胜了大渡河》，还有《你猜，你猜》和《东方红》。我们事先说好，只要观众掌声热烈，我们会一首一首往下唱。那天，观众始终掌声雷动，反响热烈，于是我们一连唱了三首歌。《你猜，你猜》是反映农村新气象的，是个表演唱，唱起来挺俏皮的，沈晓老师特别喜欢。可二百来号人的表演唱是不怎么容易的，因为一般表演唱十来个人就差不多了，人数一多，表演一过火，容易搞砸了。为了不至于把歌唱砸了，沈晓老师要我们严格掌握动作分寸，要宁小不大，不瘟不火。为准确表达歌曲的情感，他还精心设计表演动作，如何侧身、如何点头、如何用眼神，一板一眼，都有讲究。二百来号人，唱这一首俏皮的歌，区里会演是头一遭，因此非常讨好。《东方红》是用来压阵的，这首歌本身就很有气势，再加上二百人一起唱，那场面就更壮阔了，所以这两首歌也赢得了台下如雷的掌声。

担任这三首歌伴奏的是我们学校的民乐队，民乐队以优美的旋律、热烈的气氛为整个演出增添了一道亮丽的风景线。

养兔记
——记发生在 1961 届高三甲班的故事

1961 届高三甲班　蒋伟民

　　有一个老掉牙的故事：一个家徒四壁的穷光棍，一天从一个富人手里接过一枚施舍给他的铜钱，他突发奇想，想用这枚铜钱去圆他的老婆梦。他用这枚铜钱去买了一只母鸡，他要让这只母鸡下一窝蛋，再让这一窝蛋孵出一窝母鸡，这样鸡生蛋、蛋生鸡的，用不了多久，他就可用卖掉鸡和蛋的钱去娶他的老婆了。当年，我们 1961 届高三甲班也演绎过一个类似的故事，这个故事叫"兔生兔，兔生钱"。这是最近我们同学聚会的时候聊起来的。

　　当年，我们的班会费都是由同学积攒起的零用钱自己交的，那是个囊中羞涩的年代，可我们却有着理财的念头。为了让有限的班会费能够升值，在班委会上，生活委员吕纯渠提议用班会费去买一对小白兔，把它们饲养成大白兔，再让大白兔生育小白兔，然后用卖掉兔子的钱去补充班会费。班委们认为这个主意不错，照这样做，我们的班会费一定会越攒越多，往后班级开展活动就有足够的经费了。会上，吕纯渠主动请缨，由他担任饲养员，承揽饲养兔子的任务。

　　第二天一清早，吕纯渠约了王维藩去菜场买兔子。他们要兔贩子挑一对小白兔，一雌一雄，兔贩子挑了一对给他俩。在王维藩的陪同下，吕纯渠兴高采烈地将一对小白兔抱回了家。兔子买下了，可兔饲料还没有着落，这可是维系兔子生命和决定能否繁殖兔子后代的大事呀！班委们为这事犯起愁来。这时，团支部书记曹忆荣为大家排忧解难了，他提议自己通过种菜来解决兔饲料问题，并自告奋勇地说："就种在我家院子里。"他家住在黄渡路，门前有一大块空地，是个种菜的好地方。

　　我们说做就做，曹忆荣去买来菜秧，我向学校的花匠借来了锄头和铲子，放学之后，我们一大帮子人，在劳动委员谈文宽的带领下，赶到黄渡路曹忆荣的家种起了菜。几个力气大的，抡起锄头就翻地，力气小一点的就用铲子挖坑，女生就把秧苗埋进坑里，最后我们还给秧苗浇上水。不知谁说了声："不施肥，菜可长不大啊！"那么肥料在哪里呢？曹忆荣灵机一动，拍拍脑袋说："有了！"转身就到家里拿出个痰盂来，又搬起门前粪坑盖子，想要从粪坑里舀粪。谈文宽看了，忙不迭地从曹忆荣手中夺过痰盂舀起粪来，舀好粪，又将盛满粪便的痰盂往菜地里倒，就这样，我们的劳动委员谈文宽穿梭在粪坑和菜地之间，给我们未来的兔饲料施足了肥。

在这以后，每天放学曹忆荣都给菜地浇水。可不知怎么搞的，我们的菜始终不见长，总是耷拉着脑袋，躺在地里。再后来，这些菜都枯死了。我们去问学校的花匠，花匠对我们说，这是施肥施得太多了，肥料把菜烧死了。

我们的兔饲料基地就这样夭折了，可吕纯渠对种菜还蛮有信心。他说，我家门前也有一块空地，只是小了点，要么，就把菜种到我家去。于是，我们又移师川公路，在吕纯渠家门前的小空地上种起了菜，秧苗种好后，还用绳子将菜地围了起来，警示邻居不要踏入菜地。吃一堑，长一智，我们满以为掌握了种菜的技术，菜一定会长出来，兔子一定会有饲料吃。可是，当我们第二天放学赶到吕纯渠家去看秧苗的长势，不禁大吃一惊，原先种的秧苗全都没有了，眼前看到的只是一块光秃秃的空地。当我们转过身来，环顾四周，忽然间两只老母鸡正悠哉悠哉走来，也许是"酒足饭饱"，这两只家伙还不时地向我们伸伸脖子，惹得我们气不打一处出。原来偷吃菜秧的元凶竟是它们！我们拉上警示绳，对人起了警示作用，而对它们，只是"对牛弹琴"，丝毫没有作用，看来，自己种菜解决兔饲料不是个办法！

那么哪里去觅兔饲料呢？有人提议，发动同学，把家里拣菜拣剩下来的菜皮带来吧！这个主意倒不错，于是，今天这几个同学，明天那几个同学，轮流带菜皮来，就这样，兔饲料的问题算是解决了。

可是，不久我们要下乡劳动了，这一对小兔子如何安置呢？总不能将小兔子带到乡下去。好在当时周曼莉、陈燕娣因身体原因不下乡，于是周曼莉就将兔子带回了家，由她负责饲养，而陈燕娣就负责供应饲料。陈燕娣一清早就到山西北路小菜场捡菜皮，捡好菜皮就送到周曼莉家，周曼莉就用菜皮喂小白兔。她俩住得很近，都在北苏州路上，只是相隔一条河南北路，来来往往还算方便。

下乡劳动结束了，吕纯渠继续当他的饲养员，同学们继续为兔子提供饲料，一对小白兔也越长越大、越长越肥。我们盼呀盼，盼望着"兔生兔，兔生钱"这一天的来到，可就是没见它们中有一个肚子大起来，能够为我们生下一窝小兔崽子！

兔子养在吕纯渠家院里，兔子只长膘不生育，就连吕纯渠的邻居也诧异了起来。邻居说，会不会不是雌雄一对，而是全雄或全雌的呢？这个邻居把两只兔子抓来一看，恍然大悟，原来这不是一对兔子，而是两只雄兔，两只雄兔待在一起怎么会生儿育女呢？这时候我们有一种被骗的感觉，被兔贩子骗了，明明他说给了我们一雌一雄，一对兔子。尤其是吕纯渠，心里更不是个滋味，辛辛苦苦养了这么长时间的兔子，到头来竟然"竹篮打水一场空"。

　　这两只兔子不能再养下去了，必须立即卖掉，班委会做出这样的决定。于是第二天清晨，王维藩陪着吕纯渠来到菜场，将两只兔子卖给了人家，换来了几个钱。由于兔子养了段时间，长了些肉，还算赚了些钱，当然是不计我们所花掉的大量精力的。

　　今天看来，我们的做法真有些不可思议，为了区区几个小钱的班会费，竟然兴师动众去养兔子，就像古时那家徒四壁的穷光棍，盼望着"鸡生蛋，蛋生鸡"一样。"鸡生蛋，蛋生鸡"故事的结局是鸡飞蛋打，穷光棍没有娶回他的老婆。我们故事的结尾虽然兔没有生兔，但是却折射出我们那个时代青年学生的精神风貌：每一个同学都热爱集体，都愿为集体奉献出自己的绵薄之力。从这一点来说，我们花精力饲养小白兔还是值得的。

我生命中的引路人
——忆恩师陈开树

1961届高三甲班　仇国平

　　今年春节，我数次打电话给陈开树老师拜年，都联系不上。后来从班级群中才得知，陈老师已于2月18日逝世。这一噩耗，犹如晴天霹雳，令我深感悲痛。在我近80年的人生路上，敬爱的陈老师是我的导师，我的恩师。

　　记得1958年高一入学的第一堂语文课上，年轻的陈老师英俊潇洒、朝气蓬勃，他用带着温州口音的普通话，热情洋溢地向我们强调了学习语文的重要性。他介绍了国内外诸多文学大师的事迹，为我们树立了提高写作能力、争取能在市级报刊上发表文章的目标，激起了我们学习语文的兴趣。课后我们发现陈老师已满头大汗，这一切至今还历历在目，难以忘怀。之后三年，每堂语文课陈老师都如此投入。他教学的认真和敬业，使我们每一个同学都深深地敬重和爱戴他。

　　当年的我，还是个玩心很重的男孩，自控能力差，以至于有早上迟到、晚自习请假与同学去看电影等违纪行为，受到过批评，学习成绩一度处于中等或中下状态。但我对陈老师的语文课还是很有兴趣的，上课能专心听讲，积极思考问题，勤奋练习作文。记得陈老师在讲解王愿坚的一篇文章时说，作家文中的环境和景物描写，并非随心所欲、可有可无，而是为表现思想、情感、情节等服务的，建议我们好好想想。经过认真思考，反复琢磨，一周后我向老师报告了我对课文中有关环境和景物描写的理解，得到了老师的肯定和鼓励。

　　陈老师还带领我们一个小组，在校内试办文学刊物《尖兵》，自己写文章，自己排铅字，自己装订和发行，共出版了三期。我们不仅学到了办刊的有关知识，而且得到了锻炼。

　　高二在电机厂劳动时，我手里的电机不慎掉落，砸伤了脚。在家养伤期间，我写了篇记叙文《卫生员》。当时附中正举办全校作文比赛，陈老师推荐我的作文参赛，获得了第一名。这个荣誉更激发了我力争上游的学习积极性。

　　一次，陈老师要开一堂关于鲁迅的对外公开课，他布置我写一篇关于鲁迅的研究报告。我查阅了几本参考书，写了《鲁迅，中国文化革命的巨人》，在大礼堂的公开课上宣读，受到外校老师的好评。

作为改革试点，我们高二的语文学期考试增加了面试，在大礼堂进行。轮到我上台完成面试后，陈老师肯定了我语文学习的进步，同时希望我对其他学科也要努力学好，成为全面发展的有用之才。他还表示要培养我，准备让我担任语文课代表，并推荐我去校学生会搞宣传工作。当时我听了受宠若惊，两条腿在微微发抖，喜悦、激动、紧张、五味杂陈……我暗下决心，一定要好好听陈老师的话，努力学习，决不能辜负他对我的殷切期望。

作为语文课代表，我上课更用心了。此外，我还能协助老师答疑，帮一部分有需要的同学一起复习迎考。

在学生会，宣传部要我负责学校的黑板报和广播台，这对我而言，"史无前例"，只能"笨鸟先飞"，边干边学。我在学生中组建了一支通讯员、广播员队伍，围绕学校各阶段的中心工作进行组稿、编辑、出黑板报。在大量的具体工作中，我的组织能力、语文水平都得到了显著提高。

陈老师的督促、鼓励和鞭策，使我从"要我学"变为"我要学"。"要成为国家有用之才"的决心在我心中越来越强烈了。我告诫自己不能偏科，要全面发展，于是决心要补短板，攻克物理和化学的难点。我沉下心来，一有时间就复习有关薄弱科目的基础知识。经过一段时间的努力，我发现一旦清楚掌握了一些基本概念，原来以为的难点就迎刃而解了。

高三毕业考试，我取得了全 5 分的优秀成绩，陈老师很为我高兴。我的获奖作文，于 1961 年刊登在上海少年儿童出版社的《少年文艺》上，陈老师在作文课上还专门做了讲评。

也许是因我高三时的突出表现，后来我被学校推选出席了上海市中学毕业生代表会议。会上市委领导杨西光做了重要讲话，要我们毕业生做到"一颗红心，两种准备"，积极迎考，接受祖国的挑选。

回顾高中三年的成长道路，我感到很幸运。我在混沌无知状态中，遇到了认真敬业、博学多才的人生导师陈老师。他发现并点燃了我的小亮点，启迪引领我走上了正确的学习道路，为我打下了扎实的写作基础，本来是短板的理工学科也有了长足的进步。

高三毕业后，我考取了清华大学自动控制系，这是个国防尖端专业。但入学不久，新生体检时发现我患了肺结核，于是保留学籍，回沪休学一年。当时正值国民经济困难时期，物资匮乏，一年后能否治愈肺结核，能否返回清华，不得而知，内心很苦闷。

我很想去看望陈老师，但心存顾虑。因为高考填报志愿时，陈老师希望我填报复旦新闻系或北大中文系，但看了招生资料后，我选择了国防尖端专业，未与陈老师沟通就擅自填报了清华、北航。后来同学中传闻,陈老师因我未报文科很感意外,不太高兴。一天华灯初上时,我鼓起勇气去昆山路宿舍拜访陈老师,他热情亲切地接待了我,给我慰藉,给我鼓励。我既感动,又愧疚。这次见面,他热情地说,我们过去是师生,现在完全可以是朋友。以前我见到老师,说话比较拘谨,不敢畅所欲言。自此以后,我经常晚上去拜访陈老师,我们之间无话不谈,我向他请教,倾吐心声,我们真的成了忘年交。有一次,陈老师还与班里返校的老同学一起来我家探望,带来了集体的温暖。在我休学治病、情绪低落期间,陈老师给了我温暖,给了我力量,帮助我战胜了疾病,一年后我顺利重返清华复学。

回清华后,我遵从陈老师的嘱咐,在主修理工课程外,课余并没有放弃对文学的爱好。我发挥自己写作的特长,为学校和同学服务。大二时我参加了学生文工团的一个文艺社,这是个文学爱好者的组织。清华园的文化生活很丰富,我经常去聆听劫夫、王愿坚等知名作曲家、作家的讲座;去著名诗人臧克家的四合院访问、座谈;去北影厂摄影棚看秦怡主演的《浪涛滚滚》,看秦文主演的《千万不要忘记》。大三寒假时,我没回家,为校广播台撰写了《新年献辞》,还在《新清华》和《人民日报》上发表了文章。

1984年上海清华同学会恢复成立,后更名为清华大学上海校友会。时任会长、上海工业大学校长钱伟长老学长,知我文笔尚可,委托我起草了上海校友会章程,我连续担任了20多年的副总干事。在此期间,我为校刊《清华校友通讯》《新清华》撰写了一些校友专访,宣传杰出校友的事迹。其中有我国第一位建筑师102岁的庄俊老学长,走上部省级领导岗位的吴邦国、黄菊、倪天增,以及中国工程院院士、东方明珠总工程师江欢成,中国科学院最年轻的副院长严义埙,宝钢集团董事长谢企华等杰出校友。

2008年,我参加筹建清华上海校友会艺术团,任副秘书长,协助团长做些对外联系和管理工作。

回顾这些往事,我深切地感到,无论是给报纸杂志写文章、撰写校友专访,还是书写学科阶段总结、实验报告、论文等,或者是在外文笔译中,把握好字译与意译的关系,迅速组织语句,以汉语的表达方式顺畅叙述,这都得益于中学时代陈老师高水平的语文教学,为我打下了坚实的基础。我能在清华大学校友会、清华上海校友会艺术团发挥作用,在组织管理上有所作为,这也得益于陈老师在附中时推荐我去校学生会搞宣传工作,培养锻炼了我的组织管理和社交公关能力。

因此,可以毫不夸张地说,陈老师就是我生命中的引路人,是我的人生导师。没有陈老师,就没有我的今天,我会永远怀念他,铭记他的恩情。

写于 2022 年 3 月

深切缅怀陈开树老师

1961 届高三甲班　蒋伟民

每年春节，我都要给陈开树老师打电话拜年，可今年我从初一打到初十，电话总是不通，不是关机就是无人接听。我放心不下，就赶往他家看个究竟。只见保姆在家，保姆说陈老师住院了。我从保姆处打听到陈老师儿媳谢医生的电话。谢医生告诉我，陈老师患病住在华东医院，但不会危及生命，等他好些了，会打电话给我。于是我一直盼望陈老师病好些了能给我打电话。不料，等啊等，结果却等来了陈老师逝世的噩耗。消息是校友会理事李蒸老师辗转传来的，我把它发在班级的微信群，顿时群里唏嘘一片。"陈老师走好""陈老师一路走好"的哀悼声，如纸片一样纷纷飞来。同学们回忆陈老师对我们的好，回忆陈老师与我们交往的点点滴滴，往事就像电影的一个个镜头，在我们脑海里浮现。

陈老师做了我们三年的班主任，用他的话来说，他是从头做到尾的。他和我们的感情最深，至今还能叫出我们每一个人的名字。我们呢，也和他最亲，他是我们班级的主心骨，过去是，直到他离开还是。因为有了他，我们班级年年相聚、常常相聚；因为有了他，我们的心与母校贴得很近很近。

陈老师起先是教历史的，教我们世界史。他讲法国大革命，讲罗伯斯庇尔，讲雅各宾派，至今还历历在目。历史是枯燥乏味的，可经他嘴里说出来，却生动有趣，犹如身临其境一般。他对历史颇有研究，当年师大学报就登载过他的文章。后来，他改教语文了，他的语文教得也很好。他上语文课倾注了感情，绘声绘色，很有激情，我们称他是激情教学，尤其是作文教学，我们受益匪浅。他的文史根底很深，"文化大革命"后中华书局组织编写历史小丛书，他也参与，编写了两本。他与他的同学王一川写的文章，也常常在报刊上发表。

陈老师教语文，不只是重视课堂教学，还把课堂教学拓展延伸到课外。他组织我们去信谊药厂写厂史，在写厂史过程中让我们学习写作知识，训练写作能力，提高写作水平。写厂史活动非常有意义，我们分成几个小组，每个小组领受一两个任务，然后下车间，去访问，找资料，写文章。每一个过程，对我们都是一种锻炼，完稿后，特别是将厂史交给厂方时，我们每一个人都喜形于色，都有一种成就感。他还组织我们去看电影，看完回来，给我们上影评课。一次我们去胜利电影院看《上尉的女儿》，回来他给我们分析农民起义领袖普加乔夫形象，讲述格里尼约夫的性格特征，还对电影的结构、技巧发表了自己的见解。听了他的评论，我们才知道，原来电影还可以这样看，这样看电影才能收获满满。

陈老师对我们每一个学生都很关心。高考填报志愿时，王烈强兄弟姐妹多，家庭经济条件差，陈老师特意到他家里，给他出主意，要他去考华东师大。吕月华当时想考医学院当医生，可家庭经济条件不允许，陈老师向她推荐华东师大心理学专业，告诉她这个专业的现状和发展前景。吕月华接受了陈老师的建议，如愿考进了华东师大心理学专业，从此开启了她的心理学学习和职业的生涯。因此吕月华常对我们说，陈老师是她从事心理学教学的指路人。今天看来，在我们毕业前，陈老师对我们每一个同学都做了仔细分析，精心安排，尽量让每一个同学都有一个好前程，今后能发挥自己的才能，遇到这样的好老师真是我们的福分。陈老师不仅在我们求学期间关心我们，即使我们工作后他也一如既往地关心我们。1988 年我评高级职称就得到过他的帮助。申报高级职称须有两个副教授推荐，他给我找来两个副教授；要有一篇论文在正规的杂志上发表，正好我有一篇针对《语文教学之友》的商榷文章，他就把我的文章推荐给《语文教学之友》。陈老师不仅关心我们，还关心到我们的下一代。我们中有好几个孩子高三备考期间，都曾得到过他的热心帮助。陈老师与我们的关系是亦师亦友，他把我们当作朋友，他对我们就像兄长对待自己的弟妹一样，他会对我们说些掏心窝的话，我们有什么烦心事也会向他倾诉。

十年动乱，陈老师惨遭迫害，他与张瑜老师一起爬过操场，与徐怀艻老师一起蹲过牛棚。他对"文化大革命"深恶痛绝，但对在精神上给予他支持和安慰的人深表感激。当年他被关在教学楼后面的屋子里写交代，总务主任曾云发老师偷偷地跑到那里，要他别瞎写，别什么问题都往自己身上揽，他当时听了后非常感动。陈老师对我们说，曾云发老师是个老红军，经历的事情多，他是以自己的人生经验提醒我。陈老师认为，这是个老党员、老革命以他特有的方式对一个在"文化大革命"中遭迫害者的保护。"文化大革命"中，我们班的吴芝辰在四川北路上的四川里见着他，看到他灰溜溜的样子，就迎上前去问候他、宽慰他，要他多多保重。陈老师听了也很感动，他说在那个特殊时代，人们对所谓的"牛鬼蛇神"都避之不及，可他的学生依然对他那么亲切、那么尊敬，他非常欣慰。

陈老师对我们说，师大附中有一支非常好的教师队伍，是几代人传承下来的。他对叶百丰老师、顾苨丞老师非常敬仰，说他们诚恳待人、提携后人，是好人；他说他们潜心学问，专注教学，是做学问的人。他对叶百丰老师的语文教学推崇备至，说叶百丰老师讲课饱含感情，尤其是讲桐城学派姚鼐的《登泰山记》，倾注了情感，把一篇文章讲得熠熠生辉。我于是想，陈老师不也是这样的人嘛，才学渊博，敬业爱生，一身正气，他就是师大附中教师的缩影，他的身上凝聚着师大附中的教师精神！陈老师是热爱师大附中的，"文化大革命"中他被"贬"到红军中学去了。"文化大革命"结束后，他想回来，徐正贞校长也要他回来，可继光中学向他伸出了橄榄枝。继光中学校长向他承诺，只要他在继光中学任教，如果学校有房，就第一个分配给他。当时陈老师一家三口挤住在昆山路宿舍的一个斗室里，他急切需要解决住房问题，无奈地选择了继光中学。

陈老师没能回到师大附中，但他把对师大附中的感情倾注在我们身上了，他看到我们这些学生，就似乎回到了当年的师大附中。去年是我们毕业60周年，早在三年前的2019年，他就和我们筹划着要搞60周年庆典了。那天正好周师表、周正同学从美国回来，我们在同济大学留学生餐厅聚会。席间，他和我们相约毕业一甲子纪念日再相会，他还说，那时即使校友会不举办活动，我们班也要单独庆祝，可惜这美好的倡议被疫情无情地摧毁了。我们班级聚会多，每次聚会，陈老师都兴高采烈，他在师生聚会中享受到快乐，他还要把这快乐与别的老师分享，独乐乐不如众乐乐。他关照我们，聚会一定要叫上李永圻老师，让李永圻老师也享受快乐；一年前，他又叫我们聚会要叫上马駉骧老师，如今我们班聚会马駉骧老师也参加了。陈老师与师大附中的老同事关系真好，李永圻老师比他年长，他对李永圻老师很尊重；马駉骧老师是他的挚友，他们情谊深厚。今天马老师给我打电话，告诉我陈开树老师谢世的消息，说着说着，就泣不成声了。其实陈老师的事我们早知道了，就是不敢告诉他，怕他伤心。

陈开树老师仙逝，让我们悲痛万分，好在对陈老师的感情已经深植在我们心中。我们将永远铭记陈老师的恩情，永远怀念他。

写于2022年

也忆王景甫老师
——读《附中不应忘记王景甫老师》一文后

1961 届高三　王　洵

读了童明友学长回忆王景甫老师的文章后，往事浮上心头。

1955 年，我进师大附中读初一时，王景甫老师是我的班主任。他在班级里组织了一个红领巾歌舞团，全班同学每人都做了顶海军帽，唱着小海军之歌，十分神气地参加了表演。这个歌舞团不仅在学校里表演，还走出校门，在区里、市里一共演了14 场，得到过表演奖、优秀奖、创作奖等好几个奖项。周渝生、金铎、仇国平等同学都是主角。

国庆节晚上，他带着我们去人民广场参加联欢活动。大人们围着一个个圆圈跳交谊舞，我们跳龙舞。王老师拉着手风琴在队伍前面做龙头，我们后面同学搭着前面同学的肩膀，一长串人跟在他后面，在人群中快乐地穿梭……夜深了，王老师带我们慢慢地踱回家去，累了，便坐在街沿台阶上，望着满天的星星，他不知疲倦地给我们讲故事。

王老师管理班级、教育同学很有一套。比如，对教室里损坏的桌椅，他要求大家利用周日进行修理。那天，同学们热情高涨，纷纷从家里带来木工工具，干了起来。大家个个干得汗流浃背，有的甚至弄破了皮肤，但擦一下王老师早准备好的红药水，又干了起来。半天下来，望着修复好的桌椅，大家都很得意，对桌椅也更爱护了。

他还从华师大借来大理石模子，让我们用石膏翻造中国地形模型。模子先要刷一遍肥皂水（便于脱模），再注入石膏浆水，静置在那儿。第二天干了，脱去大理石模子，涂上颜料，罩上泡立水后闪闪发光，和买来的地理模型不相上下。这个模型获得了地理老师的称赞，参与制作的同学也特有成就感。

此后，他又组织我们用石膏翻造木偶头，为校木偶剧团制作道具。木偶剧团表演的剧目是《无辜龙》，情节十分吸引人。同学们看到那个受迫害的儿子变成无辜龙，把坏人卷到江河里淹死时，纷纷拍手叫好。看到无辜龙和母亲告别，24 次回头，在江边留下了望娘滩，大家心里又十分惆怅、伤感。

王景甫老师调任学校大队辅导员后，曾搞过一次大型活动"找联络站"，至今令人难忘。

记得一天中午，初中同学在大礼堂集中，学校找了10个高中同学充当特务，挨个在台上走了一圈，让大家记住他们的外貌特征。要求以小队为单位，在行军路上把特务找出来。抓住一个特务，他便给你一张"曾抓获一名特务"的证明书，越多越好。但抓的时候，又不能给兄弟小队看到，以免他们也白得一份。活动开始后，每隔5分钟就有一个小队从礼堂出发，每个小队都带着一份用暗语写的路线图和一个封好的"锦囊"——写有目的地"联络站"的纸卷。各队先后在路上揣摩路线，边搜索特务，边向"联络站"进发。到了规定时间，还没有到达"联络站"的小队必须拆开锦囊，上面写有"联络站"的地址：国际饭店对面人民公园边上的报亭。原来学校早已和报亭卖报员联系好了，他会给每个小队发电影票，到大光明电影院去看电影。

还记得有一天，他在教学大楼外写标语"锻炼身体，保卫祖国"。二楼每个窗口下写一个字，8个大字每个都比人大。他用绳索吊在楼外的半空中，不画格子，不打草稿，左手直接用排笔将颜料刷在墙上写字。大家在操场上提心吊胆地望着，直到他写完爬回楼里。看着8个红艳艳、坚实有力的大字，大家都为他自豪，因为他曾是我们的班主任。

后来他还和我们相约，暑假骑车环太湖游去。可惜他犯错误了……

记得陆善涛校长在世时，我曾去控江路拜访他。谈起我的4个班主任王景甫老师、张瑜老师、黄振纲老师、汪星六老师时，陆校长十分感慨，既为他们的遭遇伤感，又为十年动乱的残酷而愤怒。最后陆校长特地告诉我，当年对犯错误的王景甫老师的处理过分了！这既有那个年代政策的原因，也有学校执行时偏"左"的责任。如今陆善涛校长已远行了，王景甫老师也不知人在何处。无论如何，我还是很怀念他。

忆丰富多彩的课余活动

1961届高三甲班　蒋伟民

今年是我们班毕业 60 周年，原先打算好好庆祝一下的，可因为疫情，不得不放弃大型聚会，而改为小型的、分散的、多次的小叙。小叙中，交谈得最多的还是附中的课余活动。那时，附中学业要求还是比较高的，但由于学校注重德智体全面发展，课余活动丰富多彩，同学们生活得无忧无虑、有滋有味。学习虽然谈不上轻松，但也不觉得十分辛苦了。本文回忆我们班级的课余活动，力图再现当年的生活，姑且作为对我们高中毕业 60 周年的纪念吧！

我记得，我们班排演过沪剧《争上十三陵》。这出戏说的是有一户人家，男人们都去十三陵修水库了，只剩下婆媳两人，这婆媳俩也要争着上十三陵。可到了工地，被解放军指导员拦住了，于是婆媳俩死缠烂磨，硬是让解放军指导员留下了她俩。饰婆婆的是徐天韵，她演老太婆特专业，那娴熟的演技，在我看来不比当年电影上专演老太婆的吴茵差。饰媳妇的是黄梅星，别看她是个女学究，唱起沪剧来，倒也像模像样。饰解放军指导员的是郑鑫生，他那一段"战斗号角，轰隆隆响"唱得很有气派。这出戏场面大，演出人员多，班级里好多人都友情出演了。我也出演了，是"五老组"的成员，打扮成老头儿，推着独轮车在台上哼了两句。为排好这出戏，我们还到上海沪剧团，请他们指导排戏。沪剧团的同志很热情，当场就派出当时崭露头角的张萍华给我们说戏排戏。张萍华当年在《罗汉钱》中饰五婶，她以白功地道、吐字清晰、唱腔圆润著称，深受观众青睐。也许因为受过张萍华指导的缘故，演出时徐天韵白功、唱功提升了很多，颇有些她的风格。

我们班排演过一个《剑舞》，还受过昆剧武旦皇后王芝泉的亲自指导呢！王芝泉是我们班王兰荪的姐姐，听说班级要排《剑舞》，王兰荪便自告奋勇提出让她姐姐来指导。她把跳舞的吕月华、黄梅星带到她家的院子里，要她姐姐一招一式地施教。王芝泉当时还是上海市戏曲学校的学生，师承名家，受着正规训练，经她手把手一教，这舞跳得更精彩了。

那时候，陶承的革命回忆录《我的一家》很红火，同学们都争相阅读。我们被书中的故事深深地感动了，萌生了把它改编成话剧演出的念头。接受改编剧本任务的陈燕娣落笔快，没用多少时间，就把剧本改编好了。她把剧本交与陈开树老师斧正。陈开树老师将剧本拿到教研组给他的同事们看，赢得了老师们一片赞誉，一时间学生写剧本的事在校园里传为美谈。后来陈燕娣留校当了语文教师，我想应该跟这事有点关系吧！

我们班还编过一本叫《尖兵》的文学杂志。那还是在文史班的时候，陈开树老师带领我们创办的。我们这个年级入学时实施两年制，文理分科，读两年就高中毕业。可读了一学期，学校说国家急需电子人才，把我们和上一个年级改为中专，叫上海市电子学校了。后来又不知怎么搞的，读了一学期的中专，又改回普通高中了，但是要读三年，文理不再分科了。改为中专后，《尖兵》杂志就不办了。《尖兵》杂志一共出版过三期，第一期是用钢板刻写的，第二期是用打字机打印的，第三期鸟枪换炮了，换成了铅印。第二期负责文章打印的是周曼莉，她以前没接触过打字机，可她硬是把字盘背出来，只用了两个星期就把一本杂志打印出来了。铅印的第三期，从检字、排版到印刷、装订都是由我们学生自己搞定的。当年学校有印刷厂，有些同学在厂里劳动过，这些活是由他们完成的。杂志印刷好了，除了我们自己买，还要销售出去，陈开树老师还在校会上向全校师生推销过《尖兵》杂志呢！

当时，语文课上学习了夏衍的《包身工》，我们顺势排演了沪剧《星星之火》片段。剧中李洁文饰小珍珠，徐天韵饰小珍珠的母亲杨桂英，李炳林饰包工头庄老四，他们排练得很认真，可是到了舞台上却出了个大洋相。当时出演包工头的李炳林穿了条老式的大裤衩，那裤衩的腰头特别长，先要折起来，再把多余的腰头塞进腰里。在演包工头鞭打小珍珠时，李炳林用力过猛，裤腰突然松掉了，裤子褪到了脚上。抽过鞭子后，该是小珍珠哭了，可饰小珍珠的李洁文被这突如其来的事弄呆了，直盯着李炳林看，把"哭"这事给忘了。这下可急坏了还没上场的饰母亲的徐天韵，徐天韵急着对李洁文喊："哭呀，哭呀！"李洁文这才回过神来，呜呜咽咽哭了起来。

那时候，每到国庆或元旦，各班还举办联欢会。小组或个人都会拿出节目来表演，舞台就是教室的讲台，抑或将课桌椅围成一圈，中间的空地就是舞台。节目的自由度比较大，除了事先准备好的，即兴表演的也行，有时节目演得也比较随心。一次联欢会上，有个小组排了个合唱，看他们排练时倒也中规中矩的，可临到演出时，担任指挥的仇国平竟穿上了李洁文的花棉袄，手持鸡毛掸帚走上了场。原来，他将女孩子的花棉袄当作了指挥家的燕尾服，将鸡毛掸帚当作了指挥棒，引来同学们的一阵阵呵呵笑声。可仇国平和他的合唱队员站在那儿却一声不吭，等同学们的笑声止了，在鸡毛掸帚的指挥下，他们才唱了起来。那歌声在穿着花棉袄、手持鸡毛掸帚的指挥家的演绎下，倒也十分悦耳动听。异类的装束、精彩的演唱当然获得了同学们热烈的掌声。

　　班级开联欢会，老师也会来参加。有一年元旦，陆善涛校长还到一个个班级去参加联欢会。他到我们班级来，还给我们唱了一支歌，唱的是《河边对口曲》。这原是个对唱，那天他一人饰两角："张老三，我问你，你的家乡在哪里？""我的家，在山西，过河还有三百里。"陆善涛校长那天的歌声，给我们的印象实在太深刻了，直到今天，老同学聚会时常会说起，大家还清晰地记得他的歌声，低低的，如泣如诉的，而后又亢奋的，激昂的……

年少时，我们这样读书

1962 届高三甲班　吴谷平

46 年前，1959 年，我 14 岁，考进华东师范大学第一附属中学读高中。华师大一附中是市里的重点中学，可当年我根本不知道有重点中学这一说。因为父母亲文化程度都不高，我考华师大一附中只有一个原因：离家近。

一开始，我的语文很差，作文得过 2 分（当时是五分制）。班主任夏志圭是华东师范大学历史系刚毕业的老师，教我们语文，他把我叫到办公室，给我买了一本格子练习本，要我重写作文。夏老师是苏州人，批评人也是吴侬细语，软软的，他要我多读文学作品。他说，书读多了，文章才写得生动。华师大一附中的图书馆藏书很丰富，但每个学生一次只能借一本，好看的书大家抢着借，你看完了传给我，我看完了传给他。一本长篇小说在一个人手里最多流转两三天，所以，上课时，老师在上面讲课，我们在下面开小差，教材下面或膝盖上放本小说，偷偷读，《铁道游击队》《小城春秋》《苦菜花》《红岩》《三家巷》《水浒传》《三国演义》《七侠五义》《东周列国志》《平妖传》……那时的老师真宽容，没有一个同学被"捉"出来过。现在的老师肯定不让学生在课堂上偷看了。夜自修结束后，回到家近十点了，昏黄的灯光下再读杂书，常常是母亲半夜醒来，在阁楼上叫"好困觉了，好困觉了"，才熄灯。

那时的语文分两门课，一门是汉语，另一门是文学。有一篇课文是《欧也妮·葛朗台》选段，上完课，语文老师带我们到电影院看根据巴尔扎克这部名著拍摄的电影，推荐我们读巴尔扎克，我把学校图书馆里《贝姨》《邦斯舅舅》等巴尔扎克的小说几乎都读了！夏老师教给我一个读书方法：根据每年纪念的世界文化名人集读一两位作家的作品。课文中有高尔基的《海燕》，夏老师就要我读高尔基，我先后读了《童年》《在人间》《我的大学》《三人行》《阿尔塔莫诺夫家的事业》。课堂上讲了普希金的《渔夫和金鱼的故事》，夏老师又要我读《叶甫盖尼·奥涅金》《普希金抒情诗集》，非常著名的诗啊！青春年少，读得如醉如痴，大段大段抄在笔记本上。读了巴金的激流三部曲《家》《春》《秋》和爱情三部曲《雾》《雨》《电》等之后，老师还要我们模仿《家》中人物的口吻写过一篇作文。

　　那个年代，学习负担没有现在的高中生那么重。我至今还记得数学老师王建青，矮个子，胖墩墩，永远面带笑容。他当过抗美援朝的志愿军，写过一本书叫《侦察兵》。一节45分钟的课，他总会留5到10分钟给我们讲志愿军的故事。那时候作业也不少，大清早去学校早自修背俄文单词，晚上家里没条件学习，就在学校自修完再回家；周末去附近的公园背单词看书。家里条件差，买不起书，常常在星期天、寒暑假跑到新华书店去蹭书，鲁迅的《彷徨》《呐喊》，杨朔的《荔枝蜜》《泰山极顶》，刘白羽的《红玛瑙集》，秦牧的《花城》《艺海拾贝》就是在书店里读的。读高中时正值全国遭受三年严重困难，一个学生一个月粮票27斤，在学校搭伙交给学校22斤。早上是稀饭馒头，每个人带一点盐，有条件的人家用猪油炒过，拌一点在粥里，就是美味佳肴了！学校里养猪，一周有一两次同学们要到菜场里捡菜皮喂猪，每周还有半天劳动。就在这样缺衣少食的条件下，我们读了多少不是课本、不是教辅的"闲书"呀！毕业时全班40名同学，第一年36人考上大学！第二年考上4人！几乎都是重点大学：清华、北大、复旦、南大、北航、北医，只有少数进了二本。1962年是历史上高考最难的一年。我报考复旦大学新闻系，当年全中国有新闻系的只有三所高校：复旦、北大、人大。那一年，北大、人大没招生，只有复旦招生30人，也就是全国只招30名新闻系学生。记得，高考的作文题目是《雨后》，我以华师大一附中一位年迈的物理老师为原型，写了他在一场大雨之后，浑身被淋得湿透，坚持来为我们上辅导课的故事。或许，正是因为读了那么多的文学作品，我的作文写得还可以，在激烈的竞争中我考取了复旦大学新闻系，开始了我一辈子的新闻生涯！

　　年少时，我们这样读书！

感恩母校　感恩老师　感恩同窗
——在纪念毕业五十周年庆典上的发言

1962 届中五乙班　陈凯先

今天我们大家在这里相聚，我感到非常高兴，也非常激动！今天活动的筹备组要我代表 1962 届毕业的同学做个发言，我推脱不掉，只好从命。但是，说点什么呢？50 年前，我们从附中毕业挥手一别，天南海北，在各自的岗位上努力奋斗；如今我们已经过了花甲之年，又重新聚在一起，相聚在我们曾经青春飞扬的校园里。时间过得真是太快了，今天距离我们从附中毕业已经整整半个世纪了。对一个人的一生来说，毫无疑问，50 年是一个漫长的时间，人的一生能有几个 50 年呢？即使对于历史来说，50 年也不是一个短时间。记得小时候我们学历史，谈到清史，谈到辛亥革命，真是觉得恍若隔世，觉得那是非常非常遥远、很久很久以前的事情，其实现在算起来，从辛亥革命到中华人民共和国成立也只不过 38 年。我们的这 50 年也可以说历经沧桑，经历了许多重大的历史事件。今天我们又回到人生道路开始的地方，回到我们留有许多美好回忆的地方，内心该有多少话要倾诉，但是千头万绪，又不知该从何说起。这几天我一直在思考，我想就谈谈自己对母校、对师长、对同学的一些感触吧。

附中是一个好学校，我感恩我们的母校。

我的初中阶段就是在附中度过的。1960 年 7 月我初中毕业后考入附中高中部（中四丁班），到 1962 年 7 月高中毕业，又在附中度过了两年。五年的时间，在人生的长途中只是短短的一段，但它对我一生的影响却是深远而持久的。跨进附中的大门时，我们还是一群天真烂漫、充满童真的少年；当我们离开它时，已经成为具有一定知识和人生理想、勇于走向未来的一代青年了。

附中在当时的各所中学中，以其条件优越、设施先进、校园优美而著称。它有正规的理、化、生实验室，有很好的图书馆，有宽大的健身房和游泳池，有植物园，有明亮整洁的教室，这是一般学校难以具备的。附中还有一个最优越的条件，就是它以华东师大为依托，可以在师资、教学和科研条件方面得到师大很多的支持。作为学生，我们在这样的环境中受到的教育和培养是非常好的。

母校有一种优良的精神文化传统。在漫长的历史中，许多名师、许多有出色成就的学生，宛如群星灿烂，使每一个置身其中的学生深受感染和激励。在我的记忆里，母校始终洋溢着好学上进、尊敬师长、文明守纪甚至带一点温文尔雅的风气。这种精神和文化的熏陶，对于塑造学生的心灵，是一种无形的巨大力量。

附中对学生循循善诱、热忱关爱，教学质量很高。许多学生毕业后，在学习、工作的激烈竞争中，总能脱颖而出，这不能不归功于在母校打下的扎实基础。一方面，附中的教学要求是严格的，课程的深度和难度往往超过一般学校；另一方面，老师又非常注重启发和调动学生的学习积极性和主动性，非常注重因材施教，使得学生逐步养成爱思考、不怕难的习惯。数理化老师把一些有兴趣的学生组成课外小组，教以更深、更广的知识；语文老师组织学生办文艺园地，搞文学评论，都收到了很好的效果。在我的记忆中，像这样调动学生积极性的教学活动是非常多的。

附中以学生刻苦学习、成绩优异享誉沪上；同时，附中也非常注重多方面地提高学生的素质。附中的学生社团、兴趣小组历来非常活跃。我参加过的有美术小组、船模小组、民乐队、木偶剧团等。

不少附中的毕业生毕业后在各自的岗位上做出了优异成绩。我深深感到，附中对学生的培养和教育起了重大的作用，我们由衷地感激母校！

附中有一批好老师，我感恩我们的老师。

母校的师资队伍是高水平的。这支队伍中，有许多是著名学者、饱学之士，以他们的水平完全可以到大学讲课，但他们却愉快地在附中奉献了毕生的精力。他们渊博的学识、严谨的作风，对学生的影响是难以估量的。学生从他们身上不仅学到了知识，而且深深感受到一种精神人格的召唤。

附中的陆善涛、徐正贞校长等老领导令学生肃然起敬。附中的老师具有强烈的责任感和事业心，用火一样的热情和以身作则的榜样力量，引导学生好学向上，树立正确的价值观和人生追求，培养艰苦奋斗、发愤图强、勇担重任的志向，陶冶秉公处事、正直做人的品格。他们以渊博的学识、敬业的精神和高超的教学艺术，孜孜不倦地传授知识，启发学生探索未知的兴趣，培养他们知难而进、永不言弃的精神。就我直接接触较多的老师来说，班主任苏常俨和林瑞华老师对学生的诲人不倦和关怀备至，团委陈步君老师的活力和干练，林炳英老师的朝气和热情，李永圻老师的儒雅风范和渊博学识，张正大老师的物理课，钱玲英老师的化学课，孙光萱老师的语文课等等，都给我留下了难以磨灭的印象。我至今记得，丁明远老师在上化学辅导课时说过"对化学家来说，世界上没有废物"，这曾引起我长久的思索；孙光萱老师在报刊上发表文章评论诗人严阵的作品"最新最美江南景，又深又浓诗人情"，激起我对文学艺术的爱好；张正大老师清晰严谨、要言不烦的教学，使我对物理学产生了难以遏制的兴趣。我后来之所以报考复旦大学物理二系，可以说一大半是由于张老师上的物理课的影响；至于后来阴错阳差走进了化学领域却也能努力钻研、愉快胜任，可以说和钱玲英老师的化学教育是分不开的。

附中的老师不仅教书，更重育人。我庆幸中学阶段受教于这样一批好老师，我们永远由衷地感激附中的老师们！

附中有一批好同学，我感恩我的同窗。

附中的同学好学上进，思想纯洁，品行端正，团结友爱，勤俭朴实，具有良好的风气。初中时代，团结友爱的班集体就给我留下深刻的印象，诸雨民、马广秀等同学成为我学习的榜样。进入高中，虽然同学相处的时间只有两年，但给我留下的印象同样深刻。当时正值三年困难时期，物质生活之艰难、课业学习之繁重，相信大家都记忆犹新。但大家仍然保持着乐观向上、坚忍努力的精神状态。我们大家每周有一个半天要到学校的农场劳动，每逢"三夏""三秋"一起下乡支农。有的同学灵活开朗，有的同学敦厚朴实，至今回想起来仍然历历在目。这里我要特别提到的是班上的团支部书记马洪年。初中时代，马洪年就以学习成绩优异、科技活动出色闻名全校；进入高中，我们成了同班同学，朝夕相处，我从他身上学到了许多东西。他的学习主动灵活，理解力和掌握知识的深度比我们一般同学要超出一大截，因此他学习上总是举重若轻、游刃有余，看上去毫不费劲，似乎轻而易举就获得好成绩。不仅如此，令我们羡慕的还有他的多才多艺，他摄影、绘画、无线电样样精通。记得中四学年结束的暑假，他编印了一本班级暑期活动手册，班级同学的联络网、活动安排都一一列出，虽是一本巴掌大的油印手册，却图文并茂、具体而微、排列有致，令人赏心悦目，体现了他办事的能力和水平。他比我年岁稍长，在班级工作和个人成长上给我许多兄长般的关心。高中毕业后，他去了第二军医大学，仍然和我经常联系，给我以关心。其他如邬华良对文学的热爱；丁朋年和张瑞生对化学的痴迷；唐培杰的热情豪爽；秦荷琴的任劳任怨；汤毅坚、胡建中和屠立煌的聪颖好学；张凯生的朴实正直；王文耀的文艺才华等，都给我留下深刻印象。

其实，给我良好熏陶的还不止同班同学，许多其他年级和班级的同学也给予我很好的影响，在这里我无法一一列举。但我还是忍不住要提到一个人，他就是我们的辅导员、亦师亦友的1959届高三同学方正。在我的印象中，他成绩优异、全面发展、奋发向上，成为我学生时代一心追随的学习榜样。

在附中几年，在这样团结友爱的集体中，和同学们切磋学问，砥砺品行，使我获益良多。我永远由衷地感激我的同学们！

离开母校的50年里，我和许多同学一样，经历了曲折的人生道路。我在安徽的农村里劳动过，在湖南偏僻的资水河边当过看管水泵的工人，被单位派到乡村学校当过老师，在长春风雪弥漫的严寒中啃着窝窝头苦读过，也曾在巴黎塞纳河边、邻近居里夫人实验室的研究所努力拼搏过。回想起来，我经历过的艰难和困苦难以尽述，但都以坚忍的毅力、顽强的拼搏、正直的襟怀坚持下来了。我知道，这些都是母校教给我的。

人的一生要经历许多阶段，中学时期对人的影响可以说最为重大。这一时期学到的知识、培养的能力、养成的习惯、形成的思想，将在人的一生中长期起重要的作用。好的中学教育，可以使人终身受益。从我的切身感受来说，母校就是这样一所好学校。

老师们，同学们，如今我们已经不再年轻，已到"奔七"之年。值得高兴的是，我们在晚年，看到国家发生了翻天覆地的变化。经历了许多风雨、艰难和坎坷之后，我们的父辈所梦寐以求的中华民族全面复兴的愿景，终于开始展现在我们面前了，令我们倍感欣慰。我衷心地期盼我们敬爱的老师和各位同学，在辛劳了几十年之后，多多保重身体，注意健康，过一个愉快温馨的晚年！衷心祝愿我们的母校不断焕发活力，蓬勃发展，蒸蒸日上！

我说得不好，但都是心里话。谢谢大家！

我爱我们的高三丁班

1962 届高三丁班　侯欣生

1959 年，我误打误撞考入了当时的市重点中学——华东师大一附中，被编入高一丁班。迎新班会上，班主任李厚基老师用坚定的语气，大声向我们提出，要大家同心协力打造一个尊师敬业、奋发有为、团结友爱的先进集体。我嘴里没说，心里却布满了疑云，能有这么神吗？要知道，我们还只是一群不谙世事的懵懂青少年呢。

开学不久，数学课上，我就尝到了市重点中学的滋味。那天数学老师给我们复习初中数学，几个由附中升上来的同学顺利回答了老师的提问，也许是想摸摸外校考进来的学生学习情况，老师就开始向我提问了，叫我说说代数中的"十字相乘法"的应用。由于我原来上初中的学校没教过，不懂得这个代数术语，一下子弄得摸不着北了。我站着说不出一句话，满脸通红，尝到了上海人所谓的"辣火酱"的味道。下了课，我尴尬地闷坐在座位上，一个从附中升上来的同学拿着笔和纸，亲切地跑了过来，俯身安慰我，并讲解起"十字相乘法"的要点，直到我神色缓和，完全学会为止。这下子，我不仅体会到师大附中有"辣火酱"的难受滋味，还品尝到"甜面酱"的滋味——温暖、甜蜜。

不久，又有一件事难倒了我，因为那年是国庆十周年，学校为了让大家尽情欢庆这一节日，决定在国庆前夕于操场上举办一场集体舞会。可我是个五音不全、四肢僵硬的"闷鸭子"舞盲，怎么办呢？班干部似乎也洞察了我的心事，很快派来了一个能歌善舞的同学，让他抽空一个音节一个音节、一个动作一个动作地教我，激发我的参与热情。终于在国庆前晚，我也能在操场五彩斑斓的灯光下，和着悠扬的音乐，跟随大家一起载歌载舞，而不是一个"脱离群众"的旁观者了。

为了配合学习毛主席的《蝶恋花》，我们班的张炳昆同学自编自导了一则音乐短舞剧，并选派长得最标致、长袖善舞的孙爱珠同学饰演骄扬，当演唱到"泪飞顿作倾盆雨"时，那铿锵的配乐真的如雷鸣电闪，大雨瓢泼一般。当然，其中也夹杂着同学们热烈自傲的掌声和喝彩声，演出获得了出人意料的成功。

我们班在文娱方面是这样有声有色，体育方面同样搞得毫不逊色其他班级。我记得很清楚，刘克立和朱敏华同学在附中的中长跑中均是好手。更令我难忘的是，一到夏天，中学里罕见的游泳池，便是我们班同学的最爱。我的蛙式、自由式游泳就是在同学们的帮助下学会的。

当然，努力学习是我们学生的本职，孙志远同学那硕大的脑袋好像是智慧的宝库，专门用来充填数学知识，所以屡屡在市数学竞赛中获奖。何丰来同学对数学问题缜密细致的分析思考，也是赫赫有名的，对一些数学难题的破解，往往能出奇制胜，不由人不拍案叫绝。再说外语，最近周曼灏同学在《华光报》第 41 期上发表文章回忆，她的一个部局级高级翻译朋友也夸她发音准确，甚至连普希金《渔夫和金鱼的故事》中的原句，至今还能脱口而出。周曼灏同学尚且如此，更不用说在班上外语水平首屈一指的，后来考上北京外语学院的戚钰同学了，她古稀之年还在军事院校讲台上教授外语。

其实真正打动我、让我感动至深、直到 50 多年后的今天仍然清晰记得的是下面一则小故事。那时，我们有一个晚自修制度，每晚六时半，教室里便灯火通明，鸦雀无声了。但是有一个同学隔三岔五总会迟到一些时间才急匆匆闪进教室。此事引起李厚基老师的关注，起初还严肃批评了这个同学，并要求他养成严格遵守时间、遵守纪律的好习惯。李老师后来得知这个同学的父亲长期在外出差，母亲必须在里弄加工组上中班，弟妹既多又小，有很多杂乱无章的家务事需要及时处理。李老师马上指示团支部，每天派人去他家帮助做家务，以减轻他的负担，使他能准时来校晚自习。后来，李老师进一步了解到这个同学家庭经济困难，又主动帮他申请了助学金，使这个同学和全班同学一样，能全身心投入学习。这样做确实为这个同学毕业后如愿考上一流大学提供了保障。

同学之间，是这样互帮互助，而尊敬师长，同样在我们班蔚然成风。记得有一年寒假，总共才 12 天，除 7 天在校组织复习、正月初一休息外，我们班同学自觉编组，到各位任课老师家去拜年，汇报我们的学习成绩。让老师欣慰的是，他们的心血没有白费，全班同学没有一个掉队的。

我们班的一个显著的特点是建立了一套完善的各司其职的课代表制度。课代表由各门学科中出类拔萃的优秀同学担任，他们起着"小老师"的作用，在一些问题上，可以为学习困难的同学解难答疑。有时他们还会在班上举办小型讲座，从学生的视角谈心得体会，使同学们更易理解和掌握。对于难以说清的问题，他们就收集起来，供老师授课时重点讲解，做好同学和老师间的"桥梁"。其中，担任物理课代表的王利德和人称课代表"帮办"的柳祖思同学表现尤为出色，他们后来分别进了清华工程物理系和北大物理系。

不可否认的是，在高三阶段，李厚基老师和班团支部及时提出"为革命奋发学习，认真接受祖国挑选"的行动要求，凝聚人心，推动全班同学积极上进，形成刻苦钻研、勤学好问、相互切磋、共同进步的良好学风和班风。正因为这样，我们高三丁班在高考中取得了优异成绩。有人统计，我们班的高考录取率是 86.4%，其中绝大多数进了诸如北大、清华、中科大、南大、复旦、交大、华师大等全国一流名校。1962年，在上海市属于名列前茅的。第二年又有两名同学分别跨进西安交大和上海铁道学院的校门。

除学习之外，高三丁班在德育方面也是独树一帜的。例如班级输送的 5 名应征入伍的优秀同学中，就有 1 名团支部书记、2 名班长、1 名班干部。又如，当时正值三年困难时期，同学们听说校办养猪场缺少饲料，班干部立即组织同学星期天去野外割猪草，足足坚持了一学期，直到养猪场有了足够饲料为止。这样的事例林林总总，不胜枚举。

50 多年过去了，现在大家都步入古稀之年，纷纷从主任医师、大学教授、研究员、工程负责人的岗位上带着荣誉，捧着成果，看着晚辈顺利接班而退休下来。寻根探源，这一切的成绩，都和我们青年时期的健康成长密切相关。回首往事，真是心潮澎湃，青春如歌，抑扬顿挫；岁月如水，潮涨潮落。无论如何，我们高三丁班全体同学始终奏响的是一曲蓬勃向上、奋力有为的主旋律，我们心中回荡的是对高中阶段三年生活的无限眷念。千言万语汇成一句话："我爱你，我们的高三丁班。"

我的两个语文老师

1962 届中五己班　贝新祯

我也是一个语文教师，但我是华东师范大学物理系的毕业生，我的语文素养的根基是在师大附中打下的。所以我曾经对我的语文老师陈开树先生说，我的"吃饭本事"是您给的。

虽然左道旁门，但我还算是比较专业的语文教员：中国第一个教师节我就是受表彰的优秀教师之一，曾是静安区政府命名的教育系统名师，1992 年起享受国务院政府特殊津贴。如此老王卖瓜，仅仅是为下文写我的两位恩师做一点铺垫。

我 1960 年进附中，读两年制高中，当时属于教改试点。而我们己班有幸成为试点中的重点，清一色男教师，大多是教研组长，每天有两三个华师大的老师坐在教室后面听课。

孙光萱老师是语文教研组长，人长得清瘦，文质彬彬。他上课一本正经，几乎从不旁枝逸出；他的教学语言非常精练，非常规范。这种风格能够自始至终在课堂上吸引学生的注意力。

我记得孙老师经常在一些报纸杂志上发表文学评论文章，但他从不在课上提起，从不在学生面前"嘚瑟"。倒是班上像我这样的文学爱好者，发现孙老师的文章登报了，一定互相传阅，分外高兴。

有一次，孙光萱老师在《文汇报》上发了一篇解读毛泽东的词《浪淘沙·北戴河》的文章。标题是《时时相连，息息相关》。用现在的话来说，充满了正能量。我很好奇，老师怎么能说领袖和渔民在一条打渔船上呢？我想，大概因为老师是共产党员吧。一个偶然的机会，老师让我回家顺路在山阴路口的新华书店代他买一本《文心雕龙》。送书给他的时候，我忍不住提出了我的疑问，孙老师笑了，他说，你是不是以为我在恭维主席呀？不至于的。你去看看这首词的标点，"秦皇岛外打鱼船"的后面是一个句号，按一般的读法，这是表时间地点的。

这件事给我留下了深刻的印象，不是因为我读懂了一首词，而是我更读懂了我的老师。后来我看到有个文人对老师讽刺挖苦，不禁怒火中烧，投入了反对这个一心赖账、"文化大革命"中有劣迹的无耻者的行列。

中五的时候，原来的政治教研组长、班主任林仲良老师调到二附中去了，陈开树老师调任班主任，他是语文教师，于是就接替孙老师来教我们了。陈老师讲课特别投入，声音高亢，常辅以肢体语言。有时，碰到气温高时，两节课下来他汗流浃背，衣服湿透，幸好他住在昆山路教工宿舍，可以及时回去沐浴更衣。

陈老师是华师大历史系的高才生，文史学识相当渊博。课堂上，他经常旁征博引，使爱好语文的我其乐无穷，感到听陈老师讲课是一种享受。中五一年，陈开树老师的阅读讲练、作文指导，给我留下了至深的印象，对我的语文教学起到了根深蒂固的影响。

那时附中也注重课外活动。班上有一个语文兴趣小组，陈老师给我们讲《叶甫盖尼·奥涅金》。我当时虽然已经喜欢上了普希金，但对达吉雅娜、连斯基、奥涅金之间的爱恨情仇一脸懵懂。到了大学里，我去借了一本俄语原版的普希金长诗来看。当时，作为物理系一年级新生的我，要做大量的高等数学习题，哪里有时间去啃俄语长诗？然而，陈老师告诉我爱好应该是高雅的、有充沛的文化含量的。这无声的教诲已融进了我的血脉，使我想方设法挤时间在课外研读了原版的普希金长诗《叶甫盖尼·奥涅金》。

写影评是陈开树老师的业余爱好，他在区文化馆做电影评论讲座，班上不少同学就跟着去听，还可以蹭一场首映电影。记得陈老师评过苏联影片《白夜》、国产片《洪湖赤卫队》。他布置作文，写一篇《洪湖赤卫队》评论，他让我写写主角韩英。我对文艺创作中英雄人物塑造的评论颇得他的赏识，他把我这篇作文评了90分。这个高分纪录也是我临危受命，从一个物理老师改教语文的一点底气所在。

而今，光萱师已驾鹤西去，开树师也近90高寿，我们这班60年代的学生也已七老八十。我一个中学老师，弃理从文，几乎教了一辈子语文，所以特别怀念附中这两位语文老师。其实，教数学的夏明辉老师、教物理的张正大老师、教化学的丁明远老师、教俄语的李能贵老师、教政治的林仲良老师，还有教制图的、教体育的各位老师，他们都是我们要永远感恩的人。

印象最深的一件事
——怀念恩师陈开树老师

1962 届中五己班　张永前

2021 年 12 月 18 日，突然接到中五己班老同学贝新祯的电话，他告诉我："陈先生打电话给我，说他最近身体不大好。"我问了问情况，贝新祯同学忧心忡忡地说："这几十年从来都是我们打电话问候他，他打电话给我这还是第一次，好像有点不大对头。我们应该尽快去看看他。"

12 月 23 日下午我开车和陆海丰、贝新祯一起去看望陈老师。因为事先和陈老师约好，保姆开门后，陈老师撑着老人助步车慢慢地从卧室迎出来。看到这一幕，想想去年见面时，陈老师还是行动自如，我不禁有些心酸。虽然看上去陈老师显得消瘦、憔悴，但精神状态还不错。他思路清晰，用词缜密，不紧不慢地和我们聊天。陈老师告诉我们，他从 10 月开始腿疼，不能走路；胃口差，什么都不想吃。我们竭尽所能地安慰他，当然内心也很无奈——我们帮不了什么忙。后来谈起往事，也是泛泛而谈。我因为惦记着陈老师的病情，注意力集中不起来。印象比较深的就是陈老师把我们三人挨个表扬了一番，令人高兴和惭愧。一个多小时后，我们和尊敬的陈老师合影、道别。在门口陈老师说，就来这一次，以后不要来了。想不到这句话一语成谶。过去因为种种原因，陈老师一直坚拒我们登门拜访。因此对我来说，"这一次"是第一次，也是最后一次。没过多久，今年的 2 月 18 日就传来了陈老师离世的噩耗。我一直在想，当时陈老师说"以后不要来了"，可我们还有"以后"吗？

陈开树老师是我们在华东师大一附中二年制高中最后一学年（1961 年 9 月至次年 7 月）的语文老师兼班主任。他书教得好，为人更好，是位"德才兼备"的老师，但是这个成语显然不足以勾画出陈老师的全貌。陈老师的语文课在附中有口皆碑。他上课时热情洋溢，下课时经常大汗淋漓，他真正把全部精力投入每一堂课上。我们听课时也都全神贯注，被他牢牢吸引，没有人会分神。

在校最后一年，我和陈老师几乎没有什么个人接触，印象最深的事就一件。毕业前，陈老师找我个别谈话。他边递给我一张纸边说："你们就要毕业离校了，按规定班主任要给每个同学写个评语，你看看，我这样写行不行。"评语也就四五十个字，言简意赅，我一眼就扫完了。前面是一些肯定的话（优点），后面是缺点，四个字"有点自负"。老师接着又问我："我这样写，你有什么意见吗？"我一下子说不出什么意见，就随便问一句："自负和骄傲自满、自以为是的意思差不多吧？"陈老师想了一下回答我："这三个都是贬义词，但是含义和程度有些不同。从程度来看自负最轻。比方说，一些自信的人都有点自负。自信就不是贬义词。"我说，那就这样，我没有意见。因为我认为自己是个缺乏自信的人。如果老师、同学都认为我因自信而有点自负，那是高看我了，我理当欣然接受。关于写评语这件事，我一直没当回事，很快就忘了。

多年以后，我大学毕业分配到四川的一个国企工作。有一次和一个做人事工作的朋友聊天，聊起人事档案话题时，我好奇地问他："我们的档案袋里到底装了些什么？"他告诉我："什么都有，包括小学老师对你的品德评语。"说到评语，我想起了中五毕业时陈老师给我写评语，并征求我意见的往事。我把这事原原本本地告诉他，他听完以后似乎大吃一惊，问我："你们陈老师是对你一个人，还是对班上所有人都这样？"我说，当然对每个同学都一样。他感叹道："不容易，不容易。你们运气好，碰到一个好老师。"我有些不解地对他说："陈老师的确是个好老师。但这是很普通的事情，有什么不容易呢？"他很干脆地回答："你不懂。"然后想了一下说："首先，说明你们老师为人坦荡，他对你们个人的看法可以直接告诉你，并且诚恳听取你们意见；其次，他真正爱护你们，生怕因为自己疏忽，对你们以后造成伤害。"他又说："你想想看，如果你碰到的老师或者某次运动的领导因为对你有成见，在评语中把你写得很坏，而且这些评语他根本不会告诉你，就塞在档案袋里。这张纸就会跟着你一辈子，害你一辈子。你懂不懂！这种事我见的多了。"我很天真并且坦率地问他："你如果看到一份写得很坏的评语，你会相信吗？"他回答："我会考察这个人的现实表现来判断，但有时候任务很紧迫，没有时间考察，就只好先相信档案材料了。"

朋友的指点使我茅塞顿开，我对中学毕业前夕发生的这件小事和陈老师的为人有了新的认识。正如这个朋友说的，我们运气好才能和陈老师结上师生缘。现在恩师已经驾鹤西去，给我留下无穷无尽的怀念。

我又想起了陈老师在我班《毕业纪念册》留下的赠言："生活就像一块滚动的石头，需要不断地把它推上去！"老师的教导，一直鼓舞着我积极主动，不断地把石头推上去，让我们的生活永远充满阳光。

写于 2022 年 2 月 27 日

记忆深处的几件往事

1962 届中五乙班　陈凯先

今天，有幸参加"陈步君老师教育工作与德育实践六十年"座谈会，感到非常激动和兴奋。前几天，我就一直挂念着这样的一个纪念活动。我在师大附中接受了五年的教育，从 1957 年进校，到 1962 年离开。这五年，在我的人生中只是一个短暂的时间，但对我的一生、对后来几十年的学习和工作，却产生了非常重要的影响。所以，我非常感恩母校对我们的培养和教育。在我最难忘的老师中，就有我们的陈步君老师，他给我的印象非常深刻。刚才一些校友从各个不同角度讲了陈老师对我们学生的教育培养和影响，我就想讲几件直至今天都难以忘怀的往事。

我觉得陈步君老师确实像一个大国工匠，始终充满激情、充满活力和朝气地从事他所热爱的青少年德育工作。他确实对我们青少年有一种非常强烈的吸引力，对于怎么走好人生的道路，给了我们非常深刻的影响。他教导我们应当好少先队员、共青团员，一步步地发展自我。

在我的记忆里，陈老师始终要求我们要做到又红又专。具体事情我可能已经记不太清了，但当时他在我们高中阶段，树立了几个全校又红又专的榜样，令人印象深刻。其中一个叫陈灏的，是我们上一届丁班的班长。他在全校给我们学生做报告，讲他如何努力做到又红又专的，讲他怎么样学习各种知识、刻苦钻研的事迹。陈灏介绍了他当时除了学习课内的知识，还学习课外的很多知识。讲到课外书上关于"杨辉三角""二项式"这些规则定理时，出现"显而易见"的字样时，陈灏说"我看了半天也看不出哪里是'显而易见'的，根本得不出这个结论"。后来经过苦苦钻研，许久才弄清了来龙去脉。这样的一些学习榜样，使当时年纪轻的我，受到非常大的启发和激励。我就想，高年级的同学这样又红又专，努力学习，不放过一个困难，我也要像他那样努力地去钻研。陈老师为我们树立了一个非常好的榜样。当然不止陈灏一个人，还有很多，但这件事给我的印象非常深刻，50 多年后还记得。

第二件事情是在三年困难时期，我加入了共青团。当时我们就在议论："国家遇到这样大的困难，作为一个共青团员该怎么办？"当时，陈步君老师就组织我们开展

"二尺六寸布票说明了什么?"的一个大讨论。因为当时上海每个人每年就分到二尺六寸布票。我们大家对这个话题议论得很热烈。谈到国家困难,国家落后,谈到大家怎么样一起来为国家分担困难,怎么样发奋学习,将来改变国家的落后面貌……大家自然地把我们自己的学习跟为国家分担困难这样的事情联系起来。在各团支部讨论基础上,学校还开了主题团员大会,开得大家热血沸腾。会后,尽管我们每一个人只有二尺六寸布票,但是我们还是自觉地把这二尺六寸布票全部捐献出去,表示愿为国家分担困难出一份力。这件事情我觉得切入点是小的,但是给大家的教育,给大家树立一个共青团员应当把自己的命运和国家的、和整个社会的共同的责任联系起来的思想,影响是深远的。这场讨论给我的印象也是非常深刻的。

记得在我们快要高中毕业的时候,陈步君老师又组织了一个活动,就是跟我们很多老一辈的师长座谈、见面。当时请了我们学校廖康明老师等。这些老师都是德高望重,业务水平非常高的,又有丰富的阅历,所以在学生中有很高的威望。他们讲自己的人生经历,讲对学生的殷切期望。我觉得这个活动对我们思想上的熏陶和影响也是非常深刻的,虽然时隔很多年了,但当时的情景,至今依然历历在目。

最后,我总的感觉是,陈老师对我们的培养和教育,是全面的、深刻的,他常能够抓住一些身边的事情,对大家进行教育,提高学生的思想境界。类似这样的事例还有很多。总之,我觉得我们这一届学生离开学校后,虽然人生道路经历过很多困难,遇到过很多考验,但在各个岗位上我们都能够正确对待工作,这跟母校对我们的培养教育,特别是陈步君老师在人生观上给我们从小奠定的基础,是分不开的。

我大学毕业后,到外地转了一圈回到上海工作,陈步君老师还几次联系我,让我到学校给青少年,包括最近到新华初级中学做报告。我体会到陈老师至今仍孜孜不倦地从事青少年的德育工作,表现了他对祖国的赤诚之心,对立德树人工作的无比热爱。我衷心地祝愿陈步君老师健康长寿,也倡导更多的人学习陈老师这样的精神,为我们的国家培育一代又一代可靠的接班人做出贡献。

我的木偶艺术人生的起点站

1962 届 符仲明

我的木偶艺术人生的起点站，要追溯到我的母校华东师大一附中当时的红领巾艺术团木偶小组。虽然时隔 40 多年，但仍然记忆犹新，历历在目。

那时我们木偶小组有 20 多人，我当年是大队文艺委员，和徐立胜（现在上海民族乐团）担任木偶小组的队长。组员中还有周渝生（曾任上海文联党组书记）、柳和海（现在上海木偶剧团）等。我记得当时为了配合学校的革命传统教育，打算排练根据民间故事改编的木偶剧《无髻龙》。说实话，要排这么个大戏，对我们来说确实很不容易。要制作木偶，要缝纫服装，要制布景，还要布置灯光，讲究音乐效果，等等，真是麻雀虽小，五脏俱全，困难真不少。

每天下午放学后，同学们都会聚集到教学大楼后面的平房大教室。我们在辅导老师王景甫的指导下，有的做木偶头，用报纸一层一层地往石膏模型里糊；有的在钢丝竹片扎的龙头上糊纱布；有的在给木偶穿衣服；还有一些同学聚在其他教室读剧本、对台词。

木偶制作好了，可在我们手上怎么操纵也表演不好，怎么办呢？我们只好到儿童艺术剧院，到大世界去看红星木偶剧团（上海木偶剧团的前身）的演出，在后台观看他们的表演技巧，之后再向他们请教。老艺人手把手地边讲边教，渐渐地我们找到了点感觉。

最使我难忘的是我们的第一次演出，是在学校大礼堂。"丁零零……"一阵电铃声，演出马上开始了，我们木偶小组的同学们都拿着木偶和道具各就各位候场了。说实话，那时我很紧张，心跳加快，都快蹦出来了。我拨开丝绒大幕的一条小缝，看到礼堂里坐满了观众，有本校同学，还有隔壁中州路一小的同学们。演出就在紧张的气氛中开始了，观众是那么安静。舞台上的苦儿，被地主狗腿子打得遍体鳞伤时，农民兄弟们都非常气愤，农民李老头大声疾呼："我们跟他们拼了，愿意跟我走的站到这边来！"台下的同学也都激动地站了起来，握着小拳头喊着："我去，我去！"台上台下呼应起来，顿时增加了我们表演的信心。戏还在继续，这时已经演到最后一场，

"轰隆隆隆……"台上雷声大作，一道道闪电划过，苦儿被逼得走投无路，只好吞下宝珠，疼痛地挣扎，忽地变成一条巨龙，在空中翻滚，愤怒地吐出大量海水，瞬间，舞台上波涛滚滚，淹没了可恶的地主和狗腿子。这时台下响起热烈的掌声，大幕渐渐落下。之后，我们木偶小组所有的队员走到台前谢幕，观众还一个劲儿地拍手。我们真高兴啊，心里有说不出的激动，我们成功了！这时，学校领导、辅导员上台向我们祝贺，拉着我们的手。我的眼泪在闪烁，我们付出了辛勤劳动换来的成果，使我从心里更加热爱木偶这项活动了。这是我的第一次木偶演出，是我木偶艺术人生的起点。

附中木偶小组经常活动，为了便于送戏到学校，我们还排演了《荷花舞》，四个荷花仙女，在水面上翩翩起舞。为了使木偶的动作整齐，我们把木偶扎在腰上，两只手握着手扦，甩着水袖，走着云步，似仙女下凡，勾出一幅动与静的优美画面。当时，师大一附中木偶小组在上海也就渐渐有了点小名气。

之后，上海市文化局为了继承和发展木偶艺术，成立了上海木偶剧团，我、周渝生和柳和海为响应党的号召，作为第一批有文化的接班人、木偶艺术的拓荒者，进入了上海木偶剧团，从此走上了木偶艺术人生的道路。

在从事木偶艺术的40多年里，我擅长表演反面角色和丑角，曾在《迷人的雪顿节》《孙悟空三打白骨精》《红宝石》《美人鱼》《大名府》等戏和影视中，塑造了近百个古今中外性格迥然的角色，并多次赴日本、美国、瑞士、德国等演出。

在改革开放、国内外文化交流的年代，应美国木偶艺术中心的邀请和中国驻美大使馆的推荐，1991年我携带一箱木偶，赴美国做艺术交流和讲学，并和美国艺术家同台演出。回国后，我试图在表演形式上做些突破，创作了单人木偶《七品芝麻官》《伦巴达》《妹妹你大胆地往前走》《歌声与微笑》《变脸》等节目，表现粗细有致的线条和对比鲜明的色彩。这不仅仅是展示传统的老木偶，而是让更多的人了解木偶，感到木偶在变化发展。几年来，我在超越中探索，不断地创作出观众喜闻乐见的节目，志在表现木偶的特点，逐渐形成新颖的海派木偶表演风格。

我的单人表演，应美国、日本、泰国的邀请，曾在美国芝加哥六旗游乐场、维吉尼亚水上世界、拉斯维加斯赌场和日本的旅游宾馆演出，受到外国朋友的热烈欢迎。在国内，我曾应邀在全国各地的剧场、宾馆、歌舞厅、公园、广场、电视台、学校等演出，同样受到观众的欢迎和喜爱。就这样，单人木偶表演形式走向社会，走向民间，使木偶不仅仅为儿童演出，还经常能参加一些大的社会活动。

除了舞台演出，我还应邀到全国各省市电视台做节目特约嘉宾。由于木偶的关系，我在上海有线电视台工作四年，编导电视连续专题《米奇的奇妙世界》，撰稿和导演《开开心心度周末》栏目。为此，《文汇报》《上海老年报》刊登了《符仲明和他的木偶表演艺术》的文章。另外，我还撰写表演论文《我演反面角色》《单人木偶的海派表演》和有关介绍木偶艺术的文章二十几篇发表在报纸杂志上。

在母校80周年校庆之际，回想我的木偶艺术发展的道路，心里久久不能平静。当我作为民间的文化使者在国外演出，外国朋友报以热烈的掌声时；当我在美国的大学讲台上介绍传统的中国木偶时；当我应邀在美国亚特兰大市的中国周演出，接过沉甸甸的金钥匙和荣誉市民称号时；当我用带有海派特色的单人木偶表演，给人们带来欢乐时，我就会想到这是母校对我的培养，师大附中是我木偶艺术人生的起点站！

现在，虽然我已退休，但我还在演出，继续我的木偶艺术人生道路。我把演出作为对社会的奉献，作为一种乐趣、一种享受。我要创作演出更好的节目，来报答母校和各位老师对我的培育！祝师大附中越办越好、人才辈出、再创辉煌！

两代附中情

1962 届高三己班 夏 铿

1956 年我 11 岁进华东师大附中念书，到 1962 年高中毕业离校，在附中度过了我青少年时期最美好、令我永生难忘的一段时光。每当我和昔日附中的同窗和儿女（也是附中的校友）谈起附中的时候，都怀有一种自豪感，对母校的老师和它的一砖一瓦都充满了深情，对母校美好的记忆是难以抹去的。

回想我在附中读书的时候，虽然当时没提"素质教育"这一口号，但我们在附中受到的是实实在在的素质教育，学校培养学生德智体全面发展。

要有好的素质教育就必须有一批出色的高素质教师。让我感到特别幸运的是我在附中遇到了这么多优秀的老师，他们对我的成长起了至关重要的作用。

从初中到高中，季振宙、周大融、季克勤老师先后做过我的班主任。另外一批任课老师，如教过我数学的夏益辉、庄炳珍、王剑青老师，物理老师张正大、黄元熙，化学老师沙静娥、李厚基，音乐老师沈晓，体育老师徐九利、王季淮等都给我留下了难以磨灭的印象。他们不仅课上得好，循循善诱，还在各方面关心、帮助、指点我。我从一个十分调皮、不懂事的捣蛋鬼到渐渐懂事的青年，不知花了这些老师多少的心血。附中的老师对我的影响是终生的。

我一进附中就遇到了教语文的班主任季振宙老师。他的课上得生动极了，他对学生十分慈爱，脸上总是挂着和蔼可亲的笑容。课余他常参与我们的课外活动，与我们同乐，他的京剧唱得挺棒。他对我严格要求，但从不无故训斥。1957 年我动手术住院，放学后同学们一批批来看我。一天傍晚，季老师拎着水果走进了我的病房，亲切地摸着我的头，问这问那。叫我不要担心，他会安排同学给我补习功课。季老师离开时，我禁不住流泪哭了，我的家长也十分感动。后来当季老师调往二附中时，我忍不住大哭了一场。几年前我打听到了他的住处，去师大一村看望了这位对我影响极大的老师。他的笑容一点没变，望着这位老人，我热泪盈眶，几十年前的情景又浮现在眼前。

高中时我又遇到了一位姓季的老师当我们班主任，巧的是他也教我们语文，他就是季克勤老师。他的课上得挺棒，条理清楚。对我们班级的各方面，尤其在培养集体凝聚力方面不辞辛劳地做了大量工作。我们班的同学能友爱相处，大家学榜样，爱集体，积极参加各项公益活动。当时正值国家困难时期，但我们学生的精神面貌还是积极向上的。这些年来，我们1962届高三己班的同学各种规模的活动不断，大家仍像当年在附中一样亲如手足，仍像当年一样对季克勤老师充满尊敬。

无论在初中还是在高中，附中的一大特点是从来没有沉重的作业负担，学生有足够的时间和空间。附中的课外活动是极其丰富的，有各种兴趣小组，我曾参加过美术小组、舰模小组。操场上总是挤满了活动的学生，初中时玩得最多的是踢小橡皮球、"官兵捉强盗"的游戏。高中时我参加了校排球队，曾获得过虹口区中学排球联赛的亚军。附中的田径是有传统的，记得绝大多数同学都积极参加"劳卫制"的锻炼。附中田径取得优秀成绩，曾获亚洲远东运动会五项全能冠军的王季淮老师功不可没。

附中文娱活动也丰富多彩。记得一年一度的文娱会演是全校师生的盛大节日，各班都拿出了自己的绝活，老师也有节目登台，一同参与，我高一时还上台说过相声。我班平时每年也有文娱联欢会，各小组均有节目。每周六晚大礼堂放映电影，学生可买"月票"，一场电影只收五分。

正是附中培养了我们对阅读、音乐、体育的爱好。附中藏书丰富的图书馆深深地吸引了我，成了我三天两头儿跑的地方。中学期间我阅读了大量的中外文学作品，如今我已退休，但爱好阅读的习惯使我每天不能没有书本的陪伴。

记得初中上沈晓老师的音乐课，音乐室墙上挂满着贝多芬、莫扎特、聂耳等音乐家的照片。听沈老师给我们放唱片、讲解大师的作品，我渐渐入了迷。从此，我走进了音乐爱好者的行列。我常和同学一起去音乐厅、剧场听音乐会。现今退休了，我有更多的时间学音乐，音响是我十分亲密的伙伴，我还参加了同济大学老教师合唱团。

我初中时上课好讲话，做小动作，唯独上陆景宣老师的地理课时，特别乖。听他上课天南地北、海阔天空地讲，我觉得仿佛在听说书。从此我对地理的爱好一发不可收。

有一回上李永圻老师的历史课，他给我们讲了书本上一份恩格斯签字的马克思的共产国际成员证件上的外文是什么意思，使我对外文产生了强烈的兴趣。从此我对外文的学习和阅读始终没有中断过。

类似的例子真是不胜枚举，可以说没有附中对我的培养，就没有今天的我。

1986年我儿子经过考试进了师大一附中，我欣喜万分。他在附中的时间比我还长一年，有七年。1990年我女儿经推荐考试选拔也进了一附中，到1997年毕业也在附中过了七年。我和两个孩子成了附中的校友，附中成了我们共同的话题。

我的家就在附中旁边，这条短短的中州路，我不知走了多少来回。孩子到附中念书了，我又经常走在中州路上。不过现在，我是以家长和校友的双重身份进出附中了。孩子们的每一次家长会我都参加，有时两个孩子同时开家长会，我往往要从一个教室再赶到另一个教室去。我也常找班主任了解情况，顺便还探望在附中工作的昔日老师。每当坐在教室里开家长会的时候，我总有一种感觉，就是自己还在继续接受附中的教育。

我的孩子也遇到了十分出色的老师，如周美芳、谢钧石、刘定一、毕红秋、蔡爱莉等老师，巧的是张正大老师也都教过他们物理。这些老师给我的孩子和我都留下了极深刻的印象。他们对学生极其负责，把学生当作自己的孩子一样看待，严格要求又充满爱心。

1991 年我儿子得了肺炎住院，一批批同学到医院看他。一天傍晚我在走廊上见到了孩子的班主任刘定一老师，他下班后急急赶来让我很感动。我不禁想起三十几年前我的班主任季老师赶到医院看我的情景，附中老师的优秀品质真是代代相传啊。

还有一件事让我难以忘怀。1987 年秋遇上百年难得一见的日全环食，那天上午，我到附中给儿子捎去观察镜片，想让他和同学下课时可以观察这一天文奇观。令我想不到的是，学校决定延长课间的休息时间，推迟后面的课，让全校学生观看这难得一见的奇观。学校还为学生准备了大量的观察镜片。我站在母校的操场上同成百上千名同学一起抬头仰望天空。见到这壮观的场面，我不禁感叹：这就是我的母校——师大附中才能有这般的举动！多么体谅和理解学生啊！没有先进的教育观念是不会让课堂教学给一个科普活动让路的！

如今，我的孩子都工作多年了，他们工作认真、有责任心，热诚待人，遵守公德，都得到了单位的好评。孩子们谈自己的一点一滴进步和成功都要归功于母校附中对自己的栽培。

我的儿子成家了，儿媳妇也是附中的同学，我们家附中的校友又增加了一个。我一直对孩子们讲，念一所好的中学是一笔终生的财富。母校附中给了我和我的下一代极其宝贵的精神财富。我们对母校也是一往情深。时值母校附中建校 80 周年之际，我和我的孩子衷心祝愿母校继往开来，永铸辉煌。

　　　　　　　　　　　　　　　　　　　　写于 2005 年教师节

附中，我永远的精神家园

1964届高三丙班　欧阳靖

60年前落英缤纷的早晨，秋日朗照。初一丙班教室，翩然走进一位二十六七岁的倜傥青年。他以拇指和中指拨弄手里的两支细长粉笔，开口道："我是陈开树，这个学期担任你们的历史老师。"我和同学们都用好奇惊惶的眼睛瞪着他，只见他转身，认真地在黑板上描画出一条弯曲线，在线的下方标出两个小圆圈："这是黄河，此处是殷以及镐京。中国的历史从这里讲起……"两节历史课完全脱稿，他口若悬河，滔滔不绝，慷慨陈词。陈开树老师，真的是玉树临风！

当年华东师大一附中是上海市的重点中学，学校教师人人握灵蛇之珠，个个有君子风范。细雨连青山，老师们如星河璀璨，轮番登台，各擅胜场。他们忠诚敬业，对学生视如己出，对学科精益求精。听他们每一位的讲课，都是一种享受，都是一场盛宴。

1964年6月7日傍晚，我完成了语文高考，铩羽而归。那年高考作文题目要求对一则"酸菜的故事"新闻写一篇《读报有感》。我乃上海人，祖籍广东，压根不懂"酸菜"为何物。我第一次听说酸菜，是许多年之后在雪村《翠花，上酸菜》的歌里。既不明就里，怎会"有感"？我无感！于是瞎写。回到家里垂头丧气，忽闻陈老师敲门。他的这次奇特的登门检查，令我大惊失色，因为这是在我人生最关键时刻，明日还要继续高考时。他仔细地询问我作文的情况，其急切甚于我。怎么开头的，怎么结尾的，当中用联想了吗，有没有用抒情，句子怎么写的？他宽慰地总结说："这两样都用了，分数会好的。"见我仍然一蹶不振，他问我明天的历史和政治考有问题吗，我愤愤地说没问题，除非他们还要出酸菜题。听着我的晦暗幽默，陈老师笑起来，他说既然没问题，那么现在我请你去看电影！他领着我，走到半里开外的泰山电影院，掏钱买票，真的看电影了。黑暗中光影轮转，他轻声鼓励我，叫我不绝望。

陈开树老师初一是我的历史老师，高二、高三任我班语文教师，我一直是语文课代表，得以在近处观察他。他是通才，文史兼修。他的本性外显柔和、内敛锋芒。六年里我见到他两次对"差生"气极。一次尽力平息怒气，缓缓道出："张杰老弟，我奉劝你……"另一次也是，平静地说："我希望你知道，真正的自尊心并不是显示对抗，而是让自己强大。"春天花开时节，他约我晚上去他家中，钨丝灯下说到李平心、夏鼐轶事，讲《叶甫盖尼·奥涅金》，给我读他撰写的剧本《晴雯》。有时班级自习课专修语文，他让我代他讲解作品。某次上课他要求同学们站起来背诵古诗词，我因为通宵看小说竟背不出，他是何等敏感的人，明察秋毫，我还未张口就命我坐下，用宽厚免去了我的难堪……陈老师对我的关爱与期望，点点滴滴，刻骨铭心。

我的初中语文老师是潘漱中。22岁的他从上海师范学院毕业，风华正茂，到我班做班主任。他和同学们是"亦师亦友亦兄"关系。我班创建《海鸥》文学杂志，潘老师亲自带领编辑部人员，刻蜡纸，印刷，设计彩色封面，一起埋头出版事务，直到深夜。潘老师最早是学美术的，爱美如爱羽毛，穿着讲究，芝兰玉树，楚楚君子，有谢家风度。他身高一米九八，出现在篮球场上时，真是美啊，斯文又帅气。我这里要说的是，他对学生的珍惜。我在初中阶段的作文簿，每一本都经他精心阅改。每一本写完时，潘老师用商量的口吻说："先放在我这里吧？"他其实是全部珍藏起来了。过了近十年，"文化大革命"中母亲去师大附中礼堂开会，其时潘老师被打成"牛鬼蛇神"，正灰头土脸佝偻在走廊里扫地。他瞥见了母亲，冲过来低声说"你在这里等一等我"，然后，他或许去了一个隐秘地方，取出我初中时期的所有作文簿，交还了母亲。

升到高一，顾荩丞先生出任我们的语文教师。老先生出身私塾，然后长期浸润于圣约翰大学，国学根底深厚，英文亦佳。他讲解《昭明文选》《古文观止》等作品，顺手拈来没有难点的。我是语文课代表，除课文外他推荐我详读《唐宋诗举要》和《唐宋文举要》。语文教研组教师进修课目中，《文心雕龙》由顾先生担纲讲解。在他的影响下，我在高中就研读了这部南朝文学理论巨著。陈开树本是落拓不羁、睥睨世俗之人，但对顾先生俨然执弟子之礼，极为恭谦敬重。陈老师对我说过，顾先生放在中国任何一个大学中文系，都是顶级的，有些所谓的一级教授，比顾先生的学养差得远了。我本人在复旦任教50年，阅人无数，体会到陈老师对顾先生评价之确凿。陈老师还提及华东师大曾无数次邀请顾老到中文系任教，许以最高待遇。每次，都被顾先生断然拒绝，个中缘由，附中教师始终存疑。后来在一堂课上，顾老师回忆1925年圣约翰师生的爱国壮举，因五卅惨案，500多学生和全体19名华裔教师，集体宣誓脱离圣约翰大学，组建光华大学与附中（当时顾先生在圣约翰附中任教）。26年后，光华大学又和大夏大学合并为华东师范大学。顾老师言及悲壮的往事，情辞激烈，独怆然而涕下。我读懂了顾先生的心，他几十年如一日忠实地坚守附中，不能用"匠人精神"来解析，也不唯淡泊名利不求闻达的天性，更重要的是他对附中不可割舍的情感依恋。他心中的那一团火焰必是如往日般炽烈。从顾老师身上，我懂得了一个人须怀抱执着恒定的信念，才有决心一生只做一件事情，筚路蓝缕，坚持不懈。我进大学第二年，受校党委指派，宣传部长深夜 11 点召见我。他提了三个问题考我，其中一个是："你喜欢唐诗还是宋词？"此刻，顾苍丞老师悉心教我的那些内容浮上脑海。这考题，我好像从中学就开始准备了，心中百感交集，不知不觉张狂起来。我答道："唐诗宋词双璧并世，绝代双骄。但唐诗与宋词产生于不同的时代，又有显著的不同。唐是大时代，唐诗是英雄们自由、自在、自然随口哼唱的信天游；宋词是文人'逐'美到极致而老死于青灯黄卷之下的刻意求工。宋词在文采的华丽典雅方面远远超越唐诗，但在诗的灵魂、自由精神方面比唐诗大大倒退了。以个人性格而言，我更爱唐诗。"这一夜，改变了我的终生命运，我被内定为重点培养对象。顾老师把我班由高一送到高二后退休了，与我们告辞时，在最后一课前的晚上，写了一首很长的七言诗赠别全班，四页纸贴在教室进门方向黑板旁的墙上。古人的送别诗历来悲凉、低沉，而顾老师的诗襟怀博大、情绪激昂，是继承了盛唐送别诗多情、关爱、旷达的特色。他对全班 50 个学生，每人都用两句诗来勉励。最前面的两句，是写语文课代表的："欧阳下笔最玲珑，惜哉书法如乱蓬。"一个"最"字，一个"乱"字，极言之，爱之深切又怒其不争。性情中人，表达何其强烈。他身上，是民国的"范儿"。顾先生批改作文，是用毛笔蘸红墨水以小楷写字。用红小楷对学生作文改动和评判，每一篇不少于 150 个字。连同他上课时的板书，皆为颜体。他的字才是书法，无一字不气度，无一字不规整，无一字不艺术。顾老师离开我许多年了，许多年，我自己也在黑板、学生作业上写字。每当我细看自己的笔接触到载体、画出字迹时，我的手都会颤抖，我的眼中有时竟慢慢地渗出泪水。今夜谁人能知，我在想顾老师呢！

　　记得我进校不久，正逢"大跃进"，附中在陆善涛校长主持下，试行"四年一贯制"，即在四年内学完初、高中全部课程。陆校长出身富庶之家，青少年时代就是上海学生运动领袖。他英俊潇洒，思维敏捷，口才无与伦比。在大礼堂对师生做两三小时报告，从来不用讲稿，雄辩滔滔，既挥洒自如又逻辑严密。严冬，他身披一袭浅灰大衣，临风而行。那大衣如长袍、如斗篷逶迤，白色长丝巾在胸前飘拂，如欧洲古贵族的绶带，英气逼人。陆校长不苟言笑，作风严谨，教师们对他怀有敬畏之心。在我心中，他是师大附中"教父"般的存在。附中位于中州路 102 号，离它一箭之遥的80 号是母亲任教的中州路小学，也是我的母校。1958 年初，即我进附中的那年，母亲被划为"右派"，中州路上狭路相逢，无人会理睬她。漫长的 6 年过去了，1964 年的酷暑，一天陆校长在中州路叫住了低头匆匆疾走的母亲，站定问候后，他正色道："欧阳靖考取了复旦大学，你终于可以安心了罢。"然后，他微笑了。两个学校不搭界的，陆校长何以知道她是欧阳靖的母亲呢？再进一步，60 年代前半段是教育界唯"阶级成分论"的严酷期，以我的家庭成分又何以考入绝密级的国际政治系的？我的档案又是怎么回事呢？这在我心里始终是一个谜。陆校长对潮流的反叛，他那一份正直、善良，满怀人性之光的同情，必定蕴蓄于内心深处久远，谁也无从知晓。很多年后，当我隐约悟出的一瞬，迟到的感激充溢我心！

由于试行"四年一贯制"，初中的学科内容难度加大，程度颇深。到了高中，第一天，物理老师夏哲公在讲台上第一句话就是"同学们，现在我们开始复习……"他有童心，好玩极了。有一次做课堂实验，实验用具突然断裂，他皱眉，久久凝视那东西，悲痛喟叹："这家伙，品质实在太恶劣了。"全班大笑。外语老师是创建著名的"张思中外语教学法"的张老师。他对我，并没有强制大量背单词，而是要求我每一课都做课前预习。老师还没上课，学生就必须预先了解该课内容。初中第一学期，我外语成绩期末不及格，人生唯一一次被幽闭于补考教室。整整六年奋力直追，到高三可以读契诃夫原著了。张思中老师辅导我写每一篇外语作文，帮我修改给苏联朋友的信件。我代表学校多次参加上海市中学生外语竞赛。及至高考，我在座位上收到外语卷的一刹那，心中闪过的念头是："这种试题，不需要读高中就能得满分吧？"高考第四天，是外语口试。考生一个一个进入考试大厅。当我听到面试官出题后，竟嚣张地用俄语说："我觉得你的发音不够清晰，请再重复说一遍。"问了三个问题后，她毫不犹豫给我打了最高分。那一年，复旦国际政治系 30 名新生，外语平均考分高于外文系。我在班级里，因名列前茅的外语高考成绩，出任外语课代表。

高中阶段，若说到最富有戏剧性的课，是化学课。化学教师是我们的班主任李厚基。他的形象，不用我描绘，你只要想想中国古代传说里的铁拐李、钟馗、鲁智深……便可了然。化学课本来是最乏味、刻板、枯燥、催眠的，但李老师的课不然，也不知他是怎么备这个化学课的。每一堂课，都像一出戏，从头到尾，充满悬念，惊讶，发现，突转！生动极了，有趣极了，时不时还来一段故事。当讲到一个化学元素或者公式时，他绝不会直陈胸臆地灌输，而是善于启发式教学，先让学生对主题产生极大兴趣，有自己的思考，再切入。有时，他像魔术师设一个"圈套"，任由学生去设计、创造、猜想，争论不休……末了，"李大法师"现身了，瞪着巨眼断喝一声："非也，你们都错了！"上他的课，真是开心得不得了。如果那时有爱情，我愿把它献给化学！李厚基老师表面放浪形骸，不拘小节，肆无忌惮，内心热烈执着，富有激情和想象力，对学生倾心关爱不遗余力。真名士自有风流高格调，他本身就是戏。只可惜，课堂里不能像戏园子那般如痴如醉地为他喝彩。我班的化学课代表，因对这门科目的执念，后来去了清华化学系。李老师生活简陋，穿着可以用"寒"字形容。吃午饭时，为了节约，他去四川北路溧阳路口的清真馆买两个牛肉包子充饥。他清贫一生，潦倒而死。老师同学说到他，无不扼腕痛惜。

　　70年代，我也曾遇到生命中的"潦倒期"，遭受厄运，四顾茫然，浪迹天涯。有次在上海街头，偶遇庄炳珍老师，是她认出了我。庄老师教我高中数学。她的课，课件设计具有"结构美"，概念清爽，条分缕析，丝丝入扣，深入浅出如水活石润。她曾两次选派我去参加上海市中学生数学竞赛。我想抗命，因我对数学并不用心，成绩在班里只能算第七八名吧。她坚定地说："我想你去比赛会有潜力。"这，是一种不公平，但是可以窥见庄炳珍老师对学生像慈母一样的爱，直到今天很多同学都是这样评价她的。那一次路遇，不知怎的她早已获悉了我的处境，从皮包里掏出笔，在一张纸片上面写下华山路某号的地址，以及一位徐姓先生的名字，坚毅地说："这是我的家和我先生的名字，不论何时何地，在任何情况下，你发生任何困难，都可以来找我。"我捏着那张纸片，泪如雨下。顷刻间，我明白了以前从未曾明白的事情。师大附中，不仅仅是我中学六年的读书之地，而且是我永远可以依赖的精神家园。我们一生的价值之树，植根于此。这里的老师，昔日承担着导师的责任，今天依然在守望着我们，随时准备为了学生的福祉，奉献他们的一切。

求学六年　得益终身

1964 届高中　陈宗义

1958 年夏天，12 岁的我考进一附中，到 1964 年夏高中毕业，在附中求学整整六年，这六年让我得益终身。

我和附中有点缘

很不幸，在我小学毕业前夕，母亲患重病离世。后父亲带着 2 个年幼的妹妹另组家庭，居住他处。我成了不是孤儿的孤儿，无人关心我的学习和生活。此时，正逢小学毕业考初中，要填志愿，我是一片茫然，不知填哪所学校好。关键时刻，小学班主任张老师对我说，第一志愿填华师大一附中。

通过语文、数学两门考试，我拿到了附中的录取通知，心中不免洋洋得意。后来才知道，我两门功课的考分相差悬殊，数学得了 100 分，而语文不及格，尤其作文写得一塌糊涂。幸好 1958 年附中有自主招生权，陆善涛校长说，3 个数学考 100 分的同学统统进来吧。于是，总分未能达标的我，被破例特招进了一附中。

到了 1961 年，面临初中毕业。因为家里穷，我就想报考中专，早点工作。但数学潘承绚老师一定要我这个数学课代表报考本校高中，并表示可以帮我支付高中三年的全部学杂费用。话说到这个份上，我也只好考高中了。1964 年，在附中高中毕业时，在当时的一股潮流的推动下，我作为班级的团支部书记，也决定放弃高考，去新疆干革命。没想到，去新疆的通知其余同学都拿到了，唯独我迟迟没有消息。一打听，学校压根没把我的名字报上去。后来才知道，当时有几位教师要参加"四清"运动，学校缺教师，于是校长室临时决定我留校当老师。这一变化，导致我在附中一干就干了 30 多年，冥冥之中仿佛我和一附中真的有点缘。

附中六年奠定了我人生的基础

12 岁到 18 岁，是人生打基础的重要时期。12 岁时，我什么也不太懂，18 岁时，我已是一名光荣的共青团员，并坚定地要求加入共产党，有了人生的目标，并具备了实现目标初步的知识和能力。我感谢一附中奠定了我人生的基础。

回忆求学的那六年，附中给我留下许多难忘的东西。

学校重视培养学生的劳动观念。当时劳动是排进课表的，规定学生每周六天学习，其中必有半天安排的是劳动课。初中主要在校内劳动，打扫校园，或在食堂帮厨；高中到一个苗圃或果园除草、挑水、浇水、施肥等。另外还会集中一段时间去农村、工厂劳动。记得，我们刚进附中不久，初一就集体去宝山杨行公社参加"三秋"劳动。年龄小，就摘棉花，摘毛豆，拾掉在田地里的稻粒，做到颗粒入仓。做得腰酸背痛，真正体会到"谁知盘中餐，粒粒皆辛苦"。高中时，我们到松江佘山公社、崇明园沙岛等地劳动，与社员一起收割农作物，挑泥围垦做堤，大家干得热火朝天，谁也不甘落后。学校对劳动也是有要求的，如每人要写日记，写小结。初中生增加见识即可，高中生则要求培养劳动人民的感情，找差距，促转变，当时这叫"兴无灭资"。

因为从进附中伊始，学校就培养学生劳动观念，认识到劳动光荣、劳动伟大，到高中毕业时，党提出"一颗红心，两手准备"，就很容易为大家接受了。

当时学校办教育，不是关门办学，而是与社会密切联系的。记得 1958 年，为保证钢产量比 1957 年翻一番，开始了全民炼钢。高中生自制土高炉炼钢，初中生就去拾废钢烂铁，交给学校作为炼钢的原料（以现在的眼光来看，这些做法显得有些荒唐）。社会上开展扫除文盲活动，我们又成了小教师，逢休假日晚上，到指定对象的家中，爬上高高的阁楼，教老人识字，认识数十个字，就算达标。特别有趣的是参加扫除"四害"（苍蝇、蚊子、老鼠和麻雀）活动。我们爬上楼顶，全市统一行动，摇旗呐喊，鞭炮齐鸣。可怜小小麻雀无处安身，从空中掉下身亡（现在看，此事也有些荒唐）。我们还参加各类游行，有庆祝国庆的游行，也有反对帝国主义的游行。学习雷锋好榜样时，大家就又用足心思，争做好人好事，争当无名英雄。

除了经常参加社会活动，校内课外活动也是丰富多彩。各类学科兴趣小组遍地开花，有的还出版杂志、开辟园地。我们数学爱好者的园地取名"海边"，意思是知识是大海，我们只是海边而已。逢节日，爱好文艺的学生大显身手。学生话剧团全本演出《年青的一代》，一点也不输专业演出。操场上数百学生跳集体舞，欢快轻盈。特别是开展冬季长跑活动，很受学生欢迎，当时有一个激动人心的口号："跑到北京去见毛主席。"学校提出要 100% 通过体育"劳卫制"，只见操场上热气腾腾，你追我赶，互喊"加油"。此外，当时正常的团队活动也为学生带来了满满的正能量。

那时附中各种活动能生动活泼地开展，很重要的原因是有一批很优秀的教师。附中的教师是很会教书育人的。初中时，我的语文，特别是作文是很差的，语文教师潘漱中就鼓励我，从初一坚持写日记。还不断指导我，写日记可以先写"条头糕"（记每天做的事），然后学会选择一天中最有意义的事来写，再然后加些描写，抒发自己的感情。我中学六年坚持写日记，果然会写了，也不怕写了。1984 年，我参加上海师范大学教育管理系入学考试，考政治、数学和语文三门考试，结果语文考的作文题是《假如我是校长》，竟然考得最好。另外，我班欧阳同学，对外语不感兴趣，所以初一时外语考试不及格，要补考。六年后，他高中毕业考取复旦大学，进校后，学校指定他担任外语课代表，因为他的外语笔记和口试成绩最好。还有王同学，考进大学后，一个偶然的机会，得知自己的数学高考成绩是 97 分，理化接近 90 分，遥遥领先其他同学。几位大学教师对他特别青睐，化学老师甚至对他说："今后我的课，你可以不听，只要不影响别人，干其他事情都可以。"他们之所以有这样出色的成绩，都是附中教师悉心培养、耐心教诲的结果。

记得，当时校团委书记陈步君老师兼任我班政治教师，他不仅课上得好，而且具体指导我班团支部试行《共青团工作三十八条》。他上课总是组织大家讨论，不是满堂灌，然后进行总结，谈他的体会，非常适合青年学生的需求。他的具体指导，没有空洞说教，而是亲自参加班级活动，甚至参加农场的劳动，与团员和同学经常谈心。有时，他对班级同学的情况比我还了解（我当时任班团支部书记），当然，提出的建议也很中肯，很实用，我十分佩服。特别是他善于总结，透过现象看本质，出成绩，出经验。陈老师这样的能人，后来任团市委、教育局的领导不足为怪，而我则受益无穷。

语文教师顾茛丞老师，任教我班高一后，即退休。退休前，他写了一首长诗，《长歌一首留别高一丙诸同学》，使我们深受感动。诗中对每一个学生进行点评和鼓励。当时，附中教师手中有书，心中有人啊！如果顾老师在一年中不仔细观察学生、没有才华，能写出这样的长歌吗？

我不会忘记，体育老师为我出招，医治好了我年年冬天复发、痛苦不堪的两只手上的冻疮；我不会忘记，卫生老师请医院医师为我医治眼疾；我不会忘记，三年困难时期，厨房的叔叔阿姨悉心关照我这样一日三餐都在校用餐的学生。真的是师恩难忘啊！

那时，学校还十分重视学习风气的建设。记得附中的学风是十六个字："勤学好问，刻苦钻研，一丝不苟，持之以恒。"提出的学风很有针对性，当时，不少学生勤学而不好问，刻苦而缺钻研，坚持一下而不长久。陆善涛校长亲自给学生讲解校风。他说："学问一半是学，一半是问。只学不问不全面。""刻苦不钻研是死读书。""好的习惯要长期坚持才会出效果。"还说："中学阶段学知识是重要的，但更重要的是培养良好的学风和习惯。"真是句句金玉良言，至今难忘。

学校还提出培养学生科学的学习方法。讲学习有预习、听课、复习、作业和总结五个环节，强调"先预习后听课""先复习后作业""要独立作业"等。

各班大抓学风建设和学习习惯培养。规定"早自修不准对作业答案"，搞"一题多解"的竞赛活动，请成绩好的学生和进步大的学生介绍学习经验，举办作业展览等，使每个同学学得更好，更努力。有了良好的学风和科学的学习方法，不仅在当时，而且在人生各个阶段都起着重要作用。

现在想想，当年附中所做的一切，都是坚定贯彻了当时的教育方针，即"教育为无产阶级的政治服务，教育与生产劳动相结合"，"培养有社会主义觉悟的有文化的劳动者"。

因此，1960年陆善涛校长去北京参加全国文教群英会，并带回来一面教育部授予的"优秀学校"锦旗。

1964年高中毕业，我们班级大多数同学都考取了大学，其中不乏进北京大学、清华大学、哈尔滨军事工程学院、复旦大学、交通大学、中国科技大学继续深造的，也有些同学放弃高考，去新疆干革命。我则留校，开始了数十年的教育生涯，为祖国培养各方面接班人。我牢记，附中培养了我，我要为附中争光。

忆附中的学科兴趣小组活动

1966 届中五甲班 姜叙伦

我第一次听说附中的学科兴趣小组是在进附中之前。我姐姐比我早一年考进附中初中，她入学不久，一天，带回一道数学题，说是参加年级数学兴趣小组的测试题：找 ABCDE 五个数字，使六位数 1ABCDE 乘以 3 后结果为 ABCDE1。这道有趣的题一下子就抓住了我的心，让我对数学很着迷。1962 年我考入附中后，自己也报名参加数学兴趣小组，当年测试时的压轴题是问两点钟和三点钟之间时针和分针什么时候会重合。20 世纪 60 年代初，我们读书时条件差，课外书少，看到有趣的题目会很亢奋，就像饥饿中吃过的美味，印象很深。其实这两道题对那时的初中新生虽然难些，但都可以用当时小学数学知识解出。第一题我开始是从 7 的倍数的个位不同做出的，后来学了一元一次方程后，知道了更通用解法，ABCDE 就是方程"$3（100000+x）=10x+1$"的解；而第二题则是典型的追及问题。现在小学教得多，做这种难度的题目对当代小学生也许已经是家常便饭，更不用说更难更怪的奥数题了。但如果学生被塞得过多，恐怕反而会积食，可能会倒了胃口，未必像当年那样能激发我们的学习兴趣。

那时我们年级数学兴趣小组，一般每隔一两个星期会有一次活动，主要是介绍课程内容之外的数学知识，由我们年级的三位数学任课老师轮流主持。其中王剑青老师是数学教研组的副组长，他知识广博，不仅数学教得好，文学和英语功底也十分了得。他参加过抗美援朝，在志愿军当英语翻译。回国后写了一本小说集《侦察兵》，出过好几版。他在我们心目中的形象，用今天的话说就是大神级的。他上课生动幽默，常常让大家听得流连忘返。另两位是龙凤超和谈若华老师，她们分别兼丙班和己班的班主任。她们的数学讲述，丝丝入扣，充满着女性的细腻和严谨，特别是在一些看似不显眼的关键点上仔细着墨，令人印象深刻。我们深信能在附中当老师的，无一例外都有着过硬的功底。当时有两次兴趣小组活动的内容，至今我仍记忆犹新。一次是王剑青老师专讲数学解题的多种特殊方法。那时我第一次听说了反证法，印象很深。进大学后学习数学分析等课，反证法成了我们学习和解题时的重要证明手段，我非常感恩在数学兴趣小组受到的启蒙。王老师当时还介绍了好几种平面几何中的技巧解法，比如对称法、旋转法等，都很实用。我在1977年恢复高考时备考复习中遇到不少所谓难题，常常可以用这些方法出奇制胜。甚至在如今微信群中，我也多次用来解出一些别人提出的难题。另外一次活动则是别开生面的猜与数学有关的谜语。老师们搜集和制作了不少相关谜语，比如斗牛（对顶角）；肩挑一二三四五，口念五四三二一（负数，倒数）；劳动纪录（项）等等，大家猜得津津有味。为了活跃气氛，王老师还把每个班猜中的谜语数记录下来。大家你追我赶，结果我们甲班猜出谜语数目名列前茅。

在初中，我们班还有个语文兴趣小组，交流课外阅读心得和习作鉴赏。那时很多同学对散文比较感兴趣，写作时也常常学习杨朔等作家的写作手法。有谁在报纸杂志上看到好文章，也会互相介绍分享。虽然我们对文学的认识还很肤浅，但通过互相交流，多少有些入门的感觉。该兴趣小组在教室后面墙上布置了一个习作园地，把大家的佳作贴在那里。当时为这个园地取名也颇费心思。讨论到最后采用了语文教师兼班主任陆继椿老师的提议，以毛泽东诗词《长征》中的意象"细浪"来命名。陆老师当时虽然教龄还不长，但上课很有特色，又是市级大报的通讯员，常常在《解放日报》《文汇报》上发表关于附中的新闻报道。1963年电影《小兵张嘎》公映前，他组织我们班十来个同学去看预映，并参加了影片观后座谈。没几天，这个座谈会的报道就上了《新民晚报》，大家看到班上同学的姓名成了报纸上的铅字，既新鲜又兴奋。陆老师取的《细浪》刊名，把我们的文学活动比作大洪流中的小浪花，充满了美感和诗意。用现在的话说，就是很有文艺范儿，还有点"小资"，但它又是伟人诗句中的词语，即使在"文化大革命"激烈的阶级斗争中也没有被人挑出说事，真是妙极了。

说起来，《细浪》习作园地还引出了一段佳话。我们的历史课是李永圻老师教的，一次课堂小测验他踱到教室后边，看到《细浪》上一个女同学描写自己第一次生煤球炉的习作，大为赞赏，连呼"好极了，写得好极了"，并视其为得意门生。我们中学毕业多年以后，自己终身未娶的李老师居然热心做了一次"红娘"，为她与李老师当过班主任的班上一个学兄牵线，成就了一段良缘。

读高中时，值得一提的兴趣小组是屈肇塑老师筹办组织的无线电小组。屈老师上的物理课是第一流的，大家毕业多年后还一直对此津津乐道。他独创的高中力学教程，主张花功夫学透基本概念，高屋建瓴，使后面的学习事半功倍。他称之为"半部《论语》治天下"，有着极佳的口碑。其实他以前对无线电这种要实践的科技活动经验并不多，而且因为脚有残疾，动手制作不大方便，所以我听说他要筹办无线电兴趣小组时，颇感意外。但他说了就做，不时地找同学商量张罗，可谓呕心沥血。我自己对无线电早有兴趣，但因为当时要提前参加高考，须自学的课程太多，虽然心向往之，却抽不出时间参加小组活动，但屈老师费心尽力组织筹办时的情景至今难忘。其中许多杂事，比如到校办工厂找内行做技术指导，申请经费购买基本元件和工具等，事无巨细，屈老师都是亲力亲为。我从自己毕业后几十年的工作（包括电子技术工作和非电子技术工作）和学习的经历中，深感动手实践在电学中的重要，非常佩服屈老师的远见和务实，觉得他在筹办无线电小组中的创新和规划，也可媲美他在物理课堂教学中的贡献。只是不久，"文化大革命"爆发，这计划无法进一步实行，非常可惜。

　　兴趣是最好的导师。当年，附中举办的各种课外兴趣小组，不仅丰富了课外活动，给我们的学习生活锦上添花，而且让我们学到了不少的知识和技能，相信也会给今天的学校教育带来很多启迪。

成才常忆附中情

1965届中三己班　肖忠海

　　我是1962年秋考入华东师大一附中初中的，参加了数学和语文的升学考试。数学试卷做得很顺利，似乎没有什么难度，但和同学对了答案后，又觉得有些小错误。语文是考一篇作文，题目我至今仍印象深刻，是《考试前夕》。考后又听说，当年的小学升初中和初中升高中的作文题在临考时发错题目了，《考试前夕》这个题目应该是当年初中升高中的作文题。但我觉得我在作这篇作文时，一气呵成，很是得心应手。记得作文中，我把自己在决定报考附中时的前后思想斗争过程，渲染得淋漓尽致；文中还用了一个比喻，形容我报考附中时的矛盾心情，"像十五只吊桶，七上八下"。最后，我如愿考入了一附中，估计这篇作文是得了高分的，如果题目真是发错了的话，我倒觉得很庆幸。

　　进入附中后，我被编在中一己班，依稀记得我的学号是2722。三年后，我选择了继续留在附中读高中，并经升学考试后，编入中四甲班。

　　我于1968年11月才离开附中，进了工厂当一名小学徒。一晃已有44年了，在1965届校友筹办跨入母校50周年活动时，在附中的点点滴滴，又涌上了心头。

　　一、在附中刻苦学习，养成严谨学风

　　在附中学习是刻苦的，因为大家都在努力向上，稍一松懈，就会落后；在附中学习也是愉悦的，因为你看得到自己努力的结果。

　　因为家庭经济困难，我一进附中，就享受学费减免。初中阶段，每学年学费12元，学校给我减免四分之三；高中阶段，每学年学费16元，学校给我全免。这促使我更努力刻苦学习。

　　从家到学校，如果乘车，只需4分钱，20分钟就可到学校，但步行要三刻钟左右。在附中6年，不管刮风下雨，夏热冬冷，我都是来回步行。一寸光阴一寸金，在路上的时间，我也不浪费，就用来背外语。晚上，离校近的同学可以到学校上晚自修，我则在家里自习。作业一般在下午的自修课上做完了，晚上就把当天教学的内容整理回顾一下，然后预习一下明天要上课的内容，大概到晚上10点。然后有暇再看一点课外读物，睡觉。每天如此重复。

我中午在学校吃饭，自己带饭来蒸，但不是米饭。60年代初正是国家三年困难时期，主食供应面粉占了很大比例。每天晚上，我要做第二天午餐的准备。花4分钱买一块鲜酵母，可以用4次，半斤左右的面粉，用水调和好放在饭盒里，第二天带到学校里蒸一蒸。但因发酵时间过长，蒸出来，馒头不像馒头，面包不像面包，但也吃得津津有味。菜是没有的，偶尔母亲会让我带一次米饭，给我煎个荷包蛋，加上青菜底。但总的来说，那时候对生活没有过高追求，也不眼馋人家吃得比我好，心思全用在学习上。

谈若华老师是我中学时的第一位班主任，她是一位中年知识女性，矜持，和善。第一天报到，她就能叫出我们每个人的名字。因为她从登记表上已把每个人的照片看熟了，牢记心上。谈老师教我们数学，她讲代数，演算过程条分缕析，步步深化；讲几何，小心求证，深入浅出，逻辑严密。谈老师讲课声调不高，不紧不慢，但丝丝入扣，紧紧地吸引着你，容不得你开半点小差。听谈老师讲数学，培养了我们初步的逻辑思维能力，使我们加深了对数学的兴趣，强化了我们努力学好数学的信心。记得第一次数学测验，谈老师将100分的试卷张贴在墙报上，以示鼓励。我得的是97分，也算好成绩，也和100分的试卷贴在一起。但我自觉应该没有错，为什么是97分呢。我细看了试卷，原来是因为我用的钢笔笔尖太粗，有一个指数3，看上去有点像2，但我确实写的是3，被扣了3分。我没有分辩，而是作为一个教训，督促我以后在学习上要更认真仔细一些。

郑震中老师是我的第二位班主任。郑老师高中毕业留校，比我们大不了几岁，是一位非常优秀的青年教师，教我们政治。他和同学们关系非常好，我们都非常信任他、热爱他。他是我们的老师，却更像一个大哥哥，平时有什么解不开的想法，我们都愿找郑老师倾吐，他总能给你一个圆满的答案。他后来调到青浦重固公社，参加"四清"工作队，许多同学和他都有书信来往。每每接到郑老师的来信，大家都会感到特别欣慰。粉碎"四人帮"后，我成为一名市委工作队员，也是到青浦，在白鹤公社，参加清理"四人帮"帮派体系的工作，就想到了当年的郑老师。

我们当时用的教材和普通中学不一样，是华东师范大学专门为我们编印的。特别是语文书，大32开，所选文章大多为古今中外经典之作，补白之处或名人名言，或诗词警句，捧之读之，真有如饥似渴之感。更感幸运的是，孙光萱老师是我读中学的第一位语文老师。孙老师是附中1952届校友，好像毕业后留校任团委书记，旋又赴北京外交学院深造，再返附中任语文教研组长。其时，他已是中国作家协会会员，有多种著作出版。80周年校庆时，他将自己的新著《诗海拾贝》赠给母校。听孙老师的语文课，真是一种享受。讲散文，他将我们带入诗的境界，五彩斑斓，真有"大珠小珠落玉盘"的韵味；讲古文，他时而铿锵，时而委婉，典籍掌故，信手拈来，引人入胜。记得孙老师布置的第一篇作文是给小学老师写封信，介绍一下自己进入附中后的情况。我的第一篇作文，就受到孙老师的青睐，作为范文在全班宣读点评。后来陆继椿老师教我们语文。陆老师性格开朗，语言不乏幽默，上起课来，旁征博引，侃侃而谈，不知不觉一节课就过去了。课余我写一些诗歌小品，找陆老师请教，他往往大笔一挥，就有神来之笔。高中阶段的语文老师是蔡友聪。蔡老师原是华师大中文系助教，福建人，操一口福建普通话。其时我担任语文课代表，蔡老师对我多有关照。我常到他昆山路的宿舍去，他就捧出一大堆资料来，借我阅读。在他的指导下，我专门准备了一本练习簿，取名"晓露"，作为练笔，写后就请蔡老师批阅。"文化大革命"中，学生多给老师写大字报。有人问我，你写不写蔡老师的大字报，我说我不写。

我们初中时的外语老师是王炳炎。王老师教俄语，严格、认真，我们花在俄语上的时间要比别的课多得多。上课时，他常笑眯眯地走进教室，等上课铃声响了，突然从裤袋里抽出试卷来，搞突然袭击。次数多了，我们不得不有所防备，不敢稍有懈怠。高中时的外语老师是张思中。张老师在大学时就被打成"右派分子"，到了附中，"文化大革命"时更吃尽了苦头，但他对教育事业始终忠诚如一。张老师教外语有独到之处，他的一句名言是："能跑的跑，能爬的爬，能滚的滚，能飞的飞。"他后来创立了"张思中外语教学法"，建立了"张思中外语教学法"研究所，在全国推广，并受到时任中央政治局常委李岚清的接见。

高中时的数学老师是王剑清。王老师多才多艺，文理皆通，他能说一口流利的英语，在朝鲜战场上当过翻译，并写过一本短篇小说集《侦察兵》。化学老师是丁明远，"文化大革命"后期他带着我们几个同学复课闹革命，讲有机化学，搞黏合剂，至今印象深刻。物理老师是夏哲公，在他的教导下，我物理学得很投入，还享受过一次免考的资格。他们都是附中60年代的名师。

有这么多名师熏陶，附中学生刻苦学习蔚然成风，并养成了严谨的学风，一辈子受用。上海作家协会副主席赵长天，是1966届校友，长我一级，在校时就小有名气。他在《校友通讯》上有一篇文章写道："我觉得人最重要的基础教育阶段，在中学。可能是因为我没有读过大学，所以不体会大学的重要；也可能因为，我读的中学太优秀了，使我即使没有读大学，也依然具备了自学的能力。我以为，学校教育的最主要任务，不在于积累多少知识，而是让学生掌握继续学习和自我完善的能力。"长天校友的话，道出了附中学子的共同心声。

二、在附中读书，感受文学魅力

附中虽是一所中学，但她与华东师大联系紧密，名师云集，颇有学府氛围。我受几位语文老师的影响，对文学情有独钟。我有一本小本子，专门摘录名篇佳句，还曾经把北大王力教授的《诗词格律十讲》整本书抄了下来，又抄过词典《诗韵新编》。

有一个时期，我喜欢阅读唐诗宋词，至今仍感余音绕梁，对我个性发展颇有影响。

唐诗中，我喜欢唐代"三李"的诗。盛唐李白，有"诗仙"之称，读他的《行路难》"长风破浪会有时，直挂云帆济沧海"，惊羡"诗仙"的浪漫、侠士之气；中唐李贺，有"诗鬼"之称，读他的《李凭箜篌引》，"女娲炼石补天处，石破天惊逗秋雨"乃传世佳句，历来脍炙人口；晚唐李商隐，与杜牧有"小李杜"之称，多《无题》诗，佳句累累，"身无彩凤双飞翼，心有灵犀一点通""春蚕到死丝方尽，蜡炬成灰泪始干"，读来使人如痴如醉。我也喜欢杜甫，读他的"三吏""三别"，感受他的悲悯情怀；喜欢王维的诗，感受他的"诗中有画，画中有诗"；喜欢白居易的《琵琶行》，感受诗人与琵琶女"同是天涯沦落人，相逢何必曾相识"的悲凉心境。

宋词中，豪放派中我喜欢辛弃疾，他的"天下英雄谁敌手？曹刘。生子当如孙仲谋"，一展诗人的英雄气概；婉约派中我喜欢李清照，她的"寻寻觅觅，冷冷清清，凄凄惨惨戚戚"，读来那真是"怎一个愁字了得"。

读了，我就学着写。初中时，我参加学校诗歌比赛，庆祝毛主席生日，主题是给一幅毛主席长征过草地坐在篝火边的画配诗，我取名《思大业》：统率万军过草原／火焰旁边思大业／驱走日寇揍蒋贼／革命路上大步越。高中时，我在学校实习工厂劳动，学钳工，有感而发，写了一首《小钳工》，发表在班级黑板报上：一片歌声一片笑／小小钳工志气高／挥动手中刀和锯／革命风云出新苗／歌声笑声汇成海／钳工心里有个爱／学习劳动两结合／小苗长成栋梁材。

我把几年来学写的几十首诗，自编成诗集，取名《小鹰》，寓意我还是一只翅膀未硬的小鹰，等待展翅翱翔，并请同学马孝年配插画，手抄装订成书。封面是马孝年同学的创作画，一只在蓝天下翱翔的雄鹰，编辑日期是1966年2月。在后记中，我写道：我愿自己的一生，像一首诗一样，饱含着斗争；我愿自己的一生，像一首诗一样，充满了理想；我愿自己的一生，像一首诗一样，永葆青春，永远前进！

三、在附中民乐队，感受快乐成长

小学时，我无师自通学笛子，一进附中就亮了相。新生搞活动，做传手帕的游戏，大家围坐一圈，我背对大家，随意吹一曲子，中途戛然而止，这时手帕在谁手中，谁就表演一个节目。自此，我的笛声留在了同学们的心中。初中毕业时，同学临别赠言，有人给我写："用你手中的神笛吹出新时代的战歌！""愿你紧吹革命曲，声声急催共花开。"

我进附中民乐队，是正儿八经考进去的。考我的是民乐队的队长，长我三级的学长赵天慧。我自然是先吹一通笛子，其时我也只会笛子，他基本认可。接着，他用手指在课桌上随意敲出一串节奏，让我听后重复一遍，几次我都对了。就这样，我被录取了。赵天慧的笛子吹得非常好，什么单吐、双吐，日后我从他那里学了不少。

进了乐队后，得到了音乐老师沈晓的诸多指导，我至今对他怀抱感激之情。在80周年校庆的纪念册中，沈老师也被列入60年代名师行列，我觉得他是当之无愧的。乐队条件很好，各种乐器齐全，光笛子就有长笛、曲笛、梆笛等，吹奏乐器还有唢呐、芦笙、箫等；拉弦乐器有二胡、中胡、大胡、特大胡、板胡、高胡等；弹拨乐器有琵琶、三弦、月琴、秦琴、阮、扬琴等，还有各种打击乐器。

每周有一天是乐队活动时间，排练节目。在乐队里，我除提高了笛子的吹奏水平外，还学了二胡、月琴、大阮、扬琴等乐器。我觉得诸多乐器是互通的，学会了其中一种，再学其他就不难了。我们排练过的曲目有聂耳的《金蛇狂舞》，有《喜洋洋》《翻身的日子》《几内亚舞曲》《步步高》《大渡河》等，此外，乐队还给各种演出活动伴奏。

我们常常有演出任务。当时经常有外国代表团来附中参观，我们就要为他们演奏几支曲子。另外，学校每学期有文艺会演，必有我们的民乐合奏。

我还连续两年在瑞金剧场参加了上海市中等以上学校文艺会演。一次是学校合唱团演唱《祖国颂》，我们乐队伴奏。合唱气势磅礴，身临其中，我自己也被感动了。一次是民乐合奏，曲目是赵天慧创作的《实现革命化》，该节目获得了创作奖。还有一次在解放剧场，我们参加了学习焦裕禄专场演出，这是剧场对外售票的音乐会，有许多专业演员参加演出。我校几个女生表演唱，我们小乐队伴奏。我吹笛子，马孝年拉二胡，张国栋拉大特胡，薛兆阳抚扬琴，宋亦强拉手风琴。

有一年国庆节，我们在市青年宫为上海市各界青年联欢会的集体舞伴奏。当时有点搞笑，就是我们的伴奏时快时慢，有时快一点，场上跳舞人的步子就快一点；我们一慢，他们也就跟着慢。赵天慧批评我们，没掌握好节奏。

舞蹈《洗衣舞》，堪称经典，当时很流行。我们演了好几场，后又到横浜桥虹口区工人俱乐部参加了区里的会演。伴奏中吹笛子的仍是我。我记得跳解放军战士的是叶骏同学，女生中主跳的是吴赛青同学，后与拉手风琴的宋亦强结为夫妻，郎才女貌。

我们还排练演出过多幕歌剧《红松店》，主题是讲一个老红军女战士，带着女儿寻访当年革命足迹的故事，情节感人。这是由几个青年教师与学生共同排练演出的。参加演出的有数学老师鲍宜国，英语老师朱萍、蔡宝珠等，演女儿的是我同班同学顾传震。我们学校民乐队伴奏，我拉二胡。演出那天，传说前线歌舞团有专家来看演出，想要发现人才带走，我对顾传震同学很看好，估计她大有希望。可惜后来"文化大革命"开始，此事就不了了之。

赵天慧这拨人高中毕业后，我们顶替上去，成了民乐队的骨干。我和马孝年、张国栋、宋亦强四人，初中毕业后一起考入附中高中，同被编入中四甲班，于是，我们把欢乐也带到了甲班。我们常在中午为大家演奏，我的一曲《我是一个兵》，倾倒了全班同学。一个大家熟知的歌曲，能吹出如此多的花样，他们非常佩服。课后，有几个男同学找我，要我帮他们去买笛子，跟我学。以后我又学吹陆春龄的《今昔》，吹当时流行的《社员都是向阳花》等。

其时，文艺界正在提倡学习内蒙古草原上的文艺轻骑队"乌兰牧骑"，他们的特点是一专多能，能演奏乐器，能唱歌，能跳舞。于是，我们中四甲班的四个民乐队成员，也以"乌兰牧骑"为榜样，既操练乐器，也排男声小组唱等，在学校小有名气，学生会文艺部很重视我们。记得班主任李春友老师适时分别找我们四人谈话，告诫我们不要因搞文娱活动而耽误了学习，实在是很有必要的。

一次，文艺部派我们四人去市八女中交流演出，首先出场的是我的笛子独奏。可惜那天出了点故障，我刚吹了几个音节，笛膜破了。女中的同学很热情，马上找来一大把笛子，我一看不合适。还是其中一个女同学聪明，拿出了一块笛膜，我大喜过望，重新粘贴好笛膜，再次走向舞台中央。这时台下一阵热烈的掌声，她们没有取笑我刚才的失误，而是给我以鼓励，使我十分感动。我卖力地演奏了我的保留曲目《我是一个兵》，宋亦强拉手风琴伴奏，再次赢来热烈的掌声，我加演了一曲《社员都是向阳花》。演出结束后，我们进行了座谈，她们对我们带去的一组一专多能、形式多样的节目给了很高的评价。

21世纪的今天，我们有了同学网，在大洋彼岸的高惠龙同学给我留言："你的笛子吹得很棒，二胡拉得特好，扬琴也敲得酷毙了，不愧是一个多面手。现在还玩这些吗？什么时候还能再表演《洗衣舞》？"这番话，常令我浮想联翩。

这些年来，我做过工人，当过干部，也站上了讲坛。我在上海电机学院工作期间，先后从事宣传、学生管理工作等，并担任《马克思主义基础概论》和《应用文写作》的教学工作。2008年7月，我退休了，这年也恰是我兼班主任的班级毕业。我和同学们一个个谈话，从他们身上看到了自己当年的影子。在纪念进校50周年的日子里，当我回顾自己一路走来的历程，会情不自禁地怀念在附中的岁月，于是写下这篇文章，表达自己对母校深深的感激之情。

回忆 60 年代的校园生活

1965 届中三甲班　郭宝民

丙申年正月初五的下午是附中校友返校日，我来到位于中州路 102 号的母校。在校门口校友返校教室安排黑板前，我寻找有没有 1965 届中三甲班的教室安排。当没有看到安排后，我就沿着操场边修缮一新的食堂楼（以前的图书馆楼）、阶梯教学楼、游泳馆、室内体操房以及教学大楼顺时针地兜起来。看到母校美丽整洁的校园，我不由自主地拿起手机对着各个建筑物拍起照来，看着这些熟悉的建筑，睹物思人，仿佛自己又回到学生时期，20 世纪 60 年代的校园生活历历在目……

1962 年的夏天暑假，刚刚收到学校录取通知书的我们，在开学前又收到学校要求自带凉席和毛巾等洗漱用品，参加中一年级新生夏令营的通知。我们一群素不相识的人，怀着既兴奋又忐忑心情来到了中州路 102 号的师大一附中。在学校的教室里，班主任陆继椿老师让我们做自我介绍，熟悉彼此；在操场上大家列队训练，搞文体活动。其间，还进行了小学语文、算术的测试，以便学校老师掌握各个同学的学习情况，为初中一年级开学做好准备。通过短短几天的夏令营活动，我们同学之间很快就认识并熟悉起来，一开学就步入了紧张、活泼、有条不紊的学习生活。

早晨六点半，当东方的天空刚刚露出鱼肚白的时候，学校便打开了校门，学生纷纷背着书包或骑自行车，或步行走进校门。我记得我们班的叶骏同学就是每天骑着自行车来到学校的。我的家在外白渡桥上海大厦的旁边，每天早上 6 点我从家里出发沿着苏州河由东向西步行到四川路桥，再拐到四川北路，沿四川北路走到武进路，然后拐入中州路到学校上学。每天走进学校的大门，远远地便传来鼎沸的声音。学生在操场上朝气蓬勃，有跑步的，有练跳高、跳远的，有打篮球的，有打羽毛球的，还有跳绳的。体操房内还有同学在练习单、双杠和吊环、鞍马。学校为了保证学生的早锻炼，体育教研室每天早晨六点半到七点半向学生出借各种体育器材，供同学们锻炼。我喜欢打排球，就经常借排球与同学一起训练。老师也和我们同学一起参加锻炼，操场上经常可以看到团委书记陈步君老师和大队辅导员林树清老师的身影。林树清老师总是喜欢带着足球练习带球过人和垫球技术。

早晨七点半，各班同学排队进入操场，面对教学大楼和大楼顶层的国旗旗杆。随着雄壮的国歌声响起，国旗徐徐升起，少先队员举起右手向庄严的国旗敬礼。然后全场同学开始在领操同学的带领下做早操。有时早操完毕，校长或教导主任会简短地向全校师生讲话，布置学习和工作要点。

早晨 8 点整，开始一天的上课。上午有四节课，上午的课程一般以主课为多，如语文、数学、外语、物理、化学及政治、体育课等，各科的任课老师怀着对教育事业的忠诚和满腔热忱，孜孜不倦、任劳任怨地投入教学工作中。现在回想起老师给我们上课的情景仍然记忆犹新。

如班主任陆继椿老师上语文课深入浅出，生动活泼。教学中，他不但教我们对词汇的理解和语法应用，还教我们对课文的中心思想和段落大意的归纳和总结；不但教我们阅读中外名家的小说、散文和诗歌，如鲁迅先生的《孔乙己》《社戏》和《祥林嫂》等，高尔基的《海燕》以及冰心、叶圣陶的小说，杨朔的散文，还教我们阅读古代文学家及诗人如李白、杜甫等的诗词作品，教我们掌握写作技巧以及应用文的写作知识，等等。这对我们学生毕业离开学校后从事工作有很大的帮助。陆老师经常在我们教室上公开课，前来听课的不但有学校的领导，教研组的其他老师，还有区教育局的领导以及其他学校的老师。他上公开课就如同平常上课一样，课堂气氛活跃，学生从不拘束，踊跃举手回答问题，发表自己的见解和体会。陆老师为了帮助我们提高写作的兴趣和能力，特地在教室外走廊的墙壁上开辟了文学园地。壁报名为《细浪》，取自毛主席的《长征》诗歌，让我们写作投稿、编排布置壁报。我记得任多善同学和我以及其他几个同学当上了"小编辑"。

又如数学老师王剑青很有学者的风范，他不但教代数，还教几何。当年也正是进行教育改革的时期，他在上课的时候一改"满堂灌"的教育方法，边讲解边让学生到黑板上去解题，做到融会贯通。他经常在课堂上讲："要想知道李子的味道，必须亲口尝一尝。"我们班的学习委员、数学课代表姜叙伦同学就是在王剑青老师的带教下，考取了复旦大学数学系的。虽然现在王剑青老师已离开了我们，但我们还是深深地怀念他。

还有外语张吟华老师，苏州人，很文静、优雅，是我们学校的美女老师。我们这一届一个年级共有 6 个班级，进学校时，学校安排前三个班级学俄语，后三个班级学英语。我们班就由张吟华老师教俄语，起先是整个班 50 多个同学一起上课，但各个同学在课堂上单独朗读课文和练习口语的机会不多，张老师就进行改革，将一个班级分为两个小班，分别上课。这样，大家练习的机会就多了，但张老师也辛苦多了。教我们历史的李永圻老师非常儒雅，上起课来一口带有常州口音的普通话，将祖国的五千年历史和文化娓娓道来……

每天课间有 10 分钟的休息时间，同学们可以到操场上去活动，也可以在走廊里散步。中午时分，家离学校近的同学回家去吃午饭，学校的食堂还为在校搭伙的同学和老师提供丰盛美味的午餐，当然也为像我这样自己带饭盒淘米蒸饭的同学提供方便。当拿到热气腾腾的饭菜，吃起来真是一种享受。中午休息时，还可以到图书馆去阅览图书杂志或办理借阅图书手续。

下午 1 点，继续上课。下午一般以副课为多，如美术、生物、音乐、历史、地理、劳动课等，但也不是千篇一律。有时副课也有排在上午的，主要是按照教导处和各教研组的课程设置安排。下午三节课，前两节为正式课，第三节多半为自习课以及开班会或少先队大队主题活动等。生物课在学校西南角新建的阶梯教室进行，可以让同学们清楚地看到老师的演示和讲解；化学实验课和物理实验课则在具有专门实验设备的教室进行。音乐课则在专门的音乐教室上，教室四周墙上挂满了中外音乐家的画像，我们走进教室，好似进入了高雅的音乐殿堂。下午第三节的自习课，为了减轻学生回家的作业负担，可以在自习课上将作业完成，并预习和复习功课。我们当时学习的课本和其他普通中学的课本不一样，是五年一贯制的课本，进度要快一些，难度也要高一些。所以，同学们都很珍惜每一天的学习时间，上课时认真听讲、记笔记，课后抓紧完成作业，并做好预复习。劳动课安排在校办工厂的机修车间里，记得车间老师傅给我们讲解车工和钳工等技术活的要领，并指导我们使用钢锉锉金属配件。有一天车工老师傅要我帮他将车床擦洗干净，我就拿起回丝将满是油污的车床擦得一干二净、锃亮锃亮的，得到了师傅的表扬。

下午三点半，放学铃声响起，校园操场又恢复了热闹。学校田径队的同学在练习跑步、跳高、跳远、扔铅球和标枪，体操房里学校体操队的同学在练习自由体操、平衡木、单双杠、鞍马和吊环。我们班的徐友鑫是田径队的队员，练习跨栏和标枪；冯剑如和潘承农是体操队的队员，练习各种体操项目。不是学校专业体育队的同学也能根据自己的喜好或打篮球，或从事其他体育活动。学校还在课余时间举办班际之间的篮球比赛和拔河比赛。我虽然没有进学校体育队，但是 100 米跑的成绩大概也在 13.9 秒，因此作为班级 4×100 米接力跑的候选队员，下了课后与另外 3 个同学一起在操场练习如何交接棒，使接力跑跑得更快，并代表我们班级参加了学校在虹口体育场举行的校运动会。记得每星期三的下午放学后，是学校各个兴趣小组的活动时间。有美术的，有数学的，还有物理、化学的，各种各样的兴趣小组活动搞得有声有色。为迎接学校的文艺会演，我们班积极认真地在大礼堂舞台上排练反映解放军与藏族同胞一家亲的舞蹈《洗衣舞》，叶骏扮演解放军战士，和女同学们扮演的藏族姑娘跳起藏族舞蹈来惟妙惟肖，得到大家的一致好评。我虽然没有直接参加演出，但也做了不少幕后工作，如在排演反映英雄少年刘文学勇斗地主的舞台剧《刘文学》时，我担任了该剧的布景和打舞台灯光的工作，也算是个"舞台美术师"和"灯光师"了吧。

傍晚时分，当夕阳西下，美丽的晚霞映红了天际的时候，同学们怀揣着一天的学习收获，喜悦地回到家中。同学们放下书包，帮忙准备晚餐；晚饭后，帮着做些力所能及的家务活，随即在台灯下继续完成当天还未做完的作业并复习老师所教的课程和对第二天的新课进行预习。记得有一天晚上 8 点左右，我正在做作业，听到有人敲门，打开门一看，正是陆继椿老师，他问我白天老师教的课程领会了没有，学习上有什么困难，并与我父母交谈，鼓励我好好学习。当天陆老师不只是到我一家，而是挨家挨户进行家访，看望同学们，估计他回到位于昆山路的学校宿舍夜已经很深了。

在学习之余，除了校内活动，我们的校外实践活动也很丰富。记得读初中时，每隔两周的星期六下午，我们都要走出校园，步行来到位于中山环路外广中路上的广中苗圃参加劳动，如除草、挑河泥等，也算是"社会实践"吧。此外每逢夏秋季节，正值农村"双抢"和秋收时节，我们也会在学校的安排组织下，到郊区农村参加劳动。我清楚记得有一次我们班在陆老师的带领下，到位于松江泗泾的农村参加"双抢"劳动。大家住在农民家中，自己动手做饭，乘船到泗泾镇上去买咸肉和青菜，烧咸肉菜饭吃。在农民伯伯的指导下，同学们分散在稻田里，每人并排负责六株稻，依次拿镰刀收割。根据要求把镰刀贴在稻的根部靠近泥土的地方用力从左到右收割，前边的同学割去稻后，腾出来的地方让后面的同学将已收割的稻放在上面，这样的收割操作方法既快又整齐，效率也高。同学们都很佩服农民伯伯的智慧和高超的操作本领，通过和农民同住同劳动，学到了农民淳朴和勤劳的品德。

我还记得为了迎接 1965 年元旦的到来，中队主席宋亦强和班委一班人策划了类似"鸡毛信"的中队活动。全中队同学以小队为单位，在 1964 年的最后一天晚上从南京路西藏路口的中百一店出发，沿着南京路由西向东，寻找预先隐藏在沿街写有任务及智慧测试题的信件，按照信件的要求完成任务。同学们热情高涨，想尽各种办法寻找，并集思广益去完成任务。当我们各个小队圆满完成各项任务汇集在黄浦江边时，天空已微微发白，一轮红日冉冉升起，照亮了整个外滩的建筑，大家欢天喜地地迎来了新年。这次中队活动体现了我们的集体主义和团结友爱精神。

我们1965届中三甲班在班主任陆继椿老师和其他任课老师的带领及谆谆教导培养下，在中队主席宋亦强、班长叶山、团支部书记李振新及班委会一班人的领导下，同学们在学习上互相鼓励帮助，在生活上互相关怀照顾，成为一个团结友爱、生机勃勃的集体，在德智体美劳各方面得到全面发展。

我们的中学时期已过去将近半个多世纪，现在回忆起来，依然感慨万千。60年代的校园生活还有很多很多值得回味和记忆的场景……

写于 2016 年 2 月 22 日

附中的那些人、那些事

1965 届高三戊班　盛正为

我是 1959 年秋入学华东师大一附中的。当年，初一丙班的班主任是郑明德老师。1962 年，我初中毕业又考入附中的高中部。高中三年，我在戊班，前两年班主任是何福山老师，后一年是李厚基老师。

附中的六年，奠定了我人生总的走向。

那时，有一大批极优秀的老师：校长陆善涛、徐正贞，团委书记陈步君，数学老师谈若华、石源泉，语文老师郑明德、陆继椿、谢均石，俄语老师张思中，等等，令人难忘。更有一拨拨朝气蓬勃、心怀大志的莘莘学子。

记得当年初一甲班有一个名叫萧功秦的同学。每每课间休息，无论甲班或外班的，大家都喜欢围着他，听他讲精彩的哲学和历史。1962 年升高中，我们大部分仍上附中的高中，他却不知去向。后来才得知，他已成为我国著名的历史学家、上海师范大学历史系的教授。同样，喜欢文史哲的还有我们戊班的钱宪民（他初中也是甲班的），现在是复旦大学哲学系的教授。

师大附中的六年，让我喜欢上了数学。

当时三年严重困难，苏联撤走专家，国家极其困难，但在全国人民发愤图强精神的鼓舞下，我和周围喜欢数学的同学一样，立志长大要当一名像华罗庚、苏步青那样的大数学家，为国效力。

刚上高中没几天，数学老师石源泉拿了两张周末数学讲座的票子，给了我和戴兴德。那是虹口区科协组织举办的数学兴趣班讲座。次年，以考试的方式，成立了虹口区数学小班。我们附中当时喜欢数学的有高我一届、1964 届高三乙班的吴炳鳞（他曾获得 1963 年上海中学数学竞赛第 12 名），低我一届、但因是五年制和我同届毕业（1965 届中五甲班）的方之熙，还有我们戊班的戴兴德。

吴炳鳞 1964 年考上清华大学工程数学力学系。1970 年毕业，他分到贵州飞机设计研究所，在研制国产歼击机中做出重大贡献。他是党的十四大代表，飞机设计所国家级专家，可惜英年早逝。

　　方之熙、戴兴德于 1965 年都考进复旦大学数学系，改革开放初期，赴美留学。方之熙现是英特尔中国研究院院长，戴兴德是美国一所大学的终身教授。

　　因为比我大两岁的小哥哥，1960 年就被保送到西安军事电信工程学院，所以，1965 年我报考了西安交通大学的数理力学系。1970 年毕业，我分配到延安，从事多年广播无线电技术。80 年代初，我到了浙江省电力设计院，一直从事发电、送变电和电网的电力系统 CAD（计算机辅助设计）技术和管理工作。目前，还在发挥余热。

　　2015 年是母校建校 90 周年，也是我离别附中 50 年。回想这 50 年的经历，十分感慨，写下这篇回忆性的文章，聊表对母校的一份敬意和深深的怀念。

难忘母校的一些往事

1965 届　杨建民

我们 1965 届中五甲班同学，自毕业之后，年年聚会，前些年在同学家里，这些年都是在母校，一直延续了几十年，从不间断。有人感叹道："这就是母校优质教育的凝聚力！"这种聚会，为大家提供了一个平台，交流各人的工作经历、生活感受、学习心得。大家回忆附中的教育对我们一生的影响，一件件往事像电影一样浮现在眼前⋯⋯

郑震中老师教我们制图课，他教我们一点一画都认真去绘，稍有差错，他立即纠正，不怕麻烦。这种一丝不苟的工作作风，使人终身受益。

音乐课的沈晓老师，除了教唱歌，还注重教我们学会如何欣赏抽象的交响音乐，把我们领进音乐的殿堂。许多同学由此喜欢上了音乐，并使这一爱好伴随一生，得益多多。冼星海说，音乐是生活中的一股清泉。沈老师带领我们打开了这股清泉，一生饮用不尽！

李春友老师是我们的班主任，虽然身体有病，但工作非常努力，呕心沥血，他说自己是："半条命，拼着命，干革命！"这种精神面貌，是我们学生的生动榜样。

林树清老师教政治课，他讲课生动活泼，紧密联系生活实际。有这么一个例子：当年，在第 26 届世界乒乓球锦标赛时，全国人民都在日夜观看，都在关心议论。当徐寅生猛打十二大板，中国健儿勇夺冠军时，全校都沸腾了！这时，林老师郑重地对我们说："全国群众一片欢腾，这是一场最生动的爱国主义政治教育！"这寥寥数语，画龙点睛，一下子升华了这届乒乓赛的主题思想，拨亮了生活的闪光点，体现了一位优秀政治教师的水平。

费新宝老师教的语文课生动感人，有着一种打动人心的力量。一次，她为同学朗读课文《金色的鱼钩》。这是一篇长征回忆录，情节非常感人。她朗读得抑扬顿挫，声声入耳。读到激动人心处，老师情不自禁地流下两行热泪。课堂里，先是一片寂静，后是一片唏嘘声，最后，两个女生竟也被感动得哭了！

大家最难忘的，还是团委书记陈步君老师从新疆回来的一场报告，虽已过去了几十年，大家回想起来，还历历在目，犹如昨天的事一样。

那天，陈老师身穿草绿色军装，神采奕奕，激动地向大家报告新疆之行，传达了王震将军对他的讲话，以及对上海青年的殷切期望，描述了新疆广阔天地的大好风光。学校礼堂内的掌声像潮水一样，一浪高过一浪！这场报告动人心弦，令人热血沸腾！我班同学在毕业前，都争先恐后地写下了决心书（有的还写了血书），坚决表示要"一颗红心，两手准备"，"到祖国最需要的地方去"。其中，我班朱祖庆同学，毅然放弃了自己的优良成绩，放弃了高考机会，直接奔赴新疆，在新疆贡献了自己的青春！这件事被传为佳话，这场报告的号召力可见一斑。

今天，当我们徘徊在校园林荫道上，当年的小树已成长为参天大树；当我们徘徊在长长的校廊里，当年的歌声又在耳边回荡。附中的学习生涯，点燃了我们心中的火焰，愿母校的优良学风一代一代传下去！

忆在附中学习的二三事

1965 届高三丁班 袁雪芬

　　我于 1962 年至 1965 年就读师大一附中高中。三年的时间在我人生的旅程上是短暂的，但对我一生的影响是巨大的。因为在这里受到严谨的学风熏陶，在名师的传授下，我掌握了正确的学习方法，养成了良好的学习习惯，这些都使我终身得益。

　　想当初刚入校时，我还是懵懵懂懂的女孩子。由普通中学升入重点中学，第一感觉就是师资力量强，学习环境好，老师水平高，对教学要求严格。周围的同学思想比较成熟，且都有远大理想，与之相比，自己差距很大。但在师大附中受到三年的严格教育以后，我走进了大学，现在我在信息领域里从事高科技工作。在附中学习期间，有几件事情对我影响深刻，虽是小事，但至今没能忘怀。

　　记得当时由陈品端老师、季克勤老师、张思中老师分别教我们数学、语文和外语，季克勤老师是我们高一丁班的班主任。在给我们上第一堂语文课上，季老师略带海门口音的语言、激情的演讲，给全班同学留下了深刻的印象，从此我喜欢上季老师的语文课，提高了学习语文的兴趣。我觉得，听季老师的课心情是非常愉悦的，那时候我能把《鸿门宴》等课文整篇都背下来。由于我在高中打下的语文基础较好，在后来从事的工作中无论写方案，还是写文件、写文章都比较得心应手。

　　附中学习的竞争性是很强的，当时我觉得自己的俄语成绩不够理想，希望能够利用假期的时间补一下。我与俄语老师张思中说了这个意思，张老师支持我的想法，在高二寒假期间，每天上午给我们几个自愿补课的人补习俄语。张老师在教学方法上一直主张因材施教，在教育改革方面有独到的见解。为了扩大我们的词汇量，张老师在寒假期间教我们循环记忆法，即在一个小时内，采用循环记忆的方法记忆 50 个俄语单词。这个寒假我们只休息了两天，即大年初一和大年初二。从此以后，我的俄语成绩上升了，摘掉了偏科的帽子。

　　高中的化学课和物理课非常有意思，化学课除学习化学课本的知识外，老师教我们做了大量的化学实验。有的重要实验要反复做，诸如银镜反应实验做了多次。该实验的结果是试管壁上镀上了一层炫目的银层，化学实验使我们直观地了解到化学反应的神奇力量，使我们对原子结构的理解也更深刻。

当我们物理学学到电磁学这一章时，老师发给我们每人一套收音机元器件，让我们装收音机，我们是多么兴奋啊！大家待在实验室里安装忘了吃饭，时值北京举行第25届世界乒乓球锦标赛，我们就用自己制作的收音机，收听了冠军赛精彩的现场直播，随着一次次的赢球，教室里传来一阵一阵的欢呼声，此情景至今历历在目。

陈品端老师上数学课，他有句名言："你们给我把书本上的题目一道一道都做了"。我就按照陈老师的要求做了书本上的所有题目，得益匪浅，不仅打下了较为扎实的基础，而且掌握了解题技巧。陈老师还抽空给我们讲了微分知识、线性代数，使我们能站在更高的层次上学习、理解中学的数学。

上述这些事情，现在看来都是微不足道的小事，但是当时对我们一帮求知欲较强、家境贫困的孩子来说意义是很大的。这一系列的教育，培养了我们的动手能力和探索科学的兴趣。现在我们的同学大部分都在普通的岗位上工作，有教授、有工程师、有经理，但是我们都可以自豪地说：我们都是对国家有用的人。

总之，我觉得附中三年是我们很重要的学习阶段，我们在这里打下了牢固的知识基础，树立了人生的理想。离开附中已几十年了，但我们一直怀念附中的学习生活，感激附中的老师们。

写于 2003 年 12 月 23 日

一段挥之不去的记忆

1966 届中三丙班　韩明澈

记忆就像个筛子，从孔隙中钻落下去的，有的轻飘飘随风而去，有的沉甸甸落入土中，能留在筛子中的已不甚了了。然而在附中的那段记忆中，王树琪老师的形象深铭吾心。

记得那是中一下的第一节语文课，我们期待的目光紧盯着教室门口。这时，来了一位四十开外的女老师，身穿蓝灰色的布衣，不着一点修饰，左手紧夹着课本，步子大而沉稳地走向讲台。她脸若银盘，端庄清秀，短发齐齐的，梳在脑后，眼睛圆圆的，目光矍铄，一副金丝眼镜架在鼻梁上，更见儒雅之气。

当她第一次念课文的时候，那独特的声音如银铃般脆亮悦耳，似清泉入涧，如黄鹂飞鸣，一下子把我们震慑住了。她的国语极为标准，字正腔圆，抑扬顿挫，富含韵味。她讲解时，一字一词、一句一段，丝丝入扣，若轻风拂面，沁入心田。

她从无训斥，也不指责，可纪律出奇地好，教室出奇地静。她板书不多，常喜欢站在两排座位的中间，左手端着书本，右手顶着课桌。挺直的腰背，亲切的脸庞，那动听而温婉的语音，带我们进入语境，走向深远；课文讲完了，播撒在我们脑海里的画面，却久久不能散去。

我们爱听她评析作文，她总在鼓励你，引领你。就连一篇学生的习作，在她读来也格外入耳。有时竟会突然恍惚起来：我们写得真有那么好？那作文本上满满的都是红色的圈圈杠杠，每句评语都蕴含着她的热切期望。

听王老师的课是一种无以取代的享受，能受益于这位德高望重的老师的循循善诱，我由衷庆幸。

多年后，我也成为一名中学语文教师。从踏上讲坛的第一天起，王老师的形象就是我心中的标杆，我企望能像她那样为学生授课，能像她那样钟爱自己的事业一直到老。

这，确是一段挥之不去的铭心记忆。

我的同桌赵长天

1966 届高三甲班　平大成

2013 年 3 月 31 日中午，我先后接到同学发来的短信和打来的电话，得知长天同学上午因病在瑞金医院逝世。一个很好很好的好人、一位笔耕不辍的作家，竟过早地离开了他热爱的生活，离开了他关注的人世，离开了他未竟的事业。

我是 3 个多月前知道长天患了白血病，并从魏承耀同学那里证实了这不幸的消息。魏承耀告诉我，长天病后不希望更多的熟悉他的人知道，也不愿惊动大家前去探望。我只得通过长天的夫人，也是我同班的陈颖转达我的问候。我想等他病情稳定一些后，再去看他，想不到竟留下了终身的遗憾。

1960 年秋天，我和长天都考入华师大一附中，同在中一己班。从初中到高中，我们同窗六载。三年高中，我和长天还是同桌。从少先队到共青团，赵长天一直是班里的干部。他简朴真实，诚恳谦和，脸上总是带着一丝微笑。我患有先天性白内障，上课时老师黑板上的板书，我几乎看不见，全凭耳朵听。长天每次上课，总把笔记记得特别详细，课后给我抄。每次小测验，老师在黑板上出题目，长天就用小纸条把题目抄好给我，这样就难免影响了他自己答题的时间，但他从来没有一句怨言。高中三年的学习，他对我的帮助，是我终生难忘的。

赵长天的文笔流畅，清新朴实，文如其人。他的作文经常得到老师的赞赏。高中时，我是语文课代表，在语文老师指导下，他和我一起办了文学性的墙报《红雨》。他写的散文诗歌经常在墙报上刊登。记得他写过一篇散文《身影》，是他读了毛泽东的《沁园春·雪》后，思绪万千，浮想联翩，用笔讴歌了一代伟人的英雄气魄。

赵长天的普通话说得非常标准。在武进路小学读书时，我在他隔壁班级。他的班主任老师曾被学校送到北京专程学习普通话，回来推广，因此他打下了扎实的基础。我非常喜欢听他朗诵诗歌。初中时，在他的鼓励下，我和他一起参加了学校话剧队，童明友老师是话剧队指导，经常让他演主角。长天的嗓音条件不错，是浑厚的男中音，因此歌也唱得好。他在上海作家协会工作时，我有一次在电视里看到他参加文联的一次晚会，唱了《莫斯科郊外的晚上》，这首歌我们在中学时经常唱。长天擅长游泳，好像是学校游泳队队员。每次体育课学游泳，他总是主动来教我，既讲要领，又做示范，不厌其烦。

1966 年夏，我们高中毕业，正是十年动乱开始的时候，长天从不参加批斗老师的会。我家庭出身不好，是"黑五类"，但长天从不歧视，好像没那回事，待我一如既往。后来他去参军，我们分别了好几年。有一次，同学通知我，去参加赵长天和陈颖的婚礼，我欣喜若狂地去了。在武进路他父母的家里，一间 6 平方米的陋室就是他们的新房。一杯清茶、几颗糖果见证了他们纯真的爱情，那是最简朴不过的婚礼了。

以后，每次同学聚会，长天总是抽空来参加。他从不高谈阔论，只是静静地坐在一旁，用作家独有的睿智倾听大家的交谈，有时插上一句，有时会心一笑。他也从不在同学面前炫耀他又写了哪部长篇，又出了哪一本书。他的好几本著作，我是在书店里看到的。他写的一篇关于屈肇塈老师的文章被电视中专的语文课本采用，是我告诉他的，他自己还不知道。

赵长天有个姐姐叫赵秋水，姐弟俩的名字出自唐代王勃《滕王阁序》中的名句："落霞与孤鹜齐飞，秋水共长天一色。"也许正是父母给他取了个富有诗意的名字，使他在文学的道路上长途跋涉，最终成了著名作家。长天留给我们的是他朴实无华的人格魅力和几百万字的著作，这是弥足珍贵的财富。

2013 年 4 月 3 日告别仪式这天上午，我们班里的许多同学来了，林树清、程丽明、彭根儒三位班主任老师来了，附中曾经的团委书记陈步君老师也来了……大家为长天送行，祈祷他一路走好。

这些日子，我常常在想，长天是不会离开我们的，也许他去了一个遥远的地方，而且时间会很长，在那里，他将续写精彩的"人间喜剧"。

从附中起步

1966 届高三甲班　赵长天

仿佛就在昨天，但毕竟很遥远了。40 多年，在一个人生命的年轮中，无论如何不是短暂一刻。我也已经到了可以回首往事的年龄。在师大附中求学六年的记忆是美好的，不仅仅因为那是人生最美好的年龄，而且，那段岁月，确实有许多值得回味的日子。

有一次上海市文联改选，我是副主席候选人，我在"学历"一栏填的是高中。后来听一位艺术家说，她对我有好感，就因为在多位候选人中，只有我填"高中"。但师大附中高中毕业，确实就是我的最高学历。据说有关政策规定，像我这样的情况可以填大专或大学。但有这个必要吗？有一个大学学历那么重要吗？我并不是轻视大学教育，但我觉得，人最重要的基础教育阶段在中学。可能是因为我没有读过大学，所以不能体会大学的重要；也可能因为我读的中学太优秀了，使我即便没有读大学，也依然具备了自学的能力。所以，我以为学校教育的最主要任务，不在于积累多少知识，而是让学生掌握继续学习和自我完善的能力。

我是 1960 年进入华东师大一附中的，1966 年高中毕业，因"文化大革命"延宕两年，1968 年正式离开，整整七年半时间。这段时间各种运动不断，一直没有消停。在此期间的中学教育当然不可能不受影响。过度重视政治教育、片面强调阶级出身等，后果都在"文化大革命"中凸显出来，这些已成共识。但即使在这样的大环境下，师大附中的教育，依然可圈可点。

附中的教育，体现了让学生德智体全面发展的教育方针。现在虽然也讲全面发展，也讲素质教育，但社会大环境发生了变化，"唯有读书高"成为流行价值观，随之大行其道的应试教育，尽管弊端百现，依然令众多学生、家长、教师趋之若鹜。当年，在全社会真心诚意认同"三百六十行，行行出状元"的环境中，学校生活要生动活泼得多。我参加校游泳队的训练，参加校话剧团排演大型话剧，参加共青团组织的社会工作，还有其他的一些兴趣小组。这些受到学校鼓励的、占据了相当多时间和精力的课余活动，为我日后的工作，无论是在部队、在航天局，还是在作家协会、在

《萌芽》杂志，都打下了极为重要的基础。

当然，附中的知识教育也是成功的，这取决于一大批好老师。附中不是只有几位名师，它的教师队伍普遍水准都很高。我写过一些文章，记叙过林树清、屈肇堃、丁明远、张思中、王树琪等老师。其实，其他教过我的老师，都值得一叙；还有众多没有直接教过我课的老师，同样优秀。我这样说，不是信口开河。在我家里，有很多附中校友：我的妻子，我的姐姐和姐夫，我的两位连襟都是。我们在一起常会谈论起师大附中，对于曾经求学于这所学校感到幸运。我衷心希望今天的师大附中，能够冲破强大的应试教育的藩篱，创造出适应当今社会现实的、新的教育经验、新的教学模式、新的办学道路。民族期待着教育的新突破。

长天与母校

1966 届高三甲班　隆振亚

送走了长天，我的心却依然难以平静。我与长天在附中，从初中到高中同窗六年，可以说是志同道合、心心相印，是关系最铁的"哥们"。这些天，有个问题始终在我的脑海里萦绕：是什么样的因素造就了一个成功的"新概念作文大赛"的倡导者，一个著名的作家？除了长天自身的努力，以及家庭、社会环境的影响外，我觉得母校对学生的培养和教育起了重大的作用。长天在《从附中起步》一文中，这样称赞他的母校："……我觉得，人最重要的基础教育阶段在中学。可能是因为我没有读过大学，所以不能体会大学的重要；也可能因为我读的中学太优秀了，使我即便没有读大学，也依然具备了自学的能力。"我非常赞同他的观点，我以为是附中德智体全面发展的环境，为他的成长、成才铺平了道路。

1960 年，我们一起考入了附中，分在中一己班，当时的班主任是林树清老师。进校不久，长天就担任了附中少先队的大队副主席，"时刻准备着，为共产主义事业而奋斗"的口号，就成了他和我们所有少先队员的座右铭。升到中二以后，我们先后入了团，一起担任团干部，长天后来又到校团委工作。到中三毕业时，我们班已经有了 10 名共青团员，其中有后来成为长天妻子的陈颖。初中升高中这年的暑假，附中组织我们团支部一起到松江农村的一个生产队下乡劳动。我们都分散住在老乡家里，与农民同吃、同住、同劳动。劳动之后，在那散发出农村特有的稻秸香味的灶头旁，吃着那糯糯的、当时城里人吃不到的大米饭，听着乡亲们闲聊平常得不能再平常的生活之道。乡亲们身上的那种淳朴善良、善解人意、与世无争的品格同时深深地融入了我们的骨髓里。长天被文学界、新闻媒体公认推崇的品格和人格魅力，应该和附中当时的少先队、共青团组织的培养教育，有着千丝万缕的联系。

附中之所以能培养出一大批国家的有用之才，还因为附中有一批称得上名师的优秀教师。当年附中的校长陆善涛，是上海解放前地下党时期的老干部，称得上是一位有成就的教育家。我们考入附中后，在开学典礼上，陆校长紧扣中心、滔滔不绝、层层推进、富有严密逻辑的演讲，让我们佩服得五体投地。我们的语文老师王树琪、孙光萱，俄语老师张思中，化学老师丁明远，物理老师屈肇堃，数学老师廖康民，个个身怀绝技。长天曾在报刊上撰文，对林树清、屈肇堃、丁明远、张思中、王树琪等优秀教师做了专门的描述。

长天的文学功底，应该也是在附中形成的。他在任市文联副主席的表格中，最高学历填的就是高中。长天的文学才华在初中时就显露无遗。他的作文常常被王树琪老师当范文朗读。他还怀着长大后从事文学表演艺术的理想，参加了校话剧团。附中的话剧团是很像回事的，排演的都是多幕话剧。长天曾在四幕儿童话剧《枪》中扮演儿童团员塌鼻子。在一部苏联话剧中演过一个叫尤拉的角色。长天当时住在武进路449号，在不到10分钟的路程里，周围竟然有5个电影院，有虹口、解放2个剧场，还有1个红星书场。在武进路、四川北路交界的附近还有几家旧书店。文化设施的分布如此之密，这对长天在文学上成才也提供了难得的条件。当然，更重要的是附中宽松的学习环境、气氛，使得我们有足够的课余时间去发展自己的业余爱好。当时，解放剧场是上演话剧的剧场之一，那时它是长天心中的圣殿，他常常光顾。而那几家旧书店，长天也是常客，因为可以在旧书店看书而不必买书。更稀奇的是，附中当时的大礼堂每周末晚上都放映电影，学生票价只要5分钱。长天看了几乎当时能看到的所有电影。我没有那么好的福气，只能挑着看，因为他的家境比我好多了。

附中的体育教学在当时也十分出色。学校有一个体操房，有一个25米长、15米宽的游泳池。有一个周长230米长的田径场，中间一边是个足球场，一边有三个篮球场。体育老师有王季淮、周佐溪、宋坤泉等。附中有一个少体校田径队，能与虹口体校的田径队并驾齐驱。长天凭着他十分出色的自由泳，进入了校游泳队。在夏天游泳池开放的几个月，他每天早晨六点半到七点半训练一个小时。训练很正规，练习出发、转身、耐力和冲刺等。到了高中时代，有一次班级组织全体同学到宝山海滨浴场开展游泳等活动。清晨，长天和我、邵允悌等七八个男生小跑加步行40多里到浴场，女生则大多坐公交车。游泳等活动结束后，我们又徒步走回来，真正显示出青春的活力。"文化大革命"第二年下半年，学校组织下厂劳动，我和长天、谢德权等分配到上港八区装卸煤炭。有一次下班后，我们五六个男生从浦东的上港八区下水游过黄浦江到浦西，再从浦西游回到浦东。由于水流的关系，上岸时已经远离下水的地点，我们穿着游泳裤走回原地，到港区冲凉后再回家。可见当时我们的身体之好。高中阶段，我每天早晨围着操场跑21圈多，即5000米，跑完后才上课。我们班的同学下午第二节课后几乎都参加各项兴趣活动。我当时还参加校民族乐团，吹笙。每一个月，班里组织歌会，大家把课桌围成一圈，又唱又跳，人人自告奋勇。记得有一次班会，丁明远老师特地跳了一段新疆舞，那个专业程度令人叫绝。

现在回想起来，在这样的校园环境下，长天自然如沐阳光雨露，茁壮成长。我可以毫不怀疑地说，是母校将长天培养成为一个德智体全面发展的优秀学生，也为他最终走上文学道路，取得令人瞩目的成就，奠定了坚实的基础。

忆母校，最忆是师恩

1966 届高三甲班　平大成

　　1960 年 9 月 1 日，华东师大一附中校园里盛开的鲜花迎来了我们这一届新生。从这一天起，我在附中学习生活了整整六年。在老师的悉心培养下，我获得了优异的学习成绩，懂得了基本的做人道理，树立了正确的道德观，为今后继续深造、踏上社会打下了扎实的基础。

　　时光如逝，从 1966 年毕业离开母校至今，半个世纪过去了。50 年来，母校的一切，时常在我脑海里。然而，忆母校，最忆是师恩。

　　记得担任我们中一乙班班主任的是林树清老师。他是当时学校少先队大队辅导员，还上我们班的政治课。在我心目中，他是一位可敬的大哥哥。他和我们朝夕相处，亲密无间。一起在教室谈心，在操场打球，在图书馆阅读，在工厂田野劳动……他十分重视对我们的品德教育，希望我们在政治上要求进步。我的家庭出身很不好，难免有悲观情绪，林老师经常让我到他的办公室去，和我谈心。他拿出自己的日记本，教我怎样写日记，教我记下每天的点滴感想。林老师有一个简陋的小木箱，里面都是他读过的书。翻开这些书，看到林老师用红笔、蓝笔画上的圈圈点点，他教会了我怎样读书。中一第一次政治期中考试，班里有两个同学得了优等，我是其中之一。林老师在课堂上分析了我的答案，要求我继续努力。在林老师的鼓励下，我认真地写好了入团申请书，到办公室郑重地交给了林老师，他露出了赞许的微笑。

　　和林老师一样，我们中三时的班主任张思中老师，高中时的班主任程丽明、彭根儒老师，都是言传身教，循循善诱，兢兢业业教书育人。在学习、品行、身体各方面无微不至地关心我们学生。记得高中一放暑假，我们十来个男同学没有征得学校老师同意，擅自组织到原来"三秋"下乡劳动去过的金带沙农场游玩。班主任程丽明老师得知后，第二天就赶到农场，和农场负责人联系，妥善安排好我们的食宿，并再三叮嘱我们注意安全，少住几天就回家。那天晚上，程老师也住在农场。第二天早上看到程老师手上、腿上被蚊虫咬得红一块紫一块，老师一夜肯定没有睡好。上午他就匆匆赶回学校，准备学生数学补考。事后我一直感到很内疚，至今还没有忘记这件事。

在附中六年的学习中，我可以自豪地说，那时母校的老师个个都是教育战线上的精英，教学经验丰富，教学方法灵活，教学个性突出。老师充分运用课堂教学，讲练结合，从来不搞题海战术，学生学得很轻松，我们有足够的课余时间参加体育锻炼、文艺表演、课外阅读。

记得中三年级时，班主任张思中还上我们的俄语课，张老师那时已经开始外语教学方法的探索。他常说，造高楼大厦没有砖瓦怎么行？他十分注重单词积累和阅读原著。他按照发音、词义近似的单词分门别类地给我们列出来，帮助我们记忆。俄语语法的变格、变位比较复杂，特别是复数第二格，张老师还编了顺口溜让我们在学习中运用。张老师摘选了普希金、托尔斯泰、高尔基、奥斯特洛夫斯基等大文豪的著作汇编成册，供我们课外阅读。当时没有复印机、电脑等现代化设备，而是通过打字机、油印装订成册。可想而知，张老师花了多少心血。

中三高一年级时，我们班的物理课是屈肇堃老师上的，我清晰地记得第一堂物理课，屈老师拄着拐杖，精神饱满地走上讲台，先做自我介绍，在黑板上写了自己的姓名，风趣地对同学们说，不要把他的姓名读成屈笔方，一下子纠正了我们平时读错的两个字。接着他向我们提出了一个问题："月亮是从东边出来的，还是西边出来？"同学们兴奋起来，有的回答东边，有的说西边出来。屈老师没有给出答案，开始讲课。这一个最简单不过的天体问题，一下子提起学生学习物理的兴趣。屈老师的力学教学堪称一绝。他自己设计了一个梯形载体，上面安装了滑轮，三边各有一个重物，用绳子相牵引，重物移动时发生了变化，由于是50多年前的事，我已说不大清楚，但是我记得就是这么一个简单的图形，屈老师把力的分解讲得清清楚楚。

听附中老师讲课，不仅能获得扎实的基础知识，而且是一种艺术享受。我记得，王树琪老师用带着北方口音的普通话，抑扬顿挫地吟诵古文和古诗词，她会给每个取得优异成绩的学生赠上一本练习本，这种道林纸的本子在纸张短缺的60年代是弥足珍贵的。夏益辉老师把枯燥的数学分式、定理的证明讲得通俗易懂，我至今还能背上一些。丁明远老师教我们如背五言、七言律诗那样背门捷列夫元素周期表，他还在晚会上跳起新疆舞。李永坼老师满腹历史故事，使我们身临其境地进入时光隧道去了解历史事件的真相。龚贞观老师在教俄语的课余时间，给我们绘声绘色地讲故事。孙光萱把文学创作的知识灌输在语文教学中，使我至今还酷爱着文学……

就是这样，母校的老师，用亲切的教诲、温暖的双手扶着我们一步步成长，使我从一个幼稚的孩童，成长为充满理想的青年，从学校踏上了社会。在以后的工作中，处世行事，我始终牢记母校老师的教诲，以老师清贫高尚的人格魅力为楷模，正正直直做人，踏踏实实做事。

六年的附中学习生活，是我一生中一段最美妙的华彩乐章，给我留下了最难忘的美好回忆。我已是古稀之年的老人，回忆往事，让我焕发了青春，我衷心希望母校的师生，继承传统，发扬光大，衷心祝福母校的明天会更美好。

张瑜
——我爱戴的老师

1967 届中三乙班　马学新

　　1964 年，我有幸考入附中，拜在一批优秀老师的门下，学到的不只是书本知识，还有老师们诲人不倦、为人师表的高风亮节。弹指间，50 年过去了，老师们还好吗？其中，最让我思念的是语文老师张瑜。

　　张瑜老师内外兼修。她亭亭玉立，站在讲台上一启唇，一口甜润的普通话如流水般悦耳。此刻，就连平时上课爱说悄悄话、爱做小动作的同学都悄然无声，洗耳恭听。她讲解课文由浅入深，条理清晰，分析透彻。一堂课结束，我常感叹"课时太短"。近读《承附中精神　沐先生之风》一文（载《华光报》第 33 期），才知道张瑜老师为了"磨课"，不仅精心准备，还多次试讲，请教研组的其他老师给她建言。这就难怪同学们如此热衷于听她的课了。

　　张瑜老师批改学生作业，倾注的是心血，展现的是学养。我写的作文，字里行间有她的圈圈点点和批注，多数是热情洋溢的鼓励，也有入木三分的剖析。作文最后是她写的评语，短小精辟，我视之为"范文"，常读常新，获益匪浅。以至时日一长，我在阅览课外书籍时，会在不知不觉中借鉴张瑜老师的方法写批注和评语，虽显稚嫩，但对提高阅读兴趣和阅读能力大有帮助。

　　在我的心目中，张瑜老师就是"真善美"的化身。她待学生和蔼可亲，从不训斥，而是用蕴含宽容、理解的微笑化解同学们的心结，甚至让犯错者知错而改。学生对张瑜老师不是敬畏，而是敬重、敬仰——敬重的是她的人品，敬仰的是她的学问。我满心期待着追随这样一位杰出的老师念完初中语文课程，但突如其来的"文化大革命"使之化为泡影。在"文化大革命"中，张瑜老师身心俱遭摧残，从此离开了她所热爱并为之献出青春的讲台，我则加入"接受再教育"的行列中。

　　十余年后，我在复旦大学求学，获悉张瑜老师在上海外国语学院（今上海外国语大学）图书馆工作，就去看望她。但见老师的两鬓已染上白霜，音容笑貌却未改。她以其丰富的阅历，为我推荐了一批中外名著并指导我阅读，使我很快从"文化大革命"造成的"文化知识荒"中解脱出来，在走上工作岗位后能有所作为。其间，听说附中以及上海外国语学院曾有意邀请张瑜老师重执教鞭，但都被她婉辞了。这时的张瑜老师选择了与书籍相伴，共同"为读者默默奉献而别无他求"。她在晚年，坚守的是"出淤泥而不染"的洁身自好。

2014 年 5 月的一天下午，我和同学丁海椒、刘晓雯经张瑜老师允准，前往拜访她。席间，相谈甚欢。张瑜老师已年过八旬，步履尚健，思维敏锐。道别时，她送我们到楼下的院中。夕阳下，老师的身影就像一座丰碑耸立在我们的面前。敬爱的张瑜老师，您是附中的光荣和骄傲，是一部我一生都修不完的教科书。

怀念庄炳珍老师

1967 届中三丙班　汪维恒

不知不觉，我们从附中中三毕业已有 50 年了。在这 50 年间，我经常会回忆母校，回忆母校的老师和同学，其中始终让我难以忘怀的，就是我敬仰的数学老师庄炳珍。

我自小就酷爱数学，1964 年考入附中，当得知教我们数学的是庄炳珍老师时，异常兴奋。因为我早就听学长们介绍过庄老师教课的风采，对她非常崇敬。庄老师 1946 年毕业于大夏大学，1951 年到附中教书，她教我们的时候 40 多岁，正是年富力强的时候。她承担我们班和戊班的数学教学工作。在我的印象里，庄老师个子不高，一头的短发，走起路来不快不慢，正如她讲课时总是不急不缓、娓娓道来似的，是一位典型的老教师的形象，极有风度。记忆中，庄老师上课从不曾大声训斥过学生，她对数学成绩差的同学经常进行课外辅导，极有耐心，还经常关心学习受挫的同学。曾听中三戊班的同学说，有一次庄老师来上课，看见教室里一个女同学正埋头在哭泣。原来平时作文一向很好、经常得高分的她，因这次作文只得了 60 分伤心地流泪了。庄老师了解情况后，像一位慈祥的母亲，把她叫到走廊里，开导安慰她，直到这个学生心情平复后，才开始上课。

还记得有一次上课时，我与同桌交头接耳，有些过分了，被庄老师叫起来回答问题，因没听讲，自然是回答不上。课后，庄老师把我叫到办公室，问清原委后，关照我，新课必须认真听讲；对于自己已掌握的知识点，可以不听，可以做课本之外的事，但不能随便讲话，影响课堂纪律，影响其他同学听课。庄老师还对我网开一面，说如有需要你可以到图书馆自修相关内容（尽管我很少用到这个"特权"）。现在想来，在当时的教学环境下，庄老师这种因材施教的教学方法，真的是很不容易。

除了上课，课外庄老师经常给出一些思考题、兴趣题之类，张贴在教室的数学园地，让同学们去思考。一批数学爱好者，或苦思冥想，或争论不已，实在争执不下时，就一起到庄老师那里寻求答案。每每庄老师只是微笑着，三言两语，点到为止，令我等茅塞顿开、恍然大悟。此中的乐趣是一辈子的美好记忆。

很遗憾，我们在附中正经读书的时光"好景不长"，不足两年便是十年动乱。疯狂过去后的 1967 年，我和一帮住在学校附近的"逍遥派"同学，成天在学校玩，整个夏天在学校的游泳池打工，每天得几角钱津贴。那段时间庄老师被"贬"在食堂里卖饭菜票，我们也因此经常得到庄老师关照。偶尔，她也会问及我们学习上的事，关切之情溢于言表，当然在那个年代能这样说说，已经是很不容易了。

再后来我们便各奔东西了，我也到云南插队落户了。几十年后再回到上海，老师和大多数同学都"失联"了，等到再获得老师和同学们信息时，得知庄老师享年 80 岁，已于 2001 年去世了。

我们在附中的学习时光是短暂的，但多少年过去了，老师教导的学习思维方法，伴随一生，受用终身。

怀念庄老师。

感谢您，母校

1967 届中三丁班　戚瑞珍

自从参与了 1967 届中三毕业 50 周年纪念活动筹备工作，和 2015 年庆祝母校九十华诞时一样，我满脑子想的都是"感恩"两个字。回忆在母校的岁月里，我真算得上是附中的宠儿。

记得在人才济济的这所市重点中学，进校仅半年，我就被学校初中部推荐当了《青年报》的通讯员，高中部是马进学长，我们两人一起接受了报社的各类培训，这为我走上社会后成为一个与文字牵手的人，打下了扎实的基础。进校第二年，我又有幸代表学校参加了中日青年大联欢，出席了中日中学生畅谈理想的座谈会。轮到我发言已是最后一个，当听到当时学生最向往成为科学家、军人、教师等理想抱负都被人说完了，我就讲长大当个有知识的新型农民吧。没想到后来我真的去黑龙江当了农垦战士，一干就是整整十年。在那里，我经受了艰难困苦的磨炼，入了党，当上了师的团委副书记，度过了一段痛并快乐的日子。

在附中学习的岁月里，我最忘不了的，是母校有丰富的各类体育活动。校内有业余少体校，从小酷爱体育运动的我，有机会进了田径队，经常代表学校参加市、区中学生运动会。在物资匮乏的年代，学校每天中午给我们少体校的运动员吃营养菜，这是多少同学至今还嫉妒的事。我们运动员则努力训练，提高成绩回报学校。在 1966 年市春季中学生运动会上，我和杨少洁、郑容、王忠琪 4 人获得了 4×100 米女子初中组的冠军，若不是"文化大革命"，就代表上海参加全国比赛了。当时我跑的是第二棒，教练说跑弯道要注重技巧，右手臂摆动要大于左手臂。我遵照教练的指导，取得了理想的效果。

学生时代的业余运动员生涯，对我的身心健康帮助很大，影响了我一生。20 多岁时，我在北大荒参加了 25 团的首届运动会，获得了 400 米接力和女子跳远两项冠军。因此，每当回想往事，我非常感恩母校给了我知识和健康的体魄，让我走上社会后，有能力去把握机遇、接受挑战、与时俱进。

基础教育的最佳摇篮
——忆在附中学习时的二三事

1967 届中三丁班　谭晶华

自 1968 年底离校转眼就是 50 多年了，当年在校学习时的种种往事依然历历在目，永生难忘。

1964 年暑期我到校报到不久，就参加了少先队大队部组织的军事夏令营。同学们个个喜气洋洋，带着草席等卧具以及洗漱用品等物，住在教室里，大家互相交流，班里同学很快就熟识了。在夏令营里，每人发了一根体操棒当武器。除了出操、走步、打背包训练外，还有灯光球场上的拉歌、半夜紧急集合等各种活动。一天半夜，紧急集合号响起，1967 届初中 6 个班，近 300 个新生，大家提着体操棒以最快速度赶到操场集合。指挥员当即宣布，有特务在我校大楼周边埋设定时炸弹（闹钟）若干颗，解散后看谁先把它找到，计分秒决定名次。同学们人人都吊起了精神，全身心投入搜索"炸弹"的活动中。一附中老校区中间操场由 6 片篮球场组成，教学主楼呈 L 状，解散后大家都往教学楼一侧跑，我一人朝中州路校门口跑。一到大礼堂入口附近，见有 2 个高年级学生在那儿，他们见我手里拿着体操棒直愣愣地冲过来，马上警告说："别用棍子乱捅，用耳朵听！"（因为一个闹钟当时并不便宜）这就在无意中暴露了目标。因为四周安静，我很快依据"嘀嗒嘀嗒"声音的指引，在大礼堂台阶边上冬青树后面的窨井盖上摸到了闹钟，再飞奔到操场中间的"司令部"，用时不到一分钟，获得了排除"定时炸弹"第一名。比起如今正规的学生军训，我觉得一附中这样的活动实在有趣，既学了军，又交了友，还大大增加了一个小新生的自信心，真是令人难忘。

正式开始上课后，我们这些从未学过洋文的弄堂小学学生"亚历山大"，多少有点自卑。我们整个溧阳路第三小学当年考进一附中的只有 2 人，而与我同在中一丁班的同学中，半数以上的学生都来自虹口区一中心小学，且他们不少都学过外语。俄语教师李同晋老师十分严厉，外语课几乎每天都有，听写、测验、回答问题，使我们这些"零起点"的学生忐忑不安、战战兢兢。如遇下午的课，趴在课桌上午睡的学生做梦梦到老师提问，会惊得跳起来。但是，李老师因材施教，耐心地教会了我们学习外语入门的基本方法，教会了我们如何掌握外语的技巧，经常给予热情亲切的鼓励。当时我住在溧阳路浙兴里，每天沿邢家桥南、北路至虹江路拐进中州路步行上下学，单程 20 分钟。按李老师的指导，我每天都利用这段时间背单词，练句法。经过一段时间的学习，一次期中考试我得了 86 分。李老师讲评时特地举了我的例子，说没有学过外语的，只要方法对头，用心努力，也会取得好成绩的。

这番鼓励的话，我一直记在心间。1974 年，经历了在江西井冈山地区一个四县交界、只有七户人家的小山村达六年之久的插队生活之后，我拿着英语专业的入学通知书走进了西体育会路上海外语学院的大门。报到时，辅导员大手一挥说："你，去日语专业报到！"后来才知道那是为了平衡男女生的比例之策。这一调整，竟改变了我的命运，从此我与日语结下了一辈子的不解之缘。三年毕业后，我以优异成绩留校任教。从未想过一生会与外语教学研究打交道的我细细琢磨，觉得还是应该感谢李同晋老师当年对我的一番鼓励，感谢一附中语数外基础教育时段的精心栽培。

一附中虽然不大，但它的历史和优良办学传统，恰似一个基础教育的最佳的摇篮，培养了一代又一代的优秀学子，授予他们扎实可靠的基本功，足够他们一辈子取之不尽，用之不竭。

在一附中短短的数年间，我在它那 15 米宽、25 米长的小小游泳池里学会了游泳，后来参加了横渡黄浦江和畅游长江三小时的游泳赛。虽然我曾在校园里摔折过胳膊，但还是在它 200 米的跑道上学会了骑自行车，于后来的经历中发挥了极大的作用。

在一附中我收获的远不止这些。记得校办工厂楼后面有个铁扶梯，三楼是学校民乐队的排练场所。我第一次爬上去要求参加排练，高年级学生问："你会些啥？""我会吹口琴。"吹了一曲后，身高才 1.45 米的我被吸纳了。在校民乐队，我学会了看乐队指挥，学会了打击乐、拉二胡和吹笛子。"文化大革命"中我又参加了潘家元、叶骏及陈蕾等高年级学生组织的文艺小分队，学习唱歌、舞蹈等表演。

1969 年 1 月，我们一附中 1967 届的 8 名高中生、4 名初中生去江西农村插队，那又是一附中学习生活的一个延续。我背上手风琴和一些乐器，在广阔天地里为祖祖辈辈面朝黄土背朝天的农民兄弟服务。在山区农村，无论多么艰难困苦，我们这些一附中的学子同舟共济，笑傲人生的命运，在那个集体中，是不可能有抑郁症、孤独症发生的。经年以后，我们这些同学个个成了对祖国建设做出突出贡献的栋梁。一附中对我们进行的基础教育功莫大焉，我们由衷地感谢母校。

在迎接母校 95 周年校庆的日子里，作为早过花甲、直奔古稀的校友，我虽无伏枥之志，但也不想抱残守缺，聊以自喜，只要可能，总还希冀为我国的教育、文学的研究、翻译事业摇旗呐喊，再尽绵薄之力。

陈毅说过："花甲花朝仍少年。"一附中的学子们，共勉吧！

我的学长赵长天

1967 届中三戊班　胡锦城

在附中读书时，我与长天其实并不相识。我是 1967 届初中，他是 1966 届高中，相差 4 个年级。知道长天是在"文化大革命"时期，或许是因为他当时好像比较活跃；或许是因为我的同学隆振中的哥哥隆振亚与长天是同班同学，于是我也就知道了有一个叫赵长天的学长。后来长天参军了，刚好又与我的同班同学徐瑞仪在一个连队当兵，于是有关长天后来的故事我也就常能略知一二，其中包括他与远在黑龙江农场的陈颖通信、恋爱、结婚的往事。

说实话，此时对长天仅仅是知道而已，并无特别深的印象。1973 年 7 月，当时我正在云南楚雄师范当教师。一个星期天，我到楚雄县图书馆的阅览室浏览报纸时，无意中看到了长天发表在《四川日报》上的处女作、散文《歌声》。这篇散文讴歌的是四川大凉山雷达站的官兵，用《国际歌》激励自己，在艰苦的环境下，服从命令听指挥，坚守在自己岗位的事迹。当时正是"批林批孔"时期，尽管这篇散文也打上了那个时代的深深烙印，有应景之嫌，但是当我在西南边陲的一座小县城，看到自己的校友、学长熟悉的名字出现在四川省报的副刊上时，一种惊喜、羡慕、自豪之情油然而生。当然除了让我对他肃然起敬，也或多或少对自己起到了一种激励、鞭策的作用。

1977 年恢复高考，我从云南考到了华东师大中文系读书，毕业后在上海工作。其间与长天并无接触，但对他的关注却有增无减。我知道他从部队转业到了航天局，在宣传处工作，发表了不少与航天事业有关的小说等作品。后来又知道他调到了上海作协，担任常务副主席，主持书记处的日常工作。我在《新民晚报》的"夜光杯"上，也屡次读到他撰写的回忆附中的林树清、屈肇塑、张思中、李厚基等老教师的文章。我知道这是位很念旧，很懂得感恩的学长。

我与长天的真正接触是在 1994 年回到母校工作后。记得第一次打交道，是校庆 70 周年，因为那段日子我在教书之余，兼任《华光报》主编。为了编辑校庆 70 周年的专栏，需要长天提供一张生活照，我在校庆当日的校园里找到了他。当时他正和同学围成一圈在聊天，我走上前去，没有过多的寒暄，直截了当做了自我介绍并说明来意。他一脸谦和的样子，看不出一丝作家、市作协副主席的架势。他没有推辞，甚至没有任何询问，就一口答应了。我估计他那时根本不认识我。

大概在长天临危受命兼任《萌芽》主编后，我与他交往的次数也多了起来。那段时间，为了让《萌芽》这本面向青年的文学期刊打开销路，重新赢得市场，长天做了种种努力。除了大家熟知的创办"新概念作文大赛"外，他经常深入各所重点中学，与语文老师座谈，给中学生开讲座，尽其所能拓展《萌芽》的市场空间。长天也到了附中，找到了陆继椿副校长，找到了语文组组长童明友老师，母校的老师给了他极大的支持，学生订阅《萌芽》的数量节节攀升。记得每学期的订阅数都有变化，最多时达到每月有近300本。对此，《新民晚报》在一篇报道《萌芽》杂志在中学生中拓展市场发行空间的文章中，把华东师大一附中的订阅情况当作典型专门提了一笔。在长天兼任主编的短短几年时间，《萌芽》杂志重新占领了市场，赢得了口碑，其发行量位居文学期刊的榜首。这中间凝聚了长天及其团队的多少心血，我是十分清楚的。这里，我只讲一件事。我校订阅《萌芽》是直接与编辑部负责发行的人员联系的，由《萌芽》直接把杂志送到我校。当时，长天住在曲阳新村，于是每月我校订的杂志，就是由长天乘坐接送他上下班的专车回家时，顺路送到传达室的。当看到市作协副主席、局级干部、杂志主编、著名作家这样集多重身份于一身的长天和司机一起，从后备厢中取出沉甸甸的杂志，吃力地拎到附中的门房间时，除惊异和敬意之外，你还会有什么样的感想？这样的镜头、情景是否还会在虹口区的其他学校的门口重复出现，我不知道，但是我知道长天为了办好《萌芽》这本杂志，是倾注了他全部心血的。

在以后的岁月里，我曾经托长天办了三件事。第一件事是请他为校晨曦文学社的学生举办了一次文学讲座。长天如约而来，针对当时的文学热点问题，他侃侃而谈，坦诚地和学生交流。面对学生咄咄逼人的提问，他没有回避，而是如实发表了自己的看法，赢得了学生的尊重。记得那次讲座，连车马费也没给他，完全是免费的。第二件事是文学社的学生杨文婕写了一篇散文，题目好像是"《萌芽》萌芽"，我觉得内容不错，文采也好，于是想推荐给《萌芽》发表。在区教育学院开会时，那天正好长天也来了，我把稿子给了他，很快在下一期的《萌芽》杂志"卷首语"栏目上发表了。陆继椿副校长为此在早晨例行的"国旗下的讲话"时，专门表扬了杨文婕，并借题发挥，解释了什么是"素质教育"。他说在校期间，能在文学杂志上发表作品，这就是"素质教育"的成果（大意如此）。第三件事是2009年纪念《作文通讯》创办30周年，主办方想邀请上海的著名作家给杂志写篇文章。作为杂志编委的我接到任务，马上想到的是长天。我给长天寄了几本《作文通讯》，谈了要求，并将自己的邮箱给了他。不出一个星期，长天就将文章传给了我。虽然文章写得不长，但长天认真对待一本中学生作文杂志约稿的态度，着实让我感动了好一阵。

直到长天去世，我与他的交往也仅仅停留在"一面之交"上，我们从来没有过一次深入的交谈，也许他只知道我姓胡，名字是叫不上来的。然而，就是这样的"点头朋友"，我却从长天的一言一行中，感受到了他对文学事业的执着，感受到了他的高尚品行与人格魅力，我为有这样的一位学长而感到无比骄傲、自豪。

附中，最值得骄傲的是什么

1967 届中三戊班　陈卫平

华东师大一附中作为上海市的中学名校，最值得骄傲的是什么？

1964 年刚跨进附中校门，觉得它最值得骄傲的是有校徽。这不仅是因为当时一般中学没有校徽，更主要的是校徽上的"华东师范大学"非常醒目，下方才有不起眼的"附中"两字，不仔细看很难与"华东师范大学"大学生的校徽相区别。于是，戴着附中的校徽走在路上、乘在公交车上，常常会迎来人们诧异的目光：哪来这么年少的大学生？我在这样的目光中得到了极大的满足。这自然是年少幼稚的虚荣心而已。

那么，今天附中最值得骄傲的是什么呢？是考上名牌大学的高比率，还是校友中众多的各式名人？现在多数中学名校是以此为骄傲的。附中当然也不缺乏这些。但在离开母校 40 多年，自己在大学执教 30 多年之后，在当代中国教育面临种种困惑和乱象的时候，我觉得母校最值得骄傲的是它在长期实践中形成的教育传统。它不是某个领导权威强行灌输的，却在一代一代的师生中传递继承；它也许没有用文字明确表达过，却悄无声息地感染着、熏陶着每个人。我们这一届正常的学校生活只有两年，在 1966 年 6 月被卷入"文化大革命"的动乱旋涡之中。在以后 40 多年的人生经历中，回忆在母校的学习生活，慢慢体会到了母校的教育传统。它虽是无形的，但能在具体的事情中感受到。因此，就从一些具体的事情讲起吧。

教我们数学的是庄炳珍老师。记得进附中的第一堂数学课，庄老师走进教室，在黑板上写下自己的名字，没有更多的话，转身就发下了一张试卷。所有同学都没有想到，第一堂课居然是考试，再加上升学考试结束后，早就把课本丢在脑后了。因此，看到这张考卷，同学们不知所措，都蒙了。考试的成绩自然是很糟糕的，印象中没有人超过 80 分，绝大多数是五六十分。第二天，当庄老师讲评试卷时，同学们都耷拉着脑袋，原先在各自小学的学习尖子的神气荡然无存。这次考试告诉了我们一个深刻的道理：对知识必须怀有敬畏之心，对学习必须采取老老实实的态度，任何人只要自满了、松懈了，就不可能取得好的成绩。这次考试是知识的检测，也是思想的教育。我想这就是母校的教育传统：把文化知识的学习和思想品德的教育结合在一起。

在中二时，记得作文主要以议论文为主了。小学里的作文基本上是记叙文。记叙文或是记人或是记事，都是通过情景的描写来表达中心思想。而议论文主要是通过说理的方法来论证某个观点。如何从情景描写转向论证说理，这对我们来说是个新问题，也是提高写作水平迫切需要解决的难题。教我们语文的童明友老师为了让我们转好这个弯，搞了几次作文的讲评课。在讲评课上，发给大家的有名人的文章，也有我们同学的文章，不光他自己讲评分析，也请同学自己讲评分析。很快大家领悟到论证说理最主要的方法有两种，即归纳和演绎；有的议论文主要是用归纳法，有的议论文主要是用演绎法，有的议论文是综合运用了这两种方法。同时，童老师让我们模仿一些优秀议论文来写作。这样，如何写议论文的问题迎刃而解。尽管当时童老师没有用归纳、演绎这种术语，但他实际上使我们掌握了这样两种方法。我们在学习写作知识的同时，也学到了思维方法。这也体现了母校的教育传统：把文化知识的传授和思维方法的运用结合在一起。

我在 1969 年 6 月到黑龙江建设兵团屯垦戍边，和我在同一个连队的，还有我们这一届的其他三个同学，其中有 1967 届中三丁的姜培基。他在“文化大革命”前是大队委员、已经入了团，学习成绩应该是很好的。到北大荒不久，使他扬名的不是学到的书本知识，而是手中的技艺。他当过木工，没多久其水平就让原先的老木工望尘莫及。他当过电工，也很快在这一行里闻名营、团，成了技术能手。回城后，他在上海市劳动局专门负责电梯安全的检测，成为这一方面为数不多的高级技师。毫无疑问，我们在中学的两年里，没有学过木匠，也没有学过物理，姜培基即使有点电工知识，也不会有很多实践的机会。他之所以在走上工作岗位后，很快成为能工巧匠，是和母校的教育传统分不开的。这个传统就是把重视书本知识和培养动手技能结合在一起。回顾当年，母校有很多课外兴趣小组，几乎每个同学都参加了兴趣小组。这些兴趣小组绝大多数都和培养动手的技能有关。这里重要的不是学会了哪些技能，而是形成了既重视书本知识，又不鄙视动手技能的氛围。正是如此的氛围造就了姜培基这样的技能高手。

现在每想起与母校有关的往事，都能从中品味出附中的某种教育传统。纵观名校，往往有着较为悠长的历史。正是这悠长的历史培育了某个名校独特的教育传统，在一定的意义上可以说名校与名校的区别，就是不同教育传统的区别。所以，附中最值得骄傲的是它的教育传统。改革开放 30 多年来，附中还是响当当的名校，关键就在于它维护、发展了原有的教育传统。

一段作文评语引出的故事

1967 届中三戊班　胡锦城

在每个人的人生旅途中，有时是一本书，有时是一个人，有时是一件事……会给你的人生带来深刻的、难以磨灭的影响，甚至会影响决定了你的人生道路。我在母校师大一附中，就曾经遇到过这样的一件事。

那大概是在附中读中二时发生的事。当时在校的我很贪玩，除了上课，空余时间都花在体育活动上。哪怕是课间休息的十分钟，我也会和一帮同学在篮球场上厮杀，等预备铃响了，才满头大汗拿着篮球冲进教室。对于学习，我是凭"小聪明"，从不刻苦，得过且过，"60 分万岁"大概就是我的追求目标。为此，班主任兼语文老师童明友为了让我能认真读书，动了不少脑筋。他曾到我家访问，也请华师大中文系的实习生方老师把我当作他实习如何做班主任的工作对象。那时，方老师一有空，就找我谈心，教导我要认真读书，但收效甚微。真正触动我的是童老师在我的一次作文后面写的一段评语。当时作文写的是我班乒乓队与某班的比赛，施松龄生动地刻画了自己比赛时的心理活动，而我则细腻地描写了自己观赛时的紧张心情。童老师把这两篇文章的精彩片段，对照着在作文课上进行讲评。当时在听讲评时，我是既有些忐忑，又有些兴奋。当作文本发下来的时候，我看到了一段至今仍记忆犹新的评语：你有一定的写作能力……但虎头蛇尾，结尾匆匆收场，写得很不认真。毛主席说"世界上怕就怕'认真'二字，共产党就最讲认真"，希望你认真写好作文，做好每一件事。面对这段振聋发聩的评语，我反复看了几遍。童老师一方面在写作上鼓励我，给我信心，另一方面又一针见血指出我性格上的致命弱点、缺点。学习不认真，当然作文也是不认真的，那么生活中做任何事也将会是不认真的。这促使我反思了很久，也许就是这段评语，让我改变了不少，也影响了我整个人生。记得中二下半学期，我入了团，印象中还被同学推荐为学生代表参加了学校的师生代表大会。童老师既教书又育人，令我终生难忘。毕业以后，1969 年 4 月我到云南插队落户，由于我认真接受再教育，两年不到，就被推荐到云南楚雄州"五七"大学师科文史班学习。在校期间，我认真读书，1973 年 2 月毕业后留在楚雄师范学校工作。1977 年恢复高考，我又认真复习，考入了华东师大中文系。

许多年过去了，1994 年我回到母校担任语文教师，并担任过《华光报》的主编。退休后我继续担任学校《华光报》《校友通讯》的主编，认真编好每一期校友报，是我义不容辞的责任。虽然鄙人不才，没有什么值得夸耀的亮点，但是童老师曾经在作文的评语中告诫我做什么事都要认真的教诲，却已深深地融化在我的血液里。

往事历历在目

1967 届中三己班　朱国强

我是 1964 年从闸北区考入华师大一附中的。我们那一届有 6 个班级，近 300 人。学生来源主要集中在虹口区，仅从闸北、普陀和长宁招收了少量学生，大多集中安排在我们己班。外区同学，除了来自闸北区离校又比较近的，大家都住在学校，因此得到了校领导和老师们更多的关爱。

住宿的新生是第一次离开父母，第一次过集体生活，第一次走进全然陌生的环境。生活不习惯、不适应是难免的。新生宿舍往往脏乱差，睡铺成了"杂货铺"。针对存在的问题，经鲍宜国老师联系，学校组织我们去华东师大学生宿舍参观学习。回来后，我们按照大学生的标准，每天把被子叠得方方正正，有棱有角。床底下的鞋子码放得整齐划一。漱口杯在桌子上一字排列，牙刷、牙膏还要朝一个方向摆放。学校对我们宿舍还经常进行卫生检查。负责卫生工作的姚莲宝老师，个子不高，但十分精神，气质高雅大方。她检查起来十分仔细认真，近乎苛刻。只要发现问题，她快人快语，一点也不会给我们留情面，但坚持就事论事，从不轻易指责人。在老师的帮助下，我们逐步养成了良好的生活习惯，宿舍始终保持整洁、明亮。附中住宿的这段经历，使我毕业后去农场再过集体生活时受益匪浅。

我们住宿的同学，一日三餐都在学校解决。印象中附中的食堂很大，中午在校吃饭的师生较多，而炊事员却不多。当时学校排有劳动课，轮到上劳动课的班级，就有一部分同学被安排到食堂帮厨，择菜、洗菜、切菜和淘米等。开饭时，还会挑几个同学去站窗口。食堂的饭菜品种不多，但味道不错。早上大锅粥的香美，现在是品尝不到了。每周三中午的红烧兔肉，实际上是兔子的碎骨肉，经炊事员烹饪后加一点微辣，味道好极了。"价廉物美"四个字，用在附中食堂真不为过。如红烧兔肉才 6 分钱一份。刚开始我们吃的是统一餐，一个月伙食费 10.5 元。后来改成凭饭菜票自由点菜后，我还能从伙食费里挤出一些钱，用于学装半导体收音机。附中食堂给我印象最深的还是炊事员。每每与他们打交道，都有被看重、被关爱的感觉。我从小有个习惯，早饭不爱吃乳腐、酱菜。有一次，我尝试问了一下炊事员扬州阿姨，有没有隔夜的剩菜。当她问明原因后，就到里间操作室给我打了一大勺。时间一长，我去买早饭，炊事员们都会主动给我隔夜菜。学校的晚饭开得比较早，一般下午四点半开始，下午5点左右就结束了。有时我们玩着玩着会误点，但不管何时去食堂，只要有炊事员，他们都会热情接待，从来不会"过时不候"。

我们宿舍楼下，是学校的实习工厂。叶衰生是指导教师，他为人热情，十分低调，与同学们交流时总面带微笑，轻声细语。当时，学校根据学生的爱好，组织开展小型多样的课外活动，成立了许多各具特色的学生社团。叶老师负责指导的无线电兴趣小组就是其中之一。同宿舍的汤梓厚同学，是该小组的成员，叶老师的得意门生。在他的影响下，我们宿舍也掀起了无线电热，纷纷试水学装半导体收音机。当时，学校北边的虬江路，是上海滩有名的电器市场。我们会经常在课后光顾那里，寻觅我们需要的零器件，如二极管、三极管、电阻、电容器、喇叭等。我们从装矿石机起步，那是需要拉上天线（后来我们发现连在铁床上也可以），插上耳机才能收听电台广播的。后来我们逐渐学会了组装一管、两管和四管半导体收音机。在安装时碰到问题，就会去请教叶老师。如果组装后无法收听，叶老师会取出万用表，帮我们一一排查，直到找出原因为止。那时我们宿舍里收音机声此起彼伏，大家颇有成就感。我还装了一个四管半导体收音机送给父亲。父亲把它带到厂里，在工余时间和工友一起收听新闻、戏剧等。汤梓厚同学则在这个领域深耕不辍。毕业后他去老家无锡玉祁，发起并创办了电子元件厂，后来当上了锡山市晶体管厂厂长。

我们初一的班主任是陈宗义老师。开学初，他就走遍了同学家庭，了解情况，建立感情。为了有效做好工作，他还把床铺安置在学校，与我们朝夕相伴，引导我们处理好学习、生活等问题。同学们写的周记，他每篇都认真看，有针对性地写上长长的一段评语。陈老师同时也是我们的政治教师。据说，他曾是我们附中的高才生。20世纪60年代初，国家号召知识青年上山下乡，到最艰苦的地方去，到祖国最需要的地方，全国涌现了邢燕子、侯隽等一批先进人物。受此影响，高中毕业的陈老师毅然放弃高考，主动报名去新疆生产建设兵团工作。后学校因工作需要，把他留下来当了教师。对他，我们充满了敬意。这样的教师在讲台上给我们上政治课，讲人生，讲世界观，讲理想信念，我们听了入脑入心，并努力实践之。

我在附中求学之际，校长是徐正贞老师，在他的带领下，广大教师执着杏坛，精心培育人才。那时的任课老师，个个底蕴厚重，业务精湛。语文老师吴长贵，上课时声情并茂，形象生动，幽默风趣。他通过讲述"语文老师的胃口"，调动了我们对写作的好奇和兴趣。他形象诠释白居易"卖炭翁，伐薪烧炭南山中"，苏东坡"日啖荔枝三百颗，不辞长作岭南人"，使我们宛如身临其境，回味无穷。俄语老师李同晋，则以"严"闻名。课堂上若有同学注意力不集中，他会将教鞭在讲台上拍得"乓乓"响。他身体很差，但一上讲台，就像换了个人，精气神十足，带领我们大声读、大声念。他还会变着法子活跃课堂气氛，用形象化的语言和肢体帮助我们熟记外语单词。他还向同学们坦陈自己的健康状况，勉励我们要珍惜时光，认真学习。历史老师李永圻，知识渊博，上课从来不带讲义。各个历史时期的年表、事件、人物及其在历史长河中的影响，像说书一样，娓娓道来，极富吸引力。他那带有浓重常州口音的普通话，听起来特别亲切。数学老师毛梦奇的风趣和鲍宜国的细腻，政治老师彭根儒的自信，地理老师庄国荣的沉稳，化学老师沙静娥的文静，生物老师秦正文的认真，音乐老师沈晓的潇洒，美术老师周大融的严谨、一丝不苟，体育老师周佐溪的豪爽，等等，都给我们留下了深刻影响。

记得每天清晨或放学之后，我常常看见徐校长巡视校园，不时看到他在操场上、走廊内躬身捡起废纸或杂物。这幅画面，一直深深地留驻在我的脑海里，以至于我有幸到高校工作后，也会关注环境育人的细节，注重自身行为的影响。

当时学校积极推行多种形式的德育教育，如组织我们到横沙岛、昆山等农村割稻插秧；到上海卷烟厂、吴泾化工厂随工人师傅跟班顶岗；徒步去解放军靶场参加劳动，锤炼我们吃苦耐劳的品格。在附中，我们逐步成长、成熟。每晚一个半小时的夜自修，没有一个溜号的；大家纷纷争做好事，谁也不肯留名；课余时间去四川路桥推劳动车、三轮车，从不图感谢。在大队辅导员林树清的具体关心帮助下，我和徐继华在一年级第二学期就光荣地加入中国共产主义青年团。1968年下半年毕业分配开始时，还没有实行"上山下乡一片红"的政策，同学们纷纷书写决心书，表示上海不留，工矿不去，要到农村去，到边疆去。我也积极报名去云南边疆，后因云南安置方面的原因没去成，便主动选择了去奉贤的上海市星火农场。

回眸在附中学习的一千多个日日夜夜，从校长、老师到炊事员，从课内到课外，从教室到宿舍，那种对我们全方位的关爱、教育和培养是刻骨铭心的。每当回忆这些往事，我心中总会泛起阵阵涟漪。在此，我要真诚地说一声："谢谢一附中，谢谢老师们！"

一张老照片

1967 届中五乙班　叶　骏

　　时至今日，在我相册中还珍藏着一张 10 寸的黑白照片。照片斑驳还留有渍迹，但画面比较清晰，我在认真看书，胸前佩戴的团徽非常清楚。这是我所有的相片中唯一的一张戴团徽拍的照片。每当我看到它总是难以抑制激动和感恩之情。

　　那是 1966 年初，我读中四的时候，母校的一位老师（哪位老师记不起来了）把我找去，拍了几张学习和体锻的照片。众所周知，当时所谓的学生课业负担重，要减轻学生负担的呼声很高，再加上中小学生的近视眼发生率也在增高，因此，虹口区少年宫要办个保护视力的展览。当时在母校的教育和培养下，我德智体几方面的发展还比较全面，在学生近视眼越来越多的情况下，我能够一直保持良好的视力。因此，学校为我拍了几张照片，选了 3 张放大到 10 寸，送去少年宫展览。

　　那是 1966 年初的事情，半年以后，"文化大革命"动乱就影响到中学了，学校贴满了大字报，我也被当作修正主义教育路线培养的"苗子"，不点名地受到了批判。那时，少年宫的展览早已关闭了，我也把这事忘记了。

　　可到了 10 月，一天校办的王兆基老师把我找去，递给我这张相片。他告诉我："这是从废纸堆里找到的，另外 2 张都损坏了。这照片学校拿着也没有用，你拿去吧。"我当时拿着照片，真的有点喜出望外。我们知道，团员都不戴团徽，团组织活动也取消了。因此，我非常珍惜这张照片，几次搬家都没有丢失。

　　现在每当看到这张照片，就会不由自主想起我的母校——华东师大一附中，想起当年的学习生活……

　　我是在 1962 年 9 月进一附中读书的。当时母校很重视学生的体育锻炼活动。我记得中二年级时，我们的班主任陆继椿老师去华东师大进修了，代理班主任张老师早上经常和我们一起锻炼。在他的鼓励下，我们一早就到学校等开门"抢篮架"（因为早锻炼的班级多，篮架数量不够）。我打后卫这个位置，负责争篮板球，因为自己弹跳还可以。争到球后，马上长传到前场。练了半年多，臂力也大有提高。如此打了几年，四年级时竟然还被选拔进校篮球队。打篮球成为自己年轻时的爱好，下乡也没有间断。到政府机关工作时还有机会率上海男子篮球队去菲律宾参加友谊赛。我小时候体质较弱，因经常参加学校体育活动，身体素质不断提高，学习精力更加充沛。由于注意劳逸结合，我的视力一直非常好，即使参加跳级的教育改革实验，作业和阅读量增加很多，也没有受到影响。

在老校长陆善涛、徐正贞的主持下，学校积极推进教育改革，课内课外贯通，教学生动活泼，学制施行五年制。那时学校根据"减轻负担"的精神，采取了控制课时、上课"少而精"及允许少数成绩优秀、学有余力的学生跳级等措施，取得了显著成绩。记得中三年级结束后，我参加了中考，继续在一附中读高中。不过，只有四个班了，比初中减少了两个班。部分同学没有考上本校就进入其他中学的高中或技校，外校初中毕业生也有个别优秀生考入了我校中四年级读书。我中四时分在乙班，同学们选我做班长，我也光荣地加入了共青团。正当自己适应新的环境，准备好好干的时候，校教导处副主任、数学教师王剑青告诉我，学校决定在中四年级学生中每班遴选一个学生参加跳级培养，准备一年学完两年的课程并参加高考，乙班就选我参加。我那时年轻气盛，不知天高地厚，就高兴地答应了。我的社会工作就让给副班长去做了。

学校为我们四个跳级的学生创造了很好的条件，给了我们专门的借书证，一次允许借阅 15 本图书，而一般同学一次只能借 1 至 2 本；挑选了学校最好的教师，数学老师王剑青、化学老师丁明远、物理老师屈肇堃为我们辅导五年级的课程；允许我们自由出入教室，只要与老师事先说明，我们可以自己决定免听四年级的有些课堂教学内容，选听五年级的有些课程。因此，平时我们主要在班里上课，放学后由老师分别辅导中五的有关课程，晚上在家做作业或看书。第一学期很快过去了，我们都没有感觉累或者负担重，而是都感到很愉快。期末，我们不光参加了中四年级的考试，还参加了中五年级数理化的考试并获得通过。第二学期，继续试验，我们四人都信心满满准备好提前两年（对高中三年学制而言）参加高考。可是"文化大革命"来了，我们提前读大学的梦也碎了……

一张老照片，见证了母校对学生全面发展的培养。作为受益者，我对母校一直怀有感恩和感激之情。好些优秀的老师都已作古，但他们的师德风范后生一直牢记。离开母校 50 多年了，我衷心感谢母校教我学会学习、学会做人，让我终身受益；衷心感谢母校生动活泼的教学方法和注重学生德智体全面发展的培养措施。由于在母校养成的自觉锻炼身体的习惯，我工作了 46 年才退休，后又被有关单位聘去干了几年，我实现了当年母校团委的号召："为祖国健康工作 50 年"。

陆老师的作文讲评课及其他

1968 届中三甲班　郑保廉

陆继椿老师是个语文教育专家，作文讲评是他的"一绝"。我刚入学的第四周，陆老师做了一次作文讲评。他说："我推荐的第一篇作文是郑保廉同学写的《我爱学政治》，他用毛主席诗句'四海翻腾云水怒，五洲震荡风雷激'开篇，气势大，又很自然地引入下文。文中每段起句句式灵活，使人觉得不枯燥呆板。结尾与开头相呼应，统领全文，又对前景做了展望，有收束感和拓展感。"这堂课，陆老师结合我的作文，向学生传授了文章的开头、衔接、收尾的处理方法。其实我的那篇作文十分稚嫩，却由于陆老师讲得声情并茂，细致入微，把我这篇作文写得好的地方都挖掘出来，使学生印象深刻。直至今日同学相聚时，很多同学都还记得我写过的这篇作文，我本人听了也十分感动。陆老师如果不是花费了大量精力，还做了精心准备，这堂课不可能上得这么精彩，我写作的热情也不会保持这么长久。老师对学生的扶持、教诲，我一直铭记在心。

入学第六周，陆老师又做了一次作文讲评。这次陆老师推荐了祝越光同学写的《记申小笛同学》一文。此文对申小笛同学自担任语文课代表后，从街上买来材料，在同学作业簿上粘贴标签这件事做了生动的描述。此文非常成功，经陆老师在课堂讲述后，给同学留下更深印象的是申小笛的形象，而不是这篇作文。陆老师称赞祝越光同学这篇作文写得细腻生动，人物形象跃然纸上。他把文中成功之处一一道来：有细节的描写，有紧凑的情节，还有与人物形象的丝丝相契。这堂课，陆老师巧用祝越光同学这篇作文开蒙，向学生传授了人物形象的写作技巧，深入浅出，清楚实用，启发了我们写作的思路，让学生受益颇多。我也在这时候才知道细节在文章中的作用如此重要。

陆老师的作文讲评给我印象最深的还有一点，就是能根据学生的不同文章，调节自己的感情。讲评我的作文时，讲得激情四射；讲评祝越光的作文时，波澜不惊，情绪的运用各有不同。陆老师以这样的方式，提醒学生写不同的文章要注意自己的情绪调配，要有节制，要疏密有致。

作文讲评，是陆老师首创的一课一得法的柱石，宗旨是为了有效地提高学生的写作能力。而为我们上课时的作文讲评与收效，是他的一课一得法处于发端时期的很好的实际例证，历史已经检验。

陆老师在做学生思想工作方面也有绝活。在中一第二学期将近结束时，我写了一篇叫《从"一俊遮百丑"说起》的文章，贴在班级的墙报上。当天晚上夜自修，发现我的这篇文章的空白处，已被人写上四五条匿名批注，内容全是指责为谬误或抄袭的，我感到很委屈，情绪很沮丧。正巧这天陆老师到教室里来，知道了这件事，就笑着跟我说："你的文章有人批评，这是好事，不是坏事，这说明大家对你文章的重视，你的文章影响就大。如果你写的文章大家不理不睬的，说明你的文章没有引起别人的重视，这并不是一件好事。所以你不必难过。"听他这么一说，我的心情好多了，以后写文章的胆子也大了。陆老师辩证看待事物的思想方法，也是留给我们学生的一笔宝贵的精神财富。

忆班主任杨丕明老师

1968届中三丁班 葛 谦

　　记得进中学第一天，我背着书包走进教室，按墙上的座位表找到自己的座位坐了下来，打量周围，全是陌生脸庞，顿时有举目无亲的彷徨感觉。抬眼朝前看，只见讲台后站着一个三十来岁的中年男子，身高一米七以上，脸盘略显长方，面皮白皙，鼻梁上架着一副有些发黄的塑料框眼镜，看上去是典型的中年知识分子模样。他站在讲台后，嘴角往上微扬，脸似乎在努力保持亲善的笑容，却是一言不发，只是镜片后目光如炬，巡视教室各处。

　　不一会儿，上课铃响起。这位中年男子用带有浙江口音的普通话，开始向我们这批新学生做自我介绍。我这才知道，眼前站着的是将要教我们生物课的杨丕明老师，同时他也兼任我们丁班的班主任。杨老师三言两语讲完自己的身份，随即向学生宣读班长和各学科的课代表名单。接着他又发给每人一张表格要学生自我填写，表格内容包括家庭成员、家庭出身、社会关系、兴趣爱好等私人信息。这张表格我猜想现在一定还静静地躺在组织留存的个人档案袋中。据我所知，那个年代，每个人的档案记录是从进入初中开始的。

　　在填表的过程中，因为头一次没有经验，同学们有各种疑问纷纷举手寻求帮助，杨老师不厌其烦地走到提问者的身边，一一耐心解释。等我们填完表格分别上交给杨老师后，下课铃响了。进中学后的第一课就这么度过，我也就此认识了班主任杨丕明老师。

　　生物在各门学科中算是一门副课，每星期只上一次，虽然如此，教学内容对我们这些刚进中学的学生来说，显得新鲜而有趣。杨老师在给我们上课时，有时在教室里传授生物学的基本知识，有时候会把学生带到学校专辟的一间生物实验教室做课堂实验。生物实验教室在校图书馆大楼的底层，和普通教室一样，里面安放着一排排课桌椅，不同的是课堂的空间比较大，课桌也比普通教室里的要大一些，每张课桌上安放着一台显微镜，供同桌的两个学生合用做实验观察。在课堂的后排和靠窗墙边，还安放着一排木质矮柜。这样的教学条件，在当年的上海各名牌学校中可算首屈一指。

记得我们第一次使用显微镜之前，杨老师先给学生讲解如何对焦的方法。我因为初见显微镜倍感兴奋，手不停地在显微镜上乱摸乱动，老师的话就没怎么入耳。杨老师讲完后，告诉大家这天的课堂练习是观看番茄皮组织上的细胞与细胞核，接着课代表带领几个同学打开边上的柜子，原来里面藏的都是课堂上要用的实验材料。等每张桌子都分配到一个番茄和两片长方形的玻璃片后，大家就开始了实验。此时，杨老师站在教室窗前，不出声地观察着教室里学生的动向。我和同桌一起合作，先把番茄皮撕开，拿出一小块夹在两片玻璃片之间，然后安放在显微镜下。开始调焦时，我抢先动手，一只眼睛贴着显微镜的观察孔，一只手拿着显微镜的调节旋钮来回猛转，可是眼睛瞪得酸疼，看到的却是模糊的一片红色。其实，这是我上课没认真听讲的代价。转头往旁一看，同桌正凝神看着我笨手笨脚地操作，估计心中又好气又好笑吧。我讪笑着把位置让给了她，只见她低头把眼睛贴上观察孔，手指捏住调节旋钮慢慢来回转了几下，就说可以了。她对着显微镜仔细观察了几分钟，然后让给了我。我凑上去，在显微镜下，清晰地看到番茄皮上的细胞和细胞核组织。我兴奋地抬起头，正好看到杨老师用鼓励的眼光看着我们。

在这个实验教室里，学生不仅学会了用显微镜观察生物界的微观世界，并且还自己动手解剖青蛙，肉眼观看青蛙心脏在体外的搏动，感受顽强的生命力。那时学校为学生组织了各种学习兴趣小组，丰富中学生的课外业余活动。记得当时同届另一班级有个叫杨建生的同学，参加了生物兴趣小组。据他说，他在杨老师指导下，观察到蜥蜴在饿极了的情况下吃掉了自己的尾巴。杨建生将此过程撰文，投给当年的《中学生》月刊，文章发表后在同学之间还风光过一阵。

课堂上，杨老师讲课清晰明了，简单易懂，令我受益匪浅。我离开中学后再也没有接受过生物学知识的专门培训，现在记忆中残存的一些生物术语还是拜当年课堂教学所赐。因为学了不到一年，接触到的生物知识仅限于动物界，不过我对动物界的分类倒是印象深刻，记得是按门、纲、目、科、属、种逐次排列。在离开学校后，报纸和广播中传播出诸如"门类齐全""纲举目张"等词语，我还会反射性地联想到当年学过的动物界分类专用术语。

总的来说，杨老师是一个比较严肃的人，教学过程基本上中规中矩，根据课本内容按部就班地讲授，不过偶有例外的时候。一次杨老师在课堂上给我们讲蛔虫在人体内的游动过程，据他说蛔虫在人半夜睡觉时会沿着胃壁和食管爬到喉咙口，然后又慢慢爬回去，这个过程也是导致受蛔虫感染者睡觉磨牙的主要原因。讲到这里，杨老师突然咧嘴一笑，说人们在夜间磨牙过程中，如果遇到蛔虫进入口腔，于是"协啊协，协啊协，接着又把协碎的蛔虫咽下去了"。杨老师讲普通话时，有时会嵌入一些萧山口音，比如把"嚼"这个字说成了"协"，不过这并不影响学生对其语意的理解。彼时快到中午时间，临近下课同学们都已惦记上了中午的饭菜，听到此番解说，不禁大倒胃口。杨老师戏谑地望着大家，然后轻松一笑，就此下课。

作为教副课的生物教师，杨老师本来和班上学生不会有太多的交集，不过因他兼任我们班级的班主任，所以在班会课、自修课、班级活动，甚至学生的课余时间里，都常常会有他的身影出现。及时了解掌握学生的政治倾向，是当年做班主任的主要任务，常有学生在课余时被杨老师找去谈话，回答老师提出的问题。现在回想起来，杨老师是一个本分的教师，当时他所做的这些工作，只是在机械地完成组织交给他的任务而已。

另一方面，班上许多学生对杨老师给予的在学习之外的关心和帮助感同身受。记得在我们入校两三个月后，天气转冷，有个男同学因家庭生活困难，一时没有厚衣可穿，受寒感冒。他在家休息几天后回到教室，见到杨老师拿出一件厚厚的新棉衣在同学面前交给了他，说是学校对贫困学生的关心和补助。当这个同学穿上棉衣，苍白瘦削的脸上泛出了一丝血色，旁边的同学看在眼里，一起鼓掌为他加油。事后班上消息灵通的同学告知，杨老师为帮助这个学生从学校拿到寒衣补助，甚至跑到校长办公室为其说情。

还有一次班级活动，杨老师组织班上学生从学校出发，步行前往四平路上的农科所参观。当年的四平路，过了海伦路口两边就已出现大片农田，完全是乡村景象。走出校门，同学们便自行三两结伴，走成一条稀稀拉拉的长蛇阵势迤逦前行。途中大家有说有笑，边走边眺望周围农田，大有鸽子放飞的新鲜感，个别调皮的同学还会往旁边农田里奔几步，然后返回路面，边玩边走。我当时在后面的同学群里，走在最前面的同学已快望不见背影了。杨老师因带队的关系，要前后照应学生，走在中间靠前的位置。

走着走着，突然前面几个同学停了下来，围着路边的一块农田，把手往前伸，我在几十米开外，模糊看到离路边稍远处，有一个小小的身影正奋力试图从脚下的田地走回路边。奇怪的是他一迈开脚步就会滑倒，爬起来接着再走，接着再滑倒在地。我走近时，看清那个滞留在农田中间的人是班上一个同学。他脚下农田的土色看上去和旁边的田地有些差别，乌黑发亮，上面的土似乎是一层薄薄的硬壳，脚印踩过的地方，却流出一些浆水，空气中弥漫着一股浓郁的腥臭气味。听同学介绍，才知道这个同学陷进了当地农民伯伯挖出来的一个沤绿肥的土坑里。时值初冬，天气寒冷，所以土坑面上结了硬壳，下面却是深到没膝的半流质状态。这个同学当时在路边行走时与同学嬉闹，奔入田间未及细看，等到跌入肥料坑，才发现举步维艰，出来已经很困难了。

　　此时只见杨老师拿着一根不知从哪里捡来的木棍，奔到路边，把棍子尽力伸向这个学生。落难同学正狼狈不堪，眼见救命棍子在前，一把拉住不放。杨老师一使劲，就把学生拖回地面。路边朝村里的方向有一根带龙头的白铁自来水管孤零零地站在那里，杨老师带着这个同学走近龙头，随即放水给他冲身上的污物。这天气温很低，落难的同学垂头丧气地站在那里挨浇，一旁的同学不免替他难受，但大家都明白这样洗一下总好过留一身臭气。

　　正在此时，旁边农舍里钻出一个四五十岁的农妇，对着我们师生破口大骂，言下之意我们未经允许擅自用了她家的自来水。杨老师听了一个劲儿地解释和道歉，但这农妇不依不饶，非要把龙头立即关掉。杨老师见状，不由得皱了下眉头，很快他腾出一个湿手伸进裤袋，从里面掏出一张一毛钱的纸币递给农妇。那农妇眼睛一亮，停止了叨叨，忙不迭地接过钱，说一句"你们省着点用"，随即转身回屋。当时一吨水的价格是一毛二分，再怎么冲洗，这一毛钱也够用了。这个同学其实就简单冲洗了一下，当然这种状态已无法再去农科所参观，所以他在另一个热心肠同学的陪同下直接回家换衣休整。其他同学则跟着杨老师继续前行。这天参观的内容我早已忘记，但杨老师当时救护同学的举止形象却一直留在我的记忆中。

　　离第二学期结束前一个多月，不知是何原因，杨老师突然停止给我们上课，生物课改由另一位姓秦的老师代上，班主任的活也由秦老师代管，教室里从此再也不见他的身影。

　　过不多久"文化大革命"风暴即已袭来，在"停课闹革命"的号令下，学校宣布停课闹革命，教师不用给学生上课，学生也不用复习迎考，学校全体学生的学业就此中断。当时不少学生天真地认为，暑假一过学校就会恢复正常教学秩序，我们又会背着书包继续学业。然而对我个人而言，等到重新返回教室读书，已经是在13年后，不过此时身份发生变化，当年的初中生，后来成为"文化大革命"结束恢复高考后的第一批大学生了。

　　"文化大革命"初期，学生在"造反有理"的宣传蛊惑下，成立了形形色色的战斗队，教室里的几张课桌被摞在一起，上面放着从食堂拿来的搪瓷饭碗，里面盛满墨汁，加上课椅上堆放的纸张，就成了战斗队成员写大字报的平台。校园各处贴满了大字报，当时的战斗檄文是"横扫一切牛鬼蛇神"，因此被大字报点名的对象最初是日常给学生上课的教师，许多老师的底细被大字报揭了个底朝天，不到一个月的时间，一些老师就被陆续编入"牛鬼蛇神"的队伍。我们这些不参与的学生，每天都能看到一批老师手拿扫把，在几个身着褪色旧军装、左胳膊套个袖标的红卫兵学生监督下，灰头土脸地打扫校园的角角落落。

随着"运动"的升级，批斗的对象开始转向所谓的"当权派"，一些战斗队组织了几场全校性的批斗大会。在这种场合，台下的看客，除大多数学生外还有几十个教师掺和在内，他们中大多是尚未遭到大字报点名批判的"漏网之鱼"，因此还能暂时留在"革命师生"的队伍里。我有一次参加批斗会，以看客的身份坐在学校礼堂的中排靠边位子。偶一回头，看见后几排坐着几个年龄大些的老师，他们神色木然，只是在台上台下群情激昂的气氛中，随着口号声浪机械地举手放下，表示在参与运动而已。在这几个人中间，我意外地看到了杨老师，只见他脸色苍白泛黄，眼光呆滞，刚和我对上眼神，即刻将目光移开。想起以前念书时杨老师虽然表情严肃居多，可也不乏和学生有说有笑的活络时刻。现如今居然颓唐至此，看来他这些日子过得并不顺心。过不多久，我无心再继续参加批斗会，趁会场乱哄哄没人注意的时候，悄然起身朝大门走去。经过杨老师坐的那一排，看了杨老师一眼，见他没有回应的意思，我就不便向他打招呼告别。未承想，这竟然是离校前和杨老师的最后一次见面。

当年停课后我在学校又混了两年多，后来随大流走上了农村插队的道路。"文化大革命"结束后回城，然后考上大学，毕业后分配工作，生活开始走上正轨。中学时代的生活此时已恍若隔世，除了和原先共同在吉林农村插队的同班同学沈哲宁偶有联系，与其他同学已无往来。

和杨老师再次见面，地点依然是在读过书的中学，时间却已推移到了30年后。1996年初的一天，我意外接到原班长刘念兹的电话，方知刘念兹近年来一直在努力寻找当年班上同学的踪迹，希望能有机会让全班同学重聚于附中校园。在他的不懈努力下，绝大多数同学都有了下落，同学聚会商定于那年春节里的正月初四在学校原来的教室举行。教室里除了原来的学生外，还坐了几位当年教过我们的老师。我转眼望去，在人群中见到了久违的杨丕明老师。

多年未见，杨老师发福了不少，不过眉眼的变化没有那么明显，所以一眼还能辨认出来。他坐在教室中间，慈眉善目地和周围学生小声交谈。我正想走上前去和他打声招呼，聚会正式开始，于是就近找个空位坐了下来。同学们相继发言，简要介绍自己离校后的人生轨迹，最后同学们请老师们说几句感言时，轮到杨老师第一个开腔。

杨老师的发言亦很简洁，主要意思是告诉大家，虽然他做了一辈子教师，教过不少班级，但对于我们这批"文化大革命"前考进来的最后一届初中生留有深刻印象，时隔多年，大多数同学的名字和相貌还都能记得。讲话中他提到一件事，那是多年前他在家看电视时，突然在新闻画面中见到一个熟悉的身影。"我当时激动地站起来对旁边的家人说，这不是葛谦吗？他是我教过的学生呵，我记得他！我记得他！"杨老师讲到这里，心情有些激动，用目光在人群中搜寻到我后，微笑地看着我。

旁边听着的同学不知其详，我只好稍做解释。当年大学毕业后分配在上海社会科学院经济研究所从事工业管理研究，一次接到上海电视台邀请，参加一个专题座谈会。在会上我免不了放些厥词，可能因为观点奇特，所以发言时的录像被电视台采用，在晚间新闻里放了出来。这件事我本已淡忘，没想到杨老师旧事重拾，他对十几年前的往事还记得那么清楚。

会后，我走到杨老师跟前，和他叙旧，他再次提起那天在电视里认出我时的激动状态，我听着心中感慨不已。回想中学读书那阵儿，我在同学中并不起眼，对老师们持敬而远之的态度，没想到杨老师却还能记得先前我这个顽皮少年的模样。说也奇怪，我试图让他回忆起我当年读书时和他有交集的往事时，他却困惑地摇头说记不得了，结果我最后发现他对我的印象其实就定格在那天他看到的电视画面里。

前些日子，在同学聚会上听到杨老师已经仙逝的消息，不禁恻然，没想到那次师生重逢，竟亦是永别。往事刹那间浮现脑海，一时间写下这篇文字，聊以寄托我对这位当年师长之悼念心情。

写于 *2018* 年

缅怀我们的秦松老师

1968 届中三戊班　葛　隽

1968 年 3 月 15 日早晨，我顶着凛冽的寒风上学。踏入校园，远远看见新建的实验大楼底层围了不少人，人们都趴在窗口，往里窥探着什么。

一向好奇的我即刻上前看个究竟。不看还好，一看吓了一大跳——我们年轻的班主任秦松老师，穿着深蓝的中式棉袄和黑色长裤，竟悬梁自尽了！

这是我有生以来第一次看见有人上吊，却万没想到死者竟是自己的老师。几十年来，3 月 15 日这一天在校园所见的情景，深深印刻在我的脑海里，永远无法磨灭。

记得 1965 年开学日第一次见到秦老师，他矮矮的身材，浓黑的眉毛，炯炯有神的双眼，一副精明强干的样子。那一天穿着白衬衫的他在开场白中自我介绍："我姓秦，秦始皇的秦……"没想到这句话竟成为日后批斗他的"证据"。有同学在批判会上手指着老师，愤怒地揭发："你想做秦始皇，狼子野心可不小啊！"

秦松被批是因为红卫兵抄他父亲家，意外中把他中学时代的日记也揭开了，有人发现其中有一句"今小人霸天下"，认为不得了，恶毒攻击国家领导人是小人。尽管秦松一再解释那是针对班干部而发的牢骚，但那个疯癫的时代，谁会听你说的呢？

从 1966 年下半年起，社会就开始不停地折腾。直到 1968 年，上面提出"复课闹革命"，想不到我们的班主任仍是秦松。

可惜好景不长。由于有红卫兵"炮打"张春桥，结果上面提出要揪出"幕后黑手"，秦松就作为"黑手"被隔离审查，关在实验大楼底层。几日之前我们还和他一起打篮球，他还在食堂向我借了一角钱的菜票，没想到就这样永别了！

说起秦老师来，年幼无知的我对他是又爱又恨。记得有一天晚自习，我和杨冬嘲笑陈振中把 library 念成"拉不拉累"的英语发音，我在教室黑板上画了一个陈振中的宝宝形象坐在摇篮里，杨冬在下面写上"拉不拉累养不大"几个大字。不知是谁把这事汇报了，那天秦老师走进教室，脸色一沉，严肃地问："谁画的？"我一看不妙，马上把画和字擦掉了。第二天开班会，秦松给我一支粉笔对我说："再画一次给我看看。"原来秦松想借此批评、教育一下我和杨冬。

天真的我居然不敢抗命，真的想重画。倒是杨冬沉得住气，拉着我要我别画。后来秦松没法，要我俩向陈振中道歉了事。

那一年的我，斗胆写文向《解放日报》投稿，没想到真的登了，当时我并不知道。一天秦老师把我叫到办公室，问："葛隽，你投稿了？"我故意装傻，表示不明白他想问什么，因为我知道投稿这种事若不成功很丢脸的。秦老师笑着拍拍我的肩膀："你别骄傲，快去后花园的报栏看看。"这一看，让我开心了整整一个学年——第一次投稿第一次发表，我终于成功了！

秦老师这一走至今足足 47 年了。今天用计算机打着这篇缅怀老师的文稿，一边打一边噙着泪花，鼻子一阵阵酸楚。

仰望灰蒙蒙的天空，我对老师说："秦老师，你的学生都已长大，且垂垂老矣。但庆幸的是我们这一班人仍能借助互联网一起来缅怀你，寄托我们戊班全体同学的哀思。愿你的在天之灵仍能与我们同在，若生命真有轮回，我们仍想成为你的学生。"

写于 2015 年 8 月

我的班主任陈宗义老师

1968届中三己班 邓志新

1965年8月10日前，我们宜川新村的同学都收到了中学入学通知书。我看到他们的信封都很简朴，用报纸糊的信封，再贴上白纸写上地址、姓名。而我的入学通知书直到8月15日前还迟迟没有消息，这让我在家坐立不安。直到8月18日，听到邮递员叫我的名字，还夸奖说"好学校呀"，只见我的入学通知书的信封是牛皮纸的，右下角印有"华东师大一附中"的字样！那时候我好激动啊！

我们1968届是"文化大革命"前考进附中的最后一批学生，听说教育部有文件，市重点中学要从工人出身的家庭中多招收优秀学生。附中在普陀区、闸北区、杨浦区、虹口区四个区的小学中招进了一批学生（还有几个体育特长生），组成了一个班级——己班。听老师们说，徐正贞校长、教导处对我们班寄予厚望，特地安排了忠于教育事业，对学生有爱心、有责任心的年轻的陈宗义、常凤英、蔡宝珠、钱根娣老师，数学课是有丰富教学经验的龙凤超老师。

记得报到第一天，我们的班主任陈宗义老师基本上叫得出班上每一个同学的名字，53张陌生的脸，53个陌生的名字，陈老师都能一一对上号，可见老师为此花费了多少精力，体现了多么大的爱心啊！我们学生一下子感受到：陈老师就像我们贴心的大哥哥一样，他是1964届高三毕业生，品学兼优，是学校动员他留校做教师，我们有幸成为陈老师的第二届学生。

我们普陀区有10多个男同学都是住校的，当时都只有十三四岁，陈老师考虑我们年龄尚小，不能照顾好自己，也选择了住校。记得第一天住校很是激动，天刚蒙蒙亮，我们就敲着饭盒去食堂等吃早饭，影响了其他寝室同学休息，这天发生的事，成为开学第一天学校的最大新闻！现在想想，那时我们真是年幼不懂事，有时会与楼下居民发生争吵，为用水龙头与高中同学发生矛盾，各寝室卫生工作做不好，也有同学早饭不吃，被子不叠，听到上课铃响，直奔教室。陈老师看在眼里，急在心上，他每天要来我们寝室多次，召集我们开会，制定值日生制度，各寝室相互检查评比，各寝室错开时间洗漱。经过一段时间的督促，我们的宿舍总算干净了、整齐了！刚进校一段时间替换衣服都是带回家洗的，在陈老师的启发教育下，我们住校生后来被子都是自己洗、自己缝了。

陈老师比我们大六七岁吧！一直像大哥哥一样关心着我们，经常找我们谈心，多次指出：你们是工人子弟，要继承父辈艰苦奋斗的优良传统，生活上低要求，学习上要高标准。渐渐地我们便养成了习惯，有空的时候经常去四川北路旧书店买参考书，去吴淞路纸张商店买边角料纸作草稿纸用。最可贵的是，普陀区、杨浦区住校学生，一到星期五放学后都一起步行回家；星期日下午六点前，普陀区同学约好在宜川路、交通路口集合，再一起步行到学校。在校的三年，不管是严冬还是酷热天，我们都坚持下来了！

为了培养德智体全面发展的学生，陈老师每天来寝室叫醒我们早锻炼，带领着我们到操场跑步、打球，由于各个区的小学教学水平差异很大（如闸北区小学五年级学过英语，普陀区小学英语一个字母也未教过），同时，我们班的数学、外语与其他班也存在差距，陈老师每天陪着我们参加晚自习。通过一年的努力，我们班终于跟上了教学大纲的要求。

陈老师是我们的政治老师，他不仅传授给我们政治理论，还教育我们懂得如何做一个好学生。他时刻告诫我们，一个人若没有远大理想，没有奋斗目标，是不可能有所作为的。在生活细节上，他也经常督促、教育我们。有的同学吃饭认为菜不合意，吃几口后就倒掉了；有的只吃馒头芯子，馒头皮就扔掉了。陈老师看到这些情况都会批评教育，还特地邀请了班上两个同学的妈妈来给全班同学做忆苦思甜传统教育报告，很多同学都感动得流泪了。

我们这批1968届初中学生除了参军，绝大多数都去了黑龙江、吉林、内蒙古、云南、贵州、江西等偏远地区，一生经历坎坷！经过拼搏和努力，我们中有大学教授、中学校长，有名老中医、法律工作者、政法干警，有党务工作者、普通劳动者。尽管职业不同，但我们都有一个坚定信念：做好本职工作，尽自己力量为国家做贡献！

我们都深切感受到，在中学时代遇到了许多像班主任陈宗义老师那样的好老师，可以说，我们每个人世界观的形成，归功于附中老师的教育培养，归功于在母校打下的坚实基础。2015年9月20日入学50周年，我们班36个同学回到了母校，都围拢在老师的周围，我们都兑现了当年入校时陈老师对我们的要求：要做一个对社会有用的人。虽然离开母校已经半个世纪了，但是同学们对母校、对老师、对同窗的怀念之情，随着岁月的流逝日益加深，挥之不去。大家都盼望着在我们纪念毕业50周年的庆祝会上见到我们的老师，再亲热地叫上一句："老师好！"

写于 *2018 年 7 月 20 日*

我的附中老师

1968 届中三己班　石开杭

我一直有个愿望，想写一写我的附中老师。这次的征文活动，让我终于提起了笔，实现了自己的夙愿。

我的班主任陈宗义老师，曾经是我姐姐石开敏（1967 届中三己班）的班主任，因此我在进校的时候，便对陈老师略知一二。可是当我坐在教室里，望着比我大不了很多的朴实的陈老师，还是很惊奇。他在讲台上侃侃而谈，使我原以为枯燥的课程一下子变得那么生动。姐姐告诉我，陈老师对工作精益求精，常常废寝忘食。在以后附中一年的学习生涯中，我从陈老师身上懂得了勤奋和努力。

教我语文的是常凤英老师。记得有一次，她在课堂上宣读我的一篇作文。开始时我还颇感得意，后来却发现我的这篇作文是作为反面教材来衬托另一篇好作文的。我一直记得那个场面，同学们纷纷站起来批评我的作文只有华丽的形容词，没有实在的内容。对我这个很少受到批评的人来说，内心受到的震动无疑是很大的。我一直想寻找其中的答案。多少年来我渐渐地悟出常老师的苦心：文不能华而不实，人更不能华而不实，文如其人；华丽的外表只是瞬间，真诚的内涵才是永恒！谢谢您，常老师！

教数学的龙凤超老师是我的老乡，课余时我们会在教室外的走廊里聊天。此时，她是一位和善的长者，可一进课堂她的风格就迥然不同了。她那简单明了、一气呵成的讲解，让我这个下课后几乎从不碰书本的懒学生受益匪浅。1977 年高考，近十年与学校无缘的我做出了那道平面几何的附加题，这全得益于初一时龙老师给我打下的扎实功底。能有一位如龙老师那样功底深厚、教学精湛，全心全意指导学生的老师是做学生的福气。

我的英语启蒙老师是钱根娣，她把我领进了 ABC 的奇妙世界。在大学里，我曾获得校际英语朗诵第一名，同学们惊奇，我也惊奇。如果没有一个好的启蒙老师，我想我是做不到的。旅居海外的 30 年里，英语成了我的日常用语，这使我常常想起钱老师，没有她的教诲，我在海外公司 28 年的职业生涯里，也许不会走得那么平坦。

　　我何等有幸，有这么多的好老师全心全意地培养我们，无私努力地传授给我们知识，呕心沥血地教我们做人。如果一个国家有许许多多这样的好老师，精心地培育着新一代，这样的国家怎么会不繁荣，怎么会不强大?!

　　谢谢你们，我的附中老师们。

回忆我的语文老师常青

1968 届中三己班　黄素芬

　　语文和语文老师，对一个学生的成长是至关重要的。我在附中的语文老师是常青 (原名常凤英)。刚刚告别了六年的小学生活，怀着激动的心情，我们踏进了附中。第一堂语文课，预备铃响，走进来一位眉清目秀的年轻女教师，白白净净的脸盘上架着一副眼镜，端庄又秀气。老师一开口说话，标准的普通话、圆润柔和的嗓音立即吸引了我。老师自我介绍，在黑板上写下了自己的名字：常凤英。凤英？这不是和我同班同宿舍的李凤英同学同名不同姓吗？就这样，常老师的名字一下子让我记住了。

　　常老师毕业于华东师范大学，刚走上工作岗位就来到附中，教我们己班的语文。虽然是新老师，但是她讲课清晰，语调亲切，感情投入。尤其是她的普通话非常标准，嗓音圆润柔和，翘舌音非常好听，一下子就把同学们带入了课文的情景中。为了培养我们学习语文的兴趣，培养我们良好的学习习惯，她要求我们在课堂上不仅要认真听讲，还要勤于思考，积极发言、提问，鼓励我们说错了也不用怕。当我们有不懂的问题请教她的时候，她总是会很耐心、很认真地回答。记得常老师上课不久，就开了一堂公开课，教室的角角落落都坐满了其他年级、其他班级的老师，我们都有点紧张了，可是常老师却教态自然，绘声绘色，由浅入深地讲解课文，驾驭课堂的能力充分体现了出来。同学们也被感染，积极性被充分地调动了起来，我们思维活跃，积极发言。由于师生配合，常老师的第一堂公开课获得了成功。

　　常老师知道，要全面提高学生的语文水平，为社会培养有用的人才，写好文章非常重要。常老师要求我们平时就要勤写多练，每两周布置我们写一篇作文。我们的每篇作文常老师都认真审阅、批改，写上评语。然后挑选出几篇作文，在语文课上进行讲评。为了调动我们的学习热情，常老师读完范文后就与我们一起分析，组织我们讨论，分析这篇作文好在哪里，还有什么不足。有时候常老师还会读两篇作文引导我们分析评判，哪一篇写得好，哪一篇差一点，鼓励我们说出自己的观点。记得常老师曾经在课上读了两个同学写的作文《国庆之夜》，让我们评判分析。第一篇，人和景都写得栩栩如生，使我们展开了想象的翅膀，仿佛我们也置身在欢乐的海洋之中。另一篇大量的优美词汇描写了五颜六色的霓虹灯和国庆烟花，人物的描写尤其是"我"的感受略显不够。同学们纷纷发言，各抒己见。我因为和常老师的分析接近，还在心里得意了一番。

为了培养我们的分析能力和写作能力，常老师还让我们参与作文的批改过程，指导我们分组合作，批改其他同学的作文。经过小组讨论合作，同学们慢慢领悟出他人是怎样构思并写作文的，以此来对照自己，互相切磋，取长补短，以提高自己的写作水平。直到20多年后的一天，方龙森同学还翻出他保存的中学时的作文本给我看，我惊喜地看见上面还有我和几个同学的评语和签名。在常老师的悉心指导和教育下，班级同学作文水平提高很快。尤其是我同宿舍的李凤英同学，坚持每天写日记。她写的日记当年我都看过，既有内容，又有思想，还有文采。我叫她才女，我说她和常老师有缘，笑称她沾了"凤英"这个名字的光。

初中一年级的课还没有上完，"文化大革命"的风暴就来临了。从此我们就再也没有机会聆听常老师的语文课了，但是常老师给我们打下的语文基础让我们受益终身。

附中学习、生活二三事

1968 届中三己班　陈维明

一晃 53 年过去了，回想起当年在附中的生活和学习，许多往事依然还历历在目。

一、进校第一夜

记得 1965 年 8 月的最后一天，是我离家过集体生活的第一晚，那时还什么也不懂，只觉得新鲜。晚饭后我背着书包，父亲提着我的小皮箱把我送到学校。那时的宿舍在二楼，宿舍楼的一楼是校办工厂，记忆中我们班男生有两间寝室，每个房间里有五六张双人床。我到寝室时已经有一半多的同学到了，床架上贴有名字，印象中我是在靠门边的上铺，父亲帮我铺好床，叮咛几句就走了，剩下我们这些半大的孩子坐在自己的床上胡乱聊天。也许是那个时代的孩子自来熟，再加上很多同学是第一次见面，想说的东西很多，直到熄灯以后很长一段时间，说话声才慢慢停下来，各自渐渐进入梦乡。

也许是太过兴奋，第二天天蒙蒙亮，寝室就开始热闹起来，你一句我一句，很快大家都醒了，但谁也不知几点钟。在床上折腾了一会儿，有人提议出去看看，大家一致响应。下楼以后 10 多个同学先围着宿舍楼一楼的校办工厂转了一圈，从窗户和门缝中打量里面的机床和台面上一些嵌有圆形工业显示器的金属机架。随后一群人沿着宿舍楼边的围墙向校门口逛过去，想出去看看，到门口发现校门锁着，传达室没人，传达室沿街的门也锁着，一看传达室墙上的电钟才 4 点钟，这可是我中小学时期的最早起床纪录啊！没办法大家又折回来向操场逛去。附中当时办有少体校，班上不少同学同时又是少体校队员，在课余时间还要参加少体校的体育锻炼，因此附中的操场比一般学校要大，体育设施也要好得多。操场周边是 400 米跑道，操场中间是几个篮球场，一边还有跳高和跳远用的沙坑，沙坑一侧的跑道外面有一堵白墙和一扇木栅栏门，另一边是体操房。白墙和木栅栏门里面是学校的游泳池，从栅栏门望进去里面一池碧水清澈见底，只是门锁着。大伙在操场上转悠了一会儿，进入一侧的教学楼，沿着走廊，同学们三三两两地趴在面向走廊的半高窗户前打量着明亮宽敞的教室。这就是接下来几年我们学习知识和本领的地方。穿过教学楼中间的一个后门，我们看到了一排洗碗池，另一侧便是食堂，这也是我们那天早起探查学校环境的目的地了。

二、旱鸭子变水鸭子

附中的体育课与很多中学不一样，是男女生分班上课。各由一位体育老师带领，男女两班的教学内容有时是一样的，如游泳，不过很多时候是不一样的。附中体育课学习游泳的一个有利条件是学校有自己的游泳池，尽管只是 25 米长的小泳池，但对当时我们这些才十二三岁的孩子来说已经够大了，特别是像我这种以前只在澡盆里玩水从未见过游泳池的孩子。游泳池分浅水区和深水区两部分，浅水区的水约 1 米深，刚好浸没肩膀。班上的同学一大半是和我一样的旱鸭子，尽管爱玩水，开始只敢在浅水区浸泡、戏水，慢慢地开始学习闷水……当能在浅水区扑腾几下以后，体育老师开始教我们蛙泳的姿势，先在垫子上比画，学习手臂划水和蹬腿动作，等有点样子后让我们下水练习。

附中每天下午有两三个小时的课外活动时间，有时也可以去游泳。玩水是少年的天性，只要有机会我们都会去游泳池。慢慢地从浅水区游到了深水区，从一次游十多米到几百米，再后来可以仰面躺在水上随意漂荡。从附中毕业的同学几乎没有不会游泳的，而游泳成为我在附中学会的一项生存技能，它伴随了我的一生。在农村插队时，我和插队的同学一起在生产队的小河里游泳；在粮管所工作时，和同事一起在粮库门前的河里游泳；在贵州大学读书时，和同学一起在校门外的花溪河里游泳，是附中让我从旱鸭子变成了不怕淹的水鸭子。

三、附中的学习生活

在我们入学时，附中已经是教学改革试点学校，因此在课程设置和教学上与其他中学有些不同。例如，附中的英语课是分成小班上的，每个小班 20 多个同学，分别由蔡宝珠老师和钱根娣老师任教。因为是小班，在课堂上被叫起来朗读课文和回答问题的机会比其他任何课都多，不得不多花点时间背单词和读课文。其他中学初一数学学的是代数，而附中学的是几何。由于我们班一半以上的同学住校，学习和活动的安排更为全面，我们每天早晨有早读，下午课后有两三个小时的课外活动，晚上还有晚自习，早读和晚自习时有任课老师来教室，平时也可以到老师办公室问问题。

相对代数而言几何更灵活，有时一道题会有几种解法，需要更多思维训练，对我们这些刚进入中学的孩子而言有点难度。我们的数学老师是龙凤超老师，她对我们既严格要求又耐心细致，课堂回答问题时如果谁没有讲普通话，龙老师会说我没听懂，要求再说一遍。曾记得有好几次晚自习，因为对题目的理解不同，大伙争论不出结果，就和几个同学一起去办公室找龙老师答疑，龙老师总是耐心地给我们讲解，直到学生弄懂为止。正是附中的启发式教育，培养了我们爱思考和问问题的习惯，也让我们产生了对数学的浓厚兴趣，我曾经在自己的小日记本上写道：数学很有趣、很好玩，长大以后要研究数学。

除了学校安排的学习和体育活动，我们班男同学的业余活动普及程度最高的就是装半导体收音机了。在姚楷同学的带领下，很多同学都喜欢上了装半导体收音机。我们经常结伴去学校边上的虬江路市场买各种半旧零件，到四川北路口的电子商店去买二极管、三极管等比较贵重的元件。在课外活动时间里我们自己钻孔、打铆钉、做线路板，拿着电烙铁焊来焊去，装了拆，拆了装，做成一个个可以用来收听节目的"赤膊"半导体收音机，常常是忙得不亦乐乎。我曾经成功做出一个使用耳机的单管半导体收音机，装在买来的手掌大的塑料机盒里。也许因为是儿子的作品，它被我父亲要去听了很久。

附中的学习生活充满了快乐和回忆，如果没有后来的"文化大革命"，我们的同学将无一例外地进入重点大学深造，成为国家建设的栋梁之材。尽管"文化大革命"和"上山下乡"曾经改变了我们人生的方向和轨迹，但我们同学后来在政府机关和各类文化教育机构工作的比例还是远高于一般中学，并且涌现出不少有名的医生、中学校长、优秀教师、工程技术人员和企业家，以及书画、演艺等各类人才，这里面既有机遇和个人的不懈努力，也与在附中的学习和受教育经历有关，为此我们衷心感谢附中和老师们那些年里为我们的成长所付出的辛勤劳动。

写于 2018 年 9 月

母校留给我的宝贵财富

1973 届　曹声良

收到母校师大一附中 1973 届校友毕业 40 周年纪念活动的通知时，我特地找出了珍藏多年的母校留给我的纪念品：两本已经发黄的学生成绩手册，班主任的评语还清晰可见；获得的几张奖状，唤起我对当年参加比赛和活动情景的回忆。看着这些珍贵的物件，学生时代的记忆像开闸的洪水瞬间涌了出来……

我们 1973 届的学生不是按成绩考进学校的，而是按区域划块入学的，学生人数空前绝后，共 21 个班级，1 000 多名学生。尽管年代特殊，学生质量层次差异很大，但母校热情地接纳了我们，以厚实的传统和一以贯之的校风熏陶着我们每一个学子，让我们四年的教育和积累受用一辈子。

我们有幸遇上了一批才华横溢、富有爱心的教师，他们的人格魅力和学识感染着我们。我清晰地记得，语文老师陆继椿那时已崭露头角，上课时神采飞扬，板书条理清晰，朗读抑扬顿挫，吸引着我全神贯注听课。季克勤老师多才多艺，对人亲切可爱，软糯的启东普通话至今记忆犹新；在读书小组，他会对我们每一篇习作精心点评，对文章悉心修改，无论是标题还是标点。他还教会了我怎样刻钢板蜡纸，怎样用熄灭的火柴棒修正蜡纸上的错字；让我学会了编辑小报，以及排版、美工工作。鲍宜国是学校文艺小分队的指导老师，虽是教数学的，但指导文艺团队却另有一招，不少节目编排均出自鲍老师之手。当年学校出了个知青校友韩振民烈士，鲍老师马上排演歌舞剧，熟悉的旋律我至今还记得。鲍老师十分严谨，指导节目一丝不苟，动作不到位，马上停下重来，微微发黄的眼光带着威严。当时小分队成员经常下工厂、去农村演出，还担任展览会的讲解，这些活动丰富了我们的生活，提高了我们的能力。其实，现在看来这也是我们当今提倡的丰富学生课余生活的做法。林树清老师那时住在实验楼的底楼小屋，尽管年代特殊，很多书被禁，但他的书桌上永远有新读的书，我常到他那里探讨感兴趣的话题，和他一起打乒乓球。当然还有陈步君（那时叫陈步军）老师，他最擅长组织各类主题活动，引导学生开展讨论，让学生的思想火花碰撞。用如今的话来讲，用正能量不断地引导我们进步。其实还有很多不一定是我的授课教师，如毛梦奇、郎建中、蔡宝珠、颜迪明等，他们性格各异，各有所长，同样给我留下了深刻的印象。

　　母校四年的学习经历是如此丰富，老师们的品行影响了我，使我认识到教师的价值，也让我萌发从事教育事业的志向。从附中毕业后，我实现了当教师的愿望，至今已有38年了。我先后在技校、初中、高中、职校、中外合作学校、业余大学、电视大学、社区学院任教，虽然岗位不断在变，学生不断在变，但当教师"学高为师，身正为范"，关爱每一个学生的成长是我始终不变的理念和追求。这些都是当年母校给我留下的宝贵财富，让我受用一生。

故地重游忆母校

1974 届 12 班　郑淑贤

　　提起母校，我脑海里浮现的就是位于虹口区中州路 102 号华东师大附属第一中学的那片校舍。那天有幸故地重游，禁不住百感交集。

　　走进大门映入眼帘的，依然是那个大操场周围依次排列着的校舍：实验大楼、体操房、游泳池……年逾 70 的徐赋葆老师带我们参观了所有的校舍。大礼堂是正规剧院式的，不再是以前的"长板凳"；校办工厂也已撤除，重新建造，成了图书馆和阅览室、教师食堂；游泳池正在建设中，我们 1974 届 12 班所在的 209 教室，现已改为教师阅览室，成为教师阅览和备课场所。看着这些修葺一新的建筑，往事历历在目，这里有太多我们留下的足迹、身影和无数的欢乐与落寞……

　　1971 年春季，正值 16 岁花季的我们，怀揣着对未来的美好憧憬来到这所中学，度过了四载春秋。入学的第二个月（3 月 18 日），我们就背起简单的行囊，在一片"练好铁脚板，气死帝修反"的口号声中，踏上了第一次野营拉练的征途，走向了广阔的天地。在那个历经痛苦和磨难的年代，我们上文化课的时间并不多，之后又经历了一次拉练、一次学农和无数次的学工、学军。没有专门的学科，也没有系统的教材，物理称作"工基"，生物称作"农基"，政治教的是党史，英语学的是毛主席语录。没有考试，没有升学率，没有压力。

　　就是在这样的情形下，附中的老师，以他们执着和高尚的品格和情操，为我们开启了一扇扇通往知识宫殿的大门。陈琪萍老师在语文课上讲解的《鸿门宴》《友邦惊诧论》，清晰流畅；刘定一老师的"提取公因式"，深入浅出；鲍宜国老师的"抛物线"，形象逼真；钱玲英老师的"化学元素表"，有条不紊；黄元熙老师的"杠杆原理"更是通俗易懂。当时为了增加我们的学识范围和开阔我们的视野，学校还开设了许多课外兴趣小组，有书画、音乐、体育、物理、化学、写作等，虽然都是些浅显的入门知识，但对我而言印象深刻。

　　我们的班主任黄元熙老师是个不苟言笑、平时没太多风趣话的人，可是他对待学生就像对待自己的孩子一样，不管大事小事、校内校外他都关心。那时的我们不大不小，似懂非懂，无意中做过许多错事，也曾遭到他无数次的训斥。现在回想起来，是黄老师在我们懵懂的少年时期，给予了我们许多的关爱和指引。我要真诚地说一声："黄老师，原谅我们当年的无知，感谢你对我们的培养！"

在那个"老师凭良心教，学生凭良心学"的年代，上课时间少，课堂上还不时有学生打架、大声喧哗等影响课堂纪律的行为发生。但附中的老师依然坚持上课，从来没有因此而放弃教学。课后他们还要循循善诱处理很多纷杂的大小事件。那时的老师的穿着是再普通不过了的，没有现在的"西装革履"，没有"时装"，但他们透过"中山装"和"蓝布罩衫"折射出的那种高尚的文化素养和坚毅的精神感动了我们。他们用人格魅力感染着我们，使我们能以一种无畏和坚忍的态度来面对日后的学习、工作和生活。

我们中的许多同学，走出附中的校门后，凭着自己的努力和坚持，在不同的领域都有所建树，这些都离不开附中老师的教导。现在我们长大了，变老了，而你们还在不断地辛勤耕耘，不断地为祖国、为人民哺育着一代又一代的人才。我想在这里说一声："老师，谢谢你！"真心地感恩母校，感恩老师。

走出校门，回头望望曾经的附中校园，许许多多的人和事都还是那样清晰、那样鲜活。我为自己曾经是附中的学生而感到骄傲，提起拙笔留住我对母校的回忆，以聊表我的感恩之心。

母校保送我上复旦大学

1974 届 6 班　张珠圣

"文化大革命"期间，高考停止了，只从工厂、农村、部队中推选优秀的人员上大学，称为"工农兵"大学生。不过，在那个特殊的年代，也出现了一种"另类"，从中学直接挑选一批优秀学生保送大学，即"外语培训班"模式。很荣幸，我被母校推荐成为其中的一员，并进入复旦大学深造。

外语培训班创始于 1972 年，当时由华东师范大学、上海外国语学院、复旦大学三所学校成立招生组，在规定的区域中学内，以高标准、严要求选拔一批"尖子"到大学深造。每所学校招生 200 名，第一届全市共有 600 名学生。为了"安抚"工农兵学员，外语培训班学员被安置在各自的"干校"（上海外国语学院在安徽凤阳、华东师范大学在奉贤五四农场、复旦大学在崇明东风农场），边劳动边学习，以便取得所谓的"农场场员"资格。1973 年第二届，又在全市招了 600 人，1974 年最后一届，也招收 600 人，三届在全市共招收了 1 800 人。学制三年，一年后学习优异者留在学校继续深造，毕业后主要分配到外事部门，从事外语翻译或口译工作，有的成了外交官。

1974 届毕业前夕，复旦大学对口虹口区，到师大一附中选拔招收外语培训班学生。全年级 18 个班级，约不到 1 000 人。最初，各班按照选拔要求报送，18 个班级报送了 12 个人。第二批筛选后剩下 6 人，经"三结合"（学校、工宣队、里弄）讨论，最后确定为 3 人，分别是 4 班的徐建华（复旦英语班）、9 班的梁萌（复旦英语班）和我（复旦法语班），真可谓"百里挑一"。

招收过程中，可谓"过五关斩六将"，必须通过几道"关"：第一道关是政审关，要求查三代，政审绝对没有任何问题，确保"红三代"；第二道关是表现关，考查在校表现，政治要突出，学习成绩要优异；第三道关是要愿意到"干校"接受劳动锻炼（很多人因为分配到工矿，不愿意去而被淘汰）。当然，对外貌也有一定的要求，外语也要有良好的基础。记得当时学校通知我到位于乍浦路的"上山下乡办公室"去外语面试。现场设 3 个摊位，即英语、法语、日语。老师要求学生跟着读，英语要求能说几句即可，主要是看学生的口型适合学习哪种语言。我可能鼻音较重，被分在了法语班。

在那个"读书无用论"盛行的时期，附中教师想尽办法，尽可能让我们多学习一些文化知识。"努力学习，成为对社会有用的人"在附中蔚然成风。中学期间，我对英语特别感兴趣，学习成绩在班上始终名列前茅，初三时还获得免考资格。此外，我还积极参加课外活动，曾获得全校英语书法比赛第一名。应该说，母校良好的学习氛围、优质的师资、先进的教学方法，为我打下了扎实的英语基础。

母校培育了我，此生难忘。师大一附中，我由衷地感谢您！

《华光报》引出的思念

1976届6班　王乐铭

近日，我偶然从网上看到母校出版的《华光报》。当"华光"两个大字映入眼帘的时候，我不禁想起了陪伴我们度过4年光景的班主任王华光老师。

王老师毕业于复旦大学英语专业，是我们的英语老师。在那个特殊的年代，英语教学受到的冲击比别的课程更大。广大中学生升学无望，"读书无用论"盛行，使得英语教学更是雪上加霜。在这种情况之下，王老师还是以极大的热情投入教学。当时我们入学的时候英语水平参差不齐，老师教起来特别吃力，但王老师还是不厌其烦、反复地示范领读，仔细地讲解。不过，更让她费神的是，每堂课都要花费很大精力来维持课堂秩序。为了提高我们学习的兴趣，她还让我们互相批考卷，找出有规律性的错误。我批了几次考卷，对学习内容的掌握有了相当大的进步。

记得1976年1月，我们在吴淞路上的险峰电影机械制造厂学工。一个冬日的下午，吃完午饭，我们在一个小房间休息。王老师给我们介绍了她上大学时学的内容。印象最深的是，她讲到她班上的同学程度也很不同，一部分同学还在学国际音标、纠正发音的时候，从市三女中来的同学已在看莎士比亚了。王老师的引导，加深了我们对知识的渴望，也让我们看到一片别样的天地。

除了给我们上英语课外，王老师还要带我们去学工学农。1976年的初夏，我们去崇明的军垦农场学农、学军。王老师告别了只有两三岁的女儿，与我们一起在农场度过了5个星期。在那里，她要给我们写评语。那天，我看她写的字体与往日不同，便问她这字怎么这样，她说是用左手写的，因为右手不适，写不了字。

1977年5月，我和几个同学离开师大一附中去崇明插队落户，王老师还陪我们去。看完我们拜了师傅，安顿了下来，她才回上海。

在"文化大革命"的动乱年代，王老师以她的正直和善良给我们带来的温暖，让我们久久回味，永世难忘。

感谢您，照亮我心灵的老师

1977 届 7 班　何　群

　　我脑海中最难以忘怀的记忆，是曾经在华东师大一附中四年的学习生活。我是1974 年 2 月至 1978 年 5 月在母校学习的 1977 届 7 班学生，那时的中学学制短，也不分初高中。所谓"课堂教学"，如今看来全在于老师的自我发挥和良心奉献。记得母校老师为人师表、鞠躬尽瘁，传授给我们宝贵的文化知识，并给予我们这些懵懂无知的中学生人生的启蒙，让我们在成长之路上迈出坚实的步伐。

　　黄璐珊老师是 7 班的班主任和英语教师。她文质彬彬、待人和气，从不以势压人，这对我们学生来说是难得的福气，当然对那些"捣蛋鬼"同学也少了一点"紧箍咒"。我至今还记得，来校参观的外宾聚集在教室边的走廊上，用摄像机拍摄黄老师给我们班上外语课的场景。黄老师善于因势利导地提高学生的自我管理能力，积极发挥班干部的骨干带头作用，带领学生经受了学工、学农、军训、野营拉练及政治运动等一系列严峻的考验。我要感谢她对我的培养、爱护、理解和宽容，使我逐渐成长为工作能力较强的班干部和班级墙报的"主编"。她还推荐我参加空军滑翔员的征兵体检，虽然当时我体检都合格了，但因家庭出身不好而政审未通过。所幸粉碎"四人帮"后国家恢复了高考制度，我考进武汉水运工程学院（今武汉理工大学）船舶结构力学专业学习，弥补了没能参军的遗憾。我深知自己高考冲刺成功，离不开母校的名校资源和老师对我的辛勤教诲。

　　石源泉老师是年级副组长，并兼 7 班的数学教师和副班主任。他慈眉善目、思维敏捷，为我们这批随着"批林批孔"运动而进校的"中学生"，在思想和行动上"拨乱反正"耗费了大量精力。石老师讲课生动形象，对基础薄弱的学生实施"扫盲"，使不同数学水平的学生都能学有所获。他的教学使我比较系统地掌握了三角、解析几何等数学知识，高考时数学取得了不错的分数，使我有幸顺利成为"文化大革命"后恢复高考的 1978 级大学本科生。课外，我还参加了由石老师主持的制图兴趣小组活动（我校在当时是上海市负有外事接待任务的两所学校之一，设有制图、美工、航模、电子、红医、气象、文艺、书法篆刻等课余兴趣组，亦使不少同学因此而掌握了一技之长）。他教学生制图的方法，指导我绘制出学校大礼堂吊顶改造的相关图纸，使我第一次感受到了图纸设计到实际应用的神奇之处。石老师对我的制图技术的启蒙，使我这个以后几十年都在和造船工程图纸"打交道"的学生终身受益。

谢钧石老师是7班的语文教师（也是9班的班主任）。他动作沉稳、语气坚定、两眼炯炯有神，给人以一种有智慧、可以信赖的感觉。他带领我们走进毛主席诗词《卜算子·咏梅》的意境，体味鲁迅先生《从百草园到三味书屋》的思绪，剖析巴尔扎克《欧也妮·葛朗台》中人物的灵魂，展现诗歌《黄山松》所赞颂的铮铮傲骨……给我们幼稚的心灵打开了一扇洞察世界的窗口，让文化基础薄弱的我们感悟到语言文字的魅力以及其内在的逻辑性、哲理性。他指导我们写了《在学农劳动中》《看宋江……嘴脸》《读〈故乡〉有感》《乌鸦的翅膀遮不住太阳的光辉》《分析批判〈胎记〉》《看〈红色娘子军〉有感》等作文，让我们领悟写作的真谛，表达内心的感受。40多年来，我能够在舰船建造和科研方面略有一技之长，离不开谢老师对我语言表达能力的培养。

徐赋葆老师是我参加学校美工组活动的指导教师。他待人和蔼，多才多艺，透过眼镜的目光流露着热情和睿智。无论在课堂里，还是在课外，他总是想方设法提高学生的艺术鉴赏力和绘画技能。来自各个年级的组员们向徐老师学习素描、写生、刻灯笼等美工技艺，他热情接待外宾参观我们学习的过程。美工技艺的提高，使我有能力胜任本班的文宣工作，出墙报、写标语，即使在后来的工作单位里也发挥了美工的特长。我还有幸参加了1976年暑期学校组织的"红卫兵长征学习队"。30个同学徒步从上海远赴杭州，而徐老师则是带队的三位老师之一，是"后勤部长"和向导。他带领学生战胜徒步夜行的极度困乏，妥善处置了队伍遭遇石块攻击和误闯军营等意外事件，顺利完成与杭州二中的对口交流。徒步之行磨炼了我们的体能和意志，还让我们沿途领略了乍浦、嘉兴、杭州等地的风土人情。

我还记得年级组长季克勤老师那明亮而深沉的目光、独特而洪亮的口音，他总是谆谆教导学生发愤图强，带给我们温暖和信心；还记得年级副组长常春泉老师那冷峻而坚定的面庞、高大而挺直的身影，他严抓纪律、铁面无私，令所有"捣蛋鬼"在他面前"俯首称臣"。1977届年级组的全体老师，坚持维护正常的教学秩序，不间断地认真进行文化启蒙，为减少"文化大革命"的动乱对学校、学生的影响做出了重要贡献。

如今，离我们1977届毕业已过去40多年了，但老师们当年的音容笑貌依然时常闪现在我的眼前，激励着我更加努力和坚强。感谢您，照亮了我心灵的老师。

怀念我们的班主任李厚基老师

1977 届 16 班　朱朝贞

李厚基老师是我们的班主任，我们班也是他班主任生涯中最后一个"孩子"。

16 班的学生都在桃源坊长大，而桃源坊的小孩历来应该进市五中学。唯独 1977 届轻轻松松进入师大一附中这所名校，是当时幸运的一届。

李老师教我们化学，他时常把深奥的化学原理，用浅显的生活常识来解读，提高学生的学习兴趣。李老师不愧为师大一附中的名优教师。

记得在初二的一天，李老师找我谈话，要求我在全体教师大会上不用讲稿发言。我一下子蒙了，怎么可能？一个 15 岁稚嫩的女孩，要在这么多德高望重的老师面前讲话，想想腿都发软了。我说不行的，这个场面我害怕。李老师坚定地说，已经定了，上也得上，不想上也要上！真是赶鸭子上架，我无可奈何。于是，李老师对我进行耐心细致的开导和鼓励，还精心指导发言提纲。后来，我鼓足勇气，圆满完成了任务，还得到老师的好评。记得当时陆继椿老师对我的评价是："讲得很好，缺点就是没有讲普通话。"

回忆起这段往事，还是非常感谢李老师的栽培，让我得到锻炼，在以后的学习和工作中受益匪浅。

李老师对学生就像对自己的孩子一样充满了爱，但是对调皮的学生要求也非常严厉，因此也曾让这些学生感到有些不自在。40 多年后，当年的少男少女都步入中老年。自己当了长辈后，也都能够理解当时李老师的良苦用心。

李老师为了学生的健康成长，遇到学生不遵守纪律，难免脾气暴躁。其实这种情绪对心脏的损伤是很大的，也许李老师的身体就是这样拖垮的。他的晚年生活一直因心脏病、高血压而饱受折磨。有天深夜，李老师心脏病突发，那时家里也没有电话，无法及时拨打 120 送医抢救，竟永远地离开了我们。

他走了……走得太匆忙了！我们都没来得及送他，憾哉！愿他在那个世界不再遭受痛苦！

毕业 40 多年后，我们 16 班依然怀念着李老师，大家在心里默念：李老师，当我们举行毕业周年纪念活动时，您无法前来参加，非常遗憾。但您在九天之上依然可以为自己的学生而深感欣慰！甭操心了！您的学生永远怀念您！

我的中学生活

1977 届 7 班　何　群

1974 年 2 月至 1978 年 5 月，我的中学时代是在华东师大一附中度过的。进校后，学生的第一项"学习任务"就是参加"批林批孔"运动，由此我们曾被冠以1977 届"文革中学生"的称号。

那时的中学学制短，也不分初高中，教材极为粗浅。学生的文化知识水平远不如当今的中学生，有些学生甚至连加减乘除的运算规则也搞不清楚。社会上也不存在任何学习类进修或补习学校，家长都忙于自己工作单位的"抓革命、促生产"，普遍不关心孩子的学习成绩。因为"文化大革命"，学校教育必须走"与工农兵相结合的道路"，学生要耗费大量时间、精力，停课去参加学工、学农劳动，参加军训、野营拉练及各种政治活动的"锻炼"。

位于罗浮路的新华金笔厂是我校 1977 届学生常去的学工地点。我一共去过 7 次，每次有 2 周到 1 个月左右的时间。同学们最大的快乐是喝酸梅汤，免费的、无限量的酸梅汤远比当今要花钱才能买到的冷饮更解渴。聪明的同学很快便成为压塑、成品等车间的生产能手和工人师傅的快乐宝贝。在市印七厂学工时，我跟随老工人修复了一台 1949 年前制造的印刷机，印刷了大量描图纸。

当年的割稻、拔茭白等学农劳动多数是当天去、当天回。记得 1975 年 12 月初到上海县陈行公社陈行大队（今浦江镇附近）的学农时间长达 3 周。当时我担任炊事班长，负责全班师生、实习的工农兵大学生等 60 个人一天三顿饭的伙食。我每天 2 点起床烧粥，5 点拉着铁制板车到镇上买鱼、肉、蛋等荤菜。回来后，我带领炊事员烧开水、烧饭、烧菜，分发餐食，到河边挑水、洗锅碗，到菜地拔菜，到队部压面等，累得几乎要趴下了。在学农时间过半时，我终于被替换到生产班组，本以为可以轻松些，却不料拔棉花秆子的劳动同样辛苦乏味。加之遭遇雨雪风寒，同学们个个显得又黑又脏。学农让我们感受到当时农村的封闭落后，更让许多同学担心自己今后下乡"插队落户"的命运。

"练好铁脚板，气死帝修反"是当年野营拉练的口号。在我的记忆里，我们 1977

届学生拉练的队伍雄赳赳、气昂昂，印象也很深。我们曾经徒步至广中路上的海军司令部，观看海军通讯大队进行的旗语、灯光联络、拍发电报等训练；曾经背着背包徒步至江湾飞机场，观看保家卫国的战斗机群；曾经雨夜急行军至某部队大礼堂，浑身湿透也在所不辞。我曾经加入过"尖刀班"，护卫大部队的前进和休整。经过军人调教的1977届18个班级900多名学生，正步走、班级整体90度转弯等队列操练宛如阅兵式上的方阵，动作整齐划一，场面令人震撼。军训成为我们当时的强项，所以那时的学生多以能参军为荣。

我的中学时代经历了国内社会的大动荡、大变革。1976年，周恩来总理、朱德委员长、毛泽东主席相继去世，我有幸作为全市中学生的代表之一，和我校几十名同学一起，走进文化广场，参加上海市悼念毛主席逝世的追悼仪式；1976年7月28日唐山发生大地震，人们的心灵像"地震"般悲痛；1976年10月，党中央一举粉碎"四人帮"，结束了"文化大革命"十年内乱。1977年8月，党的十一大胜利召开，我们手持火炬走进人民广场，参加上海市庆祝党的十一大召开的集会和游行。那一刻我深深感受到自己和祖国的命运是紧密相连的，期盼未来的中国会拨乱反正，走上稳定发展、繁荣昌盛的道路。

1977年春，我校近200名同学组成合唱团，在校礼堂、工人俱乐部、虹口区文化馆唱响了《长征组歌》。在同学组成的乐队伴奏下，身着红军服的6名男女同学担任领唱，我们合唱队同学身着深蓝便装排列在后。《告别》《四渡赤水出奇兵》《过雪山草地》《报喜》《大会师》，一曲曲歌声震撼人心，我们用雄壮的乐曲大声唱出自己的心声，并激励人们在百废待兴中鼓足勇气去战胜物资的匮乏。

当年的1977届学生就是这样在各种"锻炼"中成长的。虽不能说这些"锻炼"对我的人生没有丝毫益处，但毕竟在我们最应该接受各种传统文化教育、汲取各种书本知识的中学时代，浪费了太多的时间和精力。

庆幸的是，粉碎"四人帮"后，学校开始拨乱反正，我校迅速恢复成为上海市重点中学之一，在提升学生文化素养、提高教学质量方面下足了功夫。1977届最后大半年，全部转换为复习应考、强化训练模式。

幸运的是，我在附中遇到了许多优秀的教师。正是他们的为人师表、鞠躬尽瘁，在"文化大革命"的特殊时期坚持守护了基本的教学秩序，坚持不懈地对我们进行应有的文化知识的启蒙和传授，加上自己的刻苦努力，我有幸成为"文化大革命"后恢复高考的第二届大学本科生，考进了武汉水运工程学院（今武汉理工大学）船舶结构力学专业学习。

如今的学校已经把学生的文化知识教育作为第一要务，学生再也不必耗费大量时间、精力去参加上述的各项"锻炼"。我对中学时代的回忆，深深地打上了时代的烙印，真实反映了当时我的各种感受，除了尊重历史，让校友们从一个侧面了解"文化大革命"后期的中学生的学习状况，更在于时刻警醒人们，特别是告诫如今正在学校读书的学子们，要珍惜光阴，珍惜宝贵的学习机会，珍惜当今中国改革创新的好时代，奋发有为、砥砺前行。

教数学的唐老师

1977 届　杭亚君

唐老师，即唐尚群也，华东师大一附中 1977 届的顶级数学教师！

很荣幸，我那一届小学毕业时不知何故，没按常规进入原来对口的中学，大家排好队，莫名地一起进入师大一附中读书。真是老天庇佑！

虽说我读的小学也不错，但数学课仿佛是体育老师兼的。对我而言，数学始终像一首歌——《像雾像雨又像风》。对数学，我从来都是心生敬畏，越没信心，越不愿学，自然就学不好。

进入中学后的一天，一个中等身材、长得白白净净的、鼻梁上架着一副深色眼镜的年轻教师，笑嘻嘻地踱着慢步走进了我们的教室。只见他左手拿着一根拴着粉笔的绳子，按住一端，右手一伸，拉直绳子，粉笔在黑板上自上而下、从左到右，滋溜一下就画出了一个圆。我呆住了，不用圆规也能画圆？因为，我们平时见惯了老师都是单臂将木头圆规高高举过眉目之上，然后重重地揿在黑板上，小心翼翼地在黑板上画圆。这个老师神了，用根绳子画圆圈。他，就是我们的数学老师唐尚群。

听唐老师上课，数学课甚至比语文课生动有趣，特别轻松。几个知识点的讲解在他的幽默搞笑的氛围中展开。说数学是语文老师教的，是言其蹩脚。我们的数学好像是侯宝林上的——风趣！比如一个数开三重根号，乍一看，吓死我了："夕阳山外山"，咋整啊？别急，不就是脱衣服嘛！来，一层一层脱……然后，师生互动，一起来脱衣服，衣服脱光了，解就出来了。这节数学课，好像冬天在澡堂里上的。脱、脱、脱光了，自然水落石出。简单吗？数学原来不再是上帝的语言，而是生活常识。开多重根号好比菜场老阿姨剥笋。

当我对数学不再害怕时，难度也增加了。上课听懂了，回家却做不了。唐老师说了，学数学不要习惯于语文的那种形象思维，勤于思考比听懂更重要。有的公式是不需要背的，推导一下就出来了。然后，他不厌其烦地传授推导公式的秘诀。唐老师先从战略上区分不同学科的思维方式，让你清楚地感受到它们之间的差异，然后再从战术上一步步分解数学的独特方式，既懂了语文的特性，更衬托出数学的特点。试想，跟着这样的老师学数学，你想学不好也难啊！

　　临近高考，唐老师突然通知我每天晚上 7 点来学校做卷子，我一下子受宠若惊，会不会搞错了？我竟然可以同一些数学"学霸"一起享受唐老师的"小灶"啦?！我顿时有种"会当凌绝顶，一览众山小"的感觉。终于没有辜负老师的期望，我顺利考进了大学。而这样的"小灶"，没有要我们一分钱，这样的好老师到哪里去寻觅？这种德艺双馨的老师，可遇不可求。我有幸进了师大一附中，又有幸碰到了唐老师，让我从学不好数学，到不害怕数学，进而喜欢数学，最终考上大学，从此改变了命运。

　　风雨有时尽，师恩似水长！

　　如今，唐老师正幸福地享受着天伦之乐，我衷心祝愿他晚年安康！

我的恩师
——谢钧石老师

1977 届 7 班 　何　群

　　谢钧石老师是 9 班的班主任，也是我们 7 班的语文教师，他给我留下了极深的印象。

　　记得谢老师首次走进 7 班教室，第一个被他点名回答问题的学生就是我。中等身材的谢老师，穿一件灰色的军便装，面孔白皙，两眼炯炯有神，给人以一种沉稳、有智慧、值得信赖的感觉。他上课开口第一句话是问学生什么叫"语文"。一时间全班鸦雀无声，同学们还在思考、犹豫着，此时我大胆举手，回答却是错误的。谢老师说，"语文"就是"语言文字"。接着，他仔细地讲解了"语文"的含义，中华民族语言、文字的特点和发展，学习"语文"的方法和重要性。这一下子激起我对学习"语文"的极大兴趣，也激起我想进一步了解、认识谢老师的迫切愿望。此后，我成为语文课上积极举手发言的学生之一。后来，我听说谢老师原本是被选送到苏联去留学的大学生，因苏联突然取消对华援助，而在国内接受师资培训，然后被分配到学校当老师的。如果是这样，我感到遗憾的是中国缺少了一位出色的外交家或科学家，但我们1977 届"文革中学生"却有幸遇到一位出色的语文教师。

　　中学四年，谢老师带领我们 7 班同学行进在语文学习的征途上，给我们幼稚的内心打开了一扇放眼世界的窗口，使我们略显单调的生活增添了文化的色彩。他绘声绘色地朗读课文的精彩之处，让我们和他一起沉浸在文学的海洋中、伟人的思绪里；他深入浅出地分析文章的字词句段，让我们领略到汉字发展的源远流长，领略到语言的思辨力量……

　　我记得有一堂课是学习毛主席的《卜算子·咏梅》。时值冬季，窗外寒气正浓、树叶稀疏，然而当谢老师两眼紧盯窗外的树枝，抑扬顿挫地朗诵"风雨送春归，飞雪迎春到。已是悬崖百丈冰，犹有花枝俏。俏也不争春，只把春来报。待到山花烂漫时，她在丛中笑"的诗句时，这样的意境让学生不禁插上了想象的翅膀，仿佛看到梅花正悄悄地在树枝上逐渐绽放。谢老师善于利用情景模拟的方法来集中学生的注意力，打开思维想象的空间。

　　让我印象深刻的还有学习鲁迅先生的《从百草园到三味书屋》一文。至今我还记得文中有一句"笑人齿缺曰狗窦大开"的文字，每当谢老师叫学生朗读课文至此，不知触到什么神经，总让我们这帮无知的"捣蛋鬼"群声齐吼！接着便会听到几个女同学轻声的"嗤笑"。当然，同学们知道谢老师除了呵斥两声，也不会把此等"表演"记在心上，来个打击报复之类的行动，因为他对学生总是宽容为上。通过谢老师的讲解，百草园的乐趣无穷和三味书屋的束缚陈腐立体展现在我们面前，让我们对鲁迅（"文化大革命"中除了高尔基以外可以崇拜的、为数不多的文学大师之一）的思想、文采有了更多的了解，也让我在走进绍兴鲁迅故居的百草园和三味书屋时，仿佛有熟门熟路的感觉。

　　谢老师还带领我们学习了鲁迅先生为纪念"左联五烈士"而作的《为了忘却的记念》一文，学习了法国小说家巴尔扎克揭露金钱对人的思想灵魂腐蚀和摧残的《欧也妮·葛朗台》……使我们提高了阅读和鉴赏文学作品的能力。

　　谢老师在课堂教学中还指导我们练习作文，使我的作文水平日益提高。近日，我在留存的几本作文簿里，看到本人1974年入学后所写的《给"好八连"同志的一封信》《在学农劳动中》《长跑》《早操》《看宋江……嘴脸》《傅外婆》《读〈故乡〉有感》《游泳》《乌鸦的翅膀遮不住太阳的光辉》和《向雷锋同志学习》等作文均为"中""良"，仅有作于1976年底的一篇论说苏联作家肖洛霍夫的小说《胎记》的《分析批判〈胎记〉》获"优"。而于1977年5月重写的《看〈红色娘子军〉有感》是一个转折点，谢老师把第一稿"故事情节写得多，感想写得少，内容不充实，详略不当"的评语，修改为"重写的这篇文章克服了前面所指出的缺点，写的好得多了"。其实，此稿是我把本人与娘子军吴琼花在党的关怀下成长的状况做了类比和升华。获评"优"后，我好像有茅塞顿开的感觉。此后的作文《考试》《"学雷锋"小组》和《侯大娘人物形象分析》等均获评"优"，使我对自己作文的信心大增，再加上高考前对语文基础知识的冲刺，最终我不负众望，得以进入武汉水运工程学院（今武汉理工大学）船舶结构力学专业深造。

　　40年来，我能够在舰船建造和科研方面略有一技之长、作出一点贡献，离不开语文表达能力的提高，离不开谢老师和其他老师对我的栽培，离不开师大一附中良好的教育氛围，感谢谢老师对我的教诲。

写于 2017 年 9 月 10 日

事业有成不忘回报
——忆王如珍资助李师母的往事

1977 届 16 班　朱朝贞

2002 年 7 月的一天，美粤华酒店明珠厅不时传出阵阵欢快的笑声。笑声中充满着事业有成的快乐和孩童时天真的愉悦。这种快乐感染着每一个人。人们循声而去，原来这是一次分别 25 年后的同学聚会，也是师大一附中 1977 届 16 班近 20 名同学在毕业 25 年后召开的又一次班会。

老校长季克勤老师由夫人陪伴着赶来了。付丽君老师夫妇也来了，她叫着每一个学生的名字，试图找回当年给学生上课的感觉。两位老师在学生的簇拥下，看着自己熟悉的一张张笑脸，分享着学生事业有成的欢乐。学生如数家珍地向老师汇报自己的事业、爱情、家庭……

相聚是那么地令人激动，大家有说不完的话、道不尽的思念和叙不完的回忆。此时，他们早已忘却了面前的美味佳肴，他们的思绪已经定格在那难忘的学生时代。

当谈到敬爱的班主任李厚基老师时，同学们的心情沉重起来，无不为我们的好老师过早离开而惋惜。李老师一生清贫，两袖清风，为教育事业呕心沥血。在给学生传授科学文化知识的同时，他教会我们怎样做一个有益于社会的人，用他的真诚凝聚我们的心，用他的宽容呵护着我们成长，用他那对事业的执着和热爱影响和激励我们。

为了我们的成长，李老师付出了很多很多，然而在那个年代他所能得到的却很少很少。当同学们询问起李老师家庭目前的景况时，老校长季克勤老师心情特别沉重："李老师家庭生活非常艰苦，李老师爱人目前仅靠学校二百多元的遗属补助……"老校长话音未落，同学们就议论了起来。为了解决李老师爱人的生活困难，大家你一言我一语地出点子、想办法。这时，王如珍当即表示，为了回报李老师对我们的培育之恩，决定为李师母开立银行卡，承诺每月从自己的收入中拿出 500 元，资助李师母。这真是一诺千金，她的这一举动感动了在场的每一个人。李师母对王如珍的慷慨之举感动不已，她说："我原来有病也不敢上医院看，如今有了这份关爱加上政府补助，相当于一个退休人员的退休金了。"在王如珍的影响下，其他同学也纷纷想办法，用不同的方式帮助李师母。于是从 8 月开始，王如珍每月按时将 500 元生活费汇入李师母的银行卡，不仅解除了李师母的后顾之忧，也充分体现了尊师重教的时代特征，更是反映出王如珍事业有成不忘回报恩师的真情。

王如珍的善举并不是偶然的。早在附中就读时，她就是一个勤奋好学、热心社会工作、充满爱心的好学生。她是 1977 届 16 班的语文课代表，老师的好助手，同学们学习中的好参谋。从中医卫校毕业后，她大胆探索，从零开始自己创业。她克服重重困难，饱尝甜酸苦辣，踏踏实实、一步一个脚印地工作，不断做大自己的事业，现已成为一家颇具规模的房地产公司总经理。但是，她始终没有忘记回报社会，没有忘记回报培育自己的恩师。她的这种事业有成不忘回报的精神，是在师大一附中的土壤中孕育、成长和形成的，是师大一附中坚持"以人为本"的教育成果，更是师大一附中办学思想的集中体现。王如珍同学是我们的学习榜样，也希望她成为今后师大一附中同学们的学习榜样。希望过去的、现在的、将来的师大一附中人个个是品学兼优、事业有成、有益于社会的人。

春风化雨，师恩如泉

1978 届 2 班　冯丽萍

时光如梭，岁月更迭，从附中毕业已逾 40 载。回忆过往的点点滴滴，从前在附中的学习经历已如过眼云烟，可与俄语老师张吟华相识的历历往事却仍在眼前，挥之不去。

记得初见时，讲台上的张老师目光柔和，面带微笑，温文尔雅。她手持粉笔，干净利落地在黑板上写下了端正的俄语字母。第一堂课我们就被张老师深深地吸引了，她给我们留下了极为深刻的印象。窗外蝉鸣渐退，枫叶红遍，在这秋意渐浓处，一位美丽的女老师就这样进入了我们的世界，成了我们学习俄语知识的引路人。张老师教学经验丰富，学识渊博，对所教俄语学科有扎实的专业知识和丰厚的文化底蕴。面对求知的我们，张老师总是耐心细致地讲解俄语知识。我们这届学生，生于"文化大革命"，长于"文化大革命"，从小学升入附中时，俄语基础薄弱，张老师就从最基础的 33 个字母开始，不厌其烦地纠正我们的发音。俄语中有一个字母 p，卷舌音，很多学生都发不好，张老师就一遍又一遍地示范，耐心至极。张老师认为多读多背、多说多写是学好俄语的有效方法。她要求我们每天回家背诵课文和单词及语法的变格表等，第二天在课堂上认真地听我们朗读，纠正我们的发音和句子的语调，直到流利为止。她还通过课堂上的提问，来提高我们的口语表达能力。她每天抓早自修，让俄语成绩好的同学上讲台做小老师，通过同学间的互问互答、互帮互学，既让成绩好的同学所学知识得到了进一步巩固，又调动了班级学习气氛。为了提高学生的学习兴趣，拓展学生的俄语知识，张老师还辅导我们阅读课外俄语书籍和报刊，推荐那些短小精悍、浅显易懂、知识性和趣味性强的俄文小文章、小故事。印象深刻的有《列宁的故事》《地窖里的孩子》等俄语简易读物，极大地激发了学生学习俄语的积极性，提高了我们的阅读水平，也提高了我们的俄语成绩。张老师批改学生的作业和考试卷子一丝不苟，对句子的语法错误和单词拼写错误绝不放过，督促学生订正，直至正确为止。恢复高考后，张老师更忙了。为了让我们能够学有所成，甚至金榜题名，她披星戴月、不辞辛劳，编写教材、考试复习卷子，付出大量的时间和精力，而无一句怨言。

　　张老师热爱教育事业，对学生和蔼可亲，但也是一位严师。她不仅要教几个班级的俄语，还担任班主任的工作。她对学生的思想品德、行为规范和班级的纪律抓得很紧，重视家校互动，经常与家长沟通，绝不让一个学生掉队。"春风化雨育桃李，润物无声洒春晖。"张老师不仅教授我们俄语知识和技能，还以身作则、言传身教，教会我们许多做人的道理，培养我们高尚的品德。我们的心灵也逐步从幼小无知变得成熟勇敢。"捧着一颗心来，不带半根草去。"这句朴实无华的话语就是对张老师诲人不倦、无私奉献的写照。不满三尺的讲台，书不尽张老师的斐然才情；不盈足寸的粉笔，写不尽张老师的呕心沥血。有幸匆匆四载，有张老师陪伴我们左右，陪我们度过严冬酷暑。"云山苍苍，江水泱泱，先生之风，山高水长。"我们此生无论行至何处，去往哪里，忘不了的始终是张老师的谆谆教诲。张老师对教育事业无私奉献的精神将永远陪伴我们。

人生路上的导师
——陈步君

1979 届高三 4 班　周　翔

2017 年是陈步君老师从教 60 周年，在这样一个值得纪念的日子里，我情不自禁地打开记忆的闸门，回忆起陈老师在我人生最艰难时期给予我的关怀和指引。那份关怀至今依然温暖在心，陈老师的谆谆教诲已经成为我人生道路上的座右铭。

17 岁那年，我在附中读高中。高考前一年左右，我的母亲被查出患了癌症晚期，全家顿时慌作一团。父亲除了上班就是在全国各地寻医问药，在复旦大学上学的哥哥因担忧母亲的病情而经常失眠，而我则承担了照顾母亲、料理家务的重任。年少的我并不认为死神是不可战胜的，期待着在医生的全力救治和我的精心照料下，母亲能重新获得健康。我每天早上 5 点起床，买菜、做饭、煎中药、炖营养品……然后赶在上学前送到医院。下午一放学，我立刻赶往医院照料、陪伴母亲。不知过了多少个日夜，母亲的病不仅毫无起色，反而越来越严重。从早忙到晚的我，身体极度疲乏，心理也越来越抑郁。白天在课堂上，我想着躺在病床上的母亲，常常泪流满面；晚上陪伴在母亲的身旁，我又惦记着没有完成的作业。母亲为了不影响我的学业，拒绝了一切治疗，希望以她的早日离世换取我全身心地投入学习。焦虑和担忧折磨得我神思恍惚，我感觉自己就要垮了……

一个普通日子的傍晚，与我同住一条弄堂的陈老师再次来我家探望我的母亲。这时候的陈老师已经不再担任我们的班主任，但是他依然惦记着我母亲的病情。陈老师与我母亲长谈了很久，他非常担忧我的精神状态。出门的时候，他语重心长地对我说："父母最大的愿望是希望孩子成才，但是你要记住，成才的道路有千条万条，母亲只有一个。人生想要不留下重大遗憾，关键是要把握住最重要的东西。"

听了陈老师的一席话，我感觉仿佛被电击了一下，心一下子豁然开朗。是的，母亲只有一个，弥留之际的母亲最需要亲人的陪伴和照顾。虽然她极其不愿意拖累女儿的学业，甚至以拒绝治疗来表明自己的决心，但我若分心而对她照顾不周，我会因此愧疚一生。高考固然重要，但比起一辈子的无愧于心，分量自然就轻了许多。于是，我把更多的精力、时间放在照顾病危的母亲身上，当母亲不放心，询问我高考备考情况时，我则对母亲谎称作业做完了，高考没有任何问题。

预感生命已走到尽头的母亲，在病床上第一次详细地给我讲述了她的人生旅程。母亲去世后，一名《解放日报》的著名记者曾撰写过一篇长篇通讯，称她为"一个老百姓心目中的党外布尔什维克"。高考前我虽然少做了许多题目，但听了太多的故事。这些故事背后所渗透出来的品质，我铭记了一生。

高考发榜后，我考取了立信会计专科学校（今上海立信会计金融学院）。我告诉泪流满面的母亲，我喜欢读会计专业，我的学业生涯没有遗憾。说完我也泪流满面，因为当时我的内心并不喜欢会计专业。

在之后的几十年里，我面临过许多艰难困苦，也有过许多利益诱惑。当我纠结、迷茫时，我都会想起这段难忘的经历，想起陈老师对我说起的一席话：人生的道路有千条万条，只有守住最重要的东西，才能不迷失方向。靠着内心的坚守，我走上了某银行总行副首席风险官的领导岗位，我带领的团队获得了全国五一劳动奖章，我本人被评为全国三八红旗手、全国妇女争先创优先进个人。现在，我虽然已经离开了这个岗位，但对人生原则的坚守，已经融入了我的血液，铸就了我的脊梁。

多少年后，当我谈及这段往事时，陈老师笑言已经记不清当时的情况了。是的，陈老师的学生太多，操的心也太多，自然记不清几十年前曾经对某个学生说过的某一句话。而我却完完全全记得老师当时说的每一个字、每一个表情。17岁时的我对陈老师一席话的理解，更多的是对母亲的孝、对亲人的责任；今天的我则把这段话当作我人生的座右铭，它使得我在人生的旅途中少了许多困惑，多了一些坚守。

古往今来，有太多太多的文字在描写着各种各样的遇见，遇见陈老师是我的福分。世上有太多太多的学生在用最优美的语言颂扬师恩，此时此刻，我想对陈老师说：谢谢您的教诲，祝您长寿，祝您健康快乐每一天！

写于 2017 年 12 月

他像一盏灯，照亮我一生

1980 届　唐阿祥

1979 年秋，我考入一附中，吴侃老师教我们语文。

几十年过去了，我依然清晰记得第一次遇见吴老师的情景。那时，吴老师 40 多岁，瘦长的身材，面色白皙，穿着一身深蓝色哔叽中山装，左上衣兜里插着一支钢笔，戴一顶深蓝便帽，腋下夹着讲义和书本。他笑盈盈地走进教室，先在黑板上写了"吴侃"两个大字，然后笑盈盈地自我介绍："同学们好，我叫吴侃，今天是我们的第一堂语文课。"上课的内容已经不记得了，但是吴老师笑盈盈的容貌、干净整洁的深蓝色中山装、和蔼可亲的形象，深深地印在我脑海里。

吴老师上课言简意赅，没有废话，语速慢却条理清晰。他常常告诫我们要勤于思考，切忌死记硬背。"学而不思则罔，思而不学则殆"，几千年以前孔子就将学习与思考的关系进行了完美的诠释。他说，只知道埋头做题、不善于思考的人往往是高分低能的考试机器，是不会有前途的。当年学校要求学生每两周写一篇作文，吴老师却要求我们一周写一篇。为了激发我们的思辨能力，吴老师经常启发我们对同一个问题从不同的角度阐述，比如"论迟到""论孝顺"之类的话题，可以从正、反的角度去自由发挥，只要言之有物、自圆其说，便给予高分，并且贴在教室的墙上，供大家学习欣赏。

我们刚进高中的时候，正逢"文化大革命"结束，百废待兴，各种学习资料、教学参考书奇缺。为了让我们多学一点知识，吴老师找来优秀的古典诗词、散文名篇，亲自动手刻蜡纸油印出来，发给大家学习，唯恐我们"营养不良"。他就像一头母牛，用乳汁倾力喂养小牛。

我刚进校时，没有及时适应高中阶段的学习节奏，遭遇了很大的困难。我对理科缺乏兴趣，物理、化学成绩很差，一度感到迷茫和自卑，几乎对学习丧失了信心。校方甚至动员我转学去普通高中，自然是怕我的学习成绩拖了后腿，影响学校的排名。吴老师知道我打算转学的消息后，心急如焚，打听到我家的住址，连夜赶来家访。他说，一附中是全市的重点学校，师资力量、教育环境、教学设施都是一流的，别人想进而不得其门，你怎么可以轻易放弃呢？况且高二开始文理分班，你语文、历史、外语成绩不错，完全可以考文科呀。一语点醒梦中人，我在吴老师的鼓励下重拾信心，咬牙坚持下去。吴老师只是我的语文老师，家访做思想工作原不是他的分内事，他的举动仅仅出于对一个普通学生的爱，这份爱让我感动终生。几十年来，我和吴老师一直保持着深厚的师生情谊。后来，我以优异的成绩考入华东师范大学历史系，当我特地去吴老师家报告喜讯时，吴老师笑盈盈的，眼里闪烁着喜悦的泪光。

一位好老师就像一盏灯，可以照亮我们的一生。我遇到吴老师既是缘分，更是福气。如今，吴老师已是耄耋之年，腰弯而背驼，可在我的心里，吴老师依然伟岸挺拔。

祝愿吴老师健康长寿、生活幸福！

写于 2021 年 9 月 15 日

我的老师郎建中

1984届初三2班 邹 静

郎老师是我初中的班主任。

我是我那所小学当年唯一考进市重点的孩子。我12岁那年怯生生地来到师大一附中，周边没有一张熟悉的脸。记忆中，从中州路走进去到学校报到，那条小路特别弯曲，特别长，我有些兴奋，也有些紧张，甚至能微微感觉到手心出汗，听得到自己的心跳。

一个跟我父亲年龄相仿的老师，微笑着招呼了我。他中等身材，白净清秀，衣着一丝不苟。令我印象特别深刻的是他那双眼睛，大却并不空洞，弯弯的，带着笑意，眼神温柔却仿佛可以看透人心。他微笑着叫出我的名字，并且说我是你的班主任，声音洪亮又温和，仿佛认识我很久。我感受到一份亲切，甚至有点受宠若惊。他的盈盈笑意和温暖有力的声音也处处透着威严的气息。直到聆听了郎老师给我们上课，才真正体会到名师如春风和煦。

我很怕老师。小学里面，绝大部分是女老师，记忆经常纠缠于扔铅笔盒、揪耳朵等不快的瞬间。遇到郎老师后，他那儒雅得体、威严而不失亲切的第一印象，瞬间更新了我对教师的看法。我父母也非常高兴，"到底是市重点，老师就是不一样，郎老师一表人才，气度不凡……"

第一次听郎老师的历史课，让我顿生崇拜之情。他侃侃道来，义理通达，辩才无碍，节奏如行云流水。一手俊秀的板书，随手拈来，书法功底十足。在我的学生时代，郎老师是最会讲课的。他声音洪亮而富有磁性，他眼光关注我们，但并不总落在我们身上，他回头写字的瞬间，总会看我们一眼，但更多时候，他连贯、有条不紊地宣讲，自然而然带领我们徜徉在历史的长河中。后来我逐渐了解到，郎老师还精通音律，会唱歌，而且是美声，真是多才多艺。

之后与郎老师朝夕相处的几年校园生活，其实也如白驹过隙，转瞬即逝，一切如润物细无声。每个班每个集体都会有自己的故事，多年后我们聚在一起，回想起郎老师，从来没有郎老师喜欢谁、不喜欢谁的八卦。郎老师不会像很多老师经常会做的那样专门在全班面前特地表扬谁，也没看见过郎老师叫家长来校谈话。郎老师就是我们的家长，他是我们在学校的家长。我们班活跃而团结，每个人都有一种被关注的感觉，虽然我真不记得他是否跟我单独谈过话。虽然郎老师温暖平和，但几乎每个学生都很怕他。我们班当时著名的几个"捣蛋鬼"，在别的老师课上可以嘻嘻哈哈，但在郎老师面前就绝对不敢。我们再吵，只要听到郎老师走过来的脚步声，或者听到他咳嗽一声，全班顿时鸦雀无声。时隔多年，我们说起这些往事，依然都不理解这是为什么。

我的记忆中，郎老师完全没有情绪化的一面。在我们面前，他永远亲切而威严，话不多，但一语中的。他批评人也是有理有据。只记得有一次，他为了我们班跟体育老师争执，具体情节已经淡忘，郎老师气得脸色发青，就当着我们面，跟体育老师大声争辩。我们每个人都吓得胆战心惊，但心里明白，郎老师是在维护我们这些孩子的尊严。

润物细无声，现在想来，郎老师有着一种令人着迷的人格魅力，一种教育者的魅力，教育家的精神。教育精神是教育家的内在特质，教育家是深具教育精神的行动者。郎老师就是这样的行动者。

古人云："经师易得，人师难求。"徐特立也曾明确指出：教师是有两种人格的，一种是经师，一种是人师。"经师"，即"教书匠"；"人师"，乃"教育者"。意思是能以其精湛的专业知识传授他人（做经师）并不难，而能以其渊博的学识、高尚的人格修养去教人如何做人（做人师）就不那么容易了。郎老师就是这样一个以自身修养教我们做人的人师。

我们几乎不可能记住十二三岁时发生的很多细节，但郎老师传授给我们最宝贵的精神财富，是正直平和，是得体优雅，是多才多艺，是坚定的理想。

郎老师几乎没有厉声骂过我们，当时只要他手一指，对着某个学生用上海话说"立出去"（站出去），已经是最严厉的一幕了。现在想来，那些严厉也是无比美好的回忆。我们回不去少年时代，我们也留不住郎老师。老师累了，休息了。他中年丧妻，孤独至老。他未曾过一天退休生活，直到生命最后一刻，他还是一位在职校长。他是真正有精神境界的人。

感谢人生的缘分，感谢我们有幸遇到这样的老师。郎老师的精神始终温暖我们，伴我们一路前行，支撑着我们的精神境界。

我生命中的一个引路人
——我心中的鲍宜国老师

1984届 戚彦

我从初二插班进附中学习，整整五年，这是我一生中一段极有意义的学习时光。当时附中为我们创造的多姿多彩、生动活泼的学习氛围，至今仍历历在目。同时这一切也为我们今后的发展打下坚实的基础。五年的学习生活中，同学、老师都有过不同的组合，和我所在班相处时间最长的就该算是高中的班主任、数学老师鲍宜国先生了。

我初中读的是3班，受初中班主任章蕊樱老师的关怀，对数学特别用心。鲍老师授教3班，又是教数学，我们有机会相结师生缘也是一件幸事。我自认高中时的学习和社会工作，对我日后的发展影响最大，而其中有不少难以忘怀的事是和鲍老师的教诲紧密相连的。

先母的遗愿是让我从事艺术类(尤其是音乐)工作，但在两次考音乐学院附中失利后，我已对音乐失却了热情。初二插班入附中时，音乐老师沈晓先生曾有意再提高我的钢琴演奏能力，但我马上拒绝了。一晃两年过去，我连琴盖都没掀过。高一的文艺比赛开始了，我这个做班长的该怎么做呢？鲍老师问起我这个问题，也提出可以和我们一起排节目。看着老师如此投入，我又有什么理由弃而不顾？终于有一天，我重新弹响了钢琴。这之后，我非但为班级争了光，为学校得了奖，还为自己大学的业余生活、勤工俭学和现在的电台工作开通了一条快捷之道。

我的学习成绩除了体育之外，其他各科都还过得去，也算是以身作则了。但我至今都忘不了高中第一次期中考试的落魄。当时我一时疏忽，在新集体中成绩降到了第五位，这也是我中学时代的最差班级排名。公布成绩时，我没了方向，以为在新集体中已经失却了往日的领先。记得在体操房后，原先摆放爬竿用竹竿的场地上，鲍老师严肃地和我谈起这次失利，指出我思想中的懈怠，分析了失利的原因，同时也增强了我的信心。只可惜原话我已记不全了，否则日后以此教育子女也算是一个好例子。当时听完鲍老师的教诲，我心中有说不出的滋味，最大的想法就是庆幸自己遇上了一位好老师。从此之后，我的成绩又名列前茅，未曾下落过。

　　另有一件事不可不提，那就是在高三毕业后我是否参加高考。当时，家中老人生病，生活困难，我考虑是否毕业后直接参加工作。刚和几个同学谈起此事，鲍老师就及时地开展工作了。他找老人了解家庭情况以及老人的真实想法，然后转告我，并问了我一个至今我也会问问自己的问题：人活在世上到底是仅仅为了别人，还是也要考虑自己的将来？如果没有鲍老师当时的及时动员，我就延误了填志愿，今天在这儿写这几个字的肯定不会是我了。

　　大学毕业工作后，虽然繁忙至极，但每每想起在附中的岁月，心中不免有往日不再的惋惜感，同时也为自己沉醉于工作、疏于关心老师而愧疚。借此机会，我也向附中各位老师、各位校友以及学弟和学妹致以问候。谢谢！

我人生的幸运

1984 届　钱文忠

　　郝陵生先生是我的高中历史教师，我曾经说过："能够在成长的关键阶段领受这样一位伟大的教师的教诲，是我人生的幸运。"这是我发自内心的话。

　　25 年前，我在华东师范大学第一附属中学读高中。过来人都知道，"学好数理化，走遍天下都不怕"流行一时。这种说法是否正确，我不想讨论，然而重理轻文确实是那个年代的主流。造成这种情况的原因固然非常复杂，但是对生活在那个时代的人来说，却又并不难了解。

　　我不知道现在的中学教育的情况，在当时，历史课无论如何都是不能跻身所谓的"主课"之列的。尽管如此，郝老师的历史课却总是能够让学生觉得娓娓动听。至于我，天性喜欢古老的、离现实比较遥远的东西，更是听得如痴如醉。历史课的课时很少，也因为如此，郝老师的历史课在我的高中学习阶段更可谓是一份美丽的等待。每周，我都期盼着郝老师走进课堂。

　　现在的中学老师怎么讲课，我也不太知道。郝老师的讲课风格是非常独特的，而且在当时极度看重升学率的背景下，他更显得特立独行。课堂里的时间是无比宝贵的，每一位老师都恨不得利用每一分钟把考试所需要的知识灌输给学生。郝老师却永远是神闲气定，每节课都用十分钟左右的时间讲述似乎对我们来说还遥不可及的学术界、理论界的一些历史情况和最新动态，介绍名师、名著，评说新领域、新问题。后来，我才领会到郝老师这种教学风格的好处：郝老师有意识地将大学课堂提前搬进了中学。我进入大学以后，对大学老师的讲课风格就丝毫没有感觉到不习惯。

　　郝老师是有自己的教学理论的，那就是他早就有著作发表，而至今仍然在研究的"历史美学"。对于"历史美学"，我连发言的资格都没有。但是，郝老师确实让我感受到了学术，特别是历史学的诱人的美丽。这种美丽必将诱惑我的一生。

　　如果说"历史美学"是郝老师的历史教学理论，那么"图式教学法"就是与之相辅相成的方法和手段了。毫无疑问，历史知识是特别需要记忆的。如何提高学生的记忆效率，我想这始终是历史教育所必须面对的基本问题。反正，就我个人的感受而言，郝老师的"图式教学法"确实解决了这个问题。用清晰的图表将时、地、人、因、果有条不紊地串联起来，起码在中学教育界，应该是郝老师首创的。我实在太喜欢这些图表了，竟然不知道天高地厚，毛遂自荐为郝老师用钢板、蜡纸刻写讲义，并且自作主张在讲义上加刻了"此为成套讲义，请注意保存"。居然引起了学校领导和外校老师的注意，纷纷前来索要。前不久，我拜谒郝老师和师母，郝老师还提起了这件事情。这是多么珍贵而温馨的回忆啊！

郝老师不仅是一位历史老师，他对文学、艺术也都有很深厚的修养。郝氏家学渊源，郝老师长辈中就有好几位杰出的学者。因此，他所传授给学生的就远远不止是历史课本上的那些东西了。实际上，更为重要的是，郝老师全面开启了我们懵懂的心智。

在师大一附中这样的市级重点中学里，高才生如云，我的学习成绩从来都是提不上台面的。但是，1984年我参加高考，竟然考了上海市的第二名，这大概也是师大一附中高考史上的好名次了，出乎包括我自己在内的所有人的意料。我自己却知道，这是因为我遇见了郝老师。然而，我看重的并不是这个总分，而是我的历史考分似乎是当年上海的最高分。20多年过去了，我还清楚地记得这一幕，郝老师知道了我的历史考分，脸上并没有太多的欣喜，只是淡淡地告诉我："我参加了高考批卷，旁边有位老师说，他那里有份卷子分数很高，恐怕是最高的了。我当时就知道是你。我没有过去看。"郝老师是不会注意的，我当时正在拼命地控制自己，以防眼泪夺眶而出。这是激动的泪水吗？不是！这是欣喜的泪水吗？也不是！这是感恩的泪水啊！

优秀的教师可以传授给学生知识和做人的道理，伟大的教师却可以影响、改变乃至决定一个人的生命轨迹。郝老师就是这样一位老师。

还是拿我自己来做例子吧。在高二的一次课上，郝老师提到梵文、巴利文具有很高的学术价值，但是中国研究的人很少；季羡林先生已经年过古稀，这门学问已经到了青黄不接的地步，倘若没有年轻人愿意放弃诸如国际经济与贸易、金融、经济之类的热门学科，选择青灯古卷的生涯，投入梵文、巴利文研究中，那么这门学科就要面临后继无人的危险了。这番话震动了我。

郝老师说者无心，我在下面是听者起意。我就给季羡林先生写了一封信。我很清楚地记得，这封信是先给郝老师看过的。当时担任着北京大学副校长，身兼上百个学术组织负责人职务的季羡林先生很快回了信。于是我就决意选择梵文、巴利文研究作为自己一生的志业了。高考前夕，北京大学招生组的老师还奉季羡林先生之命，专门到学校找我谈话。

我如愿以偿地考入了北京大学东方语言文学系梵文、巴利文专业，跟从既是恩师、严师又像祖父般慈祥的季先生学习印度学。我后来才知道，一个上海的 17 岁男孩居然有志向学习梵文、巴利文，这对北京大学和季先生决心招收 1960 年以后这个专业的第二届本科班，确实是起到了一定的作用的。这背后难道不是郝老师的功德吗？大概因为我进入大学后的学习情况让季先生比较满意，而且在大学一年级就开始写作和发表学术论文，这让季先生在欢喜之余多少觉得有点意外和奇怪。季先生曾经详细地询问过我的中学教育和教师情况，我当然都据实禀告了。季先生当时是全国人大常委会委员，有一次开会，老人家遇见了上海教育局的负责人吕型伟先生，还专门写下我的名字和师大一附中的校名，请他回上海了解一下师大一附中的教学。这是季先生亲口告诉我的。后来不久，我就出国留学去了。吕先生了解的结果我就不得而知了。

今天，我也忝为历史学教师，在某种意义上也可以算接续郝老师为之奋斗的志业，但是我太不成材，恐怕未必可以让郝老师感受到多少欣慰。郝老师也已经年过古稀了，依然关心着历史教学。我每次去晋谒，从来就没有听见郝老师还有别的话题。郝老师一向如此，师母经常嗔怪，郝老师既数不清钱，又极易迷路，历史教学就是他的生命。这让我惭愧不已，反过来对我也是一种警策，一种激励，告诫我永远不要懈怠。

恩师有新书嘉惠世人，作为学生，我自然是高兴的。但是，高兴之余，我更多的却是担忧：我们究竟应该怎样守护、传承、发扬像郝老师这样的教师的教学理念和教学方法呢？我们能做到不让我们的老师失望吗？我不知道，我在这个问题前倍觉惶恐。

郝老师原来是命我为他的著作写"序"的，这是我万万不敢当的。且不说我这个不成材的学生在历史学领域里还只不过是个新手，更重要的是我们民族文化之所以历经劫难，却依然生生不息，所依赖的难道不正是"师道尊严"吗？

润物细无声
——怀念我的历史老师郝陵生

1988 届　赵　青

　　从孩童到成人，我们每个人在成长的道路上，和老师的相遇都是一场可遇不可求的缘分。我要讲述的故事的主角，是 38 年前我的初中历史老师。2020 年 9 月 3 日，已 89 岁高龄的郝陵生老师与世长辞了。

　　郝老师走进我们教室的那年，我初一，当时小学是五年制，所以其实我们个个还只是幼稚顽童，对学习只有接受没有评判，仿佛一张白纸，等待老师的启蒙。他圆圆的脸庞，说起话来轻声轻气，慢条斯理。我是个高个子的女生，总是坐在教室的最后，在我的记忆里，他总是穿着白衬衫，远远地站在教室的前方，不高的身材被讲台遮挡，没有魁梧男老师的那种魄力，也没有太多绚丽的颜色，就像他教授的历史课本，白纸黑字。那些故事经岁月冲刷，虽然掉了色，但细细回想便觉历久弥新。

　　郝老师在我的面前开启了一扇中国历史的大门，它并非只有简单、零散的历史事件，而是一部时间变迁、世事演变的记录。历史课本总是冗长枯燥的文章，郝老师总是将文章中的关键词，在黑板上从左到右以图表的形式画出历史事件的前因后果。试想，如今人生已过半百的我，如果有幸再次坐在郝老师的课堂，一定会感慨历史的波澜壮阔，偶然与必然……年少的我没有这个阅历，但是每一次都在笔记本上，依样画葫芦地抄下这些图表。郝老师不但教会我们提纲挈领的学习方法，还有对待历史的态度，不可断章取义，不可机械背诵年号事件，来应付考试。初中三年在郝老师的图表训练下，我后来也可以自己来总结知识。班里有个性的同学尤其喜欢郝老师"御用"的中括号，独特又新鲜。

　　时隔三年，高中毕业前，我选择了参加文科高考，需要考中国历史和世界历史，所以在高考冲刺前夕，郝老师又一次出现在我们小班的课堂。那时的我，梳着高高的马尾辫，脱去了初中的稚气，对郝老师的图表法也早已驾轻就熟，凭着青春年少，开始对老师有所"挑剔"。但是，郝老师一开口便给我一个下马威："你们在白纸上总结好历史上的西藏问题和台湾问题，交给我，闭卷考！"这时候我才发现自己原来一知半解，捉襟见肘，狼狈不堪。那次的成绩肯定是挂彩了，只好虚心等待郝老师的点评。但这一次郝老师没有给我们预期的现成答案，而是指导我们从教科书的各个章节角落中，自己寻找线索，思考事件的关联性。当年没有互联网，也没有电子书籍检索功能，我们使出浑身解数，最后写出答案，拼成"葵花宝典"的时候，自是非常得意，充满了成就感。经历挫折，体会学习的乐趣，满足求知的好奇心，历史的学习不仅有时间轴，还有地域轴，经纬交错。如果放在世界历史的范畴里，那么历史便是立体的科学，引导后人不重蹈覆辙。与郝老师的相遇，让我领会了历史的本质。

郝老师在教学中摸索尝试趣味学习的方法，以加深记忆，克服遗忘，让我受益匪浅。德国心理学家的遗忘曲线，揭示了大脑在记忆后一天内就会忘记大部分内容的规律，但时隔38年我还能背诵郝老师自创的部分历史歌。记得有一首是这么编的："五八一隋建立，五八九隋统一，六〇五开运河，农民起义六一一……"郝老师在黑板上板书历史歌，我试着记住歌词，一组一组地记忆这些数字、历史事件。比起单个记忆历史年份、事件，显然这样学习的效率要高很多。现在想来，这些朗朗上口、富有韵律感的历史歌，让记忆插上了翅膀，如果配上节奏，一定能拯救一大群苦苦背书的学生。郝老师开启了我的快乐学习模式，即使是枯燥乏味的知识，如果带着玩一玩的心境，那学习便成了快乐的事情。后来我把它延展到其他学科，语文、英语都可以自己创造快乐元素。在漫长的职业生涯中，"玩一玩"的心境，引导我尝试用不同的方法对待看似相同的工作，享受过程，得到工作的乐趣。与郝老师的相遇，开启了"学习知识"和"我"的对话，"我"是唯一的，一定有只属于我的"方式"。

郝老师在课堂上讲故事，经常让我们的思绪飞到不可企及的远方。为什么不可以想象一下在金字塔下的自己？如果身在西藏，会是怎样的生活？在那个我们还被交通限制在狭小的地方的年代，我们的想象力曾经跨越时空。这个话题起源于哪个历史事件我早已忘记，但是曾经放飞过的思绪，成为憧憬和梦想，永驻心中。与郝老师的相遇，启动了"为什么不可以"的开关。日后的我们，在人生的舞台上各自画着自己的颜色，难忘的是突破自我的那一瞬间，那些看起来不起眼的小事带来的震撼。

好雨知时节，当春乃发生。随风潜入夜，润物细无声。少不经事的我，受惠于与老师的相遇，在心中留下了抹不去的美好回忆。惊闻郝老师驾鹤西去，悲伤之余提笔记念，在追思中，那些记忆鲜活、灵动起来，再次给我温暖的感受。生命远去，精神永存，老师安息。

母校的回忆

1988 届高三 4 班　吴蔼忠

我在华师大一附中读了 6 年书，从初一到高三，人生中获得知识、汲取心灵滋养的最重要的 6 年，都在中州路 102 号，那所温馨的校园里度过。后来，我大学毕业，又回到母校实习。现在，我成了一名教师，我所在的市西中学和一附中还有"八校联考"之谊，时时也会听到母校的一些信息。就这样，虽说好多年过去了，却总觉得母校还在我的生活里，并没有离得太远。

想起一附中的 6 年生活，印象最深的是老校长的"三个三分之一"，大概意思是说，中午或者放学后，有三分之一的学生进图书馆，三分之一的学生进实验室，还有三分之一的学生在操场上锻炼。那个时候，我们似乎没有太多的作业，学生有充分的时间参加自己喜爱的活动。之所以深深地记住这句话，是因为我太喜欢学校的这种做法了！我是属于第一个"三分之一"的。每天中午，我都去阅览室，在我当时小小的初中孩子的心目中，一附中的阅览室简直太大了，看不完的报纸、杂志，整整一个中午，看得心满意足！放学后，我又穿过操场，直奔对面四楼的图书馆。因为我是图书馆的志愿者，负责为同学办理借阅手续。当志愿者的"优惠条件"是，我可以在书库里自由找书，而不局限于外面的几个书架，还可以最快看到学校新买的书……

我想，当时应该有很多同学都在各自的"三分之一"中找到了快乐，甚至找到了今后人生的发展方向。这种快乐自由的学习环境，这种为学生发展提供充分自由的教育实践，在今天也有非凡价值的吧！

在一附中 6 年，我接触了很多优秀的教师。初中语文黄汉权老师，我至今还记得他的和善宽容；高中语文吴侃老师，他的学识风度让我难忘；外语张吟华老师教了我六年俄语，贯穿了附中生活的始终……太多太多的老师，篇幅不允许我一一列举了。

不得不提的是中学阶段的两位班主任。

初中班主任徐赋葆老师，据说初中毕业就留校了，学历一般，但学识却很惊人。用历史郝老师的评价来说，他是个"杂家"。他擅长写作，当年的《新民晚报》上时不时有他的大作，我们争相传阅；他还写诗、写武侠小说，但是他规定我们只能读他的诗，不能看他的武侠小说。他画得一手好画，兴致高时会为我们的"剪报"作业画插图，画幅油画作品送给某个学习进步的同学。他还会讲故事，《基督山伯爵》《三个火枪手》，听得我们如痴如醉。还有乐器、摄影、烹饪……几乎全班每个同学都去徐老师家品尝过他的手艺。真的很神奇，一位初中政治教师，几乎十八般武艺样样在行。当徐老师的学生，常常沉浸在这种"神奇"里。

高中的班主任顾育祎老师，物理教得让我这个文科生居然也学得"七窍畅通，气血调和"。而我最感动的一幕是，在高中毕业25周年同学聚会上，顾老师捧出一件"宝贝"——一本泛黄的笔记本，打开来一看，是全班每个同学的基本信息，每人一页，正面是入学照片，背面是毕业照片，还有一些重大考试的成绩，毕业去向，等等。大家抢着翻拍自己的那一页，感叹老师在我们身上花费了这么多心血。顾老师得意地说："这样的宝贝，我家里还有好多本，每届学生都有……"看着这一切，我觉得特别惭愧，同为教师，我和自己的老师相比，差得太远了！

在我们求学的年代，一附中是一所很难考进去的市重点中学，我在其中读书，当时也未必去思考它为什么这么受学生、家长的欢迎。今天，在我当了20多年教师之后，才真正感受到宽容自由的教学环境、才华横溢的个性教师、兢兢业业的教学态度，成就了一附中良好的口碑，是学校最大的财富，也是让我们这些懵懂学生受益终身、感激不尽的地方。

难以忘怀的往事
——回忆我在母校的这六年

1988 届 潘 涛

我从小住在虹口区武进路乍浦路附近，学前教育是在靠近武进路中州路的海军幼儿园完成的。长大后才发现，这两处孩童时的"栖息地"居然与我日后重要的"成长地"——华东师大一附中是"社区内的邻居"。也许是附中位于闹中取静的地段，直到我小学快毕业时，才听说虹口区有所叫"师大附中"的市重点中学，可是她到底在哪儿，我一直不得其解。如今，从我踏进母校的第一天算起，已过去整整40年了。但无论身处何地，我闭上眼睛回首往事时，母校的一草一木，在母校遇到的许多人、许多事，依然会清晰地呈现在眼前，让我终生难忘。

初识附中

1982 年 6 月的一天下午，我第一次来到了位于中州路 102 号的华东师范大学第一附属中学，见识了她的庐山真面目。

记得那天，师大附中组织和邀请了虹口区各小学的优秀学生代表来校参观学习。此项活动前后历时 3 个周六下午，为我们这些"优秀小学生"开办了 3 个专题讲座，分别由语文老师童明友、数学老师吴传发和英语老师钱光耀主讲。其间，学校组织我们参观了各类教学设施，如电化教学室、书刊阅览室、操场、游泳池、实验楼、图书馆、健身房等，我还有幸在大礼堂观看了一部法国译制片。在活动正式开始前，季克勤副校长向我们介绍了附中独有的"三个三分之一"课外活动内容，即每天有三分之一的学生进入阅览室看书，三分之一的学生参加文体活动，三分之一的学生参加科技小组或学科小组活动。此次活动不仅让我初步了解了师大附中的基本情况，也坚定了我报考这所名校的决心。

初遇良师

经过 7 月全区的小升初统考，我幸运地被师大附中录取了。记得正式录取前，区里增加了一项新措施，必须通过被录取学校的体育加试——50 米跑和立定跳远。我顺利地通过了体育加试，收到了正式的录取通知书。报到那天，我被分配到了初一 2 班，班主任是英语金贻德老师。金老师当时应该是大学刚毕业，性格活泼、待人真诚，教学方式灵活多样。遗憾的是在初一第一学期的期中考试后，金老师被公派赴美国留学了。那时，能有如此赴国外深造的机会是相当令人羡慕的。来接替金老师担任我们班主任的是姜思齐老师。姜老师对学生很有爱心，对教学工作非常认真。当时，由于我们在小学上过三年的英语课，初一的全国统编教材对我们来说过于浅显，为此教研组专门找来香港中学英语教材，由任课老师从中选编、翻印后供我们上课使用。现在回想起来，在那个复印机还未普及的年代，老师完成这些教材准备工作真不容易。1984 年年底，姜老师因故中断了教学工作，接替姜老师班主任工作的是语文童明友老师。当时初中 1982 级 4 个班中，2 班和 4 班的语文课使用我校的自编教材，按"分类集中分阶段进行语言训练"模式进行教学。童老师非常重视将好的学习方法传授给我们，他常常引用教育家叶圣陶的一句名言——"教是为了不教"。课堂上，童老师把整个语文教学活动搞得生动活泼、多姿多彩。印象最深的是抄读本评介交流、课前预习（如为说明文《第比利斯的地下印刷所》绘制通道示意图）、课前一分钟演讲等。这些活动至今还影响着我的个人学习方法。初中数学课由蔡国元老师任教，蔡老师治学十分严谨认真，教学成绩斐然。他所任教的 2 班和 4 班产生过多名数学尖子生，真可谓"严师出高徒"。王峥嵘曾获全国数学竞赛年级组第一名；蒋东鹰以满分的成绩问鼎 1988 年上海高考数学状元。初一历史课由郝陵生老师执教，他独创了一种"图示教学法"，此法大大拓展了学生的思维空间，使学生在短时间内将历史进程、背景和缘由快速地记录下来，也使我们在后来的大学课程学习中受益匪浅。初二历史课则由商月蓉老师执教，她总是把每一节的授课内容熟记于心，每次只拿一本教科书就走上讲台。她在台上把历史"故事"娓娓道来，我们在台下听得是津津有味。体育宋坤泉老师是国家级田径裁判，上课时不仅勤于示范讲解，还时常讲授许多体育理论知识。其中的一些体育知识，至今我拿来在同事面前炫耀一番。政治徐赋葆老师，上课极为生动。为更好地揭露资本主义的阴暗腐朽，徐老师为全班讲述了法国作家大仲马的著名小说《基督山伯爵》，巧妙地把语文、历史和政治课的内容融在一起，把很多人认为枯燥乏味的政治课上得有声有色、趣味盎然。

初学电脑

1985 年 5 月，我被批准保送本校高中（直升），此时学期尚未结束，学校专门为全年级 40 名"直升生"单独安排了一个半月的"加强"课程：英语打字、数理化辅导和 BASIC 计算机语言（附中早在 1983 年就开设了电脑课外兴趣小组，起初仅有 3 台苹果 II 作为上机实习电脑，学习条件和现在比简直是天壤之别）。由于电脑加强课程十分有趣，自此我与电脑结下不解之缘。进入高中后，我便正式申请参加了电脑兴趣小组，在卓国诚、雷建初两位先锋级老师的指导下，与袁焱、蒋东鹰等同学大胆地开始了教学应用软件的编写。其中较为成功的一个是"巴甫洛夫实验教学演示"软件。现在回想，那只能算个"应用小程序"，但是老师和学校因此给了我们许多的鼓励和奖励。卓老师多次安排我们强化补习、参加竞赛、参观展会、聆听讲座，使幼小的我们在科技创新与发展上开阔了视野。在此我还得提一下邓小平同志1984年在上海说过的一句名言——"计算机普及要从娃娃抓起"。可以说，我们这一代上海中学生，在信息化知识与技能方面的"超前式成长"，与邓小平同志的这句话密不可分，当然附中能涌现出一批批"电脑迷"，更是附中领导和老师的前瞻性决策和辛勤付出使然。

高手云集的"尖子班"

记得在1985年初秋的一天，我收到了附中寄来的一封信，通知高一新生于8月26日来校参加"分班考试"，考试科目为数学和外语。我后来才知道，学校决定要集中新生中的"优秀分子"组建一个"尖子班"，分班考试则是这个"精兵"计划的第一步。考试后第三天，班主任方武勇老师来我家家访。尽管已是30多年前的事了，我依然清晰地记得，方老师主动说明来意，祝贺我分班考试成绩优秀，并通知我，学校决定让我担任该班的团支部书记，他一再鼓励我做好这项工作。在之后的三年内，1985级高中1班在学校党团组织、班主任方老师和多位任课老师的精心培育下，涌现了许多品学兼优的好学生，班级所取得的成绩也有目共睹。不知后来附中有没有再组建类似的班级，但无论如何，我和很多同学一样，一直对能在这样一个优秀的班级里学习、成长而感到庆幸。

精兵强将的师资

1985级高中1班的学生是经过考试选拔出来的，任课老师的配备也称得上是精兵强将。语文老师赵德明，经常利用作文课两节连上的机会，组织大家参观各种展会，鼓励学生从社会活动中获取写作的灵感与素材。赵老师是我校公认的书法大家，他的一手好字经常引得全班同学的赞叹。张正大老师在物理知识点的分析上总是层层递进，严谨细致。在讲原子物理时，他给我们介绍了许多世界顶级物理学家的精彩故事。外语王关良老师的严谨授课，让我第一次意识到英语是一门逻辑性语言，是可以借鉴数理化学习方式来理解和运用的。王老师在讲解关键性词语运用时，总是让学生先自我发挥，而后再亲自出马给予校正。他备课十分认真，尤其是选备的汉译英例句，其质量完全超过课本里的例句。数学夏益辉老师上课生动风趣，把数学解题演绎得如魔术解密，牢牢地把我们一双双小眼睛吸引到黑板上。体育课黄顺奎老师，高度"放飞"授课内容，每次都把一半的课时用于自由活动（主要是球类），让我们这些"贪玩"的孩子每天都期待体育课的到来。

方武勇老师是我们的班主任，也是我们的化学课老师。由于我们班是学校历史上一个极为特殊的班级，学校上下对它的成功十分期待，方老师的责任与压力可想而知。在班级日常管理上，方老师做得十分认真细致，对每个学生的情况都进行了细致的了解与记录。我感觉，每个学生的情况他都耳熟能详，管理学生就像他备课、上课那样认真和一丝不苟。对待班上家庭有困难的学生，方老师总以真诚之心去帮助关怀，让所有学生都能感受到他内心的温暖。方老师的备课认真度也是超一流的，在他的备课本上，表格、图例比比皆是，备注文字工工整整。每次上实验课，他总是不厌其烦地手把手帮教大家完成实验，有些实验内容过了 30 多年我仍然记忆犹新。

水准更高的课外活动

进入高中后，虽然课业负担更加繁重，但"三个三分之一"的课外活动原则依然没变，而且逐渐向高层次水平发展。记得是在 1983 年，教学楼内就建成了外语语音实验室，高中英语课外兴趣小组就在这里活动。在现代化语音设备的帮助下，我们提前接受了规范和科学的英语听力训练。在之后的大学英语学习过程中，得益于先前的听力训练，我本人很快地适应了类似的培训方式，为我未来的职业发展打下了很好的基础。1986 年高二开学不久，学校在室内健身房外建起了一幢"留学生接待楼"，入住的第一批留学生是法国里尔某所大学食品专业的学生和老师。当时由徐赋葆老师负责接待，我们班有包括我在内的 5 名同学被指派参与接待工作。在徐老师热情周密的安排下，我们陪着这些法国大哥哥、大姐姐享实过了把"中国饭菜加法国香槟的吃喝瘾"，也算完成了中学阶段的第一次"正式外事活动"。同年，学校还安排校外法语老师来教我们初级法语。未曾料到的是，我大学毕业 4 年后，被单位派到法国工作。当年课外法语老师教授的基础知识，竟成为我继续学习法语的"宝典"。

1987 年夏天，我又经历了第二次外事活动。因与上海互为友好城市，日本大阪市每年派中学生来沪进行友好交流活动。那年上级部门将接待大阪中学生代表团的任务交给了我们学校，应该说这是"文化大革命"后师大附中第一次承办的大型外事活动，校内的总协调还是徐老师。我和我的家庭幸运地被选中全程陪同日本学生在上海的活动。记得那天上午，一大群身着统一团服的日本师生，冒着 8 月的酷暑，在附中进行了半天的友好交流活动，内容有书法、科技、茶道、体育等。

我被分到了日本茶道体验组，几名身着漂亮和服、脸上挂满汗珠的日本女同学边讲解边演示，让我们品尝了她们亲手冲泡的日本绿茶。中午，到访的日本师生分成几组，前往几个中国学生家庭进行"边吃边聊式的生活体验"（每组 6 名学生、1 名老师，一家接待一组）。中日小朋友、大朋友们在餐桌前，用 2 000 多词汇量的英语加上自编的手语，进行了热烈友好的交流，当然吃喝的丰盛，就更不用说了。临走时，大家依依不舍，互赠了礼品。日本师生现场以文字加漫画形式制作了一块"赠言板"，并一起合影留念。如今在国外从事外交工作的我，回想起在附中参加过的"外事活动"，总是感到回味无穷。

最值得纪念的日子

进入高三后，在校党支部书记林葆瑞老师、团委书记王成东老师和班主任方老师的关心下，我和本年级的其他几位同学参加了党课学习小组。小组活动由王成东老师具体负责。在高三寒假期间，王老师组织小组成员参观了中共一大会址，与已毕业的附中学生党员进行座谈交流等活动。可以说，从参加党课学习小组开始，我个人的成长与发展便发生了质的变化。在组织的培养和信任之下，我于1988年7月5日经校党支部大会讨论批准，加入了中国共产党。支部大会由林葆瑞书记主持，方武勇和王成东老师是我的入党介绍人。这是我在附中6年学习生涯中最值得纪念的日子，也是我一生中最难忘的日子。我个人以为，学校给学生传授知识固然重要，但帮助学生形成科学和正确的世界观、人生观、价值观是最为重要和宝贵的。在这一点上，我十分感激我的母校和老师。

6年的中学生活可谓弹指一挥间，但其中丰富的学习生活与种种乐趣，在我脑海中总是挥之不去。在附中学习的每一天都值得铭记和回味，培养过我的每一位老师都值得尊敬与感激。限于篇幅，加之时间仓促和本人笔拙，恕我不能一一道来。

写于2022年6月

哪里的天空不下雨

1997 届　习　灏

　　不论过去，还是现在，他的每一次到来都会引发一阵不小的喧哗。这时的场面会显得有点滑稽：十来个学生团团围住他，激动难抑的男生喊着他的名字；一米八几的大个子冲上前去拽至多一米七的他的胳膊、揽他的肩膀，甚至拥抱他。他不是什么歌星、影星，他只会在人群中有点傻呵呵地笑着，一言不发或者只是东拉西扯几句。要是在过去，准有人会在暗地里叹一声"又没戏了"。然而如今，这叹息早已成为多余的了。

　　他不是什么大人物，他是我们的前任语文老师。老实说，他教的高一语文没有什么特别的。刚开始的几堂课里，他的永远发音不准的普通话，常常会造成教室里秩序混乱。没几天，直升班里的高才生便可以惟妙惟肖地模仿他念错的所有的字。并且他永远也无法掌握 45 分钟里的主动权，几乎全班的人都习惯于打断他对课文充满感情的分析，理直气壮地提出自己的疑问。不守纪律并不可怕，可怕的是这位先生竟当真会置课文于不顾，倾听这些疑问，并与提问者探讨，直至全班的学生都卷入这些奇怪的、通常绝不可能出现在会考试卷上的问题。那时我们都天真地以为，这样的语文课会一直上到高三。

　　然而你绝不能说他是一个鄙视当今考试制度的人，他不是，也不敢这样，因为他的职责便是帮助我们、训练我们对付形形色色的考试。他可以在有限的、愈来愈少的课时里，把可能会出现在考卷上的课文段落分析得直至标点符号。尽管他的普通话比不过别的语文老师，尽管他一激动就会甩着手语无伦次，甚至在那一大群听课的老师面前，与我们一起放开嗓门讨论得轰轰烈烈，任凭我们唇枪舌剑响彻走廊。我们都明白他的意思，明白什么是我们讨论之后的胜利果实，什么是该写在考卷上的真理，这便足够了。本文开头的那一幕，多少次地重演。我们早已不再寄希望于此，因为该说的课上都说了，考试前便只剩下公平竞争了。

　　如今常常地想起他，尤其是在对付课堂作文的时候。他也曾要求我们写好课堂作文，因为会考需要那样的作文，虽说它们读来多少有点千篇一律；他更鼓励我们练笔，鼓励我们直言不讳地表述自己的感情。每一次交练笔，我们都要与他讨价还价，赌咒发誓说对付完了数理化，我们绝无时间提笔作文。然而每一次练笔都还是交了，或许因为我们的自以为是与少年轻狂至少可以流露于练笔之中，至少还有人会去读、去欣赏，甚至去赞扬它们，也或许因为唯有他是那样地信任我们，唯有这位已属于我们的父辈的老师会赞赏我们的偏激与清高，会珍视幼稚的脑袋里冒出的思想火花，会让我们幡然醒悟：作文用的是脑袋，不是手。

日子总是过得太快。当我们习惯于拍着他的肩膀称兄道弟时，当我们终于忘却了公开课上的大声喧哗时，当我们为有这么一位普通话说得挺差劲的语文老师而自豪时，我们与他共读的日子也渐渐到了尽头。我们知道要会考了，要认真记笔记，要课外请家教，要牢记议论文的框架模式。只是我们依然会想起他，那位前任还在教高一吗？唉，永远晴朗的世外桃源一定是找不到的，哪里的天空不下雨?！

原载于 1995 年 10 月上海青年报社《学生导刊》

忘不了

1997 届　邵　奕

光亮的前额，头发整齐地梳向脑后，清瘦高挑的身材，显得精神矍铄。他迈着微微跳跃的步子，一颠一颠地向你走来，热情又认真地和你打招呼。这就是我初中的语文老师——谢钧石。

忘不了入学的第一堂语文课，他以幽默、大方的自我介绍，以一句"孩子是玩的天使""收买"了讲台下的 50 多颗心。于是，在以后的 4 年里，总有人大呼小叫地恳求谢老师讲一段他的经历。

忘不了讲解《故乡》的那一课。他学着杨二嫂的样子，为我们扮演"豆腐西施"。只见他两手搭在腰间，叉着两腿，俨然一副"圆规"的姿态。讲着讲着，他又不紧不慢地踱到一个学生桌前，顺手拿起一副手套塞进了口袋。我们笑得人仰马翻，他却抓起讲台上的空纸盒当作"狗气杀"，用很怪的嗓音边嚷边从教室这头奔到那头。好戏结束了，我记住了小说里的杨二嫂，也记住了眼前这位和蔼、活跃的语文老师。

忘不了在淀山湖度过的那个宁静欢愉的夜晚。他抓着话筒，用俄语深情地为我们背诵名著里的精彩段落。尽管我们听不懂，尽管我们不知道他的发音是否标准，我们从此却对他佩服得要命，佩服这样一位懂英语会俄文的语文老师。

忘不了谢老师穿西装的那一天。他故作正经地踏进教室，一脸认真和坚毅的神色，于是教室里顿时一片笑声和喊声。他在笑声中拉了拉上衣的下摆，摆出一副无可奈何的样子。

忘不了中考前紧张的一星期。他泰然地放下课本，给我们讲起了他的经历。考大学落榜，在宝鸡当钳工，深更半夜游黄山，瞒着家人去九寨沟……本已是十分吸引人的事儿，在风趣的语言里变得更加透明亮丽。我们明白了，这次中考只是人生旅途中的一处风景。我们轻松愉快地上完了初中最后一周的语文课。之后，我们尽可能镇静地走进考场，认真地完成了每一科考试。

忘不了语文作业本上那个让我乐了好几天的"优"，忘不了黑板上又大又飘的字，更忘不了和谢老师一起度过的 4 个年头。

　　转眼间，我已是高中的学生了。每次在校园里偶遇谢老师，总会想起他在讲台上的风采。真希望做眼保健操后睁开眼睛，又看见谢老师严肃地站在讲台上，却藏不住唇边的一丝微笑。

本文原载《作文通讯》

中州路轶事

1999 届　崔　欣

　　中州路 102 号，我们的 12 岁到 18 岁。往前有小学和法院，往后通向虹江路大片的电子市场，路边堆满旧机床。那时还没有衡水路，要去四川北路可以走小弄堂，弄堂里有飞龙生煎和福建炒面。路口的烟纸店兼卖定胜糕和年糕团。对面摆烧卖摊的老夫妻永远算不清找零。

　　旧走廊令人迷恋。白墙，腰线以下是磨砂的灰蓝，阳光疏淡的午后，一根根廊柱静默伫立，散发朴素的几何之美。不知从哪个暑假之后，灰蓝色外壳全部铲除，换成一色浓绿，幼稚园的庸俗审美，泯灭人的一切遐想。毕业之后，教学楼大修，礼堂拔高了几层，如今的墙面是什么颜色，我不知道。

　　关于阶梯教室我记得什么呢？教室里有水斗，有钢琴，闻得到对面生物实验室森森的气味。窗台很高，外面是单杠，后来发展到用操场围栏当单杠玩。我忘了围栏的竖条间隔很窄，于是整个脸结结实实撞在栏杆上，牙床都撞破了，幸好牙没撞飞。

　　实验楼墙外还有一道铁楼梯，一直通到顶楼平台。一天无意中发现楼梯没锁，和两个闺蜜一起上楼探险。楼顶空无一人，地上画着赛道，是车模小组的训练场。俯视校门口进出的人群，有眩晕感。我们悄悄换了一把锁挂上，以便可以时时进入这秘密领地。隔了个周末再去，我们的锁已被一把陌生的锁替代。

　　教室通往走廊的窗只能开半扇。谁都没带钥匙的时候，大家推我去爬窗。只要头过得去，身体就一定过得去。后来就成了游戏，一钻再钻。直到发现教室的门锁其实已不堪一击，只要稍稍用力，一端就开。于是不用再等值日生来开门。后来门锁已被端得锁不上，班主任发现后换了锁。游戏结束了。

　　在图书馆大楼度过整个 3 年高中时光，仅我们这一届，空前绝后。站在 4 楼或 5 楼窗口，隔着操场远眺对面 3 层教学楼，仿佛遗世独立，又有孤岛之于陆地的疏离与自怜，我们之间也因此有种相依为命的特别亲昵。教室里暖色的长条木地板，更有家居气息，比起冰冷水泥地，是种幸福。

　　打字课老师姓陈，50 来岁，从前教过我堂姐。灰白色头发理成板寸，根根分明，我一直很想摸一摸。有一天，终于厚着脸皮要求了，他倒也不以为忤，当时的手感却不记得了。我是他得意的学生吧，去市里参加打字比赛，得的奖品是一个音乐门铃。他将其他年级的英文试卷交由我打，打在蓝色蜡纸上。

吃好中饭，奔过操场，爬到实验楼的4楼，空荡的打字教室里，初一的我高高坐在讲台上，用一台沉重的专用打字机，慢慢地打高一英文试卷。打错了有专门的修正液——深蓝色的稀薄液体，用小刷子蘸着涂在蜡纸上。陈老师看我打一会儿，就走开了。现在还有刻蜡纸的试卷吗？现在连打字机都已被时代所淘汰了吧……

有一年期中考试，他监考我们班，我在另外的教室。后来听说，监考到中途他发了癫痫倒下去，有男生出去叫人，闺蜜坐在第一排，吓得不轻。那时我们已经不上打字课了。隔了很久，有天在学校看到他，我叫他，他却已完全不认得我了。我心里难过，低着头走开，此后再没见到过他。

英语老师老顾是我见过脾气最好的人了，现在想来会觉得近乎懦弱。我们知道他人好，但似乎无法克制自己的性情去体恤他、同情他，同时又带点轻视的意味。青春期的激素分泌太过旺盛了，所以英语课总是很吵，柿子总是挑软的捏。现在我觉得我们的残酷了。

我们初三时，小祝大学刚毕业，来教化学。"秋老虎"的余威犹在，就记得他上课时不停擦汗。私下里全班都觉得他理应喜欢另一个教化学的美女老师，后来听说美女老师有男朋友的，于是又都觉得他理应为失恋而烦恼。这都哪儿跟哪儿啊……

生物课老师姓傅，个子很高而头很小，绰号就叫"长颈鹿"。一次闺蜜上课讲话被活捉，放学了还被留在办公室谈话，我在走廊里啃着番茄等她，最后"长颈鹿"送她出门，居然很和蔼。有时我们会在100路上遇到"长颈鹿"，他在祥德路下车。后来呢？后来就没有了。

政治老师姓彭，我妈读中学时他就是老师了。老彭说一口湖南普通话，课上受不起我们撺掇，学毛主席在开国大典上讲话，学到一半忽然刹车，若无其事地继续讲课。有一次期末考轮到他监考，我在第一排，无意中一抬头，发现他一个人在讲台前转着"慢三"，口里默默打拍子。

年级统一的班会课，年级组长陈在闭路电视里说，有些男生啊，给他三分颜色就要开染坊了……这句话一度流行。组长陈头发灰白，喜欢穿牛仔裤，让人辨不明年纪。高三最后一学期，我经常在办公室帮工，和他没大没小地说话。毕业后再见面，却是在他的葬礼上，我捏着一支黄色康乃馨，知道从此再不相见。

高中教室里有了电视机，吃午饭时，允许看一会电视，直到午自修开始。那时又开始重播《家有仙妻》，于是这个剧成为每天中午的开胃菜，不亦乐乎。现在回想，完全不明白为何对这傻乎乎的片子如此迷恋。有一天电视放的是越剧《红楼梦》，王文娟、徐玉兰，一堆女生竟然也看入了神，直到班主任板着面孔进来了。

愚人节所做的最大的壮举，是初中时和闺蜜合谋，冒充中州路上卖麻球的人，给班上的美女C写了一封情书。她们杜撰的词，我用左手写的。愚人节那天上午第二节课后，信到了，我们眼见美女拆信、读信，神情逐渐惊愕。最后她走到一向宣称喜欢她的男生Z跟前，愤然道：是你干的吧！

早操预备铃响过，同桌才匆匆奔进教室。完了，又扣分了，班主任又要发飙了。我忧心忡忡地看她，她狡黠一笑，没扣分，放心。我不解。她说，先把书包从小卖部窗口递进去，然后大摇大摆从校门走，说是回家拿东西的，值勤者不疑有诈，爽气放行；再折去小卖部拿书包，神鬼不知。我很佩服她，好办法。

初中时每学期有一周下午不上课，全体劳动。给学生分派各个工种，打扫教学楼、操场，搬自行车，或者去食堂帮忙。不知学校当时出于怎样的考量，但至少充满自由度的午后让人期待。打扫操场的间隙，我溜去厨房看同学择菜，乱哄哄一大盆，自作聪明地猜，是水芹菜吗？阿姨看不过去了，说这是葱呀！

母校、老师永在我心中

2008 届高三 3 班　乔　楚

2008 年，我从一附中高中毕业，至今已有十年了。回想在附中的三年学习生活，留在记忆里最美的青春与点滴感动，顿时涌上心头。母校留给我的印象是深刻的、难忘的，更是弥足珍贵的。

校园印象——简朴淡雅的新校区

2005 年入学的我们，是在虹关路新校区上课的首届学生。记得入学前在中州路老校区参加分班测试，保安大叔满脸自豪地向我们夸赞新校区的气派。作为全国生，我们需要提前来新校区办理住宿手续，那也是新校区正式对外开放的头一天，许多老师、同学前来参观，煞是热闹。宿舍四室一厅，即四间寝室共用一间客厅。每间寝室都安装了空调，住四位同学，每人还配有写字台和储物柜。洗漱间和卫生间的设施也很齐全，管理宿舍的阿姨待我们也是如同亲人。这条件放到现在，也没几个学校能够比得上。当时我没有感觉，待进了大学经过对比后，我才发觉附中的学生寝室堪称"五星级宾馆"。直到今天，在一附中学生寝室生活的日日夜夜，仍然值得我反复回味。

新校区地处虹镇老街，还没建造完毕，属于边建造边使用，我们 2008 届学生可谓与新校区"同生共长"。刚入学时，只有两幢教学楼和一幢宿舍楼可供使用，连操场都是临时的。我们的活动范围仅限于教室、寝室、自修室、食堂，学校为了满足我们的生活需求，又专门设立一间教育小超市。进来没几天，大家就对学校的每一个犄角旮旯儿都了如指掌。

记得那年刚开学，就遇上台风登陆上海。当天夜里，虹口区领导来视察新校区防台情况，在慰问全国生时正好来到我所在的寝室，本人居然还站了"C 位"，被摄影记者抓了个正着。我在电视上露面的消息第二天立即传遍了全校。我也算有幸载入学校史册了吧！

住校生活是单调而又充满乐趣的。学校出于安全考虑，不允许我们随意自行出校，除非有老师签字的请假条。奈何躁动的青春从来都充满着叛逆的冲动，那时候不像现在还有笔记本电脑可以上网，手机也只能发短信，出校门是我们住宿生唯一的生活调味剂，但必须有老师的批条才能出行。住宿生们就"八仙过海，各显其能"，寻遍带教老师、班主任、任课老师……逢人就请求开恩批个假条。还记得在一个周末自修时间，我和室友软磨硬泡签到了假条，欢乐无比地去南京路吃了一顿炸鸡，还在上海书城买了好多书。这次外出，感觉自己终于玩转了一次大上海，真是十几岁花季才有的青涩、浪漫。

慢慢地，操场上有了塑胶跑道，造起了行政楼，有了小礼堂，我们住宿生的活动范围扩大了，操场跑圈、逛教育小超市……而我最喜欢的是和室友溜到行政楼的顶楼俯瞰校园，看星星、看月亮，从诗词歌赋谈到人生哲学……

2008年上海的第一场大雪，虽然对在北方长大的我来说并不稀奇，但还是被附中的雪景惊艳到了。雪景下的校园，有着不可抗拒的美丽，那一种祥和安静，那一种蓬勃生机，令人平心静气。

前几年返校，看到学校又增添了体育馆，不禁感叹学弟学妹们的幸福。校舍已不如当年清洁如新，看来再好的校区也经不起"熊孩子们"的折腾。不过转而一想，所谓的"新"校区也已是十多年前的事了。

老师印象——温暖尽责的大家长

如果问附中给我最深刻的印象是什么，我会不假思索地说，是附中老师的尽职尽责、爱生如子、待生如友。什么叫教书育人、什么叫为人师表，附中老师用行动诠释着人民教师的真正内涵。那时年仅十五六岁的我独自从黑龙江来到上海求学，心中既激动万分也忐忑不安，附中的老师把我们当成自己的孩子，让我爱上了上海这座城市，内心增添了温暖与坚定。

提及关爱学生，不得不提带教我的唐家乐老师，他把学生真正作为自己的孩子那样去关心、去爱护。

初次和唐老师交往，还是来上海之前。那时他在学校担任总务主任。爸爸为了我赴上海读高中的事去电咨询学校，联系电话无人接听。爸爸便换了一个号拨打，恰巧打到唐老师办公室。唐老师给予了热情而耐心的解答，坚定了家里让我报考华东师大一附中的决心。所以爸爸后来每次都拨打唐老师的电话与之联系。

我来附中报到的第一天，唐老师来学生宿舍巡视，在寝室看到了正在忙碌整理床铺的我和父母亲，至此大家才见了头一次面。而后，学校组织党员教师与全国生实行一对一带教，唐老师自然就成了我的带教老师。

"党员教师和全国生一对一带教"是一附中关爱外省市学生的举措，学校领导开会时打趣说："带教老师是从生活、学习等各方面关心你们、指导你们。"于是，有的同学就俏皮地发问:"带教老师是不是能给我洗衣服啊?"

唐老师确实把带教外省市学生当成一桩重要的大事去认认真真做的。在我的高中阶段,他不仅是老师,还更多地扮演了家长的角色。提醒我要吃早饭,督促我抓好学习,并关心我的课余安排,逢年过节还请我和由他带教的其他几届全国生去家中或饭店聚餐……

记得进附中的第一个国庆长假,新校区的全国生都回家了,只有我一个人留校,唐老师就领着我和另外一名也是由他带教的学姐郑慧婧(在老校区住宿的全国生)一起前往宁波、绍兴等地旅游度假,逛了不少名胜景点。元旦到了,他又陪着我和几位学兄学姐前往周庄游玩,欣赏江南水乡……可以说,凡是父母亲能想到的、会为孩子做的,唐老师几乎都为我做了。

我有空时就去他办公室侃侃而谈,仿佛坐在我对面的不是老师,而是一位关爱我的父辈、一位忘年之交。

后来我才得知,唐老师是上海知青,曾在黑龙江生产建设兵团工作过多年。从唐老师身上,我看到了那个年代的知识青年一心许党许国的纯粹,一生任劳任怨的奉献。

作为学校总务主任,唐老师对每一届所带教的全国生都一视同仁,不仅投入时间、精力,更是用心用情对待我们,让我们深受感动。

中学毕业后,乃至大家参加工作之后,我们几个被唐老师带教过的同学也时常聚会,共同感受附中师恩和同窗情义。

在附中期间,还有许多老师给予了我们关心关爱,如高一、二年级的班主任兼化学老师祝培骏、高三年级班主任兼语文老师阮静、物理老师符杰普……他们让当时尚未成年的我们感受到了家一般的温暖。

生活印象——单纯美好的小幸福

高中生活是很多人最怀念的,那时候懵懂而又好奇,闹腾而又倔强,那是很纯粹的青春。

我们玩而学之。附中培养的不是应试教育的机器,而是会玩会学的人。高一、高二,我们并没有很沉重的课业负担,对住宿生而言,基本上晚上8点45分自修结束便可以完成当日作业。从9点30分洗漱完毕至11点熄灯的这段时间,是轻松自由的。有的随意看点书,有的喜欢在各寝室串门,有的筹办学生活动的工作,当然"学霸"们还是要抓紧学习的,作为经历初中应试教育培养的"伪学霸",我更多的时间还是用来做一些课外辅导习题了。

附中的课外生活是相当多彩的,Golden Voice唱歌比赛、东方绿舟国防教育活动、学农和学工活动、师生互换角色活动，还有义卖筹集善款、组织各种社团等，可谓琳琅满目。从中也诞生了很多校园之星，成为师生茶余饭后的谈资。我们这些全国生，除了同班级同学的交流之外，还有晚上住宿生之间的交流，于是各种消息十分灵通。

我们学而思之。说附中老师优秀，不单单在于讲解书本上的知识，更多的是启发学生思考。高一、高二期间，任课老师很少把高考要求作为授课指南，而是为学生讲述原理，启迪思路、开阔眼界。我对世界观、人生观、价值观的最初始的认知形成就在这个阶段吧。到了高三，你会发现平日里讲人生、谈天地的老师们，拿起高考试题、玩起应试也是手到擒来。

离开母校——优良传统仍影响我

如果说附中教会了我什么，我认为是正直、深思、敬业、进取，充满热情与勇气。

我学会了处优不养尊、受挫不短志，立志做一个志存高远的人。

2008 年的高考，虽然我与理想的学校和专业失之交臂，但我没有气馁，我带着附中给予我的无形财富迎接全新的大学生活。况且，上天给了我最适合的选择——就读华东政法大学。

在校期间，我拼命地汲取知识的养分，法律、日语、英语，一专、二专、选修、考证，我疯狂地充实着自己的学识；我抓住每一个机会锻炼自己，担任校学生会部长、校学生代表、班级团支书，写材料、组织会议、开展活动，我积极在团委、学生会工作，在社会活动中接受磨炼。大学毕业之际，我想我已经成长为更好的自我，有信心接受社会的检验！

我学会了自我定位和选择，立志做一个勤勉踏实的人。

大学毕业后，不同于大多数同学，我选择了到金山区做一名公务员，我认为这是最适合自己的选择。我刚工作时，唐老师就对我说：做行政工作，多为人做事，不卡事。附中的温馨记忆至今影响着我，做一个温暖、善良而美好的人。

是的，金山不比市区，公务员这个职业也不像其他高薪职业那样薪酬丰厚，可能有人还误以为"一杯茶水一张报纸"是我们的写照。然而我在工作中体会到的是金山产业发展的美好前景，是田园生态的靓丽风光和人民百姓的热情朴实，是习近平总书记领导下风清气正的政治氛围。为了一场活动、一次会议，熬夜、改稿、制作 PPT，我力求精细化处理每一个细节；为了一次宣传、讲演、主持，踱步练习、试讲试演，我力求完美地表达党团的主张；为了一个改革方案，我前后思量、磨破嘴皮、接待上访，我力求为事业发展做出更有力的推动。

我告诫自己：唯有脚踏实地、勤勉务实，不忘公职人员的初心，牢记共青团干部的使命，初心不改，使命不渝。

我学会了关爱人、帮助人，立志做一个善良美好的人。

我所在岗位的工作，都是与人打交道的工作。我始终想着，要多为大家做一点事。我看到刚毕业的医学生初到金山，就想到刚来上海的自己。我想让他们感到温暖，就像附中老师对我一样。我组织开展各种培训、联谊、职业规划沙龙等活动，帮助他们熟悉金山、找到发展定位。我耐心接待咨询政策的医务人员，站在医务工作者的立场上考虑问题，尽己所能为他们做好服务。这些事看起来微不足道，但一直在提醒我，这个岗位有很多让我感觉到内心满足的瞬间。

担任金山区卫生和计划生育委员会人事科副科长（主持工作），我铭记着金山医务工作者的期盼；兼任金山区卫生计生委纪委委员，我肩负着金山医疗行业正风肃纪的使命；兼任金山团区委副书记，我心中装着金山青年的期待。

母校高中的模样，我记在脑里、印在心里。在地铁四号线临平路站下车，迈出1号口，沿着虹镇老街走到虹关路上的华东师大一附中，那是我来上海的第一个家。

从一附中毕业十周年之际，我深切感谢母校三年的培育之恩，更感激附中各位老师所给予的关爱之情，感谢曾给予我谆谆教诲和殷殷关怀的唐家乐老师、项志良书记、符杰普老师、张青老师、邢洁浩老师、欧志华老师、祝培骏老师、阮静老师、黎芳老师、张蕾老师、李志敏老师、胡锦城老师，以及所有关心和支持我的老师们，在此向各位恩师致以最崇高的敬意！

第34个教师节即将来临，谨以此文祝母校的各位老师节日愉快！

写于 2018 年 8 月

春风化雨，润物无声
——忆班主任老陈其人

2017 届　沈　尤

有人说，这世上最难当的主任，就是班主任。我们说，班主任里最难当的，是高中班主任。

对一群十六七岁青春躁动的高中生而言，对班主任"敬若神明"的孩童时代早已远去，现在俨然有一种"世界将由我们主宰"的天不怕地不怕的想法。"管"，显然是管不住了；"降"，肯定是降不住的；"服"，自然比登天还难，更不要说让人信服。然而，在一附中就有这么一位让人从心底里佩服的班主任，大家都叫他老陈。

第一次见他，是在新生入学的那一天。他身材魁梧，穿着一件短袖格子 T 恤，颜色应该是青色，戴着一副金属边框的眼镜，镜片后面的眼睛不大，但目光如炬。他的手里拿着一本书，大步流星地走进教室。

见到他的第一眼，我心里暗想："他走错教室了吧，不会是我们的班主任吧。"他开口的第一句话，我不记得了，我只记得他好像没有自我介绍，但他告诉我们，今后的高中三年他都要和我们朝夕相处了——他就是我们的班主任。我的内心充满了失望，因为他的年龄似乎比我父亲还大，而且一张严肃的脸，一本正经。无论从表情、长相，还是衣着打扮，种种迹象表明，他一定是个顽固、无趣、墨守成规的老"教书匠"。在以后的日子里，无数次地证明我当时这个想法很愚蠢，我的失望是多余的。他"降服"了我们，不靠强权，他似乎有独特的魅力，与我第一印象中的"无趣"恰恰相反，他很有趣。

他自称自己的声音可以"余音绕梁，三日不绝"，可以"穿透墙壁，传到隔壁"。确实，他声如洪钟，这使得上古文课时他抑扬顿挫地读起那些句子，可以在耳边回荡许久。就这么听着听着，倒也记下来不少"之乎者也"，记下了"大江东去""一蓑烟雨任平生"……

他坚称自己拥有异乎常人的灵敏鼻子，站在讲台上可以嗅出下面偷吃东西的同学在吃什么，甚至可以闻出你家最近三天的菜谱。明知这是耍小孩儿的把戏，可哈哈一笑之后，说也奇怪，似乎没人在他的课上吃东西了。

他谎称自己能感应到电流，能知道谁在玩手机。你说，他会不会是在人群中隐藏了许久的外星人？

以理服人

开学后的第一个星期，他挑了我做代理班长。理由简单而有力——"我看人很准，你能干好！"在他的全权信任下，我一路跌跌撞撞地担起了班长的职责。一个月后的班委改选，我获得了全票通过。

在他手下做班长，一开始我很不习惯。因为几乎所有的事情他都对我说："你定吧，你找同学商量吧。"有一种母鹰为了让小鹰学习飞翔，把小鹰推下悬崖的感觉。这使从小学到初中一直"唯班主任是从"的我，有些不知所措。尽管我也是个有想法的人，但似乎尚且不够这么有魄力。他的"放手"让同学有些不解：他是不是不关心我们？这是不是不负责任？直到有一节语文课，上《种树郭橐驼传》那一篇，他告诉我们"顺木之天，以致其性"，作为高中生的你们需要有自己的舞台，你们当红花，我可以做绿叶，你们需要有自己的想法，去干、去闯，哪怕是失败也不用怕。那一刻，我们才恍然大悟，知晓了他的良苦用心。

以爱服人

他是爱我们的，我们也知道。数学或英语课，他经常在后门或窗外朝里边张望；下课没事也总要到班里转转。他在观察，观察每一个学生的特点，不漏掉每一个人的优点。他关心我们的学习，我们的健康，我们生活的方方面面。

有一次，我们寝室里的四个姑娘睡过了头，醒来时已错过上午的第一节课。宿管阿姨来敲门时低声道："你们班主任在楼下等你们。"我们迅速拾掇完冲下楼，他站在宿舍楼门口，开口第一句话是："先吃饭吧，吃早饭要紧。"我们有些尴尬地撂下一句"不吃了吧，来不及了"，就直奔教室。课上到快结束时，我发现他在教室门口踱来踱去。一下课，他把我叫到门外，塞给我四个食品袋，每个袋子里有一个鸡蛋、一块桃酥饼，还有一块蛋糕，还热着呢！

那是我们吃过的最好吃的一次食堂早饭。

以德服人

有一次，我们问他："你为什么选择当一个老师？"他愣了几秒，含着笑抬头说道："这个事情啊，是我自己的选择。"说到这里，他的眼睛里泛出一种光芒，似乎是重燃起年轻时梦想的光芒。"当时我毕业，摆在我面前的有两种选择，一是去银行，二是当教书匠，我选择了教书。现在，我那些选了银行的同学已经家财万贯，而我却依旧两袖清风。"我们乐了，问他："老陈，那你后悔吗？"他的嘴角漾起一抹淡淡的却饱含幸福的微笑，浑厚的嗓音振动出五个字，像是一句坚定的誓言："我喜欢教书。"

这句话对我们颇有启发，他让我们知道，奋斗目标就是选择一份自己热爱的职业，然后为之付出，并享受它。老陈为"热爱"二字默默付出了几十年的心血。

他教导我们在仰望星空、拥有梦想时，不要忘了脚踏实地，如果你还不能改变这个世界，就先改变你自己。

一个人的成才路上，会遇见很多良师，而他是我们在完善独立人格和思想的年龄阶段遇见的最好的良师。

教书、育人，前者做好不易，后者做好更难。他育人，从来不以成绩好坏论英雄，也不以一件事的曲直来定性人。在他眼里，我们每个学生的本质都是块晶莹剔透的美玉，只要精心雕琢，因材施教，每个人都能绽放自己的异彩。他也不仗着自己的人生阅历，来向我们炫耀自己过去的辉煌，而是静静地陈述着自己的见解和主张。

春风化雨，润物无声，在人生的驿站中，我就遇到了这么一位班主任。幸哉！

编后记

早在编者主编原《华光报》和《校友通讯》时，每每收到附中原领导、教师和历届毕业的校友，回忆在光华附中、大夏附中、华东师大附中和华东师大一附中工作或学习期间有关人和事的文章时，就设想累积到一定的篇目，适时编一本《附中回忆录》，这对集中留下附中发展的印记，缅怀为附中的发展做出杰出贡献的老校长、老教师，让校友重温在附中学习时生动活泼的青春岁月，是一件非常有意义的工作。于是从附中90周年校庆以后，编者就开始留意收集有关这方面的回忆文章和素材。当附中领导决定筹备校庆100周年，并将出版《附中往事》列入校庆丛书时，编者的这一愿望得以实现了。

《附中往事》一书分教师篇和学生篇，教师27篇，学生111篇，合计138篇。学生篇中，分别收入回忆上海解放前的9篇，50年代的33篇，60年代的45篇，70年代12篇，80年代及以后的12篇。这一篇篇对附中往事的回忆，形象展现了百年附中的历史沿革、风云变幻和所取得的累累硕果，以及历任领导在附中发展进程中所起到的关键作用。众多领导、教师的音容笑貌、言谈举止和名师的风采、高尚人格，不同时代附中学生德智体美劳全面发展的情景、画面和事例等，在教师和学生的笔下，都得到了生动的描述。因此这本书的出版，对于帮助读者进一步了解、理解《百年大事记》《百年名师》《校友风采》三本书的内容，也是十分有益的。

当然，由于本书篇幅有限，有些文章没有能够入选，而有的文章虽然不够成熟，但考虑到不同年代、不同年级要有些代表性的文章，故还是选入了，在此，只能深表遗憾，并请各位校友理解、谅解。

本书在收集文章阶段，曾得到校档案室工作人员马君君的鼎力相助；文章收集完毕后，邀请退休的语文老师陈敏参与了全书的初审工作，在此向他们表示衷心的感谢。

最后，由于编者水平有限，不足与疏漏之处难免，望学校领导、老教师、历届校友批评指正。

编者
2024年12月